U0880371

中国造纸年鉴

ALMANAC OF CHINA PAPER INDUSTRY

2006

中国造纸学会　编

Edited by China Technical Association of Paper Industry

山东太阳纸业股份有限公司　协办

Assistance by Shandong Sun Paper Corporation

中国轻工业出版社

图书在版编目(CIP)数据

中国造纸年鉴.2006/中国造纸学会编.—北京:中国轻工业出版社,2006.11
ISBN 7-5019-5669-3

Ⅰ.中… Ⅱ.中… Ⅲ.造纸工业—中国—2006—年鉴 Ⅳ.F426.83-54

中国版本图书馆 CIP 数据核字(2006)第 123282 号

责任编辑:林媛　　责任终审:滕炎福
版式设计:丁夕

出版发行:中国轻工业出版社(北京东长安街 6 号,邮编:100740)
印　　刷:廊坊市百花印刷有限公司
版　　次:2006 年 11 月第 1 版河北第 1 次印刷
开　　本:787×1092　1/16　　印张:41.25
字　　数:1060 千字　插页:58
书　　号:ISBN 7-5019-5669-3/TS·3284　　定价:260.00 元
读者服务部电话(咨询):010-65241695　85111729　传真:010-85111730
发行电话:010-85119845　65128898　传真:010-85113293
网　　址:www.chlip.com.cn
邮　　箱:club@chlip.com.cn
如发现图书残缺请直接与我社读者服务部(邮购)联系调换
选题编号:61028K4X101HBW

《中国造纸年鉴2006》编辑委员会

顾　　问：王文哲　余贻骥

主　　任：陈思亮

编　　委：陈思亮　曹振雷　曹朴芳　李有元　谭国民
张金声　刘焕彬　孙树建　胡小刚　王　祥
李建华　黄润斌　李威灵　杨懋暹　李发祥
张　珂　马石辉　邝仕均　陈守勤　陈鄂生
刘安江　尹同远　李洪法　蓝　海　蒋荣祺
南顺姬　董　鹰　张伟东　黄国英　应广东
刘福玉　黄亦方　付瑞森　吕士林　马芝山
陆培成　周　润　安明明　郑艳民　刘崇喜
李国民　滕炎福　黄运基　赵家懋　郭永新

本卷用纸由山东太阳纸业股份有限公司提供

正文用70克/米^{2}双胶纸

彩插用128克/米^{2}铜版纸

《中国造纸年鉴2006》编辑部

主　编：黄润斌

副主编：滕炎福

编　辑：滕炎福　杨懋暹　何开森　顾民达　马石辉
林　媛　齐晓东　李玉华　陶　天　王红霄

特约撰稿人：

曹朴芳　李威灵　杨懋暹　张栋基　马石辉
江曼霞　郭永新　顾民达　张　熙　赵家懋
黄运基　刘国珍　王恩苓　房宝伦　刘克谦
夏华林　牟洺铭　李土根　蒋荣祺　詹怀宇
周志艺　李尚武　陈鄂生　张道沛　邝仕均
孙鹤章　杜　宏　林文耀　陈克复　陈奇志
王鸿文　刘　克　杨亚辉　陈明邦　冯铭杰
宋宝祥　靳福明　刘安江　王小汉　邱　艳
黄　琴　汪　苹　黄妙庆　陈根荣　乔小桥
潘建新　朱尤高　谢　辉　沈守贤　杨玉娟
莫友彪　魏增田　李海滨　雷建民　赵　伟

EDITORIAL BOARD

Chief Editor: Huang Runbin

Deputy Chief Editor: Teng Yanfu

对本书有关的各项业务与意见均请与编辑部直接联系

地址：北京市朝阳区光华路12号　**邮编：**100020

电话：010－65812880　65831089　65831083

传真：010－65812653

网址：www.ctapi.org.cn

邮箱：service@ctapi.org.cn

Any business refers to this book, please contact the editorial board.

Address: 12, Guanghua Road, Beijing 100020, P.R.China

phone: +86-10-65812880　65831089　65831083

Fax: +86-10-65812653

http: www.ctapi.org.cn

E-mail: service@ctapi.org.cn

编 辑 说 明

一、《中国造纸年鉴》是中国造纸学会主办、中国轻工业出版社出版的专业性年鉴。目前是唯一逐年辑录中国造纸工业发展的编年史和介绍世界造纸工业现状及发展的重要资料性工具书。自1986年创刊以来，伴随着中国造纸工业迅速发展的脚步，《中国造纸年鉴》已陆续出版发行9卷，《中国造纸年鉴2006》为第10卷。

二、《中国造纸年鉴2006》（以下简称《年鉴》）分设11个栏目，即1、生产建设；2、地方造纸工业；3、重点制浆造纸企业；4、市场动态；5、环境保护；6、纤维原料与化工原料；7、装备与器材；8、科技、教育、出版；9、大事记；10、附录；11、单位名录。为祝贺《中国造纸年鉴》编辑出版20周年，特发表专文刊载在本期年鉴首页。

科技、教育、出版栏目中，增加"制浆造纸主要期刊摘要与提要"，是对本年度国内出版的专业期刊作一大致浏览。

三、与《中国造纸年鉴2005》相比较，本期年鉴在统计表格和统计口径上作了如下修订：

1、省、市、自治区重点纸品产量已不在统计范围之列，故不再列表刊出。

2、全国纸及纸板主要品种产量，因品种分类已作了调整，本期年鉴对中国市场纸及纸板消费品种结构表作了较大幅度的改动，相应校正了有关统计数据。

四、《中国造纸年鉴》在编写过程中，得到从中央到地方各有关部门、企事业单位、大专院校和有关专家的大力支持、积极配合和热情指导；得到国内享有盛誉的山东太阳纸业股份有限公司的协办，在此，谨表谢忱。

诚请广大读者对本期年鉴编辑、出版中的不足之处，给予批评指正。

中国造纸年鉴编辑部

2006年11月

BIG.

BIG.
Some may perhaps not be aware that OVER is a major player in the manufacture of machinery for the production of paper worldwide. Big and reliable are the machines that OVER is able to design and build. Big as the energy spent to make OVER a big company.

www.over.it

OVER Meccanica S.p.A.
Via Torricelli, 25 • 37136 Verona • Italy
Tel. +39 045 8281111 • Fax +39 045 508320

OVER
A story of high technology

中国造纸学会活动纪实

2006年9月在上海举办“中国国际造纸技术报告会”

2006年9月中国造纸学会领导访问
山东太阳纸业股份有限公司

2006年7月法国阿尔若维根斯公司访问中国造纸学会

2006年5月在北京举行“中日造纸技术交流会”

2006年4月在河南郑州召开“中国造纸学会
第八届造纸化学品应用技术与推广研讨会”

2005年3月在广州举办“第二届华南国际造纸工业博览会”

太陽紙業
SUN PAPER
山东太阳纸业股份有限公司
SHANDONG SUN PAPER CORPORATION
我们拥有同一个太阳，
太阳每天都是新的！

WE LEAD.
WE LEARN.
领先
进取
UPM
中国欢迎
更环保的造纸企业
好客是中华民族的传统美德，中国欢迎致力环保的造纸企业进入中国。来自芬兰的芬欧汇川，致力为中国带来先进的造纸技术与环保理念，它在中国的常熟纸厂，也因此荣获中国环保领域的最高荣誉“国家环境友好企业”的称号。芬欧汇川向中国承诺，从每一张纸做起，保护自然，环保中国。
www.upm-kymmene.com.cn

目　录

(6)纤维原料与化工原料

(7)装备与器材

(8)科技、教育、出版

(9)大事记

(10)附录

(11)单位名录

CONTENTS

1. PRODUCTION & CONSTRUCTION

2. LOCAL PAPER INDUSTRY

3. KEY PULP & PAPER ENTERPRISES

4. MARKET TRENDS

5. ENVIRONMENTAL PROTECTION

6. FIBROUS AND CHEMICAL MATERIALS

7. EQUIPMENTS & ACCESSORIES

8. SCIENCE & TECHNOLOGY, EDUCATION & PUBLICATION

9. CHRONICLE OF EVENTS

10. APPENDIX

11. NAMES OF THE UNITS

彩插广告目录

后彩插

隶属于ANDRITZ集团的ANDRITZ KÜSTERS 公司
代表着奥地利最先进的滚压、压光和压制技术
自1956年以来，KÜSTERS技术就是创新的
代名词，不仅提升了质量和效率，更在造纸行
业掀起了一场技术革命

团结就是力量!

完美伙伴

顶级技术
定制纸机
交钥匙重组工程
全球服务

ANDRITZ KÜSTERS作为纸机及重组领域的供应商一直在质量、效率和提升客户产量方面名列前茅。作为能够提供创新性解决方案、全面计划和顺利试运行的行业佼佼者，我们在全世界的纸浆和造纸工业界得到了极高的声誉，我们为得到的承认和尊重而深感荣幸。

加入我们的团队吧

团结就是力量!

Küsters公司制浆造纸工业质量控制系统在华独家代理:
CICO ENGINEERING CO.,LTD.: 德国捷高机械工程有限公司
北京代表处
电话: 010 85276377　传真: 010 85276378
beijing@illies.de
上海代表处
电话: 021 64851272　传真: 021 64851228
shanghai@illies.de
广州代表处
电话: 020 87321003　传真: 020 87321507
guangzhou@illies.de

ANDRITZ KÜSTERS
WWW.KUESTERS.COM

湿部添加剂、水处理、表面处理
——造纸行业过滤专家

美国滤伯（RPA）工艺技术公司，始于1882年。隶属年销售额50亿美元以上的美国上市500强企业——美国多福集团（DOVER CORPORATION）。

美国滤伯（RPA）工艺技术公司专业从事固液分离、混合，有数以万计的产品应用于万种以上的应用过程。尤其是在造纸行业，滤伯（RPA）一直保持领先地位，全球市场占有率高达70%以上。为纸浆生产、造纸和纸张成形转换提供了广泛的技术支持。

水 处 理：

白水、原水、回收水、喷淋水、冷却水、冷却塔水、热交换水、真空泵水封水、轴封水机械水封。

涂料／添加剂过滤：

涂料、填料、颜料、淀粉、胶黏剂、消泡剂、明矾、助留剂、松香树脂。

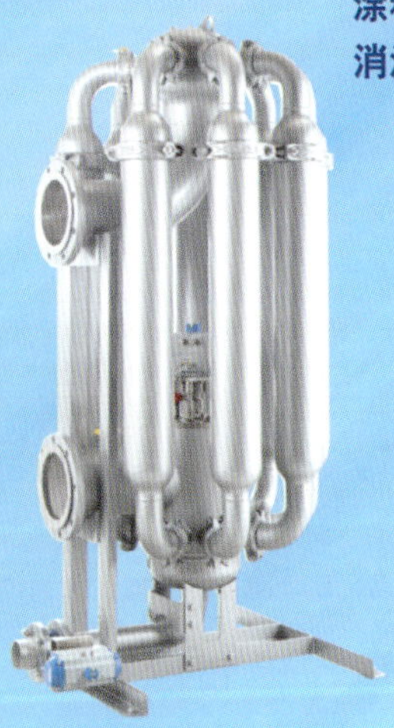

AFR自动反冲洗过滤器

滤伯®(Ronningen-Pettetr®)管式手动/自动清洗高精度过滤器——包括占地小而高效的AFR系列和模块化设计的F系列，用于各种水质流体过滤，精度可达1微米。

其中，AFR系列过滤器结构紧凑，占地面积仅为1m²。采用了全免维护操作，无使用袋式和滤芯式过滤器产生的备件成本、人工操作成本、废芯处理成本和产品损失。

而F系列可以根据用户的需要选用单管或多管式。单管过滤器直接使用在需要批量或间歇操作的低流量工艺中，可采用手动清洗；多管过滤器包含两个或多个滤筒，适合大流量操作。

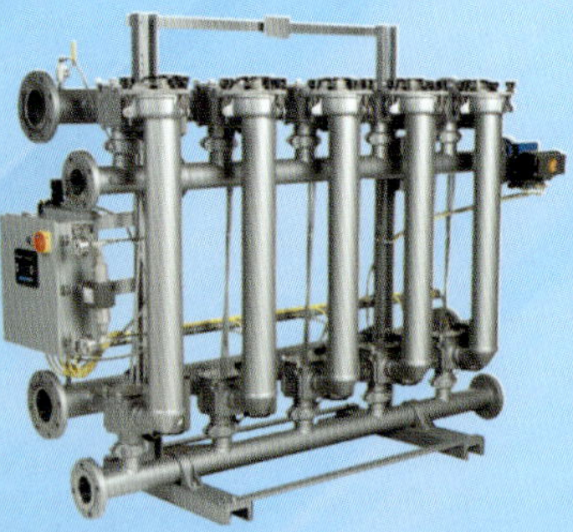

多管式自动反冲洗过滤器

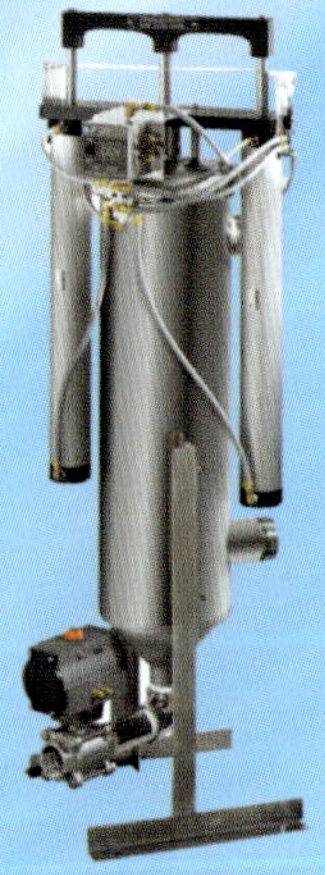

DCF-1600
双缸机械自清洗过滤器

滤伯®(Ronningen-Pettetr®)专利产品DCF/MCF系列机械刮盘式自清洗过滤器——该系列技术领先，有广泛的应用范围，尤其适用于高黏度流体(>500mPa•s)过滤场合。精度可达15微米以上。

其中MCF采用磁力耦合技术，保证了完全无泄漏，结构简单，性能可靠，维修方便。应用于各种化学品，涂料，树脂，胶黏剂，乳胶，墨水等。

MCF磁力耦合自清洗过滤器

中国地区主要用户：

金华盛纸业苏州有限公司
金东纸业有限公司
浙江班班纸业有限公司
牡丹江恒丰纸业有限公司
江苏理文(LEE&MAN)制品公司
山东华泰纸业股份有限公司
海南APP金海制浆有限公司
……

RPA Process Technologies
美国滤伯(RPA)工艺技术公司

Ronningen-Petter • Aoustin • Filtres Philippe • Filtres Vernay • Malaxeurs Guittard
滤伯过滤器・奥斯汀转台真空过滤机・菲力普真空胶带过滤机・沃纳真空转鼓过滤机・吉特混合器

美国滤伯（RPA）工艺技术公司
美国多福资源公司北京代表处
地址：北京市朝阳区麦子店西路3号新恒基国际大厦523室 100016
电话：+86-10-8458 4846，6460 9158
传真：+86-10-6460 6638
联系人：郑晓刚 中国区经理
手机：13901006818
电子信箱：frk1625@126.com fzheng@rpaprocess.com.cn
网址：www.rpaprocess.com

ZELLCHEMING

102nd Annual General Meeting

25. June – 28. June 2007

and EXPO

26. June – 28. June 2007

ZELLCHEMING, BRIDGING THE GAP BETWEEN RESEARCH AND INDUSTRY

Annual General Meeting arranged by ZELLCHEMING
Emilstrasse 21, D-64293 Darmstadt
Germany
Phone:+49-6151-33264
Fax:+49-6151-311076
e-mail: zellcheming@zellcheming.de

ZELLCHEMING

ZELLCHEMING-Expo arranged by
Hanseatic Congress Management GmbH
Am Weiher 23, D-20255 Hamburg
Germany
Phone:+49-40-407623
Fax:+49-40-4917315
e-mail: hanseatic-congress@t-online.de

WWW.ZELLCHEMING.COM

THE ASSOCIATION OF PULP AND PAPER CHEMISTS AND ENGINEERS IN GERMANY

世界上最好的选择了我们。
您猜为什么？

镇江金东纸业
PM.1, PM.2, PM.3
山东华泰
PM.10, PM.11, PM.12
上海中隆
PM.1
山东博汇
PM.4
广东东莞理文
PM.3
苏州金华盛
PM.1
山东日照
PM.1
嘉兴民丰特纸
PM.18, PM. 21
牡丹江恒丰
PM.12, PM.14
宁波中华
PM.2, PM.3
湖南岳阳纸业
PM.3
广东海龙纸业
PM.4
寿光晨鸣
PM.3

lantier®

- 刮刀
- 刮刀架
- 刮刀片
- 喷淋
- 干网高压清洗装置
- 引纸水针
- 蒸汽箱
- 空气喷射器

造纸机械

中国联络处：宋建华 – 布鲁奇维尔通风技术有限公司 – 电话：(21) 5740 6923
传真：(21) 5740 6498 – 电子邮件：jsong@brunnschweiler.com.cn

指数倍的跳跃

世界首创DCS 集散控制系统的先驱

新一代集过程知识和行业经验于一身的过程知识系

— Experion PKS

世纪的经典达芬奇质量控制系统

— DaVinci QCS

纸机多方位横幅纸页质量控制机

— CD Multivariable Control Actuator System

超速精巧压榨部红外水份传感器扫描系统

— Express Moisture Sensor

纸页厚度激光扫描传感器

— Laser Caliper Sensor

造纸企业销售生产调度物流优化管理系统

— OptiVition

霍尼韦尔驾驭您的造纸质量一起飞跃！

Honeywell

想看看 Honeywell 到底如何处理你的问题吗，请访问网站 **www.honeywell.com/ps/ad3**

© 2005 Honeywell International, Inc. All rights reserved.

德资 耐驰(兰州)泵业有限公司
NETZSCH (LANZHOU) PUMPS CO.,LTD.

NETZSCH

奈莫NEMO® BY型

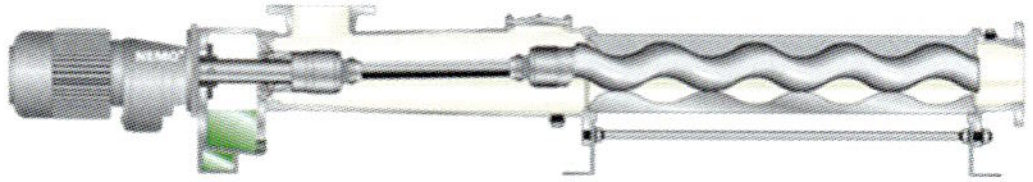

直联型，结构紧凑，占地空间小

奈莫NEMO® SY型

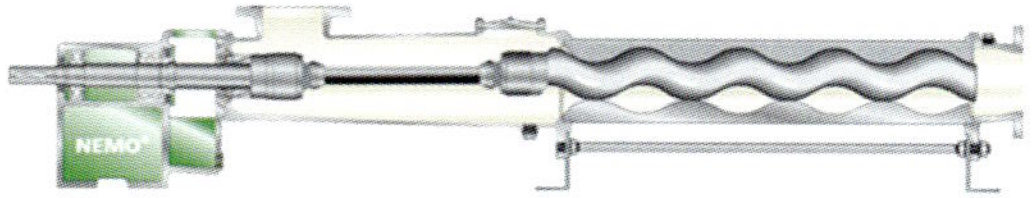

带轴承架型，可匹配多种驱动方式

奈莫NEMO® MINI BY型

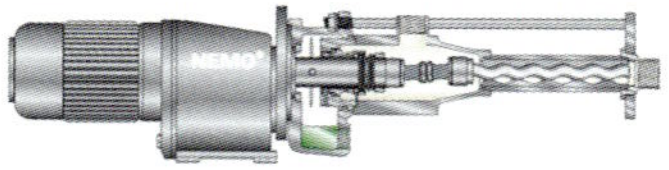

微型直联泵，法兰直联，结构紧凑

奈莫NEMO® SF型

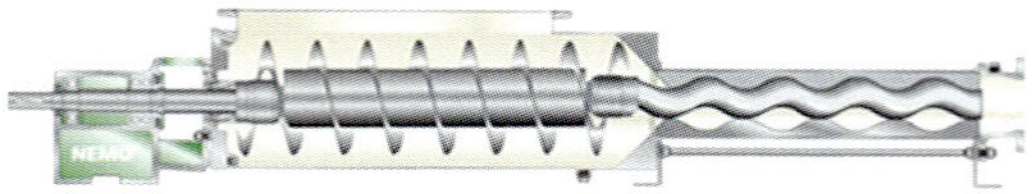

德国耐驰(兰州)泵业公司

有130年历史的德国耐驰集团在中国的独资企业，从事奈莫NEMO® 泵（单螺杆泵）及其配套产品的设计、生产、销售及服务

奈莫NEMO® 泵

奈莫NEMO® 泵是一种容积式泵，具有输送平稳脉动小的特点，适于输送腐蚀性、磨蚀性、高粘度、含纤维、气体和固体颗粒的介质。在造纸工业中主要用来输送各种制浆化学品、矿物填充料、抄纸化学品、各种助剂、涂料及造纸污水等。

- 输送各种粘度的介质(1～3 x 10^6 mPa·s)
- 输送固体含量高的介质(最大粒径达150mm)
- 输送剪切敏感性无自润滑的介质
- 输送高磨蚀性及腐蚀性介质
- 输送液、固、气体混合介质
- 输送过程平稳、无脉动、无剪切
- 转速与流量成正比，可用于计量
- 流量:0.5 dm^3/h～500 m^3/h　压力:0～7.2 MPa

用奈莫NEMO® 泵输送的部分介质

输送再生纸浆

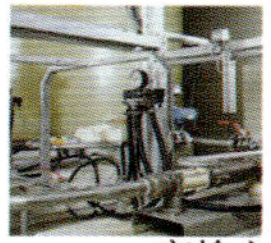
高岭土

碳酸钙

废纸脱墨剂

纸浆输送

涂料输送

北京 010-65978091　上海 021-52587990　广州 020-87320711　武汉 027-85448736　西安 029-82589257　天津 022-26360318
济南 0531-86933168　厦门 0592-5329252　太原 0351-7223626　长沙 0731-4710185　成都 028-86282004　杭州 0571-85215745
乌鲁木齐 0991-4550617

Http: //www.nsk.com.cn

日本精工(株)北京代表处
邮编: 100004
地址: 北京市朝阳区东三环北路5号
北京发展大厦1201室
电话: 010-6590-8161
传真: 010-6590-8166

恩斯克投资有限公司(日本精工中国总部)
邮编: 200051
地址: 上海市仙霞路319号
远东国际广场A栋10楼
电话: 021-6235-0198
传真: 021-6235-1033

日本精工(株)广州代表处
邮编: 510080
地址: 广东省广州市中山二路18号
广东电信广场2009-2011室
电话: 020-37864833
传真: 020-37864501

日本精工(株)成都代表处
邮编: 610016
地址: 四川省成都市忠烈祠西街99号
绿洲大酒店1901室
电话: 028-86614200
传真: 028-86614343

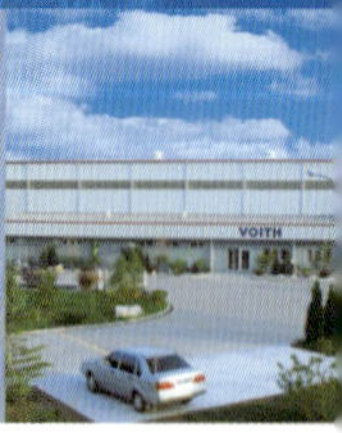

福伊特造纸服务 – 您值得信赖的合作伙伴！

福伊特是一个全球化的公司，同时也是一家拥有区域焦点的公司。福伊特通过现代化的工厂服务本地区的市场，从而实现自己的承诺。福伊特在全球各地拥有28个服务中心，每一个都具有战略意义，为本地和区域市场提供优质快速的服务支持。

福伊特造纸服务在亚洲包括中国和印尼的服务中心，它们的地理位置都靠近客户，能够为纸机、纸板机和卫生纸机上从成形部到卷取部各个部位的辊子提供包胶和维修服务。

Voith Paper

福伊特造纸服务中国服务中心

中国市场对造纸和包装材料的需求量保持快速增长，这就要求提高生产效率和产品质量。福伊特位于昆山和东营的两个造纸服务中心，自2003年开业以来，已成为本地区造纸厂商的重要合作伙伴。福伊特造纸服务中国服务中心主要负责中国、韩国、日本和台湾地区市场。

福伊特造纸服务，昆山服务中心

- 5100平方米的生产区域
- 80吨 吊装容量
- 能够为直径2米，长度15米的辊子提供包胶和服务

产品

橡胶包胶、聚氨酯包胶、复合材料包胶、新辊体服务、辊子维修服务、现场服务

福伊特造纸服务，东营服务中心

- 2250 平方米生产区域
- 60吨吊装容量
- 能够为直径2.5米，长度12米的辊子提供研磨和维修服务

产品

辊子研磨、辊子维修服务、热喷涂产品、现场服务

福伊特造纸服务在亚洲的另一个服务中心位于印度尼西亚，于2001年1月投产，主要负责印尼、泰国、越南、马来西亚、印度、菲律宾、澳大利亚和新西兰市场。

福伊特造纸印尼服务中心，Karawang

- 6,200 平米的生产区域
- 64 吨吊装容量
- 能够为直径2米，长度11米的辊子提供包胶和服务

产品

橡胶包胶、聚氨酯包胶、新辊体服务、辊子维修服务

福伊特造纸服务中国和印尼服务中心设备齐全，包括：行车系统、车床、磨床、钻床、平衡机以及其他先进的技术设备，以确保为客户提供快速优质的产品和服务。

我们优秀的技师不仅接受在国内进行的专业现场训练，还送到欧洲和北美进行培训。所以，我们的专业人员将时刻准备，以一流的技术接受任何挑战。

福伊特作为世界造纸设备生产工业的引领者，我们的专业技术能力已远远超过只为本公司的机器设备和辊子提供服务。福伊特的专业人员可以为市场上的任何设备和各种辊子提供专业服务。

福伊特造纸服务，亚洲地区联系地址

福伊特造纸服务（中国）有限公司
江苏省昆山市紫竹路683号
邮编：215316
电话：+86-512- 57761858
传真：+86-512- 57761999

福伊特造纸服务（中国）有限公司
东营分公司
山东省东营市广饶县
大王镇潍高路488号
邮编：257335
电话：+86-546- 6871129
传真：+86-546- 6871219

福伊特造纸服务印尼公司
Jl. Permata V Lot EE-1
Kawasan Industri KIIC
Teluk Jambe, Karawang 41361
West Java, Indonesia
Phone : +62 267 419 719
Fax : +62 21 8910 7137

Voith Paper Rolls operates 28 service centers worldwide. The two service centers in China are located in Kunshan, Jiangsu Province and in Dongying, Shandong Province. These service centers provide reliable and fast support to our customers.

Voith Paper Rolls offers worldwide to the paper industry innovative products, services and solutions.

All products and services of Voith Paper Rolls support the paper mills to improve paper quality and to increase paper machine efficiency.

VOITH
Engineered reliability.

Ideas for paper
纸之精灵

造纸化学品
Paper Chemicals

- PRAESTARET®
  普锐力特® 助留助滤剂
- PRAESTAMP®
  普锐纳埔® 无机微粒子
- PRAESTAFIX®
  普锐菲斯® 阴离子干扰物固定剂
- TALLOFIN®
  泰乐芬® 沉积物控制剂
- PRAESTACID®
  普锐赛得® 杀菌剂
- PRAESTAMIN®
  普锐达敏® 纸张干强剂
- ANTISPUMIN®
  安滴速灭® 消泡剂和除气剂
- POLYSTABIL®
  波力达比® 多功能水质稳定剂
- PRAESTOL®
  普立清® 高效絮凝剂
- PRAESTALEN®
  普锐特洁® 清洗剂和保洁剂

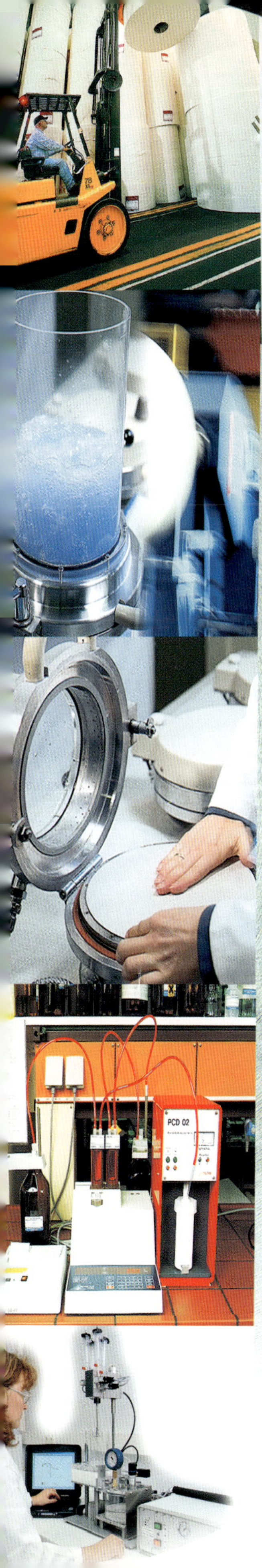

ASHLAND®

北京天使

水之天使 · 纸之精灵

北京天使专用化学技术有限公司现为美国亚什兰集团（Ashland Inc）全资子公司，业务归属亚什兰集团环境与过程工业部（EPS）。北京天使引进德国先进的设备、仪器和技术，在北京市通州工业开发区建立了面向亚太市场的万吨级生产基地，拥有世界先进水平的研究开发中心，在全国建立了销售和技术服务网络。北京天使现已成为中国大陆境内专用化学品的最重要供应商之一。

以为用户提供一流的产品、服务和实用的解决方案为宗旨，北京天使致力于成为中国制浆造纸工业的可靠伙伴。

“水之天使 · 纸之精灵”是北京天使的精髓和象征。

亚什兰集团
环境与过程工业部
北京天使专用化学技术有限公司

地址：北京通州工业开发区广源东街 2 号
电话：+86 10 6156 6998， 6150 2702
传真：+86 10 61503113
邮编：101113
邮箱：tianshi@ashland.com
网址：www.ashland-bj-tianshi.com

Paper adds value to lif
BASF adds value to pape

Size matters - Basoplast®

- 应用于湿部和表面的合成施胶系统
- 提升全脱墨浆的新闻纸质量

适用于所有浆料及温度条件的高效脱
消泡剂 - **Afranil®**

高性能的胶粘物控制系统 - Catiofast®
提高保留，改善脱水 - Polymin®

丙烯酸苯乙烯胶乳和助剂

- Acronal® - 用于SBS涂布和流体包装物的丙烯酸胶乳
- Acrosol® & Sterocoll® - 应用于涂布的增稠剂

巴斯夫（中国）有限公司
中国上海市西藏中路18号港陆广场20楼 邮编：200001
电话：8621-63851630分机3124 传真：8621-63848478
电子邮件：pengjyk@basf-china.com.cn

BASF
The Chemical Company

中国消泡剂专业制造商

品质效果跃然“纸”上

用于造纸行业的消泡剂：

洗浆及黑液工序

草苇浆洗浆：S-04B

真空、压力洗浆（强碱型）：X-Z型（专利号：ZL 200410014870.0）

抄纸及白水循环脱气

高碳醇类（专利号：ZL 20041006717.9）：CS-553系列

涂布工序

非硅类：CS-502F，CS-502C，CS-502D，CS-615，CS-622，CS-6223

污水处理

有机硅类：X-C 系列

此外，公司另有七十多种适用于不同行业的消泡剂供您选择

公司分支机构

▶上海分公司：
地址：上海市中山北路2299号304室 电话(传真)：021－62140793

▶武汉办事处：
地址：武汉市常青化工市场B区28号 电话(传真)：027－83528115

总部地址：南京市中央北路168号盛景园01幢306室 邮编：210028 服务热线：025-85080901，85080902，85080903，85080904
传真：025-85080900 http：//www.sixinchem.com E-mail：sixin@sixinchem.com

布鲁奇维尔（上海）通风技术有限责任公司

BRUNNSCHWEILER SHANGHAI AIR TECHNOLOGY CO.,LTD

布鲁奇维尔（上海）通风技术有限责任公司是由西班牙BRUNNSCHWEILER,S.A.投资的外商独资企业，BRUNNSCHWEILER,S.A.成立50年来，一直致力于造纸工业干燥和通风系统的技术发展。通过不断的努力开发，本公司发展和掌握的高露点密闭气罩已被应用于车速达1700米/分，幅宽10米的高端纸机上，提供的高速热风（杨克）气罩可高效运行于2200米/分的卫生纸机上，送风温度可达700℃。本公司在巴西和美国都有自己控股的合资公司，为了更好的服务于中国市场，于2003年1月在中国上海成立全资子公司。用国产的价格为您提供世界先进的技术、产品和服务。

产品包括：密闭气罩、各种功能的吹风箱、热回收系统、厂房通风系统、高速热风（杨克）气罩、空气干燥转向器、涂布热风箱、蒸汽冷凝水系统、风机和卫生纸机除尘系统。

主要用户：

1、上海中隆造纸厂
气罩与通风系统“交钥匙”工程
包括密闭气罩，热回收系统，空气预热器系统，气罩排风系统，制浆部抽湿系统，成型部抽湿系统，以及所有系统、设备的安装、调试工作

2、常熟理文造纸厂5#机：
密闭气罩，稳纸吹风箱，袋区吹风箱，压榨递纸稳定吹风箱，热回收，造纸车间通风系统设计

3、广东VOITH新纸机：
板纸，密闭气罩，吹风箱，吹、排风系统，热回收单元，厂房通风系统设计

4、APP 印度尼西亚：
PT. PABRIK KERTAS TJIWI KIMIA Tbk 纸厂PM12
密闭气罩及成型部吹风箱和热回收，厂房通风系统设计

稳定纸幅
优化干燥
节能降耗
改善环境

地址：上海市奉贤区邬桥镇环北路2号　　邮编：201402
电话：021-57406923　　传真：021-57406923
邮箱：mail@brunnschweiler.com.cn

SKF

SKF纸机优化解决方案
为造纸企业带来更高的可靠性和效益

我们的方案：

1. 新一代自调心轴承系统：球面滚子轴承+CARB轴承
2. 高速高精度球面滚子轴承
3. 新一代烘缸轴承座
4. 用于软压光机的“永不磨损”特殊涂层轴承
5. 超级压光机舒展辊专用低磨擦自调心球轴承
6. 在线、离线状态监测系统
7. 纸机集中润滑系统
8. 摆座式烘缸轴承座和引纸绳轮的改造
9. 为造纸企业度身定制的“主动可靠性维修”服务
10. 备件库存优化服务

造纸厂收益：

- 提升纸机开机率
- 提升纸机车速
- 改善产品质量
- 降低总体成本

www.skf.com / www.skf.com.cn

德国捷高机械工程有限公司－中国纸业伙伴
CICO ENGINEERING CO., LTD.

代理下列著名厂商的纸加工和造纸设备及耗材：

德国Andritz Kuesters 公司
靴式压榨、软压区或硬压区压光机，
超级软压光机及各种可控中高辊

意大利OVER公司
薄页纸机、卫生纸机和纸板机

意大利OMS公司
平板纸垛拉伸膜和热收缩膜包装线

法国ARBOREM公司
红外干燥系统

法国PROCOAT公司
化学品制备设备

德国VIB公司
造纸机用蒸汽喷箱

法国LTG公司
蒸汽冷凝水系统、密闭气罩、通风系统

德国MAHLO公司
纸张质量控制系统（QCS），
包括纸张定量、水分的纵、横向测量和控制，
以及纸幅厚度和灰份的测量和控制

韩国HYM公司
各种高速分切复卷机及退卷设备

韩国DAIN公司
卷筒纸包装及输送系统

德国NADZEYKA公司
各类纸管的生产、切割及精加工设备

丹麦DANWEB公司
全套无尘纸生产线（DANWEB）

奥地利IBS集团
各种陶瓷脱水元件，网毯张紧器，校正器，
刮刀，喷淋清洗装置，卷纸机换卷系统及纸带

意大利Feltri Marone公司
各种造纸网毯

以及其他造纸及加工设备。欢迎联系以下办事处：

香港
电话：+852－27220749
传真：+852－27239412
邮箱：hongkong@illies.de

北京
电话：010－85276377
传真：010－85276378
邮箱：illies@public.bta.net.cn

上海
电话：021－64851272
传真：021－64851228
邮箱：cicosha@public.7.sta.net.cn

广州
电话：020－22373368
传真：020－87321507
邮箱：cicogz@public.guangzhou.

青岛
电话：0532－85918868
传真：0532－85918855
邮箱：cicoqd@public.qd.sd.cn

哈尔滨
电话：0451－53605469
传真：0451－53605467
邮箱：cicohrb@public.hr.hl.cn

成都
电话：028－86200530
传真：028－86200531
邮箱：cicoche@public.cd.sc.cn

武汉
电话：027－85712740
传真：027－85712257
邮箱：cicowuh@public.wh.hb.

上海维修中心
电话：021－64651272　传真：021－64850051　邮箱：cicosha@public7.sta.net.cn

ILLIES
SINCE 1859

德国捷高机械工程有限公司
CICO ENGINEERING CO., LTD

IBS PAPER PERFORMANCE GROUP
杰出的技术来自于IBS PPG
IBS 纸张品质改善小组在您纸机的关键部位，
有着丰富的优化工艺的经验和全面的专业技术，
可以为您提供从解决网部磨损到脱水元件，
从换卷装置到网部校正器，张紧器，从刮刀到
喷淋系统全面的技术。
您会立即体验到这些技术带来的惊喜。
James Ross
BERGER
IBS
JUD
www.ibs-ppg.com

诺斯克集团简介

诺斯克集团是生产出版类纸张的领先公司之一，在欧洲、澳洲、亚洲和南美洲的14个国家拥有19家工厂、以及来自世界各地的9000 名员工。在亚洲，诺斯克泛亚是最大的新闻纸生产商，年总生产量约为180万吨。诺斯克泛亚的生产设备具有世界水平，它在亚洲的工厂分布于韩国的全州和清源、泰国的新波利、中国的上海和河北省。

诺斯克在中国

诺斯克泛亚是中国境内仅
外商投资新闻纸生产企业。其
国投资的两个合资工厂是上海
克潜力纸业和河北诺斯克龙腾
有限公司。

河北诺斯克龙腾纸业有限

河北诺斯克龙腾纸业有限
是诺斯克大家庭的新成员。20
投资建厂。使用100%的脱墨
技术，年产量可达33万吨。河北
克龙腾纸业有限公司还有着先
废纸处理设施和焚化装置，工
全符合ISO环保标准。

上海诺斯克潜力纸业

上海诺斯克潜力纸业在199
建成投产，是中国第一家100%
用回收废报纸纤维生产新闻纸
工厂。其年产量14万吨。它是
一家通过采用焚化方法处理
垃圾替代常用的垃圾掩埋方
工厂。和诺斯克泛亚纸业的工厂
样，上海诺斯克潜力纸业被中国
纸协会评定为甲级环保及安全生
企业。

如需要购买诺斯克泛亚公司的新闻
欢迎致电！

诺斯克泛亚(上海)商务咨询有限公
地址：上海市娄山关路83号新虹桥
中心大厦2808
电话：021-62369968
传真：021-62369978

北京办事处：
地址：北京市朝阳区东三环中路39
建外SOHO B-1903
电话：010-58692666
传真：010-58694622

Future on Paper 纸向未来 Norske Skog

valmet-xlan

维美德西安造纸机械有限公司

总经理：潘蒂·赫鲁帕宁先生

销售部长：朱建设先生

地址：陕西 西安阿房四路

邮编：710086

传真：(029)84363000 84363433

电话：(029)84363155 84363165

84363167 84363169

公司简介

Company profiles — 个 搬

1997年，奥地利安德里兹股份公司以其对中国纸浆造纸工业的卓越预见，率先在中国的广东省佛山市成立了一家专业生产浆泵的合资公司－佛山肯富来安德里兹泵有限公司；至此我们一直以无与伦比的产品质量和无可挑剔的售后服务向中国纸浆和造纸工业提供高质量的浆泵和搅拌器产品；十年以来，我们与中国纸浆造纸工业一起齐头并进，飞速发展，并始终处于浆泵生产的领先地位，成为他们在国内最忠实的伙伴！

S3型浆泵

SP型浆泵

FP型冲浆泵

SF中浓浆泵

TMX型搅拌器

佛山肯富来安德里兹泵有限公司

ANDRITZ-KENFLO Foshan Pump Co.,Ltd.

主要办公和生产基地
中国广东省佛山市河滨路14号
邮编：528000
电话：+86 757-82800482
传真：+86 757-82817010
电邮：Andritz-Kenflo@andritz.com

上海办事处
上海市卢湾区淮海中路8号
兰生大厦16－01
邮编：200021
电话：+86 21-63191069
传真：+86 21-63191078

山东办事处
山东省青岛市中山路44-60号
百盛国际商务中心1509室
邮编：266001
电话：+86 532-82022092
传真：+86 532-82021297

国的欧洲工厂

奥地利安德里茨集团继浆泵在中国造纸领域的成功推广和应用后，于2002年成立了佛山安德里茨技术有限公司。公司制备系统部致力于制浆造纸工业设备的开发和制造，产品可广泛适用于整条OCC线、DIP线、损纸线、原生木浆线、流送系统等。国外专家常驻佛山进行生产管理及技术培训，秉承安德里茨严谨的质量要求，专业的技术服务。

碎浆机转子

双盘磨

除渣器

F筛

热分散系统

佛山安德里茨技术有限公司
ANDRITZ Technologies Ltd.

ANDRITZ

主要办公和生产基地
广东省佛山市禅城区城西工业区
天宝路9号
电话: +86 757 8296 9255
传真: +86 757 8296 9209
邮编: 528000

上海办事处
上海市徐汇区桃江路8号宝轻大厦
8楼A座
电话: +86 21 6471 7105
传真: +86 21 6471 7935
邮编: 200031

APP 金光集团APP（中国）
SINAR MAS GROUP-APP CHINA
Tel:86-21-63352222 http://www.app.com.cn

APP－世界纸业十强，产品涵盖整个浆纸领域，一贯卓越的品质表现使APP成为优质纸品的标志。
APP优质纸品一览：太空梭、东帆、长鹤、神盾、彩蝶、金贝、汉威、金鸥、立可得、金球、金彩蝶、CANARY、金旗舰、蓝蜗牛、旗舰、真真、清风、唯洁雅。

APP 优质纸品

金东纸业
GOLD EAST PAPER
让世界更绚丽
Beautify the World
地址：江苏省镇江市大港兴港东路8号　免费服务热线：8008283768　www.goldeastpaper.com.cn
电话：86－511－8998888　传真：86－511－8997000　公司品牌：太空梭、东帆、长鹤、神盾

APP

金光集团APP中国企业

海南金海浆纸业有限公司

海南金海浆纸业有限公司，是金光集团APP按林浆纸一体化的经营理念，在中国大陆投资建第十三家特大型制浆造纸企业，地处海南省洋浦经济开发区，占地6000余亩。一期工程年产100万学漂白木浆，总投资102亿元人民币，1997年由国家计委批准设立，1998年12月奠基，2003年5月兴建，2004年11月试产成功，2005年3月28日正式投产。二期工程年产160万吨造纸项目于2005年20日获国家发改委批准。

金海浆纸一期工程制浆生产线，是迄今为止世界上规模较大、技术较先进的单一制浆生产线。除用一流先进生产工艺外，公司全部主体设备及电器、仪表等自控设备，均采用国际著名专业厂商产品代表了当今世界制浆造纸领域的一流先进水平。一期工程自2005年3月28日正式投产以来，生产运行况良好，2005年累计浆板产量达80万吨，日产量已突破设计产能，实现了产销平衡。

金海浆纸以“绿色造纸，保护环境”为己任，投资约24亿元人民币用于环境治理，采用先进的产工艺和一流的装备技术，从源头控制，达到节能降耗、污染预防的目的，并逐渐建立循环经济和生体系。2005年7月29日，公司通过了ISO9001质量管理体系认证；2006年4月28日，通过ISO14001环管理体系认证审核；2006年6月28日年产100万吨漂白木浆厂通过国家环境保护总局验收。

金海浆纸秉持“植树造林，造福自然；制浆造纸，造福人民”的经营理念，实现“生态营林、环制浆、绿色造纸”，经济效益、社会效益和生态效益同步发展。按总体规划，金海浆纸业有限公司将展成为林、浆、纸、纸制品一体化的特大型联合企业，成为耸立于洋浦经济开发区的纸业城。

植树造林 造福自然
制浆造纸 造福人民

海南金海浆纸业有限公司 地址：海南洋浦经济开发区D12 电话:0898-28822288 传真:0898-28821260

金光集团—中国生活用纸事业部
金红叶纸业(苏州工业园区)有限公司

金红叶纸业（苏州工业园区）有限公司坐落于最具发展潜力的苏州工业园区，南靠吴淞江北依沪宁高速公路，东临上海，交通运输便捷，人文会萃，融会科技工业的开放性，是最佳生活纸的生产基地。于1998年8月正式投产，总投资额10.6亿美元，第一期投资额为3.6亿美元，占114公顷，建筑面积170万平方米，厂区设有汽电厂、进出货码头、25万千瓦发电厂以及日处30,000吨废水处理场。

金红叶纸业拥有两台世界较先进 VOITH SULZER CRESCENT FORME TISSUE MACHINE，最大宽幅达5.6米机速可达2000米/分钟，采用印尼、北美地进口优质木浆作为原料，通过DCS、QC等控制系统有效保证生产工艺的稳定性产品的优良品质，所生产原纸不但满足红叶工厂的加工需求，并有部分原纸远销海外市场。

金红叶旗下有三大品牌

唯洁雅　　清风　　真真

-- 原纸经450度超高温处理，确保产品卫生、洁净
-- 100%原生木浆制造，确保产品纸质纯净，柔软细腻，强韧耐破
-- 不添加荧光剂，确保产品绝对安全，对人体无伤害

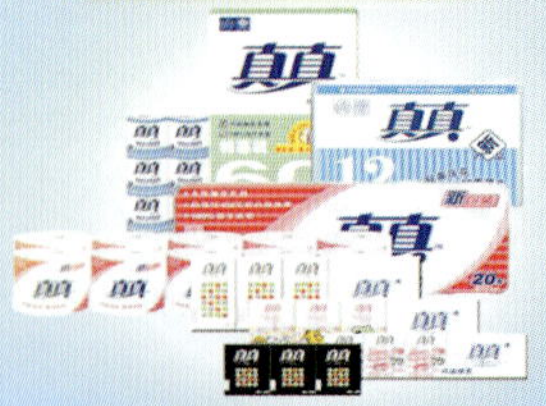

地址：江苏省苏州市工业园区胜浦分区金胜路1号　邮编：215126
电话：0512-62810228　　传真：0512-62818276
网址：www.ghy.com.cn
Add: No.1, Jinsheng Rd., Shengpu Town, Suzhou Industrial Park, Jiangsu Province, 215126

云南云景林纸股份有限公司

YUNNAN YUN-JING FORESTRY & PULP MILL CO.,LTD.

中國首家林纸一体化企业

现有规模
- 10万吨/年纸浆厂一座
- 100万亩原料林基地
- 9万吨/年煤矿一座

主产
- "三针"牌漂白硫酸盐针叶木浆
  阔叶杂栎木浆
  桉木浆

云景林纸是国家"八五"、云南省"八五"和"九五"期间的重点项目，是云南省首次利用亚洲开发银行贷款，按照林纸结合模式兴建的国内一家林纸一体化企业。累计总投资19.6亿元，其中：纸浆厂部分16.1亿元，林基地部分3.5亿元。整体技术装备处同期国际先进水平。2005年被云南省企业联合会、企业家协会评为云南省企业百强之一；2006年被云南省政府列为重点扶持的10户生物加工产业企业之一；2006年被中国经济联合会、中国轻工业报社评为中国纸浆制造排头兵企业之一。

云景林纸
YUNJINGLINZHI

公司地址：云南省·景谷县
邮政编码：666400
办公室联系电话：0879-5410198 5410228
传真：0879-5410193
销售联系电话：0879-5410003 13577922165
传真：0879-5410146

山东太阳纸业股份有限公司

SHANDONG SUN PAPER CORPORATION

第九、十届全国人大代表
全国劳动模范
全国工商联纸业商会会长
中国浆纸风云人物
山东省工商联副会长
公司党委书记、董事长

- 中国最佳经济效益企业
- 中国民营企业500强
- 中国最具生命力百强企业
- 全国最大的烟卡和高档涂布包装纸板生产基地
- 全国造纸行业效益十佳企业
- 全国关爱员工民营企业
- 全国诚信守法企业
- 全国工商联系系统优秀纳税会员企业
- 山东省AAA级信誉企业
- 山东省水污染防治工作先进单位
- 山东省高新技术企业
- 山东省环境友好企业
- 山东省首批循环经济试点企业

山东太阳纸业股份有限公司

SHANDONG SUN PAPER CORPORATION

太陽紙業 SUN PAPER

阔步迈向世界舞台的太阳纸业

山东太阳纸业股份有限公司始建于1982年，经过20多年的艰苦创业，公司现已发展成为资产65亿元，年生产能力130万吨，员工7000多人融造纸、化工、外贸、电力、科研、林纸、投资为一体的国家大型股份制企业。主要产品有：高档涂布包装纸板、高档工业用原纸、高级文化办公用纸三大系列150多个品种规格，产品畅销全国各地并远销美国、非洲及东南亚等十多个国家和地区。

2005年，公司完成产量109万吨，销售收入55.24亿元，利税6.66亿元，上缴国家税金2.6亿元，各项经济指标连续多年位居全国同行业前四位和山东省同行业前三位。2006年，公司将完成产量130万吨，销售收入70亿元，利税7亿元的奋斗目标，为太阳纸业实现跨越式发展打下坚实的基础。

太阳纸业紧紧抓住企业健康发展的良好机遇，始终以经济效益为中心，以创建节约型、环保型、创新型、学习型“四型”企业为目标，力争到2008年达到浆纸200万吨、销售收入100亿元、利税15亿元；到2010年达到浆纸260万吨、销售收入150亿元、利税30亿元的奋斗目标，构建成人流、物流、信息流一体化、现代化、生态型的中国造纸工业高科技示范基地，整体实力跨入中国企业500强，跻身于世界造纸百强，为民族造纸工业做出新的更大的贡献！

太阳造纸

太阳化工

太阳林业

太阳物流

太阳热电

太阳花园

荣誉展示

沐浴改革开放的春风，取得了超常规的发展，赢得了各级党委政府的肯定和鼓励，先后荣获多项荣誉称号。

品质维系我们的荣耀
创新引导我们走向辉煌

山东太阳纸业股份有限公司

SHANDONG SUN PAPER CORPORATION

太陽紙業
SUN PAPER

培育核心竞争实力　与国际一流技术接轨

年产20万吨高档白卡纸生产线

具有世界先进水平的年产30万吨高级铜版纸生产线

年产25万吨高档包装纸板生产线

年产20万吨高档信息用纸生产线

中国海诚工程科技股份有限公司
China Haisum Engineering Co.Ltd.

制浆造纸事业部

Pulp & Paper Business Division

中国海诚工程科技股份有限公司（以下简称海诚股份公司）是由中国海诚国际工程投资总院联合其它战略投资者，以其下属中国轻工业上海设计院整体改制而设立，是目前我国最大的提供有关设计、咨询、监理、采购、施工、培训、开车等工程总承包服务的综合性股份制工程科技公司。海诚股份公司在全国拥有北京、广州、长沙、武汉、南宁、成都、西安七个子公司，员工超过2400人，公司总资产超过4亿元人民币。

海诚股份公司制浆造纸事业部成立于2006年初，由上海、北京、长沙、武汉、南宁、成都、西安七个分部组成。海诚股份公司拥有丰富的人才资源，其中制浆造纸领域的技术人才实力雄厚。目前制浆造纸事业部拥有工程技术人员500余人，并聘用资深高级工程技术人员40余名其中教授级高工86人，高级工程师211人；从事制浆造纸工艺技术人员210名，其中设计大师2人，高级职称占50%以上。

自1953年至今，海诚股份公司就一直从事制浆造纸工程项目和设备的设计。到目前为止制浆造纸事业部已完成制浆造纸工程项目2000余项，近几年的项目规模已达到世界级，部分项目的规模达到了世界第一，在国内大中型制浆造纸工程项目和设备设计领域中占据绝对优势，居于主导地位。

海诚股份制浆造纸事业部将建立统一的技术平台和资源平台，全面提高工程质量和自身的技术水平，逐步接近世界先进水平；逐步完成从工程设计向工程管理和工程总承包的转型，扩大工程服务领域，使海诚公司成为制浆造纸行业中名副其实的世界级工程公司。

China Haisum Engineering Co. Ltd. (hereinafter to as Haisum), wholly reformed by China International Engineering Investment Corporation affiliating some other strategic investors and established upon Shanghai Design Institute of Light Industry of China, is the biggest comprehensive stock engineering company in China, which provides engineering design, consultation, construction supervision and general contract including procurement, construction, training and trial run, etc. Haisum has altogether seven subsidiary companies, which are located in Beijing, Guangzhou, Changsha, Wuhan, Nanning, Chengdu and Xi'an, with above 2400 employees. The total asset of Haisum is RMB 400 millions.

Haisum Pulp & Paper Business Division was established in the beginning of 2006 composed by seven subsidiary divisions: Shanghai, Beijing, Changsha, Wuhan, Nanning, Chengdu, Xi'an. Haisum owns rich professional staff especially in the pulp & paper engineering field. At present the division has over 500 staff classified into 86 senior engineers (equivalent to professor), 211 senior engineers and 210 engineers engaging in the pulp & paper process (including 2 Design Masters, up 50% senior engineers).

Since 1953 Haisum has been engaged in the pulp& paper engineering design and equipment design field for many years. Up to now Pulp & Paper Business Division has undertaken over 2000 pulp & paper projects. Moreover, several projects have reached the first class level in the world which makes us the leading role in the domestic large and medium sized projects and equipment design field.

The division will build up the inner uniform technology and resource platforms, improving the technology and engineering quality roundly, making the technology close to the world advanced level. In the coming years the division will pay more attention to the engineering management and the EPC, enlarge the engineering service field, in order to become a worldwide first class engineering company in the area.

地址：上海市宝庆路21号　邮编：200031　Add: 21, Baoqing Rd. Shanghai　Post code: 200031
电话：021-64717908　传真：021-64718347　Tel: 021-64717908　Fax: 021-64718347
网址：www.haisum.com　电子信箱：ppbd@haisum.com　URL: www.haisum.com　E-mail: ppbd@haisum.c

泰格林纸　千载文章

地址：中国湖南省长沙经济技术开发区东升路 48 号
电话：0731－4025555
传真：0731－4025566
网址：WWW.tigerfp.com

Add: No.48 Dongsheng Road,Changsha Economic And Technological Development Area,Changsha City, Hunan province ,China.
Tel:86 731 4025555
Fax:86 731 4025566
Http: WWW.tigerfp.com

STORAENSO

What paper can do

斯道拉恩索集团　　苏州紫兴纸业有限公司

苏州紫兴纸业有限公司由世界财富500强之一、欧洲较大的林纸业集团斯道拉恩索（*Stora Enso*）控股投资的高档文化用纸生产企业，也是国内投资、生产时间较早的高档文化用纸生产企业。公司成立于1993年，并于1996年正式投产。

紫兴纸业位于江苏省苏州市高新技术产业开发区，占地近28万平方米。公司的总投资额约20亿元人民币，主体设备包括：抄纸机、涂布机、超级压光机来自于世界著名的造纸机械供应商----芬兰美卓集团，除此以外，还拥有相关配套设备包括浆料制备、复卷整切包装、自控、电气传动和废水处理等系统。

紫兴纸业生产的产品全部是注册商标为“SPCO”的高档美术铜版纸，产品线涵盖105-250克，年产量约21万吨。

传递诚信

SPCO-Delivering Trust

紫兴纸业拥有一支受过专业训练，且年轻、富有进取精神的员工队伍。公司员工总数约为670人，其中超过30%以上的员工拥有大专以上的教育背景，有约200名员工在芬兰受过专业培训，同时我们每年都有与集团的海外工厂进行交流培训的项目。

地　址：江苏．苏州新区滨河路600号
电　话：0512-6825 1060
传　真：0512-6825 1711
邮　编：215011

Binhe Road Suzhou New District,Jiangsu,
215011 PR China
Tel:0086-512-6825 1060
Fax:0086-512-6825 1711

紫兴纸业

值得信赖的合作伙伴

两千年前，蔡伦发明的造纸术，改变了世界文明的进程，加速了人类文化的发展与传播，文明得以普及。保护和关爱我们的生存环境，应该成为文明世界的基本准则。**斯道拉恩索**隶属于使用自然资源的工业，这给公司运营带来很大挑战。作为国际化公司，**斯道拉恩索**更以成为全球的，民族的和本土的模范公司为己任。我们携同供应商和合作伙伴，在产品设计、原材料到成品的价值链每一环节考虑到环境管理，持续不断地改进，将环境影响降至最低。

STORAENSO
what paper can do

斯道拉恩索集团　苏州紫兴纸业有限公司

地址：苏州新区滨河路600号　电话：0512-6825 1060　传真：0512-6825 1711

珠海经济特区红塔仁恒纸业有限公司

珠海经济特区红塔仁恒纸业有限公司是由云南红塔集团有限公司和新加坡仁恒工业有限公司于一九九一年共同投资兴
的大型现代化造纸企业。公司投资总额20亿人民币，注册资金9800万美元，占地面积34万平方米。公司现有两条造纸生产
年设计生产能力22万吨。主要技术装备分别从芬兰、奥地利、德国、法国、美国、日本等国家引进。

公司主导产品“红塔”牌高档涂布白卡纸(170~400g/m²系列单面涂布、双面涂布白卡；SBS单面涂布、双面涂布白
各种常规和特规的卷筒、平板及舌头卡纸)，产品选用进口木浆和化工原料生产。制造设备使用世界一流的打浆设备、三
成型器、带靴型压榨的三道压榨、并设有四次机内涂布、硬软压光机对纸面进行整饰，整个生产过程运用DCS集成控制、QC

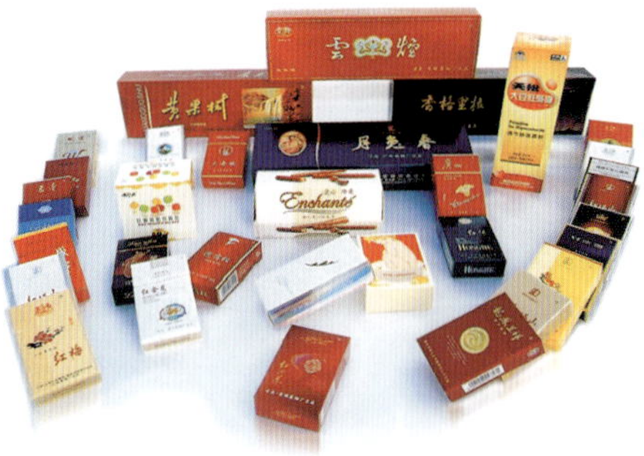

珠海经济特区红塔仁恒纸业有限公司

地址：中国珠海市前山金鸡路508号　　邮编：519070　　电话：0576-8666888

红塔仁恒与您共创辉煌

统进行工艺设定和质量控制，使纸张的品质得到有效的保证。产品质量经国家轻工业行业专家及用户鉴定，达到当前国际先进水平，填补了国内造纸行业的一项空白。96年公司产品被列入国家级新产品；97年公司顺利通过ISO9002国际质量体系认证；同年产品获得珠海市推动科技进步做出突出贡献特等奖殊荣；98年荣获中国轻工业科技进步一等奖；99年公司产品获得中国科技界的最高荣誉—国家科技进步一等奖；2000年 “彩色纤维防伪涂布白卡纸” 荣获珠海市科技进步一等奖；2001年该产品再次被评为广东省科技进步三等奖；2003年5月公司顺利通过ISO9001:2000的复评；2005年 “HT” 商标被认定为广东省著名商标；公司被评为广东省企业100强；同年被中国质量信用评价中心授予 “AAA级” 中国质量信用企业。

公司自投产以来，生产经营情况良好，各项主要经济技术指标均列国内造纸行业前茅，连年荣获珠海市模范纳税大户称号。产品在卷烟、医药、食品、化妆品和生活用品等方面广为使用，有效的替代了进口。“红塔”品牌白卡纸蜚声海内外。为了参与市场竞争，保持和进一步扩大市场份额，公司今年投资1.5亿元人民币对两条纸机生产线进行整体提质和提速技术改造，提高技术装备水平，扩大生产能力，保持公司的可持续发展势头。

在高起点、高标准、高层次的竞争中，掌握世界一流技术，生产世界一流产品，建设世界一流企业始终是红塔仁恒公司的坚定信念和追求。

传真：0756-8615037　　网址：http://www.htrp-paper.com

上海金熊造纸网毯有限公司
SHANGHAI JINXIONG FABRICS XO.,LT

锦 云

锦上添花

云中独步

更经用、更高贵、更周到

锦云毛毯——中国高端品牌

上海金熊造纸网毯有限公司的发展里程

地址：上海市金山区枫泾镇兴塔建安路78号
邮编：201502
总机：021-67361666转各部
销售电话：021-67361070
销售传真：021-67361071
销售联系人：张为平、董利成
Http://www.shjinxiong.com
E-mail:xiaoshou@shjinxiong.com

东莞市业兴网毯有限公司

本公司是1990年开办的造纸用毯，聚酯网和工业用毡专业制造厂，年生产能力造纸毛毯500吨，聚酯干燥网6万平方米，是国内规模较大，技术先进并率先实现网毯生产一体化的重要厂家之一。

- 2002年通过ISO9000质量体系认证;
- 2003年率先实现网毯生产一体化;
- 拥有500多家纸厂用户，近三十多条抄宽3.6～5.2米高速大中型造纸生产线;
- 产品出口到亚洲、欧洲、非洲十个国家和地区。

地　址：广东省东莞市高埗镇护安围　邮编：523279
总经理：莫河清　副总经理：莫志钦
电　话：0769-88731749　88734262　传　真：0769-88737340
http：//www.dgyexing.com　Email：yxwf@pub.dgnet.gd.cn

太仓嫦娥工业用呢有限公司

铸就造纸毛毯新领域

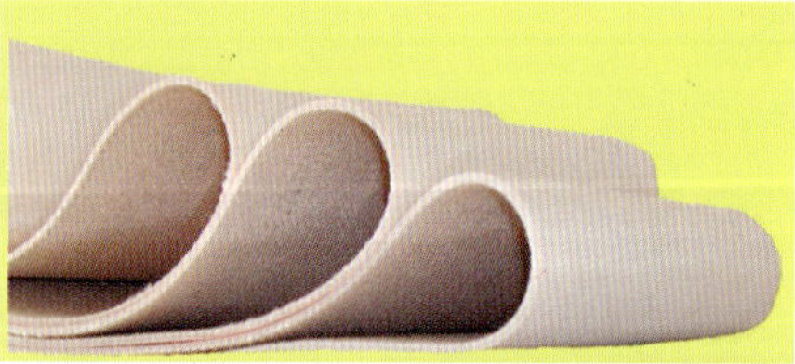

太仓嫦娥工业用呢有限公司创建于1987年，公司拥有5条造纸毛毯生产流水线，具有年生产600吨的能力。

公司主要产品为“嫦娥”著名商标系列压榨毛毯、石棉瓦毯、毛毯后整理设备等，且拥有多项发明专利。太仓嫦娥采用适合国情的国际先进经营管理模式，建立了完善的ISO9000国际质量保证体系。2004年建立了国内专业从事国内造纸毛毯及相关产品制造设备的技术中心。2005年公司成功开发了特种纸专用烘缸复合干毯，2006年公司引进了瑞士、意大利、日本等国的设备，为环织化BOM毯奠定了基础。

公司将真诚为您做好售前、售中、售后的技术交流服务。

嫦娥®

地址：江苏省太仓市沙溪镇新北西街132号　　邮编：215421
电话：0512-53212049 53210211 53213040　　传真：0512-53214871
网址：www.chang-e.net.cn　　邮箱：change@vip.163.com

3rd China Pulp & Paper Markets

第三届 中国纸浆与造纸市场国际研讨会

2007年1月23-24日
上海锦江汤臣洲际大酒店

国际纤维及中国纸浆与造纸市场对2007年的展望?

第三届中国浆纸会议将于1月23-24日在上海举行.
此会议主要探讨中国纸浆与造纸行业生产及市场发展趋势.

支持媒体:

EUWID

造纸化学品 paper-chem.com

paperASIA

IBIS Chemical Trade Intelligence

会议内容:

- 浆纸市场的前景、供需、投资等方面的发展趋势
- 中国森林业的发展情况和前景
- 可回收纸 - 最新趋势，最新科技
- 中国纸浆与造纸市场的最新动态
- 印刷及平面广告市场最新趋势
- 浆纸化学平品及科技的最新趋势

新加坡管理技术中心(CMT)致力为世界各地高层管理人员主办国际研讨会，提升管理技术，已拥有23年的丰富经验。总部位于新加坡，在马来西亚，泰国，印度均设有分部。每年在亚太，中东，拉美，欧洲，中美等地举办过将近60个国际研讨会。自1993年起， 致力开发中国市场 。在中国举办过无数研讨会，会议反映非常理想，出席者都是在行的专业人士及高级主管。

主办单位

中国造纸

Centre for Management Technology®
Into our 23rd year

请查阅网址: ***www.cmtevents.com*** 以获取最新会议议程

报名方式:请填妥以下表格,传真/电邮至:管理技术中心(新加坡),大会秘书处:**杨爱玲小姐(Ms Cynthia Yeo)**
电话: **(65) 6346 9132** 传真: **(65) 6345 5928** 电子信箱: **cynthia@cmtsp.com.sg**
❑ 我要报名参加， 并且同意付会务费 ❑ 请提供会议程 ❑ 请提供赞助资料 (请在适当的括号内注明)

姓名(Name)________ 职务(Position)________
机构(Organisation)________ {国营企业/三资企业/其他}________
地址(Address)________
________ 电子信箱(Email)________
电话(Tel)________ 传真(Fax)________

广州造纸集团有限公司

广纸2006年5月底投产的高档纸机，年产新闻纸16万吨。

金页牌新闻纸及其印刷成品“广州日报”、“南方日报”、“羊城晚报”等报纸。

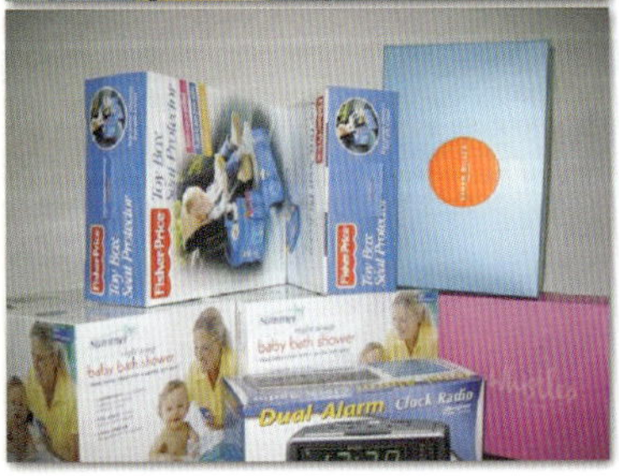

广州造纸集团有限公司是越秀集团旗下的大型国有骨干企业，始建于1936年，集浆、造纸、热电、环保于一体，工艺齐全。公司位于羊城之南，珠水之滨，占地面积万平方米，拥有合作开发的林业基地达50万亩。现有资产总额50亿元，纸及纸板年生能力60万吨，具有自营进出口权，自备码头的船只可直航港、澳地区，是南方重要的浆造纸基地。

广纸集团辖下有广州造纸股份有限公司和广州威达高实业有限公司，产品有胶印新纸、涂布纸、白卡纸、普通白板纸及双面灰板纸等。其中，“金页牌”新闻纸是全国户满意产品，广东省名牌产品，“金页牌”商标获广东省著名商标称号。

广州造纸股份有限公司通过了ISO9001：2000质量管理体系认证，是全国首家进世界造纸150强，并连续三年进入世界造纸150强的企业。近年来，分别被评为全国、市质量效益型先进企业和全国、全国轻工业、广东省实施卓越绩效模式先进企业，还得广东省质量技术监督局、广东省经济贸易委员会颁发的“2005年广东省质量管理先企业”证书；中华人民共和国广州海关授予的2005年度“诚信企业”奖牌。

广纸生产的“金页牌”新闻纸，质量稳定，性价比高，适用于不同类型的高速轮印刷、平版印刷的新闻纸印刷机，并可套印彩色报纸，新闻纸的定量分为45.0g/m、47.0g/m²、48.0g/m²三种；宽度分为1562mm、860mm、781mm、762mm、720m 680mm等规格，根据用户要求，可协议生产其他规格的新闻纸。还可根据用户的要求提供“柔性化”服务，提供多种形式供货，安全快捷将货物送至用户指定点，专心做售后服务，用派驻代表的方式加强和用户的沟通。

为了加快企业发展，广纸将实施持续改进，坚持近期建设与远期规划的统一。一是加快近期建设——高档纸改造项目：建设一条具有当今国际先进水平的造纸生产和一条废纸脱墨生产线，以100%的废纸脱墨浆生产高档纸。脱墨生产线已于今年3份投入正常运行，造纸生产线于今年5月23日成功生产出45g/m²优质新闻纸，其量可低至42g/m²，车速达1600米/分，产能16万吨/年。二是加快远期建设——以前意识，高起点、高标准绘制造纸基地蓝图，一台年产28万吨的新闻纸机将于2007底投运，在南沙打造一个现代化、环保型、年产过百万吨的新闻纸生产基地，持续有效地提升广纸的竞争力。

广纸2005年生产新闻纸31万吨，产品销售覆盖全国24个省、市、自治区，并泰国、澳大利亚、中国香港、非洲等国家和地区，占国内新闻纸市场的10%以上

广州威达高实业有限公司是华南地区大型高档涂布白板纸生产企业之一，年产量16万吨以上；产品质量优良，深受用户欢迎，除内销外，还远销韩国、香港等国家或地区。威达高实业有限公司的高档涂布白板纸磨光吸塑性能良好，挺度、平滑度、耐破度优良，适用于工业用品及烟酒、化妆品、医药、电器等高附加值产品的彩色包装，其制造的各类纸盒产品品质优良。

地址：广州市海珠区工业大道广纸路40号
电话：86-20-84336888
传真：86-20-84356618，84356070
邮编：510281
网址：http://www.gzpaper.com.cn
电子邮件：gz-paper@gzpaper.com.cn

凤凰纸业
PHOENIX

广西南宁凤凰纸业有限公司

NANNING PHOENIX PULP & PAPER CO.LTD., GUANGXI

凰纸业
列品牌

PHOENIX
凤凰纸业

JIN FENG
金凤
漂白硫酸盐木浆

YUFENG
玉凤
系列生活用纸

无元素氯漂白
100%纯木浆

南宁凤凰纸业是国内漂白硫酸盐商品化学浆重点企业。本公司全部制浆工艺设备和检验设备均从国外引进，主要产品为“金凤”牌无元素氯漂白硫酸盐（ECF）木浆和“玉凤”系列生活用纸，以及各种特种纸。南宁凤凰纸业已通过了ISO9001 ISO14001以及GB/T 28001管理体系认证。公司本着“优质高效，求实创新”的企业精神，以建成一流的企业为目标，竭诚为客户提供优质的产品和热忱的服务。

广西南宁凤凰纸业有限公司

地址：广西南宁市星光大道158号 编码：530031
法人代表：段小敏 总经理：黄德珊
电话：0771-4590229 传真：0771-4516683
网址：http://www.nppc.cn

中国 · 新乡新亚纸业集团股份有限公司

CHINA HENAN XINXIANG XINYA PAPER HOLDINGS LIMITED

新亚纸业

董事长宋敬志

新乡新亚纸业集团股份有限公司是以制浆
为主，集热电、医药、化工、机械、物流、林木种植
保综合治理为一体的大型纸业集团。企业总
15.6亿元，员工6000人，工程技术人员561人，拥
种型号制浆造纸生产线30多条，年造纸能力6
吨。生产规模居河南之首。主要产品有文化用
包装用纸、生活用纸，三大系列几十个品种，产
格率达100%，畅销全国各地。是河南省造纸行
龙头企业，省百户重点企业。

新亚集团高度重视环境保护工作，陆续投资
多元兴建了100吨+200吨碱回收，14万m³/d中段
理，4台垃圾焚烧炉等治污项目工程，从根本上
了污染问题，为企业可持续性发展铺平了道路。
一步加快循环经济建设，实现废物资源化综合利
公司建设投产了利用造纸污泥生产有机复合肥
泥生产氢质碳酸钙工程，杜绝了因固体废物产生
次污染，同时使废物资源得到了有效转化。

十万吨办公用纸车间

在未来的几年里，公司将不断加大产品结
整的步伐，实现规模化、多元化经营。计划继续建
20万吨轻量涂布纸、20万吨低定量高强度瓦楞纸
及20万吨超级压光纸项目。计划到2010年，新增生
能力60万吨，总规模达到120万吨，实现年销售
50亿元，产品品种达到40个，跨入全国造纸行业
十名。

中国·新乡新亚纸业集团
地址：河南新乡七里营镇新庄村
电话：0373-5681188
传真：0373-5680286
E-mail:xinya@xinyapaper.cn
网址：www.xinyapaper.cn

100吨+200吨碱回收工

营口造纸厂

营口造纸厂是亚硫酸镁盐制浆造纸大型一档企业，企业资产总额18.6亿元，年生产能力10万吨，现有员工2321人，营纸凭借雄厚的技术力量，1988年综合经济指标曾排在全国造纸行业第三位，1988年至1989年连续两年被评入《全国500家大型业》，是国内重要造纸企业之一。营纸生产的芦雁牌系列产品有：胶印书刊纸、单面书写纸、绿色环保健视纸、卫生纸和漂白苇浆板。副产品有：烧碱和粘合剂。

营纸地处辽河入渤海口处，东距沈大高速公路10公里，南临营口老港2公里，鲅鱼圈港50公里。工厂占地364万平方米。现有造纸机器9台，厂内铁路专用线近10公里，拥有辽南最大的装机容量为3万千瓦小时、小时蒸汽量为325吨的企业自备电厂和年吞吐能力30万吨的河运码头，有可储水200万立方米的水库和占地25万亩的苇场。营纸还毗邻年产50万吨芦苇的亚州最大的盘锦芦苇生产基地，其交通和资源条件十分优越。

2002年以来，营纸利用世行贷款和北欧投资银行贷款陆续上马了“红液提取与蒸发工程”和“纸机白水及中段废水集中处理工程”两个具有世界先进技术水平的污水处理项目。营纸以“红液”和“白水”项目为主体，成立了营口洁海资源有限责任公司。白水项目可日处理纸机白水4万立方米，中段废水3.5万吨，并回收二次纤维，平均年可创利734万元。红液项目采用世界先进的全无氯漂白技术和设备，实现清洁生产，可年生产粘合剂20万吨，经济效益十分可观。营纸生产污水经处理后可达标排放，浆纸生产技术和工艺将迈上一个新的台阶。生产的无氯漂白纸浆不含二恶英，是绿色环保纸浆，产品十分畅销。企业有着非常美好的发展前景。

地址：辽宁省营口市站前区河湾北街一号　邮编：115001
电话：0417-2135860　21355701　传真：2135555

浙江永泰纸业集团股份有限公司

ZHEJIANG YONGTAI PAPER GROUP CO., LTD

加强自主创新
推行清洁生

2005年，永泰集团造纸产量
21.23万吨，产值13.2亿元，浙江省
业第三，多年跻身全国规模民营企
500强之列。成功重组成立了“浙
龙纸业有限公司”，造纸化工厂效
显著，实现了跨行业发展。正在筹
年产20万吨涂布牛皮卡纸和24MV
电站项目。

孙柏贵董事长陪同有关同志视察污水回用处理工

公司发扬自主创新精神，运用CAD、DCS、QCS、ERP等多种信息化管理手段，不断强化产品优势。“永泰牌”涂布白纸板，通过了“浙江名牌”、“国家质量免检产品”的复审。“杭州市永泰企业技术中心”研发的彩帧纸获得了两项国家专利，“定位多色防伪涂布白纸板”通过省级新产品鉴定，并获得了杭州市优秀新产品新技术二等奖。为实现产业的可持续发展，集团公司把循环经济作为企业发展的指南，大力推行清洁生产。率先通过了省清洁生产审核，污水经回用处理后，70%回用生产，处国内领先水平，2005年赢得“浙江省绿色企业”、“杭州市环境保护模范企业”称号。

生产车间

地址：浙江省富阳市春江造纸功能区
电话：0571-63587918
传真：0571-63583055
网址：http://www.zjytpaper.net
email: yongtai@fy.hz.zj.cn

新疆博湖苇业股份有限公司

XINJIANG BOHU REED INDUSTRY CO.,LTD.

博湖苇业 BOHU REED INDUSTRY

新疆博湖苇业股份有限公司是新疆造纸业的领军企业，也是农业产业化国家级重点龙头企业。1999年12月，公司在新疆博斯腾湖造纸厂基础上经股份制改造设立。注册资本8534.16万元，具备12万吨浆纸生产规模，总资产6.44亿，盈利水平在全国同行业名列前茅。公司目前拥有63.1万亩成熟苇田、30.5万亩芦苇湿地及15800亩淡水养殖基地和生态旅游基地，是中国拥有芦苇基地面积最大的企业。

公司成立以来，围绕“苇业为本，市场导向、创新经营、内涵发展”的战略方针，紧抓历史机遇，以可持续发展为主线，紧紧依托博斯腾湖优势的芦苇资源，率先在业内实施“芦苇经营产业化+芦苇深加工+市场营销网络”的芦苇产业链经营模式及集团化战略运作，着力营造以市场为导向，以生态治理为基础，集芦苇生产、深加工、销售一条龙、贸工农一体化及制浆造纸、水产禽畜养殖等相关产业构成的产业链经营格局。公司也由于发挥了很强的龙头带动作用，先后被评为“农业产业化国家重点龙头企业”，摘取“自治区著名商标”、“新疆名牌产品”、“消费者推荐商品”、“自治区AAA诚信企业”等桂冠，并一举通过IS09001：2000质量体系认证。

未来一段时期内，公司将按照实现企业规模化、产品质量高档化、产品结构合理化、造纸原料基地化的战略规划，致力于苇纸一体化建设和以芦苇资源为依托的产业链构建，做强做久博湖苇业，精心铸造新疆浆纸业的经典品牌！

证书

新疆博湖苇业股份有限公司：

经农业部、国家发展和改革委员会、财政部、商务部、中国人民银行、国家税务总局、中国证券监督管理委员会、中华全国供销合作总社联合认定你单位为农业产业化国家重点龙头企业

特发此证

址：新疆库尔勒市新城区楼兰路　电话：0996-2159728　传真：0996-2152533　网址：www.bohureed.com

太陽紙業
SUN PAPER

山东太阳纸业股份有限公司
SHANDONG SUN PAPER CORPORATION

太阳纸业的研发优势

申请了十多项国家专利，并拥有多项自主知识产权产品和技术
- 湿部化学研究
- 麦草浆全无氯漂白技术，麦草浆中性漂白技术
- 液体包装纸板生产技术通过鉴定，达到国际先进水平
- 无酸档案系列书刊专用纸获国家档案局、山东省科技进步二等奖
- 白板纸、白卡纸、铜版纸等涂布配方的优化设计和涂布试验
- 开发出覆膜烟卡、铜版卡、金、银卡、凹印等一流的高档涂布板纸
- 高级凹印涂布白纸板获山东省科技进步三等奖
- 高级凹印覆膜烟卡获山东省科技进步三等奖
- 高级凹印覆膜烟卡列入2004年国家级重点新产品计划
- 办公废纸脱墨生产高档文化用纸技术的研究获山东省科进步三等奖
- 涂布黑卡纸生产技术通过鉴定，填补国内空白，达到国际先进水平
- 烟包铜版纸生产技术通过鉴定，达到国内领先水平

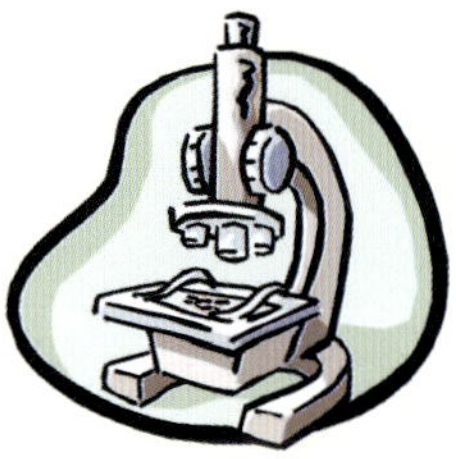

太阳纸业的发展战略：扬长避短，走高端品质、高技术附加值的“高、精、特”路线，与客户建立长期的双赢关系，共享科技发展的成果。

山东太阳纸业股份有限公司

SHANDONG SUN PAPER CORPORATION

强大的销售网络

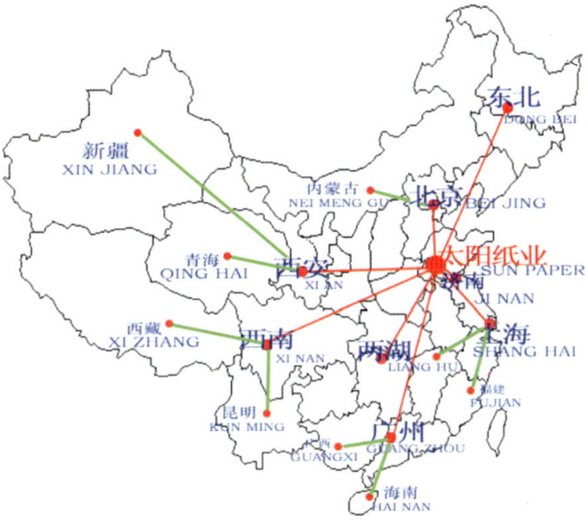

金牌客户

- 白板纸
  - 五粮液集团有限公司
    太阳纸业为其唯一供应商
  - 贵州茅台酒股份有限公司
  - 杏花春集团有限公司
  - 古井贡有限公司
  - 洋河集团有限公司
  - 泸州老窖股份有限公司
  - 青岛啤酒有限公司
  - 伊利集团股份有限公司

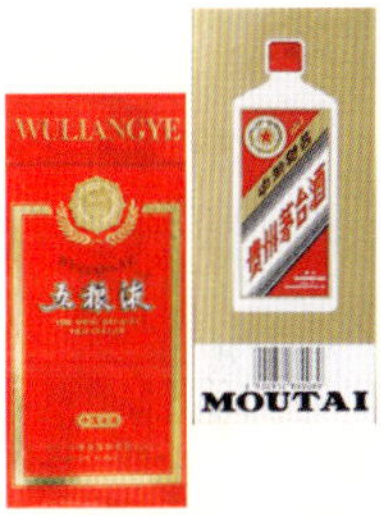

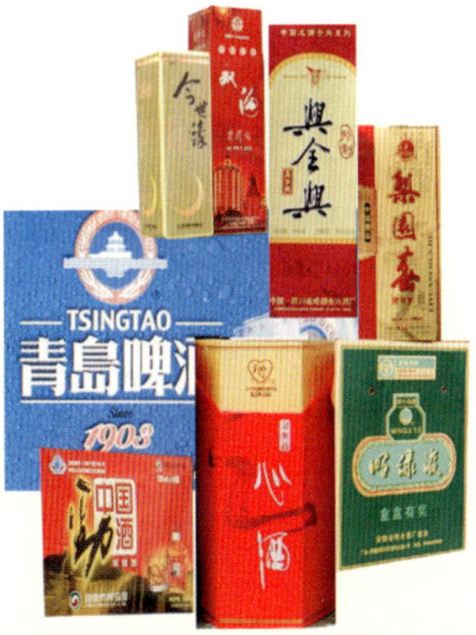

- 烟卡纸
  - 红河集团有限公司
  - 将军集团有限公司
  - 红山茶股份有限公司
  - 昆烟股份有限公司
  - 云南曲靖卷烟厂
  - 宁波卷烟厂
  - 杭州卷烟厂
  - 长沙卷烟厂
  - 贵州卷烟厂
  - 武汉卷烟厂
  - 郑州卷烟厂
  - 蚌埠卷烟厂

合 作 与 交 流

公司新产品获得专家鉴定

公司与工行确立全面合作关系

公司董事长李洪信代表纸业商会接牌

公司与陕科大建立联姻关系

公司与芬兰美卓公司鉴定项目合作合同

中国美国商会代表团来公司考察

山东太阳纸业股份有限公司

SHANDONG SUN PAPER CORPORATION

太陽紙業 SUN PAPER

实施林纸一体化　走可持续发展之路

公司董事长李洪信与林科院、北林大专家探讨造纸速生林建设

多功能、智能化的育苗温室

国内同行业首家纸浆林研究中心

几年来，太阳纸业已累计营造纸浆原料林20万亩

太阳纸浆林育苗基地

保定市兴冀特种纸业有限责任公司

BAODING XINGJI SPECIAL PAPER CO.,LTD

保定市兴冀特种纸业有限责任公司是以生产晒图原纸等高档特种纸为主的专业企业。所生产的“兴骥”牌系列产品有晒图原纸、制图纸、水彩画纸等，其中晒图原纸和制图纸多次在“中国国际造纸工业博览会”上获得“名优产品”荣誉称号，曾被评为“河北省优质产品”和“保定市名牌产品”。

公司主导产品晒图原纸年产量在 1.8 万吨以上，产品质量在国内同行业中名列前茅，在用户中享有很高的声誉，产品行销二十几个省、市、自治区，市场占有率达 60%。公司还曾先后获得“河北省科技企业”、“河北省消费者信得过单位”、“河北省环境治理达标企业”、“AAA 级信用企业”等多项殊荣。

公司拥有的高档特种纸生产线是与设备制造厂共同研制开发的，其辅助设备均达到了国内领先水平。公司重视人力资源的开发和利用，通过坚持不懈地对职工进行多方面的培训，使管理和技术水平得到了很大的提高。公司除在生产线安装在线检测设备外，还建立了一支经过严格培训的高素质的检测队伍。在生产过程中采用先进完善的工艺技术，选用 100% 进口木浆和优质的辅料，确保产品符合国家现行标准，并满足顾客要求。

为适应新的市场竞争机制，提高公司产品质量，保护赖以生存的环境，公司率先在河北省造纸行业和全国晒图原纸生产企业中通过了国际质量管理体系认证和环境管理体系认证，使公司的管理水平又上一新台阶，同时也拿到了产品打入国际市场的必要通行证。

2005 年为了进一步节能降耗，降低成本，同时达到清洁生产的目的，公司在原有污水处理设施的基础上新上超效浅层气浮装置，使白水回用率达到 80-85%，不仅为 2006 年即将通过的清洁生产审核提供了有力保障，也符合国家提倡建设节约型社会的要求。

地址：河北省保定市利民街600号　邮编：071000
电话：0312-2113318 2110518　传真：0312-2116666
网址：www.hexingji.com.cn

山东泉林纸业夏津有限公司

长、总经理董善昌

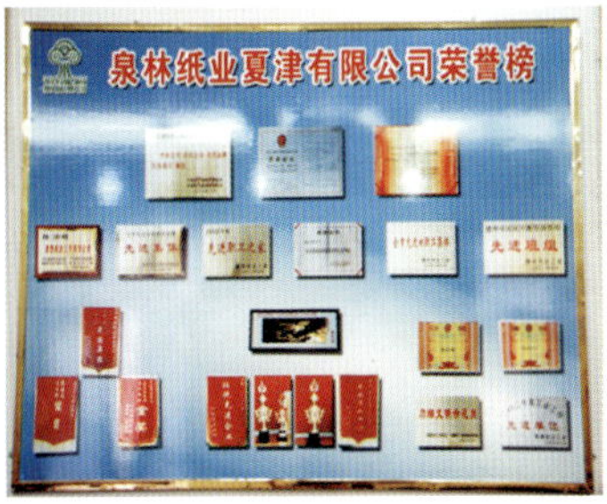

公司荣誉榜

丰富多彩的文体活动

公司车间一角

泉林纸业夏津有限公司位于夏津县建设街45号。是山东泉林纸业集团控股的、具有独立法人资格的、自主经营、自负盈亏的经济实体。主要生产高档双面胶版纸、静电复印纸、中涂纸、轻量涂布纸及其它高档文化用纸，产品质量符合国家A级标准。是德州市40家重点企业之一，是全国制造业1000家最具成长性中小企业之一，夏津县三大立县项目之一。

公司建立以来，按照“抓管理、树形象、打基础、求发展”的工作要求，艰苦创业、求实创新，企业得到快速发展。目前全厂5条生产线全部达产。新建了2.5万千瓦自备热电厂，整体工程于2005年底并网发电。公司注册资本由2001年的1200万元增加到6000万元，总资产由1.4亿元增加到6.08亿元，占地面积由1.24万平方米增加到350万平方米，生产线由1条增加到5条；生产规模由年产1万吨增加到10万吨；员工由200人增加到1200人；中高级技术人员由50人增加到200人。2005年1-12月份完成机制纸80534吨；同比增长21%；实现销售收入3.83亿元；同比增长23%，实现利税3831万元，同比增长21.5%，实现利润1912万元，同比增长20%。

计划到2010年，公司将形成50万吨机制纸、10万吨自制浆，自备热电5万千瓦的规模，年销售收入达30亿元，利税近3亿元，形成集林、浆、纸、热电于一体的大型企业集团，进入全国造纸行业50强，全省10强。

地址：山东省夏津县建设街45号　电话：0534-3313381　传真：0534-3312139

广西金桂浆纸业有限公司

广西金桂浆纸业有限公司地处广西壮族自治区钦州市沿海经济开发区大榄坪工业园，占地9600余亩，是金光集团APP（中国）在华投资建设的第17家制浆造纸企业，也是APP在中国实施林、浆、纸一体化的企业之一。公司工程项目已于2003年12月25日正式启动，于2005年11月初获得国家发展与改革委员会的核准。

广西金桂浆纸业有限公司总体规划为年产30万吨漂白化学热磨机械浆线两条，年产120万吨漂白化学木浆线一条和年产310万吨高档纸及纸板线六条，并配套900万亩林业基地，总投资约为471.47亿人民币。其中，一期规划为年产30万吨漂白化学热磨机械浆线和年产60万吨高档纸板线各一条，并配套200万亩林业基地，总投资约为94.64亿人民币；二期规划为年产30万吨漂白化学热磨机械浆线一条，年产120万吨漂白化学木浆线一条和年产250万吨高档纸及纸板线五条，并配套700万亩林业基地，总投资约为376.83亿人民币。

广西金桂浆纸业有限公司工程项目建成投产后，将成为世界上较大的化机浆生产基地，并将力争成为APP的液体包装纸生产基地。公司将秉承“植树造林，造福自然；制浆造纸，造福人类”的经营理念，通过“生态营林、环保制浆、绿色造纸”以实现经济、社会和生态三种效益共同、持续发展。并通过世界先进的设备、先进的生产工艺及科学的管理方法，力争将广西金桂浆纸业有限公司打造成为世界上较大较强的林浆纸一体化生产、制造及深加工基地。在自身发展壮大的同时，为当地的经济发展做出应有的贡献。

广西金桂浆纸业有限公司

地址：广西钦州市永福西路26号

电话：0777-2860317

传真：0777-2860316

邮编：535000

南宁办事处：

地址：广西南宁市竹溪南路新兴综合大楼五楼

邮编：530021

电话：0771-5343588

传真：0771-5343589

广东鼎丰纸业有限公司

GFUNG

打造林浆纸一体化航母

SGS ISO 9001:2000 14001:2004 认证通过

办公大楼夜景

丰产林基地

废水处理系统

车间远景

成品车间

进的设备与工艺——产品质量的保证

公司的主要生产设备是从加拿大、美国等引进，采用目前世界进的DDS™间歇蒸煮技术，漂前洗浆、与D/C—E_{OP}—H—D四段漂白艺流程，开发出具有鼎丰特色的竹木混合浆，并拥有高效率的蒸发与碱炉和白液的压力过滤、洗涤系统等回收系统及总装机容量.8万千瓦汽轮发电机组，加上源自中华纸浆三十多年的丰富制浆纸经验，使整个生产过程真正达到高效、节能、高品质。

建立日期

2000年8月18日成立。

公司沿革

于2000年7月3日由台湾中华纸浆股份有限公司和永丰余股份有限公司与广东省经贸会签订“广宁纸浆厂产权买卖合同”。至2000年8月18日经批准后正式成立一家外资独资企业“广东鼎丰纸业有限公司”。

目前公司投资总额6810万美元，注册资本4263万美元。

产能：年产11万吨

产品：高白度竹木混合纸浆（M B K P）

地址：广东省肇庆市广宁县南街镇首约
邮编：526300
电话（Tel）：0758-8659000
0758-8659022
传真（Fax）：0758-8659168
http://www.dfpaper.com
E-mail:dingfung@dfpaper.com

GUANGDONG DINGFUNG PULP&PAPER CO.,LTD

广东韶能集团股份有限公司珠玑纸业分公司

厂区全貌

广东韶能集团股份有限公司珠玑纸业分公司是生产各种文化、办公用纸的造纸企业。该公司充分利用当地丰富的竹类资源作为造纸原料，采用先进的漂白工艺，技术力量雄厚，产品质量可靠。先后荣获“广东省先进集体”、“林业龙头企业”、“农业龙头企业”荣誉称号。

主要产品：60~120克/米^{2}平板、卷筒优质胶版纸、教材用纸、静电复印纸、电脑打印纸，产品质优价廉。

珠玑纸业分公司奉行“诚信经营，质量第一，用户至上”的经营宗旨，竭诚为用户提供优质服务。

车间一角

成品纸

地址：广东省南雄市雄州镇雄南路38号
网址：http://www.snzjp.com
邮编：512400
电话：0751-3820896 3822990
传真：0751-3870018

潍坊华港包装材料有限公司

WEIFANG HUAGANG PACKING MATERIAL CO., LTD

总经理：高立峰

潍坊华港包装材料有限公司是中国烟草物资公司卷烟配套材料生产基地定点企业。总资产3亿元，注册资本1693万美元。现有员工600名。主要生产"银龙"牌卷烟包装用接装纸、铝箔纸、真空镀铝纸、全木浆（黄、白）接装原纸、铝箔衬纸、打孔(烫金)接装纸、转移镭射卡纸、电化铝等系列产品，年生产能力4万吨。市场信誉及行业知名度高，2005年实现销售收入1.63亿元，实现利税4133万元，上交税金1550万元。

公司注重科技进步，自主创新能力强。设有企业技术开发中心，科技投入持续加大。研发的新产品中四项填补国内空白，三项获山东省科技进步二等奖，两项是国家级新产品。一种（烫金）水松纸、镭射转移纸两种产品获国家实用新型专利。"银龙"牌烟用接装纸是山东名牌产品，接装原纸是中国包装名牌产品。

公司实现了造纸、印刷、复合、深加工一条龙生产，保障能力强。配备了多国先进技术装备的2800、1800等五条长网薄页纸机生产线，实现了在线自动检测，产品接装原纸年产能达1.8万吨，铝箔衬纸达8000吨。拥有多台多色凹版印刷机、激光（电子）打孔机和接装纸烫金机，可以生产各种规格型号图案的高档接装纸；12台多功能复合机生产的铝箔纸可以满足客户不同的花色规格要求。进口的真空镀铝机、涂饰机生产的真空镀铝纸、电化铝、镭射转移纸等系列产品是环保型产品，符合国家产业发展方向，得到了国家烟草专卖局的肯定和大力推广，已具备大批量生产能力。

公司加强科学管理。于2000年通过了ISO9001国际质量管理体系认证，实现了以先进的生产工艺和高素质的员工队伍为保证，始终如一地为用户提供满意的产品和服务。

公司获国家质量管理奖、山东省高新技术企业、山东省AAA级信誉企业、山东省造纸行业经济效益优秀企业、潍坊市工业企业利税五十强企业、潍坊市文明单位等一百多项荣誉称号。

公司以顾客关注为焦点，以用户满意为己任，奉行"质量第一、用户至上"的经营宗旨，诚信互惠，追求卓越，愿与客户携手共进，共同发展。

地址：山东省潍坊市奎文区宝通东街162号
电话：（0536）8823918
传真：（0536）8823919
http://www.wfhgbz.com
E-mail: hgbzgs@public.wfptt.sd.cn

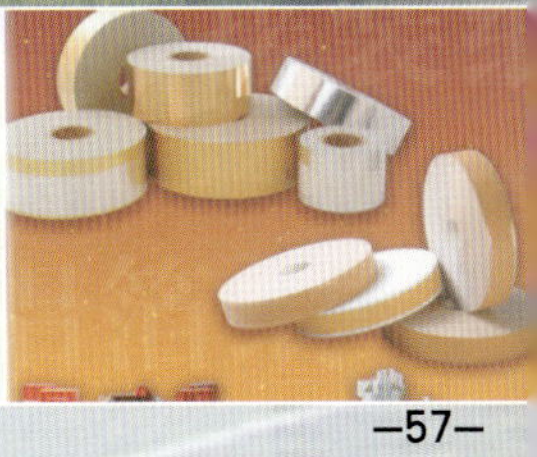

注册 商标
宝尔可

华南理工大学
SOUTH CHINA UNIVERSITY OF TECHNOLOGY

◆ “造纸与污染控制国家工程研究中心”是目前我国造纸行业的国家级工程研究中心。
◆ “中心”建有完善的中试及产业化基地；拥有国内目前造纸行业最先进的各种检测仪器及

本工程中心热诚为造纸行业提供新技术、新工艺、新装备

工程中心部分产品一览图

国家重点新产品

自吸式ZDPM系列中浓液压盘磨机

这种中浓打浆设备与低浓传统设备相比：能节电30%~40%、节水50%、提高成纸物理指标10%~35%。

一间年产3万吨纸的造纸企业，改用这种中浓打浆设备后，仅节电一项所产生的效益超过100万元/年。

这种装备被国家五部委确定为国家重点新产品被广东省定为广东省重点新产品该设备已在105个造纸企业共305台这种设备在线连续运行，其中有两台出口。每年可为这些企业增加直接和间接的经济效益数亿元。

此技术已获国家授权发明专利2项，实用专利4项。

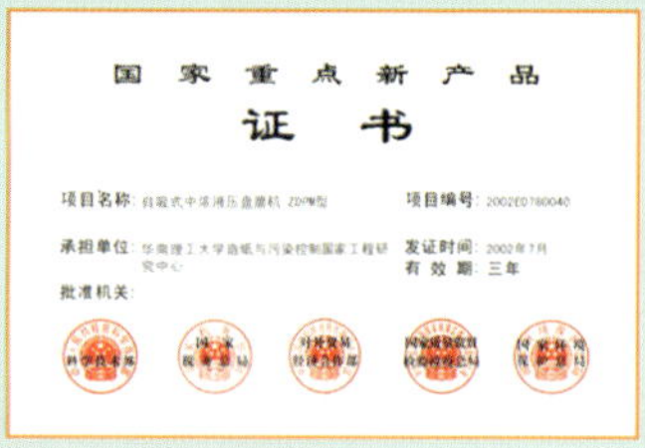
国家重点新产品
证书
项目名称：自吸式中浓液压盘磨机 ZDPM型
承担单位：华南理工大学造纸与污染控制国家工程研究中心
发证时间：2002年7月
有效期：三年
批准机关：

制浆造纸废水废液处理新技术与新装备

“中心”的主要任务之一是研究开发并推广制浆造纸废水污染治理技术与设备，已开发成功并推广的技术有二次纤维制浆造纸废水处理技术、制浆中段废水处理技术、化学机械制浆废水处理技术等。获得发明专利1个，实用新型专利3个。处理成本低、占地面积小、效率高。经HWP处理后小部分净水再经生化处理可达标排放，排水$COD_{CR}\leqslant 100mg/L$、$BOD_5\leqslant 30mg/L$、$SS\leqslant 100mg/L$。制浆中段废水同样可以采用HWP净化器处理——生化处理达标排放。

生化处理的专利有“高效内外双循环好氧处理装置”、“高效内循环废水好氧处理装置”，以及改良SBR生化技术、接触氧化技术等。

纸浆高效高白度清洁漂白新技术、新装备

国家科技成果重点推广计划项目

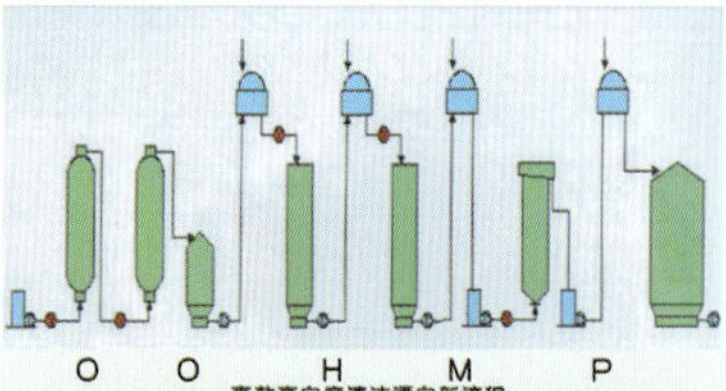

高效高白度清洁漂白新流程

无（少）污染漂白关键设备之一：过氧化氢漂白中浓混合器

工程中心研发并成功推广的高效高白度清洁漂白技术是一种以氧、过氧化氢为主要漂白剂的新技术，该技术及其关键设备获国家技术发明二等奖、广东省科学技术一等奖，是国家科技部批准的“国家科技成果重点推广计划”项目。推广应用高效高白度清洁漂白新技术已取得成功，先后建立了阔叶木浆、针叶木浆、竹浆、苇浆等漂白生产线。

木浆、竹浆、苇浆及其他非木浆均可采用O/OHMP或OHMP漂，可漂至85%~88%ISO高白度，废水污染大幅减少，漂白废水排放量约30m3/t浆，此漂白流程仅为引进的二氧化氯漂白投资的1/4~1/6，大大节省投资。

对原有CEH、CEHH漂白流程要求生产白度85%ISO以上高白度浆时，可改造为CEHMP或CEMP，用氯量可减少30%~40%，废水污染负荷减少40%以上。如再进一步将CE二段改为O/O或O，则可彻底完成改造。投资省，见效快。

造纸与污染控制国家工程研究中心

National Engineering Research Center Of Papermaking & Pollution Control

◆ "中心"的宗旨是：为我国造纸业研发高效、节能、环保的新工艺、新技术和新装备。

一支高素质的科研、技术开发和工程设计、施工、调试的队伍，其中具有高级职称和博士学位的人员超过70%。

欢迎浏览网页：www.pperc.com.cn　　www.baoerke.com

新型造纸机纸页成型技术与装置，包括各种新型高效流浆箱、顶网装置和稳浆装置。

横幅稀释水调浓流浆箱

中、高速气垫式流浆箱

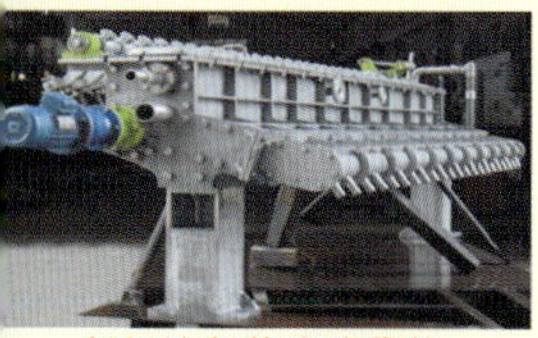

超低速气垫式流浆箱

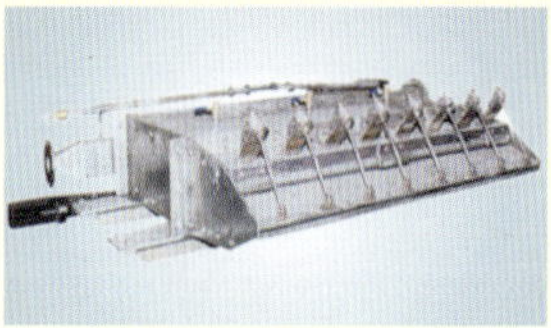

中、高速满流式流浆箱

系列流浆箱

本产品采用等压布浆器及国家发明专利带锥度高效阶梯扩散器布浆。经过二十多年的试验研究，布浆整流元件与堰池进行了科学的设计。结构简单，加工精度高，清洗方便，产品系列化。可根据不同浆料、不同品种、不同车速的纸机要求，进行有针对性的设计。确保优质的纸页匀度和定量分布。

长网机顶网装置与传统的长网纸机相比，

本装置具有如下特点：

1.加速网部的脱水；
2.明显减少纸张的两面差；
3.有效地提高纸张的表面强度，减少印刷纸的糊版现象；
4.无需传动，易改造；
5.有效地改善纸张匀度；
6.减少成型网的磨损；
7.提高长网纸机的产品和车速适应能力；　8.适当提高纸张强度、不透明度；　9.操作使用方便。

顶网成型器

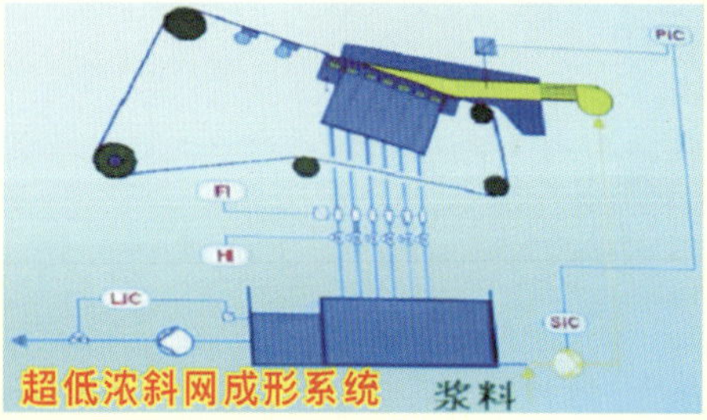

超低浓斜网成形系统

新型高效中高浓纸浆泵送设备

ACP型工艺流程浆泵

MCPA型中高浓输送系统

DVP-S型高压清洗泵

SJP型低脉冲上浆泵

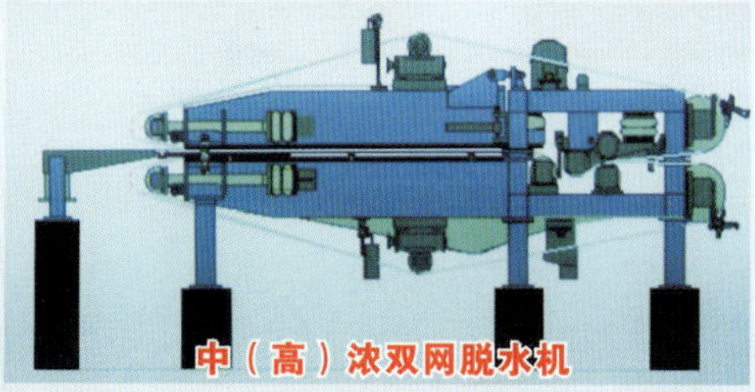

中（高）浓双网脱水机

5.5kW~160kW 全系列 MCP型中浓浆泵

中浓浆泵运行测试

中高浓纸浆输送设备之一：MCP系列中浓纸浆泵

工程中心主任：陈中豪（漂白、废水处理）020-87112986　13609768205

副主任：李友明（漂白、废水处理）020-87598395　13609732233

曹国平（工程中心营销）020-87113078　13711175576

樊惠明（流送及纸页成型）020-87112982　13925122981

传真：020-87113840　邮编：510640

bielomatik
jagenberg
卓越的精整
中国北京
2007年
9月18-20日
CHINA PAPER
用于对开和小裁纸切机
的全套解决方案
世界记录
649吨
24小时·加工宽度211厘米
sappi QS 27卷筒纸裁切机团队
bielomatik 对开团队
奥地利 Gratkorn，2005年1月14日
裁切能手 2200 ST
对开裁切中的先锋
对开和小裁纸切纸机的效能
• 供散装和令包装生产用的纸张和纸板裁切机
• 对开尺寸包装机和收盒机
• 2至16袋高速裁切尺寸生产线
• 证券纸和钞票用纸的定位裁切卷筒纸裁切机
• 重新组装卷筒纸裁切机
• 项目设计和版面编排设计
生产线和系统：
• 纸张加工
• 塑料焊接
• 润滑技术
bielomatik | 必诺
bielomatik Machinery International Trading (Shanghai) Co., Ltd.
必诺机械国际贸易（上海）有限公司
中国上海市浦东新区浦东南路1088号
上海中融大厦1405室，邮编：200120
电话：+86-21-6888 0013
传真：+86-21-6888 0031
网址：www.bielomatik.com/shanghai
bielomatik Far East Pte Ltd
211，亨德申路，门牌04-04
亨德申大厦
新加坡邮区159557
电话：+65-6665-2966
传真：+65-6665-2166
电子邮箱：info@bielomatik.com.sg
网址：www.bielomatikfareast.com
bielomatik jagenberg GmbH + Co. KG
Daimlerstrasse 6-10
72639 Neuffen，德国
电话：+49 (0) 70 25 / 12-0
传真：+49 (0) 70 25 / 12-383
电子邮箱：info-crosscutter@bielomatik.de
网址：www.bielomatik.com
德国劳舍集团

武汉特种锅炉成套设备工程有限责任公司

Wuhan Special Boiler Complete Equipment Engineering Co., Ltd.

武汉特种锅炉成套设备工程有限责任公司是武汉锅炉集团公司的控股子公司，具有独立的法人资格及单独的投资和融资能力；负责武汉锅炉集团公司主导产品中特种锅炉及各类锅炉成套项目。

公司以保护环境、治理环境污染为己任，以治污增效为目的、以各类浆种的碱回收锅炉、甘蔗渣炉、一氧化碳炉、废热锅炉、油炉、循环硫化床锅炉及其设备成套为主导，以成套开发、成套设计、成套安装调试为其经营特色，并根据用户的要求开展新产品开发、锅炉改造、技术咨询、技术服务和人员培训等。

作为专业的特种锅炉供应商，公司发扬“激情燃烧、承压奋进”的武锅精神，以其经验丰富的技术队伍和完善的技术服务体系，为用户提供有效的维护、保养及售后服务，竭诚为各用户单位做好单台设备供货、工程设备成套、工程技术承包、工程总承包工作。

碱回收锅炉的品种、规格为：
处理固形物量：30～2200tds/d　蒸发量：4～450t/h
出口蒸汽压力：1.27～9.2MPa　出口蒸汽温度：194～490℃
适用浆种：木、麦草、蔗渣、芒杆、芦苇、红麻、竹等公司已完成国内、外工程项目200余项。

公司潜心改进特种锅炉的技术性能，追求提高能源效率、降低运行成本，使用户在取得社会效益的同时获得经济效益，体现“采众长、树独帜，献碧水蓝天”的武锅价值观。

公司董事长阮祥富先生率全体员工致力于帮助我们的客户实现他们在生产流程、增效节能、环境保护、先进性以及安全性等方面的各项目标。

公司拥有先进的锅炉设计和制造技术以及强大的科研开发能力，积极开发注重环保功能的特种锅炉（含主要辅助设备）以及石油化工、冶金行业配套产品；提供特种锅炉及配套产品的备品备件。

公司的碱回收炉获得国家金质奖章；“麦草浆碱回收黑液锅炉”获得国家知识产权局授予的专利；“麦草浆碱回收黑液焚烧技术”被列入国家环境保护最佳实用技术。质量控制是成功的关键因素之一，公司有完善的质量管理组织机构和保证体系；特别注重售后服务和现场技术服务的及时、有效。公司在特种锅炉及石油化工、冶金行业配套产品等工程项目的卓越工作，具有广泛的影响，多次获得各种奖励。

为适应造纸工业发展，公司完成了1500tds/d、3000tds/d碱回收锅炉及燃烧工段工艺技术设计，并经国家有关部委组织评审，确认武锅具备大型碱回收炉及辅助设备的设计、制造、成套能力，对实现大型碱炉及其配套设备国产化有重要意义。

公司在贵州赤天化1500tds/d碱回收炉及配套设备投标中，一举中标;2200tds/d、3000tds/d碱回收炉项目正在洽谈。公司决心为我国造纸行业发展和环境污染治理作出更大的贡献。

公司地址：湖北省武汉市武珞路586号江天大厦12层　　邮　　编：430070
电　　话：027-87655853　　传　　真：027-87655055
经营主管：刘学远　　经营部长：李纯文
电　　话：027-87655090　　电　　话：027-87655091
电子信箱：whtzgl@ 263.net.cn　　网　　址：http://www.wuhansb.com

夏一刀
SSL

松林国际刮刀锯制造有限公司
柳州机械刀片销售有限公司
东莞机械刀片销售有限公司

刮刀、长刀磨床

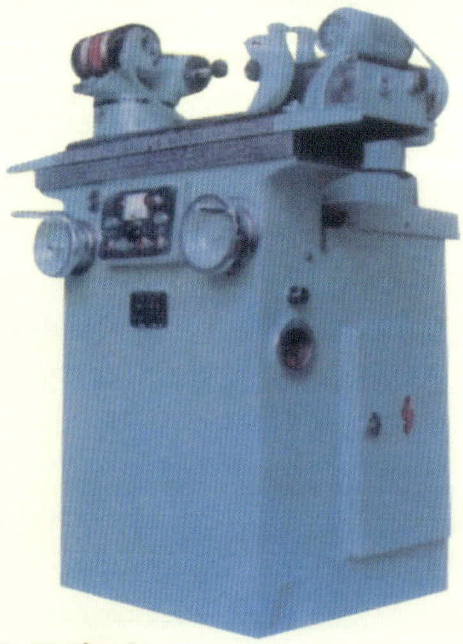
圆刀磨床

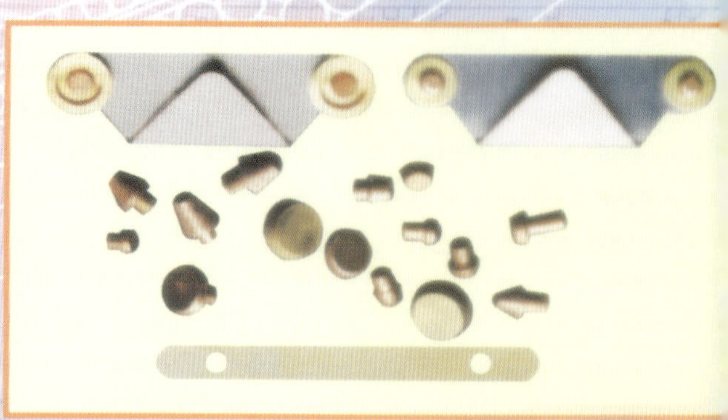

公司总部
地　址：江苏南京市察哈尔路102-1号
邮　编：210003
联系人：韦经理 025-51797234（小灵通）
电　话：025-58811772 58802817
手　机：013813843503 013607724279
传　真：025-58812039

柳州公司
广西柳州市屏山小区3号楼3号
邮　编：545005
联系人：韦守鹏
电　话：0772-3820477
手　机：013977213603

东莞公司
东莞市万江区牌楼基管理区（汽车总站）
邮　编：523000
联系人：夏文龙
电　话：0769-22712710 88681490
手　机：013925748884 013066136945

http://www.paperblade-ssl.com　ssl@paperblade-ssl.com

各类切纸圆刀系列

复卷机双面镶合金底刀圈

复卷机单面镶合金底刀圈

齿 刀

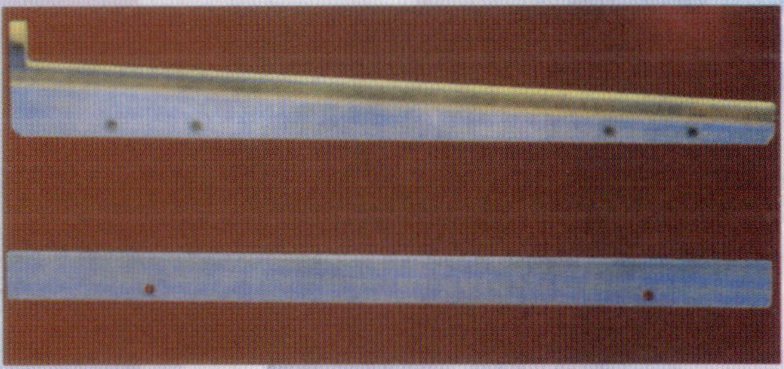

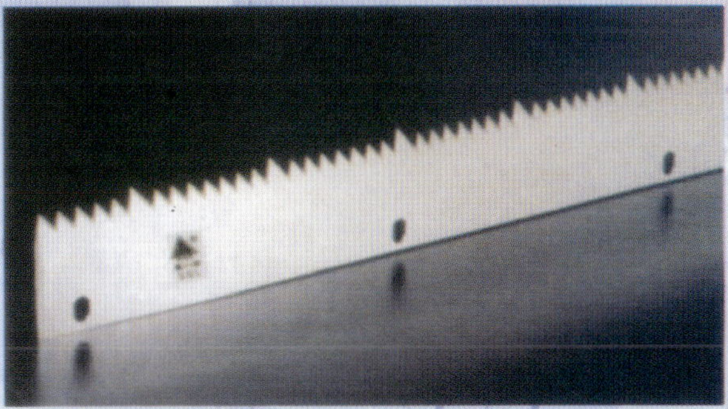

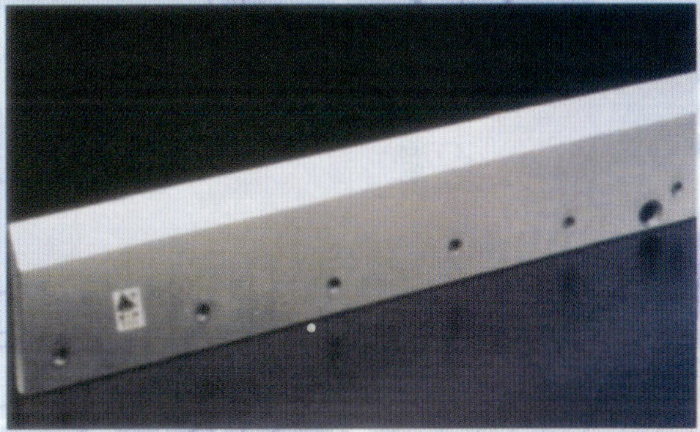

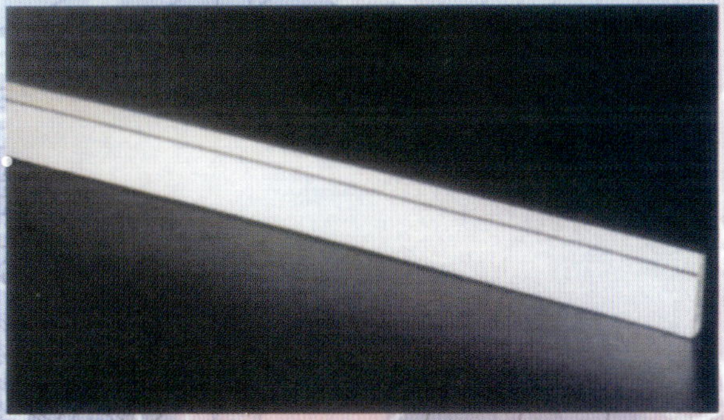

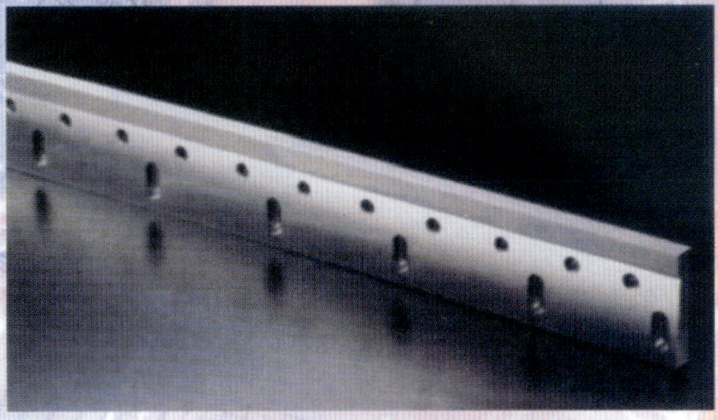

用刀无须进口　我们努力制刀　大家放心用刀

MST

无锡沪东麦斯特

专业生产CQJ型

总经理陆吉明携全体员工对给予我公司关心和支持

打造一流精品　追求用户满意

金光集团APP	39台	台湾正隆纸业	1台	江苏阳光纸业	1台	浙江金泰和纸业
英国罗伯特纸业	2台	台湾荣成纸业	2台	江苏新星纸业	1台	**福建青山纸业股份有限公司**
德国DE公司	3台	越南西贡造纸厂	2台	江苏劲松纸业	1台	福建龙岩超级压光纸厂
印尼SPS公司	2台	上海东冠纸业	3台	昆山钞票纸厂	1台	福建闽都纸业
美国潜力（上海）有限公司	2台	苏州金红叶纸业有限公司	1台	常州五环纸业	1台	福建福清纸业
美国泛亚纸业公司	2台	**广州万利达纸业集团**	**6台**	镇江金河纸业	1台	福建泉州纸业
美国中南公司玖龙纸业	5台	广东东莞理文纸业	5台	江苏天奇公司	1台	福建南纺股份
日本王子纸业集团	2台	广东佛山华丰纸业有限公司	3台	**浙江民丰罗伯特纸业**	**2台**	福建厦门麒龙纸业
日本造纸	2台	广东珠海联盛造纸厂	1台	浙江景兴纸业	1台	**广西南宁糖业股份**
美国宝洁纸业	2台	广州华美环保技术有限公司	1台	浙江大华纸业	1台	广西柳江造纸厂
台湾永丰余有限公司	1台	广东高明高聚纸业	1台	浙江荣丰纸业	1台	广西容县万力纸业
英国斯米克公司	4台	广东台山翔隆纸业	1台	杭州中环环保公司	1台	广西岑溪造纸厂
山东晨鸣集团	21台	广东揭阳市信达纸业	1台	浙江向阳纸业	1台	广西劲达兴纸业
江西晨鸣集团	8台	广东阳春强力纸业	1台	浙江杭州求是纸业	1台	广西博白纸业
吉林晨鸣集团	4台	广东湛江冠龙纸业	2台	浙江杭州飞凤纸业	1台	广西华劲纸业
武汉晨鸣集团	7台	广东江门蓬江纸厂	1台	浙江杭州科博纸业	1台	广西南宁君盈纸业
广东维达纸业	1台	广东新会中堂特种纸厂	1台	浙江利群环保纸业有限公司	2台	广西凤糖鹿寨纸业
四川维达纸业	2台	广东新会睦州糖纸厂	1台	浙江班班纸业有限公司	1台	广西粤景浆纸
北京维达纸业	2台	广东新会耀华纸厂	1台	浙江锦江纸业集团公司	2台	广西蒲新纸业
湖北维达纸业	2台	广东中山联合鸿兴	2台	浙江金华丁丁实业公司	1台	**上海新伦纸业有限公司**
广州造纸集团有限公司	21台	**江苏无锡龙达纸业**	**2台**	浙江金华英明纸业	1台	上海勤丰造纸厂
福建南纸股份	5台	江苏南京江宁造纸厂	1台	浙江桐乡福利纸厂	2台	上海华孚新纸业
福建恒利纸业	1台	江苏宜兴江南板纸厂	1台	浙江华邦纸业	1台	上海宝华纸业
福建恒安纸业	1台	江苏金莲纸业	1台	浙江舜蒲纸业	1台	上海乐凯纸业
山东恒安纸业	1台	江苏金犊纸厂	1台	浙江夏王纸业	2台	上海乐盈纸业
湖南恒安纸业	1台	江苏金泰纸业	1台	浙江森源纸业	1台	**山东临清银河纸业集团**
印尼马鲁古ALWI纸业	5台	江苏太湖纸业	1台	浙江慈溪龙凤纸业	1台	山东太阳纸业
菲律宾维萨亚区Drilon纸业	3台	江苏长丰纸业	1台	浙江瑞安里学纸业	1台	山东青岛造纸厂
奎松城CENTER纸业	4台	江苏华兴纸业	1台	浙江平阳福兴纸业	1台	山东青岛海王纸业
日惹特区GEDE纸业	2台	江苏华申纸业	1台	浙江和中纸业	1台	山东台儿庄造纸厂

地址：中国无锡国家高新技术开发区　邮编：214142　电话：0510-85300555　85300777

环境工程有限公司

超效浅层气浮净水器

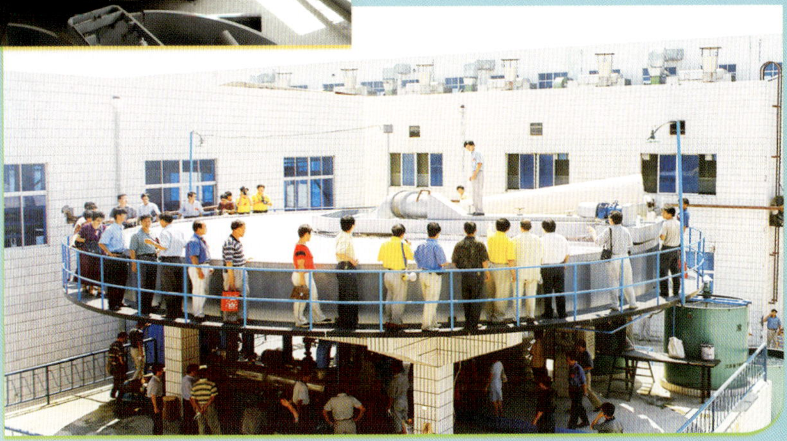

的各界人士及新老用户表示衷心的感谢！（排名不分先后）

东丰源中科生态科技	1台
东淄博博汇实业公司	1台
东照东方纸业集团	4台
东淄博板纸厂	1台
东淄博欧木纸业	1台
东贵和纸业集团公司	4台
东滨州黄河纸业有限公司	1台
东好当家集团海盛纸业	1台
东华辰纸业	1台
东京博集团	1台
东成武宏达纸业	1台
东威海港头纸厂	1台
东烟台大华纸业	1台
东平原兴正纸业	1台
东陵县泰华纸业	1台
东龙口造纸总厂	1台
东临沂新盛纸业	1台
东宏河矿业纸厂	1台
东苍山纸业	1台
宁金城造纸集团	**2台**
宁丹东造纸有限责任公司	4台
宁大洼天庄台纸业	1台
宁沈阳化工开源纸业	2台
宁沈阳远大环境工程有限公司	1台
宁朝阳纸厂	1台
宁大洼新立众旺造纸厂	1台
宁鸭绿江造纸有限公司	1台
宁大连金州金洋纸业	2台
宁黑山造纸厂	1台
川宜宾纸业	**3台**
四川津城纸业	2台
成都天天纸业	1台
四川金子山纸业	2台
四川长宁县竹海纸业有限公司	1台
四川广元宝庆纸业有限公司	1台
四川新吉鸿纸业	1台
四川高县华盛纸业	1台
四川资中县五星纸业	1台
四川泸州巨森纸业	2台
四川成都深远工贸	1台
四川成都西岭纸业	1台
四川攀利纸业	1台
四川蜀邦纸业	1台
重庆龙章铜板纸厂	**1台**
重庆简氏纸业有限公司	1台
重庆西泉纸业	1台
重庆铜梁县治龙纸业	1台
重庆铜梁县兴财纸业	1台
重庆铜梁县鸿运纸业	1台
湖南岳阳纸业集团	**2台**
湖南沅江纸业	1台
湖南江华金华纸业	1台
湖南洪江纸业	2台
湖南绥宁联合造纸厂	2台
湖南常德天耀纸业	1台
湖南会同县恒达纸业	1台
湖南天宏纸业	1台
河南漯河银鸽制浆造纸股份有限公司	**6台**
河南舞阳银鸽纸产	3台
河南白云纸业	4台
河南西滑封纸业	2台
河南濮阳龙丰纸业	1台
河南濮阳通宇纸业	1台
河南舞钢海明纸业	3台
河南焦作瑞丰纸业	1台
河南新世纪纸业有限公司	2台
河南新密市宏远纸业有限公司	1台
河南春光造纸厂	1台
河南新密市工贸造纸厂	1台
河南西平兴华纸业	1台
河南新野方正纸业	1台
河南新乡华新纸业	1台
河南新乡鸿达纸业	1台
天津今晚报纸业	**1台**
河北保定钞票纸厂	**1台**
河北秦皇岛前韩福利纸厂	1台
河北秦皇岛中南丰满纸厂	1台
河北兴冀特种纸有限公司	1台
河北吉藁化纤有限责任公司	1台
河北藁城恒丰利纸业	1台
河北塔上造纸厂	2台
河北元氏金鹏纸业	1台
河北保定港兴纸业	1台
河北保定豪峰纸业	1台
河北保定雪松纸业	1台
河北保定亚光纸业	1台
河北保定中信纸业	1台
河北香河东兴纸业	1台
甘肃酒泉银星纸业	**1台**
山西省太原齐兴伟业造纸厂	**1台**
山西合盛工贸纸业	3台
山西临汾纸业	1台
湖北龙腾纸业	**1台**
湖北恒丰纸业	1台
湖北中顺纸业	1台
湖北金凤凰纸业	1台
湖北武穴造纸厂	1台
江西惠惠纸业有限公司	**1台**
江西运宏纸业有限公司	1台
吉林石岘白麓纸业	**1台**
吉林梅河口纸业有限公司	2台
吉林嵩华纸业集团公司	1台
内蒙古德盛纸业	**1台**
玖龙兴安浆纸（内蒙古）公司	2台
安徽山鹰纸业集团公司	**2台**
安徽合肥金钟纸业	1台
安徽天都纸业有限公司	1台
安徽华邦纸业	1台
安徽德森纸业	1台
安徽安庆华邦纸业	1台
安徽金巢纸业	1台
安徽天长荣生纸业	1台
安徽灵璧东风造纸厂	1台
安徽宿州环科所皖北药业	1台
云南玉溪江川翠峰造纸厂	**2台**
云南玉溪华宁纸业	1台
云南真龙造纸厂	1台
云南库悦纸业	1台
新疆库尔勒富力纸业	**1台**
新疆乌鲁木齐七道湾纸业	1台
黑龙江牡丹江恒丰纸业	**7台**

传真：0510-85300878　E-mail:hz.hudong@263.net　Http://www.chinahudong.com

正大轻科
ZHENG DA HI-TECH
以诚为正 以精求大

湖南正大轻科机械有限公司

HUNAN ZHENG DA HI-TECH MECHANICAL LIGHT INDUSTRY CO.,LTD.

主导产品

- ✔ 造纸机密闭气罩及通风系统
- ✔ 涂布纸\卫生纸\特种纸热风干燥系统
- ✔ 浆板热风干燥系统
- ✔ 纸机网部排风和厂房通风系统

正大轻科　制浆造纸业通风干燥专家

热回收

高速热风扬克气罩

涂布机

热风干燥箱

TAD穿透缸

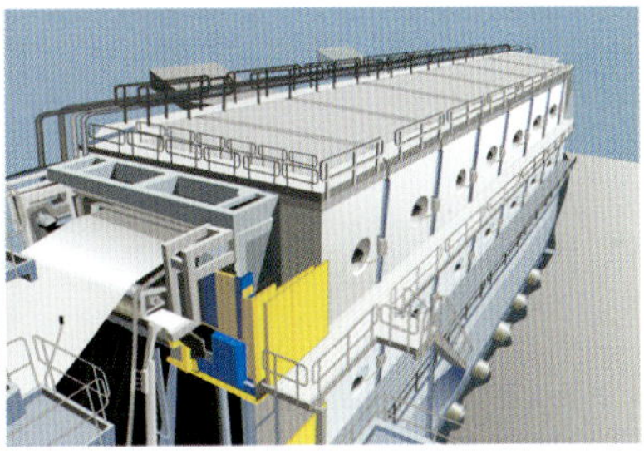

浆板热风干燥机

地址：湖南省长沙市洞井湖南环保科技产业园（410116）

电话：+86 731-5581826　2883828　　传真：+86 731-2883812

E-mail:cszdjrqc@vip.sina.com　http://www.zdqk.com

“双动力”系列液压（抓斗）起重机

面对中国物流作业市场，八达备料机械 ——

“没什么拿不起，放不下的！”

尊敬的阁下：

您好！

作为中国起重装卸和物流机械行业的一只奇葩，“八达”每一件产品都溶入着想象和创造，每一个市场都是开拓和引导的结果，她以顽强的生命力走出了自己的一片天地。今后，我们将一如继往地奉行“产品代表人品，先做人、后做事；廉洁、正直，为善足力、为义足智。争取不乏仁让，经营不缺道义；平等互利、共同发展”的经营宗旨开拓前进，为中国起重装卸和物流行业的发展作出新贡献。

谢谢！

董事长：陈利明

特种设备制造许可证编号：TS2432018-2008
ISO9001:2000质量管理体系认证:01604Q1154
专利证号：ZL03210649.1、ZL200320108493

八达特种工程机械有限公司是一家集科研、开发、生产、销售、服务于一体的专业起重装卸设备制造商，国工程起重协会会员单位，拥有多项专利技术，并多次在国际博览会上荣获金奖。是国内唯一一家设计、生产率备料机械——“双动力”液压抓斗起重机等特种工程机械厂家。

“双动力”系列产品是在原有的轮式起重机基础上，增加了380V电动机与内燃机互通、互锁、互换驱动作统，与其他起重设备相比，具有环保：采用电动机作业克服了内燃机工作时排废所造成的环境污染，并降低了噪音；安全防火：在电器系统中采用了防爆电机和封闭式电控系统，可在重点消防单位施工作业；节能：采用作业，成本比使用燃油低60%以上，并可延长整机的使用寿命，降低维修费用；一机多用：该系列产品具有动出装置，通过更换各种专用液压抓具，可以实现对木材、草苇、废纸等各种松、泡、散、软类货物进行装卸垛、拆垛和输送、喂料等一条龙机械化作业，是现代化新型起重装卸设备。

“工欲善其事、必先利其器”

各种不同作业功能的液压抓斗（机械手）可与多种起重、装卸设备安装配套，实现对不同货物的抓、放及装卸作业

江苏八达重工机械有限公司®
（原新沂市八达特种工程机械有限公司）

电话：0516-88923179 传真：0516-8893222
www.badatg.com E-mail: xsb@badatg.com

您的企业每年在原料储备方面的人工作业费用和风险是多少？不算不想不知道，一算一想吓一跳！投资与获益，没有比这道环节更值得了……

八达“双动力”产品集环保、防火、一机多用及节能60－70%于一身！

具有内燃机、380V电力交换驱动作业功能；配装液压抓具后，其作业工况类似挖掘机，并设计有第三节伸缩式吊臂；其转台和抓具控制灵活，均可以360°旋转。是一种现代化工业装卸机械臂、机械手，作业时定位准确、抓取力大、效率高、移动方便。

5~15t 双动力液压叠臂式（抓斗）起重机

吊臂为筒形伸、缩式，可更换多种不同的抓具对不同的货物进行抓（吊）运作业；抓取量大、视角宽阔，可全负载变幅、伸缩、转运作业，是集吊重、抓斗和输送功能为一体的新型装卸搬运设备。

6~15t 伸缩液压轮胎式吊运起重机

设计安装有内燃机和380V电力两种驱动系统，在相对固定并有380V电源的作业场所，可停止内燃机，选用380V电力驱动作业。选用电力驱动作业在同等效率情况下，其耗电成本只是耗油的40%，而且噪声低、无排废，可满足在大城市24小时连续作业的环境保护作业。

1~5m³双动力液压挖掘(抓料)机

内燃机、380V电动两用；全液压驱动控制，有配吊钩、抓斗和电磁铁多种作业功能；可以在不打支腿的情况下吊载30%起重作业和负载行驶。

12~20t 双动力液压轮胎式（抓斗）起重机

咨询热线：13585378888、13952285686、13805225098

网络实名：八达特种起重机

地址：江苏省新沂市郯新路2号　　邮编：221400

WENRUI
领先是实力
引领是责任
专家表明，领航大雁带来的滑流能使其追随者节省70%的体能
也就是说头雁要付出比同伴多3.3倍的能量来保证雁群的速度和方向
对一个体力和年龄良莠不齐的雁群来说，头雁的领航对雁群的飞行质量尤为重要
在动物界这被称为“大雁法则”
对汶瑞来说，领先仅仅是实力的表现，“引领”却是一种责任的使然
汶瑞机械，数十载的风雨兼程，20余项自主知识产权、10余项国家级奖项
90%以上的市场占有率、国家环保设备重点支持单位……
汶瑞机械为制浆装备关键技术国产化起到了关键作用
作为制浆装备技术的引领者，我们有责任带领
中国的环保事业向着更崭新的领域更正确的方向不断迈进
我们愿意付出更多的经验与智慧与您分享
因为，这是一种责任
携手汶瑞——让你在竞争中事半功倍！
单螺旋挤浆机
该产品主要用于大型纸浆厂黑液提取。安装于喷放仓下，依靠变径变距螺旋的机械挤压作用将黑液从浆中分离，黑液从滤框析出到黑液槽。出浆浓度可以使用出料处的背压装置进行调节。该设备亦可将成品浆进行浓缩，制成商品湿浆直接出售。1适用浆种：草浆木浆等，最适用于草浆 2低转速、低动力配置 3特殊结构设计，防止浆料打滑，出浆浓度稳定 4能脱除浆中
SJA(B)型双辊挤浆机
该产品是汶瑞公司消化吸收国外先进技术，开拓创新自主研制开发的高品质、高性价比新型洗涤脱水和浆料浓缩设备。在压力作用下连续脱水置换、洗涤、压榨、出料。独特的创新技术使该产品具备了无以伦比的可靠性能。适用于麦草浆、苇浆、竹浆、蔗渣浆、木浆、废纸浆等的黑液提取以及漂白浆的洗涤与浓缩
双螺杆多功能制浆机
汶瑞公司在消化吸收国外先进技术的基础上，结合多年制浆造纸的设计经验和现代制浆工艺，经过反复试验，研制成功了双螺杆多功能制浆机系列设备。本产品利用芯轴上的几段正反螺杆套，对浆料进行压缩和推进，在强大挤压力下，促使纤维裂解，强化了药液的浸透和纤维的分离，
多圆盘过滤机
该产品属新一代白水回收首选设备，主要适用于抄纸过程中的白水回收及制浆过程中的浆料浓缩。
1白水回收时，回收纤维得率高，实现水循环利用 2浆料浓缩时，清滤液澄清度高，可循环使用 3不锈钢波纹滤板技术有着更大的有效过滤面积 4扇片式结构，拆卸方便 5特
WR®
汶瑞WENRUI
中国纸业制浆装备技术引领者
安丘汶瑞机械制造有限公司 垂询热线：0536-4362288 4361880

CPPE Concord Pulp & Paper Engineering

科技创造未来 technology create future

样样精道，才能更胜一筹

茶、取水、冲泡、茶具，样样精益求精、实力出众，才能让人品出茶的好味道。

PE 以客户为先导，不断创新技术，形成以浆料浓缩、纤维回收，黑液提取、分离，浆料净化，废纸处理等系列的多种产品，根据户不同类别的需求，提供满足工艺需求的产品。**CPPE** 从产品，服务，营销，人才方面全力保障您的需求，努力为您提供多种需求择和价值创造！

圆盘过滤机

主要用于中、低游离度纸浆的浓缩，特别是需要较高的卸料浓度时；当在纸机白水工艺流程中，可用于回收白水中的纤维，以得到高质量的滤液。与浆料接触部分全部采用不锈钢材质，滤袋及扇形板易清洗；高滤液质量，高表面效率；避免了粘性浆料的堆积，双面波纹板或格栅多种形式的扇形板可供选择；新型平面接触式分配阀结构，转动调节装置可以调节清滤液、浊滤液、超清滤液的比例。

浆料净化系统

作为二十一世纪的高新技术企业，公司始终坚持科技领先，创造无限的理念，依靠自身专业技术优势和与国内外广泛的技术合作，先后研制出重质除渣器、轻质除渣器、高效复合式多功能除渣器、中低浓除渣器、中浓除渣器、高浓除渣器等系列适用于不同浓度的除渣器产品。根据各类客户的专业特点，多种不同类别的除渣器可以提供您的选择。

悫式圆网浓缩机

用于悬浮液的过滤浓缩，利用液位差使水
笼中滤出，达到固液分离的目的。
产量高，是同规格普通圆网浓缩机的 2~3
进浆浓度为 0.8%~2.5%，出浆浓度为
占地面积小，动力消耗低，转鼓内浆的过
可达 80%，与浆料接触部分全部采用不锈
质。

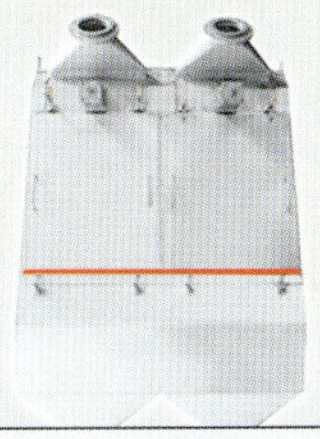

Micro–Screen 微筛

采用压力喷射上料结构设计。高效、节能、无转动及振动部件，无需动力传动，操作简单可靠，三联体流量可达 $700m^3/h$。广泛用于造纸工业中的白水回收、纸浆浓缩（与压力筛良浆出口对接来提高浆的浓度，出浆浓度可达 4%）、废纸脱墨净洗等固液分离系统。0.1~0.25 的筛缝可供选择。

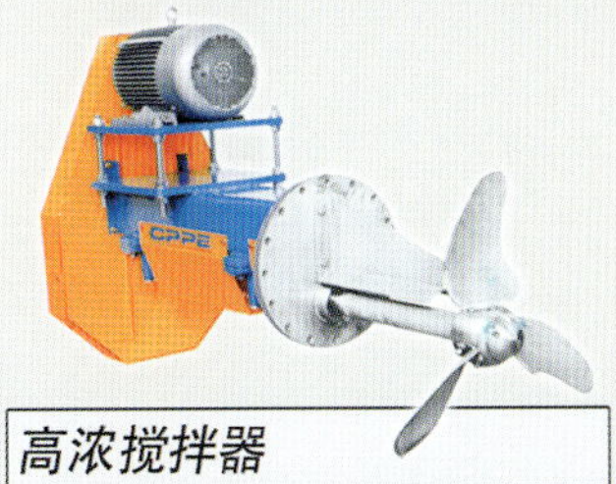

高浓搅拌器

更低能耗、高效搅拌，搅拌浓度 6% 以上；设备安装固定简便；叶片可调可换，可满足不同需要，轴承拆卸方便；独特的密封设计，可在不排空浆池的情况下更换填料，效率大大提高。还有直联式可供选择。

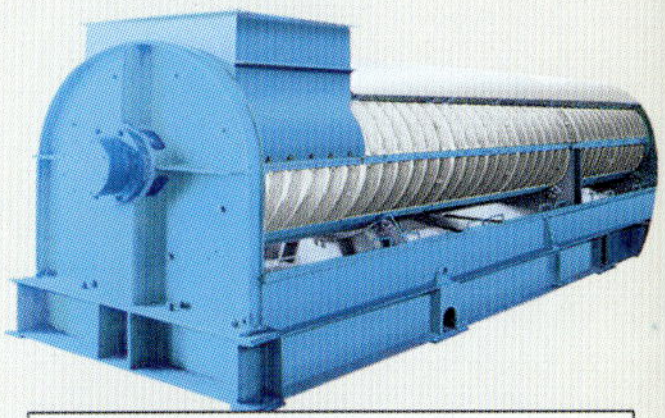

单螺旋挤浆机

黑液提取和废纸热分散系统的关键设备。动力消耗极低情况下达到高的日产量；独特的变径变距螺旋设计，可有效处理进浆浓度很低浆料。浓缩后的纸浆干度均匀，出浆率稳定。纤维性质极少受到影响，无堵塞现象，先进的设计减轻了螺旋的磨损和腐蚀。单台设备生产能力最高可达 200t/d，进浆浓度 8-12%，出浆浓度 30-40%。

更多产品，敬请垂询 0536-4732506

方科创浆纸工程有限公司

地址：山东省安丘市经济技术开发区 电话：0536-2269600 2269700 4732506 传真：0536-4732507 邮编：262123
http://www.chinacppe.com www.wfkc.cn E-mail:cppe21th@126.com cppe21th@yahoo.com.cn 技术咨询：13508962022

欢迎致电，详情备索。科创及其图形，CPPE 均为潍坊科创浆纸工程有限公司的商标。©2006 CPPE, All rights reserved. CPPE 保留更改产品设计与规格的权利，恕不另行通知。

江西洪都精工机械有限公司

JIANGXI HONGDU PRECISION MACHINERYCO.,LTD

江西洪都精工机械有限公司是南昌飞机制造公司工艺研究所改制成立的股份制高新技术企业 —江西洪都航空工业集有限责任公司控股的子公司。

四十多年来，本公司主要承担洪都航空工业集团公司航空制造技术研究以及各种专用机床、自动生产流水线的设计与造，为洪都航空集团公司十多种型号的飞机、导弹、摩托车等产品的研制与生产作出了重要的贡献。

公司应用先进的航空制造技术，率先在国内开发生产系列纸浆筛选设备—“洪都牌”压力筛，其被指定为首批替代进设备。曾荣获2000年度国家的新产品奖的外流式波纹压力筛机已被列为国家的火炬计划项目。目前公司生产经营“洪都系列纸浆（再生浆）成套生产设备，可为用户提供更高效、更实用、更经济的选择。“洪都牌”系列造纸机械产品不但帧全国二十多个省、市、自治区，而且还远销海外，成为广大用户认可品牌。

公司愿以先进的航空制造技术、丰富的创新设计经验、与国际接轨的质量保证体系和完善的售后服务系统，为用户提优质的产品、优质的服务。

主要产品目录

- ※ ZSB 型外流式波纹压力筛
- ※ ZSL 型内流式压力筛
- ※ ZSW 型高浓压力筛
- ※ ZSL 型上流式压力筛
- ※ ZQF 型纤维分级筛
- ※ ZSF 型压力式微滤筛
- ※ FXJ 型复式纤维分离机
- ※ ZSK 型自洗式振框平筛
- ※ ZDS 型(O 型、D 型、高浓)水力碎浆机
- ※ LSJ 型浆板、废纸、成品纸链板输送机
- ※ SJ 型低脉冲上浆泵
- ※ TWZB 型无堵塞浆泵
- ※轻杂质分离机
- ※各类筛鼓、转子

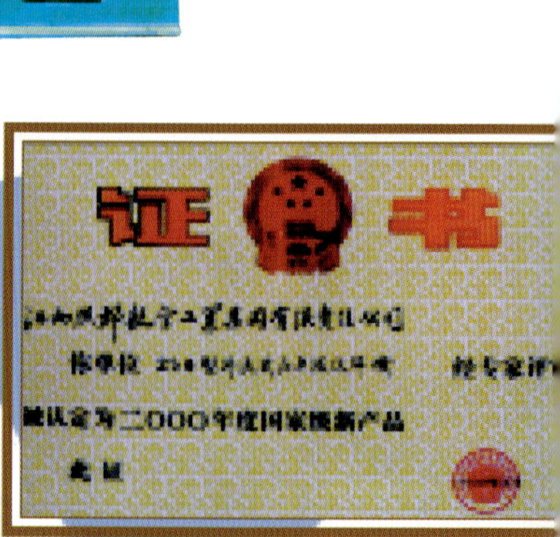

总经理：廖承东
地址：江西省南昌市新溪桥
电话：0791−8467083
邮箱：sales@jxhdjg.com

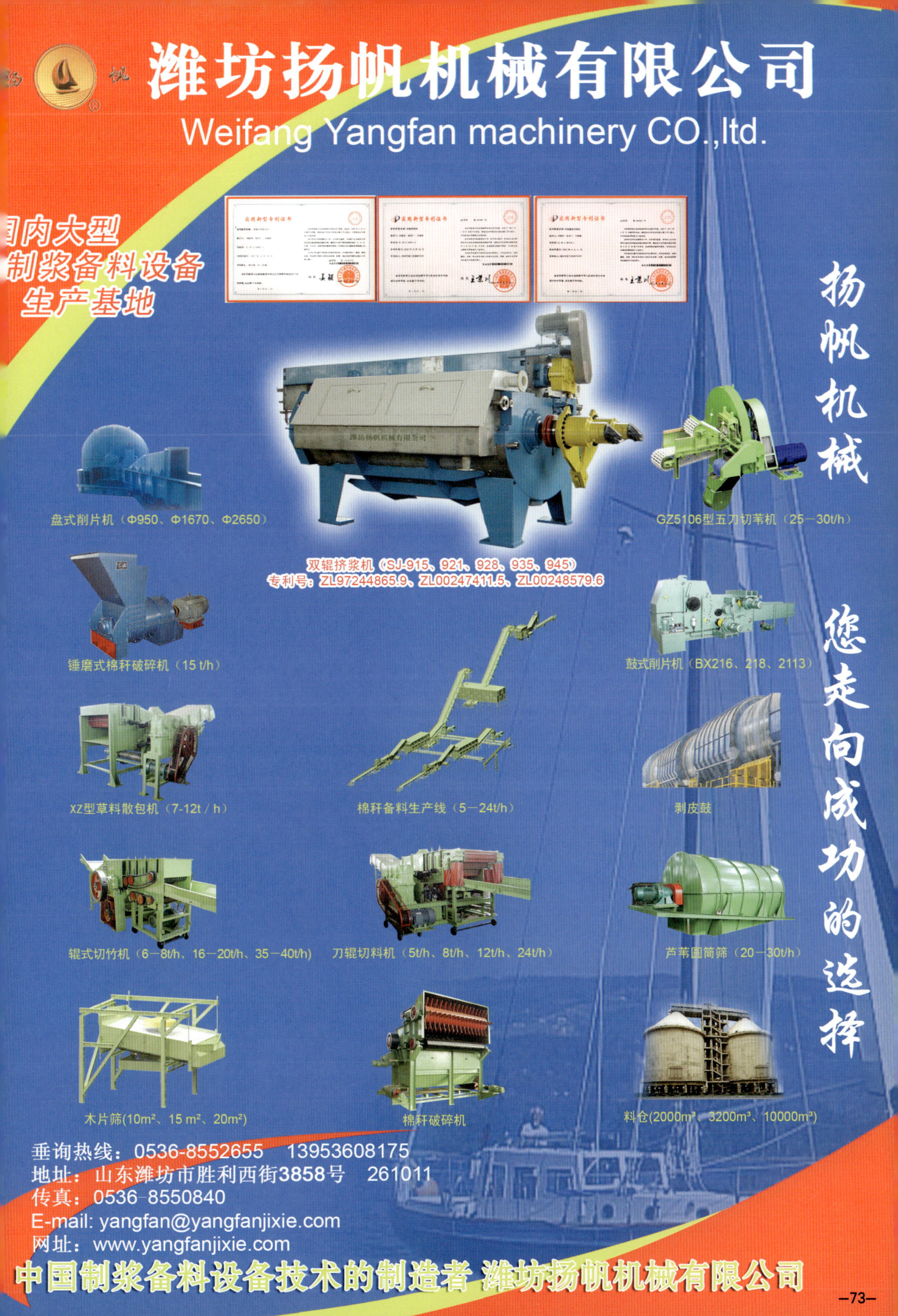
潍坊扬帆机械有限公司
Weifang Yangfan machinery CO.,ltd.
内大型
制浆备料设备
生产基地
扬帆机械
盘式削片机（Φ950、Φ1670、Φ2650）
GZ5106型五刀切苇机（25—30t/h）
双辊挤浆机（SJ-915、921、928、935、945）
专利号：ZL97244865.9、ZL00247411.5、ZL00248579.6
锤磨式棉秆破碎机（15 t/h）
鼓式削片机（BX216、218、2113）
您走向成功的选择
XZ型草料散包机（7-12t／h）
棉秆备料生产线（5—24t/h）
剥皮鼓
辊式切竹机（6—8t/h、16—20t/h、35—40t/h）
刀辊切料机（5t/h、8t/h、12t/h、24t/h）
芦苇圆筒筛（20—30t/h）
木片筛(10m²、15 m²、20m²)
棉秆破碎机
料仓(2000m³、3200m³、10000m³)
垂询热线：0536-8552655　13953608175
地址：山东潍坊市胜利西街3858号　261011
传真：0536-8550840
E-mail: yangfan@yangfanjixie.com
网址：www.yangfanjixie.com
中国制浆备料设备技术的制造者 潍坊扬帆机械有限公司

傻龙® 振兴泵业

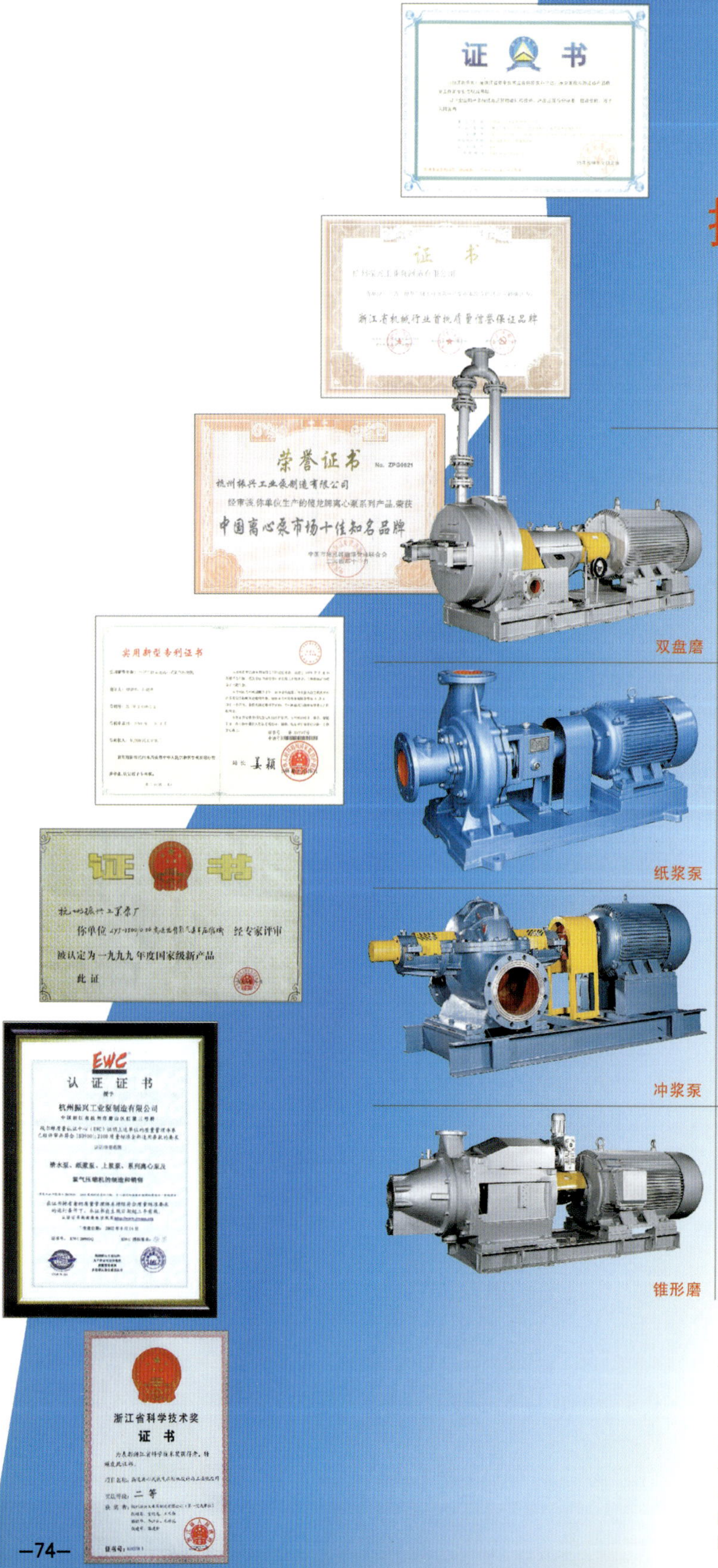

振兴泵业 精铸而

杭州振兴工业泵制造有限公司

地　　址：浙江省杭州市萧山区红山农场三号桥

电　　话：0571-82600999

销售热线：0571-82699701　56122990

传　　真：0571-82699329　82699856

邮　　编：311234

http://www.zhenxingpump.com

E-mail:zhenxingpump@xs.hz.zj.cn

杭州东新节能机电设备有限公司

新颖自由半浮球式蒸汽疏水阀

本阀门是利用水、蒸汽，比重差的原理进行工作，它主要用于石化、食品、淀粉、冶金、制药、造纸、印染、纺织等工业蒸汽加热系统，能自动迅速排放凝结水，有效阻止蒸汽泄漏，耐水击，并能自动排除空气,使设备高效率的工作。其合理的设计，及技术上的不断更新，使原来的机械型疏水阀面目一新,质量上更超群,使用寿命倍增,节能效果达25%以上,漏气率< 3 %，背压率达85%，可用于无泵回收热凝结水，是 2 1世纪环保高效节能产品。

该产品经国家八部委联合会审，被评为机械工业部第17批节能机电产品推广项目，并荣获国家专利产品金奖（专利号：ZL 9 3 2 2 6 6 6 8 1 ）及国家科技成果金奖。产品深受用户好评。

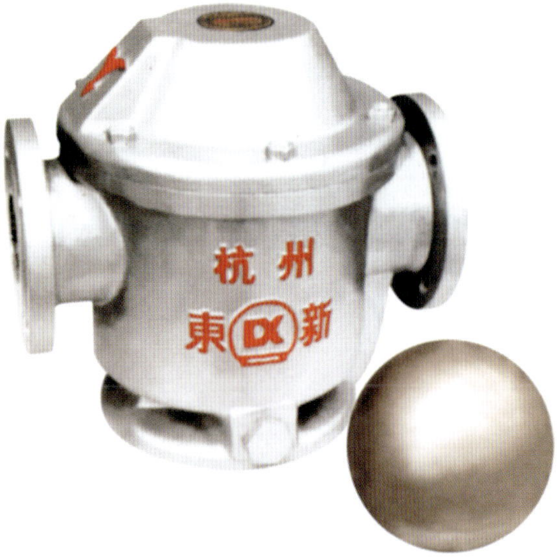

凝结水的回收新技术

专利号：ZL002186349　◎高温无泵背压回收新技术　◎节汽、节水、节电又增产

凝结水回收利用

（一）凝结水回收的目的是节约能源

蒸汽所包含的热量由显热和潜热两部分组成，在大多数情况下，人们利用蒸汽作为热介质仅使用全热中的潜热这一部分热量，占全热量中的２０～２５%的显热都以凝结水的形式而被排出。被排出的这一部分热量，如不加以利用，这就会造成能源的极大损失和浪费，而且污染环境。根据2000年初有关资料统计，全国拥有工业锅炉300余万台，产汽量600余万吨，燃烧标煤超过20亿吨，如果按20~25%的热量损失计，将是一个惊人的能量损失数值，为此，凝结水的回收利用将是一个节约能源的极有意义的工作。

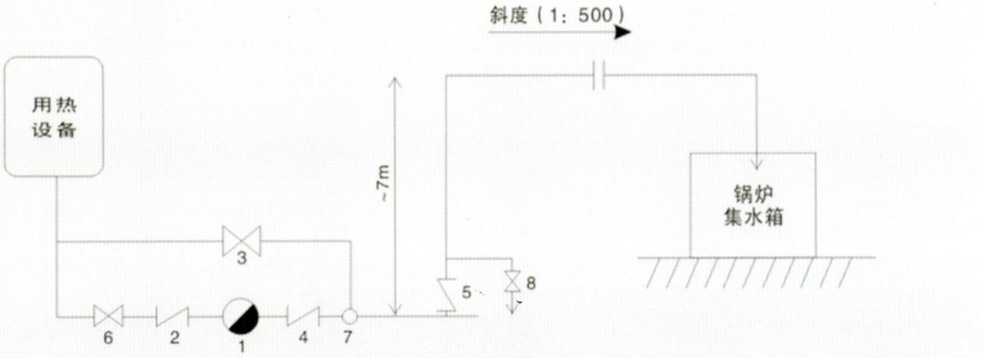

凝结水回收系统示意图

1.“东新”牌机械型蒸汽疏水阀　3.6.8 截止阀　2.4.5 止回阀　7. 中和管

司地址:杭州景苑公寓6号楼4幢101室　邮编:310020　厂址:杭州滨江高新技术开发区
话：(0571)86992775 86969689　传真：(0571)86040938　Http://www.machsaling.com.cn
机：13805793769 13958191578　联系人：陈 琦

汉通，走向世界的品牌

山东省轻机协会　山东省制浆造纸装备委员会理事　潍坊市环保产业协会理

高速卫生纸机

转鼓碎浆

污泥纸板机

污泥纸板机主要特点：

1、综合利用造纸污泥，变废为宝

2、生产的污泥板强度高，厚度可调，能代替中密度板。

3、产品运行成本低，综合效益高

4、结构简单，操作方便。

双鼓压力筛

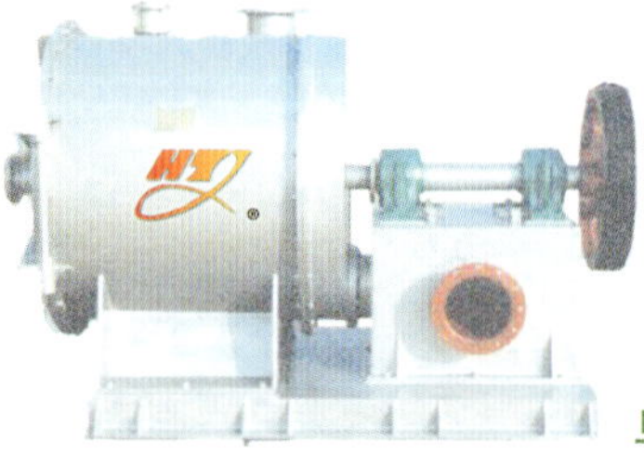

单效纤维分离

主要产品系列：

★废纸制浆设备
★筛选设备
★浓缩设备
★高速卫生纸机
★其他设备
★脱墨设备
★漂白设备
★机械制浆设备
★污水处理设备

主要业务范围：

●废报纸、废书刊脱墨制浆生产线
●板纸、瓦楞原纸制浆生产线（OCC）
●废水处理成套设备
●无污染机械法制浆生产线
●卫生纸制浆及抄纸生产线

山东诸城汉通奥特造纸设备有限公司

地址：山东省诸城市龙都工业园　邮编：262200　电话：0536-6218640，6120287

传真：0536-6113828　http: www.chinahantong.com　E-mail: htaote@163.com

泰兴市仕宁机械有限公司

TAIXING CITY SHINING MACHINERY CO;LTD.

SHI NING ®

SHINING

外观相同，价值不同

内涵有别，性能是金

仕宁筛鼓 一言九鼎的承诺

通过十多年的专业技术积累，我们对筛选工艺有深入透彻的理解和研究。采用独特的制造工艺和顶级增厚镀铬层的“仕宁”牌筛鼓，质量指标直追或优于进口产品，已有数千只在中国乃至世界各地的著名造纸制浆企业安家落户。其优良的运行效果和骄人的营销业绩，说明仕宁筛鼓已成为用户最信赖的得力工具。

地址：江苏省泰兴市城区工业园

电话：0523-7996001　0523-7996032

　　　0523-2918001　0523-2918032

传真：0523-7996031

邮编：225401

Http://www.cnjsn.com

欢迎进入网站了解查看详细情况

www.cnjsn.com

山东荣光不锈钢制品有限公司

公司简介

山东荣光不锈钢制品有限公司地处全国重点旅游城市、风光秀丽的胶东半岛东岸一青岛，其主要生产基地位于全国闻名的蔬菜之乡寿光开发区工业园内。公司具有二十多年的容器、管件、管材机械加工，生产安装历史。多年来一直致力于不锈钢容器、不锈钢管件、管材、食品包装机械的研制及开发。专业为造纸、食品（啤酒、饮料、乳品、果汁、矿泉水）、制药、化工、石油等行业进行容器制造，管线配套的生产及安装。

山东荣光不锈钢制品有限公司生产的不锈钢容器储罐规格范围为0.5～10000m³。用于造纸行业中的流送系统，涂料制备、辅料制备、制浆系统的罐槽：50～400m³ 浆池内衬：500～3000m³ 浆塔内衬的设计制造及安装；以及果汁、饮料、制药行业的容器制造及管材、管件与非标产品的加工。

生产加工的不锈钢管件，其规格从DN10—DN800，采用的标准按GB、HG、ASIM、JIS、DIN、ISO等。

生产加工的工业用不锈钢焊接钢管规格为Φ12～Φ1220，长度可按用户需要在30米内定尺。年产量8000吨。

"荣光"牌容器、管材、管件是"山东知名"产品，并在2001年3月取得ISO9001.2000质量认证，其管材、管件焊接工艺采用的不加填充金属的氩弧焊及等离子焊，单面施焊，双面成型的焊接新工艺，更能保证产品的质量和使用寿命。

热忱欢迎广大用户来我公司指导、考察

地址：山东省寿光市高新技术开
邮编：262703
电话：0536-5196955
传真：0536-5109897
E-mail：sdrongguang@vip.163.c

www.rong-guang.com

乐山市泰辉机械制造有限公司

中国·四川 Leshan Taihui Machine Manufacture Co.,Ltd

中国轻工业机械总公司乐山市泰辉机械制造有限公司，位于风景秀丽的国家级旅游城市—乐山市市中区，水陆交通方便。

乐山市泰辉机械制造有限公司，始建于1954年7月，积有50年几械制造的丰富经验，专业生产造纸机械成套设备已有30余年的万史。乐山市泰辉机械制造有限公司是中国轻工业机械总公司的定点生产单位、是中国造纸学会板纸专业委员会会员单位、省市及"重合同、守信用"单位。

本公司致力于新产品、新技术的开发和改造，生产的各型成套造纸机械及其它辅机设备，在全国同行中享有一定的知名度。可针对用户的各种要求，设计生产500m/min以内1600-4400型圆网、长网、叠网、纸板机、瓦楞纸机、挂面箱板纸机、高速卫生氏机、涂布白板纸机、浆板机、高级文化纸机、压光机、水平式气动卷纸机、复卷机及喷浆式圆网成形器、超短网成形器，并负责整机改造业务。

本公司生产的1760㎜至3800㎜纸板机、浆板机、文化纸机、余布机及压光机等落户于全国各地，具有代表性的有哈尔滨造纸二厂、福建省福清纸厂、福州纸厂、四川省峡山纸板厂、四川省三台县纸板厂，并与宜宾纸机厂配套合作1880㎜长网多缸纸机等。本公司良好性能的产品，为用户创造了高品质、高产量和高效益。

省级重合同守信用证书

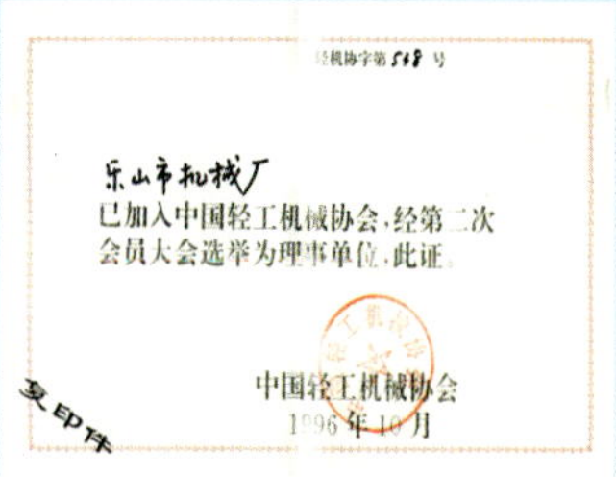

中国轻工机械协会证书

2640/350长网多缸文化纸机

高速卫生纸机

3200/150超成型器多缸纸板机

董事长、总经理：范兴辉　手机：13508154413

副总经理（营销部长）：唐国清　手机：13881316889

公司地址：中国四川·乐山市中区海棠路67号

传　　真：0833-2121377

业务电话：0833-2102226

邮　　编：614000

YUHONG
余宏精工
CN50A 成人纸尿裤生产线
生产速度: 150~200米/分
XSF2000 全伺服高速护垫生
生产速度: 1800片/分
H50A-KB50A 高速护翼卫生巾生产线
生产速度: 500片/分
CWN450A 宠物尿裤生产
生产速度: 300米/分
SN450A 婴儿尿裤生产线
生产速度: 400片/分
通过ISO9001国际质量体系认证
杭州新余宏机械有限公司 Hangzhou New Yuhong Machinery Co.,Ltd.
公关销售部电话: 0571-88541156 / 88542958 国际销售部电话: 0571-88546558 传真: 0571-88543365 投诉电话: 136068
地址: 杭州 瓶窑 邮编: 311115 Http: //www.yhjg.com E-mail: sales@yhjg.com

CCL 成樂紙機

乐山市成发造纸机械有限责任公司

Leshan CHengfa Paper Machinery Co.,Ltd

军工技术制造，交给我们您更放心！

主导产品

- 高强瓦楞纸机、牛皮箱板纸机
- 高级文化纸机
- 涂布白板（白卡）纸机
- 各类型特种纸机
- 超级压光机、斜网成形器、涂布机等

纸机最大幅宽：6000mm、最高车速：1200m/min。

乐山市成发造纸机械有限责任公司

Leshan CHengfa Paper Machinery Co.,Ltd

地址：四川省乐山市中区乐夹路11号

Tel: 86-833-2600955、2602998

Fax: 86-833-2600188

Http:www.clzj.sc.cn　www.lscf.cn

E-mail:leshanchengfa@vip.sina.com　chengfa@lscf.cn

深圳光荣机械有限公司
Shenzhen Koei Machinery Co.,Ltd.

日本独资　1989年在中国深圳建厂

外型经常被模仿　质量从未被超过

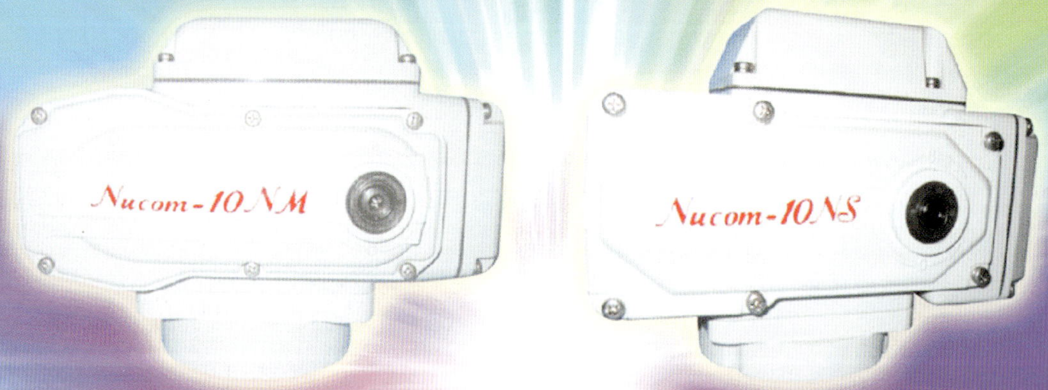

回转型 Nucom Series

阀门开度
自动精密控制

NEMA4.4X
Underwriters Laboratories Inc.®

地址:深圳市上梅林梅华路103号　邮编:518049
电话:0755-83318564　83310794　传真:0755-83310783
网址:www.koeiind.cn　E-mail:szkoei@public.szptt.net.cn

海天斯威福特自动化
SeaSky Swift Automation

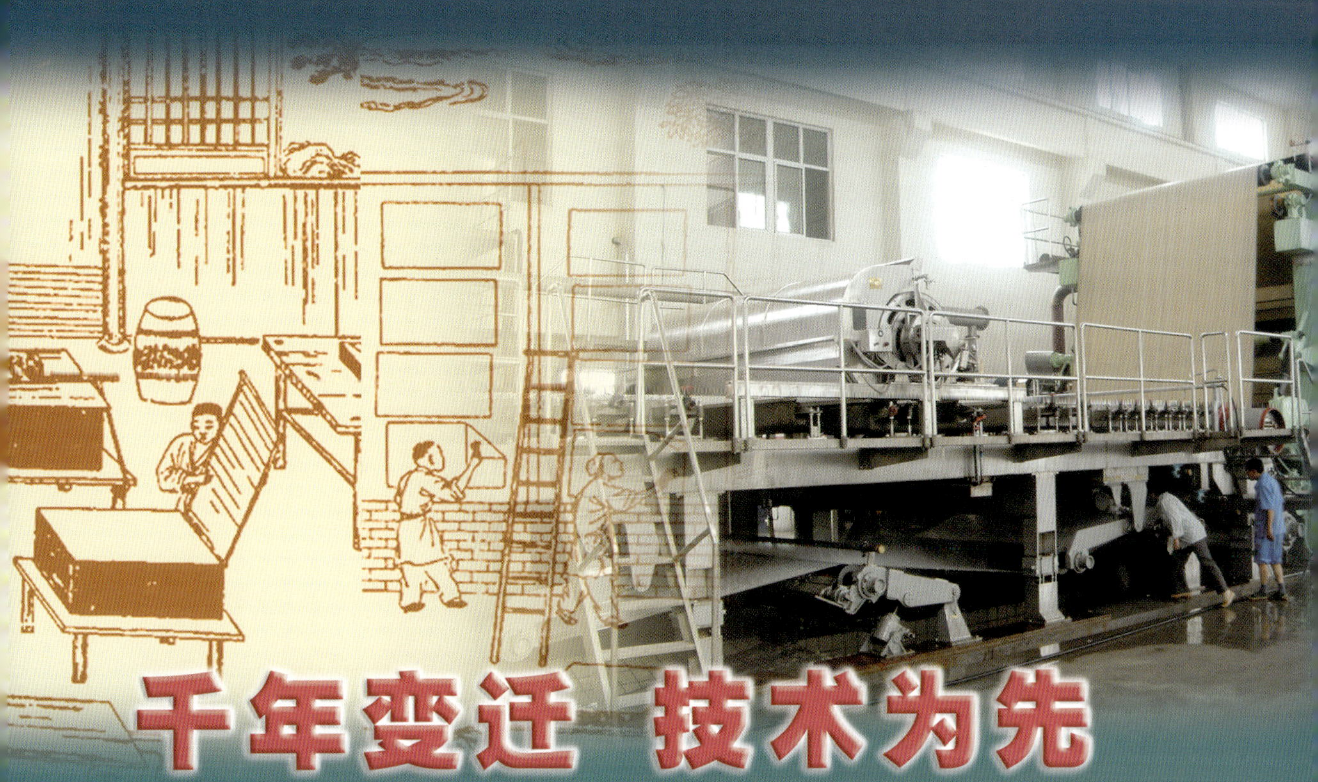

纸张横向质量指标控制--

在造纸过程中对纸张横向质量指标进行控制

可明显提高纸张品质

海天斯威福特一直致力于研究开发先进适用的造纸自动化控制产品。产品在国内外的成功应用也使我们倍感自豪。现在，我们将更加努力，以期使我们的技术和产品更好地为造纸行业的快速发展服务。

- 横向控制系列产品
- 蒸汽冷凝水控制系统
- 造纸专用传感器
- 纸张质量控制系统
- 制浆造纸过程全线集散控制系统
- 单片机控制系统

通讯地址：四川省绵阳市高新区火炬东街47号
电话：0816-2536111　2531333　传真：0816-2543408　邮编：621000
E-mail: sss@seasky-swift.com　Http: //www.seasky-swift.com

SY系列纸张质量保证平台

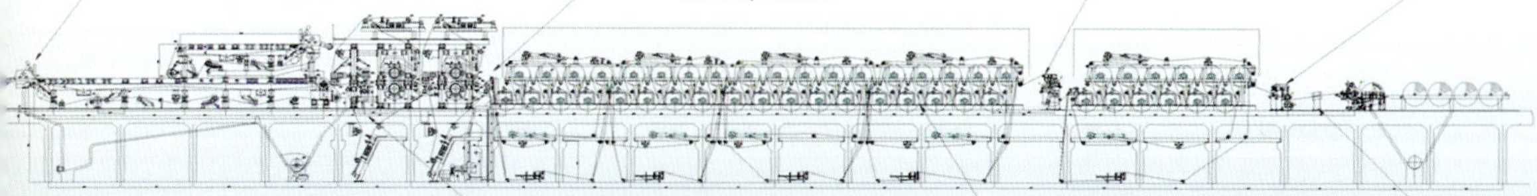

SYCOIL电磁感应分区加热成纸厚度控制系统

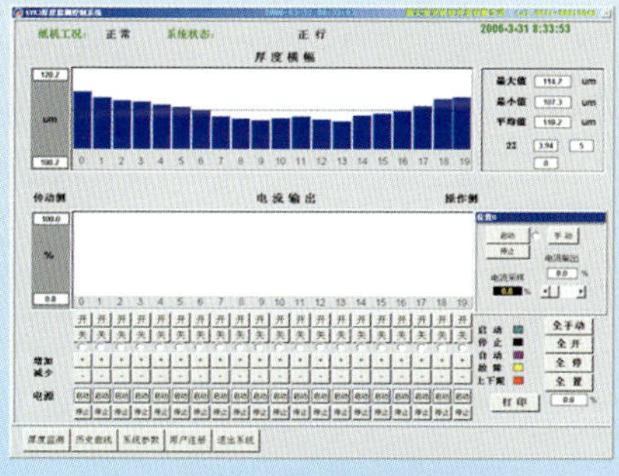

加控制前横幅厚度分布

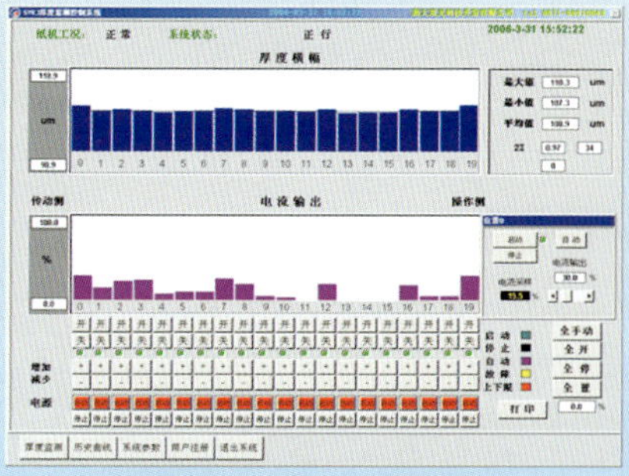

加控制后横幅改善情况

SYWIS纸病检测系统

SYCBW(SYCBP)横幅定量控制系统

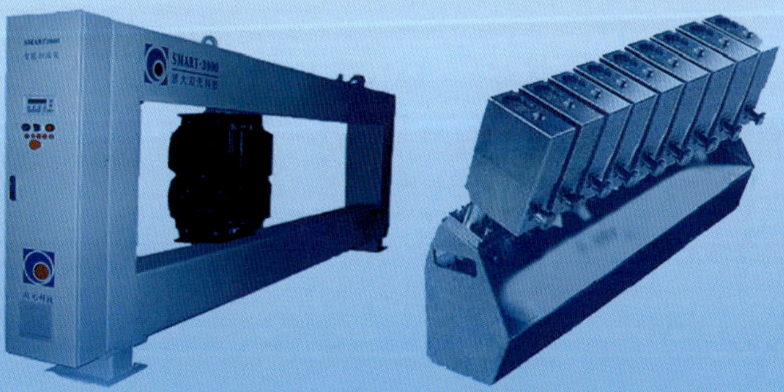

浙大双元科技——民族自控精品

浙大双元科技通过ISO9001质量认证，是国内主要的造纸自控产品开发商和供应商，主要产品有：

- SYQCS3200增强型定量水分控制系统
- SYCLP3200成纸厚度在线检测系统
- SYASH3200成纸灰份在线检测控制系统
- SYGCS3200热泵供汽及冷凝水回收控制系统
- SYCBW3200 稀释水调节式横幅定量控制系统
- SYCBP3200唇板调节式横幅定量控制系统
- SYPOR3200成纸在线透气度检测系统
- SYWIS3200成纸纸病在线检测分选系统
- SYCOIL3200电磁感应加热横幅厚度控制系统
- SYCTC3200成纸色度/白度在线检测调节系统
- SYHCS3200气垫流浆箱及上网流送过程控制系统
- SYCMC3200横幅水分调节水箱（蒸汽箱）控制系统
- SYDCS3200制浆造纸过程集散控制系统

浙大双元科技

地址：杭州市翠柏路6号 电话：0571-88867823 88854920 传真：0571-88910049
手机：田经理 13958058129 巴经理 13588872200 邮编:310012
网址：www.zjusy.com E-mail:zjusy@mail.hz.zj.cn

杭州高新自动化仪器仪表公司

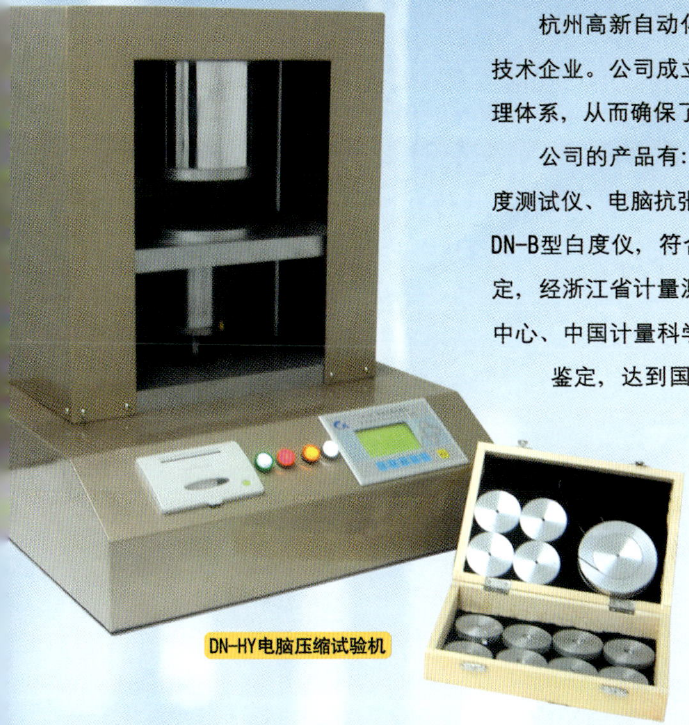

DN-HY电脑压缩试验机

杭州高新自动化仪器仪表公司是一家专业生产自动化仪器仪表的高新技术企业。公司成立于一九九三年，拥有一批高科技技术人才和先进的管理体系，从而确保了每一产品质量的稳定性和可靠性。

公司的产品有：白度仪、纸浆打浆度测定仪、纸板挺度测定仪、平滑度测试仪、电脑抗张试验机、MIT耐折度测定仪等等近20余个品种。特别是DN-B型白度仪，符合国际标准JS02469和国家标准GB7973、GB7974有关规定，经浙江省计量测试技术研究所样机定型试验，国家纸张质量监督检验中心、中国计量科学研究院测试，以及浙江省科委组织的专家技术鉴定会鉴定，达到国家计量检定规程JJG512-87《白度计》及轻工业部部门计量检定规程JJG(轻工)48-90《反射光度计》规定的一级白度计标准。一九九四年元月被列入浙江省科委浙科计发(94)76号文件《一九九四年第一批省级新产品试制计划》。

公司坚持“质优价廉，用户至上”的服务宗旨，具有完善的售后服务系统。以优质的产品应对万变的市场，以优质的服务实现不变的承诺。

产品目录：

1、DN-B白度仪
2、DN-NZ135A MIT折度测定仪
3、DN-PH平滑度测定仪
4、DN-HY电脑压缩试验机
5、DN-KZ电脑抗张试验机
6、JX-TD纸板挺度测定仪
7、JX-DJ纸浆打浆度测定仪
8、JX-BX纸张表面吸收重量测定
9、JX-HD纸与纸板厚度测定仪
10、JX-DH电动厚度测定仪
11、JX-SL纸张撕裂度测定仪
12、JX-SL1纸板撕裂度测定仪
13、JX-TQ纸张透气度测定仪
14、JX-DQ定量取样器
15、JX-XQ可勃吸收试样取样器
16、JX-LX离心机
17、JX-BQ标准试样切试刀
18、JX-KQ可调距切纸刀
19、JX-HQ环压取样器

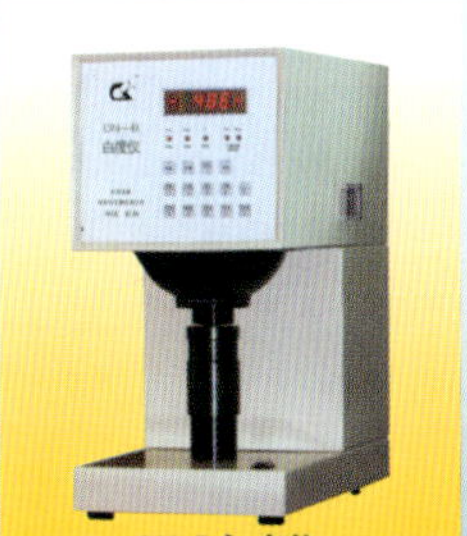

DN-B白度仪

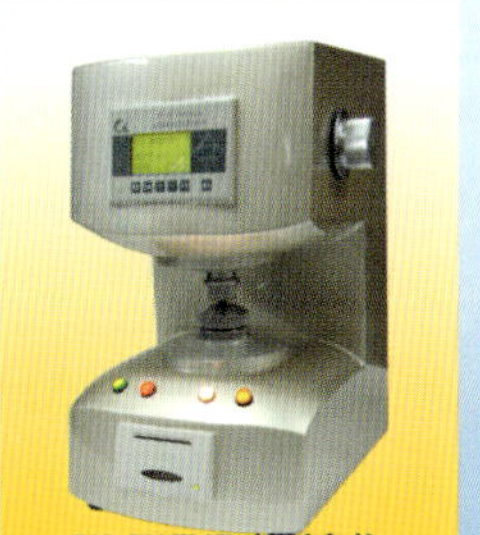

DN-PH平滑度测定仪

JX-TD纸板挺度测定仪

DN-NZ135A MIT折度测定仪

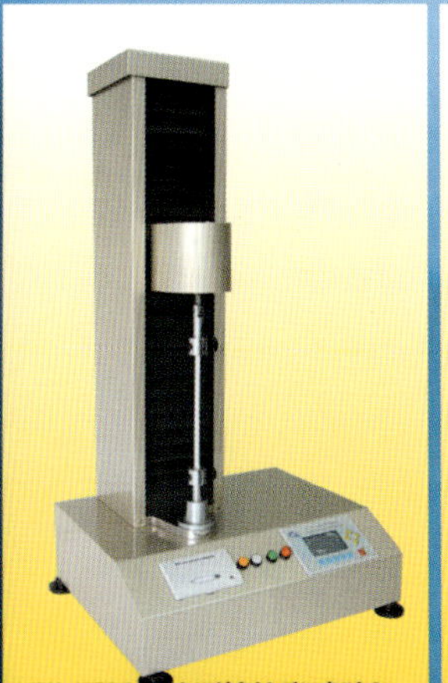

DN-KZ30电脑测控抗张试验机

JX-HD纸与纸板厚度测定仪

JX-DJ纸浆打浆度测定仪

杭州高新自动化仪器仪表公司

地址：杭州市五常工业区五常街7号　　邮编：310023
电话：86 571 88730918　　传真：86 571 88730917
网址：www.hzgxzdh.com　邮箱：hzgxzdh@163.com

专业致力于蒸汽系统的节能

——李氏阀门

杭州西湖阀门厂是一家集生产、科研开发和技术应用于一体的科技型企业，拥有一支以浙江大学及有关科研机关高级科技人员为骨干的技术队伍。专业生产用汽系统器件。

“李氏”牌新型自由半浮球式蒸汽疏水阀系专利节能精品，在蒸汽管网和用汽设备上起自动阻汽排水作用。广泛应用于化工、造纸、纺织、印染、啤酒、船舶和宾馆等行业，由杭州西湖阀门厂独家生产。是中国机械工业节能机电推广产品。同时提供蒸汽系统和高温凝结水无泵背压自动爬高回收系统的咨询、设计、选型、配套及工程施工。

主要优质产品：

产品名称	性能特点
新型自由半浮球式蒸汽疏水阀	自动阻汽排水，超低泄漏，灵敏可靠，寿命长，高背压率
自立式压力调节器	压力稳定精度高（±0.025MPa）
自立式温度调节器	温度控制精确，波动范围≤3℃
一体式高温球阀	耐高温，开关灵活，杜绝泄漏
德标波纹管截止阀	开关轻便，绝无泄漏
不锈钢对夹式止回阀	精致小巧，便于安装

杭州西湖阀门厂研发的高温凝结水无泵背压自动爬高系统，结构简单，运行可靠，无需外加动力，投资少，收益巨大！节煤、节水、节电又环保，节能总效率达到20%以上！

蒸汽高温凝结水无泵背压自动爬高回收系统：

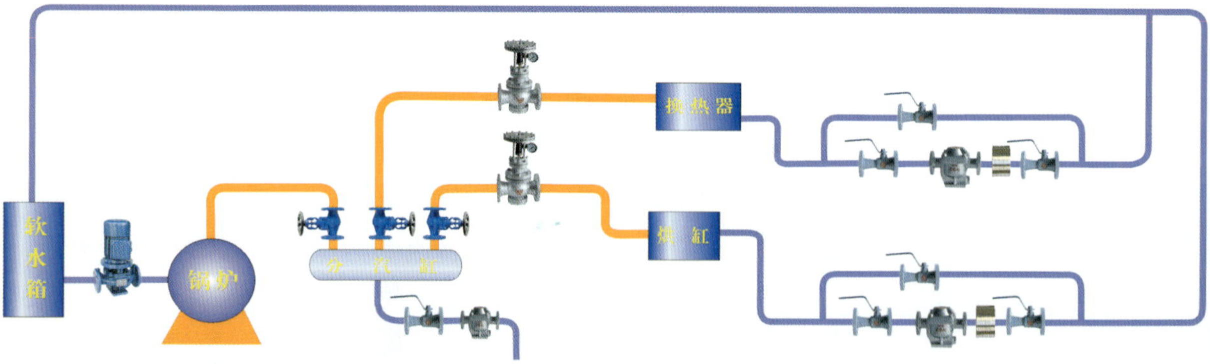

杭州西湖阀门厂

地址：浙江省杭州市西湖区西溪路988号（杨家牌楼工业园）
电话：0571-85225422 85225864
E-mail: market@hzxhfmc.com

联系人：李一鸣
传真：0571-85220115
Http: //www.hzxhfmc.com

天禾化学品(苏州)有限公司

苏州天马医药集团

位于苏州高新区，是集多肽化学品、医药中间体、原料药、造纸化学品、氨基酸保护剂、房地产等多种产业为一体的集团化企业。

禾化学品（苏州）有限公司是天马医药集团下属的独核算的专门生产造纸化学品的企业，长期致力于不断高化学品的制造水平，为客户提供质优价廉的产品。和客户一起，在造纸化学品的应用领域作有效和可行探索。

公司办公楼外景

司厂房外景

我们为您提供以下主要产品：

施胶剂系列：

AKD 蜡、AKD 乳液、复合型中性施胶剂、阳离子分散松香胶、合成类聚合物表面施胶剂

助留助滤系统：

微粒助留系统（硅溶胶、保留剂）、阳离子聚丙烯酰胺、阴离子聚丙烯酰胺

增强剂系列：

湿强剂、干强剂

腐浆控制系统：

A 型杀菌防腐剂（速效型）、B 型杀菌防腐剂（持续型）

泡沫控制剂：

脱气剂

垃圾捕集剂：

定着剂

- **我们的年销量已经达到25000多吨，和国内200多家造纸企业有着良好的合作关系。**
- **我们是国内拥有AKD蜡专利证书的企业，专利号为ZL 02 1 48536.4，并且出口到韩国、日本、东南亚等国家和地区。**
- **我们还是国内硅溶胶本土生产企业，在微粒助留助滤系统上有丰富的经验和技术服务能力。**

产地址：苏州市吴中区木渎镇 邮编：215101 电话：0512-66261097 传真：0512- 68240792
公地址：苏州市滨河路1156号金狮大厦25楼 邮编：215011 电话：0512-68092165 68092115 13606218269 13606208012

化学工业（全国）造纸化学品工程技术中心

Nation-Wide Engineering &Technology Center For Paper Chemicals

杭州市化工研究院

Hangzhou Research Institute of Chemical Technology

杭州市化工研究院成立于1958年，主要从事造纸化学品等精细化工产品的研究开发，在国家“六五”到“十五”期间科技攻关成绩显著，受到国家科委等有关部门的表彰，多项科技成果达到国际领先水平或先进水平。近年来在造纸化学品应用技术研究及科研成果向生产力转化工作也卓有成效，已成为一个特色鲜明、实力较为雄厚的综合性科研机构，在国内外有较高的知名度。杭化院同时也是全国造纸化学品信息站和民政部注册登记的国家一级行业协会——中国造纸化学品工业协会常设机构所在地。

杭州市化工研究院主要承担造纸用精细化学品的研究开发，设有造纸化学品应用技术研究室及纸张性能测试室，可提供从信息、开发、生产至应用研究的一条龙服务体系。近年来，开发生产的造纸化学品已获得十余项国家发明专利及十余项国家级重点新产品，在国内处于领先地位。

杭州市化工研究院除向各地造纸企业提供一系列造纸化学品产品外，还与中国造纸化学品工业协会联合编辑出版会刊《造纸化学品》，为造纸行业提供情报信息等。

开发生产的主要造纸化学品

◇ 造纸用功能性高分子树脂及添加剂：HDS系列新型纸用干增强剂，LPT育果袋防水剂、SCW、SC多效纸用柔软剂、WS系列纸张湿强剂，HWR-1印刷适性改进剂，HCA-10卫生纸起皱粘合剂，SU系列剥离剂，HPS-1,HPS-2柔软剂，GS-35固色剂，SHM系列洗涤法废纸脱墨剂、HTM系列浮选法废纸脱墨剂等；

◇ 造纸专用变性淀粉系列：CCS-03新一代增强、助留剂，YZ系列新型纸张增强剂，HR系列中性施胶淀粉，HCT系列喷雾淀粉，HCS系列、HAS系列表面施胶淀粉，CPT系列涂布粘合剂，松香施胶增效剂系列等三十余个品种；

◇ 松香系列施胶剂：TF、EP系列乳液松香施胶剂等。

热切希望与造纸企业联合开发各类纸种所需的专用化学品及其应用技术，竭诚为造纸工业服务

法人代表：姚献平　　联系人：陆 伟　贺贤璋

地址：浙江杭州湖墅石灰坝7号　　邮编：310014

Address：7 Shihuiba Hushu，Hangzhou, Zhejiang, China（310014）

电话(Phone)：(86)571-88314437　　传真(FAX)：（86）571-88314437

网址(Web)：www.hhs.cn　　E-mail：hhskyb@mail.hz.zj.cn

全国造纸化学品工程技术中心　　杭州市化工研究所科研成果产业化基地

杭州纸友科技有限公司

HANGZHOU PAPERMATE SCIENCE & TECHNOLOGY CO.,LTD.

领导莅临现场指导

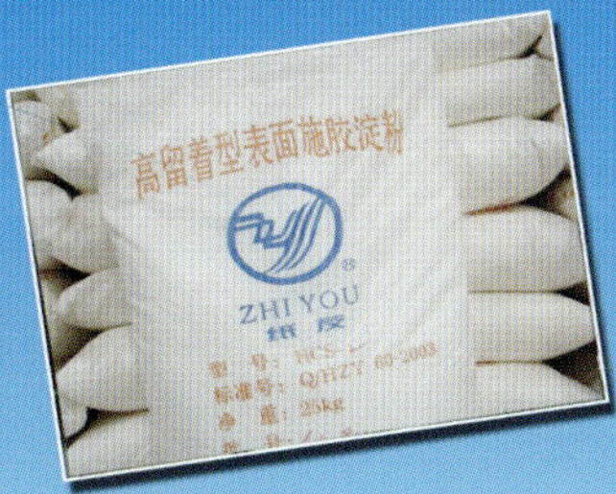

纸友产品

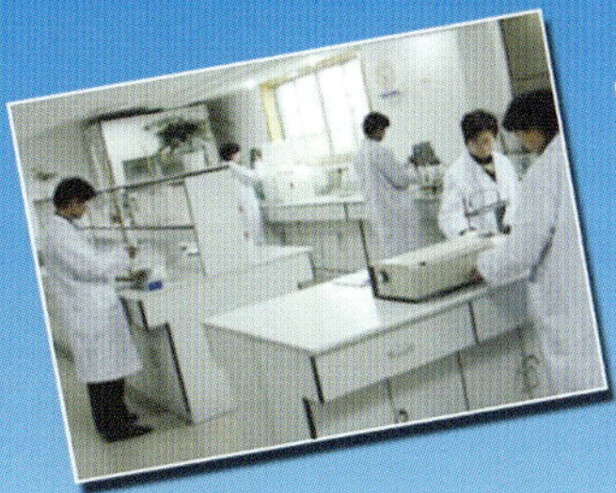

质检中心

中控室

造纸用变性淀粉系列产品

部添加淀粉

S-03　（文化纸专用）
-3　（AKD中性施胶专用）
-5　（ASA中性施胶专用）
-138　（特种纸专用）
-139　（板纸、高瓦纸专用）
-151　（包装纸专用）
-152　（新闻纸专用）
-161　（特种增强剂）
-181　（卫生纸专用）

面施胶淀粉

S系列（阳离子型）
S系列（阴离子型）
S系列（连蒸器专用）

间或表面喷雾淀粉

T系列

布专用淀粉

T系列

喷纸专用化学品

B系列

合物表面施胶剂

2000（主要提高表面强度）
2100（主要提高施胶度）

杭州纸友科技有限公司专业从事变性淀粉等造纸化学品的开发，是集科、工、贸为一体的省高新技术企业，拥有自主知识产权和自营进出口权，是全国造纸化学品工程技术中心及杭州市化工研究院的科研成果产业化基地，建有省级研发中心，有20多年的研发经验，拥有多项国家发明专利和国家级新产品，获得包括国家科技进步二等奖、中国石化技术发明一等奖在内的各级科技成果奖20余项次，并拥有一支既懂化工又懂造纸的技术服务团队，具备为客户提供量身定制一体化解决方案的能力。

同时，纸友充分发挥自身优势，开拓创新，优化结构，2005年分别在吉林和浙江桐庐建成两个新的成果产业化基地，已初步形成“一体二翼”的战略发展格局，产品涉及造纸、食品、医药、纺织等领域，年生产能力已达10万吨。

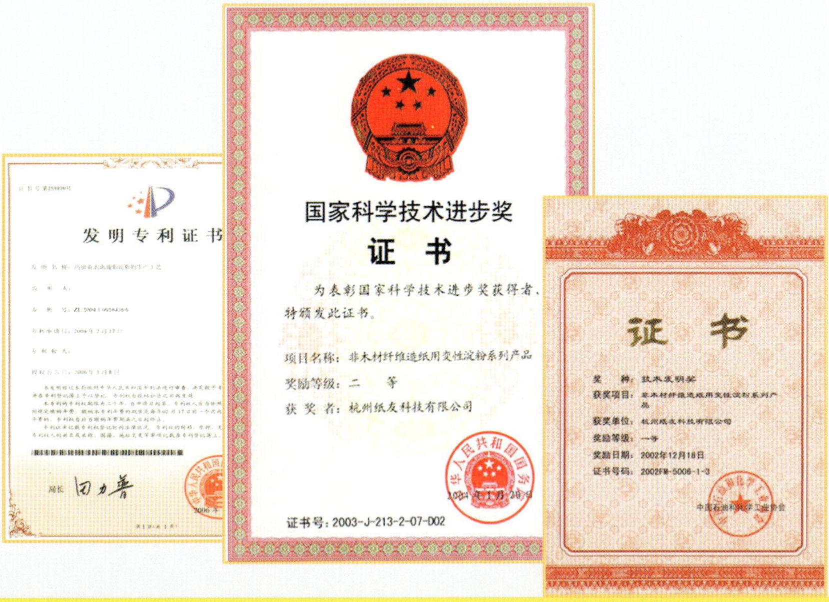

：中国 杭州经济技术开发区三号大街50号　邮编：310018　电话：86-571-86911227 86912268-8105
：86-571-86913870　网址：www.hzzykj.cn　E-mail: zykj@hzzykj.cn

亦立兴业股份有限公司
Yie-Lie Enterprise Co., Ltd.

亦立用心·客户放心

德国KUFFERATH公司--固/液分离技术部门
Andreas Kufferath GmbH & Co. KG (Germany) Solid/Liquid separation division

专业设计制造纸浆准备工艺中纸浆的脱水设备—圆盘浓缩机+螺杆压榨脱水机，还有造纸工艺中废弃物和污泥的压榨脱水处理。

Specially designed manufacture disc thickener + screw press machine used in pulp preparation process. It can also press all rejects and sludges.

德国BOLL&KIRCH FILTERBAU GMBH公司--过滤机
Boll & Kirch Filterbau GmbH(Germany)-Filter

其产品被广泛应用于世界各大纸厂，例如UPM，APP，STORA-ENSO等。

Bollfilter is widely applied in lots of outstanding paper & pulp plants, such as UPM, APP & Stora-Enso, etc.

意大利BONETTI公司--各种涂布刮刀及刮刀架系统
Bonetti S.p.A.(Italy) - Various coater blades and holder system

稳定的质量，仔细的选材，严格的制作工艺，先进的设备，以及良好的服务能很好的符合客户的要求。

Consistent quality, careful selection of raw material, manufacturing process accomplished, state of art technical equipment, and service capability will best meet all customers' requirement.

美国BUSCHMAN公司--涂布棒和棒座
Buschman Corporation(USA) - Rod and Holder

可以为不同的纸厂设计、制造涂布棒和棒座用于不同化学组成的涂料以满足生产的需求。

Can be designed and manufactured to meet the production demands for different coating chemicals for different paper mills.

新加坡CALLISTO--湿磨碳酸钙卫星工厂
Callisto Minerals International Ltd. (Singapore) - Wet Ground CaCO3 satellite plant

科利斯特矿物国际有限公司可以为工厂提供填料级和涂布级的高质量的湿磨碳酸钙的简易和高技术的生产工艺。

Can offer a simple and high-tech manufacturing process for the production of high quality wet ground CaCO3 to the paper industry for filling and coating application.

巴西CADAM公司--超细瓷土
Cadam S.A. (Brazil) - Fine Clay

由于是二次沉积土，巴西土是一种纯净超细瓷土，能提供很高的涂布固含量，低粘度，高光泽以及极佳的流变性能。

As a secondary sedimentary clay, it is very pure and fine, which can provide high coating color solids, low viscosity, high gloss and excellent rheological properties.

巴西PPSA公司--片状瓷土
PPSA (Brazil) - Delaminated Clay

具有很高的ISO白度值，低粘度和天然的扁平结构，能提高不透明度，平滑度，印刷光泽度和降低在凹印时的漏印。

It has high ISO brightness, low viscosity and it is naturally flat, which can improve opacity, smoothness, print gloss and lower missing dots for rotogravure.

美国杜邦公司--杜邦钛白粉
Dupont Titanium Technology (Shanghai) Co., Ltd. (USA) - TiO2

能赋予装饰纸极高的不透明度和超凡的耐晒性。当用于造纸涂料中，则使涂布纸拥有高的不透明度，亮度，颜色稳定性及低的胶粘剂用量。

It can provide decorative paper excellent opacity and UV-stability. For coated paper it provides super opacity, brightness, color stability and can save binder dosage as well.

台湾雷沛力国际股份有限公司--废纸
Repaper International Corporation (Taiwan) - Waste Paper

雷沛力公司销售废纸数十年，专门从事进出口美废，欧废及日废。

Has a history of over ten years in trading in waste paper sourcing from USA, Europe, and Japan.

日本SAN NOPCO公司--造纸助剂
San Nopco Limited (Japan) - Additives

是日本水溶性涂料行业中最大的综合添加剂生产企业，产品有消泡剂，分散剂，增稠剂，以及湿润剂等。

A biggest comprehensive additives manufacture in water-soluble coating industry in Japan, such as deformer, dispersant, thickener, lubricant, and wetting agent etc.

美国沙多玛公司--施胶剂
Sartomer Company, Inc. (USA)-Sizing Agent

美国沙多玛公司SMA产品可广泛应用于造纸工业内部施胶以提高湿强度和疏水性。

Sartomer SMA product can be widely used in paper mak industry like internal sizing to increase wet strength, hydrophobicity.

安徽三立石业有限公司--矿石
Sunny Stone Industry Co., Ltd.(China) - Minera

主要经营造纸用方解石粉（400目）及原矿石的外销。

Supply calcite powder (400 mesh) for paper industry raw minerals for export and domestic sales.

TESTPRINT公司--印刷仪
Testprint (Holland)-Testprinter

荷兰生产的实验室印刷仪能模拟真实的现场印条件对油墨印刷性能和纸张印刷性能进行测试。

Testprint lab instruments can imitate real printing condi to measure ink print and paper printability properties.

韦斯伐里亚分离机公司（德国）--分离机
Westfalia Separator GmbH(Germany)-Separato

已有100多年的历史并在世界各地享有极高的声它的高品质产品树立了可靠的标准。

It has a history of over 100 years and a good reputation every parts of the world. Its high quality products estal a reliable standard.

德国唯斯能公司--空气处理技术专家
Wiessner GmbH(Germany)-The Air Technology Specialist

能为纸机通风提供完备的解决方案，包括高性能闭汽罩、袋通风、热回收、送排风系统等。

Can complete solutions for paper machine ventilation including high performance vapor hood, pocket ventilation, heat recovery, supply and exhaust air syst

>>> 台北 Taipei
ADD: 台北市金山南路二段140号7F之2
TEL: +886-2-23569036
FAX: +886-2-23569038

>>> 广州 Guangzhou
ADD: 广州市五山路137号天立大厦A座21A
TEL: +86-20-87587766 87536727
FAX: +86-20-87588733

>>> 上海 Shanghai
ADD: 上海市南丹东路238号金轩大厦22楼E座
TEL: +86-21-64272772 64644599 64876217
FAX: +86-21-64285786

>>> 杭州 Hangzhou
ADD: 杭州市余杭区临平红丰路都市知音公寓16-3-202
TEL: +86-571-89260059
FAX: +86-571-89260059

>>> 济南 Jinan
ADD: 济南市泺源大街68号玉泉森信酒店B座15楼1518室
TEL: +86-531-86926018 85108178 85108179
FAX: +86-531-86927078

www.yie-lie.com

新东亚(NEAC)化学有限公司

——造纸化学品专业制造商

科技

环保

创新

湿部化学助剂

防腐剂
浆料稳定剂
湿强剂
助滤助留剂
树指控制剂

涂料化学助剂

涂料耐水适印剂
涂料防腐剂
涂料抑泡剂
涂料润滑剂
涂料流变剂
涂料分散剂

废纸脱墨化学助剂

胶黏物控制剂
双氧水稳定剂
脱墨剂
新闻纸专用增强剂

辅助化学助剂

增白剂
耐水适印剂
表面处理剂
消泡剂
毡布 - 网笼清洗剂
纸杯原纸预处理剂
育果袋纸专用抗水剂

总公司
地址：吉林省延吉林延南街长洁胡同 9 号
邮编：133001
电话：0433-2854111
传真：0433-2824416
E-mail：huangqixing@126.com
http://www.neac.com.cn

销售公司
地址：济南市将军路 122 号
黄台大酒店写字间 348 号
邮编：250100
电话：0531-88960331
传真：0531-88610105
E-mail：huangqixing@126.com

技术服务
电话：0433-2838091
传真：0433-2822482

发明专利高新产品

▲ AS39A松香中性施胶剂

- 可大量使用$CaCO_3$填料（10~40%）
- pH适用范围：7.0~8.5
- 施胶迅速不需熟化
- 降低涂布量2~3g/m^2
- 能解决废纸“脱墨浆施胶障碍”
- 能解决夏季施胶障碍
- 清洁系统，清洗周期延长30~50%
- 减少“断头”30%以上
- 网毯寿命延长30%以上
- 减少腐浆块，一等品率提高1~2%
- 节约干燥汽耗10%以上
- 解决反应型中性胶产生的“白色污染”问题
- 吨纸原料成本可降低20元以上

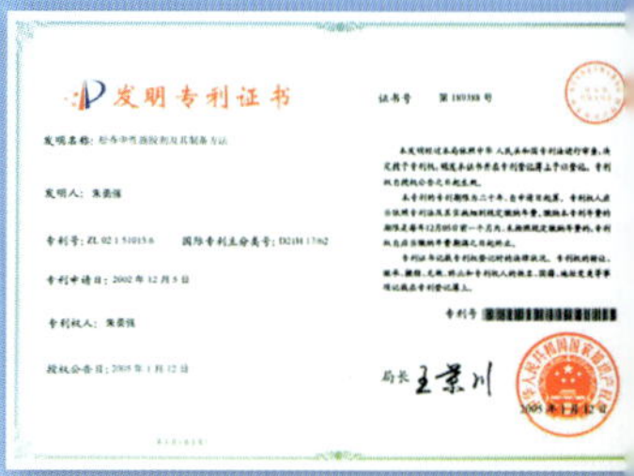

上海上大玲珀化工科技有限公司

Shanghai University Nimbte-tech Co., Ltd.

地址：上海市延长路149号上海大学科技园
邮编：200072
电话：021-36033271　56334269
传真：021-36033271-17
网站：http://www.higradechemicals.com.
E-mail: zhuyq@133sh.com

中国保定阳光精细化工有限公司

YangGuang(Sunlight)Fine Chemistry Co.,LTD.

保定阳光精细化工有限公司创建于1995年，专业致力于造纸用防腐杀菌剂的研发、生产和销售，是杀菌剂生产企业的领导者，引领技术与创新，为用户提供最精益求精的产品、卓越及时的服务。本着“诚信为本，以质取胜”的企业方针，我们将更好的为更多客户服务。

造纸用系列防腐杀菌剂

以研究、制造精细化学品及其中间体而著称的保定市阳光精细化工有限公司，是国内早期且规模较大的防腐防霉杀菌剂专业生产企业. 阳光公司采用国外先进配方生产的造纸系列专用防腐杀菌剂具有杀菌、抑菌、高效、广谱等优点，不含重金属。具有较强的杀菌效力，产品的活性成份能够穿透微生物的细胞壁，进入细胞内部，并与细胞的核酸（RNA和DNA）上碱基结合。从而抑制或彻底杀死微生物。在短期内能迅速剥离腐浆，较低用量能完全抑制细菌的生长、繁殖，使流送系统处于清洁状态，减少刷车次数，提高纸品等级和生产功效。

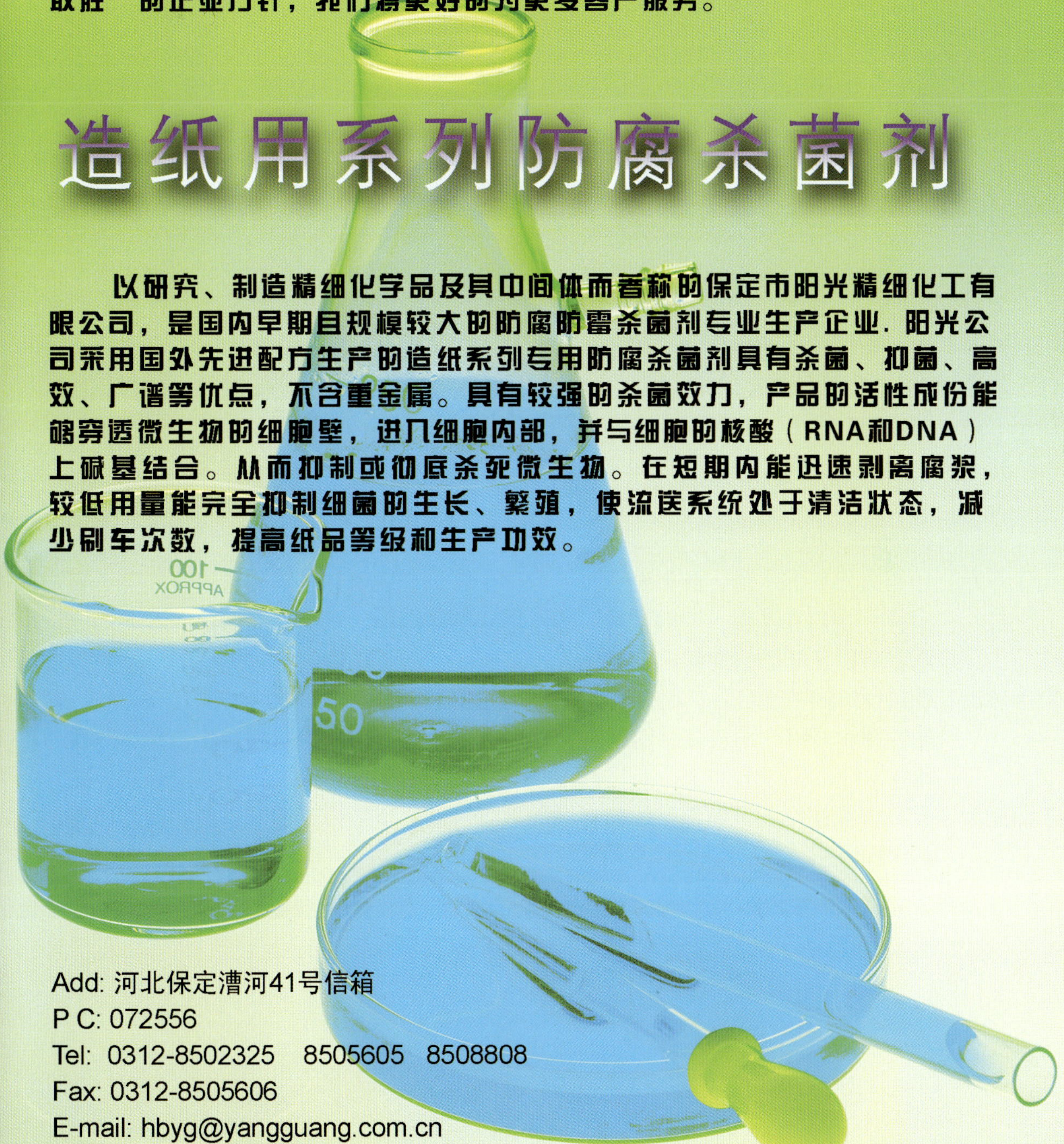

Add: 河北保定漕河41号信箱
P C: 072556
Tel: 0312-8502325 8505605 8508808
Fax: 0312-8505606
E-mail: hbyg@yangguang.com.cn
http://www.yangguang.com.cn

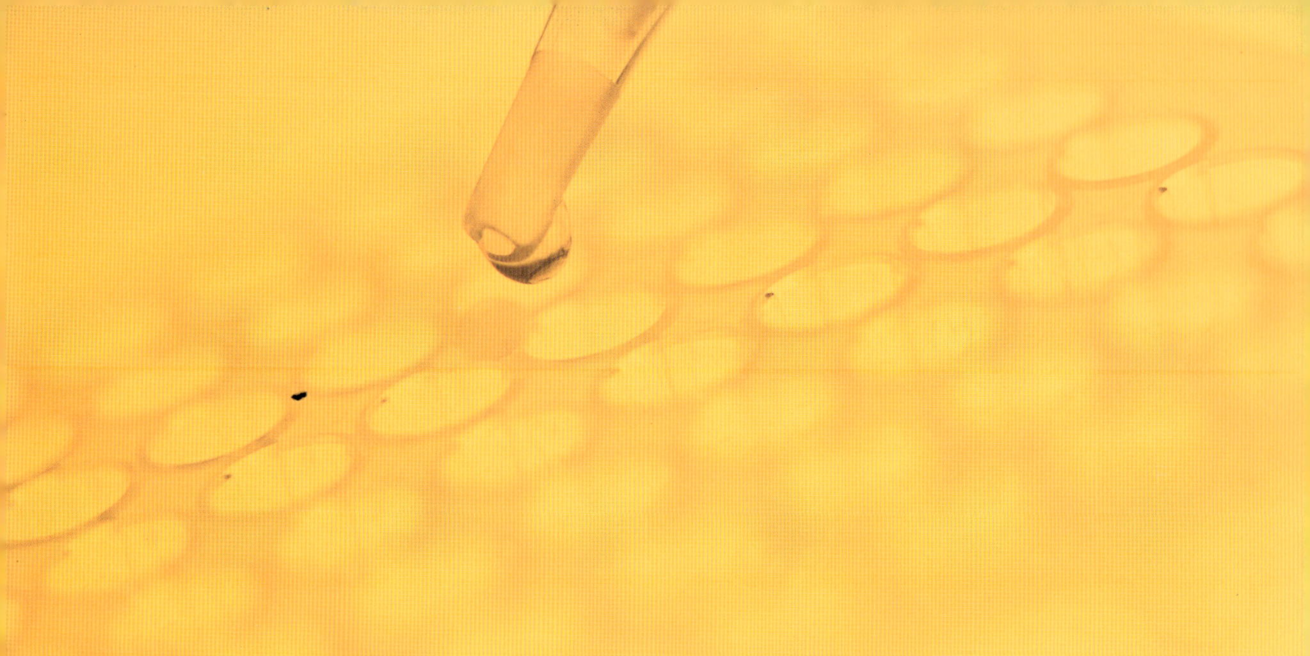

江阴市恒达化工有限公司

江阴市恒达化工有限公司——是国内首家开发生产造纸专用CMC的厂家，并在上百家涂布纸和纸板厂中获得了成功的应用。

江阴市恒达化工有限公司——历来十分重视售后服务和维护用户的利益，为用户提供配套技术支持，帮助用户调整、改进使用方法，努力做到让用户满意。

江阴市恒达化工有限公司——是ISO9001：2000质量管理体系认证企业。

主要产品：彪盾牌NX系列造纸专用羧甲基纤维素钠（CMC），3500吨/年

用于涂布：可提高涂料保水值，改善流变性；有利于降低总胶量，提高固含量；润滑，促进膜的分离，提高光泽度；“假塑性”的作用，适应高固含量和高速涂布使涂料均一、稳定不变质是光学增白剂的良好载体。

湿部添加：改善纤维间的亲合力，提高纸页强度；均匀分散纤维；保护浆内松香、ADK等施胶剂助留细小纤维、填料和昂贵的湿强树脂；尤其适宜卫生纸、装饰纸等的增强和性能改善。

表面施胶：提高表面强度，不再掉毛掉粉；增加纸张挺度、平滑度，控制卷曲；改善纸张透气度和印刷性能。

江阴市恒达化工有限公司

地址：江苏省江阴市华士镇　　邮编：214421

电话：0510-86201302　86201304　　传真：0510-86201303

总经理：周伟明

天津环球高新造纸网业有限公司

公司是专门为造纸行业生产配套用网的骨干企业。主要产品有：聚酯成形网、聚酯干网两大系列。造纸用成形网有聚酯单层网、聚多层网；造纸用干网有圆形丝干网、异形丝干网、螺旋干网，并能生产各种过滤网，造纸网用丝。

公司的前身是天津市造纸网厂。现有员工 300 人，其中包括管理人员 48 人，工程技术人员 98 人，占地面积 67109 平方米。司具有五十多年的历史，技术力量雄厚，拥有较高的专业技术管理队

公司早在七十年代末，就开始研制和生产聚酯网，是全国首家引进国技术、设备的企业，公司从二十世纪八十年代起，分批次引进了德国网机一台，德国尤根织网机一台，瑞典 TEXO 织网机六台。并且购买了兰坦姆菲尔特的技术软件，替代了进口，填补了国内空白，促进了中造纸工业脱水器材的更新换代，取得了较好的经济效益。公司生产的脂网、聚酯单丝均采用国际标准，并且获得国际标准认证证书。产品多次荣获部、市优质产品称号，27254 型聚酯成形网曾获国家金质奖，司荣获行业百强企业、天津市优秀企业等多项荣誉称号。

多年来公司注重提高产品技术含量，在提高产品的核心竞争力上下功夫，先后研制了适用于各种纸种的双层网、十六综网、层半网、多层网以及异形丝编织干网等新产品。公司以生产造纸用网为主导产业并拓展其他生产使用领域。目前公司产品已经销全国各省市自治区，产品的品种、质量、深受广大用户的欢迎。

公司始终贯穿“发展是硬道理”这个主题，全面贯彻落实科学发展观，以建设面向世界的现代化造纸网基地为目标，制定了“十五”规划战略，乘天津市滨海新区的迅猛发展经济形势，将以高水准的要求将网业建成国内领先，国际一流的， 产能最大、品最多，质量最优的聚酯网生产基地。生产适应抄造高速造纸机用网，替代进口。打造国内一流的研发中心，开拓其它特种用网，成高新网业产品集群，高起点快速步入国际市场。

公司董事长陈松女士、总经理何伟女士率全体员工感谢各界朋友对我公司长期以来的支持，真诚的欢迎与国内外各界朋友合作，您的希望将是我们永恒的追求。

服务客户，诚信共享。

公司地址：天津市西青区杨庄子大堤外玉门路（营冰路）

邮编：300112　　电话：+86-022-27798713　+86-022-27798211

传真：022-27796246　网址：www.pmctj.com

环龙集团
V A N O V
VITAL · ABLE · NICE · OBJECTTIVE · VALVABLE
传承华夏文明 致力纸业发展
环龙
造纸压榨织物
丹妮纸业
DANIEL PAPER
商务生活用纸
西龙纸业
XILONG PAPER
浆纸一体
集团公司地址:四川·成都 028-87339169 WWW.VANOV.cn
蜀西竹

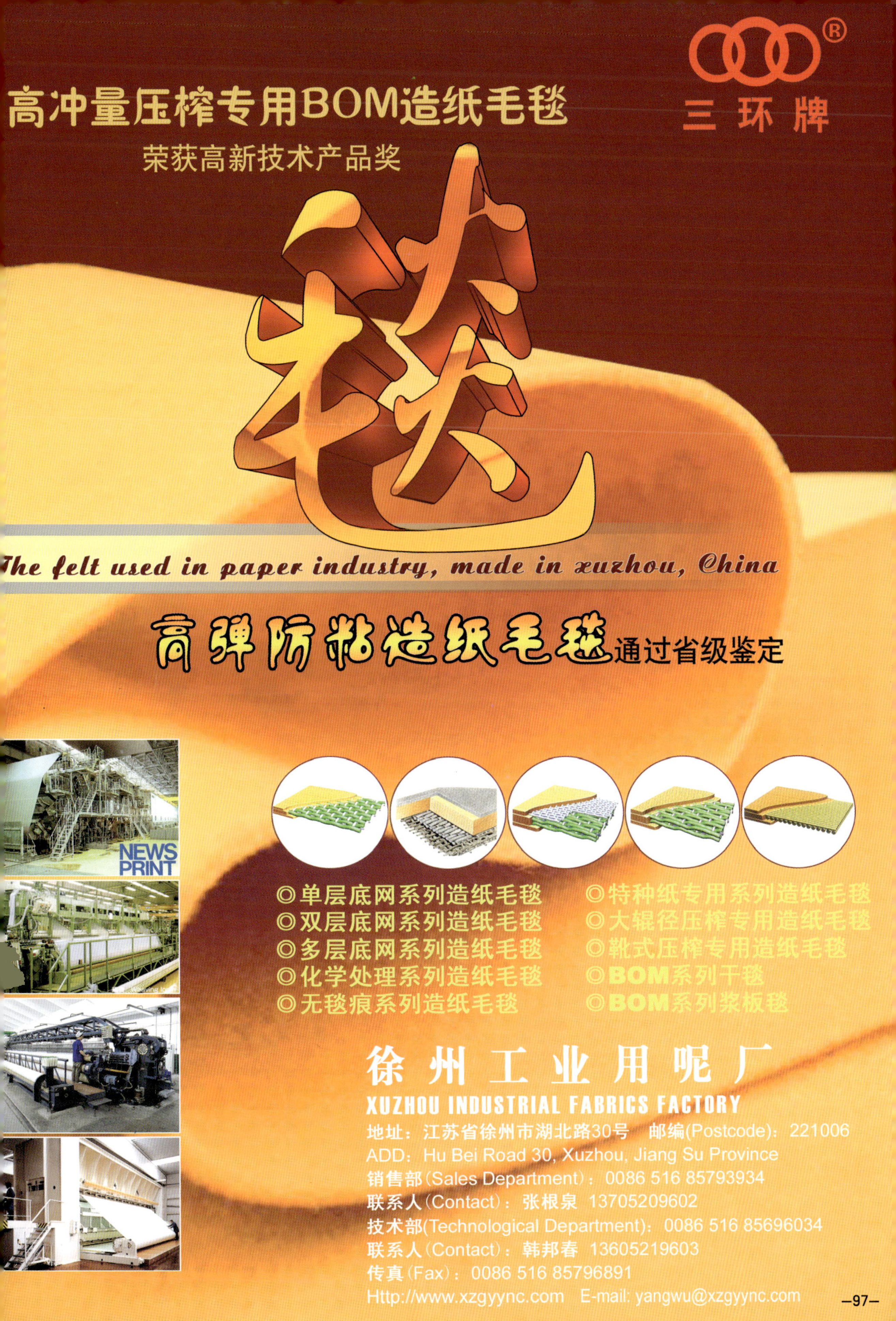
三环牌
高冲量压榨专用BOM造纸毛毯
荣获高新技术产品奖
毯
The felt used in paper industry, made in xuzhou, China
高弹防粘造纸毛毯通过省级鉴定
NEWS PRINT
◎单层底网系列造纸毛毯
◎双层底网系列造纸毛毯
◎多层底网系列造纸毛毯
◎化学处理系列造纸毛毯
◎无毯痕系列造纸毛毯
◎特种纸专用系列造纸毛毯
◎大辊径压榨专用造纸毛毯
◎靴式压榨专用造纸毛毯
◎BOM系列干毯
◎BOM系列浆板毯
徐州工业用呢厂
XUZHOU INDUSTRIAL FABRICS FACTORY
地址：江苏省徐州市湖北路30号 邮编(Postcode)：221006
ADD：Hu Bei Road 30, Xuzhou, Jiang Su Province
销售部(Sales Department)：0086 516 85793934
联系人(Contact)：张根泉 13705209602
技术部(Technological Department)：0086 516 85696034
联系人(Contact)：韩邦春 13605219603
传真(Fax)：0086 516 85796891
Http://www.xzgyync.com E-mail: yangwu@xzgyync.com

银兔 yintu

江蘇金呢集團

海门市造纸毛毯厂

- 无网痕聚酯成形网
- 高速纸机用聚酯成形网
- BOM 底网针刺造纸毛毯
- 化学处理造纸毛毯
- 多层宽幅造纸毛毯
- 高速纸机用造纸毯
- BOM 系列干毯
- 聚酯螺旋圈干网

国家重点新产品

证书

项目名称：YT-2B562208A无网痕聚酯二层半成形网　项目编号：2005ED690122

承担单位：江苏金呢集团有限公司　发证时间：2005年6月

有效期：三年

批准机关：

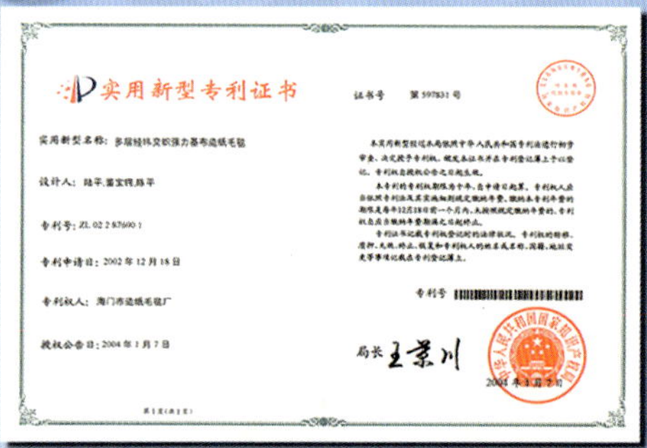

地址：江苏省海门市开发区大生路 3260 号

邮编：226114

电话：0513－82181300　82181600（市场部

0513－82662600（毛毯技术部）

0513－82181900（成形网技术部）

传真：0513－82181100

HTTP：//www.jsjinni.cn

E－mail：sell@jsjinni.cn

河北鹤煌网业股份有限公司

河北鹤煌网业股份有限公司（原安平县造纸网厂）位于中国著名的“丝网之乡”——河北省安平县。公司注资金7000万元，已通过ISO9001：2000质量体系认证，为高新技术企业；公司主导产品为“鹤煌”牌造纸用聚酯成网、聚酯干网系列产品。年生产能力45万平方米，是目前中国最大的造纸聚酯网专业生产企业。

我公司拥有从德国、瑞典、挪威、奥地利、芬兰等国家引进的目前国际最先进的聚酯网生产流水线、工艺技术和测设备，所有产品均按国际先进标准生产，可根据客户要求生产各种特殊规格型号的产品，以满足客户的需求。

我公司研制开发生产的新产品多次补国内空白，其中聚酯两层半成形网四种新产品被国家科技部等评定为国重点新产品，荣获河北省科技进步奖，受广大用户的青睐。目前我公司正在制开发的应用于1200米/分钟以上高造纸机的SSB成形网系列产品将于今推向市场。

2005年引进奥地利WIS公司制造的
SC-3型全自动插接机

05年引进德国JUNGENS公司制造的
7米JP-2000织机

2005年引进德国JAGER公司制造的
BK600织机

2005年引进瑞典TEXO公司制造的
13米FORMSTAR织机

真诚欢迎新老客户与我们合作

地址：河北省安平县城新盈大街17号
电话：0318—7524840　7978279（销售科）
传真：0318—7520806
邮编：053600
电子信箱：hbhhwy@163.com

安徽锦汇筛网有限公司

产品介绍

主要产品：聚酯成形网、聚酯平织干网、聚酯螺旋干网、聚酯洗浆网；锦纶圆网、锦纶平网、尼龙圆网、尼龙平网；磷铜丝网、黄铜丝网、不锈钢丝网、蚕丝筛网。各种工业滤布，防静电耐高温针刺呢。并可根据用户需要生产各种特殊规格的筛网、滤布。

产品使用范围：造纸、化工、石油、国防科研、制糖、食品、酿造、乳品、制粉（如滑石粉、碳酸钙、各种金属粉沫冶金）面粉、淀粉、味精、陶瓷、制药、印染、洗煤、选煤、环保、铝厂、钢铁厂除尘、火力发电厂除尘、水泥厂除尘、农田水利打井、水产养殖。

招　商

随着市场的需要，产品需扩大生产，公司现征寻国内外聚酯成形网生产厂家与我公司联营生产（或联营销售）造纸厂高速纸机使用的双层成型网和多层成形网。我公司拥有符合工业标准的生产厂房及当地劳动力资源丰厚、薪金低廉的优势，并拥有一支营销经验丰富的销售队伍，专职从业人员六十人。

广阔市场 携手开发 精诚合作 实现双赢

公司地址：安徽省太和县沙河西路32

法人代表：张启

业务手机：013909688732　邮　编：2366

电话：0558-8613172　网　址：www.ahjinhui.co

传真：0558-8611299　电子信箱：sals@ahjinhui.co

振兴天马

.2米宽主针刺机

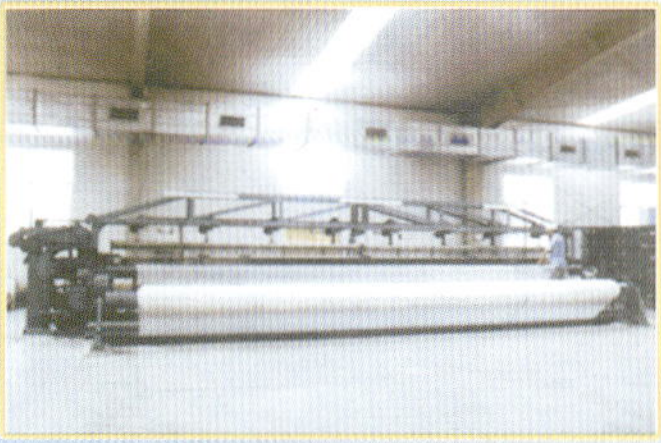

9米宽幅重型织机

9米宽预针刺机

油热定型机

潍坊振兴天马工业用呢有限公司是潍坊振兴产业纺织有限公司和潍坊市天马造纸网毯有限公司合并后成立的专业从事造纸毛毯研发、生产、销售的企业，是国家计委新型宽幅复合底网造纸毛毯项目承担单位。公司现有员工300多人，资产5000多万元，6条造纸毛毯生产线，年产各类造纸网毯500吨，是国家重点造纸毛毯企业之一。

公司注重技术投入和技术合作，先后投入数千万元对设备、技术进行研制、开发和攻关，现拥有国内最先进的生产设备。从美国进口的达到九十年代国际先进水平的8.5米油热定型机组，以及9米预针刺机、8.2米主针刺机,是国内最宽的成套设备，可生产成品宽度7米、长度7.5—100米的造纸毛毯；并拥有单纱强力仪、念度测试仪、透气仪、耐磨仪等一系列功能齐全的检测仪器。开发的造纸毛毯新产品曾多次获科学技术进步奖；研制的新型底网造纸毛毯成为国家计委的重点项目产品，已在6米以上宽幅和400米—1200米车速的纸机上成功的广泛应用。畅销全国二十多个省市和海外部分国家，并享有很高的声誉。公司有着较为完善的质量保障体系和售后服务体系。质量第一、用户至上是公司的宗旨，不断提高产品质量是公司一贯追求的目标，为用户搞好售后服务是公司义不容辞的责任。

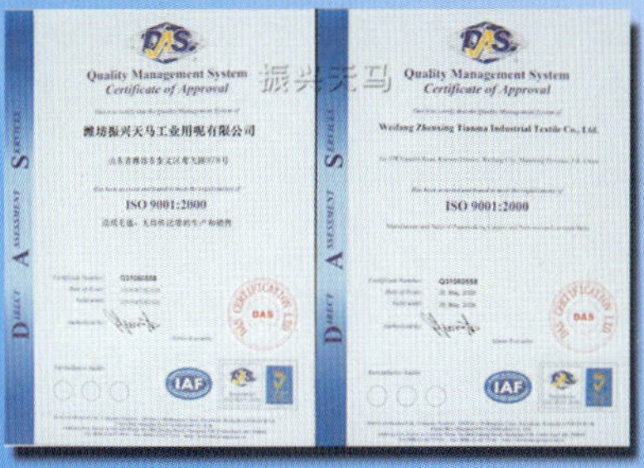

潍坊振兴天马工业用呢有限公司

地址：潍坊市奎文区鸢飞路978号　　邮编：261031
电话：0536-8667096　8665322　　传真：0536-8667096　8665322
E-mail: wfzhenxing@zhenxingtianma.cn　　http://www.zhenxingtianma.cn

盐城市宏宇造纸机械有限公司

（原宏宇造纸脱水元件厂）

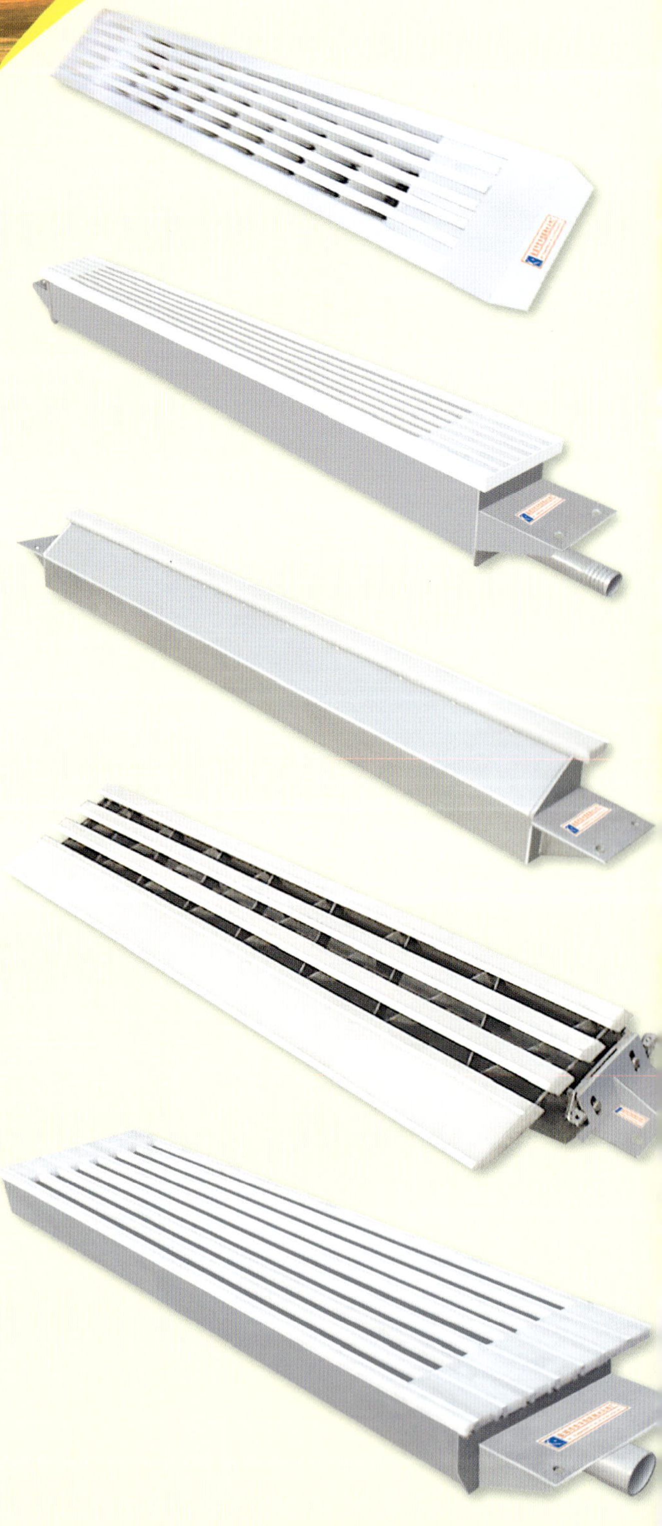

诚信经营　周到服务

专业设计、生产造纸机网部、压榨部脱水元件、整体改造及造纸机械配件等……

地　址：盐都区潘黄宝才工业园区兴宇路1号
联系人：俞学兵（总经理）
电　话：0515-8118448　3301666　3351266
手　机：13338922868　13805100324
传　真：0515-8118446
网　址：www.hongyuyj.com
邮　箱：Hongyuyj@lysoo.com

手机编辑短信“造纸脱水元件”发送至50120查询详情

欢 / 迎 / 订 / 购 / 本 / 公 / 司 / 产 / 品

山东太阳纸业股份有限公司

SHANDONG SUN PAPER CORPORATION

太陽紙業 SUN PAPER

牵手国际纸业　角逐国际市场

2006年 4月4日，太阳纸业与世界最大的造纸企业美国纸业正式确立战略合作伙伴关系，由此拉开了进军国际市场的序曲。

2005年8月30日，公司与全球最大的森林纸制品公司、世界最大的造纸公司、世界500强美国国际纸业强强联合，携手发展，结成战略合作伙伴关系，并于2006年4月4日签订了4亿美元的合作合同，双方在共同扩大涂布白卡纸生产规模的基础上，新建填补国内空白的30万吨/年无菌液体食品包

2005年8月30日，太阳纸业与国际纸业鉴定战略合作协议

太阳纸业董事长李洪信访问
美国国际纸业总部

美国国际纸业首席执行官、董事长庄华驰
考察太阳纸业。

当GL&V公司的 团队成为您的合作伙伴，您只管享受那一份惬意，
我们会很好地替您照顾设备。
有着在制浆造纸工业领域多年丰富的经验，我们知道您系统工艺的需要。
无论是在化学浆，机械浆，浆料制备还是造纸，完成及水处理方面，
GL&V都会用最先进的技术为您提升生产的经济性，可靠性，提高生产力。

GL&V

find it all @ www.glv.com

AUSTRALIA BRAZIL CANADA CHINA FINLAND GERMANY INDIA PORTUGAL RUSSIA SINGAPORE SOUTH AFRICA SPAIN SWEDEN UNITED KINGDOM UNITED STATES

we are close to your needs

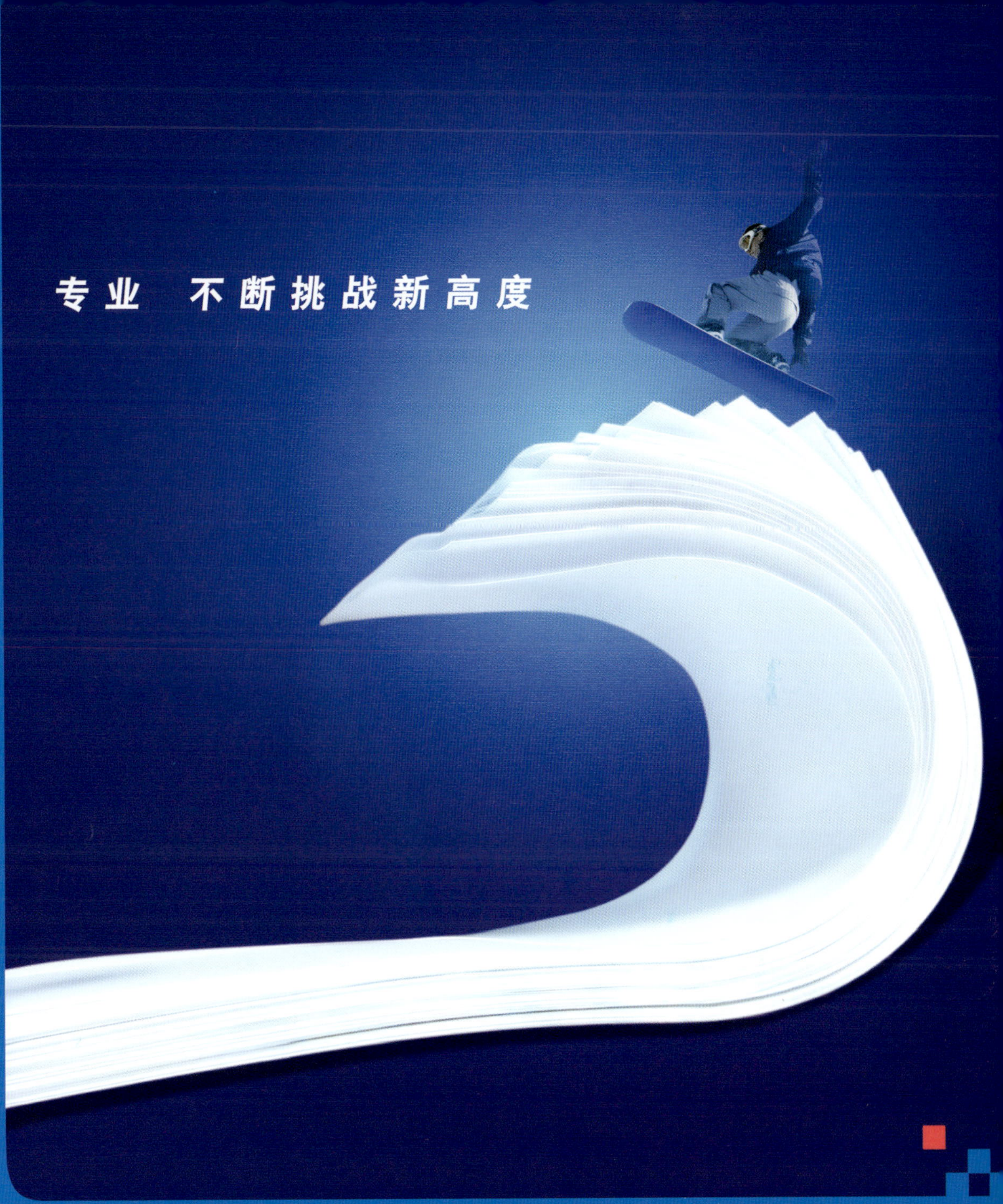

公司主营荧光增白剂业务，并积极拓展造纸化学品，是国家级重点高新技术企业，多项产品和技术被列为国家火炬项目或省级科技进步奖。公司通过持续改进，致力于为客户提供更专业的技术服务与更优质的产品，追求与客户的共同发展。

公司造纸化学品主要有：荧光增白剂、染料、脱墨剂、网毯清洗剂、多元助留助滤剂体系、表面施胶剂等。

通过ISO 9001 ISO14001 GB/T 18001认证

杭州传化华洋化工有限公司

地址：浙江萧山经济技术开发区鸿达路125号 邮编：311231
电话：0571-82696688 传真：0571-82696488
email:whyyon@etransfar.com http://www.transfarwhyyon.com

传化 TRANSFAR

传化化工

www.siemens.com/paper

该纸板机为包装工业生产包装纸板，生产速度800米/分，年产量75万吨，是目前世界上较大的生产线。SIPAPER CIS纸板生产线的集成理念，经过预配置和测试好的标准模块，来进行电气设备和自动化系统的工程组态。它大大简化了工程详细设计量，减少了系统间的接口问题，提供了一个安全稳定的生产系统。SIPAPER CIS理念在很大程度上节约了项目工程时间，宁波亚洲浆纸业有限公司纸板项目仅仅用了15个月就能够正常生产运行。这只是我们SIPAPER CIS集成解决方案的诸多业绩之一。凭借SIPAPER CIS世界一流的产品和资深的造纸工艺专家，各个制浆造纸项目从计划到生产都能够快速完成。
如需了解更多信息，请登陆西门子制浆造纸部网址
www.siemens.com/paper
SIEMENS
Industrial Solutions and Services
比计划工期提前三个月

您的成功是我们的目标

宽吻海豚是海洋中最聪明和最富于同情心的动物。当同伴受困时，哪怕发出最微弱的求救，它们也会立即响应并援救。

美卓造纸机械有着同样的责任感，我们会在您产品的整个寿命周期上 — 从新的生产线到改造，到整个服务 — 与您密切合作。这种密切的合作将有助于延长设备的寿命、提高生产效率。

持之以恒 尽显本质

您真诚的朋友

metso
paper

与时俱进　再创佳绩

Following the time that goes forward to renew our achievements

祝贺《中国造纸年鉴》编辑出版 20 周年

Congratulate the Almanac of China Paper Inudstry Pressed for 20 Anniversaries

中国造纸学会理事长　陈思亮

今年是《中国造纸年鉴》编辑出版 20 周年。值此之际，我谨代表中国造纸学会向中国轻工业联合会、中国造纸协会、中国轻工业信息中心、中国轻工业出版社、中国制浆造纸研究院、中国中轻国际工程有限公司，各省、市、自治区造纸学会，林业、化工行业有关专家，以及关心、支持年鉴出版工作的企业表示衷心的感谢。

我国造纸工业大型工具书——《中国造纸年鉴》，自 1986 年经原轻工业部批准编辑出版第一卷以来，相继于 1990 年、1993 年、1996 年、1999 年、2002 年按三年一期出版了第二、三、四、五、六卷。为了发挥年鉴的特点，提高年鉴的实用性和时效性，从 2003 年起改为每年出版一卷。从 1986 年起，至今已出版共计 9 卷。《中国造纸年鉴 2006》第 10 卷将于今年 11 月问世。

《中国造纸年鉴》是造纸工业的编年史，为适应我国造纸工业发展的新形势，《中国造纸年鉴》从栏目设置、版式设计、封面设计、印刷装帧等方面不断改进和完善，已初步形成自己的风格。《中国造纸年鉴 2003》在中国出版工作者协会年鉴研究会评比中获得综合二等奖的荣誉。

随着改革开放的不断深入发展，编辑出版《中国造纸年鉴》的意义和作用越来越为人们所认识和看重。《中国造纸年鉴》有助于造纸工业各级领导和广大读者掌握全行业的概况，获得信息，了解发展趋势，展望未来。《中国造纸年鉴》可以使社会各界深入了解造纸工业，共同促进造纸工业的发展；《中国造纸年鉴》还是一个窗口，向全世界展示中国造纸工业所取得的成就和广阔的发展前景。

社会主义市场经济体制的确立，既为《中国造纸年鉴》提供了新的发展契机，也对《中国造纸年鉴》提出了更高的要求。《中国造纸年鉴》编辑部要在全行业的大力支持、关心和帮助下，更加努力，做好自身工作，以适应新形势，更好地为全行业、为企业服务，更好地发挥《中国造纸年鉴》的作用。

首先，要不断提高《中国造纸年鉴》的质量和加大信息量。为此，要注意扩大组织信息来源，积累各种有用素材，进行去伪存真、去粗取精的系统分析整理。编辑工作要力求做到实事求是，质量第一，大事不漏，小事不上，文字简练，图文并茂，检索方便。在这些方面，过去我们已取得一定经验与成绩，但仍需继续努力，特别要在增加醒目的图表和检索手段方面下更大的力气，以方便读者。其次要加强对《中国造纸年鉴》自身的宣传，使《中国造纸年鉴》的作用被更多的读者认识、了解，进一步扩大年鉴的影响力。

当今，在我国造纸工业持续快速发展的新形势下，办好《中国造纸年鉴》是一件繁重而艰巨的任务，我们要认真总结经验，在传承年鉴固有特点的同时，与时俱进，开拓创新，不断提高年鉴的质量水平，增强年鉴的准确性、权威性和实用性，为把《中国造纸年鉴》办成行业的精品读物而努力。

生产建设

PRODUCTION & CONSTRUCTION

1

2005 年全国造纸工业

China's paper industry in 2005

一、全国纸及纸板产品生产及消费情况

据中国造纸协会对综合信息资料调查,2005 年全国纸及纸板生产企业约有 3600 家,全国纸及纸板生产量 5600 万吨,较上年增长 13.13%。消费量 5930 万吨,较上年增长 9.03%,人均年消费量为 45 公斤,比上年增长 3 公斤。

主要产品中:新闻纸生产量 319 万吨,同比增长 6.33%,消费量 331 万吨,同比增长 6.77%;未涂布印刷书写纸生产量 1070 万吨,同比增长 4.90%,消费量 1079 万吨,同比增长 3.25%,涂布纸生产量 365 万吨,同比增长 21.67%,消费量 359 万吨,同比增长 0.28%;生活用纸生产量 436 万吨,同比增长 13.54%,消费量 409 万吨,同比增长 13.30%;包装用纸生产量 510 万吨,同比增长 8.51%,消费量 516 万吨,同比增长 8.86%;白纸板生产量 790 万吨,同比增长 17.91%,消费量 863 万吨,同比增长 11.79%,其中涂布白纸板生产量 755 万吨,同比增长 19.84%,消费量 827 万吨,同比增长 13.13%,箱纸板生产量 980 万吨,同比增长 18.07%,消费量 1115 万吨,同比增长 14.01%,瓦楞原纸生产量 950 万吨,同比增长 17.28%,消费量 1035 万吨,同比增长 12.38%,其中高强瓦楞原纸生产量 410 万吨,同比增长 51.85%,消费量 495 万吨,同比增长 29.92%;特种纸及纸板生产量 90 万吨,同比增长 5.88%,消费量 114 万吨,与上年持平。

从 2005 年的生产和消费形势分析来看,全年生产和消费均呈现升高的走势,并保持了较高速度增长。生产量增幅较大的主要品种有轻量涂布纸、铜版纸、涂布白纸板、箱纸板、瓦楞原纸等。消费量增幅较大的主要品种有箱纸板、涂布白纸板、瓦楞原纸、生活用纸等。

二、主要生产经济指标完成情况

据国家统计局统计,2005 年规模以上造纸企业 3342 家,较上年增加 333 家;从业人员 76.26 万人,较上年增加 0.24 万人;资产总计 3228 亿元,较上年增长 16.32%;工业总产值(当年价)2622 亿元,较上年增长 24.68%;产品销售收入 2546 亿元,较上年增长 26.73%;产销率 97.47%,较上年增长 0.21 个百分点;利税总额 225.2 亿元,较上年增长 21.53%,其中利润总额 123.2 亿元,较上年增长 23.69%;资产负债率 61.84%,较上年 62.03%减少 0.19 个百分点;负债总额 1996.4 亿元,较上年增加 15.98%;在统计的 3342 家造纸企业中,亏损企业有 662 家,占 19.81%,比上年增长 0.63 个百分点。

从以上数据看,2005 年全国造纸生产保持了较好的增长态势,主要生产经济指标完成情况及总体经济效益较好。

三、纸浆生产和消耗情况

据中国造纸协会对综合信息资料调查,2005 年全国纸浆消耗总量 5200 万吨,较上年增长 16.72%。其中木浆 1130 万吨,较上年增长 16.49%,比例占 22%,与上年持平;非木浆 1260 万吨,较上年增长 6.78%,比例占 24%,较上年下降 2 个百分点;废纸浆 2810 万吨,较上年增长 21.91%,比例占 54%,较上年增加 2 个百分点。木浆中,进口木浆比例下降 1.83 个百分点;废纸浆中,进口废纸浆比例增加 4 个百分点;非木浆中,禾草浆、苇(荻、芒秆)及蔗渣浆消耗量均比上年有所增加,但所占纸浆消耗总量的比例继续呈降低趋势。

以上数字表明,全国纸浆消费总量随着纸及纸板的增长呈增加趋势。纸浆结构中,非木浆比例继续呈下降趋势,废纸浆增幅加大,其中进口废纸大幅增加,支撑着纸浆结构的调整,进口纤维原料量(包括废纸)已占纸浆总消耗量的 40.80%。

四、纸及纸板、纸浆、废纸及纸制品进出口情况

2005 年纸及纸板进口 524 万吨,比上年减少 14.66%,出口 193.90 万吨,比上年增加 55.39%;纸浆进口 759 万吨,比上年增加 3.69%,出口 4.70 万吨,比上年增加 168.57%;废纸进口 1703 万吨,比上年增加

38.46%,出口0.01万吨,比上年减少85.71%;纸制品进口15万吨,比上年下降6.25%,出口123.16万吨,比上年增加28.33%。

2005年进口纸及纸板、纸浆、废纸、纸制品合计3001万吨,较上年增长15.78%,用汇103.16亿美元,较上年增加6.49%。2005年进口纸及纸板平均价格为698.74美元/吨,比2004年平均上涨8.90%;进口纸浆平均价格为490.75美元/吨,比上年平均上涨0.69%;进口废纸平均价格为144.24美元/吨,比上年平均上调2.78%。

2005年纸及纸板进出口总量中,进口量较大的品种有涂布纸、箱纸板、涂布白纸板和瓦楞原纸,合计进口量390万吨,约占纸及纸板总进口量的74%。进口增幅较大的主要品种有新闻纸(16.67%),降幅较大的品种有涂布纸(28.43%)、瓦楞原纸(22.81%)。出口量增幅较大的品种有未涂布书写印刷纸(58.21%)、涂布纸(77.80%)、白纸板(183.70%)等,而作为造纸原料的木浆、废纸进口量仍然继续增加,尤其是废纸进口量增长较大。

五、生产布局与集中度

从全国范围看,2005年纸及纸板生产量除了北京、上海、吉林、陕西、甘肃、贵州、青海等6个省份有所下降之外,其余省份都有不同程度增长。增幅较大的省(区)有江西(88.68%)、山西(55.33%)、内蒙古(31.70%)等,山东、广东、广西、河南、福建、新疆、海南增幅均在10%以上。

2005年纸及纸板产量超过100万吨的省份有山东省、浙江省、广东省、河南省、江苏省、河北省、福建省、湖南省、安徽省、四川省和广西壮族自治区11个省(区),纸及纸板产量合计已达4789万吨,占全国纸及纸板总产量的88.62%。以上11个省产品销售收入比上年分别增长39.06%、9.72%、28.07%、40.83%、25.88%、20.61%、11.04%、35.07%、13.13%、18.74%和14.95%。

2005年我国东部地区12个省(区)市,纸及纸板产量占全国纸及纸板产量比例为73.3%,比上年提高0.5个百分点;中部地区9个省(区)比例占21.5%,比上年提高0.1个百分点;西部地区10个省(区)市比例占5.2%,比上年降低0.6个百分点。

从全国各省纸及纸板产量完成情况和造纸区域布局变化看,东部地区所占比例比上年又有所提高,是我国造纸工业的主要生产区域。

2005年年产量超过100万吨的企业有六家,东莞玖龙纸业有限公司年产228万吨;山东晨鸣纸业集团股份有限公司年产205.46万吨;金东纸业(江苏)有限公司年产148.06万吨;理文造纸有限公司119.08万吨;山东太阳纸业股份有限公司108.50万吨;宁波中华纸业有限公司100.73力吨。

六、造纸企业经济类型结构

根据国家统计局提供的规模以上造纸企业的数据分析,国有及国有控股企业有233家占6.97%,较上年减少3.2个百分点;“三资”企业有347家占10.38%,较上年增加1.77个百分点;集体及其他企业有2762家占82.65%,较上年增加1.43个百分点。在纸及纸板产品销售收入总额中,国有及国有控股企业占23.62%,较上年减少1.22个百分点;“三资”企业占32.83%,比上年增加4.23个百分点;集体及其他企业占43.55%,较上年减少3.01个百分点。在利税总额中,国有及国有控股企业占24.22%,较上年减少3.3个百分点;“三资”企业占29.75%,较上年减少3.46个百分点;集体及其他企业占46.03%,比上年增加6.76个百分点。其中,利润总额中,国有及国有控股企业占21.76%,较上年减少2.45个百分点;“三资”企业占33.38%,较上年减少6.62个百分点;集体及其他企业占44.87%,较上年增加9.08个百分点。

以上数据表明,2005年国内造纸企业经济类型结构仍在调整变化,与2004年相比虽然造纸企业数量由3009家上升至3342家,增加了333家,但是国有及国有控股企业数量却减少至233家,共减少73家。

集体及其他经济企业发展较快,企业数量有所增加,产品销售收入、利税总额和利润总额等主要经济指标均比上年有较大幅度增长。

七、环境保护

根据国家环境保护总局统计,2004年制浆造纸及纸制品产业(统计企业4174家)用水总量为68.8亿吨,其中,新鲜水量为37.3亿吨,重复用水量为31.5亿吨,水重复利用率为45.8%,万元工业产值(现价)新鲜水用量为188.3吨。造纸工业2004年废水排放量为31.9亿吨,占全国工业废水总排放量的16.1%。造纸工业废水排放达标量为28.6亿吨,占造纸工业废水排放总量的89.7%,比上年提高3.8个百分点。排放废水中化学需氧量(COD)为148.8万吨,占全国工业COD总排放量的33.0%,比上年的152.6万吨减少3.8万吨,下降幅度2.5%。造纸业万元产值化学需氧量排放强度为0.075吨/万元,比上年的0.094吨/万元下降了0.019吨/万元。

(曹朴芳)

历年全国纸浆、纸及纸板产量

(1949—2005年)

Total output of pulp, paper and paperboard in China(1949—2005)

单位:万吨,10000t
指数:1952=100

年度 Year	机制纸浆 Machinemade Pulp			纸及纸板 Paper and Paperboard					
				机制纸及纸板 Machinemade paper and paperboard			手工纸 Handmade paper		产量合计 Total Production
	生产能力 Capacity	产量 Production	产量指数 Production Indices	生产能力 Capacity	产量 Production	产量指数 Production Indices	产量 Production	产量指数 Production Indices	
1949		3.5	14		10.8	29	12.0	52	22.8
1952		24.3	100		37.2	100	23.1	100	60.3
1957		80.1	330		91.3	245	31.4	136	122.7
1978	452.8	345.5	1422	499.4	438.7	1179	27.5	119	466.2
1979	489.5	392.9	1617	541.6	492.8	1325	25.7	111	518.5
1980	533.1	426.3	1754	593.8	543.6	1437	28.0	121	562.6
1981	563.9	406.3	1672	563.9	540.2	1452	29.1	126	569.3
1982	579.3	421.1	1733	685.7	589.0	1583	24.8	127	613.8
1983	619.7	458.9	1889	728.9	661.3	1778	22.6	98	683.9
1984	664.8	514.6	2117	780.5	755.9	2032	20.6	89	776.5
1985	720.4	615.3	2532	886.8	911.2	2449	19.6	85	930.8
1986	875.15	679.15	2795	805.87	998.57	2684	17.8	77	1016.4
1987	969.51	694.50	2858	1225.76	1141.05	3067	23.4	101	1164.5
1988	1097.85	872.59	3591	1396.34	1270	3399	20.0	87	1290
1989	1198.08	868.56	3574	1493.99	1333	3583	20.0	87	1353
1990	1240.17	834.96	3436	1595.62	1371.87	3688	20.0	87	1391.87

续表

年度 Year	机制纸浆 Machinemade Pulp			纸及纸板 Paper and Paperboard					
				机制纸及纸板 Machinemade paper and paperboard			手工纸 Handmade paper		产量合计 Total Production
	生产能力 Capacity	产量 Production	产量指数 Production Indices	生产能力 Capacity	产量 Production	产量指数 PrOduction Indices	产量 Production	产量指数 Production Indices	
1991	1345.02	1075	4424	1688.34	1478.69	3975	20.0	87	1498.69
1992	1448.59	1199	4934	1847.51	1725.07	4637	20.0	8	1745.07
1993	1362.24	1529	6292	2001.05	1867.87	5021			1867.87
1994	1534.94	1705	7016	2269.90	2138.27	5748			2138.27
1995	1425.11	1862	7663	4420.35	2812.30	7560			2812.30
1996	1896.94	1900	7819	3335.06	2643.94	7107	24.76		2668.70
1997	1874.60	1738	7152	3509.87	2733.19	7347	23.98		2757.17
1998		2384	9811		2800.00	7527	24.00	103.9	2824.00
1999		2443	10053		2900	7796			2900
2000		2501	10292		3050	8199			3050
2001		2490	10247		3200	8602			3200
2002		2944	12115		3780	10161			3780
2003		3309	13617		4300	11559			4300
2004		3723	15321		4950	13306			4950
2005		4441	18276		5600	15054			5600

注:(1)各年纸浆产量及生产能力统计数字,估计统计不全,仅供参考(此数字均未包括生打纸浆)。

(2)1998年以后纸浆产量数字均包括生打纸浆。

(3)1985—1986年纸及纸板实际产量大于生产能力是由于前者是全国产量而后者仅指轻工系统内企业的统计数字。

(4)1995年数字系依据1995年全国工业普查统计资料,包括了乡镇、村及私人等各类造纸企业,比一般年度数字偏高。

(5)1998年产量按1997年统计口径估计机制纸板为2800万吨、手工纸为24万吨。

(6)1999年以后纸及纸板年产量为全部国有和年产品销售收入500万元及以上非国有工业企业生产的产品产量加销售收入500万元以下非国有工业企业生产的产品产量,手工纸未统计。

Note:(1)Figures for pulp capacity and production are quite confusable, they are not reliable.

(2)The data of production for pulp after 1998 are included non digesting pulp.

(3)For 1985 ~ 1986, capacities are only those of enterprises under the supervision of the Ministry of Light Industry. Production figures cover all enterprises nationwide.

(4)Figures of 1998 are obtained from the statistic data of General Survey in 1995, included enterprises run by townships, villages and private enterprises.

(5)The production 1998 is according to the 1997 paper and paper board production28 million tons, handmade paper 240thousand tons.

(6)The production after 1999 is according to the whole state – owned companies and non state owned companies whose sales incomes was more than 5 million yuan and non state – owned companies whose sales incomes was under 5 million yuan. Handmade paper is non statistic.

全国机制纸、纸板主要品种产量及结构变化

(2003—2005年)

Output and grade structure of major paper and paperboard in China(2003—2005)

单位:万吨,10000t

品　种	2003年		2004年		2005年	
	产量	比例比例	产量	比例比例	产量	比例比例
总量	4300	100	4950	100	5600	100
1、新闻纸	207	4.81	300	6	319	5.7
2、未涂布印刷书写纸	960	22.3	1020	20.6	1070	19.1
其中:书刊印刷纸	520	12.09	550	11.1	570	10.2
书写纸	250	5.81	280	5.65	300	5.4
3、涂布纸	240	5.58	300	6	365	6.5
其中:铜版纸	210	4.88	250	5	300	5.4
4、生活用纸	347	8.07	384	7.75	436	7.8
5、包装用纸	480	11.16	470	9.5	510	9.1
6、白纸板	550	12.79	670	13.5	790	14.1
其中:涂布白纸板	510	11.86	630	12.7	755	13.4
7、箱纸板	680	15.81	830	16.8	980	17.5
8、瓦楞原纸	670	15.58	810	16.4	950	17
其中:高强瓦楞原纸	230	5.35	270	5.5	410	7.3
9、特种纸及纸板	80	1.86	85	1.7	90	1.6
10、其他纸及纸板	86	2	81	1.6	90	1.6

全国及各省、自治区、直辖市机制纸及纸板产量

（1990—2005 年）

Output of paper and paperboard in the whole nation and regions（1990—2005）

单位:万吨,10000t

地区 Region	1990	1991	1992	1993	1994	1995	1996	1997	1998	1999	2000	2001	2002	2003	2004	2005
全国 Nationwide	1391.87	1478.69	1725.07	1867.87	2138.27	2812.30	2643.94	2733.19	2126.93	2159.3	2486.93	2839.87	3501.38	4116.88	4863.2	5404.29
华北区 North China	189.94	205.03	243.60	279.13	271.78	367.75	408.34	384.72	280.91	278.15	274.4	278.52	357.84	354.43	380.47	397.19
北京 Beijing	25.41	27.20	22.63	23.86	21.03	10.51	15.27	18.12	13.06	12.97	10.6	8.82	11.96	14.18	14.3	130.02
天津 Tianjin	26.75	27.18	33.32	28.49	31.01	41.42	45.89	40.56	25.10	19.35	25.18	20.63	27.98	32.72	18.45	18.89
河北 Hebei	88.75	101.69	132.72	176.84	164.19	236.98	258.32	258.40	182.54	202.66	216.35	225.41	288.63	275.15	313.12	315.82
山西 Shanxi	35.44	33.91	39.29	37.01	40.56	59.69	68.72	51.61	46.45	28.9	10.08	12.44	14.57	16.3	16.4	25.49
内蒙古 Inner Mongolia	13.59	15.05	15.64	12.93	14.90	19.15	20.14	16.03	13.76	14.27	12.19	11.22	14.7	16.08	18.2	23.97
东北区 Northeast China	188.5	186.26	196.35	178.58	189.59	227.45	218.93	187.71	152.10	136.28	138.94	149.01	143.91	163.3	163	162.78
辽宁 Liaoning	77.50	75.10	79.14	75.35	82.25	97.47	95.68	84.20	72.05	58.76	55.15	62.92	52.04	59.1	56.3	59.72
吉林 Jilin	57.02	60.30	61.21	53.75	55.63	59.44	57.91	45.42	37.90	38.83	40.75	37.14	30.37	38.8	43.9	39.18
黑龙江 Heilongjiang	53.53	50.56	56.00	49.48	57.71	70.54	65.34	58.09	42.15	38.69	43.04	48.95	61.5	65.4	62.8	63.88
华东区 East China	431.97	473.51	523.51	576.07	732.81	1003.64	989.10	1067.03	813.99	881.26	1135.9	1345.48	1745.07	2105.92	2593.7	2938.27
上海 Shanghai	46.49	47.08	46.86	36.47	40.23	39.97	38.85	40.00	45.46	45.42	43.54	41.35	42.61	44.4	36	35.73
江苏 Jiangsu	74.81	80.62	88.75	85.91	113.02	167.55	163.95	186.31	126.81	123.3	205.25	245.13	315.26	339.42	506.3	527.97
浙江 Zhejiang	78.52	92.48	80.88	87.02	154.47	225.62	218.79	266.72	218.04	245.95	284.99	371.25	496.3	601.37	748	817.22
安徽 Anhui	38.36	42.65	49.69	53.65	59.44	108.23	97.86	106.32	49.14	45.7	54.97	57.4	73.15	99.05	104.8	111.08
福建 Fujian	52.09	55.06	67.00	75.85	87.71	104.33	95.02	89.94	72.07	67.94	85.07	102.98	123.04	143.84	165.9	187.11
江西 Jiangxi	25.59	26.36	31.03	36.54	32.29	41.07	38.24	35.49	23.39	27.96	25.4	25.41	28.18	24.66	35.5	67
山东 Shandong	116.11	129.26	159.51	200.63	241.65	316.87	336.39	342.25	279.08	352.95	436.68	501.93	665.93	853.18	997.2	1192.16

续表

地区 Region	1990	1991	1992	1993	1994	1995	1996	1997	1998	1999	2000	2001	2002	2003	2004	2005
中南区 Central South China	394.36	433.98	556.87	650.90	682.79	916.35	716.88	791.98	678.89	656.06	758.72	877.21	1045.97	1258.6	1448.9	1628.24
河南 Henan	148.41	168.28	250.71	225.48	270.90	328.85	204.36	254.48	249.82	278.85	290.07	304.72	355.05	419.72	495.4	562.18
湖北 Hubei	43.03	46.21	48.82	53.73	56.07	97.59	85.18	72.51	68.89	51.37	54.42	58.2	103.46	94.51	98.5	99.43
湖南 Hunan	64.89	61.32	68.25	78.71	73.98	94.02	103.41	94.39	88.26	59.24	70.07	77.61	88.54	124.55	167.9	170.59
广东 Guangdong	104.13	115.33	134.20	216.31	206.43	288.10	229.93	288.63	196.71	194.04	260.3	351.56	410.05	542.68	597.7	690.61
广西 Guangxi	33.50	42.21	53.91	75.10	73.66	105.95	91.83	80.12	73.83	71.24	82.55	82.91	86.71	75.25	88.3	104.16
海南 Hainan	0.40	0.63	0.98	1.57	1.75	1.84	2.17	1.85	1.29	1.32	1.31	2.21	2.16	1.89	1.1	1.27
西南区 Southwest China	99.08	105.19	118.67	97.15	158.10	171.49	172.13	159.35	127.06	112.26	103.19	111.65	130.07	142.12	151.8	160.24
重庆 Chongqing								23.27	19.73	11.2	10.7	13.76	16.88	18.5	23	24.18
四川 Sichuan	77.44	81.28	91.89	69.77	115.80	129.15	119.78	85.00	73.19	70.36	71.52	78.83	93.68	102.14	102.8	110.59
贵州 Guizhou	6.21	6.45	7.35	5.56	10.27	12.38	12.93	12.57	5.64	6.8	5.72	5.55	5.48	4.63	5.7	4.12
云南 Yunnan	15.43	17.46	19.43	21.82	32.02	30.41	39.42	38.51	28.5	23.9	15.25	13.52	14.03	16.85	20.3	21.35
西北区 Northwest China	68.47	75.01	85.86	86.25	103.19	136.16	138.56	142.40	74.07	67.33	75.84	77.96	78.4	95.76	125.5	50.43
陕西 Shanxi	41.75	44.65	50.87	45.73	63.29	85.59	85.46	90.64	22.64	23.39	23.89	28.3	24.03	31.76	52.4	40.02
甘肃 Gansu	10.24	11.06	12.68	15.68	12.61	17.12	19.51	18.58	15.16	8.08	8.49	9.17	6.7	8.5	9	10.41
青海 Qinghai	0.71	0.78	0.70	0.60	0.84	1.43	1.65	1.07	1.57	1.57	0.37	0.45	0.64	0.3	0.2	67.15
宁夏 Ningxia	6.68	8.35	9.80	10.73	11.88	13.98	14.9	15.95	17.82	18.07	23.71	27.67	31.5	36.17	44.4	45.58
新疆 Xinjiang	9.09	10.17	11.81	13.50	14.57	18.04	16.98	16.16	16.88	16.22	19.38	12.37	15.5	16.03	19.5	21.57

注：1998年以后产量统计口径与上年有所不同，系全部国有企业及年产品销售收入500万元以上非国有企业。

Note: The statistics method of the 1998 production is differed from that of the 1997 production, which is the production of all state - owned enterprises and non state - owned enterprises whose sales incomes was more than 5 million yuan.

2005 年全国及各省、自治区、直辖市造纸行业经济指标

The economic index in the whole nation and regions in 2005

地区	企业单位数/个	工业总产值[当年价]/万元	资产总计/万元	利税总额/万元	其中:利润总额/万元	全部从业人员平均人数/人
全国合计	3342	26222156	32283973	2252485	1232093	762605
北　京	34	61733	149098	990	-610	2939
天　津	52	156965	239452	5272	529	5171
河　北	207	1204918	782825	85092	47322	48212
山　西	17	3722	53140	1336	165	3566
内蒙古	13	112625	127252	9322	3628	6387
辽　宁	82	257122	629456	14506	1851	18220
吉　林	28	181195	465368	-3534	-11073	10000
黑龙江	41	303641	589455	25888	9720	15067
上　海	64	315486	283703	13974	3316	6040
江　苏	182	3053654	4991465	276974	174218	45916
浙　江	647	3022411	4487885	192695	67001	77185
安　徽	73	343114	451265	22300	7659	14308
福　建	156	819012	986538	52551	16337	23355
江　西	66	356169	566375	23792	15877	12154
山　东	322	7467258	7960015	809002	497602	164396
河　南	282	2012737	1458159	248865	154478	82717
湖　北	116	597064	614039	59024	32964	21967
湖　南	193	1054789	1288515	104395	50662	38359
广　东	371	3185082	3712635	191731	118835	65517
广　西	72	311064	420603	15758	2571	14208
海　南	5	6327	7634	274	57	328
重　庆	32	75162	82043	5583	2358	3516
四　川	120	565029	742567	33624	7150	29342
贵　州	20	23435	37027	149	-1791	2468
云　南	45	235415	305626	31735	21427	7931
西　藏						
陕　西	58	177120	250383	8562	3209	21058
甘　肃	13	35765	62869	1526	-192	4330
青　海	1	120				
宁　夏	18	196995	377760	19437	7921	14278
新　疆	12	53028	160821	1665	-1099	3670

注:本表统计范围是规模以上工业企业

(以上表由郭永新提供)

全国及各省、自治区、直辖市回收碱产量

(1990—2005 年)

Output of recovered soda in the whole nation and regions(1990—2005)

单位:万吨

地区	1990	1991	1992	1993	1994	1995	1996	1997	1998	1999	2000	2001	2002	2003	2004	2005
全国总计																
生产能力	42.07	46.59		48.66												
产量	34.10	35.19	36.93	34.91	35.57	43.5	39.90	31.61	43.18	40.22	55.05	63.49	75.28	91.58	124.05	157.38
华北区	1.52	1.32	1.66	1.34	0.26		0.85				2.06	2.16	3.35	4.00	5.58	5.03
北京	0.06	0.08														
天津																
河北	0.22	0.20	0.25	0.03											0.26	
山西	0.12	0.02														
内蒙古	1.12	1.02	1.41	1.51	0.26		0.85				2.06	2.16	3.35	4.00	5.32	5.03
东北区	17.51	17.80	18.72	16.54	15.02		17.39	11.90	10.92	10.06	10.72	8.75		5.85	5.26	6.12
辽宁	1.49	1.18	1.56	1.48	1.39		1.46	1.04	1.50	1.31	0.78	0.21				
吉林	5.01	4.74	5.02	3.61	2.57		4.42	2.87	2.13	2.04	2.20	2.34				
黑龙江	11.01	11.88	12.14	11.45	11.06		11.51	7.99	7.29	6.71	7.74	6.18	4.64	5.85	5.26	6.12
华东区	8.07	8.89	9.07	8.61	11.91		12.55	11.43	15.54	16.85	23.07	22.78	27.05	32.99	50.70	49.51
上海	0.61	0.70	0.64	0.29	0.11		0.07									
江苏	0.94	1.10	1.08	1.08	1.21		1.21	1.14	1.28	1.37	1.73	1.77	1.77	1.86	2.03	2.11
浙江	0.44	0.39	0.34	0.36	0.31		0.40	0.37	0.35							
安徽	0.13	0.16	0.16	0.12	0.12		0.19	0.24	0.38							
福建	5.63	6.13	6.34	6.38	9.78		9.85	8.31	10.05	10.93	14.99	13.27	11.21	13.35	13.36	13.62
江西	0.32	0.32	0.33	0.21	0.26		0.55	0.41	0.28						0.88	0.87
山东		0.10	0.18	0.17	0.26		0.28	0.90	3.20	4.55	6.34	7.75	12.30	17.78	34.38	32.96
中南区	3.83	3.93	4.36	4.69	5.01		6.38	4.92		11.26	17.01	26.27	34.02	37.88	45.40	82.64
河南									0.38	0.45	0.84	1.30	1.82	2.43	5.91	8.22
湖北	0.77	0.82	0.85	0.92	0.93		1.02	0.65	1.28			2.36	3.85	3.87	4.48	5.57
湖南	1.73	1.79	1.81	1.99	2.54		2.78	2.70	2.79	3.64	3.97	4.86	6.30	7.09	7.28	8.75

续表 单位:万吨

地区	1990	1991	1992	1993	1994	1995	1996	1997	1998	1999	2000	2001	2002	2003	2004	2005
广东	0.04	0.01					0.20	0.11				2.35	4.05	4.50	5.76	6.95
广西	1.29	1.31	1.70	1.18	1.54		2.38	1.46	5.15	7.17	12.20	15.70	17.98	19.99	21.96	22.61
海南																30.4
西南区	3.17	3.25	3.12	3.53	3.36		2.73	3.36	3.63	1.85	2.16	2.10	8.31	9.13	14.99	10.52
四川	2.67	2.60	2.48	2.99	2.79		1.85	2.46	2.47	1.55	1.89	1.85	4.66	5.65	8.13	3.25
贵州	0.03	0.13	0.15	0.04		0.21	0.21	0.20	0.13	0.30	0.27	0.25	0.25	0.15	0.32	0.21
云南	0.47	0.52	0.49	0.50	0.57		0.67	0.70	0.45			2.35	3.40	3.33	6.56	7.06
西藏																
西北区									0.44	0.48	0.60	1.45	1.60	1.73	2.17	3.56
新疆									0.44	0.48	0.60	0.85	0.97	0.90	1.12	1.56
宁夏												0.60	0.83	0.93	1.05	2.00

（林文耀）

2005年纸及纸板产量100万吨以上的省

Provinces with paper and paperboard output over 1 million tons annually in 2005

2005年纸及纸板产量100万吨以上的省

单位:万吨

2004年		2005年	
1、山东省	997	1、山东省	1192
2、浙江省	748	2、浙江省	817
3、广东省	598	3、广东省	691
4、江苏省	506	4、河南省	562
5、河南省	495	5、江苏省	528
6、河北省	313	6、河北省	316
7、湖南省	168	7、福建省	187
8、福建省	166	8、湖南省	171
9、安徽省	105	9、安徽省	111
10、四川省	103	10、四川省	111
		11、广　西	104

注:数据来源于国家统计局(规模以上企业统计)

(中国造纸协会提供)

2005年纸及纸板产量100万吨以上的省销售收入

省　份	企业数/个	产量/万吨	较上年增长%	产品销售收入/万元	较上年增长%
山　东	322	1192	19.56	7868649	39.06
浙　江	647	817	9.22	2865024	9.72
广　东	371	691	15.55	2931632	28.07
河　南	282	562	13.54	1868925	40.83
江　苏	182	528	4.35	2784620	25.88
河　北	207	316	0.96	1143941	20.61
福　建	156	187	12.65	774759	11.04
湖　南	193	171	1.79	1065585	35.07
安　徽	73	111	5.71	330587	13.13
四　川	120	111	7.77	532145	18.74
广　西	72	104	18.18	289363	14.95
合　计	2625	4790	11.73	22455230	28.13

注:数据来源于国家统计局(规模以上企业统计)

(中国造纸协会提供)

2005年重点造纸企业产量排名前30位

China's top 30 paper companies by order of output in 2005

序号	单位名称	产量/万吨		
		2005年	2004年	同比增长率/%
1	东莞玖龙纸业有限公司	228.00	169.92	34.18
2	山东晨鸣纸业集团股份有限公司	205.46	144.41	42.28
3	金东纸业(江苏)有限公司	148.06	130.08	13.82
4	理文造纸有限公司	119.08	87.00	36.87
5	山东太阳纸业股份有限公司	108.50	87.90	23.44
6	宁波中华纸业有限公司	100.73	53.77	87.33
7	华泰集团有限公司	83.67	76.82	8.92
8	湖南泰格林纸集团	64.28	54.12	18.77
9	山东博汇纸业股份有限公司	62.72	60.00	4.53
10	芬欧汇川(常熟)有限公司	55.00	37.41	47.02
11	安徽山鹰纸业股份有限公司	48.66	44.76	8.71
12	广州造纸集团有限公司	47.45	45.29	4.77
13	金华盛纸业(苏州工业园区)有限公司	43.59	36.57	19.20
14	山东(临清)银河纸业集团有限责任公司	41.00	38.00	7.89
15	新乡新亚纸业集团股份有限公司	41.00	33.00	24.24
16	山东泉林纸业有限责任公司	38.55	34.15	12.88
17	浙江景兴纸业集团	38.14	26.80	42.31
18	中山联合鸿兴造纸有限公司	35.22	30.55	15.29
19	河南银鸽实业投资集团	35.00	19.20	82.29
20	山东华金集团有限公司	32.70	22.51	45.27
21	福建省南纸股份有限公司	30.50	29.32	4.02
22	东莞金洲纸业有限公司	30.00	26.00	15.38
23	宁夏美利纸业股份有限责任公司	28.40	25.78	10.16
24	无锡荣成纸业股份有限公司	27.41	27.73	-1.15
25	福建省晋江优兰发纸业有限公司	26.00	22.00	18.18
26	河北永新纸业有公司	25.70	23.10	11.26
27	山东永发纸业有限公司	25.08	16.50	52.00
28	东莞建晖纸业有限公司	25.00	10.00	150.00
29	福建省青山纸业股份有限公司	25.00	24.08	3.82
30	珠海经济特区红塔仁恒纸业有限公司	23.00	22.73	1.19

注:上海中隆纸业有限公司2005年产量32.74万吨(因资料晚到,未排入)。　　　　(中国造纸协会提供)

2005年重点造纸企业销售收入排名前30位

China's top 30 paper companies by order of sales in 2005

序号	单位名称	销售收入/万元
1	山东晨鸣纸业集团股份有限公司	1716831
2	华泰集团有限公司	751289
3	金东纸业(江苏)有限公司	688366
4	山东太阳纸业股份有限公司	591668
5	东莞玖龙纸业有限公司	539979
6	山东博汇纸业股份有限公司	520280
7	山东泉林纸业有限责任公司	459500
8	湖南泰格林纸集团	420750
9	理文造纸有限公司	392896
10	芬欧汇川(常熟)纸业有限公司	308000
11	宁波中华纸业有限公司	283100
12	金华盛纸业(苏州工业园区)有限公司	241593
13	山东(临清)银河纸业集团有限责任公司	234735
14	广州造纸集团有限公司	201000
15	河南银鸽实业投资集团	180000
16	福建省南纸股份有限公司	158660
17	山东华金集团有限公司	155051
18	珠海经济特区红塔仁恒纸业有限公司	152000
19	山东亚太森博浆纸有限公司	149366
20	安徽山鹰纸业股份有限公司	148012
21	浙江景兴纸业集团	136713
22	山东泰山纸业股份有限公司	132766
23	宁夏美利纸业股份有限公司	128884
24	金红叶纸业(苏州工业园区)有限公司	127935
25	新乡新亚纸业集团股份有限公司	126000
26	福建省青山纸业股份有限公司	117772
27	浙江永泰纸业集团股份有限公司	113946
28	山东潍坊恒联投资有限公司	102214
29	中山联合鸿兴造纸有限公司	93313
30	民丰集团公司	91227

注:上海中隆纸业有限公司2005年销售收入96475万元(因资料晚到,未排入)。　　(中国造纸协会提供)

2005年年产能10万吨以上制浆造纸企业

The pulp and paper enterprises over 100,000t/a in 2005

根据已收集到的、截至2006年6月的资料，列出我国各地年产能10万吨以上的制浆造纸企业。由于资料来源的原因，多有遗漏和偏差，仅供参考。

单位:万吨

所在省份(市、区)	企业名称	2005年	2006年(预计)	主要品种
山东	晨鸣纸业	250	300	文化用纸、铜版纸、包装纸板
	太阳纸业	120	150	文化用纸、涂布白纸板
	华泰集团	100	150	新闻纸、文化用纸、纸板
	博汇集团	80	100	涂布白纸板、牛皮箱纸板
	银河纸业	45	60	白卡纸、高强瓦楞原纸
	泉林纸业	40	60	文化用纸、铜版纸、白卡纸
	亚太森博	40	60	白卡纸、商品木浆
	照东方	30	40	箱纸板、工业纸板、高强瓦楞纸
	华金集团	30	40	簿页纸、涂塑原纸、纸板
	泰山纸业	25	30	高档文化用纸、低定量涂布纸
	沪平永发	25	30	高强瓦楞原纸
	华众纸业	20	40	包装纸板
	世纪阳光	20	35	白纸板、涂布白卡、牛卡
	青岛海王	15	30	高档文化用纸、牛皮箱纸板
	贵和纸业	15	20	高强瓦楞原纸
	枣庄华润	15	20	石膏护面纸板
	荣成海盛	15	20	特种纸、牛皮箱纸板
	海韵生态	10	20	苇浆
	泰和东新	10	10	石膏纸板
	京博林纸	10	10	文化用纸
	万通纸业	10	15	包装纸板
浙江	亚洲浆纸	55	70	白底白板、灰底白板
	中华纸业	50	50	涂布白纸板、白卡
	景兴纸业	40	60	包装纸板、环保包装纸板
	永泰纸业	30	50	牛皮箱纸板、涂布牛皮卡
	吉安纸器	25	30	高强瓦楞原纸
	华川实业	25	30	包装纸板

续表

所在省份(市、区)	企业名称	2005年	2006年(预计)	主要品种
浙江	嘉兴大华	15	15	包装纸板
	天听纸业	15	20	涂布白纸板
	牡牛纸业	15	15	箱纸板、高强瓦楞原纸
	桐乡冠峰	15	15	涂布白纸板、箱纸板
	板桥纸业	15	15	包装纸板
	三星纸业	15	15	包装纸板
	平湖荣晟	10	10	牛皮箱纸板
	南洋纸业	10	15	包装纸板
	正大纸业	10	15	包装纸板
	众意纸业	15	15	包装纸板
	民丰纸业	10	10	卷烟纸、晒图纸
广东	东莞玖龙	250	400	高强瓦楞纸、牛皮卡、白纸板
	东莞理文	150	200	包装纸板、文化用纸
	广纸集团	50	60	新闻纸、涂布白纸板
	联合鸿兴	35	40	纱管纸板、灰纸板、箱纸板、瓦楞纸
	建晖纸业	30	70	涂布白纸板
	金洲纸业	40	40	高强瓦楞原纸
	银洲纸业	40	40	包装纸板
	建桦纸业	15	20	包装纸板
	红塔仁恒	25	25	白卡
	佛山华丰	20	20	涂布白纸板
	中山中发	20	20	包装纸板
	中山中顺	20	20	包装纸板、卫生纸
	威达高	10	10	涂布白纸板
	广宁鼎丰	10	10	文化用纸、竹浆
	金田纸业	10	20	包装纸板
	万利达	30	50	牛皮挂面纸板
	冠豪高新	10	12	涂布纸、喷墨打印纸
江苏	金东纸业	150	200	铜版纸、双胶纸
	太仓玖龙	70	100	牛皮卡纸、瓦楞芯纸
	常熟理文	60	100	牛皮卡纸、高强瓦楞原纸
	芬欧汇川	60	80	双胶纸、复印纸
	金华盛	45	80	无碳复写纸、复印纸
	无锡荣成	30	40	箱纸板、瓦楞原纸
	淮安飞翔	25	30	包装纸板
	紫兴纸业	20	25	铜版纸
	江阴长江	10	15	涂布白纸板
	金红叶	12	12	高档生活用纸
	华兴纸业	10	25	牛皮箱纸板、瓦楞原纸

续表

所在省份(市、区)	企业名称	2005年	2006年(预计)	主要品种
江苏	常州旺达	10	20	牛皮卡纸
	永丰余	15	60	涂布白纸板、牛皮箱纸板、瓦楞纸
	湟里包装	10	10	包装纸板
河南	新乡新亚	45	60	优质印刷纸、白卡、瓦楞纸
	银鸽实业	40	50	文化用纸、牛皮箱纸板
	龙源纸业	25	30	箱纸板、高强瓦楞原纸
	恒兴纸业	20	30	液体包装纸板、高强瓦楞纸
	白云纸业	10	25	白卡纸
	豫兴纸业	10	20	白纸板
	刘店总厂	10	10	文化用纸、白卡纸
	邓州老廷	10	10	文化用纸、纸板
	宏腾纸业	10	20	牛皮箱纸板、瓦楞纸
	宏伟纸业	10	20	包装纸板
	宏达纸业	10	20	A级瓦楞纸
	西滑封纸厂	10	10	文化用纸
河北	诺斯克龙腾	30	40	新闻纸
	永新纸业	25	30	文化用纸
	承德兴业	20	30	包装纸板
	承德帝贤	15	15	瓦楞原纸
	冀腾纸业	10	50	箱纸板
	香河银象	10	15	牛皮箱纸板
	保定三联	10	10	牛皮箱纸板
	沧州华泰	10	20	文化用纸
	唐山国泰	10	20	涂布白纸板、高强瓦楞纸、轻涂纸
	衡水金光	10	10	文化用纸
湖南	泰格林纸	80	120	文化用纸、白卡纸、苇浆
	常德恒安	10	10	生活用纸
福建	南纸股份	35	50	彩色胶印新闻纸
	青山纸业	30	50	纸袋纸、牛卡、牛皮箱纸板、高强瓦楞纸
	优兰发	30	40	薄型纸、静电复印纸
	邵武中竹	10	25	漂白竹浆
	龙岩造纸	10	20	涂布新闻纸
	闽都纸业	10	10	涂布白纸板
	恒安集团	10	15	生活用纸、卫生巾专用纸
安徽	山鹰纸业	50	60	包装纸板
	东泰纸业	15	15	包装纸板
	合肥金钟	10	10	箱纸板
	天都纸业	10	10	包装纸板
	和县金和	15	15	瓦楞原纸
	安庆林纸	30	30	文化用纸

续表

所在省份(市、区)	企业名称	2005年	2006年(预计)	主要品种
四川	雅安中竹	10	20	竹浆、文化用纸
	广汉顺发	10	15	牛皮箱纸板、瓦楞原纸
广西	凤凰纸业	15	15	漂白木浆
	国发林纸	20	20	本色木浆、纸及纸板
	迁江糖业	10	10	蔗渣浆纸
	劲达松	10	20	新闻纸、TMP浆
	田林造纸	12	15	高档新闻纸
	南宁糖纸	12	20	蔗渣浆、涂布白卡
湖北	武汉晨鸣	40	60	文化用纸、新闻纸
	赤壁晨鸣	10	10	双胶纸
	武汉大枫	10	10	文化用纸
	帅伦纸业	10	10	文化用纸
	荆州骏马	10	10	白卡纸
上海	泛亚潜力	20	20	新闻纸、生活用纸
	中隆纸业	35	35	包装纸板
	金奉源	20	40	涂布白纸板
江西	江西晨鸣	30	40	轻涂纸、涂布白卡
	江西纸业	15	20	新闻纸
黑龙江	黑龙股份	10	10	新闻纸
	斯达造纸	20	20	工业用纸、纸浆
	佳木斯	20	20	工业用纸、包装纸板
	恒丰纸业	10	15	铜版纸、卷烟纸
	大庆丰收	10	10	瓦楞原纸
辽宁	金城股份	20	30	文化用纸
	丹东海德	10	10	铜版纸
陕西	白水纸业	10	10	涂布白纸板
宁夏	美利纸业	30	50	涂布印刷纸、涂布白卡
吉林	吉林晨鸣	15	35	新闻纸、轻涂纸
	石岘白麓	20	30	胶印书刊纸、木浆
	开山屯晨鸣	15	15	纸浆
云南	云景林纸	15	20	漂白木浆
新疆	博湖苇业	10	20	漂白苇浆
	天宏纸业	10	10	文化用纸、卫生纸
内蒙古	兴安浆纸	10	20	针叶木浆、牛皮纸
	华章纸业	10	10	白纸板
海南	金海浆纸	100	100	化学木浆

注释:

晨鸣纸业:2005年实际产量205.46万吨,其中齐河晨鸣39.7万吨、武汉晨鸣35.25万吨。近年除15万吨/年铜版纸、15万吨/年牛皮箱纸板、25万吨/年高级铜版纸生产线已投产外,投资12.98亿元的30万吨/年涂布白卡纸生产线也于2005年1月2日投产。纸机车速800米/分,抄宽5650毫米,实际产能可达35万~40万吨/年。配套的2条25万吨/年杨木热磨机械浆(BCTMP)同年上半年投产,总投资5.2亿元。另有年产40万吨新闻纸项目将于2006年投产。其纸机抄宽11150毫米,设计车速2000米/分。

太阳纸业:20万吨/年高档涂布白纸板生产线2003年10月投产后,总产能达到80万吨/年,实际产量60万吨/年。2004年8月28日,16万吨/年高档信息文化用纸的19号机投产。2005年8月10日年产25万吨铜版卡纸项目投产。与国际纸业合作,投资4.8亿美元成立合资公司,投入1.6亿元新上一条年产30万吨液体包装纸生产线。2005年实际产量108.5万吨。

华泰集团:年产16万吨新闻纸生产线已于2002年投产。2003年7月20日,年产20万吨(实际产能达到28万吨)的高级彩色胶印新闻纸生产线投产。40万吨/年新闻纸11号机,2005年11月投产,生产34~60克/米^{2}彩色胶印新闻纸、轻涂纸、电话簿纸、字典纸,年产能力80万吨。新的一台年产40万吨新闻纸纸机将于2006年底投产,新闻纸年产总产能将达到120万吨。以芦苇为原料的10万吨/年高档双胶纸于2005年3季度投产。2005年实际产量83.67万吨。

博汇纸业:2003年7月18日年产30万吨(实际产能35万~40万吨)高档涂布白纸板开机生产。2004年底年产20万吨高档包装纸板生产线投产。此外还有年产20万吨化机浆项目已投产。2005年实际产量62.72万吨。

银河纸业:年产20万吨高强瓦楞原纸分两期已全部投产,采用50%麦草半化学浆。另有10万吨/年白卡、10万吨/年低涂及10万吨/年林纸一体化项目,2005年实际产量41万吨。

泉林纸业:在10万吨/年轻涂纸、20万吨/年精制商品浆、20万吨/年低定量高档铜版纸、15万吨/年高档文化用纸陆续投产的基础上,与银企合作,签约8.5亿元,实施20万吨/年纸浆、20万吨/年铜版纸、10万吨/年技改项目和5.3万公顷原料基地项目。2005年实际产量38.55万吨。

亚太森博:一期总投资29.3亿元,制浆能力22万吨,早于2002年10月投产,2005年实际年产漂白硫酸盐木浆、涂布白卡纸板超过40万吨。

德州平原照东方纸业:2004年投资4.8亿元扩建10万吨/年高强瓦楞原纸生产线及10万吨/年文化用纸生产线,年产7万吨工业纸板、20万吨牛皮纸项目已投产。2005年总规模超过30万吨。

华金纸业:投资8.5亿元的30万吨/年纸板项目已投产,3600毫米簿页纸机2003年10月开工,2004年8月16日投产,生产55克/米^{2}涂塑原纸,日产60吨。2005年实际产量32.7万吨。

泰山纸业:投资5.6亿元,新上10万吨/年低定量涂布纸,已于2003年8月8日投产,其纸机幅宽4530毫米,车速1100米/分。产能从7万吨/年扩大到25万吨/年。

德州沪平永发:2004年年产15.86万吨,20万吨/年高强瓦楞原纸投产后,2005年实际产量25.08万吨。

华众纸业:2005年年产已超过20万吨,20万吨/年牛皮卡纸投产后,产能可达40万吨/年。

海王纸业:10万吨/年牛皮箱纸板投产后,2005年产量已超过15万吨。

贵和纸业:10万吨/年高强瓦楞原纸已投产,15万吨/年高强瓦楞原纸投产后可达25万吨。

枣庄华润:15万吨/年石膏护面纸板已投产。

荣成海盛(好当家集团):三个超亿元项目,总投资5.84亿元,其中投入1.66亿元,改造特种纸生产线,产品含防伪、水印、证券等10大系列120多个品种,产能3万吨/年,2005年底投产;韩国富成特种纸生产线年产2.4万吨,投资2.324亿元;投资1.8458亿元,新建年产15万吨、国产四叠网、幅宽4450毫米箱纸板机生产线已投产。

世纪阳光集团:在潍坊市昌乐经济技术开发区,10万吨/年白纸板已投产。已形成20万吨/年产能,二期工程15万吨/年轻涂牛卡白纸板计划于2006年投产。

海韵生态、沾化县思源湖工业园:建10万吨/年漂白苇浆生产线,2004年底已投产。第二条10万吨/年漂白苇浆生产线,2006年投产。

泰和东新:8万吨/年石膏纸板2004年9月投产,幅宽2640毫米,车速350米/分,定量180~220克/米^2,三层复合。该企业计划再建年产15万吨生产线。

亚洲浆纸:宁波中华纸业、宁波纸业发展公司和香港宁兴公司共同投资筹建的宁波亚洲浆纸业公司250万吨/年包装纸板工程总投资118.2亿元,于2003年8月6日在北仑青峙工业区老鹰山动工,第一步投资58.9亿元,年产涂布白纸板70万吨,2004年11月正式投产。网宽8800毫米,净纸宽8100毫米,设计车速900米/分,工作车速800米/分,四叠网,2道靴形压榨,5种浆8条制浆生产线,其中3条商品浆、5条废纸浆,主要生产白底白纸板及灰底白纸板,定量250~450克/米^2。2005年实际产量67.5万吨。

中华纸业:原宁波白纸板厂一台纸机改造后,两条年产17.5万吨生产线上马,近几年年产一直保持在50万吨左右。中华纸业(含亚洲浆纸)2005年实际产量100.73万吨。

景兴纸业:景兴纸业与日本龙尼帕克、日本制纸株式会社、日本纸张纸浆商事株式会社共同出资兴建15

万吨/年包装纸板项目，2005年3月投产，2005年实际产量38.14万吨。

永泰纸业：10万吨/年高档牛皮箱纸板项目，5万吨/年技改项目在2003年8月试车，2005年底产能达到30万吨。年产20.4万吨涂布牛皮卡纸。有4条制浆线和叠网纸机，纸机抄宽4800毫米，车速600米/分，烘缸直径1830毫米，将于2006年投产。

吉安纸容器有限公司：在杭州湾大桥新区经济开发区计划总投资50亿元，年产130万吨，一期二条线30万吨/年高强瓦楞纸2005年投产，二期两条线80万吨/年牛皮卡，将于2006年投产。

天听纸业：2004年产量已近13万吨，计划再上一台年产10万吨纸板机。

桐乡冠峰(原福利纸厂)：年产8万吨、2760毫米四叠网涂布白纸板生产线2004年投产。

平湖荣晟：牛皮箱纸板项目投资1.2亿元，叠网纸机，抄宽4600毫米，车速350米/分，年产10万吨。

东莞玖龙：美国中南公司在东莞独资建立的大型包装纸板生产企业。1996年开始建设，分四期，2005年实际产量228万吨。

东莞理文：2005年实际产量已达119.08万吨。理文在东莞投资36亿港元建造造纸基地。2006年产能将超过200万吨(包括东莞中堂、韶关、常熟和琼海产量)，主要品种有：牛皮箱纸板、牛皮卡纸、高强瓦楞芯纸、涂布白纸板、铜版纸、书写纸等。

广纸集团：2005年实际产量47.45万吨。已建30万吨/年45克/米^{2}低定量高档胶印新闻纸项目，抄宽8000毫米，车速2000米/分。

联合鸿兴：由中炬高新技术实业集团、日本联合株式会社、香港鸿兴印刷集团共同出资兴建，2004年实际产量已超过30万吨。2005年实际产量35.22万吨。

东莞潢涌：下辖银洲、建桦、金洲和建晖纸业，年产能超过100万吨。其中：银洲纸业年产40万吨；建桦纸业年产15万吨；金洲纸业两条高强瓦楞原纸生产线，2005年产量已达30万吨；建晖纸业，由建桦(香港)占70%、山东太阳占30%资金组成，一期工程年产30万吨涂布白纸板，2004年5月投产。2号机2005年8月投产，年产30万吨涂布白纸板，定量250~450克/米^2。产能70万吨，2005年实际产量25万吨。

红塔仁恒：2005年实际产量23万吨。向福伊特订购纸板机于2006年安装。

佛山华丰：佛山新华包装(佛山华丰母公司)在珠海临港工业区，计划建年产30万吨生产线，华丰珠海液体包装纸板合资项目，外方2005年1月5日正式退出后企业独自启动。

中山中顺：在韶关引进日本川之江卫生纸机投产后年产近20万吨。

万利达纸业(增城市)：年产30万吨瓦楞箱纸板生产线已于2005年3月投产，纸机宽5700毫米，设计车速850米/分，生产牛皮挂面纸板和高耐破纸板，定量125~175克/米^2。

冠豪高新技术有限公司：在湛江经济技术开发区兴建年产25万吨机械浆纸项目已经立项。

金东(镇江)：在2004年实际年产130万吨基础上投资24亿美元，建60万吨/年铜版纸生产线，已于2005年上半年投产。2005年实际产量148.06万吨。

玖龙(太仓)：美国中南公司在太仓计划总投资18亿美元，首期投资3.5亿美元，首条线年产牛皮卡纸50万吨。8号机(太仓第二条生产线)于2005年3月试车，4月投产，抄宽7200毫米，设计车速1000米/分，年产能力45万吨，产品以瓦楞芯纸为主。东莞、太仓两地8台纸机除4号机生产涂布白纸外，其他主要生产箱纸板和瓦楞原纸，总产能330万吨。9号、10号、11号机将相继投产，2006年底总产能可望接近500万吨。

常熟理文：在东莞洪梅、潢涌及苏州常熟设有分厂。总投资10亿美元，将形成年产190万~200万吨能力。其中常熟20万吨/年高档牛皮卡纸生产线和35万吨/年高强瓦楞原纸生产线已分别于2005年1月份和10月份投产。

芬欧汇川(UPM)：收购金鹰集团亚洲浆纸的亚太(常熟)纸业成为独资企业。2003年9月11日年产45万吨高档文化用纸(未涂布复印纸、胶印纸)新项目奠基，投资4.7亿欧元、2005年5月25日提前投入生产，年产扩大到80万吨，从而成为目前中国最大的未涂布胶版纸和复印纸生产基地。新机网宽10.4米，车速2000米/分，加上原有投入，芬欧汇川已成为仅次于芬兰诺基亚的在华投资企业。2005年实际产量55万吨。

金华盛(苏州)：2005年实际产量43.59万吨(无碳复写原纸等高档文化用纸)，4号机是从日本购进的二手机，由福伊特公司改造，生产铜版原纸和无碳复写原纸，于2006年初开机，幅宽7800毫米，车速1100米/分，年产量40万吨。

无锡荣成(台湾)：与无锡市惠山区签订9.1亿元合同建设20万吨/年(日产600吨)高强瓦楞原纸生产线，2004年上半年投产。2005年年产牛皮箱纸板、高强瓦楞原纸27.41万吨。

飞翔纸业：近年投入8000万元，建2180、2400、3200三条纸板生产线(总共已有8条)，目标是6万吨高强瓦楞纸、8万吨牛皮箱纸板、8万吨涂布白纸板。年产能已超过20万吨。

斯道拉·恩索苏州紫兴纸业：2005年产量近20万吨。增资3800万欧元进行改造，内容包括流送系统、成形部、压榨部、空压系统改造，自控系统升级，2005年11月已完成，纸机网宽4.3米，车速1200米/分，定量105~250克/米^2，实际年产可达25万吨。

华兴纸业(张家港)：江苏华机集团华兴纸业投资1.5亿元、建10万吨/年高档牛皮箱纸板生产线，幅宽3400毫米、采用国产四叠网的纸板机，2004年10月28日投产。同时启动二期工程，年产15万吨A级高强瓦楞原纸，幅宽5200毫米，车速680米/分，计划2006年5月底投产。规划年总产能50万吨。

常州旺达：香港通达公司在常州新北区投资的第二家企业，总投资3亿美元，分五期，造纸年总产能达到120万吨。一期年产17万吨126~180克/米^{2}高档牛皮卡纸，已建成投产。

永丰余(台湾)：在江阴年产5万吨涂布白纸板的基础上，规划一期年产50万吨、二期100万吨。在扬州建40万吨/年箱纸板厂及15万吨/年瓦楞芯纸已投产。

湟里包装：10万吨/年瓦楞原纸生产线于2005年投产。

新乡新亚：现有26条生产线，年生产能力55万吨。2005年实际产量41万吨。计划总投资46亿元，建50万吨/年杨木化机浆、115万吨/年纸项目。一期投资4.8亿元，年产10万吨杨木化机浆、25万吨纸。已建15万吨/年白卡纸项目及10万吨/年文化用纸项目。新上10万吨/年优质印刷纸、15万吨/年涂布白卡纸，2005年投产后产能达55万吨。

漯河银鸽：总投资3亿元的15万吨/年牛皮箱纸板及6万吨/年文化用纸项目已投产。根据与日本丸红签订特种纸技术合作协议，生产照相用纸、空调过滤纸、彩色离型纸。一期投资近2亿元，年产15万吨/年四叠网箱纸板生产线、6万吨/年文化用纸及舞阳银鸽5万吨/年文化用纸生产线，2005年建成投产，实际产量35万吨，另有漂白浆10.4万吨。

龙源纸业：下辖太康龙源、宁陵龙源、洛阳龙祥、武汉龙鸣4个分厂，共有8条生产线，2005年实际产量23万吨。

驻马店白云纸业：投资1.64亿元，填平补齐，使原有年产能不到5万吨增加到10万吨，二期投资2.08亿元，建15万吨/年白卡纸生产线，计划2006年投产。

许昌宏腾：投资2.8亿元，建10万吨/年高档牛皮纸板生产线，四叠网3600毫米纸板机，车速400米/分。年产6万吨高强瓦楞纸生产线，一期投资1.3亿元，2004年5月投产，二期2005年完工，年产能力达到20万吨。

宏伟纸业：许昌魏都区宏伟纸业投资7.4亿万，从年产6万吨增加到20万吨，其中第一分公司投资1亿元建10万吨/年四叠网纸板机A级箱纸板生产线，2005年6月投产。

宏达纸业：新上8万吨/年A级瓦楞纸生产线，年产已达10万吨。

西滑封纸厂：现有11条生产线，5万吨浆、7万吨纸。

诺斯克龙腾纸业(HNLC)：中外合资企业，其中新加坡泛亚纸业(加拿大林木业公司Abitibi－consoLiatua、挪威NorskeSkog公司共同拥有)6.8亿元占股80%，中方为赵州市龙腾纸业，1.7亿元占股20%。建33万吨/年微涂新闻纸生产线，纸机幅宽8450毫米、净纸宽7950毫米，设计车速2000米/分，工作车速1800米/分，试车时车速1600米/分。2003年四季度动工，2005年5月31日正式投入运行，年产能可达35万吨以上。2005年11月加拿大雅比迪公司将其在泛亚龙腾50%股权出让给挪威诺斯克公司。

沧州华泰：原沧州纸厂与华泰达成合作协议，将现有年产6万吨提高到20万吨。

唐山国泰：年产5万吨涂布白纸板、3万吨高强瓦楞纸已安装，加上年产16万吨轻涂纸，总产能20万吨以上。

衡水金光(原衡水市造纸二厂)，文化用纸产能已达10万吨，计划投资19.79亿元，拟建20万吨/年林纸一体化项目。

泰格林纸：2005年泰格实际产量64.28万吨。除20万吨/年低定量涂布纸、10万吨/年APMP生产线、30万吨/年涂布白卡纸生产线投产外，还在洞庭湖区建立浆纸产业基地。2006年产能可达150万吨。

闽都纸业：总投资2亿美元的10万吨/年高定量(600~1000克/米^2)涂布纸板生产线，已于2003年7月投产。

山鹰纸业(马鞍山)：15万吨/年箱纸板2002年9月投产；8万吨/年牛皮箱纸板，5万吨/年高档包装纸板及4万吨/年牛皮箱纸板项目已完成，2005年实际产量48.66万吨。

东泰纸业：年产能已有12万吨，再投2.5亿元上一条15万吨/年高强瓦楞原纸生产线，产能可达30万吨/年。

合肥金钟：新上一条3万吨/年涂布白纸板生产线，年产接近10万吨。

天都纸业：2004年开工新建10万吨/年高强瓦楞纸生产线，2005年产能10万吨。

和县金和：是山东华金集团下属9个子公司之一。2002年12月华金斥资2000多万元收购了扬子纸板厂，成立了华金集团安徽巢湖金和纸业有限公司，投入700万元对原有机台进行改造并投资建立林纸一体化项目。15万吨涂布白纸板2003年年初招标，总投资1.98亿元，四叠网纸板机幅宽3400毫米，车速480米/分，产品定量250～500克/米^2，2004年上半年投产后，总产能近20万吨。

国发林纸：年产浆纸19万吨，其中本色木浆7万吨，纸及纸板12万吨。

南宁糖纸：7万吨/年蔗渣浆技改、5万吨/年涂布白卡、属下蒲庙纸厂6.8万吨/年蔗渣浆等项目均已投产。

武汉晨鸣：2005年实际产量35.25万吨，15万吨/年高档新闻纸及30万吨/年涂布白纸板项目投产后，2006年将达到60万吨。

武汉大枫：新上2540毫米纸机，年产接近10万吨。

帅伦纸业：新上20万吨/年箱纸板生产线，2005年产能40万吨。

泛亚潜力：原有14万吨/年废纸脱墨浆新闻纸生产线。又与石洞口经贸总公司在宝山盛桥工业区计划投资6.5亿元，以脱墨办公废纸浆生产高档卫生纸，首条4万吨/年生产线已投产。

中隆纸业：台湾正隆集团上海中隆纸业在浦东康桥建30万吨/年挂面纸板、高强瓦楞原纸生产线于2005年上半年试产，生产100～220克/米^{2}高耐破纸板和75～215克/米^{2}瓦楞芯纸，网宽7000毫米，设计车速1300米/分，日产量已达1200吨。

金奉源纸业（原奉贤新伦纸业）：由宁波中华纸业（80%）与上海轻工开伦（20%）合资。一期投资10亿元，新增35万吨/年白卡纸生产线，总产能达到年产45万吨。

美利纸业：2005年自制浆产量10万吨、纸产量28.4万吨。2006年4月28日签署重组协会，无偿划转给中国冶金科工集团。

吉林晨鸣：晨鸣以7.4亿元收购吉纸，含5条制浆生产线，产能40万吨；5600毫米新闻纸纸机二台（15万吨）、6346毫米轻涂纸机一台（20万吨）。停产3年之久的10万吨/年新闻纸纸机2005年10月启动。

石岘白麓：4台纸机年产5万吨胶印书刊纸，其中引进二手机一台，幅宽4300毫米、车速735米/分。有6万吨/年亚硫酸盐木浆线、4万吨/年磨木浆线、3万吨/年CTMP和APMP生产线、200吨/日废纸脱墨浆生产线。

兴安浆纸：内蒙古森工集团与玖龙合作，建2850毫米纸机，2005年2月1日投产。

金海浆纸：金光集团（APP）在海南洋浦投资180亿元，建立林纸一体化工程。100万吨/年纸浆厂于2003年1月在洋浦经济开发区开工建设，2005年2月下旬试车，3月28日正式投产。有2条纸浆生产线，6条造纸生产线，纸浆生产总规模400万～500万吨/年。一期建100万吨/年商品浆生产线，投资70.55亿元，2005年投产。

（王鸿文）

地方造纸工业

LOCAL PAPER INDUSTRY

2

山东造纸工业

Paper industry in Shandong province

【行业概况】

据有关部门统计,2005年山东有造纸企业610家,规模以上的造纸企业260多家。机制纸和纸板产量1055.03万吨,同比增长14.67%,约占全国纸和纸板产量的18.84%。产量销售收入622.22亿元,占全国同行业的24%。利税总额66.41亿元,同比增长11.6%,占全国同行业的29%。利润总额39.46亿元,同比增长9.6%。

2005年,山东造纸企业漂白化学木浆产量为27.04万吨,同比增长11.97%。化学机械浆产量为36.91万吨,同比增长543%。麦草浆等非木浆产量为160.27万吨,产量继续下降。

2005年全省纸和纸板主要品种生产情况为:新闻纸100万吨左右,印刷书写纸280万吨左右,涂布加工纸120万吨左右,涂布及未涂布白纸板170万吨左右,箱纸板130万吨左右,瓦楞原纸100万吨左右,其中高强瓦楞原纸50万吨左右,特种纸和纸板40万吨左右,静电复印纸26万吨左右,生活用纸18万吨左右,其他纸和纸板81万吨左右。主要产品中的中高档品种,如新闻纸、印刷书写纸、涂布加工纸、涂布及未涂布白纸板、高强瓦楞原纸、特种纸和纸板等产量增幅较大,其产品销售收入等经济指标增长幅度也较大。

经有关部门对全省造纸企业综合实力考核的全省造纸行业"十强"企业——晨鸣纸业集团、华泰纸业集团、太阳纸业集团、博汇纸业集团、泉林纸业集团、银河纸业集团、华金纸业集团、泰山纸业集团、鲁南纸业集团、亚太森博纸业集团等,在全省造纸行业的快速、健康和可持续发过程中起到有力的支撑作用。

据统计,全省造纸"十强企业"纸和纸板产量为546万吨左右,同比增长15.19%,占全省造纸行业纸和纸板生产总量的51.75%;销售收入411亿元人民币左右,同比增长38.85%,占全省造纸行业的66.08%;利税总额合计46.26亿元,同比增长15.25%,占全省造纸行业的70.09%;利润总额合计29.18亿元,同比增长12%,占全省造纸行业的73.95%。

根据有关部门对全省造纸行业89家企业数据的统计,其中利税总额排序前20名的企业,纸和纸板产量766.91万吨,占全省同行业总产量的72.69%;销售收入535.41亿元,占全省同行业销售收入总量的86.05%;利税总额59.17亿元,占全省同行业利税总额的89.10%;利润总额37.32亿元,占全省同行业利润总额的94.58%。

通过上述对"前十名企业"和"前20名企业"的经济指标数据分析比较,山东造纸工业的生产集中度越来越高,间接反映了前20名企业的产品档次在不断提高,其产品的附加值和经济效益在不断增长,对全省造纸行业各项经济指标的贡献率在不断提升,支撑着山东造纸工业的健康发展。

在有关部门统计的89家企业中,纸和纸板年产量超过10万吨的企业有20家左右,年产量超过20万吨的有11家,年产量越过30万吨的有7家,年产量超过50万吨的有4家,年产量超过100万吨的有2家,年产量超过200万吨的有1家。平均年产量11.85万吨,销售收入超过10亿元的企业有12家,利税总额超过1亿元的企业有12家,利润总额超过1亿元的企业有8家。职工人数15.10万人,人均利润26132元。

2005年山东造纸工业仍然是快速发展的一年,纸和纸板产量首次突破1000万吨大关,各项经济指标已连续11年居全国首位。造纸企业两极分化严重,市场面临激烈竞争,原料资源、水资源紧张,深度环境保护、治理污染压力较重。但总体看来已进入良性循环轨道,已初步与国际同行业接轨。

【原料】

随着山东造纸工业的快速发展,原料资源是制约山东造纸工业快速、健康和持续发展的重要"瓶颈"之一。山东是造纸原料严重缺乏的省份之一。目前山东的造纸原料主要是以麦草为主的非木材浆;废纸浆主要依靠进口,同时也加强了国内废纸收购;木浆主要靠进口，近几年也有大量的化学浆和化机浆投产。

2005年纸浆消费量约850万吨，其中以麦草为主的非木浆生产量为160万吨左右，漂白化学木浆30万吨左右，化机浆40万吨左右，合计230万吨左右。余下的620万吨左右为废纸浆、进口木浆和外省购入的苇浆等商品浆。

据有关部门对275家造纸企业的统计，目前山东尚有麦草制浆企业不足38家，废纸制浆造纸企业176家左右，商品浆造纸企业61家。目前生产麦草浆的38家制浆造纸企业绝大多数都配备碱回收系统，做到了按环保要求达标排放。没采用碱回收系统的麦草制浆造纸厂，都采用了黑液综合利用系统，废水经处理后循环使用或达标排放。

据有关专家分析，认为目前山东造纸工业的原料结构调整速度较快，原来预计2010年原料结构比例为：麦草浆：废纸浆：木浆≈30：40：30。由于这几年废纸项目较多，废纸制浆造纸的速度增长特别快。还由于产品档次的提高，进口木浆大大增加。因此，目前山东造纸工业的原料结构比例估计为麦草浆：废纸浆：木浆≈20：50：30。而且麦草浆的产量逐年下降，废纸浆的增长速度不减，进口木浆基本保持稳步增长。

纵观山东造纸工业的快速发展和原料资源严重短缺的局面，开发新型造纸原料，充分合理使用农作物秸秆制浆造纸及环境污染的解决已刻不容缓。根据目前国内外造纸原料供给和原料资源分析，农作物秸秆造纸还有很大发展空间。农作物秸秆是可再生的资源，随着科学的发展、制浆方法的改进和制浆废液治理的研究应用，农作物秸秆充分合理利用，为制浆造纸原料的开发提供了广阔的发展空间。

从战略的角度分析，造纸原料资源将是制约我国造纸业发展的重要"瓶颈"之一，而且在短时期内很难得到解决。国家倡导的"林纸结合"，无疑是解决原料紧缺的途径之一。但由于我国可用于造纸原料植树的土地有限，加之木材的生长期较长和林纸结合操作的难度很大，远水不解近渴。因为国外发达国家纸和纸板的消费量和回收量趋于稳定，大量依赖废纸进口几乎不可能，且存在很大的贸易风险。因此，走中国特色的造纸工业发展路子，造纸原料的多元化，广泛合理利用国内造纸原料资源是一条必由之路。为了更好地发展造纸工业，充分利用多种原料资源和造纸化学助剂，应当提倡纸、林、农、化有机结合，发展循环经济，促进纸业和相关行业的和谐发展。

【企业介绍】

近几年，由于企业布局的调整和环境治理的要求，关停了大量小型麦草制浆造纸厂。由于政府导向和市场竞争的结果，山东造纸企业两极分化，生产集中度不断提高，利税总额排序前20名企业，纸和纸板总产量占同行业的72.69%，销售收入占同行业的86.05%，利税总额占同行业的89.10%，利润总额占同行业的95.58%。

据有关部门按企业综合实力统计结果，前20名企业分别为：晨鸣纸业集团、华泰纸业集团、太阳纸业集团、博汇纸业集团、泉林纸业集团、银河纸业集团、华金纸业集团、泰山纸业集团、鲁南纸业集团、亚太森博纸业、沪平永发纸业集团、齐峰化轻集团、恒联投资集团、贵和纸业、华润纸业、海王纸业、世纪阳光纸业、照东方纸业、华港包装材料等企业。下面分别介绍一些重点企业情况：

晨鸣纸业是全国唯一拥有A、B两种股票和可转债的上市公司，总资产180亿元人民币，纸和纸板年产能300万吨左右，进入中国企业500强和世界纸业50强，现拥有13家子公司。各项经济效益指标已连续11年居全国首位，全国同行业率先通过ISO9001国际质量体系认证和ISO14001国际环保体系认证，先后获得五一劳动奖等省级以上称号150多项。企业拥有国际一流造纸生产线。建有国家级技术中心和博士后科研工作站。主导产品为高档铜版纸、涂布白卡纸、低定量涂布纸、新闻纸、双胶纸、静电复印纸、书写纸等500多个品种，其中12个被评为国家级新产品，23个产品填补国内空白，产品畅销全球30多个国家和地区。2005年实现年产量205.46万吨，销售收入171.5亿元，利税总额15.1亿元，利润总额9.26亿元，居全国首位。

华泰纸业是中国500强企业，山东省重点支持的100家大型企业和20个知名品牌企业，子公司"华泰股份"为中国A股上市公司100强企业之一。公司设有全国造纸行业首批博士后科学工作站、国家级技术开发中心和国家级实验室。通过了2000版ISO9001国际质量体系认证和ISO14001国际环保体系认证。建立了省内首家企业集装箱直通场站和保税仓库。"华泰"商标是国内造纸行业第一个"中国驰名商标"，先后获"国家级重点高新技术企业"、"全国守合同重信用企业"、"全国质量管理先进企业"、"全国五一劳动奖"等150多项省级以上荣誉称号。公司总资产136亿元，年生产纸和纸板能力120万吨和化工助剂45万吨。公司拥有三条国际一流水平、年产能力120万吨新闻纸生产线，是中国最大的新闻纸生产基地，2007年前计划投资120多亿元，陆续建成60万吨铜版纸、30万吨杨木浆、4万公顷速生林"林纸一体化"项目和60万千瓦热电站、20万吨SC纸、引水工程、兴广铁路等项目。

2005年纸和纸板生产量为83.66万吨，其中新闻纸45万吨，居全国第一位；实现销售收入66.65亿元；利税总额8.78亿元；利润总额5.8亿元。到2008年机制纸生产能力将达到240万吨，销售收入150亿元，利税30亿元；2010年将达到300万吨，销售收入达到200亿元。

太阳纸业固定资产65亿元，纸和纸板年生产能力130万吨，是国家大型股份制企业，是全国最大的民营造纸企业和全国最大的高档涂布包装纸板生产基地。主导产品为高档涂布包装纸板、高档工业用原纸、高档文化办公用纸三大系列150多个品种，产品畅销全球十几个国家和地区。企业曾获"全国造纸行业十佳企业"等多项省级以上荣誉称号。公司通过了ISO9001国际质量体系认证和ISO14001国际环保体系认证，建有国家级技术开发中心。计划建设造纸速生林4万公顷，现已建成1.33万公顷。2005年生产纸和纸板109万吨，销售收入55.24亿元，利税总额6.66亿元，利润总额2.6亿元。各项经济指标已连续多次居全国第四位，山东第三位。计划2008年纸和纸板产量达到200万吨，销售收入100亿元，利税15亿元。2010年产量达到260万吨，销售收入150亿元，利税30亿元，努力跨入中国企业500强。

博汇纸业是山东造纸行业第三家国内A股上市公司，是集造纸、热电、化工于一体的大型企业集团。有固定资产30亿元，年产机制纸和纸板60万吨，化工产品10万吨，热电10万千瓦。主导产品有白纸板、胶版印刷纸、书写纸、牛皮箱纸板、白卡纸及化工产品等近百个品种。企业先后获"AAA级信用企业"等多项省级以上荣誉称号。2005年纸和纸板产量62.72万吨，销售收入52.03亿元，利税6.12亿元，利润4.21亿元。博汇企业是山东省骨干造纸企业，建有国家级技术开发中心。4万公顷林、30万吨浆林纸项目已开始实施。公司通过ISO9002国际质量体系认证。公司拥有国际一流水平的30万吨/年的白卡纸生产线。计划2010年纸和纸板产量达到100万吨，销售收入达到100亿元，创利税15亿元。

泉林纸业是以浆纸业为核心的大型企业集团，固定资产40亿元，下辖15个成员企业，年产机制纸50万吨，商品浆50万吨，有机肥料60万吨。公司通过2000版ISO9001国际质量体系认证、2004版ISO14001国际环保体系认证和OHSAS18001国际职业安全健康体系认证，是山东百强企业，全国轻工业质量效益先进型企业，全国造纸业十强企业，国家级重点高新技术企业，国家循环经济首批试点企业。集团主导产品重涂高档铜版纸、轻量涂布纸、高档双胶纸、书写纸，精制商品浆、无菌包装制品、有机肥料四大类七大系列30多个品种。"泉木"牌重涂高档铜版纸获国家科技进步二等奖，获多项省级以上荣誉称号。泉林集团利用市场、品牌、管理等方面的优势，立足环境治理，依靠科技创新和战略创新、综合利用产业资源、坚持循环经济生态纸业的创新发展，全面实施"生态纸业"战略，发展循环经济。该企业在全国首先提出了"生态纸业"的概念。目前该公司4万公顷林、4.67万公顷芦竹、芦苇，60万吨浆的林纸结合国家示范工程项目已经开始实施，并收到了较好效果。2005年纸和纸板生产量38.55万吨，销售收入45.95亿元。利税总额6.07亿元，利润总额3.9亿元。计划2010年机制纸产量达到100万吨，纸浆100万吨，实现"绿色泉林、生态纸业、创新发展，造福社会"的企业使命，创建一个环境优美、生产与自然和谐的泉林生态工业园。

银河纸业为国内大型制浆造纸企业，年产机制纸56万吨，主导产品有胶版印刷纸、精印书写纸、静电复印纸、高强瓦楞原纸和高档本册纸等。产品畅销全国及全球40多个国家和地区，公司通过了ISO9001国际质量体系认证和ISO14001国际环保体系认证。2005年的纸和纸板产量40.77万吨，销售收入23.47亿元。利税总额2.97亿元，利润1.95亿元。计划2010年，机制纸年产量100万吨，发电25万千瓦，成为集制浆造纸、热电联产、印刷包装、现代物流、轻机制造、速生林业、纸品加工为一体的现代化大型企业集团。

鲁南纸业是山东省骨干企业，拥有十多个子公司，是目前全球著名的特种纸生产商之一，特种纸的开发和生产是该公司的特点。公司固定资产6亿元，各种特种纸生产能力20万吨，企业通过ISO9002质量体系认证和ISO14001国际环保体系认证。主导产品为化妆纸原纸、印刷纸、超耐磨纸、裱层纸、装饰层压板用牛皮纸和石膏板护面纸六大系列。产品覆盖国内外几十个国家和地区，该企业是以生产高档特种纸为主的全球知名企业，曾获得多项省以上荣誉称号，企业各项指标已连续多年排在山东造纸行业前十名。2005年纸和纸板的产量为5.82万吨，销售收入7.12亿元，利税总额1.21亿元，利润总额0.45亿元。该企业特种纸开发和生产在全国占有重要位置。

华金纸业是以造纸及纸制品加工为主的国家大型现代化企业集团，为中国造纸百强企业，总资产15.1亿元，固定资产12.5亿元，下属9个子公司，机制纸和纸板生产能力40万吨。主导产品为中高档工业用原纸，中高档办公用纸、文化用纸、包装用纸三大系列120多个品种。"华金"商标为山东省著名商标。华金纸业是全国最大无碳复写纸生产基地，荣获省级以上荣誉几十项，企业通过ISO9001国际质量体系认证和ISO14001国际环保体系认证。产品畅销全国和全球十几个国家和地区。2005年纸和纸板产量32.78万吨，销售15.51亿元，利税总额18.60亿元，利润总额15.47亿元。

泰山纸业是山东大型股份制企业，总资产14亿元，年生产机制纸30万吨。主导产品：低定量涂布纸、高档书写纸、双胶纸、静电复印纸、彩印轻型纸、无碳复写纸、铜版纸，产品畅销全国及全球多个国家和地区。企业通过了ISO9002国际质量体系认证，曾荣获中国百家最大造纸企业等几十项省级以上荣誉称号。2005年机制纸和纸板产量22.35万吨，销售收入13.28亿元，利税总额14.07亿元，利润总额0.95亿元。公司计划再建年产20万吨低定量涂布纸和林纸结合项目。2010年纸和纸板产量达到50万吨，销售收入25亿元，利税5亿元，利润3.5亿元，成为现代化的大型企业集团。

亚太森博纸业是一家由新加坡亚太资源集团控股的制浆造纸合资企业，公司一期投资29.3亿元，拥有国际一流的制浆造纸生产线，是山东唯一生产漂白木浆的生产企业。企业通过了ISO9001国际质量体系认证、ISO14001国际环境体系认证和OHSAS18001国际职业安全健康体系认证。主导产品：漂白化学木浆、高档包装纸板等产品。企业污染控制、节能节水各项指标均达到国际先进水平，碱回收率可达98.5%，年回收碱18万吨，被列为山东省第一批"循环经济试点"企业。2005年公司生产漂白木浆23.2万吨，其中浆板16.9万吨，湿浆1.2万吨。纸和纸板产量15.44万吨，发电2.5亿千瓦·时，实现销售收入14.94亿元，利税1.2亿元。公司规划2008年前投入113亿元，再扩建100万吨漂白硫酸盐木浆生产线，投产后新增销售收入50亿元，利税14亿元。目前，公司已分三期在广东建设速生丰产林基地，造林2.67万公顷，实施林纸一体化项目，达到可持续发展的目标。

山东造纸行业的重点骨干企业值得一提的还有恒联集团。该企业是国营大企业成功转制的典范，为国有大型企业转制树立了榜样。该公司是以造纸为主、多元化经营的综合控股集团。拥有13家子公司、5家关联企业，2005年进入全国造纸行业30强。企业拥有多条国际先进生产线，如从日本引进的年产10万吨高档铜版纸生产线，从瑞士引进的年产7000吨玻璃纸生产线，是目前亚洲最大的玻璃纸生产线，产品畅销国内外，年出口量30%以上。由日本、瑞典引进的年产4万吨生活用纸生产线，是北方最大的生活用纸生产基地。主导产品：高档铜版纸、高档玻璃纸、高档生活用纸、高档文化用纸、高档工业用纸及涂布原纸等系列产品。2005年纸和纸板产量17.12万吨，销售收入10.22亿元，利税总额0.69亿元，利税总额0.34亿元。

【基建与技改】

"十五"期间是山东造纸工业投入最大，产出最多，发展最快的时期。全省造纸行业5年期间累计投入400亿元，实施大中型技改项目和扩建项目150多个。引进和新增大型设备和国内先进生产线40余条，新增纸和纸板生产能力700多万吨，纸和纸板产量由2000年的436万吨猛增到2005年的1055万吨，增加产量619万吨，同比增长2.42倍，且多为具有国内外竞争力的高档产品。企业年平均生产规模达到11.85万吨。企业布局结构、原料结构和产品结构，发生了根本的变化，山东造纸工业跨上了一个新台阶。

近几年，山东省造纸工业通过加大技改投入，新上一批高水平、高起点项目，促进了全行业的产业调整。如博汇纸业年产20万吨、晨鸣纸业年产25万吨BCTMP生产线的先后投产，为改变全省原料结构起到示范作用。

2005年，山东造纸行业一批大中型生产线相继投产，又一批高水平的大项目陆续开工建设。年初，晨鸣纸业年产30万吨高档涂布白卡纸项目正式投产，主要设备全部引进，设计车速达800米/分，使山东省涂布白卡纸生产能力超过150万吨。晨鸣纸业投资24.6亿元，新建年产30万吨超级压光纸项目，全套设备从国外引进，幅宽11.15米，车速达2000米/分，填补了山东省超级压光纸生产的空白。

华泰纸业投资22.8亿元新建的日产1000吨脱墨废纸浆生产线和抄宽11米，车速2000米/分，能生产36～60克/米^{2}的高档胶印新闻纸生产线，是目前世界上设备最先进、车速最快、抄宽最大、产品质量最高的新闻纸生产线。华泰纸业第二条40万吨新闻纸生产线正在建设中，预计2006年底投产。届时，华泰纸业新闻纸生产能力可达120万吨，为全亚洲最大的新闻纸生产基地。

太阳纸业年产25万吨铜版纸项目，设计车速1500米/分，最高日产量已达900吨。这个项目的建成使山东省铜版纸产量达到100万吨。

好当家集团海盛纸业年产20万吨A等箱纸板项目投产。项目总投资4亿元，采用4450毫米四叠网多缸纸板机，是全省最大的箱纸板生产线，至此山东省箱纸板的生产能力已达100万吨。

山东海韵生态纸业有限公司一期年产10万吨漂

白苇浆生产线，配有全国最大的日产300吨草浆碱回收系统。到2007年底，该公司年产漂白苇浆的生产能力可达20万吨。为全省调整原料结构将起到积极作用。

山东恒安纸业有限公司，一期投资6亿元引进国际最先进的卫生纸纸机和加工设备，现已正式投产，设计车速1900米/分，抄宽5550毫米，每年可生产11～13克/米^{2}高档生活用纸6万吨，是我国江北单机最大的生活用纸生产线。2006年二期工程投产后，年生产能力可达12万吨。目前三期工程已纳入规划，届时年生产能力可达18万吨，成为全国最大的生活用纸生产企业，并将带动全省高档生活用纸的快速发展。

除此之外，目前还有一批在建和待建项目，如晨鸣纸业年产10万吨特种纸项目；华泰纸业年产20万吨超级压光纸(SC)项目和投资51亿元的"年产60万吨铜版纸、30万吨浆、4万公顷林"林纸一体化项目；太阳纸业年产20万吨高档激光打印纸和与国际纸业合资建设的年产30万吨无菌液体包装纸项目；博汇纸业的年产20万吨石膏板护面纸板项目；泉林纸业20万吨铜版纸、60万吨浆、4万公顷林、4.67万公顷芦竹芦苇项目；银河纸业年产10万吨低定量涂布纸项目；晨龙集团年产20万吨再生新闻纸项目；照东方纸业年产15万吨箱纸板项目；贵和纸业年产15万吨高强瓦楞原纸项目；山东中茂圣源年产10万吨漂白化机浆项目；亚太森博浆纸年产100万吨漂白硫酸盐木浆项目等。

【科研与技术进步】

省内一些重点企业都加大了科技开发和自主创新的投入。山东造纸行业现有国家级技术中心3个，省级重点实验室1个，省级技术中心3个，博士后工作站2个。晨鸣纸业充分发挥已建成的国家技术中心和博士后工作站的作用，先后自主开发了33项制浆造纸专利和新技术，现已全部用于生产，效益明显。华泰纸业技术开发中心研究开发出彩色胶印新闻纸、全木浆双胶纸、轻型胶版纸多个新产品，其中高级彩色轻型纸获国家级新产品称号。太阳纸业组织技术中心等部门对2台涂布白卡纸纸机进行改造，使车速和产量大大提高，并成功开发出液体包装原纸和亚光铜版卡纸。

山东省涂布加工纸技术重点实验室挂靠在山东省造纸工业研究设计院，涂布加工纸技术重点实验室建成以来，为山东造纸工业涂布加工纸技术的开发和应用做了大量工作。先后开发的有以麦草浆为主生产高档低定量涂布纸、以芦竹浆为主生产高档低定量涂布纸和涂布轻质纸、以脱墨办公废纸生产高档文化纸、以及微涂低定量新闻纸、防水啤酒商标纸、微涂静电复印纸、轻量涂布防近视纸、重涂高档铜版纸、皮革印花离型纸、三滤纸、纱管纸、转移印花纸、美纹纸、防油纸、防粘纸等，都得到了广泛使用和推广，多个项目获省级奖励。

结合山东造纸原料紧缺的局面，开展了多种原料制浆的研究，如精制麦草浆的研制及应用、芦竹制浆的研究、皇竹草制浆的研究、玉米秸秆制浆的研究、紫穗槐制浆的研究、青麻制浆的研究、田菁制浆的研究、棕榈丝制浆的研究、纺织厂灰棉制浆的研究、废纸制浆的研究等，对山东造纸工业原料结构调整做出了贡献，特别是精制麦草浆研究成果的推广，对山东草浆制浆起到了重要作用。另外，在制浆造纸化学助剂选择和推广方面也做了大量工作，收到了良好的效果，受到企业好评。

山东鲁南纸业集团，在加大新技术新产品开发方面已是众所周知，这个企业最早自主开发的石膏板护面纸板，救活了频临倒闭的郯城纸板厂。企业发展以后，不惜投入巨资进行新技术、新产品开发。这个企业重视人才、重视技术，自主开发的装饰原纸(化妆原纸)投放市场后，改变了进口装饰原纸一统市场的局面，收到了良好的经济效益和社会效益，对于中国装饰纸产品的发展奠定了有力的基础，也为随后几家装饰纸企业的生产积累了经验。目前产品已系列化生产，各种颜色、各种定量、各种性能、几百个品种的产品在国内外享有较高声誉，也为中国造纸产品走向世界开了个好头，成为山东特种纸新产品开发的典范。同时该公司自主开发的高耐磨纸，目前已占领国内大部分市场，并畅销全球大部分国家和地区，成为中国纸业的一个名牌。

沪平永发纸业拥有自主知识产权的"无污染制浆技术"通过了省科技厅组织的专家鉴定，其成果应用到本企业，收到了制浆得率高、污染轻、经济效益好的明显效果。

2005年，山东造纸行业通过省级鉴定的新技术、新产品5项，获国家科技进步奖1个、山东省科技进步二等奖1个、三等奖3个。

争创名牌是山东造纸企业非常重视的，增强品牌意识和技术进步是一个企业实力的表现。诸如：晨鸣、华泰、太阳、博汇、泉林、银河、鲁南、泰山、华金等著名商标，享誉全国，世界知名。这些品牌已经成为企业实力的象征。

【环境保护】

2004年据有关部门对275家造纸厂进行调查，2004年造纸企业产生废水3.3亿吨，草浆造纸企业废水排放量2.12亿吨,占65%,废纸造纸废水排放量为0.84亿吨,商品浆造纸废水排放量为0.29亿吨。造纸COD排放量11.2万吨,其中草浆造纸COD排放量8.64万吨、废纸制浆造纸COD排放量1.98万吨、商品浆造纸COD排放量0.54万吨。氨氮排放总量为3.12万吨,基本为草浆造纸排放。草浆造纸工业产值为227亿元,废纸造纸产值为632亿元,商品浆造纸工业产值为337亿元。通过三种原料工业产值与污染情况比较,万元产值中草浆造纸污染要大于废纸浆造纸和商品浆造纸。综上分析,造纸行业中,草浆造纸工业产值占造纸行业工业产值的19%,而废水排放量占65%,COD排放量占77%,氨氮排放量占99.9%。由此可见,造纸行业的结构性污染主要来源于草浆造纸。

山东造纸工业环境保护,特别是制浆废水处理工作,政府特别重视,管理力度不断加强,企业治理投入不断增加,处理技术先进,处理设施运行较好,一直走在行业前列。2005年为改善淮河流域生态环境,确保2007年南水北调东线工程达标通水和2012年还小清河"清白",国家和省政府对上述流域污染又提出更加严格的要求。上述流域,30多家造纸企业不论草浆生产企业,还是废纸或商品浆为原料的造纸企业,一律编制了造纸废水深度处理、资源化利用的可研报告。研究如何少用水、少排水、甚至不排水,审批后即将组织实施。

在废水处理方面,晨鸣纸业、华泰纸业、太阳纸业、博汇纸业、银河纸业、泉林纸业、华金纸业等一批大型企业一直走在治理的前列。如华泰纸业除加大治理投入外,还主动削减草浆制浆能力,调整原料结构和产品结构。

除此之外,山东省环保局加大治理草浆造纸企业力度,坚决关停了年产3.4万吨以下麦草制浆,且治理不能达标的中小型制浆企业。草浆制浆企业仅有38家,其中有些企业目前由于种种原因,已停业或减少麦草制浆的生产,从而减轻环境污染治理的压力。目前真正采用麦草制浆的造纸企业仅剩30家左右。这些麦草制浆企业常用两种制浆方法:一类是碱法制浆,绝大多数采取碱回收的方法处理黑液,再加上中段水处理后,达标排放;极少部分碱法麦草制浆采取黑液综合利用,生产有机肥或用于其他。目前在线运行的碱回收系统30套左右,基本运行良好,经济效益可观。另一类制浆方法是采用亚铵法,其制浆废液主要用来生产黏合剂等副产品。中段水目前大多数采用生化-物化的方法,再经除色处理达标排放。到目前为止,所有麦草制浆造纸企业的废水排放均能达到目前标准的要求,但随着严格排放标准的实施,麦草制浆的废水深度处理,仍有较大压力。

山东是造纸大省,又是缺水的省份之一。近几年来,山东造纸企业通过节水意识的提高,强化管理,采用先进技术和设备,普遍采用节水筛选、净化、白水回用、中段水回用、一水多用,许多企业已经提前达到国家制定的《造纸产品取水定额》A级标准要求。许多只造纸、不制浆的企业基本上做到封闭或半封闭循环用水,优秀企业已接近国际先进水平。如华泰纸业新闻纸耗水量已控制在每吨纸10米^{3}以下,晨鸣纸业,水的重复利用率在60%以上,鲁南纸业纸机废水基本上封闭循环,泉林纸业废水经深度处理后,基本上做到企业内部或厂区内部封闭或半封闭循环等。据初步统计,近几年山东造纸企业尽管产品产量大增,但取水量总量增加却很少,节水效果非常明显。再如滕州华闻纸业用脱墨浆生产新闻纸,废水经气浮和生化处理后,COD降到100毫升/升以下,80%以上回用,生产过程中产生的污泥经高温高压制成板材,作为商品销售,取得良好的经济效益、社会效益和环境效益。

【发展中的问题】

山东造纸工业在发展过程中还存在着许多困难和问题。主要表现在:

1. 原料的紧缺,制约山东造纸工业发展

按目前的发展速度,估计2020年山东造纸工业纸和纸板的产量将达到2000万吨,届时需要消费纸浆约1600万吨,原料紧缺情况会越来越严重。

2. 水资源短缺,制约山东造纸工业发展

山东是水资源严重缺乏的省份之一。人均水资源占有量远低于全国平均水平。造纸工业是用水大户,节约用水、减少水源的污染,将成为山东造纸企业长期而艰巨的任务。

3. 深度环境治理的要求,制约山东造纸工业发展

据统计,造纸工业是山东省工业废水和COD排放量最大的行业,氨氮排放量为第二位。随着我国对环境保护标准要求越来越高,以及南水北调东线工程及各河流湖泊流域治理的要求提高,造纸工业面临深度环境保护、污染治理的制约。这就要求山东造纸企业加快原料结构和产品结构的调整,加大投入、加强技术改造,采用新技术、新设备、减少污染物的排放,满足环境要求,努力促使生产和环境的和谐发展。

(张金声　牟洺铭)

江苏造纸工业

Paper industry in Jiangsu province

【行业概况】

根据江苏省造纸行业协会对全省 69 家规模以上造纸企业调查统计,2005 年机制纸及纸板总产量达 602 万吨,占全国总产量的 10.8%,比上年同期的 509 万吨增长 18.3%;工业总产值完成 253 亿元,占全国总产值的 9.65%,比上年同期的 205.8 亿元增长 14.2%;实现销售收入 240 亿元,占全国总销售收入的 9.43%,比上年同期的 201.5 亿元增长 19.1%。

据企业上报的生产经营完成情况统计报表统计汇总,2005 年江苏省造纸行业上缴税金达到 11.2 亿元,比上年同期的 9.2 亿元增长 21.7%;不含信息调查企业,盈利企业占规模造纸企业总数的 63%,亏损企业占规模企业总数的 37%,盈亏相抵后全行业盈利 13.8 亿元,比上年同期的 9.7 亿元增长 42.3%。

据统计分析,2005 年全省文化用纸产量为 265 万吨,占全省机制纸及纸板总产量的 48.5%。其中:铜版纸 165 万吨,比上年同期的 138.5 万吨增长 19.1%;胶版纸 65 万吨,比上年同期的 70 万吨下降 7.1%;另有复印纸 30 万吨,新闻纸 3 万吨,书写纸 2 万吨。2005 年全省工业包装用纸产量为 292 万吨,占全省机制纸及纸板总产量的 44%,其中:瓦楞原纸 152 万吨,比上年同期的 145.6 万吨增长 4.4%;箱纸板 124 万吨,比上年同期的 74.1 万吨增长 67.3%;白纸板(含涂布白纸板)16 万吨,比上年同期的 13.3 万吨增长 20.3%。2005 年全省卫生纸、面巾纸、手帕纸、餐巾纸等生活用纸合计产量为 23 万吨,与上年同期的 23.4 万吨基本持平,占全省机制纸及纸板总产量的 3.8%。2005 年全省防伪票证纸、打字纸、纸杯原纸、热敏纸、三滤纸、无碳复写纸、鞋底纸板、箱包纸板等特种纸及纸板产量为 22 万吨,占全省机制纸及纸板总产量的 3.7%。

表 1　2005 年江苏省造纸行业年产量排名前 10 名的企业

序号	企　业	产量/万吨
1	金东纸业(江苏)有限公司	1480598
2	玖龙纸业(太仓)有限公司	616394
3	芬欧汇川(常熟)纸业有限公司	(550000)
4	江苏理文造纸有限公司	510000
5	金华盛纸业(苏州工业园区)有限公司	435890
6	无锡荣成纸业有限公司	274097
7	苏州紫兴纸业有限公司	160056
8	江苏旺达纸业有限公司	114275
9	江阴长江纸业有限公司	112768
10	金红叶纸业(苏州工业园区)有限公司	108971

注:括号内数字为估计数

表 2　江苏省造纸行业完成销售收入前 10 名的企业

序号	企　业	销售收入/亿元
1	金东纸业(江苏)有限公司	68.8
2	芬欧汇川(常熟)纸业有限公司	(30.8)
3	金华盛纸业(苏州工业园区)有限公司	24.2
4	玖龙纸业(太仓)有限公司	15.1
5	江苏理文造纸有限公司	15.0
6	金红叶纸业(苏州工业园区)有限公司	12.8
7	苏州紫兴纸业有限公司	9.0
8	无锡荣成纸业有限公司	6.9
9	镇江大东纸业有限公司	5.1
10	江阴长江纸业有限公司	4.6

注:括号内数字为估计数

2005 年全省造纸工业盈利前 10 名的重点造纸企业:

(1)金东纸业(江苏)有限公司

(2)金华盛纸业(苏州工业园区)有限公司

(3)玖龙纸业(太仓)有限公司

(4)金红叶纸业(苏州工业园区)有限公司
(5)无锡荣成纸业有限公司
(6)镇江大东纸业有限公司
(7)胜达集团江苏双灯纸业有限公司
(8)江阴长江纸业有限公司
(9)江阴比图特种纸板有限公司
(10)淮安市飞翔纸业有限公司

2005年全省造纸工业上缴税金前10名的重点造纸企业:

(1)金东纸业(江苏)有限公司
(2)江苏理文造纸有限公司
(3)金华盛纸业(苏州工业园区)有限公司
(4)金红叶纸业(苏州工业园区)有限公司
(5)苏州紫兴纸业有限公司
(6)玖龙纸业(太仓)有限公司
(7)无锡荣成纸业有限公司
(8)镇江大东纸业有限公司
(9)江阴长江纸业有限公司
(10)胜达集团江苏双灯纸业有限公司

【原料】

2005年全省造纸工业纸浆总用量为500万吨,比上年增长26.3%,占2005年全国造纸工业纸浆总用量5200万吨的9.6%。

木浆用量为194.6万吨,占2005年全省造纸工业纸浆总用量的38.9%,比上年同期的144.3万吨增长34.9%,占2005年全国造纸工业木浆总用量1144万吨的17%,木浆使用比例比2005年全国纸业平均水平22%高出约17个百分点。

废纸浆用量为270万吨,折合废纸约为330万吨,占2005年全省造纸工业纸浆总用量的54%,比上年同期的185万吨增长45.9%,占2005年全国造纸工业废纸浆总用量3024万吨的8.9%,废纸浆使用比例与2005年全国纸业平均水平54%相同。

非木浆(芦苇、芦竹、竹子、麦草、稻草)总用量为35.4万吨,占2005年全省造纸工业纸浆总用量的7.1%,比上年同期的67万吨下降47.2%,占2005年全国造纸工业非木浆总用量1344万吨的2.6%,非木浆使用比例比2005年全国纸业平均水平24%低出约14个百分点。

【基建与技改】

2005年江苏省造纸行业完成的基建与技改项目:

(1)江苏湟里纸业有限公司投资4亿元人民币,10万吨/年高档牛皮箱纸板新建项目于2005年2月份建成投产。

(2)玖龙纸业(太仓)有限公司第二期投资7.5亿元人民币,50万吨/年高强瓦楞原纸扩建项目于2005年4月份建成投产。

(3)金东纸业(江苏)有限公司第二期投资40亿元人民币,60万吨/年在线造纸涂布机扩建项目于2005年5月份建成投产。

(4)芬欧汇川(常熟)纸业有限公司第二期投资41.5亿元人民币,45万吨/年高级文化用纸生产线扩建项目于2005年5月份建成投产。

(5)江苏新大纸业有限公司投资4.5亿元人民币,6万吨/年草木混合浆扩建项目于2005年10月份建成投产。

上述5个新建、扩建项目完成总投资97.5亿元人民币,新增机制纸及纸板生产能力165万吨、草木混合浆生产能力6万吨。这5个大中型新建、扩建项目的建成投产,使江苏省2005年末机制纸及纸板的总产能达到800万吨左右。

【环境保护】

造纸工业是环境污染的主要行业之一,环境问题是江苏省造纸行业可持续发展的关键问题。近年来,随着江苏省污染治理工作力度不断加大和大型外资企业进入,江苏省造纸行业在开展清洁生产、探索循环经济持续发展方面取得了突破性的进展,造纸企业已经开始从"污染大户"向"环境友好"和"绿色造纸"企业方向发展。

金东纸业(江苏)有限公司和芬欧汇川(常熟)有限公司已经获得国家环保总局颁发的全国环保最高荣誉——"国家环境友好企业"称号。

目前正在扩建的外资造纸企业、新建和扩建的民营造纸企业在项目建设中都能严格遵循清洁生产的原则,走循环经济发展的道路,力求形成经济发展和环境保护双赢的良性发展格局。

(刘 克)

浙江造纸工业

Paper industry in Zhejiang province

【行业概况】

2005年浙江省机制纸及纸板产量817.21万吨，占全国产量的14.57%。在全国各省市自治区中，名列第二位，而且是第五次名列第二位(2001—2005年)。

工业总产量实现302.24亿元，比上年增长25.33%。销售收入286.50亿元，比上年增长23.62%。出口交货值7.83亿元，比上年增长65.45%。税利总额19.26亿元，比上年下降4.72亿元。总资产贡献率6.03%，资本保值增值率129.28%，资产负债率67.31%。

主要产品为白纸板(系列产品)约500万吨，主要产区为宁波市和富阳市。卷烟纸为4.0万吨左右，为民丰特种纸股份有限公司和杭州华丰纸业有限公司生产。

【原料】

浙江纸业用浆主要为废纸浆，约为80%，商品木浆约占20%(包括少量特种浆，从2005年5月开始，全省唯一的一条1000吨/年自制草浆生产线关闭)。

【企业介绍】

表1为以纸板为主的重点企业，表2为以机制纸为主的重点企业。

表1　2005年度浙江省造纸行业年产10万吨以上企业　单位:吨/年

序号	企　业	2005年	2004年
1	宁波亚洲浆纸业有限公司	534881	—
2	宁波中华纸业有限公司	472404	537684
3	浙江景兴纸业股份有限公司	381382	245351
4	浙江永泰纸业集团股份有限公司	210605	210214
5	浙江华川实业集团有限公司	191000	191960
6	宁波牡牛纸业有限公司	116255	122830
7	浙江天听纸业有限公司	112134	127558
8	浙江正大纸业集团有限公司	111197	93176
9	浙江荣晟纸业股份有限公司	100296	60631

表2　2005年度浙江省造纸企业机制纸生产主要企业　单位:吨/年

序号	企　业	2005年	2004年
1	民丰特种纸股份有限公司	76374	65594
2	杭州临安锦江纸业有限公司	47353	42348
3	浙江仙鹤特种纸有限公司	28005	16859
4	杭州华丰纸业有限公司	25214	34883

【基建与技改】

(1)华丰纸业3650毫米纸机投产

杭州华丰纸业有限公司全套引进的3650毫米长网多缸薄页纸纸机工程已于2005年底竣工投产，该工程总投资3.8亿元左右，年产薄页纸1.2万～1.5万吨。

(2)景兴纸业年产30万吨包装纸板工程开工建设

浙江景兴纸业股份有限公司年产30万吨利用废纸纤维再生环保绿色包装纸板工程项目于2005年11月30日开工建设。

该工程主导产品为高强度低定量牛皮箱纸板。采用5650毫米三叠网造纸机，关键部件引进，同时配用DCS、QCS等自控技术和配建15000米^3/日一级废水处理站。总投资6亿元，计划于2007年3月竣工投产。

(3)永泰纸业年产20万吨涂布牛皮卡工程批准立项

浙江永泰纸业集团股份有限公司“年产20万吨涂布牛皮卡工程项目”批准实施，该生产线采用4800毫米三叠网纸板机，设计车速600米/分，关键部件引进，同时配套DCS自控和QCS在线检测装置，总投资9.0

亿元左右（含热电）。

(4)恒安浙江纸业年产5万吨高档生活用纸项目立项

恒安浙江纸业有限公司年产5万吨高档生活用纸工程项目，总投资4.2亿元，主要引进设备有：一台门幅5400毫米、设计车速1800米/分高级生活用纸造纸机；一台门幅5400毫米、设计车速2500米/分复卷机。该工程将于上虞市经济开发区开工建设。

【科研与技术进步】

2005年度在研项目与已完成的科研项目：

(1)ASA施胶理论与实践，澳大利亚国家自然科学基金。

(2)21世纪轻化工程教学改革与实践，教学改革项目。

(3)非木纤维原料化学机械浆配抄包装用纸的研究，浙江省科技厅科技攻关项目。

(4)基于网络的包装设计技术研究及其在包装印刷行业中的应用项目，浙江省科技攻关重大项目。

(5)大气环境中可吸入颗粒物迁移和沉积特性对人体呼吸机制的影响研究，浙江省自然科学基金重点项目。

【环境保护】

据不完全统计，2005年度全省造纸行业环境保护工作获得下列荣誉：

宁波中华纸业有限公司荣获国家环保总局评审公布的"国家环境友好企业"称号，这是我国环境保护最高荣誉称号。

浙江仙鹤特种纸有限公司和浙江恒达纸业有限公司荣获省环保局评审公布的"浙江省绿色企业"称号。

省环保局评审公布的浙江省首批环保信用星级企业中造纸企业有5家：宁波中华纸业有限公司（五星），民丰特种纸股份有限公司（四星），浙江景兴纸业股份有限公司（四星），浙江永泰纸业集团股份有限公司（三星），浙江天听亚伦纸业集团有限公司（三星）。

省环保局评审公布的污染治理先进企业有：宁波中华纸业有限公司、民丰特种纸股份有限公司、浙江秀舟纸业有限公司、龙游云丰纸业有限公司、龙游塔恩纸业有限公司。

根据省"811环境污染治理行动计划"，龙游于2005年5月13日拆除始建于1967年的年产万吨自制草浆生产线，也是浙江纸业最后一条自制草浆生产线。

衢州位于浙江"母亲河"钱塘江的源头，其土法竹材造纸盛行，且具有比较悠久的历史，但给环保带来困难。为此，当地有关部门同纸民们商讨，在切实解决他们出路的情况下，于2005年上半年，开始环保行动，12403口竹料掩塘全部平毁或另作它用，41家土法竹材造纸厂和200多个家庭作坊全部关停，每年少排2000万吨废水和250吨二氧化硫。

由杭州板桥纸业有限公司牵头实施的富阳市八一污水处理厂已竣工投产。该厂日处理量15万吨，总投资2.43亿元，联片治理周边30多家纸厂70万吨产量的污水。

（陈成美　李土根）

广东造纸工业

Paper industry in Guangdong province

【行业概况】

广东是我国的经济强省，也是造纸工业发达的省份之一。2005年，广东省造纸工业继续保持良好的发展势头。根据省统计局对规模以上371家造纸企业统计，机制纸及纸板产量691万吨，增长15.55%；工业总产值319亿元，增长30.20%；销售收入293亿元，增长20.10%；利润11.88亿元，增长17.60%。如按社会总产量计算，2005年广东省纸和纸板总产量超过800万吨，比上年增长14.30%。出口产值完成75.92亿元，增长31.28%。造纸工业销售收入居全国同行第二位，产量居全国同行第三位，利润和出口产值分别居全国同行第四位和第一位。重点品种新闻纸，完成31.9万吨，比上年增长6.33%，居全国第三位。2005年广东纸和纸板消费量为1120万吨，居全国第一位，占全国消费量的18.89%，人均消费量133千克，为全国人均消费量44千克的3.22倍。表1为广东近3年来纸和纸板的产量和消费量。

表1　　广东省近年纸和纸板产量和消费量

项　目	广东省纸和纸板的产量和消费量/万吨			2005/2004增长率/%
	2003年	2004年	2005年	
生产量	620	700	800	14.28
消费量	895~915	1000~1020	1120	9.80
进口量	370~390	400~420	515	
出口量	95	100	195	

【原料】

2005年全省造纸总用浆量770万吨，其中木浆155万吨（含国外进口、自产、外省购进），占总用浆量20.12%；非木浆25万吨（含省内自产及外省购进），占总用浆量3.24%；废纸浆590万吨，折合用废纸量738万吨（含进口及国内收购），占总用浆量76.62%。废纸仍是广东省主要造纸原料。

表2为2004—2005年广东省纸浆、废纸、纸及纸制品进口情况。从表中可以看出，2005年广东省进口的废纸占全国的32.12%，纸和纸板占全国的70.47%，纸制品占全国的23.21%，是我国废纸、纸和纸制品的主要进口省。

表2　　2004—2005年广东省纸浆、废纸及纸制品进口情况

品种	广东省进口量/万吨		占全国进口量比例/%	
	2004年	2005年	2004年	2005年
一、纸浆	102.93	85.75	14.07	11.29
二、废纸	393.77	547.49	32.0	32.12
三、纸及纸板	438	370	71.45	70.47
1.新闻纸	4.71	6.67	40.36	48.9
2.印刷书写纸	30.96	28.27	65.73	65.5
3.涂布纸	84.83	59.97	82.42	82.29
其中：铜版纸	50.88	41.62	80.14	80.61
4.包装纸	11.62	11.51	39.82	25.49

续表

品种	广东省进口量/万吨		占全国进口量比例/%	
	2004 年	2005 年	2004 年	2005 年
5. 箱纸板	80	77.23	62.88	76.66
其中:涂布箱纸板	1.03	0.94	34.92	26.11
6. 白纸板	78.05	63.46	68.99	69.86
其中:涂布白纸板	76.92	62.95	68.89	69.95
7. 生活用纸	3.07	3.45	61.03	67.64
8. 瓦楞原纸	102.22	82.32	89.91	93.04
9. 卷烟纸	0.57	0.41	45.97	30.59
10. 特种纸、纸板	22.49	19.48	56.0	48.17
11. 其他纸、纸板	20.02	17.44	92.09	76.05
四、纸制品	11.85	3.52	57.33	23.21
总计	947	1006.76	34.46	33.52

【生产经营情况】

2005 年,广东造纸工业整体产销形势和经营情况较好,产量增长幅度较高,而产成品库存增加仅为 1.7%,低于全国 10%的水平;资产负债率 56.31%,低于全国 62.88%的水平。不足之处是单位产品利润增幅仅为 4.3%,低于全国的 10%;产值利税率只有 4%,低于全国 4.6%的水平。

表 3 为 2002—2005 年广东省造纸工业主要产品的产量。产量最大的是箱纸板和瓦楞原纸,其次是白纸板、包装用纸、生活用纸和新闻纸。与 2004 年相比,2005 年增幅最大的白纸板增长 45.26%(其中涂布白纸板增幅为 41.18%),其次是特种纸和纸板,增幅为 38.46%,高强瓦楞原纸的增幅也达到 33.33%。

表 3　　2002—2005 年广东省纸和纸板产量

品种	广东省纸和纸板产量/万吨				2005/2004 增长率/%
	2002 年	2003 年	2004 年	2005 年	
总量	480	620	700	800	14.28
1. 新闻纸	25	25	30.42	31.85	4.70
2. 印刷书写纸	21.1	23	24	25	4.17
其中:书写纸	3.3	3.5	3.5	4.0	14.29
3. 涂布纸	23.2	23.5	25.5	27	5.88
其中:铜版纸	2.2	2.5	2.5	3	20.00
白卡纸	21	21	23	24	4.34
4. 生活用纸	34	40	44	47	6.82
5. 包装纸	45	50	55	60	9.09
6. 白纸板	40	55	95	138	45.26
其中:涂布白纸板	34	45	85	120	41.18
7. 箱纸板	150	195	200	215	7.50
8. 瓦楞原纸	140	190	200	200	0
其中:高强瓦楞原纸	35	50	75	100	33.33
9. 特种纸及纸板	5.5	8	13	18	38.46
10. 其他	6.2	10	13	18	38.46

2005年，广东省造纸工业生产规模进一步扩大，产业集中度不断提高，产业集群化的趋势更加明显。全省约有造纸企业380家，产纸能力1100多万吨。主要分布在珠江三角洲，企业数占全省85%，产量占90%以上。其中东莞市规模以上企业123家，产纸能力达到800万吨，实际产量已达600万吨，占全省产量的70%，加上下游的纸制品企业300多家，形成了生产包装用纸、生活用纸、纸制品加工、印刷、包装、造纸机械、造纸助剂相互配套、协调发展的产业链和产业集群，其规模效益居全国第一位。

2005年，广东省年产15万吨以上的11家企业(广纸、佛山华丰、中山联合鸿兴、中发、金洲、建晖、玖龙、理文、红塔、银州、万利达)总产量达550万吨，占全省总产量的80%。表4为广东省重点造纸企业近3年产量。

表4　广东省重点造纸企业产量

企业名称	广东省重点造纸企业产量			2005/2004增长率/%
	2003年	2004年	2005年	
东莞玖龙纸业	91	170	220(158)	29.41
东莞理文纸业	57	87	119(68)	36.78
广纸集团	40	45	47	4.44
中山联合鸿兴	26.29	30.55	35.3	15.54
东莞金洲纸业	11	26	30	15.38
东莞建晖纸业			25	
珠海红塔仁恒	22	22.73	23	1.18
中山中发纸业	10	17	19	11.76
佛山华丰纸业	14	15	15	
东莞银洲纸业		30	35	16.76
增城万利达纸业		25	30	20
中山中顺纸业	12.5	14	15	7.14
维达(新会)纸业	6	10	12	20
广宁鼎丰纸业	7.3	9.5	10.5	10.52

注：根据广东造纸协会收集到的资料整理；玖龙、理文总产量含江苏分厂产量。

【基建与技改】

2005年广东省造纸工业建设继续保持高速发展的态势，新增造纸能力超过150万吨。2005年投产的主要造纸项目见表5。

表5　2005年广东省投产的主要造纸项目

企业	项目名称	投产时间
东莞理文纸业	40万吨/年　挂面箱纸板	2005年4月
东莞建晖纸业	30万吨/年　涂布白纸板(#2线)	2005年8月
增城万利达纸业	30万吨/年　牛皮箱纸板	2005年3月
中山中发纸业	20万吨/年　瓦楞原纸	2005年9月
东莞金田纸业	20万吨/年　涂布白纸板	2005年9月
清远森叶纸业	10万吨/年　高强瓦楞原纸	2005年11月
维达(新会)纸业	2万吨/年　高级卫生纸	2005年6月

此外，一批基建项目，包括广纸集团的#1机改造新增17万吨/年新闻纸项目、东莞玖龙纸业第二台45万吨/年涂布白纸板项目、佛山华丰珠海分公司30万吨/年涂布白纸板项目、湛江冠豪年产3.8亿米^{2}特种标签纸项目，将于2006年竣工投产。

【科研与技术进步】

广东省大多数骨干企业技术力量雄厚，科技开发能力强。省内又有华南理工大学制浆造纸工程国家重点实验室、造纸与污染控制国家工程研究中心、广东轻工职业技术学院、广东省造纸研究所和中科院广州化学研究所等院所,研究开发力量强,技术创新基础好,又与企业密切合作,促进了造纸工业的技术进步。2005年有5项造纸科研成果获广东省科学技术奖。其中,华南理工大学和福建南纸股份有限公司共同完成的"制浆蒸煮过程纸浆卡伯值软测量方法和蒸煮终点预报系统"和华南理工大学完成的"农业秸秆等再生资源清洁高效转化利用中的基础问题研究"两项成果获省科学技术二等奖,"多防伪功能无碳复写CF纸及其生产工艺"、"富含氯代有机物制浆漂白废水处理技术的研究与应用"和"造纸废水处理剂"三项成果获省科学技术三等奖。广州造纸有限公司250吨/日脱墨浆生产线通过技术改革和革新挖潜,使该条生产线产量由240吨/日提高到330吨/日,吨脱墨浆电耗也从331千瓦·时下降到290千瓦·时。该公司热电厂锅炉给水泵,原设计出口压力15兆帕,日耗电9.6万千瓦·时,经过一系列技术管理措施,将运行参数由15兆帕调节到12.5兆帕,由于电机电流的降低,日节电2万千瓦·时,取得了良好的经济效益和社会效益。冠豪高新技术股份公司依靠科技进步,坚持特色高新,组建了广东省冠豪纸业工程技术研究开发中心,并与高等院校合作,相继开发出防伪无碳纸、高不透明度耐压无碳纸、多彩显色无碳纸、水印无碳纸和正反双显影无碳纸等无碳复写纸新产品,还开发出热敏收银纸、高敏感度三防热敏纸、耐热型特种热敏纸等热敏纸系列产品,提高了公司的技术水平和竞争能力。

【环境保护】

环境保护是我国的基本国策,也是企业实现可持续发展的根本保证。广东省从2002年1月1日执行严于国家标准的新的地方污染物排放标准以来,造纸企业更加重视环境保护,加大减污治污力度,积极推广清洁生产技术,从源头上大幅度减少污染物的排放,高效利用资源,节约用水和能源,降低了消耗,提高了效益。广州造纸有限公司通过实施一系列清洁生产的技术改造,大幅度降低清水消耗,造纸用综合水耗由160米^3/吨纸降到32米^3/吨纸,减少了废水的排放量。在污水治理方面,先后投资1亿多元建立了EWP、HCR、SBR污水处理系统,形成车间、中段与终端的三道保障系统,构筑起完善的生产废水处理网络,确保废水达标排放,为广州市蓝天碧水工程作出了积极的贡献。佛山华丰纸业通过技术革新和技术改造,吨纸耗水量由25米^{3}减少至16米^3。废水经物化-生化系统处理后,出水COD_{Cr}为90毫克/升,BOD_5 30毫克/升,SS 25毫克/升,达到了一级排放标准。在废气处理方面,采用钙-钙双碱法烟气脱硫技术,使SO_2的排放浓度低于120毫克/米^3,脱硫率达到94%,排放的烟尘浓度小于150毫克/米^3。东莞金洲纸业积极推行清洁生产,高效利用资源,高强瓦楞纸耗水由25米^3/吨纸降为15米^3/吨纸。2005年2月,公司被评为"广东省清洁生产企业"。鼎丰纸业通过技术改造和革新,漂白硫酸盐浆的产量由2001年的4.9万吨增至2005年的10.5万吨,该公司还利用树皮、废渣等废弃物作锅炉燃料,产生高品质蒸汽,并入热电联产。2005年共处理树皮等废弃物22080吨,产生蒸汽56817吨,折合用煤量10463.5吨,取得显著的经济效益和环境效益。江门甘化是甘蔗综合利用的大型轻工骨干企业,在原有综合利用的基础上,实施清洁生产,从源头上减少污染物的产生和能源的消耗,把上一环节的废弃物作为原料生产出新的环保产品,以甘蔗为资源形成制糖、浆纸、生化三大产业,在三废处理中又派生出化学品产业,综合利用资源,实现经济、资源、环境协调发展。清洁生产审核是促进企业落实科学发展观,推动企业实现清洁生产,实现可持续发展的重要措施。2005年广东省已有广纸、威达高、金洲、珠玑4家企业通过省环保局的清洁生产审核,2006年又有佛山华丰、江门甘化等企业开展此项工作。通过清洁生产审核,提高了企业和职工对清洁生产重要性的认识,建立和完善了清洁生产规章制度,提高了企业的清洁生产水平,取得了节能、降耗、减污、增效之效果。

(詹怀宇　何北海)

福建造纸工业

Paper industry in Fujian province

【行业概况】

2005年福建省造纸企业250家,全行业纸和纸板产量251万吨,同比增长11.5%。规模以上企业159家,纸和纸板产量87.11万吨,同比增长16.7%;其中新闻纸37.53万吨,同比增长3.4%;印刷书写用纸1.82万吨,同比增长0.8%;箱纸板34.72万吨,同比增长14.5%。纸浆35.01万吨。产值79.12亿元,同比增长12.19%。产销率96%,同比下降2.01%。纸和纸板产量列全国第7位,浆产量列全国第10位。亏损企业31家,占19.5%。销售收入77.48亿元,利税5.26亿元,其中利润1.63亿元,亏损企业共亏损4684万元。历年对比见表1。

表1 福建省历年纸和纸板、纸浆产量

年份		2000	2001	2002	2003	2004	2005
全行业	纸和纸板产量/万吨	120	143	170	200	225	251
	增长率/%	20	19.16	18.88	17.26	13.6	11.5
规模企业	纸和纸板产量/万吨	85.07	103	123.64	143.84	165.86	187.11
	增长率/%	28.89	21.08	20.04	16.33	15.3	16.7
规模企业	商品浆	17	17	17	34.86	38.78	35.01

【原料和产品结构】

福建省制浆及造纸原料,主要根据生产品种就地取材。主要原料为:马尾松、杉木间伐材、阔叶树及硬杂木、甘蔗渣、芒秆、竹子及竹制品剩余物、废纸、商品木浆。

主要企业的原料及产品状况:

(1)南纸股份有限公司:2005年主要品种为新闻纸及少量印刷用纸、本色商品硫酸盐木浆。2005年产量30.5万吨,同比增长4.02%,列全国产量第21名。商品本色木浆原料为马尾松及部分杂木片,新闻纸原料为80%进口#8美废及20%自产木片磨木浆(BTMP)。

(2)青山纸业股份有限公司及青州造纸厂:2005年产量25万吨,同比增长3.82%,列全国产量第29位。商品本色木浆原料为马尾松。纸袋纸原料:马尾松木浆占80%以上,#13废纸20%以下。牛皮箱纸扳挂面为自产本色硫酸盐木浆,芯层为#13废纸及部分节子浆。

(3)福建晋江优兰发纸业有限公司:2005年产量为26万吨,同比增长18.18%,列全国产量第25位。主要产品为牛皮箱纸板、瓦楞芯纸、静电复印纸、拷贝纸,主要原料为废纸及商品漂白浆和本色木浆。

(4)未列入全国30强而产品具有影响力的企业

a. 邵武中竹纸业有限责任公司,生产漂白竹浆,以杂竹为主要原料,也生产硫酸盐漂白木浆。生产能力为8万吨/年。

b. 龙岩市造纸有限责任公司,以50%以上木片磨木浆(BCTMP)及进口#8废纸为原料生产新闻纸,生产能力为8万吨/年。

c. 福建饶山纸业集团有限公司,以进口漂白商品木浆生产出口17克/米^{2}拷贝纸。

福建纸业由于大部分原料依赖进口废纸,因此新建纸厂大部分集中在闽南地区(厦门、漳州、泉州),该地区又有大量商品需要出口包装,至今民营纸业建厂速度很快,生产能力已超过年100万吨。凡包装用纸品种,均有生产。

【在建厂及“十一五”发展规划】

这几年福建闽南厦、漳、泉地区建了许多规模较大纸厂,目前已具备投产或正在调试的新建企业如下:

(1)泉州永春联盛纸业漳州纸厂已建成15万吨/年高强瓦楞纸。加上永春原联盛纸业10万吨/年牛皮箱纸板项目,联盛纸业已具备25万吨/年规模。

(2)福建敦信纸业有限公司已建成15万吨/年挂面白牛皮箱纸板项目。

(3)福建恒利纸业有限公司从美卓引进3万吨/年高速卫生纸纸机(抄速1600米/分),2006年6月份投产。

(4)福建晋江恒安(中国)纸业公司从美卓引进6万吨高速卫生纸纸机(抄速2000米/分),2006年7月份投产。

(5)福建青山纸业股份有限公司扩建高强瓦楞纸项目,产量24万吨/年。2006年年底投产,并改造现有制浆系统提高5万吨/年能力。

(6)福建晋江优兰发纸业有限公司计划建10条拷贝纸生产线,使拷贝纸产量达到10万吨/年,2007年全部建成。

福建省造纸"十一五"规划拟增加纸浆220万吨,增加纸和纸板172万吨。

主要项目:

(1)印尼金鹰集团亚太林纸计划在福建莆田市建年产120万吨漂白桉木浆项目,并在莆田市设立"超辉集团有限公司项目办事处"。该项目为林纸一体化项目,并在福建首先设立营林公司,开始造桉树林。已成立5个营林公司,营造桉树林0.27万多公顷,项目正在积极筹建之中。

(2)南纸股份有限公司新建#6机年产20万吨新闻纸项目,国家发改委已批准,以废纸为主要原料,项目已开始运作。

(3)青山纸业改扩建,包括新建20万吨纸和纸板,改造制浆系统以提高产能,新建24万吨/年高强瓦楞纸(实施中),改造牛皮卡生产线,新增半化学浆线、电站和碱回收改造,改造连蒸增加年10万吨能力。

(4)邵武中竹纸业有限责任公司扩建15万吨竹浆项目,此项目国家发改委已批准立项,项目在筹备之中。

(5)此外尚有优兰发涂布纸项目、饶山纸业高档薄型纸项目等。

上述项目实施关键是原料的供应,福建虽然是林业大省,森木覆盖率全国第一,但木材价格也是全国第一,许多以木材为原料的企业在外省采购原料,占总量70%。虽然林纸一体化项目在实施之中,营林总量已达14万公顷,但绝大部分为中幼林。要实现规划需要各方面努力协调。

(张道沛)

上海造纸工业

Paper industry in Shanghai

【行业概况】

2005年上海的机制纸和纸板的产量76万吨，其中纸板产量59万吨，占总产量的77.6%。机制纸产量17万吨，占总产量的22.4%，生产80多个品种。

在由计划经济转向市场经济的大潮中，上海造纸工业这个中国最老的工业基地，由于行业自身的许多弱点和沉重的历史包袱，遗留下来诸多问题。如企业大多分布在市区，场地拥挤、规模小，装备落后，污染严重。市政府明确关闭制浆厂，迫使整个行业关、停、并、转，制约了上海造纸工业的发展。重新调整上海造纸行业结构，就成了发展上海造纸工业、走可持续发展道路的历史必然。

【上海造纸行业的调整】

通过重新调整上海造纸企业结构使上海造纸工业发生了很大的变化。在星火造纸厂(奉贤)的基础上，成立了开伦板纸总厂，同时并入中国板纸厂和勤丰造纸厂，加上实宏造纸厂的合资改造，使高品质的涂布白纸板、卡纸、牛皮箱纸板的产量达到15万吨/年；吸引外资在上海月浦建立上海泛亚潜力纸业有限公司，年产新闻纸12万吨；合资改造松江纸浆厂建立金伯利纸业有限公司，年产1.2万吨高级卫生用纸；改造江南造纸厂、感光复印纸厂等一批涂布加工纸和特种纸生产企业；关并了一批产品失去竞争力，三废无力治理的中小企业，使行业企业结构趋于合理。

上海造纸原材料匮乏，合理利用废纸资源是发展上海造纸工业的基础。近年来，上海造纸工业根据大城市的特点，走循环经济，坚持可持续发展的道路，引进国外的部分技术和装备，充分利用国内外废纸资源，合理地开发优质产品。

2003年造纸原材料总耗浆量60万吨/年左右，其中木浆近10万吨，占原料总量的16.7%(木浆大部分为进口浆，少量为国内商品浆)。而大部分原料是废纸，总共有46万吨，占原料总量的76.7%。废纸中，进口废纸30万吨，占废纸量的65.2%(主要是OCC、ONP)，国内当地废纸16万吨，占废纸量的34.8%。2004年使用废纸达49万吨，占82%(其中进口废纸占76%，国产废纸占24%)。木浆占18%。

目前，上海造纸原材料总耗浆量95万吨/年左右，其中废纸80万吨，占原料总量的84%。废纸中，进口废纸48万吨，占废纸量的60%(主要是OCC、ONP)，国内废纸32万吨/年，占废纸量的40%。木浆近15万吨/年，占原料总量的16%(大部分为进口浆，少量为国内商品浆)。

2005年上海回收废纸近100万吨，废纸回收率达50%。陈良宇书记的批示说，“上海守着纸山进口废纸”。上海作为一个国际大都市，纸和纸板总消耗量近200万吨/年，废纸的回收仍有很大的潜力。

【结合都市特点发展上海造纸】

上海地处东海之滨，又是“长三角”的龙头，交通四通八达，占有得天独厚的地理优势。上海正在建设成为一个现代化的国际大都市。近年来上海的国民经济增长率都以两位数的速度增长，人们对文化、生活、科学技术的高度追求与日俱增，纸张的消费量约180万吨，上海当地能自给的不足1/3，大量的产品须从外地或国外进口，特别是一些高档的纸和纸板，以满足市场迫切需要。

上海造纸工业必须依靠科技进步，走新型工业化道路，利用城市废纸资源，形成规模经济。此外，上海应开发高科技含量、高附加值、高质量、少污染、低消耗的工业技术用纸、特种加工纸，以满足市场的需要。随着纸业的发展，将带动相关的行业发展，如造纸精细化工、设备设计与制造、脱水器材、电器仪表等设计院、大学、信息行业等纷纷涌进上海落户，并且积极地向国内外各地区辐射开展经营活动，逐步形成了一个纸业的产业链，客观上对上海造纸工业的发展起到积极的推动作用，促使上海造纸工业的振兴，为中国造纸工业的发展多作贡献。

遵照市政府“适度发展”的指导原则和以“可持续发展”、“发展循环经济”的战略思想“振兴上海造纸工业”。上海是一个老的造纸工业基地，技术力量雄厚，经济发达，管理能力较强，有条件、有能力在新的形势下发展造纸工业。

造纸是一个投资密集和技术密集的行业，在项目的选择上，必须考虑高档次、低消耗、少污染的产品，采用先进的技术装备，形成规模经济，具备强有力的市场竞争能力。经过多年的努力，现在上海已形成了三个具有一定规模、有自己特色的工业基地：(1)上海泛亚潜力纸业有限公司在宝山盛桥建立造纸基地。2001年重点开发新闻纸和卫生纸。一期工程投资12亿元，建设年产12万吨规模的新闻纸项目。2005年在盛桥，美国潜力公司投资2600万美元建设一条年产4万吨的中高级卫生纸生产线；“十一五”期间将进行第2、第3期工程，使卫生纸年产量达到15万吨左右。(2)中隆纸业在浦东康桥建设箱纸板基地。2004年投资2.5亿美元建设一期工程，年产35万吨高档箱板纸和高强瓦楞原纸，已投入试生产。二期工程再建60万吨，形成95万吨生产规模。同时该公司还在浦东建设一个纸箱厂——中豪纸业有限公司，年产纸箱9600万米^2。此外，上海与美国实耐格(Sonoco)公司合资的实宏纸业有限公司，年产7.5万吨箱纸板以及一个纸管工厂，生产各类纸管、纸筒。(3)2004年金光纸业(中国)投资有限公司出资在奉贤改造新伦纸业，组建金奉源纸业，形成白卡纸、涂布白纸板基地，现已达到10万吨生产规模，公司的二期工程在“十五”期间完成35万吨白卡纸、白纸板项目之后尚有3~4期工程，最终形成200万吨生产规模的造纸基地。

此外，一些特种纸加工生产线和生产企业也先后在沪落成。

(1)上海新江南纸业有限公司的特种邮票纸、防水瓶贴纸、CCK纸。

(2)上海乐凯纸业有限公司引进二手机建成一条彩色照相原纸生产线，并生产喷墨打印纸、晒图原纸等。该公司计划在“十一五”期间实施二期4.3万吨/年特种纸。

(3)台商在上海宝山建成长谊特种纸有限公司，开发立体彩纹纸；骏源特种纸有限公司在青浦开发立体彩纹纸等特种纸。

(4)日本阿波公司在奉贤投资开发工业滤纸，分1~3期工程完成年产1200吨的生产规模。

(5)“三五纸厂”和力德特种纸有限公司在青浦朱家角开发特种记录纸。

(6)“航空印刷”在闵行建设航空票证纸生产线，专门提供航空票证专用纸。

(7)上海四环复合材料有限公司开发生产复塑产品。

【实行清洁生产取得成效】

治理造纸污染是发展上海造纸的重要环节。上海新建或改建的项目都必须确保三废处理达标，重点是污水处理要达标。这方面上海做了大量的工作，取得显著的效果。

上海泛亚潜力纸业有限公司(12万吨/年新闻纸)，针对脱墨处理难的特点，投资2800多万元，采用废水三级处理技术，废水达到《上海污水综合排放标准》(DB31/199 - 1997)的一级排放标准($COD_{Cr}<100$毫克/升，SS<70毫克/升)；上海金奉源纸业(10万吨/年白卡、涂布白纸板)，投资2000万元在原有污水一级处理的基础上新增一套从国外引进技术的SBR废水二级生化处理系统。处理后，废水中的主要污染指标全部低于国家核定的考核排放指标和上海市二级废水排放标准的要求；中隆纸业公司(35万吨/年高档箱纸板)，采用国际先进设备处理后排放水水质达到《上海市污水综合排放标准》(DB31/1997)的二级标准。监测结果，COD_{Cr}：37.75毫克/升，BOD_5：17毫克/升，SS：26.75毫克/升，并于10月份经上海市环保局检查验收，污染物排放已经达到国家标准。

(蒋荣祺　吴家清)

河南造纸工业

Paper industry in Henan province

【行业概况】

据河南省造纸学会的不完全统计，2005年年底，河南省有制浆造纸企业400家，年生产能力800万吨，其中，以稻麦草等非木纤维为原料的化学、半化学制浆造纸企业30家，生产能力260万吨，平均生产规模8.67万吨；使用废纸造纸的企业320家，生产能力490万吨，平均生产规模1.53万吨；木浆造纸企业50家，生产能力50万吨，平均生产规模1万吨。

据河南省统计局、河南省造纸学会综合信息资料调查，2005年河南省能正常生产的纸及纸板企业约有360家，全省纸及纸板生产量为562.2万吨，较上年495.4万吨增长15.1%；工业总产值266.72亿元，较上年164.5亿元增长62.1%；利税总额32.15亿元，较上年18亿元增长78.6%；利润总额20.36亿元，较上年11.2亿元增长81.8%。

主要产品中，书刊印刷纸、书写纸130万吨，箱纸板190万吨，瓦楞纸180万吨，卫生纸30万吨，其他30万吨。

【原料】

河南木材资源缺乏，现阶段还没有木材制浆造纸的企业。长期以来，制浆造纸原料主要以稻麦草为主，原料结构调整是河南造纸工业一个较大的难题。随着河南纸及纸板产量的快速增加，原料问题越来越突出。近年来，原料结构调整初见成效。2005年河南造纸工业草浆产量约200万吨，占总用浆量的40%；废纸应用发展较快，废纸浆产量约200万吨，占总用浆量的40%；商品木浆用量大幅度提高，达到100万吨，占总用浆量的20%。

为了解决造纸原料问题，河南各级政府部门、大型造纸企业都非常重视造纸原料的开发，认真贯彻落实国家发改委、财政部、林业局《关于加快造纸工业原料基地建设的若干意见》，按照全国造纸工业“十五”发展规划，结合河南实际，从河南省国民经济和造纸工业发展的战略高度，积极倡导和实施林纸一体化，扎实细致地做好沿黄、沿淮及其他宜林地区的速生杨丰产林基地建设工作，已先后有三门峡、洛阳、焦作、新乡、开封、濮阳、南阳、信阳、商丘等地建立了造纸用林基地。

龙须草是一种很好的造纸原料，也是河南在全国比较具有优势的原料品种。南阳龙须草资源丰富，当地政府和老百姓都有种植龙须草的积极性，每年龙须草产量多达30万吨。

【基建与技改】

由于环保和市场的双重压力，2005年河南省造纸工业在基建和技改方面力度较大，主要完成项目有：新乡新亚纸业年产6.8万吨漂白麦草浆及10万吨优质书刊印刷纸项目、年产10万吨APMP化机浆项目、年产15万吨白卡纸项目，新乡金源纸业年产7万吨A级瓦楞纸项目，新乡刘店造纸总厂年产10万吨A级瓦楞纸项目，河南龙泉集团公司100吨/日碱回收及5万吨/年文化纸填平补齐项目、7万吨/年A级瓦楞纸项目，新乡豫兴造纸厂6万吨/年白纸板项目，新乡鸿达纸业7万吨/年瓦楞纸项目，河南银鸽纸业20万吨/年箱纸板项目、5万吨/年卫生纸项目，舞阳银鸽5万吨/年文化纸填平补齐项目、年产5万吨瓦楞纸项目，河南一林纸业6.8万吨/年漂白麦草浆及10万吨/年胶版纸项目，许昌飞达纸业10万吨/年白纸板项目，南阳泰龙纸业10万吨/年漂白龙须草和麦草商品浆项目，驻马店白云纸业10万吨/年文化纸填平补齐项目，河南省龙源纸业有限公司10万吨/年瓦楞纸项目，河南江河纸业5万吨/年无碳复写纸项目，武陟西滑封造纸厂100吨/日碱回收及5万吨/年文化纸填平补齐项目，焦作瑞丰纸业15万吨/年APMP纸浆项目，濮阳龙丰纸业10万吨/年APMP纸浆项目。

【科研与人才】

科学技术为河南造纸工业的发展起到了推动作用，并使产品档次逐渐提高，品种逐渐增多，也使造纸行业装备水平稳步提高。

2005年，郑州大学成立制浆造纸研究所，专门对低污染制浆、污水闭路循环进行了研究，并取得一定的成效；省内还有其他单位对爆破制浆、彩色喷墨打印纸、无碳复写纸、石膏板原纸、装饰原纸、无氯漂白等技术进行了研究。有能力的企业都成立了科研开发机构，为企业新产品开发生产服务。他们在新原料、新工艺、新技术、新产品、新助剂和新设备等的研究、开发、使用方面投入了大量的人力、物力，对企业的发展和技术进步起到了重要的促进作用。

河南造纸工业加大了科技投入和人才的培养，本省大、中专院校为造纸企业培养了大批制浆造纸专业技术人员，除此之外，较大企业每年都选送高中毕业生到陕西科技大学、天津科技大学、华南理工大学等大学学习，充实一线技术人员，还不断从外省招聘高技术人才。

河南造纸工业在科技投入和人才培养方面，做了大量的工作，促进了造纸工业的快速、健康、可持续发展。目前，许多企业认识到，市场竞争是产品竞争；产品竞争是技术竞争；技术竞争归根到底是人才竞争。许多企业在市场竞争中，尝到了重视科技、重视人才、重视新产品开发，加大科技和人才培养投入的甜头，不断转变观念，适应市场发展的需求，发展和壮大自己，抢占市场竞争的制高点，抓人才、抓科技、抓产品、抓市场、抓效益。

【环境保护】

为了贯彻国家保护生态环境的有关政策、法规，使淮河、黄河、海河、长江等河流在河南出境断面符合国家要求，河南把治理污染作为全省造纸行业的重点工作来抓。随着国家加大了对水污染防治立法、执法力度，全省造纸工业加快了废水治理的步伐，并取得了较大进展。

2005年年底，河南3.4万吨/年以下稻麦草制浆造纸企业又关、停、并、转20多家、1万吨/年以下废纸制浆造纸企业30多家，每年减少废水排放量8620万吨，减少COD排放量3.16万吨。各企业普遍注意清洁生产，减少污染物的产生和排放，加强废水治理和回收利用，大多数造纸企业都通过了环保部门的验收，能达到稳定达标排放。具备条件的企业已上或正在上碱回收工程；新乡新亚纸业100吨/日碱回收已正常运转、200吨/日碱回收已投入运行，河南银鸽纸业2套130吨/日碱回收正常运转，驻马店白云纸业100吨/日碱回收已正常运转，信阳金伦纸业100吨/日碱回收正常运转，武陟西滑封100吨/日碱回收正常运转，安阳锦华纸业100吨/日碱回收已调试好；舞阳银鸽纸业100吨/日、河南龙泉集团豫北纸业100吨/日碱回收已调试好；河南一林纸业、开封金明纸业、新乡刘店造纸总厂、南阳泰龙纸业等制浆造纸企业正在筹集资金上碱回收及配套中段废水治理工程。

【规划与发展】

多年来，河南的焦作、新乡等地以稻麦草为主要原料的造纸工业发展迅速，为当地经济发展做出了贡献。但是，由于造纸工业整体技术水平低、工艺设备落后、污染严重，不仅严重危害了人民群众的身心健康，也制约了全省经济、社会的可持续发展。为加速河南造纸工业结构调整，按照国家发改委《关于加快我国造纸工业发展的指导意见》和《河南省国民经济和社会发展第十个五年计划纲要》的要求，河南必须关停一批污染严重、工艺落后、达不到合理经济规模的造纸企业及草类制浆生产线，推动造纸企业技术进步和规模化经营，提高造纸工业的整体水平和市场竞争力。为此，河南省提出了造纸工业今后规划与发展意见。

加大关闭小企业力度，优化资源配制，推动污染治理。2005年年底全部关闭年制浆能力3.4万吨以下的石灰法草类制浆生产线，年制浆能力3.4万吨以下的碱法、亚铵法草类制浆生产线；关闭年制浆能力3.4万吨以下草类制浆造纸企业和年生产能力1万吨以下废纸制浆造纸企业；关闭所有不能稳定达标排放的造纸企业。

鼓励和推动企业发展、兼并重组。在关停的基础上，鼓励造纸企业按照现代企业制度，跨地区、跨部门、跨行业、跨所有制进行兼并重组。今后新建、改建、扩建造纸项目，必须体现规模效益、技术可靠、设备先进、实事求是的原则。按照有关规定，木浆造纸企业最小规模为年产10万吨，草类制浆造纸企业最小规模为年产5万吨。到2010年，河南造纸企业数量在100家左右，100万吨以上的企业6家，50万吨以上的企业5~10家，30万吨以上的企业10家，10万吨以上的企业10家左右；除特种纸以外，所有企业规模都要达到5万吨以上，总产量将达 880 万吨。

在产品质量和档次方面，重点发展木浆造纸和精制草浆项目，高、中档纸达到 50%以上。

在原料结构方面，扩大使用废纸和商品木浆，使木浆、废纸、草浆的比例达到 30%:45%:25%。

在环境保护方面，所有制浆造纸企业都必须上碱回收并配套中段废水治理工程，黑液提取率达到 85%以上，碱回收达到 80%以上，中段水要有生化+物化处理，白水要经处理并循环使用；废纸制浆造纸企业，废水也要上生化处理设备，使所有制浆造纸企业排出的废水都能稳定达标排放。

在科技进步方面，贯彻科教兴国的精神，依靠科技进步，继续进行企业技术改造、技术改新、技术引进，实现装备水平现代化；在生产管理上广泛使用自动控制技术，提高自动化水平；大力加强科技开发工作，加大科技投入，开发新原料、新浆种；改进制浆方法；开发新产品、提高产品档次和质量；改进工艺，减少污染，保护环境；开展节能降耗工作，逐渐实现制浆连续化、抄纸高速化；加强信息化进程，实现管理现代化。

（李尚武）

云南造纸工业

Paper industry in Yunnan province

【行业概况】

2005年云南省纸浆产量21.20万吨，纸和纸板总产量28.88万吨，工业总产值(当年价)31.22亿元，工业销售产值(当年价)30.45万元，利税总额4.61亿元，其中利润2.56亿元。工业总产值比上年增长28.48%，销售产值比上年增长26.22%，利税总额比上年增长36.39%，利润比上年增长34.03%。

云南林纸产业正面临着前所未有的发展机遇，省委、省政府高度重视林纸产业的培育和发展。《云南省林纸一体化发展纲要》及《云南省新型化造纸工业发展规划》等战略决策相继出台。受云南省发改委的委托，中国中轻国际工程有限公司于2005年完成《云南省非木材纤维制浆造纸工业发展战略研究》，将推动云南省造纸工业多元化纤维原料发展战略的实施。2005年10月云南省造纸协会编写的《云南省造纸工业"十一五"发展规划研究报告》(讨论稿)，经云南省造纸协会、造纸学会2005年年会与会代表讨论通过。"十一五"期间将新增机制纸浆产能200万吨：其中木浆140万吨，竹浆50万吨，蔗渣、桑枝浆10万吨；新增机制纸和纸板产能100万吨；配套造纸速生丰产林地70万公顷。全省造纸工业机制纸浆产能达到220万吨；纸及纸板产能达到150万吨；造纸速生丰产林面积达到76.47万公顷。真正使云南造纸工业成为全国以木浆为主的主要生产区域，成为云南工业发展的主导型行业之一。

云南造纸工业"十一五"发展规划的实施，标志着"十一五"及后一段时期，云南省将按照坚持科学发展观、走新型工业化和循环经济的道路、促进生态文明以及发展先进生产力与先进文化的要求，科学建设林纸基地，打造现代化的林纸产业。

【原料】

在产业政策和行业发展规划的指导下，云南造纸原料结构已发生大的变化，以云景林纸股份有限公司为龙头的一批制浆造纸企业，立足于开发利用木材、竹子、甘蔗渣、桑枝和废纸等，实现了原料的多元化，其中木(竹)浆比重已上升至38.1%~40%。

云景林纸公司在实施以6.66万公顷思茅松为核心基地建设的同时，充分利用农民的自留山、轮耕地、集体林地等，以"公司+农户+基地"的形式建设4万公顷桉树纸浆林基地。至2005年止，共营造桉树短周期纸浆原料林0.96万公顷。通过从雷州林业局引种的10个无性系品种的种植试验，从中筛选出适应当地种植的4个品系，通过实地生长量调查，2年生桉树平均生长量为33米^3/公顷以上，5年生桉树平均蓄积量为165米^3/公顷，按70%出材率计算可产造纸材115.5米^3/公顷。至2005年止完成造林0.76万公顷，累计完成造林总面积4.74万公顷。

云南天巍竹业有限公司2万公顷竹浆原料林基地建设进展顺利。采用公司投资、农民部分投工、合作单位出地，三方风险共担、利益共享的方式，形成"公司+基地+农户+土地所有者"的新型经营机制，最后实现公司保原料、农户保增收、土地所有者保收益的目标，达到"多赢"的局面。截止2005年8月上旬，已累计完成造竹面积0.07万公顷。2005年弥勒县人民政府按照与公司签订的《合作协议书》的要求，投资500万元，在全县13个乡镇完成新造竹林0.2万公顷；红河州人民政府投资380万元，在红河州南部6个县完成新造竹林0.25万公顷；云南省江边林业局投资387.6万元完成新造竹林0.11万公顷。2005年州县两级政府和林业企业，累计投资1267.万元，新造竹林5570公顷，为该项目原料林基地建设奠定了坚实基础和良好开端。

云南造纸原料林基地布局建设，正按省发改委制定的方针顺利实施。六大木(竹)浆基地及竹、麻、蔗渣等非木浆基地(思茅、临沧、德宏、保山、红河、文山)，6个州市45个县(市)造纸原料林基地建设正按计划进行，特别是种竹的热潮正旺。

【企业介绍】

2005年年销售收入500万元以上的制浆造纸企业

71家，结构调整和资产重组在发展中继续进行。重点企业介绍如下：

云南云景林纸股份有限公司，是云南省首次利用亚洲开发银行贷款兴建的国内第一家林纸一体化企业。2005年纸浆产量完成11万吨，实现利润3016万元，偿还贷款本息7934万元；上缴税费7571万元，企业已实现扭亏为盈，开始走上整体盈利、自我积累的良性发展之路，并被确定为云南省重点扶持的10家生物加工产业企业之一。

云南红塔蓝鹰纸业有限公司，2005年完成卷烟纸产量19987吨，完成工业总产值40822万元，产品销售量19244吨，实现销售收入37665万元，上缴税金5546万元。工业总产值、销售收入完成指标仍为云南纸业首位。

云南江川翠峰纸业有限公司，是西南规模最大的生活用纸生产企业，2005年全国生活用纸生产企业排名第14位。2005年完成产量2万吨，实现销售收入1.5亿元，利税1500多万元。并引进国内先进技术对全厂进行全面技术改造，扩建8000吨/年高档生活用纸；2006年公司计划投资1000多万元扩建1万吨高档卫生原纸及擦手纸，并参与国企改革，配套建设2个年产10万吨的漂白商品浆基地。其中与芒市造纸厂已签定了意向性协议。

云南陆良银河纸业有限公司，是云南省农业产业化经营重点龙头企业和林业产业化经营重点龙头企业，是云南省中小学课本用纸、卷烟配套用纸定点生产单位。公司始建于1967年，前身为云南陆良造纸厂。初始规模为1500吨，经过多年的发展，现已形成资产总额2亿多元，在职职工618人，占地面积26.7公顷，机制纸年生产能力4.5万吨，年产值1.6亿元，年利税1400多万元的中型制浆造纸企业，2005年被评为曲靖市30家重点企业，在云南省造纸行业中占有重要的地位。产品主要有文化用纸、卷烟配套用纸及工业包装纸三大类10多个品种规格，多种产品多年获“省优”产品。为进一步做大做强，该公司正致力于林业基地建设，已种植不同树龄的造纸速生丰产原料林超过2万公顷，为公司后续发展提供了原料保障。公司十分重视科技进步，采用现代先进技术对制浆造纸系统、纸机流送系统、传动系统、烘干系统进行改造，采用气垫式流浆箱，软压光机，DCS、QCS自动控制系统，大大降低了单位产品电耗、汽耗、水耗，产品质量不断提高，使公司在激烈的市场竞争中稳步发展不断进步。公司于2003年建成并投入运行碱回收工程，使废水排放达标GB3544—2001标准，并通过省市环保部门验收。现正筹备建设人工湿地进一步处理生化后的废水，做到大部分废水处理后回用于生产，使公司从一个省级重点污染企业迈入全国环保先进企业，为云南省造纸行业树立一个典范。

【基建与技改】

“十五”期间主要企业重大技改项目完成情况如下：

云景林纸股份有限公司：思茅松漂白商品木浆生产线10万吨/年完善工程，投资12000万元。

红塔蓝鹰纸业有限公司：A级卷烟盘纸（1万吨/年），投资8500万元。

陆良银河纸业有限公司：75吨/日碱回收车间、纸机改造，投资7500万元。

江川翠峰纸业有限公司：1万吨/年竹浆、蔗渣浆生产线完善，投资2600万元。

新技术、新工艺、新装备引进及研发情况：

“十五”期间，云景林纸股份有限公司投入828万元，对思茅松原料进行漂白硫酸盐绒毛浆制浆工艺的研发，2007年完成；陆良银河纸业有限公司投资1800万元，对碱回收过程实施计算机网络优化控制DCS系统，以利于提高碱回收率、减少环境污染。

2006年条件比较具备的两个基建项目是：

（1）云景林纸公司景洪竹浆厂：20万吨/年商品竹浆项目争取2006年年底启动。

（2）云南天巍竹业有限公司“弥勒县林（竹）浆一体化项目”20万吨/年漂白商品竹浆，2万公顷竹林基地建设。已列入云南省重点建设项目之一，计划2006年8月省发改委核准转报，2006年年底开工建设。

【科研】

近期重点科研项目：甘蔗渣生物预处理节能清洁化氧碱制浆的研究，为国家自然科学基金项目。由昆明理工大学轻化工程专业承担，计划2008年12月完成。

【环境保护】

“十五”期间，云南省造纸行业贯彻执行国家环境保护法规，加大了污染治理的力度，注重企业效益和环境治理的有机结合，在环境保护方面取得了明显成效：

（1）对污染严重而无力治理的小型企业继续实施关、停、转、破，从根本上杜绝污染源的产生；

（2）以木（竹）为原料的制浆造纸企业，配套或完善碱回收系统、中段水处理和白水回收系统，提高水循环利用率（如云景、陆良等）；

（3）以商品浆或废纸为原料的造纸企业，采用高效

白水回收技术,使白水循环利用率达到70%～80%甚至更高(如江川翠峰等);

(4)以非木材纤维为原料的制浆造纸企业,如陆良银河、开远明威等,上碱回收装置并配套中段水处理设施,达到了环保要求;新平南恩糖纸有限公司竹子、蔗渣浆(65吨/日)碱回收车间已开工建设,计划2007年5月投产。

【发展中的问题】

云南纸业发展中的主要问题是:

(1)造纸产业的现有基础相当脆弱,结构性矛盾十分突出。目前全省纸张自给率仅为30%左右,纸和纸板产量仅为全国总量的0.6%,位居第23位。

(2)企业结构不合理,生产分散化、企业小型化,经济效益低微。

(3)建设资金严重不足,融资乏力,渠道单一,致使一批有条件发展的企业错失良机。

(4)政府对造纸行业发展的相关政策研究不够,帮助引导和支持力度不够。“十五”期间没有认真研究和制定支持造纸产业发展相关的林业政策,资产重组方案不是通过重组达到结构优化,而是在规模、装备、地域上继续存在小、差、乱的问题。

(5)交通是制约云南造纸及相关产业发展的瓶颈。云南公路开发投资公司已正式成立,是云南资产上千亿的大企业,公路投融资改革将迈出实质性步伐。云南综合交通运输基础设施建设正在落实,形成出境复线、电气化铁路;“三纵三横”、“九大通道”的公路网络;“三出境”、“二出省”,提级、扩港、便捷的水运组成的立体交通运输体系。积极改善投资环境,迎接招商引资高潮的到来。

(孙鹤章 何 瑛)

宁夏造纸工业

Paper industry in Ningxia Autonomous region

【行业概况】

宁夏地处黄河灌溉区,其银川平原、卫宁平原土地肥沃,盛产小麦,为造纸工业提供了丰富的麦草原料;宁夏宜林土地面积大,有一定的植树条件,本区及周边地区沙生植物资源丰富,具有发展木浆造纸的潜力。宁夏煤炭储量丰富,电力供应充足,重化工企业发达,烧碱、液氯产量很大,造纸用主要化工原料可就近、就地方便取得,并且具有价格较低的优势,发展宁夏造纸工业具有得天独厚的良好条件。造纸工业是宁夏轻工业第一大产业,是宁夏重点支持发展的产业。经过几十年的建设,从1978年改革开放以来,全行业持续20多年连续盈利,重点企业发展迅速,规模不断扩大,为宁夏的经济建设和社会发展做出了突出贡献。

宁夏造纸企业能够生产三大系列的纸和纸板:一是印刷用纸,包括:静电复印纸、高级雪面书写纸、胶印书刊纸、双面胶版纸、有光纸、打字纸、薄页纸、单面胶版纸、防黏纸、石膏板护面纸等;二是生活用纸,包括:高中档面巾纸、香巾纸、餐巾纸、卷筒卫生纸、卫生纸等;三是包装纸板,包括:挂面牛皮箱纸板、白纸板、黄纸板、茶纸板、灰底箱纸板、瓦楞原纸等。产品总数20多个,品种近100个。

2005年全区纸和纸板产量50万吨,比上年增长8.69%。全区造纸生产能力70万吨,其中年产30万吨的企业1家、5万吨的4家、2万吨以上的2家、0.5~1.5万吨的13家、5000吨以下的小造纸厂38家。规模以上企业17家,从业人员1.43万人,全年生产纸和纸板45.58万吨,同比增长8.58%;完成工业总产值19.48亿元,同比增长9.90%,实现销售收入18.65亿元,同比增长7.54%;实现利润7923万元,同比增长43.84%,利税总额19437万元,同比增长14.89%。产品销售率95.19%,生产、销售、经济效益同步增长,形势良好。

【主要造纸企业】

宁夏美利纸业股份有限公司:上市公司,特大型企业,是自治区30户重点骨干企业和7家特大型骨干企业之一,也是国家在西部地区重点建设和扶持的造纸企业。2005年底有制浆能力25万吨,造纸生产能力35万吨,居西部第1位。现有总资产52亿元,建成22条造纸生产线,配套建成2套碱回收装置,实现了热电联产和造纸废水的综合治理,职工8000多人,工业占地1333.3公顷,自有速生林基地3.3万公顷。目前,产品有13个系列,50多个品种,能够生产微涂纸、雪面书写纸、防黏纸、轻涂纸、铜版纸等中高档文化用纸,销售网络遍及全国20多个省(区),主导产品印刷书写用纸销售量约占全国销售总量的16.6%,在全国同类企业中排名第7。2005年生产纸和纸板21.98万吨,增长4.66%,占全区的43.96%,完成工业总产值9.02亿元,实现销售收入8.65亿元,利润6231万元,利税13479万元。2005年新建的第二套150吨碱回收装置顺利投产,降低了污水处理费用,保证了造纸废水的稳定达标排放。公司现有麦草制浆能力10万吨/年,两套碱回收全部正常运转,可以满足10万吨麦草浆的黑液处理能力。公司对排放废水进行再处理,用于林地浇灌,基本实现水的综合利用和零排放。2006年4月,中冶集团重组美利纸业,中冶集团是中央管理的大型企业集团,重组后的美利纸业将受益于中冶集团的强大实力而加快发展步伐。

宁夏紫荆花纸业有限公司:是自治区30户非公有制重点骨干企业之一。专业生产生活用纸企业,年生产能力超过5万吨,2006年底年生产能力将达到9万吨,2005年生产生活用纸2.26万吨,完成工业总产值1.28亿元,实现销售收入1.22亿元,利润561万元,利税1269万元。公司采用国内先进造纸技术和装备,新建年产6万吨生活用纸项目(已完成3万吨),配套建设热电联产和碱回收及污水综合处理系统,是继美利纸业之后建设碱回收装置的又一家具有综合治理造纸污染能力的造纸企业。

宁夏沙湖纸业(集团)有限公司:年生产能力5万吨,主要生产生活用纸和包装纸板。2005年生产纸和纸板4.06万吨,完成工业总产值2.23亿元,实现销售收入2.09亿元,利润448万元,利税1427万元。公司利用当地丰富的煤矸石资源,以煤矸石做燃料建成热电联产项目,装机容量6000千瓦。

宁夏美洁纸业股份有限公司:专业生产生活用纸企业,年生产能力过5万吨。2005年生产各种生活用纸3.85万吨,完成工业总产值1.81亿元,实现销售收入1.67亿元,利润58万元,利税268万元。公司改制后生产能力和规模扩大,经济效益提高,老生产线陆续得到改造提升,进口设备的高档生活用纸生产线实现满负荷生产,公司装备水平的提高和产品结构的优化取得实效,发展后劲十足。

宁夏科进峡光纸业有限公司:年生产能力超过5万吨,主要生产文化用纸、包装纸板和生活用纸。2005年生产纸和纸板5.42万吨,比上年同期增长16.34%,完成工业总产值1.73亿元,实现销售收入1.74亿元,利润202万元,利税1025万元。

宁夏宇华纸业有限公司:专业生产文化用纸企业,年生产能力4.5万吨,是自治区30户非公有制重点骨干企业之一。2005年生产文化用纸3.05万吨,完成工业总产值1.28亿元,实现销售收入1.29亿元,利润276万元,利税773万元。

宁夏昊盛纸业有限公司:专业生产文化用纸企业,年生产能力超过2万吨。2005年生产文化用纸2.01万吨,完成工业总产值8260万元,实现销售收入7864万元,利润299万元,利税923万元。

总体来看,宁夏以上的7家主要造纸企业发展势头良好,2005年产量合计42.63万吨,占全区规模以上造纸企业总产量的93.51%,是发展宁夏造纸工业的主要力量。

【原料】

宁夏土地、气候、水利条件良好,十分适宜小麦的种植和生长。全区小麦产量基本上稳定在每年80万吨左右,全区年产麦草约80万吨(其中:川区60万吨,山区20万吨),按50%可利用率计算,能用于造纸的麦草约40万吨。多数造纸企业以麦草为主要原料。2005年全年生产化学麦草浆约25万吨,需要麦草约70万吨,区内麦草供应不足,部分由邻近省区调入。另外,本区每年还有约5万吨芦苇可供造纸使用。

宁夏造纸企业全年使用的纤维原料为:麦草70万吨,占72.92%,其中:区内40万吨,区外30万吨;芦苇4万吨,占4.16%;废纸12万吨,占12.5%;商品木浆10万吨,占10.42%。木浆全部由区外调购。

宁夏利用有大量宜林土地的优势,加快纸浆林工程建设,建立造纸速生林原料基地。2005年先期建设3.3万公顷速生造纸原料林基地,2010年造纸原料林基地将扩大到6.7万公顷,2015年建成10万公顷造纸原料林基地,实现以木为主制浆造纸的目标。

建立优质芦苇原料生产基地。宁夏有大量的湖泊、湿地,结合西部大开发改善生态环境的事业,利用丰富的自然水面人工种植芦苇,一期建设0.67万公顷芦苇基地和年产3万吨芦苇浆,现已达到年产芦苇浆1万多吨的生产规模;规划二期建设2万公顷芦苇基地。

开拓区外纤维原料基地。美利纸业从邻近省区收购大量的麦草原料,还在新疆阿勒泰地区收购扩建苇浆厂。利用当地3.3万公顷芦苇基地,年产苇浆3万吨,技术改造后扩大到年产5万吨苇浆板,并配套建设碱回收,公司计划投资10亿元,3年达到年产苇浆18万吨。另外,该公司还与内蒙古北辰苇浆板厂签署合作协议,配套生产苇浆板。

开发利用沙生灌木沙柳、柠条、花棒以及湿生灌木紫穗槐和芦竹等制浆造纸。宁夏东部约有20万公顷的沙柳、柠条,还有大量的沙生植物花棒,可作为新的造纸原料资源;在北部黄河岸边及灌溉用渠两边可种植湿地灌木紫穗槐,面积可达2.66万公顷左右;新型造纸原料芦竹也开始在宁夏试种。

开发利用桑条原料。宁夏种桑养蚕有良好前景,所生产的蚕茧是国际优级产品,现有桑园0.33万公顷以上,规划建设2万公顷。桑条是种桑养蚕的副产品,1万公顷桑园可以提供9万吨桑条,可以用于开发生产特种纸和纸板。

根据区内造纸纤维资源的分布情况,采取"合理利用非木纤维,拓宽木浆原料资源,扩大废纸利用规模"的造纸原料方针。进一步利用好麦草资源,发展和扩大速生林、沙生灌木林造纸原料基地,适度扩大废纸回收利用,开发培育新的造纸植物原料。

到2015年,造纸原料中的草浆基本维持现有比例水平(麦草浆35万吨,芦苇浆5万吨),废纸扩大到20万吨,木浆90万吨。

【环境保护】

2004年宁夏环保局、发改委、经委、轻纺总会、监察厅、工商局六个部门联合下发了《关于加快全区造纸企业污染防治工作的紧急通知》,对化学制浆造纸企业生产能力在5000吨/年以下的小纸厂予以取缔或者关停,并逐步淘汰关停年产3万吨以下造纸企业的化学制浆生产线。全区现有17家规模以上造纸企业,全都建有废水处理设施,并安装有废水排放在线自动监测装置,实现无人监测。美利纸业配套建有2套150吨/日碱回收装置，浆碱平衡，运行良好。2006年能完工的在建碱回收工程有：紫荆花纸业日处理200吨、宇华纸业日处理120吨项目。峡光纸业100吨/日处理碱回收工程建设了一半，沙湖纸业、美洁纸业已提出碱回收工程设计方案，正在筹集资金，争取早日开工建设。

造纸企业环保治理工程的建成投产，将大大改善宁夏造纸工业环境治理状况，下一步还需要继续深化造纸废水治理管理工作，保证造纸企业实现稳定达标排放。从长远考虑，一是要加快造纸企业结构调整，二是要配套建设碱回收工程，从根本上解决造纸污染治理问题，为宁夏造纸工业可持续发展奠定基础。对不能采取碱回收装置解决废水污染治理的制浆生产线坚决关闭。2007年关闭年产3.4万吨以下麦草制浆生产线，2010年关闭年产5万吨以下麦草制浆生产线。

【发展规划】

经过几十年的努力，宁夏造纸工业已经打下了一个较好的基础，并呈现良好的发展势头。2005年宁夏纸和纸板产量超过50万吨，总产值22亿元，在现有的基础上，宁夏造纸工业未来10年的发展将分三步来实现：

第一步：到2007年，宁夏造纸工业要实现产量60万吨、产值25亿元、增加值7亿元、利税3亿元的发展目标，形成发展的总框架，奠定今后大发展的基础；

第二步：到2010年，宁夏造纸工业要实现产量100万吨、产值45亿元、增加值13亿元、利税6亿元的发展目标，形成宁夏造纸工业的核心优势产品，成为文化用纸和生活用纸的全国性制造基地之一；

第三步：到2015年，造纸工业规模趋于稳定，形成1个百万吨以上、2个20万吨以上的企业群体。实现总产量150万吨、产值近65亿元、增加值18亿元、利税10亿元。

在宁夏造纸工业规模进一步扩大的同时，技术装备水平和人才素质得到整体提升，污染得以控制，基本实现废水“零排放”，生产实现自动化、连续化和清洁化，使宁夏造纸工业与社会经济共同繁荣进步，与生态环境和谐发展。届时，宁夏将建成我国“西部纸都”，成为有实力和有影响力的纸业生产基地。

【主要建设项目】

宁夏轻纺总会编制了宁夏造纸工业发展规划，造纸工业未来发展的战略定位是：充分发挥已有的市场、资源、人才优势，紧紧抓住国家西部大开发、“退耕还林草”政策和实施林纸一体化发展战略的机遇，营造有特色的造纸纤维资源，以有特色的农业、能源以及造纸用矿产品资源吸引区内外资本投入，加快产能扩张，走规模经济道路，以国内外大市场为目标，发展中高档文化用纸，提高生活用纸质量，打造国内有特色的纸产品制造基地，成为我国西部造纸板块中的的主要基地。

规划确定优先支持林纸一体化项目，重点支持美利纸业成为大型龙头企业。其他企业要调整结构，不再搞大路货产品，坚持搞特色产品，发展特殊用纸、专业用纸和纸制品。对中小纸厂下决心关、停、并、转，以减少污染，积极引导企业把握行业发展趋势，主动进行调整和改造，下决心解决好污染治理问题。

2005年主要建设项目有：

宁夏美利纸业股份有限公司现有生产能力35万吨，10万吨铜版纸项目2005年底建成投产，林纸一体化工程一期10万吨杨木化机浆和30万吨涂布白卡纸已经开工建设，争取2007年竣工投产。

宁夏紫荆花纸业有限公司，原有生产能力3万吨，新建成3万吨生活用纸和6000千瓦热电联产项目，配套200吨碱回收项目已经开工建设。续建3万吨生活用纸项目，预计2006年底建成投产，届时该公司生产能力可达9万吨，成为宁夏第二大造纸企业。

宁夏沙湖纸业集团公司，现有生产能力5万吨，2005年投资改造建设1880毫米高速卫生纸机，年产1.2万吨生活用纸；2006年新建2700毫米高速卫生纸机，年产1万吨生活用纸。公司计划再建设年产2.5万吨生活用纸和150吨碱回收工程，争取今年开工。

宁夏美洁纸业股份有限公司，2005年投资3100万元，对原有17台老纸机进行改造，新上11台高速卫生纸机，年生产能力达到3.5万吨，公司计划2006年继续投资将草浆生产能力扩大到年产5万吨，加上木浆造纸能力，2006年底生产能力达到6万吨。

上述项目的建成投产将为宁夏造纸工业未来发展奠定基础，为“十一五”发展规划的顺利实现提供可靠的保证。

（杜　宏）

安徽造纸工业

Paper industry in Anhui province

【行业概况】

2005年安徽省造纸行业纸及纸板产量111.10万吨,比2004年105万吨增加6.1万吨,增幅约6%。总产量中,机制纸60万吨,纸板51万吨。2005年底,全省共有造纸企业109家,比2004年增加7家。

2005年全行业立足产品结构调整,在总产量低速增长的情况下,利税、利润增长速度远大于工业产值和销售收入的增长速度。实现工业总产值46.11亿元,实现销售收入44.16亿元,实现利税3.14亿元,利润1.42亿元;分别比2004年增长25.45%、28.19%、38.83%、54.95%。

【"十一五"规划纲要】

到2010年,全省造纸形成300万吨/年生产能力,其中包装纸板达到220万吨/年,产值达到100亿元,实现利税10亿元。

"十一五"全省造纸工业调整和发展的方向:一是调整原料结构。逐步实现以木材纤维为主,扩大废纸回收利用和合理配用非木材纤维,发挥沿江和黄淮海平原林木资源优势,积极实施林、浆、纸一体化,发展木浆造纸项目,大力发展人工速生造纸工业林基地(桉树、杨树等树种),逐步实现大型制浆造纸企业用材供应基地化,加快调低草浆比例和治理污染。二是调整产品结构。重点发展牛皮箱纸板、高强瓦楞原纸、中高档低定量涂布印刷纸和工业配套用纸等四大类产品。三是调整企业结构。努力实现大型企业集团化、中小企业特色化、企业经济类型多元化。着力培育一批跨部门、跨行业、跨地区并具有国际竞争能力的林纸结合的大型造纸企业和企业集团,提高造纸工业的生产集中度,使企业组织结构和规模结构逐步趋于合理。进一步实施纸业规模经济政策。四是调整技术结构。加快技术进步与技术创新,逐步推进技术与装备现代化。采用涂布技术、微机控制技术、化学助剂技术等,提高工艺水平和产品质量,更新关键设备以提高装备水平。五是加大治污力度,加强环境保护,节约水资源,促进造纸工业可持续发展。造纸工业要坚持"综合防治,厂内为主"的方针。污染防治总的原则应从预防、管理和治理三个方面加以控制。认真实施污染治理的技术经济政策,对现有企业"关小治大",减少分散的污染源点,对新、改、扩建工程实施清洁生产工艺技术,实行"三同时"建设。积极推动ISO14000环境管理体系认证,建立清洁生产示范企业,特别是对麦草制浆及污染治理经验要及时总结和推广,以推动行业的环保工作。六是扩大利用外资。加速造纸工业规模化、现代化,在积极有效合理地利用外资的基础上,拓展国内融资渠道,进一步引导民间资本投入造纸工业。

"十一五"期间,造纸工业建设重点是:以优势企业为载体,加快安徽省林纸一体化项目建设速度;进一步支持山鹰纸业(马鞍山)、东泰纸业(芜湖)、天宇纸业(涡阳)、天都纸业(颍上)、金钟纸业(合肥)等优势企业的发展,使其规模和产品档次迅速提升。同时,做大做强芜湖聚酯网等造纸装备产品,稳固全国的行业排头兵地位。

(陈明邦)

江西造纸工业

Paper industry in Jiangxi province

【行业概况】

2005年规模以上企业年产量约64万吨，比2004年增加39.1%。生产60多个纸种，主要品种有轻涂纸、单面涂布白纸板、新闻纸、扑克牌纸板、箱纸板、瓦楞原纸、书写纸、双胶纸、印刷纸、牛皮纸、卫生纸、鞭炮纸、卷烟纸、砂纸原纸、转移印花原纸、打字纸、半透明纸、炸药卷纸、黄纸板、茶纸板、无酸档案纸板、包装纸，以及以无碳复写纸及铝箔纸为主的加工纸。

据不完全统计，江西省机制纸生产企业总数约有200多家(1～2台圆网纸机生产鞭炮纸及瓦楞原纸等产品的企业未统计在内)，但生产规模普遍较小，以废旧书刊纸脱墨生产中低档皱纹卫生纸产品或以废纸原料为主生产单面涂布白纸板产品的企业在这些企业总数中占有较大的比例。卫生纸生产企业年规模均在万吨以下。全省生产规模年产万吨以上的生产企业有19家。

【企业介绍】

江西晨鸣纸业有限责任公司，是江西省年产规模最大的造纸企业。该企业是集制浆、造纸、热电和环保综合于一体的大型现代化造纸企业，主要产品为精制轻涂纸、轻型纸、铜版纸、低定量轻涂纸。该企业属国家财政贴息贷款技改项目，于2003年9月16日破土动工，采用芬兰美卓公司引进的纸机，设计车速2000米/分，第一期工程年产35万吨轻量涂布纸于2005年3月18日投入试生产，同年8月份正式投产。项目建设总工期18个月，创造了国内同类型项目建设速度最快、试车时间最短的新纪录，产品质量受到国内外用户的广泛好评。目前，该公司的生产已处于稳定运行状态，月产量3万吨，产量质量达国内同类产品领先水平，产品畅销全国，在国内同类产品中的市场占有率达60%以上。同时，产品出口量也不断增长。目前，该公司已形成多品种、多档次的产品结构，市场竞争力大大增强。

【原料】

江西是国内森林资源覆盖率较高的省份之一，据国家统计资料最新公布，江西森林覆盖率为61.5%，位居全国省市自治区的第二位。近年来随着环境保护意识的不断增强、生态环境的不断改善，森林覆盖率逐年增加。国家提高三废排放的标准及加大管理力度后，以原生植物纤维为原料的小规模化学制浆生产线均停产关闭，全省主要造纸原料仍以各类废纸及外购商品浆为主，现存且主要以原生植物纤维为主要原料的制浆造纸企业主要有华劲集团赣州华劲有限责任公司，该企业以杂竹、小山竹为主要原料，采用硫酸盐蒸煮工艺，配套碱回收设备，生产品种为书写纸、双胶纸、印刷纸等文化用纸系列产品，生产规模为年产4万吨。另有峡江雄狮集团采用部分马尾松及湿地松为原料，生产砂纸原纸或牛皮纸。还有江西晨鸣纸业有限责任公司采用部分松木热磨机械浆生产轻涂纸。

【基建与技改】

近几年来江西通过进一步解放思想，努力改善投资环境，继续加大了改革开放的力度，有力地促进了各方资金对造纸工业的投入。由于江西生态环境较好，水电资源丰富，劳动力成本较低，为外商投资打下了较好的基础。前几年来自浙江富阳等地的民营企业家在江西注入资金新办的造纸企业绝大部分已转入正常生产阶段，此类企业绝大部分以废纸为主要原料，生产品种以单面涂布白纸板产品为主，以民营企业家自发联合组织，在工业开发区范围内新建造纸厂，并迅速形成具有江西特色的造纸工业园区，为江西造纸工业的发展增加了新的活力。

厂址位于江西省上饶市广丰县芦林工业园内新建的江西省三维纸业有限责任公司，前几年通过民间投入及国家贷款扶助，已于2005年度顺利完成试生产阶段并已转入正常生产阶段，该企业设计规模为年产10万吨，生产品种主要为箱纸板，总投资为1亿元，采用外购硫酸盐针叶木浆挂面,以回收废纸为主要原料。

2005年,南昌市进贤县工业开发区内又一引进外资筹建的新办企业进入安装阶段。该企业生产规模为年产10万吨,生产品种为一等品以上等级的箱纸板,总投资为1亿元。

原江西纸业有限责任公司已停产搬迁,2005年年底已停止生产新闻纸,新厂基建规模为年产20万吨,计划生产新闻纸、瓦楞纸、箱纸板等品种,建设期预计2年。

【科研与技术进步】

江西造纸工业自"八五"计划后,由于环保等多方面的原因,造纸品种及年产量均呈下降趋势,而华东邻近及周边省市造纸工业品种及年量绝大部分均有不同程度的提高。江西科研项目较少,人才外流现象较严重。"十五"期间,尤其是近几年来,由于投资环境的不断改善,造纸品种及产量均呈上升趋势。同时新建扩建企业引进省外部分人才,部分外流人才返回本省开展技术创新工作。如江西晨鸣纸业有限公司新建后原武汉晨鸣纸业有限公司及山东等省市部分工程技术人员转入江西,其他企业如浙江民营企业家新建的企业,以及本省新建及扩建的企业,均部分引进了管理人才和科技人才,这些人才的引进,为促进江西造纸工业的发展起了积极作用。"十五"期间,江西科研主要成果有:

(1)高效湿强纸解离剂研制及应用工艺技术条件研究;

(2)高效废纸脱墨剂系列产品及应用工艺技术条件研究;

(3)阳离子型分散松香胶;

(4)狼尾草制高强瓦楞原纸工艺技术研究。

【环境保护】

江西现有生产企业主要有江西华劲纸业有限责任公司以杂竹浆为原料蒸煮生产自制浆,生产规模为年产4万吨,产品品种为胶版印刷纸等文化用纸类纸张,有与生产能力相配套的碱回收设备。江西其他企业均不生产自制化学浆,造纸原料均采用外购浆板及废纸。造纸污染源主要是中段废水及白水。前些年由于投资环境的改善,外商外资企业不断注入资金,浙江富阳等地的民营企业家在江西投资办厂,形成了永丰、泰和等造纸工业园,这些企业试产初期多余的中段废水及造纸白水,均未经处理后直接排入赣江,对江西境内主要河流赣江水域造成了一定程度的污染。随着人们环境保护意识的不断增强,以及环境保护法律法规执法力度的加大,在省人大、省环保局等相关单位的干预监督下,现有造纸生产企业废水处理设施及措施基本到位,绝大部分企业的废水处理工艺设备运转正常,大大减轻了对赣江等江西主流水域的污染。

江西现拥有1~2台圆网纸机以废纸为原料生产鞭炮纸、瓦楞原纸、低档卫生纸的企业占有较大的比例,除个别企业采用简易废水处理外,此类企业绝大部分均无废水处理设施,造纸废水均直接排入江河,在一定程度上对江河产生了污染,增加了江河治理的难度。

(雷建民)

重点制浆造纸企业

KEY PULP & PAPER ENTERPRISES

3

山东太阳纸业股份有限公司

Shandong Sun Paper Co.,Ltd.

【企业概况】

山东太阳纸业股份有限公司位于中国古九州之一的山东省兖州市境内。在九、十届全国人大代表、全国劳动模范、山东省工商联副会长、公司董事长、总经理李洪信的带领下,20多年来公司始终信守"以质为根、以诚为本、以德为先"的经营理念和"永远创业、没有守业"的经营宗旨。通过资本运作的多元化、经营的个性化、生产的标准化、管理的科学化,既抓规模经营,又抓规范管理,既抓产品销售,又抓资本运营,既抓生产效益,又抓企业文化,努力使产品质量和技术装备水平迅速与国际接轨,推动生产发展相结合,使企业的"规模、规范、效益、效率"同步上台阶,管理与发展并举。资产总额由3万元贷款发展到65亿元,员工由30多名农民工发展到6600多人,产量由建厂初期的日产1吨发展到3200多吨,产品由单一的低档包装纸发展到拥有三大系列150多个品种的高档涂布包装纸板、高档文化用纸、高档工业用原纸,生产装备由1台1092毫米单网单缸纸机发展到拥有国际国内先进水平的制浆、造纸生产线23条,利税则由当年的不到1万元发展到6.66亿元,现已成为以机制纸及纸板制造为主,融造纸助剂、纸制品加工、对外贸易、电力、科研、投资、速生林建设为一体、首尾并接、优势互补产业链的国家大型企业。目前是全国最大的民营造纸企业和全国最大的高档涂布包装纸板生产基地,是济宁市委、市政府确立的首批销售收入过百亿的企业之一,也是兖州市委、市政府实施"三大工程"中大集团工程的支柱企业。企业曾荣获"中国最具生命力企业"、"中国造纸行业10强企业"、"山东造纸10强企业"、"山东省民营百强企业"、"山东省轻工行业安全生产示范企业"、"全国造纸行业十佳企业"、"全国关爱员工优秀民营企业"、"山东省高新技术企业"、"山东省AAA级信誉企业"、"山东省水污染防治工作先进企业"等多项荣誉称号。

2005年,公司始终以科学发展观为指导,以产品结构调整为主线,以科技创新为动力,克服了原材料大幅涨价、煤电油运供求关系紧张、市场竞争激烈等种种不利因素。全年共消耗自制漂白麦草浆、木片浆、进口木浆和废纸等纸浆原料近90万吨,完成各类机制纸及纸板产量109万吨,实现销售收入55.24亿元,利税6.66亿元,上缴国家税金2.6亿元,各项综合指标继续保持在全国造纸同行业前四位、全省前三位,并于2005年底顺利通过由北京中大华远认证中心认证的ISO9000质量管理体系、ISO14001环境管理体系、ISO18000职业健康安全管理体系、HACCP食品卫生安全"四合一"体系整合认证,企业继续保持了持续、快速、稳定、健康的发展势头。

【产品开发与科技创新】

在实践中,公司深刻体会到企业发展生机与活力的源泉就在于实施科技创新,没有科技创新机制的企业是没有灵魂的企业。特别是在新的形势下,企业要想抢占发展先机,关键在科技,希望在科技,动力也在科技。公司的主要做法是:

1. 以市场为导向,不断采用新工艺、新技术研制开发出新产品

(1)高档凹印涂布白纸板:该产品具有优良的吸墨性、较高的印刷光泽度和印刷表面强度等适印性能,并具有高标准白度、平滑度、挺度和较低粗糙度等指标,同时该产品的凹版印刷制成品具有色泽鲜艳、图案清晰、不易退色等优点,其图像逼真细腻,再现性好。

(2)高级凹印覆膜烟卡:高级凹印覆膜烟卡是高档涂布白卡纸的一个系列,它采用优异的涂布配方和精细的原纸经机内涂布加工制成,更适合于凹版印刷和覆膜应用,制作高档香烟包装。

(3)液体包装专用纸:液体食品包装具有无菌保鲜、可长期贮存和利于储运的优点,是近年来发展较快

的纸质包装材料，主要用于牛奶、果汁等液体饮料的包装。

2. 建立研发中心，加大新原料、新辅料研发队伍建设

公司凭借独特的经济实力和竞争优势，在技术研发上舍得投入巨资，先后在法国巴黎、美国洛杉矶、上海浦东、北京和公司本部建立了6处研发中心，同时聘请大量国内外知名专家，及时收集和掌握国内外纸业发展新动态、新技术和新工艺，使产品质量和技术水平迅速与国际接轨。目前已研制出高岭土、轻质碳酸钙、氧化淀粉、精制滑石粉、生物酶等多项具有自主知识产权的技术和8项国家专利产品。

【原料】

公司在"九五"末期，就意识到麦草浆对企业向集约化、规模化、现代化方向发展所带来的制约作用，及时做出了在"十五"期间逐步改善纤维原料结构、减少麦草浆比例的决定。通过不懈的努力，逐步改变了以麦草为主要原料的局面，形成了以木浆、回收废纸、少量麦草的原料结构。2005年同2000年制浆原料相比，木浆比例由15.6%提高到48.5%，废纸浆比例由35.3%提至46.3%，而麦草浆比例已由14.9%降至5.2%。

"林纸一体化"方面，早在2000年公司就与北京林业大学合作，确立了"以纸养林、以林促纸、以纸为本、林纸结合"的指导思想，成立了由中国工程院朱之悌院士为技术顾问、北林大6名博士研究生为技术骨干的研究小组，规划建立起集科研、育种、育苗、造林为一体的白杨科技股份有限公司，同时建起国内首家企业纸浆林研究中心。按照当地的土质、气候等条件，充分利用兖州附近采煤塌陷地以及路、沟、河、渠"四旁"，种植了木素含量低，具有速生、优质、高效、抗病虫害等优点的三倍体毛白杨，目前已达到1.3万公顷速生林的规模，搭建形成了一条纸业、林业互为依托的"林纸一体化"产业链。

【环保与节能】

环保问题是制约造纸工业快速发展的突出问题之一。随着国家南水北调东线工程的展开，TOC在线监测系统的启用，给企业环保工作提出了新的更高的要求。公司始终把环保工作作为"生命工程"来抓，取得了经济效益和社会效益的"双赢"。

公司积极采用新技术、新设备、新工艺、新材料，从工艺流程、技术革新、设备管理、节能降耗、资源利用等全方位入手，大力实施节水技术改造。近年来共投资6亿多元，采用世界最先进的治污技术和设备，先后建成了5处水处理中心，使废水处理水平达到同行业最高标准。同时大力实施循环经济和清洁生产，积极对废水资源再利用、再提高，使处理后的废水80%可代替清水回用于生产，20%可用于农灌，实现了环保投资型向环保效益型转变，受到了国家环保总局和有关专家的高度评价。

【发展与建设】

按照大投入、大调整、大改革、大发展的思路，企业需要进一步加快企业扩张步伐，加大技术改造力度，实现大项目建设。

到2010年前新增6条浆纸生产线(年产40万吨铜版纸生产线，年产30万吨液体包装原纸生产线，年产40万吨高档涂布纸板生产线，年产30万吨SC高平滑度文化用纸生产线，年产20万吨BCTMP漂白化学热磨机械浆工程和年产20万吨化学漂白木浆生产线)和2台15万千瓦·时热电联产发电机组，及其配套的1500吨/日的碱回收、给水处理站、浆板库、成品库、废纸堆场、原料堆场、综合仓库、科技楼、食堂等设施。

到2007年规划中的部分工程投产后，可使公司的产量达到160万吨(其中纸140万吨，浆20万吨)，销售收入达到85亿元，利税18亿元；2010年产量为250万吨(其中纸210万吨，浆50万吨)，销售收入150亿元，利税30亿元。跨入全国企业500强，跻身世界造纸百强企业行列。

【企业文化】

公司结合企业实际，把企业文化分为三个层次：最表层的是物资文化，即表象的发展速度、太阳纸业的产品；中间层是制度行为文化，即严格的厂规厂纪；最核心的是价值观，即精神文化。核心价值观就是创新精神，主要体现在一些经营理念上，如爱岗敬业，以主人翁的态度对待自己的工作，在岗1分钟，贡献60秒；诚实守信，忠于职守，对本职工作精益求精，坚持做到不合格的半成品不进入下一道工序，不合格的产品不出厂；牢固树立"用户就是上帝"的思想，想用户所想，急用户所急，一切为了用户；特别是管理干部要有高层次的心理追求，以创业为荣，以创业为任。

面对越来越严格的环保标准和紧缺的环境资源形势，面对原材料价格大幅上涨和与国际造纸巨头"短兵

相接”,这些不利因素时时刻刻地促进企业进行思考。太阳人认为,必须在学习国外先进造纸企业的基础上不断提升自己的管理水平,使管理日趋现代化。太阳纸业感到:现在全世界的管理和思维方式正在酝酿一个新趋势,那就是“学习型企业”的诞生。因为感到在知识爆炸,必须比你的竞争对手学习得更快更好;感到企业资源是有限的,必须考虑可持续发展;感到人力资源的量是有限的,而素质的提高是无限的;感到企业员工的学习能力,是企业发展的关键。未来真正出色的企业,将是能够设法使员工全身心地投入并有能力不断学习的组织。于是,公司在加大技改投入,加快高新技术和信息化建设的同时,选择了创建“学习型企业”这一带有革命性的途径来帮助企业确立自身的发展方向。

(邱　艳)

广西南宁凤凰纸业有限公司

Guangxi Nanning Fenghuang Paper Co., Ltd.

【企业概况】

广西南宁凤凰纸业有限公司原为南宁造纸厂筹备处,是国家"九五"大型原材料重点建设项目,项目概算总投资18.76亿元,建设规模为年产10万吨漂白商品化学木浆。于1994年10月批准开工建设,1996年7月改制为广西南宁凤凰纸业有限公司,1999年9月建成投产。以马尾松、桉树为主要原材料,从芬兰、瑞典和加拿大等国引进先进工艺技术和工艺设备,是目前我国已建成的规模较大、技术装备完善的漂白木浆生产企业。2003年公司通过了ISO9001/14001质量环境管理体系认证,2005年11月通过ISO9001/14001/GB/T28001质量环境职业健康安全管理体系认证。

广西南宁凤凰纸业有限公司的企业性质属有限责任公司,由南宁市高新技术开发投资公司和南宁振宁资产经营有限责任公司各占一部分组成。

广西南宁凤凰纸业有限公司自投产以来5年多的时间,产品产量、主要原料消耗指标等已优于设计水平。目前公司的产品主要有:ECF漂白针叶木浆、针叶木湿浆、绒毛浆、各种高级生活用纸等。2005年的统计资料如下:

指标名称	单位	2005年累计
总产量	万吨	12
现价工业总产值	亿元	4.7
利税总额	万元	-245
吨浆耗原木	米^3/吨浆	4.6

【产品开发与科技创新】

根据市场需求,利用自产漂白木浆为主要原料,发挥现有水、电、汽等富余的资源优势,新上一条年产1.5万吨高级生活用纸生产线,该项目为凤凰纸业第一个造纸项目,公司的指导方针为:充分利用公司现有的各种优势,发展产品档次高、建设周期短和投资少的项目。生活用纸在造纸产品中,是国内近10多年来产品品种、市场需求量增长最快的产品,同时具有进一步进行深加工的空间,这为企业不断提高产品附加值提供了很好的机会,为此,公司经过充分比较,选择了高档生活用纸项目。为了实现项目短平快的目的,选择国产1575毫米的造纸机,利用原有机修车间为主厂房,经过1年多的建设,现已形成年产1.5万吨的生产能力,并开发出"玉凤"牌纸巾纸、餐巾纸和擦手纸等高级生活用纸系列产品投入市场。产品具有高档、优质的优势并达到了一定的规模,进入市场后具有相当的竞争力。利用自产漂白木浆为原料生产的"金凤"牌绒毛浆在国内也享有很高的知名度。

【原料】

公司所有产品的原料组成全部是木浆,年需造纸原料马尾松、速生桉原木约60万米^3。目前生产原料全部来源于社会,因存在多种不利因素,公司于1996年11月成立了一个专门营造造纸原料林基地的专业子公司(广西南宁宏硕林业有限责任公司)来负责基地建设工作。宏硕公司具有独立法人资格,从1994年开始至今,宏硕公司总共营造造纸原料林基地0.73万公顷,其中松树0.42万公顷、桉树0.29万公顷、相思树130公顷。

为跟上国际制浆企业发展的步伐,从2002年起即投资基地林的建设,目前在实施的是一个建设期为5年的"1.3万公顷速生基地林项目",将为保障凤凰纸业的原料起到一定的作用。

【环保与节能】

1、环保

公司引进国外先进的工艺技术和工艺设备,实行厂内"三废"综合利用和厂外治理相结合的污染防治方式,有效地减少"三废"的产生和排放。"三废"污染物排放处理在国内同行中处于领先地位。

为降低废水的污染负荷,蒸煮工艺采用生产低卡伯值浆,氧脱木素进一步降低纤维的木素含量,用在连蒸塔内热洗、扩散洗涤及3台洗浆机，尽量将纸浆内的黑液（固形物）提取出来，并在筛选工序采用封闭循环，降低洗浆废水排放量及污染负荷；漂白工序设计之初就采用了$D/CE_0D_1D_2$四段漂工艺，用ClO_2部分代替Cl_2，在2004年进行技改，以H_2O_2完全取代Cl_2、以漂白生物酶取代部分ClO_2，以尽可能减少废水污染量及降低废水色度；制浆和碱回收工序均在地沟设有回收装置，以回收跑冒滴漏流失的纤维和黑液，减少排水污染；生产过程中提高白水回用率并将各部分的冷却用水收集冷却循环使用，大大减少了废水的排放量。

在大力减少废水排放量及污染负荷的同时，还从芬兰JPI公司引进了先进的污水处理工艺及关键设备，以保证废水经处理后达标排放。

污水处理工艺采用二级活性污泥处理法，包括三个不同的阶段：一级物理处理、二级生物处理、污泥处理。投产以来处理后的外排污水各项指标都低于国家排放标准。

为了减少硫酸盐法制浆过程中的臭气污染，生产过程中产生的不凝气体分别送至石灰窑（高浓臭气）及碱炉（低浓臭气）燃烧，并采用先进的低臭型碱回收炉处理黑液以减少SO_2、H_2S的产生，其他各部分排出的含有害气体的废气，均通过洗涤塔将污染物尽量除去。锅炉、碱炉、石灰窑产生的烟气分别经除尘率达99%的静电除尘器净化后再排放。

为了减少固体废弃物对环境的影响，公司注重固废物的无害化处置；绿泥拉到公司固废填埋场填埋，锅炉燃烧产生的煤灰、煤渣送到水泥厂综合利用，白泥、污泥也送至化肥厂生产肥料，树皮、木糠等废料送锅炉作燃料，同时正与相关单位进行绿泥无害化处理工作。

随着生产的发展，公司持续投入资金进行技改，增设环保设施，引进新工艺，使生产过程更清洁、产品更符合环保要求。

2001年增设高浓臭气火炬燃烧器，杜绝了石灰窑产生故障时高浓臭气直接外排对环境造成的污染，2003年对高浓臭气火炬燃烧系统进行改造，增设远距离温度显示及报警装置；2005年再次增设高浓臭气火炬燃烧系统远距离点火控制装置（可选择手动、自动控制），使整个高浓臭气处理系统更为有效、运行更为便捷。

2004年改进漂白工艺，使用H_2O_2取代Cl_2漂白，变$D/CE_0D_1D_2$漂白工艺为$DE_{OP}D_1D_2P$，2005年漂白尾气中有害气体大大减少，漂白废水的污染负荷，特别是色度负荷也降低了。而用漂白新工艺生产的硫酸盐木浆也更符合环保要求。

2004年开始进行废水脱色工程建设，2005年7月31日试运行，新增设的废水脱色系统是在原有的污水处理工艺基础上增加凝聚沉淀脱色工艺，用来处理废水中的溶解性木素，最终去除有色物质及COD。

管理制度上针对保障环保设施有效运行及预防、消除环境污染事故等方面也制定了许多相应的规章制度、应急预案，并与质量管理体系整合为统一体系，2003年公司通过ISO9001/14001质量环境管理体系认证，2005年11月通过ISO9001/14001/GB/T28001质量环境职业健康安全管理体系认证，荣获“国家职业卫生示范企业”。

2、节能

广西南宁凤凰纸业有限公司在设计建厂之初就把节能工作贯穿于整个工艺生产过程来考虑实施。如：

采用KAMYR连续蒸煮制浆设备和先进的连续蒸煮工艺，生产低卡伯值浆，且在漂白工序前引入氧脱木素工艺，与传统的工艺相比不仅节省耗热，减少漂白药品用量，降低漂白废水污染负荷，而且氧脱木素滤液中的固形物经逆流洗涤进入碱回收系统，从而增加了产汽量、发电量。

在蒸发工段，采用降膜板式5效蒸发器，蒸发效率高，耗汽少，黑液浓度高，从而可提高碱回收炉的热效率和产汽量；在不凝汽处理系统，通过将高、低浓臭气分别送往石灰窑、碱回收炉燃烧，不仅避免了臭气污染环境，而且也能充分利用其热能。

在热电工序，选用双调节抽汽式汽轮发电机，实现热电联产，并且由于双调节抽汽式汽轮发电机可两级调节抽汽，能分别提供两种参数的蒸汽（中、低压蒸汽），不仅满足生产要求，还能使蒸汽在汽机内充分做功，避免浪费能量。

变电站均装设无功功率自动补偿装置提高全公司的功率因数，全厂均采用节能泵、节能风机，大型电动机还采用调速型液力偶合器以提高用电效率、节约用电。

公司建成投产以来，根据生产实际情况，有目的、有针对性地进行节能技改。例如：为了达到用高浓臭气火炬燃烧系统在处理臭气时既能有效燃烧臭气又能节省伴烧燃料的目的，2003年、2004年、2005年对高浓臭气火炬燃烧系统连续进行改造，增设了臭气冷却器及气体缓冲罐，以减少臭气中的水分，保证燃烧时供气稳定。经过技改后的高浓臭气火炬燃烧系统，在对高浓臭气进行燃烧处理时，燃烧更充分，处理效果更好，且伴烧燃料液化气的用量也能大大减少。

为了实现水资源最大限度的回收利用，将碱炉、锅炉的定期、连续排污水合理回用至要求不太高的工艺洗涤方面；紧跟着生活用纸项目的建设投产进行了生活用纸白水回收系统的建设投运，以实现造纸白水的回用及纤维的回收。

2004年碱回收炉技改，在过热器、对流管束及省煤器等部位增设声波吹灰器。投入使用后，减少了碱炉吹灰蒸汽的汽耗及清灰剂用量，延长了碱炉洗炉周期，提高了碱炉产汽量。

浆板冷凝水输送泵采用汽动泵代替离心泵，解决了冷凝水受轴封水污染而难以回用的问题。

蒸煮冷凝水收集罐闪蒸汽冷却器由温水改用除盐水作冷媒，不仅解决了冷却器列管结垢堵塞的问题，也使闪蒸汽热能仍能充分利用。

2003年公司着手进行广西壮族自治区一级清洁生产企业申报工作，并于2006年进行了验收。

【发展与建设】

凤凰纸业的设计能力为年产10万吨漂白商品木浆，经过近2年的挖潜改造，效能不断提高，2005年浆板产量达到12万吨。因此，利用自产漂白木浆作为原料发展造纸具有很大的优势，公司2002年即提出造纸项目的发展规划，规划中提出了近期、中期的造纸项目，到2005年年底，完成了第一个年产1.5万吨高级生活用纸项目的建设。同时，年产1万吨高级生活用纸项目也完成了前期工作，计划2006年动工，当年投产，项目建设内容为：从日本引进一台幅宽2600毫米的真空网笼高速卫生纸纸机及复卷分盘设备，年生产能力为1万吨高级纸巾纸原纸，项目建设地点在凤凰纸业内，部分利用现有厂房。

另一个年产1万吨高档装饰原纸项目的前期工作也在进行，该项目的建设内容为：新上一台幅宽2460毫米的长网多缸特种纸机，及配套的打浆、备浆和辅料系统，项目建设地点也在凤凰纸业内，采用轻钢结构的厂房。该项目是合作开发的一个互惠互利项目，合作方提供技术、市场，公司提供原料、场地，双方共同出资。

中期的项目有：合作开发高级文化用纸，新上一台长网多缸文化纸机及备浆部分，年产6万吨铜版原纸。规划的项目还有：年产20万吨轻涂纸项目、年产5万吨绒毛浆项目和年产20万吨BCTMP浆项目。通过以上项目的建设，使凤凰纸业从以生产商品浆为主的企业转为以生产高档文化印刷用纸和高档生活系列用纸的企业，使产品的附加值不断提高，以提高企业的经济效益。

【企业文化】

广西南宁凤凰纸业公司从建设期开始直至投产6年来，充分发挥企业文化在生产经营工作中的作用，为公司的两个文明建设发挥了作用。

公司根据生产设备现代化程度高的特点，十分注重对干部员工进行培训工作，并作为一项基础性、战略性工作来抓，把培训内容列为企业管理环境职业健康安全一体化体系管理范畴，投入大量资金，以内培为主外培为辅的原则进行。运用课堂、多媒体、网络和远程教学等现代化教学手段对在职干部进行全员培训。根据岗位特点对员工进行有针对性的培训，使培训工作直接为生产技术服务。每年的培训率达90%以上。由于加大了培训工作的力度，涌现出了一批技术能手和岗位尖兵，解决了许多生产中的难题。有些还成为自治区、南宁市的劳动模范和创新能手。

为构筑和谐社会，公司还十分注重开展各种文体活动，每年的“五一”、“十一”、春节等重大节日，公司都开展文艺汇演、各类球类比赛。并在生活区设立图书阅览室、健身房、乒乓球室、棋牌室，极大地丰富了员工的业余文化生活。

为更好地发挥企业文化在公司生产经营工作中的作用，公司自2004年起，就创刊了企业内部报纸《凤凰纸业》，四开四版每月1期，把公司内的重大新闻、会议精神、技术改造、生产经营、访贫问苦等大小事情都刊登在报纸上，使职工能及时了解公司的各种动态。报纸还立足于宣传公司内的典型人物，把好人好事及时报道出来，为弘扬正气、抵制歪风邪气、构筑文明工厂和社区贡献了力量。同时还在公司ERP上开辟《凤凰专刊》，及时报道公司的有关信息，为进一步搞好企务公开工作构筑了平台。

（王小汉）

广州造纸股份有限公司

Guangzhou Paper Co.,Ltd.

【企业概况】

广州造纸股份有限公司的前身是广州造纸厂，始建于1936年。当时的主体设备由瑞士卡仕达公司提供，包括日产30吨的磨木车间，日产20吨的化浆车间和当时世界最先进的两台抄宽3150毫米纸机(1号、2号纸机)。1938年日军侵占广州，这些设备被拆运到日本苫小牧。抗战胜利后，大部分设备得以回归中国并在原地进行重建。1949年10月14日广州解放，广州造纸厂从此获得新生。1950—1952年，1号、2号纸机相继投产，1952年即实现利润269万元。1953年广纸被列为第一个5年计划限额以上扩建单位，添置了一台从芬兰进口的100吨/日新闻纸机(5号纸机)。5号纸机投产后，新闻纸的年产量由9360吨猛增至49100吨。随后广纸在二期扩建中又新增了两台上海造纸机械厂生产的3150毫米纸机(6号、7号纸机)，1983年广纸的新闻纸年产量达到10万吨。

改革开放以来，广纸积极稳妥地引进国外先进技术，包括带式洗浆机、四辊三压区复合压榨、软压光、除气系统、多盘白水回收、顶网、化浆高浓筛选，以及DCS、QCS、WIS等多套自动控制系统，建成了CTMP制浆、DIP脱墨、8000毫米二手夹网纸机(8号纸机)等整线设备。20年来，广纸的几十个改造项目共耗资20多亿元，装备水平和技术含量都发生了质的变化。1999年在国内造纸行业中率先被PPI列入世界造纸150强，2000年、2001年又两度进入该行列。“金页牌”新闻纸被评为广州市著名商标、广东省名牌产品。2002年公司通过了ISO9001:2000标准质量管理体系认证。近10年广纸还建成了3.33万公顷林业基地。

国家、省、市领导十分重视广纸的发展，党和国家两代领导核心毛泽东主席、江泽民总书记曾先后于1956年5月29日、1993年9月26日亲临广纸视察，江泽民总书记还为广纸题词“努力实现我国造纸工业现代化”。

1993年9月广州造纸厂与香港维美实业有限公司共同出资设立广州造纸有限公司。经过近10年的有效运行，公司保持了稳定、高速发展的良好势头，经济效益一年登上一个新台阶，成为全省及全国造纸行业的利税大户和全国大型的新闻纸生产企业之一，产量、利润连续多年列同行前列。2003年3月，广州造纸有限公司变更为广州造纸股份有限公司。股份有限公司的成立进一步明晰了产权关系，促进了经营机制的转换；新的融资渠道更有利于筹集公司未来发展所需的资金。

【生产经营情况】

2005年，面临着市场大宗原材料如废纸、原木、原煤等供应短缺、价格居高不下，国内新机台陆续投产造成市场竞争更加激烈等不利因素，广纸并没有退缩，而是制定了较高的经营目标，变压力为动力，通过高目标、高要求来推动企业经营管理水平的提升。经过全体员工的共同努力，实现了“五个大提升”：经济效益水平大提升、节能降耗水平大提升、综合管理水平大提升、企业发展速度大提升、企业社会形象大提升。2005年新闻纸总产量31.06万吨，同比上升2.89%；自发电量9.81亿千瓦时，上网电量4亿千瓦·时，分别比去年上升了1.48%、12.49%；实现利润1.38亿元，同比增长高达18.97%。销售量27.53万吨，全年销售收入12.2亿元。

在2004年实施节能降耗工作取得重大成功的基础上，2005年继续深入挖潜。各节能降耗项目中，以热网低压蒸汽降压运行的成效最为显著，促使节能降耗工作取得突破性进展，只改变热网低压蒸汽一个运行参数，年可创效益过千万元。通过以点带面，举一反三，带出了一大批节能降耗项目。如改变一个流程——投入后置机组，每年可增加发电量约2500万千瓦·时；改变一项工艺——4号发电机主控迁移，解决了发电机不能同时满负荷上网的瓶颈问题，使能量利用率达到最大限度；改变一种化学品——液氨替代尿素，每年可降低成本150万元；改变一种驱动能源——集中蒸汽制冷工程，已停用了约400台空调，扣除蒸汽制冷机组水泵用电量，一年可节约电量 280 万千瓦·时。另外，集中蒸汽制冷可减少空调的维修费用约 40 万元，并可达到良好的社会效益。

为进一步完善制度管理，使工作有章可循，广纸制定和修订了公司 41 个管理规定，完成了 30 个公司级质量管理文件的修订，努力达到规范化、制度化管理，保证高效高质的工作效果。此外，狠抓制度的落实、考核与监督工作，及时跟进公司级会议决定的事项，做到上有政策，下有督促。

提高信息化水平。公司 ERP 已经正式上线运行，目前正处在完善阶段；公司全面推行“指纹考勤”管理，在网上就可及时查询到每个员工的出勤记录，堵塞以前考勤的漏洞；将公司约 100 个摄像头录的画面同步上网，实现网上实时监控运作情况；重新完善人事档案信息系统，以解决人事资料系统工作跟不上、统计资料不准确、查询效率低等弊病。

大胆使用年轻、高素质人才，按照“专业化、知识化、年轻化”的要求，通过提拔、招聘了共 10 位 30 多岁的年轻人担任中层领导，其中本科及以上学历的 7 人。此外，遵循“转制先转脑，管事先管人，不换思想就换人”原则，对中层干部实行竞争上岗，调整后的中层干部由 2003 年的 62 名减少到 2005 年底的 42 名，激励了有为人员努力工作，有效地提高了管理队伍的素质。

针对原材料市场紧张，价格上涨的形势，广纸寻找多种途径降低采购成本，采取“高价少进、低价多进”的采购策略，寻找新的替代品及引进新的供应商参与竞争，通过多种方法降低采购成本，使 23 种化工材料成功降价，节约了采购资金。

【环境保护】

“八五”以来，广纸技改累计投入达 20 多亿元，其中直接用于环保治理的达 3 亿多元。广纸依靠技术创新和管理创新，大力开展“双增双节”活动，加强节水、节能与资源的综合利用，实现经济效益、社会效益、环境效益“多赢”的目的。在新项目实现“三同时”之后，继续以新带老，对症下药，建立起源头、中段与终端的三道环保保障系统，从而整体解决污染，实现达标排放。1993 年率先在国内新闻纸同行中引进低污染低消耗的废纸脱墨设备，采用废旧报纸代替木材制浆，减少污染物的排放。

【发展思路】

2006 年新闻纸市场供大于求的格局不会改变，价格与质量的竞争加剧。广纸着重按照“创新年、成本年” 的要求，坚持“二高二低”的经营方针（即高质量、高效率、低成本、低消耗），使广纸真正成为高技术、高效益、低消耗、少污染的新型工业企业。

技术进步是企业获得发展的驱动力。2006 年 5 月广纸 1 号纸机改造项目将投产，使广纸新闻纸整体质量水平迈上一个新的台阶，也为即将于 2007 年建成的年产 28 万吨高档印刷纸生产线的建设提供了有力的保障。此外，还计划对原有的旧纸机进行进一步的技术改造，以“建设周期短、投资少、见效快”的战略实现近期的发展目标。

广纸将继续健全清洁生产规章制度，以节能、降耗、减污为目标，以先进的技术和管理手段，通过对生产全过程的排污控制，争取以清洁的能源、原材料和工艺，用少污染的生产方式，生产出清洁的产品，达到消除和减少工业污染、提高经济效益的双重目标，逐步实现循环经济。

公司正积极接触国际一流的造纸公司，寻求合适的战略合作伙伴，实现强强联合。通过引进资金、先进技术及现代化管理，发展壮大自己。

广纸计划在广州南沙开发区另辟新的生产基地，新基地占地 150 万米^2，最终生产规模达 100 万吨以上。

（广州造纸股份有限公司）

山东亚太森博浆纸有限公司

Shandong Yatai Senbo Pulp & Paper Co.,Ltd.

【企业概况】

山东亚太森博浆纸有限公司是一家由新加坡亚太资源集团控股的、在原山东日照森博浆纸有限责任公司基础上改制而成的制浆造纸合资企业，其中亚太资源集团占90%股权，日照市第一轻工业公司和山东省国际信托投资公司各占5%的股权。公司一期工程总投资29.3亿元人民币，主要工艺技术装备从欧美等制浆造纸发达国家引进，达到20世纪90年代国际先进水平。

公司一期工程2000年5月开工，2002年5月竣工投产，年产漂白硫酸盐木浆22万吨、高档白卡纸板17万吨。通过技术改造后，年木浆产能将提高到31.5万吨。目前公司的单条生产线制浆能力在国内排名第二位，是山东省唯一的化学漂白木浆生产线，并在国内制浆造纸业首创“利用国内外两种原料、两种资金、两个市场”大规模建厂的典范。

2005年，公司共生产漂白木浆23.2万吨，浆板16.9万吨，湿浆1.2万吨，白卡纸15.4万吨，出口2.7万吨，发电2.5亿千瓦·时，实现工业总产值17.5亿元，销售收入14.9亿元，利税1.2亿元。

【产品开发】

亚太森博是国内同行业首家通过ISO9001质量认证体系、ISO14001环境认证体系和OHSAS18001职业安全健康三标一体国际化认证的认证企业。

亚太森博生产的白卡纸为全木浆高档包装纸板，具有挺度好、松厚度高、粗糙度低、外观表面均匀、印刷色彩还原性好等优点，广泛应用于医药、饮料、烟草、食品、化妆品、服装、优质挂历、贺卡、影集、画册等等各类高档包装及高档印刷行业。木浆板凭借设备、技术的先进性，造就了产品的优良品质和稳定性能，具有白度高、强度好、尘埃度低的优点，各项质量指标均达到国际先进水平，广泛应用于铜版纸、白卡纸、高白度静电复写纸、高强度特种纸、高档卫生纸、高级书写纸等等各类高档纸张的抄造。

【环保与节能】

亚太森博公司从一开始就立足循环经济发展理念，高点起步进行规划和建设。不仅严格按照国家有关环保政策和规定进行设计和建设，而且努力向国际水平看齐，投巨资进行污染治理，最大程度地把“三废”消除在生产过程之中，最大限度地实现废物的减量化、资源化。公司用于环保的设备设施投资约为5亿元，占引进设备总投资的近三分之一，并且环保设施与生产项目同时设计，同时施工，同时投产使用。公司关键技术和设备均从国外引进，具有国际先进水平。其中环保设备和工艺主要从瑞典和加拿大引进，属世界一流，生产过程中水循环使用率达85%，碱回收率达98%，各类污染物经处理后主要指标均达到或优于国家规定排放标准。

公司制浆生产采用漂白硫酸盐法，污水主要产生于蒸煮、洗选、漂白、造纸及碱回收等生产环节，为减轻生产过程造成的水污染，降低耗水量，节省能源，公司引进了20世纪90年代最先进的工艺技术和生产装备，每吨浆排水量仅为30吨。其次，纸板生产线采用了先进的白水回收系统进行水的循环利用，纸机网部脱出的浓白水直接用于冲浆泵之前的纸浆稀释，压榨部的稀白水一部分用于冲浆泵之前的纸浆稀释，剩余的白水经圆盘过滤机回收其中的纤维和填料后，清白水用做网部喷淋水、水力碎浆机碎浆、纸机损纸碎浆机稀释、贮浆池纸浆稀释和圆盘过滤机冲网等，最后仅剩极少部分水量排入污水处理场做进一步的处理。先进的白水循环利用工艺使造纸污水排放量大幅降低，每吨纸板生产耗水仅10吨左右。三是制浆过程中产生的废液(黑液)最后进入碱回收系统进行处理，实现能源的回收和再利用。碱回收系统设备投资3000余万美元，由蒸发、碱炉和苛化石灰窑三个部分组成。制浆黑液通过6效蒸发器蒸发水分，浓缩到76%浓度后送到喷射炉中燃烧，充分燃烧后产生的绿液与苛化工段提供的石灰乳进行混合回收碱，重新用于蒸煮。碱回收率最高可达98.5%,年回收碱18万吨,基本满足生产需要,不仅解决了污染问题,而且大幅度降低了生产成本。黑液经蒸发产生的二次冷凝水和制浆、石灰窑等环节产生的重污水经汽提后所得二次冷凝水再重新回用于洗浆工段和苛化工段。碱炉燃烧产生的蒸汽首先用于发电,发电量为40000千瓦·时,可以完全满足全公司正常生产用电需要。发电后的乏汽则用于制浆造纸。冷凝水经过冷却塔后再回到碱回收中去。这样,不但在工艺过程中解决了制浆黑液的污染问题,而且达到了废液综合利用、节省能源和降低生产成本的目的。

2005年,亚太森博被列为山东省第一批"循环经济试点"企业。

【发展规划】

公司将在现有浆纸基地上扩建一条年产100万吨漂白硫酸盐木浆生产线,该项目将是世界上最大的单条制浆生产线之一,总投资约113亿元人民币(约14亿美元),计划2006年下半年动工,2008年建成投产。投产后年新增销售收入近50亿元,利税14亿元,这对地方经济的发展和就业将起到巨大的拉动作用,对上下游产业及相关行业的发展起到积极的带动作用。

目前,公司正积极在广东进行速生丰产原料林基地建设,已投资人民币1.3亿元,完成三期造林2.7万公顷。旨在通过实施林纸一体化,达到以纸养林、以林保纸、实现企业长远可持续发展的目的。

【企业文化】

亚太森博浆纸公司秉承"利民、利国、利业"的原则;也就是先对当地人民有利,对国家有利,然后才会对自身企业有利。

在"利民、利国、利业"的总原则指导下,亚太森博推行以下企业文化:善用资源,广开门路;分工合作,取长补短;把握重点,注重成果。

亚太森博奉行可持续性发展的理念,致力于经济效益和社会效益有机结合,成为效益最高、管理最完善的公司,成为客户首选的供应商和最受员工欢迎的企业,从而为社会、城市和企业的共赢互利贡献自己的力量。

(乔小桥)

金华盛纸业(苏州工业园区)有限公司

Jin Hua Sheng (Suzhou Industry Park) Paper Co., Ltd.

【企业概况】

金华盛纸业(苏州工业园区)有限公司是金光纸业(中国)投资有限公司(APP)于1996年3月在苏州工业园区设立的外商独资企业,投资总额13.8652亿美元,产能自最初的30万吨扩展到现有的46万吨。公司占地273.2公顷,拥有独立的发电厂及自有的水陆码头,员工2500多人。

下表为2005年经济指标统计资料。

2005年经济指标统计资料表

指标名称	计量单位	年度累计数
工业总产值	元	2333349933
利税合计	元	275249347
主要产品产量	吨	435890
其中:未涂布纸	吨	260990
涂布纸	吨	174900
纸浆消耗	吨	282069
纸浆购入	吨	273134
其中:外购	吨	147747
内购	吨	125387

金光集团由华人企业家黄亦聪先生所创立,其业务主要集中于浆纸业、农业及食品业、房地产业,其中浆纸业由APP主导。经过30年的努力,APP现已发展成为世界纸业十强之一,总资产达100多亿美元,年生产及加工总产能约1000余万吨。

自1992年起,APP以长江三角洲、珠江三角洲为投资重点,先后斥巨资建立了以金东、宁波中华、金华盛、金红叶、海南金海等为代表的、具世界领先水平的大型浆纸企业,以及大规模的现代化速生林区。目前,APP在中国拥有17家全资或控股的浆纸企业及20余家林场,总资产约540亿元人民币,年生产加工能力约500余万吨,2004年在华销售额超过150亿元,拥有全职员工2万余名。

APP非常重视企业与社会和环境的特定关系,不但致力于实施人工林培育项目,同时加大环保投入。目前APP在华已成功造林24余万公顷,已投产的10余家造纸企业均通过ISO14001国际环境体系认证,正在改变着造纸工业一贯的污染形象。

APP始终不忘积极推动社会回馈计划,积极协助政府与社会的各项工作,在华各类捐助累计达1.5亿余元,2004年中被《福布斯》杂志慈善榜评为外资企业第二名,2005年4月被胡润中国慈善榜评为第一名。

【产品开发与科技创新】

无碳复写纸是金华盛纸业的主打产品,包括卷筒和平板两大类,其中卷筒的定量(克/米^2)范围为CB(上纸):45、52、55、60、80,CFB(中纸):50,CF(下纸):48、55、60、80;规格为宽度190毫米以上,PE发泡膜包装;颜色分白、粉红、黄、蓝、绿各色;品牌包括金球(GOLDBALL),立可得(RECORD)和金彩蝶(GOLDBUTTFLY)。平板无碳复写纸的定量(克/米^2)范围为CB:45/52/55/60/80,CFB:50,CF:48/55/60/80;规格为正大度;颜色分白、粉红、黄、蓝、绿各色;品牌有立可得(RECORD)和金彩蝶(GOLDBUTTFLY)。无碳复写纸具有白度高、抗张力强及撕裂强度好、纸张色泽柔和、显色优良、联数多、环保性强、打印密度佳等特点。广泛应用于交通、税务、电信、教育、银行、医院等商业和其他各类行业票据。

在生产设备方面,作为金光集团亚洲投资的核心项目,金华盛纸业(苏州工业园区)有限公司是世界上最大的无碳复写纸生产商。其1号纸机为MHI公司制造,车速1500米/分,幅宽为7.36米,产能达1050吨/日,价值为1亿2千万美元;2号纸机为英国公司制造,车速达800米/分,幅宽为3.3米,产能达200吨/日;3号纸机为德国VOITH公司改造,车速达500米/分,幅宽为3.3米,产能达330吨/日。无碳复写纸的涂布机为IHI公司制造,车速达1200米/分,幅宽为3.65米,产能达315吨/日,价值7千万美元。

在产品研发方面，公司投入巨大，效果显著，如显色剂的开发成功，使产品的显色效果突出而清晰；由于保持使用纯原生木浆，并在制作工艺中不添加任何改变白度的成分，使白度成为公司产品一大亮点；而在提高使用联数的开发上面也表现优异，达到6联，比业界常规的4联多出50%，使产品供应面更为宽广；特别是1999年与德国拜耳公司合作开发的新界面微胶囊，不产生游离甲醛，无碍人体健康，此技术为国内独创，环保性能极佳。

金华盛纸业（苏州工业园区）有限公司除专业生产无碳复写纸外，还有双胶纸、铜版卡及办公用纸三大系列产品，其"立可得"、"金球"、"金彩蝶"知名度享誉国内外市场。

公司产品在国内具有其他同类产品无法比拟的优良特性，如白度、密度、显色、联数等，故市场占有率连年在40%~50%左右，稳居市场魁首。产量中20%用于出口，在国际具有较高评价，曾被评为第四届亚太经合组织技术展示交易会指定用纸。

一流的产品需要一流的生产。公司具备代表世界领先水平的造纸生产线，原材料、能源和环境治理的优势确保了生产的连续性和稳定性。公司在提升产品质量的同时也不断加强环境保护，2000年7月和2002年1月公司分别通过了ISO9001国际质量体系认证及ISO14001国际环保体系认证。

优质的产品同时需要优质的服务，公司的销售网络已经遍布整个中国。16家分公司的销售服务人员让客户能够享受到及时优良的服务。此外，公司的产品跨出国门，远销欧美、日本、东南亚等20多个国家和地区，产品的优良品质及服务已被许多国外的客户所肯定。

【环保与节能】

公司一贯高度重视环保工作，把"绿色、生态"作为企业精神，以持续改进的理念不断提高企业的环境状况。在环保方面投入巨资进行建设改造，并严格履行国家环保"三同时"的要求，项目建成后顺利通过省环保厅的建设项目环境保护竣工验收。

在环保方面陆续投资人民币总计4亿元。建有独立的排放水处理系统，占地近20000米^2，日处理能力为30000米^2。排水采用清污分流制，利用生物技术对废水进行综合处理，使排放负荷远低于国家一级标准，并达到国际领先水平。公司还积极开展中水回用工作，充分利用水资源。

锅炉采用循环流体化床技术。主要以优质的煤炭作为燃料，控制燃烧温度850℃，避免产生大量的热氮氧化物；为控制锅炉烟气中SO_2排放量，燃煤中掺入了石灰石，通过石灰石与二氧化硫反应除硫，脱硫效率在85%以上，利用三级静电除尘器去除粉尘，除尘效率在99%以上，两台锅炉共用一座高120米的烟囱。

为进一步提高环保管理水平，于2001年开始了ISO14001环境管理体系的建设工作，并于2002年1月5日顺利通过认证，2005年1月通过了ISO14001环境管理体系监督审核认证。在公司"保护环境、珍惜资源、防治污染、持续改善"环境方针的指导下，为达到环境保护和持续发展，本公司将持续采取以下措施：

(1)改善工艺流程，防治污染，提高资源再利用率。

(2)与政府部门合作，确保环境法规的了解、获得和符合。

(3)节约能源及资源的使用。

(4)推广环保理念，提高员工和相关方面的环保意识。

(5)以完全、负责的态度采取行动，对各种污染物进行管理。

【发展与建设】

鉴于市场份额逐年扩大，市场覆盖范围日益广阔，也鉴于国内无碳复写纸市场需求增长强劲（每年高达8%），行业壁垒逐步消失，政府采购日益透明，行业客户逐步开放的新形势，对此，公司将把政府性采购作为今后主要的客户方向，同时不断改善现有产品技术，丰富产品种类。对无碳复写纸的产品强化更新，着重研发环保再生型无碳复写纸，以及热敏纸和防水铜版纸。

公司将加大开发及投入力度，除目前已在试运行的4号纸机外，在未来的5年内，设备总投资额为277045万元，厂房规划总投资额为100800万元，道路规划总投资额为10800万元，5年合计投资388645万元以上。规划建造的主要项目包括5号纸机及配套、6号纸机及配套、电厂扩建、热敏纸专用设备（形成对高档无碳复写纸有益的补充）。相应新增厂区面积74公顷。

在市场战略上，2005年公司年产能将增加到45万吨，到2008年产能将达到100万吨，这将进一步提高市场占有率，公司预计以每年2%的增长率，5年增加10%的市场占有率。同时公司将加大出口比例，重点是已有一定基础的亚洲市场。

（黄　琴）

云南云景林纸股份有限公司

Yunnan Yunjing Forestry & Pulp Mill Co.,Ltd.

【企业概况】

云南云景林纸股份有限公司简称云景林纸，是云南省首次利用亚行扶贫贷款，引进20世纪90年代国际先进设备和技术，按照国际成熟的林纸一体化模式，依托云南思茅丰富的森林资源兴建的国家"八五"、云南省"八五"、"九五"重点项目。项目总投资19.6亿元人民币，包括1座年产11万吨的纸浆厂、6.7万公顷原料林基地和1座设计年产9万吨的煤矿。项目股东及股比为：云南省开发投资公司90.55%、景谷林业投资公司7.93%、景谷林业股份公司0.97%、景谷电力公司0.21%、思茅市国资经营公司0.20%、景谷林业局0.09%、景谷林业企业总公司0.05%。

项目建设前，项目所在地以采伐天然林和出售原木为主，林产工业基础薄弱，森林资源经营粗放，重采轻育，林地主要靠天然更新，资源培育投入少，造林、营林技术落后，林分质量和森林蓄积逐年下降。项目建设旨在通过对现有森林资源管理和宜林地再造林，实现持续利用；通过建立一个纸浆厂，创造森林资源永续利用条件，提高利用效益；通过发展营林造林、制浆、造纸循环经济，延伸产业链，提高产品附加值，帮助当地农民脱贫致富，促进民族团结，巩固和强盛边疆经济、文化和国防建设。

1991年5月获国家计委批准立项，并列为地方利用亚行贷款项目，1995年12月获国家批准开工建设，1999年5月试生产，2002年5月通过国家竣工验收，年生产能力达7万吨。为充分挖掘和发挥一期设备潜能，实现经济效益最大化，2003年云景林纸的控股单位省投资公司以股本金方式投资对木浆生产线实施10万吨/年提产改造。改造工程历时10个月，于2004年5月通过国家竣工验收，纸浆年生产能力提高到10万吨。

云景林纸主要产品"三针"牌硫酸盐漂白针叶商品木浆，具有纤维长、细胞壁厚、吸水性能好、干松厚度大等特点，白度大于88%ISO，可用来配抄各类高档纸，尤其适宜制作妇幼及其他卫生系列用品，是一种真正的绿色环保产品，具有较强的市场竞争力，畅销10多个省、市、区。特别是公司研究开发的绒毛浆，完全可以替代进口的同类产品，填补国内同类产品生产空白。

【生产经营】

经过10年建设的发展，云景林纸开始走上自我积累、自我偿债、自我盈利、自我发展的可持续发展之路。目前已成为年生产能力达11万吨、年均产值4.5亿元以上、年均上缴税费6500万元以上的省级龙头企业。2005年，公司生产纸浆110367吨，创造产值46566万元，实现利润2903万元，偿还贷款本息7934万元，上缴税费7571万元，实现了企业增效、财政增长、农民增收的目标。

作为国内第一个真正按林纸结合模式建设和发展起来的林纸一体化项目，云景林纸不但为我国林纸一体化产业的发展积累了经验，而且探索出了一条宜林荒山开发利用的市场化运作新路子。项目的发展，极大地带动了当地林业、农业、机械、煤、电、交通运输、印刷、化工、商业等相关产业的发展，为当地人民脱贫致富、建设林区新农村找到了一条捷径，是当地辐射范围最广、带动作用最强的产业，已成为当地标志性企业之一，成为带动地方全面建设小康社会、加快发展地方循环经济和建设节约型经济与和谐社会的支柱和根基。

基于明显的经济、社会和生态效益，云景林纸被省发改委列为发展林纸产业的基础平台，被省林业厅列为18家首批林业产业省级龙头企业，被省政府列为"十一五"期间重要的支柱产业扶持做强做大，被国家发改委列为"十五"期间全国第一批利用国债基金重点扶持的林纸一体化企业，2004年全省企业综合纳税额排名列第71位，2005年云南省百强企业排名列第56位。亚行对项目进行后评估认为："云景林纸一体化的实施加快了当地经济的增长，降低了贫困，取得了比原来预计更为广泛的成功。在过去的10年里，景谷县的GDP增长了3倍，全县290000人口中的贫困人口由41%下降到30%。云景林纸建立和实施了一种全新的林业可持续发展模式，采用了当今世界上最为先进高效的技术并辅之以完善的环保设施，对当地经济发展产生了长期的积极的影响，从技术方面可以作为中国纸浆生产行业的一个典范。

【产品开发和技术创新】

研发创新工作是云景林纸重要的日常工作和经营班子议事的重要议题。公司坚持以科技创新带动产业发展，严格执行研发创新工作总经理负责制，由50多名经验丰富、知识全面、专业齐全的工程技术人员和市场、产品研发人员组成研发部，担负技术创新、市场和产品研发、人员培养等工作，并已相继投入3000多万元资金建立了中心实验室，组建了优良树种培育实验室、苗圃、原料林试验基地，还与中国制浆造纸研究院、南京林业大学、华南理工大学、昆明理工大学等国内著名科研院所合作进行多项关键技术及新产品的研发，与安德里兹、卡瓦纳、福伊特等国外知名制浆造纸设备厂家进行多项技术交流与合作。

云景林纸的研发创新主要体现在两方面：一是利用生物技术发展林纸产业，范围涉及纸浆材树种的改性，速生、丰产树种的培育，生物酶制浆、漂白和脱除树脂，利用微生物进行废水处理等研究。二是制浆造纸研究，已完成和正在进行竹子和杂木化学机械浆、思茅松APMP和BCTMP制浆、思茅松制浆工艺条件优化、主要阔叶木树种制浆、思茅松浆精深加工（开发绒毛浆及无尘纸）、桉树林浆纸一体化发展、蒸煮助剂在思茅松制浆上的应用等研究。

云景林纸的研发创新在降低成本、提高效益和竞争力、节约资源等方面已取得明显成效：思茅松、桉树等丰产制浆造纸优良树种的培育取得成功，思茅松产量由原来0.267米^3/公顷提高到0.733米^3/公顷，桉树蓄积量每年达0.133～0.2米^3/公顷。可节约大量的林业用地，为保护生态和发展循环经济、节约型经济奠定了良好的条件。而生物酶漂白技术则有效地降低了制浆成本和漂白废水中污染物的负荷，也提高了产品质量。

云景林纸研发创新的重点领域及方向：一是建立省级科技研发中心，构建研发创新平台；二是积极推进节能降耗改造、新产品开发、产品深加工、清洁生产等工作；三是培育木素含量低、纤维素含量高、速生、丰产的优良纸材原料树种；四是利用思茅松纤维吸水性能好的特性，开发适销对路、高附加值、排它性强的产品，打造云景林纸核心竞争力；五是开发利用制浆造纸生物酶，解决制浆过程中的树脂障碍，提高思茅松浆的柔性，减少纤维损伤，降低漂白废水的排放负荷；六是利用微生物治理污水，优化组合污水处理工艺技术，降低污染排放和处理成本。

【原料】

为切实解决云景林纸原料供应和基地建设问题，1998年云南省政府在思茅召开现场办公会议，决定由景谷县划出6.7万公顷林地交由云景林纸经营，使云景林纸率先成为国内林纸一体化的企业。云景林纸坚持"以林促纸、以纸养林、林纸两利"的一体化持续发展模式，始终把林基地建设作为生产"第一车间"来抓，成立全资子公司专门负责林基地建设工作。林基地自1998年启动实施至2005年，已投入资金1.6亿元，种植速生丰产工业原料林4.74万公顷。其中：6.7万公顷基地内种植思茅松3.3万公顷；利用农户的责任山、自留山、轮耕地，以"公司＋农户＋基地"的方式种植思茅松0.59万公顷，桉树0.91万公顷。经测算，基地林分质量远远超出天然次生林，达到或超过国家工业原料林基地建设标准。

云景林纸对速生丰产工业原料林基地建设过程中树种结构选择、基地采伐更新、基地经营方式进行了广泛试验和深入研究，并取得了显著的成绩。公司在对树种结构进行调整和推广种植的过程中，始终坚持以科技为先导，先试验、示范，再逐步推广种植。为增加浆材原料供应渠道，贮备新产品，开发速生、丰产、优质且适宜制浆造纸的树种，公司在利用当地优势树种思茅松制浆的基础上，还成功组织利用各品系桉树和当地其他丰富的阔叶木树种资源进行了制浆生产。以公司＋农户＋基地的形式推广种植思茅松0.59万公顷、桉树0.913万公顷。制定了《思茅松人工林营造技术规程》、《桉树栽培技术规程》、《工程质量验收管理办法》、《林基地管护暂行办法》等规程。

亚洲开发银行在2003年对项目进行后评估时，对云景林纸的林业开发部分作了以下评价：(1)省政府通过将土地使用权分配给项目发展林纸一体化的做法，在当前中国国内属于空前的一种措施。这种做法是未来发展林业和纸浆工业并使之具有可持续性发展的最佳模式。(2)政府通过将6.67万公顷林地划拨给企业进行集约化开发和经营，通过这种划定区域内的林业资源的合理利用，满足了浆厂对原料的需求，能够阻止全县范围内的无序采伐，降低对天然林的采伐规模。

【环保与节能】

云景林纸累计投入环保建设资金2.89亿元人民币，占浆厂总投资的18%，建成碱回收炉、石灰回收装置、静电除尘装置、污水处理站（处理系统从加拿大艾姆柯公司引进)等治污设施。

项目一期建设共投入环保资金 23145 万元人民币,占项目总投资的 16.2%。工程建成投入运行后,BOD_5、COD_{Cr}、SS、pH 值等都达到或优于国家排放标准。一期工程运行期间,为进一步改善环保状况,公司又先后投资 420 万元人民币,新增建设了干灰收集系统、新沉灰池及凉灰场、制浆车间黑液回收系统以及浆渣堆场等。2003 年实施 10 万吨木浆生产线完善工程改造时,投入环保建设资金 5420.7 万元人民币,占技改总投资的 45%。改造工程结束后,黑液提取率达 98%,碱回收率达 93%以上,热电厂锅炉烟气除尘系统除尘率达 98%,碱炉电除尘系统除尘率达 99.5%以上,吨浆耗水下降到 70 $米^3$(包括全厂所有用水),排污量和污染物浓度明显下降,实现了清洁生产。

在 10 万吨完善项目的基础上,公司继续加大清洁生产、减污增效、源头治理的投入,作了大量的改造,取得显著的成效。仅 2005 年就实施了以下环保和节能措施:

新增 1 套冷却能力为 500 $米^3$/小时的温水冷却塔,使水耗降低 200 $米^3$/小时,大大提高了水资源的利用率,缓解生产平衡用水问题。

用碱回收车间蒸发站的轻污水代替制浆车间氧脱木素工段热水进行洗浆,回收了热能,降低了水耗和汽耗,大大消减了末端治理负荷。

全厂排水实施轻污分流,并收集碱回收蒸发工段和苛化工段的所有密封冷却水,用于热电厂水膜除尘冲灰,提高水资源利用率,降低污水处理系统进水量,从而有效提高污水处理效率。

建造木片水洗系统废水排放沉降池,回收木屑用作燃料或外卖创造经济效益,降低排水中的污染物含量。

对苛化工段的消化渣进行二次洗涤,降低碱流失和环境污染。

将制浆车间漂白工段的直排碱性废水应用于电厂烟尘脱硫,以废治废,减轻污水处理压力。

收集制浆车间二氧化氯工段和氯碱车间次氯酸钠溶液,用于污水处理排水消毒,消灭排水中的细菌,减轻污水处理负荷。

加大日常监督检查力度,及时对问题和隐患实施整改,提高资源利用率,消减污染源的产生和排放量,从而有效降低末端治理负荷。

云景林纸清醒地认识到:清洁生产意义重大,也是企业的唯一选择;仅依靠开发更有效的污染控制技术所能实现的环境改善十分有限,依靠改进生产工艺和加强管理来消除污染更为有效,企业必须关心生产过程对环境的影响,在污染物产生之前采取措施,将污染物消灭在生产过程中,减少污染物的产生量。公司将在目前的基础上,进一步加大宣传力度,不断挖掘设备潜力,加强清污分流,持续改进清洁生产。"十一五"期间公司计划投资 1150 万元实施臭气处理、排放污水深度处理、电厂烟尘二氧化硫深度治理等改善工程。公司已和云南省环境科学研究院清洁生产中心签订清洁生产审核咨询合同书,开展自主性的清洁生产审核认证,目前该项工作进展顺利,即将向省环保局提交清洁生产审核申请书。

【"十一五"发展思路】

云景林纸抓住国家鼓励发展林纸产业的机遇,结合思茅市森林资源状况,通过科学论证,按照"科学规划、分步实施、坚持创新、发挥特色"的原则,制定了"十一五"期间"做强核心、做大产业"的总体规划,即在"十一五"末期,公司总体规模达到林基地 26.67 万公顷,制浆生产能力 42.5 万吨/年,造纸能力 5 万吨/年,产值不低于 18 亿元/年,利税不低于 3 亿元/年的集营林、制浆、造纸为一体的林浆纸集团化企业。具体规划为:

2006 年至 2007 年间,对现有 10 万吨生产线进行提产优化改造和产品结构调整,包括优化产能达 12.5 万吨、建设 3 万吨绒毛浆生产线 1 条、建设 1 万吨无尘纸生产线 1 条;新增建设 20 万公顷原料林基地;开始建设 30 万吨/年化学木浆生产线;在托管的基础上最终并购云丰造纸厂,借此进入造纸领域,对产品进行深加工;延伸产业链,加快煤矿建设,在 2007 年底达 9 万吨设计水平,原煤自供率不低于 75%;建设景洪竹浆纸一体化项目。

2007 年至 2010 年间,建成 30 万吨/年化学木浆生产线;筹备企业上市,建立企业融资平台;着手建设 50 万吨高档纸生产线。

(朱尤高)

镇江金河纸业有限公司

Zhenjiang Jin-He Paper Co.,Ltd.

【企业概况】

镇江金河纸业有限公司位于镇江东郊长江与大运河交界处,始建于1958年,原名镇江纸浆厂,由原国家轻工业部投资。现在,是一个集浆、纸、碱、电、污水处理的类别齐全的综合性制浆造纸企业,公司总资产3.23亿元,年浆纸生产规模10万吨,销售收入4亿元。

【产品开发与科技创新】

公司的主要产品有漂白硫酸盐纸浆、系列文化用纸、工业加工原纸及生活用纸。其中:

"狮志"牌木竹混合浆,这是公司最新研发的新产品。利用优质、精选的木、竹原料,采用硫酸盐法制浆和多段漂白工艺。具有高强度、高白度、低尘埃等特点,是配抄各类优质高档纸或其他纸品的高档浆种,能部分替代进口木浆,广受华东等地客户的欢迎。

"芦花"牌苇木混合浆,以芦苇和杨木加工边角料生产的绿色环保产品,具有白度高、污点少、返黄率低、强度好、易打浆等特点。多年来深受广大客户欢迎。自1995年以来,一直保持着江苏省省级名牌产品称号,2003年荣获"省级火炬计划立项证书",被评为省、市"高新技术产品"与"国家重点新产品";2004年"芦花"商标再次荣获江苏省著名商标称号;"漂白硫酸盐苇木混合浆工艺"已通过国家知识产权初审,进入实审阶段;2005年,公司自主开发的未漂硫酸盐落叶松浆、漂白硫酸盐棕榈浆通过省级新产品鉴定,并获得"市科技成果鉴定证书",企业荣获"市高新技术企业"称号。

"金芦"牌系列文化用纸中低定量双胶纸,具有表面细腻、尘埃少、适合高速多次套印等优点,适用于书写、印刷、工业加工等,在省内外享有良好声誉,被评为省、市"高新技术产品"与"国家重点新产品"。

"金芦"牌系列生活用纸,具有纸质柔软、吸水性强、拉力好、皱纹均匀细腻等特点。特别是原料以高温高压蒸煮,洁净而无致病性细菌、畅销于卫生纸市场。

【原料】

公司积极响应国家节约资源、发展循环经济的要求,在原料上进行了较大的调整,除芦苇外,大量利用板材加工、编织加工的木竹边角料,充分利用资源,减少其他制浆造纸原料的用量。

【环保与节能】

公司十分重视环保工作,1967年即投产了碱回收系统,2003年进行改造。1998年利用世界银行贷款建设的污水处理场建成投产,在此前后完成了烟尘治理。近两年对发电系统进行了节能提效改造,在环保和节约能耗上更进了一步。

【发展与建设】

以绿色环保、循环经济为经营理念,以培养核心竞争力为发展突破口,依托"长三角"的区域优势,坚持苇浆特色,开辟新型原料,促进浆种结构调整,重点发展文化纸、包装纸及纸加工,以品种多样化的经营策略,到2010年,将金河公司建成20万吨级的规模效益型现代化企业。重点项目有10万吨多浆种改造工程、年产10万吨中高档文化纸机、年产5万吨低定量牛皮包装纸、年产2万吨系列生活用纸、热电站二期扩建工程、300吨碱回收炉改造工程、5000吨码头泊位综合运输改造工程。

(谢 辉)

浙江景兴纸业股份有限公司

Zhejiang Jingxing Paper Co.,Ltd.

【企业概况】

浙江景兴纸业股份有限公司是全国规模最大的三家以专业生产A级牛皮箱纸板为主的造纸企业之一。公司主导产品为牛皮箱纸板、白面牛卡和高强度瓦楞原纸等系列产品。2005年公司产量达到30.68万吨，实现销售收入为10.09亿元，利税1.21亿元，拥有总资产10.86亿元。目前，景兴是中国包装纸板的生产基地、浙江省先进制造业基地之一。

景兴纸业以技术为依托，以品质求生存，以服务争市场，以效益谋发展，先后被上级授予省“小型巨人”企业、“四星级”管理示范企业、浙江省技术进步优秀企业、浙江省诚信企业、绿色企业和全国优秀包装企业等荣誉称号，并在同行中率先通过了ISO9000质量体系认证和ISO14000环境体系认证。

“开拓创新，求变图存”，景兴纸业在继续进行企业机制创新、加快公司业绩改进和提升的同时，还不断整合内外资源，成功吸引国内著名上市公司上海茉织华股份有限公司、世界五百强企业之一日本制纸株式会社和国际著名企业日本纸张纸浆商事株式会社成为公司股东，景兴纸业跨出国门，走向了世界。

浙江景兴纸业股份有限公司原为平湖市第二造纸厂，地处浙江省平湖市曹桥街道，距上海90公里、苏州80公里、杭州100公里，地理条件优越，交通便利，属于沿海工业发达地区。平湖市第二造纸厂始创于1984年，建厂时固定资产近60万元，职工75人，一条1092毫米三网四缸造纸生产线，年产单一的普通箱纸板1000吨。自20世纪80年代以来，由于企业抓住市场机遇，重视产品质量和基础管理，连年取得了较高的经济效益，为企业的进一步发展奠定了经济基础。1989年至1994年，企业根据形势的发展，投资7000万元，进行了大规模的技术改造和改扩建工程，按照市场需求，调整了产品结构，在这5年间共扩建了6条造纸生产线，一跃成为国家大型一档企业。1996年按《公司法》要求整体改组为浙江景兴纸业集团有限公司，注册资本7800万元；2001年9月整体改制为拟上市的浙江景兴纸业股份有限公司。目前公司注册资本15000万元，其股东结构与持股比例如下：自然人朱在龙持有6150万元，占总股本41%；上海茉织华股份有限公司持有6150万元，占总股本41%；日本制纸株式会社持有825万元，占总股本5.5%；日本纸张纸浆商事株式会社持有825万元，占总股本5.5%；平湖市曹桥乡集体资产经营公司持有600万元，占总股本4%；平湖市电力实业总公司持有450万元，占总股本3%。公司改制后，着手进行上市的准备工作，于2004年5月31日通过了中国证券监督委员会首次公开发行股票的审核，现已进入了正常的排队等候阶段。公司通过股份制改革，明晰了产权，优化了企业资本结构，完善了法人治理结构，建立了科学的管理制度，提升了企业档次。

【产品】

主导产品为AA级、A级、A2牛皮箱纸板，主要定量为120～320克/米^2；AA级、A级瓦楞芯纸，定量为95～150克/米^2；白面牛卡，定量为150～320克/米^2。高品质的产品是制造业的灵魂，公司对产品的要求近乎苛刻，对质量的最求作为一种理念融铸在公司的制度中，同时也作为一种荣誉与品格，寄放在每一位员工的心中，促进景兴纸业的产品在质量上达到了极高的水平。质量指标达到或接近国际领先水平，坚实、牢固、精美，都使景兴的顾客发出由衷赞美之词。同时，企业成功吸引了众多国际著名品牌和国内知名企业并与之建立长期密切的业务关系，如可口可乐、娃哈哈、上海烟草、红塔集团等。“景兴牌”牛皮箱纸板被授予“中国驰名品牌”；“景兴牌箱纸板”被认定为“浙江名牌产品”；“景兴牌”商标评为“浙江省著名商标”。目前，公司的产品除销往江、浙、沪等华东周边地区外，还远销云南、广东、福建、安徽、重庆和山东等省市。

【人才】

人是生产力中起决定性作用的因素，生产高质量产品离不开高素质的人才。在人才问题上，景兴按照管理、技术、技术操作各个层面的岗位要求，合理地配置好人才架构和梯次，做好各类人才的引进和培养，把合适的人才放到合适的岗位，使各类人才各尽所能、各尽所长。通过激励、提供培训等手段，赋予他们施展才能的场所和机会，从而提高了各类人才对企业的认同度，保证了企业人员的长期稳定。建立了高层次人才的柔性引进机制，自1996年以来，累计引进专家、教授50人，中级职称以上人才80人。从1997开始，景兴还从各类大专院校招聘了百余名大学生，经过公司几年来的精心培养，绝大部分留了下来，而且许多已成为厂里的技术与业务骨干，成为主管、经理。为鼓励一线员工向技能专业化方向发展，今年初又实施了“技能薪酬”改革试点方案，进一步营造了尊重人才、尊重知识的创新氛围。依靠人才制度，景兴通过制度将吸引更多的优秀人才，为景兴纸业健康、快速发展注入了新动力。

【环保与节能】

公司在不断扩大生产经营规模的同时，时刻铭记社会赋予的责任和义务。公司自创建以来，主要利用废纸原料从事绿色再生纸的生产和销售，与国家倡导的清洁生产相适应。为根本解决污染问题，更好地发挥资源综合利用水平，坚持可持续发展的宗旨，引进了国外先进的“D、A、F”气浮处理系统、生化处理系统，结合ISO14001体系的推行，积极采用“新材料、新技术、新设备”的“四新”技术，制浆车间选用高浓渣等工艺，降低能耗，选用新型的压榨部，提高纸页进烘干部的干度；烘干部采用密闭气罩和热回收装置，回收部分热能。纸机采用交流变频传动，减少能源消耗。烘干部采用热泵控制系统以节约蒸汽，冷凝水回收以节约热能和处理费用。通过一系列的技术改造，节能降耗，在吨纸的水耗、电耗、汽耗方面，达到或接近国际先进水平，从而降低生产成本，减少环境污染，改善生态环境，提高产品的核心竞争力。2001年12月，公司被浙江省经济贸易委员会认定 为“浙江省资源综合利用企业”；2003年6月，公司通过了清洁生产的审核。2005年，公司又被浙江省经济贸易委员会列入了浙江省循环经济试点企业。

【发展与建设】

良好的硬件设备是企业生产高品质产品的先决条件，景兴拥有具有21世纪国际先进水平的4850毫米造纸流水线1条；具有国内先进水平的2400毫米造纸流水线3条；2200毫米造纸流水线1条；从而为生产出高品质的产品奠定了坚实的基础，同时还拥有“浙江省企业技术中心”，又注重先进技术的开发和引进，每年的科研经费达数千万元，并建立了整套技术开发计划，以此让公司在发展道路上突破质的飞跃。其中由公司研究和开发的高强度低定量牛皮箱纸板和高强度瓦楞原纸两个产品，1994年通过了省级新产品鉴定，1995年分别列为国家新产品和省级新产品，同时分别获得1995年全国包装科技成果二等奖和三等奖。1996年，取得国家商检局认定可以替代进口包装材料的许可证。

在不断壮大的同时，公司高层清醒地认识到，发挥企业主导产品的优势和提高产品竞争力是公司发展的关键。2000年，投资3.2亿元，兴建了一条拥有国际先进水平的4850毫米牛皮箱纸板生产流水线，为公司的新一轮的发展注入新的活力。朱在龙董事长提出的总体目标是：到2008年，达到年产100万吨包装用纸的生产能力，建立每月1000万米^{2}产量的包装纸板加工厂和年产1.2亿米^{2}纸箱的包装公司，将公司的上游、下游结合起来。届时景兴纸业将成为中国最大的牛皮箱纸板生产基地之一。为此，景兴纸业于2005年初开始筹建年产30万吨利用废纸纤维再生环保绿色包装纸项目，目前已经进入施工阶段，预计于2007年3月竣工投产，该项目的建成将是景兴纸业发展史上的重要里程碑，为景兴纸业跨入年产100万吨的世界大型造纸企业迈出了坚实的一步。继而向着规模化、集约化、全球化企业的方向发展。

（沈守贤　章爱其）

河北诺斯克龙腾纸业有限公司

Hebei Noske Slog Long Teng Paper Co., Ltd.

【企业概况】

河北诺斯克龙腾纸业有限公司于2003年8月经国家商务部批准设立，其30万吨新闻印刷纸项目是2001年10月经国务院总理办公会研究通过批准立项的大型加工项目。

河北诺斯克龙腾纸业有限公司是由河北龙腾纸业总公司与新加坡诺斯克泛亚私人有限公司组建的一家中外合资企业。其前身是河北泛亚龙腾纸业有限公司，由河北龙腾纸业总公司与新加坡泛亚纸业私人有限公司共同出资，成立于2003年9月，注册地址为河北省石家庄市赵县石塔西路工业一街。2005年11月，新加坡泛亚纸业私人有限公司股东方挪威诺斯克公司收购其另一股东加拿大雅比迪公司的全部股权，重新注册为新加坡诺斯克泛亚私人有限公司，由此企业随之更名为河北诺斯克龙腾纸业有限公司。

挪威诺斯克公司在欧洲、亚洲、南美和大洋洲拥有19家独资和合资工厂。财务状况健康，为世界第一大新闻纸制造商和世界第三大印刷纸制造商。河北龙腾纸业总公司是一家国营大型造纸企业，是河北省造纸行业的骨干企业之一。成立合资公司后，企业按照国家指示政策关停。

工厂设计规模为年产新闻印刷纸30万吨，原国家发展计划委员会于2001年11月批复《项目建议书》，国家环保总局于2002年10月批复《环境影响报告书审查意见的复函》，原国家发展计划委员会于2003年3月批复《可行性研究报告》，河北省发改委于2004年2月批复《初步设计》。

该项目被列为河北省“十五”期间重点建设工程。总投资24.18亿元，注册资金85000万元，其中外方投资68000万元，占股比80%；中方投资17000万元，占股比20%。公司现有员工341人。占地面积40.67公顷，建筑面积6.7万米^2。

厂区位于河北省赵县县城西南部，厂区紧邻308国道，北距省会石家庄市40公里，西距京珠（北京—珠海）高速公路10公里、京广铁路15公里、东距青银（青岛—银川）高速公路8公里，交通十分便捷。

【生产工艺与质量控制】

生产线全部引进世界上最先进的工艺技术和设备，从废纸脱墨、制浆、抄造、卷取、产品包装甚至是粘贴商标等工段全部实现自动化。脱墨制浆设备自德国福伊特公司、奥地利安德里兹公司进口，是世界上最大的、控制水平最高的单条脱墨制浆生产线；造纸设备和技术由世界最大造纸机械制造商之一的芬兰美卓公司提供，年生产能力33万吨，纸机设计车速2000米/分，是世界上同类设备中车速最快、技术最先进的造纸机之一，单机生产能力位于世界前列。造纸机配备世界先进的上浆系统、压榨系统、烘干系统、卷取系统，装备有在线震动检测、在线纸病检测、在线留着率检测控制等先进的质量控制和检测系统，加之韩国EME污水处理设施，形成世界上在线控制水平最高、装备技术最完美的新概念造纸生产线。

产品质量标准执行新闻纸国家标准GB/T1910－1999中的优等品标准，但在实际生产中执行的内控A级品标准中各项指标不仅都大大超过了国家标准，还增加了印刷粗糙度、透气度、灰分等作为质量判定的重要指标，与国外一些知名新闻纸厂的控制要求一致。生产过程主要质量控制设备23台套，均采用国际先进设备技术，所有质量检验设备精确度和控制能力均达到世界一流水平，及时为生产提供准确的质量指标。因采用国际上最先进的自动化控制系统，向用户提供的卷筒纸全部为零接头，并且没有孔洞。从生产中检测的结果看，各项指标都能很好符合其内控标准，质量稳定。主导产品45～48.8克/米^{2}新闻纸质量在国内处于领先地位。

【环保与节能】

公司经营宗旨之一是确保工厂是一座绿色环保、

对员工和社区居民安全负责的工厂。公司成立了环境管理部门负责全厂环保工作，制定了完善的管理制度，配套设有专门的环保实验室。并配备多种先进检测仪器，化验分析设备全部采用进口。完全满足环境监测要求，并为公司整个环境保护体系的良好运作提供了有效的技术保障。

生产最大程度地坚持环境友好理念。以100%回收旧报纸和杂志纸为主要原料，其中60%来自国内，40%进口。进口原料由诺斯克公司利用其全球资源系统统一调配。公司对环保工作非常重视，建立了各项环境保护设施，环境保护工程投资1.6亿元，约占工程总投资的6.7%。工艺系统完全由韩国韩松EME公司负责设计、安装和调试，采用了先进的PLC控制系统。严格按照国家规定控制污染物排放量及排放浓度。生产的新闻纸全部以回收纤维为原料，在噪声控制和废气、废水排放方面完全按照ISO14000国际标准建设，所有生产工艺均按原材料高利用率、能源高效使用率、废物最低产生量及减少废水废气有害物质含量的要求设计。漂白采用“全无氯”工艺，用无氯漂白工艺生产的新闻纸无害于生态环境，而且可循环利用。本厂的设计还遵循低淡水耗用量原则。工艺中40%的水可以回用。投资5000多万元建设了废水处理厂，并采用最新技术，SS、COD、BOD和磷的排放达到国际标准。达到最优化状态后，日处理能力为2.4万米^3，远远高于本厂的水耗用量。污水处理过程无二次污染发生。

生产中还通过焚烧如污泥等废物以回收热能。投资近1100万美元的焚烧炉每天可处理220吨污泥。从焚烧炉排出的高温气体具有回收价值，由余热锅炉回收利用，产生的热能将在工厂的不同生产环节加以使用。焚烧后产生的灰粉可运往工厂附近的水泥厂再利用，生产各个环节无固体废弃物排放。

在噪声控制方面采取了多种减震、隔声、消声防治措施并安装了必要的消声设备，设置隔离泵房和空压机房，降低噪声，以减少对外环境的影响。

2005年11月经国家环保总局检查、检测，各项污染指标均低于相关国家标准，并于2006年4月24日顺利通过了国家环保局对公司环保工作整体验收。

在主要设备购进和安装时全部采用节能、环保型高科技产品，节能效果明显。ABB系列传动变频器系统可依据负荷大小进行电压、频率调节，从而使损耗降低，并且部分电能会回馈给电网，与普通拖动系统比可节电30%以上；采用单体ABB系列变频器，和原来其他生产工艺中靠调节工艺装置的拖动系统相比，节省被消耗在调节工艺装置上的电能，节电率15%以上；电机全部采用高压节能电机，减少电能损耗。

公司新闻纸生产工艺符合循环经济和清洁生产政策，公司依靠对生产工艺的不断优化，逐步减轻了对环境的压力，吨纸的清水消耗量由设计的20吨减少到10吨左右，是国内标准的1/6，也就是说单位产品的污水排放量减少近一半，节约水资源的同时降低了环境污染。由于采用全废纸生产，年节约木材100万米^{3}以上。

公司投资200多万元建设绿色工厂，绿化面积占整个工厂面积的40%，不仅绿地、鲜花、苗圃、松柏分布整个厂区，而且所临公路两侧铺设了绿化带，走近工厂清新扑面，景色宜人。赵县素以赵州桥、柏林寺为两大风景线，如今“工厂”又成为一大靓点。人们传统的“造纸厂是污染企业”观念在这里得到了彻底改变。

【健康与安全】

高度安全的作业标准并提倡健康生活，是企业的基本原则之一。“营造健康的工作环境，让员工全天24小时都能顾及本身与他人的健康和安全；开发符合企业最高标准的工作环境；确保日常营运及与承包商的合作皆以健康和安全为一贯关注重点”是企业执行健康和安全的具体行为准则。

工厂从筹建到生产，提前于计划完成，质量高、速度快，却没有发生任何重大的工伤事故，得到了同行业的赞许，也为当地树立了新的安全典范。

公司良好的工作环境、合理营养的饮食、舒适的住所，是员工健康的基础；入职体检、定期体检、各种保险、充足的运动场所、科学的健身器械，是员工健康生活的保障。

从员工踏入诺斯克龙腾厂门，安全观就无处不在。入职前安全培训，发放劳动防护用品，各部门、各生产环节的安全规章制度，各工段的注意细节，每周、月进行集中培训，驾驶员的安全行驶，安全知识和现场竞赛，上班前手拉手“杜绝工伤”的口号，世界各大纸厂的安全和事故信息，甚至是一次细小未发生安全事故的隐患分析和总结都要公布于众，告之员工时时刻刻注重安全。

【企业文化】

诺斯克龙腾公司是个世界级的工厂，中国人、韩国人、加拿大人、挪威人，形成亚、欧、美文化的交织。人文的管理、严谨的态度、辛勤的工作、精益求精的技术，体现出多种文化带来的工作精神。

从办公室到野外拓展训练，从生产车间到足球场无不体现着企业文化的另一个主题——团队精神。

用中英文书写的《诺斯克龙腾之声》内部刊物，是企业内部员工沟通的一种渠道，而以11种语言发表，每年四期、发行量16000份的内部杂志《人类与纸张》，则是集团各公司间企业文化交流的一个桥梁，也是最能直接体现企业文化“纸张是永恒的沟通之源”的精髓——“纸向未来”。

从企业内部的管理、技能、英语培训，到救助当地贫困学生、捐助孤儿院、向当地医院捐赠医疗仪器以及周边环境绿化，表现出企业包容无私精神——我们想的不只是自己，更多的是社会。

从企业的包装设计，能体现出多元文化色彩。“四条蜿蜒交错、宛如没有尽头的线”，鲜艳而醒目，这个富有激情的设计激发了员工和客户的想象力，中国龙、北欧装饰物、北美部落艺术、放大的纤维、毛利人的编制品，或是一种永恒的隐喻。如果去想象，它可以是上述任何一种或更多。勇于挑战想象力、包容所有为之凝聚力量的多元文化是一个富有创造性的现代化公司标志——从现在到永远。

（河北诺斯克龙腾纸业有限公司）

河北永新纸业有限公司

Hebei Yongxin Paper Co.,Ltd.

【企业概况】

公司前身河北冀腾纸业公司箱板纸厂是一个有着十几年历史的国有大型企业，2003年9月，改制为合资公司。投资股东分别为：香港永发印务有限公司（香港上市公司）、新南（天津）纸业有限公司和天津市天南工贸有限公司。改制后的公司注册资本1900万美元（合计人民币15800万元），总资产6.11亿元。其中固定资产3.66亿元，流动资产2.87亿元，净资产2.36亿元，资产负债率为62%。现有员工830人，其中专业技术人员264人，生产技术工人566人。占地面积610亩，年生产能力30万吨。主导产品为：高档牛皮箱纸板、高级涂布白纸板、高强度瓦楞原纸和B级箱纸板。公司目前为河北省最大的造纸生产企业之一，先后被评为“河北省轻工行业50强企业”，“河北省轻工行业排头兵”。产品被评为“全国包装科技一等奖”、“河北省名牌产品”，“冀腾”商标连续多年被评为“河北省著名商标”。

2005年，产量达25.7万吨，其中箱纸板18.7万吨，涂布白纸板3.8万吨，高强瓦楞原纸3.2万吨，实现产值6.71亿元，销售收入6.56亿元，实现利税3887万元，其中利润1648万元。

【整合资源，发挥优势】

公司地处国家第四大造纸包装印刷工业基地——环渤海湾经济圈，西临京津两大城市，南临渤海，东连秦皇岛，北靠京山铁路干线，唐港高速公路从境内穿过，交通便利，通讯发达，销售网络辐射全国。得天独厚的地理位置，明显的区位优势，随着京津唐经济带的高速发展，必将为企业带来无限商机，公司发展前景更加广阔。

特别是公司通过改制，合理地整合了资源配置，实施优势互补，保持了持续稳定的发展势头。

香港永发印务有限公司是上海实业控股的香港上市公司，经济实力雄厚，经营理念先进，在国内合资控股的包装装潢印刷企业多达十几家，是公司重要的客户资源；新南（天津）纸业有限公司是北方经营木浆、进口废纸的最大公司，是公司强大的原料基地；天津市天南工贸有限公司是国内著名的成品纸经销公司，销售网络遍及全国各地。股东之间优势互补，形成了一条有机的产业链。公司十分重视再生资源原料基地建设，率先在同行业中构建起再生资源原料供应网络，建立原料收购基地，在北京、天津、东北等地区设置了废纸打包厂。既保证了原料供应，又控制了原料成本，在再生资源综合利用方面走出了一条新路。

【管理的新观念与新机制】

在改制过程中，从制度创新入手，按照现代企业制度的要求，建立和完善企业内部的治理结构，并且带来了全新的经营理念和企业文化，企业的经营机制得以脱胎换骨的转变。公司始终把转制作为改制的突破口，以新的经营理念，追求用户利益和企业利益的最大化，形成了自我发展、自我完善的具有创新特色的企业文化。

公司治理结构完善。决策层、管理层、监督层，各司其职，各负其责，相互制衡，协调运转，股东利益、企业利益和员工利益形成共同体。经营管理层实行董事会领导下的总经理负责制，全面负责企业生产经营管理，并对董事会负责，权责明确，高效运作。内部实行全面的预算控制管理，生产经营中的各个环节做到有计划、有措施、有检查、有考核、有监督，形成有效的激励和约束机制。

公司建立有效的企业人才培养机制，充分挖掘现有员工的才智和创造力，从全面提升员工素质出发，致力于培植企业的核心竞争力。通过机制创新和企业文化建设，员工和企业牢牢地凝聚在一起，企业的利益与员工的利益结合在一起，构建了和谐发展的氛围。

【环境保护】

公司着眼于长远的发展，加强环境治理，重视节能降耗，在注重经济效益的同时注重环境效益，公司投资2400万元的污水处理场工程，采用物化和生化相结合的方法，具有污泥沉降性能好、耐冲击负荷高、操作简便等特点，处理后废水水质达到造纸工业排放标准。实现了"碧水蓝天"的计划，造福子孙后代；公司十分注重水的循环利用，保持了较高的水的综合利用率，节水节能、清洁生产；公司利用当地充足的煤矸石资源，投资15000万元建设2×12兆瓦煤矸石综合利用热电厂工程，预计2006年10月实行热电联产。

【发展与建设】

当今国际包装业发展趋势是注重环保和综合利用，使用环保包装产品是包装纸行业的发展方向，因此纸制品包装具有更强的竞争优势。面对这一发展机遇，公司紧紧抓住机遇求发展，挖潜创新增效益，优化产品结构，提升产品档次，牢牢把握市场的主动权，把区域优势转变为竞争优势，把规模优势转变为产品优势，全面提高企业的整体竞争力。

为进一步满足市场的需求，顺应包装纸企业规模大型化、品种高档化的趋势，公司把发展目标定位在更高的水平上，正组织实施年产30万吨高档牛皮箱纸板项目。届时，公司规模达60万吨/年，将跻身国内造纸行业前列。

（杨玉娟）

金奉源纸业(上海)有限公司

Jin Feng Yuan Paper (Shanghai) Co.,Ltd.

【企业概况】

金奉源纸业(上海)有限公司坐落在上海市奉贤区星火开发区,占地面积40余公顷,南临杭州湾,北连A30高速公路,西侧浦星公路与徐浦、卢浦大桥相接,交通及运输极为便捷。

金奉源纸业(上海)有限公司前身是上海星火制浆造纸厂,1993年建成投产,当时主体设备是从芬兰引进的3200毫米纸机,生产包装纸板,年生产能力5万吨。1996年星火制浆造纸厂进行资产重组,重组后更名为上海新伦纸业有限公司,隶属上海开伦造纸(集团)公司。2000年进行技术改造,产量提升到8万余吨。同时建成日处理15000吨废水的生化处理工程项目和日产100吨办公废纸脱墨浆的生产线。

2003年初,体制改革中的上海新伦纸业有限公司开始积极探索合资合作发展造纸的新路,先后与几家著名公司就此进行商谈;作为国际同行中有相当影响的跨国企业集团和著名华人企业之一的金光集团,10余年来也在积极探索与国内特别是上海的企业合资合作之路。同年9月起金光集团和开伦双方就建设上海造纸基地的共同愿望开始进行磋商,共同的执着追求和不懈努力使谈判一拍即合,2004年1月3日,印尼金光集团和上海轻工控股(集团)公司在上海顺利签订了合作的"框架协议"。最终由金光纸业(中国)投资有限公司和上海开伦造纸印刷集团有限公司共同出资组建合资企业金奉源纸业(上海)有限公司。金光纸业占80%股份,上海开伦占20%股份,于2004年9月正式营运。

目前年生产能力为11万吨,2005年实现销售近10万吨。

【产品开发与科技创新】

金奉源纸业十分重视科技兴业,开发新产品,提高产品附加值,始终把开发新产品和加强知识产权工作作为企业发展的关键环节来抓。有计划、有步骤地扎实推进,不断提升企业自主创新能力。合资后,首先在产品结构上进行调整,从原来生产灰底白纸板和白卡纸两个品种改为全部生产白卡纸。

随着环境保护理念的日益深入人心,各类纸质食品包装正以其环保性得到越来越多的推广应用,从而成为不可降解包装物的最佳替代品。国内现有的食品卡纸还处在中低档产品上,高档产品全部都要从国外进口。金奉源纸业凭借其强大的科研支撑,充分发挥国内独家引进世界一流的大直径(5.5米)光泽烘缸(扬克缸)的优势,开始研制生产高档食品包装用原纸。到目前为止,已相继开发出纸杯原纸、面碗原纸、餐盒原纸、以及食品专用纸(包括液体无菌砖包原纸、单面涂布白芯白卡、高松厚涂布白芯白卡等)三大类食品卡系列产品,并已成为企业的主导产品。

公司还开发出高级复膜专用白卡纸和电子元件载体纸板等。根据上海市政府"上海市专利新产品认定实施办法",公司对已开发生产的"环保型卡纸"、"环保型真空镀铝卡原纸"申报了专利新产品认定,并经上海市专利新产品评审委员会专家评审通过,成为专利新产品之一,已获上海市政府颁发的专利新产品证书(SHZX041042)(SHZX051009)。

【环境保护】

在发展生产的同时十分重视环境保护工作,先后共投资2500多万元人民币,从加拿大引进关键设备和主要工艺技术,建成日处理能力为15000米^{3}的废水处理站。并采用目前较为先进的SBR污水生化处理技术,整个系统由计算机全自动控制,对污水进行全面的综合处理和24小时监测。通过建立健全公司内部的清洁生产管理制度,以节能、降耗,减少污染为目标,对生产全过程的排污进行控制,使排放水质达到上海市规定的标准。

【管理创新】

金奉源纸业面对激烈的市场竞争,致力于提高公司的核心竞争力。企业首先对自身企业管理能力、资源营运能力、产品制造能力和营销能力等方面，进行仔细研究，然后根据自己的实际情况选择适合自己发展的道路，通过制定一系列规章制度，引进金光集团的先进技术、管理模式和企业文化。譬如，“主动服务客户，访问客户，走向市场，以市场为导向”就是APP一贯倡导的企业精神，把这种企业精神与APP销售网络的优势加以配合，使销售分公司打开了销售局面，实现了产销平衡。

金奉源纸业正式营运后，公司员工的待遇相应提高。面对新的环境，首先对原新伦纸业的员工队伍进行整合，留任原公司的优秀人才，对技术人员和主要干部，力求平稳过渡。然后通过人才市场招聘，引进造纸、印刷方面的专业人才30余名，取代绩效不佳者，实行低效者退出，大大提高了工作效率。企业现有员工400多名。

在信息化建设方面，通过引入先进的SAP管理系统，对营业，采购、资材、财务等部门增添电脑和其他硬件，并对员工进行计算机与SAP网络运用技能培训，实现了SD、MM、QM、FL、CO、AM六大模块全面上线运作，目前已达到线上下单，线上实现采购申请及订单审批等。

（潘建新）

广西贺达纸业有限责任公司

Guangxi Heda Paper Co., Ltd.

【企业概况】

1991年9月28日贺纸项目破土动工,历时三年多,于1994年12月18日建成投产,同年,广西贺县纸浆厂成立。1996年5月,改制成立广西贺纸有限责任公司。2001年4月改制(指债转股),成立广西贺达纸业有限责任公司,股东由中国信达资产管理公司和广西开发投资有限责任公司共同构成。

贺纸项目是我国首批利用亚洲开发银行(简称亚行)贷款兴建的项目之一,也是国内首家利用亚行贷款建成的生产全漂白硫酸盐化学商品木浆(含针叶木和阔叶木)的轻工企业,生产规模为年产7万吨漂白浆板(原设计规模为5万吨,2001年实施技改后达7万吨),项目建设投资8.3亿元(其中亚行贷款4960万美元),总建筑面积89085米^2。关键设备均采用国际竞争招标方式分别从加拿大(原木剥皮削片系统)、瑞典(洗选漂系统)、芬兰(蒸发系统)和美国(二氧化氯制备装置和污水处理系统)等国引进,采用间歇蒸煮技术加氧脱木素及O-D/C-EOP-D漂白工艺流程,总体技术具有20世纪90年代国际先进水平。它是我国首家采用二氧化氯、氧脱木素和过氧化氢漂白技术的轻工企业,在生产过程中有技术成熟可靠的黑液碱回收系统、污水二级生化处理系统以及装机总容量为1.3万千瓦的热电站汽轮发电机组(两台)。

贺纸所在地贺州市,位于广西东北部,处于湖南、广东、广西三省区交界地带,公路交通网络比较发达,北距桂林210公里,南临广州330公里,主要交通干线均按国家II级标准进行修建,正在修建的冷梧(冷水滩至梧州)铁路以及桂梧(桂林至梧州)高速公路也经过此地。贺州市是广西主要木材生产供应基地之一,其周围相邻地区的森林资源也较为丰富,这是当时决定把贺纸建在此地的重要原因。

2005年,公司提出以质量为主,产量跟进,改变了以往以追求产量为目的的策略,产品质量取得了一定的突破,桉木浆一级品率达到97.49%,满足了客户需求。并且,通过实施树皮锅炉项目、改变汽机运行方式、实施废水综合利用等措施,每年新增效益600多万元。

同时,种植的速生桉开始进入砍伐期,标志着林浆纸一体化战略迈出了实质性的一步。

2005年统计资料:

产品:全漂白硫酸盐浆

原料:桉木、杂木、竹子

产量:72542吨

产值:29245万元

利税:2161万元

【技术开发】

(1)1998年,自行开发成功时属国内首创的国家级新产品——全漂白硫酸盐桉木浆,填补了国内高白度阔叶木商品浆的空白。该产品荣获1999年广西新产品称号,并被国家经贸委列入2000年国家重点技术开发项目计划。

(2)2001年5月,贺纸依靠自身的技术力量,投资3000万元,利用停机检修期间的40多天时间,成功地实施了"年产7万吨桉木浆技改工程项目"。技改后的生产能力比原来提高了三分之一。

(3)2001年,试生产绒毛浆并获得成功。

(4)2001年,成立省级技术开发中心。

(5)2003年,试生产竹木混合浆并获得成功。

(6)2004年,完成了ERP一期工程,实施的内容包括财务、采购、销售、库存管理、人事、工资、设备、总裁等方面的16个相关系统模块,全面提升信息化管理水平。

(7)2005年,完成了ERP二期工程,实施的内容包括生产计划系统、车间管理系统、质量管理系统、成本管理系统、财务分析系统、资金预算系统等6个相关系统模块。同时,实施OA办公自动化系统。

通过信息管理系统的有效运用,合理调整和使用企业资源,提高企业的管理效率和工作效率,增强企业适应市场的能力。

(8)2005年,成功实施了树皮锅炉项目,每年可节省5000多吨的原煤消耗量。

【环境保护】

(1)采用好氧式二级生化系统处理废水排放。

(2)采用高效的板式降膜蒸发器及配有污冷凝水汽提系统处理废气排放。

(3)采用低臭燃烧炉和高压静电除尘方式及麻石水膜除尘系统,降低烟气中的臭气及粉尘含量。

(4)1995年投资建成小纸机工程,利用制浆生产线产生的废渣抄造牛卡纸、瓦楞原纸等纸种,变废为宝。

(5)1998年投资建成刨花板厂,利用削片机产生的木糠生产装饰材料刨花板。

(6)2000年投资建成轻质碳酸钙厂,利用苛化排放的白泥生产轻质碳酸钙,减轻生产废渣对环境的污染。

(7)2001年投入COD浓度在线监测仪(安装在总排水渠),对公司污染物排放进行监控和跟踪。有利于今后及时、准确地掌握公司的废水排放情况。

(8)2003年投入100多万元引进臭气燃烧炉处理高浓恶臭气体,改善了废气污染。

【经营管理】

2001年4月13日,贺纸债转股获国家财政部认可,新的贺纸公司——广西贺达纸业有限责任公司于同年4月28日成立 。

新的公司成立后,甩掉了沉重的债务包袱,但纸浆市场在经过2000年一年的持续上涨后,开始回落,从2000年的月平均最高价6300元/吨跌至历史最低价3300元/吨。同时由于原材料价格大幅度上涨、技改工程和林业基地贷款没有到位、流动资金严重短缺等不利因素,给生产经营工作造成严重影响。2001年,虽然贺纸完成0.26万公顷林业基地造林任务,超额完成了5.2万吨年生产任务,在原材料价格大幅度上涨的情况下,生产成本比上年降低了3%,并启动ISO9001:2000质量管理体系,加强了全面质量管理工作,但全年仍亏损近6000万元,呈现“生产形势良好,效益状况极差”的局面。

2002年初,贺纸对生产经营方针进行了调整,确定了以生产桉木浆为主导产品的经营策略,生产经营状况有所好转。虽然上半年由于浆价的影响,造成经营亏损较大,但自5月份始,市场浆价开始有所回升,下半年的生产经营基本保持盈亏平衡,并略有盈余,实现盈利近300万元。相比2001年,实现减亏近3000万元。2002年,共生产浆板61526吨,创历史最高水平,且提前一个月完成了全年5.5万吨的生产任务,生产经营成本大幅度降低,达到国内领先水平。

2002年11月,公司通过ISO9001:2000质量管理体系认证。

为提高企业效益,2003年,公司从适应市场需要,满足客户需求出发,从调整原料结构和产品结构入手,在确保高产量、高质量的基础上,采取用价格较低的竹子和杂树为原料,取代部分桉木,生产竹木混合浆策略,确保了生产成本的降低,并做到了产销平衡,出色完成了全年生产经营计划。全年共生产浆板73261吨,再创贺纸年产量历史新高,产品成本在2002年大幅度降低的基础上,又有所下降,产品在国内市场上赢得良好的声誉,大大增强了抵御风险的能力,全年实现减亏2740万元。

2003年,公司投入近100万元,对系统所产生的臭气进行进一步治理,采用运行费用较低的臭气自燃的方式,把臭气进行集中燃烧,使困扰居民已久的臭气问题基本上得到有效治理,得到有关领导的肯定和当地居民的好评。

2004年,公司加大了原材料的调研力度,进行了大量的漂白硫酸盐竹浆、竹子/桉木混合浆、竹子/杂木/桉木混合浆和杂木浆的小型蒸煮和漂白试验,为原材料的采购、原材料搭配、生产工艺调整提供指导性意见。2004年度的漂白硫酸盐竹杂浆产量和质量比2003年有了很大的提高和稳定,为缓解公司原材料紧张的局面和公司生产经营稳步进行起到非常积极的作用。同时,针对燃煤市场的变化,对两台煤粉炉燃烧系统实施改造,使之适合燃烧半烟煤,既保证了燃煤的供应,又降低了采购成本。

完成了ERP一期工程的实施,内容包括财务、采购、销售、库存管理、人事、工资、设备、总裁等方面的16个相关系统模块,全面提升信息化管理水平。

2004年,提前21天超额完成全年生产任务,全年共生产漂白浆板75695吨,创历史新高。并克服了木材和原煤持续涨价、整顿公路运输秩序带来的运费上涨等不利因素的影响,相比上年实现减亏200多万元。

(莫友彪)

山东恒联集团

Shandong Heng Lian Group

【企业概况】

山东恒联集团是一家以纸业为主的综合性控股集团,经营范围涵盖铜版纸、文化纸、玻璃纸、生活用纸、制浆、造纸化学品及房地产等多个层面,拥有13家子公司、5家关联企业,现有员工4000余人。

公司前身为一家国有企业,始建于1946年。历经半个多世纪,见证了中国造纸业的风风雨雨和发展历程,同时也积淀了深厚的造纸文化底蕴。1983年,公司引进日本IHI公司1800毫米喷泉式刮刀涂布机,成为国内最早生产涂布纸的厂家之一。20世纪80年代在国内业界一度享有"南有江南,北有潍坊"之誉,为中国涂布纸的生产、发展做出了重要贡献。1986年,从瑞士毛勒公司引进两条玻璃纸生产线,开创了中国绿色环保包装材料生产的新篇章,大大缩小了与国际先进水平的差距。1989年,从日本川之江公司引进2362毫米高档生活用纸生产线,首开国内高档生活用纸生产先河,为国内高档生活用纸市场的培育、发展做出卓越的贡献。

2002年,公司改制为民营企业,进入一个快速发展阶段。

2005年企业经济运行质量继续保持高速增长的态势,企业盈利能力不断提升,其中:

浆、纸产量21万吨,同比增长43%;

销售收入10.2亿元,同比增长52%;

实现利税8500万元,同比增长70.8%。

【创新求发展】

过去,公司由于面临着国内行业发展良机,更加关注企业在量的方面发展,而没有较多的资金用于提高企业的自主创新能力。随着企业内外部环境的不断变化,尤其在企业引进战略管理后,为了实现企业的可持续发展,公司认识到发展与技术创新的关系,并逐步加大了在基础研究和应用研发方面的投入。企业自主创新能力越来越强,相继开发出了一批高附加值、高技术含量的产品,推动了企业的技术进步,逐步构建了企业在行业的竞争优势,走出了一条以技术创新促企业发展的道路。

1.国际化战略导向下的玻璃纸产品技术创新

玻璃纸作为一种绿色高档包装产品,受到国际包装业界的极度青睐。公司充分发挥自身设备和技术优势,开发具有国际竞争力的高档新产品,以国际化促企业发展,"十五"期间相继开发出一系列高附加值的功能性玻璃纸产品。

2001年,完成了30~50克/米^2 P-胶带玻璃纸的研制,并实现了当年研制、当年投放市场、当年获益。2004年,成功开发了具有自主知识产权的新型玻璃纸防黏剂,填补了国内空白。2004年,成功开发了硅胶管纸及涂布玻璃纸,为企业走国际化道路奠定了坚实的产品基础。2005年,开发出无污染的彩色玻璃纸生产新工艺,彻底解决了废水污染问题,为企业培育了一个新的利润增长点。2005年,公司研制的HL-再生纤维素薄膜获得了山东省轻工业科技进步一等奖。

通过积极实施国际化战略,公司的玻璃纸出口比重目前已经超过30%。

2.特种纸战略导向下的涂布纸技术创新

铜版纸过去是公司的主导产品,但随着国内铜版纸生产的不断发展及外资企业的进入,市场竞争越来越激烈,规模效益越来越明显,而公司10万吨生产能力相对较小。根据国内铜版纸市场的综合分析,公司在涂布纸方面确立了特种纸发展思路。

2002年,公司开发出了彩色喷墨打印纸,尽管由于国内市场原因,未能形成批量生产,但为企业增加了一种技术和产品储备。2003年,成功开发了用于啤酒标签印刷的防水铜版纸,替代进口,使企业在向特种涂布纸战略转型方面迈出了实质性的一步。

2005年,成功开发了手提袋纸,当年实现销售650吨,为企业效益增长做出了贡献。成功进行了小膜底纸试产,目前已掌握生产技术,该产品将成为公司又一个新的经济增长点。在巩固国内防水铜版纸市场基础上,2005年公司又成功试产了国内全部依赖进口的镀铝级防水铜版纸,经用户试用,达到使用要求,各项指标接近进口同类产品水平。

3. 差异化战略导向下的生活用纸技术创新

生活用纸作为一种快速消费品,有着巨大的发展潜力。但近几年随着一些外资企业及国内优势企业大型纸机项目的上马,再加上国内市场有效需求不足,导致市场竞争激烈,常规性生活用纸产品价格不断下滑,企业盈利空间越来越小。

为了摆脱国内恶性价格竞争的危险,实现企业的可持续发展,公司在生活用纸方面确立了差异化发展思路,在生活用纸领域的一些细分市场上做精做细。

2005年,以公司从瑞典引进两台先进纸机为契机,根据该两台纸机的特性,先后推出了用于一次性卫生护理的高档吸水纸、酒店等场所使用的高档擦手纸、满足部分消费者需求的超柔卫生纸等新产品,另外,根据市场反馈信息,正着手研究工业擦拭纸、中档擦手纸及防护服衬纸等新产品,以增加企业新产品储备,提高企业的市场应变能力。

【原料】

产品所需原料基本上以进口木浆为主,公司所产草木混合浆以外销为主。

从长远看,造纸企业间竞争的焦点将转向资源控制,谁控制了丰富的纤维资源,谁就在市场竞争中处于优势地位。公司也清楚地看到了这一点,但由于目前的产品结构决定所需纤维原料大多需要进口,所以只能稳步推进原料基地建设。2005年,公司收购了原山东光华纸业公司,该企业所在地拥有丰富的麦草、木片等造纸纤维原料资源,公司将依托当地丰富的资源大力发展中高档文化用纸和特种工业用纸。

【清洁生产与节能】

公司坚持科学发展观,努力为建设资源节约型、环境友好型社会做贡献,大力发展循环经济。公司将清洁生产作为企业的生命工程来抓,坚持“治污与发展并举”,树立“环保创造价值,科技造福社会”的理念,对制浆造纸过程中产生的三段废水分别进行综合治理,同时通过小改小革和技术改造大力实施节能工程。

环保方面:

1. 建设碱回收工程

早在1998年,企业就投巨资建设100吨/日碱回收环保系统,用于制浆蒸煮黑液的处理。目前,黑液提取率和碱回收率都达到国内同行业先进水平,废水中COD大大降低。

2. 进行中段水处理

2000年,公司投资建设30000吨/日制浆中段污水处理场一座;2005年,再次投资1200万元,对中段水进行处理能力、处理质量改造,进一步完善企业生命工程。

3. 进行白水回收

近几年,公司投资新建了多套与纸机配套的白水回收工程,其中包括两套从国外引进的国内最先进的多圆盘过滤设备。这些工程的建设,既解决了抄纸系统浆料和填料的流失,使白水再次循环使用,大大降低生产成本,同时,也极大地消减了废水中污染负荷,推进了企业循环经济的发展。另外,对纸机剩余白水,公司今年将投资新上10000米^{3}同向流白水回用工程,用于制浆过程的洗浆工段,既减少了污水排放,又降低了清水使用量。

节能方面:

主要通过两种途径,一是加强管理,促进节能降耗;二是通过对生产流程的持续的小改小革和技术改造来实现资源充分利用、能力匹配、工艺完善,从而实现节能降耗的目的。

【发展与建设】

近几年,尤其是企业改制后,面临国内造纸行业快速发展的良好机遇,公司加快了发展的步伐。

1. 已完成的建设项目

2003年,公司新建二条文化用纸生产线,生产能力4万吨/年。

2003年,公司新建一台75吨/小时环保循环流化床锅炉。

2003年,与香港美林纸业合资组建潍坊恒联美林生活用纸有限公司,建设4万吨生活用纸项目。这个项目标志着公司对外合资、合作迈出了实质性一步。

2004年,公司开工建设恒联高新工业园。

2004年,公司自行建设一条玻璃纸生产线,做到了当年建设,当年投产,当年见效。

2005年,利用“退城进园”机遇,公司再次新建二条文化纸生产线,生产能力4万吨/年。

2005年,完成了对原引自日本川之江公司的BF-10高档生活用纸纸机的搬迁改造。

2005年,公司在低成本扩张方面迈出实质性一步,收购了原山东光华纸业公司。这反映出公司的发展思路开始发生变化,在做好内涵式增长的同时,把握国内行业整合趋势,积极寻求外延式发展。

2. 正在进行的建设项目

(1)双层玻璃纸生产线项目。

(2)6000千瓦发电机组项目,投资860万元,2006

年9月竣工。目的是充分利用余热,实现热电联产,提升企业综合效益。

3. 公司近期规划

(1)重点建设、完善五大工业园:公司近期将重点建设完善恒联(奎文)造纸工业园、恒联(寒亭)造纸工业园、恒联高新工业园、恒联(费县)造纸工业园及恒联化学工业园等五大工业园。

(2)规划建设项目:10万吨/年高档彩色喷墨打印纸项目;再生能源热电厂——秸秆发电项目;8万吨DBJR-50高分子黏合剂项目;10万吨/年特种工业用纸项目。

【企业文化建设】

恒联集团自改制以来,十分重视企业文化建设,企业蕴含了优秀的文化基因。

目前,公司已建立起自己的文化体系。在确立了公司的理念体系后,公司相继制定了《恒联员工行为规范》、《恒联用人手册》、《恒联制度改进建议》及《恒联企业文化推动计划》,用以推动企业文化的实施,确保企业文化的落地。

在经济全球化和知识经济的时代,恒联将秉承"在世界造纸领域提供最佳的产品和服务"的使命,立志于"永续经营,打造世界级造纸企业集团"之宏愿,逐步提升企业核心能力,走出国门,走向国际,在国际范围内优化配置资源,放眼全球,优化产业价值链,为客户提供最佳的产品和服务。我们相信,在继承优秀文化基因的基础上,恒联人能够继往开来,吸纳新的优秀的文化元素,摒弃不良的文化特征,塑造具有恒联特色的文化,以优秀的文化塑造优秀的企业,实现梦想,完成使命。

(魏增田)

中山联合鸿兴造纸有限公司

Zhongshan Hongxing Union Paper Co.,Ltd.

【企业概况】

中山联合鸿兴造纸有限公司位于广东省中山市沙溪镇105国道中山三桥西侧，占地面积166160米^2，员工1000人。企业前身是建立于1959年的国有老企业广东省中山造纸厂。历史上，曾经使用过稻草、蔗渣作原料，生产凸版纸、胶印书刊纸等文化用纸产品。改革开放以后，根据市场需求的变化，实施产品结构改革，向外向型转变，后曾以生产出口瓦楞原纸而闻名，生产规模及出口量位居全国同行的首位。1995年，作为全省国有企业转换经营机制的试点单位，广东省中山造纸厂最终与香港鸿兴印刷集团有限公司和日本联合株式会社共同出资，成立中山联合鸿兴造纸有限公司，当时的中山造纸厂占股权的30%，港方和日方各占股权的35%。随着国家经济体制改革的深化，合资公司的中山造纸股权于1999年转入中炬高新技术实业(集团)股份有限公司。2004年底，中炬高新技术实业(集团)股份公司又将所持有的30%股权全部让出，其中转让给香港鸿兴印刷集团有限公司16%，转让给中山鸿兴印刷包装有限公司14%，合资企业形成新的股权结构，即香港鸿兴印刷集团有限公司持51%，日本联合株式会社持35%，中山鸿兴印刷包装有限公司持14%。

目前，企业产品以高强瓦楞原纸和牛皮挂面箱纸板为主导，拥有幅宽4米的造纸生产线两条和幅宽5.5米的造纸生产线一条，并配备了2.4万千瓦的热电联供系统。产品主要销往珠江三角洲一带的各类型纸箱包装厂。2005年，总产量35.22万吨，其中，高强瓦楞原纸21.16万吨，牛皮箱纸板14.06万吨；工业总产值9.24亿元，产品销售收入9.33亿元，实现利税1.21亿元。主要生产原料采用欧洲、美国、日本等地的进口废纸及俄罗斯、加拿大等国的进口商品木浆，其中2005年，使用进口废纸34万吨，使用进口木浆2.5万吨。

【产品开发与科技应用】

近年来，企业根据珠江三角洲地区包装行业的发展及市场需求的变化，积极主动地研究开发新产品。目前，瓦楞纸产品已由过去的生产C级单一产品，形成了A、B、C级系列产品的结构；箱纸板产品也由初期试产C级产品，通过不断的研究和改进工艺、设备，提高质量，已达到了生产A级国家标准的产品质量水平。为了加强新技术、新工艺、新材料的推广和应用工作，企业于2003年成立市级技术中心，调动和发挥工程技术人员的积极性和智慧，及时了解国内外造纸技术的发展动态，结合本企业的实际情况，开展技术改造工作，推广信息化建设等等。为此，企业每年用于技术改造的资金都在千万元以上。同时，企业加强与设备、配件、化工材料供应商的合作，积极开展有关技术的研究试验，以提高产品的产量和质量，降低生产成本。

【环保与节能】

节能降耗是企业一贯的生产经营理念，并通过各种途径使之贯彻落实到生产管理的各个环节。为满足生产用电、用汽的平衡，企业上马双炉双机热电联供系统，总装机容量2.4万千瓦，电力供应基本达到自给自足，合理地解决了多机台造纸生产与供汽供电之间的节能问题。应用变频技术改造动力设备，也收到了较好的节能效果。通过纸机干燥部供汽改造和严格控制生产用水等措施，进一步节约生产用汽和用水。目前，生产吨纸耗水量一般在25吨以下，吨纸耗蒸汽平均在1.436吨以下，吨纸耗电力平均在460千瓦·时左右(生产瓦楞纸时)。

企业先后投入近2000万元进行环保方面的建设和改造，1999年废水处理封闭循环系统投入运行，取得了利用锅炉粉煤灰处理造纸废水的技术专利，实现全公司生产废水零排放。但是，长期运行后，影响化工辅料的使用效果，且加速对机器设备的侵蚀损坏。对此，企业正着手制定新的废水处理系统改造方案，进一步研究改进该系统，使之更加完善，以解决废水封闭循环后带来的生产用水水质问题。

对于锅炉产生的粉尘烟气的控制，一是长期选用含硫量小于1%的优质燃煤；二是采用国内最先进的静电除尘技术(每台炉四个电场)，确保粉尘的达标排放。

对于污泥、垃圾等废弃物质,则采用综合利用和填埋的办法处理。

【发展与建设】

从企业发展的客观条件来看,所遇到的问题是地理位置的问题。首先是距离进出口口岸较远,增大了原材料等的运输成本;二是工厂周围的镇区建设发展迅速,对环境保护、消防安全等综合要求较高;三是发展用地的空间有一定的局限;这些都属于不利的因素。

合资以来,企业年生产总量由合资前1994年的9万吨提高到2005年的35万吨。过去使用的1575毫米、1760毫米等中小型的纸机已全部被淘汰,通过技术改造,取而代之的是4000毫米以上的大型国产纸机。为推动国产造纸装备业的发展,企业积极使用国产设备,国产的两台最大型的4米纸机和首台5.5米纸机先后落户本企业。企业经过逐年深入地开展技术改造活动,逐步完善生产配套设施,产能也在不断增加,计划在未来几年内,通过对现有生产设备的技术改造挖潜,使生产能力达到年产量40万吨。由于近年珠三角地区的印刷包装业蓬勃发展,造纸业内的竞争不断加剧,为此,企业也在考虑在几年内再上一条大型的生产线,以扩大规模效益,克服消化运输与场地方面的负面因素,增强发展后劲。

【企业文化】

由国有企业转制为中外合资企业,使企业的传统文化与外来文化得以结合,增加了包容、合作的特色。在企业党委的统一领导下,党、工、团等各级组织以人为本,各司其职,做好日常大量的员工思想工作,大力加强国家法律法规的宣传教育,大力加强企业各项规章制度的宣传教育,大力加强社会道德、职业道德的教育,有效地为企业排忧解难。企业各级党组织按照上级的部署,依法组织开展各种活动,完成企业各项工作任务,带领党员在各个工作岗位上发挥模范带头作用。工会、共青团、女工委等群众组织结合企业的实际情况和条件,按照各自的章程开展具有自身特色的活动,组织员工开展劳动竞赛,开展提合理化建议活动,凝聚团结广大员工,共同为企业的生产经营管理营造高效、安全、和谐的气氛,发挥了桥梁和纽带的作用,发挥了维护员工合法权益的作用。为了适应日益激烈的市场竞争环境,企业注意培育员工的勤奋敬业、吃苦耐劳精神,鼓励员工自学成才,与时俱进,促进劳动生产率的提高。

(李海滨)

市场动态

MARKET TRENDS

4

国际国内纸浆、纸及纸板生产与消费概况

(1996—2005年)

Comparison of China's and the world's level in production and consumption of pulp, paper and paperboard (1996—2005)

表1 单位:万吨

分项② \ 年度①		1996	1997	1998	1999	2000	4年递增率⑩%
全③世界	纸浆总产量⑤	17404	17820	17553	17913	18868	2.0
	纸浆总消费量⑥	17294	17900	17511	18007	18901	2.2
	纸和纸板总产量⑦	28197	29904	30101	31571	32329	3.4
	纸和纸板总消费量⑧	27940	2969	29852	31439	32338	3.3
	纸和纸板人均年消费量/千克⑨	48.5	50.8	50.4	52.8	53.8	1.6
中④国	纸浆总产量⑤	1900	1738	2384	2443	2501	7.1
	纸浆总消费量⑥	2045	1890	2604	2752	2834	8.5
	纸和纸板总产量⑦	2600	2744	2800	2900	3050	4.1
	纸和纸板总消费量⑧	3028	3270	3347	3525	3575	4.2
	纸和纸板人均年消费量/千克⑨	24.7	26.5	26.8	27.8	28.0	3.2

续表 单位:万吨

分项	年度	2001	2002	2003	2004	2005
全世界	纸浆总产量	17937	18200	18516.5	18849.6	18898
	纸浆总消费量	18257	18265	18442.3	18775.4	18843.9
	纸和纸板总产量	31815	33070	33881.5	35959.9	36702.5
	纸和纸板总消费量	31802	33076	33912.5	35752.7	36639.8
	纸和纸板人均年消费量/千克	51.8	53.7	51.7	55.6	56.3
中国	纸浆总产量	2490	2944	3309	3723	4446
	纸浆总消费量	2980	3470	3910	4455	5200
	纸和纸板总产量	3200	3780	4300	4950	5600
	纸和纸板总消费量	3683	4332	4806	5439	5930
	纸和纸板人均年消费量/千克	29	33	37	42.0	45.0

资料来源:PPI 杂志及《中国统计年鉴》

①year ②items ③whole world ④China ⑤pulp output ⑥consumption of pulp ⑦paper and board output ⑧consumption of paper and board ⑨per capita, kg ⑩4 years increase rate, %

中国市场纸及纸板消费品种结构的变化

（2000—2005 年）

Variation of consumption in paper and paperboard by grades in domestic market（2000—2005）

表 1　　2000 - 2005 年生产量、进口量、出口量及消费量的结构　　单位:万吨

品种	2000 年					2001 年					2002 年				
	生产量	进口量	出口量	消费量	比重/%	生产量	进口量	出口量	消费量	比重/%	生产量	进口量	出口量	消费量	比重/%
总量	3050	597.1	71.8	3575		3200	558.7	76.2	3683		3780	636.9	85.5	4332	
1. 新闻纸	145	21.1	0.2	165	4.6	173	15.4	1.9	186	5	185	19.9	0.6	204	4.7
2. 未涂布印刷书写纸	660	23.9	34	650	18.2	670	24.4	27.8	668	18.1	740	36.5	19.5	757	17.5
其中:书刊印刷纸	290		10	280	7.8	300		4.0	296	8					
书写纸	140			140	3.9	140			140	3.8					
3. 涂布纸	110	109.2	10.9	208	5.8	130	100	17.6	212	5.8	180	121.8	25.2	276	6.4
其中:铜版纸													18.7		
4. 生活用纸	250	3.40	9.8	244	6.8	270	3.0	12.5	261	7	310	3.3	15.9	297	6.9
5. 包装用纸	400	71.5	0.7	471	13.2	400	67	1.2	466	12.7	400	31.4	2.6	429	9.9
6. 白纸板	280	104.5		384	10.7	300	98.7		396	10.8	460	81.5	5.5	536	12.4
其中:涂布白纸板	200	86		286	8	250	89.6	2.6	337	9.2	430	79.6	5.5	504	11.6
7. 箱纸板	400	111.7	0.7	511	14.3	460	86.3	0.8	545	14.8	600	125.4	0.7	725	16.7
8. 瓦楞原纸	570	103.9	5.2	669	18.7	600	117.9		715	19.4	600	133.5	3.3	730	16.9
其中:高强瓦楞原纸	160	99		259	7.2	180	115.0		295	8	190	133.5	3.5	320	7.4
9. 特种纸和纸版	60			80	2.2	65			85	2.3	90	48.1	9.6	108	2.5
10. 其他纸及纸板											55	34.5	1.9	88	2

续表

品种	2003年					2004年					2005年				
	生产量	进口量	出口量	消费量	比重/%	生产量	进口量	出口量	消费量	比重/%	生产量	进口量	出口量	消费量	比重/%
总量	4300	635	128.7	4806		4950	614	125	5439		5600	524	194	5930	
1. 新闻纸	207	35.1	1.20	241	5	300	12	2	310	5.7	319	14	2	331	5.6
2. 未涂布印刷书写纸	960	39.4	25.9	973.5	20.3	1020	47	21.8	1045	19.2	1070	43	34	1079	18.2
其中:书刊印刷纸	520			520	10.8	550			550	10.1	570	43	34	579	9.8
书写纸	250			250	5.2	280			280	5.1	300			380	6.4
3. 涂布纸	240	101	43.3	298	6.2	300	102	44.2	358	6.6	365	73	79	359	6
其中:铜版纸	210	52.3	35.3	227	4.7	250	63	38.4	274	5	300	52	63	289	4.9
4. 生活用纸	347	3.6	22.6	328	6.8	384	5	27.6	361	6.6	436	5	31.4	409	6.9
5. 包装用纸	480	27.9	3.9	504	10.5	470	8		478	8.8	510	9	2.9	516	8.7
6. 白纸板	550	104.3	9.2	645	13.4	670	108	6.4	772	142	790	91	18	863	14.5
其中:涂布白纸板	510	103.0	9.2	603	12.5	630	107		737	13.6	755	90	18	827	13.4
7. 箱纸板	680	117.2	1.7	796	16.6	830	128	1.5	956	17.6	980	138	2.7	1115	18.8
8. 瓦楞原纸	670	134.9	2.9	802	16.7	810	114	2.8	921	16.9	950	88	3.3	1035	17.5
其中:高强瓦楞原纸	230	133.5		363	7.6	270	111		381	7	410	88	3	495	8.3
9. 特种纸和纸版	80	44	15	109	2.3	85	41	12.4	114	2.1	90	40	16	114	1.9
10. 其他纸及纸板	86	26	1.3	110	2.3	81	27	2.4	106	1.9	90	23	4.3	109	1.8

注:本表数据来自中国造纸协会的年度报告,个别数据略有调整。

表 2 1996－2005 年全国纸浆及废纸进出口情况 单位:万吨、亿美元

产品名称	1996 年				1997 年				1998 年				1999 年				2000 年			
	进口		出口		进口		出口		进口		出口		进口		出口		进口		出口	
	数量	金额	数量	金额	数量	金额	数量	金额	数量	金额	数量	金额	数量	金额	数量	金额	数量	金额	数量	金额
纸浆及废纸合计	283.98	9.68	2.21	0.12	315.98	9.23	2.55	0.12	411.40	10.94	2.78	0.10	561.3				706.0	26.78	2.56	0.104
一、纸浆	146.80	7.75	1.68		154.16	7.47	2.20		219.93	9.23	1.98	0.09	309.7				334.6	21.21	2.10	0.10
1.机械木浆	15.68	0.74	0.01		13.34	0.56	0.07		23.01	0.86	0.01		21.6				17.0	0.78		0.001
2.化学溶解浆	6.51	0.53	0.02		9.53	0.66	0.01		7.79	0.55	0.35	0.22	8.9				15.0	1.18		
3.硫酸盐木浆	103.51	5.39	1.11	0.07	110.58	5.19	1.06	0.05	161.87	6.61	0.75	0.04	240.3				261.8	16.91	0.98	0.0454
其中:未漂针叶木浆	8.27	0.38	0.03		9.46	0.38	0.29		14.96	0.52	0.01		23.9				24.9	1.30		
未漂非针叶木浆	1.05	0.05	0.11		1.60	0.07	0.12		0.74	0.03	0.11		0.09				0.05	0.003		
漂白针叶木浆	65.66	3.70	–		60.01	2.97	0.10		73.80	3.37	0.28		112.5				108.3	7.34		
漂白非针叶木浆	28.53	1.26	0.97		39.51	1.77	0.55		72.36	2.68	0.36		11.0				128.5	8.27	0.85	0.0385
4.亚硫酸盐木浆	16.47	0.89	0.03		17.97	0.89	0.48	0.03	24.39	1.08	0.21	0.01	24.7				10.2	0.69	0.28	0.014
其中:未漂针叶木浆	1.60	0.08	0.01		0.62	0.03	–		0.82	0.03	–	–	1.7				0.67	0.04	0.17	0.008
未漂非针叶木浆	0.97	0.05	–		0.57	0.02	0.10		0.17	–	–	–	0.03				0.07	0.004		
漂白针叶木浆	11.00	0.63	–		10.03	0.53	0.36		9.08	0.46			11.9				6.69	0.46	0.002	
漂白非针叶木浆	2.90	0.13	0.02		6.75	0.30	0.02		14.33	0.58	0.21	0.01	11.0				2.73	0.18		0.004
5.半化学木浆	3.59	0.13	–		1.48	0.10	–		0.87	0.03	–		12.5				25.5	1.38		
6.其他纸浆	1.04	0.07	0.51	0.03	1.26	0.07	0.58	0.03	2.01	0.11	0.65	0.02	1.7				5.07	0.27	0.81	0.044
二、废纸	137.18	1.93	0.53		161.82	1.76	0.35		191.47	1.71	0.80	0.01	251.6	2.45			371.4	5.57	0.46	0.004
1.未漂牛皮纸、瓦楞纸废纸	25.80	0.37	0.02		56.85	0.65	–		72.04	0.69	0.59		70.5	0.69			96.1			
2.漂白印刷纸废纸	1.80	0.03	–		4.01	0.05	–		4.43	0.01	–		17.7	0.15			32.6			
3.含机木浆废纸(旧报纸)	64.16	0.89	0.09		68.90	0.72	0.02		90.83	0.77	0.03		116.9	1.15			180.1			
4.其他废纸	45.42	0.64	0.42		32.06	0.34	0.33		24.17	0.21	0.19		46.5	0.46			62.6			

续表

单位:万吨、亿美元

产品名称	1996年				1997年				1998年				1999年				2000年			
	进口		出口		进口		出口		进口		出口		进口		出口		进口		出口	
	数量	金额	数量	金额	数量	金额	数量	金额	数量	金额	数量	金额	数量	金额	数量	金额	数量	金额	数量	金额
纸浆及废纸合计	1132.3	27.35	1.347	0.0838					1541.58	38.91	2.61	0.212	1962	5293			2462		4.71	
一、纸浆	490.4	20.76	1.26	0.083	526.5	21.68	1.92	0.16	603.40	26.60	2.51	0.21	732	35.67			759		4.7	
1.机械木浆	22.4	0.88	0.01	0.0008	14.6	0.51	0.007	0.0005	8.94	0.32	0.009	0.006	7.57	0.32			6.07	0.26		
2.化学溶解浆	22.0	1.59	0.005	0.0001	20.0	1.21	0.002	0.0001	26.86	1.7	0.0001	0.0001	28.99	2.09			29.37	2.26		
3.硫酸盐木浆	417.0	17.00	0.49	0.0227	447.6	18.19	0.42	0.021	493.7	21.4	0.3	0.015	603.4	29.14						
其中:未漂针叶木浆	41.8	1.49	0.034	0.0014	66.8	2.45	0.02	0.0003	65.66	2.4	0.016	0.0006	62.0	2.55			77.35	3.36		
未漂非针叶木浆	0.3	0.02			0.29	0.012	0.005	0.0004	0.34	0.014			0.43	0.02						
漂白针叶木浆	117.2	7.71	0.35	0.0184	176.1	7.39	0.23	0.0105	196.36	8.9	0.17	0.008	244.06	13.16			289.41	14.67		
漂白非针叶木浆	197.8	7.78	0.08	0.0029	204.4	8.34	0.16	0.0069	231.32	10.1	0.12	0.007	296.91	13.41			259.80	12.6		
4.亚硫酸盐木浆	6.3	0.31	0.07	0.0033	5.4	0.26	0.029	0.0024	5.01	0.27	0.064	0.004	6.66	0.38						
其中:未漂针叶木浆	0.32	0.01	0.05	0.0023	0.9	0.03	0	0	0.26	0.012			0.36	0.02						
未漂非针叶木浆	0.13	0.007		0.00004	0		0.003	0.0002	0.29	0.015	0.0036	0.003	0.18	0.01						
漂白针叶木浆	3.8	0.20	0.008	0.0004	3.3	0.16	0		2.3	0.12	0.009	0.0004	4.39	0.24			1.80	0.10		
漂白非针叶木浆	2.1	0.09	0.007	0.0004	1.2	0.07	0.026	0.002	2.16	0.12	0.019	0.001	1.72	0.10			1.50	0.09		
5.半化学木浆	19.6	0.85			35.8	1.38	0.003	0.0002	64.35	2.17	0.009	0.00007	75.14	3.34			86.71	3.60		
6.其他纸浆	3.1	0.15	0.68	0.0555	3.2	0.13	1.46	0.1318	4.54	0.017	2.1	0.19	10.16	0.41						
二、废纸	641.9	6.59	0.087	0.0008	687.3	7.32	0.068	0.0007	938.18	12.3	0.1	0.0018	1230	17.26			1703		0.01	
1.未漂牛皮纸、瓦楞纸废纸	222.1																			
2.漂白印刷纸废纸	50.1																			
3.含机木浆废纸(旧报纸)	292.8																			
4.其他废纸	76.9																			

（以上表由杨懋暹提供）

中国造纸工业主要产品的市场分析

Analysis for the market of the main grades in China's paper industry

、新闻纸

据国家统计局提供的数据统计,2005 年国内新闻纸生产完成 340.95 万吨,比上年同期 299.96 万吨增加 40.99 万吨,同比增长 13.67%。2005 年进口新闻纸 13.64 万吨,比上年同期 11.67 万吨增加 1.97 万吨,同比增长 16.89%。2005 年进口新闻纸的平均价格为 542.85 美元。其中第一季度新闻纸进口平均价格为 534.07 美元,比上年同期 458.91 美元上涨 75.16 美元;第二季度内平均价格为 544.66 美元,比上年同期 471.64 美元上涨 73.02 美元;第三季度平均价格为 546.92 美元,比上年同期 492.17 美元上涨 54.75 美元;第四季度平均价格为 562.36 美元,比上年同期 520.37 美元上涨 41.99 美元。2005 年新闻纸进口价格是在逐步提高。

根据新闻出版总署统计,2004 年全国出版报纸 1922 种,总量减少 9.3%;总印数 402.93 亿份,增长 5.17%;全国报纸平均期印数 1.95 亿份,增长 2.31%;总印张增长 23.55%,达 1526.57 亿印张,折合用纸量 351.1 万吨,各项指标增幅均超过上年的增长水平。

另外,据新闻出版总署对截至到 2005 年 7 月的统计,全国共出版报纸为 1926 种,其中,中央级报纸 218 种,占我国报纸总量的 11.3%;省级报纸 806 种,占总量的 41.8%;地市级报纸 848 种,占总量的 44%;县市级报纸 54 种,占总量的 2.8%。在各省、自治区、直辖市中,出版报纸最多的省份为广东省,共出版 100 种报纸;出版报纸最少的为宁夏回族自治区,共出版 15 种报纸。全国 36 个中心城市(包括直辖市、省会城市和计划单位市)仅占全国城市比例的 5.5%,却集中了全国 62.2%的报纸出版资源,其中 4 个直辖市拥有全国五分之一的报纸。这一数据也从另一个方面给我们新闻纸生产企业指明了市场方向。

二、书刊用纸

近年来,国内教材、教辅、图书和期刊杂志发展较快,并且仍然是国内主要用纸行业。

2004 年和 2005 年是我国图书、期刊出版发行比较稳步的一年,尤其是期刊市场更呈现出了品牌竞争,半月刊的杂志越来越多,全彩期刊已成为市场主角。期刊用纸也由传统的书刊纸向高档转化,铜版纸、低定量涂布纸、书写纸也越来越多地应用于期刊印刷。

据新闻出版总署相关资料统计,2004 年图书、期刊总印张数 576.51 亿印张,比上年增长 1%,折合用纸量 135.47 万吨,较上年增长约 1%。其中,2004 年全国出版图书品种 21.9 万种,比上年增加 2.86 万种,增长 15.02%,总印张 466 亿印张,折合用纸量 109.5 万吨。从当年图书发行总销售量统计看,文化教育类、教材、教辅和少儿读物类书籍约占 87.8%。各类出版期刊 9490(9074)种,比上年增加 416 种,同比增长 4.58%,总印张数 110.51 亿印张,折合用纸量 25.97 万吨。

2005 年国内书刊纸、书写纸生产、销售及市场价格都比较平稳,波动不大。

三、铜版纸

铜版纸作为高档印刷用纸在我国已被广泛应用,并且使用量也在逐年增加,2005 年国内消费量已达 289 万吨,同比增长 5.47%。从国内目前的铜版纸市场情况分析,2005 年国内铜版纸生产量和消费量都将会有一定增长。但铜版纸市场价格从上年下半年开始回落后,直到目前价格仍然在较低价位徘徊。2005 年下半年镇江金东纸业 60 万吨、山东太阳纸业 30 万吨铜版纸生产线先后试车投产,使铜版纸产能增加较大,将使国内铜版纸市场价格继续受到冲击。

据统计,2005 年国内铜版纸生产量为 300 万吨,进口铜版纸 51.63 万吨，出口 62.85 万吨，消费总量为 289 万吨，同比增长 5.47%。第一季度进口 9.34 万吨，同比下降 31.74%，每吨平均进口价为 808.87 美元，比上年同期上涨 29.98 美元；第二季度内进口 16.25 万吨，同比下降 20.65%，每吨平均价 788.34 美元，比上年同期上涨 7.59 美元；第三季度进口 14.83 万吨，同比下降 17.02%，每吨平均价 787.10 美元，比上年同期上涨 19.46 美元；第四季度进口 11.22 万吨，同比增长 3.52%，每吨平均价 813.33 美元，比上年同期上涨 14.13 美元。

2005 年国内出口铜版纸 62.85 万吨，比上年同期 38.40 万吨增长 63.67%。第一季度出口 13.72 万吨，同比增长 112.36%，每吨平均出口价格为 741.28 美元，比上年同期上涨 108.37 美元；第二季度内出口 18.04 万吨，同比增长 72.17%，每吨平均出口价格为 715.53 美元，比上年同期上涨 41.99 美元；第三季度出口 17.67 万吨，同比增长 100.20%，平均出口价格为 741.35 美元，比上年同期上涨 5 美元；第四季度出口 13.42 万吨，同比增长 6.20%，平均出口价格为 742.03 美元，比上年同期下降 1.73 美元。

四、轻量涂布纸

轻量涂布纸仍然是近年来市场需求发展较快的产品，2005 年国内生产量为 65 万吨，同比增长 30%，进口为 21.24 万吨，同比下降 46.12%，出口为 15.81 万吨，同比增长 170.64%，全年消费量 70 万吨，同比下降 17.65%。

2005 年，第一季度进口 5.37 万吨，比上年同期下降 47.15%，每吨平均进口价格为 601.39 美元，比上年同期进口价格下降 18.74 美元；第二季度内进口 6.14 万吨，同比下降 53.97%，每吨平均进口价格为 624.88 美元，比上年同期进口价格上涨 26.97 美元；第三季度进口 5.49 万吨，同比下降 44.25%，每吨平均进口价格为 627.80 美元，比上年同期进口价格上涨 19.86 美元；第四季度进口 4.25 万吨，同比下降 30.23%，每吨平均进口价格 655.20 美元，比上年同期进口价格上涨 46.41 美元。

2005 年出口量为 15.81 万吨，比上年同期增长 170.64%，每吨平均出口价格为 740.06 美元，比上年同期出口价格上涨 45.59 美元。2005 年，第一季度出口 2.22 万吨，同比增长 87.41%；第二个季度出口 2.45 万吨，同比增长 69.28%；第三季度出口 4.42 万吨，同比增长 169.09%；第四季度出口 6.71 万吨，同比增长 329.51%。每吨平均出口价格分别为 744.24 美元、752.54 美元、753.50 和 725.25 美元，分别比上年同期上涨 152.78 美元、30.14 美元、12.19 美元和 27.76 美元。

五、白纸板及白卡纸

白纸板及白卡纸尤其是涂布白纸板和白卡纸作为高档包装用纸，仍然是 2005 年发展较快的产品。2005 年国内白纸板及白卡纸的产量为 790 万吨，比上年增长 17.91%，同年进口 90.83 万吨，同比下降 16.26%，出口 18.27 万吨，同比增长 183.84%，全年消费量为 863 万吨，比上年增长 11.79%；其中涂布白纸板和白卡纸生产 755 万吨，比上年增长 19.84%，进口 88.99 万吨，出口 18.26 万吨，消费量达到 827 万吨，增幅为 13.13%。

除原有的生产能力外，2005 年国内先后又有山东晨鸣纸业 30 万吨，广东东莞建辉纸业二期 30 万吨，河南恒星纸业 10 万吨，广西南宁美时纸业 5 万吨等白纸板及白卡纸项目投产，新增生产能力约 80 万吨。加上 2004 年底宁波中华纸业投产的 70 万吨、山东太阳纸业投产的 30 万吨涂布白纸板，使国内白纸板及白卡纸市场的竞争激烈。

随着国内生产量的提高，2005 年进口量持续下降。该产品 2005 年进口量为 90.83 万吨，比上年同期减少 17.63 万吨，同比下降 16.26%；其中涂布白纸板及白卡纸进口 89.99 万吨，比上年同期减少 16.99 万吨，同比下降 15.88%。2005 年，第一季度进口白纸板及白卡纸 21.93 万吨，同比下降 16.24%，其中涂布白纸板及白卡纸 21.65 万吨，同比下降 16.00%；第二季度内进口白纸板及白卡纸 26.67 万吨，同比下降 17.07%，其中涂布白纸板及白卡纸进口 26.44 万吨，同比下降 16.78%；第三季度进口 22.54 万吨，同比下降 18.67%，其中涂布白纸板及卡纸进口 22.41 万吨，同比下降 17.96%；第四季度进口 19.69 万吨，同比下降 12.13%，其中涂布白纸板及白卡纸进口 19.49 万吨，同比下降 11.89%。

2005 年白纸板及白卡纸出口增幅较大，而且基本为涂布白纸板和白卡纸。2005 年累计出口量为 18.27 万吨，同比增加 11.83 万吨，增长 183.85%。第一季度出口白纸板及白卡纸 2.78 万吨，同比增长 162.20%；第二个季度内出口白纸板及白卡纸 4.15 万吨，同比增长 212.10%；第三季度出口 5.36 万吨，同比增长 168.57%；第四季度出口 5.97 万吨，同比增长 191.54%。以上说明该产品市场需求较旺盛和竞争激烈。

六、箱纸板

随着我国经济的不断发展和商品出口的不断增加,国内对纸品包装材料的需求也在持续增长,这就使得我国箱纸板生产成为发展最快的产品之一。目前国内生产和消费市场已形成了珠江三角洲、长江三角洲和环渤海地区三大主生产基地和消费区域。

据资料统计,2005年全国箱纸板生产量完成980万吨,同比增长18.07%,进口牛皮箱纸板及牛皮卡纸128万吨,比上年增长9.4%,出口仅为1.53万吨,全年箱纸板消费量达956万吨,同比增长20.1%。

由于2004年下半年和2005年建设投产的箱纸板项目较多,如2004年底前投产的玖龙纸业(太仓)有限公司45万吨、江苏理文造纸有限公司55万吨、上海中隆纸业30万吨及2005年投产的广东万利达纸业30万吨、浙江景兴纸业10万吨、江苏华兴纸业10万吨等项目,使得2005年箱纸板产量增长较大。

七、瓦楞原纸

瓦楞原纸是包装工业应用最广泛的包装材料。随着我国经济不断发展,市场对瓦楞原纸的需求日益旺盛。多年来,国内瓦楞原纸一直无法满足市场需求,尤其是高强瓦楞原纸国内供应一直偏紧,每年还需大量进口。

据统计,2005年国内瓦楞原纸生产量完成950万吨,同比增长17.28%,其中高强瓦楞原纸为410万吨,同比增长51.85%;全年进口瓦楞原纸88.47万吨,比上年下降22.18%,出口3.31万吨,同比增长19.74%;全年消费量为1035万吨,同比增长12.38%。

2005年进口瓦楞原纸88.47万吨,比上年同期113.68万吨减少25.21万吨,同比下降22.18%,但仍然还是纸张进口产品中量较大的品种之一。2005年出口为3.31万吨,同比增长19.74%。

由于受市场需求的引导,国内造纸企业近两年已开始重视瓦楞原纸的生产,一些大型造纸企业如玖龙纸业、理文纸业、璜涌纸业集团、安徽山鹰纸业、江苏荣成纸业、山东银河纸业、天津环球磁卡公司及福建青山纸业等已纷纷投资建设或准备投资瓦楞原纸生产项目。另外,河南、山东、浙江、广东等地的一些年产3万~5万吨的瓦楞原纸生产线目前已投入生产,使国内瓦楞原纸生产量短缺现状得以改善。

虽然国内瓦楞原纸生产量较大,但高强瓦楞原纸产量还是较低,目前还占不到生产总量的一半,近几年来,每年进口的100万吨左右瓦楞原纸基本上是高强瓦楞原纸。解决这一问题的关键是生产高强瓦楞原纸所需的原料问题。

八、商品纸浆

我国造纸工业是目前世界上保持高速增长的国家之一,由于快速的发展,原料缺乏,国内市场将在相当长一段时间内对商品浆的需求量仍将会很大。2005年进口各类商品纸浆759.16万吨,比上年同期731.92万吨增加27.24万吨,同比增长3.72%,平均价格为490.75美元,比上年同期平均价格上涨3.38美元。

2005年第一季度进口各类商品纸浆204.66万吨,同比增长3.16%,平均价格为473.86美元,比上年同期平均价格增加9.94美元;第二季度进口181.06万吨,同比下降7.34%,平均价格为505.39美元,比上年同期平均价格下降0.21美元;第三季度进口180.79万吨,同比增长15.57%,平均价格为493.05美元,比上年同期平均价格下降26.59美元;第四季度进口192.65万吨,同比增长6.03%,平均价格492.77美元,比上年同期价格增加26.73美元。

从进口的商品木浆种类上看,2005年漂白硫酸盐针叶木浆进口289.41万吨,比上年同期244.11万吨增加45.3万吨,同比增长18.55%,平均价格为506.91美元,比上年同期平均价格下降32.30美元;漂白阔叶木浆进口259.80万吨,比上年同期296.38万吨减少36.58万吨,同比下降12.34%,平均价格为485.24美元,比上年同期平均价格提高33.33美元;本色硫酸盐木浆进口77.35万吨,比上年同期63.16万吨增加14.19万吨,同比增长22.46%,平均价格为434.79美元,比上年同期平均价格增加21.62美元;化机浆进口86.71万吨,比上年同期75.14万吨增加11.57万吨,同比增长15.39%,平均价格为414.56美元,比上年同期平均价格下降29.39美元。

九、废纸情况

随着我国造纸产量的提高以及国内原料结构的调整,作为造纸原料使用的废纸用量已越来越大。据统计,2005年进口各类废纸已达1703.21万吨,比上年同期1230.07万吨增加500.14万吨,同比增长38.46%,每吨进口平均价格为144.24美元,比上年同期平均进口价格140.34美元上涨了3.90美元。

2005年第一季度进口量为386.45万吨,平均价格为144.59美元,比上年同期上涨8.96美元;第二季度内进口量为433.17万吨，平均价格147.78美元，比上年同期上涨5.29美元；第三季度进口量为424.25万吨，平均价格143.45美元，比上年同期上涨1.31美元；第四季度进口量为459.34万吨，平均价格141.32美元，比上年同期上涨0.17美元。

从进口的废纸品种看，2005年进口旧瓦楞纸板箱为892.14万吨，占进口总量的52.37%，每吨进口平均价格为148.86美元，比上年同期上涨2.48美元；旧新闻纸和旧杂志纸472.44万吨，占进口总量的27.73%，每吨进口平均价格148.01美元，比上年同期上涨4.57美元；混合废纸321.96万吨，占18.90%，每吨进口平均价格123.31美元，比上年同期上涨4.08美元。

（赵　伟）

我国股市造纸板块 2005 年年报点评

Evaluation on paper companies listed on China's stock market in 2005

2005 年我国造纸行业生产和消费继续保持较好的增长态势,根据中国造纸协会公布的中国造纸工业年度报告,2005 年产量超过 100 万吨以上的企业已达到 6 家,排名前 30 位合计为 1843 万吨,占全行业总量的 32.91%,比 2004 年提高 3 个百分点,销售收入占全行业总量的比重为 37.12%,比 2004 年提高 2 个百分点;在沪深两市的 26 家中各有 9 家在生产规模和销售收入上进入本年度排名前 30 位,合计总产量为 584 万吨,占全国总量的 10.42%;合计销售收入为 411 亿元,占全国总量的 16.12%。以上数据显示我国纸业规模化经营的进程明显加快,行业集中度提高,我国造纸行业在国民经济中扮演着越来越重要的角色。而纸业板块整体发展趋势和表现已成为我国纸业发展的典型代表。

虽然仍受原材料、能源、三材等不断上涨的冲击,但全行业生产经营业绩比上年有所提高;出口量大增,表明拓展海外市场的能力已得到较大提高;东部的公司整体业绩明显好于东北、西南、西北等地区的公司,全行业内部分化有加剧的趋势;自制浆严重不足,纤维供应对外依赖性不断增大,不利于行业可持续稳定地增长;生产中心不断向东部集中,造成资源消耗集中,严重威胁附近江河流域的生态环境,环境治理任务艰巨;超过 100 万吨的 10 个省份(不含广西)规模以上的纸厂数量 2005 年比 2004 年净增 298 个,纸厂数量不降反升,不利于资源优化组合和规模经营的提升,严重制约全行业整体竞争力的提高,同时严重抑制清洁生产和新工艺技术在全行业中的推广应用;在国有企业在全行业比重不断下降和外资企业稳定发展的同时,规模相对较小的民营企业异军突起,在一定程度上抑制了全行业规模经营的稳步提高,2005 年全行业的企业平均生产规模仍不足 2 万吨,没有有效缩小与国际平均规模的差距;在推进国际化合作的同时,国内合作和重组进展缓慢,说明资本运营在整体质量不高的造纸业没有得到应有的发展。所以造纸行业在取得相当大成绩的同时,存在的问题没有得到实质性的改善,并有加重的危险,危及行业可持续稳定地发展。随着国家对固定资产投资过热的宏观调控政策的实施,造纸业大规模化扩张趋势预计在今后几年内可能会减缓,行业内资源整合将成为产业发展的工作重点。

一、上市公司简况

从 1994 年 9 月 7 日广东甘化公司在深市上市以来,有 29 家含有纸业的公司先后在深沪两市上市,截止 2005 年底仍有 26 家含有纸业业务的上市公司,总股本数 74.4 亿股,总流通股约 38 亿股;总资产达 628 亿元,除少数公司一直难以扭转外,大部分公司业绩稳定,具有较好的长期投资价值,成为深沪两市的重要看点,基本能够体现纸业的发展动态。

根据年报的公布数据和一些基本情况,2005 年生产量、总资产、主营业务收入、净利润等指标比 2004 年有一定提高,但由于受个别公司较大亏损的影响,合计净利润为负数,平均每股收益为 -0.0072 元,比上年 -0.0125元提高 0.0053 元;股东收益高达 246 亿元,平均每股净资产 3.3 元,比上年 2.90 元提高 0.4 元;净资产收益率 0.22%,比上年 -0.43%有所提高;资产负债率为 60.89%,比上年 64.44 降低 3.55 个百分点,负债压力有所缓解;每股经营活动产生的净现金流量有所提高,说明各公司已经意识到资金良性循环的重要性;在这一年里整个股市有较大回升,几家生产文化用纸公司、特种纸公司如晨鸣、华泰、博汇、民丰、岳纸、恒丰等经营状态相对比较稳定,具有较好的增长潜力。ST 股份、ST 吉纸、ST 佳纸、ST 长控、东泰股份等公司连续几年出现较大亏损,严重影响造纸整体效益;同时这些公司缺乏造血功能,依靠自身扭转局面已很困难,资产重组工作缓慢,有退市的风险;金城、甘化、石岘、天宏等公司也加入了亏损行列,并有进一步恶化的趋势;曾经是我国纸业老大的原 ST 吉纸已被苏宁环球股份公司接管,主业改为房地产开发,退出纸业。有四家公司的财务审计被出具无法表示或有保留意见;但总体分析,纸业板块仍显示出产业在规模化、特色化、专业化方面取得一定成效,也集中了我国较先进技术装备,基本代表我国纸业的现状和发展水平。其表现有以下几个特点:

1. 主要特点

(1)产能继续增大,出口量大增、主营业务收入提高。今年许多公司都有新的生产线投产,形成较大的产能增量,2005 年 26 家纸和纸板生产量约 600 万吨,比去年增加近 100 万吨。华泰、晨鸣、博汇、岳阳、民丰、恒丰、山鹰等公司都有新的生产线投入正常运行,形成新的增长点,公司业绩保持良好态势。随着全球化战略意识的提高,国际化营销战略被广泛采用,推动出口量大增。主营业务收入合计约 313 亿元,比上年增加近 60 亿元,其中晨鸣、博汇两家增加 30 亿元,占总净增量的近一半。

(2)重视环保和生态建设,大力提倡循环经济发展模式。根据年报中披露的资金投向和发展规划分析,大部分公司都重视节能、节水、污水处理等技改建设,资金使用集中在较有成长性的产品、原料基地以及节能治污等方面,取得很好的经济效益和环保生态效果。如青山、南纸、晨鸣、华泰、山鹰、美利、南糖等纸业把很大部分资金用于原料林建设、能源开发、环境治理和综合利用等源头开发和清洁生产建设,已初步形成若干个新型发展模式的工业园区,循环经济发展模式在全行业中得到共识和推进。晨鸣、美利、南纸、华泰、岳阳等林纸一体化项目陆续得到国务院批准,投资原料基地,保障原料来源,走林纸一体化道路,做好产业链、价值链建设,是做大做强纸业的关键所在。

(3)股改进展顺利,无重大事件发生,行业已具有较好的长线投资价值。2005 年有 10 家企业顺利完成股改,使股权架构更趋合理,且基本无重大事件发生。本年度有 14 家企业进行了现金配发,2006 年有 11 家企业拟派发股利,而且都集中在那些经营业绩一直较好的企业,说明造纸业具备较好的成长性和稳定投资的价值。晨鸣、华泰、博汇等企业还准备发行融资债券,同时与银行建立良好的信贷关系,以保障重点项目的投资建设。

(4)在重视外延式扩张的同时,强化内部核算,向管理要效益。2005 年在大部分新生产线陆续投产后,外延式扩张趋于谨慎,有近一半企业几乎没有新增投资,在建工程占用资金额明显减少,资产负债率明显下降,目前仅为 61%,比上年降低 5 个百分点;由于能源、原料成本居高不下,生产成本上升幅度较大,许多公司积极开展内部核算管理,向管理要效益,已取得一定成效。如建全信息化资源管理、执行竞争性采购模式、开展节能节水和综合利用活动等多种多样手段,有效降低运行成本,提高了经济效益。2005 年 26 家企业合计净利润为 - 5356 万元,比上年减少亏损近 3000 万元。

(5)推进国际化合作进程。多家有实力的公司已广泛开展国际化合作,如晨鸣纸业与多家国外大公司合资组建江西晨鸣,并与国外销售商签订产品出口合同;华泰纸业与斯道拉恩索公司达成合资项目议向协议等。通过国际化合作,引进先进管理理念,进一步与国际接轨,为拓展海外市场创造有利条件。

2. 存在问题

目前我国纸业正处于调整阶段,由于原料结构和产品结构仍存在不合理之处,还有环境保护、市场开发、技术和制度创新、资金短缺等原因,企业整体竞争力还不高,受进口原料和进口产品冲击还较大,许多困难在短期内不会有实质性改善。存在问题主要表现在:

(1)主营业务收入增长,但主营利润偏低。2005 年各纸业公司对老系统进行技改和扩建,加上新的生产线陆续投产,新增产量较多,比上年提高 20%;主营业务收入得到较大提高,比上年提高 23%,但销售利润率偏低,除华泰、银鸽两公司销售利润率超过 10%外,其余基本在 5%以下,有七家企业出现严重亏损,说明各纸业公司消化能力有限,原料、能源上涨对企业盈利的冲击没有得到缓解。

(2)分化加剧,重心逐步东移。从年报汇总资料表明,几年来业绩较好的上市公司主要集中在东部,如晨鸣、华泰、博汇、山鹰、南纸、青山、民丰等,中部地区业绩稳定,南部具有特殊性,上市公司几乎都是糖纸联合体企业,由于受糖价和甘蔗原料供应约束,业绩缺乏稳定性。东北和西部纸业公司除恒丰特纸、美利外,其余都处于巨额亏损境地,面临退市的危险。而且由于历史包袱较重和地理环境等因素影响,这些公司想通过资产重组来摆脱困境,收效甚微,有些反而更糟。ST 吉纸已被苏宁环球股份公司接管,主业改为房地产开发,退出纸业。

(3)负债压力有所缓解,但库存压力增大。从年报汇总资料表明,上市公司加大投资力度,生产规模大幅度提高,26 家上市公司库存、应收款、其它应收款、在建工程四项资产占有资金总量近 170 亿元,比上年减少约 30 亿元,主要是在建工程大幅度减少,但库存占用资金总量约 70 亿元,比上年增加 30 亿元,压力增大。由于募集资金已经基本用完,受原料、能源上涨影响,需要更多的流动资金,虽然强化资金回收力度,但在资金方面仍出现大量缺口，不得不增加商业贷款来解决，有个别业绩不佳的公司由于无法得到短期贷款，出现长时间的停产。另外某些业绩较好的大公司如晨鸣、岳纸、银鸽、美利等，其资产负债率都已接近70%，应引起足够的重视。

(4)投资方向偏集中，盈利能力不稳定。从近年年报中各公司资金用途看，扩大生产规模和产品品种多有重复，大都集中在少数品种上，如低定量彩色胶印新闻纸、低定量涂布纸、牛皮箱纸板、文化用纸上，投资偏集中，投入到市场时其竞争程度将是残酷的，再加上外商企业纷纷登陆和大量进口，其经营风险是很大的。如新闻纸因前几年各新闻纸厂都不约而同新增产能，再加上晨鸣、华泰新闻纸机也大规模投产，产能过剩，国内新闻纸市场受到冲击，盈利能力不稳定是个例证。目前包装纸板也出现同样的困境，所以在投资决策、市场细分以及产品定位方面必须做好足够的调研和分析，做出稳健、科学的决策，同时纸业有要求跨区域大重组的强烈愿望。

(5)多元化经营效果不佳。在最近几年，各公司都不同程度地发展多元化经营，如医药、通讯、电力、电缆、信息、贸易、证券、化工、旅游、房地产等，寄希望分散投资和经营风险，但运行效果不佳，不仅没有给公司创造财富，而且给公司带来难以应付的局面。晨鸣纸业虽然跨区域投资，但均集中在纸业上，控股子公司效益较好；华泰纸业主要集中在新闻纸上，取得很好的投资回报和市场占有率，这说明纸业急需专业化、核心化，要更多的精力投入到本主业上才有出路。

二、产品市场分析

目前造纸板块26家上市公司生产品种集中在新闻纸、包装纸和纸板、文化用纸、特种用纸等。

1. 包装纸和纸板

包装纸主要为工业水泥包装用的纸袋纸，多年来受到塑膜复合袋等包装替代品的市场冲击，所以，纸袋纸市场需求容量仍在不断下降，行业全面复苏仍然艰巨。虽然开发了一些新产品，积极开拓市场营销，但受原木价格的冲击，纸袋纸根本无力承受其成本支出，无法获利，亏损不可避免，ST长控处于关闭状态。外资企业和民营企业在包装纸板上产能增幅迅猛，2005年产能净增300万吨以上；在加上主要原料上涨幅度较大，毛利润有所下滑，目前在8%～15%之间，处于保本微利边缘。所以水泥袋纸在未来的市场中销售情况不会有大好转，包装纸板也进入艰难获利的困境。包装纸和纸板发展关键是要及时进行内部成本消化、新产品开发以及市场开拓等措施。

2. 新闻纸

2004年新闻纸反倾销案复审获胜，为国内厂家提供5年的保护期，但同行业几家新闻纸生产企业如晨鸣、华泰、岳阳、龙腾等新生产线陆续投入运行并产生较大产能，2005年产能仍可能净增100万吨以上，国内整个新闻纸市场已出现供大于求的局面，竞争异常激烈，致使新闻纸产品的市场销售价格经短期回升后又连续下滑；再加上废纸不断涨价、木浆价格居高不下、进口关税下滑等因素影响，国内新闻纸厂进一步分化加剧，新闻纸生产企业重新洗牌在所难免，生产趋于集中。2004年新闻纸毛利润率走高低两级趋势，华泰、晨鸣高达25%以上；南纸、岳纸、宜宾在8%～15%之间，基本处于保本或亏损状态；而ST吉纸、ST江纸、ST黑龙已无法正常生产。所以从整体上看，新闻纸消耗量持续增长，新闻纸生产趋于集中在少数几家大型企业内，有利于提高该产品的获利水平，是我国造纸业利税的主要来源之一，成为全行业的支柱产品。

3. 文化用纸

2003年，铜版纸反倾销案的胜诉，为我国铜版纸生产成本带来机遇和利益。我国文化用纸生产主要使用麦草和芦苇，并充分利用废纸和进口木浆，改善原料结构和产品品质。晨鸣、华泰等公司的产品能与外商的产品(以APP、UPM为主)在市场占有率和产品质量上相抗衡，并打入国际市场，成为我国出口量最多的产品(2005年为113万吨)。以南宁糖业为主的糖纸一体化生产企业，利用制糖的剩余物蔗渣生产文化纸，属于综合利用，成本较低，仍有生存的空间。近几年，外商投资在长江和珠江三角州新增生产能力很大，冲击力非常强，尤其在高级涂布纸和高档胶印纸方面，使国产产品在高档次上处于劣势。2005年文化用纸毛利润率比较稳定，基本在15%以上，晨鸣、博汇最高(各品种都在20%以上)，文化用纸成为我国纸业利税的主要来源。从整体上看，我国文化用纸在原料配比、技术创新和销售等方面做了大量有益的研究，具备一定的成本优势，所以该产品获利水平较稳定，在国内外市场具备较强的竞争力。

4. 特种用纸

主要以卷烟纸及相关产品为主，2005年毛利润率在30%以上。由于军工产业和高科技产业的高速发展，对电容器纸需求较大，毛利润率在50%以上，生产特种用纸的4个公司成为我国造纸板块中效益最好的企业。我国正式加入世贸后，卷烟纸关税将逐年降低，到2005年最终降至7.5%，由此对卷烟纸的市场和价格都将造成冲击。但我国是卷烟生产和消费大国，对卷烟纸的需求量较大,卷烟行业的进一步重组为卷烟纸提供更为广阔的市场前景。卷烟纸进口的下降和出口的增加表明国内卷烟纸已达到国际水平,增加了进入国际市场的机会。卷烟纸及其系列特种纸具备较高产品价格,将成为造纸业中最具诱惑力的产品之一,也说明发展特种用纸在国内市场有较好的前景。

5. 商品浆

2005年我国商品浆对外依赖性持续增大,国际市场价格稳步上升已危及我国纸业发展。目前能对外销售商品浆的企业很少,部分有生产的企业在商品浆品种上效益较高,如青山本色木浆毛利润率高达40%以上,南糖蔗渣浆毛利润率近15%;日照森博依靠商品浆业务在销售收入方面进入前30名,所以商品浆一方面国内市场空间大,有获利潜力,另一方面易受原料价格影响较大,收益有波动。但总体上我国自制浆能力不足,商品浆发展空间较好,这对有些能直接生产或可转为生产商品浆的企业在发展战略上具有深刻的启示。许多企业积极推进林浆纸一体化工程以及糖纸一体化,为保障产业链的规模和提升关联度,走可持续稳定地增长之路创造了有利的条件。

6. 废纸

2005年我国造纸对废纸的需求达到历史新高,废纸消耗量为3500万吨,其中进口为1703万吨,成为我国造纸纤维最大的来源,直接左右国际废纸价格的走向。我国废纸主要消费地区集中在沿海地带,尤其是浙江省和广东省,是我国进口废纸的核心区,其中2005年广东省进口废纸约547万吨,占全国进口总量的30%以上。建立和规范国内废纸回收系统是我国造纸业发展必须给予高度重视的关键环节,也是城市建设和环保生态建设亟待解决的问题。

三、区域布局分析

由于上市发行具有较强的地区平衡性,26家上市公司分布为东北部6个、东南部11个,中西部9个,区域布局相对比较平衡。随着上市公司的规范管理和严格监管,那些业绩连年不佳的公司将很快被停牌或退市,造纸板块凭着广阔的市场容量,将日益受到关注。

1. 东北部

东北地区造纸企业是我国造纸业重要的生产基地之一,是纸业健康发展的一支重要力量。在20世纪90年代前一直是我国纸业的骄傲,是老国有企业的代表,纤维原料主要以木材为主,技术装备在国内是较先进的,专业化水平高,配套工程比较完整,自制浆可以与制品生产能力相匹配;生产规模虽比不上国外先进水平,但在国内属于大型企业,受小型企业侵扰少;有很好的交通线,大部分企业有自己的铁路专用线;治污设施较完备,可以达标排放;该地区是建设林业基地的先驱者,已形成较大规模的林木蓄积量,是推进林纸一体化较适宜的地区。目前拥有佳木斯、黑龙、吉林、金城、石岘、恒丰等造纸企业,但因历史包袱较重、缺乏原始积累,债务加重,影响融资能力,对正常生产带来巨大冲击,造成现有资产存量的巨大闲置。所以东北地区造纸企业普遍陷入困境,实际总产量连年下降,无法正常运行,急需科学管理、内部创新和外力支持同时进行,并适当实施资产和债务重组。

2. 东南部

在20世纪90年代开始,当东北地区造纸企业全面处于发展停滞时,东、南部地区迅猛发展,已成为我国造纸业的骨干力量。

以草浆为主的山东省纸业多年来高歌猛进,总产量从1995年350万吨,剧增到目前的1192万吨,近几年一直是国内产量最大的地区,主要产品为文化用纸、新闻纸等,在最近几年各年度生产规模、销售收入和利税排名中占据重要位置,在整体上表现出财务状况好、营销手段灵活高效、管理严格、生产标准化、低成本等多方面优势,为行业带来独特的经验,并将在今后一段时间内对行业带来积极的影响。目前年生产规模排名前30位中有8家,年销售收入排名前30位中有9家,已有晨鸣、华泰、博汇等三家上市公司,业绩突出,成为我国纸业板块的中坚力量。

广东、江浙地区主要以进口废纸和木浆为原料,生产包装纸板、文化用纸、生活用纸和特种纸等主要产品,以外资企业和民营企业居多,生产规模和效益仅次于山东省,虽然上市公司不多,但特点突出,糖纸一体化产业链和特种用纸几乎集中在这一地区,将来业绩较好的外资企业和民营企业能进入股市,那么造纸业的看点将是不可估量的。以自制浆和外来原料相结合的福建省,有两家公司上市,多年业绩稳定,如能在战略发展上统一构筑,将有良好发展潜力。

但本区域发展也面临诸多问题:一是大企业较多,并具备扩张性,终端产品互相挤压,资源竞争激烈;二是水源严重短缺,污染负荷剧增对周围江河流域环境构成一定的威胁;三是纤维原料进口依赖性大,供应成本控制难度大等。所以要重视区域性资源整合,以消除资源消耗过度集中问题。

3. 中、西部

中、西部地区的大造纸企业比较分散,主要以自制浆为主,外来原料为辅,生产文化用纸和包装纸等产品,以国营企业为主导,总体效益一般。岳阳、山鹰、美利、银鸽、宜宾效益稳中有升,是本区域内主要看点。ST长控、ST江纸、ST东泰、新疆天宏等公司受天然林保护、外来原料的运输成本、产品销售环节等因素限制,业绩不理想,如没有实质性扭转战略实施,将很难自救。竹子、麦草等多样化非木纤维的合理利用,可能是本区域发展需要重点考虑的问题,速生丰产林建设也是本区域造纸业可持续稳定地增长的关键。

四、发展对策

未来几年,纸业的投资热点仍在亚洲,我国是外国投资者特别关注的地区,因为我国纸业市场巨大,纸品生产和消费增长是最快的,在未来若干年仍具有巨大的吸引力。我国加入WTO后,纸业关税下调幅度较大,致使国内纸业市场受到"洋纸"冲击,使公司面临的业内竞争更趋激烈。针对这些问题和困难,主要采取了以下措施:

(1)扩大自制浆的能力,遏制纤维原料大量进口趋势。进口废纸和商品浆进口量连年攀升,如此下去,今年纸浆、废纸进口再创历史水平,不利于市场纤维供应价格的稳定,也是我国纸业很难消化的主要瓶颈。而国际大型纸业公司自制浆的能力基本平衡或大于造纸能力,即保留一定商品浆量。

(2)减缓增量投资速度,重视内部资源优化。近几年国内前几位的大企业都在加大新增投资力度,往往在新纸机尚未完成正常生产时,又筹建新生产线建设,造成投入产出脱节,内部资源整合不及时,资产负债率偏高等问题。下一步应积极推进循环经济发展模式,着重内部资源优化,提高内部消化能力,以适应日益严峻的外部环境。及时纠正过分注重产量规模和市场占有率的现象,提升产品档次和科技含量,提高发展质量和持续获利能力。

(3)增加出口,实施走出去的发展战略。本年度出口有大幅度的增加,说明海外市场有很大的潜力可挖;目前我国劳动力成本还较低,成本竞争具备一定的优势;同时积极探索走出去的发展战略,利用国外资源发展我国造纸业。

(4)积极推进林纸一体化工程,健全林产业结构和价值链体系。虽然这几年国内大企业有心加大对原料林建设的投入,但受各种因素影响,总体进程较慢,林纸一体化工程还只是处于启动阶段,有条件的企业要积极推进林纸一体化工程建设新模式。

(5)避免发展过分集中,积极寻求在有资源的地区发展。珠江、太湖、淮河等主要河流已变成重污染区,这与造纸发展过分集中有一定的关系。在国有大企业被不断挤压退出竞争行列同时,对民营企业的过快发展要有新的认识。否则内资企业内乱加剧只会伤害全行业的健康发展,规模经济将最终只是外资企业单方面的发展战略。

五、总评

东部和南部地区纸业的快速发展和印尼金光集团(APP)在中国的扩展过程,为我国纸业悟出许多宝贵的经验教训;目前两极分化趋势加剧,资源消耗过分集中,给造纸业发展带来一定负面影响,但这是中国纸业发展壮大的必经阶段。国际大公司的纷纷登陆和扩张,如Enso-stora、芬欧汇川、国际纸业(IP)、日本王子等都有在中国大规模投资和扩展业务的长期打算,这些大公司的冲击力不会小,因为他们的全球性经营战略更具有攻击力,并有很强的防御手段。世界经济的复苏,将为纸品的市场需求提供一个发展机遇;国家努力拉动内需,浆纸销售良好,纸业发展迅速,但受纤维原料供应、能源成本、关税政策等因素影响,产业整体竞争力没有得到实质性提高,我国造纸业在积极推进循环经济发展模式的同时,对产业结构要进行大的整合和重组,提高纸业发展质量和抵御风险的能力。

2005年年报造纸板块个股一览表

序号	代码	上市公司	2005年已分配情况	2006年拟分配情况	主要投资情况	重大事件披露	备注
一、包装纸和纸板							
1	600103	青山纸业	每10股现金红利0.10元(含税)	不分配不转增	20万吨高强瓦楞纸在建,25兆瓦的热电站投产,已经建成基地面积3.9万公顷		出具有保留意见审计报告
2	000699	ST佳纸	不分配不转增	不分配不转增		有重大关联交易	
3	000506	东泰股份	不分配不转增	不分配不转增			出具无法表示意见审计报告
4	600137	ST长控	不分配不转增	不分配不转增			出具有保留意见审计报告
5	600567	山鹰纸业	每股0.10元现金红利(含税)	每股0.12元现金红利(含税),10股转增3股	年产30万吨纸板技改		
二、新闻纸							
6	600163	福建南纸	不分配不转增	不分配不转增	组建光泽县延杉林场有限公司		
7	600793	宜宾纸业	不分配不转增	不分配不转增			
8	600053	ST江纸	不分配不转增	不分配不转增		报告期内,江纸集团公司仍占用的资金1.45亿元	
9	000718	G*环球	不分配不转增	不分配不转增		已转让给苏宁环球集团公司,退出纸业	
10	600187	ST*黑龙	不分配不转增	不分配不转增		有重大关联交易	
11	600462	石岘纸业	10股派发0.40元(含税)	不分配不转增			
12	600963	G*岳阳	每10股派发现金红利1.00元(含税),每10股转增5股	每10股派发现金红利1.50(含税)	林纸一体化项目、节水项目等,成立茂源林业公司,建设速生丰产林5.6万公顷		
三、文化纸系列							
13	000488	G*晨鸣	每10股送2股、每10股1.00元现金(含税),每10股转增3股	每10股1.2元现金(含税)	年产30万吨涂布白纸板、上海晨鸣新厂区、江西晨鸣20万吨低定量涂布纸、20万吨化机浆及厌氧系统、荷泽20万米^{3}中密度纤维板	计划发行20亿元短期融资券	
14	600069	G*银鸽	不分配不转增	不分配不转增	年产10万吨箱纸板投产		

续表

序号	代码	上市公司	2005年已分配情况	2006年拟分配情况	主要投资情况	重大事件披露	备注
15	600308	G*华泰	每10股派发现金2.00元(含税)	每10股派发现金3.44元(含税)转增6股	东营华泰清河实业有限公司5万吨文化纸项目,40万吨新闻纸项目建成投产	大王镇人民政府拟将13800万元中9480万元转让给自然人;计划发行8亿元短期融资券	
16	000815	G*美利	每10股送1股、每10股现金0.25元(含税),每10股转增1股	不分配不转增	铜版纸项目,2.6万吨高档纸项目,废水综合处理林基地灌溉工程,1.3万公顷速生林基地,6.8万吨杨木化机浆工程基本完工		
17	000820	金城股份	不分配不转增	不分配不转增	在建5万吨污水处理场	大股东以土地使用权、林地抵偿占用资金58829万元	出具有保留意见审计报告
18	600419	新疆天宏	不分配不转增	不分配不转增	1万吨脱墨浆、6000吨生活用纸、十万锭棉纺项目、常德天宏4万吨纸技改项目等投产		
19	600966	G*博汇	拟每10股现金红利1元(含税)转增2股	每10股转增3股、现金分配待定	20万吨高档包装板纸项目、120吨连蒸制浆技术改造、20万吨化机浆等项目投产	计划发行5亿元短期融资券	
四、综合类							
20	000833	贵糖股份	每10股派发1.0元现金红利(含税)	每10股派发1.0元现金红利(含税)	碱回收技改,180吨/日制浆生产线,270米^{3}石灰窑等项目投产		
21	000576	G*甘化	不分配不转增	不分配不转增	收购江门市北街发电厂		
22	000911	南宁糖业	每10股派现金3.78元(含税)	每10股派现金1.9元(含税)	年产6.8万吨蔗渣渣浆技改,明阳糖厂扩建至10000吨/日技改,下属伶俐糖厂日处理甘蔗能力由3000吨扩建至6000吨的技改,下属香山糖厂日处理甘蔗能力由3800吨扩建至6000吨的技改等项目已建成投产		
五、特种纸							
23	600235	民丰特纸	10股派1.2元(含税)	10股派0.8元(含税)	彩色打印纸项目已投产,在建压光整饰项目		
24	600356	G*恒丰	每10股分配现金股利1元(含税)	每10股分配现金股利0.5元(含税)	5000吨特种纸斜网纸机技改已完成、在建30000吨特种纸扩建工程项目		
25	600433	冠豪高新	每10股派发现金股利1.0元(含税)	每10股分配现金股利0.5元(含税)	年产2.5亿米^{2}特种防伪纸项目,年产20000吨感应纸和彩色喷墨打印纸已投产		
26	002012	G*凯恩	每10股派发现金股利3元(含税)、转增8股	每10股派发现金股利0.6元(含税)	年产5000吨高性能电解容器纸技改、年产1000吨热敏原纸技改在建		

(陈奇志)

2005年我国新闻出版印刷用纸市场述评

Review of China's newsprint and publication paper market in 2005

一、印刷业现状

相关资料显示，2005年我国印刷业保持了快速健康发展态势，基本实现了国家新闻出版总署2003年制订出台的《全国印刷企业“十五”后三年总量、结构、布局宏观调控指导意见》所确定的发展目标。我国印刷业当前的基本特点是：整体发展态势良好、区域性印刷产业带进一步形成、多种经济成分共同发展和产业素质不断提高，下面分别加以阐述。

(1)我国印刷工业整体发展态势良好。截止到2005年11月30日，全国已有各类印刷企业97391家，其中出版物印刷企业5935家占6.09%、包装装潢印刷品印刷企业37431家占38.43%、其他印刷品印刷企业49439家占50.76%和专项排版制版装订企业4586家占4.71%；复印打字业户85326家。我国印刷工业2005年总产值3326.7亿元、同比增长19.88%，从业人员340.22万人。

(2)伴随着我国国民经济快速稳定发展涌现出来的珠三角、长三角和环渤海三大区域性印刷产业带，如雨后春笋竞相迅速成长。

①以广东为龙头的珠江三角洲区域印刷产业带，已经成为当前我国外向型主要印刷基地，印刷企业数已达1万4千多家，工业总产值450多亿元、占全国印刷业工业总产值的13.53%。该区域业务不同于其他区域的最大特点是具有较高程度的国际化色彩，在其印刷工业总产值中，直接来自海外其他国家和地区的业务量，竟占到其印刷工业总产值的1/3以上，这是当前其他任何区域印刷产业带所无法比拟的。在珠江三角洲地域分布着广州、深圳、东莞、中山、南海、番禺、顺德、惠州等许多印刷名城，各个城市都有成批大大小小数量不等的印刷企业，其中有相当一部分企业是属于全部或部分产品业务接海外订单的外向型企业，这些海外订单多数是经过各公司本部或其香港办事处直接所接，订单主要来自于美、英、法、德、日、澳(大利亚)等国家和地区。香港、澳门、珠三角合在一起业内又统称之为大珠三角。香港的大型印刷企业几乎在珠三角都建有生产厂，经过二十余年的融合，国际印刷中心——世界四大印刷基地之一的香港，已经与珠三角密切结合。

②以沪、苏、浙为重点的长江三角洲区域印刷产业带，在我国加入WTO以后，国际资本加速进入我国市场，国内市场国际化，竞争趋势加剧。在这新一轮的国际化市场竞争中，长江三角洲印刷业紧紧抓住机遇，取长补短，迅速崛起，如今该区域印刷企业数已达2万7千多家，工业总产值1026亿元，在三大印刷产业带中独占鳌头，其产值占全国印刷业工业总产值的30.84%，为最高。

③以京、津、冀为中心的环渤海区域印刷产业带，占有全国科研、教育、人才等诸多方面的优势，当前拥有的印刷企业数已达9千7百多家，工业总产值288亿元，占全国印刷业工业总产值的8.65%，加之该区域丰富的出版资源、良好的出版物印刷基础和强劲的印刷实力，该区域印刷业发展前景极其广阔。

(3)我国印刷工业多种经济成分共同发展的格局已经形成。据报道，国家新闻出版总署对京、津、吉、苏、皖、鲁、鄂、湘、穗、青等我国东、中、西部具有代表性的十省市资料汇总统计结果表明，我国当前拥有的国有和集体印刷企业占总数的21.87%，民营印刷企业占74.71%，外资印刷企业占3.42%，这标志着我国印刷业国有、民营和外资等多种经济成分共同发展的企业格局已经形成。

(4)我国印刷工业产业素质不断提高。“十五”期间，我国印刷业利用高新技术改造传统产业在不断取得新的进展；在“十一五”开局之年，采用以CTP(计算机直接制版)技术和商业轮转印刷机为标志的新一轮技术改造已经在全国印刷业广泛展开。我国印刷技术和印品质量整体水平在逐年提高，图书等出版物印装精品逐年增多，包装装潢印刷品印刷为我国商品出口立下汗马功劳。

二、出版物市场

“十五”期间，全国各出版物总印张的同比增长：2001、2002、2003、2004 和 2005 年分别为 13.31%、12.74%、10.84%、16.27 %和 6.22%；总用纸量的同比增长分别为 13.25%、12.73%、10.75%、16.15% 和 7.87%。其中，报纸一直保持着强劲的增长势头，报纸用纸量同比增长分别为 17.36%、13.83%、15.75%、23.41%和 8.10%。报纸用纸量近 5 年来一直占据全国出版物总用纸量 60%以上的份额，2001、2002、2003、2004 和 2005 年，分别占 64.41%、64.96%、67.89%、72.13%和 72.28%，所占比例逐年扩大。详情如表 1、表 2、表 3、表 4、表 5 所示。

1. 图书

2005 年，我国图书市场延续着改革开放以来，特别是入世后进一步显示出的繁荣兴旺景象，全国图书出版、发行、销售仍然保持了持续上升的势头。2005 年全国出版图书 22 万种，同比增长 6.80%，其中新版图书 12.9 万种，占 57.79%；总印数 65 亿册，同比增长 0.80%；总印张 493 亿印张，同比增长 6.00%；折合用纸量 116 万吨，同比增长 5.91%。我国 2001—2005 年全国图书发行总销售情况列于表 5。由表中数据可以看出，全国图书发行总销售金额的同比增长，2001、2002、2003、2004 和 2005 年，分别为 8.61%、7.93%、7.67%、5.71%和 8.70%。其中文化教育类、课本类、大中专教材类和少儿读物类书籍，销售数量合计在当年发行总销售量中所占比例一直名列榜首，2001、2002、2003、2004 和 2005 年，分别占 88.00%、87.60%、87.77%、87.30 %和 86.78%；其销售金额合计在当年发行总销售金额中亦一直占据最高比例，达 3/4 以上，2001、2002、2003、2004 和 2005 年，分别占 76.01%、75.40%、75.95%、76.00%和 76.28%，如表 6 所示。近年来全国各种课本出版种类连年持续增长，其中 2004 和 2005 年出版种类同比增长分别为 25.36 %和 38.63%，总印张同比增长分别为 5.07 %和 15.07%。

2. 期刊

期刊市场竞争依旧。2005 年是我国期刊出版、发行稳步发展和期刊市场竞争更加激烈的一年。2005 年全国出版期刊 9468 种，同比增长 - 0.23%；平均期印数 1.6286 亿册，同比增长 - 5.36%；总印数 27.59 亿册，同比增长 - 2.68%；总印张 125.26 亿印张，同比增长 13.35%；折合用纸量 29.44 万吨，同比增长 13.36%。

业界人士指出，2005 年我国期刊市场呈现出了六大基本特征：①品牌期刊一枝独秀。我国品牌期刊在激烈的期刊市场竞争中都蒸蒸日上。例如，众所周知的文化生活类《读者》、《知音》、《家庭》、《故事会》等期刊发展势头依然如故不减当年；人文地理类《中国国家地理》、《文明》、《华夏人文地理》等一大批期刊一直颇受广大读者欢迎；文摘类期刊《特别报道》和《格言》，系在激烈的市场竞争中杀出的黑马，后劲十足，2005 年发行量已分别超过百万份和六七十万份。此外像《译林》等以编译外国文学为主的期刊发行量亦都超过 50 万份，发展势头良好。②时尚期刊杂志竞争尤其严峻。当前国际竞争机制的引入——美国康泰纳仕集团世界领先时尚期刊通过版权合作在国内市场出版，使得时尚期刊国内市场竞争国际化，这势必将打破国内知名时尚期刊《瑞丽》、《时尚》、《ELLE》三足鼎立的市场格局，竞争更加趋于白热化。③时政期刊显得较为活跃，发行数量有所增加。这主要是由于 2005 年世界政坛风起云涌，以及近年的印度洋海啸、卡特利娜飓风、南亚地震、禽流感等对当今世界影响颇大的天灾人祸接连不断，使得人们更多地关注于世界，关注于时事时政，从而使得时政期刊发行数量有所增加。④科技期刊现状不容乐观。当前我国现有科技期刊杂志近 5000 种，占我国期刊总数的 55%左右，尽管其科技论文总数排在世界第六位，但至今尚找不到一种期刊杂志，能够像 *Science*、*Nature* 和 *Lancet* 等那样在全球闻名遐迩举世公认有巨大影响力的科技期刊杂志。⑤期刊杂志用纸结构已经由中低档转向高档。高档期刊的首选印刷用纸是铜版纸，期刊内页印刷已普遍采用低定量涂布纸、轻量涂布纸等。精品杂志等一系列高档印刷品的迅速增加，带动了铜版纸、低定量涂布纸、轻量涂布纸等相应高档新闻出版印刷用纸市场需求量的大幅度增长。⑥期刊杂志开本的尺寸已经发展为由小到大和宽高比例多样化。开本尺寸已由过去的 787 毫米 × 1092 毫米正度纸的 16 开本，发展成为大度纸的 16 开本或更大。例如 850 毫米 × 1168 毫米、889 毫米 × 1194 毫米、880 毫米 × 1230 毫米、880 毫米 × 1270 毫米等规格纸的 16 开本，635 毫米 × 965 毫米规格纸的 8 开本等。开本尺寸的高宽比例已经多样化，有些已由过去的大致黄金分割改变为不遵守黄金分割规律的超宽或超高的异型尺寸开本等。

3. 报纸

我国报纸印量持续增长，2005 年全国共出版报纸 1931 种，同比增长 0.47%；平均期印数 1.9549 亿份，同比增长 0.14%；总印数 412.6 亿份，同比增长 2.53%；总印张 1613.14 亿印张，同比增长 5.79%；折合用纸量 379.09 万吨，同比增长 8.10%。2005 年全国出版报纸比上一年多用纸 28.39 万吨，支持了国内纸业的发展。当前国产新闻纸质量有所改善，品种有所增加，档次有所提高，在报纸印刷中国产纸占据主导地位，报纸印刷用纸国产化率已达90%。近年来，国内报纸印刷市场竞争日趋激烈，其出版的种类、质量、印刷数量、版面数目、彩色印刷所占比例等方方面面都发生了巨大变化，不但向报业提出了新的挑战，而且向纸业生产发展发出了新的信号。卷筒纸平版胶印技术，是当前国内绝大多数报社印务中心普遍采用的印刷方式，彩色报纸印刷数量增长很快，其他各种印刷品普遍要求印刷精美，相应印刷用纸的需求成为新增长点。

我国报业印刷总量和日报出版规模已连续多年位居世界第一，质量也有质的飞跃。以CTP为代表的数字化技术正在引领报业印刷生产技术阔步向前。尤其彩色报纸印刷所占比例，已经由1994年只占全国报纸总量的1%提高到目前的65%以上，京、津、沪等许多大城市的彩色报纸已经占到80%以上。我国报纸消费总量在当今世界报纸消费大国中名列榜首，排在当今世界报纸消费大国印度、日本和美国前头。千人日报拥有量是国际上衡量报业水平指标的通用重要标准，而日报普及率是衡量报业水平的另一重要指标。当前我国日报千人拥有量为75.86份，其中北京、上海已分别达到274.2、268.1份，超过了中等发达国家水平；我国日报普及率为0.26份，其中北京、上海分别达到0.85、0.83份，已经接近当今世界发达国家每户居民每天1份日报的先进水平。

据报道，当前我国现有报纸印刷厂650家，从业人员达6.5万人。中国报业协会日前曾对中央报、各省市自治区报、计划单列市报、各特区和重点地区报纸印刷的192家企业进行调查，结果如表8所示。由表中数据可以看出，这192家企业2005年总印量达到949亿对开张，其中生产能力1亿对开张以上的103家企业总印量为919亿对开张。2005年我国报纸年印刷量10亿对开张以上的企业有29家，占我国报纸现有印刷厂总数的4.46%，其总印量600亿对开张，如表9所示。我国报业印刷生产集中度逐年提升。

4. 胶印机

在平印、凸印、凹印等各种印刷方式中，平印占据主导地位。到2010年底，印刷技术发展的主要目标是，继续大力发展纸基印刷品，大力推广应用能一次印出多色印刷品的工艺技术和高效设备，提高彩色印刷的比重、质量和效率，胶版印刷仍占据主导地位，印刷机发展的重点仍然是多色胶印机。在印刷领域内，3.5万～4.5万张/h的印刷机称为小型机组，6万～7.5万张/h称为中型机组，14万～15万张/h或15万张/h以上者称为大型机组。当前国际上的大型机组速度已经达到18万张/h以上。在先进印刷设备、印刷机械方面，我国报业印刷已经走在行业的前头。截止2005年底，全国报业各报纸印刷厂，拥有大、中、小型各种报纸轮转印刷机3000台，同比增长11.11%；其中：大型机200台，占6.67%、同比增长62.72%；中型机1200台，占40.00%，同比增长－0.25%；小型机1600台，占53.33%，同比增长16.45%。当前我国大中型胶印轮转印刷机仍然依赖进口，在我国报业拥有的各型轮转印刷机中，进口机和国产机数量基本呈各占一半的态势，但80%的进口机为6万张/小时以上的大中型机，其中又有15%为15万张/小时以上的大型机。国产机几乎全部都是4万张/小时或4万张/小时以下的小型机。2005年，我国印刷机械制造巨头——北人、高斯等集团，都推出了胶印无轴轮转报纸印刷机。其中，北京北人集团为沈阳日报印刷厂安装了胶印无轴轮转报纸印刷机；上海高斯集团为南方日报印刷厂安装了12台胶印无轴轮转报纸印刷机，为解放日报印刷厂安装了4台，为河北日报印刷厂安装了2台。这些新安装的机组都已投入报纸印刷正常试运行，实际运行车速已经从3.5万张/h提高到了4万张/h。我国进口的报纸印刷机主要是曼罗兰、高宝的大、中型机，瑞士维发的OF370，高斯国际的中、小型机，日本西研和印度洛克比尔等公司的小型机。这些进口印刷机的共同特点是无轴、高速，单幅机车速7万～7.5万张/h，双幅机车速15万张/h以上。国内拥有的大型印报机主要集中在珠三角、长三角等经济发达地区，其中广州日报印刷厂的曼罗兰COLORMAN 17万张/h双幅6塔报纸印刷机是当前我国最高配置，此种机型在当今国际上欧、美等发达国家也属较高配置。

三、印刷业未来

我国印刷业“十一五”期间发展的主要目标是：印刷业工业总产值增长速度年均8%左右，其中出版物印刷业工业总产值增长速度年均3%左右，包装装潢印刷品印刷业工业总产值增长速度年均10%左右，其他印刷品印刷业工业总产值增长速度年均在1%左右。到“十一五”末期，我国印刷业工业总产值达到4400亿元人民币，约占我国国民生产总值的2.5%；我国印刷业生产加工能力进入世界前列，成为世界重要印刷基地之一，跻身于世界印刷大国之列；我国印刷业要培育出一批有竞争力的骨干企业，其中印刷工业产值超过1亿元的企业要有数百家，超过10亿元的企业要有数十家；不断提高印刷品印制质量，努力使各类印刷产品达到国家规定的标准。随着我国印刷业“十一五”发展规划的制订与实施,对印刷用纸产量、质量、品种、档次、产品质量的稳定性和均一性等要求,亦会随之不断提高,其各项指标均应符合出版物印刷、包装装潢印刷品印刷和其他印刷品印刷发展的需求。尤其新闻出版印刷用纸,更要适应当今国际印刷潮流多色、高速、快干、无污染和低消耗现代化印刷的要求。

表 1　2001—2005 年全国各出版物总印张和用纸量

序号	出版物名称		总印张/亿印张*					用纸量/万吨				
			2001	2002	2003	2004	2005	2001	2002	2003	2004	2005
1	图书	书籍	209.43	237.50	251.93	245.05	238.92	49.22	55.81	59.20	57.59	56.15
		课本	195.44	217.81	209.23	219.81	253.93	45.93	51.19	49.17	51.66	59.67
		图片	1.21	1.14	1.06	0.72	0.43	0.46	0.43	0.40	0.27	0.16
		合计	406.08	456.45	462.22	465.59	493.29	95.61	107.43	108.77	109.52	115.99
2	期刊		100.92	106.38	109.12	110.51	125.26	23.71	25.01	25.64	25.97	29.44
3	报纸		938.96	1067.39	1235.59	1524.80	1613.14	215.96	245.51	284.18	350.70	379.09
4	总计		1445.96	1630.22	1806.93	2100.90	2231.67	335.28	377.95	418.59	486.19	524.45

* 对开张,下同。

表 2　2001—2005 年全国各出版物所占比例　　单位:%

序号	出版物名称		总印张					用纸量				
			2001	2002	2003	2004	2005	2001	2002	2003	2004	2005
1	图书	书籍	14.48	14.57	13.94	—	10.70	14.68	14.77	14.14	—	—
		课本	13.52	13.36	11.58	—	11.38	13.70	13.54	11.75	—	—
		图片	0.08	0.07	0.06	—	0.02	0.14	0.11	0.10	—	—
		合计	28.08	28.00	25.58	22.16	22.10	28.52	28.42	25.98	22.53	22.11
2	期刊		6.98	6.52	6.04	5.26	5.61	7.07	6.62	6.13	5.34	5.61
3	报纸		64.94	65.48	68.38	72.58	72.28	64.41	64.96	67.89	72.13	72.28
4	总计		100.00	100.00	100.00	100.00	100.00	100.00	100.00	100.00	100.00	100.00

表 3　2001—2005 年全国各出版物总印张和用纸量的同比增长　　单位:%

序号	出版物名称		总印张					用纸量				
			2001	2002	2003	2004	2005	2001	2002	2003	2004	2005
1	图书	书籍	16.10	13.40	6.08	-2.73	-2.50	16.11	13.39	6.07	-0.27	-2.50
		课本	0.41	11.45	-3.94	5.06	15.52	0.42	11.45	-3.95	5.06	15.51
		图片	2.56	-4.96	-7.02	-32.01	-40.28	2.22	-6.52	-6.98	-32.50	-40.74
		合计	7.94	12.40	1.26	0.73	6.00	7.94	12.36	1.25	0.69	5.91
2	期刊		0.88	5.41	2.58	1.27	13.35	0.85	5.48	2.52	1.29	3.47
3	报纸		17.39	13.68	15.76	23.41	5.79	17.40	13.68	15.75	23.41	8.10
4	总计		13.31	12.74	10.84	16.27	6.22	13.25	12.73	10.75	16.15	7.87

表4 2001—2005年全国报纸出版数量和用纸量

序号	区域	种数/种					总印数/亿份					用纸量/万吨				
		2001	2002	2003	2004	2005	2001	2002	2003	2004	2005	2001	2002	2003	2004	2005
1	中央	210	212	213	218	220	59.57	59.36	60.65	57.58	55.04	26.74	27.57	44.99	—	—
2	地方	1901	1925	1906	1704	1711	291.49	308.47	322.47	344.82	357.56	189.22	217.94	239.19	—	—
3	全国	2111	2137	2119	1922	1931	351.06	367.83	383.12	402.40	412.60	215.96	245.51	284.18	350.7	379.09

表5 2001—2005年全国图书发行总销售情况

序号		项目	2001		2002		2003		2004		2005	
			金额/亿元	同比增长/%	金额/亿元	同比增长/%	金额/亿元	同比增长/%	金额/亿元	同比增长/%	金额/亿元	同比增长/%
1		发行总销售	920.93	8.61	993.93	7.93	1070.20	7.67	1131.35	5.71	1229.81	8.70
2	其中	少儿读物类	34.43	21.79	33.17	-3.65	38.61	16.39	27.23	-29.47	32.94	20.97
		大中专教材类	53.49	12.66	67.96	27.07	73.52	8.17	84.74	15.27	101.81	20.14
		课本类	381.24	4.06	394.28	3.42	422.39	7.13	429.21	1.61	462.46	7.75
		文化教育类	230.87	8.78	254.74	10.34	278.28	9.24	319.37	14.76	340.92	6.75
		合计	700.03	6.99	750.15	7.16	812.80	8.35	860.55	5.87	938.13	9.02

表6 2001—2005年全国文化教育等类图书在总销售量中所占比例 单位:%

序号	项目	册数					金额				
		2001	2002	2003	2004	2005	2001	2002	2003	2004	2005
1	文化教育类	27.80	27.90	28.25	30.00	30.09	25.10	25.60	26.00	28.20	27.72
2	少儿读物类	3.70	3.20	3.77	2.00	2.39	3.70	3.30	3.61	2.40	2.68
3	大中专教材类	2.70	3.00	3.05	3.50	3.65	5.80	6.80	6.87	7.50	8.28
4	课本类	53.80	53.50	52.70	51.80	50.65	41.40	39.70	39.47	37.90	37.60
5	合计	88.00	87.60	87.77	87.30	86.78	76.01	75.40	75.95	76.00	76.28

表7 2001—2005年全国各种课本出版数量

序号	项目	种数/种					2005年同比增长/%	总印张/亿印张					2005年同比增长/%
		2001	2002	2003	2004	2005		2001	2002	2003	2004	2005	
1	大专及以上课本	10645	11995	14355	18434	27459	48.96	20.4920	25.8604	26.9026	35.9592	48.9024	35.99
2	中专课本	2134	2149	2319	2742	3565	30.01	5.5300	4.9936	6.1677	8.3856	9.1321	8.90
3	中学课本	3514	3530	3546	5017	5949	18.58	107.6110	120.2585	112.9536	112.6723	124.2004	10.23
4	小学课本	4410	4730	4931	6012	6668	10.91	57.8230	62.4682	59.6198	58.8333	63.2759	7.55
5	业余教育课本	615	608	665	734	1519	106.95	0.7260	1.2790	0.8212	1.4931	2.9283	96.12
6	教学用书	2917	2805	2971	3147	4858	54.37	3.2310	2.7693	2.7367	2.4583	4.4702	81.8
7	扫盲课本	—	—	—	—	10	—	—	—	—	—	0.0255	—
8	合计	24235	25817	28787	36087	50028	38.63	195.42	217.63	209.20	219.81	252.93	15.07

表8 2003—2005年192家报纸印刷企业年印刷量分类汇总

序号	企业印刷能力/(亿印张/年)	企业数量/家	2003		2004		2005	
			印量/亿印张	同比增长/%	印量/亿印张	同比增长/%	印量/亿印张	同比增长/%
1	>10	29	521.66		595.72	14.20	600.14	0.74
2	5~10	31	167.74		205.347	22.49	220.45	7.29
3	2~5	20	51.90		59.55	14.74	65.11	9.34
4	1~2	23	24.82		29.55	19.06	32.20	8.97
5	0.5~1	23	14.04		16.55	17.88	17.31	4.59
6	0.1~0.5	49	10.67		11.90	11.53	12.63	6.13
7	<0.1	17	0.75		0.75	0.00	0.82	9.30
合计		192	791.58		919.49	16.16	948.66	3.17

表9 2003—2005年年印量10亿印张以上29家报纸印刷企业实际印报量

序号	单位名称	2003		2004		2005	
		印量/亿印张	同比增长/%	印量/亿印张	同比增长/%	印量/亿印张	同比增长/%
1	广州日报报业集团印务中心	64.25	5.00	64.27	0.03	61.41	-4.45
2	文新报业集团印务中心	35.50	1.10	39.70	11.80	39.60	-0.25
3	南方日报社印刷厂	32.75	19.90	38.09	16.31	36.04	-5.40
4	楚天印务总公司	22.70	33.90	28.30	24.67	31.87	12.61
5	深圳报业集团印务中心	35.00	15.00	37.79	8.00	30.99	-18.00
6	羊城晚报报业集团印务中心	22.23	5.30	25.67	15.50	24.60	-4.17
7	解放日报报业集团印务中心	20.70	13.00	26.59	28.45	24.47	-8.00
8	辽宁日报印刷集团	13.95	41.12	20.12	44.23	22.29	10.79
9	杭州日报报业集团印务中心	13.00	23.76	17.00	30.77	22.10	30.00
10	新华通讯社印刷厂	17.00	6.00	19.00	11.76	21.00	10.53
11	人民日报社印刷厂	18.63	1.97	20.49	9.98	20.80	1.51
12	新华日报报业集团印务中心	20.92	26.89	20.59	-1.60	20.14	-2.19
13	大众报业青岛印务中心	15.30	147.00	21.10	37.91	19.80	-6.16
14	河南日报报业集团印务中心	14.30	8.45	17.73	24.00	19.34	9.08
15	今晚报印刷厂	13.80	13.00	14.98	8.55	16.84	12.42
16	四川日报报业集团印务中心	13.50	-1.24	14.50	7.41	15.80	8.97
17	北京日报报业集团印刷厂	16.58	16.00	17.75	7.06	15.59	-12.17
18	成都博瑞传媒印务中心	10.16	26.40	13.49	32.78	15.44	14.49
19	黑龙江日报报业集团印务中心	13.30	8.97	15.10	13.53	15.20	0.67
20	浙江日报报业集团印务公司	14.36	10.00	14.34	-0.07	14.71	2.58
21	解放军报印刷厂	12.60	5.00	14.26	13.20	14.70	3.09
22	重庆日报报业集团印务中心	11.70	9.60	14.10	14.00	14.50	2.84
23	天津日报报业集团印刷厂	11.52	3.03	14.11	22.50	14.03	-0.57
24	福建日报报业集团印务中心	9.43	30.00	11.85	25.66	12.87	8.60
25	华商报数码信息公司印务中心	8.65	38.85	10.77	24.51	12.67	17.64
26	大众华泰印务中心	8.67	23.00	10.10	16.49	11.50	13.86
27	长江日报印刷厂	8.53	5.00	10.99	28.84	11.13	1.27
28	经济日报报业集团印刷厂	12.13	5.00	11.74	-3.22	10.71	-8.78
29	广西日报印务中心	10.50	19.30	11.20	6.67	10.00	-10.70
合计	29家	521.66		595.72	14.20	600.14	0.74

（刘克谦）

新闻纸市场及发展趋势

Analysis on the market and development trend of newsprint

一、新闻纸生产维持较高发展速度

中国造纸协会的报告指出，2005 年我国新闻纸的总产量为 319 万吨（由于统计口径的原因，国家统计局的数字为 341 万吨），消费量 331 万吨，分别比 2004 年增长 6.3%和 6.8%。人均新闻纸年消费量与 2004 年相比略有增长，达 2.5 公斤。6% 左右的增长幅度可以说是在过去连续 8 年较高增长的基础上，市场平衡的一个比较理性的结果。

1998 年上海泛亚潜力年产 12 万吨新闻纸生产线的建成吹响了中国新闻纸行业向大型现代化发展的号角。随后南平、齐齐哈尔、吉林、石岘、华泰、岳阳、晨鸣、河北龙腾等纸厂相继购置了年产 18 万吨、33 万吨乃至 43 万吨的新型新闻纸机，VOITH 公司的同一平台纸机和 METSO 公司的优化概念纸机轮番在国内拿到了订单。这些纸机都配备了稀释流浆箱、夹网成形、靴式压榨、单排烘缸和软压光等世界造纸业的最新技术。与包装纸板、高档文化用纸一道，中国的新闻纸生产线投产的报道频频见诸国际制浆造纸杂志。21 世纪的第一个十年可以说是中国新闻纸生产技术和装备更新换代、脱胎换骨的十年。

二、产能继续大于市场需求

2005 年新闻纸产能大于市场需求，出现了两种后果——工厂开工不足和市场售价下降，将导致 2006 年各大中新闻纸生产企业的销售压力和市场竞争比上年度更为严重。

已经得到国家批准的福建南纸、广州造纸和上海泛亚潜力新项目累加新增产能可能略超过 100 万吨，连同在建的安徽马鞍山 20 万吨新闻纸的项目，将成为 2007—2008 年新闻纸总产能新的增长点。

面对多台大型新机组在产品质量升级和可销售总量过剩造成的双重压力，包括新机台本身也经受着工厂开工不足和市场售价下降的冲击，出路之一是进一步扩大内需。综观我国新闻纸的人均消耗近年来有了一些进展，但是由于历史和经济发展的循序渐进的原因，2005 年的人均消耗也仅为 2.5 公斤，市场容量的潜力应该是很大的。如果西部开发稳步发展，东部和沿海地区广告业务保持良好势头，通过报纸发行总量的增加，新闻纸的消费量可望在未来几年有新的突破。

出路之二是扩大出口。前提是提高产品质量，包括生产 45 克/米^2 的较低定量新闻纸和进一步降低生产成本。邻近我国南海的东南亚国家除了新加坡、文莱等少数国家外，大部分是发展中国家。他们的新闻纸生产能力普遍低下，人均消费量在 1～2 公斤/年，新闻纸的市场容量相当大。我国东南海沿岸到这些国家的海运距离仅在 1000～3000 海里。和欧洲新闻纸生产商相比，现在国内的新闻纸机台，使用的原料、生产工艺以及自动化程度已经没有太多差距。如果我们在管理和成本方面有长足的进步，国家在纸张出口能实行更为优惠的税收政策，人民币汇率长期维持稳定，较高档次新闻纸的出口是很有可为的。

另一个出路是组织部分有能力的机台转产市场适销对路的品种。新闻纸的生产在原材料和工艺上与多种文化、印刷用纸很相近。像泰格林纸原来就有生产印刷用纸的传统，当新闻纸的利润空间很小的时候，原来生产新闻纸的机台便适时转产。

最后，部分 3150 毫米纸机将不得不完全退出新闻纸生产行列。

三、新闻纸行业要在节能工作中作出新贡献

新闻纸是一个大纸种，300 多万吨的年产量占了将近全国纸和纸板总产量的 1/10。随着越来越多的大型机台建成，规模生产和新的自动化水平令新闻纸生产的单位能耗有了明显降低。能源问题关系我国经济发展、社会稳定和国家安全，必须坚持开发与节约并重、把节约放在首位的方针，采取更加有力的措施全面推

动能源节约。

将节能降耗指标纳入行业发展统计、评价体系，定期公布主要生产单位的能源消耗情况。要推进节能的科技进步，加快热电联产、能源综合利用等技术的开发应用。通过采用新工艺，改造落后的流程、设备，新闻纸行业的节能工作还有不少潜力可挖。

四、大力推进新闻纸行业的循环经济建设

循环经济的根本目的是要求在经济流程中尽可能减少资源投入，并且系统地避免和减少废物，首先要在生产源头就充分考虑节省资源、提高单位生产产品对资源的利用率、预防和减少废物的产生；环境与发展协调的最高目标是实现从末端治理到源头控制，从利用废物到减少废物的质的飞跃，要从根本上减少自然资源的消耗，从而也就减少环境污染的负载。

当前的主要任务，一是要加快推行清洁生产。鼓励和支持企业使用清洁能源和原材料，采用先进的工艺技术设备，提高资源利用效率。二是突出加强节能节水。全面推广节能、节水技术，扩大中水回用。三是加强资源综合利用，加强对废弃物的监管，提高废渣、废水、废气的综合利用率。四是推动造纸行业的资源再生利用。

循环经济是一项系统工程，实施循环经济是有成本的经济。实施循环经济需要技术、投资，还有运行成本，是建立在资金流动基础上的。实施循环经济不仅要注意成本、资金要素，而且还必须注意连接物质、能量循环，利用在时间—空间配置上的可能性和合理性。

新闻纸生产单位，特别是大型新闻纸企业，应实实在在地做好循环经济的组织实施，争创环境友好型企业。

五、适当调整大型新闻纸项目的投资

中国造纸协会评论员文章认为，造纸行业项目居高不下的巨额投资与造纸产品利润空间相对缩小是影响纸业发展进程的三大矛盾之一。文章指出，随着中国经济的发展，近年来投资主体多元化，审批权限扩大化。当一种盈利较高的产品在市场一出现，其他企业和投资商就会迅速跟进，新项目很快就能建成投产，从而使这种产品供过于求、获取高额利润的周期大大缩短，投资的回报率就有可能比预期的低。

新闻纸行业近年也呈现了这种大规模投资的局面。市场经济需要新闻纸行业在投资决策中根据国民经济发展的规律和消费市场需求增长的情况来制定发展战略，不然大量的新生产能力提前释放，将造成相当部分高端产品的过度竞争，投资回报将深受影响。

另一方面，长远来看，要对新闻纸行业产品的前景有一个清晰的认识。近年来国内外已陆续有文章提及电子媒体对报纸发行的冲击。电子媒体正在全面进军新闻、广告等传播领域。作为一种高度快速反应，使用越来越方便，成本迅速下降的新生应用技术，其成长和扩张很可能是爆炸性的。我们还可以看到，国内比较前卫的报纸已经在试办手机短信报纸、手机语音新闻。手机电视也已经问世。年青一代对纸质新闻的需求正在逐渐地下降。政府机关、企业社团以至家家户户订报纸的局面说不准哪一天会悄悄地但是无悔地离我们而去。人类技术的进步在交叉促进的过程中经常存在几何级数的发展模式，电子媒体技术的爆炸性扩张是对新闻纸及印刷用纸行业极具威胁的现实存在。阅读纸质信息（包括书籍）有朝一日可能成为人们的一种享受而不是生活的必需品。当我国新闻纸产量频频以十位数字爆增的时候，已进入经济发达阶段的北美国家新闻纸消费量却在连年走低。因此，尽管我国的人均新闻纸消费量还很低，还有着“赶超世界平均水平”的空间。但是，由于造纸项目所投入的设备都是成套性的大型设备，项目投资动辄几十亿元，使用寿命起码四五十年，投资主体须认真地留意人均新闻纸消费量的增长曲线与电子媒体取代报纸的发展曲线的走势，适时调整介入新闻纸总量生产的策略。

（冯铭杰）

包装纸板市场及发展趋势

Analysis on the market and development trend of packaging board

一、包装纸板在包装工业中的地位

1、纸和纸板包装在包装工业及包装材料中所占的比重

根据有关资料统计，2004 年中国包装工业规模以上企业共完成工业总产值(当年价)3283.02 亿元，占我国 GDP 的 2.4%。在全部包装工业总产值中，纸包装工业完成 1135.00 亿元，占 34.57%(见表 1。)

表 1 2004 年包装工业各类工业总产值及所占比例

类别	工业总产值/亿元	所占比例/%
纸制包装业	1135.00	34.57
塑料包装业	929.29	28.31
玻璃包装业	88.66	2.70
金属包装业	230.83	7.03
其他包装业	101.47	3.09
包装印刷业	628.18	19.13
包装机械制造业	169.59	5.17
合计	3283.02	100

在五类包装材料(纸及纸板、塑料、金属、玻璃、其他)中，纸及纸板包装占到 45.67%(见图 1)。从利润的角度讲，包装工业总利润为 150 亿元，其中纸包装为 48.8 亿元，占 32.53%；五大包装材料利润总额为 95.18 亿元，纸包装占 51.27%。纸及纸包装在包装工业中的地位是显而易见的。

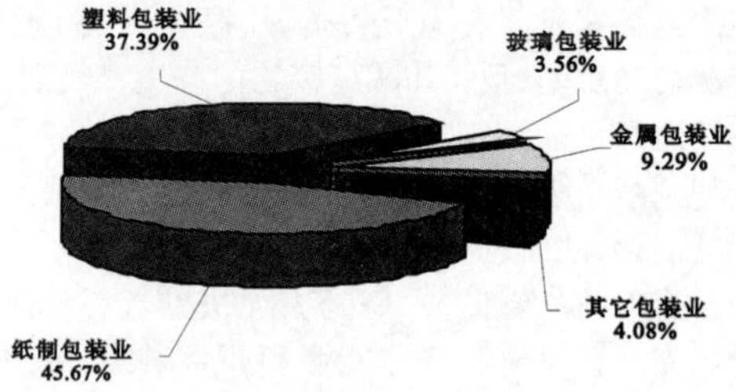

图 1 2004 年五类包装材料产值所占比重

在纸和纸板包装工业中，纸板又占了相当大的比重，据 2004 年《中国造纸年鉴》统计，当年共消费包装纸和纸板 2780 万吨，其中包装纸板为 2310 万吨，占 83.09%。2005 年，包装纸和纸板消费量已达 3529 万吨，其中纸板为 3013 万吨，占 85.38%。在我国，包装纸板主要指白纸板(含涂布和非涂布类，也含白卡纸)、箱纸板及瓦楞原纸。

2、包装工业对纸板的要求

(1)绿色、环保、可循环使用；

(2)高强度、低定量，三层纸箱占的比重会愈来愈大，细瓦楞也将加速发展；

(3)规格品种与功能多样化、复合化，尤其是对纸盒、纸罐类包装，市场越来越细分，越来越功能化；

(4)由运输包装向商品包装发展，要求包装箱(盒)面美观、清晰、鲜艳，以提高产品的附加值。

二、包装纸板生产及消费情况

1、1996—2005 年包装纸板的生产量、消费量和进出口量见表 2。

2、包装纸板的主要生产企业

(1)箱纸板、瓦楞原纸生产量前10名的企业(见表3)

(2)白纸板、白卡纸生产量前10名的企业(见表4)

表2　1996—2005年包装纸板的生产量、消费量及进出口量　单位:万吨

		1996	1997	1998	1999	2000	2001	2002	2003	2004	2005
生产量	箱纸板	280	285	314.3	359.3	400	460	600	680	830	980
	瓦楞原纸	480	430	504	510	570	600	600	670	810	950
	白纸板	147	185	199	245	280	300	460	510	630	790
消费量	箱纸板	381	400.6	440	488	511	545	725	796	956.5	1115
	瓦楞原纸	545.2	583.4	600.3	620.4	668.7	714.8	730	802	921.2	1035
	白纸板	210.9	259.2	283.6	368.8	383.7	396.1	536	603.5	731	863
进口量	箱纸板	102	116.8	126.4	129.1	111.7	86.3	125.4	117.18	128	138
	瓦楞原纸	68.4	96.6	99.1	112.4	103.9	117.9	133.5	134.9	114	88
	白纸板	64.9	77.3	88.4	124.3	104.5	98.7	81.48	103	107	91
出口量	箱纸板	1	3.1	0.7	0.4	0.7	1.3	0.4	1.18	1.53	2.71
	瓦楞原纸	2.8	3.2	2.8	2.0	5.2	3.1	3.3	2.9	2.76	3.31
	白纸板	1	3.1	3.8	0.5	0.8	2.6	5.51	9.5	6.43	18.27

表3　箱纸板、瓦楞原纸生产能力前10名的企业　单位:万吨/年

序号	企业名称	箱纸板、瓦楞纸生产能力	在建或拟建
1	玖龙纸业	275	160
2	理文纸业	160	140
3	景兴纸业	50	40
4	山鹰纸业	50	
5	齐河纸业	40	
6	金州银州纸业	40	
7	中隆纸业	35	
8	冀腾纸业	32	
9	联合鸿兴	30	
10	荣城纸业	30	
	合计	742	

表4　白纸板、白卡纸生产能力前10名的企业　单位:万吨/年

序号	企业名称	白纸板、白卡纸生产能力	在建或拟建
1	中华纸业	110	
2	太阳纸业	75	30
3	建晖纸业	60	
4	玖龙纸业	40	50
5	晨鸣纸业	40	
6	永泰纸业	25	
7	红塔仁恒	25	
8	日照森博	17	
9	华众纸业	15	
10	威达高纸业	12	
	合计	409	

注:佛山华丰年产10万吨/年,并在建30万吨/年,未列入表中。

3、主要特点

(1)生产集中度越来越高,从表3、表4可以看出,箱纸板、瓦楞原纸及白纸板、白卡纸前10名的企业,其生产能力分别达742万吨/年和409万吨/年,如实际产能以90%计算,则产量分别为667.8万吨/年和368.1万吨/年;分别占箱纸板、瓦楞原纸生产量的35%,白纸板、白卡纸生产量的47%。

(2)生产和消费呈很强的地域特点,珠三角、长三角地区既是箱纸板、白纸板的主要消费地区,也是主要生产地区,同时还是包装印刷的主要产区。

(3)装备水平进一步提高,单条生产线规模进一步扩大,如在建和拟建的几条新生产线,纸板机幅宽均为6650毫米,车速1150米/分,产量均在40万吨/年以上。

(4)外资占的比重进一步加大,以箱纸板、瓦楞原纸为例,玖龙纸业、理文纸业、荣成纸业、中隆纸业的产能已占到前10家产能的67%。

(5)竞争日趋激烈,并向上下游延伸,利润有所下降。

三、市场发展趋势

1、消费量仍将保持较高幅度的增长

从1996年到2005年,箱纸板的消费从381万吨增长到1115万吨,增长了2.93倍;瓦楞原纸消费量从545万吨增长到1035万吨,增长了1.9倍;白纸板、白卡纸消费量从211万吨增长到863万吨,增长了4.9倍,而同期GDP从1996年的80050亿(根据修正数据计算),增长到182321亿,增长了2.28倍。包装纸板消费的增长速度高于GDP的增长速度。随着中央政府宏观调控水平和能力的不断提高,中国经济在"十一五"期间仍将保持8%左右的速度增长,包装纸板消费即使以每年7%的速度递增,2006年至2010年其消费量也要达到3224万~4226万吨,每年净增211万~227万吨。

2、进口的依存度下降

进口的绝对量仍将保持在一定的水平,但进口的相对量下降,即进口的依存度在下降(见表5)。

表5　1996—2005箱纸板、瓦楞原纸、白纸板进口量占各自消费量的比重　　单位:%

年度	箱纸板	瓦楞原纸	白纸板
1996	26.8	12.5	30.8
1997	29.2	16.6	29.8
1998	28.7	16.5	31.2
1999	26.4	18.1	33.7
2000	21.9	15.5	27.2
2001	21.6	16.5	24.9
2002	17.3	18.3	15.2
2003	14.7	16.8	17.1
2004	13.4	12.4	14.6
2005	12.4	8.5	10.5

3、原料进口的依存度上升

产品进口的依存度下降,但原料进口的依存度却在上升。2005年进口纸浆759万吨,进口废纸1703万吨,分别比1996年的147万吨和137万吨增长了5.16倍和12.43倍。进口浆及废纸浆(按得率0.8计)共计2121万吨,占当年总用浆量的41%。

4、盈利水平下降

产品仍有盈利空间,但盈利水平下降,这是由于上游原料的刚性约束及下游纸箱厂普遍薄利,加上更多的竞争者进入所导致。

5、产品将进一步细化

根据包装工业对纸板的要求,产品将进一步细化,规格多样化,品种功能化,定量轻量化,档次高档化。

(陈鄂生)

高得率浆市场及发展趋势

Analysis on the market and development trend of the high yield pulp

传统上，机械浆主要用于配抄含机械浆印刷纸，如新闻纸、SC 纸、LWC 纸，用于这些纸种的机械浆主要原料为针叶木，采用 GW、PGW 或 TMP 等制浆方法。一般来说，以阔叶木为原料的 GW、PGW 或 TMP 浆，由于纤维短、抗张强度低，难于抄造，但经化学预处理后的阔叶木热磨机械浆可大大改善纸张强度，使得用阔叶木化学机械浆抄造上述纸种成为可能。高得率浆的特性很容易通过改变化学预处理和碱性过氧化氢漂白段的工艺条件得以调整，其性能介于机械浆和化学浆之间。高得率浆(HYP)可用于生产多种纸种，如高级文化用纸、多层纸板、生活用纸、绒毛浆和其他特种纸。本文所述的高得率浆系指包括采用 BCTMP、APMP 或 PRC－APMP 工艺生产的漂白化学机械浆，得率通常在 82%～92%之间。

一、全球高得率浆产、销情况

1. 全球高得率浆现有产能情况

全球高得率浆现有年生产能力约为 600 万吨，主要集中在加拿大、中国、欧洲等国家和地区，其中约 55%是商品浆，世界上 50%的商品浆由加拿大生产。中国和欧洲是其主要市场。漂白高得率浆中，BCTMP 仍是高得率浆的主流工艺，全世界 BCTMP 年产能约为 370 万吨。APMP/PRC－APMP 工艺主要在中国得到应用，近几年新建了多条生产线，其年产能已达到了 140 万吨，绝大部分为自给用浆。预期下一个 5 年，中国将新建多条配套自用的高得率浆生产线，也许有少许商品浆生产线，高得率浆产能和产量将有更强势的增长。

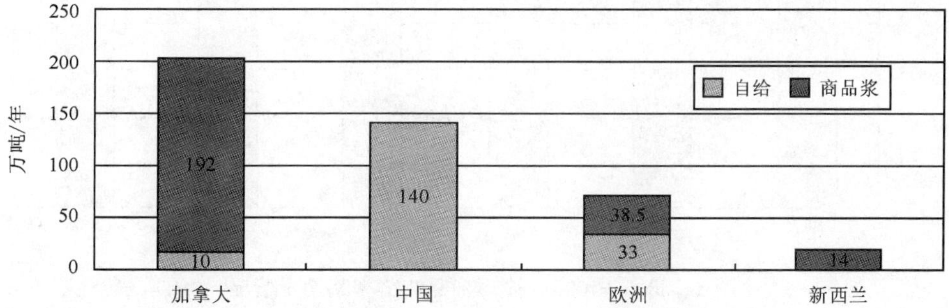

图 1 全球高得率浆主要地区产能情况(2005)

2. 2000—2005 年全球商品高得率浆产量、销售量情况

在过去的 10 多年，全球商品高得率浆的产能总体一直处于增长势头。2003 年、2004 年已经超过了高峰期的 2000 年，分别达到了 345 万吨和 355 万吨，2005 年将有进一步的增长，估计达到 370 万吨。

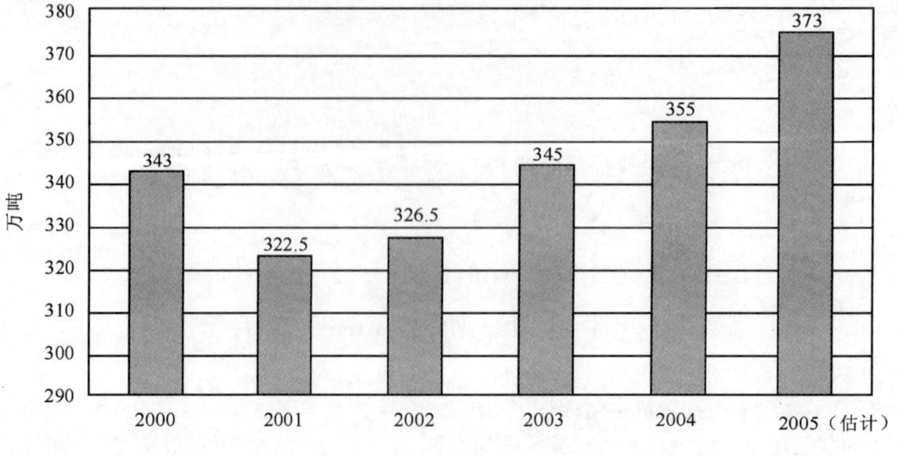

图 2 2000—2005 年商品高得率浆产能情况

全球商品高得率浆的销售量在过去的 10 多年中，保持年均增长 3%的速度，从 1997 年的 270 万吨，上升到 2004 年的 330 万吨(较 2003 年增长了 3.6%)，2005 年估计达到 340 万吨。增长最快的地区主要在亚洲，主要是因为 BCTMP 等漂白高得率浆在印刷书写纸用量的增长。亚洲(不含日本)和非洲商品高得率浆的消费量已从 10 年前占商品浆总量的 21%，增长到了 2004 年的 43%。商品高得率浆消费市场主要在西欧、中国、日本和美国(见表 1)。

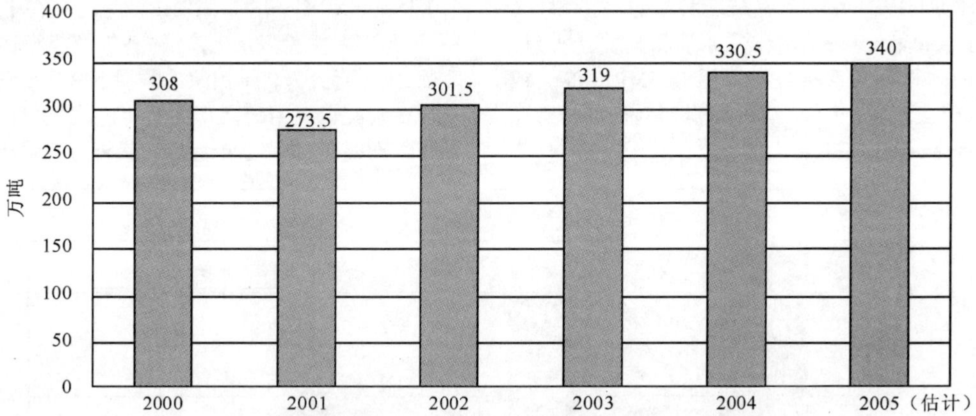

图 3 2000—2005 年全球商品高得率浆销量情况

表 1　　2005 年使用商品高得率浆前五位的国家和地区

来源于加拿大高得率商品浆		来源于全球高得率商品浆	
国家	使用量/万吨	国家(地区)	使用量/万吨
中国	85.7	西欧	118.5
美国	20.2	中国	98.5

续表

来源于加拿大高得率商品浆		来源于全球高得率商品浆	
国家	使用量/万吨	国家(地区)	使用量/万吨
印度尼西亚	14.3	其他地区	54.5
韩国	12.1	日本	31.8
德国	9.5	美国	21.5

注:美国和中国高得率浆进口货源主要来自于加拿大,2005年分别达到了94%和87%。

3.我国近几年进口高得率浆情况

表2　　我国近几年进口高得率浆情况　　单位:万吨

	2002年	2003年	2004年	2005年	2006年(估计)
机械浆	14.64	8.94	7.58	6.07	
未漂白、漂白化机浆(CTMP、BCTMP)	35.75	64.35	75.14	86.71	105
商品浆总量	526.48	603.38	731.78	756.44	820
比重(CTMP、BCTMP、商品浆总量)	6.8%	10.7%	10.3%	11.5%	12.8%

从表2数据可见,近几年,我国对进口木浆需求不断攀升,其中高得率化机浆(CTMP/BCTMP)的需求量也出现了高速增长。虽然近几年我国投产了泰格林纸10万吨/年、山东晨鸣25万吨/年、山东博汇24万吨/年等几条大型生产线,合计年新增生产能力达85万吨以上,但进口量仍在不断增加。预期到2006年将达到105万吨,是2002年的3倍。2002—2006年的5年间进口量净增加约70万吨/年,在进口所有商品浆中的比重也逐步提高,从2002年的6.8%,快速上升到2006年的12.8%。目前,中国已成为全球商品高得率化机浆最大的消费国。

近年来,全球及中国高得率浆的快速增长,主要应得益于BCTMP等漂白高得率浆在松厚度、不透明度及吸收性等方面优于硫酸盐化学浆,尽管其抗张强度和撕裂强度较低。杨木BCTMP浆可以漂白至白度85%~87%ISO之间,而云杉浆可漂白到80%~82%ISO。这些白度值已经接近了漂白硫酸盐浆的白度,适合于生产文化用纸和特种纸,特别是在涂布纸中的应用。BCTMP生产商已开发了杨木和阔叶木浆白度潜力较高的浆,以满足替代短纤维硫酸盐浆的需求。

另外从环境的角度考虑,高得率浆是无氯漂白的浆,而且对有限的森林资源利用率相对较高,有助于在欧洲市场的销售,从而引起了BCTMP浆需求量的增长。此外在1997年,美国对公共出版用纸、书写纸浆料配比采用了更为灵活的规定,取消了全化学浆纸种中只许有10%的机械浆用量的限制。这一政策的变化,为更好地接受BCTMP等高得率浆的使用敞开了大门,为商品高得率浆部分替代化学浆的消费创造了法规条件。

4.2002—2005年全球商品高得率浆价格情况

从图4可以看出,欧洲商品高得率浆的价格,随着商品浆总体价格的上涨而上扬,且仍处于上升态势。从2002年初的357美元/吨,上升到了2005年的553美元/吨,短短的4年时间上涨了近200美元/吨,涨幅达55%。

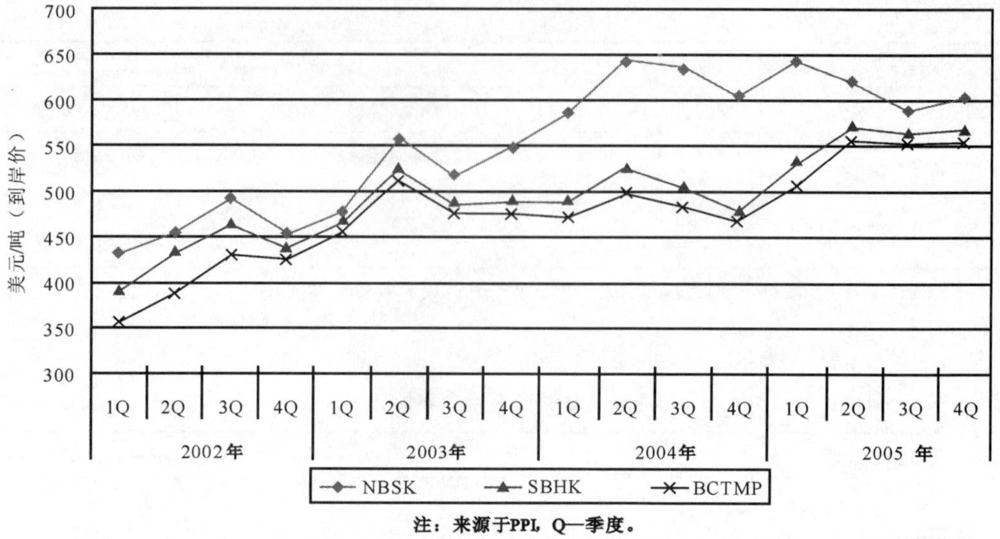

图4 2002—2005年欧洲各种商品浆价格情况

5.2003—2005年中国商品高得率浆价格情况

中国商品高得率浆价格和欧洲市场有类似的趋势，更为特殊的是2005年BCTMP的价格几乎接近了北方漂白化学针叶木浆的价格。

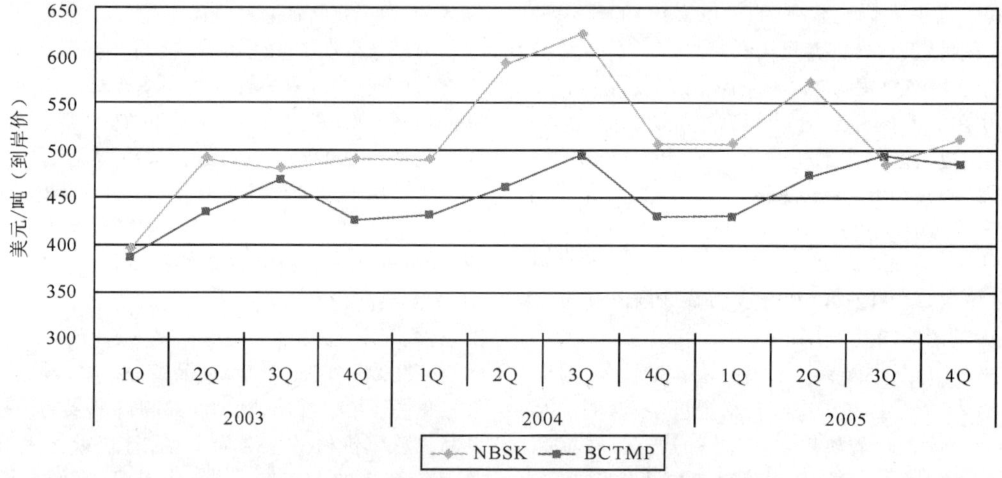

图5 中国商品化学浆、高得率浆价格走势

二、漂白高得率制浆现有及新增生产线情况

高得率制浆历史不长，最早出现在欧洲和加拿大，自20世纪70年代首条化学热磨机械浆（CTMP或BCTMP）生产线建成以来发展迅速，继而在80年代后期、90年代又相继开发了APP/APMP、PRC高得率制浆工艺。

目前全球漂白高得率制浆生产线年生产能力（商品和自给）已达到600万吨，有近350万吨正在建设、筹建或进行可行性研究之中。在BCTMP、APP/APMP及PRC这3种漂白高得率制浆工艺中，BCTMP工艺在国外仍占主导地位，而中国因其主要以阔叶木速生材为原材料的特殊性，目前多数工厂以APMP/PRC制浆工艺为主，在已开机的16条生产线中，只有4条采用BCTMP工艺，其他为APMP/PRC制浆工艺，占了75%的比例。

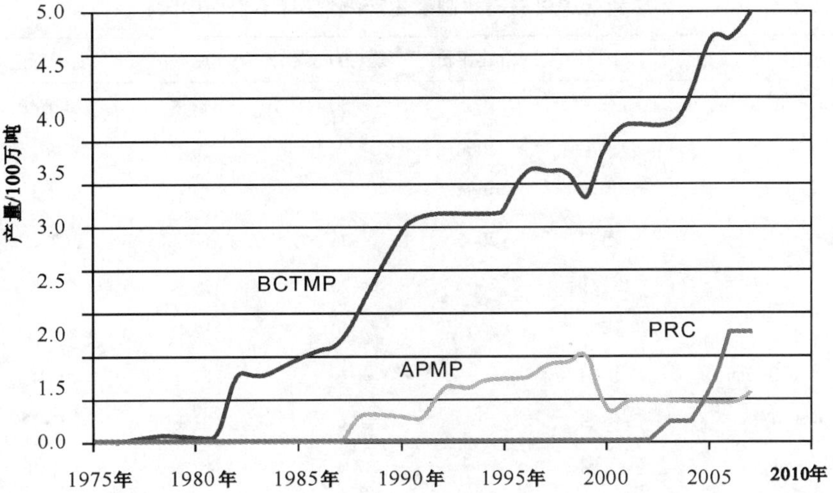

图6　漂白高得率浆的发展(生产工艺)

1. 全球漂白高得率制浆生产线(不包括中国)

图7为到2005年不包括我国在内的全球漂白高得率浆产能情况。22条生产线,除1条制浆生产线在新西兰外,其余的几乎都在加拿大和北欧。有9条高得率制浆生产线在加拿大,占有全球漂白高得率浆产能的53%。除只有1家APMP浆小厂自给外(后改为PRC),有97.9%的产能都采用BCTMP工艺生产商品浆。在这些生产线中有106万吨为自给配套用浆,其余有(267万吨)71.6%为商品浆。

其中生产线最大的是始建于1992年、年产量为33万吨的加拿大Millar Western的Meadow Lake公司BCTMP生产线。最新的生产线是于2005年4季度投产的爱沙尼亚Larvik Cell公司年产14万吨的BCTMP商品浆生产线。

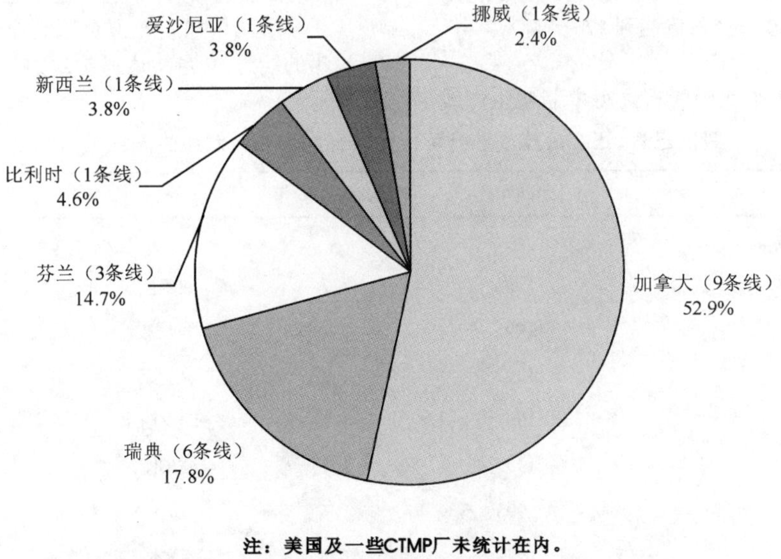

注：美国及一些CTMP厂未统计在内。

图7　全球现有漂白高得率浆产能情况(不含中国)
(2005年总产量373万吨,其中自给浆为106万吨)

表 3 全球新增漂白高得率制浆生产线情况(不包括中国)

公司名称	国家	始建年份	产能(万吨/年)	原料	生产工艺	用途
M - real, Kaskinen	芬兰	2005	30	杨木	BCTMP	自给
Estonian Cell	爱沙尼亚	2006	16	杨木	PRC	商品浆
Rottnernos, Utransjo	瑞典	2005	10	杨木	BCTMP	商品浆
Brancocel	巴西	2006	26	Acacia Mangium	BCTMP	商品浆
IP, Svetogosk	俄罗斯	2006	20	杨木	—	50%商品浆
NCT & Sodra	南非	2007	30	桉木	—	商品浆
Gharb Paper Ind.Co., Tehran	伊朗	—	6	白杨	APMP	自给
Maragheh Pulp&Paper, Tehran	伊朗	—	6	白杨	APMP	自给
Aspen Bay Pulp, Menominee	美国	—	31.5	杨木	BCTMP	商品浆
全球计划总量			175.5			
其中自给量			52			

欧洲是高得率商品浆的主要消费地区,它们的需求量都是由加拿大商品浆厂提供或自给。商品高得率浆大多用于生产不含机械浆的书写印刷纸,自给浆多数用于生产多层纸板和低定量纸。M - real 是欧洲高得率商品浆的最大用户,2002 年他们建立了 1 个高得率浆厂,目前正在筹建第 2 个高得率浆厂以满足自己的需要。目前,在欧洲、南非、伊朗、南美和美国有几个高得率商品浆项目正在建设、设计或进行可行性研究,到 2007 年左右,全球新增产量将达到 176 万吨/年。

2. 我国高得率制浆生产线

表 4 是近 10 多年来我国所有高得率制浆生产线和正在筹建或进行可行性研究的新生产线。高得率制浆在我国起步较晚,自 1995 年以来已建成多条生产线,可是单条生产线产量均不大且都采用 APMP 工艺。然而,我国是世界上高得率商品浆最大的消费国,所需高得率浆主要从加拿大进口,部分从北欧进口。最近,在推进林纸一体化计划下,我国有多条较大规模的高得率制浆生产线正在建设或进行可行性研究。

目前现有高得率浆生产能力已达到了 140 万吨/年。今后几年如新建项目顺利投产还将新增 170 万吨/年的能力,总量将达到 312 万吨。

表 4 我国已建、正在筹建或进行可行性研究的高得率制浆生产线

公司名称	始建年份	产能/(万吨/年)	原料	生产工艺
已建成的高得率生产线				
泰格岳阳纸业	1995	2.7	杨木	APMP
广州纸业	1995	5	马尾松	BCTMP
辽宁金城纸业	1997	4.8	白杨	APMP
宜宾纸业	1997	7.2	松木/杨木	APMP
丹东鸭绿江造纸厂	1997	4.5	杨木	APMP
宝山造纸厂	1998	2.7	桉木	APMP
齐齐哈尔造纸厂	1999	7.2	杨木	APMP
吉林纸业	2001	9	杨木	APMP
泉林纸业(未建成)	2003	5.5	白杨	PRC
晨鸣纸业	2003	6.5	杨木	PRC

续表

公司名称	始建年份	产能(万吨/年)	原料	生产工艺
泰格岳阳纸业	2003	12	意大利杨	PRC
博汇纸业	2004	24	白杨	BCTMP
晨鸣纸业	2005	25	白杨	BCTMP
濮阳龙丰纸业	2005	10	白杨	APMP
焦作瑞丰纸业	2005	16	白杨	PRC
华泰	2005	10	杨木	BCTMP
现有量合计		140.1		
正在筹建或正进行可行性研究的新项目				
河南埔洋纸业	2005	12	杨木	PRC
宁夏美利	2005	10	杨木	PRC
新亚(新乡)	2006	10	杨木	PRC
中茂	2006	10	杨木	PRC
南宁	2006	10	杨木	PRC
泰格益阳	2007	30	杨木	—
江苏金东	—	20(估计)	—	—
海南洋浦	—	30(估计)	—	—
Store Enso(广西北海)	—	30(估计)	—	—
在建筹建项目合计		172		
已建和筹建总计		312		

我国高得率制浆的发展可分为 2 个阶段:

(1)第一阶段,1995—2002 年,其特点为:①生产规模小,产量低;②APMP 为主导工艺;③自产自用,主要用于新闻纸生产。目前,许多早期规模较小的 APMP 制浆生产线已经关停。

(2)第二阶段,2003 年以后。此阶段已建成、正在建或进行可行性研究的高得率制浆生产线呈如下特征:①产能规模大、接近或与世界(20 万~30 万吨/年)接轨;②林纸一体化;③BCTMP 和 PRC 工艺取代了传统的 APMP 工艺。

三、高得率浆的应用

高得率浆发展初期,纤维原料主要采用针叶木,浆料应用于传统含机械浆纸种、卫生纸、纸巾类产品的抄造中。在过去 20 年里,高得率浆的纤维原料已由针叶木为主发展到阔叶木占主导地位。如今阔叶木高得率浆已广泛用于含机械浆纸种、多层纸板、卫生纸或替代部分漂白阔叶木硫酸盐浆用于很多涂布和未涂布印刷、书写纸种中及其他特种纸(剥离纸、无碳复写纸、过滤纸等)。阔叶木高得率浆的发展拓宽了高得率浆在很多纸种中的应用。

1. 用于生产新闻纸和轻涂纸(LWC)

由 GW、PGW 和 TMP 工艺生产的阔叶木机械浆的强度很低,很少直接或大量用于抄造新闻纸、超级压光纸(SC)和 LWC 纸。化学机械制浆工艺大大提高了浆料强度,使阔叶木纤维在这些纸种中的应用成为可能。

尽管化学机械制浆工艺使阔叶木纤维在新闻纸中得到应用,但阔叶木高得率浆因其纤维较短,其撕裂强度仍然较低。新闻纸的白度一般低于 60%ISO。传统的 TMP 采用连二亚硫酸钠漂白,其白度很难高于 60%ISO,但现代高得率浆可用于生产高白度的新闻纸。

在欧洲和北美,LWC 纸浆料配比通常为 60%针叶木 GW 浆和 40%针叶木化学浆。目前在我国较高比例的阔叶木高得率浆已用于抄造 LWC 纸。在欧洲和北美的浆纸一体的综合纸厂,通常在阔叶木木片中掺入 15%~50%的针叶木木片混磨以提高浆料强度。适用于这种用途的低游离度的商品浆通常为阔叶木浆和针叶木浆各占50%，被称为混合高得率浆。在获得与GW机械浆相似的纸张表面平整性方面，白杨或白杨/针叶木混合磨浆比纯针叶木高得率浆要好。LWC原纸使用高得浆率时，可利用增加填料含量来弥补细纤维量不足的问题。

2. 用于多层纸板的芯层浆

高得率浆最大的用途是用作多层纸板的芯层浆。用于纸板芯层的高得率浆的加拿大游离度一般在400毫升左右，白度在70%～80%ISO之间。高得率浆可被直接使用，也可在纸板机之前进行低浓打浆。

高游离度针叶木浆有很好的松厚度和抗张强度，但其作芯层的纸板表面会比较粗糙，因此其仅限于在一些低档纸板中使用。在高档纸板中，通常是枫木和白杨高得率浆配合使用，以使纸板获得更好的表面平整性。枫木高得率浆以高松厚度著称，当前被视为纸板生产中的超值纤维。

在我国，优质涂布纸板芯层的典型浆料是用商品枫木、白杨和损纸的混合浆，也可以使用少量的针叶木高得率浆。最近的一些研究表明，意大利杨PRC浆单独、或与枫木高得率浆配合可作为配抄涂布纸板芯层的浆料。

3. 部分替代化学浆

传统的不含机械浆的印刷书写纸几乎全都采用针叶木和阔叶木化学浆生产。高白度阔叶木高得率浆已被很多不含机械浆纸种所接受。用于不含机械浆纸的典型商品高得率浆，其加拿大游离度在250毫升左右、白度83%～86%ISO，通常用来替代部分阔叶木硫酸盐浆。不含机械浆涂布纸中高得率浆的典型配用量为5%～15%，未涂布纸中其用量常为10%～25%。过去使用阔叶木高得率浆主要目的是为了降低浆料成本，但近年来，却转移到如何利用高得率浆功能特性如松厚度、不透明度、透气性等特性，这是因为高得率浆能提高纸张松厚度、不透明度和透气性。

在生产涂布纸时，一般选用高抗张强度、低游离度的高得率浆。在未涂布纸中，一般选用松厚度及游离度相对较高的高得率浆，以便充分利用高得率浆高松厚度及不透明度的优势。近期研究表明对施胶的负面影响不太大。

4. 用于卫生纸种

在过去的10多年里，高游离度的针叶木高得率浆因其低成本和高松厚度深受青睐，被广泛应用于卫生纸和纸巾类产品中。然而，在过去几年里尽管卫生纸和纸巾的总消费量不断增长，但高得率浆的应用却呈下降趋势。用于卫生纸的针叶木高得率浆的加拿大游离度一般为500～650毫升，阔叶木的为300～500毫升。与化学浆相比，高得率浆因其独特的高松厚度优势十分明显。但是，对于卫生纸品种来说，高得率浆一直存在下列问题：细小纤维含量高易导致纸张掉粉、黏附扬克烘缸以及返黄。然而，高得率浆在纸巾产品中的应用潜力却仍然较大。

5. 其他

高得率浆也被用于某些特种纸如防黏纸，其中，以有机硅剥离纸居多。对有机硅剥离纸的主要质量要求是高透明度和封闭式纸张结构，使硅停留在纸的表面，高得率浆能帮助达到这些要求。高得率浆还被用于无碳复写纸、空气过滤纸等。

四、发展趋势

高得率浆新技术将朝以下方向发展：

(1)高松厚度的高得率浆需求量在增加；

(2)高得率浆光学性能的优化；

(3)新的原料品种制浆工艺研究及使用；

(4)速生阔叶木浆的优化及应用范围扩大；

(5)高白度高得率浆在含磨木浆纸种中更多的应用；

(6)不同原料品种混合制浆；

(7)混合浆的应用；

(8)磨浆节能技术的研究：磨浆齿型的改进，高速磨浆技术的应用；

(9)磨浆热能回收技术的应用。

（张栋基）

生活用纸市场及发展趋势

Analysis on the market and development trend of tissue

一、市场概况

1. 产量和消费量

2005年全国生活用纸总产量约391万吨，比上年增长8%，生活用纸产量约占全国纸和纸板总产量的7%；消费量约368.2万吨，比上年增长约7.3%，占全国纸和纸板总消费量的6.2%；人均年消费量2.82千克，比上年增长0.17千克；销售额(含出口产品)约283亿元。全球生活用纸销售量约2500万吨，销售额约300亿美元。在全球生活用纸市场上，中国生活用纸的消费量需求仅次于北美和西欧居第三位(如按国家计，仅次于美国居第二位)，销售额占全球生活用纸销售额的10%左右。

中国的生活用纸市场随经济发展、人口增加和人民生活质量的提高而快速增加。1990—2005年的15年间，中国生活用纸的消费量从1990年的68万吨，增长至2005年的368.2万吨，是1990年的5.4倍，年平均复合增长率9.5%。人均消费量也从0.59千克增长到2.82千克，是1990年的4.8倍。

表1　2005年中国生活用纸的产量和消费量

	2005年	2004年	同比增长/%
产量/万吨	391	362	8.0
消费量/万吨	368.2	343	7.3
进口量/万吨	3.26	3.58	-8.9
出口量/万吨	26.0	22.79	14.0
净出口量/万吨	22.8	19.21	18.7
年人均消费/千克	2.82	2.65	6.4

注：根据国家统计局资料，2005年底总人口130756万人。

表2　中国生活用纸历年产量和消费量(1990—2005)　单位：万吨　指数：1990=100

年度	产量	产量指数	进口量	出口量	消费量	人口总数/万人	人均消费量/〔千克/(人·年)〕
1990	67.9	100	未统计	未统计	67.9	114333	0.59
1991	75.0	110	未统计	未统计	75.0	115823	0.65
1992	96.1	142	0.65	3.84	92.91	117171	0.79
1993	112.1	165	0.99	4.24	108.85	118517	0.91
1994	138.5	200	1.17	3.87	133.15	119850	1.11
1995	183.6	270	1.66	4.62	180.64	121121	1.49
1996	194.6	287	2.06	4.85	191.81	122389	1.57
1997	208.1	306	1.55	3.19	206.46	123626	1.67
1998	220.0	324	2.79	3.57	219.22	124761	1.76
1999	232.0	342	2.76	4.86	229.90	125786	1.83
2000	250.0	368	2.61	6.72	245.89	126743	1.94

续表

年度	产量	产量指数	进口量	出口量	消费量	人口总数/万人	人均消费量/〔千克/(人·年)〕
2001	275.0	405	2.19	11.09	266.10	127627	2.15
2002	298.4	439	2.25	13.90	286.80	128453	2.23
2003	327.0	482	2.56	19.18	310.00	129227	2.40
2004	362.0	533	3.58	22.79	343.00	129988	2.65
2005	391.0	576	3.26	26.00	368.2	130756	2.82

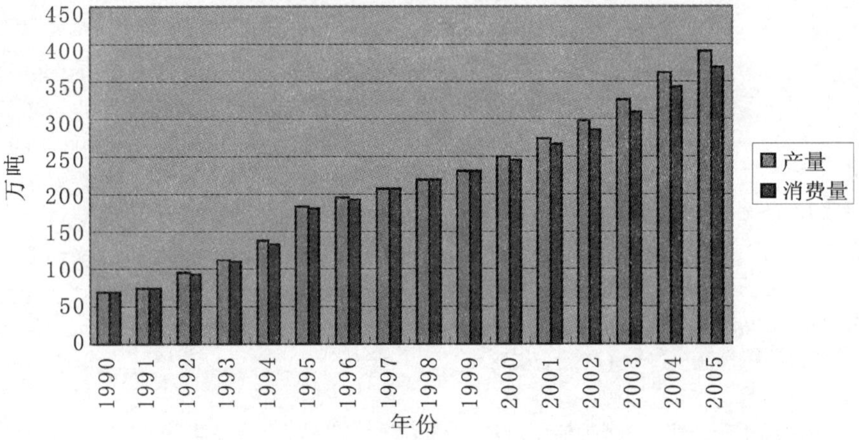

图 1 中国生活用纸产量及消费量(1990—2005 年)

2. 高档生活用纸的市场明显增长

近两年,随着经济的持续高位增长,人民生活水平的迅速提高以及对消费者的引导渐见成效,高档生活用纸的市场需求量和所占比例大幅提升。生活用纸的主要生产企业产销两旺,原纸供不应求。很多企业都在上新的项目扩大产能,还有一些原本不生产生活用纸的企业进入该领域,已经投产和正在建设的项目集中,机器设备的现代化水平大大提高。

表 3 **市场对高档生活用纸的需求增加**

	2005 年	2004 年	同比增长/%
生活用纸销售额/亿元	283(含出口产品)	248(含出口产品)	14.1
产品平均价格/(元/吨)	7228	6851	5.5
高档纸消费量/万吨	73.6	62	18.7
高档纸消费量占比例/%	20	18	11..0
高档纸平均价格/(元/吨)	10815	10300	5.0
高档纸销售额占比例/%	28.1	25.8	8.9

3. 新增产能项目集中

由于市场容量的持续增加,2005 年前后,国内生活用纸特别是高档产品的新增产能集中。高档生活用纸新一轮产能的增加对行业的技术进步有推动作用。大企业的扩张有利于提高行业的集中度、提高行业装备水平、提高产品质量和档次、降低能耗和原材料消耗、减少污染,经济效益和社会效益好。主要新增产能项目如下。

(1)恒安纸业:除原有湖南恒安纸业 2 台纸机共 7 万吨/年产能外,位于山东潍坊的山东恒安纸业 2005 年 8 月投产了生产能力为 6 万吨/年的 3 号机;位于福建晋江的恒安(中国)纸业 2006 年 7 月投产了生产能力为6万吨/年的4号机。另外山东恒安纸业二期工程已经土建施工，产能为6万吨/年的5号机预计在2007年7月投产，2007年恒安纸业总生产能力将达到25万吨/年。恒安(中国)纸业二期工程将在2007年下半年开工，产能为6万吨/年的6号机预计将在2007年底或2008年初投产，2008年恒安纸业总生产能力将超过30万吨/年。

(2)维达纸业：2006年生产能力增加到18万吨。其中：广东新会8万吨/年、江门双水2万吨/年、四川德阳1万吨/年、湖北孝感5万吨/年、北京2万吨/年。2007年计划生产能力达到24万吨。其中：北京3万吨/年、湖北5万吨/年、四川2万吨/年、广东新会8万吨/年、江门双水6万吨/年。

(3)金红叶纸业：2006—2007年生产能力为24万吨/年。除苏州原有的12万吨/年产能外，将在苏州增长6万吨/年产能；在海南增加6万吨/年产能。2007—2008年生产能力将达到72万吨/年。其中苏州18万吨/年，海南54万吨/年。

(4)中顺纸业：产能增加到18万吨/年。除原有的110多台国产小纸机外，2004年开始引进日本和韩国的纸机，分布在中山、江门、四川、湖北和山东。近期还可能在嘉兴建新厂。

(5)东冠华洁纸业：2005年投产的1台生产擦手纸的国产卫生纸机，2006年3月份和4月份分别投产1台产能为1万吨/年的纸机；2006年8月底和2007年上半年还将分别投产1台产能为1万吨/年的纸机，使产能达到5万吨/年。2007年下半年视市场情况，可能上国产纸机或3万吨/年能力的新月型纸机。规划在2008年产能达到12万～18万吨/年。

(6)贵糖纸业：现有产能7万吨/年，包括2台合计产能为5万吨/年的进口卫生纸机及数十台国产小纸机。规划的10万吨/年项目将分3期在2007—2009年期间完成。

(7)永丰余纸业：2005年投产1台新纸机，使昆山厂的生产能力增加到4万吨/年，2006年底计划在北京建设1～2台纸机，生产能力为2万吨/年，到2007年在大陆的卫生纸生产能力合计为6万吨/年。

(8)福建恒利集团：今年6月投产1台产能为2.5万～3万吨/年的纸机。

(9)上海潜力工业有限公司：2006年7月投产1台生产能力为4万吨/年的纸机。

(10)山东潍坊恒联美林：2006年2台SCA的二手机(维美德制造)投产，产能合计3万吨/年。

4. 进出口贸易持续活跃

1999年之前，中国生活用纸市场属自给型，有少量进出口，出口量大于进口量，净出口量保持在2.5万～3.5万吨之间。1999年后，生活用纸出口量大幅度上升，迅速突破10万吨/年。近几年生活用纸的进出口贸易持续活跃，2005年出口量25.98万吨，比上年增长14%；出口金额为25863万美元，比上年增长25%。进口量3.26万吨，比上年减少8.9%；进口金额为3976万美元，比上年增加14%。净出口量22.72万吨，比上年增长18.3%；净出口额为21887万美元，比上年增长27.2%。2005年生活用纸出口量占中国生活用纸总产量的6.6%。2005年出口的生活用纸中，加工产品的数量占出口总量的79.7%，金额占出口总金额的80.6%；进口生活用纸中，原纸的数量占进口总量的83.8%，金额占进口总金额的74.5%。以上数据说明出口产品中主要是生活用纸成品而进口产品中主要是原纸。此外，在出口的各类生活用纸成品中，厕用卫生纸是主要产品，其数量约占73%，金额占63.5%；在进口的各类生活用纸成品中，纸手帕和面巾纸是主要产品，其数量约占54.2%，金额占64.3%。生活用纸的主要出口地是中国香港、澳大利亚、美国、日本和中国澳门。

2005年生活用纸出口量在1万吨以上的企业有金红叶、维达、中顺、惠州福和、中山宝丽、中山三角等，出口创汇均超过1000万美元。这6家企业的出口量约12万吨，占总出口量的46%。

表4　　2005年各类生活用纸进出口情况

商品编号	商品名称	进出口量/千克		金额/美元	
		2005年	2004年	2005年	2004年
进口	合计	32650203	35761993	39763540	34883805
48030000	成卷成张的家庭或卫生用纸、面巾纸、餐巾纸	27368682	31806361	29606754	26589572
48181000	厕用卫生纸	1999479	1310399	2870929	2241045
48182000	纸手帕及面巾纸	2862594	2259237	6528094	5371490
48183000	纸台布及纸餐巾	419448	385996	757763	681698
出口	合计	259798706	227942885	258626130	206909033
48030000	成卷成张的家庭或卫生用纸、面巾纸、餐巾纸	52839283	46201306	50106119	37537373

续表

商品编号	商品名称	进出口量/千克		金额/美元	
48181000	厕用卫生纸	151050761	129849771	132494549	105353316
48182000	纸手帕及面巾纸	42392405	41541880	56437843	51595151
48183000	纸台布及纸餐巾	13516257	10349928	19587619	12423193

5. 国际纸浆市场价格及能源、运输等成本上涨的影响

2005年我国纸浆进口总量为759万吨，比上年732万吨增加3.69%。我国生活用纸特别是高档生活用纸对进口纸浆的依存度大，产品成本受国际纸浆市场价格波动的影响大。2005年商品浆价格呈上涨趋势，特别是生活用纸原料用量多的阔叶木浆涨价幅度大，有时甚至与针叶木浆的价格倒挂，对生产企业，尤其是中小企业的压力大。根据国家统计局数据，2005年原材料、燃料、动力购进价格比2004年上涨8.3%，纸浆价格及能源、运输等成本的上涨使生活用纸企业成本上升，生活用纸产品的市场价格略有上调，但大部分通过采取节约成本等各种措施自身消化。此外，由于人民币汇率上升，对于以进口浆为主要原料的企业，也部分弥补了纸浆价格上扬对成本的影响。

6. 消费市场的地域差距和城乡差别

我国各地区的经济发展不平衡，东西部差距大。东部沿海地区，特别是长三角、珠三角地区发展较快，而西部内陆地区的经济发展水平相对落后。地区经济发展的不平衡导致了生活用纸消费水平的地域差距。

上海、北京、广东是全国生活用纸消费量最高的城市和省份，估计京沪两地生活用纸年人均消费量为8千克左右，正在逐渐接近世界发达国家的水平。

我国城镇人口占总人口比重为43%，而生活用纸的消费比重估计占70%以上，中高档生活用纸的消费主要在城镇，农村人口主要消费中低档的厕用卫生纸，2005年我国有农村贫困人口2365万人（人均纯收入低于683元），在经济落后地区的农村，约有60%～70%的人没有条件使用卫生纸。

7. 产品质量国家监督抽检情况

2005年3季度纸巾纸产品国家监督抽检结果：共抽查40家企业的产品，产品抽样合格率为90.9%。抽查结果表明质量较好的纸巾纸产品在市场占主导地位。存在的质量问题是：个别产品微生物指标不合格；少数产品白度、抗张强度等性能指标不合格。

二、主要制造商和品牌

1. 主要制造商

中国目前的生活用纸市场仍是由多个制造商组成，行业集中度很低。但生活用纸的原纸制造商比较集中。全国性的主要品牌有：维达、心相印、唯洁雅、舒洁、五月花、洁柔、清风、洁云等。由于物流成本原因，中低档产品市场仍以地方品牌为主。

因原材料、能源成本上升以及环境要求逐步严格，行业呈现优胜劣汰、重新整合的局面，具体表现在行业领先的大企业迅速扩张，同时有些企业经营困难、停产或关闭，特别是污染严重的小卫生纸厂。行业集中度有逐步提高趋势，2005年排名前10位的制造商约占20%的市场份额。

表5 2005年综合排序前10位的生活用纸制造商

序号	公司名称	品牌	生产能力/吨
1	金红叶纸业（苏州工业园区）有限公司	唯洁雅，清风，真真	200000（含加工能力）
2	维达纸业（广东）有限公司	维达 Vinda，花之韵	149999
3	恒安纸业有限公司	心相印	145242
4	广东中顺纸业集团有限公司	洁柔，C&S，太阳，紫荷	158000
5	上海金佰利纸业有限公司	舒洁，Kleenex	57100（含加工能力）
6	永丰余家品（昆山）有限公司	五月花	35000
7	东莞白天鹅纸业有限公司	贝柔	45000
8	宁夏美洁纸业股份有限公司	美洁，滩羊，双喜	70000
9	中山市三角纸品制造有限公司	娇肤，活力，名亮，三角	37300
10	广西贵糖集团[包括广西贵糖（集团）股份有限公司和广西洁宝纸业投资股份有限公司]	纯点，碧绿湾，洁宝	70000

2005 年生活用纸排序前 4 家企业维达、恒安、金红叶、中顺的合计生产能力约达到 60 万吨，产销量约占总量的 13%。销售额约占总量的 20%，占高档生活用纸市场的 60%左右。恒安纸业的生产能力比上年增长 34%，产销量增长 25%，销售额增长 31.4%。维达的产量和销售量分别比上年增长 14.6%和 12.5%。金红叶纸业的产量增长 14.4%，销售量增长 9.8%。

2. 3 个生活用纸品牌获中国名牌产品称号

生活用纸是一种快速消费品，与百姓的生活密切相关。为推动生活用纸行业的名牌战略，经中国造纸协会和有关企业在 2003 年和 2004 年的申报和不懈努力，国家质检总局公布的中国名牌战略推进委员会 2005 年第 1 号文件中将纸巾纸、卫生纸列入中国名牌产品评价目录，文件对申报企业设定的门槛为年销售额在 8 亿元以上，根据这一条件，申报的企业和品牌有湖南恒安纸业的“心相印”品牌，维达纸业的“维达 Vinda”品牌以及中顺纸业的“洁柔”品牌，以上品牌通过评审程序，已经在 2005 年 9 月公告列为中国名牌产品。

三、技术进展

从国际上看，生活用纸行业是一种生产高度集中并与后加工融为一体的产业。在造纸工业中，生活用纸具有某种特殊的地位，所有其他纸种需要加工成其他产品才能到消费者手里，而生活用纸是唯一直接供消费者使用的纸种。生活用纸普遍被认为是日常必需的快速消费品。

生活用纸行业的技术进展都是围绕着提高效率、降低成本和为消费者提供性能（柔软性、松厚度、吸水性、韧性等）更好的产品。先进设备和化学品的应用推动了生活用纸的发展。

1. 引进设备促进了技术装备水平的提高

近年来，随着生活用纸新项目的设备引进和投产，中国生活用纸的技术装备水平大大提高。新建大项目引进高速宽幅卫生纸机生产线和后加工设备，技术起点与世界先进水平同步，生产出高质量的产品，获得丰厚的经济回报。最为成功的个案是恒安集团在 1998 年进军生活用纸领域以来，“心相印”系列生活用纸产品的市场快速成长，2006 年又增加了“柔影”系列产品。2005 年恒安纸业的销售额比上年增长 31.4%以上，占恒安集团总销售额的 41.6%，

卫生纸机被认为是世界上最高速的纸机，最高设计速度达到 2200 米/分，目前正在开发车速为 2400 米/分的卫生纸机，比新闻纸和低定量涂布纸纸机的速度都快。APP 在我国苏州的金红叶纸业投产的两台卫生纸机（安德里兹公司制造）的幅宽 5.6 米，设计车速 2000 米/分。

中国拥有世界上卫生纸机 3 大顶级制造商的设备，即美卓（Metso）公司、安德里兹（Andritz）公司、比洛伊特（Beloit）公司制造的卫生纸机生产线（Beloit 公司现已破产）。加上从意大利等国引进的卫生纸机，中国现有新月型成形器卫生纸机超过 20 台（包括在建）。2004 年，恒安纸业分别从美卓公司和安德里兹公司引进的产能为 6 万吨/年的新月型成形器卫生纸生产线以及 2005 年恒利集团从美卓公司引进的产能为 2.5 万吨/年的 Advantage DCT100 卫生纸生产线都具有世界先进水平。根据 PPI 杂志报道，目前，世界上运行车速最快的卫生纸机在中国 APP 的金红叶纸业，其 2 号机的运行车速曾达到 2100 米/分。

中国从日本川之江公司引进的 BF 型卫生纸机累计有 20 多台（包括在建）。维达纸业在引进日本川之江公司 BF 型卫生纸机的 10 多年间，通过消化吸收积累了丰富的使用和革新经验。改进简化了纸机结构，降低了投资成本，更方便操作，纸机达到最佳使用效能，产品质量优质稳定，实际产量超过设计产能，对引进同样机型的企业有示范作用。中顺纸业从 2004 年起引进 BF 型卫生纸机，凭借其多年生产生活用纸的经验，对纸机进行革新改造，使设计车速为 600 米/分的 BF－10 卫生纸机的操作车速达到 660 米/分。

近年来，国际上卫生纸行业改进最大的领域是卫生纸的热风穿透干燥（TAD）技术。消费者对柔软度和吸收性更好的优质生活用纸产品的期望在继续增长，而 TAD 技术是生产这些产品最实用的技术。近来已投入使用的 TAD 纸机不断增加，证明此技术正在成熟并成为卫生纸生产中的一种主要设备。由于 TAD 纸机投资高，且目前中国消费者对于柔软度等指标的要求不象北美国家那么高，因此，即便是大生产商预期在未来五年内，尚无购买 TAD 卫生纸机的计划。

2. 国产设备水平逐步提高

目前，中国制造的卫生纸机在幅宽和车速以及性能方面有所进步，最高设计车速可以达到 250 米/分，但与进口纸机的技术差距仍相当大，研发和制造方面无突破性进展，技术关键点是浆料流送系统和流浆箱。目前，单机生产能力在 20～30 吨/日以上的卫生纸机仍需要引进。中国在生活用纸产品加工设备方面进步较快，但与进口设备相比，在效率、加工精度、稳定性、自动化程度等方面还有一定的差距。技术差距较大的后加工设备主要是卷纸复卷机、卷纸和手帕纸包装机等。

在相同生产能力情况下，国产卫生纸生产线的价

格大致是进口生产线的1/10,而且上马快,所以仍然是中小企业的首选。中国目前有卫生纸生产企业800多家,大多是年产量5000吨以下的小型企业,卫生纸机以抄宽1092、1575、1760、1880毫米,车速100米/分左右的圆网纸机或长网纸机为主,新建或改扩建项目的卫生纸机幅宽基本都在1575毫米以上。

随着中国生活用纸产业的发展,生活用纸小企业、小机台存在的用工多、效率低、质量不稳定、环境污染等问题日益突出。生活用纸产业呈现集约化生产的趋势,行业排名前几位的企业迅速扩张,都计划在2010年之前达到产能30万吨/年的目标。尽管如此,由于中国地域辽阔,经济发展不平衡,消费水平的差异也很大,大小生活用纸制造商并存的局面短时间不会改变。

四、原材料和产品结构

1. 原材料结构

高档生活用纸的纸浆原料基本是进口商品木浆,国产木浆的供应量很少,但随着APP的海南金海浆纸年产100万吨木浆厂等纸浆项目的投产,国产木浆的使用有所增加。使用适当配比的商品木浆和蔗渣浆、竹浆、芦苇浆等可以生产中高档生活用纸。中低档生活用纸使用的原料包括经简单脱墨漂白处理的混合废纸浆、白纸边、稻麦草浆、蔗渣浆、芦苇浆、芒秆浆、竹浆等。由国家质检总局在2003年发布的“一次性生活用纸加工企业监督整治规定(国质检执[2003]289号)附件1”中规定,生产纸巾纸只可以使用木材、草类、竹子等原生纤维作原料,不得使用任何回收纸、回收湿巾及其他回收纤维状物质作原料。这是基于目前中国的废纸回收分类水平、企业对回收纸的处理技术和设备水平以及生产环境情况,为确保纸巾纸达到卫生标准不危害消费者健康而制定的。在美国、日本等发达国家,废纸回收利用的技术和工艺成熟,可以用回收纤维生产高质量的纸巾纸。在我国今后生活用纸使用废纸原料的比例有可能增加,如惠州福和纸业等企业的扩产以及上海潜力纸业的生活用纸项目。

表6 生活用纸纤维原料使用情况

纤维原料	质量	市场占有率/%
100%商品木浆	最佳	20
30%商品木浆,70%漂白蔗渣浆、芦苇浆等	佳	20
白纸边、漂白稻麦草浆	一般	20
混合废纸、一般草浆、纸厂尾浆	差	40

2. 产品结构

目前中国市场上生活用纸的品种和形式日益增多,包括:卫生卷纸,抽取式卫生纸、平装或折叠装卫生纸,餐巾纸、面巾纸、纸手帕,厨房用纸、擦手纸等。中国个人消费用或称居家用生活用纸(AH)市场占92%,商用或称居家外用生活用纸(AFH)市场仅占8%,而在北美,AFH占卫生纸消费量的38%,在西欧,AFH占卫生纸消费量的35%。

中国造纸协会生活用纸委员会根据对年产5000吨以上生活用纸厂的分品种统计数据推算估计,2005年中国生活用纸的产品结构仍保持厕用卫生纸约占70%,纸巾纸约占30%。其中餐巾纸约占8%,面巾纸约占9%,手帕纸约占12%,擦拭纸(厨房用纸和擦手纸等)约占1%。

相关专业咨询公司的零售研究数据显示,在北京、上海、成都3城市,厕用卫生纸仍然在生活用纸消费中占主流地位,约占70%的销售额。考虑到这是在大城市的调查数据,而且厕用卫生纸的价格远低于纸巾纸,所以厕用卫生纸在生活用纸总消费量中实际所占比重应该高于70%的估计数据。

在厕用卫生纸市场上,卫生卷纸占主要地位,而长三角地区与台湾省的消费习惯相似,平板卫生纸、抽取式卫生纸也占有相当的市场份额。在永丰余纸业、金红叶纸业等公司对市场的推动下,在全国其他地区抽取式卫生纸的市场份额也有所扩大。纸巾纸仍以盒装纸和手帕纸为主,但由于塑料包筒装抽取式面巾纸价格较低,分流了一部分盒装面纸的份额。厨房用纸和擦手纸属于擦拭类纸,是这两年增长较快的品种,

根据对北京、上海、成都3城市有关消费者研究数据,在卫生卷纸、手帕纸、盒装面纸3种主要的生活用纸产品中,卫生卷纸的市场渗透率最高,在北京和成都接近100%,在上海也已经高达89%;手帕纸的渗透率在70%左右;而盒纸的渗透率稍低,在所调查的3个城市,约有55%~60%的家庭目前在使用盒装面巾纸。研究数据还表明,在消费者购买不同类型的家用生活用纸产品时,柔软、韧性和吸水性是消费者首先考虑的产品特性,但具体到不同产品,会表现出一定差异。例如在选购卫生卷纸时,消费者最看重的依次是柔软、韧性和吸水性;在选购盒装面纸时,对产品的柔软性和吸水性要求更高,而对韧性的要求明显低于卫生卷纸。

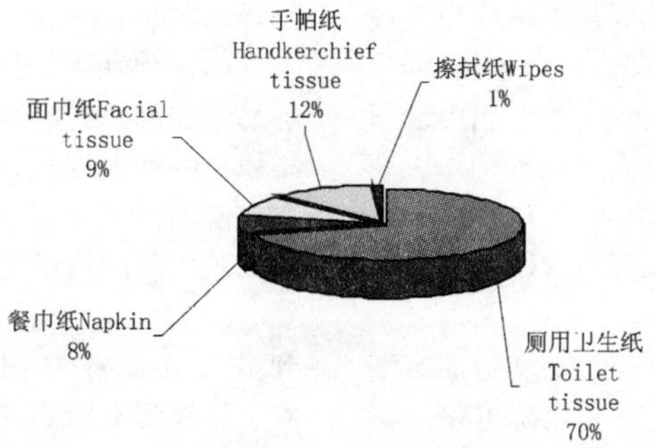

图2　中国生活用纸主要产品结构(2005年)

五、生活用纸市场展望

1. 中国人均生活用纸消费量仍很低

一般认为人均GDP达到5000美元时，人均用纸量会有突破性的提高，目前我国除上海和北京外绝大多数地区尚未达到这一水平。此外，人均国民总收入也未达到世界中等收入国家的水平。2005年中国生活用纸人均消费量为2.82千克，仍与发达国家水平相距甚远，大约是北美的1/8，西欧的1/5，世界平均水平的4/5，因此，在经济稳定增长、人民生活质量不断提高、市场进一步开放等良好因素的促进下，生活用纸的发展仍有很大的潜在市场和发展空间。

2. 生活用纸消费量增长的推动力

一般来说，生活用纸的消费可以代表一个国家的国民收入的提高。其推动因素包括：人口增长、经济增长、城市人口增长、卫生水平提高。

其中，影响居家用(个人消费)生活用纸(AH)增长的因素有：

①个人收入增加；

②家庭数增加；

③消费者卫生习惯和生活方式的改变；

④零售业的发展(如较大的包装，折扣销售，电子商务等)；

⑤新产品开发。

影响居家外用生活用纸(AFH)增长的因素有：

①生活方式的变化(如旅游，在外用餐，快餐业发展等)；

②政府行政部门和企事业在公费卫生纸产品方面支出的变化；

③产业劳动力的增加；

④新产品开发；

⑤人口老龄化(养老院、老人公寓的增加)。

除了经济增长的因素外，2005年生活用纸消费市场容量的扩大与城市人口的增加以及卫生习惯的改变有非常大的关联。据国家统计局数据，2005年我国城镇人口比重为43%，但实际上离开农村进城务工的农民有相当数量，这部分人数的增加和卫生习惯的改变，对生活用纸的消费量有重要影响。旅游事业大发展，生活方式的改变等因素促进了居家外用生活用纸的增长。

3. 2000—2010年世界生活用纸展望

2000—2010年，预计世界生活用纸的需求量将以每年3.2%的速度增长，每年增加约78万吨，预计到2010年市场需求量将达到2830万吨。亚洲和东欧将以明显高于平均增长率的速度增长。

4. 中国生活用纸市场发展趋势

城市化、市场化和国际化三大趋势和人口增加所创造的客观需求和供给潜力，是中国经济高速增长的基本动力源。

今后我国生活用纸市场的发展仍将与国家GDP的增长、人口的增长、人民生活质量的提高等因素密切相关。消费需求呈现多元化并向中高档产品过渡。随着国内零售业态的多元化，超市、大卖场已经成为零售业态的主流，终端市场对于生活用纸企业的重要性越来越明显，提高产品质量，降低成本，发展现代化的生活用纸规模生产企业是大势所趋。强有力的市场竞争者有：维达纸业、金红叶纸业、恒安纸业、中顺纸业、广西贵糖(集团)有限公司、上海金佰利纸业、永丰余纸业、王子制纸妮飘(苏州)有限公司、上海东冠纸业等。由于国家对环境保护和生活用纸产品质量及卫生标准的要求更加严格，在激烈的市场竞争中，一大批规模小、设备差、卫生条件不符合要求、污染严重的企业会陆续关闭，为投资者提供新的市场机遇，但大小企业并存的情况仍将保持相当长的时间。在产品结构方面，擦拭纸(厨房用纸、擦手纸等)是全球销售额居第二位的生活用纸品种，占生活用纸零售额的18%，在中国具有市场发展潜力。

预期生活用纸市场的发展会出现以下情况：

(1)跨国公司及中国本土主要的生活用纸制造商通过增加投资和合作、并购等方式扩大生产规模,降低成本,提高产品品质。2005—2010年高档生活用纸新一轮产能的增加对行业的技术进步有推动作用。大企业的扩张有利于提高行业的集中度、提高行业装备水平、提高产品质量和档次、降低能耗和原材料消耗、减少污染,经济效益和社会效益好。

(2)2008年前后可能会出现产能集中增加而市场需求跟不上的剪刀差时期,加上纸浆和能源价格居高不下带来的成本问题,行业将遭遇市场困难周期。

(3)厕用卫生纸仍是主导产品,但所占比重继续下降,面巾纸、餐巾纸、手帕纸所占比重继续提高,厨房用纸、擦手纸、工业擦拭纸等消费量明显上升;居家用生活用纸的市场扩大。

(4)在继续使用进口商品木浆的同时,为更好、更容易地控制原料成本,增加产品竞争力,生活用纸的纤维原料将就地取材;在解决制浆污染问题的前提下更多地使用国产木浆、竹浆、蔗渣浆等非木材纤维原料,废纸再生浆的用量也会增加。

(5)农村市场消费量上升,出口量继续增加。预计到2010年期间,中国GDP的年增长率将保持在7%左右。从经济发展等有利因素和人口增长率呈逐年缓慢下降趋势、大城市生活用纸的消费趋近饱和等负面因素综合考虑,生活用纸消费的年增长率将与国家GDP的增长同步或稍低。预计在2010年我国的人均生活用纸消费量达到世界平均水平。

表7　生活用纸的市场预测

年份	消费量/万吨	年平均增长率/%	人口/万人	人均消费/〔千克/(人·年)〕
2000	245.9	7.0	126583	1.94
2001	266.1	8.7	127627	2.15
2002	286.8	7.8	128453	2.23
2003	310.0	8	129227	2.4
2004	343.0	10.6	129988	2.65
2005	368.2.	7.3	130756	2.82
2010	495.0	6	134500	3.68

(江曼霞　陈祥津)

一次性卫生用品市场及发展趋势

Analysis on the market and development trend of disposal hygienic commodities

一、市场概况

1. 消费量和渗透率

一次性卫生用品也称吸收性用即弃产品，英文名 absorbent disposable products 或 hygiene products，包括妇女卫生巾、卫生护垫、止血塞、婴儿纸尿布、成人纸尿布和其他成人失禁用品、宠物垫等。全球一次性卫生用品的销售额约为400多亿美元。2004年我国一次性卫生用品的销售额约为159亿元，不到全球销售额的5%。

(1)妇女卫生用品：2005年中国卫生巾的消费量399亿片，比上年增长3.9%，市场渗透率61.4%。1990—2005年期间，中国妇女卫生巾的消费量从28亿片增长至399亿片，2005年消费量是1990年的14.2倍。卫生巾市场渗透率也从1990年的5%增长到2004年的61.4%。卫生护垫在中国自1992年开始生产，1998年以来，市场消费量迅速增加。2005年卫生护垫的总消费量约178亿片，比上年增长7.8%，市场渗透率6.17%。2005年中国妇女卫生用品(卫生巾和卫生护垫)的市场销售额约115亿元。由于消费习惯和对因不洁而造成细菌感染的畏惧，止血塞在中国的使用量很少，估计市场占有率约为0.3%。

表1　中国市场妇女卫生巾/卫生护垫的消费量和市场渗透率

年份	1990	1995	2000	2001	2002	2003	2004	2005
适龄妇女(15~49岁)人数/百万人	311.1	330.0	350.0	352.7	355.0	357.0	358.8	360.7
卫生巾消费量/亿片	28	186	315	334	351	368	384	399
卫生巾市场渗透率/%	5	31.3	50.0	52.6	54.9	57.3	59.5	61.4
卫生护垫消费量/亿片			65.0	95.0	120	144	165	178
卫生护垫市场渗透率/%			1.86	3.37	4.23	5	5.75	6.17

注：按中国大陆适龄妇女(按15~49岁)实际人均需用妇女卫生巾180片/年，卫生护垫800片/年计算。

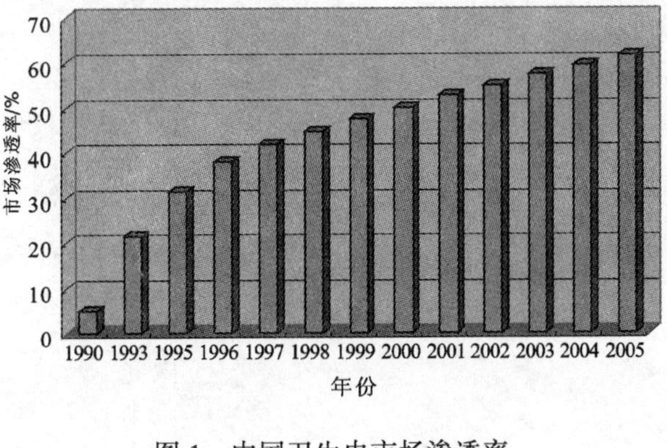

图1　中国卫生巾市场渗透率

(2)婴儿纸尿布(含婴儿纸尿裤和纸尿片):2005年全国婴儿纸尿布市场有很大的增长,婴儿纸尿布的总消费量达到41.7亿片,同比增长41.4%,市场渗透率9.43%,销售额约38亿元。

2005年婴儿纸尿裤的生产能力已经达到约55亿片,产量34.3亿片,消费量34亿片。婴儿纸尿裤消费量比上年增加44.7%,市场渗透率7.67%。

表2　　中国市场婴儿纸尿布的消费量和市场渗透率

年份	1993	1995	2000	2001	2002	2003	2004	2005
0~2岁婴儿/百万人	47.50	48.80	42.4	42.05	41.00	40.5	40.2	40.4
婴儿纸尿布总消费量/亿片	0.4	1.5	9.5	15	16.3	19.5	29.5	41.7
其中:婴儿纸尿裤消费量/亿片	0.4	1.5	9.5	11	11.5	14.0	23.5	34.0
婴儿纸尿片/亿片				4.0	4.8	5.5	6.0	7.7
婴儿纸尿布市场渗透率/%	0.07	0.28	2.05	3.26	3.63	5.50	6.70	9.43
婴儿纸尿裤市场渗透率/%	0.07	0.28	2.05	2.39	2.56	3.95	5.33	7.67

注:按中国大陆0~2岁婴儿人均需用纸尿布3片/天计(发达国家和地区通常以4.6片/天计)。

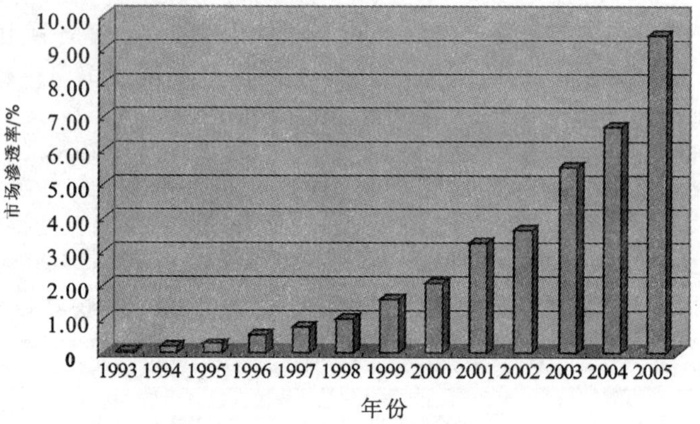

图2　中国婴儿纸尿布市场渗透率

(3)成人失禁用品:2005年成人纸尿布的消费量约1.18亿片,同比增长18%;护理垫消费量2.33亿片,是上年的2倍。成人失禁用品销售额约6亿元。

表3　　成人失禁用品的消费量

年份	65岁以上人口/万人	成人纸尿布/亿片	护理垫/亿片
1999	8687	0.40	0.50
2000	8811	0.48	0.55
2001	9062	0.58	0.61
2002	9377	0.68	0.67
2003	9692	0.74	0.72
2004	9879	1.00	1.10
2005	10055	1.18	2.33

2. 出口量增加

由于跨国公司进入中国建厂,绝大部分在中国销售的国际品牌一次性卫生用品都是在中国境内生产的。中国一次性卫生用品的市场基本上属于自给型,产品的少量进出口以前主要是跨国公司/港台企业为调剂境内外销售品种而产生的。近几年国内一次性卫生用品市场竞争激烈,一些制造商积极开拓国际市场,净出口量呈迅速上升趋势,2005年的净出口量是2000年的27.2倍。2005年一次性卫生用品的进口量为1.97万吨,进口金额为5318万美元;出口量为7.25万吨,出口金额为17447万美元,出口额占总销售额的11%。净出口量5.28万吨,净出口额12129万美元。主要出口产品是纸尿裤、护理垫、宠物垫等,大多是为国外公司做贴牌加工(OEM)。出口地分布在世界各地,纸尿裤、卫生巾主要出口到中东、非洲等欠发达地区,护理垫、宠物垫主要出口到日本、韩国。

表 4 2005 年一次性卫生用品的进出口情况

商品编号	商品名称	数量/千克	金额/美元
进口		19718545	53179351
48184000	卫生巾及止血塞、婴儿纸尿布、尿布衬里等	18090371	47557832
48185000	纸浆、纸、纤维素絮纸等的纸衣服及衣着附件	192053	755241
48189000	纸浆、纸等制的其他家庭、卫生或医院用品	1436121	4866278
出口		72549103	174468627
48184000	卫生巾及止血塞、婴儿纸尿布、尿布衬里等	53995665	146115251
48185000	纸浆、纸、纤维素絮纸等的纸衣服及衣着附件	1702199	4092383
48189000	纸浆、纸等制的其他家庭、卫生或医院用品	16851239	24260993

表 5 2000—2005 年卫生巾和婴儿纸尿布等产品的进出口情况

年份	2000	2001	2002	2003	2004	2005	2003 年比上年增长	2004 年比上年增长	2005 年比上年增长
进口量/吨	5331	6983	7358	10772	14495	19718	46.4%	34.6%	36.0%
出口量/吨	7275	11026	19797	37986	47902	72549	91.9%	26.1%	51.5%
净出口量/吨	1944	4043	12439	27214	33407	52831	118.8%	22.8%	58.1%

注:由于海关统计数据未将妇女卫生巾与纸尿布分开,本表所列产品的海关商品编号为 48184000,商品名称为卫生巾及止血塞、婴儿纸尿布、尿布衬里等。

3. 卫生巾市场进入成熟期

作为一次性卫生用品行业的主导产品,卫生巾市场自 1985 年以来,经过 20 年的发展,市场渗透率已经接近 60%,在大中城市则已饱和,市场已进入成熟期。20 世纪 90 年代是卫生巾市场快速发展的时期,曾以 2 位数的年增长率扩展,到 1998 年后,虽然市场容量还在继续增加,但增长速度明显逐步放缓。近几年的消费量年增长率徘徊在 4%左右。市场进入成熟期还表现在新进入该领域的有实力的大企业很少,2005—2006 年间只有比利时 Ontex 公司在江苏扬州建厂,APP 和日本大王制纸合作在苏州成立金王卫生用品公司。

由于市场竞争激烈,生产商利润摊薄。在原材料价格上涨的压力下,近两年大中企业销售额的增长率低于销售量的增长率;有些过去业绩不错的中型企业产销量锐减,经营困难;虽然仍有一些小企业不断进入卫生巾领域,但同时也有许多竞争力差的小企业关闭停产,特别是在每年的淡季。

4. 婴儿纸尿布市场进入快速成长期

随着经济收入的增加和前些年对婴儿纸尿布市场的培育推动而造成新一代年轻父母消费观念的改变,国内消费需求明显增加,婴儿纸尿布市场进入快速成长期。表现在近两年纸尿布市场保持了 50%左右的高增长率,2005 年婴儿纸尿布的市场渗透率已接近 10%。而根据某跨国公司发表的数据,纸尿布市场年增长率达到 60%,其中高档纸尿布增长率达到 270%;中国 600 多个城市中,北京和上海有 80%以上的婴儿使用纸尿布,成都、重庆、南京、武汉等大城市市场覆盖率也在 40%~50%之间。

2005 年跨国公司和恒安等企业的婴儿纸尿布的产销量继续大幅增长,其中金佰利销售量增长 300%,宝洁增长 175%,恒安增长 118%,恒利增长 153%,爱护洁增长 106%,全日美增长 43%,尤妮佳增长 17%,中山瑞德增长 11%。

在中国,一次性卫生用品是改革开放后出现的舶来品,各类产品从无到有,生产和消费持续增长,市场渗透率也在不断上升。对经济发展后市场潜力进一步释放的预期成为支持一次性卫生用品市场投资的力量。婴儿纸尿裤生产线过去需要从意大利、日本等国家进口,设备投资高,2001 年只有跨国公司和恒安等 10 多家企业生产婴儿纸尿裤,生产线仅 20 多条。2001 年后国产纸尿裤生产线的制造水平迅速提高,使设备可比投资降低至约 1/8,入行门槛大大降低,吸引了一批厂商进入,2005 年纸尿布生产企业已经达到 200 多家,生产线近 250 条,大多数企业是在生产妇女卫生用品的基础上增加纸尿布业务的,往往仅有 1 条生产线。设备投资的降低和除绒毛浆等以外的大部分原材料的本土化,使纸尿裤的生产成本降低,市场竞争白热化更使纸尿裤的销售价格降低到 1 元/片以内,为更多的消费者所接受。

5. 原材料供应

由于国际市场石油和纸浆价格上扬,2004 年以来一次性卫生用品的各类原材料价格持续上涨,其中高吸水树脂(SAP)和透气薄膜等还出现了供应紧张的情况。企业在产品不能同步提价的情况下,利润空间进一步被压缩。

(1)非织造布:由于上游石油价格上涨,造成纤维原料价格上涨,非织造布卷材的价格也随之上涨,至2005年1季度定量为20克/米^{2}左右的ES热轧、热风非织造布价格达到21500元/吨,普通热轧、热风非织造布的价格达到15000~16000元/吨,比2004年上涨900元/吨。

(2)高吸水树脂:过去20年中,世界SAP市场需求以两位数的速度持续快速增长,随着中国一次性卫生用品市场特别是纸尿布市场需求的增长,中国成为全球SAP最具发展潜力的市场之一。2005年全球SAP的年产能力约145万吨,中国SAP的消耗量约4万吨,主要用于一次性卫生用品。2004年以来生产SAP的丙烯酸原料供应紧张,造成SAP价格大幅度上涨和缺货,2005年1季度,SAP的价格已经达到每吨23000元左右。2005年下半年供应紧张情况缓解。

我国现有10余家企业建有中小型SAP生产装置,2005年国产SAP的生产能力约3.5万吨。大多数国产SAP制造企业研发能力差、设备规模小、成本高、品质差,设备利用率仅30%左右,在丙烯酸原料价格高、供应量少的情况下,几乎全面停产。目前,在丙烯酸原料供应情况好转的情况下,有些企业如济南昊月吸水材料公司等又恢复了生产,并在进行差异性专用产品的开发。

国内一次性卫生用品用SAP的主要制造供应商是日本触媒、日本三大雅、日本住友,德国巴斯夫、斯托侯森。其中日本触媒在江苏张家港的年产3万吨日触化工和日本三大雅在南通的年产2万吨生产基地已经在2005年3月份投产,缓解了SAP供应紧张的局面。此外,巴斯夫与中石化合作的扬-巴公司规模化的丙烯酸及其酯装置也在2005年初投产,加上其他丙烯酸新项目,使SAP主要原料丙烯酸生产能力大幅增加。

(3)绒毛浆:全球绒毛浆产量约360万吨,其中46%用于婴儿纸尿裤,23%用于妇女卫生用品,22%用于成人失禁用品,9%用于干法纸产品。2005年中国一次性卫生用品用纸浆约38万吨,其中绒毛浆的使用量估计约为25万吨(进口18万吨,国产7万吨)。约70%的绒毛浆用于妇女卫生用品。2005年绒毛浆为卖方市场,中国的中小企业一般要通过中间商购进绒毛浆、价格还取决于国内库存量等因素,2005—2006年期间价格处于高位。

国产绒毛浆的数量很少,主要制造商有:福建腾荣达纸业(BCTMP绒毛浆生产能力3万吨/年)、南宁武鸣奥诺纸业(马尾松卷筒绒毛浆)、广西贺达纸业、云南云景林纸、广西柳江造纸厂等。

6.国产设备水平迅速提高,走向国际市场

近年来,中国一次性卫生用品生产设备的制造业迅速崛起,采用模块化设计,全伺服电动控制,开发一机多用的生产设备,同时在车速、稳定性、噪音控制等方面不断改进。国内具有先进技术的设备供应商已经可以制造包括训练裤、成人纸尿裤生产线在内的各种设备。性价比较好的设备不但满足了国内市场的需要,而且利用在国际展览中亮相等方式走向国际市场。恒昌、兴世、新余宏、珂瑞特、汉威、培新等设备制造商业务的20%~50%来自国外。

7.消费的城乡和地域差异

由于跨国公司进入中国建厂,绝大部分在中国销售的国际品牌一次性卫生用品都是在中国境内生产的。中国城市和农村、沿海地区和内陆地区的经济发展水平和收入差异较大,地理、气候、消费习惯也各不相同,因此一次性卫生用品的消费存在着明显的城乡和地域差异。市场渗透率及消费者对产品种类的选择视市场的地点有所不同。市场渗透率在城市较农村地区为高,在东部沿海地区较西部内陆地区为高,主要是卫生意识及收入水平的差异所致。

在大中城市和经济发达地区一次性卫生用品的消费呈小康特征,卫生巾的市场渗透率基本上接近100%。城市消费者在选购卫生巾时,最注重的因素依次是价格适中、使用经验、产品功能和有名的品牌。消费者已经开始由只认价格的消费,转向重品牌、重性价比的理性消费。

相对于妇女卫生用品而言,婴儿纸尿布市场的发展对居民可支配收入的要求高得多,婴儿纸尿裤的购买者主要集中在家庭收入较高的大城市以及东南沿海开放地区的中小城市。在这些地方相对富裕的家庭比例高,对外开放早,容易接受新的消费观念,年轻父母有经济能力购买婴儿纸尿裤。近两年由于恒安、宝洁、尤妮佳等企业生产能力的扩大,以及在广告方面的投入,产生引导消费的作用,婴儿纸尿裤的消费有较大增长。国内租赁生产线和定牌加工的现象也很普遍。为了扩大市场份额,各制造商采取的营销策略是降低售价,推出各种经济型纸尿裤、简易包装和大包装。同时,一些大的纸尿裤制造商如中山瑞德、宝洁(中国)、福建恒安、上海全日美及上海尤妮佳公司都紧跟国际流行趋势采用透气膜做纸尿裤底膜,以保护婴儿皮肤,减少纸尿布疹的发生。中山瑞德公司还推出了有保护婴儿皮肤功能的芦荟纸尿裤,尤妮佳公司推出男女性别婴儿专用纸尿裤,宝洁公司纸尿裤具有透气弹性腰围，柔软的底膜，比基尼裤型，更透气、更舒适，以满足消费者多方位的需求。目前在大型超市内婴儿纸尿裤的每片价格已经降到1元人民币左右，已在消费者接受的范围内。此外，除了进入超市和商场外，纸尿裤生产商另一个“市场”在医院，大中城市的综合医院、妇产医院、儿童医院，通过医生的推荐，婴儿从一出生就用上纸尿裤，出院以后只要经济条件许可，会一直用下去。

近两年婴儿纸尿裤市场呈现快速增长的主要原因是国内经济持续快速增长，老百姓的物质生活水平进一步改善，婴儿纸尿裤价格适当降低和人们对纸尿裤呵护宝宝作用的普遍认可。

婴儿纸尿布市场与以前相比有很大的变化，在大城市90%左右的婴儿使用过纸尿布，婴儿在医院出生时就开始用纸尿布，回家后，大部分父母会选择继续使用纸尿布或与可洗尿布并用，纸尿布逐渐成为普通的婴儿日用品。但根据天气和个人收入、节俭习惯的不同，收入较高的家长在新生儿期间每天用6～10片纸尿布，而收入较低或由祖父母看护的情况下，则只在夜晚和外出时使用纸尿布，甚至只用可洗尿布。与全国9.43%的市场渗透率相比，北京、上海的市场渗透率为80%，其他大城市和长三角、珠三角地区的市场渗透率估计在40%～50%以上。在中小城镇，价格低廉的纸尿布的市场也在扩大，而对于农村地区的居民来说，婴儿纸尿布还是一种奢侈品，市场渗透率几乎为零。2005年中国城镇人口比例为43%，可以推算出2005年城镇婴儿纸尿布的市场渗透率约为22.5%。与国外相比，我国婴儿纸尿裤的消费有以下特点：

①大城市3岁以下的婴儿使用纸尿裤，而以12个月以下的最多，其次是13～24个月的婴儿。

②有3种使用方式：只用纸尿裤或只用纸尿片；纸尿裤和纸尿片并用；纸尿布与可洗尿布并用。

③冬季为用纸尿裤的高峰期，夏季用的少，主要是在夜间和外出。

④婴儿纸尿裤的使用率与其看护者的年龄、文化程度有关，年轻的父母、受教育程度高的父母是婴儿纸尿裤的主要购买对象。

⑤选择纸尿裤注重因素首先是质量的可靠性，其次是使用方便与安全、价格等。

即使在发达国家，成人失禁用品市场也处于发展阶段。进入老龄化社会较早的日本，成人失禁用品市场增长较快，市场渗透率在40%以上。北美为30%，西欧为20%，世界平均水平为6.4%，在中国则远低于1%。目前中国市场上成人纸尿裤每片的零售价为4～5元左右，对于一般中国家庭来说仍很昂贵，但也有新入行企业使用国产机器，使每片零售价降低到2～3元。此外每片零售价为1～2元的成人纸尿片价格相对比较低廉。中国已经进入老龄化社会，2005年65岁以上的老年人口达到10055万人，在城市有经济条件使用成人失禁用品的家庭在逐步增加，市场需求量上升较快。护理垫（病人看护垫）的需求量也在增长，同时有些厂接国外定单做护理垫、宠物垫的OEM产品。2005年成人纸尿布的市场渗透率约为0.17%。

8. 销售渠道的变化

一次性卫生用品属于快速消费品，物流成本较高、流动资金占用较大。中小型生产规模的制造商一般在附近地区销售产品，全国性的品牌为数不多。制造商一般通过多种渠道销售产品，包括批发商、分销商、超市、大卖场、传统零售店铺及便利店。

由于近几年中国加入WTO后大卖场和连锁超市在城乡的迅速普及，终端销售的重要性日益突出，所占比例扩大，销售渠道有很大的变化。零售商定牌加工的情况逐渐增多。根据AC尼尔森的数据分析，2004年在不包括西藏、内蒙古、宁夏、新疆、甘肃、青海和海南以外中国20个省的城镇零售网点（不包括批发商、集团消费等其他渠道）的跟踪调查，妇女卫生用品（含卫生巾和卫生护垫）的销售量占全国总销售量的33%。根据生活用纸委员会2004年的统计数据分析，估计跨国公司的一次性卫生用品80%以上的销售量在以上调查覆盖的范围内。AC尼尔森在一份“放眼中国市场”的报告中提到，妇女卫生用品在现代渠道即超市、大卖场、专卖店、百货商店、便利店等的销售额由2000年的44%增加到2001年的57%。估计2005年应该在60%以上。但对于一次性卫生用品而言，传统渠道仍然是不可或缺的，现代渠道无法完全取代。

产品进入大卖场可以提高品牌的知名度，扩大销售量，减少中间环节，及时反馈信息，但在大卖场和制造商之间，“进场费”一直是碰撞最为激烈的话题，大卖场门槛的提高对跨国公司及大企业有利，很多中小企业因不能承受高额费用无利可图而选择退出。大卖场、超市因经营不善倒闭，使供货商财物两空的情况也时有发生。

在现代渠道发达的一级市场，相对于集约特征明显、单位吞吐量巨大的现代渠道，传统渠道存在经营管理水平落后、效率低、协调维护管理成本高、物流配送麻烦等缺陷，但与之相应的是，它具有要约门槛低、帐龄短、单位销售利润贡献率可能更高等优点，其在周边市场的辐射能力，对下级网点的掌控、配送能力仍然被许多企业所倚重，与现代渠道有很强的互补性。在二、三级市场，销售渠道仍以传统的批发分销道路为主。

9. 质量检测情况

2005年1季度纸尿裤(含纸尿片/垫)产品质量国家监督抽查结果:共抽查44家企业的58种产品,合格51种,产品抽样合格率为87.9%。其中婴儿纸尿裤抽样合格率为82.8%,婴儿纸尿片/垫抽样合格率为95.0%;成人纸尿裤抽样合格率为100%,成人纸尿片/垫的抽样合格率为83.3%。抽查结果表明:纸尿裤(含纸尿片/垫)总体产品质量较好,产品质量符合优等品的有40种,占合格品总数的78.4%。

2005年第四季度纸尿裤(含卫生护垫)产品质量国家监督抽查结果:共抽查57家企业的77种产品,合格63种,产品抽样合格率为87.9%。其中婴儿纸尿裤抽样合格率为81.8%。抽查结果表明:大型企业产品质量较好,本次抽查涉及16种国家免检产品,经检验全部合格;而小型企业的产品质量仍存在问题。抽查中发现的质量问题主要有微生物指标超标和产品的渗入量不达标。

2005年卫生部对一次性卫生用品监督抽查的结果为:检测了细菌总数和致病两项指标,卫生巾共抽查345种,所抽检产品全部合格,合格率100%;纸尿裤共抽查59种,有1种产品不合格,合格率98%,不合格原因为细菌总数超标;共抽查医疗机构使用的尿垫24种,不合格产品2种,合格率92%,不合格原因为细菌总数超标。

二、主要制造商和品牌

1. 妇女卫生用品

中国目前的妇女卫生用品市场仍由多个制造商组成,集中度较低。但全国性品牌的制造商并不多。全国综合排名前10位的妇女卫生巾制造商的销售量合计约占全国妇女卫生巾总销售量的30%;卫生巾全国性品牌主要有:安尔乐、护舒宝、苏菲、舒而美、娇爽、乐而雅、好舒爽、ABC、益母、洁婷等。全国排名前10位的卫生护垫制造商的销售量合计约占全国卫生护垫总销售量的50%;卫生护垫全国性的主要品牌有:安尔乐、娇爽、苏菲、舒而美、益母、好舒爽等。恒安集团是目前中国最大的妇女卫生用品制造商,2005年其妇女卫生用品市场份额(含卫生巾和卫生护垫,按销售额计)约10%。市场美誉度最好的妇女卫生巾和卫生护垫品牌分别是上海尤妮佳公司的苏菲和强生(中国)公司的娇爽。

表6 2005年综合排序前10位的卫生巾制造商

序号	公司名称	品牌	生产能力/(亿片/年)
1	福建恒安集团有限公司	安尔乐,安乐	74.5 (其中护翼型51)
2	宝洁(中国)有限公司	护舒宝	7.2 (全部为护翼型)
3	福建恒利集团有限公司	好舒爽、舒爽	56.9 (其中护翼型28.1)
4	强生(中国)有限公司	娇爽	8.5 (全部为护翼型)
5	上海尤妮佳有限公司	苏菲,佳慕	6.9(全部为护翼型)
6	金佰利(中国)投资有限公司	舒而美,高洁丝	6.6 (其中护翼型5.8)
7	上海花王有限公司	乐而雅	13.0 (其中护翼型9.0)
8	益母妇女用品有限公司	益母	18.3 (全部为护翼型)
9	天津日商卫生科技发展有限公司	小护士	28.0 (其中护翼型25.0)
10	江苏三笑集团有限公司	笑爽	25.0 (全部为护翼型)

表7 2005年综合排序前10位的卫生护垫制造商

序号	公司名称	品牌	生产能力/(亿片/年)
1	福建恒安集团有限公司	安尔乐	31.8
2	强生(中国)有限公司	娇爽	15.0
3	金佰利(中国)投资有限公司	舒而美,高洁丝	13.3
4	上海尤妮佳有限公司	苏菲	9.3

续表

序号	公司名称	品牌	生产能力/(亿片/年)
5	益母妇女用品有限公司	益母	28.0
6	福建恒利集团有限公司	好舒爽	8.0
7	桂林洁伶工业有限公司	洁伶	8.0
8	宝洁(中国)有限公司	护舒宝	4.8
9	临安市雄鹰妇幼卫生用品有限公司	永芳	5.0
10	北京倍舒特妇幼用品有限公司	倍舒特	10.0

2005年恒安集团卫生巾产销量比上年增长16%，其中直条卫生巾下降12%，护翼卫生巾增长24%；卫生护垫产销量比上年增长31%。宝洁公司卫生巾/卫生护垫产销量比上年增长50%。强生公司卫生巾销售量比上年增长51.5%，卫生护垫销售量增长29%。

福建恒安集团等11家企业的14个品牌的卫生巾(含卫生护垫)国家免检产品，2005年免检期满，经企业重新申报，于2005年12月审查通过。上海唯尔福(集团)公司等3家企业的3个品牌的卫生巾(含卫生护垫)国家免检产品，2006年免检期满，企业目前正在重新申报。

表8 卫生巾(含卫生护垫)免检产品企业和品牌

公司名称	产品	品牌	备注
福建恒安集团有限公司	卫生巾(含卫生护垫)	安尔乐，安乐	免检有效期满，2005年12月重新审查通过
宝洁(中国)有限公司	卫生巾(含卫生护垫)	护舒宝	
湖北丝宝卫生用品有限公司	卫生巾(含卫生护垫)	洁婷	
强生(中国)有限公司	卫生巾(含卫生护垫)	娇爽	
上海花王有限公司	卫生巾(含卫生护垫)	乐而雅	
金佰利(中国)投资有限公司	卫生巾(含卫生护垫)	舒而美，高洁丝	
上海尤妮佳有限公司	卫生巾(含卫生护垫)	苏菲	
福建恒利集团有限公司	卫生巾(含卫生护垫)	舒爽，好舒爽	
北京特日欣卫生用品有限公司	卫生巾(含卫生护垫)	特日欣	
杭州雅妮娜卫生用品有限公司	卫生巾(含卫生护垫)	雅妮娜	
山东益母妇女用品有限公司	卫生巾(含卫生护垫)	益母	
上海唯尔福(集团)有限公司	卫生巾(含卫生护垫)	唯尔福	2006年免检期满，正在重新申报
北京倍舒特妇幼用品有限公司	卫生巾(含卫生护垫)	倍舒特	
贵州久美企业有限责任公司	卫生巾(含卫生护垫)	舒婷	

根据国家质检总局文件规定，原则上不再受理未获得免检资格的新企业的申请。新申请免检的卫生巾(含护垫)企业需达到的建议条件为年产值达到5亿元人民币。

2. 婴儿纸尿布

表9 2005年综合排序前10位的婴儿纸尿裤制造商

序号	公司名称	品牌	生产能力/(亿片/年)
1	宝洁(中国)有限公司	帮宝适	11
2	福建恒安集团有限公司	安儿乐	10.2
3	全日美实业(上海)有限公司	嘘嘘乐，小淘气	6.3
4	尤妮佳生活用品(中国)有限公司	妈咪宝贝	2.4
5	中山瑞德卫生纸品有限公司	FITTI，PETPET，爱婴	3.0
6	福建恒利集团有限公司	爽儿宝	1.8

续表

序号	公司名称	品牌	生产能力/(亿片/年)
7	汕头爱护洁护理用品有限公司	爱护洁	1.8
8	佛山市顺德区新感觉卫生用品有限公司	新感觉,没烦恼	1.8
9	东莞瑞麒婴儿用品有限公司	哈罗宝贝	1.6
10	好孩子百瑞康卫生用品有限公司	好孩子,奇妙鸭	1.2

表 10　2005 年综合排序前 8 位的婴儿纸尿片制造商

序号	公司名称	品牌	生产能力/(亿片/年)
1	福建恒安集团有限公司	安儿乐	6.3
2	佛山市顺德区新感觉卫生用品有限公司	新感觉,没烦恼	1.5
3	福建恒利集团有限公司	爽儿宝	1.3
4	北京倍舒特妇幼用品有限公司	健康宝宝	1.6
5	全日美实业(上海)有限公司	嘘嘘乐	1.0
6	上海唯尔福(集团)有限公司	唯尔福	0.3
7	天津依依卫生用品有限公司	依依	1.0
8	杭州雅妮娜卫生用品有限公司	雅妮娜	0.5

排序前 10 位的婴儿纸尿裤生产企业的销售量约占 84%的市场份额。恒安集团婴儿纸尿裤的产销量比上年增长 84%,婴儿纸尿片产销量比上年增长 118%。宝洁公司婴儿纸尿裤产销量比上年增长 175%,恒利集团婴儿纸尿裤产销量比上年增长 153%,汕头爱护洁公司婴儿纸尿裤销售量比上年增长 106%,全日美公司婴儿纸尿裤销售量比上年增长 43%,尤妮佳公司婴儿纸尿裤销售量比上年增长 17%,中山瑞德公司婴儿纸尿裤销售量比上年增长 11%。

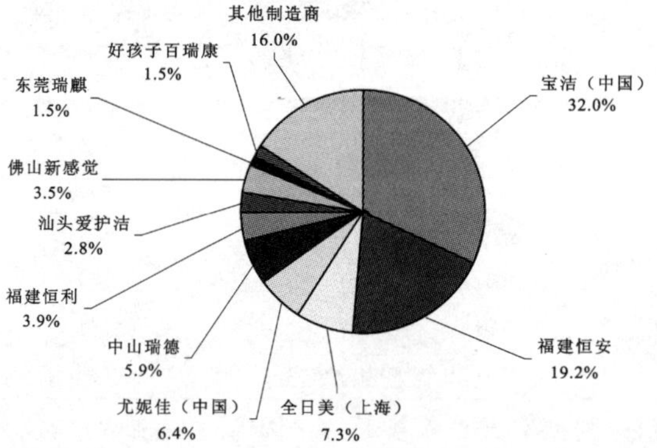

图 3　排序前 10 位的婴儿纸尿裤生产企业的市场份额

3. 成人失禁用品

成人失禁用品市场在中国处于发展初期。2005 年在中国大陆有成人纸尿裤生产线的企业有恒安集团(意大利 GDM 生产线)、天津杏林白十字公司(日本瑞光制造二手生产线)、南海稳德福(日本二手机)、顺德新感觉(意大利生产线)、义乌安柔(杭州新余宏生产线)等,上海全日美公司在大陆销售的成人纸尿裤(包大人)是在台湾生产的。成人失禁用品制造商很少,前 10 位制造商几乎占 100%的市场份额。

表 11 2005 年成人失禁用品的主要生产企业

公司名称	品牌	产品范围
福建恒安集团有限公司	安尔康	成人纸尿裤、纸尿片
天津杏林白十字医疗卫生材料用品有限公司	洒露把,必有福	成人纸尿裤、纸尿片、护理垫
佛山市顺德区新感觉卫生用品有限公司	新感觉	成人纸尿裤、纸尿片
佛山市南海稳德福无纺布有限公司	老夫子	成人纸尿裤
全日美实业(上海)有限公司	包大人	成人纸尿裤、纸尿片
浙江安柔卫生用品有限公司	安利康	成人纸尿裤、护理垫
泰州远东纸业有限公司	安洁尔	护理垫
天津依依卫生用品有限公司	依依	护理垫
上海唯尔福(集团)有限公司	唯尔福	成人纸尿片、护理垫
北京倍舒特妇幼用品有限公司	倍舒特	成人护理系列

三、市场展望

我国 2005 年婴儿纸尿布和成人失禁用品的生产和市场有很大的发展,但与发达国家相比仍有很大的发展空间,非常具有市场发展潜力。

中国每年出生的婴儿约 1600 多万人,2005 年 1~2 岁的婴儿人数约为 4040 万人。2006 年适逢农历“狗年”,婴儿出生数量比往年增加。婴儿出生数量是婴儿纸尿布销售的必要条件,但并非充分条件,因为最主要的影响因素是购买力,而购买力又取决于年人均 GNIPPP 值(与国民总收入有关的购买力评价值)。有国外资料按每片纸尿裤零售价 21 美分计算,发达国家婴儿年人均消耗费用为 475 美元,占其人均 GNIPPP 的 2%,在美国这一比例更低。我国目前人均 GNIPPP 值大约是发达国家的 1/5。但改革开放以来,中产阶层和富裕人群的数量迅速增加,婴儿纸尿布的价格也已经降低到城镇较高收入人群可以接受的程度,因此今后几年内预计还会有两位数的年增长率。

2005 年全国 65 岁以上的老年人口达到 10055 万人。参考日本有关资料,65 岁以上老人需要护理的占 12%,则我国在 2005 年需要护理的老人达 1200 万人,另外全国 65 岁以下的瘫痪和半瘫痪病人约 100 万人,再加上其他失禁病人,成人失禁用品的市场需求潜力很大。从日本成人纸尿布的发展情况来看,日本卫生材料联合会在 1997 年调查老人之家时,成人纸尿布的使用不超过 13%,而在 2004 年调查中有 39% 的单位只使用成人纸尿布,加上纸尿布和布尿布并用的单位,成人纸尿布的使用率达到 99%,基本上所有的老人之家都在使用成人纸尿布。可以预见,我国成人失禁用品的市场将会有大的发展。

由于经济的发展和人民生活水平的提高,一次性卫生用品市场在今后十几年内仍将持续繁荣,总量稳步增长,并逐渐呈现小康型消费特征。消费层次出现多样化且向中高档过渡,消费领域不断扩展,国内市场竞争更加激烈。从整体上看,今后十几年城镇市场和农村市场将日趋融合,但仍然存在着明显差距。预期今后个人卫生用品市场会出现以下情况:

①妇女卫生用品市场进入成熟期,城镇市场基本饱和,消费量增长放慢,消费档次提高。

②随着国家减免农业税政策的贯彻和农民可支配收入的增加,农村妇女卫生巾市场还有相当大的发展空间,市场渗透率提高较快。

③由于市场竞争和优胜劣汰的结果,迫于利润压力,行业面临洗牌。妇女卫生用品的制造商和品牌数目将从逐年增加到逐渐减少,集中度提高。有实力的制造商追求规模效益,扩大生产规模或择厂定牌加工。卫生巾产品品质提高,由几个主要品牌占领大部分市场。

④婴儿纸尿布市场迅速发展。大城市和沿海地区中小城市市场渗透率进一步提高,随着中国政府开发西部和东北地区经济方针的推进,这些地区的经济会有较大程度的发展,婴儿纸尿布在这些地区的渗透率也会相应增加。

⑤由于中国是一个发展中国家,大多数人的生活还不富裕,婴儿纸尿裤的市场达到成熟期还需假以时日。

⑥虽然婴儿纸尿裤市场发展较快,但随着外国投资的进入和国内原有企业的扩大再生产以及新的制造商的加入,新上生产线较多,在部分地区出现供大于求的局面,市场竞争激烈。

⑦成人失禁用品市场逐步扩大,进入成长期。

⑧接受国内外订单生产 OEM 产品的情况增加。

表 12 **妇女卫生巾和卫生护垫的市场预测**

年份	15~49岁妇女人数/百万人	妇女卫生巾			卫生护垫		
		消费量/亿片	年平均增长率/%	市场渗透率/%	消费量/亿片	年平均增长率/%	市场渗透率/%
2005	360.7	399	3.9	61.4	178.0	7.8	6.17
2010	364.0	487	4.0	74.3	271.5	8	9.32

注:计算基准按

卫生巾:15~49岁妇女每人每年用180片计。

卫生护垫:15~49岁妇女每人每年用800片计。

表 13 **婴儿纸尿裤市场预测**

年份	2岁以下婴儿人数/万人	消费量/亿片	年平均增长率/%	估计出生率/%	市场渗透率/%
2005	4040	41.7	41.4	1.20	9.43
2010	3900	104	20	0.95	24.3

注:按中国大陆0~2岁婴儿人均需用纸尿裤3片/天计算。

表 14 **成人失禁用品市场预测**

年份	65岁以上老人人数/万人	成人纸尿布		护理垫	
		消费量/亿片	年增长率/%	消费量/亿片	年增长率/%
2005	10055	1.18	18	2.33	200
2010	12680	2.37	15	3.59	10

(江曼霞 陈祥津)

环境保护

ENVIRONMENTAL PROTECTION

5

2004年全国纸业废水主要污染物排放及处理情况

The status of the treament for waste water and contamination in China's paper industry in 2004

一、废水及主要污染物

(一)全国废水排放情况

2004年,全国废水排放总量482亿吨,比上年增加4.9%。其中:工业废水排放量221亿吨,比上年增加8.7亿吨,增长了4.1%。工业废水排放量占废水排放总量的45.8%。生活污水排放量261亿吨,比上年增加13.7亿吨,增长了5.5%。生活污水排放量占废水排放总量的54.2%。

表1　全国废水及其主要污染物排放量年际对比

年度	废水排放量/亿吨			COD排放量/亿吨			氨氮排放量/万吨		
	合计	工业	生活	合计	工业	生活	合计	工业	生活
1998年	395.3	200.5	194.8	1495.6	800.6	695.0	—	—	—
1999年	401.1	197.3	203.8	1388.9	691.7	697.2	—	—	—
2000年	415.2	194.3	220.9	1445.0	704.5	740.5	—	—	—
2001年	433.0	202.7	230.3	1404.8	607.5	797.3	125.2	41.3	83.9
2002年	439.5	207.2	232.3	1366.9	584.0	782.9	128.8	42.1	86.7
2003年	460.0	212.4	274.6	1333.6	511.9	821.7	129.7	40.4	89.3
2004年	482.4	221.1	261.3	1339.2	509.7	829.5	133.0	42.2	90.8
增减率/%	4.9	4.1	5.5	0.4	-0.4	0.9	2.5	4.5	1.7

注:增减率指2004年与2003年相比,下同。氨氮排放量自2001年开始统计。

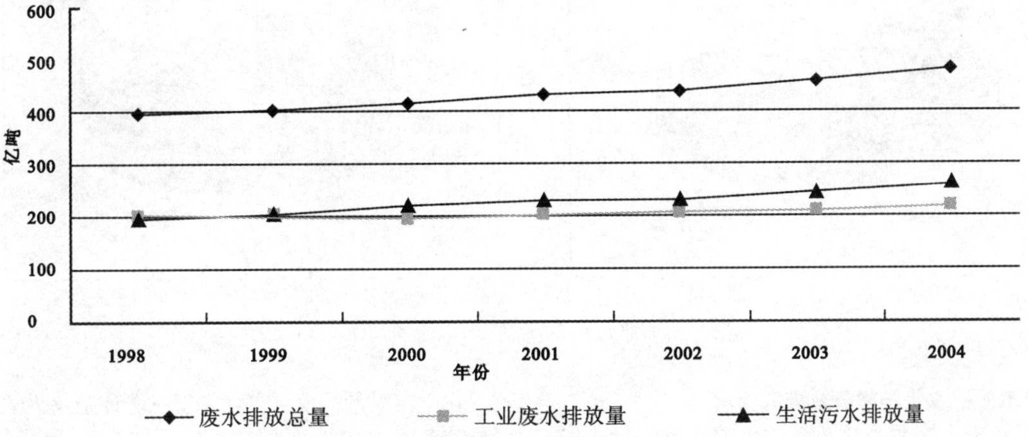

图1　全国废水排放量年际对比

从表1、图1可以看出，1998年以来，随着工业发展和城镇化水平的提高，全国生活污水和工业废水排放量一直处于持续增加状态。

(二)全国化学需氧量排放情况

2004年，全国废水中化学需氧量排放量1339万吨，比上年增加0.4%。其中：工业废水中化学需氧量排放量510万吨，比上年减少2.2万吨，降低了0.4%。工业化学需氧量排放量占化学需氧量排放量的38.1%，所占比例与上年持平。生活污水中化学需氧量排放量830万吨，比上年增加7.8万吨，增加了0.9%。生活污水中化学需氧量排放量占化学需氧量排放量的61.9%。

从表1、图2可以看出，自1999年以来，生活污水中化学需氧量排放量占化学需氧量排放量的比例持续增加，且工业和生活污水中化学需氧量排放量之间"剪刀差"逐渐增大。

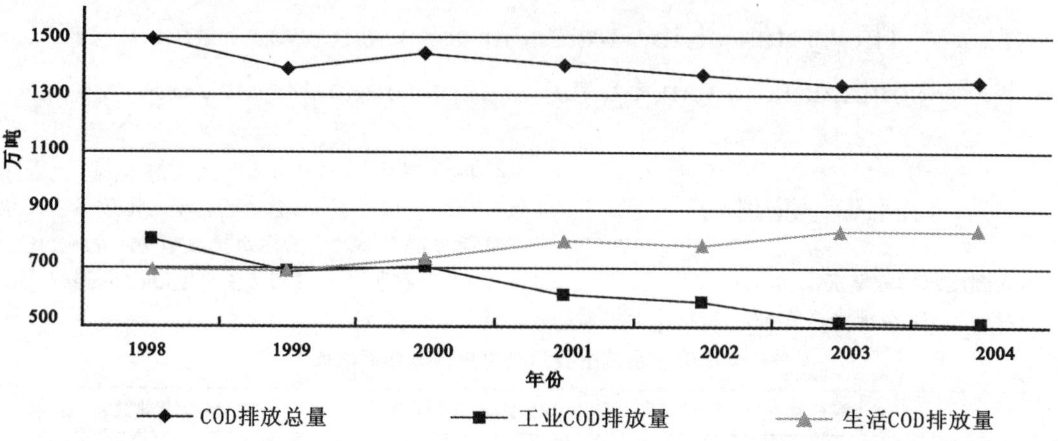

图2　全国COD排放量年际对比

(三)工业行业废水排放量情况

2004年，在统计的41个工业行业中，废水排放量位于前4位的行业依次为化工制造业、造纸业、电力业、黑色金属冶炼业，与上年相同。这4个行业排放的废水占重点统计企业废水排放量的54.6%，所占比例较上年下降近7个百分点，见图3。

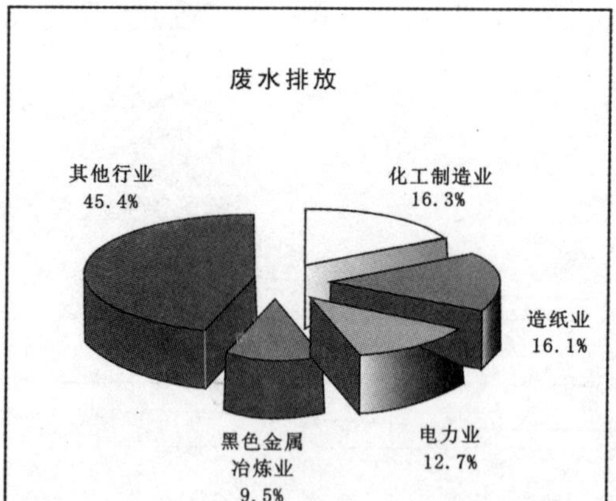

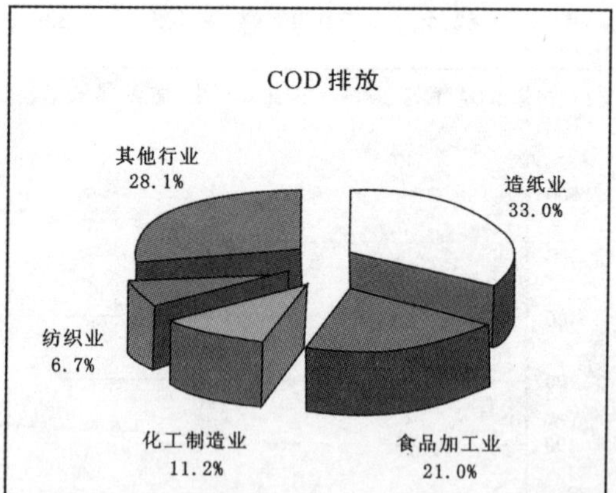

图3　工业行业废水和COD排放情况

(四)工业行业化学需氧量排放情况

2004年，化学需氧量排放量位于前4位的行业依旧为造纸业、食品加工业、化工制造业、纺织业。4个行业的化学需氧量排放量占全国重点统计企业化学需氧量排放量的71.9%，见图3。

造纸行业的化学需氧量污染贡献率排在各行业之

首,达到1/3;而其经济贡献率在4个行业中最低,仅占2.2%;因此,其化学需氧量排放强度也是各行业中最大的,见表2～表4。

从6年变化趋势(见图4)看,造纸行业正在向良性的方向发展,其化学需氧量污染贡献率和排放强度下降比较明显。这说明,近年来造纸业结构调整治理取得了明显成效。

表2　重点行业化学需氧量污染贡献率变化趋势　单位:%

行业	1999年	2000年	2001年	2002年	2003年	2004年
造纸业	43.2	43.8	40.8	35.3	34.5	33.0
食品加工业	24.3	24.7	20.5	23.0	22.3	21.0
化工制造业	8.2	7.4	9.3	10.5	10.8	11.2
纺织业	5.3	5.9	4.8	5.7	5.6	6.7
累计	80.9	81.8	74.9	74.6	73.2	71.9

注:污染贡献率指该行业某种污染物排放量与统计行业此污染物排放总量之比,下同。

表3　重点行业经济贡献率变化趋势　单位:%

工业	1999年	2000年	2001年	2002年	2003年	2004年
造纸业	0.332	0.249	0.168	0.121	0.091	0.075
食品加工业	0.035	0.029	0.019	0.017	0.014	0.012
化工制造业	0.015	0.010	0.010	0.010	0.007	0.007
纺织业	0.013	0.013	0.008	0.009	0.008	0.008

注:排放强度指某行业或省(区、市)污染物排放量与相同范围内统计工业总产值(现价)的比值,即单位产值排放量,下同。

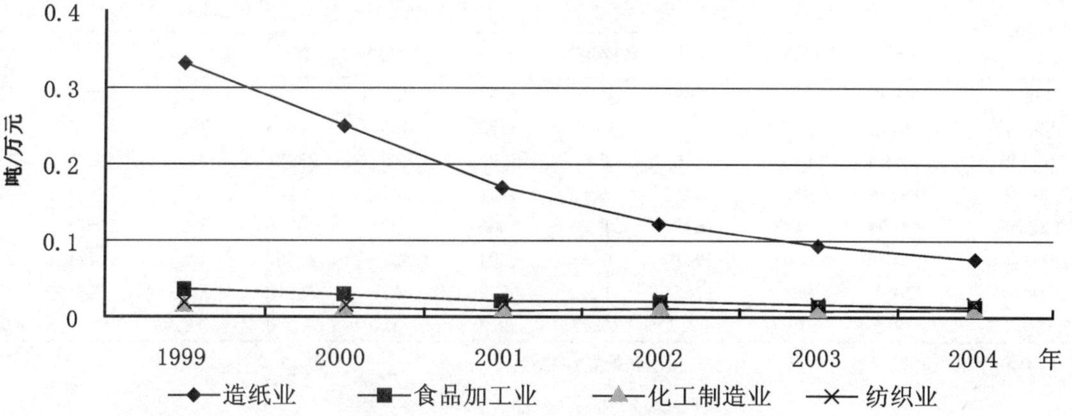

图4　重点行业化学需氧量排放强度变化趋势

二、废气

(一)全国废气及废气中主要污染物排放情况

2004年,全国环境统计的煤炭消费总量19.6亿吨,比上年增长13.4%。其中工业煤炭消费量17.6亿吨,比上年增长15.3%,工业煤耗中燃料消费量为12.6亿吨,原料煤消费量为5.0亿吨。生活煤炭消费量2.0亿吨,与上年持平。全国共消耗燃料油2734万吨,其中重油2295万吨,柴油365万吨,分别比上年增加4.2%、7.2%、6.4%。全国工业废气排放量237696亿米^3(标准情况),比上年增长19.5%。

(二)全国二氧化硫排放情况

2004年,全国二氧化硫排放量为2255万吨,比上年增加4.5%,其中工业二氧化硫排放量为1891万吨,比上年增加5.6%。工业二氧化硫排放量占全国二氧化硫排放量的83.9%,生活二氧化硫排放量364万吨,比上年减少1.0%,生活二氧化硫排放量占全国二氧化硫排放量的16.1%,见表5。

表 4 全国近年废气中主要污染物排放量 单位:万吨

年度	二氧化硫排放量			烟尘排放量			工业粉尘排放量
	合计	工业	生活	合计	工业	生活	
1998 年	2091.4	1594.4	497.0	1455.1	1178.5	276.6	1321.2
1999 年	1857.5	1460.1	397.4	1159.0	953.4	205.6	1175.3
2000 年	1995.1	1612.5	382.6	1165.4	953.3	212.1	1092.0
2001 年	1947.8	1566.6	381.2	1069.8	851.9	217.9	990.6
2002 年	1926.6	1562.0	364.6	1012.7	804.2	208.5	941.0
2003 年	2158.7	1791.4	367.3	1048.7	846.2	202.5	1021.0
2004 年	2254.9	1891.4	363.5	1094.9	886.5	208.4	904.8
增减率/%	4.5	5.6	-1.0	4.4	4.8	2.9	-11.4

三、工业固体废物

(一)工业固体废物产生、排放及利用情况

2004 年,全国工业固体废物产生量 120030 万吨,比上年增加 19.5%;工业固体废物排放量 1762 万吨,比上年减少 9.2%。全国危险废物产生量 995 万吨,比上年减少 15.0%;危险废物排放量 1.1 万吨,比上年增加 266.7%,见表 5。

表 5 全国工业固体废物产生及处理情况 单位:万吨

年度	产生量		排放量		综合利用量		贮存量		处置量	
	合计	危险废物	合计	危险废物	合计	危险废物	合计	危险废物	合计	危险废物
1998 年	80068	974	7048	45.8	33387	428	27546	387	10527	131
1999 年	78442	1015	3880	36.0	35756	465	26295	397	10746	132
2000 年	81608	830	3186	2.6	34751	408	28921	276	9152	179
2001 年	88746	952	2894	2.1	47290	442	30183	307	14491	229
2002 年	94509	1000	2635	1.7	50061	392	30040	383	16618	242
2003 年	100428	1170	1941	0.3	56040	427	27667	423	17751	375
2004 年	120030	995	1762	1.1	67796	403	26012	343	26635	275
增减率/%	19.5	-15.0	-9.2	266.7	21.0	-5.6	-6.0	-18.9	50.0	-26.7

注:“综合利用量”和“处置量”指标中含有综合利用和处置往年量。

(二)工业行业固体废物排放情况

2004 年,工业固体废物排放量超过 100 万吨的行业依次为煤炭开采和洗选业、黑色金属冶炼及压延加工业、黑色金属矿采选业、有色金属矿采选业、化工制造业,5 个行业工业固体废物排放量占统计工业行业固体废物排放总量的 72.0%。

四、2004 年造纸行业废水、废气、固体废物排放及处理情况

表 6 2004 年造纸行业废水、废气、固体废物排放及处理情况

项 目	单 位	数 量
汇总工业企业	个	4174
工业废水排放量	万吨	318705
其中:直接排入海的	万吨	3482
工业废水排放达标量	万吨	286468

续表

项目	单位	数量
废水处理设施	套	5575
本年运行费用	万元	322743.5
工业废水中污染物排放量	吨	
其中:六价铬		0.033
铅		0.324
砷		0.752
挥发酚		368.46
氰化物		0.719
化学需氧量		1488260
石油类		403.4
氨氮		33533.4
工业废水中污染物去除量	吨	
其中:氰化物		81.5
化学需氧量		4016624.2
石油类		858.5
氨氮		13216.6
挥发酚		448.2
工业废气排放总量	亿米^3(标准情况)	3849
其中:燃料燃烧废气排放量		3452
生产工艺废气排放量		396
二氧化硫去除量	吨	133642
其中:燃料燃烧过程中去除的		133154
生产工艺过程中去除的		488
二氧化硫排放量	吨	390747
其中:燃料燃烧废气排放量		387585
生产工艺废气排放量		3161
烟尘去除量	吨	2172042
烟尘排放量	吨	228291
粉尘去除量	吨	18850
粉尘排放量	吨	14391
废气治理设施	套	5720

续表

项　目	单　位	数　量
其中:脱硫设施		1334
脱硫设施脱硫能力	千克/小时	64565
本年运行费用	万元	48988.6
燃料煤消费量	万吨	3128
原料煤消费量	万吨	14
燃料油消费量	万吨	17
工业固体废物产生量	万吨	1177
其中:危险废物		11.06
冶炼废渣		9
粉煤灰		248
炉渣		569
煤矸石		42
尾矿		
放射性废物		
其他废物		298
工业固体废物综合利用量	万吨	1018
其中:危险废物		8.23
冶炼废渣		9
粉煤灰		223
炉渣		547
煤矸石		41
尾矿		
其他废物		189
工业固体废物储存量	万吨	44
其中:危险废物贮存量		
工业固体废物处置量	万吨	101
其中:危险废物处置量		2.83
工业固体废物排放量	万吨	18
其中:危险废物排放量		

五、造纸行业用水情况统计

表 8 **造纸行业用水情况**

年度	工业用水总量/万吨	其中：新鲜水量	其中：重复用水量	工业总产值(现价)/万元	专职环保人员数
2000	530927	343438	187489	11543246.0	13101
2001	573679	355526	218153	12070114	14017
2002	602054	365503	236551	13502011.0	14495
2003	610900	364264	246636	16679768.7	13516
2004	687566	372609	314957	1978298.1	14788

资料来源:2004 年中国环境统计年报。

（黄润斌整理）

我国造纸工业制浆碱回收概况

Overview on the soda recovery in China's paper inudstry

一、我国造纸工业制浆碱回收产量

表 1 全国木材纤维及非木材纤维制浆碱回收产量 单位:万吨

年 份	2000 年	2001 年	2002 年	2003 年	2004 年	2005 年	占 2005 年碱总量/%
全国回收碱年产量	55.19	63.89	71.63	91.08	124.05	157.38	
其中:木材制浆回收碱年产量	41.31	39.89	36.32	44.52	55.79	88.88	56.47
非木材制浆回收碱年产量	13.88	23.60	35.31	46.56	68.26	68.82	43.53
其中:竹子制浆回收碱年产量		2.35	10.22	14.16	18.36	18.08	11.49
芦苇制浆回收碱年产量	4.59	7.26	7.86	11.70	12.48	16.17	10.27
麦草制浆回收碱年产量	7.18	9.93	12.95	15.10	30.87	25.61	16.27
蔗渣制浆回收碱年产量	2.11	4.06	4.30	5.10	6.55	8.96	5.7

2005 年我国造纸工业制浆碱回收企业 108 个,年回收烧碱量 157.38 万吨,比 2000 年 55.19 万吨增加 102.19 万吨,比 2004 年 124.05 万吨增加 33.33 万吨;其中木材制浆碱回收企业 27 个,2005 年回收烧碱量 88.77 万吨,占 157.38 万吨的 56.47%;非木材制浆碱回收企业 81 个,2005 年回收烧碱量 68.82 万吨,占 157.38 万吨的 43.53%;其中竹子制浆碱回收企业 16 个,2005 年回收烧碱量 18.08 万吨,占 11.49%;芦苇制浆碱回收企业 11 个,2005 年回收烧碱量 16.17 万吨,占 10.27%;麦草制浆碱回收企业 44 个,2005 年回收烧碱量 25.61 万吨,占 16.27%;甘蔗渣制浆碱回收企业 10 个,2005 年回收烧碱量 8.96 万吨,占 5.7%。

二、硫酸盐法木浆碱回收

(1)印尼金光集团金海浆纸业有限公司年产 100 万吨世界上最大的单条漂白硫酸盐桉木浆生产线项目,并很快超过设计能力,这标志着我国造纸工业制浆碱回收系统生产线向规模化、现代化迈进了一大步,大大缩短了与世界发达先进造纸工业国家制浆碱回收工艺技术和装备的距离。采用 KVAERNER 公司紧凑型压榨洗涤机(Compact wash press)具有脱水、置换和压榨作用,其进浆浓度 5% ~ 8%,出浆浓度 35%,用水量低,洗涤效率高。还配真空蒸发罐,芬兰 KVAERNER E&C LTD 公司提供的 5000 ~ 5500 吨/日黑液干固物碱回收炉是世界超大型碱回收炉,产量高,环保好,尾气排放量少,能处理高低浓臭气。采用滤灰系统(去 Cl^- 和 K^+),用盘式过滤机处理白液,白泥干度高达 65%,白液得率高达 94%,白液的 TSS < 20,白液残碱低于 42.8 克/升,稀释水用量少。以天然气为燃料燃烧石灰回转窑白泥。该生产线是当今世界上环保最优浆厂之一。废水排放 BOD_5为 1.4 公斤/吨,COD_{Cr}为 7 公斤/吨浆,TSS 为 2.1 公斤/吨浆。pH6 ~ 9;AOX 为 0.084 公斤/吨浆,每吨浆废水排放量 18 米^3/吨浆。

(2)碱回收炉规模:亚太森博浆纸业 1204 吨/日,青山纸业 875 吨/日,云景林纸股份 360 吨/日,南宁凤凰纸业 665 吨/日，佳木斯纸业 700 吨/日，吉林晨鸣纸业 450 吨/日，贺达纸业 360 吨/日，南纸股份 220 吨/日，斯达纸业、宜宾纸业、四川天竹资源公司分别为 200 吨/日、220 吨/日，永州湘江纸业建设 630 吨/日碱回收炉。

(3)洗涤设备：采用置换压榨洗涤或扩散洗涤与置换压榨洗涤的组合。洗涤设备一般都配备逆流洗涤区、高压洗涤区、冷喷放、常压扩散洗涤、封闭热循环、封闭筛选(包括 Modu Screen 压力筛、DD 洗浆机、GF 洗浆机、GFF 洗浆机)。

(4)黑液蒸发：较普遍采用自由流降膜式蒸发器及蒸发污冷凝水的联合汽提技术，有效地提高了蒸发的热效率及最终黑液浓度，减轻了过程排放的污染物。一般都采用六效八体或五效七体(I 效为 A、B、C 三室)。青山纸业二次蒸汽凝结水≤10%(蒸发水量)，比传统强制循环蒸汽节约 70%。全板式蒸发器已逐步取代长管蒸发器和管板结合蒸发器。

(5)白泥洗涤和燃烧：不少企业采用了预挂式白泥过滤机。亚太森博浆纸业、青山纸业、云景林纸股份、青州造纸厂、南宁凤凰纸业、佳木斯纸业、吉林晨鸣纸业、斯达纸业等采用节能型、带闪急干燥等白泥回收煅烧窑。

(6)木材硫酸盐制浆碱回收企业黑液提取率 95% ~98%，碱回收率 90% ~ 95%，最高达 98% ~ 99%，碱自给率 95% ~ 98%，不少企业达到 100%，吨碱成本 442 ~ 1000 元，较低为 235 元。

三、硫酸盐法竹浆碱回收

(1)碱回收炉规模：广宁鼎丰纸业 280 吨/日、320 吨/日，中竹柳江纸业 90 吨/日、280 吨/日、800 吨/日，中竹邵武纸业 280 吨/日，贵州赤天化集团 1500 吨/日，四川永丰纸业 225 吨/日，中竹雅安纸业 300 吨/日，中竹宜春纸业 135 吨/日，四川宜宾纸业 220 吨/日，泸州巨森纸业 160 吨/日，重庆龙章实业 160 吨/日，南雄珠玑纸业 90 吨/日，四川明珠纸业 75 吨/日，四川天竹资源开发公司 220 吨/日碱回收炉。赤天化集团 1500 吨/日单汽包低臭型碱回收炉是世界最大的竹浆碱回收炉。

(2)洗涤设备：采用置换压榨洗涤或扩散洗涤与置换洗涤的组合。封闭筛选(包括压力筛、真空洗浆机)。永丰纸业从芬兰 Valmet 公司引进的封闭筛选、氧脱木素和过氧化氢全无氯漂白等先进技术。鼓式真空洗浆机、螺旋压榨机。筛选系统与浆料漂白系统串联在一起，黑液提取率提高到 96% ~ 98%，封闭筛选减少了用水量。中竹邵武纸业、中竹雅安纸业、鼎丰纸业等采用压力除节机、压力筛，组合封闭筛选系统、真空洗浆机。

(3)蒸发设备：鼎丰纸业、中竹柳江纸业、中竹邵武纸业都采用全板式蒸发器。

(4)竹子硫酸盐制浆碱回收企业黑液提取率 90% ~98.5%，碱回收率 90% ~ 98%，碱自给率 90% ~ 99%，吨碱成本 605 ~ 1033 元。

四、烧碱法苇浆与硫酸盐法苇浆

(1)芦苇制浆洗涤工段均采用鼓式真空洗浆机、水平带式洗浆机、长网洗浆机。山东晨鸣纸业采用 100 米^2 × 5 鼓式真空洗浆机，不少企业的洗浆和提取采用五段鼓式真空洗浆机—封闭筛选组合系统，如武汉晨鸣纸业等。海韵生态纸业有限公司采用两列(4 + 1)五段鼓式真空洗浆机—封闭筛选组合系统，黑液提取率达到 88%，稀黑液固形物浓度达到 10.2% ~ 10.5%。

(2)全板式蒸发器已逐步取代长管蒸发器和板管结合蒸发器。海韵生态纸业有限公司采用五效七体蒸发器，蒸发水量 140 吨/时，蒸发强度 10.5 公斤水/(米^2·小时)，蒸发效率 3.3 ~ 3.5 公斤水/公斤蒸汽。

(3)芦苇碱回收规模：泰格林纸集团 270 吨/日、138 吨/日，镇江金河纸业 160 吨/日、110 吨/日，武汉晨鸣纸业 150 吨/日、280 吨/日，新疆博湖苇业 65 吨/日、75 吨/日、102 吨/日，赤壁晨鸣纸业 220 吨/日，沅江纸业 180 吨/日、240 吨/日，海拉尔晨鸣纸业 75 吨/日，海韵生态纸业 390 吨/日，监利大枫纸业 130 吨/日，江苏新大纸业 220 吨/日。海韵生态纸业 390 吨/日，黑液固形物碱回收炉配静电除尘器，除尘效率 96%，进炉黑液浓度 48%。武汉晨鸣纸业准备新建 600 吨/日碱回收系统生产线。

(4)芦苇制浆碱回收黑液提取率 88% ~ 90%，碱回收率 70% ~ 80%，碱自给率 75% ~ 80%，吨碱成本 513 ~ 863 元。

五、碱法麦草浆

(1)麦草干湿法备料是净化麦草原料行之有效的措施，可以减少浆料中的杂细胞含量和黑液含硅量，有利于麦草浆黑液的提取蒸发、燃烧、苛化。麦草浆湿法备料洗涤水中的固形物是泥砂和叶穗等，可以通过筛选和沉淀除去，洗涤水可循环使用，采用中段废水处理场出水或纸机白水作为循环洗涤水的补充水，以减少备料洗涤的取水量。如临清银河纸业采用草片洗涤后，使粗浆具有较高的滤水性能，黑液提取率提高。送蒸发的稀黑液温度、浓度、泥砂及细小纤维含量均可达到要求。

(2)连续蒸煮器完全可以逐步取代间歇小型蒸球设备，这是麦草制浆走向大型化、规模化、现代化的必然趋势。华泰纸业、晨鸣纸业集团、太阳纸业、临清银河纸业、华金造纸集团、漯河银鸽实业、宁夏美利纸业、武涉西滑封造纸厂、驻马店白云纸业、烟台锦宏纸业等十多个麦草制浆企业采用连续蒸煮器显示出了优越性，其合理的蒸煮温度、时间、用碱量适合于麦草浆的工艺特性，连蒸生产的浆均匀度较好，使麦草浆取得较好的强度，而且滤水性能得到改善，便于黑液提取、蒸煮、燃烧、苛化。还有部分麦草制浆企业仍采用 25 米^3 和 40 米^3 小型蒸球设备。

(3)新一代平面阀波纹板鼓式真空洗浆机用于麦草制浆生产线，串联逆流洗涤，生产能力为 1.8～2.2 吨/(米^3·日)。黑液提取率 80%～85%。华泰纸业集团 4 台鼓式真空洗浆机改为 5 台串联逆流洗涤，并采用 PLC 控制，从奥斯龙公司引进新概念封闭筛选设备，淘汰纤维过滤机，更换为进口压力筛，半封闭筛选改为全封闭筛选，筛选浓度由 0.8%提高到 2.5%，除砂器浓度由 0.6%提高到 1.0%，封闭筛选水耗由原来的 77 米^3 降到 40 米^3，废水量由原来 75 米^3 降为 33 米^3，洗涤后黑液浓度 6.5°Be′(85℃)。银河纸业公司采用三列 45 米^3×4 波纹板真空洗浆机(3+1)封闭筛选(将 CX 筛换为压力筛进行筛选)。太阳纸业采用封闭筛选，一段筛从奥斯龙公司引进除节机，筛孔 ϕ6 毫米、压力筛筛缝 0.15 毫米，从瑞典顺智公司引进 DWA－935 双辊挤浆机，国产 60 米^2 平面阀波纹板真空洗浆机，封闭筛选、置换压榨逆流洗涤，黑液提取率由 82% 提高到 89%，真空洗浆机生产能力由 1.12 吨/(米^2·日)提高到 1.76 吨/(米^2·日)。驻马店白云纸业制浆生产线封闭筛选系统一段、二段压力筛关键设备从奥斯龙公司引进，一段压力筛筛缝宽 0.18 毫米，筛选面积 0.7 米^2，进浆浓度 2.5%～3.0%，该系统安装在四段逆流洗涤系统内，在洗涤过程中完成浆料的筛选和净化，封闭筛选系统，吨浆节水 40 米^3。新乡新亚纸业集团有 1000 型链板挤浆机 4 台、50 米^2 鼓式真空洗浆机×4 二列，采用挤压置换封闭筛选优化组合，将高浓度提取装备与真空洗浆机相组合，封闭筛选，黑液提取率 88%～90%，降低了洗筛进入中段废水 COD_{Cr}的污染负荷，节约了用水量，中段废水污染负荷下降了 18%；采用封闭筛选，吨浆耗水量比开式筛选节省了 50～60 米^3，黑液浓度平均提高了 1.5～2.0°Be′，节约了蒸汽耗用量，稀黑液浓度 7°Be′，固形物含量 8.37%。该厂在真空洗浆机之间设置了封闭筛选系统，淘汰了水平带式洗浆机和开式筛选。漯河银鸽实业公司采用 90 米^2 鼓式真空洗浆机 5 台二列，宁夏美利纸业采用 ZL1000 型挤浆机 2 台二列、70 米^2 鼓式真空洗浆机 4 台三列都配上封闭筛选系统，均取得较好效果。

(4)我国不少麦草浆碱回收企业采用三管二板五效蒸发器，其黑液浓度 40%～42%，具有蒸发强度、蒸发效率比较高，不易结垢的特点，收到节能降耗的效果。但近几年来不少麦草浆碱回收企业如华泰纸业集团、晨鸣纸业集团、太阳纸业、漯河银鸽实业、新乡新亚纸业集团、驻马店白云纸业集团、华金纸业集团、衡水金光纸业、武涉西滑封造纸厂、滑县锦华纸业、云南陆良银河纸业、曲阜造纸厂等企业都采用全板式蒸发器，以进一步提高蒸发强度和蒸发效率。全板式蒸发器比管式蒸发器提高蒸发强度 20%～30%，蒸发效率可达 3.5 公斤水/公斤蒸汽以上。其中华泰纸业集团五效全板式蒸发器混流改为全逆流，取得了黑液预热器。

(5)麦草浆碱回收系统采用单汽包低臭型碱回收炉已在华泰纸业集团第二台 160 吨/日固形物碱回收炉运行多年，取消了黑液直接蒸发系统——圆盘蒸发器，使用三电场静电除尘器，除尘效率 99.2%，采用中压——参数 3.9 兆帕，综合提高碱炉热利用效率，基本实现自给蒸汽。临清银河纸业采用 130 吨/日新型高温供风草浆炉。晨鸣纸业集团和太阳纸业 260 吨/日固形物碱回收炉也已投入运行。博汇纸业、华金纸业集团、滨州黄河纸业、漯河银鸽实业、宁夏美利纸业、衡水金光集团、滑县锦华纸业、武涉西滑封造纸厂、新亚纸业集团、驻马店白云纸业、烟台锦宏纸业、曲阜造纸厂、青岛海王纸业等 187 吨/日、160 吨/日、130 吨/日、110 吨/日碱回收炉均已投入生产，有的运行多年。新亚纸业集团 130 吨/日固形物碱回收炉投入生产，点火后 6 小时甩掉油枪，吨碱油耗 3.2 公斤以下。该集团 200 吨/日碱回收系统生产线也业已投产。

(6)苛化工段使用合格石灰，CaO 80%，MgO < 1.5%，并控制苛化度 82%～85%，过量石灰 3%～5%，使苛化乳液易澄清，白液残碱降至 1%以下。预挂式白泥过滤机是降低残碱和提高白液的有效装备。华泰纸业集团是首家在麦草浆碱回收系统以白泥生产轻质碳酸钙造纸填料的企业。

(7)麦草浆黑液提取率 80%～90%，碱回收率为 70%～80%，较低的 40%～50%；碱自给率 65%～80%，较低的 40%～55%，吨碱成本 780～1200 元，较高达 1600 元左右。

泉林纸业集团有限责任公司经过多年的研制开发出“麦草二次置换蒸煮”新工艺，使得麦草浆经过置换蒸煮后的主要指标如纤维强度、白度均可与进口的桉木浆相媲美。黑液提取率达到90%，黑液浓度高于传统黑液浓度，达到130°Be′。吨浆黑液量6.5米^3，并且黑液黏度低，硅含量低，流动性好，十分有利于后续处理和资源综合利用与热电联产及碱回收有机结合，大大降低了蒸发过程的能耗。传统方法黑液蒸发后固形物少于48%，一般在45%左右。采用新的制浆方法，制浆工艺产生的黑液蒸发后固形物含量高达63%，而且有良好的流动性，其物化性质接近于木浆黑液，集团的碱回收通过将黑液燃烧，回收热能产生次高压蒸汽，带动汽轮机发电机发电，发电成本很低。运行后回收碱，产生的电和蒸汽回用生产过程，最终实现水、电、汽和碱系统的企业内部平衡。该集团前瞻性提出“生态纸业”发展战略，立足于制浆造纸过程中的污染进行资源化治理。通过创新和工艺COD_{Cr}已经降到120毫克/升以下，实现了排水口全年各项指标稳定达标。把污水黑液中的大量木质素加工成高效绿色肥料，同时通过了中国环保标志认证。通过节水工程，实现了吨浆耗水40米^3，吨纸耗水30米^{3}目标。

六、碱法甘蔗渣制浆

甘蔗渣制浆通过技改、扩建、新建等工程项目的建设，将进一步推动我国蔗渣制浆碱回收系统采用新的工艺技术和装备，如继续采用湿法堆存、半湿法除髓、连续蒸煮或间歇蒸煮(RDH)，超级间歇蒸煮技术(Super Batch)、封闭筛选、逆流洗涤、氧脱木素、ECF(无元素氯漂白)或TCF(全无氯漂白)技术，采用封闭筛选、扩散洗涤与置换压榨洗涤组合。全板式降膜蒸发器系统，并采用单汽包低臭型碱回收炉、先进苛化流程，预挂式白泥过滤机等。甘蔗渣制浆碱回收系统生产线逐步趋向规模化、大型化、现代化。

国内部分造纸企业蒸煮废液回收或综合利用调查总表(烧碱、硫酸盐法木浆)

序号	企业名称	浆种和制浆方法	蒸煮器及粗浆产量				黑液提取		蒸发站		碱回收炉				白泥		石灰回收窑尺寸/米	碱回收率/%		碱自给率/%		年回收烧碱量/吨		回收吨碱成本/(元/吨)		备注
			形式	台	米³	2005年产量/吨	设备形式	黑液提取率/%	形式	效数	吨/日干固物	吨/时	兆帕	除尘系统	残碱量/%	干度/%		2004年	2005年	2004年	2005年	2004年	2005年	2004年	2005年	
1	海南金海浆纸业有限公司	桉树、相思木、木麻黄、杂木 BKP	连续蒸煮器	1	3500	780000	紧凑压榨洗浆机		真空蒸发罐	六效	5000	229	8	静电除尘			石灰窑		95		79.7		304000			
2	日照亚太森博浆纸业有限公司	针叶木、阔叶木 BKP	连续蒸煮器	1	1450		压力扩散洗浆		全板式蒸发器	六效八体	1204	196	6.8	静电除尘			ϕ2.8米×75米 回收石灰	98.15		99.14		111404		235		
3	青州造纸厂	马尾松、杉木 KP	连续蒸煮器	1	1088	112174	扩散洗涤、塔内抽提	98.0	全板式蒸发器	六效八体	750	110	6.6	静电除尘	0.7~1.0	75	ϕ3米×88米 180吨/日 回收石灰	92.89	92.24	94.91	93.80	57020	60106	661.08	580.64	
4	青山纸业股份有限公司	马尾松、杉木 KP	立式蒸煮锅	6	110	97339.554	压力洗浆机 44米²×3 水平带式 19米²×1	95.95	长管蒸发器 全板式蒸发器	1×6 1×5	230 225	28.0 28.0	3.9 3.82	静电除尘	0.3	75	ϕ2.5米×78米 40~60吨/日	91.83	93.48	97.57	98.13	29858	32192	808.79	614.70	
5	佳木斯造纸集团有限公司	落叶松、白松、红松、桦木 BP	连续蒸煮器 立式蒸煮锅	1 12	110	68153	置换压榨洗浆机 真空洗浆机	93.6	全板式蒸发器 长管蒸发器	1×6 1×5	700 300 300	100 26 26	6.8 3.82 3.82	静电除尘	1.0	70	ϕ3.5米×280米 280吨/日 回收石灰		93.4		100		25438		1364.91	
6	吉林晨鸣纸业股份有限公司	松木、桦木、落叶松 KP、BKP	立式蒸煮锅	6 2 2	110 120 75		真空洗浆机 DD洗浆机		全板式蒸发器	1×5 2×5	450 300	75 45	3.82 3.82	静电除尘	0.3~0.8	55	ϕ2.8米×74米 120吨/日 回收石灰									
7	南宁凤凰纸业有限公司	马尾松、桉木 BKP	连续蒸煮器	1	960	130000	GFF真空洗浆机 66米²×2	97	全板式蒸发器	五效七体	665	100	6.8	静电除尘	0.4~1.0	60	ϕ2.6米×74米 120吨/日 回收石灰	89.36	94	91.57	96	63391.2	71430	1000	610	
8	云景林纸股份有限公司	思茅松 BKP	连续蒸煮器	1	540	110367	GFF真空洗浆机 55米²×5	98	全板式蒸发器	1×6 1×5	360 250	50 35	3.82 3.82	静电除尘	1.0	70	ϕ2.60米×62米	92.54	93.05	99.69	100	60394	67068	559.21	469	
9	贺达纸业股份责任有限公司	桉木等 BKP	立式蒸煮器	5	135	70000	真空洗浆机 38米²×3 置换压力洗浆机	96	全板式蒸发器	1×6	360	15	3.82	静电除尘	0.5	50		93	95	99	100	36000	30000	1220		
10	福建南纸股份有限公司	马尾松木片 KP、BKP	立式蒸煮锅	6	75	40000	真空洗浆机 3米²×4	94.88	板式长管双程长管	1×6 1×5	225	35	3.82	静电除尘	0.3	35~40	白泥外卖水泥厂制作水泥	93.61	93.21	100	100	20078	18206	442.85	711.11	
11	斯达造纸有限公司	落叶松、桦木 KP	立式蒸煮锅	3 2	170 75		真空洗浆机 40米²×4 压力洗浆机 23米²×2		板式降膜蒸发器 长管蒸发器	1×6 1×5	115 200	18 28	1.27 3.82	静电除尘			ϕ2.5米×78米	81.2	81.92	90.9	93.32	34732	35759	293	384.12	

续表

序号	企业名称	浆种和制浆方法	蒸煮器及粗浆产量				黑液提取		蒸发站		碱回收炉				白泥		石灰回收窑尺寸/米	碱回收率/%		碱自给率/%		年回收烧碱量/吨		回收吨碱成本/(元/吨)		备注
			形式	台	米^3	2005年产量/吨	设备形式	黑液提取率/%	形式	效数	吨/日干固物	吨/时	兆帕	除尘系统	残碱量/%	干度/%		2004年	2005年	2004年	2005年	2004年	2005年	2004年	2005年	
12	玖龙兴安浆纸公司	落叶松、桦木 KP	立式蒸煮锅	6	170	70000	压力洗浆机 23.6米^2×4 25米^2×4	95	长管板式蒸发器	1×5 1×6 八体	330 150	20	3.82	静电除尘	1	50~60		85	90	90.0	99	45600	42736	665.27	648.12	
13	黑龙纸业集团齐齐哈尔造纸厂	杨木、白松、落叶松 BKP	立式蒸煮锅	4	75		压力洗浆机		长管蒸发器	2×5	115	30	1.3	静电除尘	0.5	60	Φ1.8米×45米									
14	宜宾纸业股份有限公司	马尾松、杉木、竹子 BKP	立式蒸煮锅 蒸球	5 1	75 25		真空洗浆机 20米^2×3二列	90	长管板管结合	1×5 1×6	220	9.2	3.82	静电除尘	0.5	55		70.48	75.62	72.35	77.37	8960	10041	1230	1170	还有压力洗浆机 20米^2×2一列，双辊螺旋挤浆机一台
15	四川天竹资源开发有限公司	竹子 KP	立式蒸煮锅 蒸球	43	75 40		真空洗浆机 20米^2×4二列		长管	1×5 1×6	220	20	3.82	静电除尘	1.1			74		80		1030	1030	1420		原长江包装控股有限公司
16	绥宁联合纸业有限公司	松木 KP	立式蒸煮锅	3 3	75 50	36000	真空洗浆机 10米^2×4, 20米^2×4		长管	2×5 1×5	80 130	14 16	1.30 1.30	静电除尘	0.2~0.3	44		85	84	95	94	14707	15545	700	1000	
17	永州湘江纸业有限责任公司	杉木、马尾松、竹子、KP、木材加工剩余物	立式蒸煮锅 连续蒸煮器	3 3	75 175	49794 85000 (建设中)	真空洗浆机 10米^2×5三列	92 95	长管全板式	1×5 1×6	120~130 530~630		1.28 6.8	静电除尘	1.5	47		85	76	88	76	10380	15133	704	683	正在扩建15万吨/年硫酸盐木浆和630吨/日碱回收系统。鼓式真空洗浆机65米^2，3+1一列
18	国发林业纸业有限公司	竹子、马尾松、KP、桉木、杉木、边角料	立式蒸煮锅 蒸球	5 7	75 25	45000	真空洗浆机 45米^2×4 二列 20米^2×4	90	长管板管结合	1×6 1×6	75~90 75~90	12 12	1.27 1.27	静电除尘	0.5	45		88	88	92	92	19900	16700	790	820	
19	荔浦林业纸业有限公司	马尾松、KP	蒸球	4 5	40 25	30000	真空洗浆机 20米^2×4	96	长管	1×5	75	14	1.4	文丘里	1.5~3.0	40		86	95	96.5	90	11306	11000	1200		
20	容县万立造纸厂	马尾松 KP	蒸球	9	25	20000	真空洗浆机 20米^2×4	96	长管	1×5	80	14	13	文丘里旋风分离器				86	83	93	93	7051	8500			
21	鸭绿江造纸有限责任公司	木材、KP	立式蒸煮锅	6	75		真空洗浆机		长管	1×5	75	8	1.3	静电除尘	0.5~1.0	45~50										
22	浦北万立造纸厂	马尾松、KP	蒸球	6	25		真空洗浆机 10米^2×4		长管	1×5	55	4.7	1.62	文丘里旋风分离器	1.2	50										
23	龙岩兴发造纸厂	马尾松、杂木 BKP	蒸球	6	25		真空洗浆机 10米^2×4		长管	1×5	40	6.1	1.27	旋风分离器	4~5	40										

续表

序号	企业名称	浆种和制浆方法	蒸煮器及粗浆产量				黑液提取		蒸发站		碱回收炉				白泥		石灰回收窑尺寸/米	碱回收率/%		碱自给率/%		年回收烧碱量/吨		回收吨碱成本/(元/吨)		备注
			形式	台	米^3	2005年产量/吨	设备形式	黑液提取率/%	形式	效数	吨/日干固物	吨/时	兆帕	除尘系统	残碱量/%	干度/%		2004年	2005年	2004年	2005年	2004年	2005年	2004年	2005年	
24	泰宁绿江有大纸业有限公司	马尾松 KP	蒸球	4	25	2150	真空洗浆机 10米^2×4	93	长管	1×4	35	5.3	1.27	静电除尘				76	73	76	73	1279	660	1210	1319	
25	封开金信纸业有限公司	马尾松、竹子 KP	蒸球	2 4	40 25		真空洗浆机 10米^2×4		长管	1×5 1×5	55		2.5	静电除尘	2	50										
26	广东始兴县联兴造纸实业公司	马尾松 KP			7000		98											85	80		87	3200	2996		1034	
27	晨鸣纸业集团股份有限公司	杨木、桉木、硬杂木 BKP	蒸球	25 40	8 4		真空洗浆机 35米^2×5 45米^2×5 100米^2×3		板管结合	1×5	130		1.27	静电除尘				78	79			11028	13234	1078	937	

国内部分制浆造纸企业蒸煮废液回收或综合利用调查总表(烧碱法、硫酸盐法竹浆)

序号	企业名称	浆种和制浆方法	蒸煮器及粗浆产量				黑液提取		蒸发站		碱回收炉				白泥		石灰回收窑尺寸/米	碱回收率/%		碱自给率/%		年回收烧碱量/吨		回收吨碱成本/(元/吨)		备注
			形式	台	米³	2005年产量/吨	设备形式	黑液提取率/%	形式	效数	吨/日干固物	吨/时	兆帕	除尘系统	残碱量/%	干度/%		2004年	2005年	2004年	2005年	2004年	2005年	2004年	2005年	
1	广东鼎丰纸业有限公司	杂木、杂竹 BKP	立式蒸煮锅 RDH	4	120	104554	真空洗浆机 40 米³×3	99.5	全板式蒸发器	1×5 2×5	280 320	35 40	3.82 3.82	静电除尘				96	96.6	99		48381	59600			
2	中竹柳江纸业有限责任公司	马尾松、桉木、云香竹、杂竹 BKP	连蒸 立式蒸煮锅	1 3 2 3	26 110 260 280	44898	真空洗浆机 35 米²×4 一列压力洗浆机 34 米²×3 一列 81 米²×3	95	长管板式结合全板式	1×6 1×5 六效 七体	95 280 800	12 35 35	1.3 3.82 3.82	文丘里静电除尘	1.5	50		83	83.5	86	86	19770	18780	882	890	
3	中竹邵武纸业有限责任公司	马尾松、杂竹、芒秆 BKP	立式蒸煮锅	5	110	61000	真空洗浆机 40 米²×4	98	全板式蒸发器	1×5	280	35	3.82	静电除尘	0.5	50		93.1	93.41	100	98.22	21496	21259	580	605	
4	中竹雅安纸业有限责任公司	竹子 BKP	立式蒸煮锅	5	110	55577	真空洗浆机 40 米²×3	95	板管结合	1×5	300	30	3.2	静电除尘				91.61	91.92	93.6	93.49	19690	18457	838	1033	
5	永丰纸业股份有限责任公司	竹子、慈竹 BKP	立式蒸煮锅	4	135	54842	真空洗浆机挤浆机	96	三管二板	1×5	225	35	3.82	静电除尘				94.6	94	100	98.2	29200	30541.52	375.6	643.06	
6	广东南雄珠玑纸业有限公司	杂竹 BKP	蒸球	6 4	25 40		水平带式真空洗浆机		短管长管	1×4	45	1.9		静电除尘				70	76	77	84	4436	5698	1000	860	
7	四川瑞松纸业公司乐山造纸厂	松木、杉木、慈竹 KP	立式蒸煮锅	4 2 3	50 75 240		真空洗浆机 5 米²×4 10 米²×4 20 米²×4		长管	1×5 1×5	150	20	3.82	静电除尘	0.3	40										
8	泰格林纸集团沅江纸业有限公司	马尾松、竹子 KP	立式蒸煮锅 蒸球	2 3 6	50 75 25	30820	真空洗浆机 10 米²×4 二列	75～80	长管 长管	1×5 1×5	40 65	5.2 10	1.27 1.3	文丘里旋风分离器				80	80	80	80	6706	13227	850	700	
9	中竹宜春纸业有限责任公司	杂竹 BKP	连蒸	1			带式洗浆机 27 米²×1		三管二板	1×5	135	16	3.82	静电除尘												
10	四川长宁竹海纸业有限责任公司	慈竹、黄竹、BKP	蒸球	共 335	11	22500	真空洗浆机 100 米²×4 一列	75	长管蒸发器	1×5	150	6.25	1.27	静电除尘				62	68	68	75	7035	8394	1177	1377	
11	赣州华劲纸业有限公司	竹子、木材																85				8670				
12	贵州华一造纸厂	竹子 BKP																40				220				
13	广西华劲纸业集团有限公司					35000		90											82		80		8500			

续表

序号	企业名称	浆种和制浆方法	蒸煮器及粗浆产量				黑液提取		蒸发站		碱回收炉				白泥		石灰回收窑尺寸/米	碱回收率/%		碱自给率/%		年回收烧碱量/吨		回收吨碱成本/(元/吨)		备注
			形式	台	米^3	2005年产量/吨	设备形式	黑液提取率/%	形式	效数	吨/日干固物	吨/时	兆帕	除尘系统	残碱量/%	干度/%		2004年	2005年	2004年	2005年	2004年	2005年	2004年	2005年	
14	四川明珠纸业有限责任公司	竹子BKP	立锅				真空洗浆机		长管	1×5	75															
15	泸州巨森纸业集团有限公司	竹子BKP	立锅				水平带式洗浆机		三管二板	1×5	160															
16	重庆龙章实业有限公司	竹子BKP	立锅				真空洗浆机		长管	1×5	160															

国内部分制浆造纸企业蒸煮废液回收或综合利用调查总表(烧碱法、硫酸盐法苇浆)

序号	企业名称	浆种和制浆方法	蒸煮器及粗浆产量				黑液提取		蒸发站		碱回收炉				白泥		石灰回收窑尺寸/米	碱回收率/%		碱自给率/%		年回收烧碱量/吨		回收吨碱成本/(元/吨)		备注
			形式	台	米^3	2005年产量/吨	设备形式	黑液提取率/%	形式	效数	吨/日干固物	吨/时	兆帕	除尘系统	残碱量/%	干度/%		2004年	2005年	2004年	2005年	2004年	2005年	2004年	2005年	
1	泰格林纸集团	马尾松、荻苇BKP	立式蒸煮锅	6 2	75 110	苇浆48200 木浆58000	ZND、ZC、长网洗浆机 真空洗浆机		板式长管板管结合	2×5 1×5 1×5	270 木150 苇138		4.1 3.85	静电除尘	0.8	55	白泥制造碳酸钙	73.7	72	73.7	74	25819	28406	841.87	863	
2	镇江金河纸业有限公司	芦苇、竹子、木片BKP	立式蒸煮锅	4	110		真空洗浆机 50米^2×4 20米^2×4		三管 二板 全板式	1×5 1×5	110 160	4.7 6.3	1.28 3.82	静电除尘	3	40		64.8	65.3	65.3	65.4	20320	21086	1266	1349	
3	武汉晨鸣纸业股份有限公司	芦苇BKP	连续蒸煮器 立式蒸煮锅	2 4	75		真空洗浆机 长网洗浆机		三管 二板	1×5 1×5	150 280	20 32	1.28 3.82	静电除尘	0.3	50										年回收烧碱量约3万吨
4	新疆博湖苇业股份有限责任公司	芦苇、麦草、木片BAP	连续蒸煮器 蒸球	1 7	20 30 25		真空洗浆机 20米^2×4 55米^2×5		三管 二板 短管	1×5 1×5 1×3	65 75 102	3 5	1.27 1.27 1.27	静电除尘旋风	1~1.5	50		62.28	44	53.17	45.12	11200	15622	1124	1147	
5	赤壁晨鸣纸业有限公司	芦苇、麦草、木片BKP	蒸球 连蒸	4	25		真空洗浆机60米^2×4带式洗浆机25×5米^2	100	板式 长管	1×5 1×5	220	25	3.82	静电除尘				77.86	79.84	77.26	79.84	14273	15769	617.2	513.32	
6	沅江纸业有限责任公司	芦苇、杨木、杂竹BKP	立式蒸煮锅 连续蒸煮器	3 2	75	75880	真空洗浆机 20米^2×4 10米^2×4 100米^2×6	73	全板式 全板式	1×4 1×5	180 240	20 26	3.82 3.82	静电除尘		48		64.6	60.25	64.6	60.25	12007	15398	980	1024	扩建10.2万吨/年漂白硫酸盐苇浆和240吨/日碱回收系统已顺利投入生产
7	海拉尔晨鸣纸业有限责任公司	芦苇BKP	立式蒸煮锅 蒸球	2 2	75 25		真空洗浆机 25米^2×4		三管 二板	1×5	75	12	1.3	静电除尘												
8	山东沾化海韵生态纸业有限公司	芦苇BKP	连续蒸煮器	1			真空洗浆机 100米^2×5二列		全板式	五效七体		390			静电除尘											
9	凯里造纸厂	竹、木、芒秆、蔗渣BKP	蒸球	10	25	8770	真空洗浆机 10米^2×4 20米^2×4		长管	1×5	80	10	1.27	静电除尘				52.4	55.5	77.8	81.5	3341	2072	1375	1435	
10	南阳明珠纸业有限公司	芒秆BKP	蒸球	7	25		真空洗浆机 5米^2×4 10米^2×4		长管	1×5	40	5	1.3	文丘里旋风分离器												
11	监利大枫纸业有限公司	芦苇、麦草BKP	蒸球	12	25		真空洗浆机 10米^2×4二列	90	板式	1×5	130	20	1.27	静电除尘					78		78		5800		1780	

国内部分制浆造纸企业蒸煮废液回收或综合利用调查总表(烧碱法、硫酸盐法麦草浆)

序号	企业名称	浆种和制浆方法	蒸煮器及粗浆产量				黑液提取		蒸发站		碱回收炉				白泥		石灰回收窑尺寸/米	碱回收率/%		碱自给率/%		年回收烧碱量/吨		回收吨碱成本/(元/吨)		备注
			形式	台	米³	2005年产量/吨	设备形式	黑液提取率/%	形式	效数	吨/日干固物	吨/时	兆帕	除尘系统	残碱量/%	干度/%		2004年	2005年	2004年	2005年	2004年	2005年	2004年	2005年	
1	华泰纸业集团股份有限公司	麦草 BAP	连续蒸煮器	1		70000	真空洗浆机 50米²×5二列	88	板式蒸发器	1×5	160	14	12.7	静电除尘	1~1.5	5.0	白泥生产轻质碳酸钙	82	82	82	82	16728	16728	1080	1080	
2	晨鸣纸业集团股份有限公司	杨木、桉木、硬杂木 BKP	蒸球	8 4	25 40		真空洗浆机 压力洗浆机 35米²×5 45米²×5 1000米²×3		板式蒸发器	1×5	130	5	1.27	静电除尘	0.3	50		78	79			11028	13234	1078	937	已转向以杨木、桉木、硬杂木生产BKP,故晨鸣麦草浆不统计,改在木浆碱回收
3	太阳纸业股份有限公司	麦草 BAP	连续蒸煮器 蒸球	1 8 6	 25 40		真空洗浆机 双辊洗浆机 60米²×3 35米²×4		三管二板 全板式蒸发器	1×5 1×5 五效七体	130 130 260	5.42 15	1.27	静电除尘	0.2~1.5	50		84				14319		920		
4	临清银河纸业有限公司	麦草 BAP	连续蒸煮器	3			真空洗浆机 45米²×4三列		三管二板	3×5	130 130 130	15 15 15	1.27 1.27 1.27	静电除尘	0.6	50		59				23800				
5	博汇实业股份有限公司	麦草 BAP	蒸球	8 14	25 40		真空洗浆机 50米²×4二列		三管二板 全板式	2×5	130 130	4.2 4.2	1.27 1.27	静电除尘	1~2	45		73		70		26500		1066		
6	华金造纸集团有限公司	麦草 BAP	蒸球 连续蒸煮器	4 2 1	25 40	61336.21	真空洗浆机 65米²×5二列	91	短管 全板式	1×5 1×5	68.5 130	8 15	1.27	静电除尘	0.1			83	85	80	83	13621	13329.068	864	743.69	
7	华连造纸集团有限公司	麦草 BAP	蒸球	10 4	40 25		真空洗浆机 40米²×4		三管二板	1×6	90	9	1.27	静电除尘	1.5	30										02年016056
8	泰山纸业股份有限公司	麦草、木片 BAP	蒸球	4 10	40 25		真空洗浆机 45米²×4		长管	1×5	68.5	9	1.27	静电除尘	1	50		76.4		72.1		4396		1206		
9	华源兰天纸业有限公司	麦草 BAP	蒸球	8	25		螺旋挤浆机 水平带式洗浆机		三管二板 长管	1×5 1×4	90	10	1.27	静电除尘	1.5	50				70		6100				
10	滨州黄河纸业集团有限公司	麦草 BAP	蒸球	8 4	25 40		真空洗浆机 56米²×4 水平带式		三管二板	1×5	130	16	1.27	静电除尘	0.2	50										
11	恒源纸业有限公司	麦草 BAP	蒸球	10	25		真空洗浆机 55米²×4		三管二板	1×5	100	12	1.27	静电除尘	2	50		85								
12	曲阜造纸厂	麦草 BAP	蒸球	10	25		真空洗浆机 90米²×4		板式	1×5	130			静电除尘												
13	青岛海王纸业股份有限公司	麦草 BAP	蒸球	10	25		真空洗浆机 60米²×4 链板挤浆机一台二列		全板式	1×5	110			静电除尘				70	70	70	30	7000	6600	1250	1100	

续表

序号	企业名称	浆种和制浆方法	蒸煮器及粗浆产量				黑液提取		蒸发站		碱回收炉				白泥		石灰回收窑尺寸/米	碱回收率/%		碱自给率/%		年回收烧碱量/吨		回收吨碱成本/(元/吨)		备注
			形式	台	米³	2005年产量/吨	设备形式	黑液提取率/%	形式	效数	吨/日干固物	吨/时	兆帕	除尘系统	残碱量/%	干度/%		2004年	2005年	2004年	2005年	2004年	2005年	2004年	2005年	
14	漯河银鸽实业投资股份有限公司	麦草、木片BAP	连续蒸煮器130吨/日、100吨/日 蒸球	2 9	共300	80600	真空洗浆机90米²×5二列	95	全板式 三管二板	2×5 1×5	160 130	17 14	1.27 1.27	静电除尘	1.5	50		83	89	83	89	20660	23300	1140	1074	
15	金伦纸业股份有限公司	麦草BAP	蒸球	5 6	25 40	36000	真空洗浆机35米²×5 20米²×5	78.5	三管二板	1×5	75		1.27	静电除尘	0.7	40		71	78		75	5800	7200	1075	890	
16	襄樊大枫纸业有限公司	麦草BAP	蒸球	12	25		LG1000型挤浆机 真空洗浆机50米²×5		短管板式蒸发器	1×4 1×1	68	7	1.27	静电除尘				55		55		1000		1950		改为75吨/日碱回收，增加蒸发管，增浓器
17	宁夏美利纸业股份有限公司	麦草BAP	连续蒸煮器 蒸球	1 16	50 25	85000	真空洗浆机75米²×5三列，ZLJ－J1000型挤浆机2.5米²×2四列	85	板式降膜蒸发器 三管二板	1×5 1×5	187.5 160	7.8 6.5	1.35 1.35	静电除尘				72	75	72	75	10500	17000	1250	1250	
18	江苏新沂新大纸业集团公司	麦草BAP	蒸球	9	25		真空洗浆机		三管二板																	
19	舞阳银鸽纸业有限责任公司	麦草BAP	蒸球	14	25		真空洗浆机45米²×4		三管二板	1×5	130	14	1.27	静电除尘												
20	衡水金光纸业有限责任公司	麦草、芦苇BAP	蒸球	22	25		真空洗浆机100米²×5	85	全板式	1×5	130	15	1.27	静电除尘				40				2600		1500		
21	滑县锦华纸业有限公司	麦草、木片BAP	蒸球	20	25		真空洗浆机40米²×4 55米²×4		全板式	1×5	130	15	1.27	静电除尘								1604		1600		2005年停机
22	武涉西滑封造纸厂	麦草BAP	连续蒸煮器 蒸球	1 4	240 40	48000	真空洗浆机50米²×4	85	全板式	1×5	150	6.25	1.27	静电除尘				60	76	60	76	6200	10257	1800	1200	
23	新乡新亚集团股份有限公司	麦草BAP	蒸球	34 25	40 25		真空洗浆机50米²×4二列。双链板挤浆机1000型一台四列	85	全板式	1×5	130 260	26	1.27	静电除尘				82	90	40	82	10880	29000	870	1000	
24	云南陆良银河纸业公司	麦草、竹子、蔗渣、木材BAP	蒸球	2 8	25 40	18600	真空洗浆机20米²×4	96～98	板式	1×4	100		1.27	静电除尘				85	87	85	87	3304	3820	1609	1486	
25	驻马店白云纸业有限公司	麦草BAP	连续蒸煮器	1		44350	真空洗浆机50米²×4二列	89.2	板式	1×5	130		1.27	静电除尘				70	80		75	10200	9882		1205	

续表

序号	企业名称	浆种和制浆方法	蒸煮器及粗浆产量				黑液提取		蒸发站		碱回收炉				白泥		石灰回收窑尺寸/米	碱回收率/%		碱自给率/%		年回收烧碱量/吨		回收吨碱成本/(元/吨)		备注
			形式	台	米³	2005年产量/吨	设备形式	黑液提取率/%	形式	效数	吨/日干固物	吨/时	兆帕	除尘系统	残碱量/%	干度/%		2004年	2005年	2004年	2005年	2004年	2005年	2004年	2005年	
26	烟台锦宏纸业有限公司	麦草BAP	连续蒸煮器	3			真空洗浆机70米²×4		全板式	1×5	130	15	1.27	静电除尘				70	65		30	10200	1900			
27	泉林纸业集团有限公司	麦草BAP	蒸球	20	60		真空洗浆机							静电除尘												20万吨/年麦草浆生产线已投入生产,二次置换蒸煮
28	济南含章印务有限公司	麦草BAP															28	68				8100				
29	山东青苑纸业有限公司	麦草BAP															29		—			8943				
30	山东光华纸业有限公司	麦草BAP															30	72				5000				
31	山东潍坊恒联浆纸公司	麦草、芦苇、木片BAP	蒸球	25	16	50000	真空洗浆机45米²×4 带式洗浆机18米²×5	85	板管结合	1×5	150	15	1.27					70	75	60	65	6000	7000	2000	1200	
32	山东临沂市苍山县震元造纸厂	麦草BAP																								
33	山东陵县泰华浆纸有限公司	麦草BAP																	87			25840	25840			
34	林甸永生纸业造纸有限责任公司	麦草BAP																								黑龙江原(海达)纸业公司

续表

序号	企业名称	浆种和制浆方法	蒸煮器及粗浆产量				黑液提取		蒸发站		碱回收炉				白泥		石灰回收窑尺寸/米	碱回收率/%		碱自给率/%		年回收烧碱量/吨		回收吨碱成本/(元/吨)		备注
			形式	台	米^3	2005年产量/吨	设备形式	黑液提取率/%	形式	效数	吨/日干固物	吨/时	兆帕	除尘系统	残碱量/%	干度/%		2004年	2005年	2004年	2005年	2004年	2005年	2004年	2005年	
35	湖北南漳县华海纸业有限责任公司	麦草、木片、龙须草BAP	蒸球	12	25	25000	双螺旋挤浆机三台串联一列	85	喷淋蒸发塔	一台二列	75								65				55			
36	河北邯郸市造纸厂																									
37	山东成武宏达纸业有限公司																									
38	宁夏峡光纸业有限公司										120															
39	龙泉实业集团公司										100															
40	南阳美通纸业有限公司										100															

国内部分制浆造纸企业蒸煮废液回收或综合利用调查总表(烧碱法、硫酸盐法甘蔗渣浆)

序号	企业名称	浆种和制浆方法	蒸煮器及粗浆产量				黑液提取		蒸发站		碱回收炉				白泥		石灰回收窑尺寸/米	碱回收率/%		碱自给率/%		年回收烧碱量/吨		回收吨碱成本/(元/吨)		备注
			形式	台	米³	2005年产量/吨	设备形式	黑液提取率/%	形式	效数	吨/日干固物	吨/时	兆帕	除尘系统	残碱量/%	干度/%		2004年	2005年	2004年	2005年	2004年	2005年	2004年	2005年	
1	广西贵糖集团股份有限公司	甘蔗渣 BAP	蒸球	18	40	120000	真空洗浆机 60米²×4 70米²×4	92	短管 全板式	2×4 二列 五效 二体	40 80 150 225	5.5 14 20	1.27 1.27	文丘里 静电 除尘	0.5	45	白泥制作垫质碳酸钙	83	85	86	85	22000	30000			6万吨/年漂白甘蔗渣浆和225吨/日碱回收系统投入生产
2	南宁糖业公司造纸厂	蔗渣 BAP	蒸球	5 3	25 40	40000	水平带式 12米²×4	90	短管	2×4	40 40	5.2 5.2	1.27 1.27	静电 除尘				76.41	75	76.41	70	6863	7800			
3	南宁邕宁蒲庙造纸厂	蔗渣 BAP	蒸球	13	40	100000	真空洗浆机 30米²×4	85	板式 长管 全板式	1×5 1×5	120 210	5 8～9	2.45 2.45	静电 除尘				70	80	67	75	9800	22000	1500	1300	
4	田阳南华纸业有限公司	蔗渣 BAP	蒸球	5	40	40000	水式带式洗浆机二台	85	长管	1×5	40	5.2	1.27	文丘里	0.7	42			50		45		3600			
5	福建糖业股份有限公司	蔗渣 BAP	蒸球	7	25		真空洗浆机 27米²×3		短管 板式	1×4 1×1	60	2.5		静电 除尘	2～3	50		74.1		74.1		3880		2340		
6	广西宁振工贸有限公司	蔗渣 BAP	蒸球	3 2	40 14		真空洗浆机		短管	1×4	40	5	1.27	静电 除尘												
7	广西嘉亿纸业有限公司	蔗渣 BAP	蒸球	3 6	40 25	25000	真空洗浆机 水平带式	80	长管 板式	1×5	80	14	1.27	旋风 分离 器				81	79			6495	5000	787.98		
8	云南开远市明威纸业有限公司	蔗渣、山草、鲜竹 BAP	蒸球	8	25	11566	水平带式 12米²×1 18米²×1		短管	1×4	45	6.77	1.27	静电 除尘				68	66	68	66	2753	3585	1450	1381	
9	广西贵港金山糖业有限公司	蔗渣 BAP				24000		82											80		80		6000			
10	广西冠桂糖业有限公司	蔗渣 BAP				41000		85											84		70		7500			

造纸工业节约用水现状与展望

The present status and development trend for water saving in the paper industry

一、节约用水意义重大

联合国第58届大会通过决议，从2005年至2015年为生命之水国际行动十年，主题是“生命之水”，从2005年3月22日的世界水日正式实施。世界卫生组织呼吁国际社会各界参与联合国发起的“生命之水国际行动十年”，解决全球11亿人生活缺水、26亿人缺乏基本卫生实施的问题。

根据水利部的报告，中国的人均水资源量占有是2170米^3，不足世界平均水平的1/3，被联合国列为世界上最缺水的13个国家之一。目前全国660多个城市中有400多个存在不同程度的缺水问题，其中有136个严重缺水。水资源和石油资源与粮食资源一起作为关系我国经济安全和长远发展的战略资源。中国水资源不足，已成为制约国民经济和社会发展的重要因素。解决这个问题，关键是要加强水资源的节约、保护和科学利用，努力提高水的利用率。

解决缺水已成为中国经济发展的一个重大问题，据预测2005年和2010年工业取水量将分别达到2120亿米^{3}和3320亿米^3。为保证经济与资源、环境的协调发展，工业取水量的年增长率不应超过1.2%，也就是说，2005年和2010年工业取水量应分别控制在1220亿米^{3}和1290亿米^3。因此工业用水必须立足于节约用水和提高用水效率。

二、中国造纸工业用水现状

中国纸业正经历一个需求量高速增长的时期，全国纸和纸板产量从2001年的3200万吨提高到2005年的5600万吨，消费量5930万吨，均居世界第二，是我国少数供不应求的产业之一。专家预测，到2010年中国纸和纸板产量将达到7500万吨，消费量8000万吨，市场潜力巨大。但国内生产能力的扩大将受到多方面的制约，除纤维原料短缺外，水资源和环境污染也是影响造纸工业快速发展的重要因素。

由于历史的原因，中国传统的造纸工业既是水耗大户，也是污染大户。1995年以前，我国造纸行业取水量高，废水污染物排放量大，对水体造成严重污染。这主要是由那些小型草类制浆造纸厂所造成的。根据国家政策，污染严重的小草浆造纸厂正在有计划、有步骤地调整和关停，这将使我国造纸行业的节水前景和环境面貌有很大改观。据中轻国际工程有限公司编制的《造纸产品取水定额》报告中提到：“原国家经贸委发布的《工业节水“十五”规划》中指出，1999年全国浆纸综合平均每吨产品的取水量接近200米^3/吨，其中化学木浆为190米^3/吨，化学草浆270米^3/吨，纸及纸板70米^3/吨”。经过五年的发展，中国造纸工业节水治污取得了显著成效。据2000年与2004年中国环境统计年报分析，造纸行业污水排放量由2000年的35.3亿米^{3}到2004年为35.6亿米^3，废水中的COD由308.6万吨下降到168.2万吨，而纸及纸板的年产量由2000年的3050万吨增加到2004年的4950万吨，产量增加1900万吨，产量提高近40%，而污水排放量几乎没有变化，废水中的COD下降了140.4万吨，降低率达45%。这一事实告诉我们，只要认真贯彻节水治污政策，积极采取有效措施与大力推行循环经济，实现纸业生产量递增，耗水量与污染物排放量递减是完全可能的；另据中国科学院地理科学与资源研究所的调查报告指出，1985年浆纸综合取水量为439米^3/吨、2000年138米^3/吨、2002年131米^3/吨、2005年115米^3/吨、预计2010年将低于77米^3/吨（由于数据来源不同，吨纸取水量与吨纸污水排放量的数据存在一定差距，正在进一步调查核实，但从两组数据可以看出，不管是吨纸取水量或是污水排放量都在逐年递减）。

三、造纸工业取水量与水体污染物大幅下降的主要原因

(一)商品木浆和废纸用量大幅度增加

商品木浆和废纸均属于已经过蒸煮、洗涤、筛选、漂白等工序处理的纸浆，杂质含量很低，在生产过程中用水量很少，一般在10～30米^{3}之间，有些企业低于10米^3，污水中的CODcr、BOD含量很少。2005年木浆和废纸用量已占纤维原料总用量的75%以上，非木纤维用量已下降到25%以下(1980年非木纤维占纤维总用量的60%以上)，这是造纸工业用水量显著下降的主要原因。

(二)"十五"期间引进了一大批具有国际先进水平的技术装备

2004－2005年两年内投产的大型项目就有：海南金海100万吨/年、山东日照22万吨/年漂白木浆；山东晨鸣25万吨/年、博汇20万吨/年化机浆；宁波中华75万吨/年、东莞建晖60万吨/年、佛山华丰30万吨/年涂布白纸板；寿光晨鸣40万吨/年涂布白卡纸；江西晨鸣40万吨/年低定量涂布纸；玖龙纸业40万吨/年瓦楞原纸；理文纸业75万吨/年、上海中隆35万吨/年箱纸板；江苏金东60万吨/年、山东太阳25万吨/年铜版纸；江苏常熟UPM45万吨/年胶版纸；河北诺斯克龙腾33万吨/年、山东华泰40万吨/年新闻纸等项目，总计产能约600万吨/年。除此之外，还有一批项目已经动工，有望在2006年内完成投产，届时，我国纸及纸板的产能中，具有当今世界先进水平的比例将提高到1/3，这些企业的吨纸取水量与污染物排放指标将大大低于国家标准，部分企业达到国际先进水平。

(三)取水量大、污染严重的小草浆厂有计划、有步骤的调整和关停

20世纪80年代全国有近万家制浆造纸企业，现在已减少到3600多家，其中取水量大、污染严重的企业继续按国家政策关停并转，有条件发展的企业，正在进行技术改造，扩大生产规模，使企业的节水治污达到新颁布的国家标准。

四、我国造纸工业取水定额指标

2003年国家颁布了造纸产品取水定额。从取水定额指标来看，与发达国家相比还有一定差距，但从当前国内制浆造纸企业的实际取水状况分析，估计已有一半以上的企业达到国家的新标准，也有一些企业达到国际先进水平，还有一部分中小型非木材制浆造纸企业需要大大提高对节水和治污的认识，积极采取先进节水治污技术，加强企业管理，推进循环经济，力争尽早达到国家颁布的造纸产品取水定额的新指标。以下是造纸产品取水定额指标。

表1　造纸产品取水量定额指标

单位：米^3/吨

标准分级	A级	B级
漂白化学木(竹)浆	90	150
未漂化学木(竹)浆	60	110
漂白化学非木浆	130	210
脱墨废纸浆	30	45
未脱墨废纸浆	20	30
机械木浆	30	40
新闻纸	20	50
印刷书写纸	35	60
生活用纸	30	50
包装用纸	25	50
白纸板	30	50
箱纸板	25	40
瓦楞原纸	25	40

注：1.1998年1月1日起新、扩、改建成投产的企业或生产线，其取水定额执行A级指标；

2.1998年1月1日前建成投产的企业或生产线，其取水定额执行B级指标。

五、"十五"期间，制浆造纸企业节水治污取得了显著成效

(一)调整原料结构，增加木浆和废纸用量

(1)全国木浆用量由2001年的535万吨提高到2004年的970万吨，废纸浆由2001年的1140万吨提高到2004年的2305万吨，用水量取得显著下降。

(2)山东省从"九五"末开始，共关停年产2万吨以下小造纸企业500多家，削减生产能力近百万吨，平均单个企业生产规模由2000年的0.45万吨，提高到2005年的3.5万吨。全省造纸工业草浆、木浆和废纸浆的比例已调整到30:30:40，所用的木浆、废纸以外购为主，大幅度降低了清水用量和污染物的排放量。其他省市也正在关停2万吨以下的小草浆厂。

(3)山东华泰集团引进年产40万吨新闻纸生产线，主要采用进口废纸为原料，水的循环利用率达到96%以上，吨纸水耗仅8米^3；并从瑞典Purac公司引进厌氧水处理系统，实现物化－厌氧生化－好氧厌氧－化学处理相结合的废水处理流程，污染物去除效率由原来的85%提升到95%以上，COD_{Cr}在150毫克/升以下，经处理后的水可大量回用到生产工段，多余的水用于灌溉造纸速生林和芦苇基地。

(4)天津万利天然纤维薄膜有限公司通过不断努力,关停了用水量大的年产1万吨化学草浆生产线,改用废纸生产高强瓦楞原纸,年产量提高到8万吨,水循环利用率达到98.16%,吨纸用水量由100米^{3}下降到2.8~3米^3,产量大幅度提高,而用水量大幅度下降。

(二)引进国际上一流技术装备,提高清水利用效率

(1)江苏省引进国外技术装备最多,有金东、芬欧汇川、紫兴、金华盛、金红叶、玖龙(太仓)、常州旺达、理文(常熟)等一批大型、特大型现代化造纸企业,由于这些企业绝大部分采用进口商品木浆或以进口废纸为原料造纸,用水量和污染物大幅度下降。

(2)金东纸业公司引进国际上最先进的纸机和节水治污的新工艺、新设备,加上全部采用商品木浆,大力推行循环经济,全面实施清洁生产。2004年水循环利用率达96%以上,吨纸用水量达到9.53米^3,排水量降到7.86米^3,为国家标准的13%。处理后的废水用于工厂的道路抑尘、绿化、灌溉等领域,节水治污跨入国际先进行列,被国家环保总局命名为全国首批国家环境友好企业。

(3)金海纸浆厂年产100万吨硫酸盐法漂白化学木浆项目,是当今世界上规模最大、技术装备最先进、“三废”处理最完整的单一生产线,吨浆补充新水量30米^{3}以下,低于国家标准90米^3,COD_{Cr}排放值100毫克/升,低于400毫克/升的国家标准,达到世界先进水平。

(三)加强企业管理,开展技术创新

(1)广州造纸股份有限公司自1995年以来,开始实施一系列的清洁生产措施,包括:加强领导,成立了以总经理为首的三级领导小组,制订了《环境保护制度》、《环保实施(设备)管理制度》、《环保考核试行方法》等规章制度;投资2亿多元,采用清洁生产新技术,经过几年努力取得了明显的效果。以1994年和2004年比较,新闻纸产量由17万吨提高到30万吨,由于应用了节水和水回用技术,水重复利用率达到85%,吨纸取水量由140米^{3}降至40米^3。

(2)福建南纸公司开展清洁生产,通过清浊分流,避免将清洁的水进入污水系统,使清洁的水尽量做到循环使用。抄纸车间的白水尽量做到全部回用,排入地沟的多余白水全部集中经浅层气浮处理,回用到DIP和TMP车间。DIP车间的吨浆水耗量由23米^{3}降到8米^3,TMP车间的吨浆水耗量由25米^{3}降到9米^{3}左右,浆板机吨浆水耗由118米^{3}降到54米^3。

(3)湖南泰格林纸集团公司认为,水用多了不经济。在岳阳,一吨取水制水成本是0.2元,再经过污水处理,达标排放,一吨水的成本将上升到0.5元。岳阳纸业公司,1999年产能7万吨,用水量10万米^3/日,现在年产能40万吨,用水量8万米^3/日,由于采取了节水措施,成本大幅度下降。为进一步降低用水量,又投资8000万元,实施综合节水工程,用最新技术对老制浆系统进行改造。

(4)山东晨鸣集团2004年纸产量260万吨COD排放量1.5万吨,仅为行业平均水平的17%,晨鸣集团的污染治理已实现了“两个转变”,即由单一治理向综合治理转变,由单纯治理向综合利用转变。

(四)大力推行循环经济,提高节水治污水平

(1)山东泉林纸业公司工业园内建成了三条主要生产链。其中一是制浆→造纸→黑液提取木素制造肥料和化工原料;二是制浆→中段废水→水处理→灌溉芦竹、三倍体毛白杨和回用生产工段;三是处理后的中段水→自备电厂冷却循环用水→向各系统供电。三条链有效地实现了资源→产品→再生资源的循环利用,有力地推动了泉林步入可持续发展的良性轨道。

(2)广西贵港生态工业集团现有两条生产线:一条线是甘蔗→制糖→废糖蜜制酒精→酒精废液制复合肥→复合肥回施甘蔗田;另一条线是甘蔗→制糖→蔗渣造纸→碱回收。甘蔗渣综合利用率达到100%,废糖蜜利用率达到100%,酒精废液利用率达到100%,水循环利用率达到90%以上。

(3)山东太阳、齐明,宁夏美利和江苏双灯等纸业公司以速生林、芦苇基地和制浆造纸为主建设生态工业园区,使经济发展和生态环境保护得到了有效的协调,整个系统实行水资源封闭循环利用,尾水用于林地、苇田灌溉,达到了水资源充分利用。

(4)玖龙太仓纸业公司建在长江边,企业还是投资1亿多元建设了江水循环利用项目。电厂用过的水进冷却塔,接着供造纸厂使用,造纸厂排出的废水经处理,达标后再次循环使用,多次循环用过的废污水,再次处理进入中水管网,专供浇花草地和冲洗厂区马路。

(五)加强科学研究,提升节水治污技术水平

(1)华南理工大学自主开发的高效造纸废水一级物化处理,集混和、沉淀、吸附、过滤于一体,克服了传统物化处理不足,大大提高了处理效果,并使处理设备投资和运行费用大大降低,物化出水可生化性较好,物化出水80%可以回用于生产,其余出水经后续的生化处理达标排放。

(2)陕西科技大学针对新闻纸生产大量使用废纸脱墨浆存在压敏胶、热熔胶、涂布黏合剂以及残余油墨等杂质开展研究。这些物质随着白水循环次数的增加,逐渐积累,对生产过程造成危害。研究报告提出,采用微粒助留助滤体系,在高速纸机上应用,可以取得明显效果。

表 2　　　　　　　　2004 年国内先进的制浆造纸企业实际取水量

企业名称	生产能力/(万吨/年)	品种	取水量/(米^3/吨纸)	
			企业实际	国家 A 级标准
海南金海	100	漂白化学木浆	30	90
福建青山	20	不脱墨废纸浆	9	20
湖南泰格	20	机械木浆	12	30
山东华泰	40	新闻纸	8	20
江苏金东	60	铜版纸	9	35
宁波中华	70	白纸板	15	30
太仓玖龙	20	牛皮卡纸	8	25
浙江景兴	26	箱纸板	10	25
东莞金洲	30	瓦楞原纸	6	25
天津万利	4.0	瓦楞原纸	2.3	25
苏州金红叶	12	生活用纸	9	30

六、国家支持节约用水与污水治理的政策

(1)2003 年初,为落实国务院领导重要指示,国家经贸委、国家标准化委员会在北京联合召开重点行业取水定额国家标准发布会,会上公布了 6 项国家标准,其中包括造纸产品取水量定额标准。同时,国家发改委、科技部会同水利部、建设部和农业部组织制定了《中国节水技术政策大纲》,并于 2005 年 4 月 21 日发布。

(2)《大纲》提出对造纸工业节水的具体要求。推广纤维原料洗涤水循环使用工艺系统;推广低卡伯值蒸煮、漂前氧脱木素处理、封闭洗选系统;发展无元素氯或全无氯漂白;研究开发适合草浆特性的低氯漂白和全无氯漂白;合理组织漂白洗浆滤液的逆流使用;推广中浓技术和过程智能化控制技术;发展提高碱回收黑液多效蒸发站二次蒸汽冷凝水回用率的工艺。发展机械浆、二次纤维浆的制浆水循环使用工艺系统;推广高效沉淀过滤设备和白水回收技术,加强白水封闭循环工艺研究;开发白水回收和中段废水二级生化处理后回用技术和装备。

(3)山东泉林集团申报的“节约用水技术改造项目”已由国家发改委批复,获得国家预算内专项资金 1670 万元。该技术改造项目由制浆节约用水、中段水回用和白水回收三部分组成。

(4)浙江富阳造纸企业中水回收工程被列入浙江省循环经济“991 行动计划”百项重点项目。省财政将每年安排一定资金用于扶植循环经济重点项目,对符合国家有关要求的项目,可申请国债资金支持。

(5)国家循环经济试点工作正式启动。经国务院同意,国家发改委、国家环保总局、科技部、财政部、商务部、国家统计局联合下发《关于组织开展循环基金试点(第一批)工作的通知》。试点单位涉及造纸行业的有贵州赤天化纸业股份有限公司、山东泉林纸业有限公司、广西贵糖(集团)股份有限公司和广东江门甘蔗化工(集团)股份有限公司。

(6)2005 年度“国家环境友好企业”称号正式发布。继 2004 年金东纸业(江苏)有限公司荣获首批“国家环境友好企业”称号后,保定钞票纸厂、芬欧汇川(常熟)纸业公司、宁波中华纸业公司又荣获了 2005 年“国家环境友好企业”称号。“环境友好”企业是科技含量高、经济效益好、资源消耗低、环境污染少,环境与经济“双赢”的企业典范,是建设环境友好型社会的具体实践。这三家企业的入选从一定程度上表明,造纸企业引进先进的环境管理经验和技术,也可以实现各类污染物的超低排放,甚至实现“零排放”。如宁波中华纸业有限公司采用 AC 变频技术,节约了能源,全套生产线还配备了白水回用系统。芬欧汇川(常熟)纸业公司采用清洁生产技术,企业单位产品综合能耗、水耗以及污染物排放量均处于同行业先进水平。

七、借鉴国外节约用水的经验

(1)国外浆纸工业在20世纪50～60年代用水量也是相当高的,但进入80～90年代后,在重视环保与自然资源的社会压力和政府的法规制约下,制浆造纸工业用水在一些发达国家中,有了显著的下降。以美国为例,1959年硫酸盐木浆厂吨浆取水量也高达240米^3,1988年下降到36米^3,2000年以后,国外最新设计的浆厂取水量已降到12米^3。新闻纸也由过去的50～60米^{3}下降到10米^{3}以内。它与50年前的传统模式相比,发生了巨大的变化,并被世界公认为一种较典型的可持续发展产业。

(2)西欧国家的经验表明,实现纸业生产量递增,耗水量递减的可能性是存在的。以奥地利为例1960年～1998年奥地利的造纸工业获得了长足的发展,总产量从每年111.7万吨增长到565.8万吨。与此同时,新水的使用量从1.2亿米^{3}下降到1.08亿米^3,排放的污染物由1985年的每天1170吨COD_{Cr}下降到1998年的39.2吨COD_{Cr},单位产品新水用量由107米^{3}锐减到19米^3。

(3)减少污水排放量,首先要降低生产过程的用水量,德国在80年代已制定并实施了造纸工业排放废水的"限额",既控制了排污负荷,也控制了用水量。

(4)近年来,世界各国都在对制浆造纸废水处理进行研究,如芬兰Leppeenrana技术大学研究了结合凝聚与催化湿氧化法处理制浆和造纸废水;日本环境保护研究所应用脱色菌株处理脱色废水;PaulyD提供了废纸工厂废水综合净化的新方法,已在德国、西班牙废纸再生纸工厂试用,取得很好效果,处理后的水循环用于造纸工厂,产品质量没有明显下降。

表3　国外先进造纸企业耗水量情况

单位:米^3/吨纸

纸　种	1971年	2000年
新闻纸	75	5～15
不含磨木浆的高级纸	162	5～10
超级压光纸	110	10～15
卫生纸	260	5～15
箱纸板和瓦楞纸	35～75	2～8

表4　国外商品漂白硫酸盐木浆厂耗水量情况

单位:米^3/吨浆

内　容	老厂	新厂	最新设计的浆厂
制浆生产线	60.8	34.6	10.6
抄浆机	6.5	6.2	0.4
碱回收及动力系统	10.3	3.4	1.2
总耗水量	77.6	44.2	12.2

注:老厂指1990年以前投产的工厂,最新浆厂指2000年以后设计的浆厂。

表5　奥地利造纸业产量、新水耗量、COD_{Cr}逐年变化情况

年 份	纸及纸板产量/万吨	纸浆产量/万吨	总产量/万吨	新水总耗量/亿米^3	新水耗量/(米^3/吨)	COD_{Cr}/(吨/日)
1960	59.1	52.6	111.7	1.20	107.4	1988年
1970	101.7	70.9	172.6	1.30	75.3	500.0
1980	161.6	100.8	262.4	1.40	53.3	－－
1990	293.2	110.7	403.9	1.24	30.7	176.8
1993	330.1	107.8	437.9	1.09	24.9	124.9
1998	400.9	164.9	565.8	1.08	19.1	39.2

八、我国造纸工业节水措施与对策

(1)企业要按照减量化、再利用的原则,认真编制"十一五"节水治污规划,并责成有关部门组织、指导和监督规划的实施。规划内容包括企业发展、原料结构、产品结构调整和重点采取的节水治污技术装备以及管理措施。

(2)增强全行业节水意识,在严格执行《造纸产品取水定额》的基础上,逐步减少单位水资源消耗。新建项目单位产品取水量在执行取水定额A级的基础上减少20%以上。目前执行B级取水定额的企业,2010年底按A级执行,实现"十一五"造纸产业万元增加值取水量降低30%的阶段性目标。

(3)大力开发和推广应用节水新技术、新工艺、新设备,提高水的重复利用率,严格执行"水法"有关规定,禁止严重缺水地区采用地下水建设新项目和灌溉型造纸林基地。

(4)抓好重点节水技术与装备的推广与应用。①湿法备料洗涤,深度脱木素蒸煮,少氯、无氯漂白,洗涤、筛选、净化、漂白过程的中段废水、碱回收蒸发冷凝水以及抄纸过程的白水,经处理后,回收利用。②在封闭筛选、多段漂白、打浆工序中采用中高浓技术装备。

(5)认真贯彻“节流优先,治污为本,提高用水效率”的方针,建立节水管理体系,改进生产过程控制,防止跑、冒、滴、漏,加强操作人员培训。

(6)科研机构、大专院校以及相关企业要积极研制开发节水治污新工艺、新设备以及高效的水处理化学助剂,提高节水的创新能力。

(七)国家有关部门对造纸工业的用水、节水工作要在政策上、资金上给予支持,并制定和完善工业节水治污法规和政策。严禁建设和关停高耗水、高耗能和高污染的制浆造纸企业。

(八)为推进节水技术进步,中国造纸协会、中国造纸学会应组织企业认真实施重大节水示范工程以及新技术、新装备的交流与推广,并向企业提供有关节水信息以及开展技术咨询等活动。

(顾民达)

制浆造纸工业的循环经济

The recycable economics in pulp and paper industry

1994年在联合国环境规划署亚太办(UNEP/ROAP)及粮农组织(FAO)于曼谷组织召开了亚太地区研究会,英国环境与发展研究院(IIED)提出了“造纸圈”的概念,意指从森林种植、开采、利用以及非木纤维原料的利用;制浆造纸过程的污染与废弃物的回收利用与处置;纸的使用与消费;废纸回收利用;能源的消耗等形成了一系列循环子圈,并共同组成以原料、产物为核心的大循环,以期找出制浆造纸工业可持续发展的最佳方案。今天重提“造纸圈”的概念,是因为其对造纸工业非常重要,使人们注意到了森林资源的永续开发与非木原料的合理利用,实施清洁生产,降低能耗、物耗;提高资源综合利用率,直至根治污染,提高废纸和纸板回用率,并重视各种废渣的综合利用及控制大气污染的可能性。

循环经济均以3R即减量化(Reduce)、再利用(Reuse)、再循环(Recycle),作为其活动的准则。简单模式可以由原料→生产→产品→废物→原料之间的循环利用形式来表示,又可以分别从企业内部、企业之间和社会这三个不同层面之间的循环来区分循环涉及的范围。举例来说,碱回收、白泥煅烧回收石灰属于企业内部循环;蔗渣制浆属于糖厂和浆厂企业之间的循环;糖蜜酿酒,废醪液发酵作饲料,牲畜的粪便作肥料施于蔗田,甘蔗又用于制糖,蔗渣又用于造纸,如果蒸汽电能的有效调节使用、生活区的废弃物综合利用等也参与资源能源的循环,则整个循环过程涉及不同行业、商业、畜牧业和农业,因此就是社会层面的循环经济。

以钢铁、有色金属、煤炭、电力、石油、石化、化工、建材等国家重点高消耗、高能耗工业为例,大部分主要原料是矿物原料,属于不可再生资源,要完全实现循环经济和可持续发展难度非同一般,循环圈涉及到社会上众多领域,需要解决的技术问题很难预见在近期内解决。相比之下,“造纸圈”的概念使制浆造纸工业实现循环经济有望在企业层面上取得基本解决,推行循环经济的难度大大降低。值得注意的是,新的“造纸圈”概念应包括完整的循环经济3个R概念,除了再利用、再循环外,更应重视减量化准则,因此以下分析“造纸圈”的各个子循环时,应包括寻找替代物,避免使用有毒有害物质,减少使用不可再生资源等内容。

1. 纤维原料均为可再生资源,主要问题是需要达到可持续开发

制浆造纸工业的先天优势是其主要原料——各种纤维原料均为可再生资源。据联合国粮农组织统计,1991年全世界约有60%的纸是以木材为原料,5.8%是非木材纤维原料,34.2%是废纸;预测2010年,这个比例分别为56.5%、5.7%、37.9%。在实际应用中,木材原料又有天然林、人工林、木材加工厂的残料等。

(1)森林资源的可持续开发　森林资源包括天然林和人工林。可持续林业是一个复杂的问题,它的基本定义是:每年森林中木材和非木材物料的采伐不应超过其年增长量(持续生产量)。而且生产和采伐必须在环境上和生态上是合理的,并应符合国家、地区和地方各级对环境、经济、社会和文化等方面的要求。为实现可持续性林业生产,必须在政府、制浆造纸企业以及受到制浆木材采伐影响的当地居民之间建立起良好的合作关系。

由于热带天然森林不是制浆生产的理想原料,目前速生材人造林场通常被视为热带国家最好的制浆原木的来源,树种主要有桉树属和金合欢属之类的硬木、松属和云杉属之类的软木。一般应按照10~20年(指硬木)和30~50年(指软木)砍伐周期的原则,进行选择性轮伐。

提供制浆原木森林的环境影响在很大程度上取决于该森林的面积。下表为每年向1个年产10万吨制浆能力的制浆厂提供50万米^{3}制浆原木的供应基地和管理系统情况。可以看出,人造林场可以在其有限的土地面积上提供远高于天然林的提供量,而人造林的管理也很容易达到可持续林业的要求。

系统	生长率/[米^3/(公顷·年)]	所需净森林面积/公顷
热带天然林(杂硬木)	4	125000
人造林场		
粗放经营	8	63000
良好管理	15	33000
集约经营	25	20000
先进的管理方法	40	13000

需要注意的其他问题：

①生态环境优越的天然森林不能砍伐一空，也不能将其改变为人工林，人工林应利用荒芜的土地。

②人工林场中即使种植的树种只有1～2种是引进的或非本地树种，往往对生态多样性造成不利影响。因此，必须保留邻近的天然林，以抵消不利影响。

③在人工林附近保留一部分按照自然规律生长的本地树种区域。如澳大利亚昆士兰州开垦的人工林区，通常是每4000公顷面积中有500公顷是种植本地树种。

④在人工林场中尽量保留本地树种和灌木，并谨慎选择树种。应注意不同树种的生态作用，如桉树消耗过多的水分，并且阻碍地被植物生长，易导致土壤侵蚀；而金合欢则是一种固氮树种，可以改善土壤。

⑤间伐木材后必须及时补种树苗，既保证森林的永续开发，也有利于避免木材间伐后大气中O_2和CO_2失衡。

(2)非木材纤维不仅是可再生资源，而且是废弃物再利用　农业残余物(如稻、麦草，蔗渣)是亚洲、拉丁美洲地区制浆造纸的重要纤维原料，从资源利用的观点出发，与其将农业残余物烧掉，或翻土埋掉，不如作为造纸原料更为有利。但是往往所有的农业部门均未把稻麦草作为种植的目的，所以制浆厂难以获得稳定的足够的优质原料。从循环经济的角度，原料质量至关重要。因此：

①改进收集和打捆的方法将有利于质量控制。

②与农业部门更好的合作，研究合适的植物生长条件，如土地、灌溉、肥料和收获时机等对纤维原料的影响。

③建立制糖和制浆联合企业，充分利用蔗渣。

④强化蔗渣除髓工艺，获得较好的制浆原料，蔗髓回收可作为厂内可再生燃料。

2. 主要化学品——烧碱

碱法制浆厂主要消耗的化学品——烧碱虽然是一种无机矿物资源，但并非是地球稀缺资源。尤其是配备碱回收的大型硫酸盐木浆造纸厂，国际先进碱回收水平已达到黑液提取率98%、碱自给率100%、能量自给率100%、石灰自给率99%以上，很好地体现了企业层面循环经济的3R准则。

目前国内大型麦草浆厂普遍可达到75%以上、蔗渣浆可达到85%以上的碱回收率，但在能量利用和白泥利用上还有较大欠缺，碱回收率也有待再提高。由于碱回收作为经典3R技术在许多文献中有详细论述，本文不再重复。

3. 废纸资源化

回收废纸用于重新抄纸是一个基本原则，它可以节约其他纤维原料，节约化学品，减少废水排放。废纸作为有价值的二次纤维原料回收并提供给制浆造纸企业，形成闭环的经济模式，可避免由不当处置废纸带来的二次污染问题。如果废纸仅仅是以燃烧方式回收热能，仍然是碳质元素以CO_2形式排放到大气层，而未达到循环。废纸回收的过程不论是脱墨后抄造白纸还是不脱墨抄造纸板，目前都可以达到水污染零排放，脱墨污泥还可以以厂内再生燃料烧掉回收能量。

提高废纸回收质量，采取严格的收购方法对提高回收利用率很重要。根据废纸洁净度以及废纸质量，把回收的废纸按质分等级，对于成品纸的质量、生产成本和废纸加工过程的环境影响具有重要意义。废纸回收做得最好的国家是日本和德国，日本废纸回收率达到68%、德国废纸回收率达到55%以上(按照二次纤维占总产量计算或按照废纸回收量占消费量计算，德国废纸回收率分别是56.4%和59.3%)。

某些纸种，如新闻纸可以采用100%的回收纤维来生产，有些纸种采用回收纤维不能达到质量要求(洁净度、气味、白度等)，而有些纸种只能采用部分回收纤维才能达到质量要求。从环境和资源的角度考虑，应降低一些不影响用纸功能的质量要求，以降低制浆造纸工业对环境的压力。

4. 纸机系统的循环

现代化的造纸厂纸机系统可以形成多级循环，达到水和浆料的充分回收利用，水污染达到零排放，水处理系统产生的污泥还可以以厂内再生燃料烧掉回收能量。主要的问题可能是还需要能量输入和部分填料的输入。

纸机系统各种循环过程，可作如下简单表述：

(1)浓白水直接回到系统配浆——一级循环；

(2)稀白水经过水处理，部分回到系统使用，且回收浆料和填料——二级循环；

(3)另部分稀白水需要经过多级水处理，代替清水回到系统网部——三级循环；

(4)冷凝水单独循环回锅炉；

(5)冷却水单独循环。

5. 其他化学品

制浆造纸过程由于使用化学助剂而导致有害物质进入水体,主要有氯漂导致的各种氯代有机物和消泡剂、防腐剂等。研究表明,氯漂段含有的少量多氯化合物对大小细胞组织直至鱼群和其他水生生物都有不同程度的影响,对水生生物的解毒、免疫、自我防御和繁殖系统产生干扰。即使在远离工厂的地方也可观察到这些影响,说明这种影响会向很大范围扩散。这些化合物具有持续的生物积累特性。

排放的大气污染物主要有硫化物等恶臭气体、SO_2、微粒和氧化氮,这些污染物来自硫酸盐、烧碱和亚硫酸盐法浆厂蒸煮及其废液回收系统。此外,还有来自漂白车间的含氯气体。恶臭气体可以通过燃烧来处理,从技术上来说,其他污染物目前制浆造纸厂尚未能以资源化、再利用角度解决,但替代工艺、减量化技术还应该是可行的。

制浆造纸工业排放物中还有一类并非来自外加的化学品,但能产生生物效应的有毒物质,如树脂酸、萜烯、类萜烯等,这类化合物会对水生生物产生激素方面和解毒方面的影响。这类化合物大多原本存在于纤维原料中,在制浆过程中释出,大部分在碱回收过程烧掉,少部分会进入中段废水。提高黑液提取率仍然是最重要的降低进入中段水污染负荷的手段,但今后加强中段水处理监控水平仍十分重要。

从以上的分析,理论上可以认为,通过实施企业层面的循环经济,从原料,到生产过程,到纸和纸板产品,都可以形成循环圈,基本上可以成为可持续发展的制浆造纸企业。实际上,"造纸圈"所涉及的3R技术,国际先进大型木浆企业已基本实现。幸运的是,制浆造纸和某些采用完全不可再生资源的行业相比,具有先天可发展的空间,没有任何理由让制浆造纸行业注定地划归为高能耗、高消耗、高污染行业。

(汪 苹)

造纸企业节电措施

The ways for electricity saving in paper industry

一、工艺及设备选型

1、积极合理地采用新工艺、新技术和先进的生产方式

例如采用新型压榨和干燥技术的高速纸机、中浓技术、高浓黑液蒸发、高效碱炉等均有节能节电的效果。

2、大力提倡采用切实有效的节能高效设备

除了采用诸如以上新工艺和新技术之外，最常见的是应该提倡采用高效的诸如泵和风机等通用设备，以替换过时低效的、尤其是已陈旧的泵和风机等设备。

3、节约用水、用汽、原材料和燃料

通过节约用水、用汽、原材料和燃料等也可直接或间接地实现节电的目的。

4、有条件的情况下力求采用经济规模的生产线

众所周知，达不到经济规模的产量往往在市场上没有竞争能力，其中包含有电耗相对高的产品成本因素。

5、仔细核算工艺指标、合理配套设备

工艺流程中的输入和输出参数应基本平衡，合理确定设备的正常能力及适当的余量。在充分考虑生产的发展前景的同时，也应谨慎审视过大的一次性预留长期的发展余量是否恰当，不然会造成设备长期低效率运行和电耗加大，在经济上不划算。经验证明大部分主体设备投产后，想要改造就相当困难了，改造和更换设备总的费用更多。

特别值得注意的是对于供货商提供的设备技术数据中有无过于保守偏大的参数，应该核算清楚而不应该轻易采用。

6、建立必要的能耗检测和自控系统

采用可编程序控制器（PLC）或集散控制系统（DCS）以及常规仪表为辅对生产过程进行精确地检测和节能控制、在用电峰谷期利用物料储存设施自动调度用电程序，均可实现节电的效果。

7、开展设备调查，合理组织生产

开展设备调查可以摸清节能方面存在的问题和潜力，有利于进一步采取有的放矢的节电措施。

二、热电联产

从国家的整体利益和节约能源的根本原则，国家关于企业自备热电站的建设有明确的以热定电和热电比限值的政策规定。

现在有些造纸企业建设自备发电站的条件不符合国家上述政策，而完全是因为自发电的成本比外购电价低可以节省眼前电费为目的。有个别厂家甚至采用柴油发电用于补充正常的生产用电。从本企业的利益考虑可能很合算，但是却违背了国家的整体利益和节约能源以及环保的长远方针。煤、油燃尽一去不复还，不像水那样还可以回收。

例如用电量为 4 万千瓦的 BCTMP 或 APMP 木浆厂，由于不依“以热定电”以及其热电比明显很低，假使单位千瓦电的煤耗比大电网的煤耗大 40 克，每年就要多消耗 1 万多吨煤。

再从技术上深入分析，热电联产与地区电力系统并网，依靠电网教强的电源储备能力和运行质量使运行更可靠、用电用汽更灵活，还可免去一整套自备发电系统本身的备用设施所需的财力、物力和人力。因此，如果仔细算账独立自发电的长期经济利益是没有好处的。所以在国外电网发达的国家，机械木浆类和侧重抄纸的工厂，其主要的正常用电量是由电网供电。

三、电动机配置

1、提倡采用节能型高效电动机

自 20 世纪 90 年代以来，国内已生产出符合产品质量标准的 YX 等系列高效电动机，这些新系列电动机比 Y 系列电动机的平均效率高，但平均价格也高。国内一年多以前该系列高效电动机的年产量已达 300 万台以

上(有南阳、上海、北京、河北、清江、重庆等电机厂生产)。

目前由于高效电动机还很不普及,价格未能更大幅度的降低,显然对于我国的节电很不利。当然也有推广很有成效的行业,例如石化(大庆、胜利、燕山等)、纺织行业采用高效电动机的比重达到40%~50%以上。

根据技术经济比较分析,年最大负荷利用小时数超过5000小时、用电负荷率超过50%的企业,提倡选用高效节能型YX系列电动机的效果是经济合理的。造纸行业的年最大负荷利用小时数超过6000小时、用电负荷率超过50%(现代化的纸厂的负荷率可达到70%左右),更应该采用新系列节能型电动机,可获得明显的经济效益。

2、合理采用660伏或690伏的低压电动机

对于大中型制浆造纸厂,其用电量大、单台容量大的电动机多、车间大、配电线路长,从技术经济比较的结果可知,在这种情况下额定功率为250~800千瓦的电动机采用660伏或690伏额定电压的方案通常是有优势的。功率再大的则采用高压电动机。根据国外一些纸厂工程项目的资料介绍,采用690伏取代400伏的供电方案,一般可节省电气装置的投资约5~10%。

近十几年来在欧洲已有很多大中型纸厂采用690V的电压等级。目前国内以及在东南亚国家已有些大中型纸厂开始部分采用这种电压等级。

在国内的一些煤矿、石油化工厂和大型发电厂等早已采用660伏或690伏电压供电的方案。

660伏和690伏是与380伏和400伏的额定电压相对应的。我国现在的标准电压是380伏,而IEC(国际电工委员会)的标准电压是400伏。

额定电压为380伏的电动机的接线端子本来就有三角形和星形接法;三角形接法为380伏(或400伏),而星形接法则变为660伏(或690伏)。总之,同一台电动机均可接出两种电压等级,不需要结构上的任何改动、其额定功率、绝缘水平等完全一样,只是其额定电流变小3倍(380/660伏之比),相应地其电能损耗也变小,其他方面的变化详见下表所示。

目前国内一些生产厂家可提供额定电压为400伏的全系列额定功率的电动机,所需的附加费用很少或甚至不加。

国内有些造纸企业限定一部分功率范围以及变频调速的电动机采用660伏或690伏额定电压,其余的仍用380伏额定电压,这种方案的合理性缺乏科学依据,还增加了电压等级,相应增加不同规格的配电变压器和开关设备以及其备品备件。

3、高压电动机的额定电压

现在国内造纸厂常用的高压电动机的额定电压是6千伏和10kV。

3千伏电压等级现在国内不列为标准供电电压,但仍是高压电动机的额定电压系列之一。

在欧洲等国家有不少造纸厂采用3千伏电动机(包括新建厂)。国内一些电厂厂用电采用3千伏中小容量电动机。因此,选用3千伏、6千伏或10千伏电动机需对设备投资、运行费用和节能方面进行技术经济分析比较才能得到合理的方案。

三种额定电压的电动机在技术经济方面的特征如下:

表1　　三种额定电压电动机技术经济与特征

电动机的额定电压/千伏	3	6	10
设备价格	较低	中等	较高
平均电耗	较高	中等	较低
应用场合及特征	1.这种电压介于低压电动机和6千伏电动机的适用范围之间。高压变频调速电动机有不少用3千伏 2.当供电电压为10千伏时,需增设10/3千伏变压器	1.采用的功率下限与所采用的低压电动机的额定电压、供电变压器的容量、起动方式衔接适当 2.当供电电压为10千伏时,需增设10/6千伏变压器	目前尚无10千伏变频调速用的电动机。

4、采用变频调速装置

现在交流变频调速控制的技术已很成熟,在国内包括纸厂在内的许多行业的应用已较普及,其技术经济效益的分析评估表明,通常符合下列条件时适宜采用变频调速:

(1)造纸机、浆板机、复卷机等需要无极调速的设备;

(2)正常运行时设备的流量、压力变化较大,以及年生产最大利用小时数超过3000小时、负荷率超过50%的泵和风机等设备。

造纸厂有不胜枚举的许多生产设备在正常运行时其流量、压力、速度变化较大,而且有的变化较频繁,其

中泵和风机类数量最多。此类设备如果采用变频调速控制即可节省大量的电耗和运行费用。采用变频调速和传统的节流阀(包括采用其他类似的低效控制例如档板、电磁转差离合器等)控制对比的情况见以下示例图。从图中可知,当流量下降为 Q2 时,采用变频调速所需的功率 P2 显著低于采用节流阀控制所需的功率 P3。

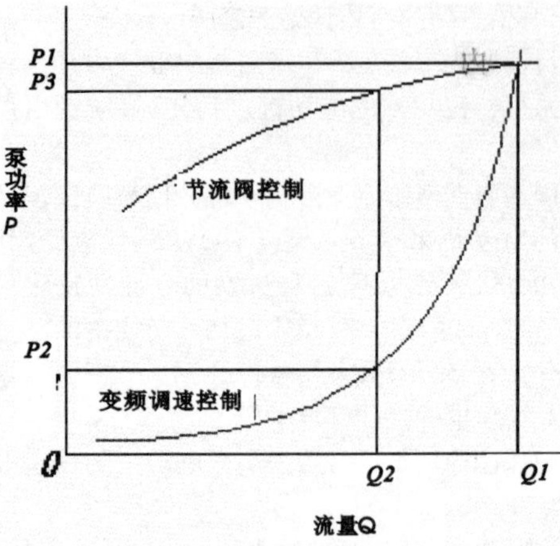

此外,采用变频调速装置,操作控制和维护方便、控制精度高。风机、泵类采用变频调速比上述传统的调节流量和压力的办法一般可节电 20%~30%。采用变频调速所需增加的投资通常可在 2~3 年内回收。

选定风机、泵类的流量和压力尽可能接近工艺所要求的参数。

5、交流传动和直流传动对比

直流调速传动比交流变频调速传动的效率低 2%~3%、功率因数低、电耗大、需用冷却通风机的功率大、运行维护费用高。

因此,从改善运行的可靠性、方便维护、减少电耗和运行费用的角度,新装的或原有电气传动的改造应采用交流变频调速装置。现在国内的造纸厂已普遍采用交流变频调速传动替代直流调速传动。

6、采用同步电动机的优势

对于不需要调速(恒速)、低速运行、大功率的机械设备通常宜采用高压同步电动机。

采用同步电动机比异步(鼠笼型、绕线型)电动机的价格贵,但是同步电动机的优点是可以调节其功率因数,因而可顶替相当容量专门作为无功功率补偿的电容器组,即可节省电容器组及其开关设备所需的投资和可观的运行费用。

大功率盘磨常用 10 千伏同步电动机。其他类似大功率的设备是否采用同步电动机则需进行技术经济比较分析。

四、供配电系统

1、高压供电电压的选择是工厂供电系统的基础和节能的核心之一

电压的选定直接关系到供电的技术经济合理性以及节电的效果。

工厂建成后要扩建到一定生产规模时可能会遇到原先的供电压等级满足不了供电容量和供电距离的要求。此时供电电压非改不可,否则技术上行不通,经济上和节能方面损失大,但是改造工程往往比较复杂而且也很困难,这个问题应该吸取教训。因此,供电系统及其供电电压的选定应考虑到企业较长期的发展规划。

例如有个刚建成的用电量近 4 万 kW 的纸厂原先的供电电压为 10 千伏,若干年后扩建用电量为 3 万 kW 的生产线。本应采用 35 千伏的供电电压较为合理,如果继续采用 10 千伏的电压等级则每年要增加 10 万 kWh 以上的电耗。

以下列出的供电电压的供电范围仅供参考估算用,实际工程的应用应结合具体的条件,诸如地区电源的情况、线路的型式和规格、电价、设备材料费用等因素经过技术经济比较后确定。

表 2　　供电电压的供电范围

线路标称电压/千伏	供电容量/kW	供电距离/km	备注
10	2000	<6	架空线、电缆
	5000	<1	电缆
	10000	<0.2	电缆
35	10000	<20	架空线、电缆
	30000	<2	电缆
	50000	<1	电缆
110	50000	<150	架空线、电缆
	100000	<40	电缆
	200000	<10	电缆

很多年以前国内地区电网的供电电压已不采用 6 千伏等级的标称电压。厂区内的高压供电电压考虑到生产的发展、节能以及与地区电网的连接等的原因,一般情况下不推荐采用 6 千伏的电压等级。

2、变配电所、自备发电站的布局尽可能接近负荷中心

变配电所、自备发电站靠近负荷中心意味着可缩短供配电线路的总平均长度,从而减少电能损耗达到节电的目的,同时还可节省工程投资和运行费用,提高供电的可靠性。

假使总用电量为 3 万 kW 的纸厂,其低压配电室到

主车间负荷中心的平均距离每缩短10米,则可节省年电耗16万kWh以上。

3、备用变压器或备用供电回路平时投入运行

不论备用变压器和备用供电回路收取基本电费与否,平时投入运行(分列或并联运行)因其总的阻抗减小,电耗随着降低。

例如负荷为3万kW的由一用一备的10千伏回路供电,如果改为两回路(线路截面相同)同时供电,则每年可减少电耗9万千瓦·时以上。

4、选用新节能型变压器,确定变压器合理的负荷率

根据变压器节能效率经济评价,综合了变压器的投资价格、空载和负载损耗、负荷率、年最大负荷利用小时数和电价等因素计算出来的综合能效费用,即可选定变压器的系列型号和经济合理的额定容量,从而获得综合费用最小又节能效果好的结果。

选用新节能型S11(采用冷扎,卷铁芯)、S10(密闭型)系列取代目前常用的S9系列的油浸式变压器,或采用SC10系列取代SC9、SC8系列环氧树脂绝缘干式变压器通常是可取的。S15、S16、SH系列(采用非晶合金铁芯)变压器的技术性能更加优良,但目前的价格较贵,选用时应注意进行经济比较。

上述新系列比S9系列的变压器的平均空载损耗降低20%左右。

假使变压器总安装容量为5万千伏·安的造纸厂按照上述效能经济评价法选用S11替代S9系列变压器,年电耗可减少80万千瓦·时以上。

此外,减少了变压器的电耗的同时还可节省无功功率补偿所需的电容器组的投资费用。

按照这个方法,对于同一负荷选用不同的变压器额定容量和不同的变压器系列型号进行比较后得出经济节能的方案。

但是上述方法是按两部电价中最大负荷收取基本电费为前提。倘若按变压器的额定容量收取基本电费的情况下,可能会得出相反的结论。

现行的两部制电价包括电度电价和基本电价,电度电费是按照实际用电的每千瓦·时定价收取,而基本电费是按照用户变压器的安装容量或最大负荷用电量的每月每千伏·安定价收取。问题就在于基本电费如果按照变压器的安装容量计算就不合理,因为不管变压器的实际负荷大小甚至包括备用变压器平时不带负荷也要按其额定容量收取电费。因此,根据等效经济评价法选用容量稍大的变压器或选用技术性能更好的节能型变压器,虽然可以显著地节约电能,还可以节约年运行费用,然而用户却要被征收过高的基本电费而无法忍受,这是违背当前国家号召各行各业千方百计地大力节约能源的政策。根据电力市场的公平原则,基本电费按实际最大负荷收取较为合理。

5、无功功率补偿,提高功率因数

提高功率因数可以提高发电和供电能力,减少供电设备和线路的电能损耗。

提高功率因数最经济有效的方法,首先要尽可能提高用电设备的自然功率因数。提高用电设备的自然功率因数的主要措施是合理地选用电动机和变压器的型式和容量。

一般造纸厂的自然功率因数为0.77左右,如果电动机和变压器的选择不合理,则其自然功率因数可能下降为0.7以下。采用装设电容器组或同步电动机进行补偿到0.9时可节省电耗和电费3.5%左右。

硫酸盐化学木浆厂、草浆厂和浆板车间的低压电动机占总用电量很大的比重。机械木浆类的造纸厂的高压电动机占总用电量的绝大部分,这些高压电动机通常采用大容量同步电动机。对于前者,应根据高低压电动机的分布,经过技术经济比较后确定分别采用高压和低压电容器进行无功功率补偿。一般中型硫酸盐浆纸厂的高压电动机约占总容量的10%20%,需要安装高压电容器才能在高压母线上的功率因数补偿后达到0.9以上。如果纸厂设有自备热电站,如此较小的补偿容量通常可由发电机自行补偿。

此外,对于大容量的电动机通过方案比选,可采用在配电母线上集中补偿或机旁就地补偿的方式。采用就地补偿的效益最好,但要考虑其设备造价、运行特性和环境条件。

五、照明

1、为贯彻照明节电,不应超过国家强制性规定的单位面积照明安装功率限值和照度标准

我国和几个国家规定的单位面积照明安装功率限值对比(对应于$100l_X$)见表3。

表3 单位面积照明安装功主限值对比

国家和地方	中国	美国	日本	俄国	北京(地方标准)	上海(地方标准)
瓦/米^2	3.60	3.23	4.00	6.25	4.00	7.50
百分比/%	100	89.7	111	173.6	111	208.3

从上表可知，根据我国目前还不算高的国民经济水平，规定的照度标准既然已超过或接近国民经济最发达的国家的标准，即便如此通过实际调查发现有些地方还超出了此规定的限值。

目前国内大多数老的造纸企业的照明用电未达到上述限值，但是照明用电的浪费现象还是比较普遍的；20世纪八九十年代有不少新设计的造纸厂的照明安装容量已超过上述指标。

例如一个新建成的纸厂，全厂总建筑面积为12万 m^2，其安装功率约折合 $9W/m^2$，相当于平均照度约 $250l_x$。即使与平均照度 $200l_x$ 的标准相比，每年可节省电耗约140万kWh。

国家标准《建筑照明设计标准》(GB50034－2004)规定制浆造纸工业一般照明照度标准如下表：

备料工段	$150l_X$
制浆、打浆、碱回收车间	200
抄纸、复卷	300
选纸	500
泵房、锅炉房、风机房	100
压缩空气站	150
发电、配电室	200
一般控制室、一般试验室	300
主控制室、精细试验室	500
大件机电仪修	200
一般机电仪修	300
精细机电仪修	500
大件仓库	50
一般件仓库	100

从目前总体国情来看，上述设计指标似乎偏高。

2、积极大力推广采用节能型照明光源器材

我国节能灯目前的产量已列为世界第一，出口量也占我国总产量的70%，但是遗憾的是国内目前采用节能灯的普及率还较低。节能型照明器材包括：直管荧光灯、紧凑型荧光等、高强度气体放电灯以及高效的灯具和镇流器等。采用节能型灯与非节能型灯一般可提高光效10%以上。以上面提到的纸厂为例，全厂照明的安装容量约为全厂总用电量的3%左右，若换用节能型灯每年可节电约45万千瓦·时以上。

3、节能型照明器的应用

(1)高度为4～4.5米的建筑物无特殊要求的场所通常采用荧光灯。在特殊情况下可采用

功率不应大于100瓦的白炽灯。节能灯代替白炽灯可节电30%～50%；

(2)高度4.5米以上的建筑物无特殊要求的场所通常采用高强度气体放电灯，诸如金属卤化物灯、高压钠灯。高压钠灯比金属卤化物灯的光效好、寿命长、价格低，但显色性差；

(3)推荐采用细管径(26毫米)的直管荧光灯，光效更高。目前以T8系列替代T12系列，今后进一步要推广为T5系列(光效提高15%～20%，应采用电子镇流器)。

(4)镇流器的分类见表4。

表4　　镇流器分类

镇流器的类型	镇流器功耗/W	功率因数	预期使用寿命/年	价格
普通电感镇流器	9	0.5	10～20	低
节能电感镇流器	4.5－5.5	0.5	15～20	中
电子镇流器	3.5	0.9－0.98	3～10	高

采用节能型电感镇流器比普通的电感镇流器，使灯的系统功率消耗降低8%，性能可靠、无电磁干扰、谐波含量小于10%，但价格较贵，一般可在一年内回收所增加的费用。电子镇流器更适宜于视觉要求高，无闪频的连续作业的场所或要求安静的场所，其谐波含量小于20%。用于大于150瓦高压钠灯的电子镇流器目前运行经验不够充分，节能效果不明显，但今后会有更大的优势。

(5)功率因数较低的照明器应在配电回路上安装补偿电容器，可降低电耗。

(6)各种产品五花八门，选用时要注意具体产品的规格和性能，制造厂家应提供必要的光照曲线。

(7)尽可能减小三相供电回路负荷的平衡度以减少电耗：电压不平衡导致电耗剧增。不平衡度增加2%，电耗增加8%；不平衡度增加3.5%，电耗增加25%；不平衡度增加5%，电耗增加50%。

(黄妙庆)

纤维原料与化工原料

FIBROUS AND CHEMICAI MATERIALS

6

中国造纸工业纤维原料结构现状

The structural status of fibrous materials used in China's paper industry

纤维原料是造纸工业的物质基础，纤维原料的种类、数量与质量不仅关系到造纸工业的品种、质量和发展速度，而且对造纸工业企业的规模、采取的工艺技术装备路线、污染的治理和济效益等都有着决定性的影响，原料结构的调整关系着整个造纸工业的调整。为加快我国造纸产业结构优化升级，为实现造纸工业现代化和可持续发展，对造纸工业原料结构加快实施战略性调整是造纸工业调整中的重中之重，具有现实的紧迫性和十分重要的战略意义。

1995年以后，在我国造纸工业"九五"和"十五"发展规划中明确提出：逐步实现以木材纤维为主，扩大废纸回收利用，合理使用非木纤维的原料结构调整的战略思想，并努力创造条件去实施。但是，我国是一个森林资源短缺的国家，据第六次全国森林资源清查结果，全国森林总面积1.74亿公顷，居世界第五位；森林蓄积量124亿米^3，居世界第六位；森林覆盖率18.21%，居世界第130位；人均占有森林面积0.132公顷，居世界第134位；人均森林蓄积量9.421米^3，居世界第122位。近10年来，全国木材供给能力持续下降，森林资源的质量和数量均远不能满足生产和生活的需要。

为了促进林纸结合，推动造纸工业原料结构调整，2001年原国家计委、财政部、国家林业局颁发了《关于加快造纸工业原料林基地建设的若干意见》，2002年国家批准的林业六大重点工程中的《重点地区速生丰产用材林基地建设工程》正式启动，2003年《中共中央国务院关于加快林业发展的决定》正式发布，2004年国家发改委举行《全国林纸一体化工程"十五"及2010年专项规划》新闻发布会，从此造纸工业原料结构工作迈上新台阶。

从1990年至2005年间造纸工业纤维原料结构有了明显的变化。在总用浆量中，木浆比重由1990年的14.6%上升到2005年的22%，废纸浆比重由1990年的8.2%上升到2005年的54%，非木浆比重由1990年的57.2%下降到2005年的24%见表1。

表1　　**1990—2005年造纸工业各类纸浆比例**

	1990年		1995年		2000年		2005年	
	万吨	%	万吨	%	万吨	%	万吨	%
纸浆消耗量	1393	100	2259	100	2791	100	5200	100
(1)木浆	204	14.6	283	12.5	535	19.1	1130	22
其中：国产木浆	150	10.7	201	9.2	200	7.1	371	7
进口木浆	54	3.9	82	3.3	335	12.0	759	15
(2)非木浆	797	57.2	1136	50.3	1116	40.0	1260	24
其中：苇(芒)浆	86	6.1	87	3.9	100	3.6	130	2.5
竹浆	15	1.1	32	1.4	30	1.1	120	2.3
蔗渣浆	26	1.9	29	1.3	30	1.1	65	1.2
禾草浆	602	43.2	870	38.5	862	30.9	830	16
棉、麻浆	44	3.2	19	0.9	20	0.7	15	0.2
其他浆	24	1.7	99	4.3	74	2.6	100	1.8
(3)废纸浆	392	8.2	840	37.2	1140	40.9	2810	54
其中：国产废纸浆	371	26.7	797	34.0	843	30.3	1448	28
进口废纸浆	21	15	73	3.2	297	10.6	1362	26

造纸纤维原料消耗总量中,长期以来木材用量很少,但2005年增长迅速;芦苇、蔗渣原料用于造纸长期处于停滞不前的状态;竹子用于造纸近年有较大幅度增加;国内废纸资源总量大,但质量不高,回收率很低;麦草资源丰富,但用于造纸用量呈下降趋势。造纸纤维原料消耗结构见表2。

表2 主要造纸纤维原料消耗结构 单位:米^3、万吨

原料种类	1990年用量	1995年用量	2000年用量	2005年用量
(一)木纤维				
其中:木材	673	905	900	1670
进口木浆	54	82	335	759
(二)非木纤维				
其中:芦苇(芒秆)	214	218	250	325
竹子	39	80	75	300
蔗渣	64	73	75	163
稻麦草	1505	2175	2155	2075
棉、麻、废布	56	24	25	19
其他原料	60	248	185	250
(三)废纸	490	1050	1425	3513
其中:国产废纸	463	959	1054	1813
进口废纸	27	91	371	1700

注:木材量=木浆×4.5;非木材纤维用量=非木浆×2.5;棉、麻、废布量=棉、麻浆×1.3;废纸量=废纸浆×1.25。

(黄润斌)

中国的人工林建设

The construction of plantation in China

一、2005年全国造林完成情况

2005年，全国计划造林462万公顷，实际完成364.80万公顷，完成年计划的78.96%，比上年减少34.84%。2005年全国造林计划完成情况见表1。

在全年完成的造林面积中：

按造林方式分，人工造林323.16万公顷，比上年减少35.61.%，占全年造林的88.59%；飞播造林41.64万公顷，比上年减少28.11%，占全年造林的11.41%。按造林方式分，2005年造林面积与2004年比较情况见图1。

表1　　2005年全国造林计划完成情况　　单位：万公顷

	2005年计划	2005年完成	完成计划/%	2004年完成	比2004年增减/%
造林面积	462.00	364.80	78.96%	559.81	-34.84
其中：					
人工造林	392.00	323.16	82.44%	501.89	-35.61
飞播造林	70.00	41.64	59.49%	57.92	-28.11

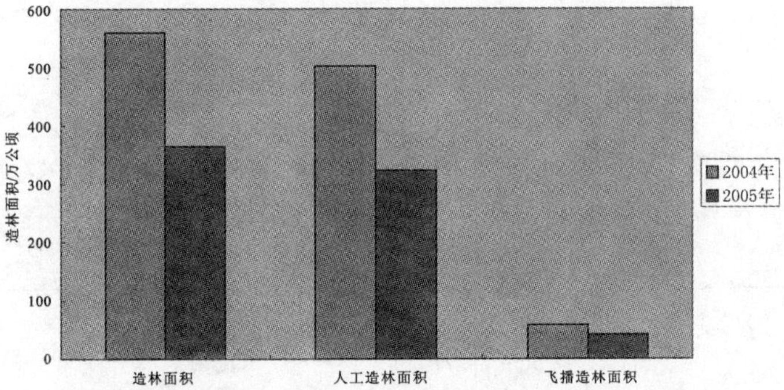

图1　2005年造林面积与2004年比较

按林种用途分，用材林、经济林、防护林、薪炭林、特种用途林完成造林分别为60.75万公顷、33.78万公顷、267.82万公顷、1.61万公顷和0.83万公顷，分别占全部造林面积的16.65%、9.26%、73.42%、0.44%和0.23%。与2004年相比，防护林比重下降了1.8个百分点，用材林比重上升了1.09个百分点，经济林比重上升了1.1个百分点，薪炭林比重下降了0.45个百分点，特种用途林比重上升了0.06个百分点。生态公益林(防护林和特种用途林)造林保持较高比重，占全部造林面积的73.65%。2005年造林林种结构示意图见图2。

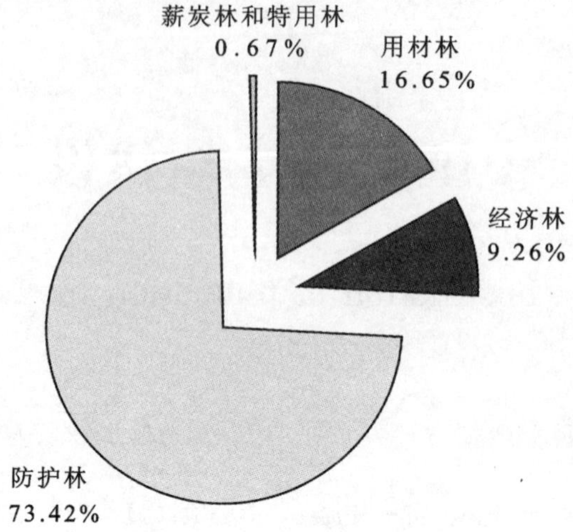

图2 2005年造林林种结构示意图

按经济成分分,公有经济造林156.92万公顷,其中,国有经济造林77.85万公顷、集体经济造林79.07万公顷;非公有经济造林207.86万公顷,分别占全部造林面积的21%、22%、57%。2005年不同经济成分造林面积比例示意图见图3。

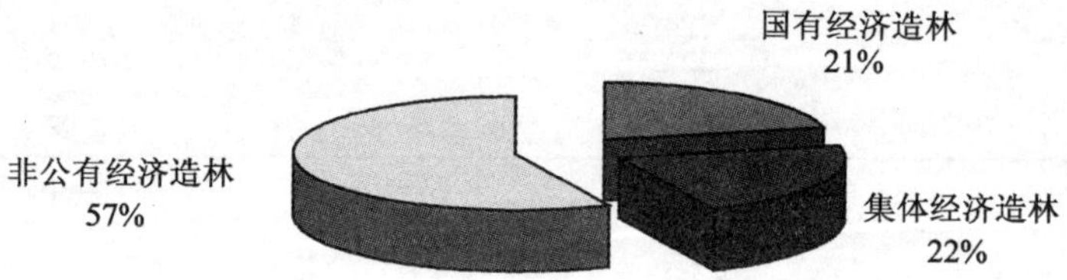

图3 2005年不同经济成分造林比例示意图

按省、自治区、直辖市分,全年造林面积位居前三位的是内蒙古自治区、河北省和甘肃省,分别完成造林38.38万公顷、30.47万公顷和24.76万公顷。各地2005年造林情况与2004年比较见表2。

表2 各地造林面积2005年与2004年比较 单位:万公顷

省区市	造林面积		
	2005年	2004年	增减/%
全国合计	364.80	559.81	-34.84
北京	1.22	3.15	-61.27
天津	0.36	0.48	-25.00
河北	30.47	41.41	-26.42
山西	14.03	31.75	-55.81
内蒙古	38.38	63.09	-39.17
内蒙古集团	0.34	0.41	-17.07
辽宁	12.65	13.59	-6.92
吉林	3.10	5.72	-45.80

续表

省区市	造　林　面　积		
	2005 年	2004 年	增减/%
吉林集团	0.02	0.10	-80.00
黑龙江	8.47	15.62	-45.77
龙江集团	—	1.82	-100.00
上海	0.38	1.13	-66.37
江苏	5.47	6.44	-15.06
浙江	2.03	2.09	-2.87
安徽	3.61	5.44	-33.84
福建	2.42	1.63	+48.47
江西	4.76	5.81	-81.93
山东	14.11	26.27	-46.29
河南	18.67	27.39	-31.84
湖北	17.79	16.25	+9.48
湖南	13.65	33.38	-40.89
广东	1.83	4.00	-54.25
广西	12.40	17.07	-27.36
海南	3.24	3.54	-8.47
重庆	10.93	10.72	+1.86
四川	24.19	37.01	-34.64
贵州	13.56	17.71	-23.43
云南	20.79	22.82	-8.90
西藏	1.35	2.48	-45.56
陕西	19.86	56.49	-64.84
甘肃	24.76	36.79	-32.70
青海	4.67	5.25	-11.05
宁夏	11.29	16.26	-30.57
新疆	16.31	20.60	-20.83
新疆兵团	2.61	2.95	-11.53
大兴安岭	—	—	—

注:全国合计造林面积中包括军事管理区 80000 公顷人工造林。

按林业重点工程分,2005 年林业重点工程共完成造林 311.94. 万公顷,占全国造林的比重为 85.51%,比 2004 年下降 0.28 个百分点,非重点工程造林比 2004 年上升 0.28 个百分点。在全部造林面积中,天保、退耕(不含京津风沙源退耕)、京津风沙源、三北及长江流域、速丰林工程造林面积分别为 42.48 万公顷、189.84 万公顷、41.85 万公顷、36.82 万公顷和 0.95 万公顷,分别占全部造林面积的 11.65%、52.04%、11.47%、10.09%和 0.26%。2005 年各地区林业重点工程造林情况见表 3。

表 3　　2005 年各地区林业重点工程造林面积及比重　　单位:公顷

地区	全部造林面积	重点工程造林面积						其他造林面积
		合计	天然林保护工程	退耕还林工程	京津风沙源治理工程	三北及长江流域等防护林建设工程	速生丰产用材建设工程	
占全部造林面积	100.00%	85.51%	11.65%	52.04%	11.47%	10.09%	0.26%	14.49%
占重点工程造林面积		100.00%	13.62%	60.86%	13.42%	11.80%	0.30%	
全国合计	3647942	3119366	424808	1898360	418507	368202	9488	528577
北京	12186	6752			4919	1833		5434
天津	3591	3591			133	3458		
河北	304766	276485		103341	139405	30196	3543	28281
山西	140260	136869	1266	47339	68931	19333		3391
内蒙古	383833	377652	67594	104939	205119			6181
内蒙古集团	3434							3434
辽宁	126489	126489		100453		26036		
吉林	31049	27917		17583		10334		3132
吉林集团	164							164
黑龙江	84661	84604		65737		17261	1606	57
上海	3827							3827
江苏	54687	16295				16295		38392
浙江	20341	5718				5718		14623
安徽	36095	25786		17026		8760		10309
福建	24218	3358				3358		20860
江西	47589	39128		33332		5796		8461
山东	141141	8868				8868		132273
河南	186715	123102		100233		22869		63613
湖北	177946	139209	4483	123044		11682		38737
湖南	136479	133064		125166		4031	3867	3415
广东	18337	3206				3206		15131
广西	123970	91050		82261		8317	472	32920
海南	32380	18224		16651		1573		14156
重庆	109272	104672	4004	100668				4600
四川	241883	227532	113943	113589				14351
贵州	135597	130925	3414	113343		14168		4672
云南	207923	164003	70453	85417		8133		43920
西藏	13488	6859	2037	4471		351		6629
陕西	198853	194634	125393	62454		6787		4219
甘肃	247601	247601	26606	207640		13355		
青海	46748	46415	1271	38177		6967		333
宁夏	112924	112924	4344	82380		26200		
新疆	163053	156433		73116		83317		6620
新疆兵团	26063	22655		10659		11996		3408
大兴安岭	40							40

注:退耕还林工程中包括军事管理区 80000 公顷荒山荒地造林。

重点地区速生丰产用材林基地建设工程与造纸业发展关系密切。2005年完成工程造林(包括荒山荒地、采伐迹地、非林业用地造林)16720公顷、定向改培5784公顷。按地类分、按投资主体分、按培育目的分、按树种分的速生丰产用材林基地建设工程完成情况见表4。

表4　　2005年重点地区速生用材林基地工程建设情况

指标名称	单位	本年实际
一、各种地类造林面积	公顷	16720
1、荒山荒地造林面积	公顷	9488
2、迹地造林面积	公顷	2487
3、非林业用地造林面积	公顷	4745
各种地类造林面积按投资主体分:		
1、林场(国有、集体)造林面积	公顷	341
2、龙头企业造林面积	公顷	2942
3、外资造林面积	公顷	10007
4、农户造林面积	公顷	3346
5、其他主体造林面积	公顷	84
二、改培面积	公顷	5784
三、当年造林和改培面积按培育目的分:		
1、浆纸原料林	公顷	4665
2、人造板原料林	公顷	4509
3、大径级用材林	公顷	9534
4、其他工业原料林	公顷	3796
四、当年造林和改培面积按树种分:		
1、桉树、相思树	公顷	971
2、松树(南方)	公顷	1391
3、杉木、柳杉	公顷	877
4、杨树、泡桐	公顷	10625
5、落叶松	公顷	1710
6、红松、云杉、冷杉、樟子松	公顷	392
7、水曲柳、核桃楸、黄波罗、椴树	公顷	5392
8、其他	公顷	1146
五、全部林业投资完成额	万元	15410
其中:国家投资	万元	12120
六、本年资金来源总计	万元	9067
1、上年末结余资金	万元	66
2、本年资金来源合计	万元	9001
其中:地方配套资金	万元	1351
(1)国家预算内资金	万元	4431
其中:国债资金	万元	
(2)国内贷款	万元	1073
(3)利用外资	万元	2300
(4)自筹资金	万元	785
(5)其他资金	万元	412

二、主要特点

(一)全面总结“十五”期间的林业工作

“十五”期间是中国林业发展史上极不平凡的五年。党中央、国务院对林业空前重视,颁发了《关于加快林业发展的决定》,召开了全国林业工作会议,确立了以生态建设为主的林业发展战略。全社会对林业的认识不断深化,参与程度显著提高,林业事业取得了举世瞩目的巨大成就。一是造林绿化事业快速发展。“十五”期间全国完成造林面积3108.90万公顷(其中完成人工造林2755.63万公顷,飞播造林353.23万公顷),比“九五”期间提高29.05%;人工林面积增加到5325.73万公顷,森林覆盖率由16.55%提高到18.21%。二是六大工程建设成效显著。启动实施了天然林保护、退耕还林、京津风沙源治理、“三北”等防护林体系、野生动植物保护和自然保护区及重点地区速生丰产用材林基地建设工程,使全国造林绿化形成了以工程造林为主体、社会造林和义务植树共同发展的新格局。六大工程的有效实施,显著改善了中国生态环境,为维护国土生态安全,促进农业和农村经济发展,扩大城乡就业,增加农民收入发挥了重要作用。三是林业产业取得了新的发展。木材、人造板、松香、家具等传统产业继续巩固,竹藤花卉、生态旅游、森林食品、森林药材等非木质产业迅速增长,野生动物驯养繁殖、生物质能源、生物质材料等一批新兴产业异军突起。产业布局得到优化,一些资源小省变成了产业大省。四是林纸结合取得了突破性进展。国务院发布了《全国林纸一体化工程建设“十五”及2010年专项规划》,经国务院批准,国家计委、财政部和国家林业局联合下发了《关于加快造纸工业原料林基地建设的若干意见的通知》(计办[2001]141号),企业建基地的势头迅猛,大批外资造纸企业进入中国林业领域,以纸养林,以林促纸,林纸结合,实现了造纸企业与林业行业共同促进共同发展。五是森林资源保护管理走上了法制化轨道。全国森林资源保护管理基本形成以实现森林可持续经营为目标,林权管理为核心,资源利用管理为重点,综合监测为基础,执法监督为保障的比较规范、稳定、有序的工作格局。完成了第六次全国森林资源清查,初步实现了由单一资源调查向森林资源和生态状况综合监测一体化的转变。六是林业发展的支撑保障能力明显增强。“十五”期间,林业资金投入大幅度增加,共到位各类建设资金2120亿元,是前50年投资总和的1.5倍,其中国家预算内基本建设投资389亿元(含国债投资),是“九五”的2.28倍;中央财政专项投入1270亿元,是“九五”的6.69倍。正式建立了中央森林生态效益补偿基金制度,确立了林业公益事业在公共财政支出中的合理地位,实现了从无偿使用森林生态效益向有偿使用森林生态效益的历史性转变。在国家税费体制改革中取消了对原木、原竹征收农业特产税,彻底解决了长期反映强烈的征税不合理问题,每年减轻林业税收负担14亿元。林业科技教育工作不断强化,取得重大科技成果1100多项,制定各类标准500多项。林业法制建设取得新进展,颁布了种子法、森林法实施条例、退耕还林条例等法律法规和19项部门规章。林木种苗建设得到加强。全国已建林木良种基地26万公顷,年种子生产能力2600万公斤,苗木产量达300多亿株,良种使用率达43%。

(二)确立了“十一五”期间林业工作总体思路和目标任务

在两个五年计划交替的关键时期,林业系统上下在认真总结前五年工作的同时,充分分析新时期的林业形势以及资源环境经济社会等对林业的多种需求,制定了“十一五”林业发展规划,确立了“十一五”期间林业工作思路、目标任务、布局重点以及相关保障措施。“十一五”林业工作的总体思路是:以邓小平理论和“三个代表”重要思想为主导,用科学发展观统领林业工作全局,深入贯彻落实中央林业决定,全面实施以生态建设为主的林业发展战略,加快推进传统林业向现代林业转变,着力构建林业生态和产业体系,实施工程带动,深化体制改革,强化科技创新,加强科学管理,转变增长方式,大力提高林业发展的质量和效益,不断开发林业的多种功能,满足社会的多样化需求,努力把中国林业推向又快又好发展的新阶段。“十一五”林业发展的目标任务是:力争到2010年,全国森林覆盖率达到20%,森林蓄积量达到132亿米^3,林业产业总产值12000亿元,新增沙化土地治理面积7333万公顷,50%的自然湿地和90%的国家重点保护野生动植物得到有效保护,自然保护区面积达到1.25亿公顷,森林公园达到2800处,商品材产量达到9980万米^3,人工林供材率达到70%,木材综合利用率达到70%,林分单位面积蓄积量达到6.2米^3/亩,为建设布局合理、结构稳定、功能齐全、效益显著的比较完备的林业生态体系和规模可观、品种丰富、布局优化、优质高效、竞争力强的比较发达的林业产业体系而努力奋斗。各地结合本地实际,制定了本地区“十一五”林业发展规划。山区面积占全省面积94%的云南省,“十一五”期间将建设117万公顷速生高产造纸工业原料林基地,木(竹)制浆能力达130万吨,纸和纸板100万吨,木材加工和人造板加工原料基地84万公顷,林化产业原料基地60万公顷,以核桃为主特色经济林133万公顷,建设森林药材、野生花卉等非木材产业基地14万公顷,竹藤产业基地33万公顷,森林生态旅游人数每年达770万人次。通过以上八大产业建设,实现林业总产值500亿元,为全省经济社会发展和农民增收作出新的更大的贡献。

(三)进一步加大用材林基地建设力度

一是国家林业局全力抓好速生丰产用材林基地建设工程。9月6日,下发了林贷发[2005]129号文件,出台了《国家林业局关于加快速生丰产用材林基地工程建设的若干意见》(以下简称《意见》)。《意见》共四部分十八条,系统阐述了加快速丰林工程建设的指导思想、目标、原则,明确了加快速丰林工程发展的国家扶持政策,提出了加快工程建设的六项措施。《意见》明确,要建立和完善速丰林采伐管理政策,切实减轻速丰林经营者的税费负担,落实国家有关速丰林贷款政策,充分利用国内、国外两个资本市场,多方筹集建设资金。《意见》提出,要加强对工程建设的组织领导;加快编制和完善省级工程建设规划,切实解决好速丰林基地工程建设用地问题;要尽快建立项目储备库,以项目为载体,切实推进工程建设;要创新管理机制,提高工程建设质量;要活化经营机制,转变经营理念;要加强舆论宣传,强化社会服务。9月中旬,国家林业局在河南省焦作市召开了全国重点地区速丰林工程建设现场会,副局长张建龙出席会议并讲话。张建龙副局长系统总结了工程启动以来的建设成绩和经验,全面分析了工程建设面临的形势和任务,明确指出了今后一个时期工程建设的指导思想以及搞好工程建设的要求。会议期间,来自18个工程重点省区的100多名与会代表参观了焦作市温县和孟州市营造的高标准速丰林工程建设现场。焦作市、河北省衡水市、江西省宜春市、广西壮族自治区国有高峰林场、福建省永安市、湖南省泰格林纸集团等6个单位的代表分别从政府推动、企业拉动的角度进行了典型发言,交流了各自加快工程发展的经验。国家林业局筛选储备了100多个基地建设项目,完成了宁夏美利、湖南岳阳、广西钦州、河南濮阳、山东华泰集团、山东泉林纸业、安徽安庆等七个林纸一体化项目调研工作。二是各地有效指导用材林基地建设工作。随着《福建省林业厅关于鼓励企业办工业原料林基地的若干意见》的出台,福建省企业办原料林基地继续升温,今年全省企业参与办原料林基地的有110个,造林面积1万多公顷;针对森林防火和病虫害防治的严峻形势,树种结构调整力度加大,继续把营造阔叶树种和生物防火林带作为重点来抓。全省2005年营造阔叶树纯林和针阔混交林面积8万公顷,占造林面积的60%。其中以桉树为主的短周期工业原料林面积3万多公顷,营造香樟、乳源木莲、光皮桦、红豆杉、厚朴等珍贵和优良乡土阔叶树种1.5万公顷;营造以木荷、火力楠等为主的生物防火林带3229公里。海南省大力抓好浆纸林工程,制定了《2005年全省浆纸林工作方案》,在提高认识、制定优惠政策、多模式造林、协调金华公司工作、营造发展环境、科技兴林、组织领导等七个方面提出具体的工作意见。根据浆纸林项目规划要求,确定2005年全省浆纸林造林总任务4万公顷,省林业局以正式文件将任务下达各市县和农垦系统,要求采取切实可行的措施,抓紧时间落实林地和育苗备耕工作,采取多种形式造林,确保完成全年浆纸林造林计划,并抽调21名干部组成7个工作组分赴18个市县开展落实林地、指导造林、林地纠纷调处等工作。全省纸浆林工程累计完成造林11万公顷,其中2005年完成4万多公顷,创历史新高。广西壮族自治区发展短轮伐期速丰林已成为林业最具活力、最具潜力、最亮丽的一道风景线,形成了外资企业、国内企业、国有林场、股份制联合体、个体经济能人、机关干部职工、农户个人等不同所有制、不同层次蓬勃发展的局面,速生丰产用材林年度造林规模从2001年的8.8万公顷发展到2005年的15万公顷,速丰林面积占年度造林总面积的比重由2001年的24.5%上升到2005年的74.7%。三是外资企业纸浆林基地建设势头强劲。1995年以来,金光集团APP中国林务系统投资30多亿元用于速生丰产林基地建设,已涉及中国广东、广西、海南、云南、湖南、江西、河南、辽宁等省区,采取租金、分成、公司+农户等方式累计完成造林20多万公顷。金光集团APP高度重视造林过程中的环境保护和科学管理,采用先进的现代化经营管理方式,实现林浆纸一体化是金光集团APP的长期经营方针,而与地方实现双赢、走共同繁荣之路,则是APP中国林务不懈的追求。"以企养林、以林富农、植树造林、造福自然、制浆造纸、造福人类"是APP的经营理念。APP中国林务严格遵守国家法律和各地的乡规民约,尤其尊重少数民族的文化和风俗习惯,所到之处均与当地农民和政府签订了合法的林业用地承包或合作造林合同,强调当地政府和农民的参与。APP在建设林浆纸(板)项目的同时,也为当地带来了大量的就业机会和劳务收入,改善了当地农民的生活条件,增加了地方税收来源,实现了经济、社会、生态三大效益的和谐统一。

三、存在问题

(一)林权制度改革后配套法规制度建设滞后

南方集体林区目前实施的林权制度改革,在"明晰产权,减轻税负”上做了大量工作,但“放活经营,规范流转”上还有许多工作要做。如何加快改革,完善现行的森林资源管理政策特别是商品林采伐政策,遵循自然规律和经济规律,对经营主体依法放活经营;如何规范森林、林木和林地使用权流转程序,加强流转管理,健全森林资产评估机构、评估程序和标准;如何界定分林到户后林农森林经营管理的责任和义务,强化林业主管部门总体规划和具体的指导作用,以可持续经营为目标,引导和帮助林农科学经营森林资源,依法编制和实施森林经营方案,将经营目标和措施落实到山头地块;怎样建立由林业主管部门指导、乡政府领导、村民自治基础上的乡村联合、村组互动的林业“三防体系”等,国家和地方政府需加快出台配套的法规制度。

(二)林业社会化服务体系建设亟待推进

当前,农村信息化程度明显落后于城市信息化,林农的整体素质仍然较低,管理思想、管理手段落后,技术缺乏,信息不灵,经营规模小,粗放式经营,林产品技术含量低,附加值低。山林到户后应在政府职能和行政方式转换进程中,加速林业社会化服务体系建设,防止出现经营小农化倾向,在信息闭塞、产业滞后的山区,解决千家万户的小农经济与千变万化的大市场的联接问题;解决科技引领,提高素质,实现森林可持续经营的问题;进一步完善林业政策法规,建立富民、强村、维权的长效机制。林业主管部门要研究建立以信息服务为中心的社会化服务体系,从机构、职能和技术配置上,将信息流和物流网络逐步辐射到乡村。着力于培养、扶持农民自发组织的各类专业合作社和行业协会,发挥其中介作用,使其成为政府与经营者之间的桥梁;成为农民参与民主决策、开展科技活动、研究市场营销以及解决内部纠纷和维护合法权益的自治组织。

(三)造林设计、施工、监理等资质管理和审批缺乏法律依据

当前,林业重点工程造林要求由有资质的单位设计、施工和监理,实施项目管理。但是,随着《行政许可法》的实施,林业部门既没有营造林资质管理权限,也没有审批的法律法规依据,林业基层单位和大批在实践中发挥作用的专业造林队伍,无法解决资质问题,存在有资质不懂业务,懂业务又没有资格的尴尬现象。应加快立法进程,在森林法修订中明确营造林资质管理和审批的法律依据,做好与《行政许可法》的衔接。

(王恩苓)

全国木材类产品生产及进出口概况

The status for the production, importation and exportation for wooden products in the whole nation

一、2005年全国木材类产品生产情况

2005年全国木材产量5560.31万米^3，比2004年增长6.98%。在全部木材产量中，原木产量5022.86万米^3，比2004年增长6.60%；薪材产量537.45万米^3，比2004年增长10.76%。2005年全国人造板产量6392.89万米^3，比2004年增长17.38%；其中胶合板2514.97万米^3，比2004年增长19.84%；纤维板2060.56万米^3，增长32.05%；刨花板576.08万米^3，降低10.40%；人造板1241.28万米^3，增长8.46%。（据联合国粮农组织《2002FAO林产品年鉴》资料，美国2002年产量为4051.6万米^3）。

2005年全国松香产量60.66万吨，比2004年增长24.85%。松节油产量6.53万吨，比2004年增长23.16%。栲胶和紫胶产量比2004年降低约30%。

纸和纸板产量5600万吨，比2004年增长13.13%，国内木浆产量356万吨，比2004年增长49.58%。

2005年全国木材类产品产量详见表1。

表1　2004—2005年全国木材类产品产量表

产品名称	单位	2004年	2005年	增减情况
木材(timber)	万米^3	5197.33	5560.31	+6.98%
锯材(sawood)	万米^3	1532.54	1790.29	+16.82%
竹材(Bamboo)	万根	117710.76	115173.85	-2.16%
人造板(Wood - based Panel)	万米^3	5446.49	6392.89	+17.38%
其中：胶合板(Plywood)	万米^3	2098.62	2514.97	+19.84%
纤维板(Fibreboard)	万米^3	1560.46	2060.56	+32.05%
刨花板(Particleboard)	万米^3	642.92	576.08	-10.40%
其它人造板(Others)	万米^3	1144.49	1241.28	+8.46%
林化产品类(Forest Chemmical Product)	吨			
松香(Rosin)	吨	485863	606594	24.85%
松节油(Turpentine)	吨	52996	65272	+23.16%
栲胶(Extract)	吨	12113	7668	-36.70%
紫胶(Shellac)	吨	1117	779	-30.26%
纸和纸板(Paper & board)	万吨	4950	5600	+13.13%

二、2005年全国木材类产品进出口情况

2005年全国进口原木、人造板、纸和纸板等的折合量约为12708万米^3，比2004年减少10.44%，其中进口原木2937万米^3，比2004年增长11.90%；进口锯材597万米^3，与2004年基本持平。进口人造板129万米^3，比2004年减少20.30%，其中胶合板58万米^3，比

2004年减少25.15%；纤维板68万米³，下降16.65%；刨花板3万米³，增长21.34%。进口木浆752万吨，与2004年基本持平；进口纸和纸板527万吨，比2004年减少14.24%。2005年，我国进口原木、锯材、人造板、木浆及纸和纸板耗汇154亿美元左右，折合人民币约1200亿元。

我国的人造板、木家具及纸和纸板的出口也创出新高，全年出口创汇92亿美元，比2004年增长19.93%。2005年人造板出口达到464万米³，比2004年增长40.37%；其中胶合板出口554万米³，增长29.19%，扣除进口用外汇净创收156018万美元；纤维板出口96万米³，增长184.12%，扣除进口用外汇净创收16689万美元，该产品首次实现了出口量大于进口量。木家具出口14937万件，增长16.19%，扣除进口用外汇净创收458909万美元。木浆出口2万吨；纸和纸板出口212万吨，比2004年增长69.85%，增幅较大，是历年出口量最多的一次。由此可见，木家具、胶合板、纤维板这三种产品是国内仅有的几种出口量大于进口量的木材类产品，其它产品还维持着进口量大于出口量的局面。

2005年全国木材类产品进出口情况详见表2。

表2　　2005年我国木材类产品进出口情况表

	单位	进口量	进口金额/万美元	出口量	出口金额/万美元	进口木材类产品折合木材量/米³	出口木材类产品折合木材量/米³
原木	米³	29368019.00	324356.20	6927.00	204.05	29368019.00	6927.00
锯材	米³	5972633.00	150778.80	615324.00	27858.77	8540865.19	879913.32
单板	吨	113838.40	12123.80	78065.44	12853.36	379461.33	260218.13
胶合板	米³	583787.00	27589.90	5543359.00	183607.77	1459467.50	13858397.50
纤维板	吨	676821.80	22926.80	964618.69	39616.05	2082528.62	2968057.51
刨花板	吨	30689.40	834.00	5028.85	183.89	87684.00	14368.14
枕木	米³	81514.00	903.40	66548.00	280.45	116565.02	95163.64
木浆	吨	7519999.13	369483.00	20456.25	1072.80	33839996.09	92053.13
纸和纸板	吨	5267539.99	376137.10	2119364.13	192082.80	23703929.96	9537138.59
废纸	吨	17036169.70	245718.80	138.47	3.85	57922976.98	623.12
木家具	件	729211.00	6874.50	149369922.00	465783.22	34856.29	7139882.27
合计			1537726.30		923547.01	157536349.96	34852742.34

（刘国珍）

中国的竹产业

The bamboo industry in China

一、2005年全国竹业生产情况

2005年产竹省区(市)进一步贯彻落实《中共中央国务院关于加快林业发展的决定》和全国林业工作会议精神,全力谋划“十一五”期间的竹业工作,进一步加大竹林培育和竹纸结合力度,提高科技兴竹水平,改革完善竹林资源管理政策和竹产品收益分配政策,结合国家退耕还林、重点地区速生丰产用材林基地建设等林业重点工程建设,将竹业作为调整农业产业结构、促进农民增收的支柱产业,加快竹产业发展,为发展区域经济,增加农民收入做出了重要贡献。全年竹子造林面积87533公顷,比2004年增加6%;采伐毛竹72264.24万根,篙竹42909.61万根,小杂竹2401.44万吨,分别比2004年减少1.54%、增加18%以及减少69%;生产竹笋干463154吨,比2004年增加4%。2005年产竹省区(市)竹业生产情况见表1。

表1　2005年产竹省区(市)竹业生产情况统计表

省(区、市)	竹子造林面积/公顷	竹材产量			竹笋干产量/吨
		毛竹产量/万根	篙竹产量/万根	小杂竹产量/万吨	
全国合计	87533	72264.24	42909.61	2401.44	463154
山西	3228	—	—	—	—
江苏	168	546.41	8.93	1.14	686
浙江	1285	10838.93	867.15	20.31	142267
安徽	2789	5656.77	658.24	96.08	15865
福建	172	15675.00	10172.00	36.51	153497
江西	1598	5299.23	743.96	31.28	6921
河南	2	684.90	218.92	3.64	30
湖北	6511	1920.53	1095.15	88.72	3139
湖南	3011	9501.00	1388.56	145.48	20026
广东	-	2669.19	8510.35	425.85	17825
广西	1019	5743.21	13895.43	36.22	18770
海南	104	720.95	273.23	747.10	803
重庆	12880	153.17	0.19	46.14	5354
四川	20854	1556.84	475.60	505.88	62190
贵州	19582	310.48	—	17.30	9542
云南	13612	9565.10	4594.43	198.00	5555
西藏	—	—	—	0.01	—
陕西	718	1422.56	7.47	1.76	684

二、主要特点

(一)全力谋划"十一五"期间的竹业工作

国家林业局针对国家农业综合开发资金对竹林培育扶持力度不够的实际情况,在"十一五"农业综合开发林业发展规划中,将竹林培育与经济林、花卉并列,以争取加大农业综合开发资金对竹林培育的扶持力度。"十一五"期间全国拟争取农业综合开发资金扶持一批竹林培育示范县,加大竹林培育基础设施建设和对竹农技术培训力度,提升科技兴竹水平。各地全力谋划"十一五"期间的竹业工作。福建省发改委牵头组织编制的《福建省林纸一体化工程建设专项规划》提出,以林业基地建设为依托,以制浆造纸业发展为重点,重点布局建设含南纸、青纸、邵武中竹、将乐腾荣达等企业扩建和规划沿海大型新建项目在内的7个林纸一体化项目。到2015年,全省林纸一体化新增木浆生产能力200万吨以上,其中竹浆15万吨,造纸能力100万吨以上,累计建设造纸原料林基地面积116万公顷。2006—2015年,将着力培育和发展2个100万吨级的林纸一体化大集团公司,届时全省造纸总产量将达160万吨以上,浆纸产量达300万吨以上,福建省将建成我国南方重要的浆纸生产基地。四川省明确规划了建设百万吨竹浆工程,即到2010年,全省竹浆年生产能力达到100万吨以上和双"五百"竹林基地建设工程,即同步配套建设7个大规模成片竹林基地,使竹林基地总规模达到33万公顷(500万亩),形成年产500万吨鲜竹的生产能力。按照规划,2010年四川省竹林面积将达到80万公顷,年产竹材520万吨、鲜笋70万吨、竹浆120万吨,竹地板和竹编板各100万米^2,竹笋加工产品10万吨,竹业年产值达到100亿元以上,竹区竹业收入占农民人均纯收入的30%以上,变竹资源大省为竹业经济大省。云南省将竹藤产业列为全省"八大林业产业"之一,编制完成了《云南省竹藤产业发展总体规划》(2005—2020年),到2020年新增人工竹藤资源66万公顷,其中,竹浆原料林33万公顷,竹建材原料林13万公顷,藤产品原料林1.3万公顷,竹食品原料林18万公顷。新建或改扩建加工企业10~20个。竹浆、竹质人造板、竹笋加工、藤产品年生产规模分别达到100万吨、60万米^3、30万吨和10万件。建成相对成熟的产品流通市场,竹藤产业总产值达到130亿元。规划提出以龙头企业带动基地发展,基地发展促进龙头企业建设,龙头企业与基地同时发展,依据资源规模、布局,确定加工企业规模、布局;以竹浆产业为主导,竹建材、竹食品、藤产品综合发展,并以竹文化、竹建筑和竹化工新产品为补充,综合开发竹藤系列产品;政府投入引导性资金建立示范基地(重点项目),产业发展主要靠市场化运作,制定优惠政策拓宽融资渠道,加快推动全省竹藤产业发展。贵州省黔东南州"十一五"期间将建设6.7万公顷竹林基地,6.7万公顷桉树基地,2万公顷金银花基地,其中6.7万公顷竹林基地将使全州森林覆盖率提高4个百分点,为推动竹浆纸一体化奠定扎实的原料基础。

(二)加大竹林基地建设扶持力度

2005年福建省竹业工作继续实施项目带动战略。根据修订的《2005年竹业开发补助资金项目建设指南》要求,全省确定了20个县作为2005年度竹业开发补助资金项目建设单位,每个单位补助资金30万元,主要用于竹山道路开发、竹林灌溉设施建设、新造中小径竹和林农培训等补助。全省完成新造中小径竹3000公顷,开设竹山道路1650公里,新建丰产竹林2.7万公顷。邵武、浦城、顺昌、建阳等四个县(市)出台了部分资金补助政策,对种植中小径竹给予重点扶持,使闽北地区的竹种种类得到了有效调整。加大了麻竹、绿竹、雷竹、哺鸡竹、黄甜竹、台湾桂竹、苦竹、茶杆竹、高节竹等中小径竹育苗、种植、开发力度,力争满足竹产品市场多样化需求。湖南省毛竹示范基地建设顺利进行,在2004年省林业厅投入300万元的基础上,2005年又投入200万元用于示范基地建设。在省林业厅资金引导下,全省38个基地县投入资金1000多万元,建设示范基地2.5万公顷,取得了明显效果。年产竹浆35万~40万吨、占全国竹浆产量一半以上的四川省,竹浆造纸技术成熟,正加快扩大规模发展纸浆竹林基地,全省现有竹林面积53万公顷,其中人工竹林34万公顷,居西部省(区)之首,为竹产业发展提供了可靠的资源保证。四川省竹产业的加速发展,得益于国家西部开发政策的实施。天然林保护,退耕还林等工程为竹业基础产业的发展提供了有力的政策支持。国家将竹子列为退耕还林的生态林树种,在退耕还林计划内培育竹子可享受退耕还林相关政策,由于竹子是集生态、经济和社会效益于一体的最好的树种之一,农民在退耕还林中非常愿意种植竹子。近几年来,四川省退耕还林面积约为66万公顷,其中竹子栽培21万公顷。

(三)科技兴竹水平进一步提高

我国竹业科技研发和创新能力进一步提升。"十五"期间竹子研究开发项目列入了国家科技攻关、"863"、"948"项目;国家自然科学基金竹子项目从"九五"期间的6项增加到"十五"期间的25项。竹类研究取得国家和省部级成果50多项,在竹林培育、竹笋加工及综合利用方面申请的国家发明专利近200项。安徽黄山、广西大青山建立了国家级竹类种质资源库，四川长宁竹海建立了国家级自然保护区。国际竹藤组织也批准在安徽黄山建立世界竹种园。利用国债资金1400余万元，在川、皖、苏、浙等地，建立了7个竹子种质资源和良种基地。我国竹产业发达的浙江省加快培育竹业高新技术企业，成立了3家省级龙头企业竹子研发中心。竹子生物技术应用领域取得重大进展，南京林业大学研发的污水生物净化技术，以生物改性竹炭作为微生物载体，将城市河道污水中的各种污染物分解成二氧化碳和水等无害物质，使水质得到净化，属国际首创。我国竹类研究的科技进展，极大地提升了竹林整体经营水平。低产竹林改造、竹林分类定向培育等一批成熟、适用、高效的竹林培育技术，得到了广泛的推广应用。全国竹林集约经营比率达到40%，较2000年提高了10个百分点。特别是生物技术在竹类遗传改良、离体快繁、定向培育中的应用，推进了竹材人造板、竹浆造纸、竹纤维开发、竹藤家具、竹笋食品及竹炭、竹醋液的开发利用。自主创新和拥有自主知识产权的竹类技术，加快了竹业高新产品的产业化，拓宽了竹产品的利用领域。竹集成材、竹材饰面板、竹叶黄酮、竹纤维、竹炭、竹提取液等，已成为竹类开发的新兴产业，运用领域涉及了建筑、家具、造纸、包装、运输、食品、医药、保健、纺织、环保、化工等诸多方面。

(四)深化竹林林政资源管理改革

四川省宜宾市强化依法行政和依法治林，减少竹片经营中间环节，确保造纸企业竹料供给。贯彻《行政许可法》，严禁违法设定木竹经营许可证许可条件，简化审批程序；积极推动各区县建立竹业协会，实行行业自律、行业管理，整顿竹料经营市场；各级林业部门的公务员及负有行政管理职能的其他人员，一律不准参与竹(木)经营、加工活动；对竹农和经营者销售到宜宾纸业或市内其他企业的竹料，林业部门可在政策允许范围内下调“林业两金”征收费率，对销往市外的竹料，一律按规定的费率征收，鼓励和引导市内竹资源尽可能地销往宜宾纸业或市内其他企业。福建省尤溪县开通竹政绿色通道。对具备一定规模、年加工9寸标准原竹达3万根以上的竹材加工企业，予以扶强扶大。深化竹材采伐管理，取消毛竹伐区作业设计，由村或经营单位提出申请，办理采伐许可证，实行一村一证或一村多证。竹材加工企业用竹取消进仓检尺，不再填制检尺码单，凭缴纳的金费专用票据到木材运输办证窗口办理原料进仓手续。县内原竹、竹类半成品运输不再持证运输；竹业加工后的半成品、成品出县办理运输证件，由企业自行申报，到办证点办理运输证件。改变林业税费征缴办法，对竹材加工企业用竹采取核定制管理，根据加工企业机器设备、加工能力和资源状况等，核定每个企业年度用竹数量，毛竹育林费按核定的用竹量由企业一次性和或分两次交清；加工企业年加工原木达3万根以上的毛竹育林费减征10%～20%。竹政通道运行一年来，每根毛竹减征金额0.23元，全县竹农增收800万元以上。

(五)恢复竹地板产品出口退税政策

根据《财政部 国家税务总局关于调整出口货物退税率的通知》(财税〔2003〕222号)规定，从2004年1月1日起取消了部分木材产品的出口退税，其中包括海关商品代码的头四位“4409”章节项下的木材、木地板。由于当时竹地板没有单独的商品代码，与木地板一同归入“4409”章节中，使出口竹地板不能取得出口退税。2005年国务院税则委员会决定在《中华人民共和国进出口税则(2005年版)》的“4409”章节中增加竹地板商品名称，税则号为“44092011”，将木制地板与竹制地板加以区分。为体现出口退税政策的调节作用，2005年5月23日财政部、国家税务总局发出关于出口复合竹地板有关事宜的通知(财税〔2005〕93号)，恢复了竹地板产品出口退税政策，对税号44092011项下的“一边或面制成连续形状的其他竹地板条、块”(海关商品码为4409201190)的出口退税率核定为13%，从2005年1月1日起执行。

三、存在问题

一是国家对竹业发展缺乏总体战略研究和规划，竹业研究和管理力量分散，对适应竹业特点的产业政策和竹林培育示范引导等工作重视不够。

二是竹业特色经济发展不明显，一些地方没有根据当地竹资源和经济状况，发展具有特色的区域竹业经济，而是生产雷同，恶性竞争，浪费资源，效益低下。

三是竹林培育技术培训和推广的力度尚需加大，竹林经营过程中不能充分兼顾长期生产力维护以及生态功能的发挥，单一的毛竹大面积纯林已开始发生病虫害。

四是竹种资源利用不充分，全国200多种经济竹种，目前能够规模化栽培利用的仅20种左右。

五是企业带动农民建基地的能力尚需加强，经济合作组织和行业协会尚没有充分发挥应有的作用。

(王恩苓)

国内大型浆厂建设情况

The status for the construction of large scale pulp mills in China

一、目前大型商品浆厂生产和装备情况

我国制浆造纸厂多以浆纸综合厂为主，即生产自用浆，最终产品为纸或纸板。自20世纪90年代开始，陆续建设和投产了几个规模大于5万吨的商品浆生产厂，其装备情况如表1所示。

表1中所列浆厂均为单条生产线生产能力。由表1可见，我国商品浆厂单条生产线规模年产以5万~10万吨居多，这其间有资源和资金因素，也有整个行业对经济规模的认同问题。表1中列出浆厂单条生产线平均设备规模为年产17.9万吨，如不包括2005年新投产的海南金海浆纸业有限公司，11个浆厂平均规模为年产10.5万吨。20世纪80年代末90年代初投产的浆厂建设规模在年产7万吨左右，1996年投产的南宁凤凰纸业有限公司设备能力为年产10万吨，2002年投产的山东日照森博浆纸公司设备能力为年产20万吨，而2005年投产的海南金海浆纸业有限公司设备能力为年产100万吨，化浆厂单条生产线建设规模呈逐步上升趋势。

从技术装备上，几乎所有的商品浆制浆生产线均采用进口设备或系统，碱回收系统国产化率较高，特别是碱回收炉和苛化系统。进口设备中包括了一些国际先进的技术装备，如化浆生产线的蒸煮系统采用立式连续蒸煮（包括EMCC连蒸、ITC连蒸、Lo－Solids连蒸、紧凑蒸煮）及RDH间蒸；洗选漂系统除采用封闭筛选外，尚引进了多种类型的洗浆设备，包括第四代波纹板（CORU－DEK IV）真空洗浆机、除气式（GASFREE）真空洗浆机、DD洗浆机、扩散洗浆机、压榨洗浆机等；浆板机既有传统长网多缸浆板机，也有双网压榨、带气垫干燥的浆板机；碱回收系统则引进了管式降膜和板式降膜蒸发器、高浓黑液结晶蒸发、高参数单汽包低臭型碱回收炉、白泥预挂过滤机、压力盘式白泥过滤机、真空盘式白泥洗涤机、带闪急干燥节能型石灰窑、低浓臭气和高浓臭气收集和处理系统等。化机浆生产线也引进了PRC-APMP等国际先进技术，一些生产自用浆的化机浆生产线在不同的原料和年代条件下还引进了CTMP、BCTMP及APMP等工艺技术。与引进的各纸种纸机的状况相似，中国几乎成了国际先进技术和装备的汇集地。

引进国际先进技术和设备的同时，也促进了我国造纸机械装备与技术的发展和提高。国产波纹板真空洗浆机日臻成熟、压榨洗浆机及螺旋挤浆机已开发成功，可配套20万吨以下规模浆厂建设需求，双网压榨浆板机湿部和气垫干燥设备也有国产化端倪；特别是碱回收系统的国产化水平推进更快，国产板式降膜蒸发器和大型碱回收锅炉已运行多年，1500吨干固物/日碱回收炉正在建设中，管式降膜蒸发器和白泥预挂过滤机、管式压滤机等也有成功的运行经验；目前，以10万吨规模的化浆厂建设为例，一般仅需引进中浓设备（如中浓泵、中浓混合器、中浓反应塔出料器和布浆器等）、二氧化氯制备系统等，从投资额角度计算，引进部分投资额约占总投资的10%，即国产化率可达90%。

二、拟建大型商品浆厂项目情况

拟建和在建项目情况如表2所示。

自20世纪90年代起，国外制浆设备供货商供货的最低单条化浆生产线建设规模为年产40万吨（印尼的MUSI浆厂），至2004年已供货单线最大规模为年产100万吨（中国的金海纸业），所有建设项目中，以年产50万~80万吨规模居多，并总体呈现如图1所示的上升趋势。

表 1　　**国内大型商品浆厂生产装备情况**

生产厂	设备能力/万吨	产品品种	制浆设备	洗浆设备	筛选设备	漂白工艺	二氧化氯制备	浆板机	蒸发设备	碱回收炉	苛化	石灰回收
青山纸业有限公司	15	马尾松未漂 KP 浆	*立式连蒸*	*扩散洗浆机*	*封闭筛选*	-	-	*长网多缸*	*六效板式降膜*	*875 吨干固物/日单汽包*	*管式压滤机*	*短窑*
云景林纸股份有限公司	10	思茅松 KP 浆	*立式连蒸*	*真空洗浆机*	*封闭筛选*	*C/D-E-D*	*综合法*	长网多缸	六效板式降膜	360 吨干固物/日单汽包	*道尔澄清器*	短窑
									五效板式降膜	250 吨干固物/日单汽包		
广东广宁鼎丰纸业	10	竹/木 KP 浆	*RDH 间蒸*	*真空洗浆机*	*封闭筛选*	*D-E-D*	*甲醇法*	长网多缸	*五效板式降膜*	280 吨干固物/日双汽包	道尔澄清器	无
									五效板式降膜	250 吨干固物/日单汽包	管式压滤机	
四川雅安中竹纸业	5.5	KP 竹浆/文化纸	常规立锅	*真空洗浆机*	*封闭筛选*	*OO-D-E-D*	*综合法*	长网多缸	*五效管式升降膜*	280 吨干固物/日双汽包	道尔澄清器	无
福建绍武中竹纸业	5	KP 竹浆/文化纸	常规立锅	*真空洗浆机*	*封闭筛选*	*OO-D-E-D*	*甲醇法*	长网多缸	*五效板式降膜*	280 吨干固物/日双汽包	道尔澄清器	无
贺达纸业有限责任公司	5	桉木 KP 浆	常规立锅	*真空洗浆机*	*封闭筛选*	*C/D-E-D*	*综合法*	长网多缸	五效板式降膜	吨干固物/日双汽包	道尔澄清器	
镇江金河纸业有限公司	7.5	KP 苇浆/文化纸	常规立锅	*真空洗浆机*	*封闭筛选*	*C-E-H*	-	长网多缸	五效板管结合	110+160 吨干固物/日双汽包	道尔澄清器	无
南宁凤凰纸业有限公司	10	桉木/马尾松 KP 浆	立式连蒸	*扩散/真空洗浆机*	*封闭筛选*	*OO-C/D-E-D*	*甲醇法*	*双网压榨/气垫干燥*	*六效板式降膜*	*665 吨干固物/日单汽包*	*管式压滤机*	*短窑*
日照森博浆纸公司	22	桉木 KP 浆	*立式连蒸*	*扩散/真空洗浆机*	*封闭筛选*	*OO-D-E-D-D*	*综合法*	*双网压榨/气垫干燥*	*六效板式降膜*	*1204 吨干固物/日双汽包*	*盘式压力过滤机*	*短窑*
濮阳龙丰纸业有限公司	10	杨木 APMP 浆	*预浸/盘磨*	*多圆盘过滤机*	*封闭筛选*	过氧化氢	-	-	-	-	-	-
焦作瑞丰纸业有限公司	15	杨木 APMP 浆	*预浸/盘磨*	*多圆盘过滤机*	*封闭筛选*	过氧化氢	-	-	-	-	-	-
海南金海浆纸业有限公司	100	桉木 KP 浆	*立式连蒸*	*压榨洗浆机*	*封闭筛选*	*OO-D-E-D*	*综合法*	*双网压榨/气垫干燥*	*六效管式降膜*	*5000 吨干固物/日单汽包*	*盘式压力过滤机*	*短窑*

注：表中带斜体字的表示该工段或系统采用进口工艺或设备。

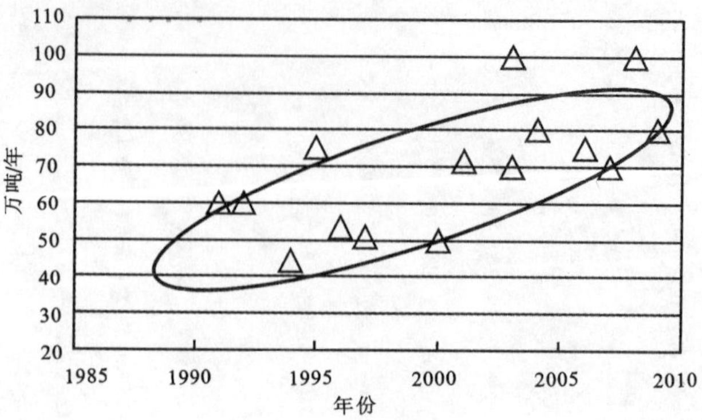

图1　化浆厂建设规模发展趋势

如前所述，我国已建浆厂的规模与国际上类似，但我国拟建项目的规模与国际上化浆厂建设规模趋势略有不同，如图2所示，其规模的分布较为分散，但也确实反映了我国浆厂项目建设的实际情况。我国拟建项目按投资主体、资金实力、资源条件等可分为如下三种类型：一是外资企业合资或独资进入中国制浆造纸领域，如金光集团、金鹰集团、王子制纸、斯道拉恩索等，依靠其雄厚的资金实力和浆厂建设经验，建设规模为年产化学木浆50万～100万吨，其项目建设多包含纸浆生产供集团内部造纸厂使用，建设地点主要分布在广东、广西、福建、安徽、云南等立地条件、气候特征等适宜林地种植的区域，以人工林和速生材为主，树种包括桉树、相思树、马尾松和国外松等；二是国内纸业公司或企业集团，受资金、林木资源条件及产业政策的影响，建设规模为年产化学浆或化机浆20万～50万吨，以当地人工自营林为主，大多依托现有制浆造纸企业，生产企业原有品牌的纸浆或纸等拳头产品。三是建设规模在年产10万～20万吨的制浆项目，主要是以竹子为原料采用国内配套设备的竹浆项目。

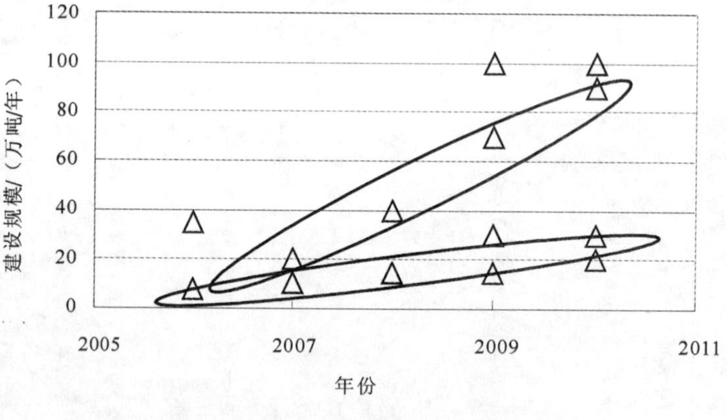

图2　国内拟建化浆项目建设规模分布

从图2的项目分布看，我国化浆项目建设有着与国际浆厂项目不同的建设方式，国际上最小浆厂规模约为年产50万吨，而我国受设备和技术国产化水平的影响，存在两种不同的经济规模，即国产化率高达90%的项目，最小经济规模约为年产10万吨；国产化率较低的项目其最小经济规模应在年产30万～50万吨。

以黑液提取设备、洗浆设备、碱回收系统及浆板机配套的单机最大生产能力来平衡，建设规模10万～20万吨，以国产设备为主的生产线，其主体设备投资约比进口设备低1/2或更多。以10万吨竹浆项目为例，国际上通常吨产品投资高达20000元人民币（JP咨询公司资料），而国内建设以国产设备为主，其吨产品投资仅约8000元。随着规模扩大到年产50万吨水平,国内配套难度增大,国外设备比例逐渐增加,单位产品投资也逐渐接近国际水平,但由于尚有部分国内配套设备或材料的比例,因此总体投资水平仍低于国际,如图3所示(图中国际浆厂项目投资资料来源于芬兰JP咨询公司,投资不含征地、码头、林基地等)。当然,以国内设备为主的浆厂项目,自动化控制水平偏低,也是造成总体投资水平低的另一原因。

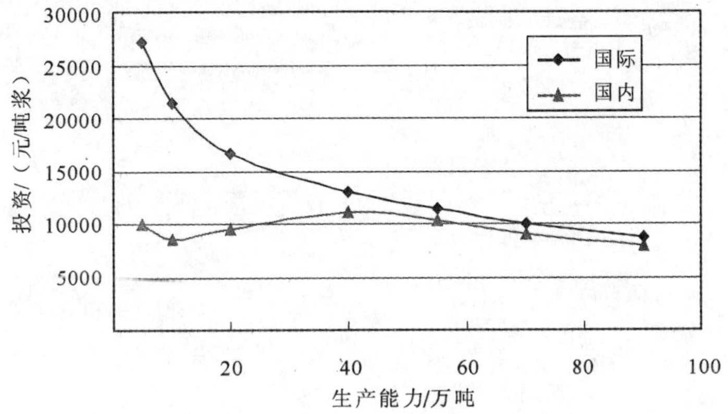

图3　国际、国内化浆项目投资比较

表 2 **拟建大型商品浆厂项目情况**

序号	业主	建设地点	树种	浆种	漂白方案	产能/万吨	总投资/亿元	项目进度	投资说明
1	贵州赤天化纸业	贵州赤水	杂竹	漂白 KP 浆	ECF/TCF	20	22	在建	
2	四川永丰纸业	四川沐川	杂竹	漂白 KP 浆	ECF	10.2	6.4	在建	
3	广西帝乐银鸥纸业	广西柳江	杂竹	漂白 KP 浆	ECF	17	10.4	在建	
4	四川犍为北亚纸业有限公司	四川乐山	杂竹	漂白 KP 浆	ECF	15	10	在建	
5	泰格林纸集团	湖南怀化	松木	漂白 KP 浆	ECF	40	31.7	在建	
6	安徽皖西南林纸有限责任公司	安徽安庆	湿地松、马尾松	漂白 KP 浆	ECF	30	29	已核准	
7	山东晨鸣纸业股份有限公司	广东湛江	桉树	漂白 KP 浆	ECF	70	91.5	已核准	
8	邵武中竹制浆造纸有限责任公司	福建邵武	竹子	漂白 KP 浆	ECF	15	16.5	已核准	
9	云南云景林纸股份有限公司	云南思茅	思茅松	漂白 KP 浆	ECF	30	29	申报中	
10	东莞玖龙纸业有限公司	内蒙古	落叶松	本色 KP 浆	–	15	10	申报中	
11	安徽阜阳林纸有限公司	安徽阜阳	杨树	漂白化机浆	TCF	30	15	申报中	
12	亚太森博纸业有限公司	山东日照	桉树	漂白 KP 浆	ECF	100	113.1	申报中	
13	超辉集团有限公司	福建莆田	桉树	漂白 KP 浆	ECF	120	~130	申报中	
14	斯道拉恩索(广西)浆纸有限公司	广西北海	桉树	漂白 KP 浆	ECF	90	220	申报中	含造纸
15	四川雅安中竹纸业	四川雅安	杂竹	漂白 KP 浆	ECF	15.3	12.2	申报中	
16	四川北亚瑞松	四川乐山	杂竹	漂白 KP 浆	ECF	10.2	6.4	申报中	
17	泸州江门纸业	四川泸州	杂竹	漂白 KP 浆	ECF	20	18.4	申报中	
18	广西柳江造纸厂	广西柳江	杂竹	漂白 KP 浆	ECF	35	34.5	申报中	
19	云南天巍竹业公司	云南红河	杂竹	漂白 KP 浆	ECF	20.4	22.4	申报中	
20	日照和林纸业有限公司	山东日照	废纸	商品 DIP 浆	TCF	20	3.7	申报中	湿浆
21	广东鼎丰纸业有限公司	广东广宁	桉树/相思树	漂白 KP 浆	ECF	45	72	申报中	30 万吨纸
22	曼图纸业(芜湖)有限公司	安徽芜湖	马尾松	漂白 KP 浆	ECF	70	67.7	申报中	
23	云南江城茂源林业有限公司	云南江城	桉树	漂白 KP 浆	ECF	34	58.4	申报中	含林地/造纸
24	西南林业投资有限公司	贵州黔东南	马尾松	漂白 KP 浆	ECF	30	70.4	申报中	含林地/造纸
			杨树	漂白化机浆	TCF	19			
25	广东惠来竹浆厂	广东惠来	杂竹	漂白 KP 浆	ECF	17	20	申报中	
26	广东韶关	广东韶关	桉树	漂白 KP 浆	ECF	60	~70	项目策划	
27	四川林辰实业集团有限公司	四川广安华蓥市	杂竹	漂白 KP 浆	ECF	15	~12	项目策划	

三、大型浆厂建设中外分工模式

从20世纪80年代初开始引进国外先进的制浆技术至今，我国浆厂建设中外分工经历了不同的模式，对应于不同的投资成本，几个已建大型浆厂建设设备供货、工程设计及设备安装情况如表3所示。

表3　几个已建大型浆厂建设设备供货、工程设计及设备安装情况

项目名称		海南金海	贵州赤天化	日照森博	广西凤凰	福建青山
建设规模		100万吨/年	25万吨/年	20万吨/年	10万吨/年	15万吨/年
主要设备供货商	蒸煮工段	克瓦纳	克瓦纳	安德里兹	JP、克瓦纳	克瓦纳
	洗选工段	克瓦纳	美卓	安德里兹	JP、安德里兹	安德里兹
	漂白工段	克瓦纳	美卓	安德里兹	JP、安德里兹	–
	浆板机	安德里兹	安德里兹	安德里兹	JP、福伊特	美卓
	蒸发工段	西班牙HPD	西班牙HPD	安德里兹	JP、安德里兹	安德里兹
	燃烧工段	克瓦纳	武汉特锅	安德里兹	JP、克瓦纳	克瓦纳
	苛化工段	美国道尔	美国道尔	安德里兹	JP、安德里兹	安德里兹
	石灰回收工段	富勒史密斯	上海路桥	安德里兹	JP、安德里兹	安德里兹
	二氧化氯制备	克瓦纳	ERCO	克瓦纳	JP、ERCO	–
工程设计及安装	蒸煮工段					
	基本设计	克瓦纳	克瓦纳	安德里兹	JP	克瓦纳
	工艺详细设计	克瓦纳	克瓦纳	安德里兹	JP	克瓦纳
	电仪详细设计	克瓦纳	中轻国际	中轻国际	JP	克瓦纳
	土建设计	海城股份	中轻国际	中轻国际	中轻国际	中轻国际
	设备安装	福建省安	福建省安	十化建	福建省安	福建省安
	洗选漂工段					
	基本设计	克瓦纳	美卓	安德里兹	JP	安德里兹
	工艺详细设计	克瓦纳	中轻国际	安德里兹	JP	安德里兹
	电仪详细设计	克瓦纳	中轻国际	中轻国际	JP	安德里兹
	土建设计	海城股份	中轻国际	中轻国际	中轻国际	中轻国际
	设备安装	福建省安	福建省安	十化建	十四冶	福建省安
	浆板机					
	基本设计	安德里兹	安德里兹	安德里兹	JP	美卓
	工艺详细设计	安德里兹	中轻国际	中轻国际	JP	美卓
	电仪详细设计	安德里兹	中轻国际	中轻国际	JP	美卓
	土建设计	海城股份	中轻国际	中轻国际	中轻国际	中轻国际
	设备安装	湖南永佳裕	福建省安	福建省安	十四冶	福建省安
	蒸发工段					
	基本设计	西班牙HPD	西班牙HPD	安德里兹	JP	安德里兹
	工艺详细设计	西班牙HPD	西班牙HPD	安德里兹	JP	安德里兹
	电仪详细设计	西班牙HPD	中轻国际	中轻国际	JP	安德里兹
	土建设计	海城股份	中轻国际	中轻国际	中轻国际	中轻国际
	设备安装	甘肃火电	三化建	三化建	广西省安	首钢四冶

续表

项目名称		海南金海	贵州赤天化	日照森博	广西凤凰	福建青山
建设规模		100万吨/年	25万吨/年	20万吨/年	10万吨/年	15万吨/年
工程设计及安装	碱回收炉					
	基本设计	克瓦纳	中轻国际	安德里兹	JP	克瓦纳
	工艺详细设计	克瓦纳	中轻国际	安德里兹	JP	克瓦纳
	电仪详细设计	克瓦纳	中轻国际	安德里兹	JP	克瓦纳
	土建设计	海城股份	中轻国际	中轻国际	中轻国际	中轻国际
	设备安装	甘肃火电	三化建	三化建	广西省安	福建电安
	苛化工段					
	基本设计	美国NHWL	美国NHWL	安德里兹	JP	安德里兹
	电仪详细设计	美国NHWL	美国NHWL	安德里兹	JP	安德里兹
	土建设计	海城股份	中轻国际	中轻国际	中轻国际	中轻国际
	设备安装	湖南省安	三化建	三化建	广西省安	首钢四冶
	石灰回收工段	美国NHWL	中轻国际	安德里兹	JP	安德里兹
	基本设计	美国NHWL	中轻国际	安德里兹	JP	安德里兹
	电仪详细设计	美国NHWL	中轻国际	安德里兹	JP	安德里兹
	土建设计	海城股份	中轻国际	中轻国际	中轻国际	中轻国际
	设备安装	湖南省安	三化建	三化建	广西省安	首钢四冶
	二氧化氯制备					
	基本设计	克瓦纳	ERCO	克瓦纳	JP	—
	电仪详细设计	克瓦纳	中轻国际	克瓦纳	JP	—
	电仪详细设计	克瓦纳	中轻国际	克瓦纳	JP	—
	土建设计	海城股份	中轻国际	中轻国际	中轻国际	中轻国际
	设备安装	四冶	二化建	十二化建	十四冶	—

* JP:芬兰雅哥贝利咨询公司

表3中浆厂建设项目设备供货、设计及安装的分工体现了我国大型浆厂建设的三种模式:大包总包设计及采购(EP)模式、工段或系统总包设计及采购(EP)模式和工段或系统分工设计及采购(EP)模式(点菜拼盘模式)。

大包总包设计及采购(EP)模式:以广西凤凰纸业有限公司项目为代表,采用的是将主要生产车间及辅助生产车间的供货及工艺、仪表、电气设计集中打大包的模式。一家设备供货商的业务范围一般不能涵盖整个浆厂所有车间或工段,因此采用该模式一般是由国际上大的工程公司承担,凤凰纸业由芬兰雅哥贝利咨询公司成套提供从备料至成品、碱回收、污水等系统,国内配套锅炉房、给水、空压制氧等工程。此模式的优点是引进设备和技术为一个大包,也就只有一个责任方,便于管理和责任划分。但存在投资成本高、业主掌控力度小的弊端,也必然产生部分设备和装置不甚理想的问题。

工段或系统总包设计及采购(EP)模式:以青山纸业、海南金海纸浆厂等项目建设模式为代表,按供货商的技术、供货能力来划分包件,包件内全部设备和材料、工艺和电器工程设计均由供货商提供,责任界限清晰,分工明确,工段或系统内协调工作量小,可有效保证各独立工段或系统设计指标的实现,但同时,多工段或系统的协调需要有经验的建设单位或业主咨询公司才能进行,工段或系统内不合理现象也难避免,项目的投资也会随供货商服务范围的扩大而增大。海南项目由于投资额大,业主还需要供货商提供资金上的支持,因此根据供货商的资金支持力度,扩大其服务范围,完成工程的建设。此模式目前只适用于建设超大规模及需要资金支持的项目如金海浆纸业公司,或建设单位及咨询公司对供货商设备情况了解相对较少的情况下采用,如20世纪80年代末建设的青山纸业。

工段或系统分工设计及采购(EP)模式(点菜拼盘模式):以山东日照森博纸业有限公司项目和目前正在

建设的贵州赤天化集团年产 20 万吨竹浆项目为代表。按不同工段和系统采取点菜拼盘进行优化组合，在设备供货、工程设计上最大程度地国产化。这种模式要对国内外设备供应商可供设备和技术有足够的了解，按不同工段的特性要求及供货商能力分多个包件招标和采购，供货商对所供设备及系统的性能负责，提供系统或包件的基础工程设计，国内负责分交设备及材料供货、详细工程设计及包件间、系统内设备间的衔接、成套和完善。该模式的优点是可降低项目投资且能使所有工段和系统都相对的先进合理，但存在建设单位和咨询单位的工作量大，管理协调难度高的困难，所以采用该模式需要国内设计咨询单位或建设单位有较高的技术水平和工程建设经验。

随着国内建设单位和咨询设计单位大型浆厂建设经验的不断丰富，第三种建设模式，即工段或系统分工设计及采购的点菜拼盘模式，将成为今后一段时间内大型浆厂建设分工模式的主流。

四、大型浆厂项目新技术及设备应用动态

(一)先进的蒸煮工艺和设备节能降耗

国内目前建设的年产大于 20 万吨的大型浆厂蒸煮设备以进口立式连续蒸煮设备为主，年产 10 万～20 万吨浆厂以国产间歇立锅蒸煮为主，国产横管连续蒸煮用于木浆生产也取得了初步的运行经验。刚投产的海南金海浆纸业公司引进了瑞典克瓦纳公司紧凑蒸煮系统，最先进的连续蒸煮则为瑞典克瓦纳公司为在建的贵州赤天化纸业有限公司供货的第二代汽液相紧凑型连续蒸煮(Compact Cooking G2)，与传统的连续蒸煮比较减少了蒸煮液循环，更适于蒸煮竹子原料。料片仓与预浸塔合二为一，料片在该塔内完成预热及预浸，取消低压喂料器简化了设备及系统；蒸煮采用大液比，并降低了最高蒸煮温度，不仅使粗浆得率提高约 2%，而且蒸煮耗汽比传统连蒸降低约 20%；蒸煮系统除放浆锅外无低浓臭气排放，减少后续臭气处理系统设备投资及运行费用。

(二)新型压榨洗浆机处理高温浆料

新的制浆线将会是更加封闭的系统，水循环得到进一步加强，洗选漂系统浆温、滤液温度高于常规。如采用投资较低的真空洗浆机，除占地面积大、动力消耗大外，尚需增加滤液换热器降低系统温度，否则温度太高无法形成真空洗浆机运行必需的真空度。采用新型压榨洗浆机，可在 90℃或更高温度情况下工作而不需冷却滤液，进浆浓度 2.5%～9%，出浆浓度为 35%～40%，具有占地面积小、土建投资小、可在低的稀释因子下工作和降低水耗等优点。该类设备已在永丰纸业运行多年，刚投产的海南金海浆纸业也引进了瑞典克瓦纳公司 9 台压榨洗浆机用于粗浆洗涤和漂白，在建的贵州赤天化纸业公司也引进了 7 台美卓公司生产的压榨洗浆机，该类设备将成为大型浆厂浆料洗涤用设备的主流。

(三)己烯糖醛酸的去除

己烯糖醛酸(HexA)为假性木素，在阔叶木中含量较高(如图 4 所示)。低温蒸煮、脱木素反应均不能去除 HexA，氯气可较好的去除 HexA，传统的 D_0 段去除 HexA 的效果也不理想，为此，克瓦纳公司开发了 DUALD™技术，并应用于海南金海项目。该技术的实质为酸性条件下的热二氧化氯漂白，可较好地去除阔叶木中的 HexA 和木素，反应温度约 90℃，在 pH 值约 3 的条件下反应 2 小时。该技术与传统 D_0 段漂白比较，除可有效去除假性木素 HexA，还可降低二氧化氯用量达 20%，降低污水中 AOX 排放，并有效防止漂后浆的返黄。

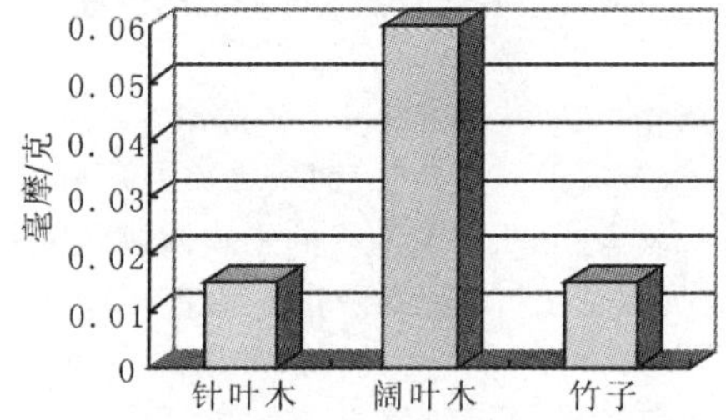

图 4　不同原料的 HexA 含量

(四)先进的工艺及封闭系统降低污染物发生量

新投产的海南金海浆纸业有限公司年产 100 万吨漂白木浆项目，采用了先进的 ECF 漂白工艺，并注重工艺过程中清洁生产技术的应用，目前已达到清水消耗为 28.6 米³/吨浆、废水排放量 16.8 米³/吨浆、COD_{Cr}排放 1.8 公斤/吨浆、AOX 排放 0.018 公斤/吨浆的国际先进水平。在建的贵州赤天化纸业公司年产 20 万吨竹浆项目采用了轻 ECF (OO－Q－OP－D－PO) 及 TCF (OO-Q-OP-Q-PO) 互换的漂白工艺。通过高效粗浆洗涤及合理组织漂白滤液的水循环，进漂白工段纸浆 COD_{Cr}夹带量＜7 公斤/吨浆，漂白工段废水发生量降低到 6 米³/吨浆，COD_{Cr}发生量降低到 21 公斤/吨浆(轻 ECF 漂白)。而传统 ECF 漂白段废水发生量为 20 米³/吨浆，COD_{Cr}发生量为 30 公斤/吨浆。

(五)黑液高浓蒸发提高碱炉热效率

高浓黑液蒸发及结晶蒸发已普遍采用，海南金海浆纸业公司碱炉燃烧黑液浓度设计值高达 80%干固物，正在设计中的泰格林纸集团怀化项目也拟采用 80%干固物入炉黑液浓度。贵州赤天化纸业公司竹浆

黑液也采用了结晶蒸发技术，同时可辅以针对阔叶木和非木纤维制浆黑液开发的黑液钝化技术，降低黑液黏度，降低黑液中钙、硅等易结垢金属离子的活性，达到防止蒸发器换热面结垢的目的。碱回收炉燃烧竹浆黑液的浓度可达到 70%。高的黑液入炉浓度，不仅提高了碱炉热效率，而且可提高硫回收率，降低碱回收炉烟气氮氧化物等有害成分的排放量。

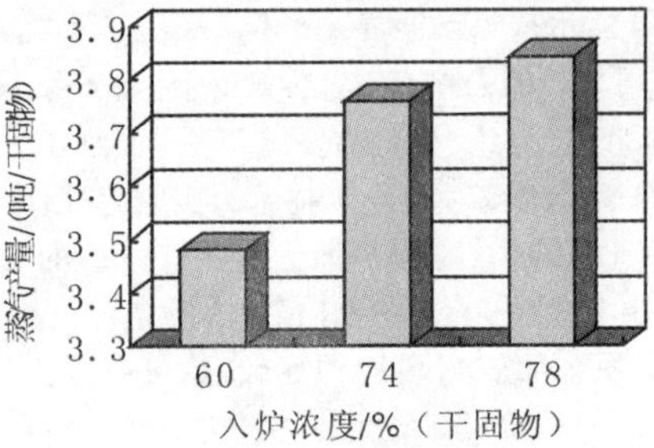

图 5 入炉黑液浓度与蒸汽产量

（六）非工艺元素去除技术的应用

为降低浆厂污染物排放量，大型浆厂的封闭程度越来越高，为此，非工艺元素的累积问题就不可忽略，非工艺元素主要指由原料及化学品带入系统的非本工艺工程的元素，因此非工艺元素的概念具有相对性，即一个工艺过程的工艺元素可能是另一工艺过程的非工艺元素。浆厂非工艺元素主要包括 Cl、K、Fe、Mn、Si、Mg、Ca、P、Ba 等离子，对不同工段的影响如表 4 所示。一般 Mn、Mg、Fe、Si、Al、P 等离子可通过苛化工段绿液澄清及排放部分白泥达到去除的目的，对于 Cl 和 K 离子则难以去除，且这两种离子对碱炉的正常运行影响很大。海南金海浆纸业有限公司根据 Cl、K 离子在碱回收炉静电除尘器碱灰中富集度高的特点，在碱回收炉系统应用了非工艺元素去除技术，部分来自静电除尘器的碱灰进入溶解槽，与补充水及循环母液混合、溶解及结晶，在 Na、K、CO_3、SO_4、Cl 五项元素中，将 Cl、K 离子去除，离心分离出的硫酸钠晶体返回碱灰黑液混合槽进入系统。

表 4 不同非工艺元素对系统的影响

	蒸煮	漂白	蒸发	碱炉	苛化	石灰窑
K、Cl				有		
Ca	有	有	有			
Si、Mg			有		有	
Al			有			
Mn、Fe		有				有
P						有
Ba		有				

（七）预苛化工艺减少硅干扰

预苛化即在绿液中加入较小比例的石灰进行部分苛化反应，反应物白泥与绿泥一起排放，澄清液再进入消化和后苛化。硅在绿液中的溶解度随苛化度的提高而降低，但无论何种硅含量的绿液，在苛化度 30%左右时，硅的溶解度基本达到 4～5 克 SiO_2/升的固定值。根据这一特性，如果初始绿液二氧化硅浓度越高，预苛化效果越明显。假设初始绿液二氧化硅浓度达 10 克 SiO_2/升，预苛化达到 30%苛化度，则 50%的硅可在该阶段去除。经预苛化后的白泥，白泥中硅含量大大降低，可送入石灰回收窑煅烧。

（八）高效白泥过滤设备，提高白泥干度

海南金海浆纸业、贵州赤天化纸业公司，在白泥入石灰窑前的最后洗涤浓缩使用了真空盘式白泥过滤机代替常用的白泥预挂过滤机。该设备具有占地面积小、设备紧凑、白泥泥饼干度高、残碱低的优点。与白泥预挂过滤机一样，该设备也有预挂的功能，且可按不同盘片或扇区进行预挂层清除及滤布洗涤。特别是当白液过滤采用压力盘式过滤机时，可提高设备备品备件的互换性。

（九）臭气处理系统成为硫酸盐浆厂关注重点

尽管 20 世纪 90 年代初部分硫酸盐浆厂就配备了高浓除臭系统，如青山纸业、南宁凤凰纸业等，但由于种种原因，几乎没有真正运行臭气处理系统的浆厂。随着环保要求的日益严格，臭气收集处理成为了硫酸盐浆厂关注的重点，高、低浓臭气收集并处理，使得硫酸盐浆厂的臭味大大降低，大气环境得到改观。南宁凤凰纸业、山东森博纸业、海南金海浆纸业及在建的贵州赤天化纸业均设有高浓和低浓臭气收集处理系统。随着技术的发展，碱回收炉成为处理各种臭气的集中地，高浓臭气和汽提塔排汽在碱炉二次风位置用臭气燃烧器烧掉，并在碱炉顶部设独立的燃烧火炬作为备用，低浓臭气送碱炉二次风，作为碱炉的供风。

（十）双网压榨、气垫干燥浆板机仍是商品浆厂抄浆主流设备

山东森博纸业、海南金海浆纸业及在建的贵州赤天化纸业均采用双网压榨、气垫干燥浆板机用于纸浆抄造。浆板机湿部采用双网压榨，具有结构简单、操作维修方便、占地面积小、节水节电的优点，压榨部可采用重型压榨或靴形压榨，提高出压榨部干度，降低干燥部蒸汽消耗量。气垫干燥与烘缸干燥比较（以年产 20 万吨产量为基准），可减少约 20%的占地面积，能耗降低约 6%，投资费用可降低 20%，其维修费用也低于烘缸干燥。双网压榨、气垫干燥浆板机在以后较长一段时间内仍是商品浆厂抄浆主流设备。

（靳福明）

加快推进林纸一体化工程建设

Speed up the engineering construction for the forestry with the paper industry

我国纸业正经历一个需求量高速增长的时期，2005年全国纸和纸板产量5600万吨，消费量5930万吨。据专家预测，到2010年中国纸和纸板产量将达到7000万～7500万吨，市场潜力巨大。而国内造纸纤维原料对进口依赖却不断增长，2005年进口木浆759万吨、废纸1703万吨，进口依存度高达44%，成为我国造纸工业发展的瓶颈。要减少对进口原料的依赖，除努力提高国内废纸的回收利用率外，增加国产木浆至关重要。

为促进林纸结合，推动造纸工业原料结构调整，2001年国家计委、财政部、国家林业局颁发《关于加快造纸工业原料林基地建设的若干意见》，2002年国家批准的林业六大重点工程中的"重点地区速生丰产用材林基地建设工程"正式启动，2003年《中共中央国务院关于加快林业发展的决定》正式发布，2004年国家发改委举行"全国林纸一体化工程"十五"及2010年专项规划"新闻发布会。一系列规划和措施的提出，将进一步加大对林纸一体化的扶持力度，可以预见，林纸一体化工程建设已成为我国纸业振兴的突破口。

一、加快推进林纸一体化工程建设的重要意义

当今世界造纸工业，在生产技术上已形成了高速、高效、高质量、低消耗、连续化、自动化的作业系统，在原料结构上已确立了以林木为主要纤维原料的生产体系，造纸发达国家的木材纤维原料比重已达95%以上。可以看出，世界造纸工业之所以发展到今天这样的生产水平和技术水平，一个重要的原因就是大力发展木材制浆造纸。

(1)木材纤维原料制浆造纸具有以下优点：

①木材供应稳定、集中，适于大企业生产所需的原料。

②木材单位面积蓄积量大，纤维质量好，体积密集，便于运输、保存。

③木材纸浆得率高、杂质少、滤水性好、易洗涤；纸浆抄造性能好，成纸强度大；白度高；不仅大量用于生产质量好、档次高的印刷用纸和包装纸板，而且广泛用于工业、农业、国防、通讯、医疗、卫生等领域技术含量高的纸种。

④采用硫酸盐法制浆，既可高水平回收化学药品，又可大量回收热能，从而形成良性循环，不仅增加企业经济效益，而且减少污染，改善环境。

⑤可以大面积营造人工速生丰产林，造纸定向专用林，有利于企业生产发展与生态平衡，改善环境。

⑥木材制浆造纸，企业规模较大，适合采用先进工艺与大型高效设备，有利于工人劳动保护与企业劳动生产率的提高。

(2)循环经济已引起纸业领域的广泛关注，现代纸业具备实现循环经济的优良功能。木材纤维原料是可以再生的，生产加工过程中的废弃物，如制浆黑液、洗选漂废水、抄纸白水等都可以回收利用，得到再生能源、水资源、纤维和化工原料。实践已经证明，加快种植速生丰产林，发展木材纤维纸浆，有利于缓解造纸工业木材纤维原料供应不足，有利于生态、环境的改善，解决能源、水资源短缺，污水排放严重的大问题，是关系到我国造纸工业可持续发展的必然选择。

(3)根据国际造纸工业发展的经验以及我国森林资源短缺的实际情况，我国造纸工业纤维原料结构调整的方针是充分利用国内外两种资源，加快提高木浆比重、扩大废纸回收利用，合理利用非木浆，逐步形成以木纤维为主，非木纤维为辅的造纸纤维原料结构的新格局。其中加快建设造纸原料林基地，提高木材纤维原料比重，是我国造纸工业实现现代化和可持续发展的首要任务。

二、林纸一体化建设的现状与发展

(1)我国提出林纸一体化基地建设，已经有20多

年了,一直到1995年之前,由于林业和纸业的分离,受行业政策、投资效益、融资渠道、林地供应、生长周期以及生态保护等诸多因素的影响,林纸一体化没有实质性进展。从2001年开始,国家颁布了多项有关加快建设造纸工业原料林基地政策以后,福建南纸、湖南泰格、云南云景、宁夏美利、山东华泰、泉林、河南濮阳和贵州赤天化等一大批林纸企业,为了解决自身木浆的需要,开始加快植树造林,林纸一体化基地建设有了新的进展。

(2)我国的林业资源和纸业市场吸引了国际纸业巨头的目光。印尼金光、日本王子、印尼金鹰、芬兰斯道拉·恩索、美国国际造纸公司等企业,纷纷来华植树造林、投资建厂。随着山东日照、海南金海浆纸大型企业的建成投产,以及一大批林纸一体化项目正在筹建,我国的林纸一体化建设,将进入一个快速发展期。

(3)正在筹建的林浆纸一体化重点项目(2005年收集的资料):

①湖南泰格林纸集团怀化纸业公司年产40万吨漂白硫酸盐木浆及14万公顷原料林基地。总投资43.5亿元,其中木浆厂投资31.7亿元,原料林基地投资11.8亿元;常德年产100万吨项目第一期工程——年产30万吨浆纸工程;益阳年产60万吨项目第一期年产30万吨杨木化机浆工程。

②福建南纸原料林基地10万公顷以及年产20万吨胶印新闻纸和24万吨化机浆,项目总投资15.61亿元;

③青州纸业公司已建造纸林基地7.3公顷,新建纸林基地10.67万公顷,总投资6.6亿元人民币。

④亚太林纸公司100万吨纸浆项目,20万公顷纸浆林基地。

⑤广州造纸公司在原有林基地3.8万公顷的基础上,再建5.33万公顷造纸林基地,总计造林面积9.13万公顷,胶印新闻纸年生产能力扩大到50万吨。

⑥山东泉林建设造纸原料林基地4万公顷以及年产30万吨杨木化机浆和25万吨/年铜版纸生产线一条,总投资25.25亿元;

⑦山东华泰建设造纸原料林基地4万公顷和年产30万吨杨木化机浆以及45万吨铜版纸生产线,总投资51.04亿元。

⑧宁夏美利年产26万吨涂布白卡纸和15万吨涂布印刷纸生产线各一条和杨木化机浆30万吨以及原料林基地3.33万公顷,总投资39.7亿元。

⑨河南焦作瑞丰2.67万公顷原料林基地以及年产20万吨杨木APMP浆和20万吨高档纸生产线。

⑩河南濮阳龙丰总投资15.5亿元建设年产20万吨造纸生产线和10万吨杨木化学机械浆以及2.67万公顷原料林基地。

⑪贵州赤天化年产20.4万吨制浆生产线以及年产15.3万吨造纸生产线,竹林基地2.67万公顷,总投资28.3亿元。

⑫四川永丰年产12万吨漂白竹浆林纸一体化项目,总投资7.79亿元。主要建设内容为:制浆、碱回收、热电站、污水处理以及2.4万公顷原料基地林。

⑬云南云景10万吨纸浆生产线和6.67万公顷原料林基地。

⑭福建中竹邵武年产15万吨漂白竹浆生产线以及4.67万公顷竹林基地。

⑮安徽安庆年产30万吨漂白商品木浆以及16万公顷原料林基地,总投资37.4亿元。

⑯广西金桂纸业公司总投资约86.69亿元,其中浆纸工程投资81.79亿元,原料林基地投资4.9亿元。建设规模为年产30万吨化机浆和60万吨高档文化纸及纸板以及原料林基地7万公顷。

⑰广西斯道拉·恩索公司100万吨浆和100万吨纸以及20万公顷林基地,总投资220亿元。

⑱内蒙古兴创总投资为23亿元,年产30万吨杨木化机浆、20万吨新闻纸、20万吨高强瓦楞原纸,建设分三期进行。

⑲沈阳金新总投资119亿元,其中纸业项目88亿元。建设规模为年产50万吨化学机械浆,70万吨高档纸,13.33万公顷原来林基地。

⑳山东晨鸣纸业集团规划在寿光、齐河两地分别建设13.33公顷纸浆林基地,在北方以吉林晨鸣亚松分公司为依托,建设10万公顷速生林基地,长江以南以晨鸣汉阳为依托,在湖北、江西等地建设3~4个13.33万公顷纸浆林基地,使整个集团的浆纸林面积达到66.67~80万公顷,与之相配套的木浆纤维生产能力达到180~200万吨/年。

㉑金光集团APP在中国投资30多亿元用于人工林建设,在海南、广东、广西、云南等地大面积造林,至2005年底已造林30多万公顷。年产100万吨金海纸浆厂漂白木浆生产线已于2005年3月在海南正式投产。

三、造纸林基地建设的不同模式和具体做法

近年来,富有远见的造纸企业为了解决自身发展的木浆原料,在国家和地方主管部门的大力支持下,积极开展纸浆原料林基地建设,根据中国特色,因地制宜,采取多元化的造林模式,全国已有近百家造纸企业

在植树造林方面，取得了许多宝贵经验和成效。以下是造纸林基地建设的主要模式和具体做法，可供借鉴参考。

1. 湖南泰格林纸集团

湖南泰格林纸集团如今已拥有林业基地10万公顷，苗圃1000公顷，主要分布在湖南、湖北共24个基地。到2010年林业基地面积扩大到65万公顷，项目区森林覆盖率将提高10个百分点。年产浆纸350万吨，年产值达200亿，利税过30亿元。湖南省委表示，要把泰格的林纸产业作为湖南的支柱产业，要把泰格的林纸"十一五"规划纳入全省的"十一五"战略规划，泰格的"十一五"重点项目纳入全省标致性工程，全部享受湖南省重点工程的优惠政策。在湖南省银企合作融资洽谈会上，泰格纸林集团就一系列新工程和大规模造林项目与工商、中国、农业、建设、光大等5家银行签订了56亿元人民币的银企合作协议，共同营造银行与企业双促双赢、良性互助的新格局。

据公司预测，10万公顷基地林成熟后将带来44亿元销售收入、14亿元利润、税收13亿元。据林业专家介绍，一颗十年的树，95%是生态效益，5%是经济效益。10万公顷的速生林可吸收CO_2为275万～300万吨，这有力地改善了气候环境。水利专家指出，洞庭湖区植防护林，其防洪作用不亚于建设大堤。大面积植树造林还能加快农民致富。

泰格集团植树造林遵循的原则是：林业主管部门、造纸企业、林农三方联合，因地制宜，科学规划，集约经营，按投入比例分成，利益共享，具体方法如下：

(1)契约联营。以双方利益为基础，以经济合同为制约，林权共享，互惠互利；

(2)股份经营。由公司和合作方成立联合林场，双方派人管理，土地权不变，林权共有；

(3)借贷经营。公司以低于银行利息的形式向合作方贷款，林地管护由合作方负责，木材产销方向确定，以木抵资还本付息；

(4)自营林场。公司征购宜林荒地，营造纸材林场。

公司认为，按照股份制的经营方式建设原料林基地，有以下几点好处：①依托市县林业局等合作方可以解决对基地管理不力的弊病；②可节约资金投入，多渠道筹集建设资金，加快建设速度和扩大基地规模；③实现木材定向培育、定向收购，确保投入有产出。

2. 海南金海纸浆厂

海南金海纸浆厂年产100万吨化学木浆工程已于2005年初投产，年需制浆木材约400万米^3，公司在建厂前已开始造林。按其母公司金光集团规划在海南省建设浆纸林基地23.3万公顷，此方案已获省政府批准，正在逐年实施。海南省政府强调，结合实施退耕还林，搞好林业基地建设，大力开展植树造林，要在扶持大的林业专业户的同时，积极推行公司运作方式的改革，让那些在资金、技术和管理方面具有雄厚实力的大企业，成为人工造林的主导力量。基地建设必须完善造林各项政策，一是经济利益分配政策，二是林地管理政策，三是生态环境政策。把"林、浆、纸一体化"以及"不破坏资源、不污染环境、不重复建设"作为战略和经营理念，为了不对资源的过度开采和利用，而且有利于绿化和改善生态环境。仅以海南为例，金光集团计划造林23.3万公顷完成后，将使海南省的森林覆盖率提高7个百分点。

金海纸浆厂造林方式：

(1)租地方式。公司与农民签订合同，承租林地。

(2)分成方式。根据农民的需要，结合林地的状况，协商议定立木分成比例，农民分配部分，优先以市场价收购。

(3)公司＋农户方式。由农民自愿利用自由土地营造林木，公司提供苗木、化肥及技术服务，并负责以市场价收购。

(4)合作造林方式。公司提供土地及造林费用，合作方在约定期限内，采伐上缴约定数量林木给公司。

3. 山东华泰集团

山东华泰集团建设速生林基地采取自营、联营及订单林等多种模式：

(1)首先是自营林，即自办林场。华泰依靠东营市地多的优势，利用黄河新淤地、项目预留地植树造林，同时租赁国有林场林地更新造林。自营林广泛采取对外承包的办法，将林地承包给农户或林场职工。华泰提供林地、树苗、肥料、农药、石灰、水、电等物资，承包户自备抽水泵、送水带以及锨、锄等工具。按照要求具体完成整地、挖坑、栽树、浇水、锄草、施肥、治虫、涂白、修枝等各项工作，按费用标准获取劳务费。

(2)其次是联营林，即政府依托企业带动建设的林地。联营林由政府、企业、农林户多方出资，市财政拨无偿资金扶持，华泰支付定金与种林户签订全部收购合同，农林户定向出售，政府、林业部门监督。

(3)第三是订单林，即企业不出资，给予农林户保护价敞开收购，这是华泰木材原料的有效补充。

(4)为加强林业管理，从北京林业大学、南京林业大学、山东农业大学等招收和培养了众多的技术管理骨干，为林基地建设提供了强有力的组织保证。

4. 山东太阳纸业公司

通过5年的实践，探索出三种造林模式和协议造林的三项优惠措施。三种经营模式，形成了公司连基地、基地连农户的纸浆林农一体化产业链；三项优惠措施，从根本上解决了种植户的后顾之忧，把种植户的风险降至最小。如今，在太阳纸业公司周围农村植树造林正在稳步发展。

三种造林模式：

(1)公司承包土地经营。公司根据政府规划，承包少量土地，自主栽植、自主经营、自负盈亏，即自营林。这种方式主要起示范带动作用，吸引社会全民植树，但企业的资金压力大。

(2)合作经营，即股份制经营。公司选择有实力、讲信誉的合作者，双方约定共同投资收益分成；或采用一方提供土地，另一方提供管理和技术，双方约定比例，收益按比例分成。

(3)实行订单林业。这是主要的形式，由农民自主造林，公司与农民签订回收合同。这种方式为农民植树造林提供了稳定可靠的销售市场，起到鼓励农民植树的作用。

保护农民植树的三项优惠措施：

(1)无偿提供种苗，并签订保护价回收合同，种植期无偿提供技术服务，5年后采伐时由公司统一办理采伐手续。

(2)公司于栽植第3年至砍伐时，每年每亩预支种植户200~300元管理费。

(3)公司出资为种植户提供财产保险，当种植户林木遇到不可抗拒的自然灾害时，由保险公司赔偿损失。

5. 福建南纸和青纸公司

南纸股份有限公司“十五”期间计划建设造纸林基地5万公顷，投资3.5亿元。营林形式已从自办林场、合作造林、有偿投资经营发展到股份经营。至2004年底已造林6.53万公顷，其中自办2.38万公顷、合办1.02万公顷、合作3.13公顷，“十一五”规划造林面积20万公顷。青州纸业公司先后试验了合作造林、贴息还本投资、以木抵资、林地租赁和国有林试验林场等不同形式的林纸结合，到2004年底已造林7.3万公顷。新建的纸林基地10.67万公顷，也已启动，规划到2010年达到20万公顷。为确保林纸基地顺利发展，福建省人民政府2005年发布了《关于加快人工用材林发展的若干规定的通知》，对林纸一体化建设提出以下扶持政策：

(1)凡列人工业原料林基地发展规划范围内的林地，各级林业主管部门应根据基地年度造林计划，优先规划协调造林用地。

(2)凡1998年1月1日以后，由企业投资造林的工业原料林基地，经营面积达1333公顷(2万亩)以上的，年度造林规划达到333.3公顷(5000亩)以上，且造林资金落实的企业，采伐指标不足的，可逐级上报省林业厅，实行单报单批。

(3)基地经营者可自主编制森林经营方案，自主确定林木采伐年龄，已编制森林经营方案的基地经营者，可申请采伐指标单列。

(4)基地林木的采伐以林木蓄积量控制为主，放宽出材量控制，并允许按伐区设计的出材量办理木材运输证件。

(5)新造的人工林，维简费和70%的育林费采取自提自用办法，留给生产经营者，专项用于造林育林。

6. 宁夏美利和云南云景

在我国西部地区发展人工林，对保护生态，发展造纸工业具有深远意义。宁夏美利集团绿丰公司组建了7个林场，在宁夏、甘肃、内蒙古三省区十五个县沿腾格里沙漠边缘半径纵深260公里地域内展开了规模空前的植树造林大会战，到2004年共计造林2.67万公顷，完成林纸一体化营林基地规划的40%，成活率达85%，苗木长势良好，在大沙漠边缘铸造了新的绿色长城，创造了宁夏沙漠造林的奇迹，谱写了一曲人进沙退的壮丽凯歌，在社会上引起了巨大的反响。

云南云景林纸公司走林纸结合道路，实行“公司+林场”的战略步伐，到2004年已种树4.67万公顷，计划投资3.5亿元，再用3年时间完成规划6.67万公顷纸材林地，云景公司调整树种，从广东引种桉树，对原计划6.67万公顷思茅松调整为4万公顷思茅松，2.67万公顷桉树桉树的引种，标志着该公司在种植技术、树种选择上的一次突破，它不仅仅缩短了木材的生长周期，提高木材的利用价值，还将使生产成本大幅下降。

四、造纸林基地建设存在的问题

1. 造纸林建设规划不到位

全国还没有一个指导性比较强的纸浆原料林基地全面规划，省也没有科学合理的规划，企业虽有规划，但不到位，林地落实不具体，资金落实有困难。

2. 林地落实困难

水土好的土地，需要用于农地，部分条件并不好的宜林荒地也已分散承包给了农民，要将这些土地集中进行集约化经营纸浆原料林，工作难度大而复杂，企业经营操作成本较高，规模难以扩大，更难以运用现代化的技术和管理方式对纸浆原料林的生产全过程进行管理，以获得规模经济效益。

3. 林木采伐有限制

纸浆原料林的采伐存在以下问题：一是纸浆林基

地的采伐额度包含在所在地区年度限额采伐计划之内。如果按照原料林基地的森林经营方案确定采伐量,就需要增加采伐额度,则要削减当地其他商品材的指标,实际上企业需要的采伐指标很难得到落实。二是在宜林荒山少的省份建设原料林基地,需要对一些疏林地、低产林分进行改造,也由于难以解决限额采伐指标而难以实施。

4. 税费负担过重

税费包括:一是国家税收:农林特产税、增值税、城市建设税和教育附加税等;二是林业费用:育林资金、维简费、林区建设保护费等;三是地方附加费:主要是县、乡统筹、村提留等。有的集体林区各种木材税费20多项,占一次销售价格50%以上,搭车收费、乱收费现象也相当严重。

5. 资金需求量大,落实困难

纸浆林建设是一项周期较长的投资事业,由于土地价格和各种费用,基地建设的资金投入较大,加上可能突发的各种自然灾害,存在投资风险,融资比较困难。

6. 桉树种植的争议,影响桉树的发展

一些社会人士提出,桉树人工林对水文和土壤产生不利影响,造成蓄水层干枯和土壤贫瘠;也不利于生物多样性,产生的某种毒性物质抑制其它生物的生长。而业内专家认为,桉树属于优良速生树种,只要进行正确施肥和科学管理,其对生态环境的影响实属顾虑。

五. 加快推进木材纤维原料发展的措施与对策

(1)按照国家有关规定,加大力度实施《关于加快造纸工业原料林基地建设的若干意见》和《全国林纸一体化工程建设"十五"及2010年专项规划》、《重点地区速生丰产用材林基地建设工程规划》以及《国家林业局进一步加强工业原料林采伐管理》的有关政策,力争到2010年,建设造纸速生林基地550万公顷,新增木浆产量550万吨。

(2)林纸企业要认真编制林纸一体化工程建设规划,包括土地、水资源、树种、资金、生态、环境等。桉树以其速生丰产、适应性强、病虫害少、资源集约化、纸浆得率高,成本低、质量好,已成为我国南方主要纸浆原料林树种。广东、广西、海南、福建和云南等地,自然条件好、适合发展桉树的地区,加快推进桉树纸浆林基地建设。北方地区适合种植杨树,因地制宜,选好树种,加快发展。

(3)鼓励国有、民营企业多渠道筹集资金,加快推进林纸一体化工程建设,国家对造纸林基地,应采取扶持政策,对重点项目由国家安排部分资金,给与一定贴息并实行轻税赋、低税率政策和取消各种不合理收费。

(4)倡导公平合理利用外资建设造纸林基地,基地建设要符合国家林业分类经营、速生丰产林规划和全国林纸一体化专项规划的总体要求。制浆项目与造林基地必须同时规划,造林基地建设必须符合土地、生态和环保等相关规定以及农民的利益。

(5)支持发展"公司+基地+农户"的定单模式,建立以工促林,以公司带农户的长效机制。带动山区农民脱贫致富,促进林纸产业的持续发展。

(6)支持国内有条件的企业到国外建设造纸林基地,以缓解国内木材资源的紧缺。

(7)倡导新品种的培育和林地的科学管理,建设速生、丰产、优质、生态、安全的造纸林基地。对一些疏林地、低产林进行改造,提高土地利用率。

(8)鼓励利用林区及木材加工的"剩余物",包括枝桠材、间伐材、次小薪材以及生产的木片。进口木材和木片生产木浆,合理进口国外木浆。

(9)造纸林基地应当在批准的规划内建设,严格保护耕地,不占农地,选择立地条件良好、坡度平缓的地区建设造纸林,并采取防止水土流失和水质污染以及影响生态等措施。

(10)桉树造纸林必须加强科学管理,正确施肥,尽量减少林地对地力的影响,树皮、枝条、树叶等应尽量返还林地,确保林地持续发展。

附表说明:我国制浆造纸企业人工林建设,至2004年底统计了72个企业,已完成造林面积113.96万公顷,至2010年规划造林总面积为411.71万公顷(包括至2004年底已完成的造林面积113.96万公顷),表中印尼金光集团规划到2005年造林面积,"十一五"期间,还要造林约40万公顷,预测到2010年72个企业造林面积可达450万公顷。

制浆造纸企业人工林建设与发展规划调查表

单位:万公顷

企业名称	已造林(至2004年)	其中			规划造林(至2010年)	树种
		自办	合办	合作		
广州纸业	3.82		3.82		9.13	马尾松、湿地松
福建青山	7.30	1.50	2.10	3.70	20.00	马尾松、杉树、桉树
福建南纸	6.53	2.38	1.02	3.13	20.00	马尾松、桉树
广西贺达	0.367	0.17	0.20		2.67	尾叶、巨尾、尾巨桉
广西凤凰	0.6406	0.025	0.515	0.10	2.00	尾叶桉、马占相思、桐棉松、加勒比松
宁夏美利	2.67	1.40	0.57	0.70	6.67	速生杨
湖南泰格	24.5	9.20	6.70	8.60	65.00	杨、松、桉、桤、苏柳
武汉晨鸣	1.33		0.33	1.00	3.33	杨树
濮阳龙丰	0.98			0.98	2.13	杨树
衡水金光	0.80	0.10	0.20	0.50	2.00	杨树
日照森博	1.29	1.29			6.67	尾叶、巨尾、尾巨桉
山东太阳	1.00	0.17	0.80	0.03	4.00	杨树
山东泉林	1.03	0.74	0	0.29	2.00	毛白杨
晨鸣天园	8.50				8.50	中林杨、欧美杨
晨鸣集团					26.67	杨树
广西金钦州	3.09				4.09	桉、相思、乡土树种
广西金桂	1.89				4.22	桉、相思、乡土树种
广东金韶关	1.58				1.91	桉、相思、乡土树种
广东金清远	1.17				1.57	桉、相思、乡土树种
广东雷州金太阳	0.02				0.15	桉、相思、乡土树种
广东阳江金太阳	0.23				0.56	桉、相思、乡土树种
海南金华	6.93				9.60	桉、马占、相思、乡土
河南南阳金太阳	0.34				1.00	杨树、乡土树种
河南信阳金太阳	0.41				0.68	杨树、乡土树种
江西九江金太阳	0.027				0.36	桤木、枫香、乡土树种
江西赣州金太阳	0.23				0.89	桉、乡土树种
湖南常德金太阳	0.15				0.55	杨树、乡土树种
沈阳金太阳	0.0067				0.54	杨树、乡土树种
云南金澜沧	3.45				4.78	桉、乡土树种
云南金文山	1.19				2.52	桉、乡土树种
佳木斯	1.23				1.23	落叶松、樟子松
吉林纸业	1.58				1.58	落叶松、樟子松
广西国发	0.16				2.00	马尾松、湿地松、桉树
四川长江	1.12				1.12	马尾松、湿地松
四川宜宾	1.73	0.22			3.33	马尾松、桉树、杨树
江西纸业	4.67				4.67	松树、桉树
江西抚州	3.33				3.33	松树、桉树
江西吉安等	2.67				2.67	松树、桉树

续表

企业名称	已造林(至2004年)	其中			规划造林(至2010年)	树种
		自办	合办	合作		
华泰集团	2.00		2.00		20.00	杨树
丹东巨浪	0.30				3.00	落叶松、杨树
齐齐哈尔	0.11				1.00	杨树
金城					4.67	松树、杨树
石岘	0.35	0.26	0.012	0.076	0.40	杨树、红松、樟子松
克拉玛依	0.53		0.53		2.66	杨树
新疆屯河	2.00	0.33	1.67		2.00	杨树
云南云景	4.67	4.67			6.67	思茅松、桉树
广东鼎丰					10.00	桉树
四川中竹	1.99		1.99		4.67	竹子
贵州赤天化					2.67	竹子
河南瑞丰	0.13				6.67	杨树
广西柳江					5.00	竹子
广西高峰					33.33	松树、桉树
斯道拉恩索	1.50				12.00	桉树
河南新亚	0.80	0.034		0.76	2.00	速生杨
新加坡 亚洲					7.87	桉树
泰国 顺和成	0.53	0.53			0.53	桉树
泰国金准	0.67	0.67			0.67	桉树
江苏新大					1.33	杨树
江苏双灯					4.00	杨树
江苏金河					5.00	杨树
河南金伦					4.00	杨树
山西襄汾					2.50	杨树
山西九发					1.50	杨树
山西风陵渡					1.30	杨树
山东海王					1.33	杨树
山东宏达					4.00	杨树
金鹰新会					20.00	马尾松、桉树
山东鲁北					4.00	杨树
淄博华光	0.40				1.33	杨树
山东新汶					1.33	杨树
陕西百特					2.67	杨树
宁夏新绿洲	0.024				3.33	杨树
合计	113.96				411.71	

（顾民达）

我国废纸回收利用现状与展望

The present status and development trend for the recovery and usage of waste paper in China

一、我国造纸工业现状

我国纸业正经历一个需求量高速增长的时期,全国纸和纸板产量从2001年的3200万吨增加到2005年的5600万吨,消费量5930万吨。据专家预测,到2010年我国纸和纸板产量将达到7500万吨,消费量8000万吨。但国内造纸原料依赖进口的情况几乎有增无减,2005年进口木浆已增加到759万吨,废纸1703万吨,占我国造纸纤维原料用量的44%,要减少对进口原料的依赖,最根本的措施是加速培植造纸用材林,提高国产木浆的产量以及增加国内废纸的回收量。

表1 "十一五"造纸工业纸浆消耗预测

单位:万吨,%

品种	2005年	比例	2010年	比例
总量	5200	100	6750	100
木浆	1144	22	1755	26
废纸浆	2808	54	3780	56
非木浆	1248	24	1215	18

二、我国废纸回收利用现状

我国废纸用量从2001年的1637万吨上升到2005年3512万吨,翻了一番还多,废纸浆利用率达到54%,相当于废纸利用率62.7%,其中很大一部分是依靠进口(表2)。2005年我国进口废纸量高达1703万吨,特别是近几年废纸进口量猛增。如:2002年进口687万吨,2003年938万吨,2004年1230万吨,2005年1703万吨,专家预测,2006年我国废纸进口量有可能突破2000万吨。

表2 "十五"期间废纸回收利用统计表

年度	纸和纸板产量/万吨	纸和纸板消费量/万吨	废纸回收量/万吨	废纸回收率/%	废纸浆用量/万吨	废纸浆利用率/%	废纸进口量/万吨
2001	3200	3683	995	27.0	1310	44.0	624
2002	3780	4415	1331	30.2	1620	47.0	687
2003	4300	4806	1470	30.6	1920	49.1	938
2004	4950	5439	1651	30.4	2305	51.7	1230
2005	5600	5930	1809	31.5	2810	54.0	1703

注 2005年测算依据:

废纸浆利用率 = 废纸浆用量/纸浆总用量 = 2810/5260 × 100% = 54%

纸利用率 = 废纸总用量/纸和纸板产量 = 3512/5600 × 100% = 62.7%

废纸回收率 = 国内废纸回收量/纸和纸板消费量 = 1809/5930 × 100% = 31.5%

三、我国废纸用量大幅度增长的主要因素

由于公众环保意识日益增长和造纸纤维原料紧张,使用量逐年增加。利用废纸具有节省原生纤维,减轻环境污染,节约能源、清水和化工原料等优点,有利于造纸工业污水治理与资源循环利用,具有良好的经济效益和社会效益。我国森林资源严重匮乏,草类制浆污水治理尚未彻底解决,充分利用废纸作为造纸原料显得格外重要。

表3 2004年我国造纸工业利用废纸的重点省市

省市名称	纸及纸板产量/万吨	废纸用量/万吨	占产量的百分比/%
广东省	755.6	657.0	87.0
浙江省	748.0	605.9	81.0

续表

省市名称	纸及纸板产量/万吨	废纸用量/万吨	占产量的百分比/%
山东省	920.5	368.2	40.0
江苏省	508.8	231.6	46.7
河南省	495.4	216.3	43.7
湖北省	98.5	65.0	66.0
上海市	65.0	49.0	75.4
合计	3591.8	2193.0	61.1

注:废纸浆得率按 80%计算,纸及纸板成浆率按 90%计算;
以上 7 个省市废纸用量占全国纸及纸板产量的45.8%。

四、国内废纸回收率低的原因

据中国年鉴(2005 年版)报导,2000 年国产废纸浆用量为 843 万吨、2004 年为 1354 万吨(表 4),可以看出国内废纸回收量逐年增加,但由于纸和纸板产量的增长,废纸回收率一直保持在 30%左右的较低水平。国内废纸回收率低的原因,除了我国出口的民用产品,绝大部分用纸箱、纸盒包装,而进口的石油、矿石、谷类、钢铁和大型成套设备等,都不用纸和纸板包装,而出口产品的包装纸和纸板都留在国外,这就大大减少了国内废纸的回收量。当然,国内废纸回收工作也存在不少急需解决的问题,包括有关部门对废纸回收工作缺乏协调指导与管理,以及支持废纸回收的政策、法规落实不够到位,加上目前的废纸回收工作还处于民间自发的小规模低水平经济活动阶段,缺乏宣传、组织与技术资金等方面的参与和扶持,主要依靠废品收集的个体与小集体进行零星收购与销售为主,缺乏较具规模的废纸收购企业集团。由于国内造纸原料依赖废纸的情况还在逐年增长,而国际废纸供应量也不可能大量增加,我国解决废纸供应最根本的措施是大力增加国内废纸的回收量。

表 4　我国国产废纸浆用量与比例变化情况

年度	纸浆消费量/万吨	国产废纸浆/万吨	国产废纸比例/%
1980	544	82	15.0
1985	862	169	19.6
1990	1393	371	26.7
1995	2259	767	34.0
2000	2791	843	30.3
2004	4455	1354	30.4
2005	5200	1447	30.5

五、进口废纸的现状与发展

我国废纸进口量从 2000 年的 371 万吨,提高到 2005 年的 1703 万吨。业内人士预测,2006 年我国废纸进口总量将突破 2000 万吨。废纸进口来源主要集中在美国、日本、荷兰、英国、德国等少数几个国家,以上 5 国占废纸进口总量的 82.7%。

2005 美国废纸出口量上升到 1460 万吨,我国购买美废数量为 770 万吨,占总量的 52.7%。从 1994 年以来,我国购买美废每年都在增长,1994 年 29 万吨、2001 年 406 万吨、2005 年 770 万吨。

表 5　2004 年废纸进口的主要国家和数量

国　家	数　量	
	进口量/万吨	比例/%
美国	623.27	50.7
日本	191.52	15.6
荷兰	78.12	6.3
英国	73.51	6.0
德国	50.09	4.1
其他国家	213.49	17.3
合计	1230	100

六、我国废纸市场与需求量的展望

2004 年全球废纸回收量约 17000 万吨,2004 年全球废纸贸易总量约 3200 万吨,我国进口废纸 1230 万吨,占世界贸易总量的 38.4%。当今许多国家的废纸使用量也在提高,今后全球废纸出口量不可能有很大增加。近期国内废纸需求仍较旺盛,进口量保持较高增长, 依靠国外大幅度增加废纸供应量越来越困难。

表6 2004年一些国家废纸回收、利用和贸易情况

国家	纸和纸板产量/万吨	回收量/万吨	回收率/%	利用率/%	进口量/万吨	出口量/万吨
美国	8340.1	4381.8	47.5	38.1	50.6	1256.6
日本	3088.9	2150.7	68.4	62.2	8.1	283.5
德国	2039.2	1321.9	68.0	59.7	256.6	361.6
韩国	1051.1	687.5	83.4	79.6	154.3	5.3
英国	—	658.2	51.9	74.2	11.0	152.0
法国	1024.9	641.8	57.9	57.9	112.1	160.8
意大利	966.5	557.8	49.2	56.6	49.8	60.2
加拿大	2046.1	364.9	50.0	23.9	224.8	100.8
墨西哥	—	257.2	41.9	90.1	154.0	0

废纸价格由于供需矛盾逐步加大，将会不断攀升。我国2005年投产利用废纸的大型纸机，总计年产能达到600万吨，还有不少中小型企业都在进行技术改造、扩大产能，这些企业的废纸用量加起来也相当可观。

表7 2005年投产利用废纸的大型纸机

企业名称	产品品种	年产量/万吨	企业名称	产品品种	年产量/万吨
山东华泰	新闻纸	40	玖龙太仓	牛卡纸	50
河北诺斯克龙腾	新闻纸	33	上海中隆	包装纸	35
无锡荣成	瓦楞原纸	20	常州旺达	工业包装纸	20
山东银河	瓦楞原纸	20	荣成海盛	牛皮箱纸板	18
浙江景兴	包装纸板	15	中山中发	瓦楞原纸	20
浙江永泰	牛皮卡纸	20	吉林晨鸣	新闻纸	10
广东玖龙	瓦楞芯纸	40	华金纸业	箱纸板	30
东莞理文	箱纸板	40	佛山华丰	涂布白纸板	30
广东万利达	瓦楞箱纸板	30	宁波中华	涂布白纸板	70
德州沪平	瓦楞原纸	20	东莞建晖	涂布白纸板	30

七、扩大废纸回收利用问题与建议

(1)预测2010年我国纸和纸板产量将达到7500万吨，需用纸浆6750万吨；其中木浆比例26%为1755万吨、废纸浆56%为3780万吨(折合废纸4725万吨)、非木浆18%为1215万吨。专家认为，我国废纸用量在“十一五”期间还会有较大幅度增加。

(2)加快建设具有一定规模的废纸收购、分选、打包的经营企业，建立废纸回收基地和交易市场。

(3)制定国内废纸回收利用的管理办法，改变废纸掺假掺杂、分类不细、质量低劣等违规行为。

(4)加大废纸处理新技术、新设备和专用化学助剂的研究力度，对不同废纸进行分类，采取不同的处理方法，以提高废纸浆的得率和产品质量。

(5)在充分利用美国废纸资源的基础上，广开进口渠道，增加废纸进口量。

(6)加强管理，防止进口废纸和废纸使用过程中带来的环境污染。

(7)鼓励大型造纸企业集团，在国外建立废纸收购、分选、打包、贮存基地。

(8)借鉴国外回收废纸的经验，包括政府为社会建立完善高效的废纸回收体系和互通市场、品质、分类、信息、价格及技术支持的废纸回收机制，制定“废纸资源有效利用”及“绿色产品采购”等有关法规，并对生产者和消费者的责任做出全面规定，从法律上保证废纸的有效回收利用。

(顾民达)

国内造纸化学品工业现状与发展趋势

The present status and development trend for the chemicals used in China's paper industry

一、造纸化学品工业的现状

造纸化学品的使用对纸张的生产和经济效益起到重要的作用,它能使生产过程优化,纸机运行速度提高;能使用质量较差的纤维(如非木材纤维、再生纤维等)生产出合格的纸;能有效地节约宝贵的造纸资源(包括木材资源、水资源、能源等);能大幅度地降低造纸环境污染,还能明显地提高纸厂经济效益。

由于造纸工业发展的拉动,我国造纸化学品行业新产品、新技术不断涌现。各种新型的废纸脱墨剂、施胶剂、干(湿)增强剂、助留(滤)剂、杀菌剂、絮凝剂、消泡剂、柔软剂、纸张表面加工用化学品等等投入生产,在纸厂得到了广泛的应用。

1. 制浆/脱墨化学品

制浆/脱墨化学品的使用能缩短制浆的蒸煮时间、提高纤维的得率及质量、减少制浆废水污染。半个世纪以来,我国造纸工业纤维原料以非木材原料为主。草浆纤维短,杂细胞多,制浆污染严重。随着我国造纸工业产量的不断增加,草浆纤维的供应量已经不能满足现阶段造纸工业生产的需要,虽然草浆纤维的产量每年不断递增,但在纤维原料中的比重已逐年下降。我国已经提出走"林、纸"结合发展造纸工业的道路,但实现这一目标还有一个过程。利用脱墨废纸制浆不仅可以减少树木砍伐,保护森林资源,而且脱墨废纸制浆与原生纤维制浆相比,有着很高的经济性。目前我国废纸浆用量已占造纸用浆总量的54%,各种制浆/脱墨化学品的生产已形成规模,如广东中成化工股份有限公司的主导产品保险粉(连二亚硫酸钠)产能达到26万吨/年,占全球产能近40%,产品出口到60多个国家和地区,成为全球领先的保险粉生产和出口企业。双氧水产能9.2万吨/年(按100%计),成为中国领先的双氧水生产企业。该公司开发的第三代甲酸钠法保险粉生产技术已达到和超过世界先进水平,产品质量达到美国、德国、日本等国的水平,产品在市场上有很强的竞争力。

早期的废纸脱墨剂以合成的非离子型、阴离子型表面活性剂产品为主。近年来随着生物科技的发展,生物酶复合制剂由于能适应各种油墨的废纸脱墨,使用效果好、成本低,已成为废纸脱墨新技术的热门,南京林业大学、陕西科技大学、天津科技大学、山东轻工业学院等高等院校及中国制浆造纸研究院等科研院所都在此领域开展了研究,杭州格林费尔生化技术有限公司、深圳市绿微康生物工程有限公司等生产厂家在各地重点推广生物酶脱墨技术。

2. 过程化学品

过程化学品包括助留助滤剂、消泡剂、腐浆控制/杀菌剂、树脂障碍/沉积物控制剂、纤维分散剂等。它们的作用是消除生产障碍,使生产过程优化、纸机运行速度提高,能用较差的纤维原料生产出合格的纸张。随着纸机向高速化、大型化、中性抄造方向发展,为了保障大型纸机的高速正常运转,人们越来越重视各种过程化学品的开发与应用。

由于纸机白水循环封闭程度的提高,抄纸系统中存在的电荷平衡问题日益受到造纸界的关注。造纸纤维以及填料等都带有负电荷,再生纸浆和高得率浆的大量使用以及纸机白水循环封闭程度的提高等,都使得纸机湿部阴离子垃圾的浓度越来越高,严重影响了纸机的正常操作。为了减少阴离子垃圾对造纸体系和纸张性能的影响,广州市星业科技发展有限公司开发了电荷密度高的聚合物PTF作为阴离子垃圾捕捉剂。PTF是一种高电荷密度的有机聚合物,相对分子质量较大,分子链长,电荷密度大,对阴离子有很强的吸附能力。用其作为阴离子垃圾捕捉剂,高效无毒,加入少量的PTF就能使纸机湿部的电荷恢复平衡。PTF应用在AKD中性施胶的双胶纸生产中,减少了浆料中的阴离子垃圾对造纸化学品和抄纸系统的干扰,取得了很好的效果;北京天擎化工有限责任公司开发生产了纸康(r)-4020 阴离子垃圾捕捉剂用于中和阴离子垃圾，平衡系统电荷，稳定系统 pH 值，消除因胶黏物质造成的纸页“孔洞”、“透明点”等纸病。湖北嘉韵化工科技有限公司也开发了类似的阴离子垃圾捕捉剂产品。

近年来我国的涂布纸生产发展很快，腐浆的控制越来越受到纸厂的关注，杀菌剂的用量和生产有了较大的增长，出现了一批杀菌剂生产厂家，如北京昌化精细化工厂、北京天擎化工有限责任公司、河北阳光精细化工有限公司、大连星原精细化工有限公司、大连百傲化学有限公司、青岛祥泽化工有限公司等企业，同时纸厂对杀菌剂的产品质量和售后服务有了新的要求和选择。

南京四新科技应用研究所有限公司是一家专业从事各类消泡剂开发和生产的高新技术企业，对造纸工业的洗浆、抄纸、涂布等工序所适用的消泡剂进行广泛而深入的研究开发，已形成四大系列 70 多个品种，特别是最新开发的 CS-553、CS-553A 抄纸消泡剂，产品性能已经达到国外知名企业的同类产品水平，因此受到了造纸企业的欢迎，产品已远销东南亚。该公司 2005 年又有 3 项技术申报了国家发明专利。

江苏明华非金属矿新材料有限公司，经过潜心研究，将多种非金属矿物，通过选料、煅烧、炭化、研磨等工序，复配加工成治污能力极强的产品，使再生纤维造纸实现了“零”排污。

3. 功能性化学品

功能性化学品包括(浆内、表面)施胶剂、干增强剂、湿增强剂、染料、颜料、增白剂、柔软剂、阻燃剂、防油剂、防水剂等等。这类化学品品种繁多，具有很强的针对性、专用性，它们能赋予纸张各种优越的特殊性能(如印刷书写性、干强度、湿强度、平滑性、抗水性、抗油性、柔软性等)，虽然使用量仅占纸张质量的 1% ~ 2%，但对纸张的品种和质量起着决定性的作用，具有很高的经济效益和社会效益；

AKD 是造纸工业广泛使用的中性施胶剂，为了更好的保护环境和适应造纸工业发展的要求，天马医药集团天禾化学品(苏州)有限公司开发了无溶剂法生产 AKD 原粉的新技术。采用该新技术生产的产品的显著特点是不含残余的有机溶剂甲苯，杜绝了生产及使用过程中的污染，符合国家提倡的环保型产品的要求，同时也提高了国内造纸化学品的竞争优势，现已在液体食品包装纸上广泛的应用。针对低定量、重施胶的纸种，该公司还开发了熟化能力更好的 AKD 乳液，体现了更快的熟化效果和更稳定的纸机运行性能。新开发的抗干扰能力更好的 AKD 乳液在再生纤维抄造的瓦楞纸、箱纸板等纸种的应用中表现出了更好的适应性，取得了很好的效果。

目前我国造纸纤维原料中废纸的比重已超过 50%，个别省份甚至达到 70%以上，进口废纸的再生纤维含有的碳酸钙填料给传统的酸性施胶工艺带来了严重的干扰，上海上大玲珀化工科技有限公司自主开发的 AS39A 中性松香胶和 ER65 废纸浆专用施胶剂在再生纤维纸生产上获得应用，AS39A 项目被认定为上海市高新技术 A 级转化项目，其技术水平被评定为国际先进。2005 年 1 月获得国家发明专利(ZL 02 1 51015.6)，并列入国家科技部创新基金项目计划。河南省道纯化工技术有限公司开发了常压逆转工艺制备阳离子分散松香胶的生产技术并予以推广。

中日合资杭州杭化播磨造纸化学品有限公司新开发的 KA－5 近中性乳液松香施胶剂能在弱酸性(上网 pH 值接近 6 ~ 7.5)以及碳酸钙填料存在下进行抄纸，既可以用于木浆纤维更适用于各类废纸浆。该公司开发的 EP-50、EP-100 乳液松香施胶剂对硬水适应性强，适合于抄纸 pH 值范围波动大、pH 值较宽的条件下进行施胶，泡沫少，施胶效率高。

天津市奥东化工有限公司开发生产的 F 系列中碱性施胶剂在赋予纸张抗水性的同时，撕裂度、平滑度、紧度等指标优于 AKD 施胶，熟化期比 AKD 时间短。山东省莱阳市顺龙化工有限责任公司针对我国造纸业的特点，与山东轻工业学院、南京林业大学等高校合作开发了 SL-1 中性造纸施胶剂，这是一种经过特殊工艺螯合而成的自留着型中性施胶剂，无需依赖阳离子变性淀粉和聚丙烯酰胺的助留系统，具有熟化时间短的优点。江苏常州市武进运波化工有限公司投产了 YB-01 多功能中碱性造纸施胶剂的产品。

广西南宁博世工贸有限责任公司开发的 SM-1 食品包装原纸专用施胶剂，是一种阳离子型的聚丙烯酸酯类乳液，具有优良的抗水效果，主要用于提高纸杯原纸、纸餐具和食品包装纸的抗水性，能防止纸杯的侧漏等问题，在纸杯原纸生产企业得到了推广应用。

为了满足造纸工业对新型干增强剂的需求，杭州市化工研究院有限公司最新开发了 HDS-3、HDS-4B 和 HDS-5 纸用干增强剂，HDS-3 和 HDS-4B 干增强剂都是具有网络结构的聚丙烯酰胺系列产品，比线性结构的聚丙烯酰胺增强剂具有更好的增强效果，HDS-3 属于多元共聚型的两性聚丙烯酰胺产品，同时具有良好的助留助滤效果。HDS-4B 是阴离子型多活性官能团的产品，它能与聚酰胺环氧氯丙烷(PAE)中的官能团发生交联形成巨大的网络结构，使纸纤维相互交结从而起到同时提高纸的干、湿强度的效果。HDS-5 干增强剂可以通过表面喷涂或浸渍提高纸和纸板的干强度，特别适宜于高强瓦楞原纸和牛皮箱板纸的生产，有效地提高纸和纸板的环压强度、耐破度和内结合力。中日合资杭州杭化播磨造纸化学品有限公司新开发的RB-230、RB-219聚丙烯酰胺系列增强剂，干强效果好，RB-219兼有助留助滤效果。广州市星业科技发展有限公司新开发了PS-220系列干增强剂，也是一种两性聚丙烯酰胺产品，具有广泛的pH值使用范围，适用于各种高档包装纸、生活用纸等。由于国内包装用纸和纸板的生产发展引人注目，最近播磨化成株式会社、荒川化学株式会社和星光PMC株式会社三家日本的造纸化学品公司分别在国内独资或合资的企业内新上了专用的聚丙烯酰胺干增强剂生产线。

变性淀粉是造纸工业上使用十分广泛的化学品，根据不同需要可以制成阳离子型、阴离子型、两性或多元变性型的产品，不仅可以用作过程化学品(助留助滤剂)，在造纸湿部还广泛用作干增强剂以及在纸表面加工时使用。近年来产品已经向各种专用型的如中性施胶专用、纸板专用、新闻纸湿部专用和非木材纤维造纸专用的方向发展，现在已经形成杭州纸友科技有限公司、广西明阳生化科技股份有限公司、江西红星变性淀粉有限公司、江西东永淀粉化工有限公司等骨干企业。

山东东营国丰精细化工有限责任公司与高等院校合作开发成功活性固体阳离子醚化剂ETA(2,3-环氧丙基三甲基氯化铵)及液体阳离子醚化剂CTA(3-氯-2-羟丙基三甲基氯化铵)，并用于造纸用阳离子变性淀粉的生产。

杭州传化华洋化工有限公司是一家专业开发生产造纸用荧光增白剂的高新技术企业，"新型造纸专用荧光增白剂APC产业化"被列为浙江省创新基金项目，2005年8月，获浙江省高新技术产品证书。该公司通过技改使APC产品的产能由2万吨扩大到3万吨，生产规模的扩大使产品的品质有了进一步的提升，得到了国际同行的认可。公司还被国家科技部授予"国家级重点高新技术企业"。近年来，该公司开始致力于向造纸化学品的专业制造商方向发展，在造纸用染料、合成表面施胶剂、助留助滤剂和废纸脱墨剂等领域加强了科研开发投入。

湖北嘉韵化工科技有限公司还开发了环氧聚酯型湿增强剂。

4. 表面施胶及涂布加工用化学品

该类化学品包括涂布黏合剂、颜料、颜料分散剂、印刷适性改进剂、润滑剂、抗水剂、杀菌防腐剂、消泡剂等。这些化学品主要用于高档涂布纸及纸板的生产，对提高纸的品质和附加值有着重要作用。

对纸表面进行处理能有效地提高印刷纸的品质和表面性能，过去大量使用的氧化淀粉在损纸回用和废纸利用时易造成白水BOD超标，杭州纸友科技等公司开发生产了带正电荷的阳离子表面施胶淀粉有效地解决了这一问题。

为了充分利用各地的淀粉资源、降低纸厂使用成本，河北信佳生物淀粉科技有限公司一直专注于改性淀粉及改性淀粉母料的开发与生产，最近又成功开发了一种新型的造纸表面施胶剂LSE－2型复合改性淀粉糊料(及母料)，LSE－2型造纸表面施胶淀粉调制出的糊液高浓(15%固含量)低黏，流动性好，对纤维有良好的黏接力，使纸张裂断长、耐破度、耐折度明显提高；同时能提高纸张表面平滑度，改善印刷性能，减少掉毛、掉粉现象。该产品不含甲醛、防腐剂等有害物质，不损伤纤维，无毒无污染，符合环保和卫生要求。

广西南宁博世工贸有限责任公司开发的BA－SA聚合物表面施胶剂是一种苯乙烯－丙烯酸酯类的聚合物，其分子结构中含有多功能活性基团，能提高纸张的表面强度，减少彩色印刷中的串色、透印及掉毛掉粉现象，适合于在喷墨和激光彩色打印纸上使用。湖北仙桃市万马化工有限公司开发了一种新型的新闻纸专用印刷性能改进剂，该产品是一种阳离子高分子聚合物，可以提高新闻纸的抗油、抗水性能，增强新闻纸的表面强度和平滑度，改善纸张对油墨的吸收效果从而提高印刷的鲜艳度，同时还具有减少系统中阴离子垃圾干扰、提高细小纤维和填料的留着率的作用。

杭州杭化播磨造纸化学品有限公司新开发了S－5瓦楞纸表面施胶剂，江阴市恒达化工有限公司开发生产了用于涂布、湿部添加(与阳离子淀粉配合使用)和表面施胶的造纸专用CMC，并增加投资扩大了CMC的生产规模。

广东茂名市泉湖高岭土有限公司是一家专业生产纸张涂料高岭土的股份制企业，凭借当地丰富的高岭土矿藏资源，产、学、研结合，形成了10万吨/年的涂料高岭土的生产能力，可代替进口高岭土用于高速涂布机生产高档涂布纸。2005年6月30日，我国最大的年产30万吨轻质碳酸钙项目——桂林金山化工一期工程在广西桂林投产。该项目总投资1.5亿，分两期建设，年产值达5亿元，主要产品有工业沉淀碳酸钙、造纸专用碳酸钙等6个品种。公司目标是在2年内全部完成30万吨碳酸钙项目，并研制开发新品种，生产碳酸钙高端专用产品，使公司总生产能力达到年产碳酸钙系列产品40万吨。山西天一纳米材料科技有限公司开发生产了彩喷纸涂布用二氧化硅。

5. 水处理化学品

水处理化学品在整个造纸过程中起到保证造纸系统的水质、降低水耗、有效的维持和延长水厂的使用周期、确保环境不受污染的作用。

过去一段时间,由于一些中小造纸企业造纸的废水处理不落实,在社会上造成了“造纸企业 = 水污染源”的误导,随着国家环境保护政策的完善和整治力度的加大,造纸行业对合理利用水资源和造纸废水的治理日益重视。迫切需要开发使用效果好、价格低的水处理化学品。河南华宇福利胶黏剂厂致力于造纸废水处理专用的聚合氯化铝产品的开发,产品受到了造纸行业的欢迎。

近年来我国造纸化学品行业的开发与生产有了较快的发展,国家有关部门十分重视造纸化学品的开发与应用,中国造纸化学品工业协会在推动造纸化学品行业的发展方面作了大量工作。中国造纸化学品工业协会是国家一级行业协会,由国内从事造纸化学品研究、开发、生产、销售、应用、咨询、服务、教育等企事业单位组成,业务主管部门是国务院国有资产监督管理委员会。1995年协会成立以来,每两年举办一次造纸化学品开发与应用国际技术交流会,成功地举办了六届国际技术交流会以及几十次多种形式的研修班、学习班,对促进造纸化学品的开发、推广普及造纸化学品应用技术发挥了重要的作用。协会还为政府管理部门编制行业科技发展规划与远景规划。协会也十分注意作好造纸化学品工业发展的外部环境工作,从国家的产业政策上来看,造纸化学品项目已经被国家发改委列入国家当前优先发展的高技术产业化重点领域指南,在国家科技部颁布的科技型中小企业技术创新基金项目指南中造纸化学品也被列入重点发展的领域。国家的这些产业优惠政策对我国造纸化学品行业的科技进步和造纸化学品企业开展技术创新求发展铺平了道路。

二、我国造纸化学品工业的发展趋势

我国造纸工业持续高速增长及技术装备不断更新的形势给我国造纸化学品工业的发展带来了新的机遇和挑战。

从造纸化学品的产品发展趋势来看,各种高新技术的应用使造纸化学品的开发逐渐向绿色、专用、系统化发展。同时各种新型的废纸脱墨剂、纸浆漂白化学品;新型的中性施胶剂、纸张干湿补强剂、表面施胶及涂布用化学品等功能性化学品;新型的微粒助留助滤系统等过程化学品以及各种水处理用化学品的市场需求十分旺盛。这将是今后一段时期内造纸化学品发展的重点和方向,我们要注意加强对这些产品的研发与生产。

当前,大型造纸企业已成为我国高档纸品的生产主体,单机生产规模的扩大对我国造纸化学品的产品质量和售后应用技术服务提出了更高的要求。从当前国内制浆造纸业应用化学品的实际情况看,大型引进的造纸生产线仍以使用外资品牌化学品为主,内资企业的产品在质量的稳定性和售前售后服务方面还需要进一步努力。

在市场经济充分发展的今天,分散的、小打小闹的行业模式已不能满足我国现代造纸工业发展的需要。要着力在行业内培育一批大型的骨干企业,要加大科技投入,加强产、学、研结合,形成一批我国自己的知识产权和品牌;要努力规范市场行为,创造和维护规范有序、公平竞争的市场环境。

(夏华林)

造纸用非金属矿物粉体材料的消费现状与发展趋势

The present status and developmnet trend for the non - metal mineral powder materials used in the paper industry

"十五"期间,我国造纸业的快速发展,继续拉动了造纸矿物粉体材料的消费增长,促进了非金属矿加工业的技术进步。2005年中国机制纸和纸板总产量达到5600万吨,矿物粉体材料消费量超过443万吨。碳酸钙、滑石、高岭土等主要非矿粉体材料已成为现代造纸业不可缺少的重要原料;功能性矿物粉体材料和新矿种的开发利用,日益受到造纸业和非矿加工业的关注。

世界造纸业已有80种以上的非金属矿物材料得到应用。我国造纸已利用的矿种有50余种,其中常用的非矿种类20余种。

造纸用非金属矿物粉体材料通常指:①利用高品质天然矿物直接经过机械研磨(物理作用为主)和化学提纯超细加工处理制造的粉体或浆料制品,如滑石、高岭土、研磨碳酸钙等。②原料来自天然非金属矿物,经化学合成方法生产的产品,如轻质碳酸钙、缎白(铝酸钙)、钛白粉等。③采用现代改性技术(复合/包覆/有机、无机改性)制造的各种高性能填覆产品。

目前造纸矿物粉体材料的研发方向主要有以下几方面:

①提高纸张中无机矿物原料用量。

②扩展矿物颜料在非传统涂布或未涂布文化印刷纸种和包装材料中的应用。

③开发新的功能性矿物资源用于造纸业。

④充分利用低品质矿物原料,以节约有限的优质资源用于更经济的工业用途。

⑤发展和开发新的矿物加工技术,如颜料复合技术、化学提纯技术、多种矿物的复配技术、表面改性技术,以提高造纸矿物粉体使用性能和功能特性,提高纸张质量和满足现代高技术信息、军工以及现代包装材料、建材、印刷、农业、日用生活品等行业特殊用纸需要,获得更好的性价比。

⑥矿物粉体在造纸废水处理和生产系统中的循环利用。

一、主要非金属矿物粉体材料的消费现状

1、主要造纸矿物粉体材料消费量

表1　主要造纸矿物粉体材料消费量　单位:万吨

粉体颜料	2001年	2002年	2003年	2004年	2005年	年均增长率/%
滑石粉	103.25	114	103	98.9	105	0.74
同比增长/%		10.41	-9.65	-3.98	6.17	
重质 $CaCO_3$	61.3	75	101	134.8	161.6	27.59
同比增长/%		22.35	34.67	33.47	19.88	
轻质 $CaCO_3$	35.7	49	56.1	64.8	77.7	21.79
同比增长/%		37.26	14.5	15.5	19.91	
水洗高岭土	47	53	69.5	81.9	87.5	17.27
同比增长/%		12.77	31.13	17.84	6.84	
煅烧高岭土	1.5	1.8	2.4	2.36	2.3	12.27
同比增长/%		20.0	33.33	-1.67	-2.54	

续表

粉体颜料	2001 年	2002 年	2003 年	2004 年	2005 年	年均增长率%
其它	1.2	2.1	6.2	7.34	8.4	75.77
同比增长/%		75.0	195.24	18.39	14.44	
合计	249.95	294.9	338.2	390.1	442.5	15.36
同比增长/%		17.98	14.68	15.35	13.43	

注:(1)其它造纸矿物粉体材料指:2002 年前为钛白粉、硅灰石、立德粉、缎白、硫酸钡,2003 年后包括:沸石、膨润土、二氧化硅(合成或天然)、石膏、合成硅酸钙(铝)、白云石、海泡石、三氧化二铝、氧化钙、透闪石、氢氧化镁(铝)、云母、合成无机矿物纤维等。

(2)水洗高岭土中包括伊利石、绢云母、埃洛石、叶蜡石、地开石的涂料和填料级产品。

(3)滑石中包括高钙滑石、白云石滑石、叶蜡石、绿泥石等。

2、主要矿物粉体材料消费特点

“十五”是我国造纸业历史上发展最快、最好的时期。不仅反映在纸张产量的高速增长,也体现在企业的规模化发展,纸张产品结构的调整,促进了高档纸产量的快速增长和纸张产品的多样化发展,以及现代造纸技术的创新与进步诸方面。纸业的高速发展直接影响了非矿加工产业的发展和变化,矿物粉体的消费特点主要表现在以下几方面。

(1)矿物粉体消费量和消费比例进一步提高:2003 年全国主要纸和纸板产量 4300 万吨,出人意料的提前两年超额实现“十五”3920 万吨的规划。2005 年达到 5600 万吨,比 2000 年 3050 万吨,净增 2450 万吨,年均增长率 12.92%。拉动造纸矿物粉体颜料消费量由 2000 年 235 万吨升至 2005 年 442.5 万吨,净增 207.5 万吨,年均增长率 13.15%,略高于纸张年均增长率 0.23%。

消费比例由 2000 年的 7.7% 提高到 2005 年的 7.9%,表明近年国内纸张单位矿物粉体消耗呈现逐年提升趋势。

2000—2005 年全国纸和纸板产量/矿物粉体消费比例

年 份	2000	2001	2002	2003	2004	2005
纸生产量/万吨	3050	3200	3780	4300	4950	5600
纸消费量/万吨	3575	3683	4332	4806	5439	5930
人均消费/公斤(中国/世界)	29/53.8	29/51.8	33.7/53.7	37/53.3	42/55.6	45/—
矿物粉体/ 纸张产量比/%	7.7	7.81	7.8	7.86	7.88	7.9

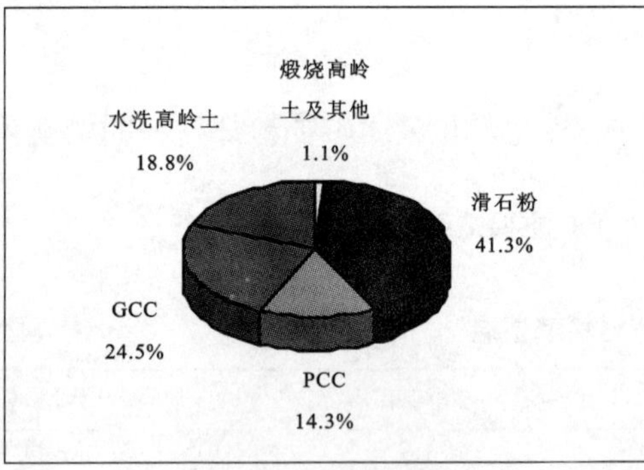

图 1 2001 年主要矿物粉体消费比例

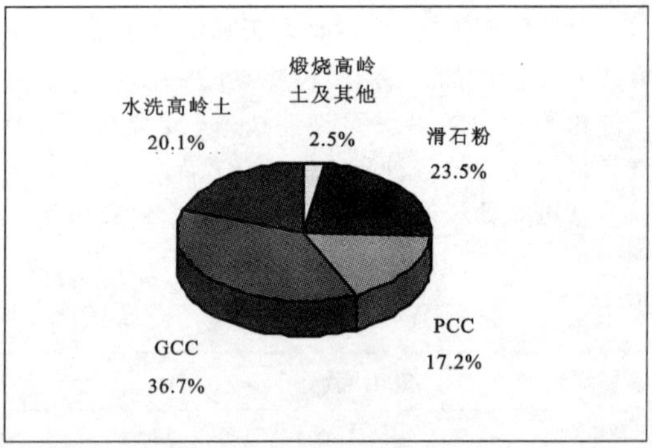

图 2 2005 年主要矿物粉体消费比例

(2)不同矿物粉体消费结构呈现明显变化:$CaCO_3$ 消费比例由 2001 年的 38.8% 提高到 2005 年的 53.9%;其中重质碳酸钙(GCC)由 24.5% 提高到 36.7%,轻质碳酸钙(PCC)由 14.3% 提高至 17.2%。五年间,$CaCO_3$ 消费量年均增长率 24.7%,成为造纸业消费量最大最重要的白色矿物粉体材料。

2002 年 $CaCO_3$ 总消费量 124 万吨,首次超过滑石,使滑石失掉在造纸消费领域的主导地位,市场占有率由 2001 年的 41.3% 下降到 2005 年的 23.5%。

高岭土作为造纸涂料颜料不可缺少的重要粉体材料,受颜料涂布纸和涂布纸板产量强劲增长的拉动,消费量连年增长。市场份额由 2001 年的 18.8% 上升至

2005年的20.1%。

(3)功能性矿物粉体和新矿种消费量明显增长：随着国内经济发展的持续高速增长，人民生活水平的提高，现代科学技术的进步，品种繁多的特种工业、生活、办公、信息等用纸需求增长，促进了各种功能性矿物粉体的消费。

另一方面，非矿加工业采用现代加工技术开发造纸新矿种的研发、推广力度加大。造纸业从利用本地矿产资源降低成本、改善纸张性能以及适应现代造纸技术需要等因素出发，对国产功能性造纸矿物粉体产品和新矿种的开发利用兴趣增加。这些积极因素强劲推动了除$CaCO_3$、高岭土、滑石以外的矿物颜料消费增长。2005年包括煅烧高岭土在内的消费量达到10.7万吨；市场占有率从2001年的1.1%提高到2.5%。

3、前景

以近两年各类矿物粉体对纸张产量消费比例8.8%～8.9%为基准，根据造纸业2010年指导性规划的纸和纸板产量7500万吨推算，届时造纸矿物粉体材料消费量将达到660万吨，为非矿加工业的发展带来新的机遇和挑战。

二、$CaCO_3$的应用现状与发展前景

1、主要消费和发展特点

(1)受碱性造纸技术普及和纸张产量持续高速增长的拉动，$CaCO_3$消费量呈现持续高速增长。

2002年消费量首次超过传统滑石，标志我国造纸业已步入以$CaCO_3$为主要矿物粉体颜料的消费时代。2005年总消费量239.3万吨。与1998年比较，GCC消费量增长了6.6倍，PCC增长了2.7倍。五年间，$CaCO_3$消费量年均增长率24.7%。

(2)PCC增长速度和消费量明显低于GCC：1998年前PCC一度占领了造纸钙消费市场主导地位。造纸GCC规模化生产起步于上世纪90年代中后期，1998年后呈高速增长。过去5年，PCC的年均增长率为21.79%，GCC为27.59%。2005年PCC消费量只有GCC的48.1%。

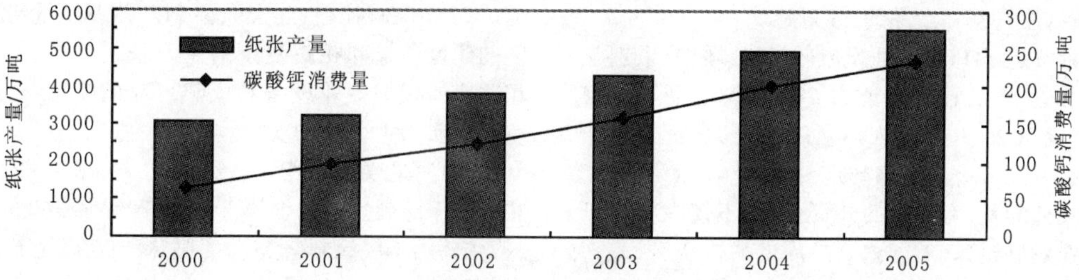

图3　纸张产量及碳酸钙消费量

(3)GCC企业规模化发展和技术装备更新加快：钙产品10万吨/年以上企业7个，5万～10万吨/年企业11个。

过去两年，山东晨鸣、山东太阳、金华盛和金东纸业的4个10万吨以上规模改扩建工程竣工投产；OMY常熟新建卫星厂投产。其中4个工厂，成套或部分引进了国外生产技术和装备。

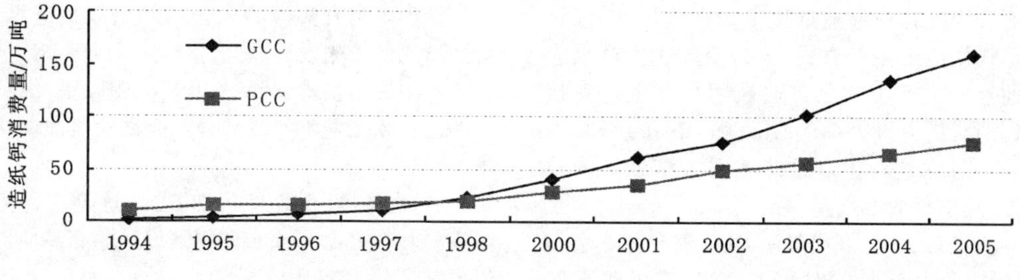

图4　造纸钙消费趋势

目前,国内现代化大型卫星厂用于高品质面涂级产品的大型研磨设备仍大多采用进口装备。虽然国产3000-5000L湿法研磨设备取得重大进展,全程自动化控制生产技术得到重视,但总体装备水平仍难与进口装备竞争。

(4)外资企业发展迅速:目前国内造纸GCC消费量约65%是由外资独资、合资公司供应,并有进一步扩大趋势。这无疑将对GCC高端产品市场形成强有力竞争。如:IMERYS在华总生产能力已超过70万吨(含干法45万吨);由英格瓷公司投资2000万美元,具有50万吨采矿和干法加工能力的项目,正在广西贺州建设。

OMY公司已形成生产能力超过38万吨。与黑龙江林口顺鑫粉体有限公司合作的在建项目20万吨,其中外方投资2.4亿元人民币。

APP集团生产能力已达到80万吨,并规划为新的纸厂建设,再配套25~30万吨浆料专用生产线。

新加坡、马来西亚等东南亚国家和中国台湾、香港地区投资企业超过11家,估计总生产能力超过50万吨,其中造纸用钙浆料产品约28万吨。

外资独资造纸PCC企业发展较GCC缓慢,资料显示已有4条生产线总生产能力28万吨;合资企业6家,总生产能力20万吨投入运营。独资、合资企业产品约占造纸PCC市场份额43%。

值得关注的是,有实力的外资公司,不仅在华造纸钙加工企业发展迅速,对国内高品质的矿山资源,表现出更大的兴趣。对几乎所有目前发现和正在开采的重要优质石灰岩矿山进行过考察,并多以同中方合资形式获得原料供应保障。

单以黑龙江、辽宁、安徽、河南、广西、湖北6省现有资料统计,外资对高品质方解石资源总拥有量已超过1.2亿吨。

(5)卫星式生产供应系统成为主要建厂模式:与大型造纸企业合为一体或在造纸集中地域建设的,以钙浆料产品形式供应的生产方式,称为卫星式生产供应系统。目前这一生产方式已普遍被用户和生产者接受。造纸钙消费量中约75%的GCC和42%的PCC由卫星厂提供。过去这种生产系统多在大型纸厂内建设,近来普及到中小造纸企业。

据不完全统计,各类规模湿法GCC生产企业全国已超过80家。总生产能力超过280万吨,其中江苏80万吨,山东65万吨,浙江50万吨,安徽30万吨,广东30万吨。成套或部分引进国外装备生产线11条,总规模125万吨。其中产能最大的APP所属镇江金东、苏州金华盛、宁波中华纸业四个卫星厂约80万吨。2008年前另有2个5万吨以上改扩建和3个在建工程投入运营。

PCC卫星式钙浆料生产企业13个,总生产能力约48万吨。其中部分和成套引进国外技术装备生产线5条,生产规模约30万吨。最大生产企业是美国特种钙业公司设在江苏的PCC工厂,产能超过20万吨。分填料和涂料两条生产线。

卫星式PCC生产模式近来受到生产商的重视,如四川某PCC公司与多家纸厂合作,已建成两个新的PCC浆料工厂。山东、江西、安徽、广西、福建、广东、河南等省,9个2万吨以上的改扩建和新建工程,都有部分产品选择了这种生产式。国产装备卷烟纸专用PCC卫星式生产系统得到推广,目前大多改用浆料PCC产品。

卫星式生产供应模式,国外最早起源于造纸PCC的生产,国内这方面发展缓慢,是PCC在造纸市场份额小于GCC的原因之一。目前阻碍PCC卫星厂发展的主要瓶颈是:①高品质PCC生产成本略高于GCC。②缺少与大型PCC卫星厂配套的高品质石灰石生产基地。③与GCC比较,建设大型PCC卫星式企业需要更多的建设资金和相对复杂的生产技术;目前缺少与之相适应的大型专业设备和成熟可靠的生产技术,以及有经济实力大公司的支持。

(6)其它方面:目前造纸PCC约70%用于填料,30%用于涂料。GCC 2微米D65产品中,60%用于填料,40%用于底涂料。超细2微米D90以上产品几乎全部用于面涂料。

湿法窄粒度分布(7~9个粒级)和超细(2微米D98~100)用于高光泽涂布纸和涂布纸板的面涂级GCC产品生产技术趋于成熟,消费量增加。

近来部分高品质PCC生产技术的进步,使部分纸厂对PCC用于面涂料的兴趣增加。全部使用碳酸钙颜料制造铜版纸技术,已投入工业试生产。

国内多家有实力的大公司开始涉足造纸钙行业,对造纸钙的未来发展,将产生一定变革影响。

2、主要新技术、产品的开发应用

已投入工业生产或部分工业试验阶段的主要新技术、产品:

(1)高浓度、低黏度超细GCC:这是一种为造纸高浓涂料和全$CaCO_3$涂布印刷纸设计的高品质专用面涂级GCC。钙浆料固含量(78±1)%、黏度<350毫帕·秒、最大粒度3微米、2微米含量≥98%、1微米含量≥75%、平均粒径0.3~0.4微米。

(2)特种晶体形态PCC:PCC晶体形态的多样化是其与GCC比较的重要品质优势之一。纸张质量和造纸涂料特性的改善，很多因素受益于 PCC 形态带来的物理特性变化。PCC 晶体形态的稳定控制技术，也是 PCC 行业需要攻克的技术难点。“十五”期间，国内从事这方面的开发研究单位和报道很多。目前，在制造亚微米和纳米细度的立方体、纺锤体、针状体 PCC 生产技术方面已取得进展。用于填料的菊花瓣状、针状和用于涂料的短纺锤体、短棒状、立方体专用 PCC 已在部分企业投入生产。

(3)高浓分散、研磨 PCC 浆料产品：基于 PCC 干粉粒子凝聚难以分散，以及某些产品粒度分布不合理，黏度大的不足。将标准质量 PCC 产品，经高浓、高线速度分散，或湿法研磨，生产固含量≥72%的预分散浆料。这种产品较一般干燥粉态 PCC，具有低黏度(73%固含量<250 毫帕·秒)，可改善涂料流变性，有效控制粒度分布，从而改善涂布生产操作性和提高涂布纸张质量。2 微米粒子≥98%，平均粒径 0.3～0.4 微米超细产品，可用于全 $CaCO_3$ 配方生产铜版纸。

这种生产技术，20 世纪 80 年代，曾普遍在涂布纸厂的备料系统使用。近来移植到 PCC 工厂，但技术装备已有很大更新。目前有不少于 6 家工厂，其中包括 2 个 5 万吨以上生产线，总生产能力约 19 万吨投入运营。预测这种生产方式，在今后几年将得到推广。在建和拟建生产线 5 条，预期到 2008 年底前投产，届时总生产能力超过 35 万吨。

(4) $CaCO_3$ 的复配产品：为适应不同类型纸厂需要，使产品获得更好的性价比，将高质量不同特性的两种以上方解石混配，或将 PCC 与 GCC 混配，使其在使用性能上相互取长补短。亦可将 GCC、滑石粉、煅烧高岭土混配，其产品可用于高品质纸张填料和涂料的现代化高速纸机。

另一种价廉的低档复配 GCC 是将硅灰石、白云石、沸石、伊利石、叶腊石、低档水洗高岭土等矿种与方解石混配，主要在低速纸机、中低档纸张中作为填料、涂料使用。

(5)纳米 PCC 的应用研究：国外纳米钙生产已有 10 多年历史，但至今未见在纸业大规模使用的商业报道。国内造纸界对此一直持谨慎态度。目前主要在探讨应用技术方面工作，首先要搞清，使用这种超细产品会对纸张和涂料性能产生何种技术效果；其二是成本问题，性价比如何。根据我们和国内多家企业在涂料印刷纸方面的初步研究成果，归纳主要优点为：

①一定配比条件下(一般不大于 30%)，可提高纸张涂层表面印刷光泽度、平滑度、机械强度。白度和白纸光泽度没有明显变化。

②提高涂层耐老化性和抗水性。

③一定条件下可改善油墨吸收性和印刷效果。

④可改善涂层的粗糙度和抗起泡性。在电子显微镜下可明显观察到颜料涂层平整、细腻有序，充填效果得到明显改善。

⑤可相对提高涂料保水值。

⑥采用特殊晶形的低黏度产品，配比量 10%～20%，可代替相近价格的煅烧高岭土使用，两者纸张主要技术性能相近。

主要缺点为：

①干粉状产品，凝聚问题严重，为保持粒度的充分解离，目前建议使用泥饼或浆料。

②多数样品，颜料分散体黏度极高，分散体固含量 30%左右，配制高浓涂料困难。

③高比例使用，涂料黏度增加、稳定性差，胶黏剂用量增加。

④涂布纸不透明度，压光后下降幅度较大，松厚度下降。

⑤价格高。

不尽人意的性价比，使其在目前技术条件下，短期内不会在一般涂料印刷纸中大规模使用。但对某些特种纸张的应用研究，已取得初步成果。

最近的研究表明：同样条件下，亚微米 PCC(100～300 纳米)用于涂布纸面涂料获得了与纳米细度 PCC 相近的使用效果。其价格较低，粒子凝聚和分散体黏度高的问题较小。这可能意味着，作为部分面涂颜料使用，没有必要片面追求 PCC 的纳米细度。

为解决纳米钙凝聚问题，一些单位在生产过程采用改性技术取得一定效果。北京大学开发的专用聚丙稀酸盐分散剂，直接用于某些纳米钙的分散，可控制 60%固含量，分散体黏度小于 300 毫帕·秒。

将特殊晶形纳米 PCC 用于低光泽或无光泽喷墨记录纸，可替代 20%～30%的白碳黑(SiO_2)使用。在不降低纸张涂层性能情况下，明显降低生产成本。

将 20%～40%的亚微米 PCC 替代部分价昂的 TiO_2 填料，用于装饰纸、字典纸已取得工业实用效果。

实验室研究阶段的技术和产品：

(1)耐酸性 $CaCO_3$，可以是 PCC 或 GCC。在弱酸性浆料系统中，一定时间内 $CaCO_3$ 不易分解。作为填料，主要用于含有机械浆或酸性施胶场合。对采用传统施胶工艺的造纸企业来说，不需要进行设备和技术改造即可使用。

高得率机械浆中含有较高的木素，对浆料体系的酸碱度有较强敏感性，高 pH 值条件下易出现“纤维碱性变黑”的负效应。以往，国内新闻纸不加任何无机填料，随着低定量新闻纸的出现，配加无机填料是必要的。国外主要用煅烧高岭土、滑石、二氧化钛、合成硅酸盐、有机填料、专用 PCC 等,来提高纸张品质和印刷适性。

耐酸 $CaCO_3$ 弥补了单一使用普钙时纸张“暗化”的不足,其白度要求不高(85%~90%)。从成本考虑,主要采用弱酸盐无机化合物改性技术,亦有同时引入阳离子高分子聚合物进行改性,拟达到提高填料保留率和纸张强度目的。预测类似产品 2010 年前,有望投入工业生产。

(2)阳离子化 $CaCO_3$:用有机或无机阳离子化合物改性剂,对 $CaCO_3$ 表面阳离子化,主要用于造纸填料,提高纤维与填料的接合,减少造纸过程助留剂用量,提高填料保留率、不透明度和印刷适性。可用于高加填超压纸(SC 纸),主要缺点是成本略高。

(3)复合 $CaCO_3$:用纳米级无机盐在 $CaCO_3$ 表面包覆,适合高加填和薄型印刷纸产品,可部分代替价格昂贵的 TiO_2 和煅烧高岭土使用。产品具有较高的散光系数、良好的分散性和高填料保留率。

另一种复合(包覆)GCC,是将纳米 PCC 包覆于 GCC 表面,高孔隙结构,高白度和高比表面积,可用于造纸填料和涂料,提高纸张透气性、不透明度、印刷适性。初步实验室研究结果表明,对纸张品质的提高有不同程度效果,但成本较高,包覆体抗机械稳定性较差。

(4)在造纸纤维浆料处理系统中制造 PCC 及其衍生物方法。在磨浆或纤维打浆过程,先加入石灰乳液,再通入 CO_2 气,使纳米级 PCC 部分嵌入纤维腔内,并包覆于纤维表面与纤维形成良好结合。

另一方法是将石灰乳液与硅、钛、铝的盐类与纤维浆料混合,在适合条件下,通入 CO_2 共同反应,形成与纤维结合的 $CaCO_3$ 或钙的衍生混合物,从而提高填料保留率、纸张白度、不透明度和表面强度,改善印刷效果。用于脱墨浆,可包敷、遮蔽细小油墨残留粒子,有助于减少白水黏性物沉积,提高抄造滤水速度和再生纸张白度。

3、发展趋势与前景

国内制造高质量 PCC 的石灰石和制造 GCC 方解石资源分布广泛,储量极为丰富,有可靠的原料供应保障。生产工艺技术相对简单、成熟。良好的使用性能、高白度和低的价格,决定了它在造纸领域的高速发展和在造纸矿物颜料消费市场的主导地位,并已成为造纸业不可缺少的最重要矿物粉体原料。

我国纸张产量近年一直保持高速增长态势。根据造纸业发展动向分析预测,造纸钙的发展将显现如下趋势。

(1)纸张产量的高速增长,继续拉动造纸钙需求量的增长。预测今后五年造纸钙的消费量仍会保持两位数的快速增长。2010 年消费量估测可能超过 330 万吨。

(2)大型现代化造纸企业陆续建成投产,与之配套的大型现代化造纸钙生产基地的建设进一步完善。企业规模化发展和技术装备更新加快,全程生产自动控制系统得以完善。卫星式生产供应系统的建设仍是今后造纸专用钙生产企业建设的主要模式。工艺装备落后和独立于造纸企业外的小型商品 $CaCO_3$ 生产单位,淘汰速度加快。

(3)外资进入造纸钙市场领域热度不减,企业间竞争加剧。

(4)纸厂碱回收白泥 $CaCO_3$ 生产技术和应用技术进一步完善和推广,预测 2010 年可形成生产能力 10 万吨左右。这对部分地区现有小型中低档造纸商品 $CaCO_3$ 生产企业的产品销售构成影响。发展白泥 PCC 的最重要意义是环境保护和废弃物的循环利用。其制造过程,往往受到碱回收系统干扰,特别是草浆白泥中杂质含量较高,使产品质量稳定性较差,制造高品质产品成本较高。目前,多用于中低档纸张填料,有时需要与商品 PCC 混用;用于涂料受到价格和品质性能方面的限制。

(5)市场价格基本稳定,但优质资源短缺地区和高品质产品价格略有增长。

(6)$CaCO_3$ 在造纸矿物粉体中消费比例继续提高。标准规格 PCC(纺锤状、白度 92%~96%)和 GCC 浆料仍为主体产品。PCC 企业向卫星式生产系统转化速度加快。产品质量的稳定性要求进一步提高,优质和特种晶形 PCC 以及超细-窄粒度分布-高浓度-高白度 $CaCO_3$ 需求量明显增长。亚微米和纳米级 PCC,在部分特种纸中少量用于工业生产。

(7)$CaCO_3$ 的应用范围进一步扩展,使用技术进一步完善。高品质超细 GCC 和 PCC 面涂级产品消费比例呈增长趋势。$CaCO_3$ 在涂料颜料中的使用比例逐步增加,全 $CaCO_3$ 涂料生产铜版纸技术得到完善和推广。低定量印刷纸种产量的增长,将促进高遮盖性 PCC 以及改性填料级 $CaCO_3$ 产品消费量增长。

(8)各种改性造纸专用钙的开发与应用研究力度加大,部分新产品将用于工业化生产。

三、高岭土应用现状与发展前景

1、消费量与消费特点

根据生产加工方法的不同,造纸高岭土分为水洗高岭土和煅烧高岭土两类。按用途分为涂料颜料和填料两种。

由于国内适用于造纸的高品质高岭石资源短缺，各地区根据资源条件，目前用于造纸涂料和填料瓷土，也包括地开石、绢云母、伊利石、埃洛石、叶蜡石等矿种。

几乎全部进口水洗高岭土和90%以上的国产精细高品质水洗高岭土都用于造纸涂料颜料。

以往国产高岭土很少用于造纸填料。近几年，部分水洗高岭土和干法加工的中低档产品也用于造纸填料，年消费量估计在5万~6万吨。

表2　涂布印刷纸和涂布白纸板产量及高岭土消费量　单位:万吨

年　份	2001	2002	2003	2004	2005	年均增长率/%
涂布纸	130	180	240	300	—	32.26
涂布白纸板	250	430	510	630	—	38.04
总产量	380	610	750	930	—	35.83
高岭土总消费量	48.5 (进口11.0)	55.1 (进口15.0)	71.9 (进口24.0)	84.26 (进口25.8)	89.8 (进口28.7)	16.96
消费比例/%	12.76	9.03	9.59	9.06	—	—

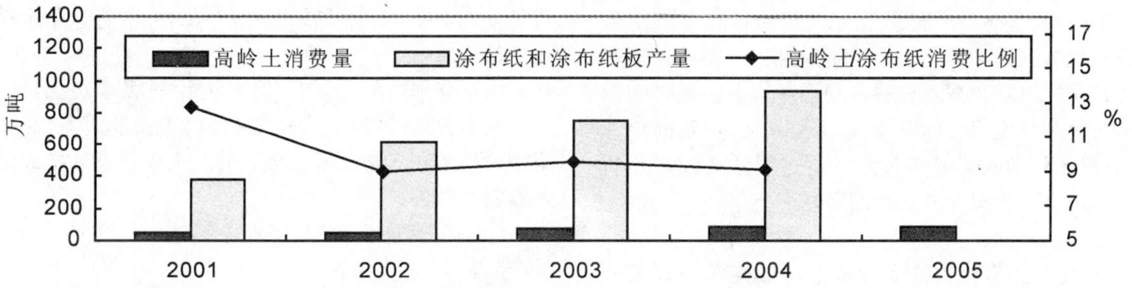

图5　涂布印刷纸和涂布纸板产量及高岭土消费量

颜料涂布纸和涂布纸板产量由2001年380万吨，提高到2004年930万吨，增长1.45倍。年均增长率35.8%，是拉动高岭土消费的最主要因素。

高岭土消费由2001年的48.5万吨提高到2005年89.8万吨，增长0.85倍，年均增长率为16.96%。高岭土对涂布纸和纸板产量消费比例，则由2001年前的12.8%，下降至2002年后的9.03%~9.6%。

高岭土消费增长率及对纸张消费比例，明显低于纸品增长。这表明，高岭土在涂布印刷纸和纸板中的工艺配比量和消费程度，近年呈现下降趋势。

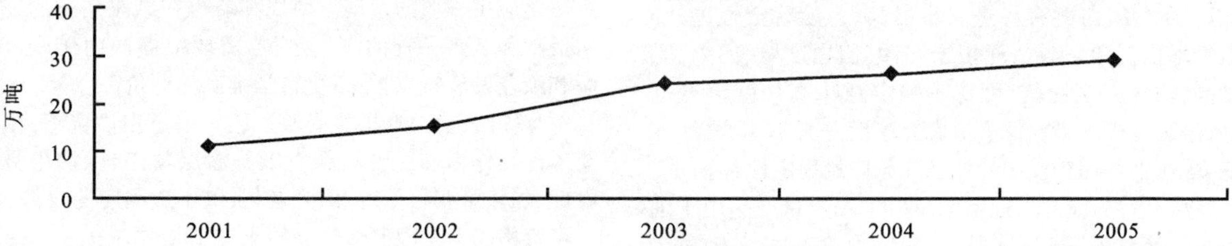

图6　近年进口造纸高岭土消费走势

从2001至2003年间，由于涂布纸和纸板产量快速增长，特别是现代化大型涂布纸厂的建成投产，高品质纸张对高质量高岭土的需求，拉动了进口高岭土的迅速增长。2003年后，因涂布技术的进步以及高品质国产碳酸钙行业的发展，纸张涂料高配比使用价格较低的GCC，高岭土进口量呈现缓慢增长。

根据纸厂和5个主要外资销售商统计，2005年用于造纸的进口高岭土约占海关统计高岭土总进口量41

万吨的70%。主要进口国家有巴西、美国、英国。主要规格为用于面涂涂料的高白度、低黏度、窄粒度分布的高光泽瓷土和低粘度、流变性好的标准涂布级瓷土。

近年造纸高岭土进口量已占总消费量的1/3。这对国内造纸高岭土加工业的发展产生负面影响。也表明多数国产高岭土目前还不能满足造纸业的需求。

目前国内造纸业大多使用北方优质煤系煅烧高岭土产品，少量来自南方水选煅烧高岭土产品。其生产加工技术经10多年努力已趋于成熟，产品主要技术性能可满足一般造纸填料和涂料要求。遗憾的是需求量并未达到几年前的乐观预测(3万~10万吨)。

1999-2003年煅烧高岭土在造纸业消费一度呈现增长趋势。近两年则徘徊在2.3万吨左右，且短期内难以有明显改变。

2、存在问题与前景

(1)水洗高岭土："十五"期间，广东茂名高岭土科技有限公司、茂名石化矿业有限公司的扩建改造工程和兖矿北海高岭土有限公司新建企业，代表了我国造纸水洗高岭土加工技术和装备的最新水平。适合国内南方砂性高岭土原料的剥片、粒度分布控制、物理化学漂白、机械化学法降黏等技术取得进展。某些产品质量可部分替代进口涂料级造纸高岭土。

主要存在问题：

①资源：适合优质高品质水洗造纸高岭土资源的短缺和现有主要矿区资源品质的先天不足，是大规模发展高品质、低价格产品的最大困难。

②生产规模与成本：高品质产品生产能力小，低档产品供大于求。与进口高档产品比较，综合使用性能和稳定性差(用户多与进口产品混合使用)，相比价格较高(进口标准级1800~2000元/吨，高质量2100~2400元/吨)。

③品质：白度有待进一步提高、色度稳定性差，与造纸增白剂和染料的配伍亲和性(假白度概念)差、黏度高，切变流变性(黏度低不一定意味高切变流变性好，假黏度概念)差、粒子形态有序度先天不足、光泽度低、配伍性等综合使用性能和产品质量稳定性差。

(2)煅烧高岭土：近年除"双90"高质量产品用于国内造纸涂料外，部分填料级产品(白度86%~92%，2微米D85~88)也用于新闻纸、超压纸、字典纸、特种生活用纸、育果纸、装饰纸等填料。少量出口(包括填料级产品)，2005年总出口量(含外资厂)约1.3万吨。

主要存在问题：

①品质：磨耗度高、孔隙率低。质量稳定性尚需提高。

②降低成本：与进口产品和国外生产成本(扣除劳务、运输成本)相比价格偏高。

③市场竞争：可能的竞争主要来自于，价格更低的高品质超细PCC和空心(高孔隙度)PCC；价格相近的天然改性或合成沸石产品，如合成硅酸钙、硅酸铝；合成树脂类有机颜料。

3、发展方向与前景

根据2010年涂布纸和纸板产量1500万吨的预测，目前高岭土对涂布纸和纸板消费比例9%推算，届时高岭土(含煅烧土)总需求量为135万吨。考虑到近年，涂布技术越来越多选择更低价格的高品质碳酸钙颜料。如在多次涂布技术中，底涂、中涂料全部使用碳酸钙颜料，以及全碳酸钙颜料制造铜版纸技术的成熟和推广等因素等，实际消费量估测在125万吨左右。造纸高岭土消费仍会保持两位数增长，但增幅会明显低于过去的5年。

国产高品质面涂级水洗高岭土产品的发展，继续受到较低价格、质量可靠的进口产品挤压，进口量呈缓慢增长。

由于受国内资源限制，高性能涂料级水洗土目前生产成本较高，针对国内资源特点，研发低成本、高效率漂白技术和降黏技术是必要的。主要开发和扩展品种有以下几种：

①适用碳酸钙为主要颜料涂料体系的高光泽面涂级产品。

②低黏度、低成本、流变性好的标准面涂级和底涂级高岭土产品。

③适用于轻量涂布纸发展的遮盖性好、流变性适当的化学结构化和窄粒度分布产品。

未来几年，煅烧高岭土在造纸市场的快速扩展可能是困难的。碳酸钙和其它多孔结构性合成粉体材料的技术进步，以及造纸涂布技术的更新，挤压了它在造纸传统应用领域的发展。煅烧高岭土在纸张品质的技术贡献和纸张品种的应用定位，需要根据国内矿产资源和纸业发展特点，予以更科学准确的评价。

与碳酸钙比较，煅烧高岭土已失去了白度优势，主要考虑其作为功能性材料对纸张涂层覆盖性、油墨吸收性、加填纸张松厚度、耐光老化性、不透明度的改善。

价格因素是限制煅烧高岭土在造纸领域扩展的重要原因。开发低成本产品，应引起重视。如与碳酸钙的复配产品、填料级用途产品。

煅烧高岭土市场的发展有赖于低定量轻量涂布纸和涂布箱纸板、低克重薄型印刷纸和特种工业用纸产量的增长。预期煅烧高岭土在造纸市场的发展将是缓慢的，2010年消费量不大可能超过4万吨。

四、滑石

1、发展趋势与前景

近年高品位滑石价格的不断上涨是导致造纸市场份额迅速下滑的最重要直接原因。滑石用于造纸填料不但适用碱性和酸性各种施胶系统，其低的磨耗度更适用于高车速纸机。从技术性能角度没有更多理由认为滑石不是理想的造纸矿物填料。

预期填料级滑石消费量仍会保持现有水平。而用于中低档纸张填料产品，为维持较低的价格，以低品位滑石原料和与其它低价格矿种复配的产品，将成为主体。用于高车速纸机、高质量纸张和含机械浆（如新闻纸）填料的消费量增加。

滑石特有的亲油、疏水、润滑性，是其它造纸矿物不可相比的。造纸业对高品位滑石的未来市场定位，主要着眼其功能特性，积极开发与其性价比相符产品的制造和应用技术。

2、新技术和产品开发

（1）树脂控制剂滑石：利用滑石结构展显的亲油性，吸附造纸浆料系统中产生的黏性有害物质。

产品有粉体和造粒两种形式，以及改性和未改性两类。主要用于纸浆厂、脱墨再生纸浆、机械浆、再生纸板/颜料涂布损废纸等场合，有多种规格型号。

产品质量四要素：纯度、形态、细度、比表面积，缺一不可。产品推广应用需要使用技术的良好配合。不同技术要求产品售价：1700～3400元/吨。

中国制浆造纸研究院与辽宁某公司合作已建成5000吨粉体、2000吨造粒生产线，成功替代进口产品。

（2）与碳酸钙混配研磨产品

①以降低高价格纯滑石成本和改善使用性能为目的，配入30%～40%高白度方解石，采用干法研磨。其细度400目，主要用于碱性施胶的中/低档印刷书写纸和纸板填料。与单用滑石比较，可提高纸张白度、不透明度、油墨吸收性、灰分（有更高的填料保留）。

②与PCC或GCC混配湿法研磨的浆料产品，主要用于高速纸机填料或多次涂布底涂料。

（3）涂料级滑石产品开发应用：目前处于工业试验阶段。有两种加工方法：①滑石干湿法结合超细加工。②利用纸厂GCC卫星工厂现有装备，配入60%～90% PCC或GCC或碳酸钙+高岭土，混合湿法超细加工，较①法更为经济。

原料要求：高纯度、片状形态滑石。产品细度2微米D75－92，白度≥90%，固含量70%，黏度≤350毫帕·秒。

主要用于高档涂布纸和纸板的面涂料。优点：提高纸张涂层耐水性、平滑度、油墨吸收性、印刷光泽、手感、粗糙度；防止纸张粘连；改善生产操作性（刮刀清洁/防止粘辊/压光整饰性）。需要好的应用技术配合。

五、功能性矿物粉体

它与体质性填料和涂料使用目的不同。主要利用矿物大的形态比、特殊结构特性和物理化学性能，赋予纸张功能特性。矿种繁多，绝对消费量不大，但不可少，一般有较高附加值。

目前国内造纸上常用的功能性非金属矿材料有30多种，主要有：煅烧高岭土、滑石（控制剂）、改性$CaCO_3$、硅藻土、水镁石、海泡石、石棉、沸石、云母、石墨、岩棉、硅灰石、膨润土、磁粉、石榴子石、刚玉、泥碳、麦饭石、锆石、珍珠岩、蛭石、凹凸棒石、石灰、石膏、白炭黑、纳米二氧化钛、水化碳酸钙、云母钛、埃洛石、珠光云母、硅微粉、硅酸盐纤维等。

1、主要应用领域和矿种

作为填敷料用的有：农业用育苗纸、育果纸、阻燃纸、耐高温融热纸、信息记录纸、防伪纸、医用纸、导电纸、军工用纸、特种油/气过滤纸、耐磨纸、防磁防射线纸、密封纸、磁性纸、装饰纸、除臭纸、保温纸、耐酸/碱纸、吸水纸、云母纸、保鲜纸、特种电气绝缘纸、特种试纸、抗水纸、高强纸板等。

作为着色颜料的有：印刷纸或涂布纸、装饰纸、美术纸的调色和着色。如氧化铁、（赤铁矿－红、褐铁矿－黄、天然铁棕－棕、磁铁矿－黑）、氧化铝（红铝）、黏土、石墨等。

制浆抄纸药剂：石灰（煅烧石灰石）、天然碱、自然硫、硼镁砂、芒硝（天然或合成）、沸石、膨润土、明矾石、锂皂土、岩盐等。

水处理剂：沸石、铝钒土、硅藻土、炉渣、膨润土、TiO_2、凹凸棒石、硅砂、珍珠岩、浮石、白云石、麦饭石、泥炭、纤维状矿种。

造纸生产装备：密封件（材料）、脱水板填料、磨石原料、保温材料、过滤材料、磨料、石辊。滑石、硅粉、活化$CaCO_3$、活化煅烧高岭土、石墨、石棉、膨润土、花岗岩、云母、岩棉、锆石、石榴子石、氧化铝、珍珠岩、石英、硅酸盐纤维。

2、目前较为关注发展的矿种

（1）纤维状矿种的开发利用：包括硅灰石、埃洛石、透闪石、石膏、石棉、海泡石。前三种主要作为造纸填料，后三种更多考虑其功能特性。

①硅灰石：有较高的形态比（1/5～30），可与植物

纤维有效形成网状交织结合，提高纸页机械强度和填料保留。为改善矿物纤维自身脆、挺性，通常经过表面化学改性（如采用PVA、聚丙烯酰胺、铝或钠的碱或盐）以提高柔软性、与植物纤维的结合强度。目前消费量约25000吨左右，应用领域和消费量有进一步扩展趋势。

高品位和高白度资源储量少，受资源分布地域性局限和生产成本制约，价格相对较高。特别是磨耗度高，对造纸网、案辊、切纸刀、印刷板等磨损较大，在高车速抄造条件下使用受到限制。除云南外，近来在辽宁、吉林、河南、广东、安徽等省，也发现了部分储量，并积极开发造纸专用填料产品。

②埃络石和透闪石：处于工业开发应用阶段。

埃络石（多水高岭土）磨耗度低，可用于高车速纸机，生产成本低。

中国制浆造纸研究院与山西某企业合作，已建成1万吨透闪石粉体，3000吨改性产品工业试验生产线。主要用于造纸填料、塑料母粒、地板漆、玻璃钢。有良好发展前景。

(2)纸厂废水处理矿种的开发利用：包括沸石、铝钒土、硅藻土、炉渣、膨润土、TiO_2、凹凸棒石、硅砂、珍珠岩、浮石、火山灰、白云石、麦饭石、泥炭、石灰、粉煤灰等。可采用多种矿物混配工艺。

用于再生纸板厂和脱墨再生纸厂等高COD、SS含量废水处理，具有净化水、除臭、脱色效果。可实现再生水和污泥全封闭循环利用，已进入工业推广阶段。

(3)膨润土：利用晶格置换特殊的结构特性，有广泛的用途，品种规格繁多，在造纸业有较大发展前景。通常需进行改性处理。

表3　膨润土在造纸业的主要用途

应用领域	目的与效果
微助留助滤剂	助留、助滤，提高纸机运转性；减少白水沉积物；不受浆料酸碱度和电解质影响；提高纸张机械强度和灰分
无碳复写纸及热敏记录纸	显色材料，发色速度快、色密度高
喷墨打印纸	改善油墨固着性，提高成像质量
纸张填料	获高加填量而不降低强度、撕裂度，改善纸张表面性。
涂料颜料	改善印刷质量。提高涂料保水性、悬浮性、黏度调整剂改善流变性
施胶剂	改善纸页表面性能
黑液处理剂	降低COD，沉降物可制取土壤改良剂
纸厂废水净化剂	脱色、除臭，降低COD、BOD、SS
废纸脱墨助剂	吸附细小油墨，净化纸浆

目前较为关注并推广应用的是在浆水抄造系统作助留滤剂作用，估计年用量（含进口）5000～6000吨，有进一步扩展趋势。通常需钠基化处理，有多种规格。

（宋宝祥　王　妍）

装备与器材

EQUIPMENTS & ACCESSORIES

7

2005年制浆造纸机械制造业发展概况

General situation of machineries for China's pulp and paper industry in 2005

一、基本情况

据2005年轻工业统计年报，全国制浆造纸机械制造业列入国家统计范围的237家企业（即全国全部国有和产品销售收入500万元以上的非国有企业）的工业总产值为82.69亿元、工业销售值为78.34亿元、利税总额为8.37亿元。同比2004年分别增长45.24%、52.61%、72.46%。其中山东省销售总额达15亿元，较2004年增长15.4%。

据已收集到的各有关制造企业各项经济指标完成情况的资料，将部分年工业总产值和年销售收入在5000万元以上、利税总额在500万元以上及全员劳动生产率在10万元以上的企业汇集成表，见表1、表2、表3、表4(仅供参考)。

二、发展特点

1. 保持良好发展势头，达到了"十五"预期的工业总产值目标

从统计数据表明，2005年继续保持良好的发展形势，列入全国统计范围的工业总产值已达到82.69亿元，比2000年工业总产值28.22亿元（当年）增长193%，大大超过"十五"规划预期工业总产值。

山东省造纸机械制造业发展最快，2005产品产量达到9万吨，较2000年增长约1.25倍。销售额2005年达到15亿元，较2000年增长1.5倍，2005年实现利税约1.5亿元，增长近2倍。

2. 一批主要生产企业相继完成或即将完成技术改造，制造装备水平显著提高

(1)山东安丘汶瑞机械制造有限公司列入国家重大装备国产化国债项目的APMP制浆技术设备，计划投资8021万元，其中固定资产投资6558万元，建设厂房14700米^2，新增设备56台套，项目即将完成，可供日产300吨化机浆成套设备。列入国家发改委高新技术产业化项目的APSP制浆技术设备，已完成中试试验，现已完成3800万元投资，全部完成后年可生产10(台)套。

(2)山东淄博晨钟机械股份有限公司自2001年起实施国债技术改造以来，先后投资2600万元，建设了2754米^{2}的总装车间、800米^{2}磨盘铸造车间，改造了1300米^{2}数控加工车间，增加了一批高精加工设备。2004年完成了6750米^{2}铆焊车间，购置了数控火焰切割下料机等设备。2005年又改造了720米^{2}磨盘热处理系统，购置了高精度的磨床、数控动平衡机等设备，提高了制造质量和生产效率。

(3)山东济宁华一轻工机械有限公司于2004年在济宁高新区建成新厂区后，又在兖州经济开发区筹建分公司，项目总投资8000万元，建筑面积38000米^2，将形成新生产能力。

(4)山东昌华造纸机械有限公司已全部完成移地技术改造工程，生产车间已全部迁入新厂区，生产能力和制造水平将有较大提高。为生产大中型高档纸机、纸板机创造良好条件。

(5)湖北沙市轻工机械有限公司已全部完成了引进国外技术开发高档涂布纸及纸板生产线的第三批国债专项项目，现已完全具备生产6000毫米以内、车速1000米/分的涂布机及软辊压光机的能力，目前已制造的幅宽3520毫米、车速800米/分的刮棒式膜转移施涂机和双压区可控中高软压光机已在一大型造纸企业投入运行。该公司主要产品已实现了从中档向高档化的飞跃并具备了造纸、涂布及整饰全套生产线的供应能力。

(6)江苏华东造纸机械有限公司（原昆山市中联第一造纸机械厂），1995年开始改制，2002年开始动工建设新厂区，现已拥有固定资产2.6亿元。购置了一批包括高速动平衡机、数控中高轧辊磨床等高精度加工设备，现已成为国内新兴的可生产大中型造纸设备的

骨干企业之一，现已具备幅宽8米以内纸机的条件。该公司近三年时间已生产了40台各类型纸机及板纸机。

(7)河南省沁阳市第一造纸机械有限公司，2005年投入2000万元进行技术改造，增加高精度加工设备，优化生产工艺流程，提高生产效率。现可生产缸面周长达8000毫米、工作压力可达0.8兆帕的大型烘缸，为多家造纸机生产企业配套。

3. 重视提高自身开发能力的同时，注重发挥各自优势，联合开发新产品

(1)山东淄博晨钟机械股份有限公司在大力增强自身开发能力的同时，积极开展技术合作，攻克关键技术。2005年与北京机电研究所院士合作开展"真空半固态熔覆长寿命造纸打浆磨盘研究开发项目"取得了巨大成功，磨盘的制造成本大幅度降低。该项目产业化后为公司年增销售收入8600万元，创汇400万美元，实现利税920万元。

(2)山东安丘汶瑞机械制造有限公司与武汉工业大学合作研究具有自主知识产权的APSP制浆技术设备，适用于棉秆、沙柳、桑枝、麻类及光叶楮等作物的制浆技术工艺，现已完成中试试验，项目完成后具备年产成套设备10(台)套，每年可为企业创造利润2000万元。

(3)中国建材轻工机械集团公司所属西安造纸机械厂依据市场需求，联合轻工业西安轻工机械设计研究所及大连轻工学院联合开发了年产2万吨的棉秆APMP制浆生产线，现已在陕西某纸厂投入试生产，所生产的高强瓦楞原纸成本低、质量达到A级标准，并在此基础上开发成系列APMP制浆设备。

(4)湖北沙市轻工机械有限公司与上海高新造纸技术研究所合作，为江苏、浙江某纸公司成功设计制造了叠网成型造纸及涂布生产线。该公司与中国制浆造纸研究院合作成功开发的高速膜转移施涂机已在十余家大中型造纸企业投入运行并取得很好效益。该公司新产品的销售收入已占总收入的85%。

(5)河南沁阳第一造纸机械厂于20世纪70年代末就开始生产造纸机烘缸，颇有一定知名度。但多年来一直是生产"两盖一圈"三件套式烘缸，只能适应低速、小型纸机，2004年引进了国内维美德西安造纸机械有限公司的可适应高车速的烘缸生产技术并成立了科研攻关小组，攻克制造技术，现已能制造直径1.8米，周长6米的五件套大型烘缸，已为多家主机生产配套，深受欢迎。

(6)丹东鸭绿江磨片有限公司与中国科学院金属研究所联合组建国内首家磨片研究中心，配套增置了电子显微镜、冲击试验机等仪器，同时新建了3300米^{2}机加工车间，购置了数控加工中心设备，该公司现已具备生产直径2500毫米以下各种不同材质的精浆机、制浆磨片、热分散磨片，是目前最大的磨片制造专业公司。该公司生产的JC系列锥形精浆机磨片达到国际同类产品先进水平。还将再组建一所制浆研究中心，以自主设计研发磨片，形成具有独立自主知识产权的磨片产品。

4. 开拓国外市场取得新进展

目前造纸机械产品出口形势看好，呈现的特点是，除出口东南亚地区外，拓展到南非、俄罗斯、美国及欧洲，出口产品品种及数量均有所增长，出口产品的水平也有所提高。湖北沙市轻工机械有限公司为缅甸提供用于铜版纸加工的首台涂布机，幅宽1760毫米，车速为300米/分。新沂八达特种工程机械有限公司为印尼MAL木片厂提供年产70万吨绝干木片的成套设备，包括原料卸车、堆垛、折垛、转运、喂料和分检。浙大中控公司为缅甸第一工业部纸化局(MPI)提供日产200吨竹浆项目的从竹浆制备到未漂浆生产线的全线过程控制系统。济宁华一轻工机械有限公司为越南提供日产200吨OCC生产线全套设备。具体项目详见表5。

三、新产品开发概况

新产品开发继续保持良好势头。造纸机械制造业主要生产基地的山东省"十五"期间开发了大约200多种新产品，其中不少产品获得国家、部、省、市各种奖项。济宁华一轻工机械有限公司、安丘汶瑞机械制造有限公司、淄博晨钟轻工机械有限公司、潍坊杨帆机械有限公司等企业开发的新产品数量多、产品水平高，不少产品填补了国内空白，部分产品已接近国际水平。现在山东省已能生产幅宽5米以内，车速在800米/分以内的文化纸机，车速在650米/分以内的纸板机及幅宽3200毫米、年产5万吨的热风干燥浆板机。这些纸机已普遍采用带真空抽气装置的浆料流送系统，水力流浆箱，上网成形器、直通式宽区压榨以及带沟纹的单排烘缸干燥部等。还可制造带辊库及自动换辊装置的卷纸机，幅宽4500毫米、车速为2200米/分的高速复卷机、带分区可控中高辊的超级压光机和幅宽4500毫米、车速为600米/分的软压光机等。在制浆设备方面。已可提供大型备木处理系统，大型棉秆备料生产线及大型切料除尘机组以及切竹、切苇机等。可提供日产600吨以内OCC制浆生产线全套设备，日产200吨以内废纸脱墨浆漂白生产线全套设备，DD型双圆盘

磨浆机系列,大型高浓磨浆机,双螺杆搓浆机,鼓式高浓碎浆机等系列产品,大型双辊挤浆机,大型单螺旋挤浆机。新开发的 APMP、APSP 化机浆成套设备也即将正式推出。其中,安丘汶瑞机械制造有限公司 2005 年就完成了 20 余项新产品,主要有 LGH80 型黑液过滤机、ZNP210 型重力盘式浓缩机,YPL70 型 140 压力盘式过滤机、PGF 皮杆分离机,IM150 型立式浸渍器,SLG240 多功能双螺杆制浆机等。2005 年通过山东省科技厅技术鉴定的大型压榨脱水机适应于性能差的浆料黑液提取和纸浆浓缩,具有产量高、出浆浓度高、黑液提取率高、温度高等显著特点,节水、节能效果显著,填补了国内大型纸机上螺旋压榨脱水机的空白。该机若与真空洗浆机等洗浆设备组合使用,黑液提取率可达 93%。山东淄博晨钟轻工机械有限公司,在建立了"山东省制浆设备工程技术研究中心"后为技术开发注入了新的活力,仅 2004—2005 年就开发了适应市场需求的新产品达 16 种,申请各类专利 11 项。开发的主要产品有鼓式碎浆机系列、双网双压挤浆机、ZMϕ600 锥形磨浆机等;山东聊城昌华造纸机械有限公司提出"抓重点、求突破"和"创新产品、创新技术"的战略,坚持引进关键技术和"以我为主"的思想,先后完成了幅宽 4500 毫米、车速 450 米/分叠网纸机,幅宽 4800 毫米、车速 600 米/分的纸机和部分关键零部件的设计攻关;山东济宁华一轻工机械有限公司继为河南提供日产 150 吨脱墨浆生产线后又为山东宏河矿业集团提供一条日产 200 吨脱墨浆生产线,该生产线包括鼓式碎浆机及上料自动控制、浓度调节 PLC 控制系统、全封闭浮选脱墨槽、盘式热分散、高浓漂白塔等 20 余台设备;潍坊扬帆机械有限公司在开发木材备料系统、大型棉秆备料成套设备、切竹、切苇机等都取得成效,对双辊置换挤浆机等进行改进,提高了使用性能。

福建省轻工机械设备有限公司采用引进技术制造的 ZSM 系列网前筛采用"三维立体"的旋翼与可调脉冲的旋翼结构,特殊设计的机体与良浆管结构,保证了网前筛的筛选性能和效率。该机生产能力大,动力消耗小,现已在多家纸厂使用,取得良好效果。

湖北沙市轻工机械有限公司开发的 4260 毫米、车速 500 米/分的 Roael - Sizer 刮棒式膜转移施胶机在河南新乡新亚集团有限公司"年产 6.5 万吨文化用纸、年产 5 万吨牛皮卡纸及年产 5 万吨涂布白卡纸"国际招标中以其较优异的性价比一举中标,该公司开发的软压光机是广泛用于各类纸及纸板整饰深加工的高新技术装备,用其压光整饰后的普通纸板平滑度可达 150 秒以上,高级包装纸板可达 200 秒。现该产品已被国家科技部、商务部、质量监督检验检疫总局、国家环保总局等四部委联合确认为 2005 年度国家重点新产品、典型产品,同时被中国包装联合会精选为高新技术项目之一,作为国家包装行业高新技术开发资金资助对象。

浙大中控公司为缅甸日产 200 吨竹浆项目开发并提供的 WebField Ees - 100 控制系统,包括从竹浆制备、蒸煮、洗选、漂白、氧脱木素、碱回收工序、浆板工序以及辅助系统的自备电站、ClO_2 制备、污水处理等成套设备,标志着浙大具备提供制浆造纸过程控制与优化控制整体解决方案的能力。

杭州华加造纸机械制造有限公司根据造纸行业产品结构调整,发展特种纸生产的需要,经充分调研及吸收用户意见并在掌握国内外先进技术最新动态和有关资料基础上成功开发了符合表层耐磨纸、茶叶滤纸、微细玻纤过滤纸及特殊功能纸生产需要的双层成形开式斜网流浆箱、水力式斜网流浆箱(采用带脉冲衰减器的中心布浆器进浆,稀释水调浓技术,精确调节控制横幅定量差),三层飘片水力斜网流浆箱均属当前国际先进水平。

表 1　2005 年工业总产值 5000 万元以上的部分企业

企业名称	企业名称
★维美德西安造纸机械有限公司	★湖北沙市轻工机械有限公司
★安丘汶瑞机械制造有限公司	★河南焦作崇义轻工机械有限公司
★华东造纸机械有限公司	★河南沁阳第一造纸机械有限公司
★山东淄博晨钟轻工机械有限公司	山东潍坊凯信机械有限公司
★山东济宁华一轻工机械有限公司	保定晨光造纸机械有限公司
★山东潍坊扬帆机械有限公司	★上海晨鸣造纸机械有限公司
★辽阳造纸机械有限公司	

注:表中带★号的为总产值在 1 亿元以上企业。

表 2　2005 年销售收入 5000 万元以上的部分企业

企业名称	企业名称
维美德西安造纸机械有限公司	湖北沙市轻工机械有限公司
安丘汶瑞机械制造有限公司	河南焦作崇义轻工机械有限公司
华东造纸机械有限公司	河南沁阳第一造纸机械有限公司
山东淄博晨钟轻工机械有限公司	山东潍坊凯信机械有限公司
山东济宁华一轻工机械有限公司	
山东潍坊扬帆机械有限公司	上海晨鸣造纸机械有限公司
辽阳造纸机械有限公司	

表3 2005年利税总额500万元以上的部分企业

企业名称	企业名称
维美德西安造纸机械有限公司	湖北沙市轻工机械有限公司
山东安丘汶瑞机械制造有限公司	河南焦作崇义轻工机械有限公司
华东造纸机械有限公司	河南沁阳第一造纸机械有限公司
山东淄博晨钟轻工机械有限公司	山东潍坊凯信机械有限公司
山东济宁华一轻工机械有限公司	保定晨光造纸机械有限公司
山东潍坊扬帆机械有限公司	上海晨鸣造纸机械有限公司
辽阳造纸机械有限公司	

表4 2005年劳动生产率10万元以上的部分企业 单位:万元

企业名称	劳动生产率	企业名称	劳动生产率
湖北沙市轻工机械有限公司	47	维美德西安造纸机械有限公司	24.4
山东潍坊凯信机械有限公司	33	江苏新沂市八达特种工程机械有限公司	23.3
山东淄博晨钟轻工机械有限公司	31	山东潍坊扬帆机械有限公司	20.6
山东济宁华一轻工机械有限公司	27		
保定晨光造纸机械有限公司	25		

表5 部分企业设备出口情况表

企业名称	出口主要产品名称	出口国家或地区	备注
新沂市八达特种工程机械有限公司	用于造纸企业木材备料系统的 (1)QLY15DB叠臂式液压抓斗起重机 (2)QLYS15DY伸缩臂液压抓斗起重机 (3)QLYD5叠臂式液压旋转吊 (4)DLYS10双动力液压抓斗堆垛机	印尼、缅甸	
潍坊扬帆机械有限公司	鼓式削片机	柬埔寨	
维美德西安造纸机械有限公司	(1)造纸机烘干部、 (2)纸机压榨部 (3)纸机备品	韩国、美国、 泰国、芬兰等	
宜宾造纸机械厂	(1)幅宽2640毫米文化纸机 (2)幅宽2362毫米文化纸机 (3)幅宽1400毫米纸板机	缅甸	
保定晨光造纸机械有限公司	BZK型快速卫生纸机	俄罗斯、南非、柬埔寨	
山东淄博晨钟机械股份有限公司	成套废纸制浆设备	越南、缅甸、马来西亚、 印尼、南非、美国	
山东安丘汶瑞机械制造有限公司	洗浆机	缅甸	
湖北沙市轻工机械股份有限公司	幅宽1760毫米、刮刀铜版纸涂布机	缅甸	
山东济宁华一轻工机械有限公司	(1)日产200吨OCC生产线全套设备 (2)筛鼓	越南 美国、欧洲	
武汉特种锡炉成套设备工程有限公司	碱回收 、日处理360吨固形物	缅甸	
江苏华机(集团)环保设备有限公司	日产20吨棕榈壳浆碱回收系统720米^2 三效板式蒸发器	马来西亚	

(张 熙)

部分国产主要制浆造纸新设备采购指南

Guideline for purchasing portion of major pulp and papermaking machineries

产品名称	主要技术参数	生产企业	备注
双动力叠臂式液压抓斗起重机	QZYDB 系列 最大起重量(吨):5~15 举升高度(米):6~15 木材抓取量(米^3):3~10 特征:轮胎起重机底盘,可折叠,可360°回转作业。 主要用于木材、竹子、废纸等原料的装卸堆垛、折垛及喂料作业	新沂市八达特种工程机械有限公司	已用于印尼 MAL 木片厂、瑞丰纸业、龙丰纸业
液压抓斗吊运机	QLYSDY 系列 最大吊运重量(吨):15 特征:可吊载行驶,抓头可360°旋转 主要用于木材、竹子、废纸等原料的装卸,转运和喂料作业	新沂市八达特种工程机械有限公司	已用于印尼 MAL 木片厂、瑞丰纸业、龙丰纸业
全自动压缩捆包机	打包尺寸(毫米):1050×1050(可调) 生产能力(吨/时):8~15 适用于废纸打包	平湖市青云建材机械有限公司	
木电筛	摇摆式三层筛 面积(米^2):20 生产能力(米^3/时虚积):400~600	轻工业杭州机电设计研究院	已在青州纸业使用
旋流式水力洗涤机	生产能力(米^3/时虚积):300 包括水洗机、振动脱水筛,沉淀槽	轻工业杭州机电设计研究院	已在青州纸业使用
大型压榨脱水机	黑液提取率(%):草浆>75(单台),与真空洗浆机串联使用时可达93% 特征:适用于脱水性能差的浆料的黑液提取和纸浆浓缩。具有产量高、出浆浓度高、黑液浓度高、节水节能	安丘汶瑞机械制造有限公司	已在寿光晨鸣集团有限公司七车间70吨/日化学浆黑液提取工段使用

续表

产品名称	主要技术参数	生产企业	备注
YG100 预挂式过滤机	过滤面积(米^2):100 进料浓度(%):23~28 下料干度(%):草浆≥58,苇浆≥60,木浆≥80 生产能力(吨/米^2·时):草浆 3~3.5,苇浆 3.5~4.5,木浆 4.5~5.5	安丘汶瑞机械制造有限公司	
SJA935 双辊挤浆机	生产能力(吨/日):110~160(麦草),310~420(木浆),225~300(竹浆) 进浆浓度(%):3.5~10,出浆浓度(%):20~35 进浆压力(兆帕):0.02~0.08 辊子转速(转/分):2~15	安丘汶瑞机械制造有限公司	2005 年用于白云纸业公司麦草浆黑液提取,生产能力达 160 吨/日,黑液提取率 > 75%
APSP 制浆工艺设备	包括 PGF420 皮秆分离机(分离量达 90%~95%),SLG 双螺杆多功能制浆机 特征:皮秆分离率高,磨浆浓度高(30%~40%),纤维切断少,能耗低。集制浆、漂白、打浆、洗涤于一体,适用于长纤维浆,也可用于短纤维浆	安丘汶瑞机械制造有限公司	
棉秆 APMP 制浆生产线	生产能力(吨/年):2 万 耗水(吨/吨浆):<20	西安造纸机械厂	已用于渭河纸业
机械制浆磨片	规格:42 英寸~71 英寸 适用范围:APMP、TMP、CTMP 系统	丹东鸭绿江磨片有限公司	
转鼓式碎浆机	ZDG 系列 转鼓直径(米):2.5,2.75,3,3.25,3.5,3.75,4 处理能力(吨/日):分别为 70~120,140~200,175~250,220~330,350~450,380~500,400~700 作业浓度(%):14~18 配有自动控制系统,辐射稀释系统及浓度控制系统	山东淄博晨钟轻工机械股份有限公司	已在威海龙港纸业、四川奎江纸业、胶洲宏泰纸业等投入使用
盘式浓缩机	直径(米):2.5、3.5 公称面积(米^2):60~240 进浆浓度(%):0.8~1.2 出浆浓度(%):3.5~4.5 生产能力(吨/米^2·日):0.9~1.2(ONP),1.5~2.4(AOCC)	山东淄博晨钟轻工机械股份有限公司	已在淄博第二板纸厂、沈阳文成纸业使用
双网双压挤浆机	ZNS 型工作宽度(米):1.2~2.8 共 7 种 进浆浓度(%):3.5~4.5 出浆浓度(%):25~35 工作网速(米/分):10~20 生产能力(吨/日):60~200 特征:采用滤网、滤板和两道压辊对纸浆进行浓缩	山东淄博晨钟轻工机械股份有限公司	已在淄博第二板纸厂、东莞泰昌纸业使用

续表

产品名称	主要技术参数	生产企业	备注
ZM 锥形磨浆机	转定子大端直径(毫米):600 转定子锥角:40° 磨盘转速(米/分):490~750 生产能力(吨/日):30~350 适应浓度(%):3~5 功率范围(千瓦):160~500 特征:(1)转、定子组成单一磨区,磨压面积大;(2)浆料向斜方向移动,在磨区内停留时间长,浆料受力作用次数多,打浆质量高;(3)配有自动控制系统	山东淄博晨钟轻工机械股份有限公司	已在德州沪平纸业、淄博第二板纸厂、宏河矿业使用并出口台湾、泰国
多圆盘过滤机	直径(米):3.5 和 4.5 滤网面积(米^2):75~500 多种规格 滤盘转速(米/分):0.2~2 小腿真空度(兆帕):0.035 特征:(1)采用波纹式扇形板,大大提高有效过滤面积;(2)自动化程度高;(3)能耗低,纤维回收率高	山东淄博晨钟轻工机械股份有限公司	已在德州沪平、保定三联纸业、山东贵和、浙江涌金纸业等厂使用
亚铵法麦草连续蒸煮系统	生产能力(吨/日):240 包括湿法备料系统及自控系统	江苏华机(集团)环保设备有限公司	
亚铵法稻草化学浆连续蒸煮系统	生产能力(吨/日):120 包括湿法备料系统及自控系统	江苏华机(集团)环保设备有限公司	
木浆碱回收蒸发系统	配 400 吨/日木浆生产能力,8 体 6 效板式蒸发器	江苏华机(集团)环保设备有限公司	
棕榈壳浆碱回收蒸发系统	配 20 吨/日棕榈壳浆生产线,3 体 3 效板式蒸发器 720 米^2	江苏华机(集团)环保设备有限公司	
甘蔗渣浆碱回收蒸发系统	配 150 吨/日甘蔗渣浆生产能力,7 体 5 效板式蒸发器 7691 米^2	江苏华机(集团)环保设备有限公司	
碱回收炉	处理能力(吨/日):330、530、1500 压力(兆帕):3.82、6.7、6.8 温度(℃):450、480、480	武汉特种锅炉成套设备工程有限公司	

续表

产品名称	主要技术参数	生产企业	备注
大型棉秆备料成套设备	生产能力(吨/时):20～24 理论切料长度(毫米):25 棉秆损失率(%):<10 包括切料机、榨秆筛、除尘机、棉秆破碎机、秸秆分离机等组成,该机组特征:可以将整颗棉秆经喂料辊进入破碎辊进行破碎,效率高。同时该机装有吸尘装置,进一步提高棉秆的洁净度	山东潍坊扬帆机械有限公司	已在山东银河纸业和贵和纸业集团投入使用
ZCQ6Ⅱ型切料除尘机组	生产能力(风干料):20～24 吨/时 切料长度(毫米):10～25 刀刃回转直径(毫米):730 切料电机(千瓦):110 筛孔孔径(毫米):6,8,10 特征:(1)增设自动上料机构,提高生产效率,降低工人劳动强度;(2)切断部分采用平刀直刃无隙剪切技术,切料合格率高。	山东潍坊扬帆机械有限公司	已用于山东晨鸣纸业集团及所属齐河板纸公司、潍坊恒联浆纸公司等
大型备木处理系统	系统设计能力(吨/日风干):200～400 适用于造纸厂年产木浆 6～25 万吨备料生产能力 处理原木能力(米^3/时含皮原木):120 该系统主要由拉木机、鼓式剥皮机、辊式输送机、盘式消片机、再碎机、料仓、出料螺旋等设备组成	山东潍坊扬帆机械有限公司	该系统处理设备已在云南新平县南恩糖纸厂使用
大型切竹机	生产能力(吨/时):30～36 理论切料长度(毫米):20 刀辊回转直径(毫米):730 刀辊转数(转/分):500 飞刀数量(把):4 特征:(1)该机由进料输送机构、喂料机构、压溃机构、切断机构和出料输送机构组成;(2)A 型为普通型,B 型带水洗装量	山东潍坊扬帆机械有限公司	已用于四川宜宾纸业和广东开平市永顺包装纸业公司
盘式削片机	刀盘直径(毫米):2650 产量(实积米^3/时):130～150 飞刀数(把):12 刀盘转速(转/分):300 理论削片长度(毫米):20～25 特征:压力板采用螺旋面型,切削平稳,产量大,刀片合格率高	山东潍坊杨机械有限公司	已在上海南滨纸业、山东晨鸣纸业齐河板纸有限公司使用

续表

产品名称	主要技术参数	生产企业	备注
大型切苇机	刀盘直径(毫米):3400 生产能力(吨/时):30～35 切苇长度(毫米):≈20 压苇厚度(毫米):200～260 本机由切断和喂料两大部分组成	山东潍坊扬帆机械有限公司	已在湖南泰格林纸集团沅江纸业、山东华北纸业使用
芦苇圆筒筛	产量(吨/时):20～30 圆筛规格(毫米):φ1754/φ2164×3966 圆筛转速(转/分):20 筛筒孔径(毫米):4（可根据用户要求订制） 特征:该机采用螺旋状叶片将苇片搅动扬起,利用苇片其他杂质相对密度不同,速差较大之原理,实现分离	山东潍坊杨机械有限公司	已在岳阳风利制纸业、益阳市广湖糖业公司使用
SJA(B)型双辊量换挤浆机	型号:915,921,928,935,945 辊子直径(毫米):900,900,900,900,900 辊子长度(毫米):1460,2140,2820,3500,4520 生产能力(吨/日):草浆30～45,木、竹130～250,草浆45～65,木、竹185～360,草浆60～85,木、竹250～450,草浆75～105,木、竹310～550,草浆95～135,木、竹400～700 进浆浓度(%):3.5～10 出浆浓度(%):20～35 特征:(1)本机为B型结构,与原A型结构不同点是进料方式是从浆槽的底部进浆,采用锥形多孔进浆,使布浆均匀,增加有效脱水面积。(2)根据传动形式及自动控制分为高档型、普通型;(3)槽体中底采用快速升降自动调节等自动冲洗排污。	山东潍坊杨机械有限公司	
中浓除渣器	通过量(升/分):8000～12000 进浆浓度(%):1～2 进浆压力(兆帕):0.2～0.5	山东济宁华一轻工机械有限公司	
内流式精筛	筛选面积($米^2$):3.5 筛选浓度(%):0.8～2.0 筛孔范围(毫米):1.2～1.8 筛缝范围(毫米):0.10～0.25 通过量(升/秒):150～340	山东济宁华一轻工机械有限公司	

续表

产品名称	主要技术参数	生产企业	备注
2035 压浆机	网笼直径(毫米):2000 进浆浓度(%):2.5~3 出浆浓度(%):25~30 生产能力(吨/日):AOCC 185~235 MOW 140~175 ONP 75~100	山东济宁华一轻工机械有限公司	
双压区双网挤浆机	工作宽度(毫米):2800 进浆浓度(%):3.5~4.5 出浆浓度(%):25~35 生产能力(吨/日):170~200	山东济宁华一轻工机械有限公司	
φ900 挤浆机	螺旋直径(毫米):900 进浆浓度(%):8~12 出浆浓度(%):25~35 生产能力(吨/日):200~300	山东济宁华一轻工机械有限公司	
ZSM 系列脉冲网前筛	采用“三维立体”的旋翼与可调脉冲的旋翼结构以及特殊设计的机体与良浆管结构保证筛选性能和效率。同样的筛选面积,浆料通过量大 40%~50%	福建省轻工机械设备有限公司	
水力式斜网流浆箱	喷宽(毫米):1750,2500 横幅定量差可精确调节在 1% 范围内,采用带脉冲衰减器的中心布浆器进浆,稀释水调浓技术。可在 600~1500 米/分车速范围内选用	杭州华加造纸机械制造有限公司	
双层成形开式斜网流浆箱	喷宽根据用户要求设计 适用于生产品种:表层耐磨纸、茶叶滤纸、微细玻纤过滤纸及特殊功能纸 可在车速为 20~500 米/分之间选用	杭州华加造纸机械制造有限公司	
三层飘片水力斜网流浆箱	适合生产表层耐磨纸 三层分别上浆,经飘片、管束上浆,在斜网上一次成形。	杭州华加造纸机械制造有限公司	
稀释水型水力式流浆箱	适应车速范围(米/分):325~1000 稀释水横幅定量调节采用具有自清洗功能的微电脑控制智能调节伐(预留手动调节备份),监控上位机采用 ADVANTECH2 机	杭州美辰纸业技术有限公司	已在幅宽 2800 毫米,车速 350~500 米/分卫生纸机上应用
施胶涂布器	车速(米/分):700 施胶量(克/米^2):5(每面) 涂面量(克/米^2):3~10(每面)	轻工业杭州机电设计研究院	

续表

产品名称	主要技术参数	生产企业	备注
四叠网造纸机	幅宽(毫米):4600 车速(米/分):600	山东海天造纸机械有限公司	
BZG 卫生纸机	圆网成形 设计车速(米/分):500 工作车速(毫米):≥350	保定晨光造纸机械厂	
3600/120 长网多缸浆板机	幅宽(毫米):3600 车速(米/分):120 定量(克/米^2):300~700	四川宜宾造纸机械厂	
3520/550 长网多缸薄页纸机	幅宽(毫米):3520 车速(米/分):550 定量(克/米^2):40~70 五辊三压区压榨	四川宜宾造纸机械厂	
新型气垫干燥浆板机	幅宽(毫米):3200 工作车速(米/分):40~60 生产定量(克/米^2):600~1000 特征:(1)由高浓流浆箱、双网脱水成形部、大辊径压榨部和气垫干燥部组成;(2)气垫式干燥纸幅收缩均匀,不易断头。(3)浆板不易返黄、提高品质。(4)热风利用率高、汽耗可降低35%,综合能耗低6%;(5)占地面积较传统烘缸干燥减少20%	山东潍坊凯信机械有限公司	
高速、全自动复卷分切机	分切宽度(毫米):4500 分切速度(米/分):2000 退纸直径(毫米):2600 卷纸直径(毫米):1500 特征:采用引进芬兰技术制造,具有自动换辊、自动对切、恒张力自动控制	山东潍坊凯信机械有限公司	
高速、宽幅喷射式刮刀涂布机	净纸宽度(毫米):3200 工作车速(米/分):150 涂布量(克/米^2):8~25 特征:(1)采用喷射式上料涂布头,涂层页平滑,更均匀;(2)刮刀采用摆动装置,有效提高了成纸质量;(3)配有自动退纸换辊、接头装置	山东潍坊凯信机械有限公司	

2005年引进投产的国际一流技术装备

The status of importation for up to date technologies and equipments that put into production in 2005

我国造纸装备经历了一个长期的缓慢发展过程，20世纪90年代以后，我国从国外引进大量新技术、新装备，对我国造纸工业现代化起到了积极的推动作用。随着中国造纸工业的快速发展，充分利用国外先进技术与装备，仍然是今后加速我国造纸工业现代化的重要手段。但是，更应注重引进技术的消化吸收和创新开发，不断提高我国造纸装备的国产化水平。为此，在“十一五”期间，必须增强自主创新能力，努力掌握核心技术和关键技术，增强科技成果转化能力，提升造纸装备整体技术水平。

下面简要介绍2005年引进投产的国际上最先进的大型现代化制浆造纸技术装备。

1. 化学制浆生产线

从瑞典卡瓦纳公司(Aker Kvaerner Pulping)引进世界上规模最大、技术最先进的年产100万吨漂白硫酸盐木浆单一制浆生产线于2005年3月在海南金海浆纸公司正式投产。该生产线属于世界上最环保型的浆厂之一。该公司提供的G1紧凑型连续蒸煮器(Compact Cooking)，采用低温长时间蒸煮，不仅浆的卡伯值低、得率高、可漂性好，纸浆强度好，而且化学品及蒸汽用量少，每吨浆蒸煮汽耗降至500公斤以下，成本低。采用Compact Cooking，排渣量也相应减少，有利于环保。

Compact Cooking系统包括逆流、高热洗涤、冷喷放、常压扩散洗涤、封闭热循环等先进技术；封闭筛选系统包括压力筛、除渣器、洗浆机、以及压榨洗涤设备。漂白系统采用两段氧脱木素、三段无元素氯漂白(D-OP-D)，以及二氧化氯发生装置，纸浆白度最高可达90%ISO。抄浆设备由奥地利Andritz公司提供，其流浆箱设置了75个横向的稀释喷水阀，从而保证了浆板横向定量均匀；靴式压榨，压榨后的纸浆干度提高到53.5%。管理和控制系统采用DCS(集散控制系统)、QCS(质量控制系统)以及IMS(生产资讯管理系统)。

2. 化学机械浆生产线

(1)山东晨鸣纸业和博汇纸业公司分别从芬兰Metso公司引进世界上最大的BCTMP(漂白化学热磨机械浆生产线)，分别于2005年3月和2月投产。

晨鸣纸业公司设计产能为735吨/日。博汇纸业公司设计产能为660吨/日，均以白杨为原料，生产优质高松厚度的BCTMP用于配抄白纸板和白卡纸。Metso为两条生产线提供的设备包括原木输送机、新型鼓式剥皮机、重力式喂料削片机、旋转摇摆式木片筛、木片储存仓以及木片水洗、预浸、高浓磨浆、筛选、高浓漂白和热回收以及废渣浓缩、磨浆和纸浆洗涤。

(2)山东华泰纸业公司速生杨漂白化学热磨机械浆生产线，引进Andritz公司的备料系统和Metso公司的BCTMP生产线于2005年12月投产，成浆用于配抄高白度新闻纸、轻胶纸、SC纸等。设计能力为日产500吨 绝干浆。主要设备包括：备料系统有原木装载机、剥皮鼓、削片机、木片仓、木片筛、再碎机。商品木片使用推土机、木片两段筛选、木片仓。磨浆系统首先把木片送入预蒸仓加热，而后在洗涤器中洗涤，螺旋脱水机脱水，木片螺旋喂料器压缩，经常压预浸器、预热器进入一段与二段锥形磨浆机，成浆通过筛选、浓缩、漂白、洗涤，进入中浓储浆塔。

3. 新闻纸生产线

(1)山东华泰纸业公司从德国福伊特(Voith)公司引进亚洲最先进的抄纸机，于2005年12月投产，年产胶印彩色新闻纸40万吨，各项指标均居世界首位。该纸机也可根据市场需求生产轻涂纸、电话簿纸、字典纸等多个品种，定量34~60克/米^2。纸机幅宽10.2米，设计车速1800毫米。这是迄今为止世界上设备最先进、车速最快、纸幅最宽、质量档次最高的新闻纸生产线。这是一台基于Voith公司“同一平台概念”的纸机，有一个带有稀释水控制的Modulejet流浆箱和DuoFormer TQV夹网成形器，NipcoFlex串联双靴压榨将确保最大干度和最好运行性。先进的TopDuoRun单排烘缸干燥部、Prorelease双真空区纸幅稳定装置、Ecosoft Delta软辊压光机，保证了最佳的适应性，Sirius卷纸机将带来高效的卷取。

配有奥地利 Andritz 公司和德国 Voith 公司的废纸处理成套设备，包括转鼓式高浓碎浆机，高浓、低浓除渣器，中低浓缝筛、孔筛，多盘式洗涤机，热分散器，浮选槽，高浓过氧化氢漂白。

(2)河北诺斯克龙腾纸业公司以100%废纸脱墨浆为原料，引进年产33万吨微涂新闻纸生产线，于2005年5月投产。芬兰 Metso 公司提供一条完整的优化概念生产线（Opticoncept），纸机幅宽 8.45 米、车速 2000 米/分，纸张定量 45 克/米^2 和 48.8 克/米^2。包括2台复卷机、一条卷筒纸打包机、空气系统。Metso 自动化公司提供纸机自动化及质量控制系统。废纸脱墨系统由奥地利 Andritz 公司提供的转鼓碎浆机和德国 Voith 公司提供的浮选槽组成。

4. 未涂布纸生产线

芬欧汇川常熟纸厂从芬兰 Metso 公司引进年产45万吨的大型优化概念纸机，于2005年5月投产，生产高档未涂布复印纸和胶版纸。生产线汇聚了造纸各流程的最新技术。纸机幅宽 10.4 米、设计车速 2000 米/分。除纸机外，还包括空气系统和复卷机以及 Metso 自动化公司提供一套自动化系统和监测系统。

5. 涂布纸生产线

(1)金东纸业有限公司从 Voith 公司引进年产60万吨、世界最先进的“在线涂布新技术”的高速大型纸机，幅宽 9.97 米、工作车速 2000 米/分。

(2)江西晨鸣纸业公司从芬兰 Metso 公司引进的年产30万吨轻量涂布纸生产线，于2005年10月投产。纸机幅宽7800毫米，设计车速2000米/分，整条生产线包括浆料制备、打浆、纤维回收、湿部化学处理、涂布染色、流送、纸机完成整理和控制、真空系统以及监测控制系统，均采用世界上最先进的技术设备，产品质量达到国际一流水平。

(3)太阳纸业公司引进芬兰 Metso 公司的年产25万吨高档铜版纸生产线，于2005年8月投产，生产80～157克/米^2 铜版纸，纸机车速1500米/分、净宽4870毫米，它的自动化程序是基于美卓－DNA 技术，包括质量管理和运行监控系统。另外，机外涂布机的涂布方式为刮刀，工作车速1300米/分，幅宽4950毫米。

6. 涂布纸板生产线

(1)宁波中华纸业公司年产70万吨涂布纸板生产线是由芬兰 Metso 公司提供，2004年12月24日投产，整条生产线包括一套完整的备料系统和一台完整的纸板机。主要产品为定量 250～450 克/米^2 的高档涂布白纸板。纸机网宽 8.8 米，抄宽 8.1 米，设计车速 900 米/分，是目前世界上纸幅最宽，车速最快，设备最先进的多层纸板机。网部在底网上设有4个叠网，可配抄5种浆料，适于多层纸板。2道靴型压榨，出压干度达52%以上，1道平压榨，以提高纸板平滑度。设有机内涂布机进行表面涂布及气垫干燥装置。干燥部设有10组烘缸，共有直径 1.8 米烘缸 123 个，纸板机总长度420米。生产过程用水循环回收利用，吨纸清水用量23米^3，废水处理后 $COD_{Cr}\leqslant 100$ 毫克/升，$BOD_5\leqslant 20$ 毫克/升，$SS\leqslant 10$ 毫克/升，达标排放。

同时从奥地利 TAW 公司引进涂料制备系统，芬兰 GL&V 公司提供盘磨机、离心除渣器等浆料制备系统（由8条原生木浆和废纸浆流送线组成）。配备最先进的 QCS、DCS 质量控制系统。

(2)山东晨鸣纸业公司年产40万吨涂布白卡纸生产线，从芬兰、德国、意大利、日本、奥地利等国家引进，2005年1月投产，纸机设计车速800米/分，卷纸宽度5650毫米，具备国际一流水平。该项目产品为高档涂布白卡纸、高档铜版卡纸，主要用于高档化妆品、食品包装。纸机包括4长网与顶网，DCS、QCS 系统和电气传动系统。具有3个涂布头用于正面涂布，1个涂布头涂背面的机内涂布机及热风箱等。

7. 牛卡纸生产线

玖龙纸业（太仓）有限公司的 PM1 纸机是引进具有国际先进水平，全国第一的牛卡纸机，产能50万吨/年，幅宽 7.1 米、车速 1000 米/分。

8. 箱纸板生产线

上海正隆公司年产35万吨优质强韧纸板机，由德国 Voith 公司提供，机宽7米，设计车速1300米/分；面层采用 MasterJet－ⅡF 流浆箱，芯层和底层采用 MasterJet－Ⅱ M2 流浆箱、DuoFormer 夹网成形器和 TopFormer F 上层喷浆成形器、复合柔性压榨、3组烘缸、封闭引纸、SpeedSizer 施胶机、EcoCal 压光机及圆筒卷纸机，纸机控制系统由 Voith 公司提供（该机于2004年底投产）。

9. 卫生纸生产线

中国拥有世界上卫生纸机3大顶级制造商的设备，即美卓（Metso）公司、安德里茨（Andritz）公司和比洛伊特（Beloit）公司制造的生产线。另外2005年从意大利亚赛利（A.CELLI）公司引进7台卫生纸生产线已经签约。以及福建恒利集团从美卓公司引进的产能为2.5万吨/年的 AdvantageDCT100 卫生纸生产线都具有世界先进水平，山东恒安纸业公司从奥地利 Andritz 公司引进年产6万吨新月牙型成形器卫生纸机，纸幅宽度5550毫米；设计车速2000米。维达纸业湖北、江门、四川分公司分别从日本川之江引进4条 BF 型卫生纸机，年产1万吨的纸幅宽度为2380毫米、设计车速600

米,以及年产 2 万吨的纸幅宽度为 2660 毫米、设计车速 900 米/分的卫生纸生产线,均已投入生产。

10. 化学制浆的"三废"处理

海南金海纸业公司从瑞典卡瓦纳公司引进的"三废"处理设备于 2005 年 3 月投产,该处理线属于国际上最先进的化学制浆"三废"处理装置。

(1)黑液蒸发站采用结晶蒸发技术增浓,出液浓度 80%;碱回收炉日燃烧黑液固形物 5500 吨,蒸汽参数采用 84 兆帕、480℃,提高了能源利用率,排烟中碱尘和 SO_2 含量均不超过 50 毫克/米^3(标准情况),该炉是目前全球最大的木浆黑液碱回收炉。

(2)漂白过程中所有含氯尾气在排放前均经尾气洗涤塔,在洗涤塔中将残氯进行充分洗涤吸收后排出,产生的 ClO_2 气体中游离氯为 0.3 克/升,相对很低;所有燃烧尾气排放前均设置高效的电除尘设备,以去除其中的粉尘,动力锅炉、碱炉和石灰窑除尘效率分别为 99.4%、99.6%和 99.3%,将烟道中的大部分飞尘和粉尘去除,有效地保障了空气质量和人的健康;制浆生产过程中产生的臭气,将经过完全密封输送系统送到碱回收锅炉进行燃烧,同时对硫进行有效的回收。

(3)采用 CFB 紧凑型循环流化床锅炉,处理锅炉产生的固体废弃物、树皮、木屑、浆渣和污泥等进入多燃料动力锅炉中燃烧;碱回收系统中产生的白泥,送回石灰窑进行煅烧回收和再生循环利用,大大降低排放量和减轻污染负荷。而且,废渣燃烧可以产生热量,可有效节省主燃料——煤的使用。

(4)该项目设置了全套碱回收系统,将制浆黑液几乎完全回收利用,中段废水采取四段处理系统。生产车间送来的废水进入废水处理车间后,经厌氧、好氧处理、生物接触、化学处理后,送 15 米深海排放。此外,废水处理车间还设置了应急的紧急处理池。用来处理非正常情况下产生而无法处理的高浓废水。金海浆厂制定的废水排放保证值远远低于国家标准,该项目排水量低于 30 米^3/吨风干浆、BOD 20 毫克/升、COD 100 毫克/升、AOX 8 毫克/升、pH 值 6~9,达到国际上的先进水平。

2005 年造纸工业部分企业投产的进口设备

企业名称	设备主要内容	国别 公司
山东晨鸣	年产 30 万吨涂布白卡纸生产线	芬兰 Metso
	总投资 12.98 亿元	
	纸机:车速 800 米/分,纸宽 5650 毫米	
	包括 4 长网与顶网	
	DCS、QCS 系统和电气传动系统	芬兰 Metso
	具有 3 个涂布头用于正面涂布,1 个涂布头涂背面的机内涂布机及热风箱	
	两条年产 25 万吨杨木热磨机械浆生产线	
	包括:Gentfeeder 式原木输送机	
	直径 5 米、长 25 米、转速 4~7.5 转/分鼓式剥皮机	
	刀盘直径 2650 毫米、刀片数 12 片重力式喂料削片机	
	旋转摇摆式木片筛,顶层筛板筛孔 50 毫米、二层筛孔 18 毫米、三层孔径 6 毫米	
	直径 25 米、容积 1000 米^3 木片储存仓	
	底部直径 4 米、高 10 米的圆筒形常压汽蒸仓	
	螺旋脱水机-木片水洗机-斜螺旋脱水机	
	斜筛-锥形除渣器	
	高 10 米内含 2 根 φ700 的提升螺旋立式预浸器	
	平盘磨和锥形磨高浓磨浆机	
	3 台 OptiScreenFS-370 压力筛,筛鼓面积 3.7 米^2、筛缝宽 0.15 毫米、转子转速 375 转/分	
	双辊压榨挤浆机-转子混合器	
	直径 5.5 米、高 17 米、容积 400 米^3 不锈钢高浓漂白塔	
	2000 米^3 储浆塔	
	双辊压榨挤浆机	
	热回收	
	质量控制系统等	
	日处理 1.5 万米^3 的厌氧污水处理系统	

续表

企业名称	设备主要内容	国别 公司
山东太阳	日产900吨光泽和无光泽纸机配置完成部生产线 包括一台配有ValCoat Jet涂布站的机外涂布机 一台OptiSoft机内无光泽压光机 一台OptiLoad多压区机外光泽压光机 自动化系统采用Metso DNA技术，包括质量控制、状态和运行性能监控系统 涂布部卷纸机上的净纸宽度为4870毫米 设计车速1500米/分	芬兰 Metso
山东华泰	年产40万吨，定量36～52克/米^{2}新闻纸、轻胶纸、轻量涂布纸等品种，总投资11.29亿元 该项目主体设备造纸机、废纸脱墨浆线、打浆设备、辅助设备以及DCS、QCS、MCS自动控制系统从国外引进 纸机设计车速1800米/分，纸幅10.02米 纸机主要部件新技术的应用： 1. 顶网回头辊和胸辊中间带支撑的导辊，网部成形辊和真空伏辊内安装高压喷淋装置 2. 压榨部由原来的不锈钢缠绕辊改为聚氨酯包覆层，带沟纹和盲孔 3. 干燥部重锤式张紧器改为马达式张紧器 4. 完成部压光机机架设计为开式，用移动液压站和机架液压缸打开机架，便于压光辊的更换 同时引进年产20万吨BCTMP生产线 主要设备：	德国 Voith
	圆筒剥皮机、削片机、木片筛、悬臂式螺旋卸料器、 木片洗涤机、浸渍机、CD锥形盘磨机、平盘磨机、浓缩机、高浓漂白系统、热回收系统、废水处理系统、自动控制系统	奥地利 Andritz 芬兰 Metso
	三级化学混凝水处理系统，实现物化－厌氧生化－好氧生化处理相结合的废水处理流程，污染物去除效率由原来的85%～90%，提升到90%以上，COD_{Cr}在150毫克/升以下，排水色度低于稀释倍数50倍，达到最先进的排放标准；厌氧处理系统采用Anamet厌氧反应器以及6个直径40米的混凝沉淀池	瑞典 Purac
	废纸处理成套设备： 包括转鼓式高浓碎浆机，高浓、低浓除渣器，中低浓缝筛、孔筛，多盘式洗涤机，热分散器，浮选槽，高浓过氧化氢漂白	奥地利 Andritz 德国 Voith
山东博汇	高档涂布白纸板，产能35～40万吨/年，总投资15亿元，纸机车速600米/分，网宽6230毫米，净纸宽5570毫米 年产20万吨化学机械浆生产线	芬兰 Metso
山东银河	年产20万吨高强瓦楞原纸，纸机幅宽4400毫米	不详
山东泉林	年产20万吨铜版纸生产线，30万吨APMP生产线	不详
潍坊华港	日产30吨工业用纸生产线 纸机幅宽2800毫米，车速450米/分，定量30～60克/米^2 双辊单压区可控中高软压光机，电气控制部分，DCS、QCS控制系统，白水处理系统	法国 ABK
浙江中华	年产70万吨涂布白纸板 纸机网宽8米，设计车速900米/分，工作车速800米/分 四叠网，2道鞋型压榨，5种浆8条制浆生产线，其中3条商品浆，5条废纸浆，主要生产白底白纸板及灰底白纸板。定量250～450克/米^2	芬兰 Metso
浙江景兴	年产15万吨包装纸板生产线 纸机幅宽5100毫米，车速600米/分 品种105～150克/米^{2}高强瓦楞芯纸	日本二手机
	一套完整的制浆生产线； 包括日产200吨UKP系统 日产1200吨OCC系统 日产200吨AOCC系统	美国 KBC

续表

企业名称	设备主要内容	国别 公司
浙江永泰	年产20.4万吨牛皮涂布卡纸，叠网纸机，抄宽4800毫米，车速600米/分；芯层采用稀释水流浆箱加水平夹网脱水器，压榨部采用靴式高强压榨，烘干部采用直径1830毫米烘缸、全封闭式气罩、热泵系统、袋区通风及热回收系统 膜转移施胶机，硬、软压光机，机内涂布装置 纸机全线采用DCS和QCS控制系统	不详
广东玖龙	年产25万吨瓦楞芯纸，(2台二手机)幅宽5450毫米	不详
东莞理文	年产40万吨$^{\#}$7箱纸板机	不详
广州纸业	脱墨系统流程改造，包括高浓除渣器，孔筛，配置C－bar筛筐的中浓和低浓精筛，配置Eco Mizer节浆器的除渣器和EcoCell浮选槽以及无滤袋式Thune圆盘过滤机和直接加热的DX热分散系统	德国Voith
东莞建辉	年产30万吨涂布白纸板 纸机：幅宽4950毫米，车速700米/分，定量250～420克/米^2 配有五长网生产两层和三层涂布挂白纸板 该机配有一个稀释控制的ValFlo流浆箱、靴式压榨、表面施胶、压光和一座四台辊式涂布站 制浆处理系统包括3条完整的废纸处理线，其中有日产150吨(绝干)衬层系统；520吨混合废纸芯层系统，整个系统目前未配备热分散，以降低能耗	芬兰Metso 奥地利KBC
广东冠豪	涂布机生产线，工作幅宽1000毫米，最大达到1760毫米，生产车速750米/分 配有六辊式硅油涂布头和帘式胶液涂布头	瑞士BMB
冠豪高新	年产2万吨彩色喷墨打印纸和感应纸项目 涂布车速1200米/分 两个涂布头同时进行双面涂布(喷泉式上涂、刮刀涂布和帘式涂布) 配备纸病检测系统，可精确地检测漏涂、刮痕、孔洞等纸病	瑞士BMB
佛山华丰	年产30万吨涂布白纸板，幅宽5500毫米，车速700米/分，定量250～400克/米^2	不详
中山中顺	年产1万吨卫生纸 机型：BF型卫生纸机 纸幅宽度2380毫米，纸机车速600米/分	日本川之江
广东万利达	年产30万吨瓦楞箱纸板 纸机幅宽5700毫米，设计车速850米/分 生产定量125～175克/米^{2}的牛皮挂面纸板	芬兰Metso
深圳万达	日产415万吨挂面纸板机生产线 幅宽4.95米，设计车速450米/分，定量125～280克/米^2 纸机包括3台SymFlo流浆箱、成形部、带有2台LNP的压榨部、干燥部和卷纸部以及纸机驱动、机罩、自动化和润滑系统	Valmet/西安
广西劲达兴	日产450吨双回路脱墨浆生产线 转鼓碎浆机、粗筛 主浮选和后浮选 低浓除渣器、精筛、浓缩 热分散和漂白	芬兰Metso
河北诺斯克龙腾	年产33万吨新闻纸生产线，纸机网宽8.45米，设计车速2000米/分，原料全部采用废纸 一套完整的OptiConcept优化概念纸机及辅助设备、两台复卷机、空气系统及短循环系统 纸机自动化和质量控制系统 废纸脱墨系统(转鼓碎浆机) 浮选槽	芬兰Metso 奥地利Andritz 德国Voith

续表

企业名称	设备主要内容	国别 公司
上海中隆	日产1000吨包装纸生产线，产品定量90～120克/米^{2}的高质牛皮挂面纸和瓦楞芯纸 纸机网宽7米，设计车速1300米/分 面层使用MasterJet Ⅱ F流浆箱，芯层和底层使用MasterJet Ⅱ M^{2}流浆箱，底层和芯层采用DuoFormer Base夹网成形器，面层使用TopFormerF上方喷浆成形器与DuoFormerD/K夹网成形器结合 控制系统由Voith自动化公司提供，其设计主要是基于PCS7平台 采用Tandem NipcoFlex press压榨，SpeedSizer施胶机，EcoCal压光机及圆筒卷纸机	德国Voith
	废纸流程有2台Unipulper水力碎浆机，3段粗筛，污水日处理量15000米^3，日产生沼气14000米^3；废水处理采用IC厌氧反应器为核心的厌氧加好氧的废水处理工艺	荷兰帕克
芬欧汇川	年产45万吨高档未涂布复印纸和胶版纸 纸机幅宽10.4米，车速2000米/分 空气系统和复卷机，生产线自动化系统和监测系统	芬兰Metso
江苏金东	年产60万吨世界最先进“在线涂布新技术”的高速大型纸机 幅宽9.97米，工作车速2000米/分	奥地利Voith
玖龙(太仓)	年产45万吨瓦楞芯纸 纸机抄宽7200毫米，设计车速1000米/分	不详
常州旺达	年产20万吨高档工业包装用纸生产线	不详
理文(常熟)	年产20万吨高档牛皮箱纸板和35万吨高强瓦楞原纸生产线	不详
江苏金华盛	纸机改造，生产铜版原纸和无碳复写原纸，改造内容包括四辊三压区复合压榨部、新的卷纸机、控制系统、液压系统等；改造后纸机运行车速提高到1100米/分	德国Voith
江苏新大	年产6万吨草木混合浆封闭筛选 二级生化废水处理技术	芬兰Andritz 瑞典Purac
河南恒兴	年产10万吨白卡纸生产线，纸机车速500米/分、幅宽3.2米，主要部件包括软压光机、DCS、QCS系统	德国Voith 美国霍尼韦尔
濮阳龙丰	年产10万吨碱性过氧化氢机械制浆生产线	芬兰Metso
焦作瑞丰	年产15万吨碱性过氧化氢机械制浆生产线 污水处理设备 DCS控制系统	奥地利Andritz 荷兰帕克公司 德国西门子
江西晨鸣	年产30万吨轻量涂布纸生产线，总投资4.87亿美元；该项目纸机幅宽7800毫米、设计车速2000米/分， 整机包括浆料制备、打浆、纤维回收、湿部化学处理、涂布染色、流送、完成整理、和纸机控制、真空系统以及监测控制系统	芬兰Metso
	日产550吨漂白热磨机械浆生产线，原料为马尾松、湿地松	奥地利Andritz
山东恒安	年产6万吨高档生活用纸 机型：新月型成形器卫生纸机 纸幅宽度5550毫米，设计车速2000毫米	奥地利Andritz
福建恒利	日产60～90吨高档面巾纸和卷筒卫生纸，机型Advantage DCT100，该机宽2.8米，工作车速1600米/分，配有OptiFlo TIS流浆箱，直径4.5米的扬克缸，Advantage Ari Cap扬克缸气罩，纸幅控制，引纸设备，WetDust纸尘管理系统、空气与通风设备以及QCS、DCS系统	芬兰Metso

续表

企业名称	设备主要内容	国别 公司
维达(湖北)	年产1万吨高档生活用纸 机型:BF型卫生纸机 纸幅宽度2380毫米,设计车速600毫米/分	日本川之江
维达(江门)	年产2万吨高档生活用纸 机型:BF型卫生纸机 纸幅宽度2660毫米,设计车速900毫米/分	日本川之江
维达(四川)	年产1万吨高档生活用纸 机型:BF型卫生纸机 纸幅宽度2380毫米,设计车速600毫米/分	日本川之江
安徽金和	年产15万吨涂布白纸板,总投资1.98亿元,纸机关键部件引进	不详
河南新亚	年产10万吨APMP杨木化机浆生产线	不详
海南金海浆纸业	年产量:100万吨 品种:化学漂白木浆 主要设备:	
	备木系统	芬兰 Andritz
	制浆、洗选、漂白系统	瑞典 Aker Kvaerner
	抄浆机	奥地利 Andritz
	真空蒸发罐	西班牙 USF – HPD
	碱回收锅炉	芬兰 Kvaerner
	气轮发电机	德国 Siemens
	多燃料锅炉	芬兰 Kvaerner
	苛化	美国 Dorr
	石灰窑	丹麦 FFE Minerals
	ClO_2生产设备	加拿大 Kvaerner
	NaOH生产设备	德国 友华行
	原水、废水处理	日/法/德、水务公司
	泵	德国 Sulzer
	马达	德国 Siemens
	控制阀	瑞典 NAF
	自动控制仪表	日本横河(Yokogawa)
	DCS控制系统	瑞典/新加坡 ABB

注:以上引进设备,仅供参考。

(顾民达)

我国造纸脱水器材行业状况

Current status and development trend of dewatering materials and equipments in China's paper industry

2005年造纸脱水器材生产概况

1、造纸网

2005年全国共有较大型的造纸网生产企业22家，见表1。这22家企业大都可以生产供造纸机配套使用的聚酯成形网。此外还有难于统计的数十家小型的造纸网生产企业，它们有的只能生产聚酯干网和塑料网。根据对规模以上的造纸网生产企业的统计，2005年全国造纸网类产品总产量为213.64万米^2，比2004年增长2.57%，见表2。主要造纸网企业的主要产品品种仍是聚酯成形网、聚酯干网、铜网和塑料网，详见表3。而各品种的分类产量详见表4。

2005年我国纸及纸板的产量是5600吨，比2004年增长13.13%，和造纸网的同比增长进行比较看出：我国造纸网产量的增速远不及造纸主业产品的增速。这说明，造纸工业对网毯产品的总需求与国产造纸网供应之间的差额部分是由进口产品和外商在华企业生产的产品来填补的。据统计，进口网产品的增量绝大部分是供给我国新增的超大型纸机使用。目前我国企业生产的造纸成形网仅能供应中小型纸机使用。我国主要造纸网企业的产品可达到的最高质量水平，见表5。

2、造纸毛毯

2005年全国有造纸毛毯生产企业21家，见表6。它们生产的造纸毛毯也仅能满足我国的中小型造纸机的生产需求。其中仅三四家企业可以生产供车速800米/分的纸机应用的毛毯，但其产量不大，只占国产毛毯总量的3%。用于大型高速纸机新式压榨的毛毯产品全部依赖进口。至于规模以下的小型造纸毛毯生产厂也和小型造纸网厂类似，它们的数据极难收集，其企业数量估计有近百家，分布在我国东部和中部的各个省份。不过随着小造纸厂的减少，这些小毛毯厂的数量递减也很快。

2005年我国造纸毛毯业仍不景气，产量依年递减的趋势难于遏制，从表2的数据中可以清楚地看到这种趋势。2005年规模以上的造纸毛毯企业总产量为5525吨，同比减少6.17%（见表2）。这与2005年我国造纸工业快速发展的反差更为明显。2005年全国主要造纸毛毯企业的生产状况见表7。主要造纸毛毯企业的产品可以达到的最高质量水平如表8所示。

3、脱水元件

脱水元件是指用高密聚乙烯、陶瓷或压延微晶等耐磨材料制成的造纸机网部配件：成形板、脱水板和真空箱面板或条形元件。2005年脱水元件企业变化不大，其生产状况见表9。福建星光集团新技术开发中心、咸阳陶瓷脱水器材公司和咸阳宏基科贸有限公司可以生产供应国内大型纸机需要的陶瓷元件，质量不亚于进口产品。河北唐山和山东淄博等地的一些厂家也在断续地生产陶瓷脱水元件，其产量是波动的，它们也同时生产非造纸工业应用的其它陶瓷产品。2005年高密度聚乙烯板材和成品元件在产量上有下滑的趋势。由于这类生产厂家规模均不是太大，又都不是单一为造纸业配套，故作为造纸脱水元件的产量就不易统计了。自压延微晶脱水元件出现几年来，它们逐渐被造纸厂家所认识。由于它的高耐磨性和易加工性，所以作为新型脱水元件的材料在市场上扩展很快。2005年已出口到东南亚和非洲地区。对国内的供应仍维持在每年供应100多台纸机应用，这一销售水平不包括仅购板材而不购元件的造纸厂家的用量。

目前造纸脱水元件产品尚无规范的产品标准，各企业计算产量的单位也不统一，对这类产品暂时还无法进行产量等技术经济数据的比较。

二、网毯产品的进口

2005年网毯产品进口总量为1567.62吨，耗用外汇9484万美元，见表10。这两项分别比2004年增长了7.22%和25.54%。这种态势是近几年来造纸网毯产品进口直线递增的延续。对照我国纸及纸板总量的增长可以看出以下问题：

（1）虽然2005年我国造纸网产量增长了2.57%，但造纸毛毯产量下降了6.17%，从总量上看国产网毯产量在原地踏步。这种情况说明，我国纸及纸板总量的增长与我国国产网毯产品无关，是国外的网毯企业在支持着我国造纸工业的发展。

(2)造纸网毯进口总量和用汇量二者的增幅差距拉大了,分析有两个因素的影响:其一是2005年的进口毛毯价格比2004年平均上涨3%～5%;其次是在进口的纸机织物中,用于靴型压榨的靴套和运输带的比重大大增加了。它们的价格是普通进口毛毯的10～20倍。这就是2005年进口网毯用汇量加大的原因所在。

(3)我国靴型压榨的数量已超过50套,今后还会随着我国大型现代化纸机的增加而增加。这种装置应用的织物价格昂贵,而我国造纸毛毯制造业距生产这类产品还有相当长的路要走。这表明我国毛毯制造企业与国外同类企业在技术和产品档次上的差距越来越大。换句话说,进口产品对我国毛毯制造企业的冲击比对造纸网企业的冲击还要大。关键技术和产品档次是我国网毯企业应着重考虑的首要问题。

三、国外造纸网毯业对我国的影响

1、外资进入我国

我国造纸主业的发展必然导致规模化经营,而适应这种规模化生产的现代化大型造纸机所需要的高技术含量的网毯产品,我国的企业还不能生产,不得不依赖进口。目前世界上所有著名的造纸网和造纸毛毯制造厂商全在向我国出口产品。从进口统计上看,虽然向我国供货的国家和地区有近三十个,但是生产厂家不外乎日本的五家和欧美的七八家。这些厂家是:日本的惠尔得(Nippon Felt)、市川(Ichikawa)、惠尔康(Nippon Filcon)、敷岛(Shikihima Convas)和带华宝(Daiwabo);美国的阿尔巴尼(Albany International)、德国的汉巴(Heibach)、澳大利亚的海克(Huyck)、比利时的艾斯坦詹森(Asten Johnson)、奥地利的福伊特(Voith Fabrics)、芬兰的坦姆菲尔特(Tamfelt Group)和意大利的克里斯蒂尼(Cristini)等。它们中间相当一部分是跨国的国际公司,在亚洲也已经建立了生产基地,像阿尔巴尼在韩国建有成形网生产基地;惠尔德在台湾有干毯生产基地,此外在印度、菲律宾、马来西亚等国也都建有这些公司的网毯生产基地。几乎所有的这些公司在亚洲的生产基地都在向我国供货。

从本世纪初开始,国外著名的网毯制造厂商已逐渐把重心移向造纸工业活跃的我国,向我国注资建立独资的高档网毯产品的生产企业。阿尔巴尼已在广东番禺建立了干毯生产厂,汉巴在苏州生产干网,坦姆菲尔特在天津生产成形网。近两年,外资移入我国的步伐加快,像福伊特已将阿甫顿(Appleton)公司在昆山的网毯厂收购,拟加大生产力度;阿尔巴尼在杭州又在建设高线压毛毯厂,拟生产包括靴套和运输带在内的高档毛毯产品;坦姆菲尔特也正在南京附近选址拟再建设一座聚酯成形网生产基地,完整地生产成形网(目前他们在天津的合资企业仅完成生产聚酯成形网的最后两道工序)。无疑这对我国造纸工业的发展是有利的,不但高档网毯产品价格会降低,其对纸厂的售前售后的技术支持也会更加便捷完善,对主业会有相当大的促进。不过这种外资进入的态势对我国现有的造纸网毯生产企业来说,其生存与发展肯定会成为更加引人注目的一个问题。

2. 我国网毯企业的出路

我国造纸主业的持续进步,现代化大型纸机的增加和小型造纸企业的减少是必然趋势。适应这种发展,国外著名的网毯企业进入我国也是不可逆转的。我国的网毯企业要有充分的准备应对这种局面。在寻求出路时可以考虑以下三点:

(1)改变观念,将重视设备引进转变为重视技术和产品的研发;将重视产品的生产制造转变为重视售前售后的技术支持。对企业的管理者来说,第二个观念的转变更为重要。国外企业是按售前技术应用、产品生产、售后服务三个环节进行管理,最重要的是售前技术应用,而我们的企业还停留在只关注产品生产这个中间环节。这是我们与国外在管理观念上的最大的差异,也是多年来我们的网毯上不了现代化纸机的一个非常重要的因素。

(2)广开渠道,创造与外商合资合作的环境,建立与外商的合作关系。天津的合资企业坦姆菲尔特网业公司是中外合资的初步形式,其仅完成生产过程的部分工序,织网的关键技术仍在芬兰完成。我们应追求建立更为紧密的合作关系,在企业内实现全套的国外先进技术与管理,才能彻底改变我国网毯企业的面貌,与外商共享我们的造纸网毯业市场。

(3)企业管理者应进一步打开思路,降低企业并组的门槛,按照网毯一体化生产理念,实施现有网毯企业的合并重组。集中财力,以"售前技术应用、产品生产质量和售后技术服务"三个环节模式,科学配置资源,吸纳熟悉造纸工艺的科技和管理人员,尝试我们的企业生存与发展的出路。

表1　　2005年全国造纸网制造企业一览表

单位名称	生产品种	地址	邮编	电话
天津造纸网厂	聚酯成形网、聚酯网、铜网	天津市西青区杨庄子玉门路	300112	022－27796246
西安造纸网厂	聚酯成形网、聚酯干网、铜网	西安市长安区马王街道办事处	710115	029－85850704
沈阳铜网股份有限公司	聚酯成形网、聚酯干网、铜网	沈阳市和平区长白街131号	110166	024－23730285
佳木斯造纸网公司	聚酯成形网、聚酯干网、铜网	佳木斯市光复路302号	154005	0454－8375399
上海新风铜网纸厂	铜网	上海市中山北路万千大厦1901室	200063	021－52906351

续表

单位名称	生产品种	地址	邮编	电话
安徽华辰造纸网公司	聚酯成形网、聚酯干网、铜网	安徽省芜湖市长江路256号	241009	0553-5848295
河南开封松鹤网业有限公司	聚酯成形网、聚酯干网、铜网	河南省开封市五一路	475003	0378-3932204
安平鹤煌网厂	聚酯成形网、聚酯干网	河北省安平县新盈大街17号	053600	0318-7524662
新会中新造纸网厂	聚酯成形网、聚酯干网	广东省新会市会城城东开发区	529100	0750-6100456
天台县灵生环保过滤有限公司	过滤网	浙江省天台县平桥镇友谊东路	317203	0576-3666177
浙江华顶网业有限公司	聚酯成形网、干网	浙江省天台县平桥镇工业园区	317203	0576-3670678
江都乐凯新风造纸网有限公司	铜网	江苏省江都市真武镇真武坑59号	627108	0514-6271080
江苏金呢集团	聚酯成形网、聚酯干网	江苏省海门市三条桥工业区	226132	0513-82298280
东莞市业兴网毯有限公司	聚酯成形网,聚酯干网	东莞市高步镇护安围管理区	523279	0769-88731749
安徽亚东网业有限公司	聚酯成形网、聚酯干网、塑料网	安徽省太和县经济开发区	236600	0558-8653868
泰安市松源网业有限公司	聚酯成形网、聚酯干网、铜网、塑料网	山东省泰安市青年路10号	270000	0538-8226306
河南华丰造纸网有限公司	聚酯成形网、聚酯干网、铜网、塑料网	河南省沈丘县北环路81号	466300	0394-5223453
河南恒丰造纸网有限公司	聚酯成形网、聚酯干网、铜网、塑料网	河南省沈丘县工业园区	466301	0394-5104306
河南众信造纸网厂	聚酯成形网、聚酯干网、铜网、塑料网	河南省沈丘县工业园区	466301	0394-5100268
驻马店红星网业有限公司	聚酯成形网、聚酯干网、塑料网	河南省驻马店白桥一巷	463000	0396-2995530
沁阳念海造纸网业有限公司	聚酯成形网,聚酯干网、塑料网	河南省沁阳建设南路干河桥南	454550	0391-5683908
安徽华瑞网业有限公司	聚酯成形网、聚酯干网、塑料网	安徽省太和县	236600	0558-8653868

表2　**2001—2005全国造纸网、造纸毛毯总产量**

品种 年度	造纸网产量/万米^2					造纸毛毯产量/吨
	合计	聚酯网	铜网	塑料网	其他筛网	合计
2001	150.07	105.97	38.88	4.16	1.07	9000
2002	167.30	124.40	39.31	2.70	0.89	6100
2003	158.83	124.66	31.43	2.66	0.08	6000
2004	208.28	166.37	31.63	2.31	5.38	5888
2005	213.64	179.96	27.96	1.71	4.01	5525

注:1、其他筛网指不锈钢网和锰奈合金网。

2、聚酯网指聚酯单丝织造的成形网、干网和螺旋干网。

3、造纸毛毯一项包括机织毛毯、普通针刺毛毯、底网针刺毛毯(叠网和多层网作基网的针刺毛毯)。

表3　**2005年全国主要造纸网企业产品品种**

企业名称	聚酯成形网		聚酯干网		聚酯螺旋干网
	最大织机宽度/米	生产品种	最大织机宽度/米	生产品种	生产品种
天津环球高新造纸网公司	8.5	单层、双层、2.5层	8.5	圆形、异型丝网	大、中、小环螺旋网
西安造纸网厂	8.0	单层、双层、2.5层	7.5	圆形、异型丝网	大、中、小环螺旋网
沈阳金鹰网业公司	12.5	单层、双层、2.5层	8.5	圆形、异型丝网	大、中、小环螺旋网
佳木斯造纸网公司	7.5	单层	7.5	圆形	大、中、小环螺旋网
开封造纸网厂	8.5	单层、双层、2.5层	8.5	圆形	大、中、小环螺旋网
安徽华辰造纸网股份公司	12.0	单层、双层、2.5层、3层	8.5	圆形、异型丝网	大、中、小环螺旋网
河北鹤煌网业公司	14.0	单层、双层、2.5层	8.5	圆形、异型丝网	大、中、小环螺旋网
新会远东造纸网公司	11.5	单层、双层、2.5层	8.5	圆形、异型丝网	大、中、小环螺旋网
江苏金呢集团有限公司	12.5	单层、双层、2.5层、3层	12.5	圆形、异型丝网	大、中、小环螺旋网
河南省驻马店市红星网业有限公司	12.5	单层、双层、2.5层	8.5	圆形、异型丝网	大、中、小环螺旋网
泰安松源网业有限公司	12.5	单层、双层、2.5层	5.0	圆形、异型丝网	大、中、小环螺旋网
浙江华顶网业有限公司	6.0	单层、双层、2.5层	6.0	圆形、异型丝网	大、中、小环螺旋网

表 4 **2005 年全国主要造纸网企业生产状况** 单位:米^2

企业名称	造纸网产量合计		聚酯成形网		聚酯干网		铜网		塑料网		不锈钢网	
	2005 年	2004 年	2005 年	2004 年	2005 年	2004 年	2005 年	2004 年	2005 年	2004 年	2005 年	2004 年
天津环球高新造纸网公司	130492	208168	67630	82825	62862	121730		3613				
西安造纸网厂	146237.5	176001	55676.17	83737	25136.99	32812	65424.34	52446				7006
沈阳金鹰网业公司	200000	200000	120000	115000	25000	25000	50000	50000	5000	10000		
佳木斯造纸网公司	80250.832	79284	1499.56	3984	1315.65	3976	77435.622	71324				
河南开封松鹤网业有限公司	90506	98130.5	17989	36366.2	48662	39005.3	21784	19699.8	2071	3059.2		
安徽华辰造纸网股份公司	286000	284000	249500	218000	36500	26000		40000				
上海新风铜网厂	65000	69180					65000	69180				
河北鹤煌网业公司	300308.68	235239	232590.85	159449	67717.83	49790		26000				
新会中新造纸网厂	272000	266000	163200	182000	108800	84000						
江苏金呢集团有限公司	85000	60000	75000	50000	10000	10000						
河南省驻马店红星网业公司	120000	85000	100000	70000	10000	10000			10000	5000		
泰安市松源网业有限公司	220000	205000	100000	100000	120000	85000		10000		5000		5000
浙江华顶网业有限公司	140600	116800	25000	12000	75600	63000					400000	41800

表 5 **2005 年聚酯成形网产品的质量水平**

厂名	可供应品种	最大宽度/米	适应纸机车速/(米/分)	使用天数	供应的大中型纸厂
天津坦姆菲尔特公司	高速纸机用的成形网	10 米以上	1500 以上	45 ~ 50	广州、南平等
天津环球高科造纸网公司	单层、双层、2.5 层、3 层	6.0	400	40	晨鸣、中山、玖龙等
西安造纸网厂	单层、双层、2.5 层、3 层	6.35	800	60	南平纸业等
沈阳金鹰网业公司	单层、双层、2.5 层、3 层	12.0	800	40	恒丰纸业等
佳木斯造纸网公司	单层、双层、2.5 层、3 层	6.0	500	40	佳纸股份等
安徽华辰造纸股份公司	单层成形网	12.0	1000	90	金河纸业、华丰纸业、广州纸厂、民丰特纸、APP 大东纸厂
开封造纸网厂	单层网	8.0	—	40	广西贵糖一纸厂等
河北鹤煌网业公司	单层、双层、2.5 层、3 层	11.7	1000	80	广州纸厂、太阳纸业等
新会远东造纸网公司	单层、双层、2.5 层、3 层	11.0	800	40	岳阳纸业、广西凤凰纸业等
江苏金呢集团有限公司	2.5 层	5.1	600	90	河南银鸽等

表 6 **2005 年全国造纸毛毯企业一览**

单位名称	生产品种	企业地址	邮编	电话
上海工业用呢厂	机织、针刺和底网	上海市金山区枫泾镇兴塔建安路 78 号	201502	021 – 67360989
天津华星工业用呢新技术开发公司	底网及干毯合成后混纺	天津市南开区岳湖道 18 号	300193	022 – 27370098
青海韵佳工业用呢公司	底网及干毯合成后混纺	西宁市城东区互助东路 12 号	810015	0971 – 8013426
海门造纸毛毯厂	底网及干毯合成后混纺	江苏省海门市三条桥工业区	226132	0513 – 82298280
徐州工业用呢厂	各种毛毯	江苏省徐州市湖北路 30 号	221006	0516 – 85696034
海河四海工业用呢有限公司	各种毛毯	河南省海河市人民东路 25 号	462000	0395 – 2624416
成都工业用呢厂	BOM 单层、叠层毯	成都市青年区文家乡张家碾	610091	028 – 87074901
东莞市业兴网毯有限公司	造纸毛毯	广东省东莞市高步镇扩安围管理区	523279	0769 – 88731749
潍坊开发区造纸毛毯厂	造纸毛毯	山东省潍坊市开发区北海路 628 号	261031	0536 – 8887754

续表

单位名称	生产品种	企业地址	邮编	电话
潍坊振兴产业用纺织品厂	造纸毛毯	山东省潍坊市奎文区鸢飞路978号	261031	0536-8667096
太仓嫦娥工业用呢厂	针刺底网毛毯	江苏省太仓市沙溪镇新西北路132号	215421	0512-53212498
临颍工业用呢有限公司	造纸毛毯	河南省临颍黄龙工贸城	462600	0395-8662688
聊城华裕工业用呢厂	造纸毛毯	山东省聊城市农校路6号	252000	0635-2119109
上海金山中达工业用呢厂	造纸毛毯针刺底网毛毯	上海市金山区吕巷镇	201517	021-57371309
济南工业用呢厂	造纸毛毯	济南市小清河北路东段	250100	0531-88961404
上海金熊造纸网毯有限公司	底网毛毯	上海市金山区枫泾镇兴塔建安路78号	201502	021-67361072
吴江天平工业用呢厂	针刺底网毛毯	江苏省吴江市平望镇	215221	0512-63663754
新疆阿勒泰工业用呢厂	造纸毛毯	新疆阿勒泰红墩路4号	836500	0906-2312355
广东花都造纸毛毯厂	造纸毛毯	广东省花都市港口工业区岑东路	510800	020-86870038
吉林洮佳工业用呢厂	造纸毛毯	吉林省白城市南市光明南街84号	371000	0436-6327210
唐山龙海工业用呢厂	造纸毛毯	唐山市唐海县迎宾道22号	063200	0315-2119109

表7　　2005年主要造纸毛毯企业的生产状况

企业名称	生产能力/吨	2005年产量/吨	2004年产量/吨	增长率/%
上海金熊造纸网毯有限公司	100	100	100	0
上海工业用呢厂	1200	400	313	+2.78
天津华星工业用呢厂	1400	400	410	-0.24
徐州工业用呢厂	1000	830	810	+0.25
江苏金呢集团有限公司	650	510	505	+1.00
东莞兴业网毯公司	400	350	320	+0.94
成都环龙工业用呢有限公司	800	720	1000	-28.00
太仓嫦娥工业用呢厂	500	303	310	-2.31
潍坊振兴用呢厂	500	460	420	+9.52
聊城华裕工业用呢厂	600	400	370	+8.10
广东华都造纸毛毯厂	400	250	250	0
河南御槐工业用呢厂	400	280	250	+12
上海金山中达工业用呢厂		90	90	0
济南工业用呢厂		94	100	-6.00
唐山龙海工业用呢厂	300	220	220	0
江苏天平工业用呢厂		120	150	-20.00
吉林省兆佳工业用呢厂		100	110	-10.00
新疆阿勒泰工业用呢厂	100	56	47	+19.15

表8　　2005年造纸毛毯的质量水平

企业名称	可供应品种	最大宽度/米	最大长度/米	适应纸机车速/(米/分)	线压力/(千牛/米)	使用天数	供应的大型纸厂
上海金熊造纸网毯有限公司	单层、双层、叠层底网毯	7.8	140	1200	220	90	山鹰、顺德、锦江
天津华星公司	编织毯、底网毯	5	130	600	200	60	晨鸣、海王、华泰、山鹰、云景林纸、帅伦、斯达
海门造纸毛毯厂	BOM、造纸毯	5.2	130	700	200	80	太阳、晨鸣、银鸽、寿光
徐州工业用呢厂	BOM、底网毯	5.7	150	1000	250	80	晨鸣、华泰、太阳
新会中新用呢厂	BOM、底网毯	6.5	86	1200	—	60	—

表 9 2005 年全国脱水器材制造企业一览

单位名称	生产品种	企业地址	邮编	电话
包头晶牛微晶股份有限公司	微晶成形板、刮水板、真空板	河北省邢台市钢北路 33 号	054000	0319－2685234
河南升达安创实业有限公司	氧化铝(锆)陶瓷成型板箱、脱水箱等	郑州市郑花路 18 号	450000	0371－5393177
北京巨鑫华瑞纸业机械制造厂	全不锈钢饰面辊(水印辊)	北京大兴区瀛海镇西一村 742 号	100076	010－69277984
福建星光造纸新技术研究开发中心	高密聚乙烯脱水元件、陶瓷脱水元件	福州市浦上园工业区 A 区 58 栋	350002	0591－83821184
中国轻工业陶瓷研究所研发中心	小型陶瓷脱水条	江西省景德镇市新厂西路 203 号	333001	0798－8438749
咸阳建星陶瓷脱水器材科技有限公司	陶瓷脱水元件	陕西省咸阳市陕西科技大学	712081	0910－3572737
咸阳宏基科贸有限公司	陶瓷脱水元件	陕西省咸阳市留印村宋家庄	712081	0910－3610007
北京市助平塑料制品厂	高密聚乙烯板材	北京市十里河华威桥华辉苑	100023	010－87663228
山东硅苑新材料科技股份有限公司	高密聚乙烯板材	山东省淄博市开发区柳泉路 264 号	255086	0533－3583205
盐城市宏宇造纸脱水元件厂	陶瓷脱水元件	江苏省盐城市青年路 13 号	224005	0515－8179448

表 10 2001～2005 年我国进口网毯情况 单位:吨,美元

进口 / 年度	税号 59112000		税号 59113100		税号 59113200		合计	
	数量	用汇额	数量	用汇额	数量	用汇额	数量	用汇额
2001	122.749	4875400	66.752	5028617	300.060	13206993	489.561	23111010
2002	299.373	8597807	109.647	9739566	489.217	21044319	898.237	39381692
2003	321.789	13179434	83.823	9716679	733.393	34916174	1139.005	57812287
2004	467.009	18160299	66.449	11532430	928.589	45849485	1462.047	75542214
2005	453.136	24320356	122.208	18246875	992.277	52269799	1567.621	94837030

注:5911200 筛布,无论是否制成的。

59113100 造纸机等用环状或有联接物织物＜650 克/米^2

59113200 造纸机等用环状或有联接物织物≥650 克/米^2

(北京华伦造纸脱水器材公司)

高速造纸机自动化控制的发展趋势

The development trend of automatic control system used in high speed PM

随着造纸装备水平的不断提高,造纸机向宽幅、高速化方向发展已成为趋势。包装、印刷、文化纸机的大型高速化带来的规模化生产对生产效率和经济效益的提高都是十分明显的。但同时,对造纸机装备的设计、制造和工艺条件提出了更高的要求,特别是对造纸机的自动化控制方面,提出了更多新的要求。

一、控制系统

1. 系统的统一规划

造纸机的自动化控制,过去主要表现在纸机的电气传动控制方面。高速造纸机的自动化控制,一个突出的特点是除了造纸机电气传动控制系统以外,控制内容和范围随着扩大,形成若干子系统。如:在过程控制 PCS 系统的基础上,将包括断纸监测 WMS 系统、设备本体控制 MCS 系统、纸页质量控制 QCS 系统和纸页纸病的监测 WIS 系统等。

从结构上讲就是将采集和控制分散在多个现场控制站,而将操作和监视功能集中在一个或多个操作站上。所以,对造纸机本身,需要一系列多单元系统化协调控制。按照系统分散控制的概念,生产过程的系统划分应更细、更单元化。同时,要求控制系统的层次更加分明,形成既相互独立,又全系统贯通的自动控制结构,组成一个完整的造纸机自动控制系统。

2. 系统的硬件接口

建立智能现场设备和自动化系统的数字化、全分散、双向传输、多分支结构的通讯网,这是高速造纸机控制自动化技术的基础。组成一套完整的造纸生产自动控制系统,硬件上实现标准化、模块化和系列化具有特别重要的意义。各工作站是通过网络接口相联接的,要既能实现完全独立的运行,也能通过系统的实时控制网络实现系统数据资源共享,对各工作站的组态和参数在线修正、在线维修,就必须具备统一的远程的智能化接口。只有基于这种环境,各种各样不同的技术才可以在统一的用户接口下,集成在一个有全局数据库的系统中。最终实现统一的数据管理、统一的通讯、统一的组态和编辑软件等。

3. 系统的软件配置

系统强大的功能、灵活的组态、正确的满足生产实际的控制模式,是高速造纸机控制自动化技术的核心。系统的控制软件设计应采用冗余、容错和互备等新近的技术成果,以进一步改善和增强系统的可靠性。

4. 系统的控制方式

高速造纸机在系统的控制方式上,要开发应用自适应、自诊断、最优化、超前馈补偿等技术手段,创建一系列有针对性的数学控制模型,增强系统的适应性和快速的调整能力;通过速度补偿自适应调节,使系统具有理想的热稳定状态。组态编程应具有独创性和专业性,充分结合造纸生产的设备与工艺实际。在增强系统可靠性的同时,提高系统控制的动态精度,提高实际效果,应成为自动控制方面的努力目标。

控制系统应有一套完整的自诊断功能,可以在运行中自动地诊断出系统的任何一个部件是否出现故障,并且在监控软件中及时、准确地反映出故障状态、故障时间、故障地点及相关信息。在系统或工艺设备发生故障后,I/O 状态应返回到工艺要求预设置的状态上。

5. 系统的数据备份

控制系统应建立后台强大的数据备份,在全面实施 DCS 的基础上优化出每一纸速的最佳工况数据,建立实时数据档案。当变换纸速时可以自动调出,实现快速、平稳的纸速切换。

6. 系统的检测报警

高速造纸机的控制必须具备完善的检测报警系统。大量的数据检测预警、报警需要控制系统作出迅速的判断和准确的处理。

二、高速纸机的电气传动控制

高速纸机的电气传动控制是造纸过程控制的基础。由于车速高、纸页单位时间产生的纵向伸缩比大，客观上对传动控制提出了快速、精确、稳定和可靠等较高的要求。

1. 系统的供电

采用△/☆△型变压器对传动系统独立供电，整流模块按十二脉波电路联接，可消除5次和7次谐波，并显著降低电磁污染。为平衡负载分配，采用2%的网侧进线电抗器。

对于大功率定速电机的控制，应采用具备良好起动功能的软起动控制器。

2. 驱动单元的馈电

采用公共直流母线馈电方式的交流变频电气传动，可有效地克服高速大惯量可能引起的多点驱动单元直流侧电压不均衡问题；也能够降低由于电网电压、频率和负荷的波动所引起的纸机车速的变化。

3. 驱动单元的功能

高速纸机的电气传动可采用全数字矢量或直接转矩控制型变频器。其通讯功能、参数范围、应用场合、静态和动态精度都是应着重考虑的指标。尤其要注意具备能实现自动测试负载特性的系统最优化功能，以适应对负载和电压波动快速反应、能通过磁通电流控制的自动负载补偿功能，以减少电机损耗、还能满足造纸生产的各种特殊工艺要求如力矩控制、张力控制、卷径计算等功能；具备如电机温升、过压、欠压、接地错误等监测和保护功能。

按照纸机传动的一般概念，各分部传动点应处于硬速度特性，由于纸页通过加热会出现伸缩的变化，在压光、卷取部，需要一定幅度的软特性，除了加装张力传感器进行动态速度补偿外，在高速纸机上，利用矢量型变频器具有的自适应功能块，根据输出转距的变化，通过速度补偿自适应调节，实现间接张力控制的应用，以减少断头和人工干预。

三、高速纸机的过程控制 PCS

高速纸机的过程控制因纸机的运行必须实现自动化。纸机的过程控制将归类于 PCS 系统：包括上浆系统的控制、真空系统的控制、蒸汽冷凝水系统的控制、损纸系统的控制和助剂(料)制备系统的控制。将这些原来是人工手动操作的内容实现自动控制，并通过 PCS 控制系统融入整台造纸机的全系统控制方案中。

四、高速纸机的设备控制 MCS

高速纸机的设备控制必须十分完备，造纸机设备本体的控制内容应统一规划归类为 MCS 系统。内容除了流浆箱的流速与压力的控制、润滑油循环的控制、压榨部线压的控制、网部的摇振和移动喷水的控制、网和毛毯的纠偏控制、压光机液压系统的控制、卷取部气动系统的控制等，还应包括以下的控制环节，使其在造纸机设备本体控制系统的基础上，集中管理。

1. 自动闭网与压辊

对于叠网或夹网纸机，网间传动采用多重复合式速度链控制方式；网内传动采用多点负荷均衡分配控制方式，控制系统应自动限制网间的速差，进行速差保护。在设定的速差范围内，实现自动闭网。

同样，在压榨部，对于具有复合或靴式压榨的纸机，自动限制辊间的速差，进行速差保护。在速差设定的范围内，实现压辊自动闭合加压。

2. 自动引纸

根据设备设计要求，控制系统应采用光电器件检测、伺服或液压系统组成控制机构，实现自动引纸。

3. 网、毯的自动控制

高速纸机网、毯的控制，应包括张力控制和位移控制。

根据纸机设备高速运行的需要，考虑采用张力传感器以张力实测的方式进行网、毯的自动张力控制，以实现高速下的恒张力。

对运行中的网和毯的横向位移进行多点监测和控制，以控制跑偏现象的出现，提供纠偏和超限报警功能。

4. 压辊的自动加压控制

高速纸机采用液压系统，保证压榨部和压光机的压辊自动平稳加压，实现线压自动控制。

5. 烘缸温度的控制

烘缸温度实现真正意义上的闭环自动控制，采用红外传感器进行烘缸表面温度的多点检测，进行烘缸蒸汽压力循环量的连续控制，实现冷凝水的自动排放。

7. 密闭气罩的控制

对烘干部密闭气罩的控制分以下内容：热交换系统及汽水分离器的控制；循环热风进风温度的检测，以控制热风进风量；气罩内多点湿度检测和控制，以实现纸页环境湿度的基本稳定。气罩内压差控制；提升门的自动控制，断纸自动提升；消防应急处理，自动喷淋系统等。

8. 轴承温升的控制

润滑管道的流量需要自动控制，根据油压管道的压力、流量等数据，进行油压循环恒压恒流自动控制。

根据稀油管道的温度检测数据，自动控制润滑油的温度恒定。

系统应自动进行轴承的温度检测与异常报警。在设备的必要部位实行强制循环液体冷却或风送冷却。

9. 电机温升的监测

传动电机的温升由变频器监测报警，控制系统根据监测数据进行过温提示、故障报警指示，对冷却风道进行监测。

10. 设备的振动监测与报警

高速纸机运行的稳定是纸机运行正常的保证，对关键设备进行振动监测与报警，有利于及时排除振动现象，以保证纸机的正常运行。

11. 计量控制

对纸卷直径和纸的长度进行计数实时检测，以实现自动换卷和纸卷计量。

五、高速纸机的质量控制 QCS

QCS 纸页质量检测控制系统是一种新型高技术产品，是纸机控制纸页质量的最有效的手段。它为监测纸页水分定量、掌握工艺参数提供了很大帮助，便于产品质量的控制。

纸页质量控制系统 QCS 能帮助改善质量、提高产量和降低成本，高速纸机除了纸页的定量和水分的测量和控制外，还应包括纸页灰分、厚度、白度、光泽度、平滑度、透明度、涂布量等内容的测量和控制。重要的是 QCS 应与上浆浓度和烘缸温度等相关参数实现真正意义上的闭环自动控制。对于普通纸机，选用纵向质量测量和控制；对于大型或有特殊要求的纸机，还应增加横向质量测量和控制。

六、高速纸机的断纸监测 WMS 系统

高速纸机断纸监测 WMS 系统，采用摄像技术在纸机容易断纸的地方进行监测记录，断纸发生时，该系统将自动追溯存储在摄像机中的断纸前一定时区所捕捉到的断纸信号和相关纸病信号，图像会与生产同步，使技术人员快速判定断纸区域和断纸原因。检测到断纸信号，系数应及时起动相关设备，实现断纸复引。

在检查断纸和识别上有缺陷导致断纸根源时，图像质量至关重要。优质的数码摄像机和适当的信号处理可确定断纸源，并杜绝各种复断纸。

七、高速纸机的纸病监测 WIS 系统

纸病监测 WIS 系统是专门用于在线检验如斑点、孔洞、皱纹、裂口、条痕等纸病，可与切纸机联接，剔除次品。检验数据也用于质量管理，确定纸病的成因，为预防性维护提供了早期报警，并对相应的部分按要求做出处理。选用先进的病纸检测工具，尽早地采取应对措施，避免计划外的停机或客户的索赔要求。

八、高速纸机的马达控制 MCC

MCC 马达控制中心将向智能化方向发展，如果条件允许，应摒弃 MCC 室内放置远程 I/O 的模式，每个电机控制单元，可看作 FCS 系统控制下的一个执行器。若采用 PROFIBUS-DP 联接，则每个电机就是一个 DP 站点。

（刘安江）

科技、教育、出版

SCIENCE & TECHNOLOGY, EDUCATION & PUBLICATION

8

国外造纸新技术及新装备简介

Introduction for new technologies and new equipments in foreign paper industry

2004、2005年鉴已相继介绍了靴式压榨、新型超级压光机、低定量涂布纸的涂布技术、幕帘式涂布机、斜网技术以及 ClO_2 热漂白工艺、新型的流浆箱布浆器、靴形压光机、超大型碱炉、综合法 ClO_2 制备、超滤机用于纸机、生化处理用于封闭水循环等造纸新技术及新装备。本文着重介绍几项先进的环保节能型制浆造纸工艺系统。

一、紧凑蒸煮（Compact Cooking^{TM}）

20世纪90年代，由克瓦纳（Kvaerner）制浆公司开发的紧凑蒸煮技术，于1997年投入商业运行，第一代为G-1型，现已发展到G-2型。新工艺是等温蒸煮（ITC）加黑液预浸塔（BLI）的进一步发展，以硫酸盐法制浆基础动力学和简化整个系统的理念为指导，木片采用高温黑液预浸渍。在大量脱木素阶段，通过提高氢氧根离子（OH^-）和硫氢根离子（HS^-）浓度，以提高脱木素的选择性，从而减少慢速反应阶段残余木素量，较高的氢氧根离子（OH^-）和硫氢根离子（HS^-）浓度，也提高了该阶段的木素脱除率，并可降低蒸煮温度，减少碳水化合物的降解和纸浆强度损失，因而改善了浆的可漂性并提高得率。我国海南金海浆厂和贵州赤天化纸业已引进了该技术，金海浆厂为G-1型，年产100万吨全漂桉木浆；赤天化纸业为G-2型，年产20万吨全漂竹浆。

以G-2型紧凑蒸煮系统为例，主要特点可概括如下：

（1）独立的预浸塔和蒸煮塔，预浸塔为常压，预浸渍后的木片通过高压喂料器送蒸煮塔，蒸煮液比可灵活调节。

（2）系统简化，木片汽蒸仓和预浸塔合二为一，简化木片喂料系统；蒸煮塔无加热药液循环和黑液闪蒸，与ITC蒸煮相比，蒸煮液换热器由6台减少为3台。

（3）白液多处加入，优化化学品分布。

（4）蒸煮温度低，针叶木150~160℃，阔叶木140~150℃。

（5）纸浆得率提高、成浆强度好、可漂白性强、可满足不同的成浆质量要求。

（6）高效热回收，产生热水量少，降低了蒸汽消耗量。粗浆蒸汽消耗：针叶木600公斤/吨风干浆，阔叶木500公斤/吨风干浆，比ITC蒸煮减少40%~50%，甚至比低能耗间歇式蒸煮的汽耗还低。

（7）系统为全封闭，基本上不产生臭气。

（8）降低了投资和运行费用。

二、从碱灰中分离氯（Cl）和钾（K）元素

随着全球性的能源短缺，用碱回收炉来增加发电量的重要性不断提高，碱回收炉正向大型化、超高压、高温方向发展。新建大型碱回收炉的蒸汽参数已普遍采用8.4兆帕、480℃，目前正在向9.3兆帕、492℃和103兆帕、515℃过渡，燃烧黑液固形物浓度也从70%提高到80%。根据克瓦纳公司对一台日燃烧黑液固形物量4000吨碱回收炉（相当于日产约2000吨漂白针叶木硫酸盐浆厂的配置）的研究，黑液浓度从72%提高到82%，锅炉效率可提高3个百分点，增加发电量（背压机）3%，多发电约3000千瓦，如果蒸汽参数从8.4兆帕、480℃提高到9.3兆帕、492℃，发电量提高3.3%，增加发电量3200千瓦，可见提高蒸汽压力和温度是增加发电量最有效的方法，但蒸汽参数的提高受飞灰中非工艺元素（NPE）氯（Cl）和钾（K）含量的制约。

下表列出了几种不同纤维原料制浆黑液固形物Cl和K元素的典型含量。

	斯堪的纳维亚 木材				北美 木材				热带 木材			
	针叶木（松树）		阔叶木（桦树）		针叶木（松树）		阔叶木（桦树）		针叶木（松树）		阔叶木（桦树）	
	一般	范围	一般	范围	一般	范围	一般	范围	一般	范围	一般	范围
K含量/%	2.2	1.5~2.5	2.0	1.5~2.5	1.6	0.3~3.7	2	1~4.7	1.8	0.4~9.2	2.3	0.5~6.3
Cl含量/%	0.5	0.1~0.8	0.5	0.1~0.8	0.6	0.1~3.3	0.6	0.1~3.3	0.7	0.1~3.3	0.8	0.2~3.3

Cl主要来自木材，但也有补充的钠和水带入，大约有40%的Cl元素是由木材带来，当然很大程度上还决定于木材的种类以及补充化学品的纯度，K主要来自木材，由于原料产地不同，同一树种也会有不同数值，但从表中可以看出混合热带阔叶和桉木的Cl含量较高。这些元素在生产过程中主要通过黑液和碱损失排出，如果进出不平衡，即带入量超过了排出量，就会在系统内积累起来。进入碱回收炉燃烧的黑液，Cl和K元素含量过高，会降低飞灰的始熔温度和黏着温度，加剧过热器积灰熔相腐蚀和锅炉管束堵灰，降低炉管的传热效率，需要频繁的吹灰和停炉清洗、维修，使碱回收炉以致整个浆厂运行效率下降。黑液中Cl和K的含量已成为设计碱回收炉最高过热蒸汽温度的依据，从节约能源的角度出发，提高碱炉过热蒸汽温度是增加发电量的有效措施之一，但必须控制黑液中Cl和K的含量，现代化的硫酸盐浆厂封闭程度很高，这类非工艺元素的积累已成为碱回收炉提高蒸汽参数增加发电量的主要障碍。

Na和K的氯化物都是易挥发的盐类，它们在炉膛高温条件下汽化，并在炉子后面各个部位随烟气温度下降冷凝下来，与Na和K相比，Cl具有较低的汽化温度，因此它在飞灰中的浓度与在黑液中浓度的比值也较高。氯化物在黑液中和在电除尘器（ESP）碱灰中浓度的变化用氯化物富集因子（Chloride Enrichment Factor）ENCl来表述，以摩尔比定义为电除尘碱灰中 $n(Cl)/n(Na+K)$ 除以黑液中 $n(Cl)/n(Na+K)$；同样钾富集因子（Potassium Enrichment Factor）为ENk。典型的数值ENCl为2.2~3.0，ENk为1.4~1.8，两者EN均大于1，说明电除尘器收集的碱灰富含Cl和K元素。典型的ESP碱灰元素成分（质量分数%）范围是：钠25~30、硫酸盐54~65、碳酸盐1~15、氯化物2~5、钾2~5、其他1~5。为了控制碱灰中Cl和K的含量，使其稳定在一定范围之内，有的浆厂不得不将部分电除尘器收集的碱灰排掉，这样不仅加大碱的损失，而且还增加环保处理费用。

近几年来，碱回收中非工艺元素的干扰，越来越多引起人们的注意，国外对如何控制NPE做了许多研究，相继推出从电除尘器收集的碱灰中去除Cl、K元素的多种技术方案，已商业化的有冷却结晶法、蒸发结晶法、析滤法。

1．冷却结晶法（Cooling Crystallization）

该法是利用当温度低于30℃时硫酸钠的溶解度下降的原理，将ESP碱灰用40~50℃温水溶解，加入硫酸把大部分 Na_2CO_3 转变为 Na_2SO_4，（加冰）降温至10~15℃，使 $Na_2SO_4 \cdot 10H_2O$ 结晶，然后分离。在日本，为了充分发挥黑液能源利用效率，碱回收炉普遍采用超高压、高温参数，安装有6套冷却结晶法碱灰处理系统。王子制纸公司使用的是其中最大的一套，配用于日燃烧风干固形物2400吨、操作压力10.8兆帕的碱炉，处理碱灰1.8吨/时，并计划增大到2.5吨/时，除钾效率75%、除氯化物效率90%，分离硫酸钠效率96.6%，该系统投入运行后，碱炉6个月没有发生堵灰。

2．蒸发结晶法（Evaporative Crystallization）

该法是用热水将ESP碱灰溶解，然后用结晶蒸发器将水分蒸发至工艺化学品（包括硫酸钠、碳酸钠和碳酸钠矾）结晶出来。当溶液中的钾和氯化物达到高浓度时，将结晶的化学品从系统中分离。有三家蒸发结晶法工艺：Andritz的碱灰重结晶工艺（ARC）、Sterling和HPD的氯化物去除工艺（CRP）、Eka的除尘器碱灰回收（PDR），三种工艺虽然有某些技术上的差别，但操作原理是相同的。这些系统的钠回收率约为80%，氯化物去除率约为90%，已有多家浆厂使用。

3．析滤法（Leaching）

析滤法是最先进入市场从碱灰中去除NPE的一种方法，应用在某一温度和适宜的pH值范围内，氯化钠、硫酸钾盐在水中的溶解度高于硫酸钠的原理，在保持 Na_2SO_4 为固态的条件下将溶解在液相中的NaCl和钾盐液体分离，Na_2SO_4 循环回系统中。浸析达到平衡所需的时间，根据碱灰成分不同，从少于5分钟到90分钟不等，此法回收碳酸盐的效率相对较低，当氯化物去除率达到75%时，碳酸盐仅能分离5%~45%。过滤设备要求能够从溶液中分离颗粒很小（1~100微米）的碱灰，可用回转真空过滤机、带式过滤机或离心机。

这一工艺最早于1973—1976年在加拿大Harmac浆厂使用了3年，氯化物去除60%~70%，Na_2SO_4 回收85%~95%，由于系统装置存在高的腐蚀率以及管道、带式过滤机堵塞等问题而关闭，部分原因是碱灰夹带黑液微滴，系统 pH 值控制水平低、碱灰浓度太高造成。克瓦纳近几年开发的碱灰析滤系统（AshLeach™），第一套于 2002 年在巴西 Aracruz 桉木浆厂安装使用，Cl、K 去除率 70%，Na 损失 20%，硫酸盐损失 15%。解决了该厂由于液体循环富集 Cl 和 K 而造成碱炉过热管腐蚀和锅炉管束堵灰的问题，使碱灰能够循环回系统，提高了碱回收率并减少芒硝补充量，同时避免碱灰排入废水造成的污染负荷。

国内海南金海浆厂生产桉木浆，碱回收炉日燃烧固形物 5500 吨，进炉黑液浓度 80%，蒸汽参数：8.4 兆帕、480℃。引进了克瓦纳第三套碱灰析滤系统，将电除尘器收集的碱灰的一部分进入碱灰析滤槽，加温水搅拌，Cl^- 和 K^+ 溶解在液相中，然后用离心机分离，Na_2SO_4 循环回芒硝黑液混合器，分离的液体一部分排入下水道进污水处理厂，其余循环回析滤槽和补充的温水一起重新用于溶解碱灰。据报道，使用这一系统后，碱炉的运行周期从 3 个月提高到 6 个月以上。

三、超高浓黑液蒸发技术

1. 结晶蒸发

碱回收黑液蒸发，木浆黑液采用传统的蒸发流程，当浓度超过 70%时就会产生传热面结垢问题，蒸发效率迅速下降。20 世纪 90 年代以来，随着结晶蒸发技术的开发和使用，木浆厂的黑液碱回收系统，采用板式或管式降膜蒸发器的多效蒸发站，出液浓度普遍达到 80%，不但提高了碱回收炉的热效率，增加蒸汽产量和发电量，而且大大降低总还原硫（TRS）和二氧化硫（SO_2）的排放量，减少对环境的污染。

结晶蒸发的原理：无机盐溶液在蒸发过程中，当浓度超过其溶解度时就会析出产生沉淀，如果用小颗粒的无机盐作为晶核，让沉淀在晶核上形成和增长而不是在蒸发器的传热面上进行，这样就可以保持传热面比较清洁，使蒸发得以继续进行。硫酸盐法黑液中存在的碳酸钠矾（Burkeite）含 2 摩尔硫酸钠和 1 摩尔碳酸钠，在蒸发过程中，当黑液达到某一浓度（60% ~ 65%）时，由于黑液中的硫酸钠不足而导致碳酸钠开始沉淀在蒸发器加热面上，传热效率和蒸发能力迅速下降，加热面就需要进行频繁的清洗，影响生产正常进行。此时将碱回收炉富含硫酸钠的碱灰加入黑液中，就会出现碳酸钠矾沉淀，一般碳酸钠矾沉淀在碱灰种子晶体上而不在加热面上结垢，为了避免溶解，碱灰加入量必须维持黑液中的碳酸钠矾处于饱和状态。

实际上，将蒸发站第一效设计为 3 体，其中一体或两体作为结晶蒸发器。为了使加热面清洗时不影响蒸发站出力，往往将第一效设计为 4 体，其中 1 体作备用。在黑液蒸发过程中，当浓度达到 60% ~ 65%时，先泵送至碱回收炉混合器添加芒硝和碱灰，充分混合后返回结晶蒸发器蒸发增浓至 75% ~ 80%，超高浓黑液贮存于压力槽罐并用低压蒸汽保温，便于泵送碱炉燃烧。国内山东亚太森博、海南金海、贵州赤天化等纸业都引进了这一技术，亚太森博和金海投产后都达到了预期目标效益。

2. 黑液钝化处理（Deactivation Process）

黑液钝化处理多用于非木纤维原料制浆黑液蒸发的中间预处理，其作用：

（1）降低黑液的黏度；（2）钝化黑液中的钙；（3）钝化黑液中的硅。

黑液蒸发到较高浓度时，尽量避免这些潜在结垢的化合物在加热面形成。钝化处理是利用钙、镁、硅盐的溶解度随温度升高而减小的原理，在黑液进入容易结垢的浓度较高的蒸发效之前进行加热，使这些盐类析出沉淀下来作为种子晶体（晶核），在下一步增浓蒸发时沉淀出来的盐类就会在晶核上形成晶体而不沉淀在加热面上形成污垢。在工厂实践中，钝化处理系统放在 2 效和 3 效蒸发器之间，为了优化蒸汽消耗，从 3 效蒸发器出来的半浓黑液，利用钝化后的高温黑液闪蒸的二次蒸汽分 4 段逐步进行预热，最后用新蒸汽加热到钝化所需温度（160℃），在钝化罐内保持一定时间，控制黑液中的钙离子与碳酸盐化合生成沉淀碳酸钙，加上硅酸钙和二氧化硅作为晶核。在后续的蒸发器（2 效、1 效）内形成的细小晶体，在保持正确的黑液循环量和一定流速的情况下，不会堵塞黑液通道。国内赤天化纸业引进了该项技术用于竹浆黑液的蒸发，设计出蒸发站黑液浓度为 70%。

四、高速纸机的紧凑流送系统

纸机流送系统（Approach System）一般是指纸机浆池出浆泵和网前箱之间的流程，也称为短循环（Short Circulation），包括浆料与白水的混合、净化、除气、筛选等过程，这里讨论的流送系统还包括配浆和浆料的混合。先进的流送系统最重要的一点就是为优质的纸页成形打下良好的基础，改善纸页全幅定量分布、清洁度，提高纸机运转效率。近几年先进的流送系统相继问世，总的发展趋势是小型、简单、稳定、高效、灵敏、节能。

1. 现代高速纸机对流送系统的要求

（1）各种浆料和化学品按给定的配比均匀混合；

(2)浆料和白水均匀混合；

(3)有效地去除混合浆料中的杂质，提高上网浆料的洁净度；

(4)尽可能除去上网浆料中的空气；

(5)上网前浆料的筛选要有效地去除纤维束及其他杂质；

(6)上网浆料要有良好的分散，浓度、流量、压力稳定，设备(筛子、上浆泵)产生的脉冲低；

(7)系统紧凑、体积小，工艺调整灵敏、反应快、滞后系数小，更换纸种所需的时间短。

2. 传统流送系统存在的问题

(1)系统规模大、浆料驻留时间长；

(2)浆料和白水在冲浆泵混合不够均匀；

(3)大容积的冲浆白水槽会产生水垢和局部纤维絮聚，加速细菌生长。

3. 流送系统的发展

(1)POM系统：芬兰Paul Olof Meinander在1993年的TAPPI造纸会议上首先提出紧凑湿部系统(Compact Wet End System)概念，1996年第一套POM工业规模试验在UPM的Lohja造纸厂进行，并于1997年在德国的Albbruck MD Papier造纸厂安装了第一套商业化的POM系统，2004年世界上已有30套POM系统在运行，其中在德国有7套、日本4套，其他分布在美国、韩国、西班牙和法国，在芬兰仅有一套安装在Stora Enso的Varkaus造纸厂。从公布的30套案例看，主要是中小型纸机使用。POM系统的特点：

①用紧凑的POMix浆料混合器代替传统的混合浆池和纸机浆池，各种浆料和湿部添加剂采用浓度和流量控制直接加入，浆料在混合器滞留时间约1分钟；

②取消网下白水坑和冲浆白水槽，网案各部脱出的浓白水，分别经POMp离心除气器除气并加压后，接入全封闭高位稳压管道分布系统，直至包括冲浆泵进口在内的所有用水点；

③整个流送系统不设池槽，采用一系列控制回路保持物料平衡，实现了系统紧凑、清洁、灵敏。由于系统简化，与常规相比，能耗节省25%~30%。

(2)Voith的Advanced WEP系统：2000年Voith公司开发的"先进的湿部过程TM(WEP)"概念，流送系统的设计体现了紧凑、高效的理念，其特点为：

①采用ComMix浆料混合器，混合过程分为三段，浆料先在一根混合管中进行大混合，接着在净态混合器进行微混合，最后在混合浆池和纸机浆池对浓度波动进行衰减。该公司特别强调混合浆池和纸机浆池不能不要，因为瞬间混合显然无法把长时间的浓度波动消除掉，但长时间的停留也不必要，因为现在的浓度控制回路已相当精确，与传统的混合浆池和纸机浆池相比，ComMix混合器的浆池总容积可减小50%。

②用小容积的HydroMix代替传统大容积的白水槽对浆料、添加剂进行稀释混合，包括一个立式收集器和一个射流混合装置。

包括流送系统在内的整个Voith湿部系统正在华泰12号纸机实施。

(3)Metso的OptiFeed系统：Metso公司1998年推出OptiFeed经优化配置的纸机供料系统，2001年用于岳阳纸业公司PM8纸机，流送系统的设计实现了紧凑、便捷、稳定、节能的要求。其特点为：

①减小混合浆池和纸机浆池的容积；

②用OptiFlume代替传统大容积的机外冲浆白水槽，OptiFlume为长方体结构，顶部有抽汽口，可用风机将槽内湿热气体抽走，以减少白水中空气含量；

在一段除渣泵前安装新开发的LobeMix混合器对浆料、填料及添加剂进行稀释混合。

五、大型高速纸机真空系统

近年来，国内新安装的大型高速纸机，有的已采用透平真空泵组成的真空系统，与水环式真空泵相比，有明显的优点。

(1)水环式真空泵是一种容积泵，气体流量是恒定的，用从大气吸入空气来调节真空度，当从纸机抽气量变化时，动力消耗不变。而透平真空泵是单级或多级风机，可用吸入口阀门调节抽气量保持真空度恒定，动力消耗随真空抽气量的变化而变化，并可在部分负荷下操作，例如当纸机抄造定量加大、车速降低而需要的真空抽气量减少时，动力消耗相应减小，采用透平真空泵大约可节省电耗15%~20%。

(2)透平真空泵真空系统不消耗水。

(3)由于空气在透平真空泵内被压缩，排气温度140~160℃，可通过热交换器回收热能用于纸机通风或厂房通风系统。

(4)多级透平真空泵可以产生多达4种不同的真空度输出，一般大型纸机配2台多级1台单级透平真空泵即可满足要求；真空泵布置在纸机操作层，分离器在底层，车间设备布置比较合理。

目前国内还没有这种产品，现有几台纸机使用的是从瑞士MAN公司引进的TURBAIR透平真空泵。从国外引进价格较高，经济实力较差的企业难以承受。

(黄运基)

2005 年国内制浆造纸科技动态

Major science and technical events in China's paper industry in 2005

2005 年国内制浆造纸科技领域在政府高度重视、制浆造纸企业的大力投入、高校研究院科技队伍自身科技能力的不断提高下又取得了许多重要成果，使我国的制浆造纸工业水平在整体上有了大幅提高。

2005 年国内制浆造纸科技研究领域重点集中在：少污染制浆及漂白技术，高得率制浆技术，特种纸、造纸助剂、涂料及涂布技术的研究和开发，制浆造纸设备及过程控制的研究，造纸废水处理技术的研究等，随着废纸浆回收、二次纤维的利用越来越受到关注，因此废纸脱墨技术也成为 2005 年科研的一个重点方向。

一、少污染高得率制浆漂白技术的研究

传统 CEH 三段漂所产生的废水，不但 COD、BOD 含量高，而且还含有大量的可吸附有机氯化物（AOX）等有毒有害物质，对环境造成较大的污染，因此用纸浆无元素氯（ECF）和全无氯（TCF）的漂白技术来取代传统的漂白工艺，不仅能有效提高漂后纸浆白度，同时还能大幅度的减少有毒物质的产生量和废水的排放量。因此对纸浆少污染及无污染漂白理论与工艺技术的研究仍然是造纸科技领域的研究重点。

首先在蒸煮方面，科研人员把多硫化钠应用在硫酸盐竹浆蒸煮中，结果表明：竹片硫酸盐 - 多硫化钠/蒽醌蒸煮与常规硫酸盐/蒽醌蒸煮相比，蒸煮有效时间减少，蒸煮最高温度降低，脱木素的选择性增加。在纸浆卡伯值较低时能够提高纸浆得率，或在纸浆得率一定时，能进一步降低纸浆硬度。因而竹片硫酸盐 - 多硫化钠/蒽醌蒸煮生产效率高，能耗低。

在过氧化氢漂白研究方面，华南理工大学的科研人员用烧碱 - 蒽醌法对蔗渣浆进行压力过氧化氢漂白，结果表明：酸预处理能有效降低未漂浆中的过渡金属离子含量及未漂浆的卡伯值，提高处理浆的白度，为后续的漂白提供有利条件。

在超高得率制浆方面，大连轻工业学院的科研人员采用中性亚硫酸盐 - 蒽醌（NS - AQ）法对杨木超高得率化学浆进行了研究，结果表明用 NS - AQ 法，可以生产粗浆得率达 70% 的超高得率化学浆，未漂浆具有很好的可漂性，采用 Qa - Op 短序 TCF 漂白流程，白度可以达到 85%ISO 以上，漂白浆的总得率可达 60% 以上。NS - AQ 法杨木超高得率化学浆具有较高的强度尤其具有较高的撕裂强度，其各项强度指标均可超过 QB/T1678 - 1993 中的硫酸盐法阔叶木浆 By - A 的标准。

随着科学技术的进一步发展及交叉学科的相互渗透，一些最新的方法被应用到传统的漂白工艺中，广西大学的科研人员进行了光催化漂白硫酸盐蔗渣浆的研究，结果发现：在同一条件下，曙红和玫瑰红光催化漂白硫酸盐蔗渣浆比亚甲蓝、荧光黄素和 Y 啶橙效果好，光催化漂白漂后浆的返黄值都较低，特别是高白度纸浆的返黄值更低。

在生物法制浆及漂白研究方面，2005 年国内的科研人员也投入了大量的精力。首先在制浆方面，科研人员研究了木聚糖酶预处理对麦草烧碱 - 蒽醌制浆性能的影响，利用木聚糖酶在蒸煮前对麦草进行预处理，在最佳酶处理条件下，预处理后浆料与未处理浆料相比，实际得率提高 2.4 个百分点，裂断长、耐破指数、撕裂指数和白度分别提高 11.5%、11.0%、40.3% 和 3.3 个百分点。

其次在生物法漂白方面，中国科学院广州化学所的研究人员对硫酸盐竹浆 LMS 生物漂白进行了研究，结果表明：利用白腐菌产生的漆酶与羟基苯并三唑 HBT 组成的漆酶/介体系统在氧气存在的情况下处理

硫酸盐竹浆，当常规硫酸盐竹浆和氧脱木素竹浆经过LEQP漂白后，白度分别达到73%ISO和80%ISO以上，与无LMS处理的浆相比，白度提高30%，同时保持了纸浆良好的强度性能。其次，木聚糖酶在麦草浆漂白中也得到应用，在麦草浆漂白中使用木聚糖酶后，结合工艺调整，漂白浆质量明显提高，成本明显降低，取得了较好的效果。

随着少(无)污染漂白技术的进一步发展，国内的科研人员也采用臭氧漂白硫酸盐竹浆。并得出臭氧单段漂白的最佳工艺条件为：浆浓10%，臭氧用量0.5%，温度20℃和pH值2，此条件下，漂后浆白度可达68.7%SBD，黏度为887mL/g。

二、特种纸的研究与开发

特种纸的研究与开发是2005年国内制浆造纸学科研究的重点。华南理工大学的科研人员研制了汽车用梯度结构过滤纸，填补了国内高档过滤纸的市场空白，提出并制备了具有梯度结构的汽车用过滤纸。与几种商品过滤纸的主要性能比较表明，自制梯度结构过滤纸的综合性能要优于所检测的商品过滤纸样品，同时，自制梯度结构过滤纸的生产成本只有目前进口商品售价的20%~30%，该材料具有显著的质量与价格优势，研究成果现已进入产业孵化阶段。

中国制浆造纸研究院的科研人员研究了彩色喷墨打印纸涂料配方中颜料的性能、胶黏剂的性能及用量对彩色喷墨打印纸主要性能的影响，研究表明，比表面积大、粒径小的二氧化硅有高的吸墨性和图像分辨率，聚乙烯醇可以提高颜色的光密度和吸墨的均匀性。国内许多企业也对彩色喷墨打印纸性能进行了研究，得到如下结果：SiO_2与PVA是彩喷纸涂料的最佳原料选择，颜料粒径主要影响图像的分辨率，阳离子助剂的加入使彩喷纸的防水性能和图像效果得到质的提高，是制备彩喷纸不可缺少的组分，纳米级颜料各方面性能比微米级优越，具有优良的清晰度、色彩密度以及防水固色性能。

江西省轻工业研究所对彩色皱纹纸生产工艺进行了研究探讨，提出了原纸生产、起皱加工及染色工艺的最佳方法。随着人们生活水平的不断提高，彩色皱纹纸作为喜庆装饰用纸的需求量越来越大，若采用商品漂白苇浆生产，成本低、效益高、污染小，且由于颜色品种可频繁变换，批量小，特别适合有小纸机的造纸企业生产。而浙江科技学院的研究人员对蚕丝抄纸性能进行了研究，内容涉及蚕丝的最佳脱胶工艺、打浆方法以及蚕丝纸在不同打浆度条件下的各项物理性能，结果表明，蚕丝纸具有一定的机械强度及良好的透气性和吸收性。

此外国内的科研人员还研制了一种海泡石阻燃纸，该纸单纯以海泡石为外加剂时，添加量达到70%以上有较好的阻燃性。添加一定量的氯化石蜡－三氧化二锑可以大大提高纸的阻燃性能，纸的阻燃性能达到GB/T14656－1993要求，其抗张强度、撕裂度、耐折度、环压强度达到了较好的水平。

南方育果袋纸的开发在2005年也得到了科研人员足够的重视，研究与生产实践表明，湿强剂用量控制在2.0%以内较为理想。在生产育果袋纸的浆料中配用一定量的废纸浆能提高育果袋纸的透气度，降低生产成本。湿强剂加入点的选择直接影响产品的湿强度和生产成本。采用高浓－低浓盘磨串联打浆有助于提高育果袋纸质量。采用生产快速检测方法检测育果袋纸的湿强度，可以满足生产及产品质量控制要求。

在特种纸用材料的研究领域，科研人员以壳聚糖－海藻酸钠为壁材制备纸用微囊，以天然高分子壳聚糖和海藻酸钠为壁材、CVL油溶液为芯材，采用复合凝聚法制备纸用微囊，技术可行，制得的微囊为球体，其粒度较小，分布范围较窄，制备条件较宽松、简易，整个过程以水为介质，没有高温高压过程，对人体、环境无危害。

2005年，我国首条新型纸状材料——芳纶纸产品生产线在成都高科创业园正式投产，芳纶纸是一种具有广泛军事用途的高科技产品，具有强度高、耐高温、质量轻和能够有效分散能量的特性，目前被应用于飞机机翼、雷达屏蔽罩和防弹衣等。

三、造纸助剂、涂布技术及涂料的研究

造纸助剂开发研究也是2005年制浆造纸科研领域的重点。主要研究有以下几个方面：

(1)科研人员用自制的水包水型CPAM乳液作为助剂，在麦草浆的漂白中进行了应用，结果表明该乳液对漂白麦草浆增强效果较好，所抄纸页的抗张指数和撕裂指数与未加助剂时相比分别提高27%和16.5%。

(2)科研人员研究了烯基琥珀酸酐(ASA)的水解稳定性及其对纸页施胶效果的影响。研究结果表明，在

实验条件下,增加乳化剂阳离子的电荷密度不利于ASA乳液稳定,但有利于纸页施胶,研究结果使得ASA在涂布白板纸中的中性施胶得到更广泛的应用。

(3)我国科研人员制备了一种稳定性大于6个月的醚化改性三聚氰胺甲醛树脂(MF),并研究了其对纸张强度的影响。检测结果表明,制备的改性MF湿强剂对纸张物理性能有显著增强作用,纸张湿强度保留率为24%,将其与聚酰胺聚胺环氧氯丙烷(PAE)复配应用于抄片中,不但显著提高了纸张的湿强度、干抗张强度、施胶度等性能,而且拓宽了改性MF的pH值使用范围,减少了酸用量,有利于在中性条件下抄纸。

(4)对于施胶剂的研制,科研人员将含有叔胺基的交联聚氨酯丙酮溶液作为自由基共聚反应介质,通过添加含氟丙烯酸酯及其他乙烯基单体,采用相转化法制备出阳离子含氟聚氨酯－丙烯酸酯复合乳液(FPUA)表面施胶剂,该施胶剂可有效提高施胶性能和印刷效果。

在涂布技术方面,科研人员对非接触式落帘涂布技术进行了研究:帘式涂布是一种非接触式涂布方法,对下落的涂料膜(落帘)在冲击到移动的纸幅之前有具体的要求,高的冲击速度需要相应较高的纸幅移动速度。对纸幅不产生机械压力,因此就大大减少了断纸率,并且能形成较好的涂层,从而可降低涂布量,提高生产能力。这种涂布系统非常简单,并且具有易操作、生产效率高等优点。但是在操作过程中也容易产生一些问题,比如:不规则踵部的形成,空气夹带的产生,落帘的不稳定性,这些问题可以通过调整落帘涂布参数使其达到最优来避免。

对涂料的研究涉及范围较广,其中科研人员对造纸辊筒用防粘耐磨涂料进行了研究,实验以聚四氟乙烯悬浮液为主要原料,得到改性聚四氟乙烯最优涂料配方。将改性涂料在铸铁试样表面喷涂成型,涂层结合强度在250℃以下经受20次以上骤冷骤热的冲击无变化。涂层的耐蚀性好,耐冲击性能为32次。涂料贮存期达1个月以上。

在新型材料研发方面,国内的科研人员合成一种可逆温致变色材料并在纸料体系中得到应用,该材料分别以十四醇、十六醇和十八醇为溶剂,以内酯型化合物热敏大红为隐色染料,添加一定的显色剂,制备可逆温致变色材料。可逆温致变色材料应用到纸料体系中,可以开发制造温致(热致)变色防伪纸,采用多种防伪技术结合能够取得最安全的防伪效果。

四、制浆造纸设备及过程自动化控制研究

制浆造纸设备及过程自动化控制是制浆造纸企业及科研人员研究的重点,企业以实际情况出发,通过自行研制新型设备及消化吸收国外先进技术来提高国内造纸工业的技术装备及控制水平,在提高整个生产线自动控制的同时,降低了能耗、节约了成本,增加了企业的经济效益。

如某厂采用DCS实现造纸厂节电的目的,DCS实现节电,投资少、实现容易且维护简单。采用DCS达到节电效果,就是把主要故障源集中在以控制柜为中心的控制系统中,简化了故障的诊断和系统的维护,提高了系统的可靠性。与此相似,浙江某造纸企业采用变频控制在纸机上实现了节能的应用,由于直流电机维护难、抗环境能力差,滑差电机的电磁调速耗电大、调速精度差,因此,影响了造纸企业的可持续发展,而变频调速技术能在最大程度上发挥交流电机本身固有的结构简单、坚固耐用、经济可靠、动态响应好等优点,因此,已经越来越广泛地应用于新纸机的开发和旧纸机的改造中。

福建南纸集团对3150纸机进行了改造,选用了德国西门子公司的PLC控制系统,系统改造在硬件和软件配置上,采用两级微机控制系统方案,其下位机采用S72300可编程控制器(PLC),它将完成纸机各部分的压力、流量、温度等众多模拟量的采集、运算和PID闭环控制,完成各种报警信号的准确采集和报出,该系统运行可靠,操作容易,维护方便,控制良好,与原模拟控制系统相比,该系统的应用达到了提高纸张质量、增加经济效益、降低消耗的目的。

此外科研人员在分析仿人智能控制基本思想的基础上,使仿人智能PID控制算法在杭州富阳某白纸板生产线上实现了应用,结合某一实际浓度控制工段,总结操作人员的经验,通过编程实现对浓度的控制。生产实践表明仿人智能PID控制实现较为简单,且控制效果较普通PID好,有利于企业在节约生产成本的基础上提高纸张质量。此外,基于BP网络的自整定PID控制算法在苛化工段也得到了应用,本测控系统在河南某纸厂设计使用,在实时数据采集及温度控制方面取得了很好的运行效果,至今没有出现任何故障,具有一定的应用推广价值。

在制浆造纸的设备开发方面,国内的科研人员开

发了一种高速洗浆机，该洗浆机可代替盘式浓缩机和斜螺旋浓缩机对废纸脱墨浆进行洗涤浓缩，经实际应用表明：该机单机浓缩效果好，进浆浓度为 0.8% ~ 1.5%，出浆浓度为 10% ~ 15%。灰分去除率高，洗浆效率高，能高效地去除油墨粒子、填料及其他细小杂质，提高浆料白度。其次，科研人员对漂白用工业成套 ClO_2 制备装置进行了研究开发，该装置采用负压曝气法反应器，选择 H_2O_2 作还原剂，并采用适宜的措施以达到安全要求，该装置在造纸厂实际运行结果表明，该装置转化率高、产品纯度高、操作简便、易控制、生产稳定性好。

此外杭州机电设计研究院设计开发了双辊热分散机组，由江苏省太仓市兴良造纸制浆成套设备有限公司制造，现已成功应用于湖北荆州拍马纸业有限公司 AOCC 的处理生产线上。双辊热分散机是一种高揉搓、高作用强度的新型热分散机。与单辊热分散机相比，揉搓作用更强力、均匀，并能有效克服单辊热分散机中的纸浆短路现象，其热分散效果明显好于单辊热分散机。而双辊置换挤浆机也被科研人员开发并用于生产实践，该设备集脱水、置换和压榨为一体，自动化程度高，操作简便，运行可靠，出浆浓度高，生产能力大，密封性好，结构紧凑，占地面积小，建筑费用低、洗涤耗水量少，污染小。生产运行结果表明，各项性能指标均达到设计要求，满足生产需要。

与此同时，安丘汶瑞机械制造有限公司历经 3 年，成功研制了 APSP（A—烧碱，P—过氧化氢，S—SLG 双螺杆多功能制浆机，P—纸浆）清洁制浆节水工艺及成套设备。该 APSP 制浆新工艺，可利用棉秆、甜高粱秆、桑枝、光叶楮、棉絮麻类及棕榈壳等废弃原料制造高强度纸板。

五、废液处理技术的研究

随着人类环保意识的逐渐加强，国家环保部门对造纸工业废水排放的要求越来越高，因此 2005 年科研部门在造纸工业废液的处理上投入了大量的人力和物力进行研究，其重点集中在开发新型、高效的化学药剂及采用科学、合理的工艺流程来处理造纸废水，包括制浆中段废水、脱墨废水、黑液等。

在混凝法处理造纸废液方面，科研人员采用混凝 - SBR - 吸附法处理制浆造纸废水，结果表明采用 SBR 工艺处理混凝后的制浆造纸废水，在生物处理时间为 10 小时的情况下，可使 COD_{Cr} 总去除率达到 94% 以上，混凝和生化两级处理后的废水再通过锅炉灰渣吸附处理，在吸附柱灰渣高度为 11 厘米的情况下，可使 COD_{Cr} 总去除率达到 95% 以上，色度降低到 1/8 左右。处理后的出水澄清透明，无色无臭，完全达到并超过 GB3544 - 2001 所规定的排放要求，并且能循环回用。其次，科研人员也采用无机复合混凝剂处理造纸综合废水，用煤矸石及硫铁矿烧渣作原料制备的高效复合混凝剂聚硅酸铝铁（PSAF），将其用于造纸综合废水的处理，结果表明，在较宽的 pH 值范围内，PSAF 混凝剂对废水有很好的处理效果。

在生化处理废水技术研究方面，科研人员采用 IC 反应器 - 曝气生物滤池处理蔗渣堆场喷淋废水，结果表明：采用 IC 厌氧反应器处理蔗渣堆场喷淋废水水力停留时间 4 ~ 5 小时，COD_{Cr} 容积负荷 15 ~ 25 公斤/（米^3·日），沼气产率达到去除每千克 COD 产沼气 0.42 米^3，COD_{Cr} 去除率 86%，BOD_5 去除率 90%。以 IC 反应器作为前处理、BAF 好氧生物处理作为后处理，蔗渣堆场喷淋废水经处理后 COD_{Cr} 浓度降至 200 毫克/升以下，可满足日益严格的造纸废水水质排放要求。岳阳泰格林纸集团采用同样的方法处理 APMP 制浆高浓废水，也得到较好的效果。

陕西科技大学的科研人员对 SBR 处理碱法草浆中段废水进行了研究，并得到了最优化的条件：SBR 法处理酸化预处理后碱法造纸中段废水的优化条件为：进水 0.5 小时，曝气 5 小时，沉降 1 小时，排水 0.5 小时，闲置 1 小时。1 个交替周期 8 小时，pH 值为 8。优化条件下连续运行结果表明，COD_{Cr}、BOD_5、SS 的去除率分别在 86%、92%、93% 以上，且运行比较稳定，处理效果良好，出水较稳定，水质能达到造纸行业排放标准。天津科技大学的研究人员使 SBR 技术在箱纸板生产的废水处理及循环回用中得到应用，解决了废水循环回用过程污染物积累问题，基本实现了箱纸板生产废水零排放，同时降低了处理设施投资和运行费用，满足了中小企业对废水处理的要求。此外，山东轻工业设计院的科研人员对活性污泥法处理草浆中段废水进行了研究，提出了在采用活性污泥法处理草浆中段废水时，宜采用推流式和完全混合式相结合且具备缺氧、好氧功能的设计工艺，并指出采用该工艺适合草浆中段废水的特点并具有处理效率高、能耗低、有效抑制活性污泥膨胀的优点。

华南理工大学的科研人员用白腐菌处理脱墨废水，结果表明白腐菌具有对脱墨废水的适应性以及降低废水COD_{Cr}的能力。由于脱墨废水本身的特性，不需要对白腐菌进行驯化和预处理，直接利用白腐菌处理脱墨废水即可达到一定的处理效果，脱墨废水中含有一些可以被白腐菌直接利用的营养物质，白腐菌吸收利用这些营养物质，使废水COD值下降。其次国内的科研人员也提出采用超效浅层气浮生物接触氧化工艺处理废纸造纸废水，该工艺处理废纸造纸废水有较强的针对性和可行性，与其他物化+生化法相比，具有投资较少、处理成本适中、运行稳定，易于操作管理的优点，从技术经济角度分析，该处理工艺可行。

六、废纸脱墨技术的研究

华南理工大学的科研人员研究开发了新型的脱墨浮选装置，其重点在于曝气装置的创新和采用了高效的废纸浆与气泡的接触方式，该设备不仅制造成本低，易于控制，且浮选效果好，目前已与企业合作逐步进行产业化推广。

在脱墨工艺方面，科研人员研究了非接触印刷废纸的碱法热预处理脱墨工艺，通过测定脱墨浆的白度、尘埃度及可脱墨因子，对其进行了综合评价，结果表明，采用优化的脱墨工艺后，非接触印刷废纸浆脱墨后的白度能够达到85.4%ISO，尘埃度9.2毫米^2/米^2，可脱墨因子达到99.61%。

此外木聚糖酶用于旧书刊纸脱墨的研究在国内也开始发展，实验结果表明：在相同的单段H_2O_2漂白工艺条件下，酶法脱墨浆比化学法脱墨浆有较好的可漂性，或达到同样的白度，其所用的漂白药品较少，故能减轻废水的污染负荷，有利于环境保护。

在脱墨剂的开发研究方面，国内的科研人员开发研制出一种高效复合型固体脱墨剂，该脱墨剂对AEO-9/TX-10非离子表面活性剂进行了改性，使之同时具有阴离子和非离子双重表面活性。同时以聚乙二醇、马来酸酐、丙烯酸为原料合成了一种新型的高分子表面活性剂MAG-AA，将合成的高分子表面活性剂与改性表面活性剂以及其他助剂复配，优化出了具有良好脱墨效果的脱墨剂组分，脱墨后成纸白度可达64.8%ISO，残余油墨量为2.457毫米^2/米^2。

（陈克复　陈奇峰）

中国制浆造纸技术专利

The registered patents for China's pulp and paper industry

专利名称	申请号	公开(公告)号	公开(公告)日	发明人	地址
一种喷爆罐	200420010057.1	2668676	2005.01.05	赵之贞;朱军泰	河南省新乡市西马路69号新乡工神锅炉有限公司 453002
一种新型挤浆机	200320121366.1	2668677	2005.01.05	李维芳	山东省冠县红旗南路南首劳武造纸厂 252000
纸浆模塑引风排气装置	03210178.3	2668678	2005.01.05	沈瑾琪	上海市川沙镇城丰路70弄14号601室 201200
一种滚筒碎浆机	03205678.8	2670415	2005.01.12	李风宁	山东省诸城市西外环路北首诸城市专利造纸机械厂 262200
造纸漂液生产装置	200320107437.2	2670416	2005.01.12	陈商	山东省淄博市桓台县马桥镇工业路北首山东博汇纸业股份有限公司 256405
造纸黑液储罐消泡装置	200320107436.8	2670417	2005.01.12	陈商	山东省淄博市桓台县马桥镇工业路北首山东博汇纸业股份有限公司 256405
纸浆过滤用旋翼筛	200320107438.7	2670418	2005.01.12	陈商	山东省淄博市桓台县马桥镇工业路北首山东博汇纸业股份有限公司 256405
循环水动力复合纸分离还原纸浆机	200420000701.7	2673918	2005.01.26	徐考伸	北京市朝阳区六里屯北街2号内2号 100022
塑料复合纸分离还原纸浆机	200420000703.6	2673919	2005.01.26	徐考伸	北京市朝阳区六里屯北街2号内2号 100022
压力挤浆机	200420001665.6	2673920	2005.01.26	李新亭;李欢	山东省滕州市龙山路进修学校北教委宿舍(三中)1号楼1单元302室 277500
造纸机用匀浆脱水成型器	200420004379.5	2673921	2005.01.26	李奎庭	河北省迁安市迁安镇三里营村53号 064400
合成牛皮纸	200420015516.5	2673922	2005.01.26	朱健民;罗启扬 徐文树;邹晓明	广东省佛山市顺德区杏坛镇新涌工业区顺德市德冠包装材料有限公司 528325
液胎式压辊	200420019426.3	2672143	2005.01.19	曹仲勇	上海市黄浦区丽园路8号1602室 200011
一种高效能二次浸渍干燥机	200420015634.6	2672144	2005.01.19	张锁堂	河北省正定县城关镇东柏棠村鑫通木业装饰品厂 050800

续表

专利名称	申请号	公开(公告)号	公开(公告)日	发明人	地　址
纸张恒温加湿还原装置	200320104489.4	2672145	2005.01.19	梁安萍;庞远南	重庆市九龙坡区重庆九发包装印刷有限公司 400081
复合卷烟纸	200320128350.3	2672146	2005.01.19	梁荣斌;李辉堂	广东省深圳市解放路广场北街东十巷1号401 518001
半自动纸浆模塑成型机	200420024207.4	2672147	2005.01.19	王云元;钟明辉;周自兴	江苏省宜兴市环科园新城路6号宜兴市科达机械有限公司 214205
纸塑成型结构	03267058.3	2672148	2005.01.19	林志明	中国台湾省台北市
密封自吸无堵塞双圆盘造纸磨浆机	200420010246.9	2675718	2005.02.02	邹志立;邹亚兵	河南省沁阳市北寺街113号 454550
造纸用节能烘缸罩	200320109924.2	2675719	2005.02.02	邹定超	陕西省咸阳市沣东镇南关村 712000
横切机的准同步间歇式机电组件	200420011647.6	2675720	2005.02.02	盛士杰	吉林省长春市硅谷大街5185号吉林省东懋包装制品厂 130012
镭射彩虹膜复合纸张力控制补偿装置	200420032888.9	2675721	2005.02.02	杨红伟;陈广祥	云南省昆明市北京路402号建设大厦15楼昆明精工制版印刷公司 650031
一种组合式造纸机	200420019832.X	2675722	2005.02.02	王白浪;陈万平	浙江省遂昌县凯恩路108号浙江凯恩特种材料股份有限公司 323300
纸模设备快速计量供浆机构	03232511.8	2675723	2005.02.02	沈瑾琪	上海市浦东新区川沙镇城丰路15弄39号601室 201200
一种热磨机的主轴支承结构	200320108104.1	2677418	2005.02.09	黄建国;杨胜强	上海市嘉定区安亭镇和静路299号上海人造板机器厂有限公司 201805
一种全封闭式中高浓水力碎浆机	200320126235.2	2677419	2005.02.09	李风宁	山东省诸城市西外环路北首诸城市专利造纸机械厂 262200
螺旋挤浆机	200420037998.4	2677420	2005.02.09	刘学峰;孟凡政 张　贵;周秀婵 唐　涛;王瑞芹	山东省济宁市吴泰闸路149号济宁华一轻工机械有限公司 272037
一种纸机的双托辊压榨干燥部	200320126234.8	2677421	2005.02.09	李风宁	山东省诸城市西外环路北首诸城市专利造纸机械厂 262200
造纸机油热式烘缸	200320113480.X	2677422	2005.02.09	任家兴	河南省沁阳市紫陵镇沁阳市金陵造纸机械厂 454592
一种多轴向造纸压榨毛毯	200420033003.7	2677423	2005.02.09	梅兴波;朱友胜 谢宗国;周兴富	四川省成都市青羊区文家乡成都环龙工业用呢有限责任公司 610091
电解电容器纸	200320130043.9	2677424	2005.02.09	陈万平;王白浪	浙江省遂昌县凯恩路108号浙江凯恩特种材料股份有限公司 323300
制作整体纸棺的设备	200420030531.7	2677425	2005.02.09	杨健力	辽宁省海城市南台镇后龙村三组 114200
新型吸管式冷缸排水装置	CN200420038747.8	CN2683688	2005.03.09	李庆祝	山东省高唐县官道街北首山东泉林纸业有限责任公司 252800

续表

专利名称	申请号	公开(公告)号	公开(公告)日	发明人	地址
一种新型无毯痕造纸毛毯	CN03261558.2	CN2683689	2005.03.09	邓炳耀	江苏省无锡市惠河路170号 江南大学 214036
瓦楞纸板印刷用排版纸	CN03241577.X	CN2685297	2005.03.16	李喆论	韩国京畿道
一种将密度板制作成纸浆原料的设备	CN200420000700.2	CN2685381	2005.03.16	叶启状	浙江省苍南县钱库镇农贸路87号 325804
环保型真空镀铝卡原纸	CN200420020727.8	CN2685382	2005.03.16	舒君明;沈爱琴;韩志诚;张立新;吴福官;顾文忠;杨　海;杨才根;唐　华;金　萍;董文革	上海市奉贤星火开发区莲塘路251号 上海新伦纸业有限公司 201419
一种转动高压蒸汽容器	CN200420007874.1	CN2687159	2005.03.23	骆占平;吴素珂	河北省衡水市榕花北大街272号 053000
秸秆环保综合利用系统	CN200420049586.2	CN2688744	2005.03.30	苏河山;谢志琪;黄珍权;吴培生;张　鹏	北京市丰台区太平桥华源一里C区2号楼2A 北京创源基业自动化控制技术研究所 100073
一种外流式压力筛旋翼片	CN200420004894.3	CN2690437	2005.04.06	李风宁	山东省诸城市西外环路北首诸城市专利造纸机械厂 262200
一种新型造纸涂布陶瓷刮刀	CN200420041632.4	CN2690438	2005.04.06	杨建桥;赵红霞;赵　红;张　宏	陕西省咸阳市人民西路49号 陕西科技大学 712081
一种高镜面具镭射图案的喷铝纸材	CN200420003300.7	CN2690439	2005.04.06	杜成城	广东省汕头保税区南部仓库二幢汕头保税区万顺包装材料有限公司 515078
一种高镜面亮度的直镀镭射喷铝纸材	CN200420004203.X	CN2690440	2005.04.06	杜成城	广东省汕头保税区南部仓库二幢汕头保税区万顺包装材料有限公司 515078
多层染色荧光防伪纸板	CN200420043155.5	CN2690441	2005.04.06	杨小标	广东省深圳市福田区皇岗路5011号 518035 深圳市九星新材料技术有限公司
一种带有由微孔构成圆弧形图形的水松纸	CN200420050165.1	CN2690442	2005.04.06	何金星;戴虽愚;吴绍云	云南省玉溪市高新区招商大厦 玉溪金灿科技有限公司 652100
一种带有微孔构成字符形状的水松纸	CN200420050166.6	CN2690443	2005.04.06	何金星; 戴虽愚;吴绍云	云南省玉溪市高新区招商大厦 玉溪金灿科技有限公司 652100
一种带有由微孔构成图形的水松纸	CN200420050168.5	CN2690444	2005.04.06	何金星; 戴虽愚;吴绍云	云南省玉溪市高新区招商大厦 玉溪金灿科技有限公司 652100
一种包装纸箱板	CN200420043497.7	CN2690445	2005.04.06	黄丹辉	广东省汕头市龙湖区天山路春湖园1幢北座705房 515000
一种用于提高热量通过造纸机烘缸内壁热传导能力的装置	CN200420026105.6	CN2692190	2005.04.13	单翔年; 陈世强	江苏省无锡市新区闽江路1号 约翰逊(无锡)技术有限公司 214028
用于造纸机中干燥辊组的机械传动装置	CN200420002394.6	CN2692191	2005.04.13	朱哈·奥伊努恩;尔可卡·萨洛	芬兰于韦斯屈莱 麦特索驱动公司
过油机	CN200420001583.1	CN2692192	2005.04.13	叶有信	台湾省台北县 谊力企业有限公司
一种定位合成糖果包装纸	CN200420015047.7	CN2692193	2005.04.13	方振淳;周松涛	广东省汕头市潮汕路吉祥工业区月浦二围汕头方大应用包装科技有限公司 515021

续表

专利名称	申请号	公开(公告)号	公开(公告)日	发明人	地　址
电磁烘缸干燥装置	CN200420040449.2	CN2693811	2005.04.20	王正顺	山东省济南市历下区解放东路58号 山东轻工业学院 250014
半湿起皱生活用纸纸机	CN200420045153.X	CN2693812	2005.04.20	王翠萍	广东省广州市海珠区新港西路179号11－508 519060
湿起皱生活用纸纸机	CN200420045208.7	CN2693813	2005.04.20	王翠萍	广东省广州市海珠区新港西路179号11－508 519060
蓄光发光纸	CN200420015133.8	CN2695469	2005.04.27	蓝智华	广东省韶关市始兴县都享乡都享林业站 512023
多筒式棉成型设备	CN200420050967.2	CN2698832	2005.05.11	曾华祖	北京市密云工业开发区 北京倍舒特妇幼用品有限公司 101500
水力式网前箱	CN200420022960.X	CN2698833	2005.05.11	张海晖；林美婵；蒋屹东	浙江省杭州市水星阁26－1606 杭州美辰纸业技术有限公司 310004
案辊式真空吸水箱	CN200420010982.4	CN2698834	2005.05.11	张广文;冷然石	河南省新乡市铁路南街82号 453000
复合透气隔离纸	CN200420044925.8	CN2698835	2005.05.11	杨灿霖;雷永兰	广东省深圳市罗湖区和平路港逸豪庭A座41F 518001
双面无光帘纹造纸机	CN200420034377.0	CN2700380	2005.05.18	万建明	四川省乐山市夹江县漹城镇东大街300号 614100
速比可调的纸张光泽机	CN200420040255.2	CN2700381	2005.05.18	王　键;陈嘉川	山东省济南市历城区二环东路999号 山东轻工业学院 250100
一种软木复合壁纸	CN200420041668.2	CN2700382	2005.05.18	张放射	陕西省西安市长安县东大镇 710000
多层彩色喷涂防伪纸板	CN200420044838.2	CN2701898	2005.05.25	杨小标	广东省深圳市福田路国际文化大厦730室 518033
浓度测试卡	CN200420018046.8	CN2702305	2005.05.25	梁建生;姜其斌 余振祥;杨　柳	湖北省武汉市台北二路44号5－1 430074
一种高效节能分丝机	CN200420034555.X	CN2703023	2005.06.01	庹小世;李　平;刘传平	四川省广安市城南金安大道208号 四川升泰科技开发有限公司 638000
一种棉秆破碎机	CN200420015957.5	CN2703024	2005.06.01	李进彬;席元强	河北省石家庄市赵县城关镇居民7759号 051530
等离子表面处理装置	CN200420030953.4	CN2703025	2005.06.01	张明辉;周芷桐	辽宁省鞍山市铁西区兴鞍街37－1号 鞍山市博鑫科技有限公司 114016
饰面辊	CN200420022250.7	CN2703781	2005.06.08	钱敏凡	浙江省安吉县阳光工业园安吉美伦纸业有限公司 313300
一种用于电解电容器的纸	CN200320111837.0	CN2703782	2005.06.08	陈万平；王白浪	浙江省遂昌县凯恩路108号 浙江凯恩特种材料股份有限公司 323300
人造板木片永不搭桥预热料仓	CN200320132027.3	CN2704603	2005.06.15	施品华；石炜标	浙江省临安市锦城镇景杉路818号 311300

续表

专利名称	申请号	公开(公告)号	公开(公告)日	发明人	地　址
穿透式热风干燥箱	CN200420036144.4	CN2704604	2005.06.15	周　文;曹忠民;吴震波	湖南省长沙市雨花区湖南环保科技产业园 湖南正大轻科机械有限公司 410007
高速宽幅刮刀涂布机	CN200420036143.X	CN2704605	2005.06.15	周　文;曹忠民;吴震波	湖南省长沙市雨花区湖南环保科技产业园 湖南正大轻科机械有限公司 410007
纸张浸渍处理机	CN200420002619.8	CN2704606	2005.06.15	赵振宁	山东省青岛市李沧区毛杨路中段 青岛迈斯克新材料有限公司 266100
一种微量分析用的齿状擦拭纸	CN200320108328.2	CN2706505	2005.06.29	李　忠	上海市浦东新区金桥出口加工区川桥路1188号 上海华虹NEC电子有限公司 201206
纸浆光催化漂白反应器	CN200320125525.5	CN2709490	2005.07.13	王双飞;宋海农;杨崎峰;黄显南;许开绍;宾　飞;农尚勇;朱红祥	广西壮族自治区南宁市大学路100号 广西大学 530004
用于磨浆机的浓缩装置	CN200420068232.2	CN2709491	2005.07.13	陈永生;陈　瑜	湖南省湘潭市建设路口 省造纸研究所 411104
用于磨浆机的磨盘	CN200420068231.8	CN2709492	2005.07.13	陈永生;陈　瑜	湖南省湘潭市建设路口 省造纸研究所 411104
磨浆机	CN200420068233.7	CN2709493	2005.07.13	陈永生;陈　瑜	湖南省湘潭市建设路口 省造纸研究所 411104
一种造纸机陶瓷脱水元件	CN200420041754.3	CN2709494	2005.07.13	吴军营	陕西省咸阳市人民西路49号 陕西科技大学 712081
荧光防伪纸	CN200420044839.7	CN2709495	2005.07.13	杨小标	广东省深圳市福田区皇岗路5011号 深圳市九星新材料技术有限公司 518035
立式水力碎浆机	CN200420063029.6	CN2711214	2005.07.20	张维军	黑龙江省望奎县通达环保机械有限公司 152100
双涡流水力碎浆机	CN200420063030.9	CN2711215	2005.07.20	张维军	黑龙江省望奎县通达环保机械有限公司 152100
造纸机用减速器	CN200420063045.5	CN2711216	2005.07.20	张维军	黑龙江省望奎县通达环保机械有限公司 152100
液压自动张紧器	CN02261641.1	CN2711217	2005.07.20	章泰元	上海市虹口区新市南路1148弄6号406室 200434
芦荟硅油涂层卫生纸	CN200420046027.6	CN2711218	2005.07.20	彭韶国	广东省广州市海珠区琶州仁瑞大街右21巷1栋3楼 510335
高速施放安全线的纸机装置	CN200420069539.4	CN2711219	2005.07.20	陆航程	海南省海口市国贸路38号九都大厦26层D座 海南亚元防伪纸业有限公司 570125
一种带有由微孔构成的几何图形的水松纸	CN200420050167.0	CN2711220	2005.07.20	何金星;戴虽愚;吴绍云	云南省玉溪市高新区招商大厦 玉溪金灿科技有限公司 652100

续表

专利名称	申请号	公开(公告)号	公开(公告)日	发明人	地　址
一种装饰贴纸	CN200420046829.7	CN2712669	2005.07.27	曾伟光	广东省鹤山市鹤城镇工业园一区威诗柏胶黏制品有限公司内 529727
溶液循环喷淋降膜蒸发器	CN200420062456.2	CN2714600	2005.08.03	钟运猷；王占军；周　浩；郑文辉；盘爱享	江苏省南京市锁金五村 16 号 中国林业科学研究院林产化学工业研究所 210042
具有二次上浆口的圆网造纸机圆网槽	CN03248775.4	CN2714601	2005.08.03	曾一鸣；杨铭康	广东省东莞市沙田镇民田工业区东莞市佳鸣造纸机械研究所 523991
造纸机压榨石辊总成	CN200420031764.9	CN2714602	2005.08.03	吕志义	辽宁省东港市十字街镇坎子下村 6 组 118322
超成形高速薄页造纸机	CN200520079836.1	CN2714603	2005.08.03	董海军；黄永龙；张　涛	山东省诸城市南外环路东段 262200
环氧树脂刮刀	CN200520001540.8	CN2714604	2005.08.03	江洪依	北京市石景山区八角南路 5 栋 3 号 100043
青檀皮打浆用碓臼	CN200420079180.9	CN2716318	2005.08.10	卢一葵	安徽省泾县丁家桥镇小岭千年古宣纸厂 242500
机织无纺复合带	CN200420056953.1	CN2716319	2005.08.10	李洪斌；陈启明	广东省广州市番禺区洛溪新城洛涛居南区 17 栋之一 208 511430
一种防伪纤维	CN200420009357.8	CN2716320	2005.08.10	孙显林	上海市浦东新区莲溪路 99 号世外桃源 408 幢 201204
绞绳机	CN200420052703.0	CN2718026	2005.08.17	郭庆立；孙兴立	山东省济宁市高新技术产业开发区机电 1 路 99 号 济宁华一轻工机械有限公司 272023
高浓碎浆机转子	CN200420052600.4	CN2718027	2005.08.17	孙兴立；郭庆立	山东省济宁市高新技术产业开发区机电 1 路 99 号 济宁华一轻工机械有限公司 272023
大规格碎浆机的传动装置	CN200420052705.X	CN2718028	2005.08.17	胡全福；孙兴立；郭庆立	山东省济宁市高新技术产业开发区机电 1 路 99 号 济宁华一轻工机械有限公司 272023
纤维分离机	CN200420052704.5	CN2718029	2005.08.17	郭庆立；孙兴立董百月；曹国红	山东省济宁市高新技术产业开发区机电 1 路 99 号 济宁华一轻工机械有限公司 272023
高浓漂白塔的新型出浆装置	CN200420052701.1	CN2718030	2005.08.17	郑　冰；孙兴立孟凡政；黎海超	山东省济宁市高新技术产业开发区机电 1 路 99 号 济宁华一轻工机械有限公司 272023
一种用于圆网造纸机的布浆器	CN200420045544.1	CN2718031	2005.08.17	梁湘林	广东省汕头市新溪镇金新公路东侧汕头市华氏纸业有限公司 515800
除节机的密封环装置	CN200420052706.4	CN2718032	2005.08.17	胡全福；寻广龙；穆兴慈	山东省济宁市高新技术产业开发区机电 1 路 99 号 济宁华一轻工机械有限公司 272023

续表

专利名称	申请号	公开(公告)号	公开(公告)日	发明人	地址
全液压分区可控中高超级压光机	CN200420015658.1	CN2718033	2005.08.17	诸葛宝钧;李孔泉;韩 福;任 山;宋懿贞	山东省淄博市周村区恒星路98号 淄博恒星机电设备有限公司 255300
一种防伪纸的制造装置	CN200320131771.1	CN2718034	2005.08.17	李汉忠;马 山	北京市西城区西直门外大街甲143号 中国印钞造币总公司 100044
图案贴纸	CN200420078141.7	CN2718035	2005.08.17	郑振兴	福建省晋江市罗山镇缺塘南区356号 362200
具有透明窗的防伪纸	CN200320131779.8	CN2718036	2005.08.17	李汉忠;马 山	北京市西城区西直门外大街甲143号 中国印钞造币总公司 100044
安全线防伪铝箔纸	CN200420028147.3	CN2718037	2005.08.17	陈俊武;冯正俊	江苏省南京市江宁区东山镇成墟路288号 南京金陵金箔股份有限公司 211100
螺旋面盘式削片机	CN200420053418.0	CN2719529	2005.08.24	宋洪义;李建军	山东省肥城市老城镇民营工业园区 山东佳瑞机械有限公司 271601
鼓式真空洗浆机平面阀密封装置	CN200320107792.X	CN2719896	2005.08.24	陈洪国;董建文;李新岗	山东省寿光市晨鸣工业园技术中心 山东晨鸣纸业集团股份有限公司 262700
离心碎渣器	CN200420085890.2	CN2719897	2005.08.24	张培洲;王有旭;张 兵;盖美萍	甘肃省兰州市七里河任家庄5号 兰州节能环保工程有限责任公司 730050
一种双面重氮感光纸	CN200420072181.0	CN2719898	2005.08.24	廖先超	广东省珠海市金湾区金湾大道中 珠海开元纸业有限公司 519000
重氮感光纸四段涂布机	CN200420072182.5	CN2719899	2005.08.24	廖先超	广东省珠海市金湾区金湾大道中 珠海开元纸业有限公司 519000
装饰用贴面纸	CN200420012392.5	CN2719900	2005.08.24	李中一	吉林省延吉市长白路119－19－6号 133001
一种抑菌扑克	CN200420034020.2	CN2721169	2005.08.31	李建雄;应 凯	云南省通海县秀山镇云南通印股份有限公司 652700
一种浸渍涂布型纸质密封衬垫	CN200420081225.6	CN2721681	2005.08.31	刘丽华	上海市鞍山四村4号5室 200092
散浆机	CN200420066311.X	CN2723504	2005.09.07	张宗胜	台湾省彰化县
散浆机的过滤结构	CN200420066312.4	CN2723505	2005.09.07	张宗胜	台湾省彰化县
一种侧流长网造纸机	CN200320132273.9	CN2723506	2005.09.07	王白浪	浙江省遂昌县凯恩路108号 浙江凯恩特种材料股份有限公司 323300
鼓式高浓纤维疏解机	CN200420039384.X	CN2725344	2005.09.14	张吉祥	山东省邹平县长山镇大齐村 256206
氧煸分离秸秆丝机	CN200420063032.8	CN2725345	2005.09.14	朱晓平	北京市海淀区今典花园2号楼2302号 100088

续表

专利名称	申请号	公开(公告)号	公开(公告)日	发明人	地址
盘式浓缩机	CN200420037996.5	CN2727227	2005.09.21	郭庆立;郑　冰;刘学峰;孟凡政;李咏虹;渠修顺;姚永成	山东省济宁市吴泰闸路149号 济宁华一轻工机械有限公司 272037
多功能防伪纸板	CN200420071597.0	CN2727228	2005.09.21	杨小标	广东省深圳市福田区皇岗路5011号 深圳市九星新材料技术有限公司 518035
网眼打孔纸	CN200420082216.9	CN2730916	2005.10.05	陈世国	上海市翔殷路20号上海周金纸业有限公司 200433
盘式热分散机	CN200420037997.X	CN2732804	2005.10.12	郑　冰;孙兴立;孟凡政;周秀婵;唐　涛;赵　博	山东省济宁市吴泰闸路149号 济宁华一轻工机械有限公司 272037
废弃浆、糊状物料干燥回收装置	CN200420053687.7	CN2732805	2005.10.12	陆绪红;周　蕾;杨玉兵;陆绪良	安徽省蚌埠市中山街86号8楼 233000
纸钞专用杀菌消毒设备	CN200420067451.9	CN2734235	2005.10.19	许贵华	广东省广州市天河区东圃大马路天力居B2栋507室 510660
一种胶圈及用胶圈制成的脱水装置	CN200420015295.1	CN2734812	2005.10.19	张　迅	广东省深圳市南山区南海花园海景阁101室 518000
高浓高效双螺旋浆液分离机	CN200420093065.7	CN2734813	2005.10.19	吕传孝;吕　臻;吕　宇	山东省滕州市平行路268－3号 277500
搓浆机	CN200420053353.X	CN2734814	2005.10.19	王泽刚;周善亮;汪会秋;崔利胜;王世亮;李多淑;庞同国;宗　慧;魏光明	山东省淄博市桓台县田庄镇 山东晨钟机械股份有限公司 256402
带高速回转叶轮的重质分离器	CN200420001841.6	CN2736409	2005.10.26	冉　飞;金树海张海泓;贾立刚蒋彦新;杨建国	北京市西城区西直门外大街甲143号 中国印钞造币总公司 100044
秸秆剥皮揉搓机	CN200420063039.X	CN2740649	2005.11.16	朱晓平	北京市海淀区今典花园2号楼2302号 100088
氧漂消毒秸秆丝机	CN200420063041.7	CN2740650	2005.11.16	朱晓平	北京市海淀区今典花园2号楼2302号 100088
一种炭纸复合纸	CN03273064.0	CN2740651	2005.11.16	王白浪;刘　超	浙江省遂昌县妙高镇环城南路9号 323300
环保餐盒成型机	CN200420063040.2	CN2740652	2005.11.16	朱晓平	北京市海淀区今典花园2号楼2302号 100088

续表

专利名称	申请号	公开(公告)号	公开(公告)日	发明人	地　址
防黏防烫纸杯模具	CN200420082285.X	CN2740653	2005.11.16	陈迎庆	浙江省平湖市经济开发区昌盛路平湖市比例包装材料有限公司 314200
制纸浆用木材膨化器	CN200420048893.9	CN2742014	2005.11.23	鲁来斌	河南省沈丘县莲池大郑营工业区 466335
高浓度磨浆机	CN200420053604.4	CN2743404	2005.11.30	王泽刚;周善亮;汪会秋;崔利胜;王世亮;李多淑;庞同国;宗　慧;魏光明	山东省淄博市桓台县田庄镇 淄博轻工机械股份有限公司 256402
造纸用聚酯三层成形网	CN200420080151.4	CN2744725	2005.12.07	陆　平;周积学盛长新;胡博能	江苏省海门市悦来镇三条桥 55 号江苏金呢集团有限公司 226132
双网挤浆机	CN200420093646.0	CN2744726	2005.12.07	黄运贤;陈克复;李友明;朱小林;陈中豪	广东省广州市天河区五山华南理工大学 510640
防伪涂布白卡纸	CN200420083654.7	CN2745984	2005.12.14	赵万立	广东省珠海市前山金鸡路 508 号珠海经济特区红塔仁恒纸业有限公司 519000
环保型纸钵成型机	CN200420083426.X	CN2745985	2005.12.14	蔡益寿	台湾省台北县永和市国光路 37 号 3 楼
高效环保型秸秆综合利用加工机组	CN200420051002.5	CN2747850	2005.12.28	高国章;付胜利;陶丹丹;李爱华;何占松;朱洪林;汪德众;唐国有;张淑珍	黑龙江省齐齐哈尔富拉尔基 黑龙江省畜牧机械化研究所 161041

（房宝伦）

我国造纸工业标准化工作概况及现行有关标准目录

Overview of paper industry standardization in China paper industry and the relevant standard catalogues

全国造纸工业标准化技术委员会(SAC/TC141)始终本着"服务于造纸行业,推动造纸标准化工作不断向前发展"的宗旨,积极进取、不断开拓创新,从而保证了我国造纸工业标准化工作稳步、持续、健康的发展,标准化水平也得到了显著的提高。

2005年至2006年6月,造纸行业共发布21项新标准,其中产品标准14项,方法标准7项。新发布标准有《涂布纸和纸板 涂布美术印刷纸(铜版纸)》、《涂布纸和纸板 轻量涂布纸》、《未漂浸渍绝缘纸》和《纸板戳穿强度的测定》等10项国家标准及《热敏彩票纸》、《石膏护面纸板》、《玻璃纸》、《彩色胶版印刷纸》等11项行业标准。全国造纸工业标准化技术委员会共完成上报标准30项,其中国家标准14项,行业标准16项,包括备受大家关注的《纸巾纸(含湿巾)》、《卫生纸》、《废纸再利用技术要求》、《新闻纸》、《喷墨打印纸》、《字典纸》、《轻量印刷纸》、《复印纸》等国家和行业标准,这些标准目前均处于待批阶段,不久将会发布实施。另外,根据造纸工业国家标准清理整顿结果,有4项国家标准废止,这4项标准分别为《漂白化学纸浆木素的测定法》、《打孔电报纸》、《纸和纸板表面吸收速度的测定》及《纸和纸板白度测定法45/o定向反射法》。

到目前为止,全国造纸标准化技术委员会归口造纸工业标准共319项,其中产品标准157项(国家标准35项,行业标准122项),测试方法标准162项(国家标准133项,行业标准29项)。下面列出造纸标准目录(包括造纸工业产品标准目录和造纸工业测试方法标准目录)。

造纸工业产品标准目录(2006年6月)

标准号	标准名称	发布日期	实施日期
GB/T 1468－1999	描图纸	1999－08－12	2000－02－01
GB/T 1525－1979	制图纸	－－	1979－05－01
GB/T 1910－1999	新闻纸	1999－08－12	2000－02－01
GB/T 1911－1991	拷贝纸	1991－07－03	1992－04－01
GB/T 1912－1989	字典纸	1989－12－27	1990－10－01
GB 1913.1－2005	未漂浸渍绝缘纸	2005－03－23	2005－09－01
GB 1913.2－1990	漂白浸渍绝缘纸	1990－12－28	1991－10－01
GB/T 1914－1993	化学分析滤纸	1993－02－15	1993－10－01
GB/T 2675－1981	地图纸	1981－06－06	1981－08－01
GB/T 2676－1981	海图纸	1981－06－06	1981－08－01
GB/T 3147－1982	信息处理未穿孔纸带	1982－07－23	1983－03－01
GB/T 3148－1982	漂白亚硫酸盐苇浆	1982－07－23	1983－03－01
GB/T 6544－1999	包装材料 瓦楞纸板	1999－08－12	2000－02－01
GB/T 7968－1996	纸袋纸	1996－06－25	1997－01－01
GB 7969－2003	电力电缆纸	2003－10－20	2004－06－01
GB 7970－1999	通讯电缆纸	1999－08－12	2000－02－01
GB 7970.4－2002	电解电容器纸	2002－09－05	2003－01－01

续表

标准号	标准名称	发布日期	实施日期
GB 7971 - 1987	半导电电缆纸	1987 - 07 - 29	1987 - 12 - 01
GB/T 8938 - 1988	打字纸	1988 - 03 - 29	1988 - 08 - 01
GB 8939 - 1999	卫生巾(含卫生护垫)	1999 - 06 - 22	2000 - 01 - 01
GB/T 10335.1 - 2005	涂布纸和纸板 涂布美术印刷纸(铜版纸)	2005 - 03 - 23	2005 - 09 - 01
GB/T 10335.2 - 2005	涂布纸和纸板 轻量涂布纸	2005 - 03 - 23	2005 - 09 - 01
GB/T 10335.3 - 2004	涂布纸和纸板 涂布白卡纸	2004 - 03 - 15	2004 - 11 - 01
GB/T 10335.4 - 2004	涂布纸和纸板 涂布白纸板	2004 - 03 - 15	2004 - 11 - 01
GB/T 11541 - 1989	照相原纸	1989 - 07 - 27	1990 - 04 - 01
GB/T 12654 - 1990	书写纸	1990 - 12 - 28	1991 - 10 - 01
GB/T 12913 - 1991	电容器纸	1991 - 05 - 18	1992 - 03 - 01
GB/T 13023 - 1991	瓦楞原纸	1991 - 07 - 03	1992 - 04 - 01
GB/T 13024 - 2003	箱纸板	2003 - 10 - 20	2004 - 06 - 01
GB/T 13505 - 1992	高纯度绝缘木浆	1992 - 06 - 12	1993 - 03 - 01
GB/T 13506 - 1992	漂白亚硫酸盐木浆	1992 - 06 - 12	1993 - 03 - 01
GB/T 13507 - 1992	本色亚硫酸盐木浆	1992 - 06 - 12	1993 - 03 - 01
GB 16797 - 1997	无碳复写纸	1997 - 05 - 28	1998 - 05 - 01
GB 18585 - 2001	室内装饰装修材料壁纸中有害物质限量	2001 - 12 - 10	2002 - 01 - 01
GB 19341 - 2003	育果袋纸	2003 - 10 - 09	2004 - 06 - 01
QB/T 1012 - 1991	胶版印刷纸	1991 - 03 - 30	1991 - 12 - 01
QB 1013 - 2005	玻璃纸	2005 - 03 - 19	2005 - 09 - 01
QB 1014 - 1991	食品包装纸	1991 - 03 - 30	1991 - 12 - 01
QB/T 1015 - 1991	黑色不透光包装纸	1991 - 03 - 30	1991 - 12 - 01
QB/T 1016 - 1991	鸡皮纸	1991 - 03 - 30	1991 - 12 - 01
QB/T 1017 - 1991	仿羊皮纸	1991 - 03 - 30	1991 - 12 - 01
QB/T 1018 - 1991	仪表记录原纸	1991 - 03 - 30	1991 - 12 - 01
QB/T 1019 - 1991	水松纸(附水松原纸)	1991 - 03 - 30	1991 - 12 - 01
QB 1020 - 1991	纸张印刷适性用标准油墨	1991 - 03 - 30	1991 - 12 - 01
QB/T 1021 - 1991	铁木贴花衬纸	1991 - 03 - 30	1991 - 12 - 01
QB/T 1211 - 1991	胶印书刊纸	1991 - 09 - 10	1992 - 04 - 01
QB/T 1212 - 1991	信息处理未穿孔卡纸	1991 - 09 - 10	1992 - 04 - 01
QB/T 1312 - 1991	砂纸原纸	1991 - 11 - 25	1992 - 08 - 01
QB/T 1313 - 1991	中性包装纸	1991 - 11 - 25	1992 - 08 - 01
QB/T 1314 - 1991	标准纸板	1991 - 11 - 25	1992 - 08 - 01
QB/T 1315 - 1991	厚纸板	1991 - 11 - 25	1992 - 08 - 01
QB/T 1316 - 1991	封套纸板	1991 - 11 - 25	1992 - 08 - 01
QB/T 1317 - 1991	手风琴风箱纸板	1991 - 11 - 25	1992 - 08 - 01
QB/T 1318 - 1991	探测器盒纸板(雷送纸板)	1991 - 11 - 25	1992 - 08 - 01
QB 1319 - 1991	气相防锈纸	1991 - 11 - 25	1992 - 08 - 01
QB/T 1320 - 1991	玻璃纤维高效空气滤纸	1991 - 11 - 25	1992 - 08 - 01
QB/T 1454 - 1992	书皮纸	1992 - 04 - 14	1992 - 12 - 01

续表

标准号	标准名称	发布日期	实施日期
QB/T 1455－1992	邮票纸	1992－04－14	1992－12－01
QB/T 1456－1992	薄凸版纸	1992－04－14	1992－12－01
QB/T 1457－1992	纱管纸板	1992－04－14	1992－12－01
QB/T 1458－2005	非热封型茶叶滤纸	2005－03－19	2005－09－01
QB/T 1459－1992	感光纸原纸	1992－04－14	1992－12－01
QB/T 1460－1992	伸性纸袋纸	1992－04－14	1992－12－01
QB/T 1597－1992	单页电传打字原纸	1992－11－10	1993－07－01
QB/T 1598－1992	涂布邮票纸(附邮票原纸)	1992－11－10	1993－07－01
QB/T 1599－1992	书画纸	1992－11－10	1993－07－01
QB/T 1600－1992	蜡光纸	1992－11－10	1993－07－01
QB/T 1601－1992	纱管原纸	1992－11－10	1993－07－01
QB/T 1602－1992	包针纸	1992－11－10	1993－07－01
QB/T 1633－1992	贴花面纸	1993－01－15	1993－09－01
QB/T 1678－1993	漂白硫酸盐木浆	1993－03－28	1993－10－01
QB/T 1679－1993	未漂白硫酸盐针叶木浆	1993－03－28	1993－10－01
QB/T 1704－1993	铝箔衬纸	1993－04－15	1993－12－01
QB/T 1705－1993	胶版印刷涂布原纸(铜版原纸)	1993－04－15	1993－12－01
QB/T 1706－1993	条纹牛皮纸	1993－04－15	1993－12－01
QB/T 1707－1993	蜡光原纸	1993－04－15	1993－12－01
QB/T 1708－1993	制鞋纸板	1993－04－15	1993－12－01
QB/T 1709－1993	工业羊皮纸	1993－04－15	1993－12－01
QB/T 1710－1993	食品羊皮纸	1993－04－15	1993－12－01
QB/T 1711－1993	特细羊皮纸	1993－04－15	1993－12－01
QB/T 1712－1993	滤芯纸板	1993－04－15	1993－12－01
QB/T 1713－1993	提花纸板	1993－04－15	1993－12－01
QB/T 1937－1994	照相原纸木浆	1994－04－23	1994－12－01
QB/T 2090－1995	沥青防潮纸	1995－05－08	1996－01－01
QB/T 2091－1995	沥青防潮原纸	1995－05－08	1996－01－01
QB/T 2103－1995	蚕种纸	1995－05－08	1996－01－01
QB/T 2104－1995	造纸铜网——单织网	1995－05－08	1996－01－01
QB/T 2105－1995	造纸铜网——三织网	1995－05－08	1996－01－01
QB/T 2192－1996	卷缠绝缘纸	1996－01－31	1996－09－01
QB/T 2193－1996	防锈原纸	1996－01－31	1996－09－01
QB/T 2194－1996	钢纸原纸	1996－01－31	1996－09－01
QB/T 2195－1996	火柴纸	1996－01－31	1996－09－01
QB/T 2199－1996	硬钢纸板	1996－03－22	1996－12－01
QB/T 2200－1996	软钢纸板	1996－03－22	1996－12－01
QB/T 2201－1996	钢纸管	1996－03－22	1996－12－01
QB/T 2202－1996	啤酒硅藻土支撑过滤板	1996－03－22	1996－12－01
QB/T 2203－1996	图画纸	1996－03－22	1996－12－01

续表

标准号	标准名称	发布日期	实施日期
QB/T 2204－1996	水彩画纸	1996－03－22	1996－12－01
QB/T 2205－1996	重氮盐正像晒图纸	1996－03－22	1996－12－01
QB/T 2234－1996	信封用纸	1996－10－11	1997－07－01
QB/T 2235－1996	中性石蜡原纸	1996－10－11	1997－07－01
QB/T 2236－1996	中性石蜡纸	1996－10－11	1997－07－01
QB/T 2237－1996	条纹柏油原纸	1996－10－11	1997－07－01
QB/T 2249－1996	凹版印刷纸	1996－10－11	1997－07－01
QB/T 2250－2005	单面白纸板	2005－03－19	2005－09－01
QB/T 2294－1997	纸杯	1997－05－20	1998－02－01
QB/T 2342－1997	干法静电复印纸	1998－01－16	1998－09－01
QB/T 2352－1997	单面书写纸	1998－01－16	1998－09－01
QB/T 2429－1999	晒图原纸	1999－05－06	1999－12－01
QB/T 2430－1999	铁笔蜡纸原纸	1999－05－06	1999－12－01
QB/T 2431－1999	打字蜡纸原纸	1999－05－06	1999－12－01
QB/T 2432－1999	打字蜡纸衬纸	1999－05－06	1999－12－01
QB/T 2433－1999	条纹柏油纸	1999－05－06	1999－12－01
QB/T 2465－1999	光学字符阅读纸	1999－12－14	2000－05－01
QB/T 2493－2000	纸尿裤(含纸尿片/垫)	2000－10－31	2001－04－01
QB/T 2494－2000	双面胶带原纸	2000－10－31	2001－04－01
QB 2500－2000	皱纹卫生纸	2000－12－01	2001－06－01
QB/T 2593 －2003	心电图纸	2003－09－13	2003－10－01
QB/T 2595－2003	热封型茶叶滤纸	2003－09－13	2003－10－01
QB/T 2596－2003	工艺礼品纸	2003－09－13	2003－10－01
QB/T 2599－2003	农业羊皮纸	2003－09－13	2003－10－01
QB/T 2608－2003	漂白硫酸盐竹浆	2003－12－11	2004－05－01
QB/T 2618－2003	造纸用多层成形网	2003－12－11	2004－05－01
QB/T 2619－2003	造纸用异形丝干燥网	2003－12－11	2004－05－01
QB/T 2688－2005	绝缘纸板	2005－03－19	2005－09－01
QB/T 2689－2005	滤嘴棒纸	2005－03－19	2005－09－01
QB/T 2690－2005	复写原纸	2005－03－19	2005－09－01
QB/T 2691－2005	半透明纸	2005－03－19	2005－09－01
QB/T 2692－2005	110～330kV 高压电缆纸	2005－03－19	2005－09－01
QB/T 2693－2005	彩色胶版印刷纸	2005－03－19	2005－09－01
QB/T 2694－2005	热敏彩票纸	2005－03－19	2005－09－01
QB/T 2699－2005	石膏护面纸板	2005－03－19	2005－09－01
QB/T 3501－1999	扑克牌纸板	1999－04－21	1999－04－21
QB/T 3502－1999	棉条筒钢纸板	1999－04－21	1999－04－21
QB/T 3504－1999	铸涂白纸板	1999－04－21	1999－04－21
QB/T 3505－1999	字型纸板	1999－04－21	1999－04－21
QB/T 3507－1999	电子计算机连续记录格式原纸	1999－04－21	1999－04－21

续表

标准号	标准名称	发布日期	实施日期
QB/T 3509 - 1999	工业自动化仪表用记录纸	1999 - 04 - 21	1999 - 04 - 21
QB/T 3510 - 1999	Y311 条粗条干仪用记录纸	1999 - 04 - 21	1999 - 04 - 21
QB/T 3513 - 1999	信息处理用连续格式纸	1999 - 04 - 21	1999 - 04 - 21
QB/T 3516 - 1999	牛皮纸	1999 - 04 - 21	1999 - 04 - 21
QB/T 3517 - 1999	单面胶版印刷纸	1999 - 04 - 21	1999 - 04 - 21
QB/T 3518 - 1999	铸涂纸	1999 - 04 - 21	1999 - 04 - 21
QB/T 3520 - 1999	500 kV 油纸套管绝缘纸	1999 - 04 - 21	1999 - 04 - 21
QB/T 3521 - 1999	500 kV 变压器匝间绝缘纸	1999 - 04 - 21	1999 - 04 - 21
QB/T 3522 - 1999	盲文印刷纸	1999 - 04 - 21	1999 - 04 - 21
QB/T 3523 - 1999	白卡纸	1999 - 04 - 21	1999 - 04 - 21
QB/T 3524 - 1999	凸版印刷纸	1999 - 04 - 21	1999 - 04 - 21
QB/T 3525 - 1999	雪茄烟纸	1999 - 04 - 21	1999 - 04 - 21
QB/T 3526 - 1999	薄页包装纸	1999 - 04 - 21	1999 - 04 - 21
QB/T 3528 - 1999	导火索纸(导火线纸)	1999 - 04 - 21	1999 - 04 - 21
QB 3529 - 1999	纸巾纸	1999 - 04 - 21	1999 - 04 - 21
QB/T 3531 - 1999	液体食品包装用复合材料	1999 - 04 - 21	1999 - 04 - 21
QB/T 3532 - 1999	造纸用聚酯成形网	1999 - 04 - 21	1999 - 04 - 21
QB/T 3534 - 1999	造纸用聚酯单织干网	1999 - 04 - 21	1999 - 04 - 21
QB/T 3701 - 1999	造纸用原料蔗渣	1999 - 04 - 21	1999 - 04 - 21
QB/T 3705 - 1999	电话纸	1999 - 04 - 21	1999 - 04 - 21

造纸工业测试方法标准目录(2006 年 6 月)

标准号	标准名称	发布日期	实施日期
GB/T 147 - 1997	印刷、书写和绘图用原纸尺寸	1997 - 06 - 26	1997 - 12 - 01
GB/T 148 - 1997	印刷、书写和绘图纸幅面尺寸	1997 - 06 - 26	1997 - 12 - 01
GB/T 450 - 2002	纸和纸板试样的采取	2002 - 06 - 13	2002 - 12 - 01
GB/T 451.1 - 2002	纸和纸板尺寸及偏斜度的测定	2002 - 06 - 13	2002 - 12 - 01
GB/T 451.2 - 2002	纸和纸板定量的测定	2002 - 06 - 13	2002 - 12 - 01
GB/T 451.3 - 2002	纸和纸板厚度的测定	2002 - 06 - 13	2002 - 12 - 01
GB/T 452.1 - 2002	纸和纸板纵横向的测定	2002 - 07 - 22	2003 - 02 - 01
GB/T 452.2 - 2002	纸和纸板正反面的测定	2002 - 07 - 22	2003 - 02 - 01
GB/T 453 - 2002	纸和纸板抗张强度的测定(恒速加荷法)	2002 - 07 - 22	2003 - 02 - 01
GB/T 454 - 2002	纸耐破度的测定	2002 - 07 - 22	2003 - 02 - 01
GB/T 455 - 2002	纸和纸板撕裂度的测定	2002 - 07 - 22	2003 - 02 - 01
GB/T 456 - 2002	纸和纸板平滑度的测定(别克法)	2002 - 07 - 22	2003 - 02 - 01
GB/T 457 - 2002	纸耐折度的测定(肖伯尔法)	2002 - 09 - 05	2003 - 01 - 01
GB/T 458 - 2002	纸和纸板透气度的测定(肖伯尔法)	2002 - 09 - 06	2003 - 01 - 01

续表

标准号	标准名称	发布日期	实施日期
GB/T 459 – 2002	纸和纸板伸缩性的测定	2002 – 09 – 05	2003 – 01 – 01
GB/T 460 – 2002	纸施胶度的测定(墨水划线法)	2002 – 09 – 05	2003 – 01 – 01
GB/T 461.1 – 2002	纸和纸板毛细吸液高度的测定(克列姆法)	2002 – 09 – 06	2003 – 01 – 01
GB/T 461.3 – 2005	纸和纸板　吸收性的测定(浸水法)	2005 – 09 – 26	2006 – 04 – 01
GB/T 462 – 2003	纸和纸板水分的测定	2003 – 10 – 20	2004 – 06 – 01
GB/T 464.1 – 1989	纸和纸板的干热加速老化方法(105 ± 2℃,72h)	1989 – 03 – 31	1989 – 12 – 01
GB/T 464.2 – 1993	纸和纸板 干热加速老化的方法（120 ± 2℃或150 ± 2℃）	1993 – 03 – 31	1993 – 10 – 01
GB/T 465.1 – 1989	纸和纸板按规定时间浸水后耐破度的测定法	1989 – 03 – 31	1989 – 12 – 01
GB/T 465.2 – 1989	纸和纸板按规定时间浸水后抗张强度的测定法	1989 – 03 – 31	1989 – 12 – 01
GB/T 740 – 2003	纸浆试样的采取	2003 – 10 – 20	2004 – 06 – 01
GB/T 741 – 2003	纸浆分析试样水分的测定	2003 – 08 – 25	2003 – 12 – 01
GB/T 742 – 2003	纸、纸板和纸浆残余物(灰分)的测定(900℃)	2003 – 08 – 25	2003 – 12 – 01
GB/T 743 – 2003	纸浆乙醚抽出物的测定	2003 – 08 – 25	2003 – 12 – 01
GB/T 744 – 2004	纸浆 抗碱性的测定	2004 – 03 – 15	2004 – 10 – 01
GB/T 745 – 2003	纸浆多戊糖的测定	2003 – 08 – 25	2003 – 12 – 01
GB/T 747 – 2003	纸浆酸不溶木素的测定	2003 – 08 – 25	2003 – 12 – 01
GB/T 1538 – 1979	纸板耐折度的测定法(肖伯尔式测定仪)	1979 – 05 – 17	1979 – 08 – 01
GB/T 1539 – 1989	纸板耐破度的测定法	1989 – 03 – 31	1989 – 12 – 01
GB/T 1540 – 2002	纸和纸板吸水性的测定(可勃法)	2002 – 10 – 15	2003 – 04 – 01
GB/T 1541 – 1989	纸和纸板尘埃度的测定法	1989 – 03 – 31	1989 – 12 – 01
GB/T 1543 – 2005	纸和纸板不透明度(纸背衬)的测定(漫反射法)	2005 – 09 – 26	2006 – 04 – 01
GB/T 1545.1 – 2003	纸、纸板和纸浆水抽提液酸度或碱度的测定	2003 – 10 – 20	2004 – 06 – 01
GB/T 1545.2 – 2003	纸、纸板和纸浆水抽提液 pH 的测定	2003 – 10 – 20	2004 – 06 – 01
GB/T 1546 – 2004	纸浆卡伯值的测定	2004 – 03 – 15	2004 – 10 – 01
GB/T 1547 – 2004	纸浆高锰酸钾值的测定	2004 – 03 – 15	2004 – 10 – 01
GB/T 1548 – 2004	纸浆黏度的测定	2004 – 03 – 15	2004 – 10 – 01
GB/T 2677.1 – 1993	造纸原料分析用试样的采取	1993 – 03 – 01	1993 – 10 – 01
GB/T 2677.2 – 1993	造纸原料水分的测定	1993 – 03 – 01	1993 – 10 – 01
GB/T 2677.3 – 1993	造纸原料灰分的测定	1993 – 03 – 01	1993 – 10 – 01
GB/T 2677.4 – 1993	造纸原料水抽出物含量的测定	1993 – 03 – 01	1993 – 10 – 01
GB/T 2677.5 – 1993	造纸原料 1%氢氧化钠抽出物含量的测定	1993 – 03 – 01	1993 – 10 – 01
GB/T 2677.6 – 1994	造纸原料有机溶剂抽出物含量的测定	1994 – 09 – 24	1995 – 03 – 01
GB/T 2677.8 – 1994	造纸原料酸不溶木素含量的测定	1994 – 09 – 24	1995 – 03 – 01
GB/T 2677.9 – 1994	造纸原料多戊糖含量的测定	1994 – 09 – 24	1995 – 03 – 01
GB/T 2677.10 – 1995	造纸原料综纤维素含量的测定	1995 – 07 – 06	1996 – 04 – 01
GB/T 2678.1 – 1993	纸浆筛分测定方法	1993 – 08 – 07	1994 – 03 – 01
GB/T 2678.2 – 1994	纸浆、纸和纸板水溶性氯化物的测定(硝酸汞法)	1994 – 09 – 24	1995 – 03 – 01
GB/T 2678.3 – 1995	纸浆氯耗量(脱木素程度)的测定	1995 – 07 – 06	1996 – 04 – 01
GB/T 2678.4 – 1994	纸浆和纸零距抗张强度测定法	1994 – 09 – 24	1995 – 03 – 01

续表

标准号	标准名称	发布日期	实施日期
GB/T 2678.5－1996	纸、纸板和纸浆水溶性氯化物的测定(硝酸银电位滴定法)	1996－06－25	1997－01－01
GB/T 2678.6－1996	纸、纸板和纸浆水溶性硫酸盐的测定(电导滴定法)	1996－06－25	1997－01－01
GB/T 2679.1－1993	纸透明度的测定法	1993－08－07	1994－03－01
GB/T 2679.2－1995	纸和纸板透湿度与折痕透湿度的测定(盘式法)	1995－07－06	1996－04－01
GB/T 2679.3－1996	纸和纸板挺度的测定	1996－05－21	1996－12－01
GB/T 2679.4－1994	纸和纸板粗糙度的测定法(本特生粗糙度法)	1994－09－24	1995－03－01
GB/T 2679.5－1995	纸和纸板耐折度的测定(MIT 耐折度仪法)	1995－07－06	1996－04－01
GB/T 2679.6－1996	瓦楞原纸平压强度的测定	1996－05－21	1996－12－01
GB/T 2679.7－2005	纸板 戳穿强度的测定	2005－09－26	2006－04－01
GB/T 2679.8－1995	纸和纸板环压强度的测定	1995－07－06	1996－04－01
GB/T 2679.9－1993	纸和纸板粗糙度测定法(印刷表面法)	1993－02－25	1993－10－01
GB/T 2679.10－1993	纸和纸板短矩压缩强度的测定法	1993－08－07	1994－03－01
GB/T 2679.11－1993	纸和纸板中无机填料和无机涂料的定性分析电子显微镜/X 射线能谱法	1993－08－07	1994－03－01
GB/T 2679.12－1993	纸和纸板中无机填料和无机涂料的定性分析化学法	1993－08－07	1994－03－01
GB/T 2679.13－1996	纸和纸板透气度的测定(中等范围) 本特生法	1996－05－21	1996－12－01
GB/T 2679.14－1996	过滤纸和纸板最大孔径的测定	1996－06－25	1997－01－01
GB/T 2679.15－1997	纸和纸板印刷表面强度的测定(电动加速法)	1997－06－26	1997－12－01
GB/T 2679.16－1997	纸和纸板印刷表面强度的测定(摆或弹簧加速法)	1997－06－26	1997－12－01
GB/T 2679.17－1997	瓦楞纸板边压强度的测定(边缘补强法)	1997－06－26	1997－12－01
GB/T 3332－2004	浆料打浆度的测定(肖伯尔 瑞格勒法)	2004－03－15	2004－10－01
GB/T 3333－1999	电缆纸工频击穿电压试验方法	1999－08－12	2000－02－01
GB/T 3334－1999	电缆纸介质损耗角正切(tgδ)试验方法(电桥法)	1999－08－12	2000－02－01
GB/T 4687－1984	纸、纸板、纸浆的术语 第一部分	1984－09－29	1985－07－01
GB/T 4688－2002	纸、纸板和纸浆纤维组成的分析	2002－10－15	2003－04－01
GB/T 5032－2002	纸、纸板和纸浆表示性能的单位	2002－10－15	2003－04－01
GB/T 5399－2004	纸浆-浆料浓度的测定	2004－03－15	2004－10－01
GB/T 5400－1998	纸浆铜价的测定	1998－05－19	1999－02－01
GB/T 5401－2004	纸浆碱溶解度的测定	2004－03－15	2004－10－01
GB/T 5402－2003	纸和纸板透气度的测定(中等范围)葛尔莱法	2003－10－20	2004－06－01
GB/T 5405－2002	纸施胶度的测定(液体渗透法)	2002－09－05	2003－01－01
GB/T 5406－2002	纸透油度的测定	2002－09－06	2003－01－01
GB/T 6545－1998	瓦楞纸板耐破强度的测定法	1998－05－19	1999－02－01
GB/T 6546－1998	瓦楞纸板边压强度的测定法	1998－05－19	1999－02－01
GB/T 6547－1998	瓦楞纸板厚度的测定法	1998－05－19	1999－02－01
GB/T 6548－1998	瓦楞纸板粘合强度的测定法	1998－05－19	1999－02－01

续表

标准号	标准名称	发布日期	实施日期
GB/T 7973 – 2003	纸、纸板和纸浆漫反射因数的测定(漫射/垂直法)	2003 – 10 – 20	2004 – 06 – 01
GB/T 7974 – 2002	纸、纸板和纸浆亮度(白度)的测定(漫射/垂直法)	2002 – 10 – 15	2003 – 04 – 01
GB/T 7975 – 2005	纸及纸板 颜色测定(漫反射法)	2005 – 09 – 26	2006 – 04 – 01
GB/T 7976 – 1987	绝缘纸和纸板水抽提液电导率的测定	1987 – 07 – 29	1987 – 12 – 01
GB/T 7977 – 1987	纸浆、纸和纸板水抽提液电导率的测定	1987 – 07 – 29	1987 – 12 – 01
GB/T 7978 – 2005	纸浆 酸不溶灰分的测定	2005 – 09 – 26	2006 – 04 – 01
GB/T 7979 – 2005	纸浆 二氯甲烷抽出物的测定	2005 – 09 – 26	2006 – 04 – 01
GB/T 8940.2 – 2002	纸浆亮度(白度)试样的制备	2002 – 10 – 15	2003 – 04 – 01
GB/T 8941.1 – 1988	纸和纸板镜面光泽度的测定法 20°角测定法	1988 – 04 – 12	1988 – 08 – 01
GB/T 8941.2 – 1988	纸和纸板镜面光泽度的测定法 45°角测定法	1988 – 04 – 12	1988 – 08 – 01
GB/T 8941.3 – 1988	纸和纸板镜面光泽度的测定 75°角测定法	1988 – 04 – 12	1988 – 08 – 01
GB/T 8942 – 2002	纸柔软度的测定	2002 – 09 – 06	2003 – 01 – 01
GB/T 8943.1 – 1988	纸浆、纸和纸板铜含量的测定法	1988 – 04 – 12	1988 – 08 – 01
GB/T 8943.2 – 1988	纸浆、纸和纸板铁含量的测定法	1988 – 04 – 12	1988 – 08 – 01
GB/T 8943.3 – 1988	纸浆、纸和纸板锰含量的测定法	1988 – 04 – 12	1988 – 08 – 01
GB/T 8943.4 – 1988	纸浆、纸和纸板钙、镁含量的测定法	1988 – 04 – 12	1988 – 08 – 01
GB/T 8944.1 – 1988	纸浆成批销售质量的测定 第一部分:浆板浆包	1988 – 04 – 12	1988 – 08 – 01
GB/T 8944.2 – 1988	纸浆成批销售质量的测定 第二部分:浆块(急骤干燥浆)浆包	1988 – 04 – 12	1988 – 08 – 01
GB/T 10336 – 2002	造纸纤维长度的测定(偏振光法)	2002 – 10 – 15	2003 – 04 – 01
GB/T 10337 – 1989	造纸原料和纸浆中酸溶木素的测定法	1989 – 02 – 22	1989 – 09 – 01
GB/T 10338 – 1989	纸浆羧基含量测定法	1989 – 02 – 22	1989 – 09 – 01
GB/T 10339 – 1989	纸和纸浆的光散射和光吸收系数测定法	1989 – 02 – 22	1989 – 09 – 01
GB/T 10340 – 1989	纸和纸板过滤速度测定法	1989 – 02 – 22	1989 – 09 – 01
GB/T 10342 – 2002	纸张的包装和标志	2002 – 10 – 15	2003 – 04 – 01
GB/T 10739 – 2002	纸、纸板和纸浆试样处理和试验的标准大气条件	2002 – 09 – 06	2003 – 01 – 01
GB/T 10740 – 2002	纸浆尘埃和纤维束的测定	2002 – 10 – 15	2003 – 04 – 01
GB/T 10741 – 1989	纸浆苯醇抽出物的测定法	1989 – 03 – 31	1989 – 12 – 01
GB/T 10742 – 1989	造纸原料果胶含量的测定	1989 – 03 – 31	1989 – 12 – 01
GB/T 12032 – 2005	纸和纸板 印刷光泽度印样的制备	2005 – 09 – 26	2006 – 04 – 01
GB/T 12033 – 1989	造纸原料和纸浆中糖类组分的气相色谱法测定	1989 – 12 – 27	1990 – 10 – 01
GB/T 12656 – 1990	电容器纸工频击穿电压测定法	1990 – 12 – 28	1991 – 10 – 01
GB/T 12657 – 1990	电容器纸导电点测定法	1990 – 12 – 28	1991 – 10 – 01
GB/T 12658 – 1990	纸浆、纸和纸板中钾、钠含量的测定	1990 – 12 – 28	1991 – 10 – 01
GB/T 12659 – 1990	纸浆实验室打浆 约克罗磨法	1990 – 12 – 28	1991 – 10 – 01
GB/T 12660 – 1990	纸浆滤水性能测定 "加拿大标准"游离度法	1990 – 12 – 28	1991 – 10 – 01
GB/T 12661 – 1990	纸和纸板菌落总数的测定法	1990 – 12 – 28	1991 – 10 – 01
GB/T 12909 – 1991	纸和纸板弯曲挺度的测定法(共振法)	1991 – 05 – 18	1992 – 03 – 01
GB/T 12910 – 1991	纸和纸板二氧化钛含量的测定法	1991 – 05 – 18	1992 – 03 – 01
GB/T 12911 – 1991	纸和纸板油墨吸收性的测定法	1991 – 05 – 18	1992 – 03 – 01
GB/T 12912 – 1991	化学分析滤纸分离性能的测定法	1991 – 05 – 18	1992 – 03 – 01

续表

标准号	标准名称	发布日期	实施日期
GB/T 12914 - 1991	纸和纸板抗张强度的测定法(恒速拉伸法)	1991 - 05 - 18	1992 - 03 - 01
GB/T 13528 - 1992	纸和纸板表面 pH 值的测定法	1992 - 06 - 12	1993 - 03 - 01
GB/T 14217 - 1993	电容器纸介质损耗因数(tanδ)测定法	1993 - 03 - 01	1993 - 10 - 01
GB/T 18402 - 2001	纸浆滤水性能的测定(滤水时间法)	2001 - 08 - 06	2002 - 02 - 01
GB/T 18829.6 - 2002	纤维粗度的测定	2002 - 09 - 05	2003 - 01 - 01
QB/T 1461 - 1992	高透气纸张透气性的测定法	1992 - 04 - 14	1992 - 12 - 01
QB/T 1462 - 1992	纸浆实验室的湿解离	1992 - 04 - 14	1992 - 12 - 01
QB/T 1463 - 1992	纸浆实验室打浆 PFI 磨法	1992 - 04 - 14	1992 - 12 - 01
QB/T 1938 - 1994	松软纸厚度的测定法	1994 - 04 - 23	1994 - 12 - 01
QB/T 2594 - 2003	纸和纸板表面强度的测定(蜡棒法)	2003 - 09 - 13	2003 - 10 - 01
QB/T 2597 - 2003	造纸纤维长度的测定(光栅法)	2003 - 09 - 13	2003 - 10 - 01
QB/T 2598 - 2003	造纸纤维帚化率的测定	2003 - 09 - 13	2003 - 10 - 01
QB/T 3533 - 1999	造纸用聚酯网测定方法	1999 - 04 - 21	1999 - 04 - 21
QB/T 3702 - 1999	实验室打浆 瓦利(Valley)打浆机法	1999 - 04 - 21	1999 - 04 - 21
QB/T 3703 - 1999	纸浆实验室纸页的制备 常规纸页成形器法	1999 - 04 - 21	1999 - 04 - 21
QB/T 3704 - 1999	纸浆实验室纸页物理性能的测定方法	1999 - 04 - 21	1999 - 04 - 21
QB 1022 - 1991	制浆造纸企业综合能耗计算细则 General principles for calculation of total production	1991 - 03 - 30	1991 - 12 - 01
QB/T 1927.1 - 1993	制浆造纸企业设备能量平衡计算方法通则	1994 - 01 - 06	1994 - 08 - 01
QB/T 1927.2 - 1993	酸法蒸煮锅能量平衡及热效率计算方法	1994 - 01 - 06	1994 - 08 - 01
QB/T 1927.3 - 1993	碱法蒸煮锅能量平衡及热效率计算方法	1994 - 01 - 06	1994 - 08 - 01
QB/T 1927.4 - 1993	蒸球能量平衡计算及热效率计算方法	1994 - 01 - 06	1994 - 08 - 01
QB/T 1927.5 - 1993	连续蒸煮器能量平衡及热效率计算方法	1994 - 01 - 06	1994 - 08 - 01
QB/T 1927.6 - 1993	磺化化学机械浆(SCMP)系统能量平衡及热效率计算方法	1994 - 01 - 06	1994 - 08 - 01
QB/T 1927.7 - 1993	废纸处理系统能量平衡及热效率计算方法	1994 - 01 - 06	1994 - 08 - 01
QB/T 1927.8 - 1993	漂白塔能量平衡及热效率计算方法	1994 - 01 - 06	1994 - 08 - 01
QB/T 1927.9 - 1993	漂白池能量平衡及热效率计算方法	1994 - 01 - 06	1994 - 08 - 01
QB/T 1927.10 - 1993	CEH 三段漂白系统能量平衡及热效率计算方法	1994 - 01 - 06	1994 - 08 - 01
QB/T 1927.11 - 1993	胶料制备系统能量平衡及热效率计算方法	1994 - 01 - 06	1994 - 08 - 01
QB/T 1927.12 - 1993	造纸机能量平衡计算及热效率计算方法	1994 - 01 - 06	1994 - 08 - 01
QB/T 1927.13 - 1993	多效蒸发装置能量平衡及热效率计算方法	1994 - 01 - 06	1994 - 08 - 01
QB/T 1927.14 - 1993	碱回收炉能量平衡及热效率计算方法	1994 - 01 - 06	1994 - 08 - 01
QB/T 1927.15 - 1993	苛化设备能量平衡及热效率计算方法	1994 - 01 - 06	1994 - 08 - 01
QB/T 1927.16 - 1993	石灰转窑能量平衡及热效率计算方法	1994 - 01 - 06	1994 - 08 - 01
QB/T 1928 - 1993	制浆造纸企业自备热电站发电和供热煤耗计算细则	1994 - 01 - 06	1994 - 08 - 01

（全国造纸工业标准化技术委员会）

企业管理体系通过认证简况

Introduction for the enterprises through certification of the quality and environment control systems

2005年企业各项管理体系认证工作进一步充分发挥其在社会经济生活中的作用,推动国家经济建设和对外经济贸易的发展,取得了较好的进步和成绩。一年来通过质量管理体系、环境管理体系、职业健康安全管理体系和食品安全管理体系的认证并获证企业都有明显的增加。

一、质量管理体系

截至2005年全国质量管理体系认证发证总数为143823张,与2004年相比增加了1万多张,增长率为8.2%(见图1)。按地区统计,发证数位居前8位的分别为:江苏省(20744张)、浙江省(18754张)、广东省(13212张)、山东省(9623张)、上海市(9347张)、北京市(8232张)、辽宁省(7404张)、河北省(6233张)。按39个专业范围统计前8位分别为:基础金属及金属制品(23166张),电子、电气及光电设备(23108张),机械及设备(17746张),建设(17500张),化学品、化学制品及纤维(10286张),橡胶和塑料制品(9613张),食品、饮料和烟草(7247张),其他运输设备(6598张)。纸浆、纸及纸制品仍排列第17位,占总数的1.26%,比2004年降低0.1个百分点。

造纸行业(含纸制品)的发证数为2087张,一年中增加了219张,增长率为11.2%,比2004年的增长率(36.5%)明显降低,这是值得注意的(见图2)。另外,在2087张证书中大约有一半属于制浆造纸企业(其余为纸制品行业)。全国约有3500家制浆造纸企业,获证比例未超过30%。

在获证企业中,重点企业通过认证的比例比较高。按中国造纸协会分别就2004年产量、销售收入和利税总额进行排位,其前30位的企业,通过ISO9001认证的企业数比例分别为90%、93.3%和93.3%(见表1)。

二、环境、职业健康安全、食品安全管理体系

截至2005年12月底全国共发出环境管理体系认证证书12683张,比2004年增加3821张,增长率43.1%(见图3)。制浆、纸、纸制品企业获证数40多家(见表2)。

截至2005年2月底全国共发出职业健康安全管理体系认证证书5922张,比2004年增加2319张,增长率64.3%(见图3)。制浆造纸企业获证数量很少,已知的有:山东泉林纸业有限责任公司、东莞玖龙纸业有限公司、保定钞票纸厂、河南银鸽实业投资集团、山东太阳纸业股份有限公司、广西南宁凤凰纸业有限公司、泰格林纸集团有限责任公司、浙江民丰罗伯特纸业有限公司和河南省江河纸业有限责任公司。

截至2005年12月底,全国共发出食品安全管理体系认证证书326张,比2004年增加197张,增长率152%。

造纸企业目前通过食品安全管理体系认证的只有:维达纸业(江门)有限公司、维达纸业(湖北)有限公司、维达纸业(北方)有限公司和山东太阳纸业股份有限公司。

为便于企业的使用,质量管理体系、环境管理体系、职业健康安全管理体系和食品安全管理体系标准在结构、框架方面相似,许多内容相同,总之这四种标准具有相容性。因此,许多企业将这四个体系的认证要求结合或整合在一起,建立一个“整合体系”,例如建立质量和环境管理的整合体系或建立质量、环境、职业健康安全管理的整合体系等。目前将三个管理体系整合在一起的造纸企业有:山东泉林纸业有限责任公司、保定钞票纸厂、河南银鸽实业投资集团、山东太阳纸业股份有限公司、广西南宁凤凰纸业有限公司、泰格林纸集团有限责任公司、浙江民丰罗伯特纸业有限公司、维达纸业(江门)有限公司、维达纸业(湖北)有限公司。山东太阳纸业股份有限公司是唯一实现四个体系整合在一起的造纸企业。

表 1　　重点造纸企业通过 ISO9001 认证情况

序号	企业名称	年产量/万吨	销售收入/万元	利税总额/万元	首次获证时间
1	东莞玖龙纸业有限公司	169.92	483361	26217	1999 年 12 月
2	山东晨鸣纸业集团股份有限公司	144.00	857482	134584	1996 年 12 月
3	金东纸业(江苏)有限公司	130.08	635133	108516	1999 年 12 月
4	山东太阳纸业股份有限公司	87.90	408608	51590	1997 年 12 月
5	理文造纸有限公司	87.00	230594	—	2004 年 1 月
6	华泰集团有限公司	76.82	510800	75000	1998 年 2 月
7	山东博汇集团	60.00	390053	51003	2003 年 8 月
8	泰格林纸集团有限责任公司	55.00	300000	36000	2000 年 12 月
9	宁波中华纸业有限公司	53.77	254225	14016	1998 年 3 月
10	广州造纸集团有限公司	45.29	199084	19876	2003 年 6 月
11	安徽山鹰纸业股份有限公司	44.76	123230	12091	1999 年 11 月
12	芬欧汇川(常熟)有限公司	37.74	210427	—	2000 年 3 月
13	山东(临清)银河纸业集团有限公司	37.72	214976	27189	2000 年 12 月
14	金华盛纸业(苏州)有限公司	36.57	208715	21397	2000 年 7 月
15	山东泉林纸业有限责任公司	34.15	319329	41571	1998 年 11 月
16	新乡新亚纸业集团股份有限公司	33.00	78000	17900	—
17	中山联合鸿兴造纸有限公司	30.55	—	6696	—
18	福建省南纸股份有限公司	29.32	136846	10096	2000 年 5 月
19	无锡荣成纸业股份有限公司	27.73	—	—	1999 年 9 月
20	浙江景兴纸业股份有限公司	26.80	—	—	1996 年 4 月
21	东莞金洲纸业有限公司	26.00	—	—	2005 年 7 月
22	山东照东方纸业集团有限公司	24.58	94579	13089	2002 年 9 月
23	山东华金集团有限公司	24.26	129863	14144	2003 年 4 月
24	福建省青山纸业股份有限公司	24.08	90090	—	1999 年 12 月
25	河北永新纸业有限公司	23.10	—	—	2000 年 1 月
26	珠海红塔仁恒纸业有限公司	22.73	180638	42164	1997 年 9 月
27	山东泰山纸业股份有限公司	22.30	129300	13600	2000 年 8 月
28	宁夏美利纸业股份有限公司	21.01	—	10000	2000 年 2 月
29	浙江永泰纸业集团股份有限公司	20.22	112624	—	2000 年 9 月
30	承德兴业纸业有限公司	20.00	—	—	—
31	民丰集团		84188	11458	1997 年 12 月
32	山东日照森博浆纸有限公司		146929	15330	2003 年 10 月
33	青岛海王纸业股份有限公司		115075	—	2000 年 4 月
34	金红叶纸业(苏州)有限公司		111517	—	2000 年 2 月
35	广东中顺纸业集团有限公司		110000	—	1998 年 8 月
36	苏州紫兴纸业有限公司		105220	15931	2000 年 5 月
37	河南银鸽实业投资集团		80000	11000	2002 年 7 月
38	牡丹江恒丰纸业集团有限公司			17071	1998 年 12 月
39	山东鲁南纸业集团			10066	2001 年 10 月
40	维达纸业(江门)有限公司			10000	2000 年 1 月
41	河南许昌宏伟纸业纸品有限公司			8700	2003 年 12 月
42	德州沪平永发造纸有限公司			7722	1999 年 12 月

表 2　　部分获 ISO14000 认证证书造纸企业名录

序号	企业名称	首次获证时间
1	宁波中华纸业股份有限公司	1999 年 12 月
2	芬欧汇川(苏州)有限公司	2000 年 3 月
3	金海纸制品(昆山)有限公司	2000 年 11 月
4	山东晨鸣纸业集团股份公司	2000 年 12 月
5	金东纸业(江苏)有限公司	2000 年 12 月
6	山东华泰纸业集团总公司	2001 年 2 月
7	浙江景兴纸业有限公司	2001 年 9 月
8	苏州紫兴纸业有限公司	2001 年 11 月
9	永丰余(厦门)有限公司	2001 年 11 月
10	苏州金红叶纸业有限公司	2002 年 2 月
11	福建省青山纸业有限公司	2002 年 2 月
12	金华盛纸业(苏州)有限公司	2002 年 2 月
13	永丰余纸业(昆山)有限公司	2002 年 4 月
14	浙江永泰纸业有限公司	2002 年 5 月
15	枣庄华润纸业有限公司	2002 年 5 月
16	保定市兴骥特种纸业有限责任公司	2002 年 7 月
17	浙江凯恩特种纸股份有限公司	2002 年 8 月
18	民丰特种纸股份有限公司	2002 年 11 月
19	维达纸业(江门)有限公司	2002 年 11 月
20	昆山钞票纸厂	2002 年 11 月
21	广西南宁凤凰纸业有限公司	2003 年 2 月
22	山东泉林纸业股份有限公司	2003 年 2 月
23	康那香企业(上海)有限公司	2003 年 2 月
24	芬欧汇川(常熟)有限公司	2003 年 3 月
25	广东中顺纸业集团有限公司	2003 年 6 月
26	山东日照森博浆纸有限责任公司	2003 年 10 月
27	金佰利(中国)投资有限公司	2003 年 11 月
28	山东太阳纸业集团总公司	2004 年 1 月
29	东莞理文造纸厂有限公司	2004 年 1 月
30	浙江正大纸业集团	2004 年 3 月
31	保定钞票纸厂	2004 年 6 月
32	河南银鸽实业投资股份有限公司	2004 年 6 月
33	维达纸业(湖北)有限公司	2004 年 8 月
34	保定市义厚成纸业有限公司	2005 年 2 月
35	富阳威事达纸业有限公司	2005 年 5 月
36	天津联合包装有限公司	2005 年 9 月
37	辽源市感光材料厂	2005 年 11 月

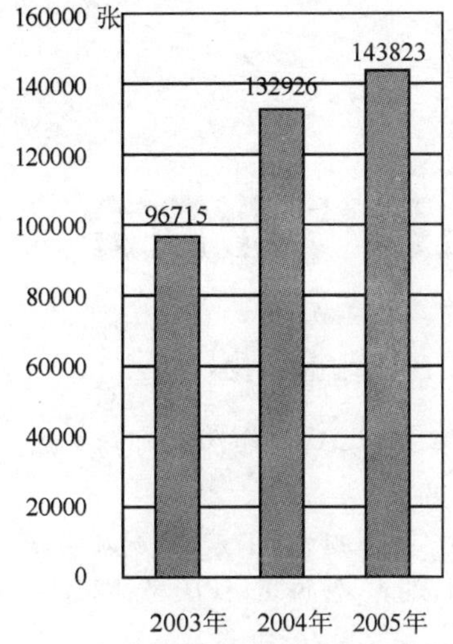

图 1　质量管理体系认证发证总数

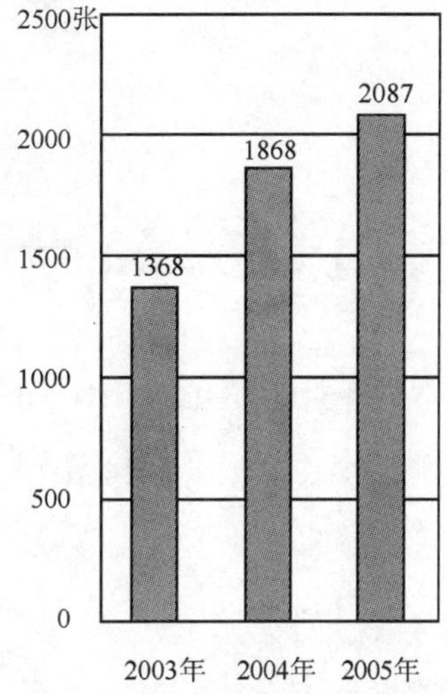

图 2　纸浆、纸、纸制品企业获 ISO9001 认证证书总数

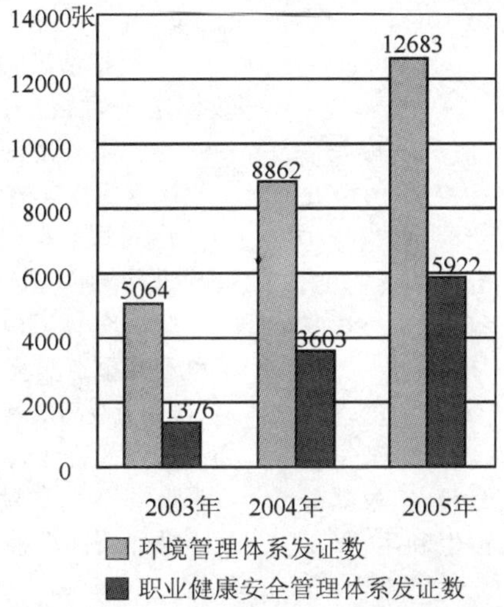

图 3　环境和职业健康安全管理体系认证发证总数

（李威灵）

国内有关高等院校制浆造纸专业简介

Introduction of China's higher educational institutions offering pulping & papermaking courses

天津科技大学

造纸专业所在院系：材料科学与化学工程学院
地址：天津市河西区大沽南路1038号
邮编：300222
电话：022－60270062
传真：022－60270062
隶属单位：天津市

专业设置时间：天津科技大学制浆造纸工程专业是我国最早设立的制浆造纸专业。其前身为1939年的中央技术专业学校，随后相继与北洋大学、四川化工学院等相关学科合并迁至天津大学。1959年和1971年分两次将造纸专业调至天津轻工业学院。至今该学科已有60多年的历史。

专业课程设置：植物纤维化学、植物纤维化学实验、制浆原理与工程、造纸原理与工程、制浆造纸工艺实验、高分子物理与化学、过程测控、工厂设计、仪器分析、环保工程、化工设备、加工纸、废纸再生利用、化工助剂、高得率制浆、浆料流体力学、生物化学导论等。

在校专业学生人数：在校专业学生总数418名，其中，本科生338人，硕士生48人，博士生32人。

专业毕业生人数：自1958年至今，本科生1716人，专科生496人（包括高等教育自学考试），硕士生162人，博士生39人。

专业教师情况：专业教师共20人，其中，教授10人，副教授9人，中级1人。硕士生指导教师18人，博士生导师13人。

招收专业硕士生情况：自1980年至2006年招收硕士研究生210人，已取硕士学位162人，在校硕士生48人。指导教师16人：杨淑惠、石淑兰、胡惠仁、陈夫山、刘忠、侯庆喜、高玉杰、徐立新、董荣业、刘秋娟、王高升、李群、裴继诚，王立军、刘泽华、刘廷志。

招收专业博士生情况：自1985年至2006年共招收博士研究生71名，已取得博士学位39名，在校博士生32名。指导教师11名：杨淑蕙、石淑兰、胡惠仁、李树材、陈夫山、刘忠、曹振雷，侯庆喜，庞金钊，唐旭东、王 昶、陈嘉川、秦梦华。

当年度在研项目与已完成项目：

1. 日本落叶松原料特性及制浆造纸性能的研究（国家"十五"科技攻关项目子专题）
2. 废纸造纸关键技术问题的开发研究与应用技术（国家创新项目）
3. 高取代度阳离子淀粉的制备及应用（制浆造纸工程国家重点实验室基金）
4. 粉煤灰高分子絮凝剂的制备及用于造纸废水处理的研究（制浆造纸工程国家重点实验室基金）
5. 三倍体毛白杨幼树制浆性能的研究（制浆造纸工程国家重点实验室基金）
6. 新型高效絮凝剂开发和生物优势菌技术（教育部天大南大合作研究院基金）
7. 纸机白水封闭循环对纸的性质的影响——白水封闭循环条件下抄纸助剂的最佳应用（国际科技合作项目）
8. 淀粉深加工产品开发及其产业化（天津市经委项目）
9. 三倍体毛白杨盐土生态适应性及林纸一体化研究（天津科委重点攻关项目）
10. 辣椒碱的提取及产业化（天津科委重点攻关项目）
11. 生物絮凝在高浓有机废水处理中的应用（天津科委重点攻关项目）
12. 酶活化木素改善木质纤维表面性能的研究（天津市高等学校科技发展基金）
13. 木材纤维表面的漆酶活化机理（国家自然科学基金）
14. 以木质资源为原料用生物转化法制备燃料乙醇（天津市科委重点攻关项目）
15. 新型高得率清洁制浆技术——TSEAPMP的研

发(天津市科委应用基础研究项目)

16. 微波辐射植物纤维漂白工艺技术的研究(天津市科委应用基础研究项目)

17. 漆酶活化木素改善纤维自黏合性的机理研究(中科院广州化学研究所项目)

18. 天然食品添加剂的研究与开发子课题——天然辣椒碱(天津市科委重点科技攻关项目)

19. 中水造纸过程中溶解胶体物质和高阳电荷聚合物的动电特性及反应机理的研究(国家自然科学基金)

20. 利用高浓缩倍率工业冷却水处理技术处理循环冷却水(南宁化工股份有限公司项目)

21. 城市污水生物除磷脱氮技术研究与系统整合(天津市科委项目)

22. 改性天然高分子控制废纸浆胶黏物的沉积(天津市教委项目)

23. 农林废弃物高得率清洁生产高档纸质材料产业化(天津市农委项目)

24. 以木质资源为原料用生物转化法制备燃料乙醇(天津市科委攻关培育项目)

25. 半导体纳米粒子/环糊精超分子组装体的光谱特性及高分子构筑(国家自然科学基金)

26. 阳离子淀粉固载β-环糊精的制备及其在造纸废水处理中的应用 200406(华南理工大学制浆造纸国家重点实验室基金)

其他办学情况

继续教育:

1. 研究生班

适合有一定工作实践经验的工厂技术人员学习。一般应具有学士学位并且在本专业或相关专业领域工作3年以上,少数具有大专以上学历但没有学士学位的优秀在职人员经办班单位审核同意,也可参加学习。

对按照教学计划通过课程考试者,由研究生部颁发天津科技大学研究生课程进修班结业证书。其中符合在职人员以同等学历申请硕士学位条件者,可按规定申请硕士学位。

2. 工程硕士班

报考条件为获得学士学位后具有3年以上工程实践经验;获得学士学位后工作经历虽未达到3年,但具有4年以上实践经验;或具有国民教育系列大学本科毕业学历,且具有5年以上工程实践经验、工作成绩突出者;年龄原则上不超过45岁。

在职攻读工程硕士专业学位的人员由本人所在单位推荐报考。推荐单位与培养单位必须签订工程硕士培养协议。

考生在报考前必须填写攻读工程硕士专业学位考生报名资格审查表,一式两份,同时需交近期统一底片一寸免冠照片2张。

目前已招六届,计划今后每年招收20人。

陕西科技大学

造纸专业所在院系:造纸工程学院

地址:陕西省咸阳市人民西路49号

邮编:712081

电话:0910-3579710

传真:0910-3579712

网址:http://www.sust.edu.cn/zaozhi

隶属单位:陕西省教育厅

专业设置时间:陕西科技大学创办于1958年,时为北京轻工业学院,是全国第一所轻工高等学校,同年设立了制浆造纸专业。1970年学校迁至陕西咸阳,改为西北轻工业学院。1977年被国务院确定为88所全国重点院校之一。原隶属于轻工业部(后为中国轻工总会),1998年划转到陕西省,实行中央与地方共建、以地方管理为主的体制。2002年经教育部批准,更名为陕西科技大学,造纸专业所在院系更名为造纸工程学院,现在专业名称为轻化工程(制浆造纸方向)。

专业课程设置:有机化学、物理化学、化工原理、植物纤维化学、制浆原理与工程、造纸原理与工程、制浆造纸机械与设备、制浆造纸工程设计、制浆造纸实验、加工纸原理与技术、二次纤维利用技术、制浆造纸专业英语、制浆造纸环境工程技术等。

在校专业学生人数:本科生854人,硕士生94人,博士生14人。

专业毕业生人数:专科生1200人,本科生3265人,硕士生173人。

专业教师情况:共26人,其中:教授8人、副教授10人、讲师8人,博导5人。

招收专业硕士生情况:2006年招收23人,指导教师共15人:张美云、王志杰、李新平、韩卿、李志健、杨军、张宏、杨建桥、张安龙、王海毅、陈永常、张峰、徐永建、夏新兴、张素风。

招收专业博士生情况:2006年招收6人,指导教师5名:张美云、沈一丁、王孟效、李新平、韩卿。

当年度在研项目与已完成项目

2005年在研项目:

1. 表面木素(国家自然科学基金)

2. 高得率浆(国家自然科学基金)

3. 纳米涂层(国家自然科学基金)

4. 乙醇中试(陕西省科技厅)

5. 芳纶绝缘纸(教育厅产业化)

6. 石棉纤维(教育厅专项)

7. 脱墨浆(教育厅实验室)

8. 工业废水(教育厅实验室)

9. 棉短绒(教育厅实验室)

10. 脱木素(教育部博士基金)

11. 纤维人造板(咸阳市科技计划)

2005年已完成项目:

1. 非木材纤维无害化乙醇法制浆机理及工艺的研究(国家自然科学基金)

2. 白构皮中性过氧化氢草酸盐法(NPO)制浆工艺和机理的研究(陕西省自然基金)

3. 系列彩色喷墨打印纸的研制开发(陕西省自然基金)

4. 二次纤维脱墨体系胶体化学行为的研究(陕西省教育厅专项)

其他办学情况:定期招收成人教育班,每年近200人,不定期举办专题培训班,每年60人。

大连轻工业学院

造纸专业所在院系:化工与材料学院

地址:大连市甘井子区轻工苑1号

邮编:116034

电话:0411-86322228

传真:0411-86322228

隶属单位:辽宁省政府

专业设置时间:1958年

专业课程设置:植物纤维化学、制浆原理与工程、造纸原理与工程、轻化工设备、轻化工仪表、造纸化学品、制浆造纸工厂设计、轻化工环境保护等。

在校专业学生人数:本科生235人,硕士研究生21人

专业毕业生人数:自开办以来共有本科毕业生1710人,硕士毕业生62人。

专业教师情况:共有教师21人,其中,教授7人,副教授6人,讲师5人。

招收专业硕士生情况:年招收工学硕士研究生10~14名,2006年招收硕士生8名。指导教师10人:张运展、刘秉钺、周景辉、杨汝男、牛梅红、梁富政、王晓敏、平清伟、黄俊彦、鲁杰。

当年度在研项目与已完成项目:

1. 杨木有机溶剂制浆(辽宁省科技厅项目)

2. 生物酶改善瓦楞纸防潮性能及机理的研究(辽宁省教育厅A类青年基金)

3. 利用纤维废渣生产光学纯度L乳酸的研究(国家重点实验室项目)

4. 麻全秆可降解农用麻地膜研制(辽宁省科技厅项目)

5. H_2O_2催化芦苇乙醇法制浆研究(辽宁省教育厅B类项目)

6. 红麻亚铵制浆黑液生产微生物饲料的研究(国家重点实验室、辽宁省教育厅项目)

7. 黄红麻造纸综合开发技术研究(辽宁省教育厅项目)

8. AS-AQ法制浆配抄新闻纸,(国家经贸委项目,2005年获辽宁省科技进步三等奖)

9. 制浆废液芳香化合物的生物降解(大连市政府项目)

10. 制浆蒽醌的生物降解(辽宁省教育厅项目)

11. 固定化细胞技术处理造纸染料废水的研究(辽宁省科技厅项目)

12. 水污染控制技术与治理工程(国家863分项项目,2005年获辽宁省科技进步二等奖)

13. 抗菌纸(辽宁省教育厅项目)

14. 稻草资源综合利用(辽宁省教育厅攻关项目)

15. 高级鞋用纸板的研究(辽宁省教育厅项目)

16. 红麻造纸与综合开发(国家教育部项目)

17. 红麻亚铵制浆生产纸板

18. 芦苇高得率制浆及清洁生产

19. 芦苇等改良亚硫酸盐法制浆技术(2005年获大连市科技进步一等奖)

20. 造纸杀菌防腐剂的研发

21. 黄麻和蔗渣APMP制浆

22. 烟草薄片制备的研究

23. APMP制浆设备国产化中试基地项目

24. 稻草清洁制浆工艺

25. 油化厂废碱液用于稻草制浆的研究

26. 除髓玉米秆制浆及全无氯漂白的研究

27. 粒状棉在造纸中应用的研究

其他情况介绍:

1. 大连轻工业学院制浆造纸专业(轻化工程专业)学科为辽宁省重点学科。

2. 大连轻工业学院制浆造纸专业实验室(轻化工程专业实验室)为辽宁省重点实验室。

3. 大连轻工业学院为辽宁省轻工学会制浆造纸分会主持单位。

华南理工大学

造纸专业所在院系:资源科学与造纸工程学院

地址:广州市天河区五山街

邮编:510640
电话:020－87113844,87113940
传真:020－22236078
邮箱:ppeskl@scut.edu.cn
隶属单位:国家教育部
专业设置时间:1952年

专业课程设置:本科专业课程主要有植物纤维化学、植物纤维化学实验、轻化工仪表自动化、工业设计基础、轻化工计算机辅助设计、轻化工环境保护、制浆造纸原理与工程、制浆造纸工艺实验、印刷工艺学、包装原理与工程、科技文献检索、林产化学、专业英语、制浆造纸机械与设备、轻工工厂设计、制浆漂白新技术(双语教学)、造纸湿部化学、制浆造纸助剂、纤维素功能化、生物技术在造纸工业中应用、加工纸与特种纸、二次纤维回用技术等。

在校专业学生人数:本科生296(包括2006级100人),硕士生130(包括工程硕士22人,2006级47人),博士生62(包括2006级18人)。

专业毕业生人数:该专业从1952年设立以来,已经为国家培养本科毕业生2320人,硕士生213人,博士生91人。

专业教师情况:专业教师和工程技术人员80人,其中有中国工程院院士1人,俄罗斯工程院外籍院士1人,特聘教授2人。现有教授15人,博士生导师13人,副教授(含副研究员和高级工程师)22人,讲师(含工程师)25人。

招收专业硕士生情况:2006年招收硕士研究生47人,指导教师:刘焕彬、陈克复、何北海、李友明、林鹿、詹怀宇、武书彬、张曾、陈港、胡健、唐爱民、付时雨、谌凡更、叶君、敖日格勒、沈文浩、陈小泉、刘明友、马邕文、万金泉、陈元彩。

招收专业博士生情况:2006年招收博士研究生18名,指导教师:刘焕彬、陈克复、何北海、李友明、林鹿、孙润仓、詹怀宇、武书彬、张曾。

其他情况介绍:

华南理工大学制浆造纸工程专业是华南理工大学的传统优势学科,1984年获博士学位授予权,1988年被评为国家重点学科(2001年再次以100分通过国家重点学科评估)。

该学科拥有我国轻工系统唯一的国家重点实验室——制浆造纸工程国家重点实验室,并拥有造纸与污染控制国家工程研究中心和教育部“植物资源化学与化工”国家(Ⅰ类)科技创新平台等国家级研究机构和基地。

山东轻工业学院

造纸专业所在的院系:轻化与环境工程学院
地址:山东省济南市二环东路999号
邮编:250100
电话:0531－88619715
传真:0531－88619715
隶属单位:山东省教育厅
专业设置时间:1978年

专业课程设置:植物纤维化学、制浆原理与工程、造纸原理与工程、制浆造纸设备、制浆造纸环境保护概论、造纸助剂、加工纸、制浆造纸设备安装与维修、制浆造纸工厂设计。

在校专业学生人数:大学本科生506人,硕士研究生56人。

专业毕业生人数:自开办以来共毕业49名硕士生、1370名本科生以及145名专科生。

专业教师情况:共34名,其中教授13人,副教授(含高级实验师)16人,讲师3人,助教2人,博导5人。

招收专业硕士生情况:2006年招收22名,指导教师11名:陈嘉川、秦梦华、谢益民、黄峰、赵传山、刘温霞、邱化玉、张维海、綦星光、邱书波、徐清华。

当年度在研项目与已完成项目:

1. 废纸制浆过程中阴离子杂质的产生机制及其与阳离子助剂的作用(国家自然科学基金)

2. 非木浆木聚糖酶生物漂白的酶作用机制和无元素氯漂白(国家自然科学基金)

3. 木素和聚糖之间的酶催化交联与纤维胞间层的修复(国家自然科学基金)

4. 阳离子氢氧化铝镁对树脂酸的分散与稳定机理(国家自然科学基金)

5. 造纸废水循环利用技术的研究开发(省重大科技专向)

6. 胶原纤维纸张增强剂的合成与作用机理研究(省自然科学基金)

7. 植物纤维－聚氨酯共聚型高强度纸张及纸基复合材料的研究(省教育厅科研发展计划)

8. 纸浆清洁漂白技术及机理的研究(省优秀中青年科学家科研奖励基金)

9. 木素氧化酶的催化交联机理及环保型功能纸的研究(省优秀中青年科学家科研奖励基金)

10. 介孔复合材料的胶束可控制备及光催化降解造纸废水(省优秀中青年科学家科研奖励基金)

11. 造纸微粒助留剂蒙脱石的制备与应用(济南市科技明星计划)

其他情况介绍：

山东轻工业学院制浆造纸学科于1995年开始筹建重点学科，1998年成为省级重点学科，同年获硕士学位授予权，2001以优异的成绩通过省级重点学科评估，跨入山东省强化建设重点学科行列。

昆明理工大学

造纸专业所在院系：生物与化学工程学院生物工程系

地址：云南省昆明市官渡区金马镇白龙寺302号

邮编：650224

电话：0871－3801122，0871－3835931

传真：0871－3835931

隶属单位：云南省教育厅

专业设置时间：1979年（本科）

专业课程设置：植物纤维化学、制浆原理与工程、造纸原理与工程、制浆造纸机械与设备、植物纤维实验技术、造纸化学品、工业纸板生产与应用技术、纸加工技术、轻化工程设计概论、纸包装与印刷技术等。

在校专业学生人数：本科生113人，研究生7人。

专业毕业生人数：专科生60人，本科生230人，硕士生5人。

专业教师情况：共有7人，其中教授2人，讲师5人。

招收专业硕士生情况：2006年招生4人，指导教师为陈克利、周学飞。

当年度在研项目与已完成项目：

1. 蔗渣生物预处理节能清洁化氧碱制浆的研究
2. 竹浆仿酶漂白及其机理研究
3. 甘蔗渣氧碱制浆节能清洁化技术的研究
4. 竹浆GIF仿酶漂白及其机理研究
5. 云南省优势竹种资源制浆造纸性能研究

湖北工业大学

造纸专业所在院系：化学与环境工程学院轻化工程系

地址：武汉市武昌南湖

邮编：430068

电话：027－88032316

传真：027－88027519

网址：http://public.hbut.edu.cn/hgx/

隶属单位：湖北省教育厅

专业设置时间：1978年

专业课程设置：植物纤维化学、制浆原理与工程、造纸原理与工程、制浆造纸设备、纸厂设计概论、加工纸工艺、造纸化学品、轻化工环保、高得率制浆、现代制浆技术、纸张结构与性能、废纸再生利用技术等

在校专业学生人数：本科生229人、硕士生6人。

专业毕业生人数：本科生881人、硕士生16人、博士生2名（联合培养）。

专业教师情况：副教授6人、讲师1人、助教2人。

招收专业硕士生情况：今年招生3人，指导教师：付建生、袁世炬、文琼菊。

当年度在研项目与已完成项目：

1. 随角异色效应颜料的技术转让
2. 烟草薄片清洁生产工艺研究
3. 可降解性卫生用品材料的研制
4. 分子振动强化脱木素行为的研究
5. 聚丙烯纤维表面改性研究
6. 防水纸板研制及技术转让

浙江理工大学

造纸专业所在院系：轻化工程系

地址：浙江省杭州市下沙高教园区西区2号大街

邮编：310018

电话：0571－86843263

传真：0571－86843263

隶属单位：浙江省教育厅

专业设置时间：2003年9月开始在"材料加工工程"硕士点招收制浆造纸方向硕士研究生；2004年9月"轻化工程"专业开始招收制浆造纸工程本科生；2004年2月获"轻工技术与工程"领域工程硕士专业学位授予权，同年开始招收制浆造纸工程硕士专业学位研究生；2006年9月开始分别在"材料加工工程"、"材料化学与物理"硕士点招收制浆造纸方向硕士研究生。

专业课程设置：植物纤维化学与物理、制浆原理与工程、造纸原理与工程、制浆造纸机械与设备、废纸再生利用技术、制浆造纸工程综合实验、制浆造纸工程专业英语、制浆造纸环境保护、制浆造纸过程控制与自动化、制浆造纸工程设计、纸与纸板的结构与性能、特种纸与加工纸制造技术、造纸助剂与纸机湿部化学、制浆造纸新技术导论、包装工程概论、印刷技术概论等。

在校专业学生人数：2005年9月在读本科生：三届91人，在读研究生：三届15人（包括工程硕士专业学位研究生）。

专业毕业生人数：2006年3月毕业硕士研究生并获工学硕士学位1人。

专业教师情况：2005年7月在职专业教师6人。其中教授、博导1人，副教授2人，讲师2人，工程师1人；60%的在职专业教师具有博士学位。

招收专业硕士研究生情况：工程硕士专业学位授予权领域："轻工技术与工程"，在读专业硕士学生二届7人。

齐齐哈尔大学

造纸专业所在院系：轻工纺织学院

地址：齐齐哈尔市文化大街

邮编：161006

电话：0452－2738192

传真：0452－2738192

网址：http://qfxy.qqhru.edu.cn/

隶属单位：黑龙江省教育厅

专业设置时间：1988年

在校专业学生人数：80人。

专业毕业生人数：18人。

专业教师情况：共9人，其中，教授2人、副教授5人、讲师2人。

当年度在研项目与已完成项目：

1. 高速新闻纸机微粒助留助滤系统研究与开发（齐齐哈尔市科技局自然科学资金项目）

2. 落叶松、低卡伯值ECF漂白研究（齐齐哈尔市科技局工业攻关项目）

3. 新型造纸助留助滤剂的机理及应用研究（黑龙江省科技厅重大工业攻关项目）

4. 硅铝微粒助留助滤剂的研究与应用（黑龙江省教育厅项目）

浙江科技学院

造纸专业所在院系：轻工学院

地址：杭州留和路318号

邮编：310023

电话：0571－85070785

传真：0571－85070785

网址：http://qg.zust.cn

隶属单位：浙江省教育厅

专业设置时间：2005年

专业课程设置：植物纤维化学、制浆原理与工程、造纸原理与工程、制浆造纸分析与检验、制浆造纸机械设备、制浆造纸工厂设计、加工纸与特种纸、制浆造纸专业英语等。

在校专业学生人数：本科生60人。

专业毕业生人数：浙江科技学院轻工学院是在原浙江造纸学校和浙江轻工业学校的基础上组建的，1979年开办以来，先后已毕业高中中专和初中中专数千毕业生，许多毕业生目前在浙江省的大中型造纸企业担负着主要领导职务。

专业教师情况：共有12人，其中，教授4人、副教授6人、讲师2人、硕士生导师2人、博士生导师1人。

当年度在研项目与已完成项目：

1. ASA施胶理论与实践（澳大利亚国家自然科学基金）

2. 21世纪轻化工程教学改革与实践（天津市教学改革项目）

3. 非木纤维原料化学机械浆配抄包装用纸的研究（浙江省科技厅科技攻关项目）

4. 基于网络的包装设计技术研究及其在包装印刷行业中的应用项目（浙江省科技攻关重大项目）

5. 大气环境中可吸入颗粒物迁移和沉积特性对人体呼吸机制的影响研究（浙江省自然科学基金重点项目）

6. 内嵌式二次气流湍动成栓浓相气力输送装置研制（浙江省科技攻关重点项目）

其他办学情况：2005—2006年为浙江天听纸业集团举办造纸技术大专短训班，2003年为浙江景兴纸业集团15万吨项目举办造纸技术短训班。

东北电力大学

造纸专业所在院系：化学工程学院

地址：吉林市长春路169号

邮编：132012

电话：0432－4807319，4806371

隶属单位：吉林省教委

专业设置时间：2001年

在校专业学生人数：200人。

专业毕业生人数：80人。

专业教师情况：共有7人，其中，教授2人、副教授4人。

广西大学轻工与食品工程学院

造纸专业所在院系：轻化工程系

地址：广西南宁市大学路100号

邮编：530004

电话：0771－3237301，3231382

传真：0771－3237097

网址：http://www.gxu.edu.cn/college/lif/

隶属单位：广西壮族自治区教育厅

专业设置时间：1978年

专业课程设置：制浆工艺学、造纸工艺学、制浆造纸设备、造纸湿部化学与化学品、轻化工程设计概论、加工纸、包装原理与工程、包装材料学、印刷概论、化工仪表与自动化、二次纤维回用技术、环境保护概论。

在校专业学生人数:共 252 人,其中:本科生 212 人、硕士研究生 32 人、博士研究生 8 人。

专业毕业生人数:共 1079 人,其中:专科毕业生 120 人、本科毕业生 935 人、硕士毕业生 22 人及博士毕业生 2 人。

专业教师情况:共 16 人,其中,教授 4 人、副教授 5 人、讲师 7 人、博导 2 人。

招收专业硕士生情况:2005 年招收 22 人,指导教师 11 人:王双飞、柴欣生、陈祖鑫、黄显南、许开绍、宋海农、覃程荣、周敬红、杨崎峰、胡湛波、朱红祥。

招收专业博士生情况:共 4 人,指导教师 2 人:王双飞、柴欣生。

其他办学情况:开办了高级研修班和工程硕士班,技术培训班等。

南京林业大学

造纸专业所在院系:化学工程学院
地址:南京市龙蟠路 159 号
邮编:210037
电话:025 - 85428643
传真:025 - 8542643
隶属单位:江苏省国家林业局。

专业设置时间:1964 年

专业课程设置:高等木材化学研究方法(含实验)、木质素化学、糖类化学、现代造纸机、监诊学、造纸化学、制浆化学、制浆造纸专题、制浆造纸装备专题、高等纸浆与造纸分析方法、现代制浆技术实验、纸的结构与性能、木材微生物学、植物资源化学、植物资源化学实验、制浆造纸过程控制系统、制浆原理与工程、造纸原理与工程、制浆工艺实验、造纸工艺实验、制浆造纸机械与设备、制浆造纸设备安装与维修、制浆造纸设备腐蚀与防护。

在校专业学生人数:本科生 720 人,硕士研究生 68 人(越南留学生 1 人),博士研究生 14 人,博士后 2 人。

专业毕业生人数:自开办以来本科生 1949 人,专科生 1063 人,硕士生 112 人,博士生 37 人。

专业教师情况:本专业现有教师 25 人,其中教授 5 人、副教授(含高级实验师)10 人、讲师(含工程师)5 人、博士生导师 5 人。

招收专业硕士生情况:2005 年招收专业硕士生 21 人,指导教师 11 人:李忠正、翟华敏、戴红旗、周小凡、龚木荣、曹云峰、童国林、金永灿、景宜、张辉。

招收专业博士生情况:2006 年招收专业博士生 4 人,指导教师 2 人:李忠正、翟华敏。

近 5 年教师主持市级以上科技研究与开发项目情况

年份	项目名称	主持人	下达或委托项目单位	完成情况
1995—2000	TCF 漂白新技术	李忠正	国家“九五”攻关项目	通过鉴定
1995—2000	KP 法深度脱木质素蒸煮技术	薛国新	国家“九五”攻关项目	通过鉴定
1995—2000	多硫化钠法深度脱木质素技术	翟华敏	国家“九五”攻关项目	通过鉴定
1995—2000	木聚糖酶生物漂白新技术	尤纪雪	国家“九五”攻关项目	通过鉴定
1995—2000	速生材纸浆抄造特种功能纸	周小凡	国家“九五”攻关项目	通过鉴定
1995—2000	制浆造纸漂白废水生物治理	王书翰	国家“九五”攻关项目	通过鉴定
1995—2000	强化碱抽提漂白新技术	曹云峰	国家“九五”攻关项目	通过鉴定获发明专利
1996—1998	麦草低污染制浆示范工程	李忠正	国家经贸委产学研项目	通过鉴定部级二等奖
1998—2002	工业木质素防治荒漠化技术	李忠正	国家林业局重点科技攻关项目	结题申请专利中
1999—2002	高附加值木质素产品的开发	李忠正	国家经贸委重点技术推广项目	结题
2003—2006	改性工业木质素防治沙漠化技术引进	李忠正	国家林业局 948	正在进行
2002—2005	麦草黑液及其纤维表面化学	翟华敏	国家重点实验室基金	正在进行
1998—2002	新型非离子多功能造纸助剂的合成及应用机理	周小凡	国家自然科学基金	结题
2002—2005	木质素生物降解机理及其在清洁高效制浆过程中的作用	尤纪雪	国家自然科学基金重点项目	正在进行
1999—2001	酶处理改善草浆漂白和滤水性能的研究	尤纪雪	省自然科学基金	结题
2001—2005	麦草低污染制浆工艺的研究	童国林	教育部归国人员	正在进行
2001—2003	改性秸秆木质素的化学构造及其性能评价	金永灿	省自然科学基金	正在进行

续表

年份	项目名称	主持人	下达或委托项目单位	完成情况
1997—1999	麦草浆 AKD 施胶困难原因研究	戴红旗	国家重点实验室基金	结题
1999—2001	SMA 在麦草浆 AKD 施胶纸上的应用	戴红旗	国家重点实验室基金	结题
2003—2005	AKD 中性造纸与清洁生产技术	戴红旗	省经贸委产学研项目	正在进行
2001—2002	聚纳米胶体硅微粒助留剂的制备及应用	戴红旗	企业博士后基金	通过鉴定
2002—2005	二次纤维吸附淀粉酶机理的研究	景宜	国家自然科学基金	正在进行
2002—2005	草类制浆废液合成非蛋白氮工艺研究	金永灿	国家重点实验室基金	正在进行

其他办学情况：

该系与国内制浆造纸企业建立了密切联系，为芬兰 UPM、宁波中华、杭州华丰、浙江永泰、浙江华胜、浙江亚伦、浙江华川、江苏新大、马鞍山山鹰等造纸企业常年进行职工岗位培训。

该系先后举办了两届国际制浆造纸技术交流会，已与多所国际知名大学建立了正常的合作关系。印尼 APP 中国有限公司、Stora Enso 苏州紫兴纸业有限公司、江苏双灯纸业公司在该系设立专业奖学金，印尼 APP 中国有限公司、芬兰 UPM 纸业(苏州)有限公司在科研及人才培养方面与该校开展合作；镇江金河纸业有限公司、江苏双灯纸业公司、南京金银杏纸业公司、华光集团股份有限公司与该系设立研发中心。

北京林业大学材料科学与技术学院

造纸专业所在院系：化学工程系

地址：北京市海淀区清华东路 35 号

邮编：100083

电话：010－62338152，62338358

隶属单位：教育部

专业设置时间：1987 年

专业课程设置：森林资源与环境导论、制浆原理与工程、造纸原理与工程、制浆造纸设备、环境污染与治理、高效清洁剂制浆、造纸专业课实验、植物资源化学、高分子与胶黏剂、木质素利用技术、生物工程概论、专业课程设计、加工纸、造纸助剂、环境污染与治理、低污染制浆、纸的结构与性能。

在校专业学生人数：本科 120 人，硕士 17 人，博士 5 人。

专业毕业生人数：本科 540 人，硕士 20 人，博士 1 人。

专业教师情况：共有 17 人，其中，教授 3 人，副教授 10 人，讲师 3 人，博导 4 人。

招收专业硕士生情况：每年招收人数：16 人。指导教师：8 人，殷宁、樊永明、蒲俊文、姚春丽、吴玉英、何静、张力平、蒋建新。

招收专业博士生情况：每年招收 4～8 人，指导教师 4 人：殷宁、蒲俊文、张宝文、谢益民。

东北林业大学

造纸专业所在院系：材料科学与工程学院林产化学工程系

地址：黑龙江省哈尔滨市动力区和兴路 26 号

邮编：150040

电话：0451－82191744

传真：0451－82191502

网址：http://www.nefu.edu.cn/other/cailiaokx

隶属单位：教育部

专业设置时间：1987 年

专业课程设置：无机化学、有机化学、分析化学、物理化学、植物纤维化学、化工原理、制浆原理与工程、造纸原理与工程、制浆造纸分析、造纸仪表与自控、制浆造纸设备、制浆造纸工厂设计、计算机在造纸工业中应用、高得率浆生产技术、加工纸工艺、造纸助剂与湿部化学、制浆造纸技术进展、制浆造纸专业外语、制浆造纸节约技术、造纸企业污染防治等。

在校专业学生人数：本科 153 人，硕士 11 人，总计 164 人。

专业毕业生人数：本科 293 人，专科 247 人，硕士 18 人，总计 558 人。

专业教师情况：共 14 人，其中教授 4 人，副教授 4 人，讲师(工程师)6 人。

招收专业硕士生情况：2005 年招收 2 人：陈京环、黄光祥，指导教师 2 人：钱学仁、岳金权。

当年度在研项目与已完成项目

在研项目：

1. 钯/炭－Pd/C 体系催化碱木质素还原反应的研究(国家自然科学基金)

2. 聚苯胺/纸浆纤维复合制造导电纸(博士后研究人员落户黑龙江科研启动基金资助项目)

3. 稻麦草动态挤压法环境友好制浆技术(黑龙江省科技攻关项目)

已完成项目：

1. 火木层孔菌（Phellinus igniarius）对山杨木质素生物降解机制研究（国家自然科学基金）

2. 新型木材阻燃剂FRW技术推广及产业化（黑龙江省科技成果推广项目）

3. 植物纤维表面相增色过程中稀土的行为表征（国家自然科学基金）

4. 木材超临界流体解离机理（国家自然科学基金）

5. 植物纤维表面相脱色过程中稀土的行为表征（国家自然科学基金）

6. 落叶松磺化化学机械浆的生产试验（黑龙江省科技攻关项目）

7. 双螺旋辊式磨浆机工业化机型的研制（黑龙江省科技攻关项目）

8. 多金属氧酸盐高选择性氧化脱木素研究（制浆造纸工程国家重点实验室科研基金）

9. 蛋白石的改性及其在造纸工业中的应用研究（东北林业大学院士启动基金）

10. 落叶松白桦纸浆材新品种选育技术研究（863项目）

11. 影响水松纸性能机理及无碳复写纸CF层涂布工艺研究

12. 利用二次纤维研制儿童地板块（东北林业大学科研基金）

13. 树木提取物对木材的自然防护机理的研究（国家自然科学基金）

14. 模塑餐盒用浆研究

15. 木浆浮油中植物甾醇的提取

其他办学情况：

曾先后为北大荒纸业举办专业证书班，培养学员100余人；为黑龙江农垦农业职业技术学院培训造纸技术人员80余人。

经第十次博士、硕士学位授权评审会议审核通过，东北林业大学制浆造纸工程学科被正式增列为硕士学位授权学科。

福建农林大学材料工程学院

造纸专业所在院系：化学工程系

地址：福州金山

邮编：350002

电话：0591—83715175

传真：0591—83715175

隶属单位：福建省教育厅

专业设置时间：1986年设制浆造纸专科，1989年设本科，2003年设硕士点，2004年设工程硕士点。

专业课程设置：化工原理、植物纤维化学、制浆原理与工程、造纸原理与工程、制浆造纸与设备、制浆造纸工厂设计、废纸再生利用技术、造纸化学品、天然产物化学、精细化学品生产工艺学。

在校专业学生人数：在校本科生235人、硕士生7人、工程硕士4人。

专业毕业生人数：专科生110人、本科生43人、硕士生2人。

专业教师情况：共有12人，其中，教授3人、副教授5人、讲师4人、具有博士学位或在职博士7人。

招收专业硕士生情况：2006年招收硕士生2人，指导教师：陈礼辉、陈学榕；工程硕士1人，指导教师：陈礼辉。

当年度在研项目与完成项目

在研项目：

国家自然科学基金项目：竹纤维/热塑性塑料复合材料界面特性及增强机理研究；福建省科技厅重大专项：竹材硫酸盐浆低污染ECF漂白技术；福建省科技厅重点项目：马尾松硫酸盐浆树脂障碍控制；华南理工大学制浆造纸工程国家重点实验室开放基金项目：氧脱木素过程中含氧自由基表征与控制；福建省发改委科技攻关项目：新型竹质纤维复合板材开发。

已完成项目：

国家科技部农业科技成果转化项目：竹材及其加工剩余物爆破法制浆熟化；国家科技部农业科技成果转化项目：植物纤维增强热塑性塑料复合材料；福建省科技厅重大项目：膨化纸浆制工业包装材料的研究开发；福建省教育厅科技项目：竹材碱性过氧化氢机械浆性能的研究；福建省教育厅科技项目纸浆模塑餐具高效防水防油助剂。

江南大学

造纸专业所在院系：纺织服装学院轻化工程系

地址：江苏省无锡市蠡湖大道1800号

邮编：214122

电话：0510－85912107

传真：0510－85912005

网址：http://www.sytu.edu.cn

隶属单位：教育部

专业设置时间：2003年

专业课程设置：现代制浆科学与技术、现代造纸科学与技术、造纸物理、造纸湿部化学、现代制浆化学、造纸助剂、制浆造纸分析与检测、纸页结构与性能、废纸再生技术。

在校专业学生人数：硕士生12人、博士生5人。

专业毕业生人数:博士生毕业 1 人。

专业教师情况:共有专业教师 5 人,其中:教授 2 人、副教授 1 人、讲师 2 人、博导 2 人。

招收专业硕士生情况:招收 5 人,指导教师:房宽峻、龙柱。

招收专业博士生情况:招收 2 人,指导教师:杨淑蕙、房宽峻。

当年度在研项目与已完成项目:

1. 热敏纸质材料研究
2. 高级涂布纸涂料流变性能研究
3. 环保型钻井液降黏剂的制备及其降黏机理研究
4. 绿色再生材料制备及其在造纸中应用研究
5. 纸基磁性复合材料研究
6. 麦草原料主要成分分离及其综合利用的研究

山东工业技术学院

造纸专业所在院系:轻工工程系

地址:山东省潍坊市北宫东街 272 号

邮编:261031

电话:0536 – 2113396,2115528

传真:0536 – 8204220

网址:www.qgjx.com

隶属单位:山东省劳动和社会保障厅

专业设置时间:1978 年

专业课程设置:制浆造纸工艺、制浆造纸设备与操作、制浆造纸化验与物检、制浆造纸自动控制、制浆造纸设备安装与维修。

在校专业学生人数:1200 人。

专业毕业生人数:4600 人。

专业教师情况:副高以上职称 16 人。

其他情况介绍:面向全国造纸企业进行技术工人的定向培养、岗前培训、在职培训及再就业培训。

四川工商职业技术学院

造纸专业所在院系:技术工程系

地址:四川省都江堰市青成路 451 号

邮编:611830

电话:082 – 87282243

传真:028 – 87282095

网址:www.sctbc.net

隶属单位:四川省经济委员会

专业设置时间:1959 年

专业课程设置:植物纤维化学、制浆造纸工艺、制浆造纸机械设备与操作、制浆造纸分析与检验、纸加工工艺、制浆造纸环境保护概论、制浆造纸化学助剂。

在校专业学生人数:200 人,为专科生。

专业毕业生人数:自开办以来,有毕业生近 2000 人,其中,中专 1850 人、大专 150 人。

专业教师情况:专业教师 8 人、讲师 3 人、副教授 4 人。

当年度在研项目与已完成项目:

四川造纸用林业资源调查报告

其他办学情况:经常开办多种形式的非学历教育职业培训班。

四川理工学院

造纸专业所在院系:生物工程系

地址:四川自贡

邮编:643000

电话:0813 – 5505979

传真:0813 – 5505872

网址:www.suse.edu.cn

隶属单位:四川省教育厅

专业设置时间:1991 年

专业课程设置:植物纤维化学、制浆原理与工程、造纸原理与工程、制浆造纸机械与设备、制浆造纸工厂设计概论、制浆造纸助剂、加工纸、造纸废水处理工程等。

在校专业学生人数:共有(本科):236 人。

专业毕业生人数:专科生 235 人、本科生 162 人。

专业教师情况:共 8 人,其中,教授 1 人、副教授 3 人、讲师 2 人、助教 2 人。

中国制浆造纸研究院

地址:北京朝阳区光华路 12 号

邮编:100020

电话:65810022

传真:65815677

网址:www.cnppri.com

隶属单位:中国轻工集团公司

专业设置时间:1982 年

专业课程设置:制浆造纸的生物技术、造纸助剂与湿部化学、纸张结构与性能、制浆化学、制纸科学、非木材造纸、造纸工业环境保护。

在读专业学生人数:硕士 7 人。

专业毕业生人数:硕士 34 人。

专业教师情况:共 6 人:教授 5 人、副教授 1 人。

(林　媛)

国外开设制浆造纸专业的大学及其他机构名录

Pulping and papermaking courses in international higher educational institutions and research institutes

美洲(America)

美国、加拿大

Auburn University
Official webpage for the Pulp & Paper Research & Education Center at Auburn University
www.eng.auburn.edu/center/pnp/pnp.htm

Alabama Southern Community College
Alabama, Center for Forestry, Paper & Chem. Tech.
www.ascc.edu/foresttech.html

Bay de Noc Community College, Pulp and Paper Technology
www.baydenoc.cc.mi.us/

Dabney S. Lancaster Community College, Pulp and Paper Technology
www.dl.cc.us/

Forest Echoes Technical Institute, Associate in Applied Sciences Degrees - Pulp and Paper Science
www.feti.tec.ar.us

Kennebec Valley Technical College, Pulp and Paper Technology Program
www.kvtc.net/

Lower Columbia College, Associate in Applied Sciences Degrees - Pulp and Paper Manufacturing Technology
www.lcc.ctc.edu/programs/degrees.xtm # applied

University of Idaho, Department of Chemical Engineering
www.uidaho.edu/

University of Iowa, Center for the Book Papermaking Facility
www.uiowa.edu/

University of Massachusetts - Lowell, Department of Chemical and Nuclear Engineering
www.uml.edu/
www.chemical.caeds.eng.uml.edu/

Fox Valley Technical College
Pulp and Paper Chemical Technology
www.foxvalley.tec.wi.us/prog/pulp.htm

Georgia Institute of Technology
Pulp & Paper Engg., Atlanta, Georgia, USA
www.chemse.gatech.edu/ ~ pulpaper/

Institute of Paper Science and Technology (IPST)
www.ipst.edu

Univ. of Maine
Orono, Maine, USA - Chemical Engineering Dept.
www.umecheme.maine.edu/che/

McGill University Pulp & Paper Research Centre
Montreal, Quebec, Canada
www.mcgill.ca/pprc/

Miami University
Paper Science & Engg. Dept., Oxford, Ohio, USA
www.sas.muohio.edu/pps/

McMaster University, Centre for Pulp & Paper Research, Canada
www.mcmaster.ca/

University of New Brunswick, Dr Jack McKenzie Limerick Pulp and Paper Research and Education Centre, Canada
www.unb.ca/

Université du Québec à Trois - Rivières, Centre de Recherche en Pâtes et Papiers, Canada
www.uqtr.ca/crpp

University of Minnesota
Department of Bio - based Products
www.cnr.umn.edu/BP/

Mississippi State University
Mississippi, USA - Dept. of Forestry,
www.cfr.msstate.edu/forestry/main.htm

University of New York

Syracuse, New York, USA – Paper Science & Engineering
www.esf.edu/faculty/pse/
North Carolina State University
Raleigh, North Carolina, USA – College of Forest Resources
www.cfr.ncsu.edu
University of British Columbia Pulp & Paper Centre
www.ppc.ubc.ca
University of Quebec
www.crpp0001.uqtr.uquebec.ca
University of Texas Cellulose Electronic Network
www.botany.utexas.edu/infores/cen/intro/
University of Toronto
Toronto, Ontario, Canada – Pulp & Paper Centre
chem – eng.toronto.edu/ ~ pphome/
University of New Brunswick, Fredericton, New Brunswick ,Limerick Pulp and Paper Centre
www.unb.ca/
McMaster University,Hamilton, Ontario
www.mcmaster.ca/
Pulp and Paper Research Institute of Canada, Montreal, QC
www.paprican.ca/wps/portal/paprican
Virginia Polytechnic Institute and State University
www.vtwood.forprod.vt.edu/
Virginia Tech
Virginia, USA – Dept. of Wood Science & Forest Product
www.vtwood.forprod.vt.edu/
University of Washington
Seattle, Washington, USA – College of Forest Resources
www.cfr.washington.edu/cfrhome.html
British Columbia Institute of Technology, Chemical Sciences Technology, Canada
www.bcit.ca/
Western Michigan University
Kalamazoo, Michigan, USA – Dept. of Paper Science & Engineering
www.wmich.edu/ppse/
University of Wisconsin – Stevens Point, **Paper Science Department**
www.uwsp.edu/papersci/
2100 Main Street Stevens Point,
WI 54481 – 3897 – Phone: 715 – 346 – 0123
webmaster@uwsp.edu
West Shore Community College, Pulp and Paper Technology (*prog*.)
www.westshore.cc.mi.us/

墨西哥

University of Guadalajara, Departamento de Madera, Celulosa y Papel, Mexico
www.udg.mx/
www.dmcyp.cucei.dug.mx/

巴西

Federal University of Vicosa, Vicosa, MG 36571 – 000, Brazil
www.physlink.com/Directories/Departme
nts/showdept.cfm

欧洲(Europe)

奥地利

Technische Universität Graz, Institut für Papier, Zellstoff – und Fasertechnik (IPZ), Austria
www.tugraz.at/

捷克

Institute of Chemical Technology
Pardubice, Czech Republic
www.upce.cz/upce/fcht/fchtdwpp.htm
University of Pardubice, Department Wood, Pulp and Paper,
Czech Republic
www.upce.cz/ ~ kdcp

匈牙利

University of Sopron, Institute of Wood and Paper Technology, Hungary
www.efe.hu/english.page/doc9.htm

德国

Technische Universität Darmstadt, Fachgebiet Nachwachsende Rohstoffe (MACNAR), Germany
www.tu – darmstadt.de/
Technische Universität Dresden, Lehrstuhl für Papiertechnik (LPT), Germany
www.tu – dresden.de/

Universität Hamburg, Ordinariat für Holztechnologie, Germany

www.uni-hamburg.de/

FH München, Verfahrenstechnik Papier - Kunststoff, Papiererzeugung, Germany

www.fh-muenchen.de/

Papierzentrum Gernsbach, Germany

www.papiermacherzentrum.de/

Technical University of Darmstadt Institute of Paper Technology

Germany

pix.ifp.maschinenbau.th-darmstadt.de/eifp.html

法国

Ecole Francaise de Papeterie et des Industries Graphiques France

www.efpg.inpg.fr/

法国造纸与图像制作工业学院(法文缩写为"EFPG")是一所由造纸企业家于1907年创办并获国家承认的学校,自1973年以来归属格勒诺布尔综合理工学院(INPG),并由一个受1901年法律管辖的协会——AGEFPI协会负责管理。法国造纸与图像制作工业学院今天是欧洲最大、也是法国唯一的造纸及平面传播工业工程师培养中心。

主要专业设置:

* 造纸专业EFPG(法国造纸与图像制作工业学院)工程师文凭;

* 印刷/加工转换专业EFPG(法国造纸与图像制作工业学院)工程师文凭;

* 造纸、印刷、加工转换工程师专业化学士课程;

*"数字流量、出版及印刷品生产"职业学士课程。

科学研究:

法国造纸与图像制作工业学院是一个重要的科学研究中心,其研究工作主要通过造纸工艺工程实验室(LGP2)进行,而该实验室为法国国家科研中心(CNRS)和格勒诺布尔综合理工学院(INPG)的联合研究单位,造纸技术中心(CTP)和法国森林纤维协会(AFOCEL)也为其合作成员。造纸工艺工程实验室是法国和欧洲唯一的大学教师和研究人员联合研究团体,其技能领域完整广泛,从作为纤维原材料的植物直至纸张和纸板加工转换产品,同时还包括印刷工艺控制。实验室共设5个研究所:工艺化学、造纸工程、纤维结构物理、平面图像制作科学与技术、包装品及纸张纸板的加工与精加工。

外国学生接待优势:

* 供格勒诺布尔综合理工学院(INPG)学生专用的"白煤"大学生公寓;

* 外国语法语教学中心。

Institute National Polytechnique, Ecole Francaise de Papeterie et des Industries Graphiques (EFPG), France

www.inpa.fr

French Pulp & Paper Research Institute (CTP)

Cedex, France

www.ctp.inpg.fr

University of Sopron, Institute of Wood and Paper Technology, Hungary

www.efe.hu/english.page

芬兰

Finish Pulp & Paper Research Institute

Espoo, Finland

www.kcl.fi

Ābo Akademi University, Laboratory of Paper Chemistry, Finland

www.abo.fi/fak/ktf/pap/

Helsinki University of Technology, Department of Forest Products Technology, Espoo, Finland

www.hut.fi/Units/Forest/

University of Jyvä skylä, Department of Chemistry - Laboratory of Applied Chemistry, Finland

www.jyu.fi/index.shtml

Lappeenranta University of Technology, Department of Chemical Technology, Finland

www.lut.fi/

University of Oulu, Department of Process and Environmental Engineering, Finland

sun3.oulu.fi/~pomek/research.htm

Tampere University of Technology, Paper Converting Institute, Tampere, Finland

www.tut.fi/units/ymp/pap/index.htm

Faculty of Forestry, Univ. of Joensuu

Joensuu, Finland

www.joensuu.fi/forestry/frindex.html

瑞典

Kungl Tekniska Hogskolan

Sweden

www.mmt.kth.se/SHB.ENG/3Deng.htm

Skog Forsk, Forestry Research Institute of Sweden

Uppasala, Sweden

www.skogforsk.se/eng/xdefault.htm

Dept. of Forest Product, Swedish Univ. of Agricultural Sciences
Uppsala, Sweden
www.vl.slu.se/eng/indexeng.htm

Swedish Pulp & Paper Research Institute
Stockholm, Sweden
www.stfi.se/default.htm

Chalmers University of Technology, Department of Forest Products and Chemical Engineering, Sweden
www.chalmers.se/
www.sikt.chalmers.se/

Karlstad University, Division for Chemistry, Sweden
www.kau.se/
www.chamistry.kau.se/

KTH - Royal Institute of Technology, Department of Pulp and Paper Chemistry and Technology, Sweden
www.kth.se/
www.pmt.kth.se/

Linköping University, Linkö ping Institute of Technology, Sweden
www.liu.se/
www.lith.liu.se/

Lund University, Center for Chemistry and Chemical Engineering, Sweden
www.lu.se/
www.kc.lu.se/

Luleå University of Technology, Department of Chemical and Metallurgical Engineering, Sweden
www.luth.se/
www.km.luth.se/

Mid Sweden University, Department of Natural and Environmental Sciences (*engl.*), Sweden
www.mh.se/
www.ntm.mh.se/

波兰

Institute of Paper Making & Paper Machine, Technical Univ. of Lodz
Poland
wipos.p.lodz.pl/paper/

英国

Dept. of Paper Science, UMIST
Manchester, UK
www.umist.ac.uk/~mcfsspst/

Institute of Packaging
UK
www.iop.co.uk

Institute of Paper
Surrey, UK
www.instpaper.org.uk/default.htm

Paper Industry Research Association (PIRA) International
Surrey, UK
www.pira.co.uk/

Pulp & Paper Fundamental Research Society (FRC)
UK
www.ppfrs.org.uk/

Bury College, Courses in Paper Technology, UK
www.burycollege.ac.uk/about/facilities/paper.asp

UMIST - University of Manchester Institute of Science and Technology, Department of Paper Science, UK
www.umist.ac.uk/

UMIST
Manchester, UK
www.manchester.ac.uk/

西班牙

Technical University of Catalonia, Department of Textile and Paper Engineering, *Papelera y Gráfica*, Spain
www.upc.es/etp/pag11.htm
www.campusterrassa.upc.es/depart/etp

斯洛文尼亚

Pulp and Paper Institute Ljubljana, Education Centre, Slovenia
www.icp-lj.si/ic.htm

斯洛伐克

Slovak University Of Technology In Bratislava, Department of Chemical Technology of Wood, Pulp and Paper, Slovakia
www.stuba.sk/
www.chtf.stuba.sk/kdcp

俄罗斯

St. Petersburg State Technological University of Pulp and Paper Industry (*engl.*), Russia
www.informika.ru/eng/spravl/rz22e/136e57.html

罗马尼亚

"Gh. Asachi" Technical University of Iasi, Pulp, Paper and Fibres Technology (*engl.*), Romania
www.comicron.ch.tuiasi.ro/tchf

挪威

Universiy of Trondheim
Norway
www.kjemi.unit.no/~stmoe/paper/index.html
NTNU - Norwegian University of Science and Technology, Department of Chemical Engineering, Norway
www.ntnu.no/
www.chemeng.ntnu.no/research/#paper

亚洲、大洋洲(Asia、Oceania)

澳大利亚

Australian Pulp and Paper Institute
Australia
www.130.194.134.46/appi.htm
Australian P & P Institute, Dept. of Chem. Engg., Monash Univ.
Clayton, Australia
www.eng.monash.edu.au/chemeng/appi.html
University of Tasmania, Pulp and Paper Research, Australia
www.utas.edu.au/
www.chem.utas.edu.au/students/finnegan/paphome.html

新西兰

Pulp & Paper Research Organization (PAPRO) of New Zealand, New Zealand
www.papro.co.nz
University of Auckland, Department of Chemical and Materials Engineering, Pulp & Paper courses, New Zealand
www.auckland.ac.nz/
www.ndeva.auckland.ac.nz/ndeva/course.catalog/uofak/pulpandpapertechnololgy.htm

韩国

College of Forest Science, Kangwon National University, 192-1, Hyojadong, Chunchoen, South Korea
www.kangwon.ac.kr/english/
School of Forest Resources, Chungbuk National University, Cheongju 361-763, South Korea
www.chungbuk.ac.kr/index.jsp

日本

University of Tsukuba, Tsukuba, Ibaraki, 305-8572, Japan
www.tsukuba.ac.jp/eng/edu.college.html
Forestry and Forest Products Research Institute, Japan P.O. BOX 16, Tsukuba Norin Kenkyu-danchi, Ibaraki, 305-8687, Japan
www.ss.ffpri.affrc.go.jp/index.html
Graduate school of Agricultural and Life Sciences, The University of Tokyo, Japan
www.a.u-tokyo.ac.jp/english/index.html

印度

Indian Institute of Technology Roorkee,
Institute of Paper Technology, India
www.rurkiu.erenrt.in/
www.iitr.ernet.in/acads/depts/ipt

泰国

Asian Institute of Technology (AIT),
Pulp and Paper Technology, Thailand
www.ppt.ait.ac.th/

(林 媛)

中国轻工业出版社造纸工业图书出版情况

Overview of the publications of the paper industry from China Light Industry Press

序号	书名	作者名	出版年月	定价/元
1	制浆造纸专业英语(高校教材)	曹邦威	2006-05	18.00
2	造纸辞典	刘仁庆	2006-01	35.00
3	制浆造纸设备与操作(第二版)(技工教材)	王忠厚	2006-05	45.00
4	制浆造纸工艺(第二版)(技工教材)	王忠厚	2006-04	42.00
5	纸包装结构设计(第二版)	孙诚	2006-03	35.00
6	中国造纸年鉴 2005	中国造纸学会	2005-11	260.00
7	当代废纸制浆技术	陈庆蔚	2005-06	59.00
8	纸张颜料涂布与表面施胶(芬兰造纸科学技术丛书 11 分册)	曹邦威译	2005-04	88.00
9	废纸造纸及其污染控制	万金泉	2005-01	28.00
10	制浆漂白清洁新技术	周学飞	2004-08	30.00
11	造纸工业环境工程导论	万金泉	2005-08	30.00
12	纸张指南(第二版)	刘仁庆	2004-06	39.00
13	最新纸机抄造工艺	曹邦威	2002-01	98.00
14	长网造纸机操作故障和纸病(第二版)	段永成	2001-01	25.00
15	淀粉衍生物及其在造纸中的应用技术	姚献平	2001-01	19.00
16	造纸化学品的制备和作用机理	沈一丁	2001-01	45.00
17	造纸湿部化学原理及其应用	张光华	2000-01	16.00
18	工业纸板制造与应用	李锡香	2001-01	25.00
19	制浆造纸节能技术	刘秉钺	2000-01	30.00
20	麦草浆碱回收技术指南	张珂	2001-03	23.00
21	当代废纸处理技术	陈庆蔚	2000-01	36.00
22	纸张生产实用技术	李策	1999-01	40.00
23	纸加工原理与技术	张美云	1999-01	34.00
24	功能纸及纸制品的制造	李牧	1998-01	15.00
25	制浆技术问答(第二版)	梁实梅	2004-01	40.00
26	造纸技术问答	梁实梅	1994-01	40.00
27	中国宣纸(第二版)	曹天生	2000-09	35.00

续表

序号	书名	作者名	出版年月	定价/元
28	制浆造纸工业环境管理	联合国环境署	1998－01	23.00
29	纸浆中的树脂及其障碍控制	秦梦华	2000－01	26.00
30	制浆漂白生物技术	林鹿	2000－04	40.00
31	纸包装结构设计	孙诚	1997－01	22.00
32	制浆造纸工程大全(第二版)北欧大本教材	曹邦威	2001－05	50.00
33	涂布加工纸技术手册	钱鹭生	2000－05	68.00
34	中国造纸原料纤维特性及显微图谱	王菊华	2000－01	200.00
35	新纸张涂布与特种纸	曹邦威	2003－08	45.00
36	英汉造纸工业词汇	许向阳	2004－08	50.00
37	中国造纸年鉴 2004	中国造纸学会	2004－11	260.00
38	制浆原理与工程(第二版)(高校教材)	谢来苏 詹怀宇	2001－05	40.00
39	造纸原理与工程(第二版)(高校十五教材)	隆言泉	1994－03	55.00
40	纸页的结构与性能	胡开堂	2006－01	40.00
41	植物纤维化学(第三版)(高校教材)	杨淑蕙	2001－01	34.00
42	制浆造纸分析与检测(高校十五教材)	石淑兰	2003－05	48.00
43	制浆造纸机械与设备(上)(第二版)(高校教材)	陈克复	2005－06	56.00
44	制浆造纸机械与设备(下)(第二版)(高校教材)	陈克复	2005－06	52.00
45	制浆造纸过程自动测量与控制(高校教材)	刘焕彬	2004－04	46.00
46	制浆造纸助剂(高校教材)	刘忠	2004－04	28.00
47	造纸工业污染控制与环境保护(高校教材)	刘秉钺	2000－01	22.00
48	加工纸与特种纸(第二版)(高校十五教材)	张运展	2001－05	25.00
49	制浆造纸厂的仪表配置与自动控制(高校教材)	张运展	2002－01	28.00
50	现代造纸机械状态监测与故障诊断(高校教材)	张辉	2004－12	30.00
51	制浆造纸机械安装与维修(职教教材)	边贵	1999－01	23.00
52	制浆造纸分析与检验(职教教材)	林润惠	2000－01	36.00
53	制浆工艺及设备(职教教材)	邝守敏	2000－09	48.00
54	造纸工艺及设备(职教教材)	吴葆敦	2000－02	45.00
55	制浆造纸工厂设计概论(职教教材)	李土根	2000－03	36.00
56	制浆造纸专业英语(职教教材)	李桂芳	2000－04	15.00
57	制浆造纸工艺(技工教材)	王忠厚	1995－08	31.50
58	制浆造纸设备与操作(技工教材)	王忠厚	1995－09	37.00
59	制浆造纸化验与物检(技工教材)	王忠厚	2004－02	35.00
60	长网纸机抄造(制浆造纸工人培训教材)	曹邦威	2001－07	18.00

如邮购造纸图书,请至电中国轻工业出版社读者俱乐部　电话:010－65241695 李玲

订单及汇款请寄以下地址:

邮政编码:100740　地址:北京市东城区东长安街 6 号中国轻工业出版社读者俱乐部收

(林　媛)

制浆造纸主要期刊摘要与提要(2005 年)

Abstracts and key points for the key papermaking periodicals(2005)

行业发展·管理·市场

中国造纸工业 2004 年年度报告[刊]/中国造纸协会//中华纸业.-2005,(5).-6~11

报告了 2004 年中国造纸工业的生产消费、经济指标、进出口、生产布局与集中度、企业类型和环境保护等情况。

中国造纸工业落实科学发展观的有关思考[刊]/余贻骥//纸和造纸.-2005,(6).-5~9

正确认识掌握现代造纸工业的属性特点,走新型工业化和循环工业道路,力争技术进步的实效、高效与高起点,科学地解决原料问题。

我国纸种的现况和开发问题[刊]/刘仁庆//纸和造纸.-2005,(1).-70~73

纸种的命名、分类原则;更新观念,努力开发新纸种。

中国造纸工业发展趋势研究[刊]/陆晓鸣//中华纸业.-2005,(9).-6~14

1982 年以来,纸和纸板消费和生产保持了 20 多年的持续增长,而且仍处于产品生命周期的需求增长期,与 GDP 保持强相关性,人均 GDP 每增加 1000 元,纸和纸板人均消费增加 3.3 千克,利用 GDP 的增长来预测纸和纸板的消费增长是可信的。在消费增长的同时,消费结构档次逐年提高,高档文化用纸和高档包装纸增长速度更快,产业结构升级的结果是新增产能远远大于产量的增长。造纸工业市场机制不断深化,竞争加剧,行业平均毛利率缓慢下降,行业集中度提高,整个行业走向良性发展。原料和环保是制约今后发展的两个不利因素。人民币升值将不同程度地影响各个不同的子行业和各个企业,总体上是利大于弊。

继往开来向造纸强国迈进[刊]/余贻骥//中华纸业.-2005,(9).-19~20

先贤蔡伦发明造纸术 1900 周年之际,回顾中国造纸对人类文明发展的贡献,引以为荣。展望建设世界造纸强国的前景,任重而道远。

加快全面转型,实现造纸工业的科学发展[刊]/陈鄂生//中华纸业.-2005,(12).-14~18

提出并分析中国纸业在经营、环境、科技、市场等方面所面临的一系列转型,对此,业者应该有所清醒的认识并以积极、科学的头脑予以对待。

2005 年中国纸业大整合[刊]/郭永新//中华纸业.-2005,(1).-10~12

2005 年将成为中国纸业发展的里程碑,将加速进口与国产、内资与外资、造林与造纸、资本与产业等方面的整合过程,优胜劣汰愈加明显。

从造纸术摇篮到世界造纸大国[刊]/钟香驹//中国造纸.-2005,(8).-62~63

所谓西汉灞桥纸的说法是由于对纸张的定义没有共同的认识,但蔡伦发明造纸术的史实不容否定。机制纸问世于 19 世纪中叶,取代了手工造纸作业,是造纸工业的一大进步。作为一个造纸大国,我国造纸工业在纤维原料、环保和生产技术管理等许多方面还有待改进提高。

浙江富阳纸业的基本情况[刊]/缪大经//纸和造纸.-2005,(2).-82~85

改革开放的动力,废纸的大量使用,使富阳从土纸之乡发展到如今的中国纸板基地。

林纸产业是新疆大农业的又一战略选择[刊]/李应中//中国农业资源与区划.-2005,(2).-40~42

新疆林纸产业有望成为继棉花之后的另一项跨区域的优势大产业,其理由是:纸张需求持续旺盛;新疆宜林土地资源丰富;种植树木比粮食相对投入少;产品单位产值运输成本低;造林有利于改善环境。

树立科学发展观 推进轻工企业信息化[刊]/王世成//中华纸业.-2005,(1).-6~9

对轻工企业信息化的现状和推进情况进行了分析和总结,提出总体发展思路和近期工作任务。

造纸企业物流战略浅析[刊]/安郁滋//中华纸业.-2005,(9).-26~28

分析国内物流现状,讨论在综合区域、物流人才、意识、组织、信息和流程等方面存在的问题，对造纸企业现代物流战略目标定位和战略选择提出了意见。

基于遗传算法的造纸企业优化排产方法研究［刊］/杨春节//中国造纸．－2005，(10)．－32～34

为解决造纸企业排产中多目标的优化问题，使违约罚金和产品切换费用最小，提出了一种基于小环境技术的遗传算法求解排产问题。运用该法求解某大型造纸企业的排产问题，使繁琐的主观经验排产变成了自动简便的计算机优化排产，取得了明显的效益。

如何做好大型二手纸机项目管理及技术把关［刊］/贺廷福//中华纸业．－2005，(2)．－30～32

华泰9号机是年产16万吨的大型二手新闻纸机，2001年安装后一次试车成功并一直稳定运行，这与从考察、签约、设计、监拆、安装一直到调试为止的整个过程中，进行有效的过程管理和严格技术把关是分不开的。

基于造纸企业CIPS体系的研究［刊］/胡南江...//中华纸业．－2005，(12)．－35～38

CIPS是针对流程型制造企业的计算机集成过程系统，分为管理、生产与控制三个层次，帮助企业完成信息的综合应用，实现管理/控制一体化，提高企业竞争能力。

中国造纸工业重点区域和主要企业发展框架分析［刊］/陈奇志//中华纸业．－2005，(10)．－15～17

分析我国造纸行业的发展速度、效益、地域分布和结构变化等情况，针对发展中尚存在的一些偏差提出建设性意见。

制浆造纸工程的投资决策［刊］/林一亭//中国造纸．－2005，(12)．－59～62

介绍了造纸工程投资决策的程序和过程。讨论了经济规模的确定、主体设备的选用、产品成本和抗风险能力等重点问题，及其对项目评估的重要意义。

中国造纸企业：基于资本运营的战略致胜［刊］/陈小平...//中国造纸．－2005，(4)．－59～63

我国造纸企业已完成了从产品生产到生产经营的飞跃，并开始了从生产经营到资本运营的第二次飞跃。造纸属于资金密集行业，规模经营十分显著，为了迅速摆脱我国造纸企业的落后现状，资本运营更具有特殊的意义。这不仅包括多渠道的融资策略，而且更重要的是企业以规模经济与范围经济为出发点的资本运作，包括新生产线的投资，产业内横向与纵向的并购、托管、租赁等。

2005年造纸行业投资策略报告［刊］/陈菲//中华纸业．－2005，(2)．－57～60

预测2005年造纸行业的景气度及其特点，分析不同重点产品和上市公司的投资价值。

我国纸浆企业经济规模的探讨［刊］/傅光华//中华纸业．－2005，(6)．－21～23

木材原料价格和汇率是两个左右纸浆企业的成本的主要因素，也是决定经济规模的主要因素。目前国内木材价格偏高，林纸一体化可以使经济规模缩小。

国际浆价涨势趋缓 中国纸业增长强劲［刊］/王峰//中华纸业．－2005，(5)．－66～69

分析预测进口纸浆价格的走向，认为不会持续走高；中国纸业具有较多的独特优势，可以冲减使用进口浆增加成本的劣势而持续发展。

对进口纸浆战略及国际纸浆市场走势的探讨［刊］/查浩清...//中华纸业．－2005，(1)．－58～62

中国造纸工业对国际纸浆市场的依赖性越来越大，建议建立期货市场以规避或减少资源和价格风险。以周期循环规律对纸浆市场进行了分析和预测。

新闻纸发展趋势［刊］/崔延龄...//中华纸业．－2005，(8)．－38～40

回顾国内外新闻纸的发展趋势：纸机大型化；产品低定量化；原料从长纤维到增加短纤维，到现在的大量使用废纸；开发出超压、彩色、微涂和高填料的各种新闻纸品种。

简析糖纸业上市公司2004年业绩及前景［刊］/吴福骞//中华纸业．－2005，(7)．－69～69

南宁糖业、贵糖股份、广东甘化是三家蔗糖兼造纸的上市企业，2004年由于蔗糖走俏和浆与纸产品增产而全部盈利。

转移印花纸及其发展前景［刊］/王玉珑...//中国造纸．－2005，(12)．－49～51

转移印花技术印刷效果好，无环境污染问题，在纺织、陶瓷、旅游等方面用途广泛。转移印花纸在强度、平滑度和对色墨的亲和度、吸湿性能等方面都有适度的要求，以适应转移印刷的需要，目前多数依赖进口。

科技

开展国际学术交流 促进造纸技术进步［刊］/钟香驹//中国造纸．－2005，(2)．－56～57

回顾改革开放以来我国造纸行业与国外同行进行技术交流与合作，推动并促进我国造纸工业技术进步的情况。

科技创新是我国造纸工业发展的不竭动力［刊］/陈克复//纸和造纸．－2005，(1)．－5～8

科技创新对造纸工业发展的重要性，科技创新需要新型的、各门类(不拘泥于本行业)的创新人才，需要创新平台与环境。

关于发展我国造纸工业科学技术的思考[刊]/黄运基//中国造纸.-2005,(11).-53~60

总结了近十年来国内外造纸工业科学技术迅速发展的现状和趋势,并根据我国造纸工业发展的特点和面临的挑战,提出了我国造纸科学技术发展的对策与措施。

超声波技术及其在造纸工业中的应用[刊]/王志杰...//纸和造纸.-2005,(1).-74~76

综述超声波在纤维预处理、脱墨、废水处理和测量等方面的应用。

超声波处理对纤维素纤维形态结构的影响[刊]/唐爱民...//纤维素科学与技术.-2005,(1).-26~28

木浆中纤维经360~1440s的超声波处理,可发生细胞壁外层脱落和分丝帚化现象,导致可及度与化学的反应能力提高。

木质素分离方法的研究进展[刊]/孙勇...//中华纸业.-2005,(10).- 58~61

随着新技术的不断进步与应用,使用物理、化学和生物的手段对木素的分离进行了更为广泛的研究。如酶解、超临界萃取、两水相萃取、氢热解和离子液体等。新的方法更着重于对环境的友好、对木素结构的保护和对生物质的全面利用。

木质素生物调控及其对制浆的影响[刊]/周建...//中华纸业.-2005,(11).-60~62

有些研究致力于找出木素在植物体内合成的调控规律,以期能够利用基因工程,通过抑制某些酶的活性,来降低其在制浆造纸资源植物体内的合成数量或者是改变其结构使其易于去除。

竹Lyoceel纤维研制工艺探讨[刊]/许炯...//竹子研究汇刊.-2005,(1).-39~44

Lyoceel是一种新型环保溶解纤维。本文报道了用竹浆以自制专利设备制取Lyoceel纤维的尝试。

NMMO工艺纤维素膜结构与性能的研究[刊]/吴翠玲...//包装工程.-2005,(2).-4~6

以棉浆、针叶木浆为原料,以NMMO为溶剂制取新型纤维素膜,观测研究不同浆种和溶解工艺对膜结构和性能的影响。

基于人工神经网络优化抄纸浆料配比[刊]/吴新生...//中国造纸.-2005,(5).-44~46

采用人工神经网络优化的方法,利用正交实验数据建立配抄纸张物理性能的预测模型,然后据此采用密集扫描技术,得出既能满足性能要求,又最经济的浆料和填料的配比。

关于白度、ISO亮度与D65亮度[刊]/张清文...//中国造纸.-2005,(6).-56~58

从定义、标准、光源、测量仪器及测量结果的差异等方面对三者进行比较。

应用顶空气相色谱测定纸浆纤维的羧基含量[刊]/侯庆喜...//中国造纸.-2005,(9).-5~8

顶空气相色谱(HSGC)测定纸浆纤维羧基含量有较好的重复性。用稀盐酸对纸浆进行预处理使其羧酸盐转化成羧酸,然后在封闭的测试瓶内,以碳酸氢钠溶液作为反应剂与羧酸反应释放出二氧化碳并转入气相。通过气相色谱的热导检测器对二氧化碳进行检测,可推算出纸浆纤维的羧基含量。

《中华纸业》论文摘要汉英对齐语料库的建设与应用[刊]/徐德宽...//中华纸业.-2005,(10).-65~67

介绍了《中华纸业》论文摘要汉英对齐语料库的建设情况,探讨其在翻译、研究和教学方面的应用。

关于中文造纸名词标准化的探讨[刊]/刘仁庆//纸和造纸.-2005,(4).-7~10

名词术语标准的制定不应简单地采取拿来主义,作者提出"以我为主,外为中用"的原则。

纤维原料

实施全国林纸一体化工程建设的前景展望[刊]/余贻骥//纸和造纸.-2005,(1).-9~10

林权方面的问题和营林土地资源的限制,给木材和木浆的自给带来极大难度。应重视国外木材资源,或者进口木材,或可考虑国外建设浆厂。

浅谈发展桉木浆生产和人工桉树林种植[刊]/余贻骥//纸和造纸.-2005,(5).-22~23

借鉴国内外经验,趋利避害。为加速发展桉木浆生产,应提倡大面积科学种植制浆专用桉木林。

开发利用桉树制浆造纸 加快林纸一体化进展的探讨[刊]/甘家齐//中华纸业.-2005,(11).- 10~15

日本、西班牙、巴西等国家发展桉树制浆造纸创造了成功的经验,我国与其差距表现在林纸体系的长期分离,和对桉木浆的认识存在偏差。

开发桉树是有效缓解中国制浆用材短缺的有效途径[刊]/杨懋暹//中华纸业.-2005,(12).-29~30

桉树是速生丰产林中的优良树种,具有多项优势;开发桉树适应国民经济发展的需要;开发桉树要讲究科学。

充分利用俄罗斯木材资源浅议[刊]/吴福骞//中华纸业.-2005,(4).-67~69

政局趋于稳定,经济开始复苏的俄罗斯具有发展造纸业的巨大潜力。本文提出增加木材进口,合作经营林木,在东北和在俄投资建厂的建议。

"金光事件"引发中国林浆纸一体化大辩论[刊]/

李银雁// 中华纸业．-2005,(8)．-15~17

金光集团是造林还是"毁林"的论争,涉及到我国需要什么样的生态发展观,涉及到中国要不要搞林纸一体化的实质问题。好事多磨,中国浆纸林一体化处于艰难的十字路口。

金光集团 APP 林浆纸一体化的循环经济实践[刊]/ 许昭明//中华纸业．-2005,(7)．-6~9

回溯金光集团在印尼开展林纸一体化的过程,重点介绍在中国实施林纸一体化的情况和重大意义。

全方位评价在我国林浆纸一体化发展中的应用[刊]/王小伍 ...//中国造纸．-2005,(10)．-62~63

全方位评价(Global scope assessment)是在国际流行的生命周期评价的基础上提出的兼顾资源、环境、能源价值的科学评价体系。通过对项目的时间、空间链的分析,实现对资源的最优配置和环境的最小损害。对我国造纸业林浆纸一体化的 GSA 评价表明,我国资源条件约束着这一计划的实施,但若同时考虑利用国内和国外资源、资金,在全球范围内计划造纸业的产业链,才是在经济上可行、在环境上有利的。

提高赤水市纸浆竹林造林质量的措施[刊]/ 沈晓君 ...// 竹子研究汇刊．-2005,(4)

黔北 20 万吨竹浆林纸一体化工程从 2001 年以来开始育竹,本文针对在造林地块、苗木质量、栽培季节和林地管理等方面现存的技术问题提出了改进意见。

湖北省纸浆竹资源的现状与发展对策[刊]/ 熊德礼//竹子研究汇刊．-2005,(1)．-28~30

分析省内竹业和纸业发展的现状、优势与问题,提出以竹造纸、以纸促竹的协同发展对策。

国内常用加拿大长纤维木浆的技术分析[刊]/ 周檡 ...// 中华纸业．-2005,(5)．-62~65

介绍我国常用的一些加拿大木浆的树种、纤维形态和物理指标。

石棉纤维打浆性能及对石棉胶板强度的影响[刊]/夏新兴 ...//中国造纸．-2005,(2)．-20~22

利用造纸法生产石棉胶板,在湿法打浆时,石棉纤维具有高的正电性,其 Zeta 电位随 pH 值的降低不断升高;随着 PFI 磨浆机打浆转数增加,Zeta 电位和电荷密度明显下降,石棉纤维开始分丝;当打浆转数为 1500 转时,石棉纤维打浆度达到最大值,抄造的石棉胶板的抗张指数最大。

辅料·化学品

钛白粉用作浆内加填的生产实践[刊]/ 乔文峰//纸和造纸．-2005,(2)．-21~22

用于浆内加填的钛白粉的性能、使用技术及效果。

低光泽涂布纸专用球形轻质碳酸钙[刊]/ 王玉珑 ...//中华纸业．-2005,(7)．-49~52

为了获得低光泽的涂布,使用国外开发的球形轻质碳酸钙 SCC 可简化操作。通过实验对比,说明具有白度高,易分散和节约胶黏剂的特点。

矿物复合纤维在纸袋纸及纸板中的应用试验[刊]/ 叶兆飞//中华纸业．-2005,(7)．-65~68

相对于传统的填料,矿物复合纤维对纸张强度的不良影响较小,而且具有容易分散、可提高不透明度和 pH 值的特点。

纳米级二氧化硅在彩色喷墨打印纸涂料中的应用[刊]/王进 ...//中国造纸．-2005,(1)．-6~9

对 2 种高光泽彩色喷墨打印纸进行扫描电镜分析的结果表明,高光泽彩色喷墨打印纸表面存在大量的微孔和裂纹,底涂可以明显改善纸页性能,纳米级二氧化硅能够对纸页提供比较高的平滑度和白度,综合考虑吸收性能、色密度和图像质量,气相二氧化硅更适合做面涂颜料。

中空型塑料颜料乳液的合成及应用[刊]/徐清华 ...//中国造纸．-2005,(12)．-10~13

采用无皂种子乳液聚合技术,制备复合乳液粒子,再经碱处理而得到具有中空结构的塑料颜料。在低定量涂布的涂料中加入此颜料,可使纸的白度、不透明度、光泽度和印刷光泽度均有提高。

阳离子水溶性聚合物对松香的乳化增效作用[刊]/沈静 ...//中国造纸．-2005,(1)．-22~25

就聚酰胺多胺环氧氯丙烷(PAE)、阳离子淀粉(CS)以及聚二烯丙基二甲基氯化铵(PDADMAC)3 种阳离子水溶性聚合物对松香的乳化增效作用进行了初步探讨。实验结果表明,此 3 种聚合物能够在降低低分子表面活性剂用量(用量降至 13.0%)并在减轻低分子表面活性剂负面影响的基础上,对松香起到较为显著的乳化增效作用。

松香-聚胺中碱性施胶的初步探讨[刊]/张健 ...//中国造纸．-2005,(7)．-18~21

聚胺类物质价格便宜,分子质量大,电荷密度高,可以改善松香-硫酸铝施胶体系在中碱性范围内的施胶效果。不但能有效地沉淀松香,还具有助滤作用,和对碳酸钙和铝离子的助留作用。

BCTMP 的特性及对 ASA 中性施胶的影响[刊]/王代启 ...// 中华纸业．-2005,(4)．-33~36

BCTMP 正逐渐取代化学浆进入高级纸张,但由于细小组分较多,对价格相对较低的 ASA 施胶带来不利影响。阳离子助剂的使用和提高白水的硬度有利于改善施胶效果。

阳离子松香施胶剂的研究进展[刊] /张国运//中国造纸．-2005,(10).-57~61

阳离子松香施胶剂由于自身带阳电荷而吸附在纤维上,减少了对明矾的需求,可在近中性条件下使用并可采用碳酸钙作为填料。本文详细介绍了阳离子松香施胶剂的制备方法及国内外的研究状况,并对今后研究工作重点提出了建议和展望。

不同湿强剂对红麻全秆地膜湿强性能比较[刊]/吴星娥 ...//纸和造纸．-2005,(1).-44~46

综合对地膜湿强度和降解性能的要求,比较壳聚糖等化学助剂的使用效果。

CPAM乳液增强剂在漂白麦草浆中的应用[刊] /李建文 ...//中国造纸．-2005,(9).-14~18

实验室自制了水包水型CPAM乳液增强剂,不含油类和表面活性剂,可直接加入浆中使用。对不同应用条件如CPAM乳液用量、反应时间、填料的使用、浆料pH值、剪切强度等的增强效果影响作了深入研究,并探讨了CPAM乳液与廉价增强剂产品的共用效果。

阳离子互穿聚合物网络对纸张的增强作用[刊] /李刚辉 ...//中国造纸．-2005,(4).-13~16

互穿聚合物网络(IPN)是两种或多种交联聚合物通过互相贯穿缠结而成的聚合物共混物,本实验研究了聚酰胺多胺环氧氯丙烷/聚丙烯酸酯顺序互穿聚合物网络的制备方法,及其对纸张的增强作用。

蒸煮助剂在化学制浆中的应用与发展趋势[刊]/吉兴香 ...// 纸和造纸．-2005,(6).-25~28

系统介绍了AQ类、绿氧、CT-1、多硫化物、表面活性剂、磷酸盐等蒸煮助剂的性能和在影响脱木素速率、改善蒸煮质量、提高得率,以及配合深度脱木素技术等方面的作用。

新型化学品添加设备在新闻纸机上的应用[刊] /赵鲲鹏 ...//中国造纸．-2005,(1).-61~62

新型化学品添加设备Trump Jet™靠射流作用把化学品直接喷入浆管,使其与浆快速混合,可以最大程度地发挥化学品的作用,并节约稀释用水。

造纸毛毯的化学洗涤[刊] /张安龙 ...//中国造纸．-2005,(7).-65~66

在不同浓度、不同温度下,实验三种洗涤剂的效果:单独使用碱洗涤剂、碱与单一非离子表面活性剂、碱溶液与复配非离子表面活性剂。结果表明:浓度为3%的Na_2CO_3溶液与非离子表面活性剂OP-10与AEO-9以1:1混合(混合浓度为2%)、使用温度为30℃时,对造纸毛毯的洗涤效果是最好的。

高效复配消泡剂在造纸工业中的应用[刊] /李世彤 ...//中国造纸．-2005,(11).-50~52

利用复配技术,把各种消泡活性成分有机地结合在一起,发挥其协同效应,可增强消泡能力。复配型消泡剂在制浆造纸的不同工段以及涂布、废水处理方面都会起到很好的作用。

废纸及其处理

重视与国外大型废纸回收集团的战略合作[刊]/陈文卫 ...//纸和造纸．-2005,(3).-14~17

作为一种缺乏的资源,废纸应借鉴石油、钢铁等行业的经验,改变传统的购买形式,以战略合作的方式确保废纸资源得到稳定的供应。

数字印刷对废纸回用性的影响[刊]/ 陈庆蔚//中华纸业．-2005,(12).- 70~73

不同厂家、不同品牌数字印刷机的各种喷墨油墨配方,致使在废纸脱墨中表现出很大的差异,对废纸的回用形成现实的和潜在的威胁。对于调色剂油墨的处理,如果能在脱墨和印刷两个环节同时采取措施,则会更加有效。

中国纸业发展对世界废纸市场的影响[刊]/ Bill Moore // 中华纸业．-2005,(11).-74~78

2000年以来,中国变成一个非常重要的废纸消费大国,影响着世界废纸市场的供求格局。北美是中国最大的进口地区,其次是欧洲、日本和澳大利亚。中国已经是美国最大的出口国。国内废纸存在着较大的质量问题,而且回收也处于无序状态。

一种高效新型脱墨去污技术—电场法[刊]/ 颜进华 ...// 中华纸业．-2005,(8).-42

这一专利技术在美国已有多家纸厂使用。基本原理是在管道中放置电极,使废纸中的油墨、胶黏物等失去活力而易于从纤维上脱离,同时还可增加木素分子上的羟基而提高纸张强度。

脱墨浆生产设备的优化与改进[刊]/泰格林纸集团脱墨车间设备组// 中华纸业．-2005,(12).- 54~56

泰格林纸集团对为进口20万吨纸机配套的300吨/日废纸脱墨生产线进行了一系列的技术优化与改进后,操作稳定,质量提高,产量提高了30%以上。

再生纤维热分散系统的性能比较[刊]/ 张素风 ...//中华纸业．-2005,(11).-52~54

用来除去废纸中胶黏物主要有盘式和辊式两种热分散系统。盘式虽然要求在较高的温度下操作,但是效果较好,所以应用更加广泛。

废纸处理设备的新进展[刊]/ 陈庆蔚//中华纸业．-2005,(2、3、4).-41~45,36~40,38~43

近一、二十年来,废纸的价格升高而质量下降,促使废纸处理技术适应发展。本文介绍了鼓式碎浆、高浓碎浆、细缝/楔型棒筛选、轻杂质逆向除渣、新式浮选、洗浆和搓揉等新型设备的特性和改进情况。

废纸脱墨浆生产擦手纸的染色调色实验[刊]/刘瑞恒 .../中国造纸. - 2005,(2). - 17 ~ 19

用废纸脱墨浆生产彩色擦手纸,可通过染色、调色的方法解决成纸的外观质量。实验结果表明,添加直接大红对废纸脱墨浆进行染色,然后添加品蓝或碱性紫进行调色,可取得较为满意的染色效果。

浮选脱墨流体动力学的基本过程及主要参数[刊]/陈嘉翔//中国造纸. - 2005,(2). - 44 ~ 48

浮选脱墨流体动力学的基本过程是:废纸浆充气形成气泡,油墨粒子与气泡碰撞形成油墨粒子-气泡黏附体(油墨泡沫),油墨泡沫从纤维悬浮液中分离。油墨粒子大小、空气比率、气泡大小等都是影响浮选的一些参数。

非接触印刷废纸的碱法热预处理脱墨研究[刊]/李新生 ...//中国造纸. - 2005,(4). - 17 ~ 19

典型的非接触印刷是以热塑性树脂油墨经高温固化在纸张上,其废纸在碱性脱墨时呈片状脱落的油墨难以筛除或浮选出。本实验提出碱法热预处理脱墨工艺,采取美废中的静电复印纸和激光打印纸为样本,认为关键要严格控制碱的用量,使油墨既脱离完全,又不至于大片脱落而影响浮选效果。实验结果表明,当脱墨剂用量0.4%,用碱量2.0%,热预处理时间80分钟,热预处理浓度15%,碎浆时间40分钟时,脱墨后的白度能够达到85.4%ISO,尘埃度9.2 毫米^2/米^2,可脱墨因子达到99.61%。

阳离子聚合物对混合办公废纸脱墨效果的影响[刊]/张世杰 ...//中国造纸. - 2005,(7). - 25 ~ 28

在混合办公废纸(MOW)脱墨过程中添加阳离子聚合物后,可明显改变脱墨分散体系的Zeta电位、接触角、吸光率、透射率等参数,有助于保持脱除油墨粒子的较佳胶体化学环境而提高浮选效果。3种阳离子聚合物对脱墨浆残余油墨量和白度值的影响程度依次为CPAM > PAC > CS。其中,当添加用量0.05%的CPAM时,残余油墨量减小66.77%,白度增加5.2个百分点。

废纸浆水中胶黏物的凝聚理论及其应用[刊]/陈嘉翔// 中华纸业. - 2005,(5). - 34 ~ 37

根据黏结功理论,废纸中胶黏物沉积、凝聚危害的程度取决于界面之间的表面能即表面张力,在印刷、包装中选用适当的材料以降低废纸中胶黏物含量是根本的解决方法。

采用ATC和助留剂控制废纸浆微胶黏物含量[刊]/王立军 ...//中国造纸. - 2005,(10). - 7 ~ 9

废纸浆微胶黏物控制难度大,危害严重,具有高电导率和高阴离子性特征。本研究利用聚二甲基二烯丙基氯化铵(PDADMAC)作为阴离子垃圾捕捉剂ATC,丙烯酰胺和丙烯酰氧乙基三甲基氯化铵的阳离子共聚物[P(MC - AM)]作助留剂,试图为解决废纸浆微胶黏物寻找一条较好的途径。

木聚糖酶用于旧书刊纸脱墨的研究[刊]/张素风 ...//中国造纸. - 2005,(10). - 13 ~ 16

探讨了木聚糖酶的脱墨能力,优化的脱墨工艺条件是:木聚糖酶用量5%,碎浆时间为40分钟,碎浆pH值9.0。研究结果表明,酶法脱墨浆比化学法脱墨浆有较好的可漂性。酶法脱墨有利于二次纤维成纸强度的维持和提高,且木聚糖酶脱墨浆要优于纤维素酶脱墨浆,但其脱墨浆的油墨含量高、白度低。

脱墨浆高白度漂白初步研究[刊]/胡惠仁 ...//中国造纸. - 2005,(3). - 5 ~ 7

为了能在SC纸中使用二次纤维(主要是旧新闻纸脱墨浆)而研究其脱墨浆漂白。结果表明,二段漂白是必要的,采用螯合剂预处理的H_2O_2-FAS两段漂白效果优良,白度增值达到11.9%ISO,浆料最终白度可达66.6%ISO。

废纸袋纸浆氧脱木素的实验[刊]/李新生 ...//中国造纸. - 2005,(3). - 8 ~ 10

为使废纸袋纸浆易漂,进行了单段氧脱木素和H_2O_2强化氧脱木素的实验。结果表明,在浆浓10%条件下,NaOH用量3.0%,氧压0.6 MPa,温度110℃,反应时间60 min。如此,卡伯值可降低48.4%,纸浆卡伯值在11左右;而经过H_2O_2强化的氧脱木素可使废纸袋纸浆的卡伯值降低52.5%,纸浆卡伯值在10左右。

制浆造纸工艺研究

芦苇乙二醇制浆的研究[刊]/ 李万利 ...// 中华纸业. - 2005,(1). - 30 ~ 32

常压下利用乙二醇在硝酸和催化剂的作用下蒸煮芦苇,在适宜的条件下可以很好地分离纤维素和木素,得到纯净的纤维。乙二醇是可以回收的。

芦苇乙醇法分离木素制浆研究[刊]/ 李万利 ...//中华纸业. - 2005,(7、8、11、12). - 30 ~ 33,32 ~ 34,42 ~ 44,41 ~ 44

在乙醇和催化剂的常压蒸煮作用下,研究芦苇分离木素制浆不同蒸煮时间的优化条件,为溶剂制浆的工业化做准备。乙醇木素分子质量远大于碱木素,且有较高的集中度。

岩兰草制浆性能的初步评价[刊]/ 刘晓波 ...//纸和造纸. - 2005,(4). - 57 ~ 59

禾本科植物岩兰草由于在水土保持方面的特性,

具有一定开发利用价值,生物量大,纤维形态和制浆性能好于一般草类原料。

非木材纤维原料的 Milox 制浆方法的研究[刊]/于洪祥 ...// 中华纸业 . – 2005,(6). – 31 ~ 34

本实验研究一种以甲酸和过氧化氢为蒸煮剂的制浆方法,介绍了该方法的优点,讨论了不同工艺参数对蒸煮结果的影响。认为此方法还有待于改进,以提高脱木素的程度。

棉短绒制浆新工艺[刊]/唐继福 ...//纸和造纸 . – 2005,(1). – 42 ~ 43

针对棉短绒的纤维特性,提出 NaOH-H_2O_2 在蒸球内一次完成蒸煮和漂白的新工艺。

硫酸盐法红麻浆的中浓少污染漂白研究[刊]/于冬梅 ...// 中华纸业 . – 2005,(6). – 38 ~ 40

红麻化机浆漂白的研究已经做过很多,本文对红麻全秆化学浆进行高白度漂白的研究。提出的漂白方案是中浓 OHQP 流程,白度可达 85%SBD。

APSP 棉秆白浆和 ASP 本色棉皮、棉秆化机浆的研制[刊]/聂勋载 ...// 中华纸业 . – 2005,(9). – 32 ~ 35

主张棉秆、棉(秆)皮分别制浆,这样可以为棉皮浆开发出更好的用途。实验证明可以用 ASP 法生产高强瓦楞原纸。而棉秆可以通过 APSP 法生产漂白纸浆,用于一般文化用纸和生活用纸。如果全秆制浆,用 ASP 法只能生产 B 级瓦楞原纸。

KP 竹浆 TCF 漂白工艺条件探讨[刊]/杨玲//中国造纸 . – 2005,(4). – 5 ~ 8

将四川产的慈竹制取的 KP 浆依次进行氧脱木素(单段、两段)和酸处理、螯合剂的联合预处理。然后分别采用常规的 H_2O_2 补充漂白和用氧加压的 H_2O_2 漂白,流程分别为 OAQP 和 OAQPO。OAQP 的白度可达 75.2%SBD,OAQPO 可达到 83.8%SBD。

Soda-AQ 法蔗渣浆压力过氧化氢漂白[刊]/邱玉桂 ...//中国造纸 . – 2005,(6). – 5 ~ 9

纸浆的无污染漂白受到金属离子的严重制约,因此提出漂前用硫酸对浆料进行预处理以去除部分离子,并在漂白时添加适当的助剂加以控制。最佳的漂白条件是:温度 80℃,氧气压力 0.9MPa,漂白时间 1 小时。

光叶楮白皮制浆方法的比较及亚铵制浆工艺的优化[刊]/何洁 ...//中国造纸 . – 2005,(5). – 4 ~ 7

采用烧碱-AQ 等四种方法,研究人工种植的光叶楮白皮制化学浆,结果说明亚铵法最佳。在用铵量 18%,尿素 5%,蒽醌 0.15%时,粗浆得率为 50.3%,高锰酸钾值为 3.24。

几种非木纸浆的 DQP 漂白[刊]/詹怀宇 ...//中国造纸 . – 2005,(4). – 1 ~ 4

以我国 4 种主要的非木纸浆(麦草浆、芦苇浆、蔗渣浆和竹浆)为对象,进行了无元素氯短程漂白 DQP 的研究。研究结果表明,在 D 段有效氯用量仅为 1.0% ~ 1.5%,P 段 H_2O_2 用量为 1.5% ~ 2.0% 的情况下,4 种非木纸浆经 DQP 漂序均可漂到 83%ISO 以上。与传统的 CEH 漂白相比,DQP 漂白浆的黏度和强度高,白度稳定性好,废水污染负荷低。

漆酶/碳源系统预处理对稻草蒸煮性能的影响[刊]/尤纪雪 ...//中国造纸 . – 2005,(2). – 7 ~ 10

在漆酶中添加少量碳源低碳糖组成的漆酶体系可代替昂贵的由 ABTS 组成的漆酶体系对稻草进行预处理,预处理最适条件为 pH 值 5.0,温度 45℃,液比 1:7,时间 4 ~ 6 小时,酶用量 20 ~ 30 IU/g;与未处理相比,当酶用量为 30 IU/g,时间 4 小时条件下,预处理后蒸煮的浆料得率提高 4.6 个百分点,裂断长、耐破指数、撕裂指数和白度分别提高 34.2%、23.8%、78.6% 和 4.6%SBD。

纤维素酶改善漂白麦草浆滤水性能的作用机理[刊]/龚木荣 ...//中国造纸 . – 2005,(3). – 1 ~ 4

麦草浆中小于 0.25 毫米的细小纤维容易被纤维素酶酶解,使浆料纤维的数均长度提高,这种酶解及浆料滤水性能的提高主要发生在酶处理的前 30 分钟内,其间通过 200 目筛的浆料损耗量约为 0.4%,细小纤维数量减少 8 个百分点,纤维数均长度提高 15.4%。纤维素酶还对打浆后形成的分丝、细小纤维、裸露的羟基、非结晶区和胶性物质等发起攻击,从而改善滤水性能。

钼酸钠催化的麦草浆酸性 H_2O_2 脱木素[刊]/张爱萍 ...//中国造纸 . – 2005,(11). – 1 ~ 4

对麦草酸性条件下钼酸盐 H_2O_2 脱木素的条件进行了探讨,旨在为现有工艺设备条件下寻找新的低氯或无氯漂白做好前期工作。实验结果表明,在酸性条件下采用 Na_2MoO_4 催化 H_2O_2 脱木素能够有效降低麦草浆的卡伯值,降低率达 47.6%,使纸浆白度提高 6.4%ISO,并有助于改善纸浆的强度。

木聚糖酶处理工艺对麦草浆漂白性能的影响[刊]/毛连山 ...//中国造纸 . – 2005,(7). – 6 ~ 9

木聚糖酶有助于纸浆中的半纤维素的分解和清除沉积在纤维表面的木聚糖,使木素易于离解或更好地接触漂剂,这一生物技术推动了无氯漂白的推广应用。通过利用自制木聚糖酶制剂对麦草浆漂白性能的影响的研究,得到木聚糖酶处理的最佳工艺条件为:温度 45℃,pH 值 5.4 ~ 6.5,浆浓 5%,处理时间 60 分钟,酶用量 5 IU/g 浆。漂前或漂后酶处理均可不同程度地提高浆料的白度和强度，同时得率下降。

竹浆木聚糖酶预处理对常规 CEH 三段漂的影响[刊]/ 黄显南 ...// 中华纸业 . -2005,(10). -42~43

木聚糖酶可降解浆中的木聚糖，破坏木素与碳水化合物的连接。用 Pulpzyme HC 木聚糖酶对柳江造纸厂的硫酸盐竹浆进行预处理后，可减少 11.76% 有效氯，显著地提高强度，减少污染负荷。

新疆杨 AHP 法与 KP 法制浆性能对比研究[刊]/ 许凤 ...// 中华纸业 . -2005,(5). -31~33

沙生乔木新疆杨是优良的生态树种，实验也说明了是优良的造纸原料。通过 AHP 法与 KP 法制浆性能对比研究，两者制浆质量相当，而 AHP 法属于无硫制浆。

速生杨树龄及品种对 APMP 制浆的影响[刊] /龙柱 ...//中国造纸 . -2005,(1). -10~12

研究对比三倍体毛白杨和中林杨 107 的 APMP 制浆性能。结果表明：前者的制浆价值略低于后者；5 年生比 3 年生的 APMP 浆物理性能要好。混合使用 5 年生三倍体毛白杨和中林杨制备 APMP 浆，其 APMP 浆物理性能与二者的混用比例关系不大。

三倍体毛白杨 KP 纸浆 TCF 漂白的研究[刊]/ 刘玉 ...// 中华纸业 . -2005,(7). -34~36

三倍体毛白杨 KP 纸浆通过全无氯的 OQP 漂白，可以达到 80%ISO 以上的白度和较高的强度。

三倍体毛白杨 APMP 浆在高档铜版纸中的应用研究[刊]/ 孙利军 ...// 中华纸业 . -2005,(11). -49~51

以 35% 的三倍体毛白杨 APMP 浆配抄 A 级铜版原纸，其物理强度和光学性能均达到或超过国家对 A 级铜版纸的要求。由于对抗光老化性能稍有影响，故最适宜抄制涂布纸。

酸化处理抑制杨木 APMP 返黄的研究[刊]/ 池东明 ...//中华纸业 . -2005,(6). -41~43

分别用草酸、盐酸和硫酸对杨木 APMP 浆进行酸化处理，比较在不同 pH 值下对其干/湿热致返黄的抑制作用。证明酸化处理能提高杨木 APMP 浆的白度和白度的稳定性，其中草酸效果最好。

马尾松纤维细胞腔加填的研究[刊]/ 夏庆根 ...// 中华纸业 . -2005,(8). -55~57

细胞腔加填既可增加留着率，又不至降低纸张强度，是湿部化学的新领域。低打浆度、适度搅拌、高的填料浓度和适当的浆浓，以及 CPAM 助剂都能够提高胞腔加填量。

真空浸渍蒸煮制浆工艺[刊]/ 杜煜 ...//纸和造纸 . -2005,(6). -50~53

真空浸渍可加速传质过程，具有改善蒸煮匀度、节约制浆能耗等特点。

彩色喷墨打印纸的研究[刊] /杨宁 ...//中国造纸 . -2005,(1). -1~5

介绍了彩色喷墨打印纸的光学性能、油墨吸收/扩散性能、防透印性能和耐水性能的检测方法。颜料的种类和性能接影响彩色喷墨打印纸的性能，比表面积大、粒径小的二氧化硅有高的吸墨性和图像分辨率；而胶黏剂的种类和用量对彩喷纸的光密度、吸墨性能影响较大，PVA 是较适合的胶黏剂。

汽车用梯度结构过滤纸的研制[刊] /梁云 ...//中国造纸 . -2005,(8). -18~21

针对国内高档过滤纸的市场空白，研制以两种纤维原料并在 Z 方向上密度呈梯度分配的过滤纸。运用扫描电子显微镜、库尔特孔径仪、激光共聚焦扫描显微镜结合图像分析技术对自制的梯度结构过滤纸的结构进行了研究。梯度结构的粗糙面有利于形成蓄污空间，继而进行深层过滤，很好地解决了过滤阻力与过滤精度的矛盾。

利用计算机测色系统优化彩喷纸涂层配方[刊] /张美云 ...//中国造纸 . -2005,(4). -9~12

利用计算机测色系统可以准确地判定彩色喷墨打印的质量，在不同涂布工艺下进行涂布，然后利用该系统对成纸打印效果进行评价，从而提出涂料配方的优化条件。

含硅聚氨酯加固保护纸质文物的可行性[刊] /徐方圆 ... //中国造纸 . -2005,(4). -26~28

以双羟基 4 配位硅化合物和 HDI 三聚体为主要原料合成的含硅聚氨酯，涂于模拟纸样。通过对其外观、厚度、抗张强度、耐折度和耐酸水解及干热老化等性能的观察测试，综合评估了其加固保护的作用。加固保护后纸纤维之间仍保持着松散的网孔结构，外观及质感无明显变化。

预涂纸的吸水性能对涂布纸性能的影响[刊] /刘金刚 ...//中国造纸 . -2005,(8). -4~8

通过变化预涂配方的颜料组合和胶黏剂体系，考察了预涂纸对成纸物理性能的影响。采用超声波动态渗透、AA-GWR 保水和表面吸收重量法研究了预涂纸与水及涂料间的相互作用。结果显示，预涂纸的吸水性对涂布纸性能有重要影响，总的趋势是随着预涂纸吸水性的降低，面涂纸平滑度、光泽度、印刷光泽度增加，印刷表面粗糙度、可压缩性、油墨吸收性降低，但这种影响的差异性在压光后明显减小。

细菌纤维素纤维对纸张性能的影响[刊] /修慧娟 ...//中国造纸 . -2005,(3). -14~17

细菌纤维素具有比植物纤维素更为突出的特点，

具有大规模生产的潜力。细菌纤维与植物纤维混合抄片的实验表明,人工培养出的细菌纤维素湿膜经过分散处理后可以成浆,即细菌纤维素纤维,与植物纤维结合通过搭桥等作用,可赋予纸张新的性能。

蚕丝制浆造纸性能初步探讨[刊]/王建...//中国造纸.-2005,(9).-76~77

蚕丝具有保鲜、吸毒等特殊功能。蚕丝经脱胶后,可以进行打浆并与植物纤维配抄。蚕丝与棉纤维配抄,可以提高纸张透气性能;当其添加量不超过8%时,还可以提高纸张的抗张强度及耐折度。

制浆造纸技术介绍与实践

胶原纤维及其在造纸行业中的应用[刊]/张美云...//纸和造纸.-2005,(6).-70~72

从皮革加工废弃皮料中,以机械、水解和氧化等方法分离出胶原纤维,可用来做造纸增强剂,用来制造特种壁纸及其他特殊用纸,也可以用造纸的方法生产再生皮革。

漂白高得率化学机械浆综述[刊]/周亚军...//中国造纸.-2005,(5).-51~60

高得率化学机械浆有三种主要的类型,BCTMP、APP或APMP、PRC。中国的高得率化学机械浆起初只有APP或APMP,随着生产规模逐渐加大,新建的系统转向于采用设备投入虽高但是运行成本较低的BCTMP和PRC而和世界接轨。漂白高得率化学机械浆在新闻纸和包装纸板中的应用已很普遍,正在进入不含机械浆产品而挑战化学浆。

国外杨木高得率浆生产介绍[刊]/杨伯钧//纸和造纸.-2005,(6).-79~83

介绍欧美几家有代表性的杨木高得率浆CTMP和APMP(或APP)生产厂的生产和改造情况,其大部分产品为商品浆,供应不同游离度的产品。

无元素氯漂白与全无氯漂白[刊]/邝仕均//中国造纸.-2005,(10).-51~56

讨论了无元素氯漂白ECF和全无氯漂白TCF技术发展的背景及其工艺特点,介绍了无元素氯漂白技术的最新进展。对ECF和TCF的争论意见主要集中在哪种工艺在环境影响、纸浆质量、生产成本方面更有优势。实际上,ECF在市场占有率方面更高,发展更为迅速。而建立灵活的漂白系统,使之既可以采用ECF,又可以采用TCF,应是新建浆厂漂白车间的一种两全其美的选择。

无光和亚光涂布纸及其发展趋势[刊]/王玉珑...//中国造纸.-2005,(9).-53~56

无光和亚光涂布纸在较低的纸页光泽度下,具有较高的印刷光泽度和印刷质量,不炫光而易于阅读。文中就无光和亚光涂布纸的消光原理、涂层结构、生产方法及其在国内外的发展状况进行了综述。

湿部阴离子垃圾问题及其对策[刊]/苏振华...//中华纸业.-2005,(7).-37~40

阐述在现代化的抄纸作业中阴离子干扰物质的来源、性质、测定、危害及其对策。

农业用特种纸[刊]/庾莉萍//纸和造纸.-2005,(1).-63~64

介绍了园艺、遮光、保墒、保鲜等农业纸的用途。

白卡纸的品质功能和制造技术[刊]/杨伯钧//纸和造纸.-2005,(5).-5~9

白卡纸应具有保护、装帧、加工和卫生保鲜等功能和相应的品质,应有与其相适应的制造工艺和装备。

改进涂布纸质量的探讨[刊]/曹邦威//纸和造纸.-2005,(2).-7~13

从原纸、涂料和施涂技术三方面分析对涂布纸质量的影响,强调涂层结构对质量的影响,介绍其测量技术。

纸张防涂改的办法[刊]/杨波...//纸和造纸.-2005,(3).-84~85

针对机械和化学涂改的犯罪,在造纸工艺中防涂改的途径主要是采取超薄纸技术、化学加密和微胶囊技术。

轻型胶版纸的开发[刊]//李胜树/纸和造纸.-2005,(4).-13~15

轻型胶版纸节约纤维,印刷效果好于普通胶印纸,具有广阔的商机。抄制时应注意解决低松厚度带来的矛盾。

盛极一时的中国外销壁纸[刊]/袁宣萍//包装世界.-2005,(3)

17世纪到19世纪初,中国广州一带生产的壁纸风行西方世界,物美而价廉,是西方的生产与中国的传统文化与技艺的完美结合。

麦草爆破法制浆的生产实践[刊]/张琳...//纸和造纸.-2005,(4).-16

陕西圣洋纸业有限公司的50吨/天间歇爆破生产线,产品用于生产纸板。

青檀皮浆的生产实践[刊]/朱正海//纸和造纸.-2005,(1).-25~26

介绍以青檀树皮制造宣纸用浆的非手工工艺。

超薄高密度纸试制的体会[刊]/屠恒忠//纸和造纸.-2005,(1).-13~15

原料中粗厚的干毯羊毛是造成羊毛压碎主要原因。

覆铜箔层压板原纸生产工艺的研究及实践[刊]/李鸿魁 ...//纸和造纸 . -2005,(1). -16~17

印刷电路需要的覆铜箔板(CCL),其原纸制造难度较高,本文列举了原纸生产的质量控制关键措施和技术方案。

彩色卡纸的生产探讨[刊]/万洪安 ...//纸和造纸 . -2005,(1). -18~19

一种用于书刊装帧和高级包装的纸品的制造工艺,重点介绍染色工艺。

用高配比竹浆生产高白度书写纸[刊]/唐红梅//中国造纸 . -2005,(1). -26~28

广西柳江造纸厂用45%~70%的高配比竹浆生产的书写纸除两面差外,其他各项指标均达到或超出企业A级质量标准,白度可达75.1%~77.9%ISO,能耗及生产成本有所降低。

一种新的麦草半化学浆生产工艺[刊]/李文龙//中国造纸 . -2005,(5). -42~43

介绍山东某厂采用连续蒸煮、高浓磨浆的麦草半化学制浆工艺。高浓磨浆动力消耗低,对纤维的损伤小,磨浆浓度35%,磨浆机和提取用的单螺旋挤浆机是从安德里兹引进的。

苇浆双塔氧脱木素的生产实践[刊]/李友明 ...//中国造纸 . -2005,(6). -29~31

在实验室小试的基础上在新疆进行了150吨/天规模的苇浆脱木素/漂白的生产性试验,双塔氧脱木素分段投入氧气,可减轻对纤维素的损伤,木素脱除可达50%以上,配合OHMP漂白系统,可漂到85%ISO以上,而且有较好的环境效益。

NaOH-AQ麦草浆二氧化氯漂白的工业生产试验[刊]/王少光 ...//中国造纸 . -2005,(5). -34~37

实验室实验和在山东太阳纸业进行的工业化生产试验都表明,HD/H两段漂对NaOH-AQ麦草浆有良好的漂白效果。与CEH相比,明显降低污染负荷和用水量,强度指标提高,运行成本下降。

DDS™置换蒸煮系统RDH间歇蒸煮技术新进展[刊]/丁仕火 ...//中国造纸 . -2005,(6). -62~63

DDS™是在原Beloit公司的低能耗蒸煮的基础上改良而来的新技术。广东鼎丰纸业有限公司首次引进RDH后,最近进行了改造,升级成DDS。后者在节能、环保、提高蒸煮质量、对原料的适应性和操作便利等诸多方面显示出了更多的优势。

蔗渣低压蒸汽爆破法制浆实验[刊]/杨崎峰 ...//中国造纸 . -2005,(8). -9~12

通过蔗渣低压蒸汽爆破法制浆的中试研究,确定了最佳的中试爆破工艺;分析了爆破压力、药品用量和液比等对成浆物理性能的影响;爆破浆污染负荷低,与CTMP相当,但可漂性较差。

全漂白硫酸盐马尾松绒毛浆的生产[刊]/周茂贤//中国造纸 . -2005,(2). -30~32

总结了广西贺达纸业公司利用全漂白马尾松硫酸盐浆加工生产绒毛浆的加工工艺和生产控制要点,并针对存在的问题提出质量改进措施。

设备·器材·自动化

我国制浆造纸制造业的进步及面临的任务[刊]/陈克复 ...//纸和造纸 . -2005,(增刊). -5~10

与纸业的发展相适应,设备制造业经历了20年的调整之后,现在开始走上快速发展和跨越式技术进步的行程,取得多方面的突破性成就。在节水、清洁生产设备和大中型造纸机及其配套设备方面,是下一步需要努力开发研制的课题。

把握产业发展规律增强企业竞争优势—对我国制浆造纸设备制造业发展的若干战略思考[刊]/胡楠//中华纸业 . -2005,(10). -6~14

认清制浆造纸设备制造业产业经济技术特征和发展趋势,把握战略机遇,增强企业的竞争优势。制度创新是推动科技创新的动力和运行机制,政府的正确定位是其关键。

目前我国新闻纸工业的技术装备[刊]/王金昌//纸和造纸 . -2005,(增刊). -43~46

追溯我国新闻纸装备发展的三个历史阶段,从纸机、制浆、清洁生产方面介绍目前新闻纸制造的新型装备。

商业木片洗涤系统的应用[刊]/曹盛灶//中国造纸 . -2005,(6). -35~38

介绍青山纸业木片洗涤的设备和流程。

双螺杆磨浆机及其研究综述[刊]/冯振华 ...//中华纸业 . -2005,(8). -46~49

双螺杆磨浆与传统的盘式磨浆有着完全不同的工作机理,具有能耗低、质量好、用水少的特点。

高速洗浆机的特性及其应用[刊]/赵黎 ...//中华纸业 . -2005,(6). -44~46

这是一种国内自行开发的洗浆机,已在山东滕州博文纸业成功运行。浆料在无编织网上不会形成厚的浆层,因此有利于油墨粒子和填料的排出;对浆料的挤压作用可以有效地排除水分,洗涤和浓缩同机进行。适用于处理废纸浆。

新型双辊挤浆机的结构及性能[刊]/张国庆//中华纸业 . -2005,(10). - 46~48

由潍坊扬帆机械有限公司等开发的新型双辊挤浆

机集洗涤、脱水、置换和压榨于一体，适用于制浆废液提取和浓缩，以及二次纤维的洗涤和浓缩。

鼓式真空洗浆机低位布置设计探讨[刊] /陈安江 ...//中国造纸．-2005,(6)．-59~61

鼓式真空洗浆机的水腿高度取决于所需的真空度、滤液流速和密度，采取增加真空系统和其他措施，可使洗浆机降低为二层或一层布置。如此可节省土建投资50%或75%，改善洗涤能力和效果，真空系统增加的动力消耗可通过低位布置节约的泵送电力得到补偿。

预挂式真空过滤机的生产运行[刊]/ 马贤飞//纸和造纸．-2005,(增刊)．-64~65

南宁凤凰纸业从原Ahlstrom引进的预挂式真空过滤机的生产运行情况，常见故障和存在问题。

中浓纸浆漂白过程混合技术的研究[刊]/李军 ...//中国造纸．-2005,(12)．-1~5

混合器的工作原理就是通过转子的高速旋转，给流经混合器内的纸浆及漂白剂施加足够的剪切力，以破坏中浓纸浆中的纤维网络，使纸浆处于流体化状态，达到漂白剂均布在纸浆中的目的。

漂白用工业成套ClO_2制备装置的研发[刊] /陈祥衡//中国造纸．-2005,(7)．-34~37

所研制的造纸漂白用工业成套ClO_2制备法采用R11的配方，以H_2O_2作还原剂，依次在三个衬搪玻璃的碳钢的反应器中进行负压曝气反应。通过曝气使反应母液得到搅拌。实际运行结果表明，该装置转化率高、产品纯度高、操作简便、易控制、生产稳定性好，技术经济指标接近或达到国际先进水平，对材料和制造的要求不高，符合国情。

纤维分级筛的开发和应用[刊]/ 王国焰 ...//纸和造纸．-2005,(6)．-21~22

吸收国外技术研制的纤维分级筛，在废纸处理中得到越来越广泛的应用。

内置式电磁烘缸干燥装置[刊]/ 王正顺 ...// 纸和造纸．-2005,(增刊)．-49~51

电磁烘缸结构简单，热效率高，投资少，安全，容易控制，具有很好的市场前景。

紧凑型造纸机湿部系统[刊]/ 李海明 ...//中华纸业．-2005,(11)．-38~41

该系统采用紧凑型POM技术，拥有包括离心脱气泵、新型上浆系统和伏辊池等方面的多个专利设备，可改进造纸过程的响应性和稳定性，提高生产效率，有利于品种的调换。世界已有25套这类系统成功地使用。

Voith新技术在华泰PM11上的应用[刊]/ 田辉 ...//中华纸业．-2005,(1)．-27~29

VOITH为华泰提供的11号纸机年产能力18万吨轻质胶版纸，是在总结PM9、PM10纸机的基础上研制的，多处采用最新技术。

薄页纸机压榨的几种形式[刊] /李洪军 ...//中国造纸．-2005,(11)．-61~63

介绍了薄页纸生产中常采用的几种压榨形式。

涂布设备发展现况[刊]/ 张熙// 纸和造纸．-2005,(2)．-78~81

涂布机的类型，国内外涂布机的发展状况。

国产双区软辊压光机结构及安装调试[刊]/ 彭万桃 ...//纸和造纸．-2005,(1)．-31~34

解决了在原有机台上以双区软压光取代硬压光遇到的一些安装和调试方面的问题。国产机台价格便宜，使用实践说明可使整饰质量明显提高。

微晶脱水元件[刊]/ 吴明华//纸和造纸．-2005,(1)．-35~36

连续压延、晶化生产的微晶材料，是由晶相和玻璃相组成的板材，做成的脱水元件整体性好，耐磨，摩擦系数低，价格适中，可大大延长网的寿命，节约能耗。

一种新型热泵系统及其控制方案[刊] /刘清 ...//中国造纸．-2005,(8)．-37~40

该系统采用美国GANDER的热泵硬件，能提供可靠的冷凝水排放、最大的传热效率和有效的蒸汽使用，正常运转和断纸时都将提供可靠控制。已在浙江富阳的多家纸厂成功实施。

纸机变频传动操作器的研究与开发[刊]/ 许德玉 ...//中华纸业．-2005,(7)．-57~59

作者新开发的数字型操作器具有一般数字型产品抗干扰好，调节灵敏的特点，而且造价便宜。本文介绍了其软、硬件的配置和工作原理。

实施状态监测 建立纸机预测性维修体系[刊]/ 路奎华//纸和造纸．-2005,(2)．-41

采用SKF在线监测系统和分析软件对纸机实施预测性维护的实践。

宽幅纸机毛毯张紧辊特征故障振动频谱研究[刊] /张辉 ...//中国造纸．-2005,(10)．-42~44

利用在线监测系统对某高速宽幅纸机压榨部毛毯张紧辊的动态运行过程进行了实时监测，并对获得的故障振动频谱进行了探讨。研究表明：毛毯张紧辊的部件结构类似于普通压榨辊体，具有一些相似的故障行为特征；但运行过程中由于受较大的毛毯张紧力作用，特别是在宽幅纸机上，横向毛毯收缩松紧的不一致度相对较大，是有别于压榨辊的。劣化过程中所表现出的额外轴向窜动力所引起的磨损也是其特有的故障。

国产在线白度传感器及其应用[刊]/ 张占波...// 纸和造纸．-2005,(增刊)．-77~78

介绍华南理工大学研制的白度传感器 PRT-1000 的测量原理和在不同漂白生产线上的使用实例。

造纸自动化方面的创新趋势[刊]/ Wolfgang bamberger...// 中华纸业．-2005,(8)．-30~31

造纸机自动化技术的趋势表现在1)传感器与设备整合,控制更注重于过程;2)可供数据整合的信息系统应运而生;3)质量控制和工艺控制日益通过 DCS 工具来实现。

PLC、DCS、FCS 三大控制系统的特点和差异[刊]/ 黄明铸//中华纸业．-2005,(4)．-48~50

作为工业控制中使用的三大系统,PLC、DCS、FCS 是顺序发展而来的,各有其不同的特点和差异,然而也在逐步互相借鉴和靠拢。

国内制浆造纸自控及仪表的现状与发展趋势[刊]/王英...//中华纸业．-2005,(12)．- 59~63

20 世纪 80 年代开始,PLC 逐渐得到广泛的应用,随着企业规模大型化的发展,DCS 应运而生,而纸机电器传动的控制和 QCS 多采用进口装置。

造纸现场总线的抗干扰问题[刊]/ 张金顺//中华纸业．-2005,(1)．-48~50

现代化的纸机系统,其总线的抗干扰性能影响着纸机正常稳定地运行。本文介绍了干扰源、干扰传播途径和预防及解决措施。

造纸废水 COD 连续监测可行性探讨[刊]/万金泉...//中国造纸．-2005,(8)．-22~23

采用法国 AWA 在线 COD 监测仪对造纸废水 COD_{Cr}进行连续在线监测,并研究了进水流量、进水水质及加药量对出水 COD_{Cr}的影响。实验结果表明,连续测定的 COD_{Cr}值与化学法可以很好地吻合。

线阵 CCD 相机在纸板机上的应用[刊] /刘磊//中国造纸．-2005,(12)．-63~64

日照森博的 1 号纸机,利用 5 台线阵 CCD(charge coupled device)相机,在纸板通过时采集各种纸病信号,然后输入到处理器计算并给出这些纸病的尺寸和发生的位置。籍此,可大大减少纸病对质量和操作造成的不良影响。

基于智能检测和前馈控制的黑液浓度控制[刊] /李艳...//中国造纸．-2005,(2)．-43~45

在不使用在线测量仪表的前提下,提出了造纸工业碱回收蒸发工段出站黑液浓度的一种间接控制方案,并在河南某厂得到成功的应用。

基于互相关理论的纸浆流量测定新方法[刊] /周强...//中国造纸．-2005,(7)．-29~33

针对高位箱和电磁流量计的成本高、精度低和使用有局限等问题,推出一种新型流量软检测技术。通过对 2 个采样点间浓度信号互相关函数的计算和相关函数最大值的寻优,从噪声干扰中提取有用信号,以此计算出流速和流量。

软测量技术在造纸工业中的应用[刊] /王孟效...//中国造纸．-2005,(11)．-46~49

重点介绍了近年来国内制浆造纸过程中软测量技术研究和应用的典型成果——蒸煮卡伯值、打浆度、在线黑液波美度和纸张水分等项目的软测量技术。

DCS 实现造纸厂节电的研究[刊] /周海君...//中国造纸．-2005,(10)．-45~47

利用 DCS 具有算法灵活、通讯能力强大等优势,可在节电方面发挥其潜能。通过对工艺程序、电机开停进行精细控制,控制算法的改进,控制回路协调性的增强等方面达到节电的目的。

环境·循环经济·碱回收

重视对造纸厂有害空气污染物的治理[刊]/ 曹邦威//纸和造纸．-2005,(4)．-40~42

城镇化的结果使纸厂逐渐为居民区所包围,空气质量变得敏感。收集臭气、避免或减少使用硫化钠和针叶木材、加强燃煤粉尘和脱硫的处理,都是可行的措施。

序批式生物膜反应器工艺处理废水简报[刊]/ 陈壁波...//纸和造纸．-2005,(3)．-71~74

SBBR 集曝气、沉淀、澄清于一池,操作灵活,节省基建费用,更因膜的生成,使操作稳定,污泥量减少,可望在中小造纸行业中得到广泛应用。

超临界水氧化技术处理造纸污泥的近况[刊]/ 李志健...//纸和造纸．-2005,(5)．-41~43

在高温高压的超临界状态下,有机物迅速氧化分解,超临界水氧化 SCWO 技术有望用于造纸污泥处理。

膜分离技术在制浆造纸废水处理中的应用现状[刊]/ 付正祥//纸和造纸．-2005,(5)．-44~47

制浆造纸行业中应用膜分离技术主要有超滤、纳滤、反渗透、电渗析和无机膜技术等,用来浓缩废液、提取木素和废水净化等。膜生物反应器还可用来提高污水生物处理的效率。

膜分离技术及其用于造纸废水处理[刊]/ 曹邦威//纸和造纸．-2005,(增刊)．-66~69

系统简介膜分离技术及其在欧洲的三家造纸企业处理废水中的应用实例。

纸浆 OHMP 与 CEH 漂白废水污染负荷的比较[刊]/ 李友明...// 中华纸业．-2005,(10)．-56~57

OHMP是适合我国国情的清洁漂白工艺，与CEH比较，马尾松、芦苇和蔗渣浆OHMP漂白AOX发生量分别下降69%、86%或89%，AOX排放量分别下降75%、86%和89%。废水排放量及其COD、BOD也大幅度的下降。

稻草制浆废水对芦苇生长的影响[刊]/吴玉辉...//纸和造纸．-2005，(2)．-73~74

废水灌溉芦苇是可行的，且有好的作用，但移栽初期应引进河水以避免污灌时因缺氧而伤害根芽。

造纸污泥交替式好氧厌氧堆肥实验[刊]/周少奇...//中国造纸．-2005，(6)．-25~28

污泥堆肥处理中增加厌氧方式，有利于提高效率和保持氮素。方法是首先控制合适的水分，改善C/N比和污泥的空隙率，在反应中控制鼓风程序，鼓风停止时间进入不完全的厌氧状态。经过50天左右时间的处理后，腐熟并减量。这时，种子发芽率为95%，说明无残留毒性，大肠菌数下降达到国家标准。

微电解法处理造纸中段废水及其机理探讨[刊]/肖仙英...//中国造纸．-2005，(7)．-14~17

微电解法是把废铁屑和活性碳投入废水，通过在废水中形成微电池的电极反应而使废水得到净化。净化成本低廉，比较适宜处理偏酸性废水，或经酸析处理过的废水。

关于草浆漂白废水中有机氯化物的研究[刊]/宋云...//中国造纸．-2005，(3)．-51~53

研究结果说明：草浆次氯酸盐单段漂和CEH漂白废水均具有强毒性和致突变性；采用树脂吸附法和活性炭吸附法均可测定漂白废水中有机氯化物的总量，10家草浆厂漂白浆AOX的生成量在3~5kg/t浆之间；活性污泥法对AOX的去除效率可达50%，厌氧法更高。

三倍体毛白杨CTMP碱性H_2O_2漂白中阴离子垃圾的产生[刊]/卢立正...//中国造纸．-2005，(9)．-1~4

阴离子垃圾在抄纸白水封闭循环中的积累会严重影响纸机的运行和纸页质量。白度越高，漂白过程中阴离子垃圾的产生量越多。NaOH用量影响聚半乳糖醛酸类物质和氧化木素阴离子垃圾的产生，对总阴离子垃圾产生的影响最大。H_2O_2用量主要影响氧化木素阴离子垃圾的产生，其对阴离子垃圾的产生影响要弱于NaOH。研究证实，漂白中的氧化木素是阴离子垃圾的重要来源。

SBR技术在箱纸板生产的废水处理及循环回用中的应用[刊]/刘廷志...//中国造纸．-2005，(9)．-22~24

废纸生产箱纸板的废水，经化学混凝气浮处理后大部分回用，少部分进行SBR生物旁路处理，解决了污染物的积累问题，同时降低了处理设施投资和运行费用，这是针对中小企业提出来的经济处理方式，可基本实现废水零排放。

IC反应器-曝气生物滤池处理蔗渣堆场喷淋废水[刊]/聂威...//中国造纸．-2005，(9)．-25~28

蔗渣堆场喷淋废水属于高浓度有机废水，因此提出IC反应器-BAF曝气生物滤池的厌氧、好氧联合处理方案。首先经过IC反应器处理4~5小时，COD_{Cr}去除率86%，BOD_5去除率90%；后经BAF好氧生物处理，COD_{Cr}浓度可降至200毫克/升以下。

生化-物化法处理草浆中段水的工艺改进[刊]/焦伟堂...//中华纸业．-2005，(7)．-63~64

对原有草浆中段废水处理工艺进行了改造，通过增加污泥吸附、加大气浮池回流比、使用硫酸铝做混凝剂等措施，使排放达标。

草类制浆污染有望从根本上解决[刊]/王鸿文//中华纸业．-2005，(3)．-16~17

DMC催化法清洁制浆技术没有污水排出，工艺简单，节约能源，已开始试生产。

推行清洁生产 实现废水零排放[刊]/张洪成//中华纸业．-2005，(1)．-20~25

介绍天津万利天然纤维薄膜有限公司在废纸瓦楞原纸生产线实现零排放的措施和效果。

开展清洁生产审核 推进企业实施清洁生产[刊]/徐宗明...//中华纸业．-2005，(3)．-25~28

清洁生产审核是实施清洁生产的工具之一，本文介绍了福建青山纸业实施清洁生产的方法、过程和取得的效益。

加快发展循环经济创建生态纸业步伐[刊]/王峰//纸和造纸．-2005，(2)．-14~17

介绍山东太阳纸业不断深化污染治理，实现企业发展与生态环境的和谐所采取的多项措施。

谈造纸工业循环经济[刊]/吴福骞//中华纸业．-2005，(6、7、8、10、11、12)．-12~14，14~17，18~21，18~23，16~21，23~28

新型的经济增长模式大致可分为资源消耗减量化(Reduce)，资源再利用(Reuse)和资源回用(Recycle)的“3R”准则。本文论述了造纸工业推行循环经济的适应性和必要性。并围绕3R准则，在保护和培育森林、合理利用非木材纤维原料、积极利用废纸的资源层面上，以及制浆与造纸减量化的技术层面上进行阐述。

木素的应用研究进展[刊]/张美云...//纸和造纸．-2005，(1)．-77~81

介绍木素产品在建材、化工、农业与造纸等方面的广泛用途。

麦草碱木质素磺化工艺及其性能的研究[刊]/邓国颂...//中国造纸.-2005,(12).-29~32

为扩大麦草黑液回收的酸析木素的应用范围,采用氧化-磺化的方法可使其改性,改性后其减水增强作用好于通常使用的混凝土减水剂木素磺酸钙。

木素制可降解塑料的研究[刊]/黎先发...//中华纸业.-2005,(9).-65~66

用有机溶剂分离木素,通过添加甘油增塑造粒,然后与淀粉母料、低密度聚乙烯吹塑成膜。实验研究了不同木素、淀粉母料的比例对共混膜的强度与降解性能的影响。

木质素综合利用的研究进展[刊]/孙勇...//纤维素科学与技术.-2005,(4).-42~48

详细介绍木素在工业、生理生化和农业三个领域的应用现状和发展趋势,对植物材料顾此失彼地单一组分的分离与应用是不可取的。

木素在农业生产中的应用[刊]/吴昌东...//中华纸业.-2005,(3).-56~58

综述取自造纸废液的木素在农业方面的应用,包括农业缓释剂、缓释化肥和土壤改良剂等。

利用造纸黑液研制的缓凝型减水剂的性能试验[刊]/张守好...//中华纸业.-2005,(4).-54~56

试验说明改性后的木素减水剂提高了混凝土减水、分散、保坍、缓凝的性能。

造纸黑液木素制备活性炭[刊]/路祺...//纸和造纸.-2005,(2).-61~63

报道以针叶木制浆黑液酸析木素为原料,以磷酸活化而制备活性炭的实验,分析产品质量的影响因素。

我国造纸工业发展的水资源问题[刊]/陈远生...//中国造纸.-2005,(3).-56~57

我国造纸工业2002年用水量49.7亿米^3,占工业用水的4.35%,黄淮海是造纸工业最集中的地区,用水比例更高。1985年~1994年间,制浆造纸吨纸用水量年均下降4.82%。预测2010年造纸工业需水量58亿米^3,2020年53亿米^3。

国际节水技术的新发展[刊]/杨懋暹//中华纸业.-2005,(1、2、3).-54~57,52~54,52~56

介绍当前国际上先进的节水措施和用水指标,列举国外一些典型产品和企业的水流程,总结了国内节水技术的进展和与发达国家的差距。

日照森博节水治污实践[刊]/庄以波...//中华纸业.-2005,(1).-51~53

日照森博着眼于生产的全过程节水减污,污水经Purac生化二级处理后达标排放。

本色硫酸盐木浆生产的减污节水措施[刊]/林如//中华纸业.-2005,(2).-54~55

福建南纸股份有限公司制浆和抄浆工段经过技术改造,增加回用,清水消耗量从155.4米^3/吨下降为87.6米^3/吨。

马尾松热磨机械浆的节能降耗[刊]/张宏政...//中国造纸.-2005,(3).-30~32

福建南纸200吨/日马尾松TMP生产线,通过完善系统流程,对间歇操作的盘磨机实行软启动而避免空转,高效回收磨浆蒸汽,废水回用等项措施,取得了节能降耗的显著效果。

循环经济中的造纸工业[刊]/杨懋暹//中华纸业.-2005,(5).-11~14

现代化的造纸工业应该通过二氧化碳(C)、纤维、碱(Na)与能源、水、石灰(Ca)的循环回收,尽量地减少对自然界的索取。

我国非木材纤维制浆与碱回收的现状和发展前景[刊]/林文耀//中华纸业.-2005,(4、5).-24~27,22~26

详细介绍我国竹子、芦苇和麦草等非木材纤维原料的资源、各地重点企业制浆和碱回收的生产技术现状和发展前景。

全麦草碱回收运行技术改进[刊]/裴保全//中华纸业.-2005,(5).-26~27

河南新乡新亚纸业集团在黑液提取、燃烧、苛化和制浆工艺中采取了一系列设备的和工艺的改进措施,为全麦草碱回收提高碱回收率、降低消耗、实现连续稳定运行提供了经验。

皇竹草碱法蒸煮黑液特性研究[刊]/张辉...//中国造纸.-2005,(4).-23~25

皇竹草KP-AQ与Soda-AQ法制浆黑液分别含SiO_2 1.15、1.14克/升,黏度分别为9.61、7.32毫帕·秒,SiO_2占总固形物含量分别为0.67%、0.92%;浓缩过程中黏度升高速率大于木材、稍低于芦苇、明显低于稻草麦草。皇竹草碱法蒸煮黑液性质在非木造纸原料中优势明显,远优于麦草,好于或与芦苇相当。

山东京博300吨/日碱回收过程设计[刊]/陈学梓...//中华纸业.-2005,(6).-24~26

报导山东京博300吨/天麦草浆碱回收工程在设计方面的基本方案和创新内容,该系统是目前国内规模最大的全麦草碱回收工程。

造纸黑液水煤浆制备及燃烧技术研究[刊]/王凤寅...//中国造纸.-2005,(10).-23~27

黑液与煤制造的黑液水煤浆燃料,可使黑液的固形物和热量得到回收利用，是造纸废液污染治理的新思路。本实验的研究认为利用黑液制备水煤浆的技术是可行的，黑液水煤浆还具有脱硫的效果，但是要采取一定的措施，以避免燃烧结渣，和平衡工厂运行中黑液量和所需热量的平衡问题。

包装·印刷·其他

纸浆模塑缓冲衬垫性能研究[刊]/毛中彦//中华纸业. -2005,(2). -39~40

模塑成形的浆坯经冷冻然后快速烘干的物理处理方法，可得到缓冲性能更好的多孔模塑材料。

瓦楞纸板生产线 NXDMJ-1800 内吸式单面机的研制[刊]/葛飞 ...//中华纸业. -2005,(6). -47~48

研制并批量生产的内吸式单面机具有吸附效果好，瓦楞成型好，节能的特点。

轻型蜂窝纸板的开发[刊]/彭国勋 ...//包装工程. -2005,(1). -46~48

与瓦楞纸板的对比发现，轻型蜂窝纸板具有更多的优点，鉴于目前国内只有中重型蜂窝纸板设备，应通过引进国外技术设备，以开发轻型蜂窝纸板这一市场前景较好的产品。

淀粉-纤维素降解包装材料的性能研究[刊]/王立元 ...//包装工程. -2005,(2)

介绍一种以淀粉和植物纤维模压成型的生物降解包装材料。讨论淀粉用量、增塑剂的选择和滑石粉的用量对产品物理性能的影响。

纸制包装中镉、铬、铅、汞的测定[刊]/徐嵘 ...//中国造纸. -2005,(11). -31~33

在分析国内外各种重金属元素检测方法的基础上，根据纸制品特性和我国仪器设备情况，摸索出了纸制品包装中镉、铬、铅、汞含量的检测方法，并以实验数据证明了该方法的可行性。

纸张白度对印刷色差的影响[刊]/梁菊华//包装工程. -2005,(6). -48~50

纸张的适印性包括白度、平滑度、吸收性及酸碱度等一系列指标。这些指标共同影响着印刷的色差。对产品的大量观测说明，白度不是影响印刷效果的唯一因素。

生物包装材料的发展现状及展望[刊]/宋兵//包装世界. -2005,(6)

以淀粉、纤维素、甲壳素、壳聚糖等天然材料制成的包装材料具有无污染、易分解等其他材料无可比拟的优势，有在21世纪取代石油产品的潜在意义。

(何开森整理)

大事记

CHRONICLE OF EVENTS

9

2005年政府部门发布的有关政策法规文件摘要

Some abstracts for the documents of the policies, laws and regulations from the goverment departments in 2005

国务院下发《国务院关于鼓励支持和引导个体私营等非公有制经济发展的若干意见》

2005年2月19日国务院下发的《国务院关于鼓励支持和引导个体私营等非公有制经济发展的若干意见》(以下简称《若干意见》),较为完整和系统地提出了促进非公有制经济发展的政策措施,这是全面贯彻党的十六大和十六届三中、四中全会精神以及宪法修正案要求,完善社会主义基本经济制度的重要举措,必将对今后一段时间个体私营等非公有制经济发展产生重大影响。

《若干意见》指出,积极发展个体私营等非公有制经济,有利于繁荣城乡经济、增加财政收入,有利于扩大社会就业、改善人民生活,有利于优化经济结构、促进经济增长,对于全面建设小康社会和加快社会主义现代化进程具有重大的战略意义。

《若干意见》明确了促进非公有制经济发展的总体要求。强调指出,要以邓小平理论和"三个代表"重要思想为指导,全面落实科学发展观,认真贯彻中央确定的方针政策,进一步解放思想,深化改革,消除影响非公有制经济发展的体制性障碍,确立平等的市场主体地位,实现公平竞争;进一步完善相关法律法规和政策,依法保护非公有制企业和职工的合法权益;进一步加强和改进政府监督管理和服务,为非公有制经济发展创造良好环境;进一步引导非公有制企业依法经营、照章纳税、诚实守信、健全管理,不断提高自身素质促进非公有制经济持续健康发展。

《若干意见》从七个方面提出了促进非公有制经济发展的主要政策措施和要求:一是放宽非公有制经济市场准入;二是加大对非公有制经济的财税金融支持;三是完善对非公有制经济的社会服务;四是维护非公有制企业和职工的合法权益;五是积极引导非公有制企业提高自身素质;六是改进对非公有制经济的监管;七是加强对非公有制经济的指导和政策协调。

《若干意见》要求有关部门和各地区要加紧制定相关配套办法和实施细则,完善具体的政策措施,加大宣传力度,确保政策落到实处。随着中央、国务院关于非公有制经济发展方针政策的进一步贯彻落实,我国促进非公有制经济发展的法律、政策和市场环境将更为完善,非公有制经济将获得更大的发展空间,为推动经济社会发展发挥更大的作用。

《中华人民共和国可再生能源法》公布

中华人民共和国主席胡锦涛2005年2月28日发布主席令,《中华人民共和国可再生能源法》已由中华人民共和国第十届全国人民代表大会常务委员会第十四次会议于2005年2月28日通过,现予公布,自2006年1月1日起施行。

为了促进可再生能源的开发利用,增加能源供应,改善能源结构,保障能源安全,保护环境,实现经济社会的可持续发展,国家制定了《中华人民共和国可再生能源法》。《中华人民共和国可再生能源法》分为总则、资源调查与发展规划、产业指导与技术支持、推广与应用、价格管理与费用分摊、经济激励与监督措施、法律责任、附则共8章33条。

国家将可再生能源的开发利用列为能源发展的优先领域,通过制定可再生能源开发利用总量目标和采取相应措施,推动可再生能源市场的建立和发展。

国务院能源主管部门对全国可再生能源的开发利用实施统一管理,负责组织和协调全国可再生能源资源的调查,并会同国务院有关部门组织制定资源调查的技术规范;根据全国能源需求与可再生能源资源实际状况,制定全国可再生能源开发利用中长期总量目标;根据全国可再生能源开发利用中长期总量目标,会同国务院有关部门,编制全国可再生能源开发利用规划,报国务院批准后实施。

国家财政设立可再生能源发展专项资金,用于支持可再生能源开发利用。对列入国家可再生能源产业发展指导目录、符合信贷条件的可再生能源开发利用项目,金融机构可以提供有财政贴息的优惠贷款。

国家发改委等五部门联合发布《中国节水技术政策大纲》

2005年4月21日国家发展改革委、科技部会同水利部、建设部和农业部联合发布了《中国节水技术政策大纲》(以下简称《大纲》),这是我国发布的第一个涵盖了农业、工业和城市生活节水技术的政策性文件。《大纲》共5章146条。《大纲》提出了我国目前至2010年的节水技术发展方向,明确了近几年大力推广的节水技术,并阐述了相关的保障措施。《大纲》的发布对各地区、各行业编制节水发展规划,推动成熟的、先进的节水技术与工艺,限制和淘汰落后的技术、工艺和设备,引导节水技术改造、基础设施建设等方面的投资方向以及制定节约用水标准和规范具有重要的指导作用;对提高用水效率和效益,缓解水资源对经济社会发展的制约,实现水资源的可持续利用具有重要促进作用。

国家发改委:加快资源节约型社会建设主抓6项工作

为推进资源节约活动的深入开展,加快建设资源节约型社会,发展改革委将着力抓好六项工作。

组织编制规划,加强宏观指导。发展改革委在编制“十一五”总体规划和各类专项规划、区域规划以及城市规划中,将把节约资源放在更加突出的位置。同时,加快组织编制《节水专项规划》、《海水利用专项规划》、《资源综合利用专项规划》等。

完善法规标准,加大监督检查力度。发展改革委将制定高耗能、高耗水行业市场准入标准,组织修订主要耗能行业节能设计规范,制订重点行业清洁生产评价指标体系。同时,重点检查高耗能、高耗水地区和重点行业节能、节水情况。

加快结构调整,提高资源节约整体水平。当前,要把坚决遏制部分行业和地区盲目投资、低水平扩张作为结构调整的重点。同时,研究制定促进服务业发展的意见,鼓励发展低能耗的高技术产业。

加快技术创新,推进资源节约技术进步。发展改革委将组织关键技术开发和产业化示范,突破资源节约的一些技术瓶颈。组织实施重大节能、节水和资源综合利用工程。

研究激励政策,创新资源节约机制。发展改革委将抓紧制定《节能产品目录》。研究制定政府机构节能实施方案及能耗、水耗定额。完善自然资源有偿使用机制和价格形成机制,充分发挥价格杠杆促进资源节约的作用。

推动循环经济发展。发展改革委将研究制定《关于推动循环经济发展的指导意见》,同时加快循环经济相关法规的制定工作。抓紧研究建立生产者责任制,完善再生资源回收利用体系。组织实施重点行业、重点领域、重点城市循环经济试点。

国家环保总局提出加强造纸行业监管的3项措施

一、以科学发展观为指导,大力实施产业结构调整。加大推行造纸行业全面结构调整力度,不仅涉及规模和布局的调整,也要优化产品结构、技术结构和市场结构等,压缩低档产品的生产,生产高附加值的产品,从根本上解决污染。国家将督促按流域以省为单元的造纸行业结构调整计划的制定和实施,继续对影响水质特别是跨省界断面水质的一批造纸排污大户实行关、停、并、转、迁,对生产规模不经济、技术落后、经营分散、污染严重、而又无力治污或无法稳定达标的造纸企业予以淘汰。

二、实行清洁生产,发展循环经济,创建环境友好型的造纸企业。在污染治理中引入循环经济的理念,是中国造纸工业走向生态纸业的战略选择。抓住典型,推动示范,才能促进中国造纸行业的根本性变革。环保总局将鼓励更多的企业创建国家环境友好企业,为构建资源节约型和环境友好型社会而不懈努力。

三、切实做好造纸行业环境监管和服务工作,实现造纸行业可持续发展。要严格环境执法,巩固达标治理成果。积极推行污染治理设施运行社会化、管理规范化和监督自动化。探索建立排污企业环保信用等级管理制度,定期公布重点企业环境保护信用信息,对信用好的企业给予优惠,对信用等级低的企业重点监督,强化社会监督。推行排污许可证制度,禁止无证和超总量排污。要加大对企业的服务支持力度,鼓励支持国内造纸企业走出去,完善现代企业管理,为造纸产业跨越式发展奠定基础。

财政部门将运用税收政策支持建设节约型社会和发展循环经济

根据党中央、国务院关于转变经济增长方式的重要指示精神，近些年来，财政部和国家税务总局认真研究和出台了一系列税收政策措施，努力从生产、流通、消费等领域全面实施调控，以达到防治污染、保护环境和有效利用资源的目的。

财政部门将进一步运用税收政策，着力促进资源节约和环境保护，切实支持建设节约型社会和发展循环经济。

首先，在鼓励废物、废气和废料综合利用方面，一是对利用废水、废气、废渣等废弃物为主要原料进行生产的企业，在五年内减征或者免征企业所得税。二是对企业生产原料中掺有不少于30%的煤矸石、石煤、粉煤灰、烧煤锅炉的炉底渣(不包括高炉水渣)的建材产品，包括以其他废渣为原料生产的建材产品免征增值税。三是对企业以“三剩物”和次小薪材为原料生产加工的综合利用产品实行增值税即征即退政策。四是对油母页岩炼油、垃圾发电和废旧沥青混凝土回收利用实行增值税即征即退政策；对综合利用煤矸石、煤泥、煤系伴生油母页岩等发电、风力发电、部分新型墙体材料产品实行增值税减半征收政策。五是对废旧物资回收经营单位销售其收购的废旧物资免征增值税。生产企业增值税的一般纳税人购入废旧物资回收经营单位销售的废旧物资，可按10%计算抵扣进项税额。

其次，在减少污染排放物方面，一是对含铅汽油与无铅汽油分别按0.28元/升和0.20元/升的税率征收消费税。二是对生产销售达到低污染排放限值的小轿车、越野车和小客车减征30%的消费税。三是对各级政府及主管部门委托自来水厂(公司)随水费收取的污水处理费，免征增值税。

第三，在鼓励清洁生产方面，一是内资企业在我国境内投资的符合国家产业政策的技术改造项目，其所需国产设备投资的40%，可从设备购置当年比前一年新增的企业所得税中抵免；企业环保设备投资符合条件的，也比照这一规定执行。二是对列入《当前国家重点鼓励发展的产业、产品和技术目录》、对环境保护和资源综合利用具有重要意义的产业、产品，如安全、高效的农药原药新品种、废气、废液、废渣综合利用、环保检测仪器新技术设备制造、环境污染治理工程及检测和治理技术、防护林工程、荒漠化防治等，在规定范围内免征进口设备的关税和进口环节增值税。

第四，在鼓励使用先进环保产品方面，将一些高科技环保设备，如排气量为5.9升及以上的天然气发动机、风力发电设备及零部件、用于造纸工业中污水处理的碱回收锅炉等，列入了进口商品税则暂定税率。

国务院关于做好建设节约型社会近期重点工作的通知

建设节约型社会的指导思想是，以邓小平理论和“三个代表”重要思想为指导，认真贯彻党的十六大和十六届三中、四中全会精神，树立和落实以人为本、全面协调可持续的科学发展观，坚持资源开发与节约并重，把节约放在首位的方针，紧紧围绕实现经济增长方式的根本性转变，以提高资源利用效率为核心，以节能、节水、节材、节地、资源综合利用和发展循环经济为重点，加快结构调整，推进技术进步，加强法制建设，完善政策措施，强化节约意识，尽快建立健全促进节约型社会建设的体制和机制，逐步形成节约型的增长方式和消费模式，以资源的高效和循环利用，促进经济社会可持续发展。为此，现就做好今明两年建设节约型社会重点工作通知如下：

一、加快建设节约型社会的重点工作

(一)大力推进能源节约。

(二)深入开展节约用水。

(三)积极推进原材料节约。

(四)强化节约和集约利用土地。

(五)加强资源综合利用。

二、加快节约资源的体制机制和法制建设

(一)加强规划指导和推进产业结构调整。

(二)健全节约资源的法律法规。

(三)完善资源节约标准。

(四)理顺资源性产品价格。

(五)完善有利于节约资源的财税政策。

(六)推进节约资源科学技术进步。

(七)建立资源节约监督管理制度。

国家发展改革委办公厅关于组织实施2005年度国家认定企业技术中心创新能力专项的通知

为贯彻落实科学发展观，加快中国特色国家创新体系建设，确立企业技术创新和科技投入的主体地位，增强企业的自主创新能力，进一步推进企业技术中心的建设和发展，发挥国家认定企业技术中心在技术创新中的引导和示范作用，促进产业创新能力的进一步提升，国家发改委发出通知，决定继续组织实施国家认定企业技术中心创新能力专项。

项目申报原则

1.2005年国家认定企业技术中心创新能力项目是中央财政性资金补助项目，重点是对提高企业技术创新能力，培育产业核心技术有重大影响和示范作用的企业投资(技术中心创新能力建设)项目给予国家补助资金。国家补助资金主要用于支持企业技术中心创新能力项目中的关键试验研发设施的建设以及相关技术的创新。

2. 申请国家补助资金的项目应符合国家发展改革委、科技部、商务部联合下发的《当前优先发展的高技术产业化重点领域指南(2004年度)》，有利于促进产业技术升级、节约与开发资源和改善生态环境。

3. 申报项目必须已在地方备案，项目须符合国家的有关规划、环保、土地、劳动安全等法律法规和有关规定(包括已通过建设项目用地预审、具有环保以及其他许可文件)。已开始建设的项目备案期不得超过两年。

4. 项目承担单位技术中心在上一年度国家认定企业技术中心的评价中得分必须在70分以上(含70分)。

五部门《关于上市公司股权分置改革的指导意见》

中国证券监督管理委员会、国务院国有资产监督管理委员会、财政部、中国人民银行、商务部2005年8月23日联合发布《关于上市公司股权分置改革的指导意见》。

按照国务院关于“积极稳妥解决股权分置问题”的要求，在国务院的正确领导和有关部门、地方人民政府的大力支持下，股权分置改革试点工作已经顺利完成，改革的操作原则和基本做法得到了市场认同，改革的政策预期和市场预期逐渐趋于稳定，总体上具备了转入积极稳妥推进的基础和条件。经国务院同意，现就下一步上市公司股权分置改革提出如下指导意见：

一、正确认识股权分置改革

全面落实《若干意见》，完善资本市场运行机制，要从解决基础性、制度性问题入手，重视完善和发挥资本市场功能，改善资本市场投资回报水平，逐步提高直接融资能力和资源配置效率。

股权分置是指A股市场的上市公司股份按能否在证券交易所上市交易被区分为非流通股和流通股，这是我国经济体制转轨过程中形成的特殊问题。

股权分置改革是一项完善市场基础制度和运行机制的改革，其意义不仅在于解决历史问题，更在于为资本市场其他各项改革和制度创新创造条件，是全面落实《若干意见》的重要举措。

股权分置改革是为非流通股可上市交易作出的制度安排，并不以通过资本市场减持国有股份为目的。

二、股权分置改革的指导思想

积极稳妥推进股权分置改革的指导思想是，坚持股权分置改革与维护市场稳定发展相结合的总体原则，进一步明确改革预期，改进和加强协调指导，调动多种积极因素，抓紧落实《若干意见》提出的各项任务，制定、修改和完善相关法规和政策措施，加强市场基础性建设，完善改革和发展的市场环境，实现资本市场发展的重要转折，使市场进入良性发展的轨道。

三、股权分置改革的总体要求

中国证监会要制定《上市公司股权分置改革管理办法》，以“公开、公平、公正”的操作程序和监管要求，规范股权分置改革工作，保障投资者特别是公众投资者的合法权益。

股权分置改革要坚持统一组织；股权分置改革方案要实行分散决策；上市公司股权分置改革方案要有利于市场稳定和上市公司的长远发展，坚持改革的市场化导向，注重营造有利于积极稳妥解决股权分置问题的市场机制；妥善处理存在特殊情况的上市公司股权分置改革问题。

四、严格规范股权分置改革秩序

五、调动多种积极因素，促进资本市场稳定发展

国务院原则通过《国务院关于加快振兴装备制造业的若干意见》

2005年9月28日，国务院召开常务会议，讨论并原则通过《国务院关于加快振兴装备制造业的若干意见》。会议听取了发展改革委关于加快振兴装备制造业有关情况的汇报，并指出，装备制造业是为国民经济发展提供技术装备的基础性工业。大力振兴装备制造业，是贯彻落实科学发展观、走新型工业化道路、提高国际竞争力、实现国民经济全面协调可持续发展的战略举措。加快振兴装备制造业，要坚持市场竞争和政策引导相结合，引进技术和自主创新相结合，产业结构调整和深化企业改革相结合，重点发展和全面提升相结合。要选择一批对国家经济安全有重要影响，对促进国民经济可持续发展有显著效果，对结构调整、产业升级有积极带动作用，能够扩大自主装备市场占有率的重大技术装备和产品作为重点，加大政策支持和引导力度，实现关键领域的重大突破。

国务院原则通过《国务院关于落实科学发展观加强环境保护的决定》

国务院总理温家宝2005年11月23日主持召开国务院常务会议，研究加强环境保护工作，讨论并原则通过《国务院关于落实科学发展观加强环境保护的决定》。

会议指出，加强环境保护，是贯彻十六届五中全会精神、落实科学发展观、建设环境友好型社会、实现人与自然和谐相处的重要举措。必须从国家长远发展全局的高度，把环境保护摆在更加重要的战略位置，坚持环境保护基本国策，在发展中解决环境问题。要把环境保护与经济结构调整结合起来，依靠科技进步，发展循环经济，倡导生态文明，强化环境法治，完善体制机制，推进环保事业的发展。

会议提出了未来五年和十五年环境保护的目标。到2010年重点地区和城市的环境质量得到改善，生态环境恶化趋势基本遏制；到2020年环境质量和生态状况明显改善。

当前和今后一个时期要重点抓好以下工作：一要统筹经济、社会、环境协调发展。二要切实解决关系国计民生的突出环境问题。三要强化环境法治。四要强化环境监管。五要完善有关经济政策。六要建立科学评价发展与环境保护成果机制，完善经济发展评价体系。七要鼓励公众参与。

国务院发布实施《促进产业结构调整暂行规定》

为全面落实科学发展观，加强和改善宏观调控，引导社会投资，促进产业结构优化升级，根据国家有关法律、行政法规，国务院2005年12月2日发布了《促进产业结构调整暂行规定》。

产业结构调整的目标：推进产业结构优化升级，促进一、二、三产业健康协调发展，逐步形成农业为基础、高新技术产业为先导、基础产业和制造业为支撑、服务业全面发展的产业格局，坚持节约发展、清洁发展、安全发展，实现可持续发展。

产业结构调整的原则：坚持市场调节和政府引导相结合；以自主创新提升产业技术水平；坚持走新型工业化道路；促进产业协调健康发展。

产业结构调整的方向和重点：巩固和加强农业基础地位，加快传统农业向现代农业转变；加强能源、交通、水利和信息等基础设施建设，增强对经济社会发展的保障能力；以振兴装备制造业为重点发展先进制造业，发挥其对经济发展的重要支撑作用；加快发展高技术产业，进一步增强高技术产业对经济增长的带动作用；提高服务业比重，优化服务业结构，促进服务业全面快速发展；大力发展循环经济，建设资源节约和环境友好型社会，实现经济增长与人口资源环境相协调；优化产业组织结构，调整区域产业布局；实施互利共赢的开放战略，提高对外开放水平，促进国内产业结构升级。

（房宝伦）

2005年大事记

Chronicle of events in 2005

1月

1月1日起，我国进一步降低进口关税，关税总水平由2004年的10.4%降低至9.9%，涉及降税的共900多个税目，其中木材、纸及其制品平均税率降至4.6%。

1月14日，全国政协副主席王忠禹同志亲切会见在京的造纸界部分老同志。王忠禹同志向在座的老同志致以新春佳节到来之际的亲切问候和祝福，并询问了当前我国废纸回收的现状和当前进口废纸的有关情况，鼓励大家继续抓好该项工作，建议“二次纤维协作中心”继续加强与国家发改委有关领导部门的联系，以获得更多的指导和帮助。

1月18日，国家林业局公布了第六次森林资源清查结果。清查结果显示：我国现有森林面积1.75亿公顷，森林覆盖率18.21%，森林蓄积124.56亿米^3。人工林保存面积0.53亿公顷(7.95亿亩)，蓄积15.05亿米^3，人工林面积居世界首位。

1月18日，国家环保总局在京宣布停建金沙江溪洛渡水电站等13个省市的30个违法开工项目。此次公布的违法开工项目中，涉及造纸行业的有佛山华丰纸业有限公司增资异地新建年产30万吨高级涂布白纸板项目。

1月19日，国务院新闻办公室举行的新闻发布会上，国家林业局副局长雷加富就金光集团APP被指圈地毁林、破坏云南原始森林一事表示，国家林业局在组织调查。

1月19日，国家环保总局通报了2005年度首批因违法开工而被叫停的30个建设项目。其中包括佛山华丰纸业有限公司的“增资异地新建年产30万吨高级涂布白纸板项目”。

1月22日，76岁的我国著名林木遗传育种学家、三倍体毛白杨之父、中国工程院院士朱之悌因病在京逝世。

1月25日，云南省政府联合林业厅、省发改委等有关部门召开新闻发布会。会上，云南省政府副秘书长崔质涛表示，发展林纸产业是加快云南省发展的具有战略意义的重大决策，选择金光集团作为合作伙伴是“非常正确的”。云南省政府认为，要坚定不移地发展林浆纸项目。

2月

2月12日，中共中央政治局委员、国务院副总理吴仪莅临金海浆纸业有限公司视察。吴仪副总理仔细观看了公司的生产运行情况，亲切询问了公司员工在洋浦的工作和生活，并听取了公司生产流程及发展规划介绍，吴副总理对金海的建设给予了充分肯定。

2月，晨鸣纸业年产30万吨涂布白卡纸投产，该项目总投资为12.98亿元，主要设备由芬兰、德国、意大利、奥地利等国家的造纸设备供货商提供，采用世界先进的DCS系统、QCS系统和电气传动系统，具备国际一流水平，预计年可实现销售收入20.41亿元、利税3.2亿元、利润2.3亿元。

2月，博汇纸业新的BCTMP生产线开始运行。该生产线以白杨为原料日产600吨优质高松厚度BCTMP，用于配抄纸板。

3月

3月1日，安徽省“十五规划”重点项目安庆年产30万吨木浆林纸一体化工程，通过中国国际工程咨询公司、国家林业局、中国轻工国际工程设计院等单位组成的专家预可评估。国家环评中心专家评审通过了安庆市年产30万吨木浆林纸一体化工程环境影响评价大纲。

3月8日，美国国际贸易委员会(ITC)对中国输美棉纸产品作出终裁，认定中国棉纸以低于正常的价格在美国销售，损害了美国的相关行业。至此，历经13

个月之久的美对中国输美棉纸反倾销调查最终以中国棉纸被征收高额反倾销税而尘埃落定。

3月10日，来自国家环保总局、辽宁省环保局、沈阳市环保局以及省内外的环保专家最终通过了由沈阳环境科学研究院编制的《沈阳金新浆纸业有限公司林浆纸一体化工程项目环境影响评价大纲》。金新林浆纸一体化项目总投资额为119亿元，其中纸业项目投资额88亿元，建设规模为年产50万吨化学机械浆、70万吨高档纸及建设13.33万公顷原料林业基地。项目投产后预计年销售收入可达100亿元。

3月16日，新疆自治区环保局公布了新疆天宏纸业股份有限公司、新疆沙驼纸业股份有限公司等10家重点企业为今年强制性清洁生产审核企业，并要求半年内必须拿出实施方案。

3月19日，国家发展和改革委员会发布2005年第10号公告，批准159项行业标准，其中包括造纸工业的玻璃纸、单面白纸板、绝缘纸板、滤嘴棒纸、复写原纸、半透明纸、110~330kV高压电缆纸、彩色胶版印刷纸、热敏彩票纸、纸面石膏板护面纸板、非热封型茶叶滤纸等11项行业标准，这11项造纸工业行业标准将于9月1日开始实施。

3月22日，中国在俄最大投资项目赤塔州阿马扎尔斯达60万吨纸浆厂和森林综合开发项目通过审批。这一项目是由在哈尔滨市注册的合资企业黑龙江振戎斯达实业有限公司投资建设的。

3月28日，国家科学技术奖励大会在北京隆重举行。会上，颁布了2004年度国家科学技术奖励获奖人选和项目。2004年度国家自然科学奖授奖项目二等奖28项；国家技术发明奖授奖项目28项，其中一等奖2项，二等奖26项；国家科学技术进步奖授奖项目244项，其中一等奖16项，二等奖228项；授予5名外籍科学家中华人民共和国国际科学技术合作奖。

由北京工商大学、山东（临清）银河纸业集团有限公司、山东华泰（纸业）集团有限公司、大宇制纸有限公司等单位合作完成的“制浆和碱回收过程优化控制系统的研究与应用”项目荣获2004年度国家科学技术进步奖二等奖。

3月28日，总投资102亿元的洋浦金海浆纸厂100万吨制浆项目正式投产。金海浆纸厂是目前国内最大的浆厂，于1997年由国家计委批准设立，2004年11月建成试投产。该项目的投产，将大大提高中国木浆自给率，有力缓解中国木浆短缺的严峻局面。

3月30日，商务部发布2005年第16号公告称，将对原产于美国、泰国、韩国和台湾地区的进口未漂白牛皮箱纸板的反倾销调查期限延长6个月，即调查截止日期为2005年9月30日。

3月31日，联合国开发计划署驻华代表处与国际纸业巨头芬兰斯道拉恩索集团签署协议，对其在中国广西的人工林营建项目实施环境与社会影响评估。联合国开发计划署驻华代表处已经在中国进行过多个环境和社会影响评估，但是对造纸行业人造林工程进行评估这还是第一次。

3月，江西晨鸣纸业一期工程、全国最大造纸合资项目——40万吨轻量涂布纸项目在南昌正式投产。项目总投资4.87亿美元，是国家财政贴息贷款技改项目，也是江西省十大技改项目之一。该项目纸机幅宽7800毫米，设计车速2000米/分，年产量40万吨。项目纸机整体从芬兰美卓公司引进，采用世界上最先进的技术设备，产品质量达到国际一流水平。

3月底，山东晨鸣纸业的BCTMP生产线成功投产。该生产线以白杨为原料，日产735吨优质高松厚度BCTMP抄造纸板。

4月

4月1日，世界纸业巨头芬兰斯道拉恩索集团与广西壮族自治区政府、北海市政府、广西高峰林浆纸业集团有限公司，就广西北海林浆纸一体化项目签署了四方谅解备忘录。广西北海林浆纸一体化项目是广西沿海两个林浆纸项目之一，由斯道拉恩索集团和广西高峰林浆纸集团有限公司合资建设，一期工程计划建设年产50~60万吨液体包装纸生产线，配套建设20~30万吨自用漂白化学热磨机械浆生产线，其长远发展目标是建设年产100万吨纸生产线，配套建设100万吨木浆生产线和约33万公顷林地。

4月8日，国务院国有资产监督管理委员会行业协会联系办公室发出网上审查公示称：中国资源综合利用协会申请成立中国资源综合利用协会造纸工业废弃物再生利用专业委员会，以指导和帮助企业充分提高资源和能源的利用效率，减少废弃物排放、保护生态环境，最大限度地开展废弃物的资源化，实现循环经济。

4月12日，为进一步贯彻落实《中共中央、国务院关于加强技术创新发展高科技实现产业化的决定》，充分发挥国家认定企业技术中心在国家创新体系和企业创新能力建设中的引导与示范作用，规范和加强国家认定企业技术中心的认定和评价工作，由国家发改委、财政部、海关总署、国家税务总局依据《科学技术进步法》制定的《国家认定企业技术中心管理办法》公布，自2005年5月1日起施行。

4月18日，在世界最大竹浆造纸项目的国际竞标中，武锅股份一举夺标，获得世界最大的"单体竹浆黑液碱回收锅炉"承建权。这项日处理造纸废液1500吨、标的额过亿元的锅炉合同在武汉正式签订。武锅此次承建的锅炉项目，是目前国内最大的非木浆碱回收锅炉，集环保、节能及经济效益于一身。它通过燃烧经过浓缩的造纸黑液，既回收最主要的污染源制浆废液，又降低造纸中碱的成本费用一半以上；同时，黑液燃烧产生的热能转换成蒸汽，用于发电、生产、生活。

4月19日，晨鸣纸业发布公告，公司拟在控股子公司山东晨鸣纸业集团齐河板纸有限公司投资建设年产20万吨高档文化用纸项目。目前该项目已经山东省经济贸易委员会批复，总投资75970万元。主要生产静电复印纸、高档双胶纸等，年产量20万吨，达产后年可实现销售收入13亿元，利润19715万元。项目建设期18个月。

4月21日，国家发改委、科技部会同水利部、建设部和农业部联合发布了《中国节水技术政策大纲》，这是我国发布的第一个涵盖了农业、工业和城市生活节水技术的政策性文件。《大纲》共5章146条。《大纲》提出了我国目前至2010年的节水技术发展方向，明确了近几年大力推广的节水技术，并阐述了相关的保障措施。《大纲》的发布对各地区、各行业编制节水发展规划，推动成熟的、先进的节水技术与工艺，限制和淘汰落后的技术、工艺和设备，引导节水技术改造、基础设施建设等方面的投资方向以及制定节约用水标准和规范具有重要的指导作用；对提高用水效率和效益，缓解水资源对经济社会发展的制约，实现水资源的可持续利用具有重要促进作用。

4月26日，华泰集团作为国家首批标准化良好行为试点企业，通过了由国家标准化管理委员会组织的AAA级验收。

5月

5月11日，中国造纸协会和美国林业及纸业协会在北京共同举办中美造纸企业家高层峰会暨废纸资源供需专题论坛，并就中美造纸业的合作与发展进行交流。本次峰会将进一步加深中美两国造纸行业协会及企业之间的相互认识和了解，促进中美两国造纸企业的合作及发展。

5月11日，国家环保总局宣布，今年将首批挂牌督办9个环境违法案件，坚决处理相关责任人，解决关系群众切身利益的环境问题。其中造纸企业有：陕西武功县东方纸业集团污染渭河问题；江西萍乡市莲花纸业违法排污案；河南商丘市梁园区水池铺乡爆破法制浆厂环境违法问题；安徽宿州市萧县虹光集团和林平纸业等造纸企业污染问题；内蒙古淀花浆板厂危害草原生态问题；重庆铜梁县造纸企业污染屡查屡犯问题。

5月12日，吉林纸业发布公告称，吉林市中院已受理了公司破产的申请，目前公司已经进入破产程序。按照《破产法》的规定，吉林纸业目前处于破产程序的前期步骤，如果公司能够扭亏为盈，经债权人同意，可以撤销破产；如果公司经营无明显好转，就要进入清算程序。

5月26日，商务部公布了2004年我国进出口额最大的500家企业名单。5家造纸企业入围：金东纸业、海南金海浆纸业有限公司、芬欧汇川（常熟）纸业有限公司、晨鸣纸业和宁波亚洲浆纸业有限公司。

5月30日，为落实《节能中长期专项规划》，实现规划目标，国家发展改革委启动《节能中长期专项规划》十大重点节能工程。通过实施十大重点节能工程，"十一五"期间将实现节约2.4亿吨标准煤的节能目标。十大重点节能工程包括：节约和替代石油、燃煤工业锅炉（窑炉）改造、区域热电联产、余热余压利用、电机系统节能、能量系统优化、建筑节能、绿色照明、政府机构节能以及节能监测和技术服务体系建设工程等。

5月30日，"首届现代造纸脱水技术国际论坛"在天津科技大学举办。会议邀请了来自美国、瑞典、芬兰、德国等十多位国外专家做专题报告，国内30多位专家、技术人员、学校教师和研究生等参加了"论坛"。

5月31日，商务部发布2005年第28号公告，公布了对原产于美国、泰国、韩国和台湾地区的进口未漂白牛皮箱纸板反倾销调查的初裁决定，并决定对该被调查产品采取临时反倾销措施。自2005年5月31日起，进口经营者在进口原产于美国、泰国、韩国和台湾地区的被调查产品时，应依据初裁决定所确定的各公司的倾销幅度（7.2%～65.2%）向中华人民共和国海关提供相应的保证金。

5月，中国造纸协会发布《中国造纸工业2004年度报告》，2004年全国纸及纸板生产企业约有3500家，全国纸及纸板生产量4950万吨，较上年4300万吨增长15.1%。消费量5439万吨，较上年4806万吨增长13.2%，人均年消费量为42公斤，比上年增长5公斤。

5月，宁波中华纸业三期工程完工。工程投资60亿元人民币，计划年产75万吨以废纸为原料、各种规格的平板纸，完全达到国际环保标准的要求。

5月，荣晟纸业年产10万吨牛皮箱纸板项目正式建成投产。项目投资1.2亿元，扩建一条幅宽4500毫米叠网造纸机流水线。整个项目采用高度集散自动化控制，并辅以全分布式网络，具有当今国际先进水平。

6月

6月6日，第七届“中证·亚商中国最具发展力上市公司50强”揭晓，华泰股份(600308)在沪、深两市1476家上市公司中，名列2004年“中证·亚商50强”上市公司第39位，并在造纸印刷行业上市公司中排名第1位。

6月13日，商务部发布2005年第34号公告，决定自即日起对原产于美国和欧盟的进口耐磨纸进行反倾销立案调查。此次反倾销调查涉及的耐磨纸在中华人民共和国海关进出口税则中列在48064000税号项下。耐磨纸是一种添加了耐磨材料三氧化二铝的成卷或成张的高光泽透明或半透明纸，主要用于强化木地板、防火板等装饰板材表层。

6月18日，江苏华机集团张家港华兴纸业有限公司与美国MACKEYPROERTIES公司共同投资建设的50万吨箱纸板项目一期投产暨二期15万吨/年A级高强瓦楞原纸工程奠基仪式，在江苏省张家港市隆重举行。该项目总投资超过10亿元人民币，分3期进行，整个项目完成后将形成总产量50万吨、年销售总收入超20亿元人民币、利税2亿元人民币的我国大型箱纸板生产基地。

6月23日，在2005年全国出版材料工作信息交流研讨会上，苏州紫兴、山东华泰、山东博汇、山东太阳、山东玉龙纸业、山东晨鸣、河南银鸽、四川永丰、山东泉林、芬欧汇川等10家企业获得了“2004年度客户满意的‘十佳’造纸企业”奖，大会为获奖企业颁发证书和奖牌。

6月30日，我国最大的年产30万吨轻质碳酸钙项目桂林金山化工第一期工程在广西桂林投产。项目总投资1.5亿元，分两期建设，年产值达5亿元，主要产品有工业沉淀碳酸钙、造纸专用碳酸钙、食用级碳酸钙、湿法活性碳酸钙、超细碳酸钙、纳米碳酸钙等6个品种。

7月

7月1日，《河南省造纸工业水污染物排放标准》正式实施。从当天零时起，由省环保局组织的“造纸企业废水达标排放零点行动”全面展开。环境执法人员多路出击，共检查了焦作、驻马店、漯河、新乡、安阳、商丘、开封等地的15家重点造纸企业。作为河南省造纸骨干企业的河南银鸽纸业、驻马店白云纸业、新亚纸业、西滑封村造纸厂等，执行新标准的情况较好，污染物排放全部达标。

7月3日，华一公司研制的国内配套最大的150吨/日脱墨浆生产线在河南鸿泰纸业试车成功。公司承担的“250吨/日废纸浮选脱墨浆生产线成套设备项目”预计会很快实现。

7月23日，国家环保总局致函宁夏美利纸业，暂缓审批宁夏美利纸业股份有限公司林纸一体化项目环境影响报告书，并指出，鉴于造纸工业的特点和项目所在区域的环境现状，项目应将节水、保护生态环境和减少污染物排放作为项目建设的重要因素加以考虑，要求公司就有关问题抓紧协调和落实。

7月28日，泰格林纸集团年产30万吨杨木化机浆生产线项目成功签约。泰格林纸集团与益阳市合作，建设年产30万吨杨木化机浆生产线项目。益阳市经过连续2年的6.7万公顷杨树造林活动，已拥有速生丰产杨树超过13.3万公顷，为实施林浆纸一体化项目的一期重点工程打下了良好基础。此工程项目预计总投资为7.7亿元。项目竣工投产后，预计年收入可达10亿元，年利税可达2亿元。

7月底，太阳纸业年产25万吨高档铜版纸项目正式试车投产。该生产线将用于生产施胶和不施胶的定量在80~230克/米^{2}范围内的纸张，纸机成纸幅宽为4870毫米，设计车速1500米/分，日产能达到900吨。

8月

8月6日，由中华全国工商业联合会“中国企业发展安全高峰论坛”组委会发起并主办的“中国最具生命力企业的评选”活动揭晓，山东太阳纸业股份有限公司等100家企业上榜。

8月15日，国家环保总局宣布“国家环境友好工程”评选活动启动。这是在不断叫停并处罚多个违法建设项目的同时，国家环保总局奖惩结合，对认真履行环评规定的建设项目所实施的表彰鼓励，也是对已经审批通过的建设项目所进行的“后评估”，这将是完善环评监督制度的又一重大改革。

8月21日，中国企业联合会、中国企业家协会主办的2005中国企业500强及其分析报告发布。造纸企业入围2005年中国企业500强的有晨鸣纸业、金东纸业和华泰集团；入围2005年中国制造业500强的有晨鸣纸业、金东纸业、华泰集团、泰格林纸、中华纸业和银河纸业。

8月23日，2005年度环境保护科学技术奖评审会在京举行。由23名来自科研机构、高校、政府部门的专家组成的评审委员会，对125个有效申报项目进行了认真、负责、细致的评审。“环境保护科学技术奖”由国家环保总局与中国环境科学学会联合组织评审，是目前我国环境领域最高的环保科技奖，也是惟一的全国性环境科技奖。

8月26日，“中国工业企业1000大”2004年数据公布，11家造纸企业榜上有名，他们是：山东晨鸣纸业、金东纸业、华泰集团、太阳纸业、泰格林纸、博汇纸业、泉林纸业、银河纸业、金华盛纸业、胜达集团、武汉晨鸣。

8月28日，中国造纸协会第二届第六次常务理事扩大会议在北京召开。会议总结了中国造纸协会2004年的工作并讨论2005年的工作要点，审议并通过中国造纸协会2004年财务收支报告及2005年财务预算报告。会上，曹朴芳常务副理事长通报了“中国造纸工业‘十一五’计划草案大纲”。

8月30日，山东太阳纸业与美国国际纸业签订合作合同，正式建立战略合作关系。双方决定投资4.8亿美元在兖州建立合资公司，共同进行涂布白卡纸和无菌液态包装纸的生产。国际纸业将在购买太阳纸业现有两条涂布白卡纸生产线(42.5万吨生产能力)50%权益的基础上，双方再投资1.6亿美元新上一条年产30万吨液体包装纸生产线。该项目建成后，合资公司可形成预计52亿元的销售规模，利税7亿多元。

9月

9月6日，四川德阳经济技术开发区内的维达纸业正式开车出纸，中国西部最大的生活用纸生产基地开始投产运行。该项目年产3万吨生活用纸，维达集团计划在3年时间内通过后续投资建设，将德阳基地的产能提高至6万吨。

9月8日，福建省莆田市与印尼超辉集团正式签订合同，双方共同投资30亿美元建设亚洲最大的林浆纸一体化项目。项目规划造林3.3万公顷，年产270万吨纸浆和纸，目前一期投资15亿美元、年产120万吨纸浆的工厂正在选址中。

9月9日，由中国造纸学会主办的中国桉树种植与制浆造纸研讨会，在海南省海口市隆重举行。中国造纸学会理事长陈思亮主持会议，国内外著名林业、纸业专家学者出席会议，就桉树人工林与生态环境、制浆造纸与环境保护等问题展开研讨。

9月9日，晨鸣纸业发布公告，公司将通过新成立的控股子公司吉林晨鸣纸业公司，全盘收购ST吉纸，收购价格为7.4亿元。本次收购的资产主要包括两条5600毫米新闻纸生产线，年生产能力15万吨，一条在建的6346毫米轻涂纸生产线，年生产能力20万吨，5条纸浆生产线，年生产能力36万吨，以及上述生产设施占用范围内的房屋和土地使用权。

9月13日，芬欧汇川在其中国常熟造纸厂新建的1号文化用纸纸机建成投产。该纸机的最高车速达2000米/分，生产能力45万吨/年。

9月19日，由中国造纸学会、美国制浆造纸技术协会和美国克劳斯公司主办的中国国际造纸技术报告会举行。中国造纸学会曹振雷副理事长及美国主办方代表致开幕词，近500位国内外造纸业内专家、人士参加了此次会议，来自美国、巴西、新西兰等国家的六位纸业专家做学术报告。

9月19日，国家科学技术奖励工作办公室以国科奖字[2005]90号文批准中国轻工业联合会设立中国轻工业联合会科学技术奖。中国轻工业联合会科学技术奖分技术发明奖和技术进步奖两大奖项，旨在贯彻《国家科学奖励条例》，奖励在我国轻工业领域的科学研究、技术创新与开发、科研成果推广和实现高新技术产业化中做出突出贡献的组织和个人。从而调动轻工业科学技术工作者的积极性和创造性，加速轻工业科学技术事业的发展，提升轻工行业技术水平。

9月20日，由中国造纸开发公司和美国克劳斯公司共同主办的第十三届中国国际纸浆造纸、林业展览会及会议在北京中国国际展览中心举行。国际纸林展向广大国内造纸企业提供了一个与国内外最先进的造纸设备及相关企业进行产品采购、业务咨询、技术交流与学习的高效互动平台和难得的机会。

9月25日，西安造纸机械厂在渭南建立的国内第一条APMP制浆生产线，继6月份利用棉秆、烟秆等非木质纤维试车成功后，又成功用于麦草制浆，同样取得极佳的效果。目前，西安造纸机械厂已具备设计生产3.4万～10万吨/年麦草APMP制浆生产线设备的能力。

9月26日，河北泛亚龙腾纸业33万吨新闻纸项目正式运营生产。项目总投资24亿元，于2004年3月开工建设，历时17个月后即建成投产。

9月30日，商务部发布2005年第60号公告，公布了对原产于美国、泰国、韩国和台湾地区进口的未漂白牛皮箱纸板反倾销调查的终裁决定，并决定自2005年9月30日起，对原产于上述国家和地区的进口被调查产品征收7%～65.2%不等的反倾销税，期限为5年。

10月

10月3日，吉林晨鸣年产10万吨新闻纸生产线一次投料开车成功。晨鸣集团收购ST吉纸后，仅用了不到1个月的时间，就使停产长达3年之久的设备恢复正常生产。

10月8日，中国纸业环保高层论坛在北京举行，国家环保总局、国家林业局官员、著名环保专家、知名造纸企业代表等齐聚一堂，共同分析中国造纸业当前面临的环保问题，探讨优秀企业的绿色生产模式，探索循环经济、绿色经济在中国造纸业的实践之路。会上，以金东纸业、昆山钞票纸厂等为首的中国优秀造纸企业的代表们在论坛上联合发起"中国绿色纸业倡议"，号召全国的纸业企业走可持续发展和保护环境之路，在发展生产的同时，肩负起崇高的社会责任；改造传统纸业，提高纸业科技水平和管理水平，优化产品结构和产业结构，走新型工业化的道路。国家环保总局污控司副司长李新民在会上说，国家环保总局一直将造纸污染防治作为重中之重的工作，经过努力，我国造纸行业的污染防治工作目前已初见成效，环境污染得到初步缓解，今后仍将从以下3个方面入手，继续加强对造纸行业的监管：一是以科学发展观为指导，大力实施产业结构调整；二是实行清洁生产，发展循环经济，创建环境友好型的造纸企业；三是切实做好造纸行业环境监管和服务工作，实现造纸行业可持续发展。

10月12日，广西金桂浆纸业有限公司林浆纸一体化项目获国家发改委核准。该项目建设规模为年产30万吨磨木浆，60万吨高档文化纸及纸板，原料林基地面积7万公顷。

10月17日，中国航天员中心飞船环控生保分系统致信中国制浆造纸研究院，对中国制浆造纸研究院研制的导水纸在"神州六号"飞行过程中工作正常、状态良好，保证了飞行的圆满成功表示感谢。

10月20日，国家环保总局宣布中电国华电力股份有限公司北京热电分公司等21家企业被授予"国家环境友好企业"称号。至此，我国的国家环境友好企业已经达到32家。本次获得"国家环境友好企业"称号的造纸企业是：保定钞票纸厂、芬欧汇川(常熟)纸业有限公司和宁波中华纸业有限公司。

10月22日，全国造纸企业报(刊)协会第十六届年会在华泰纸业公司召开。本届年会就如何进一步强化新形势下企业宣传工作，如何在企业生产经营和企业文化建设中，在促进企业竞争力的提升过程中，发挥企业报刊的作用等问题进行了广泛的探讨。本届年会还增评了全国造纸产业优秀企业报刊奖，《华泰人》、《泰格林纸报》、《晨鸣报》、《金光中国联讯》、《亚伦报》、《华劲春秋》、《太阳纸业报》、《银河纸业》、《福建南纸》、《青山之光》等十家企业报刊被评为首届"全国造纸产业十佳企业报刊"；《泉林报》等6家企业报刊获首届"全国造纸产业企业报刊优秀奖"。

10月27日，国家发展和改革委员会等6部委发布《关于组织开展循环经济试点(第一批)的通知》，正式启动国家循环经济试点工作。其中，进入第一批试点的造纸企业有：山东泉林纸业有限公司、贵州赤天化纸业股份有限公司、广西贵糖(集团)股份有限公司、广东省江门甘蔗化工(集团)股份有限公司。

10月27日，宁夏美利纸业林纸一体化项目环境影响报告书正式通过国家环保总局审批。该项目建设可进一步促进企业解决现有环境问题，调整自身产业结构，改善局部生态环境。美利纸业林纸一体化工程是去年经国家发改委批准并列入全国林纸一体化专项规划批复的项目，计划总投资45.3亿元，建设规模为新增造纸能力41万吨，主要建设年产26万吨涂布白卡纸和15万吨涂布印刷纸生产线各一条，配套建设杨木化机浆30万吨，造纸原料林基地3.3万公顷和2×50兆瓦热电站等项目。目前，一期建设的20万吨杨木化机浆项目、30万吨涂布白卡纸项目和2×50兆瓦热电站项目已开工建设。

11月

11月2日，由中国造纸学会主办、广西大学承办的隆重纪念蔡伦发明造纸术1900年暨中国造纸学会第十二届学术年会在广西大学召开，会议颁发了蔡伦青年科技奖和中国造纸学会第五届青年科技奖。

11月3日，由中国造纸协会举办、厦门建发股份有限公司承办的2006年全国纸张订货交易会，在厦门国际会展中心隆重开幕。展会期间，主办方还举办了"全国造纸工业产销形势报告会"和"商品纸浆论坛"，论坛目标为对我国商品纸浆贸易稳定和发展发挥积极的推动作用。

11月8日，晨鸣纸业接到国家发改委办公厅"关于湛江木浆项目业主招标结果的通知"，确定由该公司承接湛江木浆项目建设。项目总投资94亿元，建设规模为年产漂白硫酸盐木浆70万吨、原料林基地20万公顷。

11月23日，濮阳龙丰纸业有限公司林纸一体化项目一期工程年产10.8万吨化机浆项目正式投产，年产20万吨低定量涂布纸项目的前期准备工作也正在紧锣密鼓地进行。该项目总投资17.6亿元。在"十一五"期间发展速生丰产林3.3万公顷，从2006年开始实施，分五年完成，每年造林0.6万公顷，

11月28日，全球最大的新闻纸生产线——山东华泰集团年产40万吨高档新闻纸生产线投产，该项目总投资22.8亿元，技术装备为全套引进，各项指标均居

世界前列，是迄今为止世界上设备最先进、车速最快、纸幅最宽、质量档次最高的新闻纸生产线。项目投产后，华泰集团新闻纸产能达80万吨，占国内新闻纸市场份额的25%。

11月，福建邵武中竹林纸一体化项目日前获国家发改委核准建设和国债支持。该项目新建一条年产15万吨漂白竹浆生产线，并配套建设竹林基地4.7万公顷和3万千瓦热电站等。项目总投资约16.5亿元，其中中央安排国债资金9750万元，申请中国农业银行贷款7亿元、国家开发银行贷款4.6亿元。项目的建设将大大推进福建省林纸一体化专项规划的实施，提高该省造纸工业发展水平和结构升级。

11月，河北省重点建设项目——总投资达30亿元的河北玉树造纸项目在新河县奠基。标志着该县招商引资和项目建设取得了历史性突破。河北玉树造纸项目系天津造纸厂整体搬迁项目，项目计划总投资30亿元，年产高强瓦楞原纸50万吨；一期工程占地86.7公顷，自备热电厂和污水处理厂，总投资10亿元，明年一期工程完成后，年产高强瓦楞原纸10万吨，年可消化秸秆15万吨。

12月

12月2日，经国务院批准的《产业结构调整指导目录(2005年本)》发布并开始施行。在此次发布的《产业结构调整指导目录(2005年本)》中，涉及造纸工业的列入鼓励类的有：符合经济规模的林纸一体化木浆、纸和纸板生产，高新技术制浆造纸机械成套设备开发制造和无元素氯(ECF)和全无氯(TCF)化学纸浆漂白工艺开发及应用；列入限制类的是低档纸及纸板生产项目；列入淘汰类的有：1.7万吨/年以下的化学制浆生产线和3.4万吨/年以下的草浆生产装置(2007年)。

12月20日，国家发改委核准了金光纸业(中国)投资有限公司在洋浦独资扩建年产160万吨造纸项目，总投资136.17亿元。主要建设内容是扩建造纸车间，同时配套建设热电站、污水处理等辅助设施和公用工程。产品方案为高档文化用纸140万吨，生活用纸20万吨，具体方案根据市场情况进行调整。

12月26日，金光纸业APP北京林业大学奖学金在北京林大举行了颁发仪式。金光纸业北京林业大学奖学金旨在奖励品学兼优、家庭经济困难的优秀学生，每年在材料学院和资源与环境学院相关专业学生中评选出30名获奖人，奖金总额6万元人民币。

12月26日，国家质检总局、海关总署、商务部联合发布第177号公告，针对目前进口纸尿布等一次性卫生用品卫生不达标对消费者构成健康隐患的问题，要求自2006年1月1日起，对一次性卫生用品实施进境检验检疫。

到2005年12月底，根据国务院《关于推进资本市场改革开放和稳定发展的若干意见》和中国证监会《关于上市公司股权分置改革试点有关问题的通知》等相关文件精神，已实施股权分置改革方案的制浆造纸类上市公司有：恒丰纸业、华泰股份、银鸽投资、博汇纸业、岳阳纸业。

(房宝伦)

2005年中国造纸工业10项要闻

Top 10 events in China's paper industry in 2005

1.2005年3月28日,在国家科学技术奖励大会上,北京工商大学、山东(临清)银河纸业集团有限公司、山东华泰(纸业)集团有限公司、牡丹江大宇制纸有限公司等单位合作完成的"制浆和碱回收过程优化控制系统的研究与应用"项目荣获2004年度国家科技进步二等奖。

2.2005年4月21日,国家发改委、科技部会同水利部、建设部、农业部发布《中国节水技术政策大纲》。大纲对发展造纸工业节水的工艺技术和装备提出明确要求。

3.2005年8月26日,国家统计局根据2004年度统计结果,发布了中国1000家最大工业企业,其中造纸企业有晨鸣纸业、金东纸业、华泰集团、太阳纸业、泰格林纸、博汇纸业等。

4. 中国造纸学会于2005年9月9-11日在海南省海口市召开中国桉树种植与制浆造纸研讨会,对发展桉树人工林遇到的问题和解决途径进行了广泛的交流与讨论。

5.ST吉纸破产重组,晨鸣集团收购吉纸资产,并于2005年10月3日恢复生产。

6.2005年10月17日,中国航天员中心飞船环控生保分系统致信中国制浆造纸研究院,对中国制浆造纸研究院研制的导水纸在"神州六号"飞行过程中工作正常、状态良好,保证了飞行的圆满成功表示感谢。

7.2005年10月20日,保定钞票纸厂、芬欧汇川(常熟)纸业有限公司、宁波中华纸业有限公司被国家环保总局授予"国家环境友好企业"称号。

8.2005年10月27日,国家发展和改革委员会等6部委发布《关于组织开展循环经济试点(第一批)的通知》,正式启动国家循环经济试点工作。其中,进入第一批试点的造纸企业有:山东泉林纸业有限公司、贵州赤天化纸业股份有限公司、广西贵糖(集团)股份有限公司、广东省江门甘蔗化工(集团)股份有限公司。

9.2005年是蔡伦发明造纸术1900周年。11月2日,中国造纸学会、中国造纸协会在南宁组织隆重的纪念活动,纪念蔡伦发明造纸术1900周年。

10.UPM宣布退出中国湛江70万吨/年浆厂项目,国家发改委对该项目进行法人资格投标,2005年11月11日晨鸣纸业发布公告,经国务院批准晨鸣纸业集团股份有限公司中标。

【注】2005年中国造纸工业10项要闻的评选,经过全国部分省市的造纸协会、造纸学会、大专院校、科研院所和企业的领导和专家的推荐,于2005年12月23日在北京召开了在京部分领导和专家参加的评选会,经过与会专家的认真讨论,最后评出"2005年中国造纸工业10项要闻"。出席本次评选会的专家有:中国造纸学会顾问余贻骥教授级高工和胡宗渊教授级高工;中国轻工企业投资发展基金会理事长、原国家轻工业局计划司胡楠司长;中国造纸协会常务副理事长曹朴芳高工;中国造纸协会副理事长李有元高工;中国造纸协会副理事长兼秘书长赵伟高工;中国造纸学会理事长陈思亮高工;中国造纸学会常务副理事长兼秘书长、中国造纸开发公司总经理、中国制浆造纸研究院院长曹振雷教授级高工;中国造纸学会学术工作委员会主任杨悉暹教授级高工;中轻集团造纸二次纤维利用协作中心主任顾民达高工;原国家轻工业部装备司张熙处长;中国轻工国际工程设计院黄运基教授级高工、俞正千教授级高工、黄祖壬教授级高工;北京造纸学会常务副理事长兼秘书长马石辉高工;中国制浆造纸研究院常务副院长曹春昱教授级高工;中国造纸学会国际学术交流委员会主任、中国制浆造纸研究院总工程师邝仕均教授级高工;中国造纸学报主编朱尹策编审。

(房宝伦)

纪念蔡伦发明造纸术 1900 周年（105 — 2005 年）

1900 Anniversaries for the papermaking technology invention from Tsai – Lun(105 – 2005)

造纸术、指南针、火药与印刷术并称为中国四大发明。2005 年是蔡伦发明造纸术 1900 周年。中国造纸界举行了隆重纪念活动。

一、开展了一系列纪念活动

(一)纪念大会

纪念大会于 2005 年 11 月 2 日上午在广西大学礼堂召开，出席会议的领导有中国造纸学会理事长陈思亮、广西大学党委书记余瑾、广西科协副主席谢林诚、蔡伦家乡湖南耒阳市副市长谢儒生。还有企业界代表泰格林纸集团董事长王祥、广西金桂浆纸业总经理邱俊德、金华林业副总经理西蒙等 500 多人出席了会议。会议由中国造纸学会秘书长曹振雷主持，纪念会上造纸界资深专家 86 岁高龄的余贻骥教授作了“继往开来向造纸强国迈进——纪念蔡伦发明造纸术 1900 周年”的学术报告。其他在主席台就座的领导也都相继讲话。

由中国造纸学会理事长陈思亮、广西大学党委书记余瑾对蔡伦塑像举行揭幕仪式。

为继承发扬蔡伦创造发明的精神，在会上为 3 名第五届青年科技奖、8 名蔡伦青年科技奖获奖者颁发了奖状与奖金。

(二)请领导人对纪念蔡伦发明造纸术 1900 周年题词

周光召——中国科学技术协会主席，两院院士

题词：蔡伦造纸，功德无量

王忠禹——第十届全国政协副主席

题词：学习蔡伦发明创造精神，促进我国科学技术发展

陈士能——中国轻工业联合会会长

题词：纪念蔡伦发明造纸术一千九百周年

促进了人类文明进步，推动了社会向前发展

钱桂敬——中国造纸协会理事长

题词：继承蔡伦精神，促进中国现代纸业快速发展

陈思亮——中国造纸学会理事长

题词：纪念蔡伦发明造纸术 1900 周年

缅怀蔡伦的丰功伟绩，继承和发扬科技自主创新精神

(三)出版纪念蔡伦发明造纸术 1900 周年书、刊

专业杂志：

《中国造纸》、《中华纸业》、《造纸信息》和《纸和造纸》等分别发表纪念文章。

《纸张行情》全年刊登纪念蔡伦发明造纸术 1900 周年专栏。

《纸史研究》19 期为纪念蔡伦发明造纸术 1900 周年出版专刊。

纪念书籍：

《中国古代吟纸诗文选》，陶喻之、陈启新选编，华宝斋印刷。纸史委员、《纸史研究》编委会主任陈启新，陆续搜集从东汉至清朝的诗文 800 余首，经纸史委员《纸史研究》副主编陶喻之筛选、编辑，保留约 190 余首，均为历代文人歌颂蔡伦与纸的诗与文。

《纸祖千秋》，许焕杰主编，岳麓书社印刷出版。湖南省耒阳市政协副主席、纸史委员许焕杰在 2001 举办中国(耒阳)蔡伦学术研讨会后搜集论文及各种论述 140 余篇编辑出版。

《中国古代工程技术史大系》，路甬祥主编，山西教育出版社出版。其中的《中国古代造纸工程技术史》由王菊华主编，书中扉页印有蔡伦发明造纸术 1900 周年。这本书概括了从蔡伦发明造纸术以来，各个时代

造纸技术发展状况。

《发明家蔡伦画册》。

(四)出版“纪念蔡伦发明造纸术”的邮票册

发行一册个性化邮票。册中有16版插页,从古代造纸技术到现代造纸技术。搜集各种邮票33枚,其中有4枚为中国古代四大发明,2006年8月18日由中国香港邮票公司发行,还有两种小型张。

(五)展览

中国科协主办,中国自然博物馆承办《中国古代科学技术系列科普展》之二——“四大发明”展览,造纸部分由中国造纸学会提供布展建议。于2006年元月完成,该展览不但在国内各省博物馆等场地展出,而且还准备到国外展出。

(六)教育活动

中国造纸学会赠送各大学图书馆一套有关蔡伦的书籍,并请设有造纸专业的各大学、中专、技校,今年在讲授造纸专业课时,加授蔡伦发明造纸术简史。

(李玉华)

中国造纸学会第五届青年科技奖获奖者简介

Synopsis for the young scientific workers who won the 5th science and technical prize from CTAPI

龙柱 男，侗族，39岁，天津科技大学化工系博士研究生，现任江南大学纺服学院造纸研发中心主任，副研究员。

工作简历：1984.9～1987.7湖南省湘潭市电大分校食品工程大专毕业；1987.12～1992.9在湖南省造纸研究所工作；1990.9～1991.7华南理工大学制浆造纸助工助教班进修；1992.9～1995.7陕西科技大学制浆造纸专业研究生，获工学硕士学位；1995.7～2003.12天津科技大学化工系制浆造纸研究室工作；1997.9～2001.7天津科技大学制浆造纸专业研究生，获工学博士学位；2000.2～2000.6芬兰Tampere Polytechnic University访问学者；2003.4～2005.3天津大学化学工程与技术博士后流动站/华泰集团有限公司博士后科研工作站博士后，获博士后证书；2003.12至今江南大学纺服学院造纸技术研发中心副研究员、硕士导师。

主要业绩：天津市2004年优秀博士学位论文奖省部级排名第一（论文题目：聚合氯化铝－有机高分子复合物及其在造纸中的应用，被推荐参加全国优博论文评选）；2004年山东省设立的山东省科技进步二等奖省部级排名第三；2001年天津市设立的天津市科技进步三等奖（获奖项目：国家"九五"重点科技（攻关）计划"造纸用高效中性施胶剂、增干强剂、助留剂、助滤剂的研究开发与应用"）省部级排名第五；2004年山东省东营市设立的山东省东营市科技进步一等奖（获奖项目：超低定量高级彩印新闻纸）市局级排名第三，该项目在华泰集团投产后，新增利润1.9亿元。现出版与即将出版专著3部，2003年参编《废纸再生实用技术》10万字，2005年主编《新闻纸》40万字，在国内外期刊发表论文70余篇。

秦梦华 男，汉族，39岁，博士研究生，现任山东轻工业学院副院长，教授。

工作简历：1984.9～1988.7山东轻工业学院攻读学士学位；1988.9～1991.4天津轻工业学院攻读硕士学位；1991.4～1993.8山东轻工业学院造纸教研室教师；1993.9～1996.7华南理工大学攻读博士学位、讲师；1997.8～1998.9山东大学从事生物学博士后研究、副教授；1998.9～1999.10山东轻工业学院研究生部主任、教授；1999.11～2001.4山东轻工业学院轻化工程系主任、教授；2001.5～2002.6芬兰Abo Akademi大学客座研究员；2001.5～2004.7山东轻工业学院轻化与环境工程学院院长；2004.7至今山东轻工业学院副院长。

工作业绩：2003年获山东省科学技术奖励委员会颁发的废纸酶法脱墨及其纤维性能研究科技进步二等奖，首位；2001年获山东省教育厅颁发的废纸新闻纸的生物脱墨及其研究高校优质科研成果三等奖，首位；2000年获山东省教育厅颁发的纸浆中的树脂及其障碍控制奖省教育厅科技进步三等奖，首位；1998年获山东省教育委员会颁发的纸浆中树脂成分的分析及其树脂障碍控制科技进步三等奖，首位；2000获年中国造纸杂志社颁发的废报纸酶法脱墨和纤维研究一等奖，首位。发表论文100余篇。

唐先陆 男，瑶族，36岁。广西大学轻工学院毕业，现任广西贺达纸业有限责任公司总经理、党委书记、高级工程师。

工作简历：1985.9～1989.7广西大学轻工系制浆造纸工程专业本科就读；1989.7～1996.5广西贺县纸浆厂历任总工艺师、车间主任等职；1996.5～1999.12广西贺纸有限责任公司总工程师、副总经理；1998.9～2001.7广西大学制浆造纸工程硕士；1999.12～2001.4广西贺纸有限责任公司总经理、党委书记；2001.4～2004.10华中科技大学管理工商管理硕士；2001.4至今广西贺达纸业有限责任公司总经理、党委书记。

工作业绩：广西省重点工程领导小组颁授的广西省重点工程建设先进工作者奖；2001年广西经贸委颁发的广西优秀厂长经理奖；2004年广西科技厅颁发的广西制造业信息化工程示范企业奖；国家经贸委2001、2005年颁发的全国"安康杯"优胜企业奖。在现单位担任总工程师期间，提出松木改桉木制浆，并任项目总负责人，取得成功，使企业产量从2001年5.25万吨，提高到2005年上半年的4.14万吨，产量提高59.2%。从2001年亏损7030万元到今年上半年盈利50万元。利用自建林场桉木吨浆可节约成本600元。

中国造纸学会蔡伦青年科技奖获奖者简介

Synopsis for the young scientific workers who won the Tsai－Lun science and technical prize from CTAPI

房桂干　男，1966年2月生，西北轻工业学院硕士研究生，现任中国林业科学研究院林产化学工业研究所研究中心主任，研究员、首席专家、博士生导师。

工作简历：1986.9～1989.3西北轻工业学院制浆造纸专业硕士研究生；1989年3月至今中国林科院制浆造纸研究开发中心，研究员、助研、副研、研究员、首席专家；1997.9～2000.8在职攻读博士学位研究生；1990.5～1993.6澳大利亚CSIRO进修（两次共9个月）；1994.5～1994.9加拿大造纸研究所进修；1997.3～1997.5加拿大魁北克大学进修；1999.2～1999.6法国波尔多第一大学（外聘教授，合同期3年）；2002.3～2002.6瑞典国际制浆造纸技术研讨班进修。

工作业绩：2002年高效低能耗造纸废水处理工业应用新技术获得江苏省颁发的科技进步奖三等奖（02）；被评为第四届（2000年）江苏省优秀科技工作者。

金永灿　男，1968年1月生，南京林业大学毕业，现任研究室主任，副教授。

工作简历：1985.9～1989.7南京林业大学化学工程系本科生；1989.8～1992.8杭州武林造纸厂助理工程师；1992.8～1994.7南京林业大学研究生院硕士研究生；1994.8～1998.7南京林业大学研究生院博士研究生；1997.5～1998.4日本东京农工大学特别研究生；1998.7～1999.3 Sunds Defiberator Beijing Office工程师；1999.3至今南京林业大学化学工程学院讲师、副教授。

工作业绩：1999年国家林业局颁授的科学技术进步奖二等奖（4）；2000年中宣部、教育部、共青团中央、全国学联颁授的中国百支博士团三下乡志愿活动“优秀博士服务团”的团体奖；2001年江苏省人民政府颁授的江苏省产学研联合先进集体团体奖；2001年江苏省人民政府颁授的江苏省产学研联合先进个人奖；2003年中国造纸学会颁授的学术论文奖一等奖（1）。

刘文　男，1965年4月生，西北轻工业学院硕士研究生，现任中国制浆造纸研究院部门主任，教授级高级工程师。

工作简历：1983.9～1987.7大连轻工业学院本科；1987.9～1990.5西北轻工业学院硕士；1990.5至今中国制浆造纸研究院工程师、部门主任、教授级高级工程师。

工作业绩：1996年获轻工总会颁授的高压电解电容器纸三等奖，排名3；2004获年黑龙江省颁授的烟用高透气度滤嘴棒纸奖三等奖，排名3。

冼惠英　女，1965年12月生，中央党校毕业，现任广西国发林业造纸有限责任公司副总经理、总工程师，高级工程师。

工作简历：1982.9～1986.7在广西农学院林学分院林机专业学习；1986.7～1986.8广西雒容林业化工厂；1986.9～1987.7在南京林业大学进修制浆造纸工艺；1987.7～1988.11广西雒容林业化工厂生产科工艺技术员；1988.12～1989.6广西林业造纸厂企业管理办公室主办科员；1989.6～1990.2广西林业造纸厂工艺质检科科长助理；1990.2～1992.1广西林业造纸厂生产工艺科副科长；1992.1～1995.2广西林业造纸厂工艺质检科科长；1995.2～1998.2广西国发林业造纸有限责任公司生产工艺处副处长兼公司副总工程师；1998.2～1998.6广西国发林业造纸有限责任公司技改办主任兼设备动力处副处长、公司副总工程师；1998.6～1999.5广西国发林业造纸有限责任公司总工程师办公室主任兼公司总工程师；1999.5～2000.5广西国发林业造纸有限责任公司总工程师；2000.5至今广西国发林业造纸有限责任公司副总经理、总工程师。

工作业绩：2000年获广西区总工会颁授的“广西区劳动模范奖”；2001年获广西区林业局颁授的“广西区林业科技先进工作者称号”；2001年获广西区党委颁授的广西区优秀党员称号；2002年获广西区团委、区企业工委、区经贸委、区青年企业家协会颁授的“第四届广西优秀青年企业家奖”；2002年获柳州地委组织部、柳州地委宣传部、柳州地区团委、桂中日报社、柳州地区电视台设立的“第二届柳州地区十大杰出青年奖”；2004年中国新思想新学术成果评审委员会、中科华夏文化研究院颁授的“论文《以市场为向导，打造新型战略管理模式——广西国发公司生存与发展的战略管理》获‘中国新思想新学术成果’(成果编号SD01—07)一等奖”。

郑勇　男，1972年9月生，西北轻工业学院毕业，现任四川锦丰纸业股份有限公司生产部副经理，工程师。

工作简历：1990.9～1994.7西北轻工业学院制浆造纸工程系本科；1994.8～1996.5宁夏造纸厂筹建处工作；1996.6至今四川锦丰纸业股份有限公司工作；1998.4～1998.5在法国进行卷烟纸制造技术培训；2000.1～2000.6赴芬兰学习纸厂管理和造纸技术；2003.4～2003.5赴德国学习斜网纸机造纸技术。

工作业绩：四川省人民政府颁授的“四川省科技进步奖”二等奖。

张素风　女，1972年6月生，西北轻工业学院毕业，现任陕西科技大学造纸工程学院讲师、院科研秘书。

工作简历：1992.9～1996.7西北轻工业学院大学本科；1996.8～1997.8西安市造纸厂；1997.8～1999.12西北轻工业学院硕士研究生；2000.1至今陕西科技大学造纸工程学院教师。

工作业绩：2005年1月12日国家知识产权局授权实用新型专利排名第一。

张明　男，1978年3月生，南京大学毕业，现任金东纸业(江苏)有限公司研发工程师、课长。

工作简历：1994.9～1998.7南京大学化工系；1998.8至今金东纸业研发处纸研课课长；2002.6取得质量工程师中级资格；2002.11取得经济工程师工商管理中级资格；2000.3～2000.5在学习印度尼西亚集佛纸厂造纸相关知识；2003.11在美国俄州ROHMNOVA纸张PILOT TRALL实验室工作；2005.4参加加拿大2005年TAPPI/COATING CONFERENCE、美国Midland DOW陶氏总部胶乳交流；2005.9被江苏大学录取为2005级工程硕士。

工作业绩：2003年获江苏省质量协会设立的QC2003优秀奖第六，2004年获江苏省质量协会设立的QC2004优秀奖第三。

李劲松　男，1965年4月生，东北林业大学毕业，现任牡丹江恒丰纸业股份有限公司总工程师，高级工程师。

工作简历：1982.7～1986.7东北林业大学学生；1986.7～1989.9云南昆明虫胶厂技术员；1989.9～1996.12任技术员、工程师，车间主任；1997.1～2001.12总工程师、技术中心、品质部部长；2003～2004年大连轻工学院硕士研究生；2001～2004每年多次出国学习及考察。

工作业绩：2001年中国烟草学会卷烟材料学术专业委员会颁授的“亚麻制浆及在卷烟纸生产中的应用”二等奖；2002年中国烟草学会颁授的“依靠科技迎接入世挑战”二等奖；1999年中国造纸学会颁授的“高级印刷型水松原纸的研制”一等奖；2003年国家专利局颁授的“烟用高透气度滤嘴棒纸国家专利奖”；2004年国家专利局颁授的“瓦楞滤嘴棒纸国家专利奖”；2005年黑龙江省科学技术厅颁授的“快燃卷烟纸省科技成果奖”及“医用吸潮纸原纸省科技成果奖”。

大力种植桉树人工林 实现造纸工业可持续发展

Energetically developing the eucalyptus plantation for accomplishing the continual development of paper industry

1、我国造纸纤维原料供需现状及存在的问题

我国造纸工业经历了10多年的高速增长之后，出现了纤维资源严重短缺问题，已成为世界上最大的纸浆原料进口国。2004年全国纸及纸板生产量4950万吨，消费量5439万吨，消耗纸浆总量4455万吨，其中木浆970万吨，比例占22%；非木浆1180万吨，比例占26%；废纸浆2305万吨，比例占52%。消费的纸浆中，进口纤维原料总量已占纸浆总消耗量的40%，其中，从国外进口木浆732万吨、废纸1230万吨。今后我国纤维原料进口量还将大幅度增加，预计到2010年木浆和以木材为原料的废纸进口量将超过3000万吨。纸浆原料大量进口的主要原因是国内木材供不应求，而且价格很高，企业不得不从国外购买木浆、木片、废纸，如果纸浆原料无限制地依赖国外进口，既不现实，也不能保证我国造纸工业的可持续发展。

2、发展桉树人工林是解决造纸纤维原料短缺的重要途径

为了解决造纸业与森林资源稀缺的矛盾，发达国家很早就开始在造纸行业推行“林浆纸一体化”的营运模式，比如，巴西在20世纪60年代引种桉树，大面积营造桉树人工林，发展商品浆工业。经过30多年的努力，巴西已从进口纸浆的国家变成商品纸浆出口国，2004年全球桉木商品浆总量为964万吨，巴西生产640万吨，占全球总量的60%。借鉴巴西和国内已种植桉树人工林地区的经验，总结得出了桉树人工林特有的比较优势。

(1)桉树具有很强的适应性。国内多年实践证明，桉树在我国南部沿海地区的气候条件及科学管理下能够良好生长。

(2)桉树树种之间容易杂交培育出超过亲本的杂交种，并容易培育成优良无性系进行无性繁殖。

(3)桉树生长快，轮伐期短，在集约经营条件下能成倍地提高单位土地面积的产量，木材密度大于松树和杨树，相同材积产浆量高。

(4)桉树能进行萌芽更新，桉树在砍伐后，可以萌芽更新2代，第2代萌芽更新林由于利用原有的根系，产量比第一代种植林还高。

(5)桉树是很好的纸浆林，桉木浆适应性好、纤维含量高、造纸性能好。

3、发展桉树人工林涉及的生态问题及解决措施

当桉树种植面积以异乎寻常的速度扩展时，社会上一些人开始对这一外来树种在国内大规模种植产生忧虑，提出桉树人工林存在蓄水性很差，对林地养分消耗非常大，桉树还会产生某种毒性物质抑制其他生物生长等问题。

专家调查结果显示：第一，雷州半岛桉树人工林的水分蒸腾为降雨量的1/3，桉树林夏季对地下水的补给是明显的，种植桉树的主要水流域底下的水塘旱季仍然没有断流，桉树人工林涵养水源的作用明显。第二，由于桉树生长快，光合作用强，需要的水分必然多些，但就水分利用效率来说，桉树生长1公斤干物质只需要510升水，而橡胶树、椰子树、马占相思树等生长1公斤干物质所需水分大大高于桉树。第三，由于桉树具有高效利用养分的能力，相对于其他树种而言，桉树养分吸收量和收获时从林地移走的养分都是较低的。第四，海南金华林业有限公司林业基地的4年生尾巨桉已形成林带，枝叶茂盛，地面杂草丛生，养鸡场在林地里放养鸡群，展现一片生机盎然的景象。

专家认为，在发展桉树人工林的过程中，应采取适当延长轮伐期，整地时尽量避免破坏植被，缩短林地裸露时间，保护林下枯落物，保留采伐剩余物等营林措施。只要做到科学经营，桉树不会是“抽水机”、“抽肥机”、“绿色沙漠”，而是生态与效益双赢之树。

4、几点建议

(1)广东、广西、海南、福建、云南和湖南等省区自然条件得天独厚,是我国发展短轮伐期工业原料林基地的重点地区,建议在该地区规划建设6~8个年产50万~100万吨级林浆纸一体化浆纸企业,相应发展200万~266万公顷以桉树林为主的造纸林基地,实现纸浆生产南移,提高木浆自供率的发展目标。

(2)纸浆原料林基地建设起步较晚,林地落实困难,投资风险大,鉴于此,希望政府部门在土地、融资、投资、育林基金、税费等方面给予优惠政策。

(3)建议政府有关部门大力改善投资环境,加快明确林地、林木的权属关系。鼓励企业利用外资以及民间资本,倡导种植人工林,促进桉树等适合于造纸的速生树种的快速推广。

(4)改革纸浆原料林管理制度,根据林业"分类经营、分类管理"的原则,对纸浆原料林实行计划单列,建立符合纸浆原料林自身特点和规律的法规,对人工林采伐指标和限额采用指导性管理,进一步扩大企业自主经营权。

(5)科学合理规划造林地,处理好公益林和商品林的比例和配置,做到树种搭配合理,适地适树,扩大桉树人工林遗传的多样性,不断引入新的种质资源,营造多个无性系的桉树人工林,提倡混交造林,树种轮作,尽量保留林地周边原生植被,增加生物多样性。

【注】中国造纸学会于2005年9月在海口市举办了桉树种植与制浆造纸研讨会,20多位国内外林业、纸业专家就桉树种植、生态影响、制浆造纸与环境保护等问题进行了探讨,达成了加强科学经营管理桉树人工林的共识。专家认为,应该在南方有条件地区重点建设一批桉树人工林基地以及若干个大型现代化制浆造纸企业,以解决发展造纸工业纤维资源短缺和环境污染严重的两大瓶颈问题。林业与造纸行业的有关专家联合提出了关于科学合理种植桉树人工林,实现造纸工业可持续发展的建议。该建设已在中国科学技术协会主编的《科技工作者建议》(第01期,2006年2月8日出版)中全文刊登。提出建议的林业方面的专家有:中国林科院首席科学家白嘉雨研究员,中国林科院热带林科所徐大平所长、徐建民研究员,中国科学院林业研究所王豁然研究员,中国林学会桉树专业委员会杨民胜主任,广东省湛江市林业局莫晓勇副局长,云南省林科院张荣贵教授;造纸方面的专家有:华南理工大学陈克复院士,山东省造纸学会张金声秘书长,南京林业大学李忠正教授,中国制浆造纸研究院邝仕均总工程师,中国造纸学会顾问余贻骥教授、胡宗渊教授、杨懋暹教授、顾民达高级工程师及黄润斌高级工程师。

(黄润斌整理)

附　录

APPENDIX

10

全国主要基本状况

Profile of China

自 然 状 况

Natural Conditions

项 目		Item		2004
国土		Territory		
国土面积	（万平方公里）	Area of Territory	（10 000 sq.km）	960
海域面积	（万平方公里）	Area of Sea	（10 000 sq.km）	473
海洋平均深度	（米）	Average Depth of Sea	（m）	961
海洋最大深度	（米）	Maximum Depth of Sea	（m）	5377
岸线总长度	（公里）	Length of Coastline	（km）	32000
大陆岸线长度	（公里）	Mainland Shore	（km）	18000
岛屿岸线长度	（公里）	Island Shore	（km）	14000
岛屿个数	（个）	Number of Islands		5400
岛屿面积	（万平方公里）	Area of Islands	（10 000 sq.km）	3.87
气候		Climate		
热量分布	（积温≥0℃）	Distribution of Heat（Accumulated Temperature≥0℃）		
黑龙江北部及青藏高原		Northern Heilongjiang and Tibet Plateau		2000～2500
东北平原		Northeast Plain		3000～4000
华北平原		North China Plain		4000～5000
长江流域及以南地区		Changjiang（Yangtze）River Drainage Area and the Area to the south of it		5800～6000
南岭以南地区		Area to the South of Nanling Mountain		7000～8000
降水量	（毫米）	Precipitation	（mm）	
台湾中部山区		Mid－Taiwan Mountain Area		≥4000
华南沿海		Southern China Coastal Area		1600～2000
长江流域		Changjiang River Valley		1000～1500
华北、东北		Northern and Northeastern Area		400～800
西北内陆		Northwestern Inland		100～200
塔里木盆地、吐鲁番盆地和柴达木盆地		Tarim Basin，Turpan Basin and Qaidam Basin		≤25
气候带面积比例	（国土面积＝100）	Percentage of Climatic Zones to Total Area of Territory		
湿润地区	（干燥度＜1.0）	Humid Zone	（aridity＜1.0）	32
半湿润地区	（干燥度＝1.0～1.5）	Semi～Humid Zone	（aridity 1.0～1.5）	15
半干旱地区	（干燥度＝1.5～2.0）	Semi～Arid Zone	（aridity 1.5～2.0）	22
干旱地区	（干燥度＞2.0）	Arid Zone	（aridity＞2.0）	31

注：1. 气候资料为多年平均值。

2. 岛屿面积未包括香港、澳门特别行政区和台湾省。

a）The climate data refer to the average figures in many years.

b）Island area does not include that of Hong Kong Special Administrative Region，Macao Special Administrative Region and Taiwan Province.

自 然 资 源

Natural Resources

项 目		Item		2004
土地资源	(万公顷)	Land Resources	(10 000 hectares)	
耕地面积		Area of Cultivated Land		13004
荒地面积		Area of Undeveloped Land		10800
#宜农荒地		Useable for Agricultural Production		3535
林业用地面积		Area of Afforested Land		28493
#宜林荒山荒地(含宜林沙荒)		Undeveloped Land Usable for Afforestation		5471
草原面积		Area of Grassland		40000
#可利用面积		Utilizable Area		31333
森林资源		Forest Resources		
活立木总蓄积量	(亿立方米)	Total Standing Stock Volume(100 million cu.m)		1361810
森林面积	(万公顷)	Forest Area	(10 000 hectares)	17491
森林蓄积量	(亿立方米)	Stock Volume of the Forest	(100 million cu.m)	1245585
森林覆盖率	(%)	Forest - coverage Rate	(%)	18.21
水利资源		Water Resources		
大陆		Land		
水资源总量	(亿立方米)	Total Water Resources Volume	(100 million cu.m)	24129.6
地表水资源量	(河川径流量)	Surface Water Volume		23126.4
地下水资源量		Ground Water Volume		7436.3
地表水与地下水资源重复量		Duplicated Measurement between Surface Water		6433.1
水力资源蕴藏量	(亿千瓦)	Hydropower Resources	(100 million kw)	6.76
#可开发量		Developable Resources		3.79
内陆水域总面积	(万公顷)	Inland Water Area	(10 000 hectares)	1747
#可养殖面积		Cultivatable Area		675
#已养殖面积		Cultivated Area		467
海洋		Sea		
海洋能源理论蕴藏量	(亿千瓦)	Theoretical Sea - energy Reserves	(100 million kw)	6.3
海岸带面积	(万平方公里)	Coastal Area	(10 000 sq.km)	28
滩涂面积	(万平方公里)	Sea - beach Area	(10 000 sq.km)	2.08
海水可养殖面积	(万公顷)	Cultivatable Area in Marine Areas	(10 000 hectares)	260.01
#已养殖面积	(万公顷)	Cultivated Area(10 000 hectares)		109.49
浅海滩涂可养殖面积	(万公顷)	Cultivable Area in Shallow Sea and Sea - beaches (10 000 hectares)		242
#已养殖面积	(万公顷)	Cultivated Area	(10 000 hectares)	89.37

注:1. 土地资源为以前清查数,有待进一步勘测;耕地面积为1996年农业普查数据,草原面积为1991年调查数,林业有地面积和林木资源为1994—1998年清查数;水利资源为1985年评价数。

a) Figures on land resources in the table were obtained from surveys in previous years. The figures are subject to further verification. Figures on area of cultivated land were taken from the 1996's agricultural census. The area of grassland was the figure of 1991's survey. Figures on area of afforested land and forest resources were taken from the Third Forest Census (1994 - 1998). Water Resources were the estimated figures in 1985 except total water resources volume.

国内生产总值

Gross Domestic Product.

本表按当年价格计算。

Data in this table are calculated at current prices. 单位:亿元(100million yuan)

年 份 Year	国民总收入 Gross National Income	国内生产总值 Gross Domestic Product	第一产业 Primary Industry	第二产业 secondary Industry	工业 Industry	建筑业 Construc-tion	第三产业 Tertiary Industry	#交通运输仓储邮电通信业 # Transport, Post and Telecommunication Services	#批发和零售贸易餐饮业 # Wholesale, Retail Trade & Catering Services	人均国内生产总值(元/人) Per Capital GDP (yuan/person)
1978	3624.1	3624.1	1018.4	1745.2	1607.0	138.2	860.5	172.8	265.5	379
1979	4038.2	4038.2	1258.9	1913.5	1769.7	143.8	865.8	184.2	220.2	417
1980	4517.8	4517.8	1359.4	2192.0	1996.5	195.5	966.4	205.0	213.6	460
1981	4860.3	4862.4	1545.6	2255.5	2048.4	207.1	1061.3	211.1	255.7	489
1982	5301.8	5294.7	1761.6	2383.0	2162.3	220.7	1150.1	236.7	198.6	525
1983	5957.4	5934.5	1960.8	2646.2	2375.6	270.6	1327.5	264.9	231.4	580
1984	7206.7	7171.0	2295.5	3105.7	2789.0	316.7	1769.8	327.1	412.4	692
1985	8989.1	8964.4	2541.6	3866.6	3448.7	417.9	2556.2	406.9	878.4	853
1986	10201.4	10202.2	2763.9	4492.7	3967.0	525.7	2945.6	475.6	943.2	956
1987	11954.5	11962.5	3204.3	5251.6	4585.8	665.8	3506.6	544.9	1159.3	1104
1988	14922.3	14928.3	3831.0	6587.2	5777.2	810.0	4510.1	661.0	1618.0	1355
1989	16917.8	16909.2	4228.0	7278.0	6484.0	794.0	5403.2	786.0	1687.0	1512
1990	18598.4	18547.9	5017.0	7717.4	6858.0	859.4	5813.5	1147.5	1419.7	1634
1991	21662.5	21617.8	5288.6	9102.2	8087.1	1015.1	7227.0	1409.7	2087.0	1879
1992	26651.9	26638.1	5800.0	# # #	10284.5	1415.0	9138.6	1681.8	2735.0	2287
1993	34560.5	34634.4	6882.1	# # #	14143.8	2284.7	11323.8	2123.2	3090.7	2939
1994	46670.0	46759.4	9457.2	# # #	19359.6	3012.6	14930.0	2685.9	4050.4	3923
1995	57494.9	58478.1	11993.0	# # #	24718.3	3819.6	17947.2	3054.7	4932.3	4854
1996	66850.5	67884.6	13844.2	# # #	29082.6	4530.5	20427.5	3494.0	5560.3	5576
1997	73142.7	74462.6	14211.2	# # #	32412.1	4810.6	23028.7	3797.2	6159.9	6054
1998	76967.2	78345.2	14552.4	# # #	33387.9	5231.4	25173.5	4121.3	6579.1	6308
1999	80579.4	82067.5	14472.0	# # #	35087.2	5470.6	27037.7	4460.3	6910.3	6551
2000	88254.0	89468.1	14628.2	# # #	39047.3	5888.0	29904.6	5408.6	7316.0	7086
2001	95727.9	97314.8	15411.8	# # #	42374.6	6375.4	33153.0	5968.3	7918.8	7651
2002	# # #	105172.3	16117.3	# # #	45975.2	7005.0	36074.8	6420.3	8476.7	8214
2003	# # #	117390.2	16928.1	# # #	53092.9	8181.3	39188.0	6644.3	9238.4	9111
2004	# # #	136875.9	20768.1	# # #	62815.1	9572.1	43720.6	7694.2	10098.5	10561.0

注:1.1980年以后国民总收入(原称国民生产总值)与国内生产总值的差额为国外净要素收入。

2.2004年为初步核算数据,以下至364页表均同。

a) Since 1980, the difference between the Gross Domestic Product and the Gross National Income (formly, the Gross National Product) has been the net factor income from abroad.

b) Date of 2004 were preliminary estimation. The same as from this table to p364 table.

国内生产总值构成

Composition of Gross Domestic Product

本表按当年价格计算。

Data in this table are calculated at current pricres.

单位:%

年 份 Year	国内生产总值 Gross Domestic Product	第一产业 Primary Industry	第二产业 Secondary Industry	工 业 Industry	建筑业 Construc - tion	第三产业 Tertiary Industry	# 交通运输仓储邮电通信业 # Transport, Post and Tele-communication Services	# 批发和零售贸易餐饮业 # Whole sale, Retail Trade & Catering Services
1978	100.0	28.1	48.2	44.4	3.8	23.7	4.8	7.3
1979	100.0	31.2	47.4	43.8	3.6	21.4	4.6	5.5
1980	100.0	30.1	48.5	44.2	4.3	21.4	4.5	4.7
1981	100.0	31.8	46.4	42.1	4.3	21.8	4.3	5.3
1982	100.0	33.3	45.0	40.8	4.2	21.7	4.5	3.8
1983	100.0	33.0	44.6	40.0	4.6	22.4	4.5	3.9
1984	100.0	32.0	43.3	38.9	4.4	24.7	4.6	5.8
1985	100.0	28.4	43.1	38.5	4.6	28.5	4.5	9.8
1986	100.0	27.1	44.0	38.9	5.1	28.9	4.7	9.2
1987	100.0	26.8	43.9	38.3	5.6	29.3	4.6	9.7
1988	100.0	25.7	44.1	38.7	5.4	30.2	4.4	10.8
1989	100.0	25.0	43.0	38.3	4.7	32.0	4.6	10.0
1990	100.0	27.1	41.6	37.0	4.6	31.3	6.2	7.7
1991	100.0	24.5	42.1	37.4	4.7	33.4	6.5	9.7
1992	100.0	21.8	43.9	38.6	5.3	34.3	6.3	10.3
1993	100.0	19.9	47.4	40.8	6.6	32.7	6.1	8.9
1994	100.0	20.2	47.9	41.4	6.5	31.9	5.7	8.7
1995	100.0	20.5	48.8	42.3	6.5	30.7	5.2	8.4
1996	100.0	20.4	49.5	42.8	6.7	30.1	5.1	8.2
1997	100.0	19.1	50.0	43.5	6.5	30.9	5.1	8.3
1998	100.0	18.6	49.3	42.6	6.7	32.1	5.3	8.4
1999	100.0	17.6	49.4	42.8	6.6	33.0	5.4	8.4
2000	100.0	16.4	50.2	43.6	6.6	33.4	6.0	8.2
2001	100.0	15.8	50.1	43.5	6.6	34.1	6.1	8.1
2002	100.0	15.3	50.4	43.7	6.7	34.3	6.1	8.1
2003	100.0	14.4	52.2	45.2	7.0	33.4	5.7	7.9
2004	100.0	15.2	52.9	45.9	7.0	31.9	5.6	7.4

国内生产总值指数(一)

Indices of Gross Domestic Product

本表按可比价格计算。

Data in this table are calculated at comparable prices. (上年=100)(preceding year=100)

年 份 Year	国民总收入 Gross National Income	国内生产总值 Gross Domestic Product	第一产业 Primary Industry	第二产业 Secondary Industry	工业 Industry	建筑业 Construc-tion	第三产业 Tertiary Industry	#交通运输仓储邮电通信业 #Transport, Post and Telecommunication Services	#批发和零售贸易餐饮业 #Wholesale, Retail Trade & Catering Services	人均国内生产总值(元/人) Per Capital GDP (yuan/person)
1978	111.7	111.7	104.1	115.0	116.4	99.4	113.7	108.9	123.1	110.2
1979	107.6	107.6	106.1	108.2	108.7	102.0	107.8	107.7	108.8	106.1
1980	107.8	107.8	98.5	113.6	112.7	126.7	105.9	107.7	98.7	106.5
1981	105.2	105.2	107.0	101.9	101.7	103.2	110.4	101.9	130.0	103.9
1982	109.3	109.1	111.5	105.6	105.8	103.4	113.0	111.7	103.9	107.5
1983	111.1	110.9	108.3	110.4	109.7	117.1	115.2	110.0	121.9	109.3
1984	115.3	115.2	112.9	114.5	114.9	110.9	119.4	115.0	121.5	113.7
1985	113.2	113.5	101.8	118.6	118.2	122.2	118.3	113.5	128.9	111.9
1986	108.5	108.8	103.3	110.2	109.6	115.9	112.1	112.8	110.6	107.2
1987	111.5	111.6	104.7	113.7	113.2	117.9	114.4	110.0	113.5	109.8
1988	111.3	111.3	102.5	114.5	115.3	108.0	113.2	113.3	114.3	109.5
1989	104.2	104.1	103.1	103.8	105.1	91.6	105.4	104.7	91.7	102.5
1990	104.2	103.8	107.3	103.2	103.4	101.2	102.3	108.6	95.2	102.3
1991	109.1	109.2	102.4	113.9	114.4	109.6	108.8	111.2	104.5	107.7
1992	114.1	114.2	104.7	121.2	121.2	121.0	112.4	110.5	113.1	112.8
1993	113.1	113.5	104.7	119.9	120.1	118.0	110.7	112.4	106.6	112.2
1994	112.6	112.6	104.0	118.4	118.9	113.7	109.6	109.5	107.7	111.4
1995	109.0	110.5	105.0	113.9	114.0	112.4	108.4	112.0	105.9	109.3
1996	109.8	109.6	105.1	112.1	112.5	108.5	107.9	111.4	105.4	108.4
1997	108.6	108.8	103.5	110.5	111.3	102.6	109.1	110.8	108.5	107.7
1998	107.8	107.8	103.5	108.9	108.9	109.0	108.3	110.6	107.7	106.8
1999	107.2	107.1	102.8	108.1	108.5	104.3	107.7	111.3	107.2	106.2
2000	108.4	108.0	102.4	109.4	109.8	105.7	108.1	111.5	108.2	107.1
2001	107.2	107.5	102.8	108.4	108.7	106.8	108.4	109.5	107.5	106.7
2002	108.9	108.3	102.9	109.8	110.0	108.8	108.7	107.9	108.1	107.6
2003	110.0	109.3	102.5	112.7	112.8	112.1	107.8	106.3	109.1	108.8
2004	109.9	109.5	106.3	111.1	111.5	108.1	108.3	114.9	106.3	108.8

国内生产总值指数(二)

Indices of Gross Domestic Product

本表按可比价格计算。

Data in this table are calculated at comparable prices. (1978年=100) (year of 1978=100)

年份 Year	国民总收入 Gross National Income	国内生产总值 Gross Domestic Product	第一产业 Primary Industry	第二产业 Secondary Industry	工业 Industry	建筑业 Construction	第三产业 Tertiary Industry	#交通运输仓储邮电通信业 # Transport, Post and Telecommunication Services	#批发和零售贸易餐饮业 # Wholesale, Retail Trade & Catering Services	人均国内生产总值(元/人) Per Capital GDP (yuan/person)
1978	100.0	100.0	100.0	100.0	100.0	100.0	100.0	100.0	100.0	100.0
1979	107.6	107.6	106.1	108.2	108.7	102.0	107.8	107.7	108.8	106.1
1980	116.0	116.0	104.6	122.9	122.4	129.2	114.2	113.8	107.4	113.0
1981	122.0	122.1	111.9	125.2	124.5	133.3	126.2	116.0	139.6	117.5
1982	133.3	133.1	124.8	132.1	131.7	137.9	142.6	129.5	145.1	126.2
1983	148.2	147.6	135.1	145.8	144.5	161.4	164.3	142.5	176.8	137.9
1984	170.9	170.0	152.6	166.9	166.0	179.0	196.1	163.8	214.8	156.8
1985	193.5	192.9	155.4	197.9	196.2	218.7	231.9	185.9	276.8	175.5
1986	209.9	210.0	160.5	218.2	215.2	253.4	260.0	209.7	306.1	188.2
1987	234.1	234.3	168.1	248.1	243.6	298.7	297.4	230.7	347.3	206.6
1988	260.5	260.7	172.3	284.1	280.8	322.5	336.7	261.5	396.9	226.3
1989	271.5	271.3	177.6	294.8	295.0	295.3	354.8	273.8	363.8	231.9
1990	283.0	281.7	190.7	304.1	304.9	298.8	363.0	297.2	346.5	237.3
1991	308.8	307.6	195.2	346.3	348.8	327.4	395.0	330.5	362.1	255.6
1992	352.2	351.4	204.4	419.5	422.6	396.2	444.0	365.2	409.4	288.4
1993	398.4	398.8	214.0	502.8	507.5	467.5	491.3	410.5	436.4	323.6
1994	448.7	449.3	222.6	595.2	603.5	531.5	538.3	449.5	469.9	360.4
1995	489.1	496.5	233.7	677.7	688.2	597.4	583.4	503.4	497.6	394.0
1996	536.8	544.1	245.6	759.8	774.3	648.2	629.4	561.1	524.3	427.1
1997	582.9	592.2	254.2	839.4	861.9	665.2	687.1	621.4	568.8	460.3
1998	628.4	638.5	263.1	914.2	938.6	725.2	744.1	687.5	612.7	491.5
1999	673.5	684.1	270.5	988.6	1018.6	756.2	801.6	765.0	656.9	521.8
2000	730.0	738.8	277.0	1081.5	1118.4	799.3	866.5	853.0	710.8	559.2
2001	782.6	794.2	284.8	1172.3	1215.7	853.7	939.3	934.0	764.1	596.7
2002	852.3	860.1	293.1	1287.2	1337.3	928.8	1021.0	1007.8	826.0	642.0
2003	939.2	941.8	300.4	1450.7	1508.5	1041.2	1100.6	1071.3	901.2	698.5
2004	1032.2	1031.3	319.3	1611.7	1628.0	1125.5	1191.9	1230.9	958.0	760.0

人口数及构成

Population and Its Composition

本表各年人口未包括香港、澳门特别行政区和台湾省的人口数据。

Data in this table exclude the population of HongKong SAR, Macao SAR and Taiwan Province. 单位:万人(10000persons)

年 份 Year	年底总人口 Total Population (year - end)	按性别分 By Sex				按城乡分 By Residence			
		男 Male		女 Female		城镇总人口 Urban		乡村总人口 Rural	
		人口数 Population	比重(%) Proportion	人口数 Population	比重(%) Proportion	人口数 Population	比重(%) Proportion	人口数 Population	比重(%) Proportion
1978	96259	49567	51.49	46692	48.51	17245	17.92	79014	82.08
1980	98705	50785	51.45	47920	48.55	19140	19.39	79565	80.61
1985	105851	54725	51.70	51126	48.30	25094	23.71	80757	76.29
1989	112704	58099	51.55	54605	48.45	29540	26.21	83164	73.79
1990	114333	58904	51.52	55429	48.48	30195	26.41	84138	73.59
1991	115823	59466	51.34	56357	48.66	31203	26.94	84620	73.06
1992	117171	59811	51.05	57360	48.95	32175	27.46	84996	72.54
1993	118517	60472	51.02	58045	48.98	33173	27.99	85344	72.01
1994	119850	61246	51.10	58604	48.90	34169	28.51	85681	71.49
1995	121121	61808	51.03	59313	48.97	35174	29.04	85947	70.96
1996	122389	62200	50.82	60189	49.18	37304	30.48	85085	69.52
1997	123626	63131	51.07	60495	48.93	39449	31.91	84177	68.09
1998	124761	63940	51.25	60821	48.75	41608	33.35	83153	66.65
1999	125786	64692	51.43	61094	48.57	43748	34.78	82038	65.22
2000	126743	65437	51.63	61306	48.37	45906	36.22	80837	63.78
2001	127627	65672	51.46	61955	48.54	48064	37.66	79563	62.34
2002	128453	66115	51.47	62338	48.53	50212	39.09	78241	60.91
2003	129227	66556	51.50	62671	48.50	52376	40.53	76851	59.47
2004	129988	66976	51.52	63013	48.48	54283	41.76	78705	58.24

注(1)1982年以前数据为户籍统计数,1982-1989年数据根据1990年人口普查数据有所调整,1990-2000年数据根据2000年人口普查数据进行了调整,2001-2004年数据为人口变动情况抽样调查推算数(下表同)。

(2)总人口和按性别分人口中包括中国人民解放军现役军人,按城乡分人口中现役军人计入城镇人口。

a) Data before 1982 were taken from the annual reports of the Ministry of Public Security. Data in 1982 - 1989 were adjusted on the basis of the 1990 national population censuses. Data in 1990 - 2000 were adjusted on the basis of the estimated on the basis of the 2000 national population censuses. Date in 2001 - 2003 have been estimated on the basis of the annual national sample surveys on population changes. (the next table is the same).

b) Total population and population by sex include the military personnel of Chinese People's Liberation Army, the military personnel are classified as urban population in the item of population by residence.

主要农产品产量

Yield of Major Farm Crops

单位:万吨(10000t)

地区 Region	年份 Year	粮食 Grain	谷物 Gereal	#稻谷 Rice	#小麦 Wheat	#玉米 Corn	棉花 Cotton	麻类 Filer Crops	#黄红麻 Jute and Ambary Hemp	甘蔗 Sugarcane
	1978	30476.5		13693.0	5384.0	5594.5	216.7	135.1	108.8	2111.6
	1980	32055.5		13990.5	5520.5	6260.0	270.7	143.6	109.8	2280.7
	1985	37910.8		16856.9	8580.5	6382.6	414.7	444.8	411.9	5154.9
	1989	40754.9		18013.0	9080.7	7892.8	378.8	112.4	66.0	4879.5
	1990	44624.0		18933.1	9822.9	9681.9	450.8	109.7	72.6	5762.0
	1991	43529.0	39566.3	18381.3	9595.3	9877.3	567.5	88.4	51.3	6789.8
	1992	44265.8	40169.6	18622.2	10158.7	9538.3	450.8	93.8	61.9	7301.1
	1993	45648.8	40517.4	17751.4	10639.0	10270.4	373.9	96.0	67.2	6419.4
	1994	44510.1	39389.1	17593.3	9929.7	9927.5	434.1	74.7	35.5	6092.7
	1995	46661.8	41611.6	18522.6	10220.7	11198.6	476.8	89.7	37.1	6542.0
	1996	50453.5	45127.1	19510.3	11056.9	12747.1	420.3	79.5	36.5	6818.7
	1997	49417.1	44349.3	20073.5	12328.9	10430.9	460.3	74.9	43.0	7889.7
	1998	51229.5	45624.7	19871.3	10972.6	13295.4	450.1	49.5	24.8	8343.8
	1999	50838.6	45304.1	19848.7	11388.0	12808.6	382.9	47.2	16.4	7470.3
	2000	46217.5	40522.4	18790.8	9963.6	10600.0	441.7	52.9	12.6	6828.0
	2001	45263.7	39648.2	17758.0	9387.3	11408.8	532.4	68.1	10.6	7566.3
	2002	45705.8	39798.7	17453.9	9029.0	12130.8	491.6	96.4	15.9	9010.7
	2003	43069.5	37428.7	16065.6	8648.8	11583.0	486.0	85.3	10.0	9023.5
	2004	46946.9	41157.2	17908.8	9195.2	13028.7	632.4	107.4	8.7	8984.9
北京	Beijing	70.2	64.8	0.5	20.3	43.5	0.8			
天津	Tianjin	122.8	117.5	11.1	37.8	68.2	12.0	—	—	
河北	Hebei	2480.1	2319.4	47.3	1053.2	1157.6	66.5	0.4	0.1	
山西	Shanxi	1062.0	935.7	1.1	237.1	631.9	12.0	0.0		
内蒙古	InnerMongolia	1505.3	1180.4	54.5	110.5	948.0	0.7	1.9		
辽宁	Liaoning	1720.0	1619.9	401.5	8.9	1079.7	0.5	0.1		
吉林	Jilin	2510.0	2285.4	437.6	3.4	1810.0		0.3		
黑龙江	Heilongjiang	3001.0	2202.5	1130.0	83.0	939.5		39.3		
上海	Shanghai	106.3	102.8	89.5	8.0	2.6	0.2			13.5
江苏	Jiangsu	2829.1	2666.0	1673.2	687.7	216.6	50.3	0.5	0.1	28.9
浙江	Zhejiang	834.9	739.3	686.9	19.0	22.5	2.3	0.1	0.1	106.3
安徽	Anhui	2743.0	2467.3	1292.1	790.1	320.8	41.2	3.3	1.8	25.0
福建	Fujian	736.5	562.6	545.6	1.9	12.7			—	101.6
江西	Jiangxi	1663.0	1588.3	1579.4	2.9	4.8	8.5	1.3	0.2	85.7
山东	Shandong	3516.7	3194.6	90.6	1584.5	1499.2	109.8	0.6	0.6	
河南	Henan	4260.0	3938.0	358.2	2480.9	1050.0	66.7	3.7	3.5	22.3
湖北	Hubei	2100.0	1873.1	1501.7	176.3	179.1	39.5	5.1	0.6	46.3
湖南	Hunan	2640.0	2436.9	2285.5	14.6	126.6	20.3	13.6	0.1	110.8
广东	Guangdong	1390.0	1185.7	1123.41	1.7	56.1		0.2	0.2	1110.4
广西	Guangxi	1398.5	1302.9	1123.4	1.9	176.1	0.1	1.1	1.0	5003.9
海南	Hainan	190.1	151.9	147.2		4.7		0.1	0.1	417.9
重庆	Chongqing	1144.5	828.2	509.5	78.4	227.8	—	1.0	—	11.8
四川	Sichuan	3146.7	2563.0	1519.7	415.7	557.4	3.3	6.1	0.5	146.1
贵州	Guizhou	1149.6	898.7	477.0	76.8	333.9	0.1	0.2	—	65.8
云南	Yunnan	1509.5	1256.8	639.4	121.7	425.7	—	12.7	—	1688.5
西藏	Tibet	96.0	89.5	0.6	26.1	1.6				
陕西	Shaanxi	1040.0	918.0	87.0	410.3	407.0	8.2	0.1	—	0.3
甘肃	Gansu	805.8	597.0	3.9	272.3	245.0	11.0	1.1		
青海	Qinghai	88.5	48.7		37.1	1.2		0.1		
宁夏	Ningxia	290.4	255.8	52.5	80.4	117.7		—		
新疆	Xinjiang	796.5	766.6	39.3	352.7	361.5	178.3	13.6		

注:2003 年水果产量包括瓜果类产量。

a)Output of fruits in 2003 includes yield of melon and fruit.

资料来源:《中国统计年鉴 2005》

国务院关于加快发展循环经济的若干意见

国发[2005]22号

Some opinions from The state Council of China on speeding up the developing speed of the recycable economic

各省、自治区、直辖市人民政府，国务院各部委、各直属机构：

改革开放以来，我国在推动资源节约和综合利用，推行清洁生产方面，取得了积极成效。但是，传统的高消耗、高排放、低效率的粗放型增长方式仍未根本转变，资源利用率低，环境污染严重。同时，存在法规、政策不完善，体制、机制不健全，相关技术开发滞后等问题。本世纪头20年，我国将处于工业化和城镇化加速发展阶段，面临的资源和环境形势十分严峻。为抓住重要战略机遇期，实现全面建设小康社会的战略目标，必须大力发展循环经济，按照“减量化、再利用、资源化”原则，采取各种有效措施，以尽可能少的资源消耗和尽可能小的环境代价，取得最大的经济产出和最少的废物排放，实现经济、环境和社会效益相统一，建设资源节约型和环境友好型社会。为此，提出如下意见。

一、发展循环经济的指导思想、基本原则和主要目标

(一)指导思想。以邓小平理论和“三个代表”重要思想为指导，树立和落实科学发展观，以提高资源生产率和减少废物排放为目标，以技术创新和制度创新为动力，强化节约资源和保护环境意识，加强法制建设，完善政策措施，发挥市场机制作用，促进循环经济发展。

(二)基本原则。坚持走新型工业化道路，形成有利于节约资源、保护环境的生产方式和消费方式；坚持推进经济结构调整，加快技术进步，加强监督管理，提高资源利用效率，减少废物的产生和排放；坚持以企业为主体，政府调控、市场引导、公众参与相结合，形成有利于促进循环经济发展的政策体系和社会氛围。

(三)发展目标。力争到2010年建立比较完善的发展循环经济法律法规体系、政策支持体系、体制与技术创新体系和激励约束机制。资源利用效率大幅度提高，废物最终处置量明显减少，建成大批符合循环经济发展要求的典型企业。推进绿色消费，完善再生资源回收利用体系。建设一批符合循环经济发展要求的工业(农业)园区和资源节约型、环境友好型城市。

(四)主要指标。力争到2010年，我国消耗每吨能源、铁矿石、有色金属、非金属矿等15种重要资源产出的GDP比2003年提高25%左右；每万元GDP能耗下降18%以上。农业灌溉水平均有效利用系数提高到0.5，每万元工业增加值取水量下降到120米^3。矿产资源总回收率和共伴生矿综合利用率分别提高5个百分点。工业固体废物综合利用率提高到60%以上；再生铜、铝、铅占产量的比重分别达到35%、25%、30%，主要再生资源回收利用量提高65%以上。工业固体废物堆存和处置量控制在4.5亿吨左右；城市生活垃圾增长率控制在5%左右。(注:上述有关指标将根据“十一五”规划作相应调整)。

二、发展循环经济的重点工作和重点环节

(五)重点工作。一是大力推进节约降耗，在生产、建设、流通和消费各领域节约资源，减少自然资源的消耗。二是全面推行清洁生产，从源头减少废物的产生，实现由末端治理向污染预防和生产全过程控制转变。三是大力开展资源综合利用，最大程度实现废物资源化和再生资源回收利用。四是大力发展环保产业，注重开发减量化、再利用和资源化技术与装备，为资源高效利用、循环利用和减少废物排放提供技术保障。

(六)重点环节。一是资源开采环节要统筹规划矿产资源开发，推广先进适用的开采技术、工艺和设备，提高采矿回采率、选矿和冶炼回收率，大力推进尾矿、废石综合利用，大力提高资源综合回收利用率。二是资源消耗环节要加强对冶金、有色、电力、煤炭、石化、化工、建材(筑)、轻工、纺织、农业等重点行业能源、原材料、水等资源消耗管理，努力降低消耗，提高资源利用率。三是废物产生环节要强化污染预防和全过程控制，推动不同行业合理延长产业链，加强对各类废物的循环利用，推进企业废物“零排放”；加快再生水利用设施建设以及城市垃圾、污泥减量化和资源化利用，降低废物最终处置量。四是再生资源产生环节要大力回收和循环利用各种废旧资源，支持废旧机电产品再制造；建立垃圾分类收集和分选系统，不断完善再生资源回收利用体系。五是消费环节要大力倡导有利于节约资源和保护环境的消费方式，鼓励使用能效标识产品、节能节水认证产品和环境标志产品、绿色标志食品和有机标志食品，减少过度包装和一次性用品的使用。政府机构要实行绿色采购。

三、加强对循环经济发展的宏观指导

(七)把发展循环经济作为编制有关规划的重要指导原则。各级政府及有关部门要用循环经济理念指导编制“十一五”规划和各类区域规划、城市总体规划，以及矿产资源可持续利用、节能、节水、资源综合利用等专项规划，对资源消耗、节约、循环利用、废物排放和环境状况作出分析，明确目标、重点和政策措施。

(八)建立循环经济评价指标体系和统计核算制度。发展改革委要会同统计局、环保总局等有关部门加快研究建立循环经济评价指标体系，逐步纳入国民经济和社会发展计划，并建立循环经济的统计核算制度。地方各级人民政府有关部门要积极开展循环经济的统计核算，加强对循环经济主要指标的分析。

(九)制定和实施循环经济推进计划。地方各级人民政府要组织发展改革(经贸)、环境保护等有关部门，根据本地区实际，制定和实施循环经济发展的推进计划。国务院有关部门要研究制定矿产资源集约利用、能源和水资源节约利用、清洁生产，以及重点行业、重点领域发展循环经济的推进计划。

(十)加快经济结构调整和优化区域布局。加强宏观调控，遏制盲目投资、低水平重复建设，限制高耗能、高耗水、高污染产业的发展。大力发展高技术产业，加快用高新技术和先进适用技术改造传统产业，淘汰落后工艺、技术和设备，实现传统产业升级；推进企业重组，提高产业集中度和规模效益；大力发展集约化农业。发展改革委要抓紧制定《产业结构调整暂行规定》、《产业结构调整指导目录》以及加快服务业发展的指导意见，推进产业结构优化升级。同时，要根据资源环境条件和区域特点，用循环经济的发展理念指导区域发展、产业转型和老工业基地改造。开发区和重点工业集中地区，要按照循环经济要求进行规划、建设和改造，对进入的企业要提出土地、能源，水资源利用及废物排放综合控制要求，围绕核心资源发展相关产业，发挥产业集聚和工业生态效应，形成资源高效循环利用的产业链，提高资源产出效率。

四、加快循环经济技术开发和标准体系建设

(十一)加快循环经济技术开发。国务院有关部门和地方各级人民政府有关部门要加大科技投入，支持循环经济共性和关键技术的研究开发。积极引进和消化、吸收国外先进的循环经济技术，组织开发共伴生矿产资源和尾矿综合利用技术、能源节约和替代技术、能量梯级利用技术、废物综合利用技术、循环经济发展中延长产业链和相关产业链接技术、“零排放”技术、有毒有害原材料替代技术、可回收利用材料和回收处理技术、绿色再制造技术以及新能源和可再生能源开发利用技术等，提高循环经济技术支撑能力和创新能力。

(十二)抓紧制定循环经济技术政策。发展改革委要会同科技、环保等有关部门研究制定发展循环经济的技术政策、技术导向目录，以及国家鼓励发展的节能、节水、环保装备目录。支持引进国外发展循环经济的核心技术，加快新技术、新工艺、新设备的推广应用。

(十三)建立循环经济技术咨询服务体系。各地区、各部门要积极支持建立循环经济信息系统和技术咨询服务体系，及时向社会发布有关循环经济技术、管理和政策等方面的信息，开展信息咨询、技术推广、宣传培训等。充分发挥行业协会、节能技术服务中心、清洁生产中心等中介机构和科研单位、大专院校的作用。

(十四)制定和完善促进循环经济的标准体系。要加快制定高耗能、高耗水及高污染行业市场准入标准和合格评定制度，制定重点行业清洁生产评价指标体系和涉及循环经济的有关污染控制标准。加强节能、节水等资源节约标准化工作，完善主要用能设备及建筑能效标准、重点用水行业取水定额标准和主要耗能(水)行业节能(水)设计规范。建立和完善强制性产品能效标识、再利用品标识、节能建筑标识和环境标志制度。开展节能、节水、环保产品认证以及环境管理体系认证。

五、建立和完善促进循环经济发展的政策机制

(十五)加大对循环经济投资的支持力度。各级投资主管部门在制定和实施投资计划时,要加大对发展循环经济的支持,对发展循环经济的重大项目和技术开发、产业化示范项目,政府要给予直接投资或资金补助、贷款贴息等支持,并发挥政府投资对社会投资的引导作用。各类金融机构应对促进循环经济发展的重点项目给予金融支持。

(十六)利用价格杠杆促进循环经济发展。调整资源性产品与最终产品的比价关系,理顺自然资源价格,逐步建立能够反映资源性产品供求关系的价格机制。发展改革委要积极调整水、热、电、天然气等价格政策,促进资源的合理开发、节约使用、高效利用和有效保护。逐步提高水利工程供水价格;完善农业水费计收办法;调整城市供水价格,合理确定再生水价格,大力推进阶梯式水价、超计划、超定额用水加价制度。扩大峰谷电价和丰枯电价执行范围,拉大差价,在有条件的地区加快实行尖峰电价和季节电价;对高耗能行业中淘汰类、限制类项目,严格执行按国家产业政策制定的差别电价政策。加大供热体制和供热价格改革力度,逐步建立基本热价和计量热价共同构成的热价形成机制,实行差别热价和煤热联动政策。逐步理顺天然气与其他产品的比价关系,建立天然气价格与可替代能源价格挂钩的机制。地方各级人民政府价格主管部门要研究制定并落实各项促进循环经济发展的价格政策。

(十七)制定支持循环经济发展的财税和收费政策。财政部门要积极安排资金,支持发展循环经济的政策研究、技术推广、示范试点、宣传培训等,并会同有关部门积极落实清洁生产专项资金。各级财政和环保部门要安排排污资金,加大对企业符合循环经济要求的污染防治项目的投入力度。有关部门要加快研究建立促进节能、节水产品和节能环保型汽车、节能省地型建筑推广的鼓励政策。继续完善资源综合利用的税收优惠政策,调整和完善有利于促进再生资源回收利用的税收政策,加快建立大宗废旧资源回收处理收费制度。适时出台燃油税,完善消费税制。积极研究以资源量为基础的矿产资源补偿费征收办法,进一步扩大水资源费征收范围并适当提高征收标准,优先提高城市污水处理费征收标准,全面开征城市生活垃圾处理费。研究完善限制国内紧缺资源及高耗能产品出口的政策。在理顺现有收费和资金来源渠道的基础上,积极探索建立和完善企业生态环境恢复补偿机制。政府采购目录要优先考虑节能、节水和环保认证产品。

六、坚持依法推进循环经济发展

(十八)加强法规体系建设。要结合我国国情,加快研究建立和健全循环经济的法律法规体系。当前要抓紧制定节能、节水、资源综合利用等促进资源有效利用以及废旧家电、电子产品、废旧轮胎、建筑废物、包装废物、农业废物等资源化利用的法规和规章。研究建立生产者责任延伸制度,明确生产商、销售商、回收和使用单位以及消费者对废物回收、处理和再利用的法律义务。

(十九)加大依法监督管理的力度。各地区、各部门要认真贯彻落实《中华人民共和国节约能源法》、《中华人民共和国可再生能源法》、《中华人民共和国清洁生产促进法》、《中华人民共和国固体废物污染环境防治法》和《中华人民共和国环境影响评价法》等有关法律法规。依法加强对矿产资源集约利用、节能、节水、资源综合利用、再生资源回收利用的监督管理工作,引导企业树立经济与资源、环境协调发展的意识,建立健全资源节约管理制度。各级环境保护部门要将发展循环经济与环境保护工作紧密结合,严格执行环境影响评价和“三同时”制度,逐步实行排污许可证制度;严格控制污染物排放总量,加强对企业废物排放和处置的监督管理,降低排放强度;鼓励有条件的企业在自愿的基础上,开展环境管理体系认证。

(二十)依法推行清洁生产。认真实施《中华人民共和国清洁生产促进法》,加快企业清洁生产审核,积极实施清洁生产审核方案。对污染物排放超过国家和地方规定的标准或者总量控制指标的企业,以及使用有毒、有害原料进行生产或者在生产中排放有毒、有害物质的企业,要依法强制实施清洁生产审核,监督实施清洁生产方案。发展改革委、环保总局要在全国范围内组织开展创建清洁生产先进企业、环境友好企业活动,引导企业加快实施清洁生产。

七、加强对发展循环经济工作的组织和领导

(二十一)加强组织领导。各地区、各部门要从战略和全局的高度,充分认识发展循环经济的重大意义,增强紧迫性和责任感,结合本地区、本部门实际,抓紧制定具体的实施方案,采取切实有效措施,加快推进循环经济发展。发展改革委牵头,会同环保总局等有关部门建立健全推进循环经济发展的协调工作机制,做

好组织协调和指导推动工作，及时解决推进循环经济发展中遇到的重大问题。有关部门要在各自的职责范围内积极落实各项政策措施，加快推动循环经济发展。地方各级人民政府要确定一位领导同志负责循环经济发展工作，明确有关部门的职责分工，做到层层有责任、逐级抓落实。

（二十二）开展循环经济示范试点。发展改革委要会同环保总局等有关部门和省级人民政府，在重点行业、重点领域、产业园区和城市组织开展循环经济试点工作，探索发展循环经济的有效模式。通过试点，提出发展循环经济的重大技术和项目领域，进一步完善促进再生资源循环利用、降低污染排放强度的政策措施，提出按循环经济模式规划、建设、改造工业园区以及建设资源节约型、环境友好型城市的思路，树立一批先进典型，为加快发展循环经济提供示范。

（二十三）加强宣传教育和培训。各地区、各部门要动员社会各方面力量，大力开展形式多样的节约资源和保护环境的宣传活动，提高全社会对发展循环经济重大意义的认识，把节约资源、保护环境变成全体公民的自觉行为。要将树立资源节约和环境保护意识的相关内容编入教材，在中小学中开展国情教育、节约资源和保护环境的教育。要组织开展相关管理和技术人员的知识培训，增强意识，掌握相关知识和技能。编写消费行为导则和资源节约公约，引导合理消费，规范消费行为，开展多种形式的实践活动，逐步形成节约资源、保护环境的消费方式。

发展改革委要会同环保总局等有关部门，对各地推进循环经济发展的情况进行监督检查，重要情况要及时向国务院报告。

（2005 年 7 月 2 日）

国家林业局关于加快速生丰产用材林基地工程建设的若干意见

Some opinions from the State Forestry Administration of China on speeding up the construction for the high yield industrial materials' plantation engineering

为深入贯彻《中共中央　国务院关于加快林业发展的决定》精神，全面推进速生丰产用材林（以下简称速丰林）基地工程建设，增加木材有效供给，促进林业生态建设与产业建设协调发展，夺取生态建设"治理与破坏相持阶段"攻坚战的胜利，充分发挥林业在我国经济社会可持续发展中的重要作用，现提出如下意见。

一、充分认识加快速丰林基地工程建设的重要性和紧迫性

（一）速丰林基地工程成效显著。自 2002 年 8 月速丰林基地工程启动以来，各地按照"积极发展、科学经营、持续利用"的方针，一手抓发展，一手抓管理，极大地调动了各方面的积极性，工程建设取得了明显成效：建设规模、科技水平、信息服务、银企合作、加工利用等快速发展；组织机构建设和工程管理力度不断加大；工程建设环境逐步改善，工程建设机制改革迈出重大步伐，呈现出良好的发展势头。但必须清醒地看到，速丰林基地工程建设和管理工作中还存在着一些不容忽视的问题，比较突出的是：政策落实不到位，政府投入不足，管理不规范，机制不灵活，科技含量不高，工程发展的长效机制尚未建立等。这些问题，如果长期得不到解决，将会影响到速丰林基地工程建设的健康发展，最终影响到我国木材生产由以采伐天然林为主向以采伐人工林为主转变的进程，影响到林业的整体发展。

（二）林业发展面临着生态需求和林产品需求的双重压力。进入新世纪，木材问题越来越引起世界各国的高度重视和普遍关注，木材供给问题已由一般的经济问题逐步演变为资源战略问题。我国是一个木材生产大国和消费大国，又是一个木材进口大国。随着我国人口的增长和国民经济的快速发展，木材供需矛盾将不断加剧，木材对外依存度较高，对我国木质资源安全构成威胁。解决这一问题的根本出路在于加快速丰林基地工程建设。这既是加快林业产业发展的物质基础，又是巩固生态建设成果、确保生态安全的重大举措；既是解决当前木材供需矛盾的迫切需要，又是增加森林资源储备、增强林业发展后劲的战略选择；既是促进农民增收的重要途径，又是实现经济社会全面进步、人与自然和谐发展的重要保障。因此，必须把速丰林基地工程建设作为一项重大而紧迫的战略任务，切实抓紧抓好。

二、正确把握加快速丰林基地工程建设的指导思想、原则和目标

（三）加快速丰林基地工程建设的指导思想。以"三个代表"重要思想为指导，深入贯彻党的十六大和十六届三中、四中全会精神，坚持以人为本，树立和落实科学发展观，统筹人与自然和谐发展，以实现生态改善、生产发展、生活富裕为目标，以分类经营为基础，以提高质量效益为核心，以机制创新为动力，以企业建设为主体，以科技服务为支撑，把资源培育与加工利用，基地规模建设与分散经营，国家、企业和农民利益有机结合起来，促进经济、社会和生态的协调发展。

（四）加快速丰林基地工程建设的原则。

1、坚持科学规划，按项目管理。要按照国务院批准的《全国林纸一体化工程建设"十五"及 2010 年专项规划》和原国家计委批复的《重点地区速生丰产用材林基地建设工程规划》，把任务落实到省。坚持以规划和产业政策为导向，因地制宜，突出重点，注重实效，稳步推进；坚持实行按项目管理，通过规范的项目管理程序，分步实施，按标准验收，确保工程实现最佳效益。

2、坚持经济效益优先，把增加木材有效供给作为工程建设的第一任务。要通过实施集约化经营，缩短培育周期，提高单位面积产量，获取最佳林地使用效率和经济效益，力争以最短周期、最少投入达到最高品质和最大产量，实现速丰林基地工程建设的最佳经济效益。

3、坚持统筹兼顾，和谐发展。要把工程建设与农村经济发展相结合，将农民增收和农村经济结构调整贯穿工程建设始终，让农民群众在工程建设中得到实实在在的利益，使工程建设获得持久的动力和活力。要把农民增收作为工程建设的重要目标之一，使工程发展保持充足后劲。在培育和利用森林资源上，要以生态无害为前提，实现持续发展。

4、坚持培育与利用相结合，推进产业一体化经营。企业是速丰林基地投资和建设的主体，鼓励以独资、合资、参股、联营方式投资工程建设，以市场为导向，实现资源利用和资源培育相结合。木质原料加工企业，要把速丰林基地建设作为第一车间经营管理，走林工贸一体化、产供销一条龙的产业发展道路，促进原料林基地建设与后续利用企业的一体化。

5、坚持科技先行，提高建设质量。要积极引进和培育速丰林新品种、推广新技术、研究新方法，提高工程科技含量。要加强生产管理，不断提高工程建设的质量效益。要把科技支撑作为工程建设集约化、规模化经营的基础。

（五）加快速丰林基地工程建设的发展目标。2010年，建设速丰林基地920万公顷，基地建成后，每年可提供木材9670万米^3，可支撑木浆生产能力1190万吨、人造板生产能力1315万米^3，提供大径级材732万米^3；2015年，完成南北方速丰林绿色产业带建设，建设速丰林基地1333万公顷，提供国内生产用材需求量的40%，加上现有森林资源的采伐利用，国内木材供需基本趋于平衡。全部基地建成后，每年可提供木材13337万米^3，可支撑木浆生产能力1386万吨、人造板生产能力2150万米^3，提供大径级材1579万米^3。

三、完善和强化扶持速丰林基地工程建设的政策

（六）要严格分类区划，科学有效使用商品林地。要加强对速丰林用地的管理，科学合理地将现有低产林改造为速丰林。鼓励农村开展商品林业用地整合和整治，引导农户和农村集约用地，推动速丰林工程基地化建设，切实提高林地的利用率。

要认真落实农村林地承包政策，维护林农的合法权益。要尊重和保护农户拥有的承包林地和从事林业生产的权利。承包经营权、林木所有权流转和发展适度规模经营，必须按照“依法、有偿、自愿”的原则，积极引导农户进行速丰林用地使用权的流转，防止片面追求林地集中。

要尽快建立林木资产评估体系，大力培育速丰林林地、林木转让的社会中介机构与转让市场，实现速丰林林地、林木的合法、有效流转。

各级林业主管部门要始终把落实速丰林林地、林权、促进承包经营权和林权依法合理流转放到突出位置。严格依法行政，规范林权登记发证工作，切实使速丰林“归属清楚，权责明确，保护严格，流转顺畅”。

（七）建立和完善速丰林采伐管理政策。要按照国家有关法律法规和规定，制定适宜速丰林发展的采伐管理办法。经营速丰林的单位和个人应按照“合理经营，持续利用”的原则，单独编制森林经营方案，经依法批准后执行，其年森林采伐限额根据经营方案确定的合理年采伐量制定。国家对速丰林的采伐限额和木材生产计划实行单编、单列；达到一定规模的速丰林，其经营单位或个人可以单独编制年森林采伐限额。“一定规模”的标准由省级林业主管部门确定。对抚育间伐林木胸径10厘米以下的可不纳入木材生产计划，采伐年龄（轮伐期、间伐期）与采伐方式由经营主体自主确定。已单独编制森林经营方案和采伐限额的速丰林，其采伐限额本年度节余的，经省级林业主管部门批准，报国家林业局备案，可结转下年使用。

在经营过程中，如因经营方案调整等原因造成速丰林采伐限额指标不足的，可以占用同类型其他森林的采伐指标。因特殊情况需要大量增加速丰林采伐限额，本省无法调剂解决的，由省人民政府报国务院。要进一步加强速丰林经营的环境管理，采取合理经营措施防止水土流失，保护野生动物栖息地和生物多样性。

要抓紧制定适用速丰林的人工低产商品林改造管理办法。在分类经营的基础上，鼓励将政策允许、条件具备的残次林按照现有法律法规和技术规程改造为速丰林。

（八）切实减轻速丰林经营者的税费负担。要按照我国农村税费改革“两减免”即减免农业税、取消除烟叶以外的农业特产税的总体要求，取消对木材的不合

理收费项目。

鼓励以速丰林为原料的企业消耗每立方米木材提取10～20元的建设资金，专项用于基地工程建设，提取的资金可计入产品成本。

（九）加大对速丰林基地工程建设的扶持力度。要加大扶持速丰林基地工程建设力度，尽快建立引导和鼓励性的速丰林造林政府扶持机制。积极争取国家在优良种苗开发和技术推广、森林防火、病虫害防治等方面的补助资金。积极争取地方政府加大对速丰林基地工程项目的扶持力度。

国家优先扶持立足地方资源优势，选择具有地域特色和市场前景的品种作为开发重点的项目，特别是扶持培育大径级材基地，尽快形成有竞争力的产业基地，建立可持续利用的森林资源战略储备。

（十）落实国家有关速丰林贷款政策。要在速丰林基地工程建设贷款纳入国家政策性银行贷款范围的基础上，积极与金融信贷部门合作，争取放宽对速丰林基地工程建设的贷款期限，落实财政贴息贷款。发挥国家财政资金支持的导向作用。鼓励投资者按照法律法规以及有关规定以林木资产作为抵押申请贷款。要加快改进对速丰林基地工程建设的信贷服务，切实解决工程建设资金紧张的问题。积极探索龙头企业和林业合作组织为农户承贷承还、提供贷款担保等有效办法，支持速丰林基地工程建设。

（十一）充分利用国内、国外两个资本市场，多方筹集建设资金。积极支持利用外国政府贷款、国际金融组织贷款、国内外商业银行贷款、外商直接投资等建设速丰林基地。各地要加大对各种资金的争取、引导和规范力度，鼓励省级林业主管部门发挥行业优势，通过规划引导、统筹安排、明确职责、项目带动等方式，管好用好资金，提高资金使用率，保证项目质量。

（十二）发展林业产业化经营。继续加大对多种所有制、多种经营形式的林业产业化龙头企业的支持力度，鼓励龙头企业以多种利益联结方式，建设林纸、林板、大径级用材林、竹产业基地，以基地带动农户发展。农户自建的速丰林基地，产权归个人所有。对受益户较多的经营性工程，可组建法人实体，实行企业化运作。

四、落实速丰林基地工程建设措施

（十三）加强组织领导。建设速丰林工程是各级林业主管部门的重要职责，加强管理是履行这一职责的核心内容。各级林业主管部门要切实把速丰林基地工程发展放到林业全局中统筹安排，理顺工程管理体制，强化工程建设的组织协调和统筹规划。要充实和加强管理队伍，明确机构、人员编制和管理职责，建立健全管理制度和办法，规范管理工作。要通过努力，积极推动政府在统筹规划中发挥作用，使工程建设与产业发展同步设计、同步实施、同步推进、优先发展。切实做到工程发展上有规划、工作上有部署、落实上有督查、责任上有考核，确保任务目标实现。要坚持典型引路，充分发挥先进典型在工程建设中的示范和引导作用。要主动当好政府的参谋，积极争取相关部门的参与和支持，共同推动速丰林基地工程的发展。

（十四）加快编制和完善省级工程建设规划，切实解决好速丰林基地工程建设用地问题。为实现全国速丰林基地工程发展目标，各省林业主管部门要根据重点地区速丰林基地工程建设总体规划和本省资源、环境、经济发展等情况，抓紧进行调查研究和市场需求分析，整合林地资源，因地制宜，合理布局，依据森林分类区划，划定一定比例的林地用于速丰林基地建设工程发展，把工程建设用地落到实处，要尽快编制和完善省级工程建设规划，做到有目标、有重点、有计划地发展速丰林，不断适应经济社会发展的需要。

（十五）尽快建立项目储备库，以项目为载体，切实推进工程建设。要加强基础工作，建章立制，规范管理，尤其是重点做好项目准备、论证、评估以及资金筹措等方面的工作。各省林业主管部门要根据工程建设的规划总体目标和要求，加强项目储备，优选一批具有典型性、代表性和示范作用的重点项目，率先扶持发展，以带动速丰林基地工程建设发展，提高建设水平。对于符合政府性资金投资建设、补助和贴息条件的速丰林基地项目，要严格依照国家有关规定，履行项目审批、核准和备案程序。

（十六）创新管理机制，提高工程建设质量。要适应市场经济体制的要求，建立健全管理体系。建设单位要创新管理办法，规范工程管理。速丰林基地工程管理部门要建立一套完整科学的技术质量标准体系，指导工程发展。要完善工程的评价和监测体系。要认真督导检查，深入调查研究，加强组织协调，在下达相关项目计划时要相互通报，协同配合，同步实施，认真研究，切实解决事关工程建设的重大问题，提高速丰林基地工程建设质量。

（十七）创新经营机制，转变经营理念。要在总结经验的基础上，加大改革力度，明晰产权，明确责任，创新经营机制，整合生产要素，促进资金、劳力、林地等生产要素向速丰林基地工程建设聚集，充分调动全社会参与工程建设的积极性。要坚持新建和改建相结合，对国有的宜新建和改建为速丰林基地的林木和林地，要引入市场机制，加快建设；对目前由集体经营管理的宜新建和改建为速丰林基地的林木和林地，要区别对待、分类指导，通过推行承包制、股份制、股份合作制等进行速丰林基地建设。要鼓励浆纸、人造板和木竹加工等企业建设基地，支持造林大户牵头建设基地，引导民营企业参与基地建设，鼓励农村社区集体经济组织支持基地建设。

（十八）加强舆论宣传，强化社会服务。各级林业主管部门要深入宣传加快速丰林基地工程建设的重要意义，积极宣传相关的法律法规、方针政策、发展规划以及生产条件、相关技术和投入产出效益。正确引导全社会参与速丰林基地工程建设。要转变政府职能，完善信息服务体系、经营管理人才培养体系和社会化服务体系，逐步建立基地工程建设的经营保险机制，增强抵御市场风险的能力。

（摘自国家林业局(2005)129号文件）

国家林业局关于加强工业原料林采伐管理的通知

林资发〔2006〕110号

State Forestry Administration of China note on enhancing the control of the cut for the industrial raw materials' forest

各省、自治区、直辖市林业厅(局),内蒙古、吉林、黑龙江、大兴安岭森工(林业)集团公司,新疆生产建设兵团林业局,中国林科院:

为加强定向培育工业原料用材林(以下简称工业原料林)的采伐管理,规范工业原料林经营行为,促进工业原料林的有序发展和合理利用,根据《森林法》、《森林法实施条例》的有关规定和《中共中央国务院关于加快林业发展的决定》、《国务院批转国家林业局关于各地区“十一五”期间年森林采伐限额审核意见的通知》的有关精神,现就加强工业原料林采伐管理有关问题通知如下:

一、认真做好工业原料林的认定落实工作

本通知所称工业原料林,是特指为供应工业用木质原料而人工营造并定向培育的森林和林木,具体包括:以木材为原料的加工企业为满足其原料供给,在区划的商品林地内人工营造的森林和林木;其他组织或个人按照明确的木质工业原料供应渠道,在区划的商品林地内人工营造的具有速生树种特性的森林和林木。通过依法流转获得所有权或经营权的森林或林木,其采伐管理按原森林、林木的林种属性执行。地方各级林业主管部门要按照本地区林业生态建设和产业发展的总体规划和要求,合理确定工业原料林的规模和布局。县级林业主管部门要按照以上规定,在全面调查的基础上,认真做好本行政区域工业原料林的认定工作,尽快将工业原料林落实到山头地块,建立资源档案。认定落实结果要报省级林业主管部门备案。

二、科学编制工业原料林经营方案

各级林业主管部门要积极指导和帮助工业原料林经营单位和个人,科学编制工业原料林经营方案。经营工业原料林的国有林业企事业单位,要将工业原料林经营纳入其森林经营方案编制中,按有关规定经县级以上林业主管部门批准后实施;经营工业原料林的木材加工企业和经营规模达到省级林业主管部门规定标准的其他组织、个人,应单独编制工业原料林经营方案,其工业原料林经营方案经县级以上林业主管部门认可备案后实施。对经营规模较小,不具备单独编制森林经营方案条件的,由县级林业主管部门统一组织,编制县级工业原料林经营方案或在编制县级森林经营方案中统筹考虑。

三、充分保障工业原料林经营者的合法权益

对依法从事工业原料林经营的单位和个人,各级林业主管部门要充分尊重经营者的经营自主权,优先保障其工业原料林采伐限额指标。对已单独编制经营方案的工业原料林,其主伐年龄依据森林经营方案确定;对经营规模较小,没有单独编制经营方案的工业原料林,其主伐年龄由省级林业主管部门分别树种和区域统筹确定。工业原料林的采伐限额根据批准的森林经营方案制定,在一个采伐限额执行期内,工业原料林采伐限额和木材生产计划当年有节余的,经省级林业主管部门认定后可结转到以后各年度使用;因经营方

案调整或自然灾害等特殊原因导致工业原料林采伐限额不足的，由省级林业主管部门在其预留的采伐限额中调剂解决。

四、依法加强工业原料林的采伐管理

工业原料林的采伐限额和木材生产计划实行单列管理，不得用于采伐其他森林、林木。采伐工业原料林应当进行伐区调查设计。负责核发林木采伐许可证的林业主管部门在接到采伐工业原料林的申请后，应当在法定时间内做出行政许可决定，并在林木采伐许可证上注明“工业原料林”。同时，要单独建立工业原料林林木采伐许可证发放台账，实行单独统计。

五、切实加强工业原料林经营利用的环境管理

工业原料林经营单位和个人应当在批准的规划内，选择立地条件良好，坡度平缓的区域营造工业原料林，并采取防止水土流失和水质污染等措施，合理配置主伐伐区，避免对生态系统、区域生态状况和林区景观造成破坏。实施皆伐作业，对坡度大于10度的坡底，河流两岸、小溪两侧、公路两旁和居民区周围，必须保留宽度不低于10米的林带，保留的林带在伐区更新郁闭后可以申请采伐。采伐工业原料林应尽量减少对林地生产力的影响，树皮、枝条、树叶等剩余物应尽量返还林地。

各省、自治区、直辖市林业主管部门可依据本通知的规定，制定具体实施办法。

(2006年6月9日)

台湾省造纸工业(2005 年)

Taiwan's paper industry in 2005

一、2005 年台湾纸业产销情况

2005 年台湾省纸与纸板总产量达 466 万吨,比上年衰退 2.9%,销售量达 465 万吨,比上年衰退 3.0%。其内销市场缩减 4.9%,而外销市场却略增 2.2%。反映了产、销量及其内需均呈萎缩之势,显示整体纸市受到岛内政治经济情势不稳定的影响,而表现不如预期。

2005 年各主要纸种(文化用纸、工业用纸、家庭用纸、新闻纸及白纸板等)其内销市场均呈明显衰退情况,所幸文化用纸的外销市场增长 26.1%,才提升整体外销量的增长。总出口量比上年增长 2.2%,显示台湾纸业拓展外销颇有成效。

全年使用省内回收废纸量高达 342.5 万吨,创下历史新高,较上年又增长 0.9%,占到废纸消费总量的 84%,这对促进废纸回收再利用及环境保护作出了积极贡献。

台湾本岛纸与纸板产量 70%供内销,30%供出口,而外销市场则以祖国大陆为首选,约占外销量的 60%以上。

台湾纸业在 2004 年其产销量创下历史最高记录之后,2005 年又转向低迷和衰退的景况。台湾区造纸公会原理事长蔡东和先生分析认为:2005 年台湾纸市受到岛内政经情势不稳定和大陆持续宏观调控的影响,加上近年来亚洲近邻新兴国家的纸业都在快速发展,此动向无不影响台湾纸业的产销秩序和经营策略,而更面临经营环境的严重挑战。

表 1　　2005 年度台湾各主要纸类产销量统计表　　单位:吨

主要纸类		生产量	同比增长率/%	销售量	同比增长率/%	内销量	同比增长率/%	外销量	同比增长率/%
印刷书写用纸	铜版纸类	381770	5.6	381532	6.6	235430	-4.0	146102	29.7
	道林纸	254985	-5.5	248313	-6.9	216443	-8.6	31870	6.4
	模造纸	69461	1.9	70947	4.1	55422	-1.7	15525	32.2
印刷书写用纸(合计)		743685	1.4	738642	1.8	544062	-4.8	194580	26.1
新闻纸		878	-73.7	1315	-52.5	1315	-52.5		
生活用纸		216637	-0.5	214712	-1.0	212669	-0.9	2043	-9.0
纸箱用纸	牛皮纸板	1303454	1.6	1294737	0.5	912717	-4.6	382020	15.1
	瓦楞芯纸	1117548	-9.5	1115812	-9.9	793688	-7.1	322124	-16.3
纸箱用纸(合计)		2497824	-4.4	2490419	-4.9	1780665	-6.2	709754	-1.5
白纸板类(合计)		628533	-4.0	624246	-4.4	297667	-8.5	326579	-0.4
纸张总计		1283034	0.4	1278503	0.7	1027177	-3.0	251326	19.6
纸板总计		3377999	-4.1	3372778	-4.4	2314141	-5.8	1058637	-1.2
纸与纸板总计		4661033	-2.9	4651381	-3.0	3341318	-4.9	1309963	2.2

注:道林纸即胶版印刷纸,模造纸即书写纸。

表2 2005年度台湾纸浆、纸和纸板、废纸产销量、进出口量、消费量统计表

纸浆产销量/万吨	纸浆产量	36.9	同比增长率/%	-8.7
	纸浆销量	36.7		-9.7
纸张、纸板 进出口量/万吨	纸张出口量	25.1	同比增长率/%	19.6
	纸板出口量	105.9		-1.2
	总出口量	130.9		2.2
	纸张进口量	172.6		-1.49
	纸板进口量	37.8		-10.8
	总进口量	160.4		-3.8
消费量/万吨	纸与纸板总消费量/万吨	495.5	同比增长率/%	-4.5
	人均消费量/〔公斤/(人·年)〕	217.59		-2.8
废纸回收与消费量/万吨	省内回收废纸量	342.5	同比增长率/%	0.9
	废纸总耗量	407.7		
	$\frac{废纸回收量}{废纸总耗量}\times 100\%$	84		

注:本年度进口废纸量只占废纸总耗用量的16%。

二、科研开发与创新

台湾纸业常年来注重科研开发,以期永续发展。近年来,在造纸原料林培植、新产品开发、生物技术研发、秸秆纤维制浆、RFID纸箱测试服务平台等科技项目上,都获取相当成效。

(1)台湾中华研升科技公司与日本王子制纸合作,研发桉树基因转殖,大幅缩短造林时程。研升科技已成功地研发桉树基因转殖,应用生物科技成功培育出生长速度快、木质素含量低而纤维素含量高的桉树新品种,该树种的生长期已由8年降低为3年,每年每公顷生长材质由22.4米^{3}提升到32.7米^3。此举在制浆生产上可减少化学药品使用量,降低制浆成本。对种植转基因的桉树,尚可强化树种的抗病力。

日本王子制纸多年前已研发桉树提升纸浆产能的技术。王子制纸与研升科技的合作,集中在尤加利桉树树苗、种子等方面。并将针对祖国大陆市场的需求,既积极扩充纸浆产能,并加速高科技研发提升产量。研升科技将此技术输出日本,与王子制浆合作建立策略联盟,以利于其国际发展的布局,并与巴西最大制浆业者Aracruz也进行策略联盟。

(2)在国际环保浪潮及相关环保公约要求下,再生纸的使用再度引人瞩目。透过研发创新配方,让再生纸更能符合印刷业的需求。2005年,台湾的机关团体发起"优先采购环保产品"的活动,并具体要求采用再生纸要占办公和文具用纸的60%采购金额。永丰余和正隆两家纸业公司均及时推出"清荷"与"蒲公英"系列的再生纸新品应市。

永丰余顺势推出"清荷"系列高白环保道林纸,以新配方的涂布技术,成功使回收废纸表面呈现平滑洁白效果,以期带动彩色印刷出版业对再生纸的认同。永丰余在研制开发再生纸的新品中,技术上有相当突破,使其可与高级、雪白道林纸相媲美,在印刷使用上并无差异。

目前"新荷100"有印刷纸与影印纸,颜色均为淡绿色,"新荷500"则是普通白色,同样有影印纸及印刷纸。至于"清荷"则是以高白颜色为主,白度可达86%~88%。

正隆"蒲公英"再生纸系列,其命名取"蒲公英"再生能力强,生生不息的意义。它以影印纸为主,也生产不少环保色纸及环保色影印纸。可作为美工劳作教材、单据联单、剪纸材料、业籍隔页、广告传单等用纸。

台湾省内再生纸(文化用纸)的产量每月约1000吨,约占全省模造纸月产量26000吨的3.8%,其市场仍有待开拓。

(3)永丰余投入生技领域,研发农作物废料制浆。为扩大纤维原料的来源,并适应全球对环境保护事业的重视,永丰余投入到对禾本科植物如稻麦秆、玉米秆等农作物剩余物制浆原料的研究与开发。永丰余多年

来已在农业生技领域进行耕耘，近年来有研发“农用纸带”，具抗虫害保护作物的功能。并开发速生木材，在广东鼎丰纸业进行大规模造林，原本需15年才能砍伐的尤加利树，现在收成时间已能缩短到6年。利用玉米秆的牛皮浆，其物理强度不如木浆，但适合作为牛皮纸浆原料或裱层纸板、芯纸等未漂纸浆。

永丰余在禾本科植物制浆研究方面已获得进展，近期将有成果发表。目前较成熟的生物技术包括：以酵素进行废纸脱墨、磨浆动力及废水处理等三大工程。在改用生物酵素进行废纸脱墨制浆过程，使原有每天处理100吨废纸的生产效率可提高到20%～30%。“磨浆动力”则使用进口酵素，配合自行改进的制浆过程，应用在文化用纸和工业用纸中，每吨生产成本可节约30%。

永丰余董事长，并同时担任财团结人的生物技术开发中心董事长何寿川表示：台湾的产业要创新，微生物也能小兵立大功。由于全球的用纸量持续增长，加上未来亚洲经济体成型，其耗纸量也会持续增长，届时怕没足够的木材纤维可满足供应。为此，永丰余除研发速生树种栽植外，也应将微生物应用在制浆造纸领域为上策。突破性的产品和制浆过程，只能靠科技开发而不断提升，通过不断创新，才能促进企业的成功转型。

(4)正隆通过产学研结合，建置“RFID”纸箱测试服务平台，而助益于台湾纸箱业的发展，并为产业奠定竞争基石。

正隆公司是台湾纸业界的第二大公司，又是岛内工业用纸及纸器(纸箱)业的执牛耳者。已具有40余年的厂龄，其产品广受国际市场的欢迎，旗下拥用17家造纸、纸器(纸箱)厂，具有市场竞争力，逐年均可争取到国际市场许多大厂商的订单。正隆为适应全球流通业“RFID”应用的潮流，早在两年多前就积极投入把“RFID”应用于纸箱包浆物流的研究。2005年间，正隆与台湾工业研究院系统中心合作建置“亚太RFID”应用验测中心，并通过初选评定，入选为全球四大RFID检测中心之一，也是亚洲唯一的检测中心，为台湾在RFID国际标准订定上抢占先机。正隆公司也将由传统制造业提升成为制造服务业。为台湾省首次将纸箱包装与RFID技术整合及应用，以协助平台使用者符合国际客户的商业要求，进而强化国际接单能力。

三、台湾“千大”制造业排行榜中的造纸业

一年一度的由台湾《天下杂志》公布的制造业“千大”排行榜，台湾浆纸业厂家入榜的仍有12家，与2004年持平。但2004年入榜的东记纸业于2005年已落榜，而由另一家日皓造纸工业取代。

在“千大”制造业的31个行业中，2005年度浆纸业的总营业收入为967.23亿元(新台币，下同)。较2004年的763.22亿元增长不少；但行业排名却较上年退一位，居22名。平均营业收入80.6亿元，排名18位。平均税后纯利0.31亿元，排名28位。平均获利率为-8.21%，排名倒数第二。综合这些指标看来，台湾浆纸产业已处于微利时代。台湾业界指出，其应对除不断扩大规模外，进行海外布局和投资祖国大陆，以寻求获利的提升，将是台湾纸业面对将来的重要课题。

2005年列入“千大”排行的12家浆纸业中，永丰余、正隆、荣成、永丰纸业这4家，其排行已往前推进，新进榜的“日皓”其排行却超过士林纸业。

2005年荣成营业收入超过华纸，成为第三大业者。而万有与士林排名落后最多。广源造纸和合众也退后数十名。

2005年入榜台湾“千大”制造业中的浆纸厂家共12个，见表3。

另有已被列入“服务业”中的“贸易行业”，但仍为纸业上市公司的“宝隆国际公司”，其在500大服务业中的排行居496位，较上年后退52名，其全年营业收入13.4亿元，营业收入增长率-24.89%，税后纯利亏0.09亿元，获利率-0.67%，但负债率仅27.17%，较上年下降。员工19人，人均产值达7053万元。

表3 台湾省“一千大”制造业中造纸业入榜排行表

纸业排名	“千大”排名 2004年	“千大”排名 2005年	公司名称	营业收入/亿元	增长率/%	税后纯利/亿元	获利率/%	资产收益率/%	股东收益率/%	负债率/%	员工人数/人	员工产值/100万元
1	73	68	永丰余造纸	363.45	24.63	15.05	4.14	2.90	6.65	56.33	7570	4.80
2	109	93	正隆	257.03	–	3.11	1.21	0.90	1.76	48.98	5495	4.68
3	241	240	荣成纸业	94.52	7.94	4.21	4.45	3.31	6.29	47.38	1039	9.10

续表

纸业排名	"千大"排名 2004年	2005年	公司名称	营业收入/亿元	增长率/%	税后纯利/亿元	获利率/%	资产收益率/%	股东收益率/%	负债率/%	员工人数/人	员工产值/100万元
4	286	298	中华纸业	68.67	-3.21	8.27	12.04	6.77	8.70	22.24	1512	4.54
5	388	409	台湾纸业	48.67	-0.10	-2.15	-4.42	-1.96	-3.91	49.84	650	7.49
6	607	605	永丰纸业	29.23	5.37	1.25	4.28	3.19	6.05	47.21	556	5.26
7	673	707	广源造纸	23.65	-4.06	0.33	1.40	0.88	3.05	71.06	330	7.17
8	490	728	万有纸厂	22.57	-37.20	-24.60	-108.99	-80.13	—	255.08	376	6.00
9	877	938	合众纸业	15.52	—	0.18	1.16	1.10	1.50	26.72	345	4.50
10	904	949	高冠企业	15.10	-7.59	-0.31	-2.05	1.83	-3.33	45.00	328	4.60
11	998	967	日皓造纸工业	14.65	3.02	1.60	10.92	9.41	23.88	60.61	158	9.27
12	778	983	士林纸业	14.17	-28.65	-3.21	-22.65	-4.08	-7.01	41.84	318	4.46
		总计		967.23	—	3.73	—	—	—	—	—	—
		平均		80.60	-3.99	0.31	-8.21	-4.96	3.97	—	—	—

四、应对"京都议定书"的积极举措

《京都议定书》于2005年2月正式实施。正隆纸业在2004年5月已配合推动"温室气体盘查与减量深入辅导计划"专案，并率先以大园厂参与此项目，被选为全岛两家示范厂之一。大园已取得ISO9002及ISO14001认证。2004年12月，大园厂进一步完成GHG(温室气体)内外部模拟查证。2005年5月，该厂通过英国标准协会(BSI)验证，7月上旬正式授证，成为全球第一家获得ISO14064最新版温室气体盘查与减量机制的造纸厂。正隆公司决定将这一机制扩及下辖各厂，让正隆集团成为最具环境亲和力的绿色企业。

永丰余新屋厂和正隆竹北厂也于2005年加入"环保署"推动的积极辅导的六大耗能产业，进行温室气体盘查及减量计划。此外，被列入台湾200大耗能用户中的16家造纸企业，也通过造纸公会参与签署产业节能及CO_2减量协议书，拟定2004—2008年节能及CO_2减量目标。

台湾"环保署"辅导造纸等六大行业，积极进行温室气体盘查及减量工作，并拟定《环境影响评估对于能源及工业部门排放温室气体审查原则》，将CO_2排放量的管控，纳入环评审议。

随着造纸业制造过程的改善，通过回收利用，已让耗水大减，加上热电站建设、汽电共生而提高能源效率，并积极推行清洁生产，已使温室气体和CO_2排放量逐年减少。

台湾造纸业已加入温室气体减量示范计划之中，通过几年的实施与努力，必将迎来"绿色生产"的造纸业。

五、台湾纸业在祖国大陆投资已步入收获期

台湾纸业在祖国大陆投资已步入收获期。

台湾纸业的龙头老大——永丰余造纸股份有限公司，早在1993年就进驻上海市场，推出"五月花"名牌生活用纸系列产品，颇受消费者的欢迎。继而就筹划在祖国大陆投资设厂，经过两年多的努力，永丰余首建江阴纸厂于1995年6月24日开工典礼正式投产。随后，正隆、荣成、中华纸浆等纸业公司，也纷纷跟进，先后都到祖国大陆寻找商机，相继推进纸业商贸往来与投资办厂，至今已跨越了10个年头，两岸纸业界之间合资与合作的热潮叠起，势头未消。而且先后投产应市的许多台资纸业都呈现开花结果，步入收获期。现分别依照永丰余等台湾纸业的4家公司在祖国大陆投资的近况予以简介。

(1)永丰余造纸股份有限公司：迄至2005年底，永丰余在祖国大陆投资设厂的纸器(纸箱)厂有11家，分别是昆山、南京、中山、广州、厦门、青岛、天津、东莞、嘉兴、苏州及上海。其中苏州厂已于年前扩建完工为二级厂，上海厂仍在扩建之中，预计2006年9月试生产，月产能可达1000万$米^2$，将成为永丰余在祖国大陆规模最大的纸器(箱)厂；尚有1家福州(马尾)厂也预计在

2006年7—8月间完工试生产。这12个厂合计年产能力达6.5亿米^2,如加上在台湾本岛的产能,则可达到10亿米^2。

昆山生活用纸厂于2005年第四季度试生产。

永丰余扬州工业用纸厂仍在积极建设之中,预定生产瓦楞芯纸等工业用纸,预计于2006年上半年首条生产线可完工投产,年产能20万吨,生产高强瓦楞纸为主;第二条生产线也预计在2006年第三季度投产,生产高级牛皮纸板,其年产能也是20万吨。这两条生产线可望于2006年底前全部投产,并将形成40万吨的年产量,可供永丰余在华东地区各纸器(箱)厂使用,届时从而有效降低原由台湾运往祖国大陆的工业用纸的比重,对永丰余在祖国大陆各厂的生产经营管理和降低成本将有裨益。第一期投资1.2亿美元(两条生产线),第二、三期如再投资则依条件择时而行。永丰余展望其最终目标在2010年总产能要达到100万~110万吨。永丰余2006年两岸工业用纸总产能将达到100万吨。扬州厂新增工业用纸产能将有60%自用,30%~40%对外销售,以华东、华北及华南部分市场为主。预测祖国大陆包装用纸市场仍呈高幅增长之势。

(2)正隆股份有限公司:始于1996年中,正隆成立"大陆事务小组",拟到祖国大陆投资设厂,并率团分赴江、浙等地考察,同时已将公司生产的"春风"牌生活用纸商标在祖国大陆完成注册。

2004年,正隆加速进行在祖国大陆的工业用纸及纸器(箱)的产销与设厂布局。目前,正隆所属在祖国大陆投资已完工投产的纸器(箱)厂有3家,包括东莞正隆、上海中豪及昆山山富纸业,试生产之后至2004年底前均开始分别获利。东莞正隆目前产能已达820万米^2,上海中豪也达910万米^2,山富纸业因投产时间短,直至2005年底前,可达600万~700万米^{2}目标。预计2005年东莞正隆营业收入可达4700万美元,获利726万美元;上海中豪营业收入可达4600万美元,获利330万美元;昆山山富将有2165万美元营业收入,获利48万美元。

尚有苏州纸器(箱)厂,是正隆在祖国大陆的第4家纸器(箱)厂,预计2006年上半年完工,这是正隆唯一100%持股的独资厂,它将有助于正隆在华东地区纸器(箱)产品的市场占有率。

2004年第四季度投产的上海中隆纸厂,是一座年产40万吨的工业用纸厂,目前日产量已达到1200吨,产销两旺,至2006年亦可期收益。

2005年首季,正隆又入股马鞍山山鹰纸业。山鹰初建于1999年,2001年12月在上海交易所挂牌上市,产品以工业用纸为主及纸板、纸箱类等,年产能40万吨。正隆已拥有山鹰纸业3178.387万股(每股人民币3.25元转让),持股占12%,成为山鹰纸业的第二大股东。正隆入股后正协助山鹰纸业改善生产技术及工纸品质。

正隆目前在祖国大陆的投资,已设有东莞正隆(持股45%)、中豪纸品(持股55%)、中隆纸业(持股58%)、炘隆热电、悦隆环保、中旋及中铭的再生资源等。其中非纸业类多处于建厂投资期。

在中隆试生产之后,2005年底,正隆的工业用纸年产能已达140万吨,在台湾纸业界稳居首位,纸器(箱)年产能可达8.7亿米^2。并将继续在大陆华东地区扩建工业用纸新厂,及在华南地区增建纸器(箱)厂,争取成为华人市场最大的工业用纸及纸器(箱)厂商。

正隆西进祖国大陆的投资布局已全面开花结果,预计2006年营业收入可大幅增长,并激励其在祖国大陆的投资将持续拓展。

(3)荣成纸业公司是台湾三大工业用纸厂之一,早在1996年就先后在祖国大陆设立上海玉玛贸易、上海麦迪纸品、广州玉玛贸易等公司,从事各类纸品、废纸及造纸机械等进口贸易,1997年其在大陆的营业额就达到1亿元新台币,并已成为华东地区最大的废纸进口商。

苏州荣成纸业公司于1996年3月成立,1997年9月动工兴建,产品为生活用纸系列,1998年10月7日完工试产。主产品为"柔情200"超柔软盒装面纸,并一举成功地抢占了市场。

1997年荣成看好祖国大陆工业用纸市场,选定江苏无锡龙达纸业公司(国有企业)为合作对象,于1997年9月成立龙达荣城纸业有限公司,由荣成控股(70%),合资后改产B_2牛皮纸板,年产5万吨,于1998年年中投产,至年终即盈利(税前)2000多万元(新台币)。荣成一期投资2000万美元,增设一台日产300吨牛皮纸板机,年产可达10万吨。并续两、三期工程,各再投入4.1亿人民币,先后添设日产300吨牛皮纸板新机各1台,2000年全部投产后,年产量达30万吨,主产品是A、B级牛皮纸板及高档瓦楞芯纸。新机由台湾裕力机械股份有限公司承制。

2003年底成立昆山纸器(箱)厂,2004年并购苏州纸器(箱)厂。2005年荣成在祖国大陆的工业用纸产量为274097吨,销售量为280328吨,纸器(箱)产量为9694万米^2,销售量为9669万米^2。

2003年荣成完成在大陆工业用纸的布建后即大举转向纸器(箱)产能的后续增建,在昆山和苏州纸器(箱)厂建置完成后,即拟定2008年在华东地区完成8个纸器(箱)厂的建厂,以构建更为密集的行销网络。

(4)中华纸浆公司:台湾省内仅有两家纸浆生产厂中最大的制浆厂。

华纸在岛外的投资以与永丰余合作投资的广东鼎丰浆厂为主。该厂2004年产能已由7万吨提升至10万吨。华纸持股60%,2004年鼎丰浆厂已为华纸获利1.8亿元(新台币)。

鼎丰将持续扩大生产规模,华纸将投入持续性的造林工作,重在料源布局,以求充分掌握制浆纤维原料,方能奠定祖国大陆市场布局与拓展。鼎丰浆厂2005年续造林2万公顷,以种植尤加利树(桉木)为主,估算可供生产10万吨浆料所需,也恰是鼎丰现有的生产规模,而扩建后产能目标将提升至35万吨/年,后续造林也将相应进行。

鼎丰浆厂2005年约有4.04亿元人民币营业收入额,占华纸2005年两岸营业收入额合计69亿(新台币)的近25%。

鼎丰浆厂将分期扩建,最终目标拟建造成年产60万吨浆和30万吨纸的制浆造纸综合厂。其造林面积也将拓展到10万公顷。

(周志艺)

2005年世界造纸工业概况

Overview of global paper industry in 2005

一、全球纸浆、纸及纸板的产量及消费量

1. 纸和纸板产量

2005年全球纸和纸板总产量为3.67025亿吨，比2004年增长2.07%，增长速度比2004/2003有所回落。各大品种产量分别是新闻纸3870万吨，比2004年下降了1.3%；印刷书写纸1.125亿吨，比2004年增加0.8%；生活用纸2527万吨，比2004年增加5.7%；瓦楞纸板(瓦楞原纸和箱纸板)1.167亿吨比2004年增加3.4%；各种纸板4769万吨，比2004年增加约3.0%。其中，新闻纸再次出现负增长，而印刷书写纸的增长也很有限。只有生活用纸势头强劲，2005/2004增长5.7%，而2004/2003增长4.4%。在产品结构方面，新闻纸占10.5%，印刷书写纸占30.6%，生活用纸占6.9%，瓦楞纸板占31.8%，其他纸板占13%；其它品种的纸约2626万吨，占7.2%。新闻纸在纸和纸板总产量所占比例在逐年下降，2003年占11%，2004年占10.9%，2005年占10.5%。

世界的纸和纸板生产以亚洲地区产量最高，欧洲其次，北美居第三位。2005年它们的产量分别为1.292亿吨、1.098亿吨和1.021亿吨，分别占全球总产量的35.2%、29.9%和27.8%。和2004年相比，亚洲产量增加了6.76%，欧洲增加0.5%，北美则下降了2%。

世界各国仍以美国的纸和纸板产量最高，中国排名第二，日本居第三。2005年它们的产量分别为8262.8万吨、5600万吨和3095.1万吨，分别比2004年下降0.9%、增加13.1%、增加0.2%。这三个国家纸和纸板总产量分别占全球纸和纸板总产量的22.5%、15.3%和8.4%；中国纸和纸板总产量在全球总产量所占比重由2004年的13.8%增加至2005年的15.3%。

表1是2005年纸和纸板产量排名前10位的国家。

2004年前10名的国家全部入围2005年前10名，但是顺序略有变动。2004年排名第4的加拿大让位给德国，2004年排名第5位的德国在2005年排名第4，而加拿大则排名第5。其他排序则保持不变。在这10个造纸大国中，中国产量增长最快，比2004年增长13.1%，其次是德国，增长6.3%，其他国家都增长很少。其中三个国家甚至是负增长，它们是美国、加拿大和芬兰。芬兰-11.7%增长是由于经历较长时期劳资纠纷而引发的罢工所致，加拿大和美国的负增长主要归因于相当多的工厂关闭。

表1 2005年纸和纸板产量排名前10位的国家

排序	国家	产量/万吨	2005比2004年增长/%
1	美国	8262.8	-0.9
2	中国	5600	13.1
3	日本	3095.1	0.2
4	德国	2167.9	6.3
5	加拿大	1949.9	-4.7
6	芬兰	1239.1	-11.7
7	瑞典	1173.7	1.3
8	韩国	1054.8	0.4
9	法国	1033.1	0.7
10	意大利	999.8	3.4

2. 纸浆产量

2005年全球纸浆总产量为1.8898亿，比2004年略有增长(0.4%)。其中，化学浆产量1.2672亿吨，比2004年减少1%；机械浆3571万吨，比2004年下降约2%。北美地区纸浆总产量为7831万吨，占全球纸浆总产量41%。欧洲和亚洲纸浆总产量分别为4961万吨和3940万吨，分别占全球总产量的26.3%和20.9%。全球机械浆生产集中在北美和欧洲，它们的产量相当，分别为1595万吨和1529万吨。这两个地区机械浆产量总和占全球机械浆总产量的87.5%。

美国、加拿大和中国是纸浆生产最多的三个国家，

它们的纸浆总产量分别是5293万吨、2539万吨和1631万吨。中国纸浆产量比2004年增加15%，而美国和加拿大都是负增长，分别为-1.2%和-3.9%。值得指出的是德国，2005年纸浆总产量达288万吨，虽然未能进前10名，但其增长速度高达19.9%(比2004年)，那是罕见的。

表2列出了2005年纸浆产量前10名的国家。

2005年前10名中多了印度而少了智利，印度超过了智利从2004年的第11位变为2005年的第10位。芬兰则由于罢工多时纸浆产量以-11.7%增长，排名也由2004年的第4名降为2005年的第5名。

表2　2005年纸浆产量前10名的国家

排序	国家	产量/万吨	2005比2004年增长/%
1	美国	5293	-1.2
2	加拿大	2539	-3.9
3	中国	1631	15
4	瑞典	1211	0
5	芬兰	1113	-11.7
6	日本	1084	1.0
7	巴西	1046	7.5
8	俄罗斯	746	2.1
9	印尼	547	5.0
10	印度	335	2.5

2005年美国化学浆产量为4567万吨，机械浆产量为408万吨，其中商品浆产量807万吨；加拿大化学浆产量为1276万吨，机械浆产量1187.1万吨，其中商品浆产量高达1080万吨，占其总浆产量的42.5%。此外，加拿大机械浆产量1187.1万吨，占全球机械浆总产量的33%，加拿大一国的机械浆占全球机械浆的1/3。

3. 纸和纸板消费量

2005年全球纸和纸板表观消费量为3.66398亿吨，比2004年增加1.4%。全球人均表观消费量为56.3公斤，世界各地区中以北美人均消费量最高293公斤，其次是大洋洲158.6公斤和欧洲132.5公斤。亚洲地区人均消费量为35.3公斤，仅高于非洲6.8公斤。拉丁美洲人均消费量略高于亚洲，为38.6公斤。

在世界各国中以美国的纸和纸板消费量最高，2005年达8969.9万吨，其次是中国5930万吨，第三位是日本3146万吨。这三个国家的人均消费量分别是300.6公斤、45.1公斤和246.8公斤。

表3、表4分别列出2005年纸和纸板表观消费量和人均表观消费量前5名的国家。

表3　2005年纸和纸板表观消费量前5名的国家

排序	国家	表观消费量/万吨	2005比2004年增长/%
1	美国	8967	-2.3
2	中国	5930	9.0
3	日本	3146	0.16
4	德国	1918	-1.0
5	英国	1252	-1.3

纸和纸板消费5强排序没有变化，但除了中国的消费量快速增长外，日本基本持平，其他美、德、英三国的消费量都有所下降。

表4　2005年纸和纸板人均表观消费量前5名的国家

排序	国家	人均表观消费量/万吨
1	卢森堡	358
2	比利时	353.8
3	芬兰	324.4
4	美国	300.6
5	瑞典	255.4

人均表观消费量在200公斤以上的除了上述5国，还有日本(246.8公斤)、中国台湾(215.1公斤)、阿联酋(235.9公斤)、奥地利(244.7公斤)、丹麦(245.8公斤)、德国(232.7公斤)、荷兰(210.4公斤)、斯洛文尼亚(228.5公斤)、西班牙(255.4公斤)、瑞士(222.1公斤)、英国(206.5公斤)、澳大利亚(208公斤)、加拿大(225.3公斤)等国家和地区。

二、世界纸业贸易概况

1. 纸浆

表5和表6分别是纸浆净进口和净出口量较多的国家。

表5　2005年主要纸浆净进口国　　单位:万吨

排序	国家	净进口量
1	中国	754.3
2	德国	369.5
3	意大利	350.8
4	韩国	250.4
5	日本	216.5

纸浆净进口量较多的国家有中、德、意、韩、日5国，它们总进口量为1941.5万吨。据不完全统计，全球商品浆产量为4646.8万吨。上述5个国家纸浆净进口量占全球商品浆产量的42%，我国商品浆进口量占全球商品浆产量的16%。

表 6　2005 年主要纸浆净出口国　单位:万吨

排序	国家	净进口量
1	加拿大	1126.5
2	巴西	520.0
3	瑞典	302.3
4	智利	260.3
5	芬兰	179.1

商品浆产量最大的是加拿大,2005 年为 1080 万吨,因此它也成为最大的纸浆净出口国,2005 年净出口量达 1126.5 万吨。加拿大之后,纸浆净出口量较多的依次是巴西(520 万吨)、瑞典(302.3 万吨)、智利(260.3 万吨)和芬兰(179.1 万吨)。芬兰 2005 年净出口量比 2004 年大幅减少,减少幅度达 18%,瑞典出口亦略有减少,其余三国净出口量均比 2004 年有所增加。加拿大纸浆净出口量提高了 6.7%。上述 5 国纸浆净出口总量为 2388.2 万吨,占全球商品浆总产量的 51%,世界各地区中以北美和欧洲商品浆产量最大,分别为 1887.1 万吨和 1447.4 万吨,这两个地区商品浆产量之和占全球商品浆产量的 72%。

2. 废纸

2005 年全球废纸回收量为 1.83655 亿吨,回收率为 50.1%,比 2004 年的回收率 47.4%增加了 2.4 个百分点。欧洲废纸回收量为 5649 万吨,回收率为 58%;北美回收量为 5182 万吨,回收率为 53.3%;亚洲回收量为 6276.5 万吨,回收率为 45.1%。北美是最主要的废纸净出口地区,2005 年净出口量约为 1300 万吨,欧洲净出口 640 万吨,澳洲净出口 60 万吨。亚洲地区是废纸净进口地区,2005 年净进口量为 1955 万吨。

2005 年美国废纸回收量为 4697 万吨,回收率为 52.4%;废纸用量 3286 万吨,废纸利用率为 39.8%;废纸出口量为 1461 万吨,占其回收废纸的 31%,美国是最大废纸出口国。废纸净出口量较多的国家还有日本和英国。2005 年世界主要国家废纸回收量都有所增加,回收率也有较大提高。

2005 年废纸进口量最大的是中国,高达 1703 万吨。2005 年欧洲地区废纸进口量 1100 万吨,北美地区进口 266 万吨,拉丁美洲进口 195 万吨。中国的进口量高于这三个地区进口量之和。除中国外,全球各地废纸进口量约为 2400 万吨,进口较多的国家有德国、加拿大和印尼。据统计,2005 年全球废纸出口量为 3989.8 万吨,中国的进口量占其 42.7%。2005 年全球废纸净出口量为 2796 万吨,中国废纸进口量占其 61%。

表 7 列出 2005 年一些国家废纸回收量及进出口量。

表 7　2005 年一些国家的废纸回收量及进出口量

	回收量/万吨	回收率/%	利用率/%	出口量/万吨	进口量/万吨
美国	4697	52.4	39.8	1461	49.5
日本	2232	71	60	371	7.7
德国	1441	75.2	63.2	353	282
韩国	709	84.6	79.5	4.6	135
英国	770	61.5	74.5	329	8
法国	659	60.9	57.6	184	120
意大利	579	50.2	54.9	75	45
加拿大	485	65	30	113	217
印尼	270	49	63.6	0	252
墨西哥	259	41.9	95.4	0	163
印度	120	16.8	39.6	0.3	142
中国	1810	30.5	62.7	0	1703

3. 纸和纸板产品

(1)新闻纸:加拿大是新闻纸产量和出口量最多的国家,2005 年其新闻纸产量和出口量分别为 777 万吨和 673 万吨。出口量占产量的 87%,加拿大新闻纸对国际市场的影响可见一斑。但是 2005 年它的产量和出口量都比 2004 年有所下降,都下降了 5%。表 8 列出 2005 年一些国家新闻纸产量和进出口量,表中所列的是全球新闻纸产量最大的 10 个国家。美国新闻纸产量仅次于加拿大,为 489 万吨;产量在 300 万吨以上的有中国和日本;200 万吨以上的有瑞典、德国和俄罗斯。这 10 个国家新闻纸总产量为 3044 万吨,占全球新闻纸总产量的 78.7%。中国新闻纸产量占全球新闻纸总产量的 8.2%。

表 8　2005 年一些国家新闻纸产量及进出口量

	产量/万吨	进口量/万吨	出口量/万吨
加拿大	777	3.3	673
美国	489	495	55
日本	372	38	22
中国	319	14	2
瑞典	257	4.5	215
德国	245	122	118
俄罗斯	201	0.3	132
韩国	159	2.6	57
英国	114	162	20
法国	111	57	79

新闻纸出口量较多的国家除加拿大外，还有瑞典、俄罗斯和德国。瑞典出口量高达215万吨，而俄罗斯和德国的出口量也在100万吨以上(分别为132万吨和118万吨)，这几个国家的产品都会对国际市场产生较大的影响。

进口新闻纸最多的是美国，2005年进口量为495万吨，同年其新闻纸消费量为929万吨。美国新闻纸消费进口依赖程度达53%，其国内生产不及消费量的一半。2005年美国新闻纸消费量下降了6.2%，相应其进口量下降了6.6%。其次是英国，2005年它的进口量为162万吨，进口量占其新闻纸消费量的63%。

亚洲很多国家和地区、大洋洲的澳大利亚都缺乏新闻纸生产能力，它们每年都要进口新闻纸。这些国家和地区2005年总进口量约290万吨，这是新闻纸不应忽略的市场，其中以印度(67.9万吨)、土耳其(50.2万吨)、我国台湾(42万吨)和香港(35万吨)为大户。

(2)印刷书写纸：2005年一些国家印刷书写纸产量及进出口量见表9。芬兰、德国和加拿大是三大印刷书写纸出口国。芬兰所出口的印刷书写纸以含机械浆的纸种为主，共520万吨，占印刷书写纸出口量66%。其中涂布含机械浆纸出口量为308万吨，占印刷书写纸出口量的39%。加拿大的出口量不及德国，德国的进口量也很大，净出口量相对较少。加拿大出口的也是以含机械浆纸种为主，449万吨，占印刷书写纸出口量79%；但它却以非涂布的纸种为主，382万吨，占其印刷书写纸出口量的67%。

表9 2005一些国家印刷书写纸产量及进出口量

国家	产量/万吨	进口量/万吨	出口量/万吨
美国	2232	862	190
中国	1435	116	113
日本	1148	102	67
芬兰	819	15	788
德国	809	479	622
加拿大	671	103	567
法国	351	333	241
印尼	364	8.1	226
意大利	328	199	151
瑞典	312	23	289

美国进口印刷书写纸的量最大为862万吨，其中含机械浆不涂布纸409万吨，占印刷书写纸进口量的48%。英国印刷书写纸产量不大，但进口量却很多，在出口量很少情况下其进口量达356万吨。英国所进口的则以化学浆印刷书写纸为主，达到223万吨，占其进口量的63%，而它对含机械浆涂布纸的进口量很少，只有80万吨，只占进口量的22%。

2005年芬兰涂布印刷书写纸产量为496万吨，占印刷书写纸61%，而含机械浆的涂布纸占40%；日本也是涂布纸比例较高的国家，它的涂布印刷书写纸673万吨，占全部印刷书写纸58.6%。我国涂布印刷书写纸产量为365万吨，仅占印刷书写纸的25%。

(3)瓦楞纸板：表10是2005年一些国家(地区)瓦楞纸板产量及进出口量。

瓦楞纸板包括了瓦楞原纸和箱纸板。这一产品以美国产量最高，为3123万吨。美国这一纸种产量占全部纸和纸板产量的37.8%，比全球范围统计这一品种的比例要高得多(31.8%)。这一品种除中国有较大增长外(17.7%)，其余表中所列国家或地区或是略有增长或是下降，总体变化不大，2004年排名前10位的国家(地区)中，唯一不同的是2005年意大利超过了加拿大。中国进口量最多为226万吨，其次是德国(175.8万吨)、意大利(128万吨)和法国(103.8万吨)；出口量最大的是美国(359万吨)、德国(263.3万吨)、加拿大(124万吨)和法国(114.3万吨)。其中德国和法国既有较多的出口也有较大量的进口。需要指出的是，虽然瑞典瓦楞纸板产量只有218.3万吨，不在前10名之列，但它的出口量相当大，2005年出口达192万吨，进口仅为16万吨，有176万吨净出口，它的净出口量仅次于美国。

表10 2005年一些国家(地区)瓦楞纸板产量及进出口量

国家或地区	产量/万吨	进口量/万吨	出口量/万吨
美国	3123	90.4	359
中国	1930	226	6
日本	931	12.6	10
德国	547	175.8	263.3
韩国	358.5	17.9	41.5
法国	343	103.8	114.3
巴西	337.8	0.9	57.1
意大利	277.4	128	24.8
加拿大	266.9	79.7	124
中国台湾	249.8	14.6	71

(4)生活用纸：表11列出生活用纸产量前5名的国家，这5个国家生活用纸产量占全球生活用纸总产量61%。在这5个国家中以美国的产量最大为672万吨，占全球生活用纸总产量27%；中国的产量436万吨紧随其后，占全球生活用纸总产量17%。这5个国家

2005 年的产量都有不同程度的增加,没有一个国家产量是下降的。即使是美国,整体产量下降了 2.2%,但它的生活用纸产量却增加了 4.2%。生活用纸的贸易量相对较少,美国也仅进口 59.3 万吨,同时又出口 41 万吨,净进口只有 18.3 万吨,在这些国家中以意大利出口量最大,它的净出口量为 66.7 万吨。

表 11　2005 年一些国家生活用纸产量及进出口量

国家	产量/万吨	进口量/万吨	出口量/万吨
美国	672	59.3	41
中国	436	5.0	31.4
日本	176.2	0	0
意大利	143.9	6.5	73.2
德国	118.8	16.7	15.3

三、2005 年世界纸业 10 强

表 12 是 2005 年世界纸业按销售额排名的前 10 强,这里的销售额只是考虑纸和纸板及其加工产品的业务。第一名是国际纸业(IP),它已占有冠军位置多年,2005 年销售额为 219.88 亿美元。第二名是 Stora Enso,第三名是 SCA,它们的销售额分别为 145.794 亿美元和 129.014 亿美元。这前 10 名中有 5 家公司是美国公司,2 家是芬兰公司,2 家是日本公司,1 家是瑞典公司。

表 12　2005 年纸和纸板及其加工产品销售额前 10 名(公司)

排名	公司	销售额/亿美元
1	IP(美)	219.88
2	Stora Enso(芬兰)	145.794
3	SCA(瑞典)	129.014
4	P&G(美)	118.9
5	Georgia – Pacific(美)	118.0
6	Oji paper(日)	96.999
7	Kimberly – Clark(美)	96.031
8	UPM(芬兰)	94.838
9	Weyerhaeuser(美)	90.430
10	Nippon Paper Group(日)	88.204

表 13 是 2005 年按纸和纸板产量排名的前 10 强。第一名仍是国际纸业(IP),它的纸和纸板产量为 1575.6 万吨;第二名是 Stora Enso,纸和纸板产量是 1431.9 万吨;第三名是 UPM,产量为 1022.3 万吨。按纸和纸板产量排名的前 10 强中,有 4 家是美国公司,2 家芬兰公司,日本 2 家,瑞典和挪威各 1 家。这 10 强的总产量为 9535.7 万吨,占全球纸和纸板总产量的 1/4 强(26%)。按销售额排名 100 强中,只有 53 家产量在 100 万吨以上,47 家公司的产量不到 100 万吨。

表 13　2005 年纸和纸板产量前 10 名(公司)

排名	公司	产量/万吨
1	IP(美)	1575.6
2	Stora Enso(芬兰)	1431.9
3	UPM(芬兰)	1022.3
4	Georgia – Pacific	975
5	Weyerhaeuser(美)	891.4
6	Oji paper(日)	818.4
7	Nippon Paper Group(日)	778.8
8	Smurfit – Stone Container(美)	745
9	SCA(瑞典)	682
10	Norske Skog Industrier(挪威)	615.3

表 14 是 2005 年商品浆产量排名前 10 位的公司。在排名前 10 位的公司中,只有排名前 4 家的产量超过了 200 万吨。这前 10 大商品纸浆生产商,不但有加拿大、美国、瑞典的公司,也有巴西、智利的,还有葡萄牙和南非的公司。

表 14　2005 年商品浆产量前 10 名(公司)

排名	公司	产量/万吨
1	Aracruz Cellulose(巴西)	274.1
2	Weyerhaeuser(美)	250.2
3	Tembec(加拿大)	207.4
4	Sodra(瑞典)	205.3
5	Celulosa Araucoy Constitucion(智利)	193.7
6	Sappi(南非)	154.8
7	IP(美)	144.1
8	Portucel Soporcel(葡萄牙)	127.9
9	Empresas CMPC(智利)	123.3
10	Canfor Corporafion(加拿大)	118.9

由于有些公司,尤其是私人公司,不愿公开披露其财务状况,它们会在排名中被遗漏,比如 APP、April、Llimpulp Enterprise、Kruger 等。

(邝仕钧)

世界造纸化学品工业现状与发展趋势

The current status and development trend for the chemicals used in the paper industry worldwide

一、行业现状

世界制浆造纸化学品工业规模约为200亿欧元，其中制浆过程所用的漂白化学品为55亿欧元，年增长率为2%，造纸过程所用的专用化学品为68亿欧元，年增长率为5%，涂布化学品为77亿欧元，年增长率为4%。造纸专用化学品的销售额为109.98亿美元，其中美国、西欧和日本三地的销售额合计为87.46亿美元，中国约为3.4亿美元。

造纸工业用淀粉，从数量上来看，排在水、纤维、填料之后；从品种结构来分析，世界造纸用淀粉消费结构为67%玉米淀粉，15%马玲薯淀粉，8%珍珠粉淀粉和3%蜡质玉米淀粉。全球造纸工业年使用淀粉约500万吨，约占纸和纸板总量的1.5%。美国造纸工业用淀粉，95%是玉米淀粉，而且更多地使用改性淀粉；2004年美国造纸工业使用的玉米淀粉中，76%是改性淀粉。2004年改性玉米淀粉消费量比2003年增长了14%，而同期天然淀粉的消费量下降了10.5%。与此对比，亚洲造纸工业使用改性淀粉比例不到60%，因此未来亚洲造纸工业改性淀粉的用量仍将有增加的趋势，利用率将高于回收纤维、草类纤维和矿物填料。

2004年造纸工业消耗了540万吨轻质碳酸钙(PCC)(占全球总量的72%)。生产方式主要分为两种：在消费客户所在或附近建立的卫星工厂(通常是造纸厂)和商品生产厂。预计将来在造纸领域会采用研磨碳酸钙(GCC)和PCC相配合使用的方法。最近的一家位于瑞典Husum的英格瓷公司所属的PCC/GCC厂开始投产就是一个例子。

世界GCC产能在过去10年里得到了快速增长，2004年达到约5650万吨。自上世纪80年代初开始，造纸工业转向中、碱性抄造工艺，使纸厂可以选择PCC和GCC来代替高岭土。造纸工业消耗GCC的比率从1970年的不到1%增长到2004年的50%。过去10年里，西欧各国GCC生产和消费的飞速增长势头现在可能有所放慢，因为它已经成为造纸工业的主要颜料。在美国，GCC仍有一些代替高岭土的空间，但由于缺乏好的大理石矿源，空间有限。在接下来的5年里，增长的空间主要在亚洲，尤其是在中国，特别是在一些纸厂附近建造的卫星式GCC厂。

预计世界GCC消费年均增长幅度在3%，在2010年将达到6760万吨。造纸工业将是最大的市场，约消费2800万吨。

2004年世界造纸工业涂布颜料消费量为1760万吨，其中北美消费了430万吨，欧洲消费了800万吨，亚太地区消费了410万吨。各地区涂布颜料消费品种比例关系见表1。

表1 2004年世界各地区涂布颜料消费品种比例关系 单位：%

地区	瓷土	GCC	PCC	滑石粉	其他
北美	64	26	5		5
欧洲	26	66	2	3	3
亚太地区	39	55	5		1

随着造纸工业规模化、纸机高速化，企业追求质量、效益和环境以及在造纸生产中回收纤维和颜料用量的不断增加，新鲜水消费量的不断下降，预计至2010年对造纸过程专用化学品的需求将以4%~5%的年均幅度增长，其中在北美自由贸易区及欧洲的增长幅度为3%~4%，亚洲为4%~7%。

二、市场形势

2004～2005年间对于全球制浆造纸化学品工业而言，可以说是喜忧参半。首先，伴随着全球经济自2003年初开始的逐步复苏以来，世界制浆造纸工业呈现回暖态势。尤其在主要的造纸工业地区，如美国造纸工业在2004年上半年开始出现近3年以来的首次纸和纸板产量增长的势头，同时，随着需求的旺盛，各种品种的纸产品的价格出现大幅度上涨。造纸工业的回暖态势，意味着市场对制浆造纸化学品需求的强劲趋势，给化学品消费量和价格都带来积极的影响作用。但另一方面，全球石油价格不断创历史记录，从而导致原材料和运输成本的持续上升，这些因素的综合结果给造纸化学品厂商带来了机遇与无奈，全球的制浆造纸化学品公司纷纷采取措施提高产品的价格，以消化生产成本上升带来的不利因素同时改善已经持续多年的经营困境，这种此起彼落的提价风在2005年里达到了高潮，实施提价的造纸化学品公司数量、产品品种和提价幅度与频率都是前所未有(见表2)，并一直持续至今。

表2　2004～2005年间全球主要造纸化学品公司实施的产品提价事件

公司	实施年、月	实施地区	实施产品	提价幅度/%
赫克力士	2004:5,7,11, 2005:3	北美，欧洲，全球	Kymene®湿强树脂，过程和功能性化学品	3～15
汽巴精化	2004:7,9,10,11, 2005:2,4,11	北美，欧洲，全球	造纸化学品，丁苯胶乳，水处理和造纸助剂	5～30
凯蜜拉	2004:7,11,12, 2005:5,11,12	北美，全球，欧洲	所有产品	4～25
巴斯夫	2004:5,6,7,8,9,11, 2005:4,10,11,12	北美，欧洲，拉丁美洲	胶乳，多功能单体和涂布粘合剂，涂料添加剂，着色剂和过程性化学品	0.04～0.08美元/磅
依卡	2004:12	北美	氯酸钠	30美元/短吨，20加元/吨
纳尔科	2004:7,10, 2005:5,10	全球	专用化学品	5～10
道化学乳液聚合物	2004:1,4,5,7 2005:1,4	北美	SB，SA胶乳，中空塑料颜料，固体塑料颜料	0.02～0.075美元/磅(干)
朗盛(LANXESS)	2004:12, 2005:1,10	欧洲，亚太地区和南美地区，北美	所有产品	30
国民淀粉和化学品	2004年11月	全球	VA均聚合物，EVA乳液	0.03美元/磅
科莱恩	2004:8	全球	湿部化学品，涂布添加剂和增白剂	6～8
巴克曼实验室	2005:10	全球	所有产品	10
乔治亚－太平洋树脂有限公司(GPRI)	2004:4,11 2005:5,11	全球	湿增强树脂，表面施胶剂	7～10
欧米亚	2005:1,11	全球	GCC、PCC、滑石粉和白云母	4～10
休伯工程材料	2004:1,11 2005:10	全球	高岭土，硅/硅酸盐产品，GCC	3～12
Thiele	2004:1 2005:1,11	全球	高岭土	3～20
英格瓷	2005:1,9	全球	高岭土和碳酸钙	6～15
特种矿产	2005:11	全球	GCC，专用PCC，滑石粉，重晶石	5～15 能源附加费2～8
Kerr－McGee	2005:7,10	北美，墨西哥，欧洲， 亚太地区，中东，非洲，拉丁美洲、	二氧化钛	0.04美元/磅 180欧元/吨

续表

公司	实施年、月	实施地区	实施产品	提价幅度/%
杜邦钛技术	2004:6,9,10 2005:1,4,7,10	北美	二氧化钛	0.04~0.06美元/磅
德固萨	2005:7	全球	QUAB®阳离子醚化剂	15~25
索尔维(Solvay)	2004:1,9 2005:3,7	美国、加拿大	过氧化氢	3~7美分/磅, 90~150加元/吨
Canexus (前 Nexen)	2004:11, 2005:6,9	北美,全球	氯酸钠,液氯,盐酸,苛性钠	15~30美元/吨,20加元/吨
RohmNova	2004:8	全球	涂布胶乳 中空颜料	0.05美元/磅(干), 0.10美元/磅(干)
BIM	2005年12月		松香施胶剂 所有其它产品	25 10~25

注 1磅=0.453公斤

2005年上半年芬兰造纸工业持续几个月的罢工事件对该国造纸工业带来影响,由于芬兰造纸产量占全球总产量的15%,其中杂志纸产量占欧洲市场的1/3,高档纸占1/4,新闻纸占大部分,从而也连累到一些国际性的造纸化学品公司,如赫克力士、巴斯夫、依卡和凯蜜拉,尤其是对于总部位于芬兰本土的凯蜜拉而言,由于其总计8亿欧元(9.85亿美元)的制浆造纸化学品业务收入的30%来自于芬兰本地,因此,所受影响更大。

三、主要造纸化学品公司

世界造纸工业已经处于高度的集中化和全球化阶段,这也促使国际造纸化学品行业以更加规模化和全球化的业态满足造纸工业的发展趋势,而实现规模化与全球化最有效与快捷的途经是购并。2004—2005年里国际造纸化学品市场领域的跨国兼并活动、全球化进展虽然没有前几年那样频繁和惊心动魄,但仍然出现了几次足以改变市场格局的购并事件。

2004年3月瑞士汽巴精化以5.87亿美元收购了位居全球第8的造纸化学品公司——芬兰的瑞升化学品,使得汽巴精化成为全球性、综合性的造纸化学品供应商。2005年年初和年底,芬兰凯蜜拉集团分别收购了主要生产制浆化学品的芬兰化学品公司和德国朗盛公司(原拜尔化学品公司)的造纸化学品业务,从而成为全球制浆造纸工业第一大化学品供应商。

全球造纸化学品市场已经高度集中,2005年全球5大造纸化学品供应厂商(凯蜜拉,汽巴精化,依卡,巴斯夫,赫克力士)已控制了25%的全球市场份额(见表3)。

表3 国际主要造纸化学品公司

公司	收入/百万欧元	漂白化学品	专用化学品	涂布化学品
凯蜜拉	1050	* * *	* * *	*
汽巴精化	900		* * *	* *
依卡	750	* * *	* *	
巴斯夫	730	*	* *	* * *
赫克力士	730		* * *	*
道化学	670			* * *
纳尔科	550		* * *	*
科莱恩	260		* *	*
Erco	250	* *		
Nexen	230	* *		
德固萨	190	*	*	
Solvav	180	* *		
5家最大公司所占份额	25%	25%	20%	35%

* * * 表示在全球市场处于较强地位;* * 表示处于中等地位;*表示处于弱势地位

1、凯蜜拉(Kemira)

总部位于芬兰首都赫尔辛基的凯蜜拉集团,通过最近几年全球范围内的一系列收购扩展战略,从一家原先主要业务在欧洲市场的区域性公司一跃成为世界领先的制浆造纸化学品全面供应商(见表4、表5)。

表4 凯蜜拉制浆造纸化学品的市场地位及份额(合计销售额10.50亿欧元)

地区	市场地位	产品类别	比例/%	销售地区	份额/%
全球	1	专用化学品	49	北欧国家	40
欧洲	2	漂白化学品	42	北美	34
北美	3	添加剂	8	其他欧洲国家	18
北欧	1	颜料	1	其他地区	8

表5 2004—2005年凯蜜拉集团公司经营情况 单位:亿欧元

	2005年	2004年	增长幅度/%
销售额	19.94	16.95	18
其中:制浆造纸化学品	7.39	5.66	31
油漆与涂料	4.58	4.4	4
特性化学品	4.31	3.15	37
Kemwater	3.64	2.85	27
经营利润	1.66	1.11	50

注数据来自公司年报,下同。

近几年来,公司在北美和欧洲陆续收购了12家制浆造纸化学品公司和业务单位,使其制浆造纸化学品业务规模扩大了1倍以上。其中几次主要的收购行动有:2002年收购美国的维宁工业公司(北美地区第三大造纸化学品供应商,使其得以进入全球最主要的造纸工业地区——北美市场,进而进入亚洲和南美的潜在市场);2003年收购美国Vulan材料公司的制浆造纸化学品业务(主要生产乳液聚合物、消泡剂、湿/干强剂和定制产品,年销售额8000万美元),收购法国罗地亚SA在欧洲的纺织和造纸化学品业务(产品包括消泡剂、脱墨化学品和沉积物控制和分散剂,年销售额为1400万欧元);2004年收购加拿大的造纸化学品公司——E.QU.I.P国际后,首先确立了其在全球最主要的造纸工业地区——北美市场的地位,完成了从地区性公司向国际性公司的大跨越。

2005年初凯蜜拉集团以3.45亿欧元收购了芬兰化学品公司(主要产品包括:氯酸钠、氢氧化钠、二氧化氯和硼氢化钠,年销售额近2.5亿欧元,超过80%产品供应于制浆造纸工业,其中氯酸钠产品在欧洲市场的份额占40%,在美国占20%),通过此次收购,凯蜜拉将获得全球性的制浆漂白化学品业务,从而确立其成为全球性制浆造纸化学品全面供应商的地位。

2005年12月,凯蜜拉集团与德国的朗盛公司(原拜尔化学品公司)达成协议,以8800万欧元收购朗盛的造纸化学品业务(2004年净销售额合计约为2.4亿欧元),在接下来的三年里,凯蜜拉通过业务整合可以每年新增2000万欧元的收益。此次收购一方面使凯蜜拉完善了造纸专用化学品的产品结构,另一方面也增强其区域性的市场地位,尤其是在德国、北美、亚洲和南美市场。朗盛公司的产品主要包括着色剂、增白剂、施胶剂。造纸用增白剂销售额位列全球第三,也是北美领先的阴离子直接染料和有机颜料的供应商。

收购朗盛公司的造纸化学品业务后,凯蜜拉的制浆造纸化学品业务净销售额合计将到达约11亿欧元,凯蜜拉在世界制浆造纸化学品市场中所占的份额为:漂白化学品占8%,专用化学品占8%,涂布颜料占1%,从而真正确立其全球第一的位置(见表6)。

表 6　　收购后凯蜜拉制浆造纸化学品业务在全球市场中的地位　　单位:%

地区	制浆化学品	漂白化学品	废纸回收用化学品	过程性化学品	功能性化学品	水处理化学品	涂布颜料和填料	涂布化学品
北欧	10~25	25~50		10~25	25~50	25~50	1~3	1~3
西欧其余地区	1~3	3~10		3~10	10~25	3~10	1~3	
东欧	1~3	3~10		1~3	10~25	1~3		
北美	1~3	3~10	25~50	10~25	3~10	1~3		1~3
拉丁美洲				1~3	3~10			
中国				1~3	3~10			
日本		10~25			1~3			
亚洲其余地区		1~3		1~3				

注%表示其在市场中占有的份额

凯蜜拉公司将创新作为未来成功的重要因素,预计在接下来的几年里公司将会把4.5%的净收益投入新产品的研究开发。2005年6月初在芬兰瓦萨成立了制浆造纸技术研究中心,研究开发及应用领域覆盖到助留剂、施胶剂、水处理剂、沉积控制剂和漂白助剂。新研发中心预计将有助于凯蜜拉公司进一步巩固其在造纸化学品应用领域的主导地位。凯蜜拉公司共有10所制浆造纸化学品开发研究机构,除了瓦萨以外,最重要的还有在美国乔治亚州的马丽埃塔研究机构和奥地利的哥伦布研究所。

2、汽巴精化(Ciba Specialty Chemicals)

总部位于瑞士的国际著名精细化学品公司——汽巴精化在世界各地28个国家建有80个生产基地、在12个国家拥有24个研发中心,总共有19000名员工。2005年的销售额达到74.19亿瑞士法朗,比上年增长6%,其中,造纸领域的销售额为13.35亿瑞士法朗CHF。从区域性来看,亚太地区的增长势头强劲,该地区的销售额占总销售额的29%,尤其是在中国和印度的销售实现了两位数的增长。由于收购了瑞升化学品公司(收购带来4%的销售额增长),在欧洲市场也有着较高的销售额,而在美国市场则相对平稳。此外,价格上涨也给公司的销售额增长带来推动作用。汽巴精化最近几年来,对内通过业务机构进行重新调整,对外则通过一系列有针对性的收购行动从而将造纸和水处理化学品作为其核心业务(见表7)。

表 7　　2004-2005年汽巴精化各业务部门经营情况　　单位:百万瑞士法朗

业务部门	销售额		增长幅度/%	占总销售额的比例/%
	2005年	2004年		
水和造纸处理 WPT	2394	2014	18.9	33
塑料添加剂 PA	1938	1895	2.2	26
涂料 CE	1804	1818	-0.7	24
纺织 TE	1283	1300	+1.3	17
合计	7419	7027	5.6	100

2004年汽巴精化以7.55亿瑞士法朗收购芬兰瑞升集团的子公司——瑞升化学品[主要产品包括胶乳粘合剂,用于改善纸和纸板内部和表面强度以及印刷性的淀粉粘合剂、施胶剂、专用湿部聚合物、脱墨化学品和涂料添加剂,2003年销售额为4.22亿欧元(合6.50亿瑞士法朗)],从而使汽巴精化跻身于全球造纸化学品供应商领先地位。2005年7月,汽巴精化通过收购LPM技术有限公司(主要产品为助留/助滤剂、固着剂、水处理产品和过程化学品,年销售额为1500万瑞士法朗)进一步增强其在加拿大市场的地位。11月,与Imerys签署了收购AB CDM公司(一家瑞典化学品供应商)的协议,该收购活动将会提高其在重要的瑞典造纸化学品市场的地位,同时使汽巴在瑞典的水处理市场站稳脚跟。

汽巴精化在进行战略收购、业务整合的同时,加强其全球范围内技术开发中心的建设。2004年新建的位于芬兰首都赫尔辛基的欧洲技术服务中心(TCE)投入使用,主要增强其为欧洲的纸和纸板工业提供技术服务的能力。同时,汽巴精化正在加强和扩大它的欧洲区域的应用服务(FAS)队伍,FAS 队伍由遍布欧洲主要造纸地区的有着丰富经验的技术人员所组成,他们为纸和纸板工业的用户提供现场的技术服务并给出解决方案。

2005 年 3 月,汽巴精化在美国弗吉尼亚州苏福克市新建的造纸和水处理业务总部大楼投入使用,这也是为了加强和扩大其在北美自由贸易区的造纸和水处理业务,以便于公司的技术专家更加接近市场客户,从而能够提供快速优质服务的一个重大举措。

3、依卡化学品(Eka Chemicals)

依卡化学品公司是总部位于荷兰的全球著名的化学集团——阿克苏·诺贝尔的子公司,2005 年的销售额为 9.02 亿欧元,其中漂白化学品占 54%,造纸化学品占 30%,专用产品占 16%。2005 年其制浆造纸化学品业务在欧洲市场由于芬兰造纸工业的大罢工事件受到较大影响,在南美和亚洲市场出现良好的增长态势。

依卡化学品在制浆用漂白化学品市场处于领先地位(见表 8),是全球最大的制浆用氯酸钠生产商。最近几年来,通过在全球各地新建或扩建一些制浆用漂白化学品和造纸专用化学品生产装置来巩固和扩大全球市场份额,尤其是新兴市场(南美、亚洲)的地位。

表 8　漂白化学品处于全球领先地位

公司	销售额/百万欧元
依卡化学	480
凯蜜拉	460
Erco	250
Nexen	230
索尔韦	225

2004 年 12 月,依卡在 M-real 所属的位于法国 Alizay 一家制浆厂现场新建二氧化氯生产线。于 2005 年 6 月份投产的该生产线是在 SVP - LITE 技术的基础上,采用甲醇替代目前常用的二氧化硫新工艺流程来进行生产,从而消除了使用二氧化硫过程中存在的危险因素,改善了工作环境。2005 年 9 月,依卡化学品公司投资近 7000 万欧元在巴西兴建的两家工厂分别建成投产,从而将基本满足巴西造纸业快速发展对造纸化学品的需求。

4、巴斯夫(BASF)

巴斯夫集团 2005 年的销售额达到 427 亿欧元,比 2004 年增长 13.9%。其业务主要包括五大部分:化学品、塑料、特性产品、农用产品与营养品、石油和天然气。

造纸化学品业务是巴斯夫集团特性产品部所属功能性聚合物分公司的一个业务部门(见表 9),功能性聚合物分公司由 3 个业务部分组成:丙烯酸单体和超吸水性树脂,黏合剂原材料和建材化学品,造纸化学品。造纸化学品业务主要产品有过程性化学品(包括助留助滤剂),着色剂,涂布粘合剂、添加剂。

表 9　2004—2005 年巴斯夫集团特性产品业务部经营情况　单位:亿欧元

业务组成	2005 年	2004 年	增长幅度/%
特性化学品	28.89	32.38	-10.5
涂料	21.80	20.22	7.8
功能性聚合物(包括造纸化学品)	31.98	27.55	16.1
合计	82.67	80.05	3.3

2005 年 6 月,由中国石化和巴斯夫以 50:50 的股比共同出资设立的世界级大型石油化工企业——扬子石化—巴斯夫有限责任公司(总投资约 29 亿美元,于 2001 年 9 月开工程建设)在南京投入商业运营,使得其丙烯酸及其酯类单体的销售量大幅度增加,从而使其在亚太地区的销售额增长了 23%。在欧洲,由于芬兰造纸工业较长时间的劳工纠纷,致使其销售于造纸涂布用的胶乳分散体产品业务遭受损失。

巴斯夫注重于新产品的开发与应用,每年出版和发表大量的研究应用方面的文章。在其欧洲现代化的造纸化学品研究中心,拥有 30 余名化学研究人员进行新产品的开发与应用研究。位于德国总部路德维希的中试纸机及涂布机为那些新开发的产品在进入工厂实际应用之前进行必要的测试,以使其客户尽快获得最佳的使用效果,从而产生最大的经济效益。在上海浦东建立了特性化学品、聚合物分散体等产品研发平台。

针对造纸行业更加集中化而效益有所下降的现状,巴斯夫为造纸厂所用的造纸化学品提供优化管理。此外,也为造纸厂提供全套的化学品供应与服务。公司在 2004 年里,为斯托拉恩索在比利时 Langerbrugge 的一台以废纸为原料生产新闻纸的新纸机和德国 LEIPA 集团在德国 Schwed 新建一台以 100%再生纸浆作原料生产优质低定量涂布纸纸机提供全套造纸化学品和配套服务。并取得连续数个月的成功运行。这也是当今国际性造纸化学品供应商应对造纸行业日益规模化所采取的一种有效营销手段。

5、赫克力士(Hercules)

赫克力士公司 2005 年销售额为 20.69 亿美元,在全球各地有35家制造厂,16个研究开发实验室,4647名员工。其中的制浆造纸化学品业务2005年的销售额达到9.73亿美元,占总销售额的48%,比上年增长4%。从地区分布来看,在北美市场基本保持平稳,欧洲市场面临激烈的竞争以及上半年芬兰造纸工人大罢工而受到较大影响;而在其他一些地区出现良好的增长态势,在巴西、东欧及中国的增长幅度分别达到29%、17%和21%。2005年里新产品和技术产生的收入达到7500万美元,比2004年增长97%。总体而言,占制浆造纸化学品总收入的25%来自于最近5年内开发的产品。但经营利润却下降了24%,为6280万美元(2004年为8230万美元),这主要是由于2005年里持续高涨的原材料、能源和运输成本,以及飓风等恶劣气候带来的影响。尽管在2005年里也采取了产品提价措施,但这仅仅抵消了57%的成本增加。仅原材料成本就增加了2200万美元,比2004年增长5%。

由于竞争压力加大,制浆造纸化学品的产品价格自2003年以来受到影响,在其两个主要的北美和欧洲市场,产品价格下降明显。

6、纳尔科(Nalco)

2005年纳尔科公司总销售收入为33.12亿美元,其业务包含3大部分(见表10),其中造纸化学品及服务2005年的销售额达到6.99亿美元,占公司总销售额的21%。所服务的对象包括世界最大的20家造纸公司,最大10家中的7家至今已经有10年的合作关系。

表10　2005年纳尔科三大业务在全球市场中的地位　单位:亿美元

	工业与市政服务	造纸服务	能源服务
2005年全球市场规模	66	78	32.5
2005年全球市场中地位	1	3	1
占全球市场份额/%	19	9	29
2005年销售额	14.94	6.99	8.97

总部位于美国的纳尔科公司为应对造纸工业全球化与规模化趋势,十分注重新产品与技术的研究开发。公司在美国总部所在地Naperville建有致力于湿部化学、聚合物化学、水及废水处理方面的研究开发中心。此外,2004年4月公司选择在欧洲的造纸工业重要地区——芬兰首都赫尔辛基郊区的Espoo新建了一个造纸研究开发中心,投入使用的Espoo研发中心,主要研究在化学、纸机和现代造纸工艺之间的相互关系,以此有助于其客户能以最低的生产成本生产出最好的产品。

7、朗盛(Lanxess,原拜耳化学品公司)

从拜尔集团公司分离出来的拜耳化学品公司组成一家独立运作的新公司——Lanxess。新朗盛公司的业务主要包括四大部分(见表11),产品品种多达5000种,在全球20个国家拥有40个生产厂和销售代表处。2004年的销售额达到67.73亿欧元,其中造纸化学品业务的销售额2.4亿欧元。主要产品为荧光增白剂(FWA),过程性(助留剂、固着剂)和功能性化学品(施胶剂、湿强剂)及无碳复写纸用微胶囊和染料,在FWA和液体染料业务领域具有较强的市场地位,业务的主要竞争者是巴斯夫、纳尔科、凯蜜拉、汽巴精化、科莱恩、赫克力士和依卡。

表11　2004年朗盛公司各业务部销售额　单位:亿欧元

业务组成	2004年	增长幅度/%
特性橡胶	14.31	4.1
工程塑料	17.22	22.9
化学中间体	14.87	5.4
特性化学品(包括造纸化学品)	19.10	-0.8
合计	67.73	7.3

鉴于全球造纸工业国际化进展的不断深入,朗盛公司最近几年一直为其造纸化学品业务寻找好的出路,经过多次谈判,2005年12月20日,公司对外宣布与凯蜜拉集团达成协议,将其造纸化学品业务以8800万欧元的价格出售与凯蜜拉公司,从而完全退出造纸化学品领域。

8、科莱恩(Clariant)

科莱恩公司2005年的销售额为81.81亿瑞士法朗(2004年85.30亿瑞士法朗),纯收入为1.92亿瑞士法朗(2004年1.59亿瑞士法朗)。柯莱恩的业务从地区来看,欧洲市场占50%(为41.11亿瑞士法朗),美洲市场占28%(22.69亿瑞士法朗),亚洲、非洲及大洋洲合计占22%(18.01亿瑞士法朗)。

科莱恩公司下属5个精细化工产品和服务分公司:纺织、皮革和造纸化学品(TLP),颜料与添加剂(PA),Masterbatches(MB),功能性化学品(FUN)和生命科学化学品(LSC)。其中,TLP分公司2005年销售额为21.92亿瑞士法朗(2004年为22.03亿瑞士法朗),占科莱恩全球总销售额的27%。其中造纸业务部是TLP分公司4个业务单位之一,主要负责研究、开发、生产、营销用于制浆造纸工业的染料、增白剂、过程性化学品和制浆化学品等产品。2005年造纸化学品业务的销售额占总销售额的4%,为3.24亿瑞士法朗。

四、新技术新产品开发动向

当前造纸工业的趋势是使用尽可能多的廉价纤维原料,更大用量的填料和二次纤维,这也使得湿部系统存在更多的细小纤维、填料和阴离子垃圾。因此,使用高效助留剂是必需的。生态、科技和经济因素共同作用使得造纸工业不得不寻求更好的助留助滤系统应用于纸厂抄造工艺。同时,纸机速度正不断提高、现代化纸机成形区剪切力较高,为了满足这些方面的需要,朗盛公司在2005年6月开发了改良型的Retaminol® CHE2S系统。该系统是建立在与各种阳离子聚丙烯酰胺共用或单独使用聚乙烯亚胺和聚酰胺聚胺的基础上。新的微粒助留体系是经特别改性的阳离子PAM与经特殊处理的蒙脱石相结合的二元体系,可广泛用于各种中性和碱性抄纸,不仅可用于白水中,还可用于废水处理。

在施胶剂领域,AKD以及ASA的市场份额已经得到快速增长,尤其在北美地区(见图1),主要是由于碱法造纸技术的不断推广应用。将来开发的趋势有可能使用液体AKD/ASA相混合组成的复合体系,在线应用于纸板中。对其仍存在的乳液易水解问题,在不久的将来有可能通过“纳米施胶”新技术来克服。

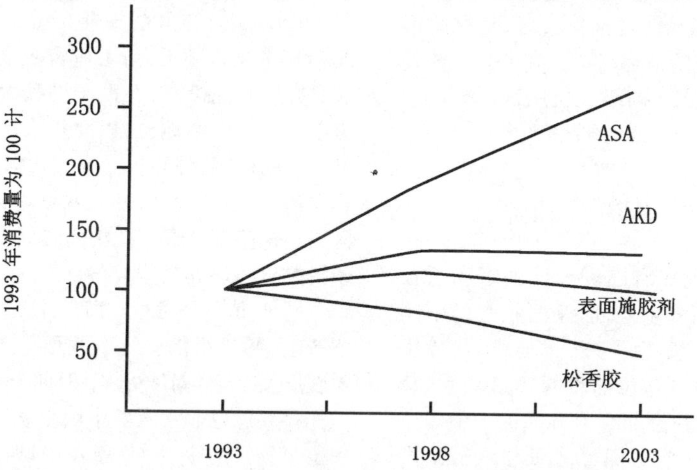

图1　北美各品种施胶剂消费量变化趋势

用于改善AKD留着的电荷反转概念(Umpol):实际应用阳离子AKD的一个问题是,如果使用不当,对纤维的解吸附作用将导致AKD较低的留着水平。新的电荷反转概念是基于将阴离子电荷的AKD与一种特别设计制造的固着剂相配合使用。已经在两台车速分别为600米/分和950米/分的长网纸机上进行了试验,结果证实AKD留着率得到提高。预计对定量供给系统进行优化后可以进一步改善留着。

在机械浆纸中运用聚合物软施胶的实践:由瑞升化学品公司(现已被汽巴精化收购)提出的所谓“软施胶”产品是基于胶乳聚合物的一种产品,已经成功地被用于改善机械浆纸的疏水性。它们作为解决问题的聚合物加入到纸机湿部以控制水的上升。也已证实能够改善多色速干胶版纸的印刷质量。配合有低分子量、高阳离子度的淀粉能够提高印刷光泽、降低白纸光泽;同时,通过降低纸页表面的粗糙度进而改善印刷的杂色问题。进一步的研究工作将扩大对凹版印刷用SCA纸的质量性能评价以及提供具有更高成本效益的产品。

2004年初,由赫克力士开发的牌号为imPress™ST的新型纤维反应型表面施胶剂推向市场,是一种全新的表面施胶技术。与传统的表面施胶剂相比,这种低泡、性能超群的产品可以在抄纸过程中降低内施胶添加量,能够在显著提高纸机运转性能的基础上获得十分优越的施胶性能。imPress™ ST表面施胶剂产品与常见的施胶压榨淀粉具有良好的相容性,可与增白剂(OBAs)、盐类以及消泡剂等施胶压榨常用助剂混合使用。

拜尔化学品公司在2004年6月于芬兰首都赫尔辛基举办的PulPaper国际会议上，推出适用于印刷纸、书写纸、出版物用纸、包装纸以及特种纸的浆内施胶与表面施胶全新Baysize®系列施胶剂产品。新型综合施胶剂是一种能够满足纸与纸板生产特殊施胶要求的施胶体系，该体系适用的pH值范围较广，在酸性及碱性条件下能够起到较好的施胶效果。

更环保、更有效的产品也是化学品公司致力开发的重点，尤其在染料和颜料领域。2004年6月，巴斯夫向北美造纸市场推出一种基于偶氮二聚物化学结构的新型直接蓝色染料——Fastusol Blue 61L，这种具有杰出光牢固性、耐烟熏性和染色性能的染料，从毒物学上来说，比传统的造纸商普遍使用的行业标准染料Direct Blue 218具有更高的安全性。2005年5月，科莱恩开发出一种新型、不含金属元素、牌号为Cartasol Blue F3R HP的高效液体直接染料，这种新型产品符合美国食品及药物管理局(FDA)的要求，具有高效能和较低的化学耗氧量(COD)，使用经济且性能良好，是目前市场上同类产品中唯一稳定的液体染料，并且是一种真正的低粘度溶液。可以应用于高级文化用纸、薄页纸，同时也可用于未漂浆和含磨木浆的纸和纸板。

五、国内市场

从全球范围内来看，北美和欧洲地区的纸和纸板产量已经处于稳定甚至下降态势，而亚洲尤其是中国的造纸工业是全球最具增长性的一个重要市场，我国的纸和纸板产量已经连续4年位居世界第二，一些全球性的造纸集团也纷纷以独资和合资方式进入中国市场。2005年5月美国最大、世界第二大纸与纸板生产商国际纸业(IP)正式将其亚洲总部由香港转移至上海，并计划在中国大陆投资10亿美元。随后，8月国际纸业与山东太阳纸业洽谈组建涂布纸板合资企业，正式直接进入国内的造纸行业。

作为服务于造纸工业的全球性的造纸化学品供应商们，也将中国作为其业务增长的重要市场。迄今为止，位居世界造纸化学品市场前7位的全球性大公司(如赫克力士、巴斯夫、纳尔科、凯蜜拉、汽巴精化、依卡和拜尔)都已经在中国市场建立了合资和独资企业或办事机构。2005年中国纸和纸板的产量达到5600万吨，而且，在今后10年里将继续稳定增长；同时，随着高档纸需求量的增长以及现代化、大型纸机的投入运行，对造纸化学品的需求将不断增长；为此，国际性的造纸化学品公司也不断加大在中国的投资力度和营销措施。

2005年4月，汽巴精化投资2000多万美元在上海市漕河泾科技园区建设的中国研发中心举行正式运行仪式，这是汽巴精化在中国建立的第一家大型研发中心。研发中心占地约6000米^2，拥有100名具有有机化学、物理化学、高分子化学和分析化学等方面专业知识及应用领域的专家，为区域和全球市场开发新产品提供高附加值的技术方案，为工业装饰和汽车涂料、塑料、水处理和造纸工业等相关行业提供创新产品和解决方案。汽巴精化进入中国已经有100年历史，迄今在中国拥有3个贸易公司、6个办事处和12个生产基地。在中国大陆、香港和台湾已经投资了约3亿美元，过去几年里，在中国的业务展现出两位数的稳定增长势头。2004年在中国的营业额已占到全球销售额的7%。这次汽巴公司把研发中心建在中国，说明了中国市场对其全球化发展的重要作用。

2005年11月，凯蜜拉宣布投资6000万人民币(700万欧元)在江苏宜兴新建一家制浆造纸化学品生产厂，与现在的主要生产水处理化学品的工厂——凯米沃特(宜兴)有限公司相配套。该造纸化学品厂于2006年上半年动工，新工厂将主要生产造纸专用化学品。通过此次投资，有助于增强凯蜜拉化学品(上海)有限公司的市场地位，以此扩大在中国制浆造纸化学品市场的份额。同时，在今后几年里，凯蜜拉将在中国建立起制浆造纸化学品和水处理化学品的销售网络和队伍。这些都是凯蜜拉集团看好中国市场并采取进一步措施以实现其全球战略目标的组成部分。

同月，依卡公司对外宣布，计划投资400万欧元在广州新建一家造纸化学品厂，主要生产施胶剂，于2006年4季度投入运行。新厂将建在其两个主要客户的周边地区。

科莱恩也非常看好中国市场，早在1996年就进入中国市场。迄今，科莱恩在中国的投资总额已达1.5亿瑞士法朗，拥有6家工厂和1000名员工，生产的产品包括纺织、皮革和造纸化学品、颜料和添加剂等。2004年在上海新建的技术服务中心开始投入使用，以便更好地服务于快速增长的中国市场，在中国造纸染料市场处于强势地位，计划扩大增白剂的生产规模。

这些国际性造纸化学品公司凭借先进的技术和雄厚的资金实力及全球化运作的经验和优势，往往占据国内大型的合资或独资造纸企业及一些规模较大的国内纸厂的化学品市场。并且，随着我国造纸工业今后发展趋势，制浆造纸企业将向规模经营、集团化方向发展，企业的数量会愈来愈少，但企业的年产能力与产量会愈来愈大，这同时也对配套的化学品供应提出更高的要求，希望能提供一站式、全面的制浆造纸化学品供应与配套技术服务。这对国内的造纸化学品企业带来压力。

(陈根荣)

日本造纸工业概况

Overview and outlook of Japan's paper industry

目前,日本的经济已摆脱了长期陷于不景气的状况,初见曙光,往后情况将会变得更好。

2003年和2004年日本的GDP实际年增长率分别达到2.0%和1.9%。但是,银行对不良债券的处理还十分不力,为了刺激经济,还得继续实行低利率政策。今后,经济情况是否好转下去还不太明确。不管如何,希望经济情况保持继续好转。

一、日本造纸工业在世界上的地位

图1所示是2004年世界人均纸张消费量最高的几个国家和地区。日本人均消费量246.6公斤,在世界上居第8位。图2所示是1990年和2004年主要国家人均纸张消费量的对比。图3所示为1990年和2004年主要国家纸张的产量对比。美国和日本近15年来增长不多。在看到先进国家纸张的人均消费量达到200~300公斤的同时,还应注意到中国的发展情况,15年来增长了3倍。

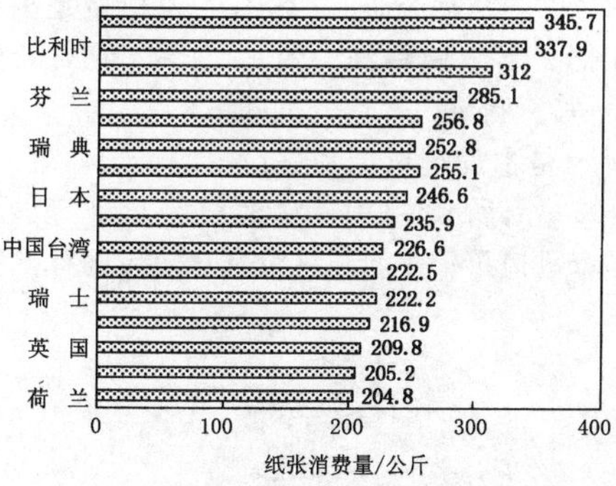

图1　2004年世界人均纸张消费量最高的国家和地区

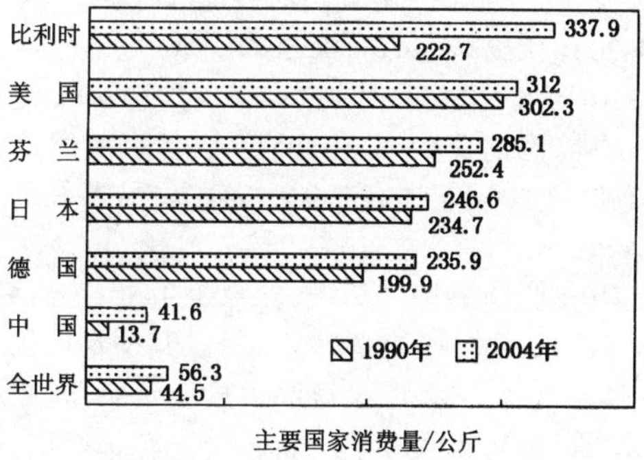

图2　1990年和2004年主要国家纸张人均消费量对比

图3　1990年和2004年主要国家纸张的产量对比

二、日本造纸工业的现状

日本纸张的产值约占制造业的2.7%(见图4)。日本的汽车、电子和电器工业所占规模相当大,遗憾得很,造纸工业所占规模小得多。

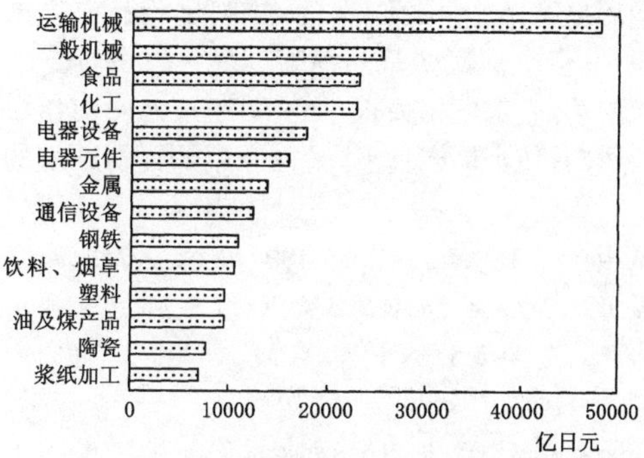

图4　日本浆纸工业和其他工业对比

1. 纸张的生产和消费

图 5 所示是日本最近纸和纸板的产量和消费情况。2004 年纸的产量为 1879 万吨、纸板为 1210 万吨,合计为 3089 万吨,纸与纸板产量之比约 3 比 2。

2005 年纸及纸板产量为 3093.2 万吨,比 2004 年提高 0.1%。纸及纸板的消费量为 3163.3 万吨,比 2004 年降低 0.1%。其中纸的产量为 1888.8 万吨,比 2004 年提高 0.5%。

在纸品种中,新闻纸产量 372.6 万吨,比 2004 年提高 0.8%;印刷和信息用纸 1146.3 万吨,比 2004 年提高 0.7%,其中非涂布印刷纸(包括特种印刷纸)291.5 万吨,比 2004 年提高 1.7%;涂布印刷纸(包括微量涂布纸)631.6 万吨,比 2004 年提高 2.0%,如果加上进口的 56.8 万吨,则消费量为 688.4 万吨;信息用纸产量 159.8 万吨,比 2004 年提高 0.7%,其主要品种是普通复印纸。

包装用纸生产了 97.6 万吨,比 2004 年提高1.1%,销售 96.5 万吨,比 2004 年减少 0.1%。其中本色包装纸售出 59.6 万吨,主要用于双层牛皮包装袋,其次用于包装米、面、饲料和砂糖等。此外,为了环保要求,用于制造手提袋的也不少。漂白包装纸生产了 35.3 万吨,比 2004 年提高 0.8%,主要用于包装装潢、手提袋等,以卷筒形式出售的所占比例也不少。

卫生用纸:生产 175.5 万吨,比 2004 年提高 3.1%,销售 174.9 万吨,提高 3.0%。

纸板:2005 年日本国内销售量因经济好转而提高,达到 1186.0 万吨,比 2004 年提高 0.1%。产量 1204.3 万吨,比 2004 年减少 0.5%,再度出现负增长,而 2000 年产量曾达到 1279.1 万吨,估计今后仍有下降趋势。

瓦楞原纸在日本国内销售量有所提高,达到 919.0 万吨,提高 0.4%。瓦楞原纸用量最大的用于食品加工、茶叶包装、功能性饮料等,用量提高最大。一方面,送货上门、网络购物、电视购物等增长 10%,会促使瓦楞纸用量的提高。此外,药品、洗涤剂、化妆品市场的迅速发展,也会影响瓦楞纸的消费。另一方面,电气、机械器皿的萎缩、工厂相关行业的不振,还有受前年台风的残留影响,使水果产量下降,也会影响瓦楞原纸的消费量。

箱纸板产量 188.5 万吨,比 2004 年减少 2.3%,其中白纸板 167.7 万吨,减少 2.3%;黄纸板和色纸板产量 20.8 万吨,减少 2.1%。

2. 造纸工业的生产率

图 6 所示是 15 年来造纸行业职工与生产量的关系。在这 15 年中,产量提高 10%~20%,而职工却减少了近 40%,职工减少百分率是生产量提高百分率的 2 倍。

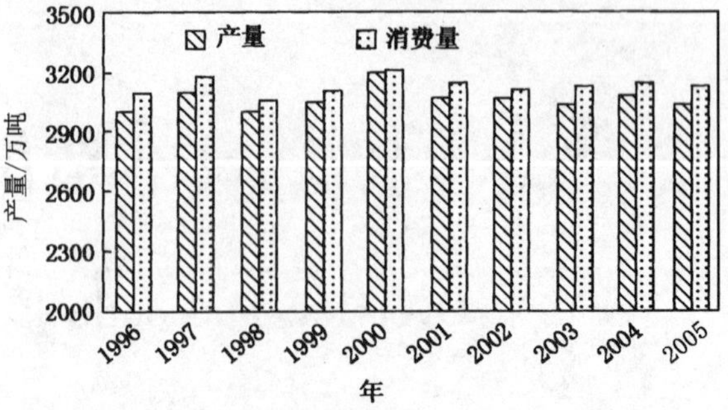

图 5 日本纸和纸板的生产量和消费量

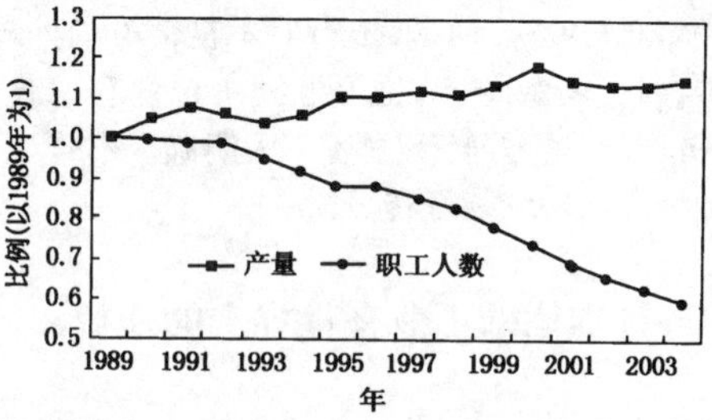

图 6 日本浆纸工业的职工和产量的关系

3. 造纸原料

日本的造纸原料如图 7 所示,废纸占 60%。因此,在日本“纸的原料就是纸”。

在造纸原料中,原生浆占 40%,其中进口浆不超过 5.6%,其余 33.9%的浆是由国内供应,生产原料是木片。这些木片主要从海外进口,见图 7,进口量是国内产量的 2.6 倍。制浆原料细分有:人工林、低质天然林、制材废料等。制浆用木片分类见图 8。

图 9 所示是木片进口国和进口量的情况。近来,从北美的进口量有所减少,而从澳大利亚、南非等人工林丰产的国家进口量较多。几乎没有从热带雨林国家进口的。

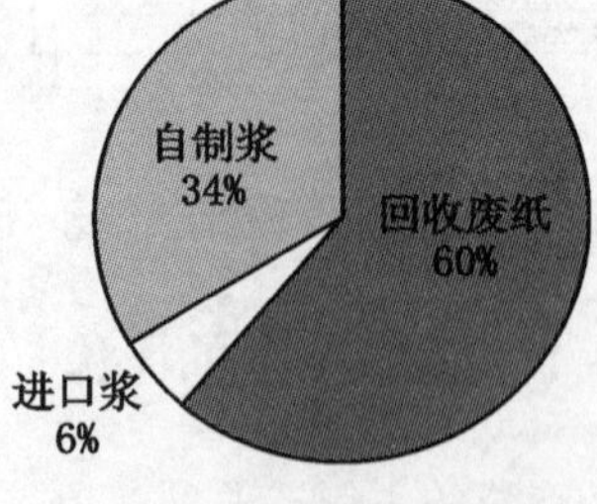

图 7 日本的造纸原料

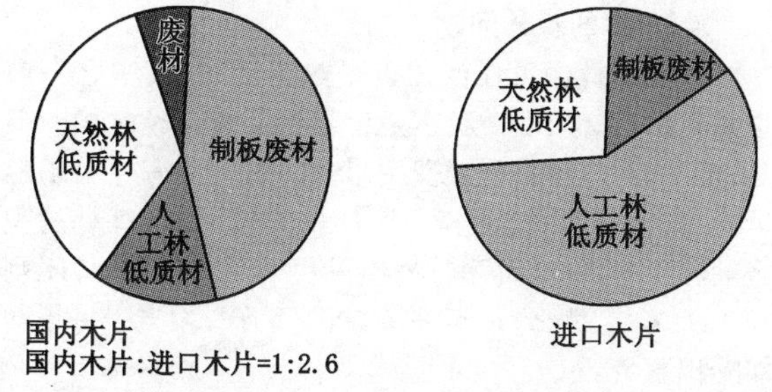

图 8　制浆用木片分类

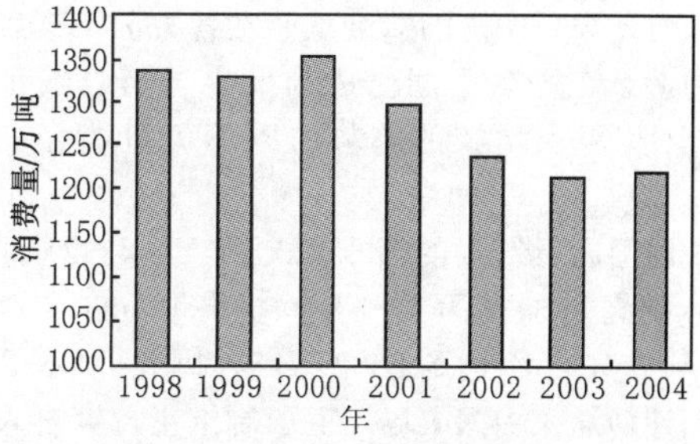

图 11　1998—2004 年纸浆消费量

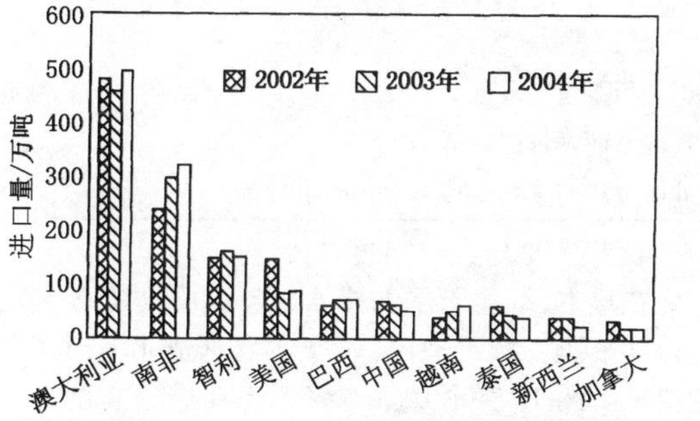

图 9　日本木片进口量

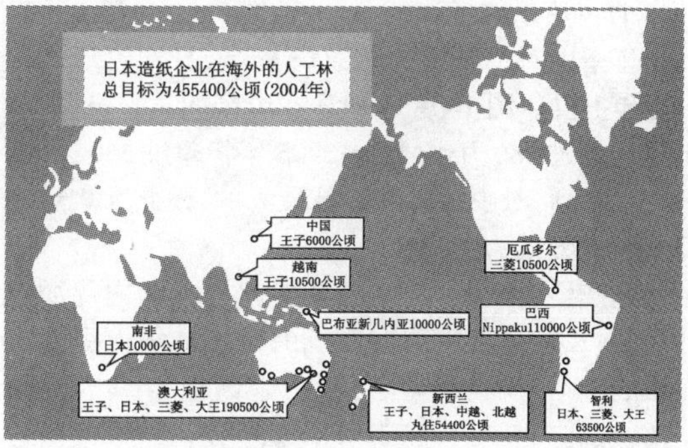

图 12　日本造纸企业在海外的人工林

4. 日本废纸的利用

从图 10 所列出的日本废纸的利用情况可看到，随着环保意识的提高和国策的实施，2004 年回收率达到 68.4%，2006 年估计又有所提高。

国家和造纸行业对废纸利用的目标是，到 2005 年要达到 60%，而这个目标在 2 年前就已完成。

由于废纸的利用不断提高，所以使近来的纸浆消费量有所下降(见图 11)。

日本制浆行业的主要特点是，从海外进口木片，在国内制浆。因此，为了保证从海外进口木片，日本的企业在很早以前就纷纷到海外植树造林。

图 12 所示是日本企业在国外植树造林的分布图。由此可见，将来企业本身自有林的比例会越来越大。

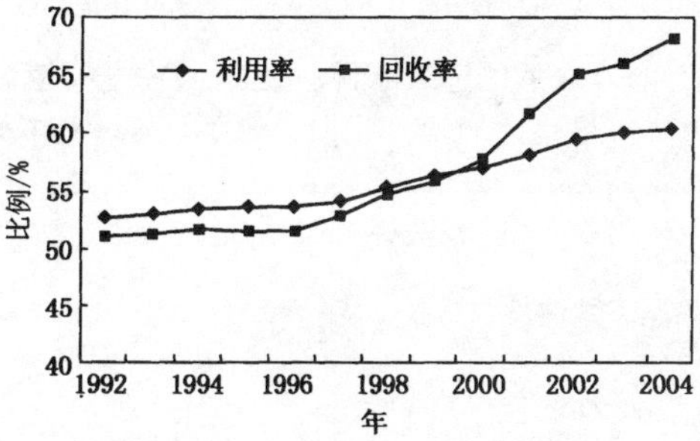

图 10　废纸的利用率和回收率

日本浆纸企业共拥有 80 多艘木片运输船。

根据日本造纸企业的统计，王子造纸集团和日本造纸集团的产量各占总产量的 1/4，前 12 个公司的产量占总产量的 80%以上。

日本造纸企业在市场占有份额见图 13 所示。

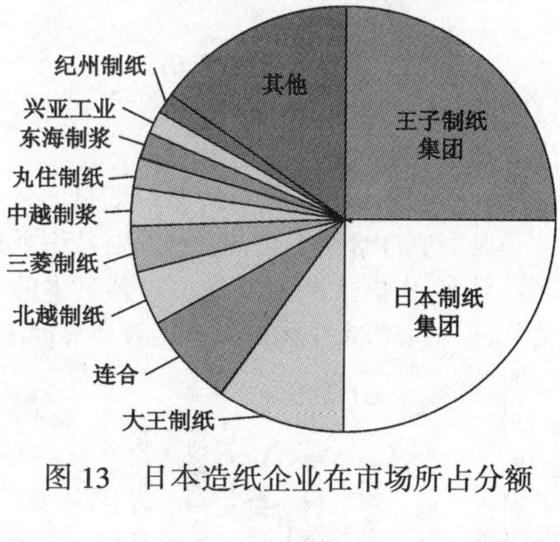

图 13　日本造纸企业在市场所占分额

三、日本造纸工业进一步发展规划

日本国内纸张消费不高，要应付进口纸张带来的压力，首先要提高效率和所谓的非价格竞争力，以及高质量化和高附加值化。其次要考虑中国对造纸行业的影响。估计今后中国的造纸工业在各方面都会影响到日本的造纸工业。中国已成为世界上第二纸张消费国,估计其需求增长的趋势将以不可阻挡之势发展下去。

中国国内对纸张的需求,2002 年为 4332 万吨,到 2004 年提高到 5436 万吨,2 年间提高了 1000 万吨。据预测,到 2010 年将达到 6500 万吨。因此,日本的大型企业正计划涌入中国市场。王子制纸正打算投入总额为 2000 亿日元在中国扩建工厂。由于日本企业进入中国存在一定的难度,因此不成功的项目也是有的。

1. 日本废纸的出口

由于中国对纸张的需求急剧提高,日本废纸的出口也逐年上升。图 14 所示是日本废纸的出口量,2004 年出口已超过 280 万吨,预计 2005 年将超过 360 万吨。从图中可看到,对中国的出口是最大的,因此大大地影响日本国内废纸的供应价格。

由此产生两个顾虑,一是会引起日本国内优质废纸的短缺,二是一旦中国对废纸的需求减缓而引起的反面影响。

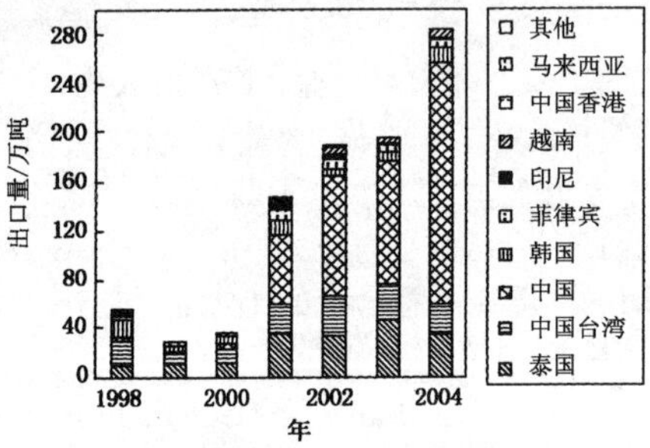

图 14 废纸逐年出口情况

2. 日本纸张的输出量

图 15 所示是近几年来日本的出口纸量。日本的浆纸工业是典型的自给型工业,但近年来,从海外进口有所提高。目前,中国生产的纸张出口到日本的不超过百分之几,但担心将来中国的纸张是否会蜂拥而至。

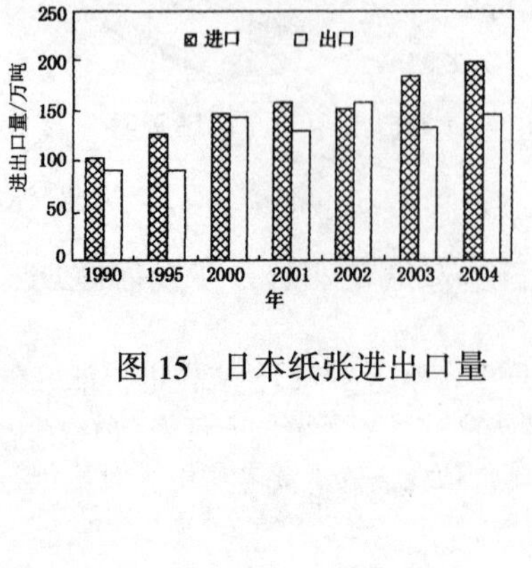

图 15 日本纸张进出口量

3. 日本的森林问题

企业的社会责任问题也是热门话题,其中之一就是日本的森林问题。日本是世界上头号森林之国。但是,由于地势严峻,采伐费用昂贵。因此从海外大量船运木片会大大降低成本。表 1 示出日本国内森林的积蓄量每年为 7000 万米^3,每年采伐了 2000 万米^3,还剩 5000 万米^3。那么,每年进口 5000 万米^3,相当于每年增加的积蓄量。

表 1 日本的森林问题 单位:万米^3/年

积蓄量	7000
消耗量	2000
剩余积蓄量	5000
其他方面木材进口量	5000
进口量相当于日本每年森林的积蓄量	5000

4. 控制地球大气回暖

在日本,纸厂周围的排水、臭气、噪音等公害问题已得到解决。相对来说,地球环境对企业提出了更高的要求。图 16 所示是日本浆纸工业进一步削减能耗的情况。日本很早就研究节省能源的措施,已成功地节约了矿物能源。

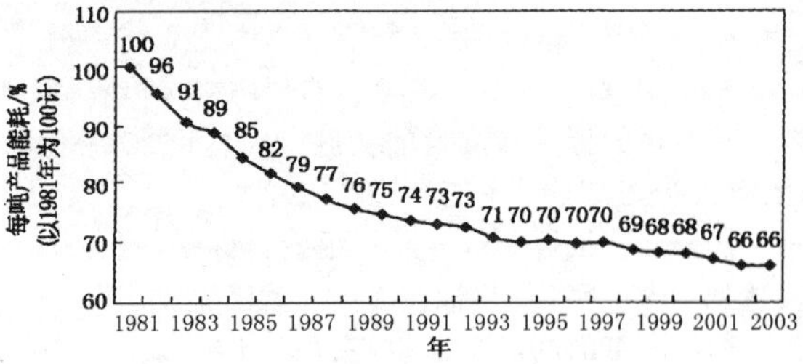

图 16 每吨产品耗能

日本是气候变化框架条约执行的先进国,同时也是降低大气中二氧化碳含量研究的开发国。为了达到这个目标,环境税就成为日本的话题,受到极大的关注。

估计日本今后的造纸原料,人工林将占主要地位。

(马石辉)

欧洲废纸质量标准

The quality standard for waste paper from Europe

一、引言

随着纸和纸板工业、废纸回收系统、原料物质要求和处理的发展,有必要在买方和卖方之间建立一个良好的信任合作关系和把1981年的欧洲废纸质量标准作一个更新。

建立欧废质量标准的目的是定义它们的组成物,不是为了把各种不同的市场的废纸作一个分类,仅仅是定义欧洲社区市场交易的废纸质量。

二、基本原则

来源不同没有分类的废纸并不适用于造纸工业。来源于没有分离的收集的废纸,仅仅具有物质价值和可回收的性质,必须被特别地标明。按照国际和国家卫生标准,不能用来做食品的包装纸和纸板,不可以和其他没有标明的废纸混合。

A:等级划分

A级:普通级

B级:中等级

C级:高等级

D级:牛皮级

B:水分

在《欧洲废纸交易(1988)》的交易客户总论中特别指出,可接受的水分在等级和地区之间是不同的,它必须由买方卖方共同商定。

C:无用物

可忍受的无用物各国之间大为不同,下面的叙述考虑了各个市场的不同情况。生产中无用物包含非纸成分以及对生产有害的纸和纸板。废纸在原则上不应含无用物,除非在目前等级或个人达成协议的基础上,买卖双方认同有一定比例的特殊种类。

1. 非纸成分

非纸成分由废纸以外的任何物质组成,在生产过程中,可能造成机械设备损坏、生产中断、降低成品质量。例如:

* 金属
* 绳子
* 玻璃
* 织物
* 树木
* 沙子和建筑废料
* 合成物质
* 所谓的“合成纸”
* 生活垃圾

2. 对生产有害的纸和纸板

对生产有害的纸和纸板是指被认为不适于用来造纸或对造纸有害的原料,或它的出现使整个废纸托卖品成为无用物。对生产有害的纸和纸板包括:

* 硫酸纸、玻璃纸或羊皮纸的替代纸
* 上蜡的、与沥青混合或浸油的纸和纸板
* 复写纸
* 湿强纸和纸板(涂布的)
* 被压上、处理上或涂上塑料、胶膜、沥青或金属薄膜的纸和纸板
* 用合成物或塑料加工过的有光纸和纸板
* 被水不溶胶黏剂处理过的纸和纸板,例如:胶水书背
* 有磁痕的打孔卡片

一定等级的废纸可以含有一定百分比的无用物,仅仅适用于那些纸的产品转变物和那些不能被分类去除的物质。例如:

* 杂志、瓦楞纸箱和箱纸板的卡钉
* 用做瓦楞纸箱的胶黏带

除了特定的种类,无用物的含量被特别标明,所有其他等级都应不含无用物,任何不同情况都应由买卖双方商定。

A级:普通级

A0——没有分类的混合废纸

包含没有分类的从家庭中来的金属，无用物的存在没有保证

A1——混合纸和纸板（没有拣选的）

不同等级纸和纸板的混合物，短纤维的含量没有限制

总无用物含量：1%MAX

A2——混合纸和纸板（经过拣选的）

不同等级纸和纸板的混合物，新闻纸和杂志纸含量少于40%

总无用物含量：1%MAX

A3——纸板边角料

碎纸板边和边角料或混合纸板，不含草纸板和瓦楞纸板

A4——超市废纸

用过的包装和纸板，含至少70%的瓦楞纸板，余下的为硬纸板和包装纸

总无用物含量：1%MAX

A5——瓦楞纸箱废纸

用过的瓦楞纸箱、纸页、边角料

A6——没有用过的瓦楞纸板边

没有用过的瓦楞纸板边，不含任何其他纸或无用物，没有破碎。保证不和其他产品接触过

A7——发行量过剩的传单纸和杂志纸

没有卖出的传单纸和杂志纸，含或不含胶黏剂装订物和绳子装订物

A8——发行量过剩的传单纸和杂志纸，不含胶黏剂装订物

没有卖出的新闻纸和传单纸的混合物，不含胶黏剂装订物，绳子装订允许

A9——新闻纸和传单纸的混合物

新闻纸和传单纸的混合物，至少含50%的新闻纸，含或不含胶黏剂装订物，绳子装订允许

A10——不含胶黏剂装订物的新闻纸和传单纸

新闻纸和传单纸的混合物，至少含60%的新闻纸，不含胶黏剂装订物，绳子装订允许

A11——传单纸和杂志纸的混合物

一次性阅读的传单纸、杂志纸、目录印刷物、账簿纸和旧报纸，含或不含卡钉，无硬封面

总无用物含量：1%MAX

B级：中等级

B1——一次性阅读的报纸

旧报纸，彩色插页或广告单少于5%

总无用物含量：1%MAX

B2——发行量过剩的报纸

没有卖出的报纸，印刷的新闻纸，不含附加的彩色插页或插图，绳子装订允许

B3——白挂面纸板边角料

新的多层纸板边角料，至少一面白板挂面

B4——混合彩色切边纸

印刷物或杂志的切边，没有严格的颜色限制，可含机械浆纸或涂布纸

B5——书活页封面的切边纸

印有各种颜色的切边纸，主要是机械浆为主的纸，含或不含胶黏剂装订物

B6——不含胶黏剂装订物的活页封面切边纸

印有各种颜色的切边纸，主要是机械浆为主的纸，不含胶黏剂装订物

B7——彩色信纸

通信纸、混有彩色印刷的书写纸，不含复写纸和硬封面

总无用物含量：1%MAX

B8——不含机械浆的白纸书籍

不含机械浆，无硬封面的书籍。无彩印，涂布纸含量不超过10%

总无用物含量：1%MAX

B9——装订成册的书

错印的不含机械浆的书，无彩印

B10——好的彩印小册子

白的或彩色的、涂布的或没有涂布的定期刊物和小册子，不含硬封面、装订物、清漆、没有分散的油墨和胶黏剂，广告纸、标签纸或标签条。可以包含重印的和彩色可回收的切边，机械浆纸含量小于10%

B11——白色无碳复写纸

白色无碳复写纸

B12——彩色无碳复写纸

彩色无碳复写纸

B13——涂布纸板

来自于液体包装纸板面的涂有聚乙烯的纸板

C级——高等级

C1——混合轻涂彩印的印刷纸切边

印刷纸和书写纸被轻涂彩印的混合切边纸，不含机械浆的纸至少50%

总无用物含量：1%MAX

C2——轻涂彩印的不含机械浆切边纸

轻涂彩印的印刷书写纸切边，不含机械浆的纸至少90%

总无用物含量：1%MAX

C3——彩色表格卡片

印刷的彩色表格卡片

C4——

旧的C3和C4等级组成新的C3等级(上面),原来的C5和C9等级被保留继续供应

C5——本色表格卡片

印刷的不含机械浆的本色表格卡片,彩色打分卡片最多1%。如果以纸箱方式递送,彩色打分卡片最多5%

C6——混合白信纸

经挑选的印刷书写纸,来源于办公室记录纸,每包不含机械浆的纸至少60%,不含账簿纸、复写纸和水不溶胶黏剂,最多可含3%的彩色无碳复写纸

总无用物含量:1%MAX

C7——不含机械浆的白信纸

经挑选的不含机械浆的书写纸,来源于办公室记录纸,不含账簿纸、复写纸和水不溶胶黏剂,最多可含3%的彩色无碳复写纸

总无用物含量:1%MAX

C8——连续稳定的白色不含机械浆纸

连续稳定的白色不含机械浆纸,最多可含3%的彩色无碳复写纸

C9——连续稳定的白色不含机械浆纸,无彩印

连续稳定的白色不含机械浆纸,不含彩色无碳复写纸

C10——印刷的白色多层纸板

新的轻涂印刷的白色多层纸板边角料,没有灰层

C11——没有印刷的白色多层纸板

新的没有印刷的白色多层纸板边角料,没有灰层

C12——白新闻纸

白色没有印刷的新闻纸切边纸和纸页,不含杂志纸

C13——白杂志纸

白色没有印刷的杂志纸切边纸和纸页,不含新闻纸

C14——白色机械浆涂布纸

白色没有印刷的机械浆涂布纸切边纸和纸页

C15——白色不含机械浆涂布纸

白色没有印刷的不含机械浆涂布纸切边纸和纸页

C16——白色机械浆纸切边纸

白色没有印刷的机械浆纸切边纸,不含新闻纸和杂志纸,最多可含20%的涂布纸

C17——混合白色切边纸

白色没有印刷的切边纸和纸页,不含机械浆的新闻纸和杂志纸不少于60%,最多可含10%的涂布纸

C18——白色不含机械浆纸切边纸

白色没有印刷的不含机械浆纸切边纸和纸页,最多可含5%的涂布纸

C19——白色不含机械浆没有涂布的切边纸

白色没有印刷的不含机械浆纸切边纸和纸页,不含涂布纸

D级:牛皮级

D0——褐色瓦楞纸

瓦楞纸板箱、纸和切边,面层为牛皮浆或仿箱纸板箱

D1——牛皮瓦楞纸2

面层为牛皮浆或仿箱纸板箱的瓦楞纸板箱、纸和切边,至少有一面是牛皮浆

总无用物含量:1%MAX

D2——牛皮瓦楞纸2

仅仅具有牛皮挂面瓦楞纸板箱、纸和切边,芯层由化学浆和半化学浆制成

总无用物含量:1%MAX

D3——旧牛皮纸袋纸

旧牛皮纸袋纸,不含灰尘,不含例如:建筑废料、肥料,包括染料和发出气味的物质

总无用物含量:1%MAX

D4——干净旧牛皮纸袋纸

干净旧牛皮纸袋纸,因为从前使用过,所以不要求分尘或机械分尘,包括发出气味的纸

总无用物含量:1%MAX

D5——旧牛皮纸

本色或白色的旧牛皮纸和纸板

总无用物含量:1%MAX

D6——新牛皮纸

本色牛皮纸切边和其他废牛皮纸和纸板

日本废纸分类标准

The quality standard for waste paper from Japan

统计大类	编号	分类	内容
硬质白纸边	1	白纸边 日文名:Jouhaku	为整张或切边,白色无印刷,不含磨木浆,来源于书籍装订厂、印刷厂或分切厂
	2	奶白纸边 日文名:Kurlim Jouhaku	为整张或切边,奶白色无印刷,不含磨木浆,来源于书籍装订厂、印刷厂或分切厂
	3	带色边的白纸边 日文名:Keihaku	为整张或切边,白色或奶白色,无印刷,不含磨木浆,带着蓝色或红色的色边或条形码,来源于书籍装订厂、印刷厂或分切厂
	4	卡纸 日文名:Kaado	使用过的国产账簿纸
白色含磨木浆纸边,白色马尼拉纸	5	高档白色含磨木浆纸切边 日文名:Tokuhaku	为整张或切边,白色无印刷,含磨木浆,来源于书籍装订厂、印刷厂或分切厂
	6	白色含磨木浆纸边 日文名:Chuuhaku	为整张或切边,白色无印刷,含磨木浆,来源于书籍装订厂、印刷厂或新闻纸印刷厂
	7	白色马尼拉纸 日文名:Shiro manila	为整张或碎片,白色无涂布的马尼拉纸板,来源于书籍装订厂
不含磨木浆含印刷的废纸	8	白色印刷无磨木浆; 白色纸边 日文名:Mozou	白色纸张,不含磨木浆,带有黑色印刷(例如:电脑打印,复印等)
	9	彩色印刷,不含磨木浆;彩色纸边 日文名:Irojou	白色纸张,不含磨木浆,带有彩色印刷,允许含涂料
	10	彩色印刷不含磨木浆的切边 日文名:Kento	白色切边,涂布或未经涂布,不含磨木浆,允许含有彩色印刷,来源于书籍装订厂或印刷厂
	11	白色涂布切边 日文名:Kento	整张或切边,不含印刷,允许涂布,不含磨木浆,来源于书籍装订厂或印刷厂
	12	聚乙烯涂布的乱码牛奶卡 日文名:Inryo - yo Kamipack	经使用的、经清洗的液体包装纸盒,从居民中搜集来,或者是从工业领域收集来的纸边或纸张,允许聚乙烯涂布,不允许含有铝
含磨木浆含印刷的废纸	13	含磨木浆,含彩色印刷的高档纸边 日文名:Tokujougirl	高档白色纸边,含磨木浆,含彩色印刷,来源于书籍装订厂或印刷厂
	14	含磨木浆,含彩色印刷的纸边 日文名:Betsu Jougirl, Manga-Sairaku	白色纸边,含磨木浆,含彩色印刷,来源于书籍装订厂或印刷厂
	15	高档含磨木浆废纸 日文名:Cyuu shituhogo	含磨木浆的高档纸张,含彩色印刷,来源于书籍装订厂或印刷厂
	16	彩色马尼拉纸 日文名:Kento manila	马尼拉纸板切边,含彩色印刷,来源于纸箱厂

续表

统计大类	编号	分类	内容
旧报纸	17	报纸 日文名:Shinbun	旧报纸
旧杂志	18	杂志 日文名:Zasshi	旧杂志
褐色牛皮纸/板	19	新褐色牛皮纸切边 日文名:Kiricha	无印刷褐色牛皮纸切边,来源于牛皮纸袋厂
	20	无印刷牛皮纸	废褐色牛皮纸,无印刷,来源于牛皮纸袋厂
	21	使用过的牛皮纸袋 日文名:Zattai	使用过的褐色牛皮纸袋,通常是用来装水泥、化学用品、化肥、食品等的袋子
	22	牛皮纸/板衬里的废箱纸板 日文名:Zattai	新的牛皮瓦楞纸板切边,旧的牛皮瓦楞纸,主要来源于进口
旧箱纸板	23	废瓦楞纸箱 日文名:Danbouru	旧瓦楞纸箱
纸盒切边	24	工厂包装纸 日文名:Wanpu	旧的包装纸,通常是用来包装新闻纸等卷筒纸的外包装
	25	白纸板切边 日文名:Joudaishi	白纸板切边,来源于纸盒厂
	26	灰纸板切边 日文名:Daishi	灰纸板或彩色灰板切边,来源于纸盒厂
	27	废纸盒 日文名:Houru	纸板切边,来源于纸盒厂;或者是使用过的由白纸板、灰纸板或彩色灰纸板做成的纸盒

资料来源:日本废纸再生促进中心

世界各国国内生产总值及其增长率

Gross Domestic Product and Its Growth Rate in the World

资料来源:国际货币基金组织数据库。

Sources: International Monetary Fund Database.

国家和地区	Country or Area	2003 国内生产总值(亿本币) GDP (national currency 100million)	国内生产总值增长率(比上年增长%) GDP Growth Rate over the Preceding Year(%)				
			2000	2001	2002	2003	2004
世界	World		4.6	2.5	3.0	4.0	5.1
中国	China	136876	8.0	7.5	8.3	9.5	9.5
孟加拉国	Bangladesh	35380	5.6	4.8	4.9	5.4	5.4
印度	India	299461	5.4	4.8	4.4	7.5	7.3
印度尼西亚	Indonesia	23030314	4.9	3.8	4.4	4.9	5.1
伊朗	Iran	14700467	5.9	3.7	7.5	6.6	6.6
以色列	Israel	5213	7.5	-0.9	-0.7	1.3	4.3
日本	Japan	5048473	2.8	0.2	-0.3	1.4	2.6
哈萨克斯坦	Kazakhstan	55425	9.8	13.5	9.8	9.3	9.4
韩国	Korea, Rep.	7796570	8.5	3.8	7.0	3.1	4.6
马来西亚	Malaysia	4476	8.6	0.3	4.1	5.3	7.1
蒙古	Mongolia	15254	1.1	1.0	3.9	5.3	6.0
缅甸	Myanmar	117411	13.7	11.3	12.0	13.8	5.0
巴基斯坦	Pakistan	48552	3.4	2.7	3.2	5.6	6.5
菲律宾	Philippines	47710	4.4	1.8	4.3	4.7	6.1
新加坡	Singapore	1806	9.6	-2.0	3.2	1.4	8.4
斯里兰卡	SriLanka	19722	6.0	-1.5	4.0	5.9	5.2
泰国	Thailand	65760	2.8	2.2	5.3	6.9	6.1
土耳其	Turkey	4266327810	7.4	-7.5	7.9	5.9	8.0
越南	Vietnam	7130719	6.8	6.9	7.1	7.3	7.7
埃及	Egypt	4744	5.4	3.5	3.2	3.1	4.1
尼日利亚	Nigeria	95761	5.4	3.1	1.5	10.7	3.5
南非	South Africa	13753	4.2	2.7	3.6	2.8	3.7
加拿大	Canada	12933	5.2	1.8	3.4	2.0	2.8
墨西哥	Mexico	76349	6.6	0.0	0.6	1.6	4.4
美国	United States	117335	3.7	0.8	1.9	3.0	4.4
阿根廷	Argentina	4473	-0.8	-4.4	-10.9	8.8	9.0
巴西	Brazil	17548	4.4	1.3	1.9	0.5	5.2
委内瑞拉	Venezuela	2026666	3.7	3.4	-8.9	-7.7	17.3
白俄罗斯	Belarus	494452	5.8	4.7	5.0	6.8	11.0
保加利亚	Bulgaria	382	5.4	4.1	4.9	4.3	5.7
捷克	Czech Republic	27511	3.3	2.6	1.5	3.7	4.0
法国	France	16232	4.2	2.1	1.1	0.5	2.3
德国	Germany	21770	2.9	0.8	0.1	-0.1	1.7
意大利	Italy	13518	3.0	1.8	0.4	0.3	1.2
荷兰	Netherlands	4649	3.5	1.4	0.6	-0.9	1.3
波兰	Poland	8837	4.0	1.0	1.4	3.8	5.3
罗马尼亚	Romania	23879143	2.1	5.7	5.1	5.2	8.3
俄罗斯联邦	Russian Federtion	167788	10.0	5.1	4.7	7.3	7.1
西班牙	Spain	7987	4.4	2.8	2.2	2.5	2.7
乌克兰	Ukraine	3459	5.9	9.2	5.2	9.6	12.1
英国	United Kingdom	11603	3.9	2.3	1.8	2.2	3.1
澳大利亚	Australia	8385	3.2	2.5	4.0	3.4	3.2
新西兰	New Zealand	1460	3.6	2.6	4.7	3.4	5.0

世界各国进出口贸易额

Total Imports and Exports in the World

资料来源:世界贸易组织数据库。

Source:World Trade Organization Database.

单位:亿美元(USD100million)

国家和地区	Country or Area	2003年 进口 Imports	2003年 出口 Exports	2004年 进口 Imports	2004年 出口 Exports
世界	World	78185	75462	94583	91235
中国	China	4128	4382	5612	5933
孟加拉国	Bangladesh	104	70	121	82
印度	India	712	571	952	725
印度尼西亚	Indonesia	326	611	462	697
伊朗	Iran	262	338	327	425
以色列	Israel	363	316	434	369
日本	Japan	3829	4718	4545	5655
哈萨克斯坦	Kazakhstan	133	132		203
韩国	Korea,Rep.	1788	1938	2244	2539
马来西亚	Malaysia	836	1050	1052	1265
蒙古	Mongolia	8	6	10	9
缅甸	Myanmar	21	25	22	30
巴基斯坦	Pakistan	130	119	179	133
菲律宾	Philippines	395	370	426	396
新加坡	Singapore	1279	1442	1638	1795
斯里兰卡	SriLanka	67	51	80	58
泰国	Thailand	758	803	954	977
埃及	Egypt	109	62	128	77
尼日利亚	Nigeria	109	199	142	311
南非	South Africa	411	365	552	459
加拿大	Canada	2450	2727	2758	3220
墨西哥	Mexico	1785	1654	2064	1886
美国	United States	13031	7248	15264	8190
阿根廷	Argentina	138	296	223	343
巴西	Brazil	507	731	659	965
委内瑞拉	Venezuela	93	240	173	314
保加利亚	Bulgaria	116	75	163	99
捷克	Czech Republic	517	487	679	660
法国	France	3988	3920	4641	4510
德国	Germany	6046	7516	7175	9148
意大利	Italy	2975	2993	3490	3461
荷兰	Netherlands	2647	2960	3199	3588
波兰	Poland	683	538	878	741
罗马尼亚	Romania	240	176	327	236
俄罗斯联邦	Russian Federation	742	1359	948	1832
西班牙	Spain	2086	1561	2498	1790
乌克兰	Ukraine	230	231	290	327
英国	United Kingdom	3920	3056	4620	3456
澳大利亚	Australia	891	715	1078	866
新西兰	New Zealand	186	165	232	204

世界各国国际收支(2003年)

Balance of payments(2003)in the World

资料来源:国际货币基金组织数据库。

Source: International Monetary Fund database.

单位:亿美元(USD 100 million)

国家	Country	经常账户 current Account								资本账户收支盈余 Capital Account Balance	金融账户收支盈余 Fin-ancial Account Balance	国际收支总盈余 Overall Balance
		商品贸易 Merchandise			服务贸易 Services		要素收入 Factor Income		经常账户收支盈余 Current Account Balance			
		出口 Exports F.o.b	进口 Imports F.o.b	差额 Trade Balance	贷方 Credit	借方 Debit	贷方 Credit	借方 Debit				
中国	China	4383	-3936	447	467	-553	161	-239	459		528	1166
美国	UnitedStates	7164	-12607	-5443	3041	-2563	2944	-2611	-5307	-31	5442	-15
日本	Japan	4491	-3427	1064	776	-1115	952	-240	1362	-40	719	1872
德国	Germany	7531	-6014	1517	1230	-1734	1105	-1244	549	4	-797	-7
英国	UnitedKingdom	3083	-3862	-779	1489	-1233	2062	-1685	-308	21	244	-26
法国	France	3619	-3608	10	997	-848	886	-810	44	-82	-7	13
意大利	Italy	2931	-2829	102	712	-745	535	-728	-206	29	199	11
加拿大	Canada	2858	-2443	415	429	-507	235	-402	173	28	-216	-33
澳大利亚	Australia	705	-859	-153	211	-215	100	-245	-304	7	359	69
捷克	CzechRepublic	487	-512	-25	78	-73	26	-68	-57		59	4
波兰	Poland	610	-667	-57	112	-106	21	-57	-46		87	12
匈牙利	Hungary	435	-468	-33	80	-86	14	-56	-75		75	3
罗马尼亚	Romania	176	-222	-45	30	-30	4	-11	-33	2	44	10
印度①	India	507	-571	-64	237	-225	26	-61	58	26	111	188
印度尼西亚	Indonesia	633	-395	237	53	-174	11	-73	73		-9	36
菲律宾	Philippines	348	-361	-13	30	-42	84	-32	33		-55	-1
泰国	Thailand	781	-669	112	158	-182	30	-48	80		-81	5
新加坡	Singapore	1579	-1285	293	307	-296	134	-145	282	-2	-251	67
巴基斯坦	Pakistan	119	-120	-1	30	-33	2	-24	36	11	-18	29
韩国	Korea, Rep.	1976	-1755	222	327	-403	71	-65	123	-14	145	258
埃及	Egypt	167	-178	-11	29	-37	2	-9	-6		21	4
墨西哥	Mexico	1648	-1705	-58	127	-181	57	-149	-66		180	98
巴西	Brazil	731	-483	248	104	-154	33	-219	42	5	-2	36
阿根廷	Argentina	296	-131	164	39	-55	32	-113	74	1	-158	-107

注①2002年数据

Note: ①Data refer to 2002

资料来源:《中国统计年鉴2005》

单位名录

DIRECTORY OF UNITS

11

企业重点介绍

目　录

凯登浆科制备·中国
Kadant Stock Preparation China

美国凯登百利可乐生公司(KBC)

Kadant Black Clawson Inc.

美国凯登百利可乐生公司(Kadant Black Clawson Inc)的前身为国际造纸设备领先供应商百利可乐生公司(Black Clawson Inc.),创建于1873年。随着公司的成长,1920年,Black Clawson成为世界领先的造纸设备供应厂商。科研的发展带动着产业的进步,其主导产品应用于浆料制备系统的每一个领域,制浆、筛选、除渣、脱墨浮选,热分散,磨浆和洗浆的整条生产线被引用到生产高质量的纸及纸板产品中。2001年,重新注册为美国凯登国际公司(Kadant Inc.),旗下包括5个全球子公司:Kadant Black Clawson Inc.(KBC), Kadant AES Inc., Kadant Lamort Inc., Kadant Johnson Inc., Kadant Web Systems Inc.同期,凯登公司(Kadant Inc.)的股票在美国纽约证券交易市场挂牌上市。

凯登公司(Kadant Inc.)是全球制浆造纸业的领先供货商,可以生产出高产能、高质量、高效率的制浆造纸产品。凯登旗下的众多子公司强强联合,从浆料制备系统,纸机附件,蒸汽冷凝水系统到水处理系统,共同服务于造纸业。凯登公司在世界各地的子公司共同服务于造纸业的不同专业领域,并处于该行业的创新先驱,共同打造凯登世界品质。

近期,凯登公司(Kadant Inc.)在中国建造了庞大的生产制造基地——凯登轻工机械(济宁)有限公司(Kadant Jining Light Machinery Co., Ltd.),同期新建了专业的筛鼓制造厂——凯登制浆造纸设备(兖州)有限公司(Kadant Pulp & Paper Equipment Yanzhou Co., Ltd.),这两个当地的加工制造厂将会更好的服务与开拓中国市场,与客户携手打造最优质产品。我们承诺:保持技术创新的传统,长期为您提供近距离的全天候专业售后服务。

总裁:颜铭强
销售副总裁:马作毅
电话:
010-65813011 65813012 65813013(北京)
020-87781783 (广州)
0537-2073000 2073001 (山东·济宁)
传真:010-65812268(北京)
020-87766588(广州)
0537-65813002(山东·济宁)
邮编:100020(北京)
510095(广州)
272023(山东·济宁)
地址:北京市朝阳区光华路12号科伦大厦A座901-908室
广州市环市东路371-375号世贸中心南塔2310室
山东省济宁高新技术产业开发区机电一路99号(山东·济宁)
山东省兖州经济开发区创业路17号(山东·兖州)

西门子（中国）制浆造纸部

SIMENS PAPER Complete Integratad System

西门子(中国)制浆造纸部成立于1994年，主要为中国制浆造纸工厂，提供电气、控制及信息化系统的解决方案。西门子制浆造纸部是目前全球唯一能够实现制浆造纸厂电气、控制统一平台(PCS7)的系统供应商，这一设计理念，不仅从根本上解决了流程工业底层“信息孤岛”的技术瓶颈问题，并在制浆造纸厂电气和控制系统真正实现了随需应变、任意扩展。

西门子制浆造纸部的解决方案简称为SIPAPER^{CIS}(Siemens Paper Complete Integrated System) Solution，由以下几个子系统组成：

SIPAPER^{CIS} DCS(集散控制系统)

SIPAPER^{CIS} Drives(传动系统)

SIPAPER^{CIS} QCS(质量控制系统)

SIPAPER^{CIS} Power(配电系统)

SIPAPER^{CIS} EOS(能量优化系统)

这些解决方案共同搭建在统一的PCS7平台上，构成制浆造纸厂四维空间上的集成系统。另外，西门子制浆造纸部依托PCS7的柔性，能为制浆造纸工业量身定制各种控制解决方案。目前，制浆造纸工业正面临着来自环境和能源不断增大的压力，西门子经过不懈的努力，开发了一系列新的解决方案，以适应新形势的要求。

SIPAPER^{CIS} Water (全厂水处理系统)

西门子提供制浆造纸过程中各个环节的水处理系统。该系统不仅用于清洁水处理和系统内中段循环水处理，而且提供全厂废水和污泥的全过程处理。SIPAPERCIS Water可为水处理项目提供完整解决方案，对整个供水系统进行完善设计，为水处理设备提供技术支持，提供水处理设备及系统。

SIPAPER^{CIS} Reject Power (废料能源回收利用)

通过燃烧制浆造纸及废水处理过程中产生的废料回收其中能量的系统。其突出优点在于可燃烧含水量高达50%的废料；借助辅助燃烧系统，甚至可以燃烧含水量更大的废料。利用该系统，制浆造纸企业可在减少废料处理费用的同时，达到降低能耗和减少CO_2排放的目的。

SIPAPER^{CIS} Bleach(漂白过程优化控制系统)

该系统的目标就是尽可能降低漂白剂消耗成本，对漂白过程纸浆白度进行优化过程控制。对于动态变化的纸浆质量指标，如不同的废纸浆，通过模型预测控制模型(MPC)优化控制漂白浆质量；通过计算漂白剂消耗的成本，可在最小化漂白成本时达到目标白度；通过集成时实自适应功能模块，SIPAPER^{CIS} Bleach可以在线调节参数以适应短期和长期的工艺变化，从而长期稳定地运行，节约生产成本。

SIPAPER^{CIS} MIMS(全厂信息管理系统)

集成西门子制浆造纸工业的专有技术和对如何设计出最好现代信息管理系统的深刻理解。得益于SIPAPER^{CIS} MIMS，从电气传动、过程控制、质量管理系统到节能管理，SIPAPER^{CIS}产品系列中各个系统产生的所有数据都可以随地获取。换而言之，您可以按需获取全厂范围内甚至全集团公司内从现场级到管理层的所有生产质量信息。所有这些相关的信息都为您可以作出快速、精准的决策提供了最具说服力的依据。

西门子制浆造纸部的优势在于：

百年的信誉　　成功的经验

统一的系统　　专业的服务

西门子(中国)制浆造纸部秉承西门子百年企业博大精深的精髓，恪守德国企业文化的严谨求实的工作态度，12年来，伴随着中国制浆造纸工业的崛起和腾飞，使168个大型项目得到成功实施，在西门子制浆造纸专家的实践过程中，创造了西门子(中国)制浆造纸部的辉煌。

维美德西安造纸机械有限公司

Valmet-Xian Paper Machinery Co.Ltd.

维美德西安造纸机械有限公司是中国最大的纸机和纸板机制造商。我公司以中芬合资的方式全面引进芬兰 Metso 公司先进的技术和科学的管理模式，为用户设计、制造具有先进技术的

- 高级文化纸机
- 无碳复写原纸机
- 新闻纸机
- 涂布纸板机
- 挂面纸板机
- 薄页纸机

同时有能力为用户进行设备的更新改造，为用户提供高品质的纸机的各种备品备件。我公司生产的水力式流浆箱、多长网成形部、MB 成形器、各种形式的复合压榨、高线压大辊径压榨、$\varphi 1830 \times 7100$mm 大直径高压力烘缸、新型的烘干部传动齿箱及机架、高效的涂布干燥箱、密闭汽罩和热回收，其制造水平都处于国内领先地位。有能力制造 6 米以上幅宽，车速超过 1000 米/分的各种纸机。

维美德西安在美卓纸机制造专家的指导和帮助下，由美卓专家提供方案，对加工制造设备进行了全面的更新改造，投巨资建立了 8 条先进的纸机部件专用生产线：钢板准备及焊接生产线、流浆箱生产线、机架生产线、烘缸生产线、钢辊生产线、空气系统生产线、油漆喷砂生产线、纸机预安装生产线。

维美德西安具有完整的质量体系认证。先后通过了 ISO9001、铸造产品烘缸获得美国机械工程师协会“ASME”压力容器“U”钢印许可证书。严格的质量控制体系，先进的检测手段是我公司产品的质量保证。2005 年又通过了国家 ISO14001 环境体系认证

近几年来，我公司以先进的技术、优质的产品、良好的售后服务迅速地提高了中国造纸机械的设计制造水平，先后为山东太阳纸业（3 台）、广东金洲纸业（2 台）、江苏旺达纸业（1 台）、广东佛山（1 台）、广东建晖纸业（2 台）、广州造纸厂（1 台）等用户提供多台幅宽 5 米左右的纸机、板纸机，与芬兰 Metso 公司合作，发挥各自的优势，以分交供货等方式，赢得了用户的信赖，为中国造纸业的发展做出了显著的贡献。

2006 – 2007 年我公司将为广东森叶、浙江景兴纸业、广东理文（2 台）、安徽山鹰交付总计 5 台纸机，用户不断的订单，是对维美德西安的信任，也是对维美德西安的肯定，满足用户的需求，帮助用户成为本行业的赢家是维美德西安追求的目标。

总 经 理：潘蒂·赫鲁帕宁
销售部长：朱建设
地　　址：中国.陕西.西安阿房四路
邮　　编：710086
传　　真：029 84363000、84363433
电　　话：029 – 84363155、84363165
84363167、84363169

内蒙古塞外星华章纸业股份有限公司

Inner Mongulia saiwai Huazhang Paper Co., Ltd

内蒙古塞外星华章纸业股份有限公司坐落在内蒙古巴彦淖尔市乌拉特前旗西山咀镇境内。东依乌拉山,西靠广阔的河套平原,南邻包兰铁路,北望乌梁素海。

乌拉特前旗人杰地灵,物宝天华,地理位置十分优越。包兰铁路和110国道横穿全境,交通便利。公司距盛产芦苇的乌梁素海不足10公里,加上河套地区丰富的麦草秸秆,原料供应充足。燃料由鄂尔多斯市、乌海市等地供给。电力由乌拉山发电厂专线供电并配有公司热电联产工程并网发电。其它原辅材料在自治区境内的呼和浩特、包头、鄂尔多斯三市可以完全满足供应。公司建有日处理50000立方米的污水处理场和碱回收黑液处理系统,达标排放,清洁生产,具有发展制浆造纸得天独厚的条件。

内蒙古塞外星华章纸业股份有限公司,是一个年生产能力15万吨的大型制浆造纸股份制民营企业,自治区60户重点企业之一,自治区民营企业50强第20位。公司占地面积482548平方米。现有文化用纸生产线九条,生活卫生用纸生产线七条,浆板生产线三条,并配有与生产经营活动相匹配的运输公司、建筑公司、彩印分公司、制漂生产、亚硫酸钠生产系统。主要产品有"塞外星"牌漂白苇浆、漂白麦草浆、"塞外星"牌、"舒圆"牌生活卫生用纸系列产品、"鱼跃"牌静电复印纸、双胶纸、书写纸、有光纸、特种印刷纸等三大类产品30多个品种。现有员工3100人,各类专业技术人员308人。

公司坚持"以人为本抓管理,科技领先增效益,安全优质夺高产,企兴我荣创一流"的经营思想和"依托资源地域优势,坚定科学发展观理念,树立兴家兴企兴业,为己为民为国思想,做好做大做强做久,塑百年企业"的发展宗旨,发扬"思维创新开拓进取,求真务实无私奉献,关心理解爱岗敬业,精诚团结共建家园"的企业精神。内强管理,外树形象,推进科技进步,不断地进行技术设备的更新改造,及时调整产品结构,使企业生产规模迅速发展壮大。目前拥有总资产7.66亿元,固定资产5.7亿元,资产负债率52%。

公司始终坚持"质量是产品的灵魂,企业的生命"这个永恒的主题,并付诸实施名牌发展战略。2000年顺利通过了ISO9002质量体系认证。2004年5月又通过了ISO9001质量体系认证。经过不懈努力,公司产品质量稳定,工艺先进,各项物理指标均达到或超过国家标准。现已形成辐射全国各大、中城市的销售网络,"塞外星"和"鱼跃"牌已成为全国商品草浆、文化用纸较为知名的品牌,产品深受广大用户的欢迎和信赖。

为适应我国市场经济发展要求,变资源优势为经济优势,拓展市场,进一步加快企业发展,公司用创新的理念,制定出适合公司自身发展的市场营销战略:以直销代理、定点设库、扩大分销渠道、联接市场销售网络为策略,以全面顾客满意为基点、按照价值区分销售群体、提高顾客的忠诚度为宗旨,以完成销售任务向销售创造效益发展、保持特色优势实现利益共享为目的,与客户保持终身的互动关系,稳定和不断扩大市场占有率。同时也确立了企业的发展规划:到2010年生产规模达到年产50万吨,其中漂白苇浆或苇木浆20万吨,各种文化用纸和生活卫生用纸30万吨。引进世界先进的技术装备,达到世界当代先进水平。建设满足生产需求的原料基地。在国家产业政策的指导下,依托资源地域优势,依靠科技进步,重点抓好产品结构调整,提升产品质量和档次。采取总体规划、分步实施的方法,切实保证规划的实现,推动企业全面、健康、快速发展。

地址:内蒙古巴彦淖尔市乌拉特前旗乌拉山镇一区

邮编:014400

电话:0478-3268698

传真:0478-3215178

企业负责人:陈耀福 0478-3262999

经营负责人:张中元 0478-3219905

技术负责人:张秉义 0478-3219813

中国制浆造纸研究院

China National Pulp & Paper Research Institute

中国制浆造纸研究院(以下简称"中国纸院")前身为轻工业部制浆造纸工业科学研究所,始建于1956年,1999年转制为科技型企业,并入中国轻工集团公司。

目前,中国纸院资产总额8860万元,建筑面积31000平方米;在职员工200余人,其中专业技术人员80余人,拥有中高级以上专业技术职称70人,并有19位专家享受国务院颁发的政府特殊津贴。

中国纸院是国家级造纸工业科研机构,科研手段完备、装备齐全,涉及造纸工业各个领域;同时,中国纸院还代表国家负责造纸工业标准化、质量监督检验、信息服务等行业技术管理工作,编辑出版的《中国造纸》等5种期刊在国内外造纸行业中具有广泛的影响。50年来,中国纸院共完成1300多项研究项目,其中140多项分别获国家、部(委)颁发的各种奖励,是推动中国造纸工业技术进步的主力军。

1984年国务院学位委员会批准中国纸院为制浆造纸和造纸环境保护专业硕士研究生学位授予单位,已为造纸行业培养硕士研究生43名。中国纸院还是我国造纸工业对外技术交流和开展国际合作的窗口,代表中国参加国际造纸界的各类专业会议,参与国际合作及援外项目近30项,为中国造纸工业扩大国际影响做出了突出贡献。

根据中国纸院制定的中长期发展规划,到2010年初步建立起研究开发平台、信息服务平台、工程实验室和产业基地四维一体的科技创新体系。中国纸院将一如既往,坚持走科技强院的道路,努力创造企业和员工共同发展的环境,强化服务意识,密切与企业联系,扩大合作,共同创造中国造纸工业新辉煌!

院长:曹振雷

地址:北京市朝阳区光华路12号

邮编:100020

电话:010-65810022

传真:010-65815677

网址:www.cnppri.com

中国造纸开发公司

China Paper Industry Development Corporation

中国造纸开发公司于1985年成立，是中国轻工集团公司所属全国性制浆造纸专业公司，经国家计委批准具有甲级咨询资格。中国造纸开发公司开展制浆造纸领域的经济贸易、技术咨询和技术服务等国内外业务活动。公司下属中国造纸开发保定设计公司，设有中国造纸协会生活用纸专业委员会等挂靠单位，并负责秘书处工作。中国造纸开发公司为制浆造纸企业提供有关生产、建设方面的项目评估、可行性研究、专题调查研究等方面的服务。承担企业的技术改造、扩建和新建项目的工程设计、承包、技术服务及人员培训。中国造纸开发公司广泛开展国际技术合作与交流，举办国际造纸展览会和技术研讨会。承担引进外资、技术及设备的谈判及咨询服务。经销各类纸浆、纸张以及造纸助剂、印刷耗材等产品，并承担国内外相关代理业务。

总经理：曹振雷

General Manager：Cao zhenlei

地址：北京市朝阳区光华路12号

12Guanhua Rord，Beijing

邮编：Postalcode：100020

电话：Phone：010－65810022

传真：Fax：010－65814461

中国中轻国际工程有限公司

China BCEL International Engineering Co., Ltd.

中国中轻国际工程有限公司(BCEL)即原“中国轻工业北京设计院”,成立于1953年1月。2000年10月成为交中央管理的10家科技型设计企业之一,2002年改制重组,2004年启用现名。

BCEL位于北京朝阳区东三环路的团结湖畔,北京CBD的北部,环境优美,交通便利。BCEL是以工程设计为主体的国际性大型咨询设计公司。现持有轻纺全行业、建筑行业、市政公用行业(排水、环境卫生)的甲级设计资质证书;城市规划乙级资质证书;化工、石化、医药行业、建材行业、农林行业、商物粮行业、电力行业、市政公用行业(给水、热力、燃气)的乙级设计资质证书;工程招标代理乙级资质;还持有工程咨询、工程造价、工程监理的甲级资质证书;压力容器设计许可证、GB、GC类的压力管道设计资格证书以及进出口企业资格证书。是一个以咨询设计为主体、面向国内外工程建设市场的,并具有工程项目的规划咨询、项目建议书和可行性研究报告的编制、评估咨询、工程设计、工程监理、工程总承包、工程造价咨询、招标咨询、项目管理咨询和国际合作等多功能的大型科技咨询设计企业。

BCEL于1997年12月率先在轻工设计系统通过ISO 9001质量体系认证,2003年6月通过2000版换版复评认证。BCEL是国际咨询工程师联合会(FIDIC)、中国勘察设计协会、中国国际工程咨询协会、中国工程咨询协会等国际、国内80余个协会、学会的主要成员。1995年1月在世界银行“DACON”数据库认可登记。1992年6月在国内设计单位中首批获得国家授予的对外经营权。BCEL是全国勘察设计单位历届综合实力百强单位。

BCEL现有员工468人,工程技术人员431人,其中:国家级设计大师2人、享受政府特殊津贴专家21人、教授级高级工程师61人、高级职称技术人员236人;注册建筑师32人、注册结构工程师63人、国家注册监理工程师31人、国家注册造价工程师15人、工程总承包项目经理40人。BCEL拥有从事咨询设计并覆盖各专业的应用软件及功能齐备的计算机网络以及德鹏资料档案管理系统。

经过几代员工的艰苦创业和辛勤耕耘,BCEL已发展成为专业配套齐全、技术力量雄厚、设计经验丰富、资源配置合理、内外合作广泛、业务范围涵盖工程建设各阶段。成果业绩斐然的国内外知名的咨询设计公司。在轻工主行业,如制浆造纸:各类纤维制浆,各种工业、文化、生活用纸、特种加工纸、纸板、化学品(酸、碱、石灰)回收以及副产品的综合利用;合成洗涤剂及原料、油脂化工;日用玻璃、工程塑料;啤酒和葡萄酒酿造、食品、饮料、盐及盐化工等设计技术方面居国内领先地位。现拥有专有技术9项,在国内外享有较高的声誉。近几年,BCEL在公共建筑及住宅小区的工程设计方面也有了较大的发展。自建院以来,共为国内3000余家大中型企业,为国外20多个国家、40余个大中型项目提供了工程设计、咨询、总承包等服务,为国家的经济建设做出了重大贡献。BCEL与国内外200余家大型公司建立了实质性合作和业务往来关系。自1980年行业国家优秀咨询、设计项目评奖以来,共获得国家、部、委、省(市、区)的各级嘉奖200余项,其中制浆造纸项目有30多项获奖。如:

山东日照森博浆纸有限公司浆纸工程获国家优秀设计金质奖;

新疆博斯腾湖造纸厂获国家优秀设计金质奖;

福建青州造纸厂获国家优秀设计奖;

东莞玖龙纸业有限公司牛皮卡纸工程获国家轻工局优秀工程设计一等奖;

山东(临清)银河纸业集团有限公司扩建工程获国家轻工局优秀工程设计一等奖;

成都印钞公司(国营540厂)造纸工程获国家轻工局优秀工程设计一等奖;

石岘白麓纸业股份有限公司彩色胶印新闻纸工程获国家轻工局优秀工程设计二等奖;

福建龙岩地区造纸厂超级压光纸工程获国家轻工局优秀工程设计二等奖;

云南省非木材纤维制浆造纸工业发展战略研究获轻工行业优秀工程咨询成果一等奖。

经过50年创业、发展、壮大、改革的历程,BCEL已成为国内外知名的大型咨询设计科技企业。BCEL坚持走科技兴业、质量强业、管理治业的向国际型工程公司过渡的可持续发展之路。BCEL坚持贯彻"以创新、严谨、诚信的精神为中国及世界轻工业和建筑业的发展,提供合格的成品和满意的服务"的质量方针,BCEL坚持实现"技术先进、质量可靠、诚信为本、服务周到、资源优化、管理有效"的质量目标。遵循"顾客至上"的经营理念,为顾客提供满意的咨询设计、项目管理、项目承包及工程监理的成果是BCEL的服务宗旨,不断创新和持续改进是BCEL的不懈追求,诚笃守信和求实严谨是BCEL的服务准则,致力于满足顾客的要求是BCEL的奋进目标。BCEL坚持以市场为导向、以项目为中心、以创新为动力、以服务为宗旨、以质量为保证,为顾客提供全过程、多方位、技术优、质量高、效益好的满意的服务。

BCEL愿与各界新老朋友长期合作,优势互补,携手并进,实现双赢,共创辉煌!

地址:北京市朝阳区白家庄东里42号
邮编:100026
电话:65826121 65826125 65826118
传真:65823590
网址:www.bcel-cn.com
邮箱:bcel@bcel-cn.com
总经理:张建新
总工程师:李耀

保定钞票纸厂概况

Baoding Note Paper Mill

保定钞票纸厂位于河北省保定市西北郊，是“一五”期间建设的新中国第一家钞票纸厂，新中国第一张钞票纸就诞生在这里。该厂隶属于中国印钞造币总公司，2001年成为当今世界上规模最大的钞票纸专业生产厂家之一，是我国钞票纸生产的主力军，高级防伪纸张的主要供应商，也是我国钞票纸新工艺、新技术、新材料的研究开发基地，对发展我国钞票纸事业和确保货币发行起着举足轻重的作用。该厂占地75万平方米，建筑面积40万平方米；拥有职工2 600余人，近500名工程技术人员；拥有总资产12亿元；有10条生产线，各类机制纸生产能力为30 000吨，年销售收入近10亿元，年创利税3亿元，跻身于中国工业企业500强之列。三次荣获“河北省文明单位”称号。

该厂坚持用科学发展观指导企业经营，努力提升“绿色工艺”水平，实行清洁生产。实施“科技兴厂”战略，钞票纸技术研究所2003年底被确认为省级企业技术中心，2005年年底成为印钞造币行业首家获得通过的总公司直属科研机构。致力于研发防伪技术和专有技术，1997年开工的制浆造纸技改工程采用的横管连续蒸煮制备棉浆法和蒸漂一次完成法均为国内首创，1998年建成我国第一条安全线生产线，《一种中性钞票纸生产工艺的研究》获2005年度国家科学技术进步二等奖。多项研究成果应用于“1018”工程 和“T1018”工程，被中国印钞造币总公司授予一等奖，另有多项技术获国家知识产权局授予的专利证书。

2005年，该厂实施“科学发展年”活动，以“T1018”工程为中心，实施钞票纸质量工程和精品工程；以安全性评价工作为载体开展以保密和产品安全为核心的特殊管理；编制“十一五”计划；制定和实施轮岗管理制度；整合质量管理体系、职业健康安全管理体系和环境管理体系，实行一体化管理，并取得三大体系认证资格证书；实现了“优质安全保发行，科学管理增效益”的行业宗旨。年内获得“全国精神文明建设工作先进单位”、“国家环境友好企业”称号，并获得“河北省五一奖状”、“河北省企业文化建设先进单位”及“河北省企业管理创新优胜企业”称号。厂职工霍发水被评为全国劳动模范，四二车间精抄丙班被团中央命名为“全国青年文明号”。

地址：河北省保定市盛兴西路98号
邮编：071071
电话：0312－3176416
传真：0312－3178167

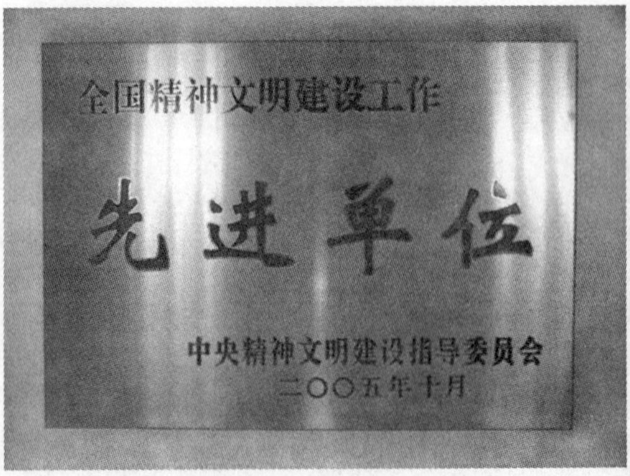

三星纸业

浙江三星纸业股份有限公司

Zhejing Sanxing Paper Industry Co.Ltd.

浙江三星纸业股份有限公司坐落于秀丽的富春江南岸，富阳市春江造纸工业功能区内，离杭州市区30公里，地处320国道，杭千高速公路旁，地理优越，水陆交通方便。

公司创办于1997年，是一家经省体改委、省证监委批准成立的股份制企业。经过九年多时间的创业发展，现已成为一家拥有总资产7亿元，固定资产5亿元，职工1000余人，年产值6亿元的省级股份制企业。公司现拥有2850型生产线两条和3400型纸板生产线一条，年产A级250～500g/m^2涂布白板纸、双面涂布白板纸、扑克牌纸共18万吨。同时公司还注重产业的多样化，在慎重考察的基础上，积极投资于其他产业。2003年底，浙江三星纸业股份有限公司和浙江省电力实业总公司、富阳市电力建设有限公司合资成立了浙江三星热电有限公司。浙江三星热电有限公司首期投入3.4亿元进行热电联产项目的开发，项目装机容量为4.9万千瓦时，已于2005年5月投产发电供热，2006年热电产值预计超过3亿元。

公司多年来重视产品质量和公司信誉，历年来被工商部门评为《重合同守信用单位》和金融单位的AAA级企业资信等级认证企业。公司还是杭州市行业重点骨干企业、富阳市大企业大集团、富阳市十在突出贡献工业企业。公司生产的涂布白板纸于2005年被评为杭州名牌产品。

“做纸如同做人，追求高尚纸品”是三星人的不变宗旨，三星纸业以稳定健康的发展热头和良好的企业形象，欢迎各方朋友来我公司参观、指导和洽谈业务。

地址：浙江省富阳市春江街趋山建村
邮编：311421
电话：0571－63580986
传真：0571－63580986
网址：www.zjsxpaper.com
邮箱：zjsxpaper@fy.hz.zj.cn
企业负责人：唐培银　63580986
经营负责人：唐志松　63581003
技术负责人：王文汉　63585187

驻马店市白云纸业有限公司

Zhumadian Baiyun Paper Co.,Ltd

驻马店市白云纸业有限公司是一座按照现代企业制度组建的新兴制浆造纸企业，坐落在素有“中国盆景”之称的嵖岈山景区，东临京广铁路和京珠高速公路，西临107国道，交通条件便利。

公司始建于1999年8月，于2002年底建成投产。由河南省建设投资总公司、驻马店市投资有限公司、白云纸业赵合军等自然人共同出资，按照现代企业制度要求注册成立的文化用纸生产企业。公司注册资本金12000万元，占地面积达36万平方米，固定资产5.6亿元，公司拥用886名优秀员工队伍。于2003年11月16日正式运营。目前已形成制浆、造纸、废水处理、产品营销等门类齐全、功能完善的企业运行系统，年造纸能力达10万吨，主要产品有胶印刷纸、精书写纸等。

白云纸业有限公司拥有一条年产3.7万吨精制漂白麦草浆生产线和一台日产100吨2640长网多缸、4台2640短长网造纸机及2台1760长网造纸机，并配套建设100吨碱回收系统和日处理2.5万吨污水处理场。造纸设备采用全数字变频调速，配有芬兰奥斯龙上浆系统、德国西门子真空系统、美国AB公司的传动控制系统、ABB公司的DCS、QCS控制系统。制浆设备选用横管连续蒸煮器，净化设备引进芬兰奥斯龙封闭筛选系统。碱回收设备采用全板式蒸发站，中段水处理采用国际先进的瑞典PURAC公司“混凝沉淀+带生物选择器的完全混合性污泥法”工艺，主要设备采用先进的进口设备，曝气器引进美国射流曝气设备，污泥脱水引进美国麦王公司的污泥脱水机，污水处理后完全达到国家排放标准。

公司2004年9月，通过ISO9001:2000质量管理体系认证；2005年8月，通过ISO4000环境管理体系认证；2006年7月，通过OHSASI8001:1999职业健康安全管理体系认证；2005年上半年开展了清洁生活动，并顺利通过专家组验收；2005年3月，被驻马店市委、市政府评为2004年度“项目建设先进单位”；2005年3月，被省政协教科文卫体委员会、省科学技术厅、省科学院被评为“省科技创新十佳单位”；2005年4月，被河南省造纸工会协会评为2004年省造纸工业“十强企业”；2005年11月，获得了国务院国资委商业技能鉴定中心颁发的“全国知名品牌”的荣誉称号；2006年3月，被评为2005年度“天中牌胶版印刷纸”河南省优质产品荣誉称号；2006年5月，被评为河南省“管理创新最佳单位”荣誉称号等。

根据市场需求和产业政策，公司决定投资99262.7万元建设二期工程项目，计划2006年年底正式动工，项目建成后，不但增加了纸的品种、拓宽了市场，而且使企业年产达到25万吨规模，可大大促进企业生产规模和经济效益的同步提高。

地址：河南省驻马店市遂平县工人路14号
邮编：463100
电话：0396－4902206
传真：0396－4914805
网址：www.byzy.net
邮箱：baiyunzy@126.com
企业负责人：赵合军
经营负责人：徐长宁
企业性质：有限责任公司
职工人数：886人

黑龙江斯达造纸有限公司简介

Heilongjiang Sida Paper Co.Ltd

黑龙江斯达造纸有限公司是省直属大型综合制浆造纸企业，总资产8.6亿元；2005年实现产值32538万元，比上年31051万元增加1487万元，利润89万元，比上年228万元减少139万元，税金2279万元，比上年2240万元增加39万元，员工2260人，其中：各类专业技术人材321人，浆纸年综合生产能力10万吨，主要产品是以精制牛皮纸为主导产品的工业技术用纸。在国内市场覆盖率为25%，2001年3月被国家科技部命名为“国家863计划CIMS应用示范企业”，2002年被国家经贸委作为“全国企业管理信息化样板企业”向全国推广。

公司临近大兴安岭山脉，是以大兴安岭和俄罗斯远东落叶松为原料；主导产品是以自创的、国家专利技术生产的精制牛皮纸，胶带原纸；不干胶底纸和复合原纸等20多个品种160多个规格。产品行销全国除西藏自治区以外的省、市、自治区。

斯达公司采用CIMS技术和ERP哲理，实现企业资源配置最优；独创了一套既有中国大中型企业自身特色、又充分吸收国外管理精华、兼容并蓄的“斯达管理理念”，即“以数据信息为基础，以计算机网络化为手段，把握二个市场(采购、销售)一个源泉(生产)，以旬成本电算化为核心，进行两级控制、两级制约，促进定性管理向定量管理；静态管理向动态管理、事后管理向超前控制的转变，不断追求高效益”。

公司不断加大管理创新力度，建立了两个中心(数据管理中心、文件管理中心)三个网络(工控计算机网，监控计算机网和管理计算机网)实现了感应IC自动工资考勤计算系统和浮动工资、办公通讯、旬成本电算化；实现了质量与能源管理、销售信息管理6项管理现代化。目前，公司运用PCANRWHEPE在线远程控制操作系统，并利用DDN专线加微波的组合远程通讯系统，连接几个局域网；形成以哈尔滨总部为核心，各生产基地和各分公司为骨干的广域网。实现了总部所辖范围内的语音，图像、数据传输和管控一体化。

目前，斯达公司正在实施“走出去”的战略，开发利用俄罗斯远东地区丰富的森林资源，在俄罗斯赤塔州投资建设林、浆、纸一体化的60万吨浆厂项目，其中，第一期20万吨工程已于2005年6月28日在俄罗斯赤塔州阿马扎尔镇破土动工。并形成年采伐能力200万立方米。到2010年浆纸产量达110万吨的生产能力，使黑龙江斯达造纸有限公司在生产上形成跨国经营的林、浆、纸一体化，在管理上成为全国造纸行业排头兵。

公司总经理：董鹰

地址：黑龙江省富裕县城西

邮编：161202

电话：0452－3100955/0452－3102367

传真：0452－3103978/0452－3108088

网址：www.hsdzz.com

五岳独尊 东岳泰山 注册商标

东岳蓝海

造纸助剂 东岳蓝海 名牌产品

泰安市东岳助剂厂

TaiAn Le Yue Agents Mill

序号	品名	规格、型号、物状、包装		吨纸用量 kg	价格 元/kg	性能及使用说明
1	抄纸分散剂	AL－908	颗粒 20kg/箱	1.0	16.00	增加纸浆粘度,分散纤维,使纸张均匀无洞眼,同时有助留和增加拉力的作用。用水溶解稀释 1000～2000 倍备用。大大提高车速及纸的性能,深受国内外造纸业的普遍重视和利用。广泛适用于卫生纸、文化纸、新闻纸、纸板等。
		AL－926	颗粒 20kg/箱	0.8	18.00	
		AL－930	颗粒 15kg/箱	0.7	23.00	
		AL－960	颗粒 15kg/箱	0.6	26.00	
		R－200	颗粒 15kg/箱	0.5	38.00	
		PEO	粉状 10kg/箱	0.2	110.00	
2	荧光增白剂 VBL	100 份	粉状 25kg/桶	1	20.00	本品主要用于纸张、棉和粘胶及涂料等白色产品的增白,提高白度 20%,对纸品纤维的亲和力好,匀染性强,是应用较广泛的高效增白剂。
		80 份	粉状 25kg/桶	1.25	16.00	
		60 份	粉状 25kg/桶	1.5	12.00	
3	纸品拉力剂	FNI	粉状 20kg/箱	1	20.00	具有增加拉力、助留、助滤多种功能,成品纸不起毛、不掉尘,能提高干湿拉力强度。适用于卫生纸、文化纸、瓦楞原纸等。
		FN2	粉状 20kg/箱	1.2	18.00	
		FN3	粉状 20kg/箱	0.6	36.00	
4	高效脱墨剂	LT1	膏状 50kg/桶	5	5.50	油墨脱墨快并迅速捕集,防止已脱油墨再重新被吸附,脱墨率高,同时能脱除箱纸板的暗色。
		LT2	粉状 25kg/袋	5	5.50	
5	增柔膨化剂	LZ1	液体 15kg/箱	2	13.00	增加卫生纸的皱纹与柔性,手感好,在同等重量下体积膨大 30%,－40%,提高吸水性,也可用于其他类型纸上。
		LZ2	粉状 20kg/箱	1.5	12.00	
		LZ3	粉状 20kg/箱	2	8.00	
6	特效显白剂	LH1	粉状 30kg/箱	3	6.80	能增白 20 度,提高截面白度,消除墨口,久白不褪色,降低 VBL 用量,对脱墨纸的增白效果更好。
7	助留助滤剂	F02	颗粒 20kg/箱	0.3	30.00	溶解稀释成 0.1%～0.05%溶液,直接加入储浆池中能提高填料及纤维留着率,适用于各类纸张,大大提高出纸率。
		F04	颗粒 20kg/箱	0.2	36.00	
8	蒸煮助剂	LHA	粉状 15kg/箱	0.5	15.00	与 NaOH 等配好后加在蒸球或蒸池中,缩短蒸煮时间,提高纸浆的得率和质量。
9	联合胶体	LH3	粉状 15kg/箱	0.3	50.00	溶解稀释成 0.05%的溶液加入储浆池或滴加入网前箱,提高纸的施胶质量等物理性能。
10	增白助漂剂	AP1	颗粒 15kg/箱	3	8.00	直接加入漂浆池中,起助漂增白作用,加快漂白速度,减少漂白剂用量,提高白度。消除残氯,防止纸张返黄。
11	毛毯网笼清洗剂	LX0	粉状 20kg/袋	毛毯重 1/4	10.00	具有乳化、渗透、抗静电、抗再沉积作用,彻底清除毛毯、网笼的污垢,延长使用寿命。粉状清洗剂先用 4 倍的水溶解后备用。
		LX1	液状 25kg/桶	毛毯重 1/2	5.00	
12	漂白精	LP	颗粒 50kg/桶	25	13.00	加入漂浆池漂洗原浆,能有效地将黑暗物漂白到 70 度以上。
13	聚丙烯酰胺	PAM	颗粒 25kg/包	0.5	15.00～32.00	分阴离子、非离子、阳离子三种。广泛用于造纸工艺。
14	树脂消除剂	LX2	粉状 25kg/袋	15	5.00	消除沉积树脂在毛毯、网笼上的堵塞及压辊、烘缸上的粘附。
15	消泡杀沫剂	LS	粉粒 15kg/袋	1	10.00	撒在储浆池及所需部位,防止泡沫产生,并消除已有泡沫。
16	污水处理剂	LW	粉状 25kg/包	0.5	15.00	通过絮凝、沉积作用处理污水,与聚合氯化铝配合使用。
17	纸浆防腐剂	LF	颗粒 20kg/桶	2	23.00	直接加入储浆池,防止微生物聚集并杀菌抑菌防腐。
18	纸品挺硬剂	TF	粉状 25kg/袋	5	5.00	增加纸的挺度、拉力及耐折度,与 FN1 配合使用,适用于各类纸张。
19	纸品柔软剂	LZD	粉状 20kg/箱	2	8.00	能改变纸张的柔软性,手感好,使用舒适。

总机:0538－6611988　传真:0538－6610809　E－mail:dylh－paper@tom.com
开户行:中行泰安岱宗支行　帐号:42075695808091001　税号:37091126719385X
厂址:山东省泰安市泰汉路 199 号　邮编:271000　联系人:孙兆华　张圣军
网址:www.dylh－paper.com

热情欢迎新老客户来泰山观光,到东岳做客。拟在全国各地区诚招总经销代理商

免费提供产品试用、技术服务,代办托运。

轻工业杭州机电设计研究院

Hangzhou Project & Research Institute of Electromechanic in Light Industry

法人代表:刘安江
邮政编码:310004
单位地址:浙江省杭州市体育场路71号
网　　址:www .hmei .com .cn
电　　话:0571-85186716(总机)
电子信箱:hzjdy@hmei.com.cn

我院是国内轻工装备行业的重点设计研究单位,设有制浆、造纸、特种纤维、食品包装、日用化工、塑料机械、电传自动化等专业领域和轻工业杭州工程建筑设计院、造纸化学品中心及造纸食品日用化工塑料机械质量监督检测中心。制浆造纸及特种纤维专业在行业内具有影响力,具备开发国际先进水平的设备及装置能力。在行业中,我院每年均承担科技部和省科技厅的研究项目及公益项目,今年与华南理工大学、泰格林纸集团共同承担国家“863”计划“现代高速纸机研制”和科技部“250吨/天管式连蒸设备的研制”等项目。

全院在职职工200余人,其中技术人员160余人。我院具有工程设计和工程总承包甲级资质,建筑设计、工程咨询和工程监理乙级资质,一、二、三类压力容器及GC2压力管道设计资质等证书,2002年通过了ISO9001质量体系认证。建院以来,我院获得各种奖励70余项,其中:国家科技进步二、三等奖7项,省部级科技进步奖49项,优秀工程咨询、工程设计奖7项等。

近几年来,我院充分发挥制浆造纸及特种纤维等装备研发与工程设计相结合的综合优势,承接完成了许多大中型项目的工程设计和项目总承包,主要业绩:马来西亚棕榈纤维本色半化学浆板生产线总承包,缅甸5万吨/年竹浆生产线和浆板纸机项目,日本AWA公司5000t/d特种工业滤纸项目,张家港华兴纸业10万吨/年箱板纸项目及15万吨/年高强瓦楞纸项目,浙江义乌华川纸业5万吨/年不干胶衬纸项目及广西南宁凤凰纸业年产1万吨高级生活用纸工程等项目。成功研发了300t/d非木纤维连蒸设备,竹/木片湿法备料设备,300t/d新型脱墨浮选设备,长纤维特种纸生产成套设备及特种涂布设备等。

建院以来,我院为国内2000余家大中型企业提供了技术服务,积累了丰富的经验,特别是制浆造纸、特种纤维、电传自动化等专业充分发挥在行业中的综合优势,为用户提供工程设计、技术服务、设备成套到项目总承包等全方位的优质服务。

新疆博湖苇业股份有限公司

Xinjiang Bohu Reed Industry Co.,Ltd

新疆博湖苇业股份有限公司是新疆造纸业的领军企业，也是农业产业化国家级重点龙头企业。1999年12月，公司在新疆博斯腾湖造纸厂基础上经股份制改造设立。注册资本8534.16万元，现有正式员工1408人。公司直辖七个分厂、所属七家控股、参股子公司，拥有网络遍及全国的完整营销系统、代表国内草类制浆造纸先进水平的综合配套的加工系统和功能设施完善的符合“一控双达标”要求的污染控制系统，拥有63.1万亩成熟苇田和30.5万亩湿地和15800亩淡水养殖基地和生态旅游基地。2002年8月通过ISO9001:2000版质量管理体系认证。2004年8月底，公司通过收购巴州凯进公司60%股权，完成了二期技术改造工程，公司总资产增至6.44亿，企业价值得到了本质地提升。

主导产品“搏浪”牌烧碱法漂白苇浆板、“搏浪”牌胶版印刷纸，“尖兵”、“多利”等贴牌静电复印纸已成为覆盖全国的具有较高品牌号召力和美誉度的著名产品，课本用纸在疆内拥有75%以上的市场，四大系列的二十多种产品以高质量和良好的信誉畅销全国三十多个省市自治区，广受市场赞誉。

目前，公司已成为我国西北地区芦苇产业化生产规模最大的企业。据中国轻工业、中国制浆造纸部门统计和信息显示，公司在行业内的效益水平位于全区第一，全国排名前三十位。

2005年以来，公司紧紧抓住政策环境和行业发展机遇，围绕企业如何加快发展和提高效益这一中心，遵循“创造价值，回报股东，致富员工，贡献社会”的经营宗旨，实施品牌战略，克服资金紧缺、运力紧张、环保压力重等困难带来的不利影响，各项经济指标稳步增长。2005年各项经济指标均较2004年同期有较大幅度的增长，全年共生产各类机制纸及漂白苇浆板10.67万吨，实现总产值44668万元，实现主营业务收入4.07亿元，实现利税8121.14万元，每股净利润0.488元，每股净资产达到3.01元，实现税收金额4210.96万元。2006年以来，各项生产经营指标仍保持强劲的上升势头。

公司将按照实现企业规模化、产品质量高档化、产品结构合理化、造纸原料基地化的“十一五”发展战略规划，公司将不断加大产业化规模，致力于苇纸一体化建设和以芦苇资源为依托的产业链构建，重点完成30.5万亩芦苇湿地恢复工程、400t/d苇浆碱回收技改工程、45000m3/d中段废水治理项目建设，迅速提升浆纸生产能力，到2010年达到15万吨苇浆生产能力的战略目标，做强做久博湖苇业。

徐州工业用呢厂
XUZHOU INDUSTRIAL FABRICS FACTORY

详细地址:江苏省徐州市湖北路30#
30# hubei road xuzhou city jiangsu province
邮编:221006
电话:0086 516 85696034　85793934
传真:0086 516 85796891
Http:www.xzgyync.com
E-mail:yangwu@xzgyync.com
法人代表:王新文
技术负责:韩邦春
经营负责:张根泉
企业性质:全民
投产日期:1991.11.18
职工总数:1200人
技术人员:280人

徐州工业用呢厂是江苏省定点专业生产各类造纸毛毯的大型企业。年产造纸毛毯能力1000T,其中高线压底网毛毯(BOM)700T;无毯痕造纸毛毯100T;特殊纸种专用毛毯50T;其他造纸毛毯150T。BOM毛毯分为单层底网系列、双层底网系列及多层底网系列。其中用于替代进口的BOM造纸毛毯,宽度可达6.5m、长度可达140m、适应车速可达1000m/min、适用线压力可达300kN/m以上。我厂生产的"三环"牌造纸毛毯适于生产$8g/m^2 \sim 1000g/m^2$各类纸张,具有滤水好、强力大、毯印轻、毯面细腻、寿命长等特点。企业特别重视新产品开发及技术创新,相继开发出:高冲量压榨专用BOM造纸毛毯、萨夫哈德复合高性能BOM造纸毛毯、植绒干网、斜纹防伪造纸毛毯、一层半底网纸(浆)板造纸毛毯等诸多新型高性能造纸毛毯。企业开发研制的高线压底网造纸毛毯、特宽机织产业用布、无毯痕造纸毛毯分别荣获"国家级重点新产品"称号;无毯痕造纸毛毯荣获"实用新型"专利权;拒污耐磨特制造纸毛毯、高线压底网造纸毛毯、无毯痕造纸毛毯同时荣获"高新技术产品"称号,企业被评为"高新技术企业"。产品远销20多个省、市、自治区,部分产品出口东南亚等国家。

主要产品如下:
BOB系列成型毯
BOB系列压榨毯
BOB系列普上毯
BOB系列干毯
BOB系列浆板毯
BOM系列超成型专用毯
BOM系列复合压榨专用毯
BOM系列大辊径压榨专用毯
BOM系列普压专用毯
BOM系列贴缸上毯
BOM系列生活用纸专用毯
BOM系列薄页纸专用毯
BOM系列浆板毯
BOM干毯
无毯痕系列上毯
无毯痕系列压榨毯
无毯痕系列成型毯
特种纸专用毯
螺旋干网系列等等。

主要设备:

八条不同宽幅造纸毛毯生产线,3.6M三针区针刺机、11.6M德国进口重型织机、14M瑞典进口重型织机、法国进口铺网机、国内先进的5.6M、6.2M热油定型机等。

企业一般介绍

镇江金河纸业有限公司

地址:江苏省镇江市谏壁镇越河街41号
邮编:212006
电话:0511-3361375,3361361
传真:0511-3361362
邮箱:yzx_yzx@sina.com
法人代表:周建平
经营负责人:张　军
技术负责人:戴罗根
企业性质:国有
职工总数:1700人
主要业务:制浆造纸
产品:苇木混合浆5万吨
　文化用纸4万吨　　生活用纸1万吨
主要设备:抄浆机1台　　碱回收系统1套
　制浆系统1套

镇江金河纸业有限公司原名镇江纸浆厂,位于镇江东郊长江与运河交界处始建于1958年,是一个集制浆造纸、纸品加工、综合回收(碱、水、热)及发电、污水处理等多条生产线于一体、完整配套的综合性企业,是华东地区最大的非木材纤维商品浆的供应基地。

规模装备:公司占地50万平方米,在职员人1700人,总资产3.2亿元,年产纸浆10万吨。装备有3200mm、1880mm抄浆机各一台,各类造纸机7台,纸品加工设备一套,2万吨碱回收系统一套,年4000万千瓦时发电系统一套,年8万吨制浆系统一套,年销售4亿元。

主要产品:公司已通过ISO9001:2000质量体系认证。主要产品有:"狮志"、"芦花"牌漂白硫酸盐苇木混合浆;该产品是利用重复再生的天然植物芦苇和杨木加工边脚料生产的绿色产品。具有白度高、污点少、返黄率低、强度好、易打浆等特点,可供抄造各类优质文化用纸。同时,也是生产可降解纸制餐盒、纤维粉等的上等原料。"金芦"牌各类文化用纸、工业加工原纸:有无磨木浆纸(原铜版原纸)、电脑打印原纸、模造纸、单双面胶版印刷纸、打字纸,分别适用于书写、印刷、工业加工等。"金芦"牌系列生活用纸:具有纸质柔软、吸水性强、拉力好、绉纹均匀细腻等特点,原料以高温高压蒸煮,无致病性细菌,洁净卫生,深受用户好评。

乐山市泰辉机械制造有限公司

地址:四川省乐山市市中区海棠路67号
邮编:614000
电话:0833-2102226
传真:0833-2121377
法人代表:范兴辉　13508154413
技术负责人:袁建明
经营负责人:唐国清　13881316889

中国轻工业机械总公司乐山市泰辉机械制造有限公司,位于风景秀丽的国家级旅游城市——乐山市市中区,水陆交通方便。

乐山市泰辉机械制造有限公司,始建于1954年7月,积有50余年机械制造的丰富经验,专业生产造纸机械成套设备已有30余年的历史。乐山市泰辉机械制造有限公司是中国轻工业机械总公司的定点生产单位、中国造纸学会纸板专业委员会会员单位、省市级"重合同、守信用"单位。

本公司致力于新产品、新技术的开发和改造,生产的各型成套造纸机械及其他辅机设备,在全国同行中享有一定的知名度。可针对用户各种要求,设计生产500m/min以内1600~4400型圆网、长网、叠网、纸板机、瓦楞纸机、挂面箱板纸机、高速卫生纸机、涂布白板纸机、浆板机、高级文化纸机、压光机、水平式气动卷纸机、复卷机及喷浆式圆网成型器、超短网成型器,并负责整机改造业务。

本公司生产的1760mm至3800mm纸板机、浆板机、文化纸机、涂布机及压光机等落户于全国各地,具代表性的有哈尔滨造纸二厂、福建省福清纸厂、福州纸厂、四川省峡山纸板厂、四川省三台县纸板厂,并与宜宾造纸机械厂配套合作1880mm长网多缸纸机等。本公司良好性能的产品。为用户创造了高品质、高产量和高效益。

山东万豪纸业集团

地址：山东临朐县城工业街32号
邮编：262600
电话：0536－3163364、3158797
传真：0536－3465340
网址：WWW.wanhao.com
邮箱：wanhao@china.com
企业负责人：尹培农　0536－3163364、3158797
经营负责人：王建禄　0536－3158090
企业性质：股份制
职工总数：1250人
主要业务：造纸机械、化学品
产品：机制纸
产量：10万吨
主要设备：1760涂布机1台
1760纸机3台　生产能力：10万吨
1575纸机1台

山东万豪纸业集团是以生产机制纸为主，集科、工、贸、投资于一体的企业集团，集团占地300亩，机制纸年产能力10万吨，是全国造纸重点骨干企业之一。

集团主要生产经营高档双面铜版纸、单面铜版纸、防水铜版纸、铜板原纸、邮票纸、书刊专用纸、双胶纸、胶印书刊纸、高档食品系列包装纸、邮封纸、卫生纸、工艺纸、电信电缆纸、双面胶带原纸、造纸化工产品及纸业包装材料等。产品获得山东省科技进步奖、轻工部优质产品奖、国家科技成果金奖、全国消费者信得过产品等奖项，畅销全国30多个省、市、自治区，并远销东南亚、中东等国家和地区，深受用户青睐。

集团以诚信树形象，靠质量拓市场，信守“质量第一，信誉至上，让客户风险降为零”的经营理念，凭一流的产品和优质的服务赢得了广泛赞誉。集团已连续17年被评为省级重合同守信用企业，为山东省百家著名企业集团公司和山东省造纸行业经济效益先进企业，此外，集团还荣获中国造纸行业质量十佳企业、国家轻工行业绩优重点企业、全国消费者信得过产品单位等荣誉称号。

承蒙海内外各界的鼎力支持，集团董事长尹培农偕全体员工衷心欢迎各界同仁前来公司考察、指导、合作，愿竭诚与大家携手同进，共创辉煌！

雅安中竹纸业有限责任公司

地址：四川省雅安市姚桥镇
邮编：625000
电话：0835－2850858
传真：0835－2850092
网址：www.zzp.com.cn
邮箱：ya.zzp@163.com
企业负责人：倪日涛
经营负责人：李明刚
企业性质：（民营）有限责任公司
职工总数：663人
技术人员数：200人

雅安中竹纸业有限责任公司座落于风景秀丽的四川省雅安市，成雅高速公路和318、108国道交汇处，交通便利，是一家拥有国际九十年代先进制浆造纸工艺技术装备的大型企业。生产主体设备由加拿大、美国、德国引进。现具有年产5.5万吨浆和2.5万吨中高档文化用纸的生产能力，是我国最大的高白度硫酸盐竹浆生产基地之一，采用二氧化氯漂白工艺生产的漂白硫酸盐竹浆具有白度高（可达87度ISO以上）、强度好、返黄值低等优点，应用性能可与进口阔叶木浆媲美，适合制造中高档文化、生活用纸，具有广阔的市场。

公司拟在“十一五”期间，将生产规模扩大到年产20万吨浆纸。为适应企业扩大生产规模的需要，公司积极致力于造纸原料基地的建设，走林（竹）、浆、纸一体化可持续发展道路，大力发展后续资源。现与当地合作建成了30余万亩造纸竹原料基地。

公司注重环境保护和治理，坚持企业发展与环境保护协调一致的经营战略。投资2000万元的二级生化污水处理工程竣工投入生产运行后，废水排放各项技术指标得到进一步优化。清洁生产指标在国内同行业中处于较为先进的水平。

公司在2002年被评为“四川省小巨人企业”，2002年、2004年连续两年被评为“四川省农业产业化龙头企业”；国家造纸行业标准委员会以我公司生产漂白硫酸竹浆的企业标准为蓝本，制定了国家造纸行业标准（QB/T2608－2003）

公司充分利用东部技术、信息、资金、管理等优势，利用西部开发的机遇，利用地方良好的投资环境及丰富的竹子资源，将在我国迅速发展成为以竹原料为主的先进的大型企业。

亚龙纸制品(昆山)有限公司

地址:江苏省昆山市玉山经济开发区新南路
邮编:215300
电话:0512—57536988
传真:0512—57538395
网址:www.yalongpaper.net
邮箱:yalong@yalongpaper.net
企业负责人:王洋
企业性质:外商独资
职工总人数:1539人
主要产品:静电复印纸机2台 产量:15万吨/年
骑马钉薄本机1台 产量:2万吨/年
五色印刷机2台 产量:6500万吨/年

亚龙纸制品(昆山)有限公司是金光集团于1996年在江苏省昆山市玉山经济开发区投资兴建的全国最大的文化用纸生产厂家,总投资12500万美金,年产量达20万吨。主要产品包括:静电复印纸,电脑报表纸,各类高档簿本,手提袋及公司型录、产品说明书、彩盒、纸制陈列架等印刷业务。公司凭借德国、日本最先进的机器设备及一流的管理经验,自1997年6月份正式投产以来,又不断开发出特种纸制品、文具类礼品、办公用品、彩色喷墨打印纸、高光相纸、工程图纸、速印纸等新产品。

1998年5月,亚龙公司顺利通过ISO9002认证,“旗舰”牌复印纸屡获殊荣,在1999年在中国“无假冒、无投诉、无缺陷”商品调查活动中获综合指标第一的荣誉:2001年荣获“江苏省著名商标”称号;2003年又获得同类产品市场销量第一名的好成绩,2004年获得“中国复印纸市场产品质量用户满意首选第一品牌”。2006年1月“旗舰”荣获“中国驰名商标”、“中国名优产品”称号!2000年12月公司通过ISO14001国际环保认证,并已陆续获得特种行业许可证、印制商标许可证、信封监制证书等资质。

在新世纪里,亚龙纸制品已建设“旗舰办公用品速配平台”(www.opexpress:com),为客户提供便利、快捷、完善的服务是亚龙纸制品永续经营的服务宗旨。

敷岛工业织物(无锡)有限公司

地址:江苏省无锡市国家高新技术开发区B-18-G号
电话:0510-85258665
传真:0510-85258607
邮编:214028
网址:www.shikibo.co.jp
董事长:安井哲郎
总经理:冢本正之
产品:高速造纸机用干网

浙江恒达纸业有限公司

地址:浙江省龙游县湖镇工业园区
邮编:324401
电话:0570-7061111
传真:0570-7061234
邮箱:hd@hengdapaper.com
企业负责人:姜文龙
经营负责人:陈雪洪、陈建明
技术负责人:叶素芳
企业性质:有限责任公司
职工总数:300人
主要业务:制浆造纸
产品:接装原纸、卷烟辅料配套用纸、医用包装原纸、装饰原纸、工业技术配套用纸

“恒达纸业”是一家具有现代民营企业模式的有限责任公司,占地面积18万平方米,位于浙江省龙游县湖镇工业园区,浙赣铁路、46省道、杭金衢高速沿镇而过,地理位置优越,交通便利。公司一期工程、二期工发别于2003年和2004年被省经贸委列入浙江省重点技术改造项目计划,实现高档特种纸年生产能力3万吨。

几年来,公司凭借专业管理、专业技术、专业制造,精心打造公司产品专业品质,力求完美服务。自2003年公司已相继通过ISO9001质量管理体系认证、ISO14001环境管理体系认证、浙江省清洁生产审核验收,并荣获浙江省绿色企业、银行资信AA级企业、地方“十强工业企业”、“守合同、重信用”AA级企业、“市名牌产品”等荣誉称号。

公司将继续发扬“诚信、务实、高效、创新”的企业精神,以“做专、做精、做细、做强”的经营理念和“共创特种领域引领市场需求”的市场理念,真诚携手社会各界同仁,共谋发展,共创伟业。

公司主要产品接装原纸,卷烟辅料配套用纸、医用包装原纸、装饰原纸、工业技术配套用纸。

上海申联试验机厂

地址：上海扬浦区军工路1300号
邮编：200433
电话：021—65340576
传真：021—65330201
网址：www.chinashenlian.com
邮箱：shenlian@chinashenlian.com
企业负责人：曹俊影 021-65340576
经营负责人：张慰祖 021-65499160
技术负责人：稽友仁
企业性质：集体股份制
主要产品：动平衡机、材料试验机

江阴恒达化工有限公司

地址：江阴市华士镇
邮编：214421
电话：0510-86201303/02/04
传真：0510-86201303
董事长：赵正洪
总经理：周伟明(013601522896)

国内首家涉足造纸专用羧甲基纤维素钠(CMC)领域并在研制、开发、生产方面取得了优异成绩的企业。公司已通过ISO9001:2000质量管理体系认证并按照标准严格执行生产了"彪盾"牌系列造纸专用CMC产品。该产品适用于纸浆及纸板的涂布、表面施胶和湿部添加。在国内一百多家造纸企业中获得应用，稳定可靠的产品质量十分有利于纸浆、纸板生产的工艺控制，在广大用户中享有良好的声誉。

公司十会重视售后服务和产品应用技术技持，努力让广大用户满意。

上海中隆纸业有限公司

地址：上海浦东康桥工业区秀浦路489号
邮编：201315
电话：021—58129798
传真：021—58128986
企业负责人：张世阳
经营负责人：张世阳
技术负责人：彭木祥
企业性质：外商独资
主要业务：制浆造纸
职工总人数：315人
主要产品：高档箱纸板(年产40万吨)

天津环球高新造纸网业有限公司

地址：天津市西青区杨庄子大堤外玉门路
邮编：300112
电话：022-27795246
传真：022-27796246
法人代表：何伟 27798210
企业负责人：沈文华 27798211
技术负责人：王桂琴 27795982
主要业务：脱水器材
主要设备：织网机 8台
定型机 2台

高州市福利厂

地址：广东省高州市城北金坑口
邮编：525200
电话：0668-6662854
传真：0668-6662854
企业负责人：刘秀英 13902546054
经营负责人：梁振伟 13509917762
技术负责人：刘炳昌 13509917650
企业性质：集体
职工总数：200人
主要业务：产品流通
产品：刮刀土、气刀土、瓷土
产量：2~3万吨
主要设备：卧式离心分级机4台
方式全塑压滤机18台
干粉生产线2套

高州市福利厂(原广东省高州市瓷土厂)创建于1984年是广东省最早设立的第一家高岭土精选专业厂家，生产的刮刀土、气刀土、具有白度高、料度细、粘度低易分散、涂布性能好等特点，广泛供应全国有关纸厂生产铜版纸，白版纸、玻璃卡片纸等，并供应各种陶瓷(洁具)搪瓷、橡胶、电缆、化工、油漆、涂料等行业使用，深受用户欢迎，欢迎来人、来函、来电洽谈，联系订购业务。

河南省辉县市机械制造有限公司造纸设备经销部

地址:河南省辉县市中心路兴隆巷
邮编:453600
电话:0373-6162136
传真:0373-6290136
网址:www.zaozhi.ik8.ocm
邮箱:houwen2006@163.com
企业负责人:王焕喜 13803803906、13837452260
经营负责人:候文 0373-6290136、13937383166
技术负责人:王关虎 0373-6295141、13782503960
企业性质:股份制
职工总数:8人
主要业务:造纸机械

公司生产的奋腾牌造纸机械已生产2400型—3600型多缸多网纸机,并于2000年通过ISO9002国际质量体系认证,请放心订购。

经销部除经销公司整机产品外,还经营纸机配件,并批发复卷机所有易损件,经销部另设专职人员中介二手造纸设备及附属设备,我市是南水北调通过市,纸厂被环保部门关掉,现有丹东缸3200型双大缸双网、丹东缸2880型三大缸双网、3600型三缸双网,辽阳产丹东缸3200型一大缸2500*3800五小缸园网、上海产1575型多缸长网,瑞典产56050型40缸新闻纸长网机,以及无污染爆破物理法制浆设备与技术等。以上设备均未折卸,欢迎考察洽谈。总之,河南有全国最大的二手纸机设备市场,购销调剂一条龙服务,希望有1760型以上长网园网闲置设备的纸厂通过我们找到新的主人。

四川锦丰纸业股份有限公司

地址:四川省成都海峡两岸科技产业开发园锦丰大道
邮编:611137
电话:028—82630751
传真:028—82630174
网址:www.jfpaper.com
邮箱:office@jfpaper.com
企业负责人:叶尚言
企业性质:外商投资
主要业务:制浆造纸
主要产品:卷烟纸机 1台 1880mm 4000吨/年
卷烟纸机 1台 3300mm 8000吨/年

石家庄诚信纸业有限公司

地址:石家庄高新区东区珠江大道49号天山花园7—4—101室
邮编:050801
电话:0311—86151369/86151696/86901995
传真:0311-86151696
网址:www.cxpaper-making.com
邮箱:ylbb9323@heinfo.net
经营负责人:杨根长 13722795916

一、主要产品用途

本产品以纯棉短绒为原料,具有良好的过滤吸收性能,受压强度较高,适用过滤范围:石油、化工、制药、工业用油等,工业性有机悬浮浊液,以分离其中固态、半固态杂物。如配套压滤机过滤变压器油、透平机油、溶融石蜡、油脂类合成树脂、癸二酸二辛脂等多种有机液体。

二、滤油纸质量指标

定量(克/平方米):270克±5克
透气度(毫升/分钟):3500—6000
厚度(毫米):0.65—0.73
吸水高(毫米/10分钟):大于80
酸碱度:中性
耐破度(公斤/平方厘米)大于1.8—2.8

三、滤油纸尺寸

备有各种大小不同规格,本厂滤油纸以270g/m^{2}为主,用户如有特殊要求,可根据用户的要求生产不同定量、不同规格的产品。

规格

200×200	310×310	700×700
240×240	320×320	750×750
250×250	330×330	800×800
270×270	400×400	900×900
1500×750	1860×860	Φ850
280×280	500×500	
290×290	520×520	
295×295	600×600	
300×300	660×660	
1520×750	1920×90	

注:可按用户要求生产各种异形纸、可按用户要求打孔。

开封市第四机床厂

地址:开封市城隍庙街3号
邮编:475001
电话:0378—5696872、5696500
传真:0378—5696500
企业负责人:汪林　0378－5696409、13503781012
经营负责人:王鼎武　13700788850
技术负责人:杨新生　0378－5696872
企业性质:股份制
职工总数:200人
主要业务:造纸机械
产品:纸浆泵1200台;闸阀3000台;碎浆机50台
主要设备:车、铣、刨、磨　60台

开封市第四机床厂是中国轻机总公司,华联造纸机械联营公司河南分公司的成员厂,河南省轻工厅生产造纸机械的定点厂,河南省城镇集体经济百强企业,开封市级先进企业,河南省重合同守信用单位,于1984年首家引进生产了"两相流"纸浆泵,为我国造纸行业作出了重大贡献,产品远销国内外的二十多个省自治区及东南亚地区。现又推出国家专利号(97205725.0)的凯龙牌高浓浆泵,送浆浓度为12%—15%,其它产品:LXL－Z型高效节能"两相流"系列纸浆泵,55型揭盖泵,ZDS型系列立式水力碎浆机,ZGS型系列高浓水力碎浆机,ZSK高频振框筛,ZTJ螺旋330圆盘磨浆机,ZDP8型330圆盘磨浆机,ZDP系列双圆盘磨浆机,WS系列纤维回收机,ZFT系列浮选脱墨机,606锥形除渣器,ZT9928簿型浆料闸阀,505/500型调速皮带盘,GN螺旋高浓泵,安辊式真空箱。

江苏省海安县金盾刀片有限公司

地址:江苏省海安县长江中路84号
邮编:226600
电话:0513－88915584
传真:0513－88915584
企业负责人:刘广山(13962785569)
经营负责人:刘广山
技术负责人:刘广山
企业性质:有限公司
职工人数:58人
主要业务:造纸机械
产品:造纸刀片
主要设备:龙门刨床3台;磨床5台;热处理设备2台

牡丹江恒丰纸业股份有限公司

地址:黑龙江省牡丹江市阳明区恒丰路11号
邮编:157013
法人代表:徐祥
技术负责人:李劲松
经营负责人:李迎春
企业性质:股份制
电话:6331333—6309
传真:6321678
网址:www.hengfengpaper.com
邮箱:lyt@hengfengpaper.com

牡丹江恒丰纸业股份有限公司是牡丹江恒丰纸业集团有限责任公司的控股企业,位于黑龙江省东南部的牡丹江市,毗邻世界第二大高山堰塞湖——镜泊湖。

公司始建于1951年,至今已拥有五十余年的生产经验,公司于2001年4月20日在上海证券交易所正式挂牌上市,2005年10月,完成股权分置改革,同年11月,恒丰纸业控投的湖北恒丰纸业成立,实现了企业跨地域多元化发展的格局。

恒丰纸业是国内首家通过科技部和中国科学院认定的造纸行业重点高新技术企业,拥有13条机制纸生产线和1条亚麻制浆生产线,年生产机制纸8万吨,漂白亚麻浆3000吨,主要生产卷烟纸、成型纸、铝箔衬纸、接装原纸四大系列卷烟配套用纸及其它高技术含量的特种工业用纸,在我国特种纸行业占有重要地垃。

安徽景丰纸业有限公司

地址:安徽省淮南经济技术开发区振兴路西
邮编:232008
法人代表:高　瑾
技术负责人:孙景明
经营负责人:吴平均
企业性质:股份制
电话:0554－3312663
传真:0554－3312663

安徽景丰纸业有限公司是经淮南市政府批准,由安徽新丰纸业有限公司与浙江景兴纸业集团等企业合资组建的股份制企业,于2005年7月份登记注册。初步注册资本金1亿元,在淮南经济技术开发区征地300亩,拟分期投资14亿元,建一条1万吨/年高档卷烟纸,一条6000吨/年高透成型纸生产线和一条20万吨/年白卡纸生产线。主要生产和销售卷烟纸、成型纸、包装纸、文化纸等。

凯德(西安)造纸机械织物有限公司

地址:西安市长安区马王街办沣京中路9号
邮编:710115
法人代表:赵雷
技术负责人:焦成运
经营负责人:吴剑平
创业性质:合资
电话:029-85850750
传真:029-85851282
投产日期:2000年10月
职工总人数:266人
技术人员数:33人

公司主要产品为造纸网,主要品种有:造纸聚酯成形网(单层和多层)、聚酯干网、抄浆网、螺旋干网、扁丝干网。造纸铜网有单丝三丝,里网和造币特种方孔网,可适应各类造纸机,各种浆料和各种克重造纸使用,产品工艺和产品质量在国内同行业名列前矛生产设备和检测仪器全部由国外引进,检测手段及工艺条件属国内一流,现公司有职工260余人,技术人员30多人,年销售额4000万元。

广州市花都造纸毛毯厂

地址:广东省广州市花都港口工业区岭东路19号
邮编:510812
电话:020-86870018、86870028、86870038
传真:020-86870038
法人代表:梁燕
主要业务:脱水器材

花都造纸毛毯厂是华南地区最大的造纸毛毯专业生产厂家之一,产品分五大系列数十个品种,其中"无毯痕毛毯"、"多层复合底网毯"及经"化学处理"的毛毯是近年来研制推出的新一代造纸毛毯,能满足各类纸机抄造各种纸张的需要,特别是通过油热定型和化学处理的毛毯,在大辊径压榨、靴式压榨等高车速纸机上的使用效果受到用户的高度赞誉。产品系列分:文化纸专用毯、包装纸专用毯、特种纸专用毯、生活用纸专用毯、特种用途工业毯(耐高温毯、抛光毯、预缩呢毯等)。产品最大宽度5.2m,最大长度105m。

同时,我们具有一支快速灵活的技术服务、售后服务队伍,确保与用户的紧密联系。

佛山市南海区罗村芦塘骏能造纸材料厂

地址:广东省佛山市南海区罗村镇芦塘工业区
邮编:528226
电话:0757—86414462
传真:0757—86414522
网址:www.jn668.com
邮箱:jn@jn668.com
企业负责人:贾晓华 0757-86414462
技术负责人:徐佳 0757-86413060
企业性质:私营
职工总数:160人
主要业务:化学品
产品:造纸湿强剂 4000吨/年
分散松香剂 10000吨/年
中碱性施胶剂 20000吨/年

我公司是国内专业从事造纸化学品生产的著名厂家。多年精心致力于此行业新产品的生产与研究,不断更新提高产品质量与技术服务。我公司在山东、广东南海、广东江门都建立了造纸化学品生产基地,我公司产品主要为4大系列:1、施胶防水系列;2、增强助留系列;3、表面施胶系列;4、离缸、脱墨系列,等二十余种产品。目前就广东南海厂的"纸乐"牌系列造纸化学品的年综合生产能力已达50000吨以上。为使公司发展更上一层,我公司又加大投资力度在河北、江苏兴建生产基地,生产造纸化学品。为保证产品的高品质,使企业内部管理系统得到更大的提升,我公司率先进行了ISO9001:2000质量国际质量管理体系认证。我们始终如一地坚持"质量第一、服务第一、信誉第一"的"三一"原则,竭尽我们所能为您提供最优秀的产品及服务。选用我们生产的造纸化学品将使您的产品质量更胜一筹,综合效益更进一步。

营口市康如化工有限公司

地址:辽宁省营口市六三路韩家学坊
邮编:115001
电话:0417-3801918
传真:0417-3801062
法人代表:赵兴利 **联系人**:何宝升
邮箱:Kangru@Kangru.com **网址**:www.Kangru.com
主要产品:涂料分散剂、颜料研磨分散剂、分散松香胶、中性施胶剂、液/固体增白剂,高、中、低档显白剂、润滑增光剂、湿强剂、抑泡剂、消泡剂、脱墨剂等10多个品种,30多个规格型号。

公司是国内较早的造纸助剂专业开发与生产厂家之一,现已通过ISO9001国际质量管理体系认证。

滕州市华方旋转接头有限责任公司

地址：山东省滕州市大同北路5号

邮编：277500

电话：0632－5525608

传真：0632－5528571

邮箱：huafang5608@163.com

法人代表：司洪喜 0632－5525608

经营负责人：高连胜 0632－5594683

企业性质：股份制

职工总人数：60人

主要业务：旋转接头、金属软管

本公司是生产旋转接头及不锈钢金属软管的专业工厂，主要有烘缸进汽头、蒸球进汽头及喷放端旋转接头和冷缸用旋转接头；Q型、D型、H型、O型的采用机械密封，具有自动同心、自动补偿、不需填料、摩擦系数小等优点，是解决设备生产中跑、冒、滴、漏；节约能源，提高生产效率，改善工作环境，降低成本的理想设备部件。

国内制浆造纸及相关产业企业名录

目　录

北 京 市

造纸企业

北京爱华中兴纸业有限公司
北京市海淀区西三旗东路
邮编 100096
电话 010－82917373，传真 010－82915216
产品 生活用纸

北京安美尔工贸集团
北京市丰台区郑常庄 326 号安美尔大厦
邮编 100039
电话 010－68158390，传真 010－68155032
产品 生活用纸

北京安宜卫生用品有限责任公司
北京市海淀区知春路太月园 8 号楼 C102 室
邮编 100088
电话 010－82058131
传真 010－82057367
网址 www.anyilife.com
企业负责人 王敏 13801004343
产品 一次性卫生用品

北京宝利世纪纸业
北京市海淀区中关村北区 28 号楼甲 1 院
邮编 100080
电话 010－82623285，传真 010－82623285
产品 复印纸、传真纸、彩喷相片纸、打印纸、收银纸等
网址 www.baolishiji.com

北京畅顺纸业有限责任公司
北京市丰台区马家堡东路丙 7 号
邮编 100077
电话 010－67273115
传真 010－67273115
产品生活用纸

北京杰科思特种纸科技有限公司
北京市朝阳区广渠路 15 号崇熙科技楼
邮编 100022
电话 010－87777152，87776256
传真 010－87776256
网址 www.jacks－cn.com

北京金鱼如意日用品有限公司
北京市朝阳区黑庄户
邮编 100023
电话 010－85382968
产品 生活用纸

北京联航航空客舱用品有限公司
北京通州永乐经济开发区
电话 010－80511340，传真 010－80513136
产品 纸巾纸，纸马桶垫

北京金鸿纸业有限公司
北京市房山区琉璃河二街南门外
邮编 102403
电话 010－89381498，传真 010－89382785
产品 卫生纸

北京明兴纸制品有限公司
北京市朝阳区黄港乡黄港村南 8 号
邮编 100103
电话 010－64376198，传真 010－64357651
产品 螺旋、平卷纸管，纸筒，纸罐

北京派尼尔纸制品厂
北京市昌平区回龙观
电话 010－80793832，传真 010－80793862
产品 生活用纸

北京新世纪信息纸厂
北京海淀区学院南路 13 号
邮编 100088
电话 010－62226057
产品 信息用纸，电脑用纸

北京云中赢纸业有限公司
北京市大兴西二工业区
邮编 100063
电话 010－69272131，传真 010－69272132
产品 铜版纸，灰纸板，书写纸

北京造纸七厂
北京市通州区滨河路 126 号
邮编 101149
电话 010－61563101，传真 010－61563376

北京中天纸业集团有限责任公司
北京西城区西四北八条 9 号
邮编 100034
电话 010－66518473
产品 复印纸，晒图纸，卫生纸，箱纸板

维达北方纸业(北京)有限公司
平谷县滨河工业开发区
邮编 101200
电话 010－89993949
传真 010－89993257
产品 生活用纸

相关企业

ABB 制浆造纸部
ABB(中国)有限公司
北京市朝阳区酒仙桥路 10 号恒通广厦 B7－3
邮编：100016
电话 010－84566688
传真 010－84567626
产品 电力、自动化技术

FAG 中国有限公司北京代表处
北京建外大街 22 号赛特大厦 711 室
邮编 100004
电话 010－65123621
传真 010－65123433
网址 http://www.fag.com
法人代表 勾建辉
技术负责人 何宏
产品 工业轴承

NDC 红外技术公司
北京光华路 12 号科伦大厦 A 座 712 室
邮编 100020
电话 010－65812946，传真 010－65817341
产品 纸张水分定量检测及控制

北京华伦造纸脱水器材有限公司
北京崇文区安华北里 2 号院 1 号楼(东方财富)1003 室
邮编 100062
电话 010－51336281/82/83，传真 010－51336285

北京昌化精细化工厂
北京 1044 信箱 41 号
邮编 102205
电话 010－69760243
产品 防腐杀菌剂

北京富新有限公司
北京市通州区通胡路果园大道
邮编 101101
电话 010－81580244，传真 010－81583897

北京和利时系统工程股份有限公司
北京海淀区西三旗建材城中路 10 号
邮编 100096
电话 010－82922200
产品 制浆造纸自动化

北京荷丰顺商贸有限责任公司
北京朝阳区将台路 2 号爱都大厦 111 室
邮编 100016
电话 010－64357935，传真 010－64357941

北京恒捷科技有限公司
北京立水桥北北方明珠大厦 1520－1522＃
邮编 102218
电话 010－58607441/2
传真 010－58607440
产品 轻、重质除渣器
1、废纸制浆生产线的工艺设计、设备配套、技术咨询、安装调试等工程项目。2、废纸制浆工厂的流水处理工程。3、流浆箱孔板的设计和制造。4、除渣器备品配件。

北京红星淀粉厂
北京海淀区东北旺乡韩家川
邮编 100094
电话 010－62466740
产品 氧化淀粉

北京华嘉经纬管理软件开发有限公司
北京朝阳区望京环南路望京大厦 A 座

邮编 100102
电话 010－64711610，传真 010－64721727

北京华伦纸业有限公司
北京市朝阳区王四营百子湾火车站
邮编 100023
电话 010－67379442，传真 010－67383602

北京汇森纸制品有限公司
北京市丰台区分钟寺倪庄二分公司院内
邮编 100078
电话 010－87692442，传真 010－87694995

北京吉富精细化工有限公司
北京丰台西红门宏欣路 1 号
邮编 100076
电话 010－60265969
产品 防腐剂，防霉剂

北京杰众国际贸易有限公司
北京市东三环北路 3 号幸福大厦 B 座 1214 室
邮编 100027
电话 010－64615749，传真 010－64616423

北京捷恩纸张销售中心
北京聚鑫捷莉纸张销售有限公司
北京海淀区清河镇后屯村东(东升拨丝厂院内)
邮编 100085
电话 010－62932924，传真 010－62842289

北京金冠方舟纸制品有限公司
北京海淀区增光路 55 号紫玉饭店写字楼 8 层
邮编 100037
电话 010－68418821，传真 010－68418820

北京京城达纸业有限公司
北京市朝阳区潘家园南里 12 号
邮编 100021
电话 010－67738107，传真 010－67738053

北京京华丰纸制品厂
北京中关村永丰高新技术产业园南街 2 号
邮编 100094
电话 010－62473496

北京京辉文远商贸有限公司
北京宣武区马连道 11 号一商大厦 923 室
邮编 100055
电话 13051222610，传真 010－63341482

北京景华新网络科技有限公司
北京海淀区增光路 55 号紫玉饭店写字楼 8 层
邮编 100037
电话 010－68418821，传真 010－68418820

北京利乐包包装有限公司
北京广渠门外大街双井 29 号
邮编 100022
电话 010－67719553
产品 复合液体包装

北京千荃经贸发展有限公司
北京市朝阳区西大望路甲 1 号 8028 室
邮编 100026
电话 010－65812366，传真 010－65812635

北京轻工业机械总公司
北京西城区东斜街 14 号
邮编 100032
电话 010－66018044

北京市化工建材厂
北京密云县城北
邮编 101500
电话 010－89031993
产品 超细碳酸钙

北京市金鱼如意日用品有限公司
北京市朝阳区北土城西路 20 号
电话 010－62028666，传真 010－62033442
产品 生活用纸

北京市腾飞筛板制品厂
北京市大兴区黄村韩园子
邮编 102609
电话 010－61258724
产品 筛板制品

北京天擎化工有限责任公司
北京市平谷区新平南路 126 号

邮编 101200
电话 010－89982440
传真 010－89989251
产品 防腐杀菌剂

北京天使专用化学技术有限公司
北京通州工业开发区广源东街2号
邮编 101113
电话 010－61566998
传真 010－61503113
网址 www.ashland－bj－tianshi.com
产品 造纸化学品

北京文满原纸业有限责任公司
北京市永定门外东革新里40号
邮编 100077
电话 010－67229598 67224105

北京伟伯康科贸有限公司
北京市农林科学院(海淀区板井)
邮编 100089
电话 010－51503883
传真 51503796
产品 montalvo 张力控制器

北京协力旁普包装制品有限公司
北京市大兴区旧宫
邮编 100076
电话 010－87962699,传真 010－87962476
产品 纸浆模塑工业包装、餐具

北京兴美亚化工有限公司
北京亚运村安惠东里16号楼506室
邮编 100101
电话 010－64980603
主要业务 代理罗地亚、陶氏化学等公司助剂

北京造纸包装工业公司
北京西城区西四北八条9号
邮编 100034
电话 010－66518476

德国冯·诺顿西公司
北京市朝阳区北土城西路7号国恒基业大厦A座1102
邮编 100029
电话 010－82275609,传真 010－82275350
产品 污水处理设备

德国福来司拿公司
北京朝阳区燕莎中心写字楼C310A
邮编 100016
电话 010－64651040,传真 010－64651042
网址 www.fleissner.de
产品 造纸用高性能烘干机

芬兰安德里茨北京代表处
北京建外大街19号国际大厦27－02
邮编 100004
电话 010－65006414,传真 010－65006415
产品 制浆设备

福伊特造纸技术中国代表处(北京)
北京市朝阳区亮马桥路39号第一上海中心写字楼511室
邮编 100016
电话 010－84534461,传真 010－84534465

国家开发银行市场与产业分析局
北京市阜外大街29号
邮编 100037
电话 10－68307304,传真 10－68306991

国家林业局林业规划设计院
北京市朝内大街130号
邮编 100010
电话 010－65135577
传真 010－65135107
网址 http//www.cfecc.com
法人代表 于建亚

霍尼韦尔(天津)有限公司
北京市朝阳区霄云路26号鹏润大厦17层B区
邮编 100016
电话 010－84583280,传真 010－84583106

加拿大嘉福企业国际股份有限公司
北京丰台芳群园4区22号金城中心701/702室
邮编 100078
电话 010－67686403,传真 010－67621986

杰维赛力科公司
北京市朝阳区光华路12号科伦大厦B座401室
邮编 100020
电话 010-65818464,传真 010-65812251

克瓦纳纸浆设备公司-中国
北京朝阳门北大街8号富华大厦A座16层
邮编 100027
电话 010-65545057/8,传真 010-65544500

美国滤伯(RPA)工艺技术公司
美国多福资源公司北京代表处
北京市朝阳区麦子店西路3号新恒基大厦523室
邮编 100016
电话 010-84584846
传真 010-64606638
产品 水处理,表面处理

美国凯登百利可乐生公司(KBC)
北京市朝阳区光华路12号科伦大厦A座901-908室
邮编 100020
电话 010-65813011
传真 010-65812268
总裁 颜铭强
销售副总裁 马作毅
产品 制浆造纸设备,废纸处理

美卓造纸机械公司北京代表处
美卓自动化公司北京代表处
北京建国路乙118号招商局中心04楼京汇大厦19层
邮编 100022
电话 010-65666600,传真 010-65662575

中国国际工程咨询公司
北京市海淀区车公庄西路32号
邮编 100044
电话 010-68415511,传真 010-68417301

中国国旅贸易有限责任公司
北京市北辰东路8号北京国际会议中心二层
邮编 100101
电话 010-84973322
传真 010-84973339
法人代表 蓝海
主要业务 进口纸浆与纸张

中国技术进出口总公司
北京西三环北路21号久凌大厦
邮编 100089
电话 010-68404000,传真 010-68404152
网址 http://www.cntic.com/
产品 代理招标,政府采购

中国轻工建设工程总公司
北京市丰台区洋桥北里6号
邮编 100077
电话 010-67247895,传真 010-67247882
网址 http://www.clcc.com.cn/
业务 工程咨询,总承包,监理

中国造纸开发公司
北京市光华路12号
邮编 100020
电话 010-65810022,传真 010-65814461
总经理 曹振雷

中国制浆造纸研究院
北京市光华路12号
邮编 100020
电话 010-65810022,传真 010-65815677
院长 曹振雷

中国纸张纸浆进出口公司
北京市朝阳区劲松九区910号
邮编 100021
电话 010-67780346
传真 010-67747294
法人代表 王小京
纸浆、纸张的进出口

中国中轻国际工程有限公司
北京市朝阳区白家庄东里42号
邮编 100026
电话 010-65826121 65826125 65826118
传真 010-65823590
网址 www.bcel-cn.com
总经理 张建新

中轻物产股份有限公司
北京市东城区新中西街2号
邮编 100027

电话 010 - 65005977,传真 010 - 65019455

中招国际招标公司
北京市海淀区恩济庄 46 号 F 区
邮编 100036
电话 010 - 88127038,传真 010 - 88127032
产品 代理招标,政府采购

天 津 市

造纸企业

宁河县东棘索乡步家庄造纸厂
天津市宁河县东棘乡步庄子
邮编 301507
电话 022 - 25449906
产品 高强瓦楞纸

宁河县东移民造纸厂
天津市宁河县东移民乡
邮编 301501
电话 022 - 25539052
产品 瓦楞原纸

唐山市芦台经济技术开发区天正板纸厂
天津宁河芦台经济技术开发区富康路 6 号
邮编 301505
电话 022 - 69389517
传真 022 - 69388888
网址 www.hbtianzheng.com
产品 纱管原纸 25000 吨/年

天津大港第二造纸厂
天津大港区太平村镇苏家园村
邮编 300282
电话 022 - 63155189
产品 卫生纸

天津大港区滨海造纸厂
天津大港区徐庄乡刘岗庄村
邮编 300275
电话 022 - 63166038
产品 箱纸板

天津津滨造纸有限责任公司
天津市津塘路 178 号
邮编 300300
电话 022 - 84397070,传真 022 - 84397070
网址 www.tjjbpaper.com
产品 棉浆,证券纸,美术铜版,防伪书写纸

天津金岛信息纸业有限责任公司
天津市宝坻县城关镇建设路工业小区
邮编 301800
电话 022 - 29231600
产品 电脑打印纸

天津今晚报社造纸厂
天津市西青区经济开发区兴华五支路 2 号
邮编 300381
电话 022 - 23960453,传真 022 - 23972042
产品 新闻纸

天津骏发森达卫生用品有限公司
天津市宝坻区新开发区开明路
邮编 301800
电话 022 - 82669158
传真 022 - 82666999
产品 卫生纸,面巾纸,卫生巾

天津麦吉克工贸有限公司
天津市河西区新兴大厦 508 室
邮编 300202
电话 022 - 23249714
传真 022 - 23264128
产品 卫生纸,面巾纸,餐巾纸

天津三维纸业有限公司
天津市西青区工农联盟农场
邮编 300381
电话 022 - 27583588,传真 022 - 27583588
产品 生活用纸

天津市第三人民造纸厂
天津市西于庄小辛庄大街 53 号
邮编 300132
电话 022 - 26370510,传真 022 - 26371695
产品 箱纸板,水砂原纸,牛皮纸

天津市广开造纸厂
天津市西青区汪庄子村南
邮编 300380
电话 022－27929907，传真 022－27524808
产品 条纹牛皮纸、蓝牛皮纸

天津市汉沽区造纸厂
天津市汉沽区化工路
邮编 300480
电话 022－25694167，传真 022－25693822
产品 胶版纸

天津市恒胜加工纸厂
天津市津南区咸水沽上刘庄
邮编 300350
电话 022－28392231
产品 涂布箱纸板

天津市老发造纸厂
天津市宁河县小李乡南
邮编 301503
电话 26415313 13902177746
企业负责人 夏丽英
产品 特殊工业用纸：半导体皱纹纸，半导体平纹纸，绝缘皱纹纸，黑纸，面袋纸，果袋纸，条纹纸

天津市天马造纸厂
天津市西青区南河镇小南河
邮编 300382
电话 022－23986042，传真 022－23986364
产品 瓦楞原纸

天津蔚信纸制品公司
天津市武清开发区
邮编 300160
电话 022－84254002，传真 022－84254002
产品 大卷卫生纸，面巾纸，擦手纸

天津造纸厂
天津市河西区大沽南路 1069 号
邮编 300222
电话 022－28191358，传真 022－28191101
产品 胶印书刊纸，白纸板，餐盒原纸

天津中钞纸业有限公司
天津西青经济开发区兴华道 38 号
邮编 300381
电话 022－23964515，传真 022－23961457
产品 证券纸，防伪水印纸，防涂改纸，特种纤维纸，灰底涂布白纸板，防伪涂布白纸板，灰纸板

相关企业

天津华联造纸机械联营公司
天津红桥子牙河桥北西侧
邮编 300131
电话 022－26372396
产品 造纸机械

天津晟成环境技术发展有限公司津华环保节能设备厂
天津市北辰区郭辛庄工业区
邮编 300130
电话 022－26686809
传真 022－26686809
产品 中小型草浆碱回收技术

天津环球高新造纸网业有限公司
天津市西青区杨庄子大堤外玉门路
邮编 300112
电话 022－27795246
传真 022－27796246
法人代表 梁殿佐
产品 造纸用聚酯网、聚酯干网、螺旋干网

天津市包装印刷集团公司
天津和平区解放北路 52 号
邮编 300041
电话 022－27375447

天津市第一轻工机械厂
天津市南开区长江道怀安环路 11 号
邮编 300193
电话 022－2738029/6，传真 022－27380397
产品 长网、圆网造纸机，烘缸、辊胎及其他配件

天津市汉沽区营城毛布厂
天津市汉沽区营城乡五七村
邮编 300480
电话 022－67281129

天津市合成材料工业研究所
天津市河西区洞庭路29号
邮编 300220
电话 022-28341651
传真 022-28340113
网址 www.tsmri.com.cn
法人代表 王永红
产品 中性施胶剂、防水剂、湿强剂、湿强剂、解离剂等

天津市恒通蜂窝包装制品有限公司
天津市东丽开发区管委会津唐公路7号桥西
邮编 300300
电话 022-24997062
产品 蜂窝纸板

天津市华星工业用呢新技术开发有限公司
天津市南开区玉泉路岳湖道18号
邮编 300193
电话 022-27379961
传真 022-27372507
网址 http://www.tjgynch.com.cn
产品 造纸呢,工业用呢

天津市化工研究院
天津市红桥区丁字沽三号路
邮编 300131
电话 022-26374929
产品 分散剂、助剂

天津市宁士包装设备有限公司
天津市河西区体院北环湖中道9号208室
邮编 300060
电话 022-23343177
传真 022-23928313
产品 包装设备

天津市轻工业机械厂
天津市西青区西青道杨柳青
邮编 300380
电话 022-27390401
传真 022-27392930
产品 制浆设备,碱回收设备

天津市轻工业设计院
天津南开区长江道29号
邮编 300193
电话 022-27389638

天津市轻工业造纸技术研究所
天津市河北区天纬路东箭道4号
邮编 300141
电话 022-6353617/8,传真 022-6355102
产品 制浆造纸技术,特种纸,过滤纸,造纸助剂及涂布印刷纸

天津市染料厂
地址 天津市河西区杨庄子南北大街9号
邮编 300210
电话 022-28309772
产品 荧光增白剂

天津市外环工业用毯厂
天津市东丽区津塘公路五号桥
邮编 300300
电话 022-24991334

天津市造纸公司
天津市台湾路2号
邮编 300202
电话 022-23311151

天津斯坦德包装制品有限公司
天津市南开区华苑园区开华道12号普辰大厦
邮编 300384
电话 022-23013197,传真 022-23013194
产品 蜂窝纸板

天津天惠造纸机械有限公司
天津市南开区苏堤路104号
邮编 300193
电话 022-27414626,27519781
传真 022-27378724

天津鑫海造纸机械厂
天津河西区大沽南路1069号
邮编 300222
电话 022-28345538
产品 纸板机

天津中包进出口有限责任公司
天津市解放路 279 号
邮编 300042
电话 022－23025099
传真 022－23303238

威宁(天津)国际贸易有限公司
天津市河北区宜白路 8 号(文化站仓库内)
邮编 300402
电话 022－26313312,传真 022－26313485
产品 硅油纸,不干胶,美纹纸,过滤纸,彩喷纸,照相纸,热敏纸,白卡纸,无尘纸

中国包装进出口天津分公司纸箱厂
天津市河东区程林庄道 92 号
邮编 3000161
电话 022－24311575,传真 022－24382666
产品 纸箱,纸浆模塑

河 北 省

造纸企业

柏乡县丰源(邢台)特种纸业有限公司
柏乡县城
邮编 055450
电话 0319－7701166
产品 亚麻浆板

保定钞票纸厂
保定市盛兴西路 98 号
邮编 071071
电话 0312－3176416
传真 0312－3178167
产品 钞票纸、水印辊

保定钞票纸厂华融经贸总公司
河北省保定市纸厂路 98 号
邮编 071071
电话 0312－3173959,传真 0312－3170419
产品 水印纸,防伪纸

保定大北造纸厂
保定市二环西段王尧村
邮编 071100
电话 0312－2173977
产品 高中档瓦楞纸,茶纸板

保定满城兴华造纸厂
保定市旧保满城南奇乡政府西侧
邮编 071051
电话 0312－3174425
产品 卫生纸,箱纸板

保定三联纸业有限公司
河北省保定市西外环路南段
邮编 071000
电话 0312－3239070
传真 0312－3250899
产品 牛皮箱纸板,涂布白纸板,瓦楞纸

保定新市区君庄板纸厂
保定新市区汇城市
邮编 071000
电话 0312－3197808,传真 0312－3197809
产品 单、双面灰板,纱管纸,火柴盒纸

保定市大兴造纸厂
河北省保定市新市区南奇乡南章村
邮编 071051
电话 0312－3175020
产品 卫生纸

保定市东风造纸厂
河北省保定市西郊
邮编 071000
电话 0312－3227680
产品 卫生纸原纸

保定市东升纸业有限公司
河北省保定市满城县造纸工业区
邮编 072150
电话 0312－7021906,传真 0312－7021996
产品 生活用纸(小宝贝)

保定市港兴纸业有限公司
河北省保定市满城县大册营造纸工业区

邮编 072150
电话 0312－7021908，传真 0312－7021728
产品 卫生纸

保定市高阳县石家庄造纸厂
河北省保定市高阳县旧城镇石家庄村
邮编 071504
电话 0312－6760510
产品 卫生纸

保定市江城造纸厂
保定市江城路
邮编 072150
电话 0312－3204686，传真 0312－3250182
产品 箱纸板，包装纸

保定市曙光造纸厂二分厂
河北省保定市新市区南奇乡马厂村
邮编 071051
电话 0312－3175020
产品 卫生纸

保定市天华纸制品厂
河北省保定市新市区江城乡尹庄
邮编 071051
电话 0312－3196148，传真 0312－3196148
产品 螺旋纸管，复合纸板，纸板

保定市兴冀特种纸业有限责任公司
河北省保定市利民路 68 号
邮编 071000
法人代表 刘华
经营负责人 段新海
技术负责人 刘才
电话 0312－2113318
传真 0312－2116666
网址 www.hexingji.com.cn
产品 A 等晒图原纸、1 号制图纸、图画纸、水彩画纸和高档全木浆生活用纸

保定市新市区金达纸张加工厂
河北省保定市七一西路 137 号
邮编 071051
电话 0312－3138286，传真 0312－3138286
产品 精制牛皮纸、复合纸，工业包装纸及韩松花色纸

保定市新兴造纸厂
河北省保定市满城大册营镇
邮编 072150
电话 0312－70210788
产品 卫生纸

保定市义厚成纸业有限公司
河北省保定市高开区一号路
邮编 071051
电话 0312－7921333
传真 0312－7920100
网址 www.ladystar.com.cn
法人代表 白红敏
产品 妇婴卫生用品

保定市永兴造纸第一分厂
河北省保定市满城县造纸工业区
邮编 072150
电话 0312－7021503，传真 0312－702288
产品 卫生纸

保定市育红纸业公司
河北省保定市满城大册营镇
邮编 072150
电话 0312－7021388，传真 0312－7021806
产品 卫生纸

保定市源源纸业有限公司
河北省保定市联盟路 99 号
邮编 071000
电话 0312－5064197，传真 0312－5020279
产品 涂布白纸板

保定顺平县惠立造纸厂
保定市顺平县汽车站西 1 公里
邮编 072250
电话 0312－7625317，传真 0312－7618891
产品 果袋纸，包装纸

保定燕赵造纸有限公司
河北省保定市西郊纸厂路 1 号化纤厂
邮编 071055
电话 0312－3137131，传真 0312－3137131
产品 卫生纸，餐巾纸

泊头市恒昌纸业有限公司
泊头市开发区
邮编 062150
电话 0317－8189378，传真 0317－8184195
产品 高强瓦楞纸，包装纸

承德兴业造纸有限公司
河北省常德市承德县下板城镇
邮编 067400
电话 0314－3115055，传真 0314－3182052
产品 牛皮纸，箱纸板，瓦楞纸，涂布白纸板，灰纸板

丰南市板纸厂
河北省丰南市唐南路
邮编 063300
电话 0315－8122846
产品 黄纸板，箱纸板

抚宁长城纸业集团有限公司
河北省抚宁县留守营
邮编 066301
电话 0335－6046544
产品 涂布白纸板，瓦楞原纸纸

抚宁高峰纸业有限公司
河北省秦皇岛市抚宁县留守营镇
邮编 066301
电话 0335－6046537，传真 0355－6046063
产品 涂布白纸板

抚宁金鑫造纸有限公司
河北省北戴河留守营镇张各前
邮编 066301
电话 0335－6043699，传真 0335－6043699
产品 新闻纸，书写纸

工贸合营无极县造纸厂
河北省无极县城北工业区
邮编 052460
电话 0311－85560531
产品 书写纸、打字纸、凸版纸

馆陶县丰泰造纸厂
河北馆陶县政府街 1 号
邮编 057750
电话 13903302797
产品 双胶纸、书写纸、涂布纸

邯郸安美尔纸业有限公司
河北省成安县工贸城
邮编 056700
电话 0310－7210324，传真 0310－7218812
产品 生活用纸

河北大曹庄农场金龙造纸厂
河北省宁晋县城南
邮编 051600
电话 0319－5568188
产品 瓦楞原纸

河北当代纸业有限公司
河北省石家庄市新石中路 358 号
邮编 050091
电话 0311－83803358
传真 0311－83805331
网址 www.hbdangdai.com
产品 涂布白纸板，晒图纸，涂布箱纸板

河北宏光纸业有限公司
河北省吴桥县铁城镇
邮编 061801
电话 0317－7215171，传真 0317－7215642
产品 胶印书刊纸

河北泛亚龙腾纸业有限公司
河北省赵县石塔路工业一街
邮编 051530
电话 0311－8495555
产品 新闻纸

河北小人国纸业有限公司
河北省保定市建国路地道桥西 100 米
邮编 071000
电话 0312－2177998，传真 0312－2173636
产品 生活用纸，湿巾

河北藁城市光明造纸厂
河北省藁城市市府东路副 1 号
邮编 052160
电话 0311－88046054，传真 0311－88046054

网址 www.gm-paper.com
产品 书写纸,有光纸,出口薄页纸

河北广平县昌盛造纸有限公司
河北省广平县
邮编 057650
电话 0310-2521386,传真 0310-2521386
产品 胶印书刊纸,有光纸

河北航宇集团公司
河北省邢台市南和县
邮编 054400
电话 0319-4569500
传真 0319-4568383
产品 书写纸、拷贝纸、薄页包装纸、三明治纸、白邮封纸

河北华康纸业股份有限公司
河北保定满城县城东村村东
邮编 072150
电话 0312-7074774
传真 0312-7065101
网址 www.huakangzhiye.yeah.net
产品 灰纸板,茶纸板,挂面纸板,箱纸板,瓦楞纸,涂布纸等

河北华益特种纸业有限公司
河北省石家庄市正定县大桥北
邮编 050800
电话 0311-88023401,传真 0311-88023402
产品 无碳复写纸

河北吉藁联合化纤浆厂
河北省藁城市东宁路2号
邮编 052160
电话 0311-88042886
产品 棉浆粕

河北鸡泽奇隆纸业有限公司
河北省鸡泽县沙阳街18号
邮编 057350
电话 0310-7550536,传真 0310-7550536
产品 高强与普通瓦楞纸

河北冀腾纸业公司
河北省唐山市滦南县胡各庄镇
邮编 063504
电话 0315-4511072,传真 0315-4511074
产品 牛皮箱纸板,涂布白纸板,黄纸板,瓦楞原纸

河北垦丰纸业有限公司
河北省唐海县城关
邮编 063207
电话 0315-8715483
产品 黄纸板

河北深泽县造纸厂
河北省石家庄深泽县桥头经济开发区
邮编 052560
电话 0311-83598815,83598192
传真 0311-83598471
产品 胶版纸,有光纸,书写纸

河北省柏乡县纸业彩印包装厂
河北省柏乡县柏镇路中段北侧
邮编 055450
电话 0319-7766222
产品 纸板

河北省保定市东方造纸有限公司
河北省保定市徐水县大因镇南贺寿营村西
邮编 072250
电话 0312-8605508,传真 0312-8605530
产品 晒图纸,复印纸,胶版印刷纸,包装纸板

河北省保定市满城县新星造纸厂
河北省保定市满城县南韩村工业区
邮编 071000
电话 0312-7031168,传真 0312-7033888
产品 生活用纸

河北省承德兴业造纸一部
河北省承德县化肥厂院内
邮编 067411
电话 0314-3013243
产品 新闻纸,牛皮纸,纸箱

河北省抚宁长兴纸业有限公司
河北省抚宁县留守营镇刘义庄南500米

邮编 066301
电话 0335－4083538，传真 0335－4083118
产品 涂布白纸板

冀滦纸业有限公司
河北省滦县城南张町村东
邮编 063701
电话 0315－7477118，传真 0315－7477755
产品 胶印书刊纸

河北省满城县恒达纸业有限公司
河北省保定市满城县北外环胡町村南
邮编 072150
电话 0312－7068999，传真 0312－7068858
产品 箱纸板，灰纸板，双灰纸板，牛皮箱纸板

河北省青县纸业有限责任公司
河北青县流河镇王镇店
邮编 062650
电话 0317－4271073，传真 0317－4271053
网址 www.hbqxzy.com
产品 箱纸板，瓦楞原纸

河北省任县金鑫蜡光纸厂
河北省任县南章古金鑫蜡光纸厂
邮编 055150
电话 0319－7533189
产品 蜡光纸，大红纸，广告纸

河北省唐山市光华造纸厂
河北省唐山市津唐公路三角地西 500 米
邮编 063001
电话 0315－2960723，传真 0315－2962574
产品 黄纸板，高强瓦楞原纸，挂面箱纸板

河北省涿州市东立纸业有限公司
河北涿州市开发区
邮编 072750
电话 0312－3750268，传真 0312－3750268
网址 www.hbzz.chinapaper.net
产品 石膏板护面纸板，涂布白纸板，箱纸板，高强瓦楞纸

河北双鹤纸业有限公司
河北省邱县西城街 286 号
邮编 057450
电话 0310－8362614
网址 涂布白纸板，牛皮箱纸板

河北双翔纸业有限公司
河北省丘县西城街 286 号
邮编 057450
电话 0310－8362614
产品 涂布白纸板，牛皮箱纸板，文化用纸

河北鑫海纸业有限公司
河北省沧州市解放东路 3 号
邮编 061000
电话 0317－3013104，传真 0317－3013104
产品 打印纸

河北永新纸业有限公司
河北省唐山市滦南县西马路 88 号
邮编 063500
电话 0315－4122024，4122100
传真 0315－4123486
产品 牛皮箱纸板，高强瓦楞原纸，涂布白纸板

河北环达纸业有限公司
景县城南九公里处第三工业区
邮编 053500
电话 0318－4295398，传真 0318－4296387
产品 双胶纸，包装纸，有光纸

河北雪松纸业有限公司
保定市满城大册营造纸工业园区
邮编 072150
电话 0312－7021606，传真 0312－7020869
产品 卫生纸，餐巾纸

河北航宇集团第三造纸厂
河北省南和县
邮编 054400
电话 0319－4562599，传真 0319－4568383
产品 拷贝纸，有光纸，邮封纸，打字纸，书写纸

河北兴隆县造纸厂
河北兴隆县大东区
邮编 067300
电话 0314－5152162
产品 白纸板，书写纸，胶印书刊纸

河北宣化造纸厂
河北张家口口山宣化区跃进路
邮编 075100
电话 0313－3058223
产品 铜版原纸，箱纸板，书写纸，涂布白纸板，瓦楞原纸

河北雪松纸业有限公司
河北省保定市满城县大册营镇造纸工业区
邮编 072150
电话 0312－7021606，传真 0312－7020869
产品 生活用纸

河北亚光纸业有限公司（原保定市满城亚光造纸有限公司）
河北省保定市满城造纸工业区
邮编 072150
电话 0312－7021008，传真 0312－7021609
产品 生活用纸

河北中捷石化集团资通纸业有限公司
河北省沧州临港经济技术开发区
邮编 061108
电话 0317－5483108
产品 本色草浆、木浆

衡水金光纸业有限公司
河北省衡水市建设大街 272 号
邮编 053000
电话 0318－2024146
产品 胶印书刊纸，壁纸原纸

衡水市第一造纸厂
河北省衡水市新桥北街
邮编 053000
电话 0318－2030687
产品 凸版纸

衡水中盛纸业有限公司
河北衡水中盛纸业有限公司
邮编 053000
电话 0318－2136667，传真 0318－2136667
网址 www.zhongsheng.chinapaper.net
产品 打印纸，复印纸，传真纸，收银纸

怀安县造纸厂
河北省怀安县柴沟堡镇
邮编 076150
电话 0313－7812462
产品 瓦楞原纸，箱纸板

金都纸业有限公司
河北保定市满城燕赵南街 26 号
邮编 072150
电话 0312－7077333，传真 0312－7077333
产品 卷纸，轴纸，手帕纸，餐巾纸

利凯纸业
河北省唐山市唐海县一农场利凯纸业
邮编 063200
电话 0315－8753279
产品 全美废灰纸板，合成板

鹿泉市顺发工业公司
河北省鹿泉市大河乡曲寨村
邮编 050200
电话 0311－82296142，传真 0311－82295200
产品 箱纸板

鹿泉市远大工业公司
河北省鹿泉市大河镇曲寨村
邮编 050200
电话 0311－82297750，传真 0311－82296929
产品 牛皮箱纸板，瓦楞原纸

满城县中信纸业有限公司
河北省保定市满城县大册营镇
邮编 072150
电话 0312－7021807，传真 0312－7022988
产品 卫生纸

迁安华丰纸业有限公司
河北省迁安市丰乐大街
邮编 064400
电话 0315－7613489
产品 胶印书刊纸，涂布白纸板

迁安造纸厂
河北省迁安市城关南
邮编 064400

电话 0315－7621380，传真 0315－7621538
产品 涂布白纸板，胶印书刊纸，双面胶版纸

清河县八方集团
河北省清河县城北
邮编 054800
电话 0319－8189138
产品 有光纸，书刊纸

秦皇岛豪峰纸业集团
河北省秦皇岛市北戴河西10公里留守营
邮编 066301
电话 0335－6045975，传真 0335－6045975
产品 新闻纸，涂布白纸板，白纸板

秦皇岛前韩纸业公司
河北省抚宁县留守营镇刘义庄
邮编 066301
电话 0335－6046190，6044888
传真 0335－6046190
产品 涂布白纸板，箱纸板，瓦楞纸

秦皇岛凡南造纸厂
河北省抚宁县留守营镇
邮编 066301
电话 0335－6488654
产品 涂布白纸板，包装纸板，高光泽纸

秦皇岛丰蒲纸业有限公司
北戴河西十公里处
邮编 066301
电话 0335－6046886
产品 挂面白纸板，箱纸板

青县大明造纸厂
河北省青县上伍乡
邮编 062650
电话 0317－4281033
产品 箱纸板

青县第二造纸厂
河北省青县陈嘴乡
邮编 062650
电话 0317－4381053
产品 箱纸板

青县第一造纸厂
河北省青县周官屯
邮编 062650
电话 0317－4281017
产品 书刊纸，书写纸，胶版纸

任丘市第一造纸厂
河北省任丘市裕华西路
邮编 062550
电话 0317－2922938
产品 胶印书刊纸，包装纸板

任丘市星火造纸有限责任公司
河北省任丘市辛中驿镇张施村工业区
邮编 062550
电话 0317－2922938，传真 0317－02921118
网址 www.xinghuogroup.com
产品 书刊纸，双胶纸，瓦楞纸，茶纸板，牛皮箱纸板

神伦纸业(唐山)有限公司
河北省唐海县新城大街43号
邮编 063200
法人代表 何善柱
电话 0315－8751178，传真 0315－8751878
产品 涂布灰底白纸板

石家庄第二造纸厂
河北省石家庄市建设南大街94号
邮编 050021
电话 0311－86013225，传真 0311－86025439
产品 箱纸板

石家庄诚信纸业有限公司
河北省石家庄高新区东区珠江大道49号天山花园7－4－101室
邮编 050801
电话/传真 0311－85901995 85901958
法人代表 杨丽红
产品 滤油纸

石家庄市正定县福利造纸厂
河北省正定县诸福屯镇
邮编 050800
电话 0311－88220854，传真 0311－88224304
产品 胶印书刊纸，彩色胶版纸

泰华纸业有限公司
河北省沧州市南大街433号
邮编 061000
电话 0317-3026976,传真 0317-3023023
产品 胶版纸,书写纸,胶印书刊纸

唐海县康达纸业有限公司
唐海县第八农场
邮编 063207
电话 0315-8881098
产品 箱纸板,高强瓦楞纸

唐海县三诚纸业有限公司
唐海县十一农场场部南(沿海公路194公里处)
邮编 063211
电话 13832555708,传真 0315-8700290
产品 书写纸,胶版纸,美废灰纸板

唐海县信诚纸业有限公司
唐海县第八农场
邮编 063207
电话 0315-8881475,传真 0315-8888377
产品 牛皮箱纸板,高强瓦楞纸,涂布白纸板

唐山市辰大纸业公司
河北省唐山市
邮编 063205
电话 0315-8855274,传真 0315-8855274
产品 瓦楞原纸

唐山市诚信纸业有限责任公司
河北省唐海县唐海镇
邮编 063200
电话 0315-8752934,8750461
传真 0315-8750461
产品 涂布白纸板,包装纸板

唐山市融丰特种纸业有限公司
河北省唐山市路南区文化南北街88号
邮编 063001
电话 0315-2861487,传真 0315-2861487
产品 防伪纸,水松原纸,育果袋纸,铝箔衬纸,滤嘴棒成型纸

唐山市光华造纸厂
河北省唐山市路南区津唐公路
邮编 063001
产品 包装纸板

唐山市金马封面包装工业纸板厂
河北省唐海县第五农场部
电话 0315-8855261,传真 0315-8856935
产品 灰纸板,封面纸板,牛卡,白卡,黄纸板

唐山市兴达纸业有限公司
河北省唐海县八场
邮编 063207
电话 0315-8790887,传真 0315-8790310
网址 www.xingda.chinapaper.net
产品 灰纸板,黄纸板,瓦楞纸

唐山海丰纸业有限公司
河北省唐海县经济开发区
邮编 063200
电话 0315-8752798,传真 0315-8751566
产品 涂布白纸板,高强瓦楞纸,黄纸板

香河银象纸业有限公司
香河开发区双安路工业区
邮编 065400
电话 0316-8413109,传真 0316-8411537
产品 箱纸板

邢台市第二造纸厂
邢台高庄桥路42号
邮编 054065
电话 0319-3290128
产品 有光纸,凸版纸,胶印书刊纸

邢台金发纸业有限公司
河北省邢台市高庄桥路42号
邮编 054001
电话 0319-3296597,传真 0319-3294037
产品 生活用纸

邢台康达造纸总厂
河北省邢台市东郊北康庄
邮编 054001
电话 0319-3036966

产品 凸版纸,瓦楞原纸

邢台市第一造纸厂
河北省邢台市高庄桥路
邮编 054065
电话 0319－3036641
产品 胶印书刊纸,凸版纸,新闻纸

徐水县古遂造纸厂
河北省徐水县遂城镇城西村
邮编 072500
电话 0312－8903914
产品 卫生纸

徐水县康达纸业有限公司
河北省徐水县遂城镇张华村
邮编 072550
电话 0312－8903909
产品 卫生纸

徐水县康泰纸业有限公司
河北省徐水县遂城镇张华村
邮编 072550
电话 0312－8903981,传真 0312－8903981
产品 卫生纸

徐水县龙源纸业有限公司
河北省徐水县遂城镇大庞村
邮编 072557
电话 0312－8903838
产品 生活用纸

徐水县前进纸业有限公司
河北省徐水县遂城镇栗元庄
邮编 072557
电话 0312－8903975
产品 卫生纸

徐水县顺发纸业有限公司
河北省徐水县铁道西 5 公里
邮编 072557
电话 0312－8903608,传真 0312－8903608
产品 卫生纸

徐水县红星纸业有限公司
徐安公里 10 公里处
邮编 072550
电话 0311－88792137
产品 生活用纸

徐水县张华纸业有限公司
河北省徐水县遂城镇张华村
邮编 072550
电话 0312－8903858
产品 卫生纸

宣化北方造纸厂
河北省张家口市宣化西门外
邮编 075100
电话 0313－3058223
产品 瓦楞原纸,箱纸板,火柴盒纸

永生染纸加工厂
河北省保定市容城文营工业区
邮编 071702
电话 0312－5501155 13833293098
产品 大红纸,黄纸,加长对联纸

远大纸业有限公司
河北省邢台市邢州北路 231 号
邮编 054001
电话 0319－3063672,传真 0319－3063672
网址 www.ydpaper.com
产品 书写纸,有光纸

玉田县建华纸业有限公司
玉田县散水十里坨
邮编 064105
电话 0315－6469166,传真 0315－6468966
产品 白纸板,牛皮纸,瓦楞纸

玉田天正纸业有限公司
玉田县林南仓镇东开发区
邮编 064106
电话 0315－6387777,传真 0315－6587288
产品 白纸板,涂布白纸板,箱纸板

玉田县大众恒信纸业有限公司
玉田县代家屯工业区

邮编 064100
电话 0315－6556599
产品 箱纸板,瓦楞纸

玉田县盛达纸业
玉田县代家屯小学北
邮编 064105
电话 0315－6564656
产品 牛皮挂面箱纸板,茶纸板,高强瓦楞纸

玉田县一纸
玉田县代家屯经济开发区
邮编 064105
电话 0315－6556228,传真 6566300
产品 高强瓦楞纸

元氏县金鹏纸业有限公司
元氏县嘉惠街南头
邮编 050051
电话 0311－84622756,84621775,传真 84620935
产品 高中档箱纸板

张家口市塞北造纸厂
河北省张家口市桥东区流平寺村
邮编 075000
电话 0313－4060796
产品 瓦楞原纸,箱纸板

涿鹿县造纸厂
河北省涿鹿县
邮编 075600
电话 0313－6522231
产品 胶印书刊纸,瓦楞原纸,箱纸板

相关企业

白洋淀工业用呢厂
河北省任丘市七间房乡
邮编 062550
电话 0317－2889243

保定华融经贸总公司
河北省保定市纸厂路 98 号
邮编 071071
电话 0312－3198353

保定巨龙高能开发有限公司
河北省保定市合作路副 10 号
邮编 071000
电话 0312－5066001 5013685
传真 5028183
网址 www.bdjulong.com.cn
产品 红外加热

保定市晨光环保设备厂
保定市盛兴西路 15 号
邮编 071051
电话/传真 0312－3120480
法人代表 韩忠贵
产品 TWC 系列同向流净水器及纤维回收、脱泥设备

保定市华光机械有限公司
保定市韩村北路 213 号
邮编 071051
电话 0312－3117623 3128810
传真 0312－3128810
网址 www.huaguangjx.com.cn
法人代表 尹国贤
产品 生活用纸加工设备

保定市阳光精细化工有限公司
河北保定漕河 41 号信箱
邮编 072556
法人代表 张志国
电话 0312－8502325
传真 0312－8505606
网址 www.yangguang.com.cn
产品 防腐杀菌剂

保定市晨光造纸机械有限公司
河北省保定市新保满路东段 169 号
邮编 071051
电话 0312－3173658
产品 造纸设备,污水处理工程

北京翔云商贸有限公司
河北廊坊市香河县刘宋镇
邮编 65403
电话 0316－8687081,传真 0316－8687081
产品 有光纸,书写纸,胶版纸

东光县造纸网厂
河北省东光县外环北路城东
邮编 061600
电话 0317－7725002

东纶科技实业有限公司
河北省廊坊经济技术开发区汇源道
邮编 065001
法人代表 贾路桥
电话 0316－6086145/46/47
传真 0316－6088171
网址 www.eastex－china.com
产品 涤纶、粘胶、锦纶、丙纶等原料的水刺非织造布

东兴纸箱机械厂
河北省东光县城南古树于工业区东兴纸箱机械厂
邮编 061001
电话 0317－7752228
传真 0317－7752228
产品 各种纸箱，包装机械

丰南市造纸机械厂
河北省丰南市大新庄镇
邮编 063304
产品 切草机，打浆机

福利造纸毛毯厂
河北省晋州市吕家庄
邮编 052260
电话 0311－4359142

高阳县津联工业用呢有限公司
河北省高阳县城东二公里路北
邮编 071500
电话 0312－6602373，传真 0312－6603733

官厅特种工业用呢厂
河北省沧县官厅乡
邮编 061029
电话 0317－4058201

邯郸市信佳淀粉化工有限公司
河北省邯郸市联纺西路赵苑东小区一楼五号
邮编 053603
电话 0310－4040366 4082036
传真 0310－4086930
董事长 刘成满
网址 www.china－xinjia.com

邯郸市造纸机械设备厂
河北省成安县东彭留村
邮编 056700
电话 0310－7260612
产品 盘磨磨片

河北安平县造纸网厂
河北省安平县新盈大街 17 号
邮编 053600
电话 0318－7524840

河北鹤煌网业股份有限公司
河北省安平县新盈大街 17 号
邮编 053600
电话 0318－7524840 7978279
传真 0318－7520806

河北衡水长虹包装装潢有限公司
河北省衡水市红旗南大街 117 号
邮编 053000
电话 0318－2123012，传真 0318－2123321
产品 各种规格彩色印刷包装纸箱，纸盒，商标

河北冀州市亚华特种胶辊厂
河北省冀州市城南增庄工业区
邮编 053200
电话 0318－8756417
产品 造纸用胶辊

河北深州市王家井东斌胶厂
河北省深州市王家井镇王庄
邮编 053873
电话 0318－3465347
产品 造纸橡胶、尼龙制品

河北特特包装有限公司
河北石家庄市西二环北路 138 号
邮编 050071
电话 0311－87723028，传真 0311－87771060

河北亚圣实业有限公司
河北省枣强县玻璃钢城
邮编 053100
电话 0318-8228718,传真 0318-8222297

华琦工业网有限公司
河北省枣强县肖家镇
邮编 053100
电话 0318-8489236

廊坊开发区东润卫生材料有限公司
河北省廊坊经济技术开发区汇源道
邮编 065001
法人代表 贾路桥
电话 0316-6071870
传真 0316-6088171
产品 一次性医用敷料,柔中卷、湿纸巾,清洁揩布

青县新兴冲筛厂
河北省青县县城东觉道庄
邮编 062650
电话 0317-4087374
产品 筛板

沙河市工业用呢厂
河北省沙河市显德汪镇
邮编 054100
电话 0319-8651172

沙河市矿产品加工厂
河北沙河市桥东大街
邮编 054100
电话 0319-8802504
产品 涂布瓷土,超细碳酸钙

沙河市造纸瓷土厂
河北省沙河市机场路东端路北
邮编 054100
法人代表 尹林江
电话 0319-8801192 8804585
传真 0319-8803080
产品 造纸瓷土

石家庄市工业用呢厂
河北省石家庄市石岗大街 42 号
邮编 050061
电话 0311-87751766

石家庄市化纤织物厂
河北省石家庄市石岗大街 37 号
邮编 050061
电话 0311-84359142

石津工业用呢厂
河北省高阳县石津镇
邮编 071500
电话 0312-6706979

唐山龙海工业用呢厂
河北省唐海县城关
邮编 063200
电话 0315-8711669

唐山市热力强盛工贸有限公司
唐山市路北区朝阳道 22 号
邮编 63000
电话 0315-2022779,传真 0315-2031273
网址 www.tsrlqs.com
产品 铜版纸,拷贝纸

唐山天盈化工有限公司
河北省唐山市古冶区京华中道
邮编 063100
电话 0315-3533257
产品 超细碳酸钙

天同轻工机械有限公司
河北省石家庄黄河大道 195 号
邮编 050035
电话 0311-85962049
产品 长网、圆网纸机

献县工业用呢厂
河北省献县城东河街支路 8 号
邮编 062250
电话 0317-4622562

永年县工业用呢厂
河北省永年县临洺关太白路
邮编 057150

电话 0310－6822474

枣强县造纸毛毯厂
河北省枣强县县城
邮编 053100
电话 0318－8225951

中国造纸开发保定设计公司
河北省保定市广济路 230 号
邮编 071000
法人代表 龚德利
电话 0312－2025534
传真 0312－2036695

山　西　省

造纸企业

长治造纸厂
山西省长治市郝家庄
邮编 046000
电话 0355－6062356
产品 箱纸板

邓庄纸业有限公司
山西省襄汾县邓庄镇
邮编 041503
电话 0357－3699018
产品 邮封纸，拷贝纸

洪洞县荟源纸业有限公司
山西省洪洞县甘亭镇
邮编 031609
电话 0357－6684646
产品 打字纸，单面书写纸

汇隆工贸（集团）公司造纸厂
山西省榆次市源锅村
邮编 030600
电话 0354－2071989/165
产品 卫生纸，箱纸板

稷山县福利造纸厂
山西省稷山县汾河桥西
邮编 043200
电话 0359－5562768
产品 单面书写纸

稷山纸业有限责任公司
山西省稷山县
邮编 043200
电话 0359－5562323
产品 书写纸，单面书写纸

交城县森海造纸公司
山西省交城县西营镇
邮编 030504
电话 0358－3581610，传真 0358－3581135
产品 箱纸板，牛皮纸

介休造纸厂
山西省介休市十里堡
邮编 031200
电话 0354－7261189
产品 双面胶版纸，书写纸

晋芳纸业有限公司
山西省洪洞县城南坂街
邮编 041600
电话 0357－6222412
产品 生活用纸

临汾造纸厂
山西省临汾市解放东路
邮编 041000
电话 0357－3016118
产品 箱纸板，瓦楞纸，再生新闻纸

临猗县工贸合营河东造纸厂
山西省临猗县
邮编 044100
电话 0359－4023418
产品 瓦楞原纸，印刷用纸

临猗县银湖纸业集团公司
山西省临猗县环城东路
邮编 044100

电话 0359－4023238
产品 白纸板，单面书写纸

祁县晓义兴盛造纸厂
山西省祁县晓义镇
邮编 030900
电话 0351－5340030
产品 高强瓦楞原纸

山西晋佳纸业有限公司
山西省洪洞县城南坂街 01 号
邮编 041600
电话 0357－6213111
传真 0357－3213168
产品 卫生纸，卫生巾，面巾纸，餐巾纸

山西省临汾市开发区北城造纸厂
山西临汾开发区(小麦所西 300 米)
邮编 41000
电话 0357－2210710，传真 0357－2210710
产品 书写纸，有光纸
网址 www.jlbczz.ebigchina.com

山西省万荣县鑫源造纸厂
山西省万荣县解店南路 76 号
邮编 044200
电话 0359－4522803

山西省新绛县汾河造纸厂
山西省新绛县中村北
邮编 043100
电话 0359－7623123，传真 0359－7623130
产品 文化用纸，防近视纸，包装纸 ，卫生纸

山西襄汾纸业集团有限公司
山西省襄汾县城新建路 77 号
邮编 041500
电话 0357－3622039，0357－3622379
传真 0357－3622909
产品 新闻纸，静电复印纸，胶版纸，胶印书刊纸，书写纸，拷贝纸，打字纸，邮封纸

山西永济兴达纸业有限公司
山西省永济市董村北街 88 号
邮编 044500
电话 0359－8114249

朔州造纸厂
山西省朔州市朔城区
邮编 038500
电话 0349－2022732
产品 瓦楞原纸，箱纸板

太原第二造纸厂
山西省太原市平阳路 71 号
邮编 030006
电话 0351－7040176
产品 瓦楞原纸，挂面箱纸板，牛皮箱纸板

太原市清徐华鑫纸业公司
山西省太原市清徐县中高白
邮编 030402
电话 0351－5994588

太原市醒龙加工纸厂
山西省太原市造纸厂内(上兰村)
邮编 030051
电话 0351－3923522
产品 生活用纸

忻州市造纸厂
山西省忻州市东门外太同路 18 号
邮编 034000
产品 包装纸和纸板，黄纸板，纸浆模塑托盘

翼城县北关造纸厂
山西省翼城县红胜路 7 号
邮编 043500
电话 0357－4922247，传真 0357－4922247
产品 牛皮纸

相关企业

风中化学制品厂
山西芮城县风陵渡镇西大街
邮编 044602
电话 0359－3021883
产品 助留、助滤、增强剂

金洋煅烧高岭土有限公司
山西忻州市田村
邮编 034001
电话 0350－2020245
产品 超细煅烧高岭土

山西轻工机械厂
晋中市榆次区经纬路136号
邮编 030601
法人代表 杜益民
电话 0354－2425934
传真 0354－2425934
产品 系列制浆造纸设备

山西天利实业有限公司
太原市水西门街67号23层天利公司
邮编 30002
电话 0351－4211674,传真 0351－4211678
产品 书写纸,纸板,新闻纸
网址 sxtl.chinapaper.net

山西运城有光纸批发中心
运城绛县
邮编 43600
电话 13834715047,传真 0359－6598045
产品 28克60克有光纸

朔州安平高岭土有限公司
山西省朔州市平鲁区
邮编 036800
电话 0349－6055065,传真 0349－6054973
网址 www.anpeak.com
产品 AZ－90,AT－80

阳泉精锐化工有限公司
山西省阳泉市固庄
邮编 045014
电话 0353－5052591
产品 超微细煅烧高岭土

内蒙古自治区

造纸企业

包头市瑞德果园纸制品有限责任公司
内蒙古包头市郊区沙河镇果园西侧
邮编 014060
电话 0472－7148506
产品 卫生纸

德胜纸业有限责任公司
内蒙古扎兰屯市纸浆街
邮编 162650
电话 0470－3307736,传真 0470－3307738
产品 水果袋纸

磴口县黄河造纸有限责任公司
内蒙古自治区磴口县
邮编 015200
产品 书写印刷纸

海拉尔晨鸣纸业有限责任公司
内蒙海拉尔市建设大街
邮编 021011
电话 0470－8281667,传真 0470－8281667
产品 漂白苇浆

海拉尔市红星纸板厂
内蒙古自治区海拉尔市建设乡红星村
邮编 021011
电话 0470－8281255
产品 瓦楞原纸

呼和浩特市南郊造纸厂
内蒙古呼和浩特市锡林南路南端
邮编 010020
电话 0471－5972065,传真 0471－5972065
产品 生活用纸

呼盟根河市箱纸板厂
内蒙古自治区呼盟根河市
邮编 022350

电话 0470－5223867
产品 箱纸板

呼盟根河市纸浆厂
内蒙古自治区呼盟根河市牛耳河镇
邮编 022361
电话 0470－5412393
产品 木浆

集宁市纸板厂
内蒙古集宁市文化路 17 号
邮编 012000
电话 0474－8225577
产品 箱纸板

临河市狼山造纸厂
内蒙古自治区临河市狼山镇红光村
邮编 015023
电话 0478－8712034
产品 纸及纸板

满洲里市造纸厂
内蒙古满洲里市通河街
邮编 021400
电话 0470－6222538
产品 箱纸板

奈曼旗恒顺纸业有限责任公司
内蒙古通辽市奈曼旗大镇振兴街
邮编 028300
电话 0475－4215902
产品 生活用纸

内蒙古北辰板纸有限责任公司
内蒙古自治区乌拉特前旗西山咀镇
邮编 014400
电话 0478－3214222
产品 箱纸板

内蒙古东达福利造纸公司
内蒙古达拉特旗树林召镇
邮编 014300
电话 0477－5212410
产品 挂面箱纸板，黄纸板

内蒙古东达纸业有限责任公司
内蒙古自治区达拉特旗树林召镇
邮编 014300
产品 胶印纸，书写纸

内蒙古河套木业有限责任公司
内蒙杭锦后旗工业路 50 号
邮编 015400
电话 0478－6623458、6635744
传真 0478－6623705
产品 卷烟纸，半透明纸，拷贝纸，新闻纸，包装纸

内蒙古佳磊特种纸业有限责任公司
内蒙古杭锦后旗陕坝镇工业路 50 号
邮编 015400
电话 0478－6631118
传真 0478－6623458
网址 www.nmhtmy.com
法人代表 闫秀珍
产品 拷贝纸、装饰原纸、水松原纸、半透明纸、平板卷烟纸等特种纸

内蒙古塞外星华章纸业股份有限公司
内蒙古巴盟乌拉特前旗西山咀镇
邮编 014400
电话 0478－3211917
传真 0478－3215178
法人代表 陈耀福
产品 漂白苇浆、漂白麦草浆，生活用纸，静电复印纸，双胶纸，书写纸，有光纸，特种印刷纸

内蒙古森工集团富伦纸业有限责任公司
内蒙古扎兰屯市纸浆街 33 号
邮编 162650
电话 0470－3302447，传真 0470－3303820
网址 www.fulunpaper.com.cn
产品 木浆，纸袋纸，精制牛皮纸

内蒙古武川县青山造纸厂
内蒙古自治区武川县北莱园街 1 号
邮编 0101700
电话 0471－8812160
产品 瓦楞纸

内蒙古昭君集团有限公司
内蒙古呼和浩特市金川开发区
邮编 010080
电话 0471－3901137,传真 0471－3601303
产品 餐巾纸,卫生纸

通辽市第二造纸厂
内蒙古自治区通辽市中心大街 194 号
邮编 028007
电话 0475－8233894
产品 纸及纸板

通辽市文达纸业有限公司
内蒙古通辽市中心大街新工一路 4 号
邮编 028005
电话 0475－8414079
产品 复印纸,胶版印刷

托县造纸厂
内蒙古自治区托县城关镇工业路 45 号
邮编 010200
电话 0470－8513741
产品 瓦楞原纸

五原县造纸厂
内蒙古自治区巴盟五原县城关镇
邮编 015100
电话 0478－5212692
产品 机制纸

锡林造纸集团
内蒙古自治区锡林浩特市锡林街
邮编 026003
电话 0479－8232524
产品 纸及纸板,纸浆

兴安盟突泉县造纸厂
内蒙古自治区兴安盟突泉县突泉镇
邮编 137500
电话 0482－5121625
产品 纸板

牙克什市图里河镇造纸厂
内蒙古自治区牙克什市图里河镇
邮编 022167
电话 0470－7862217
产品 包装纸

相关企业

巴林右旗巴林石高新材料有限公司
内蒙古赤峰市巴林右旗
邮编 025150
电话/传真 0476－6226832
总经理 李继东
年生产能力 1.5 万吨
产品 涂布级高岭土、填料级高岭土、陶瓷级高岭土、重钙

内蒙古蒙西高岭粉体股份有限公司
内蒙古鄂尔多斯市蒙西高新技术工业园内
邮编 016014
电话 0473－2551019,传真 0473－2551019
网址 www.mengxigroup.com

内蒙古轻工科研所
内蒙古呼和浩特市海拉尔东路 102 号
邮编 010051
电话 0471－6512660

三保准格尔高岭土有限公司
内蒙古呼和浩特市金川开发区金海路
邮编 010080
电话 0471－3601037
产品 高岭土

辽宁省

造纸企业

鞍山市连邦纸板有限责任公司
辽宁省鞍山市铁西区大西街北口
邮编 114011
电话 0412－8412465
电话 0412－6416020
产品 茶纸板,黄纸板,灰纸板,箱纸板

朝阳纸板总厂
辽宁省朝阳市朝阳大街 1 段 3 号

邮编 122000
法人代表 张德庆
电话 0421－2814799
传真 0421－2805675
产品 箱纸板，瓦楞原纸，纱管芯纸

丹东巨浪造纸集团有限公司
辽宁省丹东市振兴区人民街 42 号
邮编 118002
法人代表 王军
电话 0415－6161649
传真 0415－6163256
网址 www.jvlang.com
产品 精印书刊纸，胶印书刊纸，书写纸，彩色有光纸，水印纸，速印纸，铝箔衬纸

金城造纸股份有限公司
辽宁省凌海市金城街
邮编 121203
电话 0416－2735016
电话 0416－2735004
产品 胶印书刊纸，胶版印刷纸，期刊专用纸，粘合剂等

锦州女儿河纸业有限责任公司
锦州市太和区新兴里 69 号
邮编 121005
法人代表 张立平
经营负责人 张立平
电话 0416－5139211、13904160751、13897865599
产品 生活用纸，分切盘纸

开原纸业有限公司
开原市义和路 47 号
邮编 112300
法人代表 杨俊祥
电话 0410－3713236、3713923、3713546
电话 0410－3710203
产品 胶版纸，书写纸

辽宁新巨浪造纸有限公司
辽宁省丹东市振兴区人民街 42 号
邮编 118002
法人代表 王文良
总经理 胡凤浩
电话 0415－3892278
电话 0415－3892222
产品 单胶、书写、胶印、单面书写等文化用纸，衬纸、包装纸及卫生纸

辽阳市白塔造纸厂
辽宁省辽阳市振兴路 46
邮编 111000
电话 0419－3303085
产品 卫生纸，餐巾纸，纸板

辽阳远方纸业有限公司
辽阳市太子河区望水台街道道西庄
邮编 111000
法人代表 毛寒峰
电话 13332335678，13904994120
产品 灰纸板

盘山县恒昌造纸厂
盘山县甜水乡
邮编 124103
法人代表 赵立元
电话 0427－5909011、5909767、5909191
电话 0427－5909191
产品 有光纸，单胶纸，胶印书刊纸，书写纸

沈阳市沙金纸业有限公司
沈阳市大东区莲花街 11 号 151
邮编 110042
法人代表 金云
电话 024－24239280，24238743
网址 www.shajin.com
产品 纸板、造纸脱水器材

沈阳铜版纸有限责任公司
沈阳市铁西区北三东路 15 号
邮编 110025
法人代表 张凤鸣
电话 024－25877991－8001/8018，25872872
产品 复印纸，打印纸

台安县德瑞纸业有限公司
辽宁省鞍山市台安县黄沙镇
邮编 114107
法人代表 纪延贵
经营负责人 王正仁

技术负责人 宋延先
电话 0412－4611490
产品 牛皮纸，瓦楞纸

营口造纸有限责任公司
辽宁省营口市站前区河湾北街1号
邮编 115001
电话 0417－3632717
传真 0417－3631195
法人代表 冯春克
产品 胶印书写纸，单面书写纸，绿色健视纸，涂布白纸板，粉面白纸板，卫生纸和漂白苇浆板等

相关企业

大连迈仕通机械有限公司
辽宁省大连市金州工业配套园区银泉街3号
邮编 116100
电话 0411－87663998，87663938
网址 www.microstone.com.cn
产品 超微粉新型竖式立磨机，超微湿式研磨机，高效气流式分级系统，全自动精密过滤器，除铁过滤器，活性处理设备

丹东东方轻工机械有限公司
辽宁省丹东市同兴镇龙兴街69号
邮编 118011
电话 0415－6135777 6135888
传真 0415－6135999
网址 www.ddf.com.cn
产品 制浆造纸设备及零件

丹东市江城轻工机械有限公司
辽宁省丹东市振兴区安民镇
邮编 118302
法人代表 邹勇
电话 0415－7609291，7608280，7608629，7608280，7608629
产品 制浆造纸机械设备及零件

丹东鸭绿江磨片有限公司
辽宁省丹东市浪头镇
邮编 118009
电话 0415－6155888，6155355
传真 0415－6156158
产品 高浓磨磨片等

丹东兴和机械有限公司
丹东市振兴区浪头镇天津街201号
邮编 118009
电话 0415－6152949，6155207
产品 长网、叠网、圆网造纸机，涂布机，压光机，复卷机，切纸机，包装机

合山化工(辽宁)有限公司
辽宁省海城市经济技术开发区
邮编 114200
电话 0412－3600699，3600325
产品 超微细滑石粉，超微细碳酸钙粉

沈阳飞鸿达节能设备技术开发有限公司
沈阳市东陵区长青街45号
邮编 110015
电话 024－24210215
传真 24231105
网址 www.syfhd.com.cn
产品 节能热力设备

沈阳市鸿皓纸业有限公司
辽宁省沈阳市和平区阜新二街51号
邮编 110002
法人代表 闫伟光
电话 024－22534569、22523665，22533720
产品 进口各种纸张

沈阳远远电气有限公司
沈阳市东陵区长青街45号
邮编 110015
电话 024－24807802
传真 024－24807802
产品 纸机变频控制，QCS系统

营口市康如化工有限公司
辽宁省营口市六三路韩家学坊
邮编 115001
法人代表 赵兴利
电话 0417－3801918
传真 0417－3801062
网址 www.Kangru.com
产品 润滑增光剂、分散松香胶、液/固体增白剂、显白

剂、湿强剂、抑泡剂、消泡剂、涂料分散剂、颜料研磨分散剂、脱墨剂、毛布洗涤剂等。

吉 林 省

造纸企业

白城纸业股份有限公司
吉林省白城市洮北区纸厂街 8 号
邮编 137000
电话 0436－3224217，传真 0436－3234617
产品 彩印新闻纸，静电复印纸，单、双面胶版纸

白城洁雅纸业有限责任公司
吉林省白城市洮安西路 24－6 号
邮编 137000
电话 0436－50885557，传真 0436－3344568
产品 卫生纸

白山市靖宇具同发板纸厂
吉林省白山市靖宇镇东兴乡太平村
邮编 135200
电话 0439－7224460
产品 黄纸板

白山松华纸业公司
吉林省白山市浑江大街 358 号
邮编 134300
电话 0439－3224040，传真 0439－3223048
产品 高强瓦楞原纸，箱纸板

长春市包装有限公司
吉林省长春市净月小合台
邮编 130031
电话 0431－4640767
产品 瓦楞纸

长春市铝纸厂
吉林省长春市二道区福临路 34 号
邮编 130031
电话 0431－4941967
产品 铝箔纸

长春市三达纸业有限公司
吉林省长春市东盛大街 10 号
邮编 130031
电话 0431－4830118
产品 晒图纸，不干胶纸

迪瑞检验制品有限责任公司
吉林省长春高新技术开发区云河街
邮编 130062
电话 0431－5100406
产品 试纸

公主岭市巨元纸业有限责任公司
吉林省公主岭市秦家屯镇
邮编 136114
电话 0434－6411665
传真 0434－6411658
网址 http://www.juyuanpaper.com/
董事长 周贵仁 6411658
产品 高强瓦楞纸，挂面箱纸板，茶纸板

公主岭市第四造纸厂
吉林省公主岭市秦家屯镇
邮编 136114
电话 0434－6411645
产品 瓦楞纸

公主岭市清泉卫生纸厂
吉林省公主岭市泛家屯镇清泉村
邮编 136105
电话 0434－6812604
产品 餐巾纸，卫生纸

公主岭造纸厂
吉林省公主岭市西公主岭大街 55 号
邮编 136100
电话 0434－6215804
产品 育苗纸，卫生纸

海兰江纸业有限公司
吉林省吉林龙井市吉胜街
邮编 133400
电话 0433－3223078
产品 纸，纸板

桦甸市纸箱厂一分厂
吉林省桦甸市启新街
邮编 132400
电话 0432－6222812
产品 纸板

吉林晨鸣纸业有限公司
吉林省龙井市开山屯镇
邮编 133417
电话 0433－3405714，传真 0433－3405988
产品 铜版纸，双胶纸，粘胶纤维木浆，静电复印纸

吉林省华金纸业有限公司
吉林省白城市纸厂街 8 号
邮编 137000
产品 书刊纸，胶版印刷纸

吉林省乾安纸业有限责任公司
吉林省乾安县
邮编 130000
电话 13904387437
传真 0431－2731406
产品 中、低档纸制产品

吉林市瑞华纸业有限公司
吉林省永吉县建设路 13 号
邮编 132227
电话 0432－4918488
产品 瓦楞原纸

吉林嵩华纸业股份有限公司
吉林省白山市浑江大街 358 号
邮编 134300
电话 0439－3224040
产品 牛皮卡纸，高强瓦楞芯纸

吉林造纸（集团）有限公司
吉林省吉林市昌邑区林荫路 9 号
邮编 132002
电话 0432－2702416
传真 0432－2772858

梨树农场新发造纸厂
吉林省梨树县孤家子镇
邮编 136507
电话 0434－5852402
产品 凹版纸

临江市中茂纸业有限责任公司
吉林省临江市新市街 353 号
邮编 134600
电话 0439－5222926
产品 箱纸板，瓦楞芯纸

龙井市老头沟造纸厂
吉林省龙井市老头沟镇二中内
邮编 134403
电话 0433－3512387
传真 0433－3512387
产品 卫生纸，餐巾纸

龙井市振兴造纸厂
吉林省龙井市
邮编 133400
电话 0433－3223176
产品 文化用纸

梅河口市创大纸业有限公司
吉林梅河口日照大街
邮编 135000
电话 0448－4251102
传真 0448－4217994
产品 涂布白纸板，白纸板

梅河口市油毡原纸厂
吉林省梅河口市山城镇团结一村 214 号
邮编 135022
电话 0448－4814486，传真 0448－4811504
产品 箱纸板，黄纸板，油毡纸

梅河口造纸厂
吉林省梅河口市和平大街 155 号
邮编 135000
电话 0448－4239289
产品 箱纸板，黄纸板

石岘白麓纸业股份有限公司
吉林省图们市石岘镇
邮编 133101
电话 0433－3868139，传真 0433－3868254

产品 新闻纸，双面胶版纸，卫生纸，复印纸，亚硫酸盐木浆，静电复印纸，箱纸板

石岘造纸厂图们分厂
吉林省图们市向上街
邮编 133100
电话 0433－7222290
产品 新闻纸，卫生纸

四平市铁东区造纸厂
吉林省四平市城东乡房身村
邮编 136001
电话 0434－3381556
产品 卫生纸

洮南市华伦纸业有限责任公司
吉林省洮南市临洮西路66号
邮编 137100
电话 0436－6225210
产品 薄页纸，文化用纸

通化县板纸厂
吉林省通化县快大茂镇
邮编 134100
电话 0435－5335386
产品 箱纸板

汪清县屏凤山造纸有限公司
吉林省汪清县汪清镇河北
邮编 133200
电话 0433－8814171
产品 茶纸板，瓦楞纸

延边韩吉制纸有限公司
吉林省图们市图珲路224号
邮编 133100
电话 0433－3625724
产品 卫生纸

延边华泰造纸厂
吉林省延吉市河南街30号
邮编 133001
电话 0433－2821907，传真 0433－2821904
产品 卫生纸

延吉市造纸厂
吉林省延吉市建工街延盛委
邮编 133001
电话 0433－2812684
产品 纸及纸板

延吉造纸有限公司
吉林省延吉市长白路南岗街24号
邮编 133001
电话 0433－2812684，传真 0433－2812684
产品 瓦楞纸，箱纸板，包装纸，卫生纸

延青纸业有限责任公司
吉林省龙井市吉胜街
邮编 133400
电话 0433－3254681
产品 牙签纸

镇赉县造纸总厂
吉林省镇赉县镇赉镇
邮编 137300
电话 0436－7222549
产品 文化用纸

相关企业

长春市大地精细化工有限责任公司
吉林省长春市人民大街159号
邮编 130021
电话 0431－5682536
产品 造纸助剂

长春市纸张试验机厂
吉林省长春市安达街1456号
邮编 130061
电话 0431－8586777
产品 纸张物理检测仪器

长春小型试验机厂
吉林省长春市凯旋路48号
邮编 130052
电话 0431－2931564
产品 纸张检测仪器

德奥工业用呢工业有限公司
吉林省吉林市船营区西宁路2号
邮编 132011
电话 0432－4888576

吉发生化医药食品有限公司
吉林市龙潭区靠山街
邮编 132022
电话 0432－3521567
产品 变性淀粉

吉林轻工业设计院
吉林省吉林市林荫路16号
邮编 132002
电话 0432－2772787，传真 0432－2775622

吉林省爱普特环保设备有限公司
吉林省长春市吉长公路（南线）七公里处
邮编 130023
电话 0431－5385129/5671397
传真 0431－5385130

吉林省石油化工设计研究院
吉林长春市人民大街113号
邮编 130021
电话 0431－5627138
产品 消泡剂，造纸助剂

吉林市诚信实业有限责任公司
吉林市丰满区二道120号
邮编 132107
电话 0432－4821456，传真 0432－4822026
产品 特钢磨片

吉林市集美包装品有限公司
吉林省吉林市北京路184号
邮编 132011
电话 0432－4841208
产品 纸箱

吉林市莲花化工厂
吉林和平街58号
邮编 132002
电话 0432－2735352
产品 蒸煮助剂

四平市桦鑫包装有限公司
吉林省四平铁东区北八马路19号
邮编 136001
电话 0434－3520221
产品 纸制品

洮佳工业用呢有限责任公司
吉林省洮南市光明南街84号
邮编 137100
电话 0436－6327221

新东亚（NEAC）化学有限公司
吉林省延吉林延南街长洁胡同9号
邮编 133001
电话 0433－2854111
传真 0433－2824416

延吉卷烟厂包装材料分厂
吉林省延吉市河南街白华委
邮编 133000
电话 0433－2824804
产品 纸箱

延吉市日用化工一厂
吉林省延吉市新兴街华新委
邮编 133000
电话 0433－2512145
产品 纸袋

延吉综合包装有限公司
吉林省延吉市新兴街康宁委
邮编 133000
电话 0433－2650307
产品 纸箱

黑龙江省

造纸企业

阿城第二造纸厂
黑龙江省哈尔滨市阿城市阿什河乡民合村
邮编 150300
电话 0451－3711601

产品 卫生纸,面巾纸

阿城市福利造纸厂
黑龙江省阿城市牌路大街1号
邮编 150300
电话 0451－3721639
产品 纸袋纸

阿城市汇鑫纸业
黑龙江省阿城市舍利太平工业区
邮编 150300
电话 13936046392,传真 0451－53881901
产品 生活用纸

巴彦县造纸有限公司
黑龙江省巴彦县巴彦镇复生街
邮编 151800
电话 0451－7522743
产品 箱纸板,瓦楞原纸

宝清县八五二农场造纸厂
黑龙江省宝清县
邮编 155625
电话 0469－5305048
产品 凸版纸,书写纸

柴河林业造纸有限责任公司
黑龙江省海林市柴河镇
邮编 157131
电话 0453－7528390,传真 0453－7528390
产品 箱纸板

大宇制纸有限公司
黑龙江省牡丹江市阳明区光华街8号
邮编 157013
电话 0453－6325718,传真 0453－6333577
产品 美术铜版纸,胶版纸

带岭林业造纸厂
黑龙江省伊春市带岭林业局
邮编 153106
电话 0458－3432740
产品 纸板

哈尔滨嘉奕纸业有限公司
黑龙江省哈尔滨市南岗区西大直街
邮编 150006
电话 0451－6292789,传真 0451－6292789
产品 餐巾纸

哈尔滨奇丹纸业有限公司
黑龙江省哈尔滨市太平区先锋路243号
邮编 150056
电话 0451－2403366,传真 0451－2403974
产品 生活用纸

哈尔滨市万达纸业
哈尔滨市南岗区宣化街143号
邮编 150001
电话 0451－82728952,传真 0451－82728952
产品 打字纸,书写纸,双胶纸,书皮纸,有光纸

哈尔滨造纸二厂
黑龙江省哈尔滨市太平区
邮编 151150
电话 0451－4673369
产品 瓦楞纸

哈尔滨造纸三厂
黑龙江省哈尔滨市埃德蒙顿路13号
邮编 150070
电话 0451－4307494
产品 箱纸板,白纸板,彩色包装纸板

鹤岗市华欣纸业有限责任公司
黑龙江省鹤岗市新华镇
邮编 154109
法人代表 付春利
电话 0468－3682024
传真 0468－3682242
产品 特种纸,文化纸,生活用纸,商品木浆

黑龙江北大荒纸业有限责任公司
黑龙江省密山市兴凯湖造纸厂
邮编 158328
电话 0467－5081055,传真 0467－5081044
网址 www.xkhzzc.chinapaper.net
产品 打字纸,书写纸,胶版纸,彩色胶印纸,图画纸

黑龙江斯达造纸有限公司
黑龙江省富裕县城西
邮编 161202
电话 0452－3100955
传真 0452－3108978

黑龙江通河纸业公司
黑龙江省通河县通河镇
邮编 150900
电话 0451－7422695，传真 0451－7426950
产品 硫酸盐木浆

黑龙江新华卫生专用造纸有限公司
黑龙江省阿城市印刷二厂院内
邮编 150300
电话 0451－3722503，传真 0451－3722500
产品 卫生纸，面巾纸

呼兰县白奎造纸厂
黑龙江省呼兰县白奎镇
邮编 150515
电话 0451－5206386
产品 瓦楞纸，茶纸板

桦南县林业局造纸厂
黑龙江省桦南县
邮编 154431
电话 0454－6220043
产品 纸板

佳木斯东风造纸厂
黑龙江省佳木斯市东风区建国路 5 号
邮编 154005
电话 0454－8387481
传真 0454－8391443
产品 涂布白纸板，白纸板，静电复印纸，双面胶版纸

佳木斯市莲江口造纸厂
黑龙江省佳木斯市郊区莲江口镇
邮编 154025
电话 0454－8811491
产品 文化用纸

佳木斯市松江造纸厂
黑龙江省佳木斯市松江乡模范村
邮编 154005
电话 0454－8381718
产品 箱纸板

佳木斯市卫生纸厂
黑龙江省佳木斯市永红区友谊街中段
邮编 154004
电话 0454－8540557
产品 卫生纸

佳木斯纸业集团有限公司
黑龙江省佳木斯市光复路 306 号
邮编 154005
电话 0454－8375228，8377433
传真 0454－8591593，8391258
产品 纸袋纸，电缆纸，绝缘浸渍纸，牛皮卡纸，牛皮箱纸板，防水纸及纸板，防锈原纸，电池基纸，盲文纸，商品浆

金山屯林业局造纸厂
黑龙江省伊春市金山屯区团结街新兴委
邮编 153026
电话 0458－3732995
产品 纸板

兰西县兰港联营造纸公司
黑龙江省兰西县城东街
邮编 151500
电话 0455－7623109
产品 瓦楞原纸

林甸永生造纸有限责任公司
黑龙江省林甸县城南
邮编 166300
电话 0459－3323548
产品 文化用纸

密山市造纸厂
黑龙江省密山市知一镇
邮编 158312
电话 0467－5162325
产品 卫生纸，瓦楞原纸，箱纸板

牡丹江恒丰纸业集团有限公司
黑龙江省牡丹江市阳明区造纸路 11 号

邮编 157013
电话 0453-6331111,传真 0453-6331063
产品 铜版纸,卷烟纸,铝箔衬纸,滤嘴棒纸,水松原纸,无碳复写原纸

牡丹江木材综合加工厂
黑龙江省牡丹江市新安街 345 号
邮编 157005
电话 0453-6683388
产品 纸浆

牡丹江市阳明造纸厂
黑龙江省牡丹江市阳明区东新荣街 2 号
邮编 157009
电话 0453-6336042
产品 瓦楞纸

牡丹江鑫特纸业有限责任公司
黑龙江省牡丹江市大庆街 19 号
邮编 157009
电话 0453-6823154
产品 特种纸板

宁安市镜泊湖造纸厂
黑龙江省宁安市宁安镇十五号路 24 号
邮编 157400
电话 0453-7621987
产品 文化用纸,箱纸板

齐齐哈尔龙光造纸有限责任公司
黑龙江省齐齐哈尔市南苑开发区南荟街
邮编 161005
电话 0452-2347366
产品 卫生纸

齐齐哈尔市江岸造纸有限公司
黑龙江省齐齐哈尔龙沙区安顺路 108 号
邮编 161005
电话 0452-2827377
产品 箱纸板,瓦楞原纸

黑龙江黑龙股份有限公司
黑龙江省齐齐哈尔市龙沙区长青路 27 号
邮编 161005
电话 0452-2816932,传真 0452 2816277
产品 新闻纸

双城市宏波造纸厂
黑龙江省双城市团结大街
邮编 150100
电话 0451-3144131
产品 卫生纸

泰来纸业有限公司
黑龙江省泰来县泰来镇
邮编 162400
电话 0452-8222761
产品 书写纸,卫生纸

汤原纸业有限公司
黑龙江省汤原县汤原镇
邮编 154700
电话 0454-7622719
产品 凸版纸

望奎县龙盛纸业有限公司
黑龙江省望奎县
邮编 152100
电话 0455-6461064
产品 文化用纸

友谊农场造纸厂
黑龙江省友谊县
邮编 156900
电话 0469-5305088
产品 文化用纸

相关企业

长恩辊式磨浆机研制中心
黑龙江省哈尔滨市动力区农林八道街 6 号
邮编 150040
电话 0451-2190953
产品 磨浆机

方达电子技术开发有限公司
黑龙江省哈尔滨市动力区和兴路副 28-64 号
邮编 150040
电话 0451-2190118
产品 水分、浓度、纸张性能测定仪器

哈尔滨泽恩磨浆机有限公司
地址 哈尔滨市南岗区红旗大街 162 号 619 室
邮编 150090
电话 0451－82293443
产品 双螺旋辊式磨浆机

黑龙江省轻工业设计院
黑龙江省哈尔滨市动力区和平路 31 号
邮编 150040

黑龙江省新北方浆纸贸易有限公司
黑龙江省哈尔滨市南岗区红军街 26 号 808
邮编 150001
电话 0451－3600711，传真 0451－3600705
网址 nnpp.chinapaper.net

黑龙江省造纸工业研究所
黑龙江省牡丹江市光华街 5 号
邮编 157013
电话 0453－6332195

黑龙江省造纸工业总公司
黑龙江省哈尔滨市南岗区东大直街 302 号 16 楼
邮编 150001
电话 0451－3638116

佳木斯市华龙化工有限公司
佳木斯市光复路南兴街 13 号
邮编 154005
电话 0454－8387237
产品 造纸助剂

佳木斯造纸网有限公司
黑龙江省佳木斯东风区光复路 302 号
邮编 154005
电话 0454－8379084

牡丹江众程绿佳环保公司
黑龙江省牡丹江市海浪路 84 号
邮编 157000
电话 0453－6443905
传真 0453－6226082
产品 牛皮挂面，茶纸板，瓦楞纸
网址 www.mdjzclj.my163.com

上　海　市

造纸企业

奥斯龙纸业(上海)有限公司
上海市闵行区莘庄工业区银都路 4299 号
邮编 201108
电话 021－54420399，传真 021－34173250
产品 卫生纸原纸

上海彩时码特种纸有限公司
上海市外青松公路 7612 号
邮编 201701
电话 021－69209886
产品 彩喷纸，光相纸，热敏纸

长谊特种纸(上海)有限公司
上海市宝山城市工业园区丰翔路 1396 号
邮编 200436
电话 021－36160789，传真 021－36160787
产品 工业用纸，防火纸，防锈纸，过滤纸，压纹纸，灯笼纸，吸油面纸，杯垫纸，食品包装纸，医疗包装纸

洁特纸业(上海)有限公司
上海市嘉定区嘉唐路 220 号
邮编 201800
电话 021－59992792，54350313
传真 54350313
产品 抹布纸

洁新纸业拓展(上海)有限公司
上海市徐汇区漕溪北路 38 号
电话 021－64368754
产品 干法造纸技术

金奉源纸业(上海)有限公司
上海市奉贤区星火开发区莲塘路 251 号
邮编 201419
电话 021－57502645
产品 高档食品级卡纸

金光集团 APP 中国总部
上海市延安东路 222 号外滩中心 8、9 楼

邮编 200002
电话 021－63352222
传真 021－63618585
网址 www.app.com.cn

骏源特种纸上海有限公司
上海市青浦工业园区汇联路1739号
电话 021－59705886，传真 021－59706688
产品 高级色光纸，彩色纹路艺术纸，特种纸

上海爱妮梦纸业有限公司
上海市闵行区沪闵路3158号
邮编 201109
电话 021－64901010，传真 021－54570005
产品 生活用纸

上海宝岛造纸厂
上海市崇明县奚家港
邮编 202162
电话 021－59431287
产品 茶纸板，瓦楞纸

上海大王特种纸品有限公司
上海市喜泰路237号
邮编 200232
电话 021－54097763，传真 021－54090606
产品 无碳复写纸，晒图纸，防伪发票专用纸

上海东宝永联纸业有限公司
上海市浦东新区张江镇伟益路
邮编 201203
电话 021－64167011，传真 021－64162551
产品 餐巾纸，面巾纸

上海东海卫生纸厂
上海市南汇县东海镇仪朝公路765号
邮编 201325
电话 021－68267755
产品 卫生纸

上海泛亚潜力纸业有限公司
上海市蕴川路盛桥工业小区
邮编 200942
电话 021－56649708，传真 021－56646488
产品 彩色胶印新闻纸

上海峰联浆纸有限公司
上海市松林路97弄48号4B
邮编 200120
电话 021－58207888

上海富民造纸厂
上海市崇明县港沿镇八一公路
邮编 202158
电话 021－59465421
产品 纸板，瓦楞纸

上海复写纸联合公司
上海市斜土路265弄27号
邮编 200023
电话 021－63049318，传真 021－63010772
产品 复写纸，静电复印纸

上海高冠印刷材料有限公司
上海松江九亭工业区
邮编 201615
电话 021－57636615，传真 021－57638256
网址 www.gaoguan.net
产品 不干胶类印刷用纸

上海航空印刷有限公司
上海市闵行区中和路8号
邮编 200245
电话 021－64308100
产品 航空票证纸

上海恒伦纸业有限公司
上海市广中西路99弄30号201室
邮编 200072
电话 021－66310898，传真 021－66310090

上海华孚新纸业有限公司
上海市奉贤县泰日镇梅园村
邮编 201405
电话 021－57588525，传真 021－57588368
产品 高强瓦楞原纸，牛皮箱纸板

上海华灵纸业有限公司
上海市松江张泽镇西首
邮编 201608
电话 021－65035977

产品 铜版纸

上海嘉龙纸业有限公司
上海市金山区金张公路 5207 号
邮编 201507
电话 021－57371460
产品 特种纱管纸,牛皮箱纸板,卫生纸

上海基隆腊光纸有限公司
上海市松江区天马经济开发区
邮编 201603
电话 021－57663729
产品 蜡光纸

上海金佰利纸业有限公司
上海市松江金沙滩 139 号
邮编 201600
电话 021－57822671
产品 生活用纸

上海金奉源纸业有限公司
上海浦东星火开发区莲塘路 251 号
邮编 201419
电话 021－57502911,传真 021－57502589
产品 涂布白卡纸,涂布纸板,牛皮卡纸

上海开伦造纸(集团)有限公司
上海市武夷路 477 号
邮编 200050
电话 021－62400224,传真 021－62401113
产品 静电复印纸,瓦楞原纸,牛皮箱纸板,折叠涂布白纸板,单面涂布白纸板,茶纸板

上海乐凯纸业有限公司
上海市常和路 308 号
邮编 200331
电话 021－62509984
传真 021－62845219
网址 www.luckyfilm.com.cn
法人代表 杨春生
经营负责人 胡杰
技术负责人 李钢锁
品产 照相原纸,彩喷原纸,特级白卡纸,彩照涂塑纸(RC)
产品 影像用纸

上海力德纸业有限公司
上海青平公路 6098 号
邮编 201713
电话 021－59230221,传真 021－59230221
产品 透析纸,氧化锌印版纸,水性胶印纸,心电图记录纸

上海三五纸厂有限公司
上海市青浦朱家角镇胜利街 8 号
邮编 201713
电话 021－59242371
产品 热敏纸,电火花纸

上海森绒纸业有限公司
上海市松江佘山工业开发区民业路 18 号
邮编 201602
电话 021－57793568
传真 021－57793567
网址 http://www.senrong－sh.com
法人代表 董超云
产品 无尘纸

上海实宏纸业有限公司
上海市喜泰路 243 号
邮编 200232
电话 021－64364431,传真 021－64700332
产品 牛皮箱纸板,纱管原纸

上海四环复合材料有限公司
上海沪青平公路卫家角东侧
邮编 201702
电话 021－59776891
产品 复塑纸

上海天章记录纸厂
上海市杨树浦路 408 号
邮编 200082
电话 021－65462370,传真 021－65418722
产品 仪表、医用、气象记录纸,计算机、通讯设备用纸,复印纸,商业表格纸,票证纸

上海同孚特种纸板厂
上海市崇明县港沿中路 588 号
邮编 202158
电话 021－59461824
产品 厚纸板,布浆板,纸浆模塑制品,工业包装内衬

上海新江南造纸厂
上海光复西路1003号
邮编 200063
电话 021－62440266
产品 铜版纸,复印纸,邮票纸

上海信一造纸厂
上海市崇明奚家港
邮编 202162
电话 021－59431286,传真 021－59431287
产品 新闻纸,瓦楞原纸,仿牛皮箱纸板,茶纸板

上海雅丽纸业有限公司
上海丰翔路128弄202号(宝山城市工业园区)
邮编 200436
电话 021－66740789,传真 021－66740790
产品 复印纸,打印纸,传真纸,扎钞纸

上海中隆纸业有限公司
上海市浦东康桥工业区秀浦路399号
邮编 201315
电话 021－58129798,传真 021－58128986
产品 高档箱纸板,高强瓦楞原纸

申洪特种纸业有限公司
上海市奉贤区洪庙镇南首路
邮编 201411
电话 021－57130449
产品 特种涂料印刷纸

王子制纸株式会社(上海代表处)
上海市延安西路2201国际贸易中心1506室
邮编 200336
电话 021－62195555
传真 32231101

新勤丰造纸厂
上海市奉贤星大开发区莲塘路251号
邮编 201419
电话 021－62401183
产品 装饰原纸,平衡纸

相关企业

巴斯夫(中国)有限公司
上海西藏中路18号港陆广场20楼
邮编 200001
电话 021－63851630
传真 021－63848478
产品 造纸化学品

布鲁奇维尔(上海)通风技术有限责任公司
上海市奉贤区坞桥镇环北路2号
邮编 201402
电话 021－57406923
传真 021－57406923
产品 气罩,风箱,冷凝水系统,热回收系统

长城纸业机械(菲律宾)有限公司
上海曹杨路540号中联大厦311房
邮编 200063
电话 021－62440001－5314,传真 62441106

成畅有限公司
上海北京北路2668号联合大厦21楼2121室
邮编 200063
电话 021－62570493,传真 021－62570002
产品 代理进口助剂

川佳机械集团股分有限公司
川佳机械(集团)华东办事处(上海)
上海市徐汇区宛平南路381号
邮编 200032
电话 021－64283706,传真 021－64283652
产品 制浆造纸机械

光华爱而美特仪器有限公司
上海闵行开发区东川路3160号
邮编 200240
电话 021－64300150
产品 电磁流量计等

华阳检测仪器有限公司
上海市昭化路515号
邮编 200050
电话 021－62400193

产品 造纸检测、测量仪器

加拿大(杰森)集团中加纸容器有限公司
上海市北京东路668号外滩京城C座F14－B
邮编 200001
电话 021－53081141/53084301
传真 021－53084301
网址 www.paper－vessel.com
产品 一次性纸制餐盒,纸杯等系列产品

江阴市国光轧光纤维辊有限公司上海销售公司
上海市共和新路666号中土大厦24楼F座
邮编 200070
电话 021－36173203/4285
传真 021－36174285
产品 可控中高软辊压光机、压光机,纤维辊,大辊压榨,纸机网部,压榨部改造

久联化学工业(上海)有限公司
上海市外高桥保税区芬菊路152号
邮编 200137
电话 021－50481691,传真 021－50480635
法人代表 安玄卓雄
产品 造纸涂料,地毯背胶,食品包装用胶粘剂

帕克环保技术(上海)有限公司
上海浦东张江郭守敬路351号
邮编 201203
电话 021－50800101,传真 021－50800221
产品 污水处理,厌氧处理技术

三菱商事(上海)有限公司
上海市浦东新区迎春路96号
邮编 200127
电话 021－68543030,传真 021－68543568

上海爱建造纸机械有限公司
上海市普陀区真南路2173号
邮编 200333
电话 021－62508807
传真 021－62509498
法人代表 吴思忠
产品 普通造纸机,绝缘浸渍纸机,中底纸板机,汽车三滤纸机等特种纸机。

上海北亚瑞松贸易发展有限公司
上海市延安东路222号外滩中心2202
邮编 200002
电话 021－63351999,传真 021－63351777
产品 进口木浆,竹浆,苇浆

上海本真造纸技术有限公司
上海市普陀区中山北路1295号8号楼316室
邮编 200065
电话/传真 021－56090615
法人代表 姚金树
产品 制浆,造纸生产工艺和机械设备咨询,设计,制造,改造,安装和调试,新产品研制,兼营造纸原料和化学助剂

上海承天制浆造纸机械工程成套设备有限公司
上海市中心北路1060号1501室
邮编 200070
电话 021－56558038 56550377
传真 021－56558038
法人代表 廖鹏程
产品 工业滤纸成套设备,涂布机,浸渍机,二辊单压,四辊双压区,软压光机

上海泛邦自控技术研究所
上海市大木桥路111号26D
邮编 200032
电话 021－64173777
传真 021－54520510
法人代表 陈延庆
产品 高精度节能型恒温自控系统

上海复欣制胶厂
上海南汇区横河新镇南首
邮编 201319
电话 021－58133581
传真 021－58133581
法人代表 顾银华
生产能力 600吨/年
产品 一次性生活用品配套产品

上海工业用呢厂
上海市翟北路305号
邮编 200335
电话 021－62396500转总部

传真 021-62398270
网址 www.shpmc.com.cn
法人代表 朱建国
产品 造纸毛毯,土工材料,工业用呢

上海赫达富化工科技有限公司
上海市金华路168号
邮编 201824
电话 021-591
传真 021-59192480
产品 森森牌造纸助剂

上海晶杨商贸有限公司
上海市斜土路448号2301室
邮编 200023
电话 021-63049414 63049441 63049794
传真 021-63049974
网址 www.sha-jingyang.com
产品 液体染料,有机颜料分散液,进口 Manildra 造纸专用系列淀粉,进口荧光增白剂,测色仪器、在线颜色测色系统

上海开港造纸机械制造有限公司
上海市幸福路117号
邮编 200052
电话 021-62803874
传真 021-62803874
法人代表 李明
产品 喷嘴及其移动装置,常用制浆设备及配件

上海科创设备防腐防漏技术有限公司
上海市松江区新五开发区
邮编 201606
电话 021-57874310
传真 021-57877400
产品 烘缸堵漏,表面处理

上海轻工机械二厂
上海市云岭东路120号
邮编 200062
电话 021-52808343
传真 021-52808542
网址 www.star-sh.com
法人代表 刘汉元
产品 造纸机,浆处理设备

上海申伦科技发展有限公司
上海市虹口区汶水东路181弄三九大厦2栋1608室
邮编 200437
电话 021-65360566
传真 021-65605707
产品 纸用化学品

上海威尔泰工业自动化股份有限公司
上海市闵行区虹中路263号
邮编 201103
电话 021-64656465
传真 021-64659677
网址 www.welltech.cn
法人代表 张华
产品 自动化控制系统

上海湛和贸易有限公司
上海市南丹东路188号久隆大厦2101室
邮编 200030
法人代表 牛守华
电话 021-64873737
传真 021-64873700
产品 贸易、科研、生产以及技术服务为一体,代理日本明成化学工业株式会社造纸化学品

上海造纸机械电控技术研究所
上海中山北一路22号
邮编 200083
电话 021-65871931,65871936
传真 021-65870653
网址 www.sh-sied.com
法人代表 施卫新
产品 SIED 全数字交直流调速系统产品,抄纸车间集散控制系统

上海紫华企业有限公司
上海市闵行区北松路999号
邮编 201111
电话 021-64093456
传真 021-64090612
网址 www.pefilm.com.cn
法人代表 郭峰
产品 PE 流延压纹膜、透气性流延膜和耐刺穿底膜等,主要用于一次性卫生用品和医疗行业,如妇女卫生巾、护垫、医用床垫等

瑞典ABS制浆造纸泵业公司上海代表处
上海市南京西路580号南证大厦2009室
邮编 200041
电话 021-52340472/32100326
传真 021-52341179

上海宏亚机泵制造有限公司
上海市交通西路108号1号
邮编 200065
电话 021-56533064,56080539(兼传真)
网址 www.hongyapumps.com
产品 CZ系列化工离心泵,G型螺杆泵,WB型旋涡泵,FCB型不锈钢齿轮泵,TWZB型无堵塞浆泵等

上海永锚泵业制造有限公司
上海市闸北区共和新路111弄9号203信箱
邮编 200070
电话 021-63802299,63171166,传真 63537433
产品 G型系列单螺杆泵,QBY型气动隔膜泵,ISG系列单级单吸立式管道离心泵,CQ型磁力驱动泵,JMZ、FMZ自吸泵等

上海吉臣化工有限公司
上海市浙桥路289号建银大厦B座1304室
邮编 201206
电话 021-58341051,58341052
传真 021-58341051-66
网址 www.jichenchem.com
产品 纸力增强用树脂,纸浆专用分散剂,烘缸剥离剂,纸张增强剂,脱墨漂白剂

上海爱凯思机械刀片公司
上海市沪太路1291号
邮编 200436
电话 021-56376905
产品 打浆机刀具

上海爱普乐电器有限公司
上海市芷江路788号2号楼702室
邮编 200070
电话 021-56303456
产品 数控及普通软压光机,配件

上海宝刀机械刀片
上海市青浦工业区盈中
邮编 201700
电话 021-59203592
产品 机械刀片

上海宝星纸浆模塑有限公司
上海市宝山区盛桥石太路699号
邮编 200942

上海大禹泵阀制造有限公司
上海浦东新区沪南公路1463号
邮编 201204
电话 021-58447575,传真 021-50610894

上海东华高压匀浆泵厂
上海市沪闵路3725号颛桥
邮编 201108
电话 021-64890961
产品 高压浆泵

上海福昌造纸机械厂
上海市浦东新区黄楼镇西首
邮编 201205
电话 021-58941309
产品 切纸机等

上海福克斯波罗有限公司
上海市漕宝路161号
邮编 200233
电话 021-64362380
产品 自动化仪表

上海高新造纸技术有限公司
上海市南大路15号
邮编 200436
电话 021-66507871
法人代表 刘以顺
产品 造纸制浆技术开发,造纸工程设备成套技术,造纸机械等

上海工业用呢厂
上海市北翟路305号
邮编 200335
电话 021-62396500 62398266
传真 021-62398270
网址 www.shpmc.com.cn

企业负责人 朱建国
产品 造纸毛毯,其他工业用呢

上海工业用呢厂诸翟分厂
上海市闵行区诸翟镇北青公路1128号
邮编 201106
电话 021-62211136

上海浩天变性淀粉有限公司
上海市宝山区共康路651号
邮编 200443
电话 021-56416150
法人代表 黄炳
产品 涂布淀粉,特种表面施胶淀粉,层间增强淀粉,湿部淀粉

上海赫达富化工科技有限公司
上海市金华路168号
邮编 201824
电话/传真 021-59192480
产品 蒸煮催化剂,造纸助剂(森森牌)

上海赫克力化工有限公司
上海市莘庄工业区申富路668号
邮编 201108
电话 021-54425533,传真 021-54424580
产品 造纸助剂

上海恒皓创新酰胺有限公司
上海市杨浦区定海港路434号
邮编 200090
电话 021-65660734,传真 021-65660735
法人代表 张贵荣
产品 聚丙烯酰胺系列产品

上海恒力造纸机械制造有限公司
上海市普陀区真南路228号
邮编 200333
电话 021-62843387,传真 021-62841348
法人代表 胡福康
产品 插条式波纹压力筛筛鼓(外流)

上海宏达着色剂厂
上海柳营路588弄1号楼
邮编 200070
电话 021-56624673
产品 造纸用调色剂,增白剂

上海沪昌造纸机械有限公司
上海沪太路555弄3号503室
邮编 200070
电话 021-56557226,传真 021-56555227
产品 压力筛,冲浆泵,造纸机

上海化工机械厂
上海市瞿溪路1236号
邮编 200023
电话 021-63031140
产品 过滤机,洗浆机

上海化工研究院有机研究所
上海市云岭东路345号
邮编 200062
电话 021-52800850
产品 杀菌剂

上海华杰精细化工有限公司
上海市清真路55号
邮编 200032
电话 021-64718661
产品 防腐杀菌剂

上海华台纸业有限公司
上海市中华新路969弄20号
邮编 200070
电话 021-66613936
法人代表 李振中
产品 造纸原料,造纸机械,机制纸板,机电控制器,计算机外部设备

上海荟安筛网实业有限公司
上海市中原路60弄1号
邮编 200438
电话 021-65572389
产品 丝网

上海吉井环保设备有限公司
上海市长宁区宋园路16号703室
邮编 200336
电话 021-62083399,传真 021-62706689

法人代表 张管兴
产品 系列计量泵,输送泵,环保设备

上海景兴进出口有限公司
上海南京西路1266号恒隆广场63层
邮编 200040
电话 021-62883080-6389
传真 021-62882866
产品 废纸,木浆,纸板,瓦楞纸,胶纸

上海金熊造纸网毯有限公司
上海市金山区枫泾镇兴塔建安路78号
邮编 201502
电话 021-67361666转
传真 021-67361072
网址 www.shjinxiong.com
产品 造纸毛毯,工业用呢

上海机械刀片厂
上海市闸北区沪太路1205号
邮编 200436
电话 021-56611280
产品 备料、纸机用刀具

上海科创烘缸专业堵漏公司
上海市松江新五经济开发区
邮编 201606
电话 021-57874310,传真 021-57877400

上海联胜化工有限公司
上海市浦东新区曹路镇华东路1069号
邮编 201209
电话 021-58633248,5863055,传真 58631497
法人代表 肖席珍

上海浦东合丰造纸机械厂(原上海造纸机械配件厂)
上海长宁区定西路710弄15号
邮编 200052
电话 021-62823028,传真 021-62820949
产品 疏解机,圆盘磨等

上海浦东菱花造纸助剂厂
上海市浦东新区中高路8号
邮编 200137
电话 021-58043543
产品 分散松香,分散剂

上海轻工机械冷铸轧辊厂
上海市宝山区泰和路1005号
邮编 200940
电话 021-56673870
产品 造纸辊件

上海轻良实业有限公司
上海市青浦白鹤工业区鹤祥路68号
邮编 201709
电话 021-59741988,传真 021-59741437
产品 造纸设备

上海瑞华电器有限公司
上海市哈密路795号
邮编 200335
电话 021-62396638
产品 传动及控制系统

上海瑞沪造纸机械有限公司
上海市南翔镇新翔黄路625号
邮编 201802
电话 021-59120619
产品 切纸机

上海上大玲珀化工科技有限公司
上海市延长路149号上海大学科技园
邮编 200072
电话 021-36033271
网站 www.higradechemicals.com.cn
法人代表 朱勇强
产品 AS39A松香乳液施胶剂,ER65高效低泡施胶剂

上海申伦科技发展有限公司
上海市虹口区汶水东路181弄三九大厦2栋1608室
邮编 200437
电话 021-65360566
产品 造纸化学品

上海碳酸钙厂
上海市漕宝路221号
邮编 200233
电话 021-64757677
产品 造纸用碳酸钙

上海太新造纸机械有限公司
上海市天目中路71号康恒大厦412
邮编 200070
电话 021－63637107
产品 活动弧形辊，纸机配件

上海星空自动化仪表有限公司
上海市浦东沪南路5281号
邮编 201317
电话 021－58145858
产品 流量计等仪表

上海新光明泵业制造有限公司
上海市武定路576号
邮编 200040
电话 021－62583382
产品 泵类

上海欣盛颜料化工有限公司
上海市陕西北路600号206B
邮编 200041
电话 021－62583662
法人代表 季翔
产品 造纸调色剂，乳胶着色剂BR，阳离子型直接耐晒液体染料

上海新升造纸机械厂
上海市吴宝路1285号
邮编 201105
电话 021－64210681
产品 水力碎浆机，旋翼筛

上海纸联机电设备有限公司
上海市浦东罗山路1197号
邮编 200126
电话 021－68566675
产品 制浆造纸备品备件

上海中纸贸易有限公司
上海市浦东区浦东南路3456号江天大厦5楼501室
邮编 200125
电话 021－58396434，传真 021－58392694
产品 绒毛浆贸易

新华控制工程有限公司
上海闵行经济技术开发区文井路160号
邮编 200245
电话 021－64304308，传真 021－64302778
产品 自动控制

新生造纸毛毯有限公司
上海市松江县泗泾工业区A区北座
邮编 201601
电话 021－57619721

意大利亚赛利造纸机械有限公司(上海)代表处
上海市凯旋路3500号华苑大厦1号楼
邮编 200030
电话 ＋39－0583－21171，＋86－21－64870654
传真 ＋39－0583－299340，＋86－21－64872928
网址 www.acelli.it
法人代表 刘长春
产品 造纸及无纺布机器

远伸化学工业股份有限公司上海办公室
上海市七莘路3198弄40号503室
邮编 201101
电话 021－34100498－801
产品 网毯洗涤剂

中达工业用呢厂
上海市金山县吕巷镇新浜村
邮编 201517
电话 021－57371242

中国海诚工程科技股份有限公司
制浆造纸事业部
地址 上海市宝庆路21号
邮编 200031
电话 021－64717908
网址 www.haisum.com

江　苏　省

造纸企业

常州常丰包装有限公司
江苏省常州市西环路18号
邮编 213016

电话 0519－6970177,传真 0519－6960299
产品 纸板

常州市五环纸业有限公司
江苏省常州市戚墅堰 312 国道印庄桥
邮编 213011
电话 0519－8771206,传真 0519－8771258
产品 高强瓦楞原纸,牛皮箱纸板,茶纸板

常州市协众纸塑材料有限公司
江苏常州市劳动东路 24 号
邮编 213001
电话/传真 0519－6881042
产品 离型纸,纸塑复合材料

大丰市金驹纸业有限责任公司(大丰市箱纸板厂)
江苏省大丰市白驹镇
邮编 224113
电话 0515－3612488
产品 箱纸板,茶纸板,黄纸板

丹阳镇北卫生纸厂
江苏省丹阳市埠城镇镇北村
邮编 212311
电话 0511－6342138
产品 卫生纸

东海县造纸厂
江苏省东海县黄种镇驻地
邮编 222322
电话 0518－7385293
产品 瓦楞原纸

东台造纸厂
江苏省东台市东门街 18 号
邮编 224200
电话 0515－5212432
产品 箱纸板,文化用纸

芬欧汇川(苏州)有限公司
江苏省常熟市新港镇
邮编 215536
电话 0520－2651818,传真 0520－2652300
网址 www.upm－kymmene.com.cn
产品 高级书写纸,静电复印纸,胶版纸,传真纸

阜宁县益林造纸厂
江苏省阜宁市益林镇建益路 1 号
邮编 224421
电话 0515－7793378,传真 0515－7793378
产品 高强瓦楞原纸,涂布白纸板

阜宁县永泰纸业有限公司
江苏省阜宁县益林镇建益路 1 号
邮编 224421
电话 0515－7793401,传真 0515－7793378
产品 胶印书刊纸

赣榆县第二造纸厂
江苏省赣榆县马站乡小五坊
邮编 222113
电话 0518－6851342
产品 茶纸板,瓦楞纸

高邮市东方造纸厂
江苏省高邮市甘垛乡
邮编 225636
电话 0514－4882041
产品 卫生纸

高邮市秦邮造纸厂
江苏省扬州市高邮市车逻村
邮编 225606
电话 0514－4532019,传真 0514－4562138
产品 纸板

高邮市卫星卷烟材料厂
江苏省高邮市武安路 4 号
邮编 225600
电话 0514－4631158,传真 0514－4631158
产品 复合铝箔纸,烫金水松纸

高邮造纸厂
江苏高邮市府前街 42 号
邮编 225600
电话 0514－4643498
产品 文化用纸,育果袋纸,技术用纸

海门市板纸厂
江苏省海门县长兴镇北首
邮编 226142

电话 0513－2682042
产品 黄纸板,茶纸板

邗江造纸厂
江苏省邗江县瓜洲镇
邮编 225129
电话 0514－7501223
产品 瓦楞原纸

江苏八达纸业集团公司
江苏省无锡市江海西路 312 国道山北红星段
邮编 214037
电话 0510－83705576,传真 0510－83705576
产品 牛皮箱纸板,无碳复写纸

江苏长丰纸业有限公司
江苏丹阳后港镇
邮编 212312
电话 0511－6326006
传真 0511－6326006
法人代表 朱建农
产品 高强瓦楞纸

江苏汇龙纸业有限公司
江苏省靖江市季市新马路 116 号
邮编 214523
电话 0523－4542175
产品 箱纸板,瓦楞原纸

江苏金莲纸业有限公司
江苏省金湖县建设路
邮编 211600
电话 0517－6882961,传真 0517－6882875
网址 jlian.chinapaper.net
产品 卫生纸 卫生巾

江苏句容市兴文包装有限公司
江苏句容市华阳镇宁杭路 105 号
邮编 212400
电话 0511－7268801,传真 0511－7262705
网址 www.xingwen.com
产品 各种瓦楞纸板,纸箱,彩印包装

江苏理文造纸有限公司
江苏省常熟市经济技术开发区沿江工业园理文路
邮编 215536
电话 0512－52698888,传真 0512－52696788
产品 牛皮箱纸板

江苏省大丰市万隆纸业有限公司
江苏省大丰市白驹镇北首
邮编 224113
法人代表 陈林香
电话 0515－3612488/207
传真 0515－3612488
产品 箱纸板

江苏省江阴市顾山造纸总厂
江苏省江阴市顾山镇永安桥
邮编 214413
电话 0510－86323688,传真 0510－86323688
产品 牛皮箱纸板,纱管纸板

江苏双灯纸业集团公司
江苏射阳黄沙港镇双灯工业园
邮编 224341
电话 0515－2263415,传真 0515－2263999
产品 卫生纸,卫生巾

江苏新大纸业集团公司
江苏省新沂市新华路 4 号
邮编 221400
电话 0516－8922622
产品 文化用纸,卫生纸,木素粉

江阴比图特种纸板有限公司
江苏省江阴市泾镇开发区兴隆路 2 号
邮编 214411
电话 0510－86305989,传真 0510－86302212
产品 中底纸板,快巴纸板

江阴长江纸业有限公司
江苏省江阴市南外环路 655 号
邮编 214433
电话 0510－86118222,传真 0510－86111319
产品 涂布白纸板,牛皮箱纸板,扑克牌纸

江阴陆桥凯隆纸塑用品厂
江苏省江阴市陆桥镇梧村前巷 14 号
邮编 214425

电话 0510－86371509
产品 餐巾纸,面巾纸

江阴美源实业有限公司
江苏省江阴市梅园路 91 号
邮编 214400
电话 0510－86877612,传真 0510－86877610
网址 jymy.chinapaper.net
产品 涂布纸

江阴启祥纸业有限公司
江苏省江阴市华西村
邮编 214421
电话 0510－86378538
产品 高档生活用纸

江阴市凯特隆纸业有限公司
江苏省江阴市华士镇陆北村
法人代表 朱敏
邮编 214425
电话 0510－86971650
传真 0510－86371509
产品 餐巾纸,手帕纸,卷筒卫生纸,盒装面纸,生活用纸后加工

江阴市造纸厂
江苏省江阴市锡澄路 61 号
邮编 214433
电话 0510－86118222
产品 扑克牌原纸

江阴市造纸二厂
江苏省江阴市顺山镇永安桥
邮编 214413
电话 0510－86321231
产品 纸板

江阴永丰余造纸有限公司
江苏省江阴市通江南路 258 号
邮编 214433
电话 0510－86114180,传真 0510－86118748
产品 涂布白纸板

金东纸业(江苏)有限公司
江苏省镇江市大港兴港东路 8 号
邮编 212132
电话 0511－8998888 8008283768
传真 0511－8997000
网址 www.goldeastpaper.com.cn
产品 铜版纸,双面胶版纸,静电复印纸,画刊纸,低定量涂布纸,杂志纸,喷铝专用纸,铜版卡纸

金红叶纸业(苏州工业园区)有限公司
江苏省苏州工业园区胜浦分区金胜路 1 号
邮编 215126
电话 0512－62810228,传真 0512－62818276
产品 卷筒卫生纸,盒装面纸,纸杯,纸巾

金华盛纸业(苏州工业园区)有限公司
江苏省苏州工业园区胜浦镇金胜路 2 号
邮编 215126
电话 0512－62826666,传真 0512－62822312
产品 无碳复写纸,双面胶版纸,静电复印纸,收银纸卷,压感打印纸,信用签账卡,电脑打印纸,商业传票

昆山钞票纸厂
江苏省昆山市震川东路 1188 号
邮编 215300
电话 0512－67332162
产品 钞票纸

溧水县艾园造纸厂
江苏省南京市溧水县柘塘镇艾园村
邮编 211215
电话 025－57240204
产品 瓦楞纸

溧阳市造纸二厂
江苏省溧阳市平陵西路 180 号
邮编 213300
电话 0519－7101328
产品 白纸板

连云港京宁造纸厂
江苏省连云港南城镇东湾路 4 号
邮编 222062
电话 0518－5911285
产品 卫生纸

连云港金台造纸厂
江苏省连云港市新浦临洪闸西首
邮编 222002
电话 0518－5151198
产品 文化用纸

连云港造纸厂
江苏省连云港市新浦通干路 11 号
邮编 222003
电话 0518－5453911
产品 生活用纸,白纸板

隆邦股份有限公司五洲纸业有限公司
江苏省常熟市碧溪镇
邮编 215513
电话 0520－2691088,传真 0520－2691638
产品 生活用纸

南京德恒纸业有限公司
江苏省南京市浦口区迎江路 1 号
邮编 210031
电话 025－58862680

南京第二造纸厂
江苏省南京市上新河新河口大街 170 号
邮编 210036
电话 025－86617894
产品 牛皮箱纸板,茶纸板,仿纸袋纸

南京第三造纸厂
江苏省六合县泰山路 41 巷 3 号
邮编 211500
电话 025－57759505
产品 高强瓦楞原纸

南京东门造有限公司
江苏省南京市浦口区浦镇东门左所大街 334 号
邮编 210032
电话 025－58852332
产品 纸板

南京江宁造纸厂
江苏省南京江宁区岔路乡红光村
邮编 211101
电话 025－52124735
产品 箱纸板,白纸板

南京金银杏纸业有限公司
江苏省南京市浦口迎江路 1 号
邮编 210031
电话 025－58851016,传真 025－58852249
产品 新闻纸,铜版纸

南京秦淮纸业有限公司
江苏省南京市溧水县柘塘镇
邮编 211215
电话 025－57240089,传真 025－57240045
产品 包装纸板,卫生纸

南京晒图纸厂
江苏省南京市中山门外马群街
邮编 210049
电话 025－84432312
产品 静电复印纸

南京双龙造纸厂
江苏省南京市江浦县桥林镇
邮编 211806
电话 025－58271041
产品 茶纸板

南京泰山纸板厂
江苏省南京市浦口东门左所上街
邮编 210032
电话 025－58852332
产品 箱纸板

南通造纸厂
江苏省南通市唐闸北市街 63 号
邮编 226002
电话 0513－85544167,传真 0513－85544036
产品 铜版纸

沛县造纸厂
江苏省沛县红光街 95 号
邮编 221600
电话 0516－4621293
产品 文化用纸

启东市水松纸厂
江苏省启东市吕四镇环城南路
邮编 226241
电话 0513－83411323
产品 水松纸

启东市造纸厂
江苏省启东市老启东港
邮编 226221
电话 0513－83388521
产品 卫生纸,箱纸板

如皋造纸厂
江苏省如皋市磨砣港
邮编 226541
电话 0513－87571073
产品 箱纸板

苏州新业造纸有限公司
江苏省吴江市梅堰镇
邮编 215225
电话 0512－63681399,传真 0512－63680888
产品 纸板,空气滤纸,汽油、机油滤纸

苏州紫兴纸业有限公司
江苏省苏州市新区滨河路 159 号
邮编 215011
电话 0512－68251060,传真 0512－68251711
产品 高档铜版纸

太仓市造纸厂
江苏省太仓市沙溪镇河南街 84 号
邮编 215421
电话 0512－53212041
产品 箱纸板,瓦楞原纸,白纸板

泰州魏德曼高压绝缘有限公司
江苏省泰州市海阳路 41 号
邮编 225300
电话 0523－6559075
产品 变压器纸

泰州造纸厂
江苏省泰州市海阳路 44 号
邮编 225300
电话 0523－6559745
产品 综合利用

无锡金兴无碳复写纸有限公司
江苏省无锡市
邮编 214025
电话 0510－87998324
产品 无碳复写纸

无锡侨颂特种纸有限公司
江苏无锡市马山区碧波支路 11 号
邮编 214092
电话 0510－85991761,传真 85990528

无锡市蠡园纸巾厂
江苏省无锡市郊区蠡园乡
邮编 214074
电话 0510－85105160
产品 生活用纸

无锡市箱板纸厂
江苏省无锡市山北大桥北堍
邮编 214037
电话 0510－83708975
产品 牛皮挂面箱纸板

无锡双龙信息纸有限公司
江苏省无锡市马圩五号桥碧波支路 3 号
邮编 214092
电话 0510－85996606,传真 0510－85995909
产品 电脑打印纸,静电复印纸,票据纸,传真纸

无锡荣成纸业有限公司
无锡市惠山区洛社镇中兴西路 43 号
邮编 214187
电话 0510－83316666
传真 0510－83311826
网址 www.lcpc.biz
法人代表 郑瑛彬
产品 牛皮纸板、瓦楞芯纸纸器类:瓦楞纸板、瓦楞纸箱

无锡太湖第二造纸厂
江苏省无锡市山北镇会北村高桥
邮编 214037
电话 0510－83703775

产品 牛皮箱纸板,瓦楞原纸

武进造纸厂
江苏省武进市奔牛镇金牛东路 2 号
邮编 213131
电话 0519－7101328
产品 瓦楞原纸,箱纸板

锡山市华光纸板厂
江苏省锡山市东涤镇大桥村
邮编 214121
电话 0510－85748624
产品 白纸板

锡山市生力纸业有限公司
江苏省锡山市甘露镇望虞路 9 号
邮编 214117
电话 0510－88751447
产品 白纸板

新沂市第三造纸厂
江苏省新沂市高流镇
邮编 221411
电话 0516－8621638
产品 高强瓦楞纸

兴化市昭阳纸板厂
江苏省兴化市昭阳镇北门外上河边 14 号
邮编 224700
电话 0523－3232371
产品 瓦楞纸板

徐州黄河造纸厂
江苏省铜山县刘集乡
邮编 221147
电话 0516－82795142
产品 瓦楞原纸,黄纸板

徐州贾汪段庄造纸厂
江苏省徐州市贾汪区鹿乡段庄村
邮编 221162
电话 0516－86722040
产品 高强瓦楞纸

徐州市通宝纸业公司
江苏丰县城北关
邮编 221700
电话 0516－84222892
产品 箱纸板

徐州市铜山县何庄造纸厂
江苏省铜山县三堡镇
邮编 221112
电话 0516－82730608
产品 瓦楞原纸

徐州市铜山县潘楼造纸厂
江苏省铜山县三堡镇
邮编 221112
电话 0516－82730103
产品 箱纸板,瓦楞原纸

徐州新华纸板厂
江苏省徐州市铅沛路 186 号
邮编 221007
电话 0516－87767482
产品 纸板

徐州造纸总厂
江苏省徐州市环城路 153 号
邮编 221005
电话 0516－83573887
产品 文化用纸,箱纸板,卫生纸

徐州纸板总厂
江苏省徐州市北郊煤港路
邮编 221007
电话 0516－87767558
产品 箱纸板

亚龙纸制品(昆山)有限公司
江苏昆山市玉山经济技术开发区新南片
邮编 215300
电话 0512－57536988,传真 0512－57538395
产品 办公用纸

扬州庆丰造纸总厂
江苏省扬州市文昌东路 98 号
邮编 225000

电话 0514 – 7234817
产品 铜版纸,铜版原纸

扬州银丰纸业有限公司
江苏省扬州市京杭大运河东侧
邮编 225006
电话 0514 – 7294961
产品 铜版纸

扬州造纸厂
江苏省扬州市湾头
邮编 225003
电话 0514 – 7263976
产品 涂布白纸板,箱纸板,卫生纸

仪征造纸厂
江苏省仪征市马桥路 3 号
邮编 211400
电话 0514 – 3452192
产品 箱纸板,瓦楞原纸

宜兴市华法纸业有限责任公司
江苏省宜兴市新庄镇
邮编 214266
电话 0510 – 87561043
传真 0510 – 87561732
产品 牛皮箱纸板,瓦楞原纸

宜兴市江南板纸厂
江苏省宜兴市官林镇
邮编 214251
电话 0510 – 87206896
产品 瓦楞原纸

宜兴市金顺纸业有限公司(宜兴造纸厂)
江苏省宜兴市张渚镇渚钢路 18 号
邮编 214213
电话 0510 – 87301375
传真 0510 – 87301375
产品 高强瓦楞原纸,牛皮纸,茶纸板

永丰余纸业(昆山)有限公司
江苏省昆山市城北镇永丰余路
邮编 215316
电话 0512 – 53212041
产品 生活用纸

优胜专业胶带(苏州)有限公司
苏州工业园区出口加工区 1 – B 厂房
邮编 215021
电话 0512 – 62581360,62581362
传真 0512 – 62581350
网址 www.grpp.net
产品 浸渍型美纹纸原纸

镇江大东纸业有限公司
江苏省镇江市东吴路 61 号
邮编 212001
电话 0511 – 8820202
传真 0511 – 8820201
网址 www.app – dadong.com
法人代表 黄亦方
生产能力 机制纸 7.7 万吨,加工纸 2.3 万吨
产品 文化用纸、工业配套用纸、食品内包装纸、餐盒用纸和防伪纸

镇江金河纸业有限公司
江苏省镇江市谏壁镇越河街 41 号
邮编 212006
电话 0511 – 3361375
传真 0511 – 3361362

镇江市京口纸业有限责任公司
江苏省镇江市九里街宗泽路 3 号
邮编 212008
电话 0511 – 8829908,传真 0511 – 8805606
产品 玻璃卡纸,白卡纸,铜版纸,纸杯纸

镇江市同茂纸业有限公司
江苏省镇江市东吴路 55 – 102 号
邮编 212003
电话 0511 – 8809914

相关企业

常州亨得利造纸机械有限公司
江苏省常州市横山桥镇
邮编 213119
电话 0519 – 8601677
产品 真空辊

常州轻工机械厂
江苏省常州市勤业桥北堍
邮编 213016
电话 0519－6852274
产品 造纸机,完成设备

常熟市金鹰工业用呢厂
江苏省常熟市冶塘镇和平村
邮编 215554
电话 0512－52406507

常熟市轻工机械厂
江苏省常熟市南门洙泾桥堍
邮编 215500
电话 0512－52787309
产品 疏解、磨浆设备

常州市武进运波化工有限公司
江苏省常州市南门外漕桥镇运村
邮编 213175
电话 0519－6134037,传真 0519－6131032
产品 造纸助剂

常州市优力干燥设备厂
江苏省常州市采菱路 44 号
邮编 213004
电话 0519－8822383
产品 纸机干燥设备

常熟市支塘粮油食品厂
江苏常熟支塘镇林园路 6 号
邮编 215531
电话 0512－52251634
产品 阳离子淀粉

敷岛工业织物(无锡)有限公司
江苏省无锡市国家高新技术产业开发区 B－18－G 号
邮编 214028
电话 0510－85258665
传真 0510－85258607
网址 www.shikibo.co.jp
董事长 安井哲郎
产品 造纸用干网

国球造纸机械有限公司
江苏省太仓市归庄镇南
邮编 215425
电话 0512－53855469
产品 制浆、造纸设备

海安石化正达化工分厂
江苏省海安海化路 28 号
邮编 226600
电话 0513－8832111
产品 乳化剂,洗净剂,消泡剂

海安县轻工机械刀片厂
江苏省海安县城中坝北路 23 号
邮编 226600
电话 0513－8812731
产品 打浆刀片

海门造纸毛毯厂
江苏省海门市三条桥
邮编 226132
电话 0513－2662900

海门纸毛毯二厂
江苏省海门市德胜镇
邮编 226101
电话 0513－2281511

华都琥珀环保机械制造有限公司
江苏省宜兴市高塍镇隔湖路 8 号
邮编 214214
电话 0510－87894476
产品 污水处理设备

华盛造纸毛毯厂
江苏省苏州市斜塘庙浜
邮编 215123
电话 0512－65471043

沪太嫦娥造纸设备有限公司
江苏省太仓市沙溪镇西首
邮编 215421
电话 0512－53212629
产品 造纸机,复卷机,压光机

江都新风造纸铜网有限公司
江苏省都市真武镇真武路 59 号
邮编 225265
电话 0514－6271080

江苏八达重工机械有限公司
江苏省新沂市郯新路 2 号
邮编 221400
电话 0516－88923179
传真 0516－88932224
网址 www.badatg.com
产品 料场、完成搬运设备

江苏长驰造纸用呢厂
江苏省太仓市直塘镇玉河路 8 号
邮编 215417
电话 0512－53250535

江苏淮安第一出版印刷物资有限公司
江苏省淮安市(原淮阴市)大治路 10 号
邮编 223001
电话 0517－3676058,传真 0517－3650488
网址 www.jspmc.com
产品 金东胶版纸,铜版纸,铜版卡纸

江苏华机环保设备有限责任公司
江苏省张家港市长安路 327 号
邮编 215600
电话 0512－58264861
传真 0521－58266180
网址 www.hjhh.com.cn
法人代表 沈滨
产品 黑液蒸发器,冷凝器,换热器

江苏淮阴市清江轻工机械厂
江苏省淮阴市河北西路 175 号
邮编 223001
产品 压力容器,蒸球

江苏姜堰市华光建材化工厂
江苏姜堰市溱潼工业区
邮编 225508
电话 0523－8616327
产品 黏合剂,抗水剂

江苏金呢集团有限公司
地址 江苏省海门开发大生路 3260 号
邮编 226114
电话 0513－82181300
传真 0513－82181100
网址 www.jsjinni.com
产品 造纸毛毯,聚酯成形网

江苏省出版印刷物资公司
江苏南京市中央路 165 号
邮编 210009
电话 025－86639947
传真 025－83612005
网址 www.zijiang.net

江苏省海门市工业用呢厂
江苏省海门市麒麟镇
邮编 226125
电话 0513－2615001

江苏省连云港市机电设备总厂
江苏省连云港市新浦区康泰南中 55 号
邮编 222004
电话 0518－5413716
产品 生活用纸加工设备

江苏武进松海轻工机械厂
江苏省武进市潘家镇南宅
邮编 213178
电话 0519－6201239
产品 网笼,压光机等

江苏镇江恒星堵漏技术开发有限公司
江苏省镇江市润州区征润州北路 15 号
邮编 212004
电话 0511－5632030 5514795
传真 0511－5514795
网址 www.hxst.net
产品 烘缸堵漏,密封材料

江阴市恒达化工有限公司
江阴市华士镇
邮编 214421
电话 0510－86201302/03/04
传真 0510－86201303

法人代表 赵正洪
产品 造纸和涂布专用 CMC

江阴市利港羊毛辊厂
江苏省江阴市利港镇黄丹街
邮编 214444
电话 0510-86631242,传真 0510-86631152
产品 压花辊,轧光辊

江阴市利港针织印染机械厂
江苏省江阴市利港镇新街村 38 号
邮编 214444
电话 0510-86631469,传真 0510-86631479
产品 压花辊,轧光辊,纤维辊,橡胶辊,羊毛辊

江阴市全达实业有限公司
江苏江阴市申港镇张家桥经济开发区 295 号
邮编 214443
电话 0510-86621370
产品 分散松香胶,乳化剂

江阴市双叶化工机械有限公司
江苏省江阴市北外北国镇
邮编 214414
电话 0510-86351528
产品 高岭土研磨设备

靖江耐腐蚀泵厂
江苏省靖江市新港闸
邮编 214513
电话 0523-4211906
产品 浆泵

靖江市飞驰环保实业有限公司
江苏省靖江市四墩子北大街
邮编 214536
电话 0523-4331256
产品 污水处理设备

昆山市中联第一造纸机械厂
江苏省昆山市玉山镇共青村
邮编 215300
电话 0512-57550379
造纸设备

连云港根深纸制品有限公司
江苏省连云港经济开发区松花江路
邮编 222047
电话 0518-2341472,传真 0518-2341472
产品 淋膜口杯纸

连云港市精达计量泵有限公司
江苏省灌南县六塘街
邮编 222506
电话 0518-3462697
产品 单、双缸计量泵

耐斯特纸业(昆山)有限公司
江苏省昆山市经济开发区青阳南路 79 号
邮编 215300
电话 0512-57703172 13063756464
传真 0512-57703170
网址 www.shunzi.net
产品 70~230 克/米^2 进口色纸,白色压纹纸

南京神克隆科技有限公司
南京市江宁区东山长青社区 103 号
电话 025-52196484
网址 www.shenkelong.com
产品 污水处理

南京四新科技应用研究所有限公司
南京市中央北路 168 号盛景园 01 栋 306 室
邮编 210028
电话 025-85080901
传真 025-85080900
网址 http://www.sixinchem.com/
产品 消泡剂

南京纸箱总厂纸板圆桶分厂
江苏省南京中华门外油坊桥(南京纸箱总厂内)
邮编 210000
电话 025-52814369
传真 025-52803452
法人代表 刘琦
产品 环保纸板圆桶及各类纸罐

南天农科化工有限公司
江苏如皋市白蒲镇
邮编 226511

电话 0513－8571223
产品 聚丙烯酰胺系列

南通中包浆纸有限公司
江苏省南通市孩儿巷南路66号物资大厦11楼
邮编 226001
电话 0513－5535601

奇桥造纸毛毯有限公司
江苏省张家港市鹿苑镇
邮编 215616
电话 0512－58477783

上海中联太仓造纸机械一厂
江苏省太仓市王秀镇
邮编 215426
电话 0512－53855469
产品 纸机，网笼

四达造纸机械制造有限公司
江苏省高邮市北郊天山镇
邮编 225653
电话 0514－4223688
产品 旋转接头，金属软管

松林国际刮刀锯制造有限公司
江苏省南京市察哈尔路102－1号
邮编 210003
电话 025－58811772 58802817
传真 025－58812039
网址 www.paperblade－ssl.com
法人代表 夏松林
产品 刮刀、圆刀、切刀、开槽刀、专用磨床等

苏东化工机械有限公司
江苏省泰兴市古溪镇80号
邮编 225417
电话 0523－7791016
产品 造纸环保设备

苏宁新技术应用研究所
江苏省南京市虎踞路175号环保楼
邮编 210013
电话 025－83706725
产品 新型臭氧发生器，污水处理设备

苏州富运多贸易有限公司
江苏省苏州市跨塘镇镇北路212号
邮编 215122
电话 0512－62743888 转 5333
传真 0512－62742888
产品 双胶纸、白卡纸(全木浆各种规格)
网址 www.paperone.com

苏州工业园区亚太纸品加工有限公司
江苏省苏州市跨塘镇镇北路212号
邮编 215122
电话 0512－62743888
传真 0512－62742888
年生产能力 簿本1.5万吨，复印纸3.6万吨

苏州天马化工原料有限公司
江苏吴县木渎西跨塘
邮编 215101
电话 0512－66261097
产品 造纸用AKD

太仓嫦娥工业用呢有限公司
江苏省太仓市沙溪镇新北西路132号
邮编 215421
电话 0512－53210211
传真 0512－53214871
网址 www.chang－e.net.cn
产品 造纸毛毯，毛毯后整理设备

太仓市兴良造纸制浆成套设备有限公司
江苏省太仓市沙溪镇(上海北)
邮编 226000
电话 0512－53221758 53221744
传真 0512－53221758
网址 www.xlpaper.com
产品 压力筛，热分散设备

太仓市宇航造纸机械厂
江苏省太仓璜泾镇王秀管理区
邮编 215426
电话 0512－53857323
产品 水印辊，真空辊，浓缩机

泰兴市瑞和纸业有限公司
江苏省泰兴市江平中路21号

邮编 225400
电话 0523－7604775,传真 0523－7614775
产品 经销各种纸张

泰兴市筛板机厂
江苏省泰兴市江平北路杨庄桥北收费站南 200 米
邮编 225401
电话 0523－7685583
产品 造纸机械配件

泰兴市仕宁机械有限公司
江苏省泰兴市城区工业园
邮编 225401
电话 0523－7996001 7996032
传真 0523－7996031
网址 www.cnjsn.com
产品 压力筛鼓,平筛,多孔板,鳞形板,装饰消声板等

泰兴市万能绳业有限公司
江苏省泰兴市孔桥镇
邮编 225432
电话 0523－7841446
产品 引纸绳,吊具

泰州市鑫龙吊装器材有限公司
江苏省泰州市口岸镇振兴北路 53 号
邮编 225322
电话 0523－6938626
产品 吊装备品,引纸绳等

天禾化学品(苏州)有限公司
苏州市吴中区木渎镇
邮编 215101
电话 0512－66261097
传真 0512－68240792

铁姆肯(无锡)轴承有限公司
江苏省无锡市湖滨路 30－1 号
邮编 214061
电话 0510－85806145 85803667
传真 0510－85872341
网址 www.twbearing.com
产品 轴承

吴江凯富纺织工业有限公司
江苏省吴江市平望镇
邮编 215221
电话 0512－63661058
传真 0512－63661801
网址 www.china－KFU.com
法人代表 张凤泉
产品 造纸毛毯,石棉板,管板毯及工业用过滤材料

无锡德华彩印包装有限公司
江苏省无锡市锡山区鹅湖镇
邮编 214116
电话 0510－88748181
传真 0510－88741377
产品 彩印包装产品

无锡沪东麦斯特环境工程有限公司
无锡国家高新技术开发区
邮编 214142
电话 0510－85300555 85300777
传真 0510－85300878
网址 www.chinahudong.com
产品 污水处理设备

无锡江川环境工程成套设备有限公司
江苏无锡
邮编 214131
电话 0510－85601196,传真 0510－85601665
网址 www.wzhudong.com.cn

无锡市阿丹纸业有限公司
无锡市长降路降上 10 号
邮编 214000
电话 0510－82447047,传真 0510－82447047
产品 经销各类书写纸,有光纸、双胶纸等

无锡市沪东环境工程成套设备厂
江苏省无锡市华庄苏锡西路 160 号
邮编 214131
电话 0510－85601683,传真 0510－85601665
网址 www.chinahudong.com

无锡市蓝星轻工机械设备有限公司
江苏省无锡市硕放镇薛典
邮编 214142

电话 0510－5304690
产品 各类造纸辊,吸水箱

无锡市荣成造纸机械厂
江苏省锡山市硕放镇
邮编 214144
电话 0510－85302971
产品 真空辊

无锡市新区三友轻工机械厂
江苏省无锡市硕放镇羊西村
邮编 214142
电话 0510－85302600
产品 造纸辊

无锡中联造纸机械有限公司
江苏省锡山市鸿声镇新兴路 2 号
邮编 214115
电话 0510－88580431
产品 真空辊,压榨辊,吸移辊

武进市造纸机械厂
江苏省武进市薛家镇
邮编 213125
电话 0519－5951315
产品 辊筒,压光机,施胶机

锡山市东亭气动机械元件厂
江苏省锡山市东亭镇锡沪路 6 号桥
邮编 214101
电话 0510－88704114
产品 电磁阀等

锡山市鸿顺机械制造有限公司
江苏省锡山市鸿声镇鸿后路 5 号
邮编 214115
电话 0510－88582317
产品 真空辊,漂白设备,废纸处理设备

锡山市天元轧辊厂
江苏省锡山市南泉镇
邮编 214128
电话 0510－85952034
产品 造纸胶辊

兴化市造纸网厂
江苏省兴化市阳山西路西首(昭阳工业园区)
邮编 225700
电话 0523－3266368
传真 0523－3263581
网址 www.xhzzw.com
企业负责人 侯春祥
产品 聚乙烯(尼龙)网,各种工业网带、塑料传送链板等

兴良造纸制浆设备有限公司
江苏省太仓市沙溪镇民管科技园区 2 号
邮编 215421
电话 0512－53221758
产品 制浆、造纸、完成设备

徐州工业用呢厂
江苏省徐州市湖北路 30 号
邮编 221006
电话 0516－85696034 85793934 85795900
传真 0516－85796891 85696034
网址 www.xzgyync.com
法人代表 王新文
产品 造纸毛毯

徐州市九鼎机电总厂
江苏省徐州市永安街 58 号
邮编 221002
电话 0516－5706108
产品 球磨机衬板

盐城市文港造纸机械厂
江苏省盐城市文港北路 49 号
邮编 224002
电话 0515－8249806
产品 密封件,脱水器材

扬州双扬机械有限责任公司
江苏省扬州市洼字街 22 号
邮编 225003
电话 0514－7246044
产品 切纸机,减速机

宜兴市通达化学有限公司
江苏宜兴市分水镇

邮编 214262
电话 0510－87551228
产品 CMC,高效絮凝剂

迎浪集团有限公司
江苏宝应县北郊工业区
邮编 225806
电话 0514－8362429
产品 造纸用泵

张家港市鸿新机械密封件有限公司
江苏省张家港市德积镇
邮编 215635
电话 0512－58751485
产品 机械密封件

张家港市华杭造纸制浆设备有限公司
江苏省张家港市民营科技园
邮编 215600
电话 0512－58999115
传真 0512－58266180
网址 www.hjhh.com.cn
法人代表 沈滨
产品 湿法备料、连续蒸煮制浆生产线,真空洗浆机,碱性过氧化氢机械浆生产线(APMP)

张家港市三惠化工有限公司
江苏省张家港市凤凰镇西
邮编 215613
电话 0512－58490329,传真 0512－58491329
产品 纤维素钠,CMC 系列

张家港市一星日化厂
江苏省张家港市凤凰镇
邮编 215613
电话 0512－58496121,传真 0512－58496121
产品 CMC

镇江恒星科技有限公司
江苏省镇江市解放路 280 号
邮编 212001
电话 0511－5027947
产品 烘缸堵漏

镇江金龙包装材料有限公司
江苏省镇江新区大港东方 588 号
邮编 212132
电话 0511－3378588

镇江金茂轻工机械制造有限公司
镇江市南徐路东侧
邮编 212017
电话 0511－5639476
传真 0511－5633008
网址 www.zjjinmao.com
产品 备料、制浆、输运设备

镇江市金正造纸机械厂
江苏省镇江市镇扬路东钟家圩 88 号
邮编 212005
电话 0511－5621574 5630399
产品 备料设备

镇江良久轻工机械制造有限公司
江苏省镇江市朱芳路 108 号
邮编 212005
电话 0511－5621151,传真 0511－5623415
产品 制浆设备

镇江市化工研究设计院
江苏省镇江市东吴路 125 号
邮编 212008
电话 0511－8823207
传真 0511－8827978
年生产能力 1 万吨
法人代表 朱红兵
产品 造纸化学品、染料、中性施胶剂 AKD、湿强剂 PPE、干强剂和脱墨剂等

中国矿业大学精细化学品厂
江苏徐州铜山新区同昌路
邮编 221116
电话 0516－83404302
产品 造纸助剂

中国林科院林产化工研究所
江苏南京市锁金五村 16 号
邮编 210042
电话 025－85482401

传真 025－85413445
网址 http://www.forinchem.com

浙 江 省

造纸企业

安吉中顺孝丰纸业有限公司
浙江省安吉县孝丰镇老石坎
邮编 313301
电话 0572－5501388,传真 0572－5500706
产品 卫生纸

驰星实业公司造纸二厂
浙江省衢州市东迹渡
邮编 324000
电话 0570－2931385
产品 牛皮箱纸板

慈溪工艺版纸厂
浙江省慈溪市面上桥头镇毛三村
邮编 315317
电话 0574－3551045,传真 0574－3551045
产品 瓦楞原纸,牛皮箱纸板,茶纸板

慈溪雁门包装材料厂
浙江省慈溪市龙山镇工业区
邮编 315317
电话 0574－3780607,传真 0574－3780242
产品 瓦楞纸板

大桥造纸厂
浙江省萧山市河上镇
邮编 311264
电话 0571－82260061
产品 瓦楞纸,箱纸板

德清县天皇殿造纸厂
浙江省德清县高桥镇天皇殿村
邮编 313201
电话 0572－8213063
产品 卫生纸

富春江纸业有限公司
浙江省富阳市富阳镇后周村
邮编 311421
电话 0571－63377284
产品 涂布白纸板

富阳春江宣纸厂
浙江省富阳市大源镇新关村
邮编 311414
电话 0571－63543079
产品 宣纸

富阳富春江造纸厂
浙江省富阳市里山镇金星村
邮编 311418
电话 0571－63531051
产品 白纸板

富阳宏盛纸业有限公司
富阳市春江街道直塘村
邮编 311421
电话 13968174666,传真 0571－63587732

富阳华利纸业有限公司
浙江省富阳市春江工业园区春联村
邮编 311421
电话 0571－63583048,传真 0571－63582881
网址 www.huali.chinapaper.net
产品 白卡纸和涂布白纸板

富阳华伦造纸厂
浙江省富阳市富阳镇直塘村
邮编 311421
电话 0571－63581197
产品 纸板

富阳金泰纸业有限公司
浙江省富阳市春江街道建设村
邮编 311421
电话 0571－63583095,传真 0571－63582088
产品 涂布白纸板

富阳经纬纸业有限公司
浙江省富阳市大源镇亭山村
邮编 311413

电话 0571－63591540
产品 白纸板

富阳兰庄造纸厂
浙江省富阳市大源镇兰庄村
邮编 311414
电话 0571－63543077
产品 卫生纸

富阳三合皮纸厂
浙江省富阳市鹿山街道三合村
邮编 311407
电话 0571－63488266，传真 0571－63488256
产品 皮纸，桃花纸，绵纸，胶带原纸，口罩纸，工艺纸

富阳市常兴纸业有限公司
浙江省富阳市富阳镇春联村
邮编 311421
电话 0571－63582333，传真 0571－63583748
产品 涂布白纸板

富阳市高峰纸业
富阳市大源造纸工业园区
邮编 311400
电话 13906812649，传真 0571－63587098
产品 专业生产双面涂布白纸板

富阳市亨通纸业有限公司
浙江省富阳市东州工业开发区
邮编 311401
电话 0571－63465918，传真 0571－63465888
产品 涂布白纸板，白卡纸

富阳市华泰纸业有限公司
浙江省富阳市春江街道华共村
邮编 311421
电话 0571－63587698，传真 0571－63587699

富阳市华通纸业有限公司
浙江省富阳市春江工业园区华共村
邮编 311421
电话 0571－63150869

富阳市华中纸业有限公司
浙江省富阳市富阳镇华共工业园区
邮编 311401
电话 0571－63587179，63583030，传真 0571－63583030
产品 涂布白纸板

富阳市汇泰纸业有限公司
浙江省富阳市春江工业园区华共村
邮编 311421
电话 0571－63580973，传真 0571－63580972

富阳市金鑫纸业有限公司
浙江省富阳市春江工业园区华共村
邮编 311401
电话 0571－63585380

富阳市康达棉纸厂
浙江省富阳市三三五四村
邮编 311400
电话 0571－63318206，传真 0571－63343995
产品 卫生卷纸

富阳市庐山造纸厂
浙江省富阳市灵桥村
邮编 311418
电话 0571－63551077
产品 卫生纸

富阳市南河纸业有限公司
浙江省富阳市富阳镇春联村
邮编 311421
电话 0571－63583059，传真 0571－63587377
产品 涂布白纸板，涂布卡纸，卫生纸

富阳市乾新纸业有限公司
浙江省富阳市春江造纸工业园区（友谊村）
邮编 311421
电话 0571－63586889，传真 0571－63582956
产品 白纸板

富阳市万马纸业有限公司
浙江省富阳市春江街道办事处
邮编 311421
电话 0571－63583521，传真 0571－63581426
产品 涂布白卡纸

富阳市文博纸业有限公司
浙江省富阳市春江造纸工业园区
邮编 311421
电话 0571－63587717

富阳祥兴造纸厂
浙江省富阳市大源镇
邮编 311413
电话 0571－63591170
产品 餐巾纸

富阳鑫达造纸有限公司
浙江省富阳市大源镇正龙村
邮编 311413
电话 0571－63591017
产品 白纸板

富阳新乐纸业有限公司
浙江省富阳市大源镇新关村
邮编 311414
电话 0571－63543288
产品 卫生纸

富阳鑫泰造纸厂
浙江省富阳市大源镇宫前村
邮编 311413
电话 0571－63598965
产品 白纸板

富阳月和造纸厂
浙江省富阳市永昌镇永桥村
邮编 311404
电话 0571－63201012
产品 卫生纸

富阳有光纸厂
浙江省富阳市富阳镇春联村
邮编 311401
电话 0571－63583048
产品 卫生纸

富阳正泰造纸有限公司
浙江省富阳市大源镇宫前村
邮编 311413
电话 0571－63598811
产品 白纸板

富阳知水造纸厂
浙江省富阳市大源镇蒋家村
邮编 311413
电话 0571－63591503
产品 瓦楞纸

富阳中富纸业有限公司
浙江富阳
邮编 311421
电话 0571－63573333，传真 0571－63571116
产品 水松纸

富阳市中南纸业有限公司
浙江省富阳市富阳镇直塘村
邮编 311421
电话 0571－63583171，63587068 传真 0571－63583147
产品 涂布白纸板，扑克牌纸，白卡纸，牛皮纸

富阳市中意纸业有限公司
浙江省富阳市鹿山街道汤家埠
邮编 311407
电话 0571－63489558，传真 0571－63489486
产品 A 级单(双)面涂布白纸板

海宁市三江造纸有限公司
浙江省海宁市钱塘江镇荆山村南洋谈家闸北
邮编 314408
电话 0573－7628358，传真 0573－7628358
产品 高强瓦楞原纸，牛皮箱纸板，茶纸板

杭州板桥纸业有限公司
浙江省杭州富阳市春江街道八一工业区
邮编 311401
电话 0571－63585686
传真 0571－63582058
网址 wwww.banqiaopaper.com
法人代表 喻正其
产品 涂布白纸板

杭州鼎立纸业有限公司
浙江省富阳市大源镇浦东村
邮编 311413

电话 0571－63593067
产品 白纸板

杭州富阳大华造纸有限公司
浙江省富阳市灵桥镇江丰村
邮编 311418
电话 0571－63555276
产品 卫生纸

杭州高新自动化仪器仪表公司
杭州市五常工业区五常街 7 号
邮编 310023
电话 0571－88730918
传真 0571－88730917
产品 物理检测仪器

杭州华丰纸业有限公司
浙江省杭州市和睦路 155 号
邮编 310011
电话 0571－88091424，传真 0571－88091536
产品 卷烟纸，滤嘴棒纸，牛皮箱纸板，复印纸，贴花面纸，铝箔衬纸，拷贝纸，电话纸牛皮箱纸板

杭州华胜纸业有限公司
浙江省富阳市春江街道直塘村
邮编 311421
电话 0571－66082307

杭州锦江纸业有限公司
浙江省临安市苕溪南路 16 号
电话 0571－63758033
传真 0571－63757385
产品 新闻纸，特种纸

杭州康桥造纸厂
浙江省杭州市拱墅区
邮编 310015
电话 0571－88041460
产品 牛皮箱纸板，仿牛皮箱纸板，茶色纸板

杭州美辰纸业技术有限公司
杭州水星阁 26－1606
邮编 310005
电话 0571－88803365
传真 0571－88801222

杭州木材总厂
浙江省杭州市秋涛路 190 号
邮编 310008
电话 0571－86051344
产品 牛皮箱纸板

杭州市正大纸业有限公司
浙江省富阳市春联工业区 1 号
邮编 311421
电话 0571－63587222，传真 0571－63583838
产品 涂布白纸板
网址 www.hzsanxing.com

杭州萧山蔡伦纸业有限公司
萧山河上镇沙河村
邮编 311264
董事长 金惠康
电话 0571－82260707 13906716294
产品 纸板，高强瓦楞纸

杭州萧山风华纸业有限公司
浙江省杭州市萧山河上镇下门村
邮编 311265
电话 0571－82207677，传真 0571－82207898
产品 涂布白纸板

杭州新华集团有限公司
浙江省杭州市湖墅南路
邮编 310005
总经理 李群
电话 0571－88075514
产品 打字蜡纸，滤纸，茶叶袋纸

杭州新兴纸业有限公司
浙江省富阳市大源镇新关村
邮编 311414
电话 0571－63543299，传真 0571－63543147
网址 www.xinxinpaper.com
产品 各种中高档薄型包装纸

杭州月牙湖纸品包装总厂
浙江省杭州市下沙光明路一号
邮编 310019
电话 0571－869390908－2008
传真 0571－86930218

产品 白纸板

杭州众意纸业有限公司
浙江省富阳市春江造纸工业区
邮编 311401
电话 0571－63587289，传真 0571－63587299
产品 涂布白纸板

华联纸业有限公司
浙江省富阳市春江乡直塘村
邮编 311401
电话 0571－63582467，传真 0571－63582467
产品 白纸板

湖州振阳工贸集团有限公司
浙江省湖州市千金镇东
邮编 313016
电话 0572－3361399
产品 箱纸板，牛皮纸板，纸袋纸，瓦楞原纸

江山造纸厂
浙江省江山市十里牌
邮编 324100
电话 0570－4550085，传真 0570－4550085
产品 瓦楞纸，牛皮纸板，纸袋纸

嘉兴市步云纸业有限公司
浙江省嘉兴市步云镇花园路 11 号
邮编 314004
电话 0573－310870，传真 0573－3100777
产品 涂布白纸板

嘉兴市大洋造纸厂
浙江省海盐县沈荡镇
邮编 314311
电话 0573－6722988
总经理 王菊明
产品 牛皮纸

嘉兴市丰莱桑达贝纸业有限公司
浙江省嘉兴市 里街吴泾桥堍
邮编 314000
电话 0573－2820459
传真 0573－2820134
网址 www.flschina.com
法人代表 吕士林
产品 高档离型原纸，彩色喷墨纸，格拉辛纸，奶面纸、无碳复写纸和环保型防粘底纸，热敏纸，奶面纸、热敏纸

嘉兴市荣晟纸业有限公司
浙江省平湖市荣晟工业园
邮编 314213
电话 0573－5989898
传真 0573－5988880

嘉兴市太阳纸业有限公司
浙江省嘉兴市洪兴路 198 号
邮编 314001
电话 0573－2055077，传真 0573－2055055
网址 www.jxsunpaper.com
产品 电脑打印纸，卷式收银纸，压感打印纸等

临安青山纸业有限公司
浙江省临安市青山镇
邮编 311305
电话 0571－63781525，传真 0571－63783698
产品 牛皮纸，白牛皮纸，钢纸原纸，胶带原纸，不干胶衬纸，涂塑纸

玲拢纸业集团公司
浙汇省临安市玲珑石山
邮编 311301
电话 0571－63723271
产品 装饰原纸，贴面纸

宁波八方集团股份有限公司
浙江省宁波市西郊高桥镇
邮编 315174
电话 0574－88447296，传真 0574－88447328
产品 瓦楞纸板，箱纸板，牛皮纸

宁波牡牛纸业有限公司
浙江省鄞县姜山镇韩村
邮编 315915
电话 0574－88464815，传真 0574－88465016
总经理 何祥福
产品 高强瓦楞原纸，箱纸板，涂布白纸板

宁波宁申工贸实业有限公司
浙江宁波宁海科技工业园区

邮编 315600
电话 0574－65559085，传真 0574－655580046
网址 www.ningshen.com
产品 瓦楞纸箱，彩印包装，手提袋和药品包装

宁波三 A 集团有限公司
浙江省慈溪市周巷镇环城东路
邮编 315324
电话 0574－63301978，传真 0574－63320862
产品 扑克牌纸，玻璃卡纸，铜版纸，不干胶纸，高光泽金、银纸

宁波招宝纸业有限公司
浙江省宁波市镇海区威海路 388 号
邮编 315200
电话 0574－86269072，传真 0574－86266493
产品 高强瓦楞原纸

宁波中华纸业有限公司
浙江省宁波市海曙区段塘丁家街 108 号
邮编 315012
电话 0574－87464811－3006
传真 0574－87493450
产品 白纸板

平湖市景丰纸业有限公司
浙江省平湖市景丰造纸工业园区
邮编 314202
电话 0573－5926518
传真 0573－5922192
董事长 徐景初

平阳县造纸厂
浙江省平阳县钱仓镇岱头
邮编 325401
电话 0577－3731831
产品 白纸板

上虞市玻璃纸有限公司
浙江省上虞市经济开发区
邮编 312300
电话 0575－21520088，传真 0575－2152021
产品 彩色透明玻璃纸，鱼杆生产专用纸

绍兴市恒申纸业有限公司
浙江省绍兴市袍江工业区南区一 A 块群贤路
邮编 312000
电话 0575－8037678，传真 0575－8037333
网址 www.sxhszy.com
产品 工业用各种纸管

升华集团德清纸业有限公司
浙江省德清县钟管镇工业区
邮编 313220
电话 0572－8403888，传真 0572－8403189
产品 新闻纸

嵊州市特种纸厂
浙江省嵊州市城北开发区何家
邮编 312400
电话 0575－3185577，传真 0575－3180801
产品 无碳复写纸，电脑打印纸

双龙牛皮纸厂
浙江省富阳市春江乡直塘村
邮编 311401
电话 0571－3581454，传真 0571－3581454
产品 牛皮纸

台州市开来纸业有限公司
浙江临海经济开发区（大相叶边清化路）
邮编 317000
电话 0576－5133OO1 5133OO7
传真 0576－5133488

桐乡福利造纸厂
浙江省桐乡马镇
邮编 314501
电话 0573－8711411，传真 0573－8711409
产品 牛皮稳纸板，涂布白纸板

温州市瓦楞箱厂
浙江省温州市过境公路黄龙路口
邮编 325005
电话 0577－88229533，传真 0577－88713828
产品 瓦楞纸板

温州市夕利防粘纸制造有限公司
浙江省苍南工业示范园区（104 国道旁）

邮编 325800
电话 0577－64839808,传真 0577－64839708
网址 www.china－xili.com
产品 不干胶卷筒(柔版)印刷材料,离型纸

温州新丰复合材料公司
浙江温州市苍南县金乡东门营房
邮编 325011
电话 0577－86531134,传真 0577－86664107
产品 淋膜纸,离型纸,复合包装纸

温州星球包装有限公司
浙江省温州市郭溪镇东站东首
邮编 325016
电话 0577－86265419
产品 牛皮卡纸,箱纸板,白纸板,瓦楞纸

温州永益复合材料有限公司
浙江温州苍南金乡镇东门工业区金龙大道 188 号
电话 0577－64572418,传真 0577－64574318
产品 离型纸,淋膜纸,不干胶商标纸,金银卡

永康市日康纸制品厂
浙江省永康市象珠镇杏里工业区
邮编 321313
电话 0579－7310510,传真 0579－7310510
产品 一次性纸杯

镇海华伦纸业有限公司
浙江省宁波市镇海区解浦镇
邮编 315203
电话 0574－86506347,传真 0574－86506119
产品 高强牛皮箱纸板,瓦楞原纸

浙江东方纸业有限公司
浙江杭州市艮山西路 182 号
邮编 310004
电话 0571－86099802,传真 0571－86944972

浙江恒达纸业有限公司
浙江省龙游县湖镇工业园区
邮编 324401
电话 0570－7061199
传真 0570－7061234
企业负责人 姜文龙 0570－7061199

产品 接装原纸,卷烟辅料配套用纸,医用包装原纸,装饰原纸,工业技术配套用纸

浙江华川集团公司
浙江省义乌市赤岸镇
邮编 322003
电话 0579－5775176
产品 箱纸板,瓦楞纸

浙江华川实业集团义乌市双峰纸板厂
浙江省义乌市赤岸镇华川南路 72 号
邮编 322003
电话 0579－5776512,5775282
传真 0579－5775625
产品 牛皮箱纸板,挂面箱纸板,高强瓦楞原纸

浙江吉安纸容器有限公司
浙江省海盐县经济开发区 B7 路
邮编 314300
电话 0573－6861088
传真 0573－6861089
总工程师 陈宝丽

浙江金东纸业有限公司
浙江省富阳市灵桥镇工业园区
邮编 311418
电话 0571－63558799,传真 0571－63552789

浙江景兴纸业股份有限公司
浙江省平湖市曹桥街道
邮编 314214
电话 0573－5966228
传真 0573－5966983
网址 www.zjjxjt.com
企业负责人 朱在龙　电话 0573－5966256
产品 牛皮箱纸板,高强瓦楞原纸,纱管原纸

浙江金岭集团有限公司
浙江省金华县岭下镇
邮编 322003
电话 0579－2811168,传真 0579－2811171
产品 瓦楞原纸,牛皮箱纸板,涂布白纸板,白纸板

浙江凯恩集团
浙江省遂昌县环城南路 9 号

邮编 323300
电话 0578－8180210
传真 0578－8180230
总经理 王白浪
产品 特种纸

浙江凯恩特种材料股份有限公司
浙汇遂昌县凯恩路 108 号
邮编 323300
总经理 王白浪
电话 0578－8123029，传真 0578－8121286
网址 www.kangroup.com
产品 电解电容器纸，电池用纸，高透气度纸

浙江兰天纸业有限公司
浦东特色工业园区
邮编 322205
电话 0579－4293535
传真 0579－4293399

浙江兰溪市华伦造纸有限公司
兰溪市城郊西路 21 号
邮编 321100
电话 0579－8230962
传真 0579－8230966
总经理 叶武林

浙江民丰罗伯特纸业有限公司
浙江省嘉兴市角里街 70 号
邮编 31400
电话 0573－2814766－805，传真 0573－2819766
产品 卷烟纸，特种纸

浙江南洋纸业有限公司
海盐县武原镇西首升界桥南洋
邮编 314300
电话 0573－6192032，传真 0573－6192036
网址 nanyangpaper.chinapaper.net
产品 箱纸板

浙江衙州凯乐特种纸业有限公司
浙江省衢州市衢江区沈家经济开发区南山路以北
邮编 324000
电话 0570－2831236，传真 0570－2831226
产品 蓄电池用纸，热敏纸

浙江三星纸业股份有限公司
浙江省杭州富阳
邮编 311400
电话 13606608212，传真 0571－63582012
产品 涂布白纸板
总经理 唐培银
网址 www.hzsanxing.com
产品 涂布白纸板、双面涂布白纸板、扑克牌纸

浙江省杭州市富阳西邮纸业有限公司
浙江省杭州市富阳镇大庆西邮村
邮编 311400
电话 0571－63477094
网址 xiyouzhiye.chinapaper.net
产品 高强瓦楞纸 牛皮纸 卷筒木浆

浙江省衢州驰星纸箱厂
浙江省衢州衢江区沈家经济开发区
邮编 324022
电话 0570－2931902，传真 0570－2931815
产品 各种普通纸箱包装，彩印包装及提供凹印

浙江衢州仙鹤纸业有限公司
衢县沈家经济开发区
邮编 324022
电话 0570－2931266 1396707807
传真 0570－2931631
总经理 王敏良
产品 特种纸

浙江省上虞蓝星实业有限公司
浙江省上虞市经济开发区
邮编 312300
电话 0575－2155332，传真 0575－2152181
网址 www.zjbluestar.com
产品 高强瓦楞原纸

浙江省温州市宝利来纸业有限公司
浙江省温州市人民东路国信大厦 8F
邮编 325000
电话 0577－88822655，传真 0577－88857158
产品 进口木浆，高档白卡纸

浙江省孝丰纸业有限公司
浙江省安吉县孝丰镇

邮编 313300
电话 0572－5500506，传真 0572－5500506
网址 xfpapep.chinapaper.net
产品 餐巾纸，装饰原纸，水松原纸等

浙江省义乌市鲁雅造纸厂
义乌市佛堂镇鲁雅村
邮编 322002
电话 0579－5730336
手机 13906891766

浙江省余姚市佳盛包装印业有限公司
浙江省余姚市阳明工业园区
邮编 315400
电话 0574－62539358 13605842106
传其 0574－62539165
网址 www.jiasheng.cnalibaba.com
产品 瓦楞纸箱

浙江双星纸业总公司
浙江省衢州县黄堺口
邮编 324005
电话 0570－3062883
传真 0570－3062883
董事长 项月雄
产品 复写纸，铝箔衬纸，铁笔蜡纸，卫生纸

浙江天听亚伦股份有限公司
浙江省龙游县龙兰路 151 号
邮编 324400
电话 0570－7090009，7090111
传真 0570－7835368，7022968
产品 铜版纸，碳素复写纸，静电复印纸

浙江天听纸业有限公司
浙江省浦江县班班大道 1 号
邮编 322200
电话 0579－4200200
传真 0579－4200812 4131026
网址 www.ctpctp.com
法人代表 赵剑雄
产品 涂布白纸板和工业纸板，鞋内底纸板，水松原纸，胶印书刊纸，无碳复写纸，字典纸

浙江万众纸业有限公司
浙江省富阳市春江街道山建村
邮编 311421
电话 0571－63580988
产品 涂布白纸板

浙江萧山市之江纸业有限公司
浙江省萧山市城厢镇姑娘桥
邮编 311201
电话 0571－2786436，传真 0571－2786369
产品 箱纸板

浙江新华印刷器材经营公司
杭州环城北路 41 号
邮编 310004
电话 85106489，传真 85106489
产品 铜版纸，双胶纸，书写纸

浙江永泰纸业集团股份有限公司
浙江省富阳市春江街道
邮编 311421
电话 0571－63587918
传真 0571－63583055
网址 www.zjytpaper.net
企业负责人 孙柏贵 63587918
产品 涂布白纸板，白卡纸，扑克牌纸，防伪纸

浙江远大纸业有限公司
浙江富阳市春江工业园区
邮编 311421
电话 0571－63586999，63586996
产品 涂布白纸板

浙江震洲纸业有限公司
浙江省湖州市北郊小梅口
邮编 313001
电话 0572－2159686，传真 0572－2159731
产品 瓦楞原纸，箱纸板，纱管纸

相关企业

安吉县晓墅塑料轴承厂
浙江省安吉县晓墅镇新区
邮编 313307
电话 0572－5092137

产品 塑料轴承

德宝纸杯机械有限公司
浙江省瑞安市飞云镇远东路21－29号
邮编 325207
电话 057－65568789，传真 0577－65568799
网址 www.debaochina.com
产品 纸杯，纸杯机，纸碗机，碟盒机等

泛司达造纸化学品厂
浙江省兰溪市
邮编 321104
电话 0579－8770345，传真 0579－8823238
产品 废纸脱墨剂，网毯清洗剂
网址 www.fsda.chinapaper.net

富阳武林机械有限公司
浙江省富阳市劳动路10号
邮编 311400
电话 0571－63369323
产品 压光机、涂布机等

杭州传化华洋化工有限公司
浙江萧山经济技术开发区鸿达路125号
邮编 311231
电话 0571－82696688
传真 0571－82696488
网址 www.transfarwhyyon.com
产品 荧光增白剂、染料、脱墨剂等

杭州大路实业有限公司
浙江省杭州市萧山区红山
邮编 311234
董事长 屠锦秀
电话 O571－82699042 82699052
传真 0571－82699410
产品 工业泵，盘磨机，浆泵

杭州东新节能机电设备有限公司
杭州景苑公寓6－4－101
邮编 310016
电话 0571－86969689
法人代表 李晓燕
产品 节能环保型蒸汽疏水阀，冷凝水回收系统

杭州高新自动化仪器仪表公司
杭州高新技术开发区教工路2号
邮编 310012
电话 0571－88053987
传真 0571－88802636
总经理 徐勇强

杭州格林费尔生化技术有限公司
中国杭州滨江区高新软件园8号楼3楼
邮编 310053
电话 0571－86696238
传真 0571－86697618
网址 www.greenphile.com
法人代表 杨江良
产品 生物酶废纸脱墨剂

杭州华源自动化设备技术公司
浙江省杭州体育场路71号
邮编 310004
电话 0571－85186716
产品 脱墨设备

杭州华章电气工程有限公司
杭州市文三路252号伟星大厦12楼
邮编 310012
电话 0571－88366555，传真 057188856077
董事长 朱根荣
产品 工业控制

杭州华晶钙业有限公司
杭州和睦路155号
邮编 310011
电话 0571－88091424－187 88184265
传真 0571－88091536

杭州碱泵有限公司
浙江省杭州市西湖区留下街52号
邮编 310023
电话 0571－85229210
传真 0571－85227487
网址 www.alkatipump.com
法人代表 陈晓云
产品 IJ型耐腐蚀泵，HT化工通道泵，MHT耐磨耐腐泵，HZW轴流泵，AZ浆泵，IF氟塑料泵等

杭州市化工研究院有限公司
地址 浙江省杭州市湖墅石灰坝7号
邮编 310014
电话 0571-88314437
传真 0571-88314437
网址 www.hhs.cn
企业负责人 姚献平 电话 0571-88319461
产品 增强剂,湿强剂,废纸脱墨剂,阻燃剂,中性施胶剂,印刷适性改进剂(无甲醛型),卫生纸起皱粘合剂,烘缸剥离剂,柔软剂,固色剂等;变性淀粉,松香施胶剂

杭州市平方工贸有限公司(纸业)
西湖区教工路499号
邮编 310012
电话 0571-88839172 传真 0571-88085805
产品 打印纸,复印纸,传真纸,收银纸,书写纸,双胶纸

杭州轻工检测仪器厂
浙江省杭州市莫干山路913号
邮编 310011
电话 0571-88192928
产品 纸张物理检测仪器

杭州轻通仪器开发公司
浙江省杭州市舟山东路66号
邮编 310015
电话 0571-88026010
产品 纸张检验测定仪器

杭州萧山美特轻工机械有限公司
杭州市萧山区坎山镇国庆村(萧山国际机场旁)
邮编 311243
电话 0571-82519727
传真 82519726
产品 滤液泵,高浓除渣器

杭州西湖阀门厂
浙江省杭州市西溪路988号
邮编 310023
电话 0571-85225864
传真 0571-85220115
法人代表 李嘉贵
产品 蒸汽阀门,疏水阀,止回阀

杭州新余宏机械有限公司
浙江省杭州市瓶窑
邮编 311115
电话 0571-88541156 88542958
传真 0571-88543365
产品 生活用纸机设备

杭州颜料化工厂
浙江萧山市义盛镇
邮编 311225
电话 0571-82164323
产品颜料,染料,中间体

杭州纸友科技有限公司
杭州经济技术开发区 M18-0-2
邮编 310018
电话 0571-86911227
传真 0571-86913870
网址 www.hzzykj.cn
法人代表 姚献平
产品 造纸用变性淀粉

杭州中奇实业有限公司
浙江杭州市翠苑四区13幢
邮编 310012
电话 0571-88860333
产品 絮凝剂

杭州自动化仪器仪表公司
浙江省杭州市教工路2号
邮编 310012
电话 0571-88089766
产品 纸张检测仪器

华加纸业技术发展有限公司
浙江省杭州市文晖路大塘新村20号
邮编 310005
电话 057-88801313
产品 造纸机械产品

化学工业(全国)造纸化学品工程技术中心
杭州市化工研究院
杭州市湖墅石灰坝7号
邮编 310014
电话 0571-88314437

传真 0571－88314437
网址 www.hhs.cn
所长 姚献平

兰溪市泛士达造纸化学
浙江省兰溪市
邮编 321104
电话 0579－8770345,传真 0579－8823238
产品 废纸脱墨剂

乐清市雅尔利铝箔纸有限公司
浙江省乐清市北向象镇中山东路 496 号
邮编 325603
电话 0577－6288135,传真 0577－62875635
网址 www.yaerli.com
产品 各种用途铝箔纸

宁波鹏程纸业有限公司
宁波鄞奉路 536 号
邮编 315012
电话 0574－87474197,传真 0574－87481099
网址 pczy.china.paper.net
产品 经营各种高,中,低档灰底,白底,白卡,铜板,双胶纸

宁波市奇兴无纺布有限公司
浙江省慈溪市掌起工业开发区
邮编 315313
电话 0574－63751612/63742606
63751608/63744609
传真 0574－63740408
网址 www.china－nonwoven.com,www.airlaids.com
企业负责人 谢道训 电话 0574－63751618
产品 无纺布、无尘纸及其生产线,各种一次性卫生制品、湿面巾、生活及工业用各种擦拭布

宁波天源化学有限公司
浙江宁波老实巷 70 号 6 楼
邮编 315000
电话 0573－87319178
产品 润滑剂,消泡剂

平湖工业用呢厂
浙江省平湖县城关镇
邮编 314200
电话 0573－5022135

平阳县石辊厂
浙江省平阳县钱仓镇垂杨
邮编 325401
电话 0577－63681164

轻工业杭州机电设计研究院
浙江杭州体育场路 71 号
邮编 310004
电话 0571－85186556 85186716(总机)
传真 0571－85186432
网址 www.hmei.com.cn

瑞安市金斯顿喷淋机械有限公司
浙江省瑞安市汀田镇金凤路 10 号
邮编 325206
电话 0577－65500050
传真 65354710
产品 喷头喷嘴,校网器

瑞安市金阳喷淋机械有限公司
浙江省瑞安市塘下镇里北垟北垟村东路 84 号
电话 0577－65380305
传真 0577－65380306
网址 www.jinwenpin.com
产品 喷嘴,除渣器头

瑞安调节阀厂
浙江省瑞安市汀田镇寨下东新路 18 号
邮编 325206
电话 0577－6550010
产品 调节阀

台州神通烫印机械有限公司(纸品部)
浙江天台城西工业区
邮编 317200
电话 0576－373028,传真 0576－3730818
网址 www.ttshentong.com
产品 纸制笔记本,纸制文具套装,纸制相册等

桐庐造纸机械设备有限公司
浙江省桐庐横村镇
邮编 311512
电话 0571－64671173

产品 造纸完成设备

桐乡市造纸毛毯厂
浙江省桐乡市晚村镇
邮编 314513
电话 0573－8511541

温岭市南方粉体设备制造厂
浙江省温岭市肖家桥工业区
邮编 317502
电话 0576－6581283
传真 0576－6580583
网址 www.nf－sb.com
法人代表 颜邦初

温州金虎包装材料有限公司
浙江省平阳县昆阳镇城南工业区
邮编 325400
电话 0577－63018373.传真 0577－63018488
网址 www.wzjinhu.com
产品 纸塑复合包装及各类塑料复合包装

温州市利普自控设备有限公司
浙江省温州市鹿城工业区康泉路 29 号
邮编 325007
法人代表 李琼新
电话 0577－88782020
传真 0577－88786906
网址 www.leap.com.cn
产品 工业过程控制阀及自控设备

温州仪器仪表有限公司
浙江省温州市经济技术开发区经八路
邮编 325011
法人代表 周加林
电话 0577－86533644
传真 0577－86554149
产品 光学分析仪器,白度计

银翼造纸筛选设备有限公司
浙江省温州市中山北路高新技术园Ⅸ
邮编 325000
电话 0577－88823058
产品 筛选设备

浙大双元科技开发有限公司
杭州翠柏路 6 号
邮编 310027
电话 0571－88867823
传真 0571－88910049
产品 自动控制系统

浙江池禾化工有限公司
浙江省遂昌县梅溪路 90 号
邮编 323300
电话 0578－8170604
传真 0578－8170685
总经理 赵成浩

浙江丰华商标材料实业有限公司
浙江省温州市金乡朝阳东路 279 号
邮编 325805
电话 0577－64576088,传真 0577－64575088
产品 不干胶系列产品

浙江力诺阀门有限公司
浙江省瑞安市塘下镇鲍田工业区
邮编 325204
电话 0577－65218688 65218818
传真 0577－65218999
网址 www.cn－linuo.com
产品 造纸控制阀

浙江省临海市王开机筛有限公司
浙江省临海经济开发区东方大道 218 号
邮编 317000
电话 0576－5121181 5121418
传真 0576－5124428
网址 www.wangkai.com
产品 筛板筛鼓

浙江省普瑞科技有限公司
杭州市祥符桥石祥路 789 号
邮编 310011
电话 0571－88170685
传真 0571－88173641

浙江省永嘉通洲阀门有限公司
浙江省温州市瓯北镇东瓯工业园区
邮编 325102

电话 0577－67989677 67989678
传真 0577－67989679
网址 www.tzvalve.cn
产品 纸浆阀,刀型闸阀

浙江瑞安市汀田五金挡圈厂
浙江省瑞安市汀田镇金后工业区
邮编 325206
电话 0577－65500050,传真 0577－65509256
产品 喷嘴

浙江瑞萌自动化设备有限公司
瑞安市面上汀田镇寨下东新路 211 号
邮编 325206
电话 0577－65500010 65102626
传真 0577－65505510
网址 www.cn－rtf.com
产品 造纸自控阀

浙江武林造纸机械有限公司
浙江省富阳市春江工业园区
邮编 311400
电话 0571－63587966
传真 0571－63150990
副总 陈庚发

浙江武义华东印刷机械有限公司
浙江省武义县环城东路 18 号
邮编 321200
电话 0579－7625769,传真 0579－7622188
网址 www.packingmachineeryes.com.cn
产品 扑克机械,包装机械

浙江雪峰碳酸钙有限公司
浙江省常山县建材工业园区
邮编 324209
法人代表 张东明
电话 0570－5095126
传真 0570－5095208
网址 www.xfchina.com
产品 各种碳酸钙

浙江亚达不锈钢制造有限公司
生产总部:温州市沙城工业区(温州市永强大道 2127 号)
邮编 510300
法人代表 项有通
电话 0577－86812378
传真 0577－86810869
网址 www.yadajx.com
产品 不锈钢输送管道及管件阀门

中国轻工业总会自动化研究所
杭州市舟山东路 66 号
邮编 310015
电话 0571－88290715
传真 0571－88290716
总经理 姜淳

诸暨造纸机械厂
浙江省诸暨市牌头工业区
邮编 311825
电话 0575－7051260
产品 切纸机

安 徽 省

造纸企业

安徽东泰实业有限公司
安徽省芜湖市四褐山路 101 号
邮编 241009
电话 0553－5801199
传真 0553－5805674
产品 箱纸板,瓦楞原纸

安徽华邦特种纸有限公司
安徽省黄山市翕县北郊徐村
邮编 245200
电话 0559－6523366
传真 0559－6523388
产品 晒图原纸,转移印花纸

安徽怀宁铜版纸厂
安徽省怀宁县石牌镇皖河大道 97 号
邮编 246100
电话 0556－4821580,传真 0556－4824580
产品 铜版纸

安徽浩川集团公司
安徽省潜山县舒州东路68号
邮编 246300
电话 0556－8686023
产品 复印纸,电脑打印纸,引线纱纸,防油纸

安徽金和纸业有限公司
安徽省和县西梁山镇
邮编 238267
电话 0565－5897000
传真 0565－5897000
产品 双胶纸,箱纸板

安徽三木纸业有限责任公司
安徽省怀宁县高河镇高埠路36号
邮编 246121
电话 0556－4856888
产品 电器用纸

安徽山鹰纸业股份有限公司
安徽省马鞍山市勤俭路3号
邮编 243021
电话 0555－2826300,传真 0555－2810496
网址 www.shanyingpaper.com
产品 箱纸板,牛卡,高强瓦楞原纸,涂布白纸板

安徽省霍山东风纸业有限公司
安徽省霍山县落儿岭镇
邮编 237283
电话 0564－5566044,传真 0564－5566144
产品 新闻纸,鸡皮纸,瓦楞原纸,箱纸板,涂布白纸板,牛皮纸,纸袋纸

安徽省泾县泾川宣纸厂
安徽省泾县丁家桥镇鹿园桥头埂
邮编 242540
电话 0563－5700483
网址 www.jingchuan.wto－china.com
产品 宣纸

安徽省泾县汪六吉宣纸有限公司
安徽省泾县晏公镇
邮编 242530
电话 0563－5510238,传真 0563－5510078
产品 宣纸
网址 wangliuji.chinapaper.net

安徽省泾县汪同和宣纸有限公司
安徽泾县晏公镇古坝
邮编 242530
电话 0563－5500608,传真 0563－5500688
网址 www.wangtonghe.com
产品 宣纸,书画纸

安徽省康乐纸业公司
安徽省六安市梅山北路
邮编 237009
电话 0564－3333366,传真 0564－3338072
产品 双面胶版纸,白卡纸,纸杯原纸

安徽省灵壁县东风造纸厂
安徽省灵壁县东关外2公里
邮编 234200
电话 0557－6161102,传真 0557－6161102
产品 瓦楞原纸

安徽天都纸业有限公司
安徽省颍上县六十铺工业开发区
邮编 236219
电话 0558－4171774,传真 0558－4171260
网址 www.tiandupaper.com
产品 瓦楞原纸,纱管原纸

安徽万都高森纸业有限公司
安徽省怀宁县高河镇高埠路36号
邮编 246121
电话 0556－4856898
产品 滤嘴棒纸,铝箔衬纸

安徽新丰纸业有限公司
安徽省淮南市田家庵区电厂路
邮编 232007
电话 0554－3649676
传真 0554－3621436
产品 卷烟纸,双胶纸,铜版纸

安徽新宇纸业有限公司
安徽省涡阳城东经济开发区
邮编 233600
电话 0558－7278861

产品 瓦楞原纸

白湖纸业有限责任公司
安徽省巢湖青山
邮编 238057
电话 0565－7307297
产品 胶印书刊纸，书写纸，双胶纸

池州秋浦纸业公司
安徽省贵池市金湖路350号
邮编 247100
电话 0566－2024341
产品 机制纸，瓦楞原纸

阜阳造纸厂
安徽省阜阳市阜涡路45号
邮编 236023
电话 0558－2322125
产品 书写纸，招贴纸

合肥金钟纸业股份有限公司
安徽合肥瑶海区大兴镇钟油坊路1号
邮编 230011
电话 0551－4534116
传真 0551－4532820
网址 www.jinzhong－paper.com
法人代表 钟征洋
产品 牛皮纸板，茶纸板，高强瓦楞纸

合肥造纸厂
安徽省合肥市东郊
邮编 230011
电话 0551－4533685
产品 箱纸板，瓦楞原纸

合肥造纸厂卫生纸分厂
安徽省合肥市东郊大兴集
邮编 230011
电话/传真 0551－4533152
产品 卫生纸

怀宁县高河宝洁卫生纸有限公司
安徽省怀宁县高河村
邮编 246121
电话 0556－4616570
产品 卫生纸

怀远造纸厂
安徽省怀远县城关
邮编 233400
电话 0552－8011531
产品 箱纸板，瓦楞原纸

淮南南鹏纸业有限公司
安徽省淮南市田家庵区电厂路
邮编 232007
电话 0554－3626611
产品 铜版纸

黄山天外天纸业公司
安徽省黄山市屯溪区跃进路1号
邮编 245000
电话 0559－2512673
产品 双胶纸

黄山新龙纸业有限公司
安徽省歙县
邮编 245200
电话 0559－6512228
产品 转移印花纸

六安造纸厂
安徽省六安市梅山北路
邮编 237009
电话 0564－3213428
产品 书写纸，打字纸，白卡纸，双胶纸

蒙城县茶板纸厂
安徽省蒙城县二环路经济开发区
邮编 233500
电话 0558－7279963
产品 茶板纸，瓦楞原纸

宁国市造纸总厂
安徽省宁国市跃进路148号
邮编 242300
电话 0563－4022303
产品 瓦楞原纸

太和县兴太纸业有限责任公司
安徽省太和县城西富民路78号
邮编 236604
电话 0558－8622288
产品 炸药包装纸,瓦楞纸,邮毡原纸

太湖造纸厂
安徽省太湖县高界路28号
邮编 246405
电话 0556－4162832
产品 铝箔衬纸

铜陵市恒业造纸公司
安徽省铜陵市横港
邮编 244000
电话 0562－3812570
产品 书写纸

芜湖市华旭纸业有限公司
邮编 241206
电话 0553－7255999
传真 0553－7254888
网址 www.hx－pack.com
产品 箱纸板

元盛纸业有限公司
安徽省明光市西郊
邮编 239400
电话 0550－8023403
传真 0550－8100064
产品 瓦楞原纸,箱纸板

岳西河图造纸厂
安徽省岳西县河图镇
邮编 246661
电话 0556－2103237
产品 瓦楞原纸,水松原纸

岳西毛尖山造纸厂
安徽省岳西县毛尖山镇
邮编 246660
电话 0556－2173237
产品 引纱纸

相关企业

安徽巢东九华钙业高新材料有限责任公司
安徽省青阳县木镇
邮编 242803
电话 0566－5614059
传真 0566－5614059
法人代表 徐海滨
产品 重钙粉及其改性造粒产品

安徽华辰造纸网股份有限公司
安徽芜湖开发区港湾路15号
邮编 241009
法人代表 张建和
电话 0553－5848295
传真 0553－5848290
主要业务 生产和销售聚酯网、铜网等

安徽华联造纸机械联合公司
安徽省合肥市潜山路287号
邮编 230031
电话 0551－5562211
传真 0551－5562211
产品 造纸完成设备

安徽锦汇筛网有限公司
安徽省太和县沙河西路32号
邮编 236600
电话 0558－8613172
传真 0558－8611299

安徽省轻工科研所
安徽省合肥市长江西路
邮编 230031
电话 0551－5564176

安徽造纸印刷工业公司
安徽省合肥市寿春路62号轻工大楼六层
邮编 230001
电话 0551－2651249

安庆市朝阳胶辊密封件有限责任公司
安徽省安庆市十里乡吴咀村206国道旁
邮编 246005

电话 0556－5369004
传真 0556－5369142
产品 造纸胶辊,油封,瓦楞纸板

安庆市毛纺厂造纸毛毯分厂
安徽省安庆市萧坑东路 30 号
邮编 246005
电话 0556－5313314

安徽华瑞网业有限公司
安徽省太和县工业园
邮编 236600
电话 0558－8217075
传真 0558－8217075
产品 造纸网,聚酯成型网,螺旋干网。

阜阳市鸿达筛选设备厂
安徽省阜阳市颖河东路 78 号
邮编 236020
电话 0558－2322229
产品 造纸筛选设备

天马泵阀厂
安徽省天长市新河北路 53 号
邮编 239300
电话 0550－7029888
产品 泵及泵阀

芜湖市三维造纸助剂有限责任公司
皖芜湖市长江路 223 号
邮编 241001
电话 0553－5842013
传真 0553－5843138
法人代表 石平
产品 施胶剂,消泡剂,助留、助滤剂,液体荧光增白剂

芜湖市三维造纸助剂有限责任公司
皖芜湖市长江路 223 号
邮编 241001
电话 0553－5842013
传真 0553－5843138
法人代表 石平
产品 施胶剂,消泡剂,助留助滤剂,液体荧光增白剂

福 建 省

造纸企业

安溪县湖头造纸厂
福建省安溪县湖头镇云林村
邮编 362411
电话 0595－3401108
产品 瓦楞原纸

长汀县黄板纸厂
福建省长汀县环城西路 93 号
邮编 366300
电话 0597－6831352
产品 黄纸板

长汀县色纸厂
福建省长汀县汀州镇中心坝变电站路 1 号
邮编 366300
电话 0597－6831545
产品 瓦楞纸箱

长汀县造纸厂
福建省长汀县策武乡陈坊村
邮编 366300
电话 0597－6839574,传真 0597－6838874
产品 牛皮纸,纸袋纸

长汀县纸品厂
福建省长汀县汀州镇营背街营背巷 82 号
邮编 366300
电话 0597－6831632
产品 瓦楞纸板

大田县赤岩造纸厂
福建省大田县均溪镇赤岩山路 29 号
邮编 366100
电话 0598－7222688
产品 水泥内袋纸

大田县华闽纸业有限公司
福建省大田县凤山东路 63 号

邮编 366100
电话 0598－7233826,传真 0598－7222143
产品 牛皮纸

大田县岩城纸业有限公司
福建省大田县均溪镇建山路 97 号
邮编 366100
电话 0598－7223039,传真 0598－7223039
产品 包装纸

德源纸品工业有限公司
福建省德化县浔中镇浔中村东头
邮编 362500
电话 0595－23522526,传真 0595－23883572
产品 纸板

东联纸业(福州)有限公司
福建省福州市马尾快安投资区
邮编 350015
电话 0591－83970330
产品 纸板

东山县造纸厂
福建省东山县铜陵镇文峰街 375 号
邮编 363401
电话 0596－5620098
产品 瓦楞原纸

福鼎市装潢纸联营厂
福建省福鼎市山镇溪西村圆觉寺 69 号
邮编 355200
电话 0593－7852495,传真 0593－7852552
产品 包装纸,高光泽玻璃卡纸

福丰鞋用纸业公司
福建省福州市仓山先锋村展进巷 38 号
邮编 350007
电话 0591－3423168
产品 鞋用垫纸

福建大昌纸业有限公司
福建省福州市福厦路青口镇梅岭村
邮编 350100
电话 0591－22762334
产品 鞋用纸板

福建港兴集团港兴纸业有限公司
福建省漳州市南靖龙山工业区
电话 0596－7577269,传真 0596－7579182
产品 挂面箱纸板,高强瓦楞纸

福建恒安集团有限公司
晋江市安海恒安工业城
邮编 362261
电话 0595－85708665,传真 0595－85708703
产品 生活用纸,妇女儿童生活系列卫生用品

福建恒利集团有限公司
南安市省新镇善星 86 号
邮编 362300
电话 0595－86252666,传真 0595－86252099
产品 生活用纸,妇女儿童生活系列卫生用品

福建乐以纸业有限公司
福建省晋江市陈埭镇
邮编 362200
电话 0595－85193709
产品 鞋类用纸,拷贝纸,玻璃纸,包装纸

福建连城县兴煌纸制品厂
福建连城县厚洋村
电话/传真 0597－8267528,13959490886
产品 宣纸,毛边纸

福建罗源县雄丰造纸有限公司
福建省罗源县九龙坂路
邮编 350600
电话 0591－26875309,传真 0591－26875299
产品 涂布白纸板

福建南平长桥造纸厂
福建省南平市塔前镇
邮编 350002
电话 0599－8638573
产品 餐巾纸,迷信纸

福建铙山纸业集团有限公司
福建省建宁县塔下路 20 号
邮编 354500
电话 0598－3988840、3982712
传真 0598－3982705

董事长、总经理:高晓明
网址 http//:www.chinesetissuepaper.com
产品 高档薄型包装纸,拷贝纸,薄页纸,炊蒸原纸

福建省福清市阳下福利纸厂
福建省福清市阳下丹埔工业区
邮编 350300
电话 0591-85297999,传真 0591-85290404
产品 箱纸板,瓦楞纸

福建省龙岩市祥泰造纸包装有限公司
福建省龙岩市铁山开发区
邮编 364001
电话 0597-2348234,传真 0597-2348432
网址 www.xtpp.com.cn
产品 防锈纸,防水纸,涂塑纸,硅油纸,水果护套纸,全木浆生活用纸

福建省南平延润纸业有限责任公司
福建省南平市滨江北路177号
邮编 353000
电话 0599-8802988 8808948
传真 0599-8802888
法人代表 孙寿林
产品 静电复印纸,双胶纸,书刊纸,书写纸,轻涂纸,白牛皮纸,包装纸,纸袋纸,纱管纸,新闻纸,宗教纸,各种有色纸以及各类造纸助剂等

福建省南纸股份有限公司
福建省南平市滨江北路177号
邮编 353000
电话 0599-8808888
传真 0599-8801551
产品 胶印新闻纸,本色硫酸盐商品木浆,人纤浆粕

福建省青山纸业股份有限公司
福建省青州市沙县青州镇
邮编 365506
电话 0598-5656888
传真 0596-5653336
法人代表 刘天金
产品 纸袋纸,牛皮卡纸,高强瓦楞原纸等

福建省青耀纸业有限公司
福建省三明市沙县青州镇
邮编 365506
电话 0598-5658963
产品 牛皮箱纸板,牛皮纸,纸袋纸,高强瓦楞原纸

福建省沙县盛春纸业有限公司
福建省沙县涌溪桥南
邮编 365507
电话 0598-5681898,传真 0598-5681888
产品 精制牛皮纸,精制白牛皮纸,胶带原纸,复合原纸,手提袋纸,信封纸

福建省上杭瑞翔纸业有限公司
福建省上杭县新塘路5号
邮编 264200
电话 0597-3843226,传真 0597-3843226
产品 瓦楞原纸,牛皮卡纸,纱管纸

福建省顺昌县纸板厂
福建省顺昌县塔山路9号
邮编 353200
电话 0599-7822033
传真 0599-7822036
产品 牛皮箱纸板

福建省永安市长泉纸制品有限公司
福建省永安市鸭姆潭水电站内
邮编 366000
电话 0598-3578177,传真 0598-3809200
产品 瓶托、鞋衬、电器内包装等纸制品

福建腾荣达制浆有限公司
福建省将乐县古镛镇龟山北路216号
邮编 353300
电话 0598-2332400,传真 0598-2339566
产品 绒毛浆

福建云霄县再生纸厂
福建省云霄县莆美镇前涂村竹仔前
邮编 363300
电话 0596-8552819
产品 再生纸

福建漳州糖厂纸浆分厂
福建省漳州市芗城区东郊
邮编 363000

电话/传真 0596－2992163
产品 蔗渣浆

福清市闽宏纸业有限公司
福建省福清市宏路大斜 29 号
邮编 350313
电话 0519－85380338
产品 单面白纸板

福清市造纸厂
福建省福清县宏路镇大斜村 29 号
邮编 350301
电话 0591－85380338
产品 瓦楞原纸,单面白纸板

福州东门造纸厂
福建省福州市新店镇
邮编 350000
电话 0591－87911445
产品 再生纸

福州华楠纸品有限公司
连江县敖江镇荷山
邮编 350500
电话 0591－26211233,传真 0591－26211233
产品 彩色薄页纸

福州开发区青榕纸品有限公司
福建省福州市马快安延伸地 21 号
邮编 350015
电话 0591－83971247
产品 包装纸箱

福州市仓山江边造纸厂
福建省福州市仓山江边区
邮编 350007
电话 0591－83440408
产品 瓦楞纸

福州市仓山龙江造纸厂
福建省福州市仓山龙江村竹楼
邮编 350007
电话 0591－83499776
产品 瓦楞纸

福州市盖山叶下造纸厂
福建省福州市盖山镇叶下村
邮编 350026
电话 0591－83440376
产品 瓦楞原纸

福州市盖山屿宅友谊造纸厂
福建省福州市盖山乡屿宅村
邮编 350026
电话 0591－3440199
产品 茶纸板,牛皮箱纸板,瓦楞原纸

福州市郊区盖山江边造纸厂
福建省福州市盖山镇江边
邮编 350026
电话 0591－83440408
产品 纸板

福州市郊区龙江造纸厂
福建省福州市城门镇龙江村
邮编 350018
电话 0591－83499776
产品 纸板

福州市聚丰纸业有限公司
福建省福州市工农路 20 号
邮编 350007
电话 0591－83433542,传真 0591－83455431
产品 白纸板,卫生纸

福州市马江造纸厂
福建省福州市郊区亭江镇长柄村
邮编 350006
电话 0591－83691214
产品 机制纸

福州市闽都纸业有限公司
福建省福清市一都乡
邮编 350306
电话 0591－85301068
传真 0591－85301038
产品 涂布白纸板

福州市人民造纸厂
福建省福州市白湖亭迎宾路 153 号

邮编 350026
电话 0591－83440345
产品 灰纸板

古田县黄田造纸厂
福建省古田县黄田镇莪洋柳埕
邮编 352251
电话 0593－3765035
产品 牛皮纸

古田县吉巷造纸厂
福建省古田县吉巷乡吉巷村
邮编 352262
电话 0593－3630138
产品 有光纸，白纸板

古田县兴达纸业有限责任公司
福建省古田县城东北路
邮编 352000
电话 0593－3882361
产品 瓦楞纸

华发（福建）实业公司
福建省龙海市东园镇厚境华发纸地
邮编 363103
电话 0596－6708555，传真 0596－6708265
产品 纸板，瓦楞纸

建宁县世纪再生纸业有限公司
福建省建宁县里心镇里心街
邮编 354500
电话 0598－3282201
产品 再生纸

建瓯市造纸厂
福建省建瓯市房道镇七江村后山
邮编 353105
电话 0599－5333800
产品 黄纸板，有光纸，牛皮纸

建阳明珠纸业有限公司
福建省建阳市麻纱镇
邮编 354204
电话 0595－5551078，传真 0599－5550008
产品 胶版纸，静电复印纸，书写纸，有光纸，打字纸，白卡纸，信封纸，内文纸

晋江风竹纸品实业有限公司
晋江市青阳竹树下风竹
邮编 362200
电话 0595－85699890，传真 0595－85653890
产品 瓦楞纸

晋江优兰发纸业有限公司
晋江市西滨镇
邮编 362200
电话 0595－85123888，传真 0595－85123889
产品 拷贝纸，薄型纸，复印纸，传真纸，文化用纸，牛皮箱纸板，高强瓦楞纸

连城东方纸业有限公司
福建省连城县姑田镇中原路 2 号
邮编 366200
电话 0597－8268101
产品 包装纸

连江县敖江江南纸板厂
福建省连江县敖江镇江南村
邮编 350500
电话 0591－6221410
产品 瓦楞纸

连江县二轻纸厂
福建省连江县凤城镇建设路 109 号
邮编 350500
电话 0591－26232564
产品 瓦楞纸

龙海榜山民政三星造纸厂
福建省龙海市榜山镇北溪头村
邮编 363100
电话 0596－6598219
产品 机制纸

龙海市北溪头民政造纸厂
福建省龙海市榜山镇北溪头村
邮编 363100
电话 0593－6598989
产品 再生纸

龙海市绿阳纸业有限公司
福建省龙海市角美镇工业综合开发区 13 号
邮编 363107
电话 0596－6778379
产品 手工纸

龙海市信达纸业有限公司
福建省龙海市颜厝镇田址村
邮编 363100
电话 0596－6658653
产品 机制纸

龙海市耀龙造纸有限公司
福建省龙海市东泗乡太江村
邮编 363102
电话 0596－6728118
产品 瓦楞原纸

龙海伟丰纸业有限公司
福建省龙海市石码镇新洲尾 66 号
邮编 363100
电话 0596－6523321，传真 0596－6522262
产品 瓦楞原纸

龙海裕盛包装制品有限公司
福建省龙海市步文镇石仓村
邮编 363109
电话 0596－6660182
产品 瓦楞纸

龙岩地区兴发造纸厂
福建省龙岩市铁山镇洋头村
邮编 364001
电话 0597－2348239，传真 0597－2348716
产品 鞋底纸板

龙岩市闽丰造纸厂
福建省龙岩市铁山街道隔口
邮编 364000
电话 0597－2349425
产品 瓦楞纸

龙岩市造纸厂
福建省龙岩市龙门镇
邮编 364015
电话 0597－2348087，传真 0597－234737
产品 胶版印刷纸

龙岩市造纸有限责任公司
福建省龙岩市铁山工业路 36 号
邮编 364001
电话 0597－2348042，传真 0597－2348737
产品 新闻纸

罗源县造纸有限公司
福建省罗源县起步镇港头
邮编 350600
电话 0591－6832497
产品 涂布纸板

闽清县聚丰造纸有限责任公司
福建省闽清县梅城镇西门路 179 号
邮编 350800
电话 0591－22332876，传真 0591－22335768
产品 生活用纸

闽侯县洋里造纸厂
福建省闽侯县洋里乡洋里村 167 号
邮编 350105
电话 0591－2920041
产品 箱纸板

南安金格纸业有限公司
福建省南安市码头镇
邮编 362312
产品 涂布白纸板

南安市联发纸业有限公司
福建省南安市诗山镇西上村
邮编 362300
电话 0595－86483926
产品 挂面箱纸板

南安市顺达纸业有限公司
福建省南安水头镇复线工业走廊
邮编 362342
电话 0595－86938168，传真 0595－86939168
产品 涂布白纸板

南安市益峰纸业有限公司
福建省南安市诗山镇鹏峰村
邮编 362300
电话 0595－86482880，传真：0595－86472999
产品 机制纸

南平市后谷造纸厂
福建省南平市后谷
邮编 353000
电话 0599－8635803
产品 包装纸

莆田江口金龙纸业有限公司
福建省莆田市江口镇石狮村
邮编 351100
电话 0594－3695223
产品 高强瓦楞纸

莆田市东南纸业工贸有限公司
福建省莆田市城厢区天妃路 278 号
邮编 351100
电话 0594－2391389，传真 0594－2381389
网址 www.ptdnzy.com
企业负责人 谢风池
产品 彩色薄页纸、彩色纸巾纸、彩色皱纹纸、彩色魔术棒、彩色印刷工艺花纸、彩色碎纸条、金银印刷工艺纸等一系列高档新型纸品

莆田市涵江区福利纸品厂
福建省莆田市涵江区后墩村
邮编 351111
电话 0594－3397428
产品 白纸板

莆田市新星纸业有限公司
福建省莆田市涵江海岭前 51 号
邮编 351100
电话 0594－3898742
产品 瓦楞纸

莆田市再生纸品有限公司
福建省莆田市城南乡荔梅开发区
邮编 351100
电话 0594－2792764
产品 再生瓦楞纸

莆田市造纸厂
福建省莆田市涵江区苍林村 10 号
邮编 351111
电话 0594－3597071
产品 瓦楞纸

莆田县纸板厂
福建省莆田市城厢区城郊乡荔浦村
邮编 351100
电话 0594－2292097
产品 瓦楞原纸

浦城县版纸厂
福建省浦城县仙阳镇渔梁村
邮编 353409
电话 0599－2713860
产品 高强瓦楞纸，包装纸

泉州新同发纸塑有限公司
福建省南安市诗山镇长潭桥
邮编 362311
电话 0595－86489668，传真 0595－86475289
产品 箱纸板，瓦楞纸

泉州景玉纸业有限公司
福建省德化县城关湖前路 43 号
邮编 362500
电话 0595－83583188，83523693，传真 83555968
产品 箱纸板，瓦楞纸

泉州市贵格纸业有限公司
福建省南安市码头镇佛内工业区
邮编 362311
电话 0595－86489566，86461333，传真 86451188
产品 高档涂布白纸板

泉州市鲤城区民政造纸厂
福建省泉州市鲤城区东海法石
邮编 362000
电话 0595－22907736
产品 箱纸板，茶纸板，瓦楞原纸

泉州市辉翔纸业有限公司
福建省泉州市东海镇石头街 849 号
邮编 362000

电话 0595－22582136，传真 0595－22584067
产品 箱纸板，牛皮卡纸

青山纸业龙溪纸业有限公司
龙溪县七五路埔头村
邮编 365100
电话 0598－6321618
产品 文化用纸

三明市造纸厂
福建省三明市三元莘口延永路 80 号
邮编 365002
电话 0598－8370084
传真 0598－8370084
产品 皱纹牛皮纸

邵武中竹纸业有限责任公司
福建邵武下王塘
邮编 354000
电话 0599－6541168
传真 0599－6541090
法人代表 倪日涛
经营负责人 叶厥桂
产品 漂白竹浆，漂白桉木浆，漂白马尾松浆，胶版印刷纸，静电复印纸，涂布原纸，白牛皮

沙县大洛福利造纸厂
福建省沙县大洛乡大洛村
邮编 365500
电话 0598－5786188
产品 瓦楞纸

沙县高桥官庄造纸厂
福建省沙县高桥镇官庄
邮编 365503
电话 0598－5555131
产品 箱纸板，瓦楞原纸

沙县高桥造纸厂
福建省沙县高桥镇
邮编 365503
电话 0598－5555452，传真 0598－5555452
产品 低定量牛皮箱纸板

沙县高桥纸业有限公司
福建省沙县高桥镇高桥村
邮编 365500
电话 0598－5555638
产品 机制纸

上杭县造纸厂
福建省上杭县临江镇新塘路 5 号
邮编 364200
电话 0597－3843226
产品 纱管原纸

顺昌通和纸厂
福建省顺昌县城南路 1 号
邮编 353200
电话 0599－7821811
产品 信封用纸

顺昌县沙墩纸品厂
福建省顺昌县洋口镇沙墩村科甲路 53 号
邮编 353211
电话 0599－7613094
产品 黄纸板，瓦楞纸

顺昌县顺兴纸业有限公司
福建省顺昌县埔上镇甲口
邮编 353200
电话 0599－7515135
产品 冥纸

泰宁县绿山大有纸业有限公司
福建省泰宁县环城路 4 号
邮编 354400
电话 0598－7832379，传真 0598－7836619
产品 箱纸板，瓦楞纸

同安县大同包装公司
福建省同安县大同镇顶西头村
邮编 361100
电话 0592－7022471
产品 瓦楞纸板

厦门安发纸业有限公司
福建省厦门市同安区大同镇城东工业区
邮编 361100

电话 0592－7035258,传真 0592－7033859
产品 瓦楞纸板

厦门安妮纸业有限公司
福建省厦门市湖里工业区华盛路立杰大厦 C 座一层
邮编 361006
电话 0592－5650091,传真 0592－5650096
总经理 林旭曦
产品 传真纸,静电复印纸,电脑打印纸,压感打印纸,喷墨打印纸,票据电脑印刷

厦门德彦纸业有限公司
厦门市海沧新阳工业区霞飞路
邮编 361000
电话 0592－6512288,传真 0592－6512277
产品 纱管原纸

厦门国厦包装材料公司
福建省厦门市民族路 52 号
邮编 361005
电话 0592－2092541
产品 瓦楞纸板

厦门汉伦纸业有限公司
福建省厦门市金尚路金民里 86 号－汉伦纸业市场部
邮编 361009
电话 0592－5257759
传真 0592－5257760
网址 www.xmhl.ebigchina.com 产品 手工书写纸(高级宣纸),进口特种纸乱码纸

厦门华盛纸品包装有限公司
福建省厦门市莲花龙山工业区
邮编 361009
电话 0592－5130371
产品 纸板

厦门建发股份有限公司
福建省厦门市鹭江道 52 号海滨大厦 22 楼
邮编 361001
电话 0592－2101696,传真 0592－2101695
法人代表 王宪榕

厦门联宇包装工业有限公司
福建省厦门市湖里区禾山镇高殿高崎村新社
邮编 361006
电话 0592－6029846
传真 0592－6029845
产品 纸板

厦门市陈和造纸有限公司
福建省厦门市梧村浦南东路 96－1 号
邮编 361004
电话 0592－5195906
产品 手工书写纸

厦门市湖里华龙实业公司
福建省厦门市湖里东区龙山企业小区
邮编 361009
电话 0592－5052894
产品 瓦楞原纸

厦门同安兴浪纸业有限公司
福建省厦门同安洪塘镇石浔村
邮编 361100
电话 0592－7132070
产品 高强瓦楞纸,挂面箱纸板

厦门造纸有限公司
厦门市厦禾路 1228 号
邮编 361004
电话 0592－5811098
传真 0592－5812487
法人代表 王志成
产品 静电复印纸,电脑打印纸,易贴原纸等办公用纸,食品包装纸,半透明纸,袋茶包装原纸等工业配套用纸

厦门昭德纸业有限公司
福建省厦门市厦禾路 839 号
邮编 361004
电话 0592－5060893
产品 手工纸

厦戎联合造纸厂同安分厂
福建省同安县大同镇梅山路
邮编 361100
电话 0592－7022459
产品 瓦楞原纸

永安市市桂口联合纸箱厂
福建省永安市黄历桂化新村
邮编 366034
电话 0598-3630222
产品 瓦楞纸

永安市文种纸业有限公司
福建省永安市青水乡龙吴村
邮编 366000
电话 0598-3600149
产品 机制纸

永安市造纸厂
福建省永安市益口126号
邮编 366000
电话 0598-3639025
产品 鞋用纸板

永春宏益纸业有限公司
福建省永春县榜德工业区
邮编 362600
电话 0595-23860199,传真 0595-23860499
产品 箱纸板,瓦楞纸

永春伟立集团(原永春蓬壶纸厂)
福建省永春县蓬壶工业区
邮编 362609
电话 0595-3802828,传真 0595-3802728
产品 涂布白纸板

永春县蓬壶镇美中村纸板厂
福建省永春县蓬壶中村
邮编 362609
电话 0595-3802828
传真 0595-3802999
产品 纸板

永泰造纸厂
福建省永泰县南门新村62号
邮编 350700
电话 0591-24832241,传真 0591-24853977
产品 文化用纸,生活用纸

尤溪县第一板纸厂
福建省尤溪县洋中镇坎兜村43号
邮编 365106
电话 0598-6223205
产品 包装纸板

诏安金星纸厂
福建省诏安县金星乡公子店
邮编 363503
电话 0596-3552005
产品 箱纸板

相关企业

福安城阳磨片厂
福建省福安市大溪边
邮编 355000
电话 0593-6381286
产品 盘磨机磨片

福安市轻工机械一厂
福建省福安市城北荷塘坪89号
邮编 355000
电话 0593-6382064
产品 打浆机,纸机配件等

福建福州杭华实业有限公司
福建省福州市塔头路3号山明水秀大厦6101室
邮编 350011
电话 0591-87336866,87330076
传真 0591-87338818
产品 经营销售纸张、纸浆、松香

福建龙岩三虹超细碳酸钙厂
福建省龙岩市适中
邮编 364011
电话 0597-2973193,传真 0597-2972270
产品 超细碳酸钙

福建南平星光机械制造安装有限公司
福建南平市滨江北路177号
邮编 353000
电话 0599-8808936,传真 0599-8800088
产品 造纸厂电器装备制造,安装维修

福建南平亚星机电工程技术有限公司
福建南平市滨江北路177号

邮编 353000
电话 0599－8808935,传真 8808530
网址 www.xingguang－inst.com.cn

福建上游造船厂轻工机械分厂
福建省福州市台江区帮洲堤边路 126 号
邮编 350009
产品 磨木机,脱水备件等

福建省浆纸质量监督检验站
福建省福州市白马中路 53 号
邮编 350005
电话 0591－83334751,传真 0591－83334751

福建省建筑轻纺工业设计院
福建省福州市东大路 23 号
邮编 350001
电话 0591－87533097,87556853,传真 87520875

福建省农林大学材料工程学院
福建省福州市金山
邮编 350002
电话 0591－83715175,传真 0591－83789422
产品 林产化工,制浆造纸

福建省轻工机械设备有限公司
福建省南平市黄林路 6 号
邮编 353000
电话 0599－8806416
传真 0599－8806416
网址 www.fjqj.com
产品 废纸脱墨、废纸处理和热分散生产线,过氧化氢漂白生产线,纸浆上浆系统

福建省顺昌轻工机械厂
福建省顺昌县县城北路 31 号
邮编 352300
电话 0599－7821856
产品 水力碎浆机,离心筛,双盘磨

福建省造纸工业公司
福建省福州市省府路 1 号金皇大厦 13 层
邮编 350001
电话 0591－87527473,传真 87520308

福州灵丰造纸开发有限公司
福州市白马中路 53 号
邮编 350005
电话/传真 0591－83319455,13600855541
产品 造纸铜网毛毯、检测仪器、化工产品

福州市金森化工科技开发有限公司
福州市仓山科技园综合楼
邮编 350007
电话 0591－83468820 13705054042,传真 83408656
产品 脱墨剂,润滑剂,剥离剂,分散剂

建宁县利达化工有限公司
福建省建宁县城关水南
邮编 354500
电话 0598－3985919
产品 分散松香胶,增白剂

南安市应用化学研究所
福建省南安市帽山工业区
邮编 362300
电话 0595－86353508 13905066005
产品 中性松香胶,强化松香胶,分散松香胶

泉州市宇达电子技术发展公司
福建省泉州市西湖小区盛荣二期 9＃A207
邮编 362000
电话 0595－22770778
传真 0595－22770478
产品 同步调速系统

顺昌县轻工机械厂
福建省顺昌县双溪镇城北路 31 号
邮编 353200
电话 0599－7821856
产品 碎浆机,筛,除渣器

厦门集美轻工学校
厦门市杏林区杏前路 22 号
邮编 361022
电话 0592－6281701,传真 0592－6079154
产品 制浆造纸工艺设备

厦门永顺纸业开发有限公司
福建省厦门市江头圆山工业区 2＃厂房

邮编 361009
电话 5521851－3
传真 5520291
产品 纸制品印制

星光造纸新技术研究开发中心
福建省福州市工业路祥坂第三工业区 8 号楼
邮编 325002
电话 0591－83821184
产品 造纸脱水器材

江 西 省

造纸企业

德安共青顺风纸业有限公司
江西省德安共青城内
邮编 330401
联系人 熊美武
电话 0792－4381255
产品 箱纸板

德安县东方造纸厂
江西省德安县车桥乡
邮编 330408
负责人 吴古华
电话 0792－4591228
产品 卫生纸

德兴市星海纸塑制品有限公司
江西省德兴市女儿田开发区
邮编 334200
负责人 舒传福
电话 3793－7529288
传真 0793－7580157
产品 纸餐盒，纸杯

奉新县新季布诺纸业有限公司
江西省奉新县会埠乡
邮编 330700
负责人 蔡剑清
电话 0795－4581288
产品 瓦楞原纸

奉新县玉锦纸业有限公司
江西省奉新县冯田工业开发区
邮编 330702
电话 0795－4621628
产品 牛皮卡纸

分宜爱生造纸厂
江西省分宜县镇界桥老中学内
邮编 336600
电话 0790－5898298
产品 卫生纸

分宜县金元造纸厂
江西省分宜县分宜镇角元林袁河大桥旁
邮编 336600
电话 0790－5889087
产品 卫生纸

分宜县铃山镇苑坑卫生纸厂
江西省分宜县铃山镇苑坑
邮编 336604
负责人 朱雄文
电话 0790－5733029
产品 卫生纸

分宜县新祉造纸厂
江西省分宜县新祉乡
邮编 336600
负责人 晏坚锻
电话 0790－5761024
产品 卫生纸

分宜县造纸厂
江西省分宜县城
邮编 336500
负责人 罗铭敏
电话 0790－5889159
产品 拷贝纸、半透明纸

赣南港都卫生制品厂
江西省于都县长征第一渡口
邮编 342300
负责人 丁金莲
电话 0797－6421218
产品 卫生巾

赣南林业造纸厂
江西省上犹县城郊备田工业区
邮编 341200
联系人 何财禄
电话 0797－8542926
产品 箱纸板

赣南永利卫生用品厂
江西省赣县第三粮厂内
邮编 341000
负责人 陈志强
电话 0797－4600319
产品 卫生巾

赣州华龙实业有限公司
江西省赣州市天竺山 42 号
邮编 341000
联系人 林国忠
电话 0797－8225217
产品 卫生巾

赣州佳和纸业有限公司
江西省赣州市章贡路 73 号
电话 0797－4431783
邮编 341000
产品 卫生纸、餐巾纸

赣州金风纸业公司
江西省赣州市水东岗上村 32 号
邮编 341000
负责人 毛忠平
电话 0797－8450823
产品 卫生纸

高安市华林盛发造纸厂
江西省高安市华林垦殖场
邮编 336312
负责人 孙岗
电话 0795－2756969
产品 白纸板

广丰县芦林纸业有限公司
广丰县芦林工业区
邮编 334600
联系人 韩平
电话 0793－2620499
产品 箱纸板

广丰县月兔卫生用品有限公司
广丰县芦林工业区
邮编 334600
负责人 梅志亮
电话 0793－2654370]
产品 卫生巾，餐巾纸，卫生纸

核工业凤宝实业总公司卫生用品厂
玉山县凤凰山
邮编 334700
负责人 李有朋
电话 0793－2559064
产品 卫生巾

江西八达纸业有限公司
江西永修军山
邮编 330300
联系人 潘志超
电话 0792－3051118
产品 黄纸板

江西诚信纸业有限公司
江西省永丰吉县镇
邮编 331500
负责人 陈昌良
电话 0796－2542888
产品 涂布白纸板

江西晨鸣纸业有限责任公司
南昌市经济技术开发区白水工业区
邮编 330100
电话 0791－3951952
传真 0791－3951953
产品 低定量涂布纸

江西大昌纸业有限公司
江西省南昌县八一工业园
邮编 330200
负责人 万老根
电话 13870079922
传真 0791－5747000
网址 www.dachang.91i.net

产品 面巾纸

江西第二造纸厂
江西省进贤县
邮编 331729
负责人 作健
电话 13970849290
产品 半透明纸、剥离纸

江西董氏纸业有限公司
吉安县安圹乡
邮编 343136
负责人 董平锋
电话 0796-8758818
传真 0796-8758793
产品 扑克牌纸板

江西奉新泰昌纸业有限公司
奉新县上富镇下街头 35 号
邮编 330708
产品 牛皮纸和纸板

江西富丰纸业有限公司
江西省永丰县城南工业开发区
邮编 331500
负责人 丁宪忠
电话 0796-2518888
产品 涂布白纸板

江西富临纸业有限公司
江西省临川区桐源乡
邮编 344000
负责人 李长潮
电话 0794-8638386
产品 涂布白纸板

江西富新纸业有限公司
江西省吉安市永新县
邮编 343400
电话 0796-7850798,13576621111
产品 涂布白纸板

江西抚州泰品纸厂有限公司
江西省临川区北站
联系人 邓少杰
电话 0794-8352813
产品 箱纸板

江西抚州银丰纸业有限公司
江西省临川区桐源乡
邮编 344000
电话 0794-8638558
负责人 李富科
产品 涂布白纸板

江西赣富纸业有限公司
江西省上犹县黄埠工业区
邮编 341200
电话 13970731588
产品 涂布白纸板

江西海天纸业有限公司
江西省吉水县阜田乡
邮编 331600
电话 13507963786
产品 涂布白纸板

江西恒中实业有限公司
江西省修水县开发区安坪路 95 号
邮编 332400
负责人 冷超中
电话 0792-7260712
产品 卫生巾

江西华东纸业公司
江西省泰和县造纸工业园区
邮编 343700
电话 0796-5404718
产品 涂布白纸板

江西华劲纸业有限公司
江西省赣州市水西乡桑芜下 168 号
邮编 341000
负责人 钟卫
电话 0797-8251112
传真 0797-8251940
产品 双胶纸,书写纸,印刷纸

江西华泰纸业有限公司
江西省泰和县沿溪工业开发区

邮编 343700
电话 0796－5404718
产品 涂布白纸板

江西洪门白云造纸厂
江西省南城县洪门电厂内
邮编 344700
电话 0794－7361268
产品 瓦楞纸

江西联兴纸业有限公司
江西省崇仁县巴山镇西郊 3 号
邮编 344420
负责人 林思赐
电话 0794－6334588
产品 箱纸板、瓦楞原纸

江西立峰纸业有限公司
江西省万安县工业区
邮编 343800
电话 0796－5721760
产品 涂布白纸板

江西瑞景纸业有限公司
江西省瑞金市泽潭乡
邮编 342500
电话 0797－2390110
产品 涂布白纸板

江西三维纸业有限公司
江西省广丰县芦林工业区
邮编 334600
负责人 顾卫华
电话 0793－2620080
产品 箱纸板

江西上饶新益卫生用品有限公司
江西省上饶市北环路 206 号
邮编 334000
负责人 徐传文
电话 0793－8266080
产品 纸餐盒

江西生成卫生用品有限公司
江西省武宁县南市工业开发区
邮编 332300
负责人 余陈
电话 0792－2839356
传真 0792－2839355
产品 湿巾、生活用纸系列

江西省赣中造纸厂
江西省宜丰县敖桥乡
邮编 336301
电话 0795－2769463
传真 0795－2769488
产品 白纸板

江西省金达纸业有限公司
江西省鄱阳县饶埠镇石泉岭
邮编 333100
负责人 许明生
电话 0793－6731789
传真 0793－6731789
产品 书写纸

江西吉水雄狮造纸有限公司
江西省吉水县城文峰新村 81 号
邮编 331600
负责人 江天涯
电话 0796－3522397
产品 牛卡纸,牛皮纸,马赛克衬纸

江西省南昌市飞龙纸业公司
南昌市郊京东艾溪村
邮编 330029
产品 卫生纸

江西省宜黄县大千纸业有限公司
江西省黄宜县城东黄马岗
邮编 344400
联系人 洪阳明
电话 0794－7612721
产品 砂纸原纸、牛皮纸

江西省樟树市龙溪造纸厂
江西省樟树市临江镇沙田里 118 号
邮编 331211
负责人 刘耐生
电话 0795－7341969

产品 卫生纸

江西省纸业有限责任公司
南昌市董家窑 118 号
邮编 330006
电话 0791－8607928
传真 0791－8324832
产品 新闻纸

江西顺隆造纸有限公司
江西省弋阳县圭峰大道
邮编 334400
联系人 代继华
电话 0793－5824863
产品 涂布白纸板、黄纸板、炸药卷纸

江西泰和金穗纸业公司
江西省泰和县造纸工业园区
邮编 343700
电话 0796－5404818
产品 涂布白纸板

江西腾龙纸业有限公司
江西省永丰桥南工业园区
邮编 331500
负责人 喻金华
电话 0796－2222499
产品 转移印花纸

江西同泰纸业有限公司
江西省泰和县沿溪工业开发区
邮编 343700
电话 0796－5404868
产品 涂布白纸板

江西万富纸业有限公司
江西省万安县工业区
邮编 343800
电话 0796－5721626
产品 涂布白纸板

江西峡江大华纸业有限公司
江西峡江福民乡造纸工业园区
邮编 331400
电话 0796－3794688
产品 涂布白纸板

江西峡江富通纸业有限公司
江西省峡江县巴邱镇
邮编 331400
电话 0796－3661458
产品 涂布白纸板

江西峡江建林纸业有限公司
江西省峡江福民乡造纸工业园区
邮编 331400
电话 0796－3794188
产品 涂布白纸板

江西峡江县雄狮(造纸实业有限公司)
江西省峡江县巴邱镇巴邱路 114 号
邮编 331400
企业负责人 洪天涯
电话 0796－3666666
传真 0796－3666999
产品 精致牛皮纸、条纹牛皮纸、防锈原纸、皱纹防锈原纸、条纹防锈原纸、中性石蜡原纸、育果袋纸、电缆纸、电话纸、不锈钢衬纸、彩码贴纸(马赛克衬纸)

江西新丰纸业有限公司
江西省泰和县沿溪工业开发区
邮编 343700
产品 涂布白纸板

江西新干洪鑫纸业有限公司
江西省新干县城川南西路 122 号
邮编 331300
负责人 陈明发
电话 0796－2679088
产品 牛皮纸

江西新泉企业奉新妇女用品厂
江西省奉新县会埠乡
邮编 330700
产品 卫生巾

江西永兴纸业有限公司
江西省永新县城北
邮编 343400
负责人 廖章旺

电话 0796－7730171
产品 牛皮纸

江西玉山县玉洁卫生用品有限公司
江西省玉山县358地质大院内
邮编 334700
负责人 李有明
电话 0793－2460064
产品 卫生巾

江西浙泰纸业公司
江西省泰和县造纸工业园区
邮编 343700
电话 0796－5404818
产品 涂布白纸板

吉安市造纸厂
江西省吉安市石溪头
邮编 343012
产品 文化用纸

吉水县华源再生纸厂
江西省吉水县墨潭酒厂内
邮编 331600
负责人 黄礼岳
电话 0796－3511723
产品 瓦楞纸

景德镇市兴业工贸有限公司
江西省景德镇市新德园D栋3单元301室
邮编 333000
负责人 宁环忠
电话 0798－8219543
产品 瓦楞原纸、箱纸板

井冈山纸业有限公司
江西省井冈山石市口
邮编 343602
联系人 盛志先
电话 0796－6610637
传真 0796－6610049
产品 卷烟纸、嘴棒纸

乐平市造纸厂
江西省乐平市环城北路
邮编 333300
负责人 方加金
电话 0798－6832428
产品 箱纸板、瓦楞原纸

莲花县纸业有限公司
江西省莲花县新建东街108号
邮编 331700
负责人 李湖生
电话 0799－7221031
产品 书写纸、健视纸

临川区江南纸业有限公司
江西省临川区河埠乡
邮编 344000
负责人 叶荣裕
电话 0794－8778009
产品 瓦楞原纸

临川区威邦实业有限公司
江西省临川区钟岭工业开发区
邮编 344000
电话 0794－8261358
产品 卫生巾

临江造纸厂
江西省樟树市临江镇
邮编 331211
电话 0795－7811007
产品 卫生纸

南昌城南造纸厂
南昌市青云谱区城南村
邮编 330001
负责人 史明亮 13907086803
电话 0791－8203662
产品 卫生纸

南昌康达造纸厂
南昌市高新京东艾溪村
邮编 330229
负责人 熊国保 13807060890
电话 0791－8348724
产品 卫生纸

南昌丽欣纸业有限公司
南昌市青云谱区城南村
邮编 330001
负责人 史洪生 13803511528
电话 0791－8207606
传真 0791－8430439

南昌五丰纸业有限公司
南昌市青山湖区南钢中学旁
邮编 330029
负责人 胡海云
电话 0791－8394989
产品 卫生纸

南昌县八一旭亮造纸厂
江西省南昌县八一乡
邮编 330200
负责人 姜旭亮 13870803128
电话 0791－5714758
产品 卫生纸

南昌县康乐卫生纸厂
江西省南昌县武阳镇
邮编 330200
负责人 魏国金
电话 0791－5010449
产品 卫生纸

南昌县翔欧纸品厂
南昌市莲塘镇莲粮路
邮编 330219
负责人 涂本国 13807091792
电话 0791－8231294
产品 卫生纸

南城县新时造纸厂
江西省南城县岳口乡
邮编 344702
负责人 熊云清
电话 0794－7276182
产品 卫生纸

南昌新华造纸厂
南昌市辛家庵村
邮编 330000
负责人 涂志坚 13803524411
产品 卫生纸

南昌展翅卫生用品有限公司
江西省南昌县小兰乡小兰村内
邮编 330001
负责人 罗伟
电话 0791－5723496
产品 卫生纸

南康市恒康纸业有限公司
江西省南康市泰康西路 16 号
邮编 341400
电话 0797－7832831
负责人 黄维猛
产品 卫生巾

宁都县南金纸厂
江西省宁都县小布街
邮编 342813
负责人 林芳其
电话 0797－6881056
产品 文化用纸

宁都县纸业有限公司
江西省宁都县长胜镇
邮编 342800
电话 0797－6881056
负责人 管太阳
产品 薄凸版纸

于都新兴造纸厂
江西省于都县贡江镇楂林岗
邮编 342300
负责人 卢金华
电话 0797－6432478
产品 文化用纸

萍乡市春光造纸厂
江西省萍乡市安源区汪公潭
邮编 337000
负责人 李建萍
电话 0799－6676290
产品 卫生纸

萍乡市第二造纸厂
江西省萍乡市市郊小西门外
邮编 337000
负责人 邓茂冰
电话 0799-6332220
产品 卫生纸

萍乡市芦溪县科林纸业
邮编 337000
负责人 李雪球
电话 0799-7552092
产品 特种纸

萍乡市箱纸板厂
江西省芦溪县
邮编 337051
联系人 辛植瑞
电话 0799-7551856
产品 箱纸板

萍乡市宣风造纸厂
江西省萍乡市宣风镇竹恒林
邮编 337009
电话 0799-7608088
负责人 陈小荣
产品 卫生纸

萍乡市造纸厂
江西省萍乡市湘东镇新村
邮编 337016
联系人 易卫国
电话 0799-3441759
产品 箱纸板

瑞金市冠瑞食品工业有限公司
江西省瑞金市中山南路
邮编 342500
负责人 朱翔飞
电话 0797-2500333
产品 瓦楞原纸

上饶市安康妇幼卫生用品厂
江西省上饶市上玉路 179 号
邮编 33400
电话 0793-8268757
产品 卫生纸

上饶市金山淀粉制品有限公司
江西省上饶市劳动路 61 号
邮编 334000
电话 0793-8223521
产品 纸餐盒

上饶市皂头镇新田村林轩纸业
江西省上饶市信州区皂头镇新田村
邮编 334000
电话 0793-8578882
产品 卫生纸

上粟县萍峰纸业有限公司
江西省上粟县
邮编 337009
产品 箱纸板

遂川县龙泉造纸公司
江西省遂川县地南东皋
邮编 343900
负责人 胡同运
电话 0796-6122096
产品 牛皮纸

遂川县众城纸业有限公司
江西省遂川县城南东皋
邮编 343900
负责人 刘东元
电话 0796-6322096
产品 牛皮纸

泰和县天泰纸业有限公司
江西省泰和县沿溪工业开发区
邮编 343700
电话 0796-5404758
产品 涂布白纸板

万安糖厂造纸厂
江西省万安县城北工业区
邮编 343800
电话 0796-5703206
产品 瓦楞原纸、书写纸

万安县造纸厂
江西省万安县城北工业区
邮编 343800
负责人 曾文胜
电话 0796－5703206
产品 涂布白纸板

万载县万盛纸业公司
江西省环城北路438号
邮编 336100
负责人 王万生
电话 0795－8971999
传真 0795－8971888
产品 牛皮纸、新闻纸、转移印花原纸

新余市包装彩印总厂造纸厂
江西省新余市吉新路
邮编 336500
负责人 刘振预
电话 0790－6222230
产品 瓦楞原纸、箱纸板

新余市凯强纸业有限公司
江西省新余市通济路39号
邮编 336500
负责人 刘振预
电话 0790－6225764
产品 箱纸板

新余市新康纸业有限公司
江西省新余市新钢焦化厂内
邮编 336500
负责人 汤春莲
电话 0790－6292446
产品 卫生纸

宜春地区洞山造纸厂
江西省宜丰县洞山乡
邮编 336317
负责人 张志平
电话 0795－2811432
产品 单面白纸板

宜春中竹纸业有限责任公司
江西省宜春市东郊
邮编 336000
负责人 张凯义
电话/传真 0795－3291611
产品 文化用纸

宜丰县黄岗山造纸厂
江西省宜丰县潭山镇
邮编 336316
电话 336316
产品 炸药卷纸

宜丰县桥西造纸厂
江西宜丰北门电站
邮编 336300
负责人 卢永生
电话 0795－2922140
产品 砂纸原纸

宜丰县造纸厂
江西省宜丰县桥西乡
邮编 336000
负责人 卢永生
电话 0795－2769481
产品 箱纸板

宜丰县造纸厂前头分厂
宜丰县桥西乡前头村
邮编 336000
负责人 李国成
电话 0795－2753032
产品 箱纸板

弋阳江西顺达纸业有限公司
江西省弋阳县杨树桥
邮编 334400
负责人 何铁伟
电话 0793－5845665
产品 涂布白纸板

弋阳县造纸有限公司
江西省弋阳县圭峰大道
邮编 334400
负责人 吴卫平
电话 0793－5824865
产品 涂布白纸板、黄纸板、炸药卷纸

鹰潭市月湖区造纸厂
月湖区白露乡双峰街
邮编 333500
负责人 王得水
电话 0701－6225070
产品 鞭炮纸、包装纸

鹰潭市造纸厂
江西省鹰潭市月湖区白露乡双峰街
邮编 333500
负责人 王水其
电话 0701－6222634
产品 鞭炮纸、瓦楞纸、包装纸

永丰华丰纸业公司
江西省永丰县作龙乡
邮编 331500
负责人 吴立新
电话 0796－2211888
产品 涂布白纸板

永丰泰丰纸业有限公司
江西省永丰县城南工业开发区
邮编 331500
负责人 孙胜根
电话 0796－2222208
产品 单项涂布白纸板

永丰永发纸业公司
江西省永丰城南工业开发区
邮编 331500
负责人 梅福
电话 0796－2222458
产品 涂布白纸板

永丰永泰纸业公司
江西省永丰县城南工业开发区
邮编 331500
电话 0796－5404988
产品 涂布白纸板

永丰永祥纸业有限公司
江西省永丰县城南工业开发区
邮编 331500
负责人 刘强
电话 0796－2221898
产品 涂布白纸板

永丰永兴纸业公司
江西省永丰县城南工业开发区
邮编 331500
负责人 袁绍生
电话 0796－2221997
产品 涂布白纸板

永丰运宏纸业公司
江西省永丰城南工业开发区
邮编 331500
负责人 曹绪南
电话 0796－2221616
产品 涂布白纸板

玉山县玉叶保健品厂
江西省玉山县城西开发区
邮编 334700
电话 2568038
产品 卫生巾

樟树市春来纸业有限公司
江西省樟树市阁山镇
邮编 331200
负责人 李庆生
电话 0795－7589998
产品 瓦楞原纸

相关企业

恒森工业用呢厂
江西省永修县军山火车站
邮编 330323
电话 0792－3050351

江西东永淀粉化工有限公司
江西省东乡县红星省级开发区
邮编 331801
电话 0794－4380896
企业负责人 彭小勇 13879437099
网址 www.dysygs.com.cn
产品 变性淀粉：(1)表面施胶淀粉 DY616A 系列；(2)新型高效表面施胶剂 DY906 系列；(3)增强、助留、助滤淀粉 DY602 系列;(4)造纸专用喷雾淀粉 DY616B 系列;(5)季铵型阳离子淀粉 DY606 系列;(6)新型涂布粘合剂 DY603 系列;(7)两性淀粉 DY901 系列;(8)多元复合变性淀粉 DY902 系列;(9)中性造纸专用助剂 DY903 系列;(10)纸制品粘合剂 DY688 系列;(11)新型高效纸箱粘合剂 DY688－1A 系列

江西东永科技发展有限公司
南昌市高新大道中段南昌大学科技园 A708 室
邮编 330000
负责人 刘定国
电话 0791－8112636
传真 0791－8115753
产品 变性淀粉

江西洪都精工机械有限公司
江西南昌市新溪桥
邮编 330024
法人代表 付俊旭
电话 0791－8467083 8468229
传真 0791－8467080
网址 www.jxhdjg.com
产品 压力筛,水力碎浆机

江西红星变性淀粉有限公司
东乡红星(省级)经济开发区
邮编 331800
负责人 乐建华
电话 0794－4383169
传真 0794－4383088
产品 变性淀粉

江西省高安市瑞侨造纸毛布厂
江西省高安大城开发区
邮编 330814

江西省高科合成化工厂
江西进贤县工业园区东一路
法人代表 龚友根
邮编 331700
电话 0791－5650033
传真 0791－5656003
产品 废纸脱墨剂、湿强纸解离剂、防腐杀菌剂

江西省轻工业研究所
江西省南昌市北京东路 98 号
邮编 330029
电话 0791－8329214
传真 0791－8329214

江西省纸张质量监督检验站
江西省南昌市北京东路 98 号
邮编 330029
电话 0791－8333891
传真 0791－8329214

江西顺昌隆实业有限公司
东乡县大富岗工业开发区
邮编 331800
负责人 杨小东
电话 0794－4332619
传真 0794－4332586
产品 变性淀粉

江西雨帆化工有限公司
江西东乡
邮编 331800
负责人 于华
电话 0794－4332239
传真 0794－4332281
产品 变性淀粉

南昌市安义县凤凰化工厂
南昌市安义县京庄苍 63 号
邮编 330500
法人代表 古海云
电话 0791－3421113(传真)
产品 造纸助剂

南昌轻工机械厂
江西省南昌市迎宾大道 77 号
邮编 330030
电话 0791－5212116
产品 纸机打浆机、碱回收设备

瑞昌市全游离松香胶厂
江西瑞昌市黄金北路
邮编 332200
电话 0792－4222518

产品 全游离分散松香胶

修水县黄港化工厂
江西修水县黄港镇新桥头 220 号
邮编 332408
电话 0792－7999788
产品 分散松香

山 东 省

造纸企业

安妮纸业有限公司济南分公司
山东省济南市将军路 96 号
邮编 250100
电话 0531－88275214，传真 0531－88275234
产品 电脑彩票，传真纸，静电复印纸，电脑打印纸，压感打印纸，票据电脑印刷，医疗用纸，彩色喷墨打印纸

安丘市黄旗堡纸业有限责任公司
山东省安丘市
邮编 262118
电话 0536－4621057，传真 0536－4621057
产品 挂面箱纸板，瓦楞原纸

博兴兴华纸业
山东省博兴县寨郝
邮编 256511
电话 0543－2809565，传真 0543－2800338
网址 www.xhzy.chinapaper.net
产品 箱纸板，瓦楞纸

昌乐世纪阳光纸业有限公司
山东省昌乐县城北三里
邮编 262400
电话 0536－6282580，传真 0536－6282336
网址 www.clsjyg.chinapaper.net
产品 纱管原纸，牛底白纸板，高强瓦楞原纸

昌乐造纸总厂
山东省昌乐县城北
邮编 262400
产品 箱纸板，白纸板

昌邑造纸厂
山东省昌邑市利民街 72 号
邮编 261300
产品 书写纸，包装纸，有光纸

茌平县造纸厂
山东省茌平县北顺河街 187 号
邮编 252100
电话 0635－4271648
产品 书写纸，双胶纸，箱纸板

德州昌源纸业有限责任公司
山东省临沂市祝邱路 9 号
邮编 276004
电话 0539－8313182，传真 0539－8313182
网址 www.dzcyzy.com
产品 牛皮箱纸板，瓦楞原纸

德州华北纸业集团有限公司
山东省德州市德城区二屯镇北郊京福高速出口处
邮编 253035
电话 0534－2742729
网址 www.HBZYJT.COM
产品 书写纸

德州沪平永发造纸有限公司
山东省平原县王打卦工业园
邮编 253102
电话 0534－4520002
传真 0534－4520598
网址 www.vonefapaper.com
法人代表 李敬民
产品 高强瓦楞原纸

德州兴泰特种纸板有限公司
山东平原照东方工业园区
邮编 253109
电话 13326266683，传真 0534－4752368
网址 www.zdf.sd.com
产品 箱纸板，纱管纸，双挂面纸板

东港实业有限公司
山东省济南市历城区洪楼南路 16 号
邮编 250100
电话 0531－88904590，传真 0531－88906868

产品 静电复印纸,热敏传真纸,票证纸

东营军马纸业有限责任公司
山东省东营市河口区孤岛镇
邮编 257231
电话 0546－3697596,3695881
传真 0546－3690792
产品 书写纸,新闻纸,胶版印刷纸

费县华松纸业有限公司
山东省费县建设路1号
邮编 273400
电话 0539－5011832,传真 0539－5011832
产品 铜版纸,静电复印纸

福斯达纸业(烟台)有限公司
山东省烟台市幸福南路西8号
邮编 264002
电话 0535－6837020,传真 0535－6837311
产品 涂布白纸板,白卡纸,玻璃卡纸

高青青苑纸业有限公司
山东省高青县清河路70号
邮编 256300
电话 0533－9661745,传真 0533－9661492
产品 铜版纸,静电复印纸,胶印书刊纸,胶版纸

荷泽单县天元造纸有限公司
山东省单县城关镇张子楼
邮编 273700
电话 0530－4684198
产品 新闻纸,卫生纸

华光集团纸业公司
山东省淄博市临淄区永流西路24号
邮编 255400
电话 0533－7210213,传真 0533－7220093
网址 huaguangpaper－online.com
产品 牛皮纸,涂布白纸板,瓦楞纸,低定量涂布纸,双面胶版纸

嘉祥县造纸厂
山东省嘉祥县梁宝寺镇
邮编 272404
电话 0537－6701228
产品 双胶纸,书写纸,有光纸,铜版原纸

济南含章印务有限公司
山东省济南市历城区西周大辛河东郊
邮编 250100
电话 0531－88918888,传真 0531－88012000
产品 电脑打印纸,静电复印纸,防伪水印纸,晒图原纸

济南景锋纸业有限公司
山东省济南市济齐中段赵村东
邮编 250118
电话 0531－85975534
产品 纸板

济南金至纸业有限公司
山东省济南市天桥区万盛街21号
邮编 250023
电话 0531－85993101
产品 装饰原纸,卷缠纸

济南九洲纸业有限公司
山东省济南市北园大街1号
邮编 250110
电话 0531－88977034,传真 0531－88979348
产品 纸板

济南银星纸业有限公司(原山东黄台造纸厂)
济南市历城区荷花路67号
邮编 250100
电话 0531－88262596
传真 0531－88262596
法人代表 刘士莘
产品 字典纸,圣经纸,涂炭原纸,特种印刷纸,税票纸,表层纸,税票纸,玻璃衬纸等

济宁德昌纸业有限公司
山东省济宁市任城区唐口镇
邮编 272161
电话 0537－2514675,传真 0537－2513273
产品 高强瓦楞原纸,箱纸板

济宁恒丰纸业有限责任公司
山东省济宁市安居工业园区
邮编 272059
电话 0537－2312038,传真 0537－2559310

产品 铜版纸

济宁吉庆纸业有限公司
山东省济宁市红星西路 46 号
邮编 272100
电话 0537－2271167，传真 0537－2282863
产品 牛皮箱纸板，挂面纸，瓦楞纸，涂布白纸板，进口木浆纸及高档面纸

金山联纸业公司
山东省博兴博城三路 83 号
邮编 256500
电话 0543－2307892，2307893
传真 0543－2307890
产品 双胶纸，彩色胶版纸，不干胶底纸，铜版纸，书写纸，静电复印纸，
胶印书刊纸，低定量涂布纸，牛皮纸，有光纸

莱芜艺海轻工工艺制品有限公司
山东莱芜市风城西大街头 191 号
邮编 271100
电话 0634－6133158
传真 0634－6133198
产品 铜版纸

莱州华利工业纸板有限公司
山东省莱州市城港男路 188 号
邮编 261400
电话 0535－3391932，传真 0535－3396807
产品 印刷装桢纸板，包装专用纸板

莱州市工业纸板厂
山东省莱州市掖柴路
邮编 261400
电话 0535－2216646，2265906
传真 0535－2235248
产品 工业(封面)纸板

莱州市鲁通特种纸业有限公司
山东省莱州市海庙后工业区
邮编 261400
电话 0535－2480447
产品 书写纸，有光纸，箱纸板

莱州市圣林纸制品厂
山东莱州市东环路北首
邮编 261400
电话 0535－2293178，传真 0535－2293178
网址 www.shenglin－sd.com
产品 双灰纸板，复合纸板，工业纸板

临朐玉龙造纸有限公司
山东省潍坊临朐县工业街北首
邮编 262600
电话 0536－3158862/72
传真 0536－3158568
网址 www.wanhao.com
产品 各种规格铜版纸

陵县泰华浆纸有限公司
山东省陵县泰华工业区
邮编 253501
电话 0534－8703777，传真 0534－8708999
网址 taihuajiangzhi.com
产品 新闻纸，胶印书刊纸，胶版纸，漂白麦草浆，打字纸，招贴纸，有光纸，招贴纸

临沭华闻纸业有限公司
山东省临沭县城东工业区
邮编 276700
产品 书写纸，双胶纸，轻涂纸

临沂市鑫惠纸业公司
山东临沂市通达路纸张市场 1204 号
邮编 276000
电话 13053989688
产品 有光纸，书写纸，双胶纸，绘图纸，朱红纸，腊光纸等

临邑县造纸厂
山东省临邑县翟家乡驻地东南
邮编 252512
电话 0534－4852168
产品 书写纸，双胶纸

临沂震元纸业有限公司
山东省临沂市苍山县建设路 72 号
邮编 277700
电话 13001571335 0539－5212386

传真 0539 - 5211961
产品 书写纸,双胶纸

龙口市诸由纸板厂
山东省龙口市诸由观镇
邮编 265705
电话 0535 - 8562088,8560508
传真 0535 - 8562189,8561225
网址 www.lkzyzbc.ebigchina.com
产品 各种规格箱纸板,瓦楞纸,皱纹纸,复合包装纸,育果纸等

龙口玉龙纸业有限公司
山东省龙口市羊岚镇黄河营
邮编 265712
电话 0535 - 8589536
传真 0535 - 8589555
产品 胶版书刊纸,书写纸,双胶纸,静电复印纸

鲁丰纸业有限公司
山东省济南市铜元局前街 1 号
邮编 250012
电话 0531 - 86912611
传真 0531 - 86912735
产品 铜版纸,卷烟纸,双面胶版纸

鲁光纸业股份有限公司
山东省陵县陵边路东
邮编 253501
电话 0534 - 8702628
产品 书写纸,双胶纸,轻涂纸

鲁南纸业集团公司
山东省郯城县人民路 179 号
邮编 276100
电话 0539 - 6221670
产品 石膏板护面纸板,化妆原纸,箱纸板

鲁台造纸机械有限公司
山东省枣庄台儿庄万通路东首
邮编 277400
电话 0632 - 6611569
产品 纸板,涂布设备,制浆提取设备

美国木桥纸业公司青岛办事处
青岛市南区东海西路 17 号海信大厦 1512
邮编 266071
电话 0532 - 83876517,传真 0532 - 83870597

宁阳县广泰纸业有限公司
宁阳县城北一公里处
邮编 271400
电话 0538 - 5689737
传真 0538 - 5689737
产品 白底白板,灰底白板,牛皮箱板,高强度瓦楞原纸

宁阳县华润纸业有限公司
山东宁阳县城文化路 353 号
邮编 271400
法人代表 刘志国
电话 0538 - 5621339
传真 0538 - 5621340
产品 静电复印原纸,打字纸,高档双胶纸,高档彩印纸,高档有光纸,邮封纸,拷贝纸等

平原县造纸厂
山东省平原县王果堡
邮编 253121
电话 0534 - 2654258
产品 书写纸,有光纸

齐河县冠军造纸厂
山东省齐河县潘店镇
邮编 251125
电话 0534 - 5972085,传真 0534 - 5972085
产品 铜版纸,双面胶版纸

齐河纸业(集团)公司
山东省齐河县城纸厂路 1 号
邮编 251100
电话 0534 - 5513168
产品 文化用纸

青岛奥华纸业有限公司
山东省青岛市四流南路 245 号
邮编 266042
电话 0532 - 84885277,传真 0532 - 84863863
产品 无碳复写纸

青岛海王纸业股份有限公司
山东省青岛市胶南市铁山路210号
邮编 266400
电话 0532－86171652
传真 0532－86115522
网址 www.haiwangpaper.com
法人代表 冷玉喜
产品 文化用纸，工农业技术用纸，生活用纸和包装用纸。主导产品打字纸，彩色皱纹纸，纱管封面纸，防菌纸袋

青岛青德纸制品有限公司
山东省青岛市城阳区城北路6号
邮编 266109
电话 0532－87861038，传真 0532－87861038
产品 水松纸

青岛瑞宝纸业有限公司
山东省青岛市市南区观音峡路24号
邮编 266002
电话 0532－82688762
传真 0532－82654552
产品 造纸及加工纸设备

青岛世纪纸业有限公司
山东省青岛市李沧区九水东路（冠宇纸业院内）
邮编 266100
电话 0532－87608108，87608208
传真 0532－87608208

青岛造纸厂
山东省青岛市四流南路245号
邮编 266042
电话 0532－84851203
产品 卷烟纸，双胶纸，无碳复写纸

青州华裕纸业有限公司
山东省青州市青州北路3号
邮编 262500
电话 0536－300986，传真 0536－3201079
产品 滤咀棒纸，水松纸，转移印花纸，涂硅原纸，

青州市东南坝造纸厂
山东省青州市东坝镇
邮编 262517
电话 0536－3531031
产品 瓦楞纸

青州市和风铜版纸厂
山东省青州市尧王山西路95号
邮编 262000
电话 0536－3285719，传真 0536－3289578
产品 铜版纸

青州瑞青造纸股份有限公司
山东省青州市青州北路1号
邮编 262500
电话 0536－3222967
产品 高光泽铝箔衬纸，离型原纸，复塑原纸，铜版纸，金属性印刷原纸

青州造纸股份有限公司
山东省青州市青州北路1号
邮编 262500
电话 0536－3284967，3284933
传真 0536－3229176，3284463
网址 sqpm.com
产品 铜版纸，水松纸，高光泽铝箔衬纸，转移印花原纸，木纹原纸，商标印刷原纸，离型纸，精致超薄压花包装原纸

曲阜市造纸厂
山东省曲阜市金庄乡后王
邮编 273120
电话 0537－4551195
产品 书写纸，有光纸，双胶纸

山东北金集团淄博广信纸业有限公司
山东省淄博市林淄区召口乡
邮编 255419
电话 0533－7601956，7603387
传真 0533－7602106
产品 夹筋纸袋纸，牛皮纸

山东滨州黄河纸业集团有限公司
山东省滨州市黄河六路579号
邮编 256611
电话 0543－3371288，3371522
传真 0543－3371522
产品 双面胶版纸，书写纸，胶印书刊纸，有光纸，涂布

白纸板,瓦楞原纸,涂布商标纸,拷贝纸,挂面箱纸板

山东博汇纸业有限公司
山东省桓台县马桥镇
邮编 256405
电话 0533-8530389
传真 0533-8530372
法人代表 杨延良

山东晨鸣纸业集团股份有限公司
山东省寿光市圣城路403号
邮编 262700
电话 0536-5280000,5221053
传真 0536-5221843
产品 双面胶版纸,低定量涂布纸,铜版纸,胶印书刊纸,书写纸,牛皮箱纸板,静电复印纸,新闻纸,无碳复写纸,高档电话簿纸,橙色施胶新闻纸

山东晨鸣纸业集团齐河板纸有限责任公司
山东省齐河县晨鸣路1号
邮编 251100
电话 0534-5691899,传真 0534-5690846
产品 箱纸板,瓦楞原纸

山东成武宏达纸业有限公司
山东省成武县永昌路北段
邮编 274200
电话 0530-8653057,传真 0530-8653939
产品 静电复印纸,书写纸,胶印书刊纸,铜版原纸

山东东平华闻纸业有限公司
山东省泰安市东平县西山路018号
邮编 271500
电话 0538-2850517,传真 0538-2850517
产品 金彩纯木浆卷筒纸,面巾纸,餐巾纸

山东光华纸业集团有限公司
山东省费县上冶镇
邮编 273401
电话 0539-5811100,传真 0539-5811102
产品 铜版纸,双面胶版纸,静电复印纸,书写纸,卫生纸

山东贵和纸业集团有限公司
山东省淄博市桓台县城西首
邮编 256401
电话 0533-8510841,传真 0533-8510841
产品 新闻纸,瓦楞原纸,箱纸板

山东荷达纸业有限公司
山东荷泽陈集工业区
邮编 274108
电话 0530-2791315,2792194
传真 0530-2795615,2791415
产品 有光纸,胶版纸,书写纸,新闻纸,包装纸

山东恒联投资有限公司(山东恒联纸业集团)
山东省潍坊市奎文区卧龙东街409号
邮编 261031
电话 0536-8671522
传真 0536-8665348
网址 www.henglianpaper.com
产品 铜版纸,玻璃纸,生活用纸,制浆,造纸化学品,金银卡纸,皱纹原纸,铝箔衬纸,高档薄页纸,高光相纸,彩色喷墨打印纸等。

山东荷泽和信纸业有限公司
山东省荷泽市东郊
邮编 274032
电话 0530-5362599
产品 无碳复写纸

山东恒源纸业有限公司
山东省沂源县城健康路38号
邮编 256100
电话 13508945211,传真 0533-3230224
产品 文化用纸,包装用纸,工业用纸

山东宏河矿业集团邹城恒翔纸业有限公司
山东省邹城市营西路52号
邮编 273500
法人代表 马亿刚
电话 0537-5300318
传真 0537-5312183
网址 www.china-e-jining.com
产品 文化用纸,生活用纸,新闻纸

山东华金集团
山东省泗水县金庄镇
邮编 273201

电话 0537－4036821,4036860
传真 0537－4031210
产品 铜版纸,无碳复写纸,静电复印纸,双面胶版纸,电脑打印纸,票据专用纸,离型原纸,防粘纸,书写纸,电脑打印纸

山东华泰实业股份有限公司
山东省东营市广饶县
邮编 257335
电话 0546－6888818,6888808
传真 0546－6888018,6888158
网址 www.huatai.com
产品 新闻纸,双面胶版纸,书写纸,铜版纸,涂布白纸板,低定量涂布纸,生活用纸

山东华源蓝天纸业有限公司
山东省安丘兴安路 2 号
邮编 262100
电话 0536－4221181
传真 0536－4212920
网址 www.lantianpaper.com
产品 轻涂彩印纸,铜版纸,胶版,书写纸

山东华远造纸集团有限公司
山东省莒县莒州路 119 号
邮编 276500
电话 0633－6882076
传真 0633－6882881
网址 www.huayuan paper.com.cn
产品 书写纸,胶版纸,铜版纸,铜版原纸,静电复印纸,证券纸,图画纸,液氯,烧碱等

山东华众纸业有限公司
山东省枣庄市薛城区金河
邮编 277014
电话 0632－4418888 ,传真 0632－4413098
产品 牛皮箱纸板,涂布白纸板,金银卡纸

山东汇宝纸业有限公司
山东省淄博市临淄区永流西路 24 号
邮编 255400
电话 0533－7180213,7212201
传真 0533－7221560,7180093
产品 新闻纸,静电复印纸,书写纸,有光纸,铝箔衬纸,双胶纸,高强瓦楞原纸,涂布白纸板,黑卡纸,牛皮箱纸板,口杯纸

山东莱州市鲁通纸业有限公司
山东省莱州市海庙后
邮编 261400
电话 0535－2480680
传真 0535－2480640
产品 高档牛皮箱纸板

山东莲喜纸业股份有限公司
山东省五莲县城解放路 173 号
邮编 262300
电话 0633－5322067
传真 0633－5321104
产品 新闻纸,字典纸,涂布白纸板,苹果套袋纸,字典纸,水松原纸,电话簿纸,铝箔衬纸

山东(临清)银河纸业集团
山东省临清市西门里街 297 号
邮编 252600
电话 0635－2434652,传真 2436888
产品 书写纸,胶版,纸胶印书刊纸,静电复印纸

山东蒙阴县阳光纸业有限公司
山东省蒙阴县垛庄镇
邮编 276225
电话 0539－4587098,传真 0539－4587098
产品 胶版印刷纸,电脑原纸,静电复印纸,文化纸

山东平邑瀚森纸业有限公司
山东省平邑商城财源大道
邮编 273300
电话 0539－4281666
产品 铜版纸

山东青州东方铜版纸有限公司
山东青州东郊
邮编 262517
电话 0536－3531888
传真 0536－3536366
产品 单涂、双涂铜版纸

山东日照森博浆纸有限责任公司
山东日照北京路
邮编 276826

电话 0633－3361209
传真 0633－3361203
董事长 毛继春

山东荣皎纸业(集团)有限公司
山东省荣成市南山南路 50 号
邮编 264300
电话 0631－7572758,传真 0631－7571946
产品 铜版纸,双面胶版纸

山东瑞枫纸业公司
山东省临沂市纸张市场 1101 房间
邮编 276000
电话 0539－－8993544 013954425245
产品 有光纸,书写纸,绘图纸,双胶纸

山东省东明县大田纸业有限责任公司
山东省东明县向阳路 197 号
邮编 274500
电话 0530－7270419,传真 0530－7270493
产品 静电复印纸,铜版原纸,有光纸,书写纸,胶版纸

山东省嘉祥县造纸厂
山东省嘉祥县梁宝寺镇
邮编 272404
电话 0537－6701228,传真 0537－6701070
产品 铜版纸,胶印书刊纸

山东省齐河县南北海英纸厂
山东省齐河县城北 8 公里
邮编 251115
电话 0534－5452032,传真 0534－5452226
产品 各种文化及包装用纸

山东省泉林纸业有限责任公司
山东省高唐县官道街北首
邮编 252800
电话 0635－3951080,传真 0635－3953497
产品 铜版纸,复合软包装,双面胶版纸,低定量涂布纸,静电复印纸,胶印书刊纸,防粘原纸,书写纸,证券纸,字典纸,电话簿纸

山东省圣龙集团造纸厂
山东省定陶县城东 500 米路北
邮编 274100
电话 0530－2215877
传真 0530－2210729
产品 有光纸,书写纸,双胶纸等

山东省寿光市兴华造纸厂
山东省寿光市莱都路 313 号
邮编 262700
电话 05365224349,5224537
传真 05365224537
网址 www.xinghuapaper.com
产品 有光纸,书写纸,彩色打字纸,五色标语纸,彩色招贴纸,条纹牛皮纸,红、黄、兰、绿书写纸

山东省沂源县三江纸制品有限公司
山东省沂源县县城东苑民营工业园
邮编 256100
电话 13705333022
产品 果袋专纸,黄条纹纸,各种规格套袋,各种文化用纸,娟花用纸

山东省沂源县造纸厂
山东省沂源县
邮编 256100
电话 13325212829
传真 0533－3241534
产品 胶版纸,书写纸,打字纸,有光纸

山东省章丘市瑞源纸业公司
山东章丘济青路
邮编 250200
电话 0531－3269845
传真 0531－3269845
产品 有光纸,书写纸,新闻纸,双胶纸

山东圣龙集团
山东省定陶县城东郊
邮编 274100
电话 0530－2210009,传真 0530－2210729
产品 有光纸,胶印书刊纸,书写纸,胶版纸,防盗版纸,新闻纸,静电复印纸,打字纸,拷贝纸,热转移印花纸,低定量涂布纸

山东寿光市板纸厂
山东省寿光市五台镇
邮编 262726

电话 0536－5382888，传真 0536－5381206
产品 高强瓦楞原纸，箱纸板

山东双成纸业有限公司
山东省沂水县沂博路龙潭西巷2号
邮编 276400
电话 0539－2251031，传真 0539－2213682
产品 瓦楞原纸，牛皮箱纸板，瓦楞纸

山东泰山纸业有限公司
山东省莱芜市涞城区方下镇
邮编 271125
电话 0634－6611308 6613520
传真 0634－6611122
网址 www.taishanpaper.com.cn
产品 轻量涂布纸13万吨，铜版纸2万吨，书写纸、双胶纸10万吨
产品 高档书写纸，精制双胶纸，静电复印纸，轻量涂布纸，铜版纸等

山东太阳纸业股份有限公司
山东省兖州市西关大街66号
邮编 272100
电话 0537－3658598
传真 0537－3651777，3658600
网址 www.sunpapergroup.com
产品 牛皮箱纸板，高级文化用纸，静电复印纸，白面牛皮卡纸，牛皮卡纸，涂布白纸板，白卡纸，双胶纸，新闻纸，不干胶纸，电脑打印纸，书写纸，轻涂纸，铜版纸，扑克牌面纸，蜡光原纸，无酸档案纸，素描纸

山东天和纸业有限公司
山东省宁阳县文化城西首
邮编 271400
电话 0538－5621781，传真 0538－5620235
产品 有光纸，打字纸，书写纸，铸涂原纸，双胶纸，铜板原纸，静电复印纸，不干胶底纸，医用包装纸，账簿纸

山东万豪纸业集团股份有限公司
山东省临朐县城工业街32号
邮编 262600
电话 0536－3163364 3158797
传真 0536－3165340
网址 www.wanhao.com
产品 铜版纸，双胶纸，胶印书刊纸，防油纸，高档包装纸，卫生纸，打字纸，工艺纸，电信电缆纸，双面胶带原纸，造纸化工产品及纸业包装材料

山东万通纸业总公司
山东省枣庄市台儿庄区万通路一号
邮编 277400
电话 0632－6658567
传真 0632－6658567
网址 WWW.SDWTPAPER.COM
产品 涂布白纸板，牛皮挂面箱纸板，石膏板护面纸，鞋材纸，机械产品有钢制烘缸，造纸机，压滤机，软辊压光机等

山东翔雁纸业股份有限公司（原临沭县造纸厂）
山东省临沭县城兴大西街
邮编 276700
电话 0539－6212350，传真 0539－6212395
产品 双面胶版纸，胶印书刊纸，静电复印纸，书写纸，食品医药包装用纸

山东信成纸业有限公司
山东省茌平县西外环高新技术工业园
邮编 252100
电话 0635－4285450，传真 0635－4283218
产品 干法无尘纸，湿纸巾，餐巾纸，柔巾卷纸，擦拭纸，分盘无尘纸

山东兴创纸业集团有限公司
山东维坊诸城辛兴镇兴中路38号
邮编 262218
电话 0536－6527731，传真 0536－6521103
产品 瓦楞纸，夹筋纸

山东烟台银海纸业有限公司
山东省莱阳市丹崖路北
邮编 265202
电话 0535－7318381，传真 0535－7327266
网址 www.sdbbc.com
产品 水果套袋纸，胶版纸，胶印书刊纸，电脑打印纸，静电复印纸，书写纸

山东尧泰纸业有限公司
山东省枣庄市薛城区金河
邮编 277014
电话 0632－4413098

产品 牛皮箱纸板,涂布白纸板

山东章丘造纸厂
山东省章丘市明水镇东门外
邮编 250200
电话 0531－3252926
传真 0531－3252926
产品 新闻纸,双面胶版纸,牛皮纸

山东照东方纸业集团有限公司
山东省平原县照东方工业园
邮编 253109
电话 0534－4752006,4651366
传真 0534－4752369
产品 胶印书刊纸,书写纸,胶版纸,铜版纸,轻涂纸,复印纸,转移印花纸,图画纸

山东正大纸业有限公司
山东平原王泉铺工业园区
邮编 253105
电话 0534－4562766,4562042
传真 0534－4562044
产品 铜版原纸,书写纸,胶印书刊纸,静电复印纸,箱纸板,卫生纸

山东中茂圣源纸浆有限公司
山东省德州市陵县经济开发区
邮编 253008
电话 0534－2133500
传真 0534－2133508
法人代表 李军
产品 杨木化机浆

山东淄博板纸股份有限公司
山东省淄博市高新技术开发区柳泉路北首
邮编 255086
电话 0533－3581320,3580813
传真 0533－3580813
产品 瓦楞原纸,箱纸板,白纸板,牛皮纸板,彩印纸箱

山东淄博华光纸业有限公司
山东省淄博市张店区湖田镇
邮编 255075
电话 0533－2060471
传真 0533－2060623
产品 高档瓦楞纸板,牛皮箱纸板,铸涂白卡纸

寿光市碧龙纸品有限公司
山东省寿光市王高工业园
邮编 262709
电话 0536－5425667
传真 0536－5425780
网址 www.chinabilong.com
产品 面巾纸,餐巾纸,擦手纸,厨房用纸,卫生纸

寿光市广大纸业有限公司
山东省寿光市侯镇
邮编 262726
电话 0536－5382888,传真 0536－5388888
网址 guangdapaper.com
产品 箱纸板,涂布白纸板,瓦楞原纸,涂布箱纸板

寿光市兴华造纸厂
山东省寿光市莱都路 313
邮编
电话 0536－5224349
传真 0536－5224537
网址 wwwxinghuapaper.com
产品 打字纸,有光纸,书写纸,招贴纸,书皮纸

泗水金益纸业有限公司
山东省泗水县金庄镇
邮编 273201
电话 13963718682
网址 www.china－paper.com

泰安市金山口造纸厂
山东省泰安市山口镇
邮编 271038
产品 信封纸,书写纸,双胶纸

泰安市山口泉林纸业有限公司
山东省泰安市岱岳区山口镇工业路东首
邮编 271038
电话 0538－8614288,传真 0538－8611070
网址 www.tralin.com

潍坊凤凰纸业有限公司
山东省潍坊市奎文区则尔庄路 6 号
邮编 261031

电话 0536－8664708
传真 0536－8669088
产品 箱纸板，瓦楞原纸，牛卡，白纸板，灰底白纸板，涂布白纸板

潍坊恒联纸业集团有限公司
山东省潍坊市奎文区卧龙东街 409 号
邮编 261031
电话 0536－8661166
传真 0536－8665348，8668708
产品 铜版纸，玻璃纸，金银卡纸，静电复印纸，电脑打印纸，生活用纸

潍坊华港包装材料有限公司
山东省潍坊市奎文区宝通东街 162 号
邮编 261041
法人代表 高立在
电话 0536－8823899
传真 0536－8823919
网址 www.wfhgbz.com
产品 接装纸原纸，铝箔衬纸，嘴棒成型纸及接装纸，铝箔纸，真空镀铝纸和印花纸，装饰纸

潍坊市寒亭造纸厂
山东省潍坊市寒亭区河滩镇
邮编 261112
电话 0536－7251647，传真 0536－7251647
产品 仿牛皮纸

潍坊市友谊造纸厂
山东省潍坊市农业生物开发区
邮编 261031
电话 0536－8654673，传真 0536－8566846
产品 箱纸板，瓦楞纸，涂布纸，包装纸

威海龙港纸业有限公司
山东省威海市羊亭镇驻地
邮编 264204
电话 0631－5764806
传真 0631－5764806
法人代表 林萍
产品 挂面纸板

新泰造纸厂
山东省新泰市南关
邮编 271200
电话 0538－7222893
产品 书写纸，双胶纸，包装纸

烟台大华纸业有限公司（山东牟平造纸厂）
山东省烟台市牟平区城东尹宋周
邮编 264117
电话 0535－4652033，4652036
传真 0535－4652032
产品 双面胶版纸，静电复印纸，票证专用纸，书写纸

烟台锦宏纸业有限公司
山东省海阳市经济技术开发区
邮编 265118
电话 0530－3200322
产品 文化用纸，铜版(原)纸

烟台市大展纸业有限公司
山东省烟台市牟平区棉纺厂北
邮编 264117
电话 0535－4659078，传真 0535－4659076
产品 瓦楞原纸，牛皮箱纸板

阳谷造纸厂
山东省阳谷县城内
邮编 252300
电话 0635－6380960
产品 书写纸，双胶纸，箱纸板

沂源县造纸厂
山东省沂源县健康路 38 号
邮编 256100
电话 0533－3241224
传真 0533－3241534
产品 打字纸，书写纸，胶版纸，糖果包装纸，有光纸，招贴纸，胶印书刊纸，牛皮纸糖果包装纸，转移印花纸

枣庄华润纸业有限公司
山东省枣庄市山亭区新城富川路 93 号
邮编 277200
法人代表 张辉
电话 0632－8811458
传真 0632－8813851/8818558
网址 www.hua run paper.com
产品 石膏板护面纸

枣庄市宏达纸业有限公司
山东枣庄市青檀路二棉北
电话 0632－3253976/3258818
传真 0632－3258818/3335156
产品 纸张，印务，开片圈筒，多层板包装物

枣庄市华闻纸业有限公司
山东省枣庄市山亭区
邮编 277300
产品 石膏板护面纸板，白纸板

枣庄市一大纸业有限公司
山东省枣庄市一大纸业有限公司
邮编 277013
电话 0632－4419888，传真 0632－4424789
产品 卫生纸，餐巾纸，面巾纸

章丘市造纸厂
山东省章丘市明水镇东门外
邮编 250200
电话 0531－9037871
产品 书写纸，铜版原纸，转移印花纸，有光纸

招远金城造纸有限公司
山东省招远市宋家镇苑家村
邮编 265405
电话 0535－8342096
产品 瓦楞原纸，涂布箱纸板，箱纸板

招远市金苑纸业有限公司
山东省招远市张星镇苑家村
邮编 265405
法人代表 苑希辉
电话 0535－8342096
传真 0535－8343030
网址 www.jczz.com
产品 挂面箱纸板，瓦楞纸，灰底白纸板，灰底涂布白纸板

诸城市兴创纸业有限公司
山东省诸城市辛兴镇驻地
邮编 262218
电话 0536－6521103
传真 0536－6521103
产品 瓦楞纸，挂面纸，仿牛皮纸，夹筋纸，卫生纸

淄博市博山环球绉纹纸厂
山东省淄博市博山区北园路 198 号
邮编 255202
电话 0533－4231497，4231498
传真 0533－4232499

淄博王村纸业有限公司
山东省淄博市周村区王村
邮编 255311
电话 0533－6680128
产品 纱管原纸 箱纸板 涂布纸板

邹城市白鹤纸业有限责任公司
山东省邹城市营西路 52 号
邮编 273500
电话 0537－5312624

相关企业

安丘市华光石辊有限公司
山东省安丘市温泉
邮编 262134
电话 0536－4841018
产品 石辊，盘磨片等

安丘市轻工机械厂
山东省安丘市景芝镇
邮编 262119
电话 0536－4381502
产品 造纸机械等

安丘市石辊厂
山东省安丘市红沙沟镇
邮编 262124
电话 0536－4671098
产品 石辊，盘磨，打浆机刀片

安丘市信金机械制造有限公司
山东省安丘市和平路中段
邮编 262100
电话 0536－4262678
传真 0536－4265977
网址 www.shine－xinjin.com
产品 除渣器系列

安丘汶瑞机械制造有限公司
山东省安丘市潍徐南路232号
邮编 262100
电话 0536-4362288 4367270
传真 0536-4362807
网址 www.wenrui.com.cn
产品 碱回收设备,双螺杆制浆机

安丘鑫元造纸设备有限公司
山东省安丘市王家营
邮编 262127
电话 0536-4641588
产品 纸机备件等

昌乐县振兴造纸助剂股份有限公司
山东昌乐县城南歇头仓
邮编 262408
电话 0536-6762567
产品 造纸淀粉助剂等

昌平集团科技开发公司
山东省邹城市宏达路中段
邮编 273500
电话 0537-5296863
产品 疏解泵,中浓泵

长清光明造纸机械有限公司
山东省长清县城南工业开发区
邮编 250300
电话 0531-7263873
产品 造纸打浆备件

长清吉祥造纸机械有限公司
山东省长清县城南孙庄
邮编 250300
电话 0531-7263639
产品 筛,网等

长清松元造纸机械有限公司
山东省长清县城南三朱
邮编 250300
电话 0531-7263117
产品 筛浆,浓缩,圆网笼等

长清县振兴机械厂
山东省长清县城南三公里
邮编 250300
电话 0531-7263412
产品 筛选设备,浓缩机,双盘磨浆机

长清县中联造纸机械厂
山东长清县城南三公里孙庄
邮编 250300
电话 0531-7263422
产品 纸机打浆备件

达斯特克化工有限公司
山东烟台市化工路
邮编 265502
电话 0535-6530669
产品 造纸漂白剂

富尔德—富元制浆造纸机械有限公司(台湾独资)
山东省临清市北门里街
邮编 252600
电话 0635-2437377,2437677
传真 0635-2437930

富尔德纸业有限公司
山东省聊城市开发区26号信箱
邮编 252000
电话 0635-8515441,传真 0635-8515442
产品 各类美废,制浆造纸设备及零备件

高新复合材料有限公司
邹城经济开发区兴业路618号
邮编 273500
电话 0537-5342256 5353899
传真 0537-5344036
网址 www.gaoxfc.com
产品 除渣器

汉通奥特造纸设备有限公司
山东省诸城市南外环路南湖大桥西侧
邮编 262200
电话 0536-6218640 6121275
传真 6113828
网址 www.chinahantong.com
产品 脱墨,制浆成套设备,污水处理,卫生纸设备

桓台县聚鑫福利化工厂
山东桓台县唐山镇
邮编 256401
电话 0533-8510968
产品 聚丙烯酰胺干粉,胶体

桓台县造纸技术装备厂
山东省桓台新城镇
邮编 256403
电话 0533-8880446
产品 筛浆机,浓缩机等

济南国风实业集团有限公司
济南市济北经济开发区
邮编 251400
电话 0531-84280099,传真 0531-84280226
产品 各种高中低档卫生纸,大轴原纸,盘纸,全天然木浆纸系列生活用纸

济南华章实业有限公司
济南市天桥区元易工业园 2-08 号
邮编 250032
电话 0531-85719751 85704203
传真 0531-85704203
产品 纸机部件

济南机械装备实业公司
山东济南市经十路 388 号
邮编 250022
电话 0531-87966524
产品 纸机,涂布机,拉幅机

济南兰光机电技术中心
山东济南市无影山路 144 号
邮编 250031
电话 0531-85953155
产品 胶粘剂检测试验仪器,包装印刷检测仪器

济南铭锐造纸设备有限公司
山东省济南市长清区城南工业园
邮编 250300
电话 13853126415,传真 0531-87263015
产品 纸浆设备,圆网笼,及其他

济南派特实业有限公司
山东省济南市刘长山路 24 号
邮编 250021
电话 0531-87186735
产品 数控软辊压光机

济南市长清育才机械厂
山东省长清县城南孙庄村
邮编 250300
电话 0531-87263421
产品 打浆备件

济南兴美造纸机械有限公司
山东章丘市旭升乡工业园兴美路 6 号
邮编 250202
电话 0531-83320518
产品 造纸机系列设备

济宁华一轻工机械有限公司
山东省济宁高新技术产业开发区机电一路 99 号
邮编 272023
电话 0537-2387108/9
传真 0537-2387101

济宁轻纺助剂厂
山东济宁市车站南路
邮编 272127
电话 0537-2317897
产品 纸张增强剂,脱墨剂

济宁市阳光颜料助剂有限责任公司
山东省济宁市车站南路
邮编 272000
电话 0537-2317897
传真 0537-2311908
网址 www.sino-pigment.com
法人代表 于宪松
产品 增强剂,脱墨剂,助留剂等,彩纸专用色浆

济宁新华天机械有限公司
山东省济宁高新技术开发区机电二路
邮编 272000
电话 0537-2481588
传真 0537-2481598
网址 www.xhtjx.com

产品筛鼓

金马工业集团化工厂
山东日照市海曲东路234号
邮编 276826
电话 0633－8793138
产品 涂布用胶乳

莱州市永丰造纸机械有限公司
山东省莱州市平里店镇驻地
邮编 261414
电话 0535－2615564/5/7
传真 0535－2615567
企业负责人 张景岐 电话 0535－2615565
网址 www.yongfenggroup.com
产品 造纸制浆造纸设备:单(复)式纤维分离机,外流式高浓压力筛,双锥体高浓除渣器,方浆池推进器,浆池搅拌器,卧(立)式水力碎浆机,自洗式振动平筛,槽式打浆机等;出口五金工具;硬度计;工业纸板;纸塑制品

聊城诚信造纸技术有限公司
山东省聊城花园北路北首
邮编 250000
电话 0635－8315880 8973915
传真 0635－8315880
产品 专利技术及设备

聊城工业用呢厂
山东省聊城市陈口农校路6号
邮编 252000
电话 0635－8521019

陵县佳隆化工染料厂
山东陵县
邮编 253500
电话 0534－8223215
产品 造纸助剂,脱墨剂,清洗剂

临淄闻韶世兴源机械配件服务部
山东省淄博市临淄区稷下办
邮编 255400
电话 0533－7314282
传真 0533－7314282
法人代表 孙志锋
产品 造纸机,塑料机零配件,造纸网毯洗涤器,校正器等

临淄造纸网毯洗涤研究所
山东省淄博市临淄区辛店南二路33号
邮编 255400
电话 0533－7116048
产品 挤浆机,网毯洗涤器等

龙口市华瑞新材料科技有限公司
山东省龙口市黄城沿河西路1号高新技术创业中心1楼
邮编 265701
电话 0535－8529786,传真 0535－8529786
产品 有机硅乳液消泡剂,微乳化合成蜡乳液,微乳化蜡纸制品防水剂

麦斯凯包装系统(青岛)有限公司
山东青岛南京路2号绮大厦1803室
电话 0532－85797620
传真 0532－85797619

蓬莱市自控设备成套厂
山东省蓬莱市海市路
邮编 265600
电话 0535－5641224 5631224
传真 0535－5601224
网址 www.penglaisugar.com
产品 汽水分离,冷凝水排出

青岛恩东物产有限公司
山东省青岛市市南区宁夏路268号裕丰写字楼5013室
邮编 266071
电话 0532－85758812
传真 0532－85756233
产品 气化性防锈膜,防锈纸,防锈粉末,防锈液

青岛唐城科贸有限公司
青岛市东海路37号金都花园A－27H
邮编 266071
电话 0532－5820485
网址 www.jiliangbeng.com.cn
产品化学品计量泵

青州市长江造纸机械厂
山东省青州市开发区东坝教学楼
邮编 262517

电话 0536－3531066
产品 制浆系统备件

青州市晨鸣变性淀粉有限公司
山东省青州市北西关
邮编 262500
电话 0536－3260762 3262808
传真 0536－3260762
网址 www.chenmingstarch.com
产品 变性淀粉

青州市益都造纸机械厂
山东省青州市东环路房家
邮编 262500
电话 0536－3201582
产品 备料、制浆设备等

青州市益丰造纸机械有限公司
山东省青州市南郊
邮编 262501
电话 0536－3810143
产品 备料，制浆设备等

瑞丰化工公司有机化工厂
山东沂源县城保丰路 26 号
邮编 256100
电话 0533－3220025
产品 造纸助剂脱墨剂

三菱重工恒星(淄博)造纸机械有限公司
山东省淄博市周村区恒星路 98 号
邮编 255300
电话 0533－6553030 6556038
传真 0533－6553041
法人代表 松本荣
产品 新闻纸机，高级文化纸机、瓦楞原纸机和高档箱板纸机等

山东北联集团淀粉厂
山东青州市
邮编 262500
电话 0536－3260906
产品 造纸用淀粉

山东博兴铁龙泵业有限责任公司(原博兴水泵厂)
山东省博兴县兴福镇
邮编 256510
电话 0543－2422457/2421012
产品 LJ.WLJ 系列纸浆泵，Y 型醪料泵

山东昌华造纸机械有限公司
山东省聊城市东昌东路 58 号
邮编 252059
电话 0635－8221985
传真 0635－8221985/8222033
网址 www.cnchanghua.com
法人代表 钟侠瑞
产品 1760～5280 系列文化纸机，2850～6000 系列长网瓦楞原纸机，2640－4800 系列叠网纸板机，烘缸，气垫式流浆箱，BM 成型器，宽压区压榨等

山东晨钟机械股份有限公司
(原淄博轻工机械股份有限公司)
山东淄博桓台田庄镇
邮编 256402
电话 0533－8580059
传真 8588059
网址 www.zbqingji.com
产品 磨浆机，搓浆机

山东硅苑新材料科技股份有限公司
山东省硅酸盐研究设计院
山东省淄博市高新区柳泉路北首
邮编 255086
电话 0533－3582419
传真 0533－3582244
网址 www.sicer.com.cn
产品 陶瓷脱水器件、除砂器

山东海天造纸机械有限公司
山东省淄博市王村兴华路 320 号
邮编 255311
电话 0533－6682999/000
传真 0533－6680898
法人代表 郭汇昌
产品 1760～4400 毫米系列长网多缸文化纸机，2400～4400 毫米系列圆网压力成形器，超短网成形器纸板机，2400～4400 毫米系列长网多缸瓦楞纸机，2400～4400 毫米系列三叠网、四叠网纸板机

山东黄河玻璃钢厂
山东省阳信县城南
邮编 251800
电话 0543－8381322
产品 除渣器等

山东莱州市磁粉离合器厂
山东省莱州市城山路200号
邮编 261416
电话 0535－2754132
产品 纸机用离合器

山东力华防水建材有限公司
山东滕州市平行南路76号
邮编 277500
电话 0632－5584540
传真 5571575
产品 高分子防水卷材，工业胶辊

山东鲁台集团凯利得数控设备有限公司
山东省枣庄市台儿庄区万通路1号
邮编 277400
电话 0632－6662999 6618607
传真 6662998
网址 www.ltsk.126.com
产品 软压光机，数控传动

山东鲁台集团鲁都造纸机械有限公司
山东省枣庄市台儿庄万通路1号
邮编 277400
电话 0632－6618942 6658669
传真 6611569
网址 www.sdwtpaper.com
产品 SD压滤机

山东青州市鸿立造纸机械有限公司
青州市东方中路678号房家
邮编 262500
电话 0536－3201582 3297849
传真 0536－3205539
网址 www.sdyidu.com
产品 制浆设备

山东荣光不锈钢制品有限公司
山东省寿光市高新技术开发区
邮编 262703
电话 0536－5196955
传真 0536－5109897

山东诸城国安机械有限公司
山东省诸城市经济开发区西首
邮编 262233
电话 0536－6017188 601728
传真 0536－6017288
网址 www.guoanjixie.com
产品 制浆造纸设备，污水处理设备

山东省茌平县造纸机械厂
山东省茌平县城工交路
邮编 252100
电话 05－6611988

山东省第二轻工业机械厂
山东聊城市东昌东路58号
邮编 252059
电话 0635－8222033
传真 0635－8221985

山东省林产化工有限公司
山东济南市北园路206号
邮编 250100
电话 0531－88961273
产品 乳化剂

山东省平原县变性淀粉厂
山东省平原县腰站东首
邮编 253119
电话 0534－4659386
产品 造纸，纺织用变性淀粉

山东省滕州市建兴环保机械厂
滕州市新世纪经济开发园区
邮编 277500
电话 0632－5696729
传真 0632－5697267
网址 www.tzjxhb.com
产品 墨液提取设备

山东省章丘市造纸机械厂
山东省章丘市枣园镇

邮编 250214
法人代表 王永起
电话 0531－3651411 3650068
传真 0531－3651869
网址 www.zq－zzjx.com
产品 压光机，卷纸机，复卷机，单、双刀切纸机，接纸台，退纸架，理纸机，施胶机，打包机，分切机等

山东省诸城市汉通奥特造纸设备有限公司
山东省诸城市龙都工业园
邮编 262200
电话 0536－6218640，6359559
传真 0536－6113828
网址 www.chinahantong.com
法人代表 王希刚
产品 制浆设备，造纸机，污水处理设备

山东省诸城市金日东造纸机械有限公司
山东省诸城市密州路 26 号
邮编 262200
电话 0536－6213740 6213221
传真 6213221
网址 www.ridong.com
产品 卫生纸机，螺旋网带洗浆机

山东省诸城市天工造纸机械有限公司
山东省诸城市开发区横一路西首
邮编 250000
电话 0536－6805066 6805088
传真 0536－6805000
网址 www.tiangongmachinery.com
产品 废纸处理设备

山东省诸城市增益造纸设备有限公司
山东省诸城市密州路东首外贸街 9 号
邮编 262200
电话 0536－6066260 6065123
传真 0536－6065719
网址 www.zengyi.cn
产品 碎浆机，筛浆机，浓缩机，污水处理设备和纸机

山东省诸城市专利造纸机械厂
诸城市西外环路北首
邮编 277400
电话 0536－6011600 6012307
传真 6011700
网址 www.papermakingmachinc.cn
产品废纸设备

山东省邹平长星集团有限公司
山东省邹平县长山城东三里河
邮编 256206
电话 0534－4851225 4852225
传真 0534－4852225
网址 www.cxjt.com.cn
产品 真空辊

山东省邹平县机筛厂
山东省邹平县长山
邮编 250000
电话 0543－4851388 4856388
传真 4851918
产品 压力筛，振框筛，纤维分离机

山东省邹平县造纸机械厂
山东省滨州市邹平县西董镇
邮编 256218
电话 0543－4551039

山东省滕州市臻宇造纸环保设备厂
山东省滕州市平行路 268－3 号
邮编 277500
电话 0632－5573861
传真 0632－5573861
产品 黑液提取设备，浆液分离机

山东台儿庄万通纸业总公司枣庄市亿利达造纸机械有限公司
山东省枣庄台儿庄区长捷西路
邮编 277000
电话 0632－6618915 6611105
传真 6612639
网址 www.zzyld.com
产品 软压光机，污泥脱水机，湿抄机

山东滕州市科创轻工机械厂
滕州市东城经济工业园
邮编 277500
电话 0632－5687391 5687390
传真 0632－5687390

网址 www.txkechuang.com.cn
产品 制浆造纸污水处理,废纸脱墨设备

山东新利华再生资源有限公司
山东省青岛市东海西路 37 号金都花园 C 座 27 楼 A 室
邮编 266071
电话 0532－85768217,85768227
传真 0532－85796329
产品 各种品号的废纸

山东造纸机械厂
山东济南市荷花路 65 号
邮编 250100
电话 0531－88265149
产品 压榨辊,纸机完成设备

山东诸城市宏升机械有限公司
诸城市东城工业项目区
邮编 262216
电话 0536－6406869 6402998
传真 0536－6407989
网址 www.hongshengmachine.com
产品 制浆造纸设备

山东诸城市旭日东机械有限责任公司
山东诸城东武北街 8 号(烟草大厦北 200 米)
邮编 262200
电话 0536－6081238
传真 0536－6087785
网址 www.xuridong.com
产品 制浆,抄纸,纸加工,污水处理设备

山东淄博玉丰实业有限公司
山东省淄博市淄川区东坪镇
邮编 255174
电话 0533－5310325－8019
传真 0533－5310396
产品 陶瓷及玻璃用贴花纸

实耐格(潍坊)包装有限公司
山东省寿光市西环路
邮编 262702
电话 0536－5211111,传真 0536－5211611
产品 纸芯,纸管

寿光市晨鸣造纸机械有限公司
山东省寿光市台头工业园
邮编 262735
电话 0536－5511112,传真 0536－5511446
产品 成套制浆造纸机械

泰安市东岳助剂厂
山东泰安市泰汶路 199 号
邮编 271000
电话 0538－6611988
产品 造纸助剂

泰安市劲翔工程设备制造厂
山东省泰安市长城路中段
邮编 271000
电话 0538－8414976
产品 制浆设备

泰安市轻工机械厂
山东省泰安市南关路 16 号
邮编 271000
电话 0538－8334202
产品 蒸煮器回收设备

泰安市山口环保化工厂
山东泰安市岱岳区山口镇
邮编 271038
电话 0538－8611946
产品 净水剂

泰安市松源网业有限公司
山东省泰安市青年路 10 号
邮编 271000
电话 0538－8205518,8335105,8332939
传真 0538－8332939
法人代表 范长江
产品 造纸用聚酯成形网、双层网,双层半网,聚酯干网,螺旋网,洗浆网,压滤网,造纸铜网

泰安市鑫泉精细化工制造有限公司
泰安市泰良路 118 号
邮编 450008
电话 0538－8920388 8204188
网址 www.cnpaperchem.com
产品 制浆造纸技术,制浆设备,助剂

郯城造纸机械厂
山东省郯城团结路33号
邮编 276100
电话 0539-6221109
产品 造纸机械,包装机械

滕州力华米泰克斯胶辊有限公司
山东省滕州市平行南路76号
邮编 277500
电话 0632-5699298
传真 0632-5699275
网址 www.sdlihua.com
法人代表 朱应力
产品 各类工业胶辊,其它金属零件覆胶

滕州市晨光波纹管有限公司
山东省滕州市新兴南路21号
邮编 277500
电话 0632-5552837
产品 旋转接头,波纹补偿器

滕州市东方波纹管有限公司
山东省滕州市平行北路41号
邮编 277500
电话 0632-5512430
产品 金属软管,旋转接头

滕州市锻压机床二厂
山东省滕州市龙山路1号
邮编 277500
电话 0632-5502318 5530779
传真 0632-5599753
产品 挤浆机,洗浆机,污泥脱水

滕州市华方旋转接头有限责任公司
山东省滕州市大同北路5号
邮编 277500
电话 632-5525608
传真 0632-5528371
法人代表 司洪喜
产品 旋转接头及不锈钢金属软管

滕州市华米泰克斯胶辊有限公司
山东省滕州市平行南路76号
邮编 277500
电话 0632-5699298/450
传真 0632-5699275
法人代表 朱应力

滕州市金旋波纹管有限公司
山东省滕州市平行南路88号
邮编 277500
电话 0632-5585138
产品 金属软管,旋转接头

滕州市久立旋转接头厂
山东省滕州市塔寺街28号
邮编 277500
电话 0632-5532275
产品 金属软管,旋转接头

滕州约翰逊旋转接头制造有限公司
山东省滕州市大同北路139号(北首)
邮编 277500
电话 0632-5513203,5512111
传真 0632-5516244
产品 各种规格型号的旋转接头及配套金属软管,疏水阀

潍坊奥维机械股份有限公司
潍坊市奎文区鸢飞路925号
邮编 261031
电话 0536-8665901
传真 0536-8665900
网址 www.hengxingchem.com
法人代表 郭宣杰 13606361597
产品 HX-系列有机分散剂,超细研磨重质碳酸钙,HX-系列工业防腐杀菌剂,HX-涂布消泡剂和浆内消泡剂,HX-1中性造纸施胶剂,HX-2 AKD乳液施胶剂,HX-涂布用抗水剂,SCD-硬脂酸钙润滑剂,HX-新型高效造纸助留助滤剂、增强剂

潍坊华特磁电设备有限公司
山东省临朐县城秦池路48号
邮编 262600
电话 0536-3214543 3110552
传真 0536-3110552
网址 www.huaci.com.cn
产品 除铁器,给料器

潍坊开发区造纸毛毯厂
山东北海路 628 号
邮编 261061
电话 0536－8883680,传真 0536－8888367

潍坊凯信机械有限公司
山东省潍坊市潍城区北宫西街 244 号
邮编 261021
电话 0536－8311378
传真 0536－8311378
网址 www.hicredit.com.cn
法人代表 贾克勤
产品 涂布机,造纸机,压光机,卷纸机,复卷机,超级压光机等

潍坊润丰造纸助剂有限公司
山东潍坊玄武街东街 123 号
邮编 261031
电话 0536－8661277
传真 0536－8662837
产品 造纸助剂清洗剂等

潍坊市奎文区精细化工厂
山东潍坊奎文区鸢飞路 920 号
邮编 261031
电话 0536－8237391
产品 分散松香胶,松香分散体

潍坊市石辊厂
山东省安丘市红沙沟街
邮编 262124
电话 0536－4671466
产品 纸机用辊等

潍坊扬帆机械有限公司
山东省潍坊市胜利西街 3858 号
邮编 261011
董事长、总经理 刘晓华
销售电话 0536—8552655 13963608175
传真 0536—8550840
网址 http//:www.yangfanjixie.com
产品 造纸备料制浆设备、污水处理设备

潍坊科创浆纸工程有限公司
山东省安丘市经济开发区
邮编 262123
电话 0536－4732506
传真 0536－4732567
产品 除渣器,螺旋挤浆机等制浆设备

文登市永飞刀片厂
山东省文登市米山南郑
邮编 264424
电话 0631－8872082
产品 涂布,烘缸刮刀

烟台牟平东方轻工机械厂
山东烟台牟平区西关路 96 号
邮编 264100
电话 0535－4223727
产品 打浆,除渣器设备,真空泵

烟台市牟平区造纸机械厂
山东省烟台市牟平区
邮编 264100
电话 0535－4211954
产品 打浆设备,罗茨真空泵,浓缩机等

烟台颐中精细化工有限公司
山东省栖霞市金岭路 23 号
邮编 265300
电话 0535－5212677
传真 0535－5220266

烟台造纸机械总厂
山东省烟台市莱山区
邮编 264101
电话 0535－6752024
产品 磨浆、浓缩、除渣设备,真空系列浆泵等

阳谷鲁燕化工有限公司
山东省阳谷城北
邮编 252329
电话 0635－6581783,6581012
传真 0635－6581012
网址 www.luyanchemical.com
产品 表面施胶系列变性淀粉,浆内添加系列变性淀粉,羧甲基淀粉,脱墨剂,分散剂

沂春机械股份有限公司
山东省费县城胜利街
邮编 273400
电话 0539－5221136
产品 纸机,分切机,真空泵等

张店东方化学股份有限公司
山东淄博市张店
邮编 255071
电话 0533－2081515
产品 助留剂,污水处理剂

章丘市阳光造纸机械厂
山东章丘济王公路旭升乡政府西邻
邮编 250202
电话 0531－3267179
产品 制浆造纸设备

章丘市造纸机械辅机厂
山东省章丘市枣园镇
邮编 250214
电话 0531－3656168
产品 打浆设备

章丘造纸机械厂
山东章丘市枣园镇
邮编 250214
电话 0531－3651411
产品 造纸机完成设备

诸城市大正机械有限公司
诸城市南外环路东段南侧
邮编 262200
电话 0536－6054688 6064688
传真 0536－6056488
网址 www.dazhengjixie.com
产品 链式压滤机,卫生纸机

诸城市汇川机械厂
山东省青州市东环路房家
邮编 262500
电话 0536－6591383
产品 网笼,刮刀等

诸城市造纸机械厂
山东省诸城市密州路 26 号
邮编 262200
电话 0536－6213221
产品 制浆、脱墨设备等

诸城市专利造纸机械厂
山东省诸城市西外环路北首
邮编 262200
电话 0536－6011800
产品 脱墨、水处理设备等

淄博东方机械有限公司
山东省桓台田庄西外环路北首
邮编 256402
电话 0533－8581000
产品 制浆设备及配件

淄博津利精细化工厂
山东淄博市周村区南郊镇永和村
邮编 255302
电话 0533－6061262
传真 0533－6062320
网址 www.zbjinli.com
产品 造纸助剂

淄博全通机械有限公司
山东省淄博市王村镇
邮编 255311
电话 0533－6680247
传真 0533－6680249
网址 http://www.cnquantong.com
产品 双螺旋高效挤浆机,纸板机,复合纸机,软辊压光

淄博市临淄春光机电有限公司
山东省淄博市临淄区梧台镇温江路 3 号
邮编 255420
电话 0533－7666048
传真 0533－7669098
网址 www.cgjd.com
法人代表 李保民
产品 造纸网毯洗涤器及其驱动装置,中、低浓双盘磨浆机,长网双辊挤浆机,长网洗浆机

淄博市临淄海利通纸器有限公司
山东省淄博市临淄区金岭镇金岭南路 1905 号
邮编 255410
电话 0533－7480058，传真 0533－7480128
产品 纸杯，纸碗，纸餐盒

淄博市临淄科比造纸设备厂
淄博市临博区
邮编 255000
电话 0533－7327902
传真 05337327902
产品 网毯洗涤、校正器

淄博水环真空泵厂有限公司
山东省淄博市博山区柳杭路 48 号
邮编 255200
电话 0533－4178155/4133704/4175945
传真 0533－4179957
产品 2BEC，2BEA，2BVA，SZ，SZB，SK，2SK，2SK－P 等系列水环式真空泵，压缩机及真空机组，HZN 柠檬酸强制循环泵等

淄博陶瓷机械厂
山东省淄博市淄川昆仑镇铁路街 203 号
邮编 255129
电话 0533－5780113
产品 高速超细粉碎机

淄博竹林超细化工材料厂
山东淄博市博山山头南圈路 1 号
邮编 255215
电话 0533－4419481
产品 超细重钙

邹平电镀厂
山东省邹平临池镇东黄村
邮编 256200
电话 0543－4531538
产品 电镀烘缸，电镀辊

邹平光泽缸表面处理厂
山东邹平县 309 国道济南东 466 公里处
邮编 256220
电话 0543－4531297
产品 缸体表面处理

河 南 省

造纸企业

安阳市特种纸厂
河南省安阳市铁西路南段
邮编 455000
电话 0372－3932007，传真 0372－3932007
产品 条纹牛皮纸，防潮纸

安阳市造纸厂
河南省安阳市轻工路
邮编 455000
电话 0372－2926428
产品 瓦楞纸，包装用纸

安阳县大地涂布纸业有限责任公司
安阳县水冶镇文明南路
邮编 455133
电话 13007590888，传真 0372－5888638
网址 dadipaper.chinapaper.net
产品 涂布灰纸板，涂布箱纸板

安阳纸箱厂
河南省安阳市东风路 27 号
邮编 455000
电话 0372－5923008
产品 纸板

宝丰县石桥福利造纸厂
河南省宝丰县石桥镇
邮编 467463
电话 0375－6312058
产品 瓦楞原纸

博爱东方纸业公司
河南省博爱县东方事业有限责任公司
邮编 454450
电话 0391－8695542，8695742
传真 0391－8695542
产品 书写纸，双胶纸，胶印书刊纸，电脑打印纸，静电复印纸，铸涂原纸

长葛市第三造纸厂
河南长葛市后河镇
邮编 461500
电话 0374－6811098
产品 高强瓦楞原纸

郸城县纸箱厂
河南省郸城县城关镇新村街83号
邮编 477510
电话 0394－3225735
产品 包装纸，纸板

登封市嵩山造纸厂
河南省登封市唐庄乡张村
邮编 452471
电话 0371－62981205
产品 高强瓦楞原纸

登封市兴达卫生纸厂
河南省登封市告城镇格子沟村
邮编 452477
电话 0371－62950102
产品 卫生纸

登封市造纸厂
河南省登封市大弋镇弋湾村
邮编 452473
电话 0371－62930269
产品 水松纸

登封市造纸总公司
河南省登封市唐庄乡唐东村
邮编 452471
电话 0371－62981168
产品 瓦楞纸，白纸板

邓州市第一纸业有限公司
河南省邓州市新华中路10号
邮编 474150
电话 0377－2117291
产品 各种规格的书写纸及粗包装纸

邓州市穰东镇造纸厂
河南省邓州市穰东镇
邮编 474165
电话 0377－2976186
产品 书写纸，瓦楞原纸

封丘县纸厂
河南省封丘县城西关
邮编 453300
电话 0373－8293649
产品 漂白麦草浆板，文化用纸

河南海明工业纸板有限公司
河南舞钢安寨路1号
邮编 462512
电话 0375－8388458，13949461167

河南海明集团有限公司二纸厂
河南省舞钢市安寨路1号
邮编 462512
电话 0375－8386758

河南海明集团一纸厂
河南省舞阳市安寨路1号
邮编 462512
电话 0375－8388005，传真 0375－8388026
产品 静电复印纸

鹤壁北亚瑞松制纸有限公司
淇县铁西区工业路66号
邮编 456750
电话 0392－7221388，传真 0392－7225460
产品 有光纸、书写纸

河南长葛市造纸厂
河南省长葛市轻工路163号
邮编 461500
电话 0374－6160277
产品 白纸板，文化用纸

河南长垣造纸厂
河南省长垣县北关街145号
邮编 453400
电话 0373－8899637
产品 单、双面胶版纸

河南晨光纸业有限公司
河南省郑州市郑花路34号附25号

邮编 450003
电话 0371－65724938

河南巩义市第二造纸厂
河南省巩义市新兴路 167 号
邮编 451200
电话 0371－4352571
产品 文化用纸

河南国通纸业有限公司
河南省郑州市黄河路 83 号附 1 号楼三楼
邮编 450003
电话 0371－63855551，63942147

河南汉林纸业有限公司
河南省郑州市经三路 15 号广汇国贸大厦 15 层 A 座
邮编 450003
电话 0371－65585136
传真 0371－65585150

河南恒星纸业有限公司
河南省武陟县小董乡小董村
邮编 454991
电话 0391－7441888
传真 0391－7443410
法人代表 孙兴卫
产品 高强瓦楞原纸，高档卫生纸

河南宏光集团（宏光纸业有限公司）
河南省淇县铁西工业路
邮编 456750
电话 13603923891
产品 高档卫生纸，高档餐巾纸

河南华丽纸业包装股份有限公司
河南省许昌市工农路 10 号
邮编 461000
电话 0374－3216807

河南金光造纸厂
河南鹤壁市山城路 13 号
邮编 458000
电话 13939267936

河南锦龙纸业有限公司
河南省封丘县城东关
邮编 453300
电话 0373－8298407
传真 0373－8298407－8888
产品 色卡纸

河南济源世纪纸业集团公司
河南省济源市政东新济路 96 号中码头对面
邮编 454650
电话 0391－6601928，传真 0391－6601638
产品 餐具纸板

河南开封金明纸业有限公司
河南省开封县陈留镇西关
邮编 475121
电话 0378－6811027
传真 0378－6811988
产品 有光纸，书写纸，双胶纸，铜版原纸

河南开普中牟造纸厂
河南省中牟县青年东路 78 号
邮编 451400
电话 0371－2181729
产品 文化用纸

河南丽华纸业包装股份有限公司
河南省许昌市工农路 9 号
邮编 461000
电话 0374－3313575
产品 瓦楞原纸，箱纸板

河南龙泉集团公司豫北造纸厂
河南省新乡县
邮编 453731
电话 13937332330
传真 0373－5590758
产品 各种颜色防近视纸，书写纸，有光纸

河南洛阳市纯静纸业公司
河南省洛阳市西二区光华路 4 号
邮编 471000
电话 0379－63934156
产品 生活用纸

河南孟州造纸总厂
河南省孟州市南大街1号
邮编 454700
电话 0391－8193858
产品 瓦楞原纸，牛皮箱纸板

河南平舆县造纸厂
河南省平舆县清河东路11号
邮编 463400
电话 0396－5022700
产品 文化用纸，卫生纸

河南淇县造纸厂
河南省淇县工业路66号
邮编 456750
电话 0392－7222835
产品 文化用纸

河南汝南县造纸厂
河南省汝南县老君庙
邮编 463300
电话 0396－8251140
产品 文化用纸

河南上蔡县造纸厂
河南省上蔡县城西四公司
邮编 463800
电话 0396－6922286
产品 文化用纸

河南商丘市造纸厂
河南省商丘市东郊
邮编 476000
产品 文化用纸，卫生纸

河南省奥博纸业有限公司
河南省辉县市西生活用纸基地
邮编 453633
电话 0373－6995091
产品 卫生纸

河南省郸城县再生纸业有限公司
河南省郸城县东大街
邮编 477150
电话 0394－3197931，传真 0394－3197380
产品 茶纸板，高强瓦楞纸

河南省淮阳县宏达纸厂
河南省淮阳县南环路中段
邮编 466700
电话 0394－2661630
传真 0394－2663832

河南省滑县纸业股份有限公司
河南省滑县道城路30号
邮编 456400
电话 0372－8130418
法人代表 王兆美
产品 单双胶纸，胶印书刊纸，招贴纸，铜版原纸，玻璃卡原纸，电脑打印纸，静电复印纸，铝箔补纸，中高档卫生纸，书写纸

河南省经协造纸厂
河南省新密市大隗镇罗湾村
邮编 452383
电话 0371－9271176
产品 箱纸板

河南省济源市五龙口镇造纸厂
河南省济源市
邮编 454622
电话 0391－6758138

河南省开封金明纸业有限公司
河南省开封县陈留镇西关
邮编 475121
电话 6811988，6811027
传真 6811988
产品 高中档双胶纸，书写纸，有光纸，电打纸，铜版原纸

河南省开封市裕安实业总公司
河南省开封市西环城路北段1号
邮编 475004
电话 0378－3664009，传真 0378－3664099
产品 胶印书刊纸，双面胶版纸，高强瓦楞原纸，牛皮箱纸板

河南省林州市玻璃卡纸厂
河南省林州市兴林路10号

邮编 456550
电话 0372－6819161，传真 0372－6819161
产品 玻璃卡纸

河南省龙泉集团公司
河南省新乡县龙泉村
邮编 453731
电话 0373－5592278
产品 胶版纸，瓦楞原纸，涂布白纸板，玻璃卡纸

河南省南阳市卧龙造纸厂
河南省南阳市卧龙区
邮编 473000
电话 0377－63552331，传真 0377－63552331
产品 各种牛皮挂面纸，茶纸板，高瓦纸

河南省内乡县制浆造纸股份有限公司
河南省内乡县文化路 99 号
邮编 474350
电话 13838761277
产品 书写纸，双胶纸，铝箔衬纸

河南省沁台宝丽纸板厂
河南省焦作市
邮编 454582
电话 0391－5683848，传真 0391－5699300
产品 宝丽板专用原纸、铝箔衬原纸

河南省确山县造纸厂
河南省确山县城南 16 公里 107 国道东侧
邮编 463231
电话 0396－7262011
产品 高强瓦楞原纸，牛皮纸，纸袋纸，牛皮箱纸板

河南省汝州市铜版纸厂
河南省汝州市广育路 62 号
邮编 467500
电话 0375－6865108，传真 0375－6869176

河南省外贸包装材料厂
河南省郑州市郑花公园路徐砦
邮编 450003
电话 0371－65723833，传真 0371－65737582
产品 牛皮纸

河南省卫辉市华兴实业公司
河南省卫辉市二化北安都乡井岗
邮编 453100
电话 0373－4410898，传真 0373－4497073
产品 低定量玻璃卡纸

河南省五三造纸厂
河南省确山县小海
邮编 463200
电话 0396－7301442，传真 7301278
产品 书写纸，有光纸，书刊纸

河南省舞阳明宇盐化集团公司
河南省舞阳县舞阳镇北京路北段
邮编 462400
电话 0395－7122497，传真 0395－7122497
产品 静电复印纸，双面胶版纸

河南省五一造纸厂
河南省罗山县伍家坡
邮编 464238
电话 0376－2755218
传真 0376－2755077
产品 瓦楞原纸，箱纸板，黄纸板

河南省武陟县瑞丰纸业有限公司
河南省武陟县圪塔店村南工业区
邮编 454951
电话 13903917092，传真 0391－7641767
产品 玻璃卡纸，黄纸板

河南省武陟县西滑封造纸厂
河南省武陟县西陶镇西滑封村
邮编 454981
电话 0391－7566789，传真 0391－7566145
产品 双胶纸，书写纸，有光纸

河南省新密市兴华纸板厂
河南省新密市大隗镇铁匠沟村
邮编 452383
电话 13903828680，传真 0371－9288396
产品 木浆挂面，茶纸板，瓦楞纸，纱管纸

河南省新乡太行纸业有限公司
河南新乡小吉镇

邮编 453731
电话 13598669884
传真 0373－5586269
产品 胶印书刊纸

河南省新乡兴宁集团
河南省新乡市南部
邮编 453731
电话 0373－5592793，传真 0373－5591411
产品 胶印书刊纸

河南省新乡兴宁集团纸板厂
河南省新乡县翟坡镇兴宁村
邮编 453731
电话 0373－5630227
产品 瓦楞纸，黄纸板

河南省匽师市洁达纸业有限公司
河南省匽师市首阳镇山镇二0七经济开发区
邮编 471943
电话 0379－7558819
传真 0379－7555186
法人代表 陈领军
产品 高中档卫生纸

河南省周口市造纸厂
河南省周口市中州路758号
邮编 466001
电话 0394－8582938，传真 0394－8583247
产品 卷烟纸

河南天虹纸业有限责任公司
河南省孟州市黄河大道东段
邮编 454750
电话 0391－8571688，传真 0391－8571688
网址 www.hnthpaper.com
产品 高强瓦楞原纸(B级) 全规格

河南通许县造纸厂
河南省通许县城内
邮编 452200
电话 0378－4976548
产品 卫生纸，单面书写纸

河南拓城县悦隆纸业公司
河南省拓城县城西春水西路
邮编 476200
电话 0370－7262048
产品 瓦楞原纸，漂白麦草浆板

河南温县黄龙纸业有限公司
河南省温县黄龙镇
邮编 454893
电话 0391－6522195
产品 瓦楞原纸

河南新蔡县第一造纸厂
河南省新蔡县北三里桥
邮编 463500
电话 0396－5922103
产品 漂白麦草浆板，文化用纸

河南新乡鸿泰纸厂
河南省新乡市小冀镇
邮编 453700
电话 13803809539，传真 0373－5586269
产品 有光，书写，书刊，双胶，新闻纸。

河南新乡市鸿泰纸业有限公司
河南新乡县翟坡镇工业路西段
邮编 453731
电话 13007661673，传真 5586269
产品 28－52克有光纸，防近视纸

河南新乡益德纸业有限公司
河南省新乡县七里营镇
邮编 453000
电话 0373－5600485
传真 0373－5600485
产品 玻璃卡纸(高光泽涂布纸)

河南信阳金鸽纸业有限公司
河南省信阳市航空路1号
邮编 464000
电话 0376－6222181
产品 黄纸板，瓦楞纸，牛皮箱纸板

河南一林纸业有限责任公司
河南省许昌市工农路5号

邮编 461000
电话 0374-3310384，传真 0374-3316648
网址 www.hnyilin.yp.sina.net
产品 有光纸、胶版纸、书写纸

河南淅川县纸厂
河南省淅川县北塘
邮编 474450
电话 0377-4212461
产品 漂白龙须草浆板，卫生纸

河南中牟造纸厂
河南省中牟县青年东路78号
邮编 451400
电话 0371-2181729，传真 0371-2180686
产品 双面胶版纸，胶印书刊纸

河南驻马店市第一造纸厂
河南省驻马店市白桥路25号
邮编 463000
电话 0396-2912773
产品 文化用纸

滑县城关造纸厂
河南省滑县东环城路中段
邮编 456463
电话 0372-8111298
产品 高强瓦楞原纸，箱纸板

滑县新华造纸厂
河南省滑县道口镇新华路38号
邮编 456400
电话 0372-8113575，传真 0372-8116656
产品 胶印书刊纸、单、双面胶版纸

辉县市第一造纸厂
河南省辉县市城南
邮编 453600
电话 0393-6092796
产品 涂布白纸板，涂布灰纸板

辉县市东升造纸包装总厂
河南省辉县市南村镇东村
邮编 453600
电话 0373-6795192
产品 瓦楞原纸，箱纸板

辉县市龙腾纸业集团
河南省辉县市孟庄镇路固村
邮编 453621
电话 0393-6091045
产品 高强瓦楞原纸，纸板

辉县市鑫峰涂布纸厂
河南省辉县市孟庄镇西厦丰村
邮编 453621
电话 0393-6090710
产品 涂布箱纸板

辉县市造纸总厂
河南省辉县市孟庄镇孟庄村
邮编 453621
电话 0393-6090320
产品 瓦楞原纸

辉县市中小营纸公司
河南省辉县市北云门乡南路边
邮编 453631
电话 0373-6990373
产品 高强瓦楞原纸

获嘉县后寺造纸厂
河南省获嘉县中和镇
邮编 453800
电话 0373-4891160
产品 高强瓦楞原纸

焦作黄河集团公司
河南省武陟县西陶镇西滑封村
邮编 454981
电话 0391-7561079
产品 单面书写纸，双胶纸

焦作市第三印刷厂
河南省焦作市民主北路
邮编 454150
电话 0391-3047517
产品 箱纸板

焦作市三鑫纸业有限公司
河南省温县前崔庄工业区
邮编 454894
电话 0391－6194981

焦作市兴达包装材料公司
河南省温县招贤镇
邮编 454882
电话 0391－6193597
产品 高强瓦楞原纸

焦作市造纸总厂
河南省焦作市解放区友谊路
邮编 454152
电话 0391－2624961
产品 瓦楞原纸，箱纸板，书写纸

焦作市纸板厂
河南省焦作市塔南路立交桥南
邮编 454152
电话 0391－3583238，传真 0391－3581406
产品 新闻纸，涂布白纸板，牛皮箱纸板，卫生纸

济源华中造纸厂
河南省济源市积城镇屯军村
邮编 454650
电话 0391－6801928
产品 高强瓦楞原纸

济源市华中纸业有限公司
河南省济源市文昌南路8号
邮编 454662
电话 0391－6089338
产品 高强瓦楞原纸

济源市五龙口造纸厂
河南省济源市五龙口镇
邮编 454662
电话 0391－6798138
产品 高强瓦楞原纸

济源市造纸厂
河南省济源市火车站西
邮编 454600
电话 0391－6093328
产品 文化用纸，彩色纸

开封市新新造纸厂
河南省开封市西司门建新街
邮编 457000
电话 0378－5955522
产品 箱纸板，包装纸，瓦楞原纸

开封市造纸厂
河南省开封市龙亭北路东段
邮编 475001
电话 0378－5953137
产品 牛皮箱纸板，茶纸板

开封腾飞造纸厂
河南省杞县平城
邮编 475201
电话 0378－8550072
传真 0378－8551818

临颍白云纸业有限公司
河南省临颍县文化路北段
邮编 462600
电话 0395－8861264
产品 白纸板，涂布纸白纸板，高强瓦楞原纸

临颍县龙堂造纸厂
河南省临颍县杜曲乡堂村
邮编 462600
产品 箱纸板

漯河市第一彩纸厂
河南省郾城县裴城火车站
邮编 462300
电话 0395－6955288
产品 胶版印刷纸，彩色招贴纸

漯河市纸板厂
河南省漯河市人民西路113号
邮编 462000
电话 0395－2122554
传真 0395－2624495
产品 高强瓦楞原纸，蜂窝纸板专用纸芯

漯河银鸽制浆造纸股份有限公司
河南省漯河市人民东路 95 号
邮编 462000
电话 0395－2355895,2355705
传真 0395－2355117,2355907
产品 双面胶版纸、静电复印纸、书写纸、电脑打印纸、水果套袋纸、低定量涂布纸、口杯纸字典纸、铝箔衬纸、防伪票据纸、书写纸

洛阳成功蜂窝纸制品有限公司
河南省洛阳市西工区纱厂西路 96 号
邮编 471000
电话 0379－63173022－2828
传真 0379－63172470－2106
产品 蜂窝纸板

孟县缑村镇造纸厂
河南省孟县缑村镇缑村北
邮编 454762
电话 0391－8192561
产品 高强瓦楞纸,牛皮挂面箱纸板

孟县造纸厂
河南省孟县城南大街
邮编 454750
电话 0391－8193858
产品 高强瓦楞纸,牛皮挂面箱纸板

孟州市第二造纸厂
河南省孟州市化工镇刘庄
邮编 454781
电话 0391－8431240
产品 高强瓦楞原纸

孟州市化工镇造纸厂
河南省孟州市化工镇刘庄
邮编 454781
电话 0391－8431249
产品 高强瓦楞原纸

孟州市金驼纸业有限责任公司
河南省孟州市大定南路
邮编 454750
电话 0391－8192877,传真 0391－8188996
网址 www.hnjintuozhiye.com.cn
产品 纱管纸,高强瓦楞原纸

南乐县金源纸业有限公司
河南省南乐县开元路
邮编 457400
电话 0393－6226154
产品 文化用纸,瓦楞纸

南阳第一造纸厂
河南省邓州市新华中路 10 号
邮编 474150
电话 0377－62125157,传真 0377－62124669
产品 胶印书刊纸,胶版纸

南阳市造纸厂
河南省南阳市白河岸边
邮编 473067
电话 0377－63132564,传真 0377－63177675
产品 胶版纸

南阳泰龙纸业有限公司
河南省淅川县灌河路东段
邮编 474450
电话 0377－64212461,传真 0377－64211618
产品 高强瓦楞原纸

南阳卧龙造纸厂
河南省南阳市卧龙区
邮编 473000
电话 0377－63168254,传真 0377－63177675
产品 静电复印纸

内乡县第二造纸厂
河南省内乡县马山口镇奄北村
邮编 474363
电话 0377－5253026
产品 单面书写纸,防近视纸

内乡县王店造纸厂
河南省内乡县王店乡
邮编 474361
电话 0377－5218666
产品 书写纸,防近视纸,卫生纸

内乡县制浆造纸股份有限公司
河南省内乡县城关镇文化路 99 号
邮编 474350
电话 0377－5333411,5332835
传真 0377－5332998,5333411
产品 胶印书刊纸、胶版纸、书写纸、铝箔衬纸、防粘原纸、ps 版衬纸、cf 纸、无碳复写原纸

濮阳龙丰纸业有限公司
河南省濮阳市胜利路西端
邮编 457000
电话 0393－4625610 13903863975
传真 0393－4625610
企业负责人 郭海泉
主要业务 造纸机械

濮阳县庆中造纸厂
河南省濮阳县庆祖镇中街
邮编 457081
电话 0393－3960179
产品 箱纸板

沁阳市丹河木浆造纸厂
河南省沁阳市常平乡四渡村
邮编 454562
电话 0391－5978592
产品 包装纸

沁阳市天源实业有限公司
河南省沁阳市西万工业区(石庄村南)
邮编 454561
电话 0391－5989364,5988163
传真 0391－5989264
网址 www.tianyuanzy.chinapaper.net
产品 纸杯原纸,餐盒原纸

淇县天龙纸业有限公司
河南省淇县工业路 66 号
邮编 456750
电话 0392－7222835,传真 0392－7221388
网址 hntianlong.com
产品 双胶纸、胶印书刊纸、不干胶原纸、书写纸、静电复印纸、蜡光原纸

淇县永昌造纸厂
河南省淇县朝歌南洛东段
邮编 456750
电话 0393－7223894
产品 箱纸板

汝阳县朝晖造纸厂
河南省汝阳县蔡店乡蔡店村
邮编 471200
电话 0379－8110036
产品 高强瓦楞原纸

三门峡市造纸厂
河南省三门峡市
邮编 472000
电话 0398－2821886
产品 瓦楞原纸,挂面纸板

商丘悦隆纸业有限公司
河南省商丘市柘城县西关桥
邮编 476000
电话 0370－2210488
产品 高强瓦楞纸,牛皮挂面纸

睢县新世纪恒兴纸业股份有限公司
河南省睢县城北工业区
邮编 476900
电话 0370－8111336,传真 0370－8111340
产品 涂布白纸板,牛皮卡纸,牛皮箱纸板,涂布纸,卫生纸

卫辉市八一造纸厂
河南省卫辉市李元屯镇罗庄村
邮编 453121
电话 0373－4198313
产品 高强瓦楞原纸

卫辉市前锋纸厂
河南省卫辉市孙杏村镇
邮编 453100
电话 0373－4096319
产品 瓦楞原纸,纸箱,彩印

卫辉市造纸厂
河南省卫辉市铁西区工农路 32 号

邮编 453100
电话 0373－4410205
产品 胶印书刊纸、胶版纸

卫辉宇达特种纸业有限公司
河南省卫辉市铁西下园
邮编 453100
电话 0373－4411858
产品 特种艺术纸

温县杨磊造纸厂
河南省温县杨磊
邮编 454891
电话 0391－6196308
产品 高强瓦楞纸

舞钢市第一造纸厂
河南省舞钢市安寨乡
邮编 462500
电话 0375－8388127
产品 胶印书刊纸，书写纸，卫生纸，静电复印纸

舞阳县第二造纸厂
河南省舞阳县北京路北段
邮编 462400
电话 0395－7121443
产品 文化用纸

舞阳县麟祥纸业有限公司
河南省舞阳县文峰乡李楼村
邮编 462400
电话 0395－7121527

舞阳县沙北造纸厂
河南省舞阳县太尉乡
邮编 462413
电话 0395－7822088
产品 文化用纸，高档卫生纸

武陟县大虹桥造纸厂
河南省武陟县大虹桥乡
邮编 454950
电话 0391－7541101
产品 高强瓦楞原纸，箱纸板，玻璃卡纸

武陟县恒星纸业有限公司
河南省武陟县小董乡
邮编 454911
电话 0391－7441088
产品 高强瓦楞原纸

武陟县新星造纸厂
河南省武陟县阳城乡
邮编 454951
电话 0391－7291560
产品 高强瓦楞原纸

武陟县造纸厂
河南省武陟县红旗路 28 号
邮编 454950
电话 0391－7292207，传真 0391－7296015
产品 胶版纸、有光纸、书写纸、

新密市大隗金星纸板厂
河南省新密市大隗镇南湾村
邮编 452383
电话 0371－9271084
产品 箱纸板

新密市大隗镇教育纸厂
河南省新密市大隗镇大隗村
邮编 452383
电话 0371－9271039
产品 箱纸板

新密市工贸造纸厂
河南省新密市大隗镇铁匠沟
邮编 452383
电话 0371－9271429
产品 箱纸板

新密市苟堂春光造纸厂
河南省新密市苟堂乡十字路口
邮编 452384
电话 0371－9551058
产品 白纸板，普通瓦楞原纸

新密市华强造纸厂
河南省新密市大隗镇南湾
邮编 452383

电话 0371－9272707,传真 0371－9288836
产品 箱纸板,涂布白纸板

新密市华扬纸业有限公司
河南省新密市苟堂镇
邮编 452384
电话 0371－9251048,传真 0371－9258169
产品 铜版纸

新乡市北站区伟峰造纸厂
河南省新乡市北站区
邮编 453011
电话 0373－3099699
产品 高强瓦楞原纸

新乡市鸿泰纸业有限公司
地址 河南省新乡市翟坡镇工业路西段
邮编 453731
电话 0373－5580219
传真 0373－5586269
企业负责人 史世功　电话 13503739530
产品 胶印书刊纸,书写纸,有光纸,无碳复写纸,蜡光原纸

新乡市伟峰有限公司
河南省新乡市北站区
邮编 453011
电话 0373－3979699,传真 0373－3979699
产品 瓦楞纸,纸板,玻璃卡纸,无碳复写纸

新乡市予新造纸厂
河南省新乡市北站区
邮编 453011
电话 0373－3098365
产品 高强瓦楞原纸

新乡县东风造纸总厂
河南省新乡县大块镇小块村
邮编 453700
电话 0373－5410381
产品 瓦楞纸,黄纸板

新乡县华星纸厂
河南省新乡县七里营刘庄
邮编 453700
电话 0393－5680009
产品 文化用纸

新乡县华中造纸厂
河南省新乡县翟坡小宋佛
邮编 453700
产品 高强瓦楞原纸,箱纸板

新乡县郎公庙造纸厂
河南省新乡县郎公庙镇曲水村北
邮编 453700
电话 0373－5700346
产品 高强瓦楞原纸

新乡县七里营龙泉集团纸厂
河南省新乡县七里营
邮编 453700
电话 0393－5591893
产品 瓦楞原纸,玻璃卡,书写纸

新乡县迎春造纸厂
河南省新乡县翟坡小宋佛
邮编 453700
产品 高强瓦楞原纸,牛皮挂面纸

新乡新亚纸业集团股份有限公司
河南省新乡市新乡县七里营镇新庄村
邮编 453731
电话 0373－5689188
传真 0373－5680286
法人代表 宋敬志
网址 www. xinyapaper .com
产品 包装用纸、文化用纸、生活用纸

西平县好强造纸厂
河南省西平县车站东街
邮编 463900
电话 0396－6222880
产品 高强瓦楞原纸

修武县百威实业总公司造纸厂
河南省修武县小营工贸区
邮编 454350
电话 0391－7191706
产品 高强瓦楞原纸

修武县五里源乡箱纸板厂
河南省修武县五里源李固村
邮编 454350
电话 0391－7897004
产品 高强瓦楞原纸,箱纸板

修武县周流村福利造纸厂
河南省修武县五里屯周流村
邮编 454350
电话 0391－9010244
产品 高强瓦楞原纸

西峡县造纸厂
河南省西峡县城郭沟
邮编 474500
电话 0377－4663816
产品 中草药卫生纸

西峡县纸品包装有限责任公司
河南省西峡县城北三里桥
邮编 474500
电话 0377－466500
产品 黄纸板,瓦楞纸

许昌市造纸厂
河南省许昌市工农路 7 号
邮编 461000
电话 0374－3126868
产品 文化用纸,卫生纸

许昌市纸箱厂
河南省许昌市工农路 10 号
邮编 461000
电话 0374－3313575,传真 0374－3311309
产品 高强瓦楞纸,茶纸板,挂面纸

郾城县纸厂
河南省郾城县城北何庄
邮编 462311
电话 0395－6933055
产品 文化用纸

延津县常丰造纸厂
河南省延津县丰庄镇高寨
邮编 453200
电话 0373－7693402
产品 高强瓦楞原纸

延津县永安乡造纸厂
河南省延津县新安乡
邮编 453200
电话 0373－7720209
产品 文化用纸

豫兴造纸厂
河南省新乡市新乡县翟坡镇田庄电站
邮编 453700
电话 0373－5632483,传真 0373－5591411
产品 凸版、胶印书刊、单胶、书写、铸涂原纸

郑州密丰纸业有限公司
河南省新密市下庄河
邮编 452370
电话 0371－69602816,传真 0371－69602836
产品 卷烟纸

郑州市宏达造纸厂
河南省郑州市管城区南曹乡
邮编 450048
电话 0371－66711310
产品 白纸板,箱纸板,文化用纸

郑州市铜版纸厂
河南省郑州市博爱街 18 号
邮编 450004
电话 0371－66252804
产品 铜版纸,复写纸

中牟县第一造纸厂
河南省中牟县白沙镇
邮编 451464
电话 0371－2361016
传真 0371－2361016
产品 高强瓦楞原纸,牛皮箱纸板

驻马店市白云纸业有限公司
遂平县工人路 14 号
邮编 463100
法人代表 赵合军
电话 0396－4902206

传真 0396－4914805
网址 www.baiyongzhiye.com
产品 印刷、书写纸

相关企业

安阳市光大贸易有限有责任公司
河南省安阳市人民大道金水花园金三角
电话 0372－5951588 5952555
传真 0372－5951588
网址 www.guangda－maoyi.com

安阳荧迪化工有限公司
河南安阳市文明大道殷都路
邮编 455004
电话 0372－3932694
产品 荧光增白剂

博爱县东方实业有限公司
河南省博爱县城北
邮编 454450
电话 0391－8695341
产品 文化用纸

道纯化工技术有限公司
河南郑州市郑花路 8 号附 8 号
邮编 450006
电话 0371－5738349 5738433
传真 0371－5739584
网址 www.dchg.com.cn
产品 分散松香胶，蒸煮助剂绿氧，脱墨剂，显白剂

封丘县工业用呢厂
河南省封丘县城北干道西段
邮编 453300
电话 0373－8296566

巩义市化工助剂厂
河南巩义丁村镇永安路 43 号
邮编 451281
电话 0371－4031258
产品 水处理剂

巩义市华麟化工有限公司
河南巩义西村镇永安路南段
邮编 451281
电话 0371－4031888
产品 水处理剂

河南封丘工业用呢厂
河南省封丘县北干道西段
邮编 045330
电话 0373－8286889

河南沁阳市机械厂
河南省沁阳市西关
邮编 454550
电话 0391－5611928
产品 压光机，长网纸机

河南沁阳市压力容器厂
河南省沁阳市怀府中路 67 号
邮编 454550
电话 0391－5691527
产品 蒸球等

河南沁阳市至诚造纸设备有限公司
河南沁阳市
邮编 454550
电话 0391－5936403 13503912249

河南省巩义市两相流泵厂
河南省巩义市米河镇
邮编 451263
电话 0371－64338182
传真 0371－64338181
网址 www.cnlxl.com
产品 纸浆泵，污水泵，浆渣泵

河南省宏源化工有限公司
地址 河南省郑州市金水路 28 号
邮编 450012
电话 0371－63509677
传真 0371－63936703
企业负责人 李广生
电话 0371－63509677
产品 分散松香胶，低泡分散松香胶，近中性分散松香胶，马来松香，厂专用乳化剂、阴离子乳化剂，阳离子分散胶，中性施胶 AKD，合成中性施胶剂等

河南省金熊工业用呢销售公司
河南省郑州市纬四路 12 号
邮编 450003
电话 0371 – 65993545

河南省漯河市四海工业用呢厂
河南省漯河市人民东路 25 号
邮编 462000
电话 0395 – 2624416

河南省濮阳县龙海秸秆利用有限公司
河南省濮阳县海通乡工业区
电话 0393 – 3232444
传真 0393 – 3211444
网址 www.pylh.com
产品 爆破制浆技术

河南省轻工业科学研究所
河南郑州市纬四路 12 号
邮编 450003
电话 0371 – 65956194

河南省沁阳市黄河网笼厂
河南省沁阳市西里工业区
邮编 454550
电话 0391 – 5660533 13839177697

河南省沁阳市科华机械
河南省沁阳市沁园北路 25 – 6
邮编 454550
电话 0391 – 5687105，传真 0391 – 5687105
产品 造纸设备，制浆设备

河南省沁阳市平安轻工造纸机械厂
河南省沁阳市里村工业区
邮编 454550
电话 0391 – 5660851，13938156130
传真 0391 – 5660850
产品 1092 – 3400 型造纸机、打浆机

河南省沁阳市造纸设备厂
河南省沁阳市西里工业区
邮编 454550
电话 0391 – 5660533 13839177697

河南省卫辉市红纸涂布机械厂
河南省卫辉市人民路南段祁庄街 50 号
邮编 453100
电话 0373 – 4498661 0373 – 4489246

河南省御槐工业用呢有限公司
河南省封丘县北干道西段
邮编 453300
电话 0373 – 8296566，传真 0373 – 8283578
产品 BOM 高线压综丝底网造纸毛毯，聚酯螺旋网

河南省造纸工业公司
河南省郑州市纬四路 12 号
邮编 450003
电话 0371 – 65935006

弘达造纸设备有限公司
河南省新密市大隗镇河屯工业区
邮编 452383
电话 0371 – 9288115 9272219
传真 0371 – 9271850
网址 www.hahongda.com
产品 制浆造纸设备

辉县市机械厂造纸设备经销部
河南省辉县市中心路兴隆巷
邮编 453600
电话 0373 – 6290136
传真 0373 – 6286073
企业负责人 王焕喜 13803803906 13837452260
产品 造纸机械及配件、易损件，二手造纸机及附属设备

辉县市机械制造有限公司
河南省辉县市南关东街 27 号
邮编 453600
电话 0373 – 6291121，6291305，6283507
传真 0373 – 6291121
网址 http://www.hxjx.nease.net
企业负责人 路素梅 电话 0373 – 6291121
产品 造纸机械

焦作市崇义轻工机械有限公司
河南省沁阳市面上崇义工业区
邮编 454582
电话 0391 – 5055120 5055453

传真 0391－505512
网址 www.cyqg.com
产品 造纸机，涂布机

开封市第四机床厂
开封市城隍庙后街3号
邮编 475001
电话 0378－5696872 5696500
传真 0378－5696500
网址 www.kfmtp.com
企业负责人 汪林 电话 0378－5696409 13503781012
产品 高浓浆泵，"两相流"纸浆泵，揭盖泵，螺旋高浓泵，水力碎浆机，高频振框筛，圆盘磨浆机，纤维回收机，浮选脱墨机，锥形除渣器，浆料闸阀，调速皮带盘

开封市华泰造纸阀门有限公司（原开封市造纸阀门厂）
开封市孝严寺街副12号
邮编 475001
电话 0378－5663628 5663005
传真 0378－5663628
网址 www.papervalve.com
企业负责人 张振军 0378－5663816
产品 浆料闸阀，防爆调节插板阀，矿浆阀，胶管截止阀，纸浆泵，锥型除砂器等

开封市柳园口有机化工厂
河南开封市北郊牛庄
邮编 475021
电话 0378－5958658
产品 分散松香胶，乳化剂

开封市中原阀门有限公司
河南省开封市育红街33号
邮编 475001
电话 0378－2892878，2891898
传真 0378－2890788
总经理 禹永和
产品 系列浆闸阀

临颍工业用呢有限公司
河南省临颍县黄龙工贸城
邮编 462600
电话 0395－8662688

漯河四海工业用呢制造有限公司
河南省漯河市人民东路25号
邮编 462000
电话 0395－2624416

沁阳黄河网笼厂
河南省沁阳市西里工业区
邮编 454550
电话 13839177697 0391－5660533

沁阳市通用机械厂
河南省沁阳市建设北路8号
邮编 454550
电话 0391－5616429
产品 打浆、造纸、完成设备

沁阳市险峰造纸机械厂
河南省沁阳市沁陵镇工业区
邮编 454592
电话 0391－5033011
产品 造纸机

商洛市华阳造纸专利技术有限公司
陕西省商洛市商州区南门路28号
邮编 726000
电话 0914－2320526
传真 0914－8083087
产品 专利技术及设备

沈丘县造纸网厂
河南省沈丘县东关
邮编 466300
电话 0394－5234487
产品 聚酯干网，螺旋网

舞阳县冠军集团有限公司
河南省舞阳县北关街
邮编 462400
电话 0395－7126793
产品 书写纸，胶版印刷纸

武陟县揽月包装有限公司
河南省武陟县小董乡乔庄
邮编 454991
电话 0391－7599002

产品 高强瓦楞原纸

新密市工业用呢厂
河南新县城韩庄北环中段
邮编 452300
电话 0371－69821471

新乡工神锅炉有限公司
新乡市西马路69号(北二环西段)
邮编 453002
电话 0373－2693992 2693893
传真 0373－2694276
网址 www.gonshen.net
产品 工业锅炉,爆破制浆设备

新乡县化工总厂
河南新乡县小冀镇
邮编 453700
电话 0373－5590649
产品 聚丙烯酰胺,增强剂

新乡县振方涂布纸厂
河南省新乡县翟坡
邮编 453731
电话 0373－5630275
产品 卫生纸,涂布纸

许昌凯特精细化工厂
河南省许昌市新兴路61号(肉联厂西邻)
邮编 461000
电话 0374－3363920
产品 脱墨剂,助留剂

许昌市工业用呢厂
河南省许昌市小南海
邮编 461000
电话 0374－4369356

许昌县恒新化工厂
河南许昌市兴隆街75－7号
邮编 461000
电话 0374－2628860
产品 锅炉防垢剂

郑州运达造纸设备有限公司
郑州国际机场薛店工业园世纪大道168号
邮编 451162
电话 0371－69271668 69277389
传真 0371－69286983
网址 www.hongyunda.com
产品 制浆造纸设备

镇平县造纸淀粉厂
河南镇平县安子营街188号
邮编 474265
电话 0377－5553395
产品 变性淀粉

中德精细化工有限公司
河南新郑市郊107国道50公里西侧
邮编 451150
电话 0371－62654328
产品 阳离子醚化剂

中国轻工业机械总公司安阳机械厂
河南省安阳市人民大道70号
邮编 455000
电话 0372－5937429,传真 0372－5937413
产品 多圆盘过滤机、蒸煮锅、喷放锅、真空洗浆机

湖 北 省

造纸企业

长阳县宏发纸业有限公司
湖北长阳县津洋口镇
邮编 443501
电话 0717－5319818
产品 包装纸板

赤壁市晨鸣纸业股份有限公司
湖北省赤壁市城西路185号
邮编 437300
电话 0715－5222336
产品 浆板,双胶纸

赤壁市荆泉造纸厂
湖北赤壁市荆泉山
邮编 437321
电话 0715－5510018
产品 卫生纸

赤壁市陆水纸业公司
湖北赤壁市西路 226 号
邮编 437300
电话 0715－5222336
产品 书写纸，铜版原纸，打印纸

赤壁市新店造纸厂
湖北赤壁市新店镇
邮编 437324
电话 0715－5877042
产品 包装纸板

赤壁市星汇造纸厂
湖北赤壁市荆泉镇桂树路 64 号
邮编 437321
电话 0715－5512998
产品 卫生纸

崇阳县板纸厂
湖北省崇阳县天城镇
邮编 437500
电话 0715－3398641，传真 0715－3395173
产品 白纸板，涂布白纸板，餐盒纸，白(红、蓝)卡纸，口杯纸

春晖生活用纸厂
湖北省武汉市江岸区后湖乡石桥村牛此岭 20 号
邮编 430030
电话 027－85628425
产品 卫生纸

当阳市第一造纸厂
当阳市王阳镇广家洲
邮编 444100
电话 322378
产品 铝箔衬纸

丹江口第一造纸厂
湖北省丹江口六里坪镇大桥头
邮编 442716
电话 0719－5713185，传真 0719－5711788
产品 打字纸、书写纸、防锈原纸、漂白龙须草浆板

恩施市锦华纸业有限公司
恩施市南门外大沙坝 1 号
邮编 445000
电话 0718－8200925
产品 卷烟纸，卫生纸

鄂州市恒达纸业有限公司
湖北鄂州市新庙桥洞
邮编 436004
电话 0711－2752103
产品 纱管纸板，瓦楞原纸

公安县龙腾纸业有限责任公司
湖北省公安县藕池镇解放路 37 号
邮编 434305
电话 0716－5716728，传真 0716－5716718
产品 牛皮箱纸板

公安县真诚造纸有限公司
公安县南平镇
邮编 434318
电话 0716－5816998
产品 卫生纸

广水市文峰纸业股份有限公司
湖北省广水市马坪镇
邮编 432731
电话 0712－6761078，传真 0712－6761078
产品 胶印书刊纸

谷城格润爆破制浆纸业有限公司
谷城县城关大桥头
邮编 441700
电话 0710－7245413
产品 麦草浆板 箱纸板

谷城县弘农纸业有限责任公司
湖北省襄樊市谷城县后街 88 号
邮编 441700
电话 0710－7234191
产品 卫生纸

汉川市福临纸业有限公司
湖北省汉川市沉湖镇沿堤路
邮编 432307
电话 0712－8743018 传真 0712－8743016
产品 箱纸板

汉川市金兴纸业有限公司
汉川市城关镇北街
邮编 432300
电话 0712－8282520
产品 箱纸板

汉川市森源造纸股份有限公司
汉川市城关镇北街
邮编 432300
电话 0712－8286222
产品 白纸板

恒安(孝感)卫生用品有限公司
孝感市 107 国道(南大市场)
邮编 432100
电话 0712－2860999 2811163

洪湖市大同湖农场造纸厂
湖北洪湖市大同湖农场
邮编 433221
电话 0716－2583793
产品 纸板

黄石市挹丰实业有限公司
湖北黄石市沈下路 98 号
邮编 435002
电话 0714－6224250
产品 卫生纸

黄石帅伦纸业有限公司
湖北黄石市西塞
邮编 435001
电话 0714－6454745
产品 双胶纸,胶印书刊纸,装饰板底衬纸,口杯原纸

湖北大枫纸业有限公司
湖北省武汉吴家山台商投资区大枫工业园
邮编 430040

湖北化纤集团造纸厂
湖北襄樊市陈家湖火车站
邮编 441133
电话 0710－3225398
产品 卫生纸

湖北监利大枫纸业有限公司
湖北省监利县容城镇沿江路 41 号
邮编 433300
电话 0716－3271387
产品 胶印书刊纸,书写纸,双面胶版纸,水松纸

湖北清河农场造纸厂
湖北南漳县清河农场
邮编 441522
电话 0710－5363138
产品 箱纸板,瓦楞原纸

湖北省六合垸农场造纸厂
湖北省江陵县六合垸农场
邮编 434128
电话 0716－8668069
产品 包装纸板,生活用纸

湖北省太湖农场造纸厂
湖北省荆州市太湖港
邮编 434115
电话 0716－8832121
产品 黄纸板,瓦楞原纸

湖北省玉雅纸业有限责任公司
湖北省荆门市拾桥镇玉雅大道 6 号
邮编 448270
电话 0724－8632449
产品 高档生活用纸

湖北烟草民意纸业有限公司
汉阳区七里庙檀李湾 9 号
邮编 430051
电话 027－84872965
产品 水松纸

荆州麒天纸业有限公司
湖北公安县杨厂镇新正街 186 号
邮编 434303

电话 0716－5393373
产品 牛皮箱纸板,涂布白纸板

荆州市郝穴造纸厂
湖北江陵县郝穴镇建设街 112 号
邮编 434139
电话 0716－8738999
产品 瓦楞原纸

荆州市宏云纸业有限公司
湖北荆州市沙市区沿江路 503 号
邮编 434001
电话 0716－8104234
产品 打字纸,书写纸,苇浆板

荆州市纪南第一造纸厂
湖北省荆州市纪南镇枣林村
邮编 434112
电话 0716－8412056
产品 牛皮纸

荆州市骏马纸业有限公司
湖北省荆州市纪南镇拍马村
邮编 434100
电话 0716－8416380
传真 0716－8416380
产品 箱纸板,涂布白纸板、白纸板,牛皮包装纸 白卡纸

荆州市宽宏纸业有限公司
湖北省荆州市荆州区纪南镇洪盛村
邮编 434100
电话 0716－8412063,8412279
传真 0716－8425400
产品 静电复印纸、餐盒纸、纸杯原纸、漂白龙须草浆、漂白苇浆、漂白竹浆、白卡纸、双胶纸

荆州市弥市第一造纸厂
湖北荆州市
邮编 434144
电话 0716－8817392
产品 瓦楞原纸

荆州市弥市第二造纸厂
湖北荆州市弥市镇枭王村
邮编 434144
电话 0716－8817132
产品 包装纸板

荆州市弥市第三造纸厂
湖北荆州市弥镇工农村
邮编 434144
电话 0716－8817134
产品 包装纸板

荆州市弥市第四造纸厂
湖北荆州市弥市镇张家湾
邮编 434144
电话 0716－8817164
产品 包装纸板

来凤县翔凤镇造纸厂
湖北来凤县翔凤镇莱农村
邮编 445700
电话 0722－6282817
产品 箱纸板

老河口市第二造纸厂
湖北老河口市机场路
邮编 441800
电话 0710－8222036
产品 高强瓦楞原纸

麻城市白果镇麻溪河造纸厂
麻城市白果镇麻溪
邮编 43160
电话 0713－2903688
产品 箱纸板

南漳县华海纸业有限责任公司
湖北省南漳县城关镇便河路 1 号付 1 号
邮编 441500
电话 0710－5231705
传真 0710－5250358
网址 www.huahaizhiye.com
法人代表 雷道东
产品 双胶纸、书写纸、书刊纸、打字纸、字典纸等

潜江市后湖造纸厂
湖北省潜江市后湖农场
邮编 433115

电话 0728 - 6741439
产品 包装纸板

潜江市正泰纸业有限公司
湖北省潜江市运粮湖农场
邮编 433118
电话 0728 - 6681769
产品 包装纸板

上海申鸥卫生用品有限公司湖北分公司
湖北省孝感市毛陈镇汉丹路 555 号
邮编 432022
电话 0712 - 2511555
产品 卫生纸

十堰市造纸厂
湖北十堰市茅箭区武当路 87 号
邮编 442012
电话 0719 - 8236244
产品 包装纸板

松滋市特丽丝生活用纸有限公司
湖北省松滋市民主大道 4 号
邮编 434200
电话 0716 - 6225548,传真 0716 - 622549
产品 卫生纸

松滋市王家大湖造纸厂
湖北松滋市纸厂河镇金羊集
邮编 434221
电话 0716 - 6634076
产品 箱纸板,瓦楞原纸

随州市建筑防水工程公司包装材料厂
随州市东城区陨水路 5 号
邮编 441300
电话 0722 - 3247393
产品 箱纸板 瓦楞原纸

随州市旭光再生纸厂
湖北随州市烈山经济技术开发区
邮编 441300
电话 0722 - 3220808
产品 箱纸板,瓦楞原纸

天门市健康集团造纸厂
湖北省天门市岳口镇建设南路 48 号
邮编 431702
电话 0728 - 4713614
产品 箱纸板,瓦楞原纸

团风县临江造纸厂
湖北团风县团风镇
邮编 436132
电话 0713 - 6151798
产品 牛皮纸

通山县纸业有限公司
湖北通山县城关南市路 195 号
邮编 437000
电话 0715 - 2392958
产品 卷烟盘纸,滤嘴棒纸

维达纸业(湖北)有限公司
湖北省孝感市环城路 194 号
邮编 432100
电话 0712 - 2849738,传真 0712 - 2849728
产品 卫生纸

武汉晨鸣汉阳纸业股份有限公司
湖北省武汉经济技术开发区沌口街
邮编 430057
电话 027 - 84894245
传真 027 - 84894586
网址 www.whcmhy.com.cn
法人代表 尹同远
产品 书写纸、胶版印刷纸、新闻纸、铜版原纸、静电复印原纸、铸涂原纸、轻型纸

武汉晨鸣纸业二厂
湖北省武汉经济技术开发区工业园
邮编 430057
电话 027 - 84897382
产品 新闻纸

武汉比格纸业有限公司
湖北省武汉市汉南区纱帽镇汉南大道 498 号
邮编 430090
电话 027 - 84853614,传真 027 - 84853454
产品 胶印书刊纸,双面胶版纸,轻型纸

武汉市岱山卫生纸厂
湖北省武汉市江岸区后湖乡特 2 号
邮编 430011
电话 027－82316937
产品 卫生纸

武汉市海鸥防锈包装材料有限公司
武汉市汉阳区孟家铺 25 号
邮编 430050
电话 027－84680105 传真 027－84680105
网址 whhofx.ctiwt.com
法人代表 杨文斌
产品 气相防锈纸

武汉市汉南区乌金造纸厂
湖北省武汉市汉南区乌金农场杨家墩
邮编 430090
电话 027－84852351
产品 箱纸板，瓦楞原纸

武汉市汉阳区雄丽纸巾制品厂
湖南省武汉市汉阳区汉桥新村 178 号
邮编 430050
电话 13006363871
产品 餐巾纸，纸品印刷及筷套等

武汉市江夏区纸坊镇造纸厂
湖北省武汉市江夏区纸坊镇
邮编 430200
电话 027－87982779
产品 瓦楞原纸

武汉市神龙造纸厂
湖北省武汉市沌口镇四五路 20 号
邮编 430118
电话 027－84953351
产品 卫生纸

武汉市威科晒图纸厂
湖北省武汉市汉阳拦江路 249 号
邮编 430050
电话 027－84849050
产品 晒图纸

武汉市阳逻造纸有限公司
湖北省武汉市新洲区阳逻镇
邮编 431415
电话 027－86961983
产品 箱纸板，瓦楞原纸

武汉市中兴纸制品厂
湖北省武汉市江岸路特 1 号
邮编 430011
电话 027－82313846
产品 纸板

武汉帅伦纸业股份有限公司
湖北省武汉市江岸区谌家矶河边 1 号
邮编 430011
电话 027－82325191，传真 027－82324293
产品 瓦楞原纸，牛皮箱纸板、涂布箱纸板，纸袋纸

武穴市长江纸业有限公司
湖北武穴市江堤路 8 号
邮编 436400
电话 0713－6212194
产品 书写纸，胶印书刊纸，双胶纸

浠水县卫生纸厂
湖北浠水县城关镇
邮编 436200
电话 0713－4233048
产品 卫生纸

咸宁市福华纸业有限公司
咸宁市汀泗桥镇
邮编 437025
电话 0715－8611418
产品 高档瓦楞原纸

襄樊晨鸣铜版纸有限公司
湖北省襄樊市大庆东路 44 号
邮编 441001
电话 0710－3404778
传真 0710－3402001 3404283
网址 chenmingartpaper.com.cn
产品 铜版纸

襄樊大枫纸业有限公司
湖北省襄樊市樊城区建设路53号
邮编 441002
电话 0710－3251087,传真 0710－3251290
产品 胶印(彩色)书刊纸,单、双面胶版纸

襄樊市第二制箱厂
湖北省襄樊市立业路62号
邮编 441002
电话 0710－3220794,传真 0710－3251300
产品 瓦楞纸板

仙桃市阳光造纸厂
湖北省仙桃市青鱼湖路东端
邮编 433000
电话 0722－3223676

孝感市朱湖造纸厂
孝感市朱湖农场塘口分场
邮编 432124
电话 0712－2532279
产品 卫生纸 包装纸板

宜昌宝塔纸业有限公司
湖北省宜昌市宝塔河
邮编 443003
电话 0717－6361665,传真 0717－6351016
产品 铜版纸,胶版纸、新闻纸

宜昌北陵纸业有限公司
湖北省宜昌市龙泉镇
邮编 443112
电话 0717－7761428,传真 0717－7761806
产品 高强瓦楞原纸,牛皮箱纸板,涂布白纸板,牛皮纸,黄纸板

宜昌舒云纸业有限公司
湖北省宜昌市 亭开发区云池村
邮编 443007
法人代表 刘学忠
电话 0717－6536747
传真 0717－6536717
产品 压花、平纹卷筒卫生纸,条包卫生纸,药物卫生纸,面巾纸,盒装抽取式餐巾纸,手帕餐巾纸,下缸原纸

宜城市长丰纸业有限责任公司
宜城市上大堰火车站西
邮编 441409
电话 0710－4393537
产品 麦草浆板

永昌万利造纸厂
湖北省蕲春县蕲州镇打鼓台1号
邮编 436315
电话 0713－7511289
传真 0713－7511852
产品 装饰板底层纸,染色压纹原纸,口杯、餐盒原纸,铸涂原纸,装帧原纸,白卡、色卡

云梦县造纸厂
湖北省云梦县道桥镇
邮编 432503
电话 0712－4619208
产品 瓦楞原纸,箱纸板

郧阳造纸厂
湖北郧县柳陂三门朱家沟
邮编 442530
电话 0719－7300210
产品 打字纸,书写纸,凸版纸

枣阳市龙源纸业有限公司
湖北枣阳市吴店镇
邮编 441214
电话 0710－6726306
产品 高强瓦楞原纸,箱纸板

枝江市美梅纸业有限公司
湖北省枝江市董市镇沿江大道2号
邮编 443214
电话 0717－4100081,传真 0717－4100008
产品 生活用纸

枝江市问安造纸厂
湖北枝江市问安镇
邮编 443202
电话 0717－4320335
产品 包装纸板

钟祥市官庄湖农场造纸厂
湖北省钟祥市官庄湖农场
邮编 431904
电话 0724－4376329
产品 黄纸板,瓦楞原纸

秭归县心怡造纸厂
湖北省宜昌市秭归县九里庙
邮编 443631
电话 0717－2864688
产品 卫生纸,餐巾纸

姊归四宝纸业有限责任公司
湖北姊归县茅坪镇九里村
邮编 443631
电话 0717－2860307
产品 有光纸,凸版纸,箱纸板,瓦楞原纸,白纸板

相关企业

公安县东升化工有限责任公司
湖北公安县古城高新开发区
邮编 434300
电话 0716－5220688
产品 纤维素 CMC,保水剂等

湖北恒日化工股份有限公司
湖北罗田县凤山镇义水口七路 428 号
邮编 436600
电话 0713－5072428

湖北荆州市金峰实业有限公司
湖北省沙市江津路 196－6 号
邮编 434000
电话 0716－8234711
传真 0716－8321432

湖北省赤壁市明光化工厂
湖北省赤壁市中伙镇
邮编 437315
电话 0715－5600149 13707242141
产品 涂层,保温层

湖北省嘉鱼县中天化工有限责任公司
湖北省嘉鱼县鱼岳镇徐家庄 167 号
邮编 437200
法人代表 彭国启
电话 0715－6329868/6321909
传真 0715－6329868
网址 www.laopeng.com
产品 增白剂,纸张调色剂,脱墨剂,无氯脱墨漂白剂

湖北宜化集团有限责任公司
湖北宜昌市东山大道 102 号
邮编 443000
电话 0717－6454372
产品 烧碱

黄石化工厂胶辊分厂
湖北省黄石市
邮编 435004
电话 0714－5317181
产品 辊筒包胶

荆州市达雅化工厂
湖北荆州沙市江津中路 8 号
邮编 431000
电话 0716－8565502
产品 羧甲基纤维素 CMC

荆州勇滔轻工机械有限公司
湖北省荆州市沙市区江津东路
邮编 434000
电话 0716－8212357
产品 网毯洗涤器

沙市农达集团公司
湖北荆州沙市北京东路 1 号
邮编 434001
电话 0716－8214802
产品 烧碱,液氯

沙市轻工机械有限公司
湖北省荆州市汇湖路 21 号
邮编 434000
电话 0716－8212663
产品 涂布机,制浆、造纸设备

通山轻工机械有限公司
湖北省通山县胜利街 145 号

邮编 437600
电话 0715－2395586
产品 涂布机，压光机

通山县造纸机械厂
湖北省通山县民主街1号
邮编 437600
电话 0715－2395786
产品 涂布机，造纸设备

武汉船用机械厂
湖北省武汉市武昌青山武东街12号
邮编 430084
电话 027－86435461
产品 浆料推进器

武汉大庆同力机电系统工程有限公司
湖北省武汉市武昌珞狮路122号
邮编 430070
电话 027－87663469
产品 传动控制

武汉葛化集团有限公司
湖北武汉葛店左家岭
邮编 430078
电话 027－87801175
产品 烧碱，液氯

武汉黄陂区轻工机械厂
湖北省武汉黄陂区滠口镇
邮编 432211
电话 027－85992091
产品 盘磨机

武汉轻工机械厂
湖北省武汉汉口古田四路14号
邮编 430034
电话 027－83832237
产品 真空泵，圆盘磨，造纸机

武汉市红桥橡胶厂
湖北省武汉市汉口三眼桥路155号
邮编 430015
电话 027－82627905 82630814
传真 027－82605825
法人代表 明中秋
产品 胶辊，密封件，减震制品，耐腐蚀橡胶衬里

武汉市生威自动化工程有限公司
湖北武汉汉口解放公园路34号1－2
邮编 430010
电话 027－82418702
传真 027－82860140
法人代表 林华勇
产品 制浆造纸行业专用仪表，自动化控制系统设计、安装、调试

武汉特种锅炉成套设备工程有限责任公司
湖北省武汉市武珞路586号江天大厦
邮编 430070
电话 027－87655853
传真 027－87655055
网址 www.wuhansb.com
产品 碱回收炉及其系列配套辅助设备

武汉宇通仪表有限公司
湖北省武汉市汉口惠济二路8号
邮编 430010
电话 027－82432896
产品 纸浆浓度变送器

武穴市轻纺机械厂
湖北省武穴市大桥边136号
邮编 436401
电话 0713－6222689
产品 洗浆机，除尘器

襄樊市富能化工厂
湖北襄樊市襄城北街2号楼
邮编 441021
电话 0710－8223360
产品 抗水剂

仙桃贝斯特化学品有限公司
湖北省仙桃市仙桃大道中段53号
邮编 433000
电话 0728－3330666 3330966
产品 蒸煮催化剂，造纸助剂

仙桃市标准件厂
湖北省仙桃市仙下河北路 109 号
邮编 433000
电话 0728－3223819
产品 洗网配件

仙桃市赛王路有限责任公司
湖北仙桃市大洪小区开发区
邮编 433000
电话 0728－3231538
产品 蒸煮助剂

仙桃市闻捷福工贸有限责任公司
仙桃市经济开发区青鱼湖路 18 号
邮编 433000
电话 0728－3273000 3200828
产品 脱墨剂，蒸煮助剂等

仙桃市造纸网厂
湖北省仙桃市市郊
邮编 433000
电话 0728－3221288

新元科技有限公司
湖北武汉市洪山区关山一路 89 号
邮编 430073
电话 027－87439521
产品 废纸脱墨剂

怡禾工业用呢有限公司
湖北省应城内新汉宜路特 1 号
邮编 432400
电话 0712－3222071

云梦特种泵分厂
湖北省云梦县城关南路 47 号
邮编 432500
电话 0712－4325349
产品 纸浆泵

枝江国营 404 厂
湖北省枝江市白洋镇 6 号信箱
邮编 443200
电话 0717－4430318
产品 纸机，超级压光机

钟祥市金汉江纤维素有限公司
湖北钟祥郢中镇横埂街 117 号
邮编 431900
电话 0724－4223633
产品 精制棉，CMC

湖南省

造纸企业

常德恒安纸业有限公司
常德市德山开发区桃林路
邮编 415001
电话 0736－7300008
传真 0736－7300322
产品 生活用纸，卫生纸原纸

常德津市雪丽造纸有限公司
常德市津市襄窑路 301 号
邮编 415400
电话 0736－4218149
传真 0736－4212801
产品 静电复印纸，双胶纸

常德市纸业股份有限公司
常德市德山镇
邮编 415001
电话 0736－7312763
传真 0736－7315889
产品 双胶纸

常德县造纸厂
常德市鼎城区蒿子港
邮编 415117
电话 0736－7578078
传真 0736－7579095
产品 白纸板

长沙天河纸制品厂
长沙市河西三叉矶
邮编 410013
电话 0731－8681450(转)
产品 瓦楞原纸，箱纸板，纸袋纸

长沙银华纸业有限公司
望城县丁字镇
邮编 410201
电话 0731－8408988
传真 0731－8408968
产品 高强瓦楞原纸

郴州红松纸业公司
郴州市苏仙区雅市坪
邮编 423044
电话 0735－2640168
传真 0735－2640088
产品 牛皮纸,纸袋纸

衡阳西渡造纸厂
衡阳县西渡镇江角路 2 号
邮编 421200
电话 0734－6824589
传真 0734－6813364
产品 双胶纸

湖南城步纸业有限公司
城步苗族自治县儒村镇工业街 8 号
邮编 422500
电话 0739－7360166
传真 0739－7360454
产品 税务发票防伪专用纸,打字纸,拷贝纸

湖南凯程纸业有限公司
长沙市韭菜园富丽大厦 6 楼 603 室
邮编 410007
电话 0731－2565539
传真 0731－2335109
产品 双胶纸,书写纸

湖南省汨罗市罗城纸业有限公司
湖南省汨罗市罗城桥区
邮编 414400
电话 0730－5223534
传真 0730－5222864
产品 白纸板

湖南省汨罗市汨江纸业有限公司
汨罗市新市镇梅家桥
邮编 414413
电话 0730－5611388
传真 0730－5611605
产品 白纸板

湖南省造纸研究所有限公司
湘潭市建设中路 7 号
邮编 411104
电话 0732－8523214
传真 0732－8561602
产品 彩喷纸,名片纸,高光像纸,纱管封面纸

湖南泰格林纸集团有限责任公司
湖南长沙经济技术开发区东升路 48 号
邮编 410100
电话 0731－4025555
传真 0731－4025566
网址 www.tigerfp.com

湖南五强溪特种造纸厂
沅陵县五强溪镇刘公溪
邮编 419635
电话 0745－4734158
传真 0745－4732958
产品 牛皮纸,纸袋纸,水纱原纸

湖南湘丰特种纸业有限公司
隆回县六都寨
邮编 422204
电话 0739－8755323
传真 0739－8755762
产品 卷烟纸,滤嘴棒纸,拷贝纸

浏阳市黄金潭造纸厂
浏阳市大围山镇都佳村
邮编 410309
电话 0731－3485092(传)
产品 高强瓦楞原纸,中、高档水纱原纸,花炮圈筒专用纸

汨罗市湘宏造纸厂
汨罗市新市镇
邮编 414413
电话 0730－5610578(传)
产品 色卡纸

宁乡县双华造纸有限公司
宁乡县双凫铺镇
邮编 410624
电话 13507495321
传真 0731－7490578
产品 白纸板

邵东发纪纸业有限公司
邵阳市邵东衡宝路 128 号
邮编 422800
电话 0739－2612366(传)
产品 拷贝纸，薄页纸

邵阳市宝庆纸板厂
邵阳市洋溪桥
邮编 422001
电话 0739－5276271
产品 绝缘纸板

邵阳市新宁县八达纸业有限公司
新宁县金石镇双瀑桥头
邮编 422000
电话 0739－4810243
传真 07394826179
产品 拷贝纸

绥宁县联合造纸厂
绥宁县工业街 38 号
邮编 422600
电话 07369－7611455
传真 0739－7616616
产品 纸袋纸，绝缘纸板

泰格林纸集团丰泰纸品公司
岳阳市城陵矶
邮编 414002
电话 0730－8590350
传真 0730－8560451
产品 纸杯原纸

泰格林纸集团洪江纸业有限责任公司
湖南省洪江市萝卜湾 45 号
邮编 418200
电话 0745－7691674
传真 0745－7624775
产品 牛皮纸，纸袋纸

泰格林纸集团湘江纸业有限公司
永州市冷水滩区下河线路 105 号
邮编 425000
电话 0746－8470404
传真 0746－8470498
产品 铜版纸，牛皮纸，纸袋纸

泰格林纸集团沅江纸业有限公司
沅江市书院路 358 号
邮编 413100
电话 0737－2850002
传真 0737－2850258
产品 胶印书刊纸，双胶纸

泰格林纸集团岳阳纸业股份有限公司
岳阳市城陵矶
邮编 414002
电话 0730－8590563
传真 0730－8560335
产品 低定量涂布纸，胶印新闻纸，轻型印刷纸，颜料整饰胶版纸，牛皮纸

文家市造纸厂
浏阳市文家市镇
邮编 410315
电话 0731－3768025
产品 箱纸板，鞭炮纸

新邵县广信造纸有限责任公司
新邵县大坪经济开发区广信路 1 号
邮编 422900
电话 0739－3181660
传真 0739－3181029
产品 绝缘纸板，鞋垫纸，浸渍原纸，纱管纸

新源造纸厂
汨罗市新市镇从洋村
邮编 414413
电话 0730－5631288
传真 0730－5630188
产品 黑卡纸

沅江恒达纸业有限公司
沅江县草尾镇光明街 193 号
邮编 413108
电话 0737－2501444
产品 仿纸袋纸

岳阳丰利纸业有限公司
岳阳县鹿角镇
邮编 414107
电话 0730－7860030
传真 07307860033
产品 静电复印纸，双胶纸，纸杯原纸

相关企业

长沙正大加热器厂
湖南长沙市韶山路 60 号包装大厦 15 楼
邮编 410007
电话 0731－5519042 5555282
传真 0731－5555607
产品 纸机烘干部通风，车间空调

长沙赛特造纸化学品有限公司
长沙国家高新技术开发区火炬城 M7－1
邮编 410013
电话/传真 0731－8809919，0736－7719148(常德分厂)
产品 蒸煮助剂

城步水印辊厂
湖南省城步县工业路 8 号
邮编 422500
电话 0730－8561321

洞庭化工实业有限公司
湖南常德市西洞庭
邮编 415137
电话 0736－7508395
产品 松香胶

湖南省造纸研究所
湖南省湘潭市建设中路 7 号
邮编 411104
电话 0732－8561557
传真 0732－8561602

湖南正大轻科机械有限公司
湖南省长沙市洞井湖南环保科技产业园
邮编 410116
电话 0731－5581826
传真 0731－2883812
产品 纸机烘干部通风，干燥系统

零陵轻工机械厂
永州市冷水滩区零陵中路
邮编 425100
电话 0746－8413194
产品 纸机，制浆设备，安装工程

中国轻工业长沙工程有限公司(CEC)
长沙市韶山南路 141 号
邮编 410004
电话 0731－5584411
传真 5584415
产品 制浆造纸工程咨询、设计

广 东 省

造纸企业

安兴纸业(深圳)有限公司
广东省深圳市布吉镇秀峰工业城 B5.1
邮编 518112
电话 0755－8875320，传真 0755－8875315
网址 www.onhing.com
产品 办公用纸及商用纸

百孚纸业有限公司
广东省增城市新塘镇甘湖工业区
邮编 511340
电话 020－82776488，传真 020－82774942
网址 www.zcbaifu.com
产品 特种纸张

宝中宝胶粘制品有限公司
广东省广州市白云区钟落潭镇宝中宝工业区
邮编 510550
电话 020－87410008、87410818
传真 020－87410838

产品 离型纸、胶带原纸、纸杯纸、纸餐盒纸

博罗县公庄造纸厂
广东博罗县公庄镇
邮编 516151
电话 0752－6695333
产品 箱纸板

潮安耀生造纸有限公司
广东潮洲市古巷镇孚中工业区
邮编 515647
电话 0768－6961348
产品 单面白纸板

澄海市东社造纸厂
广东澄海市国道324线溪南南砂路段
邮编 515832
电话 0754－5304398
产品 瓦楞纸，灰纸板，茶纸板

东糖集团东文造纸厂
广东省东莞市中堂镇
邮编 523243
电话 0769－88817300，传真 0769－88812817
产品 箱纸板，瓦楞原纸

东莞常平常联造纸厂
广东东莞市常平镇猪头山岗梓管理区
邮编 511736
电话 0769－83337827
产品 瓦楞原纸

东莞华兴纸业实业有限公司
广东省东莞市万江滘联区
邮编 523046
电话 0769－22180366，传真 0769－22180366
网址 www.huaxing－dg.com
产品 生活用纸，婴儿尿裤片，箱纸板

东莞玖龙纸业有限公司
广东省东莞市滘镇新沙港工业区
邮编 523147
电话 0769－88826888，传真 0769－88828111
产品 牛皮卡纸，瓦楞原纸

东莞理文造纸有限公司
广东省东莞市中堂镇潢涌管理区
邮编 523221
电话 0769－88888168，传真 0769－88899101
产品 牛皮箱纸板，瓦楞原纸，牛皮卡纸

东莞隆兴纸业有限公司
广东省东莞市石龙镇滨江中路28号
邮编 511721
电话 0769－86613097，86622502
传真 0769－86617917
产品 书写纸，有光纸，双胶纸

东莞市白天鹅纸业有限公司
广东东莞市万江谷涌工业区
邮编 523047
电话 0769－22172118
产品 生活用纸

东莞市茶中造纸厂
广东东莞市茶山镇
邮编 523200
电话 0769－86641871
产品 瓦楞原纸

东莞市昌众造纸有限公司
广东省东莞市长安镇莲峰南路
邮编 523200
电话 0769－85535571，传真 0769－85531805
产品 铜版纸

东莞市大步纸业有限公司
广东省东莞市麻涌镇大步工业区
邮编 523143
电话 0769－88286288，传真 0769－88286222
产品 瓦楞原纸，牛皮卡纸

东莞市大岭山造纸厂
广东东莞市大岭山镇园山街
邮编 523200
电话 0769－83351304
产品 瓦楞原纸

东莞市东发纸业有限公司
广东省东莞市万江区新和管理区

邮编 523061
电话 0769－22270261
传真 0769－22270208

东莞市东江造纸厂
广东省东莞市中堂镇东江
邮编 523220
电话 0769－88812598
产品 瓦楞原纸

东莞市东联造纸厂
广东省东莞市中堂镇北潢公路
邮编 523220
电话 0769－88815368
产品 包装纸

东莞市东盛造纸厂
广东省东莞市中堂镇吴家涌
邮编 523243
电话 0769－88814108
产品 瓦楞原纸

东莞市高步强安造纸厂
广东省东莞市高步镇保安围
邮编 523267
电话 0769－88879388
产品 箱纸板

东莞市潢涌金洲纸业有限公司
广东省东莞市中堂镇潢涌金洲纸业有限公司
邮编 523221
电话 0769－88181288，传真 0769－88880126
产品 高强瓦楞纸

东莞市潢涌造纸二厂
广东省东莞市中堂镇潢涌管理区
邮编 523221
电话 0769－88882747，传真 0769－88880126
产品 牛皮箱纸板，白纸板，瓦楞原纸

东莞市洪梅造纸厂
广东东莞市红梅镇
邮编 523200
电话 0769－85535746
产品 铜版纸

东莞市华兴纸业实业有限公司
东莞市万江区窑联工业区
邮编 523046
电话 0769－22180322 22180399
传真 0769－22275919 22180366
网址 www.huaxing－dg.com
产品 卫生纸，挂面纸，妇幼用品，蜂窝纸板

东莞市江南造纸厂
广东省东莞市中堂镇江南村
邮编 523243
电话 0769－88811469
产品 瓦楞原纸

东莞市隆兴纸业有限公司
广东省东莞市石龙滨江中路 28 号
邮编 523306
电话 0769－86622502
产品 双胶纸，全木浆。色纸，打字纸，书写纸

东莞市南昌造纸厂
广东省东莞市厚街镇宝屯区下屯村
邮编 523961
电话 0766－85585301
产品 瓦楞原纸

东莞市南洲造纸厂
广东东莞市麻涌镇
邮编 523136
电话 0769－88825682
产品 瓦楞原纸，箱纸板

东莞市沙田造纸厂
广东省东莞市沙田镇
邮编 511773
电话 0769－88861121
产品 瓦楞原纸

东莞市深联造纸有限公司
广东省东莞市中堂镇槎新滘沙工业区
邮编 523220
电话 0769－88818418
产品 瓦楞原纸

东莞市石龙联兴实业有限公司
广东省东莞市石龙镇西湖区建行楼 3 楼
邮编 523325
电话 0769－86110186，传真 0769－86114793
产品 纸袋纸，牛皮卡纸

东莞市顺昌造纸有限公司
广东省东莞市望牛墩赤横海村
邮编 523203
电话 0769－88851056
产品 瓦楞芯纸

东莞市顺发纸业有限公司
广东东莞市江南大桥侧
邮编 523200
电话 0769－88811035
产品 包装纸

东莞市望联造纸厂
广东省东莞市望牛墩镇横海
邮编 523200
电话 0769－88851101
产品 卫生纸，白纸板

东莞市望牛墩造纸厂
广东东莞市望牛墩镇
邮编 52320
电话 0769－88851228
产品 箱纸板，瓦楞原纸

东莞市望中造纸厂
广东省东莞市望牛墩镇朱平沙
邮编 523200
电话 0769－88851107
产品 瓦楞原纸

东莞市万江宝建纸业有限公司
广东东莞市万江简沙洲管理区
邮编 523046
电话 0769－22270703
产品 卫生纸

东莞市祥兴造纸厂
广东省东莞市中堂镇北潢公路
邮编 523223
电话 0769－88816788
产品 瓦楞原纸，箱纸板

东莞市兴隆造纸厂
广东东莞市道滘镇北丫工业区
邮编 523187
电话 0769－88835233
产品 瓦楞原纸

东莞市银丰纸业有限公司
广东省东莞市东城主山工业区内
邮编 523120
电话 0769－22297441，传真 0769－22486787

东莞市永安造纸厂
广东东莞市望牛墩镇上合管理区
邮编 523196
电话 0769－88855618
产品 挂面纸板，芯纸

东莞市永兴造纸厂
广东省东莞市望牛墩镇
邮编 523200
电话 0769－88851893
产品 瓦楞原纸，箱纸板

东莞市再丰造纸厂
广东省东莞市中堂镇袁家涌区新湾村
邮编 523220
电话 0769－88819376
产品 瓦楞原纸

东莞市湛翠造纸厂
广东省东莞市中堂镇湛翠
邮编 523220
电话 0769－88881892
产品 瓦楞原纸

东莞市振兴造纸有限公司
广东省东莞市高步镇
邮编 523270
电话 0769－88873128
产品 瓦楞原纸

东莞市中联造纸厂
广东省东莞市中堂镇
邮编 523220
电话 0769－88811705
产品 瓦楞原纸

东莞市中堂特种纸制造厂
广东省东莞市中堂经济开发区
邮编 523220
电话 0769－88817422,传真 0769－88817980
产品 普通白纸板(白挂面箱纸板)

东莞市中堂协成造纸厂
广东省东莞市中堂镇吴家涌
邮编 523243
电话 0769－88813599
产品 包装纸

东莞市中堂至信造纸厂
广东省东莞市中堂镇中麻公路槎
邮编 523220
电话 0769－88816933
产品 瓦楞原纸

东莞市中兴造纸有限公司
广东东莞市道滘镇大鱼沙管理区
邮编 523185
电话 0769－88833518
产品 瓦楞原纸

东莞新汉伦纸业有限公司
广东省东莞市虎门镇大板地工业区红棉路
邮编 523930
电话 0769－85559482
传真 0769－5557830
产品 花纹纸,彩色、金属、珠光瓦楞纸,压纹纸

东江纸业有限责任公司深圳办事处
深圳市科技园科丰路 4 号 2 栋 303
邮编 518057
电话 0755－26610253 13609625806
传真 0755－26635659
产品 原木浆纸袋纸

番禺莲江联营造纸厂
广东广州番禺区莲花山镇莲花东路
邮编 511440
电话 020－84861369
产品 瓦楞原纸

番禺灵山宏达造纸厂
广东番禺区灵山镇墩塘村
邮编 511473
电话 020－84928108
产品 卫生纸

番禺市莲花山造纸厂
广东省番禺市莲花山镇莲花东路 80 号
邮编 511400
电话 020－84861371
传真 020－84860433
产品 箱纸板,纱管原纸,瓦楞纸,卫生纸

番禺石流华达造纸厂
广东广州番禺区石清路官涌口
邮编 511447
电话 020－84840288
产品 卫生纸

封开金信纸业有限公司
广东省封开县江口镇三元西路 8 号
邮编 526500
电话 0758－6712336,传真 0758－6712338
产品 箱纸板,牛皮卡纸,纸袋纸

佛山华丰纸业有限公司
广东省佛山市河滨路 17 号
邮编 528000
电话 0757－2816867,2826846
传真 0757－2813125
法人代表 王奇

佛山市顺德区江联造纸有限公司
(原珠江包装公司珠江造纸厂)
广东省佛山市顺德区北滘镇碧江珠江大道 18 号
邮编 528312
电话 0757－26633433,传真 0757－26635515
产品 牛卡,白纸板,挂面纸

佛山泰嵩纤维内底板制造有限公司
广东省佛山市五峰潞五峰前街 1 号
邮编 528000
电话 0757－2701000，传真 0757－2266144
产品 鞋底纸板

高明市高洁纸业有限公司
广东省高明市沿江路 24 号
邮编 528500
电话 0757－8881723 8822345
产品 生活用纸系列

广东创展纸业有限公司
广州中山大道骏景路 79 号 19A
邮编 510655
电话 020－38663460，传真 020－38664539
产品 无碳纸，胶版纸，铜版纸

广东鼎丰纸业有限公司
广东省肇庆市广宁县南街镇首约
邮编 526300
电话 0758－8659000 8659022
传真 0758－8659168
网址 www.dfpaper.com
法人代表：郭清雄
产品 竹木混合纸浆 MBKP

广东佛山金路纸业－中心（香港）纸业合资企业
佛山市华远东路发展大厦
邮编 528000
电话 13006709697
产品 擦手纸，大卷纸（纯木浆）

广东冠豪高新技术股份有限公司
广东省湛江经济技术开发区
邮编 524022
电话 0759－3399898，传真 0759－3382109
产品 无碳复写纸，热敏记录纸，热敏传真纸，彩色喷墨纸，心电图纸，特殊防伪纸，水印纸，登机卡纸，无碳多联电脑纸

广东鸿盛纸厂
广东肇庆封开县鸿盛造纸厂
邮编 526500
电话 13929855688
传真 0758－6689388
产品 薄页纸

广东揭阳洁新纸业有限公司
广东揭东县新亨埔东工业区
邮编 515500
电话 0663－3434888，传真 0663－3434999
网址 www.jiexin.com.cn
产品 生活用纸，造纸机械

广东普宁新艺纸业
广东普宁里湖
邮编 515300
电话 0663－2777937，传真 0663－2780838
产品 再生色纸，印刷纸，包装纸

广东韶能集团股份有限公司珠玑纸业分公司
广东省南雄市雄南路 38 号
邮编 512400
电话 0751－3822990，3820896
传真 0751－3870018
法人代表 徐兵
网址 www.snzjp.com
产品 胶版印刷纸，中性复印纸，教材用纸

广东省国营西江造纸厂
广东省肇庆市西郊钓鱼台
邮编 526020
电话 0758－2832224
产品 箱纸板，瓦楞原纸

广东省茂名市全年红对联纸厂
茂名市羊角镇东风路 112 号
邮编 525000
电话 13828641888，传真 0668－2670591
产品 全年红对联纸

广东维达纸业股份有限公司
广东省新会市东侯工业开发区
邮编 529100
电话 0750－6122846，传真 0750－6120239
网址 www.chinavinda.com
产品 纸巾纸，盒装面巾纸，餐巾纸，卫生卷纸，卫生巾，卷装擦手纸，多用纸抹布，分切盘纸

广宁人民造纸厂
广东省广宁县石涧路
邮编 526343
电话 0758－8711297
传真 0758－8711226
产品 铜版纸,胶版纸

广宁粤景特种纸有限公司
广东省肇庆市广宁县横迳工业区
邮编 526343
电话 0758－8716745
传真 0758－8716745
产品 铜版纸,静电复印纸,双胶纸

广州横沙造纸厂
广州城西横沙
邮编 510168
电话 81984484
产品 挂面纸等纸箱用纸

广州华侨造纸厂
广东广州市南石头南箕村
邮编 510280

广州金佰利纸业有限公司
广州市经济技术开发区创业路同兴大厦
电话 020－82216222
传真 020－82217827
产品 生活用纸,擦手纸

广州柯林浆纸有限公司
泰康路180号中化中心511室
邮编 510115
电话 020－83334343,83346878
传真 020－83346878,83334343

广州南方纸业公司
广州市黄石路成丰大厦B606室
邮编 510425
电话 020－86547212
传真 020－86633990

广州市焯润纸业贸易有限公司
广州市白云区黄石东路江夏村二环路73－78号
邮编 510420
电话 020－86547065 86620307
传真 020－86547066
产品 纸箱,彩箱,彩盒;代销涂布白纸板、铜版纸、白纸板、书写纸、牛卡纸

广州市德禧纸业公司
广州市白云区黄石西路上石工业区商铺6－7号(榕溪花园对面)
邮编 510430
电话 020－36380768,传真 020－36380845
产品 拷贝纸,打字纸,有光纸,书写纸,招贴纸,双胶纸,铜版纸,灰纸板,灰底白,双面白,白卡

广州市东方纸箱公司
广东省广州市芳村花地大道南113号
邮编 510380
电话 020－81791984
产品 箱纸板,瓦楞原纸

广州市辽板纸业有限公司
广州市经济技术开发区明珠路16号
邮编 510730
电话 020－－82001966
传真 020－－82001321
产品 精装书灰纸板、装桢灰纸板、文具灰纸板、拼图灰板 礼品盒灰纸板、硬质包装箱灰纸板

广州市沙凤造纸厂
广东省广州白云区石井镇沙凤乡海西岸
邮编 510160
电话 020－81799282
产品 包装纸

广州市西城福利造纸厂
广东省广州市白云区石井横沙乡
邮编 510160
电话 020－81983932
产品 瓦楞原纸

广州市西城福利造纸厂北城造纸厂
广东省广州市白云区神山镇
邮编 510460
电话 020－86608151
产品 瓦楞原纸,高强瓦楞原纸,挂面箱纸板

广州市新容纸业有限公司
广州市中山大道276号天河广场天盛阁10楼
邮编 510660
电话 020-82315430
传真 020-82318221
产品 销售包装工业用纸

广州市羊城纸箱公司
广东省广州市北郊联和
邮编 510425
电话 020-86628046
产品 瓦楞原纸

广州市竹料雄伟造纸厂
广东省广州市白云区竹料镇
邮编 510545
电话 020-87733002
产品 皱纹卫生纸

广州威达高实业有限公司
广东省番禺万倾沙珠江管理一涌
邮编 511462
电话 020-84117631-2031,传真 020-84946051
产品 涂布白纸板、白纸板、灰纸板

广州祥威纸业有限公司
广东广州市从化市太平工业区
邮编 510990
电话 020-87811761,传真 020-87811762
产品 生活用纸,擦手纸

广州造纸股份有限公司
广东省广州市工业大道中广纸路40号
邮编 510281
电话 020-84336888
传真 020-84356618
网址 www.gzpaper.com.cn

广州珠江特种纸有限公司
广东省广州市天河区员村五横路
邮编 510655
电话 020-85524155,传真 020-85524827
产品 无碳复写纸、电脑打印纸、防伪票据纸

鹤山市造纸厂
广东省江门市
邮编 529721
电话 0750-8821033
产品 箱纸板,卫生纸

湖南安利纸业有限公司(广州)
广州市海珠区工业大道北97号801
邮编 510250
电话 020-84313506 84314786
传真 020-84313506
产品 专业生产各种规格灰纸板,涂布白纸板等

鸿源实业(深圳)有限公司
广东省深圳市布吉镇上水径恒通工业城6栋2楼
邮编 518112
电话 0755-28522294
传真 0755-28522748
产品 卫生纸、盒装面纸、手帕纸、妇女卫生巾等生活用纸

花都区九潭造纸厂
广东广州市花都区新华镇九潭村工业区
邮编 510800
电话 020-86837371
产品 箱纸板,瓦楞原纸

会龙纸业
广东省江门市会龙里158
邮编 529000
电话 0750-3189880 0750-3372837
产品 包装、印刷用纸

惠州明盛纸业广州总部
广州市中山大道190号骏景花园骏茵轩B3座604房
邮编 516002
电话 020-38663116 38663048
传真 020-38663105
网址 www.mingshengpaper.com
产品 无碳纸、有光纸、双胶纸、白卡纸、书写纸、打字纸、铜版纸、白纸板、包装纸、拷贝纸、灰纸板、有色招贴纸、不干胶纸

惠州市广悦纸业有限公司
惠州市马庄金山湖市场对面

邮编 516000
电话 0752－2533302，传真 0752－2517519
网址 guangyue8.chinapaper.net
产品 白纸板，铜版纸，牛皮纸，复印纸，灰纸板

惠州市惠华纸业有限公司
广东惠州市下角江边路 38 号
邮编 516001
电话 0752－2224144
产品 瓦楞原纸

惠州志豪特种纸业有限公司
惠州仲恺二路 49 号
邮编 516006
电话 0752－2604161，传真 0752－－2600729
产品 涂布热敏纸，彩喷纸

江门甘蔗化工厂(集团)股份有限公司
广东省江门市甘化路 1 号
邮编 529030
电话 0750－3361611
传真 0750－3122131
网址 www.ganhua.com.cn
法人代表 周润
产品 漂白亚硫酸盐蔗渣、芒、竹混合浆板，木质素磺酸镁(水剂、粉剂)、书写纸，胶版印刷纸，静电复印纸，防粘衬纸、漫画纸、卫生纸

江门市光明造纸有限公司
广东省江门市北街
邮编 529075
电话 0750－3362362
产品 书写纸

江门市江桥特种纸业有限公司
广东省江门市文昌河 89 号
邮编 529020
电话 0750－3351844
传真 0750－3336290
法人代表 缪希林
产品 无碳复写纸，电脑打印纸，静电复印纸

江门市蓬江造纸有限公司
广东省江门市外海横沥
邮编 529081
电话 0750－3791772
产品 瓦楞原纸

江门市群益造纸厂
广东省江门市北街
邮编 529075
电话 0750－3375338，传真 0750－3126001
产品 无碳复写原纸、防粘纸、铝箔衬纸

江门市新华造纸厂
广东省江门市文昌沙 130 号
邮编 529020
电话 0750－3354176，传真 0750－3354176
产品 瓦楞原纸，牛皮箱纸板，涂布白纸板

江门造纸厂
广东省江门市文昌沙 89 号
邮编 529020
电话 0750－3353696，传真 0750－3330893
产品 铜版纸，胶版纸，无碳复写纸、静电复印纸、打字纸、防粘原纸、食品纸、离型纸、糖果包装纸、卡纸

蕉岭县纸业有限责任公司
广东蕉岭县文福镇乌土溪
邮编 514160
电话 0753－7884157
产品 箱纸板

开平市纸业工业实业公司
广东省开平市三埠镇长沙西郊侨园路
邮编 529300
电话 0750－2333689
产品 箱纸板，卫生纸

乐昌市建华纸制品有限公司
广东乐昌市工业开发区(氮肥厂旁)
邮编 512200
电话 0751－5552777
产品 瓦楞原纸

乐昌市裕兴纸业有限公司
广东乐昌市城关镇河南街 143 号
邮编 512219
电话 0751－5503607
产品 卫生纸，瓦楞原纸

连州市南津造纸厂
广东连州市南津路 34 号
邮编 513400
电话 0763－6623143
产品 瓦楞原纸,仿纸袋纸

联丰盛企业公司联盛造纸厂
广东珠海市平沙管理区
邮编 519155
电话 0756－7751316
产品 瓦楞原纸

廉江市安铺联营纸箱厂
广东省廉江市安铺镇南郊
邮编 524444
电话 0759－6846725
产品 瓦楞原纸

廉江市造纸厂
广东省廉江市廉城镇西街黄廖街
邮编 524400
电话 0759－6623670
产品 瓦楞原纸,包装纸

龙川协和纸业有限公司
广东龙川县老隆镇下泡水二路 23 号
邮编 517300
电话 0762－6880320
产品 卫生纸

龙光集团吉龙造纸有限公司
广东省南海市西樵太平圩
邮编 528212
电话 0757－6822168－3266
产品 瓦楞原纸

龙门县永丰纸业有限公司
广东龙门县永汉镇
邮编 511270
电话 0752－7600443
产品 瓦楞原纸

罗定宏东纸业制品有限公司
广东省罗定市双东白荷工业开发区
邮编 527200
电话 0766－3830380
产品 瓦楞原纸

茂名石油工业公司油毡纸厂
广东省茂名市环市西路 63 号
邮编 525024
电话 0668－2262951－3405
产品 油毡原纸,油毡纸

梅县造纸厂
广东梅州市东山桥 33 号
邮编 514011
电话 0753－2233980
产品 打字纸,书写纸,包装纸

南海吉龙造纸有限公司
广东南海西樵太平管理区龙光集团公司
邮编 528212
电话 0757－68822168,传真 0757－6811815
产品 瓦楞原纸,书写纸

南海市华展造纸厂
广东省南海市黑水镇丰岗桥头
邮编 528244
电话 0757－5663773,传真 0757－5687561
产品 白纸板,灰纸板

南海市平洲造纸厂
广东省南海市平洲镇下教石岸口
邮编 528251
电话 0757－6773525
产品 瓦楞原纸

南海市生隆造纸有限公司
广东省南海市盐步新城
邮编 528247
电话 0757－5775656
产品 瓦楞原纸

南海市小塘造纸厂
广东省南海市小塘镇开发区
邮编 528222
电话 0757－6661723
产品 瓦楞原纸

南蒲纸业广州销售部
广州芳村区海北西浦
邮编
电话 13829756552
传真 020－81419835
产品 有光纸,书写纸,胶版纸

南雄市第二造纸厂
广东南雄市全安营堡前
邮编 512426
电话 0751－3822152
产品 牛皮纸

南雄市第一造纸厂
广东省南雄市雄州镇河南岭 38 号
邮编 512400
电话 0751－3822990,传真 0751－3820896
产品 胶版印刷纸,中性复印纸,牛皮纸

平远县造纸实业有限公司
广东省平远县大柘镇河陂水
邮编 514600
电话 0753－8824551
传真 0753－8824826
产品 箱纸板,纸袋纸

乳源县华昌造纸厂
广东乳源县乳城镇鹰峰路
邮编 512700
电话 0751－3382247
产品 条纹牛皮纸,炸药卷纸

三水市芦苞造纸有限公司
广东省三水市芦苞镇水厂路 5 号
邮编 528139
电话 0757－7233385
产品 包装纸

汕头达濠化建纸业公司
广东省汕头市达濠区达濠西山前
邮编 515071
电话 0754－7380165,传真 0754－7360788
产品 黄纸板,灰纸板,复合纸板,白纸板,双胶印刷纸,牛皮纸,热压纸板,书写纸

汕头市造纸厂
广东汕头市杏花村护堤路 12 号
邮编 515021
电话 0754－8223611
产品 瓦楞原纸

汕头市造纸二厂
广东汕头市杏花村护堤路 10 号
邮编 515021
电话 0754－8220926
产品 包装纸

深圳市江丰纸业
深圳市罗湖区红岗北路青湖山庄青泉苑 2－1 单元 301 室
邮编 518029
电话 0755－82480768,82480798,25872260
传真 0755－82480798
产品 无碳纸,双胶纸,铜版纸,白卡纸,牛皮

深圳市拉斯特商标镀铝纸有限公司
深圳市罗湖区布吉路中机大院
邮编 518049
电话 0755－5780043,3102631,3102584
传真 0755－3102584,5780917
产品 镀铝纸

深圳市永利隆纸品有限公司
深圳市布吉上李朗莱茵工来城
邮编 518112
电话 0755－8739258/8739117
传真 0755－8739117
产品 瓦楞纸,纸箱,彩盒

深圳市悦声纸业有限公司
深圳市龙华镇龙观西路 56 号
邮编 518109
电话 0755－27740846
传真 0755－27741089
产品 花纹纸

始兴县造纸总厂
广东始兴县瑶村土凹
邮编 512500

顺德市北滘镇江联造纸有限公司
广东省佛山市顺德区北滘镇碧江珠江大道 18 号
邮编 528312
电话 0765－6633433 ,66322312
传真 0765－6635515
法人代表 蔡学更
产品 牛卡纸,挂面箱纸板,普通白纸板

顺德市勒流镇东强造纸有限公司
广东省顺德市勒流镇东风西闸
邮编 528322
电话 0765－5566430,传真 0765－5565049
产品 离型纸,工艺纸,薄型纸

顺德市千禧纸业有限公司
广东省顺德市陈村镇新栏路 78 号
邮编 528313
电话 0765－3353498
产品 瓦楞原纸

顺德市龙江永发包装企业集团公司
广东省顺德市龙江镇人民北路
邮编 528318
电话 0765－3368919
传真 0765－3368956
产品 瓦楞原纸

顺德市顺升造纸有限公司
广东省顺德大良区沙头
邮编 528333
电话 0765－2292281
传真 0765－2294031
法人代表 冯志强
产品 瓦楞原纸,挂面箱纸板,牛皮箱纸板,制浆、造纸设备及机械加工、安装工程

顺德市珠江包装公司
广东省顺德市北窖镇碧江新路 138 号
邮编 528312
电话 0765－6634398
传真 0765－6635670
产品 瓦楞原纸,箱纸板,白纸板,牛卡纸

顺糖集团公司造纸厂
广东省顺德市大良镇沙头
邮编 528333
电话 0765－2292281
产品 瓦楞原纸

四会市芙蓉造纸厂
广东省四会市龙普镇
邮编 526200
电话 0758－3335386
产品 仿纸袋纸

万江东升纸制品厂
广东省东莞市万江区红星村红星工业区
邮编 523039
电话 0769－22278153,传真 0769－22187153
产品 生活用纸,高中低档卷纸,护翼超薄

吴川市淦江纸业有限公司
广东省吴川市中山郑屋管区
邮编 524500
电话 0759－5872131,传真 0759－5872131

新丰县造纸厂
广东省新丰县城东门外 8 号
邮编 511100
电话 0751－2252150
产品 牛皮纸

新会会城镇外贸联营纸箱厂
广东省新会市会城葵湖路
邮编 529100
电话 0750－6662853
产品 瓦楞原纸,箱纸板

新会市三江造纸厂
广东省新会市三江镇白庙工业区
邮编 529142
电话 0750－6621450
产品 包装纸,卫生纸

新会威宝造纸企业有限公司
广东省新会市石涧路
邮编 529100
电话 0750－6692199
产品 生活用纸系列

新会选东造纸网厂
广东省新会市会城东工业开发区
邮编 529100
电话 0750－6128238

新兴县东成造纸有限公司
广东省新兴县东成镇开发区
邮编 527421
电话 0766－2531588，传真 0766－2531688
产品 新闻纸

新兴县新城造纸厂
广东省新兴县西郊雨洞
邮编 527400
电话 0766－28584520
产品 卫生纸

新兴县宇航造纸厂
广东省新兴县洞口镇
邮编 527424
电话 0766－2889257
产品 卫生纸

信宜市粤西造纸厂
广东省信宜市人民南路 367 号
邮编 525300
电话 0668－8818898
产品 白纸板

兴宁市罗浮镇造纸厂
广东省兴宁市罗浮镇
邮编 514537
电话 0753－3451358
传真 0753－3451232
产品 牛皮纸

兴宁市宁新造纸厂
广东兴宁市宁新镇大岭街
邮编 514568
电话 0753－3392846
产品 包装纸

阳春市粤丰造纸有限公司
阳春市沿江西路 325 号
邮编 529600
电话 0662－7612898
传真 0662－7612898
产品 卫生纸，涂布白纸板

阳江市北惯东成纸业制品厂
广东阳江北惯镇龙头山工业区
邮编 529500
电话 0662－6697223
传真 0662－6697223

永兴纸业（广州）有限公司
广州市天河区茶山路 252 号 702 室
邮编 510640
电话 020－38902277、13822248837
传真 020－38902277
产品 灰纸板，红纸板，封面纸板，牛皮纸

元丰纸业（深圳）有限公司
广东省深圳市宝安区松岗镇沙埔围第二工业区
邮编 518105
电话 0755－27052676
传真 0755－27052259
网址 www.szyuanfeng.ebigchina.com

增城市百孚纸业有限公司
广东省增城市新塘镇甘湖工业区
邮编 511340
电话 020－82776488
传真 020－82774942
网址 www.zcbaifu.com
产品 漂白牛皮纸，白卡纸，彩色复印纸，书写纸

增城市造纸厂
广东增城市沿江东三路 15 号
邮编 511300
电话 020－82743794
产品 瓦楞原纸

湛江冠龙纸业有限公司
广东省湛江市麻章区太平镇
邮编 524080
电话 0759－2865701，传真 0759－2865706
网址 www.glpaper.com
产品 无炭复写纸，热敏预涂纸，防伪水印纸，低定量涂布纸，双胶纸

湛江市乾塘造纸厂
广东省湛江市乾塘区
邮编 524061
产品 包装纸

湛江市造纸总厂
广东省湛江市赤坎南桥北路 1 号
邮编 524031
电话 0759－3336955
产品 瓦楞原纸

中山联合鸿兴造纸有限公司
广东省中山市沙溪镇 105 国道中山三桥西侧
邮编 528471
电话 0760－7796254
传真 0760－7796222
网址 www.zsrghh.com
产品 箱纸板、瓦楞原纸、纸管纸和灰纸板

中山市海棠造纸厂
广东省中山市古镇海洲
邮编 528422
电话 0760－3307974
产品 卫生纸

中山市佳华纸业有限公司
广东省中山市坦洲镇金祥商业街 11－14 号
邮编 528469
电话 0760－6212619
传真 6655239
产品 双灰板，拷贝纸，塞袋纸，白有光，唛架纸，打字纸

中山市三德纸业有限公司
广东省中山市小榄镇永宁乡洪联路 91 号
邮编 528415
电话 0760－2279219，0760－2279626
传真 0760－2272498

中山市中发纸类制品有限公司
广东省中山市大黄圃镇
邮编 528431
电话 0760－3226412
产品 包装纸

中山市中侨纸业有限公司
广东省中山市东区东苑路 62 号
邮编 528403
电话 0760－83368018331343
传真 0760－8336831
网址 www.zhongqiao.net
产品 各类复合金银卡纸，紫外光防伪卡纸，珠光卡纸，玻璃卡纸

中顺纸业集团有限公司
广东省中山市西区高科技开发区
邮编 528411
电话 0760－8553333 8553008
传真 0760－8553008
产品 生活用纸

珠海华文博益智特种纸业有限公司
广东省珠海市南山工业区 9 栋
邮编 519015
电话 0756－3332366
产品 无碳复写纸；印刷

珠海经济特区红塔仁恒纸业有限公司
珠海市前山金鸡路 508 号
邮编 519070
电话 0756－8666888
传真 0756－8615037
网址 www.htrh－paper.com
法人代表 姚庆艳
产品 包装纸板，饮料包装纸，口杯纸

珠海生龙纸业有限公司
香洲区梅华东路 301 号东光大厦
邮编 519000
电话 0756－2256767
传真 0756－2254749
产品 专业生产电脑纸

珠海市斗门益力造纸厂
广东斗门县井岸镇东岸区
邮编 519125
电话 0756－5502919
产品 瓦楞原纸，卫生纸

珠海市天章纸品有限公司
广东省珠海市拱北夏湾昌平路 245 号城建 B 栋
邮编 519020
电话 0756-8888766,传真 0756-8157555
网址 www.tzpaper.com
产品 复印纸,打印纸,传真纸,收银纸

紫金东江纸业有限公司
广东省紫金县古竹镇沿江路 7 号
邮编 517465
电话 0762-7834603
传真 0762-7183054
产品 水泥袋纸

相关企业

奥伯尼国际(中国)有限公司
广东省番禺市化龙镇工业路
邮编 511434
电话 020-84754230
产品 高速纸机用网

比奥生物科技(深圳)有限公司
深圳市石岩镇水田村宝石东路 222 号永兴大厦
电话 0755-29682933
传真 0755-29682750
网址 http://www.bioscientif.com/cn/index.htm
产品 生物酶脱墨剂

德昌誉机械制造有限公司
广东省南海市罗村镇岐岗工业区内
邮编 528227
电话 0757-6435166
产品 卫生纸加工设备

东莞东美食品有限公司
广东东莞市高镇护安围工业区
邮编 523279
电话 0769-8731228 8735188
传真 0769-8874888
网址 www.dongmei-starch.com
产品 变性淀粉

东莞佳鸣机械制造有限公司
广东省东莞市沙田镇
邮编 523991
电话 0769-88862099
产品 卫生纸机及后加工设备

东莞市长安友霖包装厂
广东省东莞市长安镇厦边区银城工业区
邮编 523851
电话 0769-85730267
传真 0769-85396261
产品 纸箱,纸盒,啤盒,纸卡,彩盒

东莞市华星胶辊厂
广东东莞高步镇振兴大道
邮编 511784
电话 0769-88875798
产品 造纸胶辊

东莞市兴发纸业(贸易)有限公司
广东省东莞市万江区万兴路
邮编 511717
电话 0769-22282516,传真 0769-22177603

东莞市业兴网毯有限公司
东莞市滘高镇护安围
邮编 523279
电话 0769-88731749
传真 0769-88737340
网址 www.dgyexing.com
法人代表 莫河清
产品 造纸毛毯,特种工业用呢,电热衬毯,螺旋网,聚酯网

番禺市沙西造纸机械厂
广东省番禺市沙湾镇拱桥路 1 号
邮编 511483
电话 020-84732328
产品 碎浆机,分离机,打孔机

佛山市南海区罗村芦塘骏能造纸材料厂
广东省佛山市南海区罗村芦塘工业区
邮编 528226
经营负责人 贾彦卓
技术负责人 王兰柱
电话 0757-86403550
传真 0757-86414522
法人代表 徐佳

产品 干湿强剂,浆内施胶剂,羧基丁苯胶乳

高要宝时化工有限公司
广东高要市南岸镇上元路
邮编 526100
电话 0758－8361055
产品 造纸助剂类

广东佛山肯富来安德里兹泵有限公司
广东省佛山市河滨路 14 号
邮编 528000
电话 0757－82969256
传真 0757－82969209
产品 浆泵

广东化州碳酸钙有限公司
广东化州市新路口
邮编 525100
电话 0668－7300019
产品 碳酸钙

广东省汕头市国平纸类包装厂有限公司
广东省汕头市光华北二路 15 号
邮编 515000
电话 0754－8222129
传真 0754－8113762
网址 www.st－guoping.com
产品 彩箱,彩盒,纸筒,胶纸

广东省造纸研究所
广东省广州市新港西路 154 号
邮编 510300
电话 020－34301776
传真 020－34300613
法人代表 胡穗生
产品 离型纸、粘胶带纸、防霉纸、扬声器用黑纸、黑白钢纸、涂布纱面纸、涂布彩纸、湿水胶带纸、无碳复写原纸、水稻育秧纸、唛架纸、电脑绣花纸、食用油滤纸、清新香片、PPE 湿强剂、干强剂、剥离剂、分散松香乳液、脱墨剂等。

广州第六橡胶厂
广东省广州市西郊横沙
邮编 510160
电话 020－81984324
产品 造纸胶辊

广州华工环源绿色包装技术有限公司
广东省广州市五山华南理工大学科技园
邮编 510640
电话 020－87113798,传真 020－87113098
产品 纸浆模塑设备产品、设备、技术

广州精细化学工业公司
广东省广州市海珠区工业大道石岗路 11 号
邮编 510288
电话 020－84352112
产品 聚丙烯酰胺

广州科达机械工程有限公司
广东省广州市天河高新产业开发区工业园建中路 8 号 5 楼
邮编 510665
电话 020－85530816
产品 输送带,传动带

广州市第一水泵厂
广东省广州市广州大道南 788 号
邮编 510300
电话 020－84292955,84290700
传真 020－84294254
产品 泵类

广州市电池式贸企业集团公司
广东省广州市东郊员村王横路
邮编 510655
电话 020－85525623
产品 无碳复写原纸,铝箔衬纸

广州市多宝纸业有限公司
广州市芳村区东教北路茶窖大田仓三号之一
邮编 510370
电话 020－81576005
传真 020－81593169

华南理工大学造纸与污染控制国家工程研究中心
广州市天河区五山路华南理工大学造纸与环境工程楼
邮编 510640
电话 020－87112986 87112614－33
传真 020－87113840

网址 www.pperc.com.cn
主任 陈中豪 13609768205
产品 成型器,技术服务

江门市大中科技企业发展有限公司
广东省江门市礼乐文昌花园 99 座首层
邮编 529060
电话 0750－3610763 3612763
传真 0750－3612762
网址 www.bigchinatech.com
产品 造纸化学品

江门市机械厂
广东省江门市北街江北路 8 号
邮编 529070
电话 0750－3362822
产品 造纸、制糖机械

开平市造纸机械厂
广东省开平市马岗工业区
邮编 529353
电话 0750－2877183
产品 圆网纸机,打浆设备

量子高科生化工程有限公司
广东江门市高新区金瓯路 184 号
邮编 529081
电话 0750－3785562
产品 纤维素 CMC

龙门县造纸毛毯厂
广东省龙门县青溪镇
邮编 511200
电话 0752－7780206

茂名高岭科技有限公司
广东茂名山阁
邮编 525026
电话 0668－2716738
传真 0668－2710211
法人代表 曾伟能
产品 超细涂料高岭土

南海市骏达化工厂
广东南海市罗村芦塘开发区
邮编 528226
电话 0757－6448796
产品 湿强剂,分散松香胶

平安造纸毛毯有限公司
广东省澄海市莲上永新工业区
邮编 515833
电话 0754－5742222

清远市糖厂
广东清远清远市
邮编 511500

深圳光荣机械有限公司
深圳市上梅林梅华路 103 号
邮编 518049
电话 0755－83318564
传真 0755－83310783
网址 www.koeiind.cn
产品 阀门开度自控

深圳清源净水器材有限公司
广东深圳市福田竹子林
邮编 518040
电话 0755－6608320
产品 聚合氯化铝废水处理剂

深圳市三力星实业有限公司
深圳市福田区新闻路 1 号中电信息大厦东座 23 楼
邮编 518043
电话 0755－83733558
传真 0755－83733596
网址 www.sanlixing.com
产品 造纸化学品供应与代理

新会远东网厂有限公司
广东省江门市新会区会城镇城东工业开发区
邮编 529100
电话 0750－6100456 6100978
传真 0750－6126202
网址 www.tianjiang－china.com
法人代表 梁少勋
产品 聚酯成形网、干网

中科院广州化学研究所
广东省广州市飞鹅岭
邮编 510650
电话 020－85231377

珠海碧景印刷物资有限公司
广东省珠海市吉大广发新村 840 号
邮编 519015
电话 0756－3352737
产品 造纸化工涂料

广西壮族自治区

造纸企业

百色东笋造纸厂
广西百色市东笋路 11 号
邮编 533000
电话 0773－2811752，传真 0773－2811614
产品 牛皮卡纸，纸袋纸

北海市北部湾群鹰(集团)股份有限公司
广西北海市荣亭路 35 号
邮编 536000
电话 0779－2053763，传真 0779－2057167
产品 瓦楞原纸，牛卡纸

宾阳县宾州永华造纸厂
广西宾阳县宾州镇安街 262－1 号
邮编 530400
电话 0771－8222538
产品 卫生纸

宾阳县凤凰造纸二厂
广西宾阳县太守乡
邮编 530402
电话 0771－8450296
产品 卫生纸

宾阳县金龙纸浆造纸厂
广西宾阳县新桥镇
邮编 530401
电话 0771－8481116
产品 卫生纸

宾阳县金玉造纸公司
广西宾阳县新桥镇
邮编 530401
电话 0771－8481032
产品 卫生纸

宾阳县新桥镇永前造纸厂
广西宾阳县新桥镇
邮编 530401
电话 0771－8481035
产品 卫生纸

宾阳县旭华纸厂
广西宾阳县太守乡南关村
邮编 530403
电话 0771－8450299
产品 卫生纸

宾阳县造纸一厂
广西宾阳县太守乡
邮编 530402
电话 0771－8450269
产品 卫生纸

广西北海公馆大山造纸厂
广西北海公馆镇
邮编 536119
电话 0779－5803983

广西博白造纸厂
广西博白县城马头岭工业区
邮编 537601
电话 0775－8330349
产品 书写纸，双面胶版纸

广西岑溪市造纸厂
广西岑溪市岑城镇玉梧路 6 号
邮编 543200
电话 0774－8220272，传真 0774－8230023

广西国发林业造纸有限责任公司
地址 广西鹿寨县雒容镇
电话 0772－6510956 6666888
传真 0772－6511006 6510890
网址 www.gxpaper.cn

总经理 安明明
产品 包装用纸、文化用纸、装饰用纸

广西金桂浆纸业有限公司
广西南宁市竹溪南路新兴综合大楼5楼
邮编 530021
电话 0771-5343588
传真 0771-5343589

广西贵糖(集团)股份有限公司
广西贵港市幸福路100号
邮编 537102
电话 0775-4262888,传真 0775-4260088
产品 胶印书刊纸,胶版纸,书写纸,白纸板,瓦楞纸,卫生纸,甘蔗渣浆

广西桂林全州纸板厂
广西全州县全州镇城南路41号
邮编 541500
电话 0773-4815779,传真 0773-4815779

广西合浦公馆大山造纸厂
广西合浦公馆镇
邮编 536119
电话 0779-5803983

广西贺达纸业有限公司
广西贺州市八达中路150号
邮编 542800
电话 0774-5100080
传真 0774-5125154
网址 http://www.hezhou-paper.com
法人代表 孔祥云

广西劲达兴纸业有限公司
广西百色地区田林县新昌片二号
电话 0776-7201316
传真 0776-7201288
邮编 533300
网址 http://www.gxjdx.com
产品 新闻纸

广西来宾造纸有限责任公司
广西省来宾市西二路2号
邮编 546100
法人代表 何基念
电话 0772-6686595/4250995
传真 0772-4250995
产品 漂白蔗渣浆、皱纹卫生纸(平切、卷筒)

广西林业荔浦纸业有限公司
广西荔浦县荔城镇玉雷湾
邮编 546600
电话 0773-7233098
传真 0773-7233397
网址 http://lpzy.gxbz.com/
法人代表 张方德
产品 全木浆牛皮卡纸、牛皮卡纸、仿牛皮卡纸、白面牛卡纸、纸袋纸、牛皮纸、马骞格衬纸、挂面箱纸板、各种特种纸(黑卡、牛卡、彩色牛皮纸)

广西柳江造纸厂(柳州中竹纸业)
广西柳州市洛埠镇
邮编 545011
电话 0772-2750100、2750784
传真 0712-2750177
网址 www.liujiangpaper.com
企业负责人 郑艳民
产品 竹浆胶印新闻纸,胶印书刊纸,胶印书写纸,全漂化学竹/木浆板,口杯原纸

柳州市三佳生活用品有限公司
广西柳州市基隆开发区兴国路北三街9号
邮编 545100
电话 0772-3250137
网址 http://www.liujiangpaper.com/
产品 纸巾,功能专利擦拭纸系列

广西南薄纸业有限公司
广西邕宁县蒲庙镇
邮编 530200
电话 0771-4712657
产品 书写纸,有光纸

广西南宁凤凰纸业有限公司
广西南宁市星光大道158号
邮编 530031
电话 0771-4590229
传真 0771-4516683
网址 www.nppc.cn

广西南宁武鸣奥诺纸业有限公司
广西南宁武鸣县城标营路8号
邮编 530100
电话 0771-6210859
传真 0771-6239141
企业负责人 孔庆祥 电话 0771-6239146
产品 卷筒绒毛浆、高级生活用纸

广西区露塘造纸厂
广西柳江县
邮编 545111
电话 0772-2513823
产品 书写纸,卫生纸,商品蔗渣浆

广西渠黎华侨林场造纸厂
广西扶绥县渠黎镇
邮编 532103
电话 0771-7561078
产品 牛皮纸,纸袋纸,牛皮箱纸板

广西三江县造纸厂
广西三江县下村
邮编 545501
电话 0772-8830049
产品 牛皮挂面箱纸板,纸袋纸

广西田林县造纸厂
广西田林县乐里镇新昌片5号
邮编 533300
电话 0776-7213363
传真 0776-7213363
产品 生产新闻纸

广西田阳县造纸厂
广西田阳县田州镇民乐街106号
邮编 533600
电话 0776-3236192,3236338
产品 双胶纸,静电复印纸,图画纸,裁衣纸,电脑原纸

广西玉林市雄鹰纸业公司
广西玉林市人民东路167号
邮编 537000
电话 0775-8883331 2675232
产品 铜版纸,打字纸,新闻纸,玻璃纸

广西昭平县造纸厂
广西昭平县昭平镇河西东路96号
邮编 546800
电话 0774-6682046
产品 纸袋纸,色牛皮卡纸

贵港红旗造纸厂
广西贵港市人民西路
邮编 537100
电话 0775-4214845
产品 瓦楞原纸

贵港西江造纸厂
广西贵港市营房
邮编 537100
电话 0775-4214864
产品 瓦楞原纸,卫生纸

桂林市第二造纸厂
广西桂林市叠彩区庭江路
邮编 541001
电话 0773-2609320,传真 0773-0604498
产品 拷贝纸,无碳复写纸

桂林市造纸厂
广西省桂林市奇峰路9号
邮编 541003
电话 0773-3602622
传真 0773-3605388
产品 拷贝纸,水果套袋纸,皱纹装饰纸,阻燃纸,发票纸,票据纸,食品包装纸,半透明纸

横县良圻造纸厂
广西横县良圻农场
邮编 530317
电话 0771-7350180,7350142
产品 瓦楞原纸,箱纸板

金秀县造纸厂
广西金秀县金秀镇和平村
邮编 545701
电话 0772-6351851
产品 牛皮纸

金秀县纸浆厂
广西金秀县桐木镇
邮编 545708
电话 0772－6351329
产品 商品机械磨木浆,白纸板

金州县纸业股份合作公司
广西金州县金州镇滨江街164号
邮编 541500
电话 0773－4815801
产品 箱纸板,纱管纸

柳州市造纸厂
广西柳州市柳邕路1区8号
邮编 545005
电话 0772－3225100
产品 卫生纸,滤咀棒纸

鹿寨县糖厂
广西鹿寨县县城
邮编 545600
电话 0772－6811352
产品 书写纸,卫生纸

南宁茅桥造纸厂
广西南宁市新城区长岗岭
邮编 530023
电话 0771－5637402
产品 有光纸

南宁市东印纸业有限公司
广西南宁市友爱南路22号
邮编 530001
电话 0771－2181365,传真 0771－2181366
产品 纸张,印刷物资等经营公司

南宁新阳造纸厂
广西南宁市新阳路北三18号
邮编 530003
电话 0771－3836779,3832179
产品 箱纸板,卫生纸

南宁制糖造纸厂
广西南宁市亭洪路48号
邮编 530031
电话 0771－4830663
产品 书写纸

浦北县万力纸业公司
广西浦北县城解放路70号
邮编 535300
电话 0777－8213757
产品 牛皮纸,马赛克衬纸

田东县造纸厂
广西田东县平马镇南郊
邮编 531500
电话 0776－5222563
产品 漂白商品蔗渣浆,卫生纸

田林县造纸厂
广西田林县城新昌片5号
邮编 533300
电话 0771－7213408,7213384
产品 新闻纸

田阳县造纸总厂
广西田阳县红岭坡
邮编 533600
电话 0776－3213240,3212366
产品 书写纸,有光纸,图画纸

田阳造纸一分厂
广西田阳县田州镇兴华街236号
邮编 533600
电话 0776－3218309
产品 书写纸,有光纸

武鸣县造纸厂
广西武鸣县标营
邮编 530100
电话 0771－6223249
产品 书写纸,箱纸板,瓦楞原纸,白纸板,纸袋纸

玉林市雄鹰纸业
玉林市万花路
邮编 537000
电话 0775－2675232

相关企业

东兴科信机械设备有限公司
广西东兴市新华路 160 号
邮编 538100
电话 0770－7685621
传真 0770－7681721

广西宾阳宏远化工有限公司
广西宾阳县芦圩建委开发区 306 号
邮编 530400
电话 0771－8253134,013907813134
传真 0771－8253134
法人代表 占海云
业务 生产、经营造纸助剂及双氧水,纯碱,片碱,造纸调色剂等

广西桂林轻工机械厂
广西省桂林市翠竹路南巷 4 号
邮编 541002
电话 0733－3836214
产品 造纸、制糖设备,压力容器

广西柳州林业机械厂
广西省柳州市北鹊路 43 号
邮编 545002
电话 0772－2514734
产品 造纸机,脱墨设备

广西南宁市春城助剂厂
广西南宁市五一西路 61 号
邮编 530045
电话 0771－3967341

广西轻工业科学技术研究院
广西省南宁市亭洪路 33 号
邮编 530031
电话 0771－4800448

广西区国营林场开发公司
广西南宁东葛路 129 号
邮编 530022
电话 0771－5633460/461
传真 5633460

广西区造纸工业公司
广西南宁市建政路 49 号
邮编 530023
电话 0771－5626775
传真 0771－5621141

广西印刷物资公司
广西南宁市明秀西路 55 号
邮编 530001
电话 13014990989,传真 3113390

广西玉林市江南造纸器材经营部
玉林市城站路 17 号
邮编 537001
电话 0775－3825202,013907756395

广西玉林市雄鹰印刷物资公司
广西玉林市人民东路 167 号
邮编 537000
电话 0775－8883331,传真 0775－2696415

广西玉林松脂厂
广西玉林市石岭子工业区
邮编 537004
电话 0775－3834220
产品 松香胶,马来松香

广西自治区出版印刷物资公司
广西南宁市园湖南路 15 号
邮编 530022
电话 0771－5877116

桂林三思纸业有限公司
桂林市新顶花园
邮编 541002
电话 0773－2169136,传真 0773－2169136
产品 从事复印纸,传真纸的销售

桂林市亚文松香有限公司
广西全州县新塘坪科技开发园
邮编 541500
电话 0773－4219066,4823456
传真 0773－4812107

桂林中辉煌生物技术有限公司
广西桂林市漓江东路2栋
邮编 541004
电话 0773-5810745,5821237
传真 0773-5810277
网址 www.guilinchungfai.com

明阳生化科技股份有限公司
广西南宁市郊
邮编 530227
电话 0771-4218423
传真 0771-4217441
网址 www.mystarch.com
法人代表 丘科
产品 淀粉,酒精

南宁蚨利莱纸业
广西南宁市民族大道85号南丰大厦第五层B-1
邮编 530022
电话 0771-5892481,传真 0771-5892481
产品 书写纸,胶版纸等文化用纸销售

南宁乐森松香有限公司
广西南宁市园湖南路东一里5号
邮编 530022
电话 0771-5883637,传真 0771-5867346
产品 林产化工产品

侨凤卫生制品有限公司
广西武鸣县里建
邮编 530105
电话 0771-6301311
产品 卫生巾

瑞典 FORITEC AB 造纸咨询公司中国办事处
中国广西梧州市西堤三路1号21座703单元
邮编 543002
电话 13977496774
网址 www.foritec.com

焱鑫制糖造纸机械有限公司
广西省柳州市城站路106号
邮编 545007
电话 0772-3253604
产品 造纸、制糖设备

永丰利机械刀片有限公司
广西省柳州市柳邕路二区3号
邮编 545005
电话 0772-3224776
产品 打浆机、切纸机刀片

中国轻工业南宁设计院
广西南宁市江南路42号
邮编 530031
电话 0771-4821494,传真 0771-4830802

海 南 省

造纸企业

儋州市造纸厂
海南省儋州市那大镇雅拉桥
邮编 571700
电话 0890-23322883,传真 0890-23322972
产品 瓦楞原纸,挂面箱纸板

海南金海浆纸业有限公司
海南省洋浦经济开发区D12
邮编 578101
电话 0898-28821510 28822288
传真 0898-28821260

海口火电公司造纸厂
海南省海口市火电公司造纸厂
邮编 570000
电话 0898-68660754
产品 卫生纸

琼山市造纸厂
海南省琼山市潭口
邮编 571149
电话 0898-65956013
产品 瓦楞纸,挂面箱纸板

顺发纸制品公司
海南省临高县海藻厂内
邮编 571800
电话 0898-28284948

产品 卫生纸

屯昌县造纸厂
海南省屯昌县屯昌镇文化路
邮编 571600
电话 0898-6812723
产品 铝箔衬纸,瓦楞原纸

万州造纸厂
海南省万宁市乐来镇
邮编 571542
电话 0898-62363156
产品 瓦楞纸

重 庆 市

造纸企业

重庆安定造纸总厂
重庆市长寿县关口2号
邮编 401220
电话 023-40514854
产品 文化用纸,瓦楞原纸,箱纸板

重庆北碚宏大集团有限公司
重庆市北碚区澄江镇烟湖滩村
邮编 400701
电话 023-68227747,传真 023-68227747
产品 瓦楞原纸、黄纸板,茶纸板、箱纸板

重庆壁山造纸厂
重庆市壁山县接农镇
邮编 402760
电话 023-41520326
产品 皱纹卫生纸

重庆彩色造纸厂
重庆市梁平县屏锦镇
邮编 405211
电话 023-53512888
产品 彩色纸,火炮纸

重庆长江纸业有限公司
重庆市合川市盐井镇小坝一社
邮编 401531
电话 023-42702288
产品 瓦楞原纸

重庆长松纸业有限公司
重庆市铜梁县福果镇安家沟三多村四社
邮编 402567
电话 023-45671715
产品 瓦楞原纸,茶纸板

重庆陈世模造纸厂
重庆市铜梁县福果镇三多村四社
邮编 402567
电话 023-45571011
产品 土纸

重庆东升造纸厂
重庆市大足县万古镇石牛乡
邮编 402365
电话 023-43450051
产品 瓦楞原纸

重庆飞龙纸业有限公司
重庆市铜梁县蒲莒镇
邮编 402566
电话 023-45488342
产品 皱纹卫生纸

重庆丰都纸业有限公司
重庆市丰都县古家田坝
邮编 408200
电话 023-70623885
产品 瓦楞原纸

重庆富余再生造纸厂
重庆市开县镇东镇农试二社
邮编 405400
电话 023-52270951
产品 有光纸

重庆高峰造纸厂
重庆市垫江县高峰镇
邮编 408328

电话 023-74566148

重庆广达纸业有限公司
重庆市璧山县青杠镇双路居沙咀
邮编 402761
电话 023-41780909
产品 包装纸板

重庆恒丰纸业有限公司
重庆市梁平县七桥镇盐井口
邮编 405212
电话 023-53512105
产品 文化用纸,瓦楞原纸,黄纸板,箱纸板

重庆宏发造纸厂
重庆市大足县石万镇协丰村
邮编 402365
电话 023-43401659
产品 瓦楞原纸,茶纸板

重庆黄泥造纸厂
重庆市万州区分水镇黄泥乡大地村
邮编 404045
电话 023-58432162
产品 瓦楞原纸,茶纸板

重庆虎峰新华纸品厂
重庆市铜梁县虎峰镇
邮编 402567
电话 023-45512169
产品 瓦楞原纸

重庆虎峰纸制品厂
重庆市铜梁县虎峰镇庙湾村
邮编 402567
电话 023-45511233
产品 瓦楞原纸

重庆华兴纸制品厂
重庆市铜梁县华兴镇
邮编 402572
电话 023-4566297
产品 瓦楞原纸,包装纸

重庆健臣纸业有限公司
重庆市大足县邮亭镇玖滩村
邮编 402371
电话 023-43528718
产品 瓦楞原纸,黄纸板

重庆简氏纸业包装有限责任公司
重庆市潼南县双江镇金龙寺
邮编 402675
电话 023-44860588
产品 箱纸板,彩印,纸箱

重庆江津造纸厂
重庆市江津市夏坝镇
邮编 402268
电话 023-47681124
产品 生活用纸、油毡原纸、瓦楞原纸

重庆江南造纸厂
重庆市南岸区鸡冠石镇
邮编 400063
电话 023-62950068
产品 皱纹卫生纸

重庆金禾纸业制品有限公司
重庆市铜梁县华兴镇
邮编 402572
电话 023-45393876
产品 瓦楞原纸,箱纸板

重庆金祥纸业有限责任公司
重庆市开县温泉镇河西
邮编 405423
电话 023-52412255
产品 有光纸,书写纸

重庆久祥纸制品厂
重庆市合川市盐井镇小坝一社
邮编 401531
电话 023-42702219
产品 瓦楞原纸

重庆陵江造纸厂
重庆市北碚区蔡家镇陵江村
邮编 400707

电话 023－68277486
产品 瓦楞原纸、茶纸板

重庆龙都纸业有限公司
重庆市铜梁县巴川镇
邮编 402560
电话 023－65465710
产品 皱纹卫生纸

重庆龙章铜版纸厂
重庆市江北区苗儿石建新西路 52 号
邮编 400022
电话 023－67772686
产品 胶版印刷纸,铜版纸

重庆南川市造纸厂
重庆市南川市西北郊黄桷村
邮编 408400
电话 023－71420130
产品 文化用纸,单面白纸板

重庆彭水纸业有限公司
重庆市彭水县汉葭镇上塘口
邮编 409600
电话 023－78443750
产品 胶版书刊纸

重庆普顺造纸厂
重庆市垫江县普顺镇磨滩二组
邮编 408307
电话 023－74548998
产品 书写纸,有光纸

重庆青杠造纸厂
重庆市壁山县青杠镇
邮编 402761
电话 023－41471951
产品 瓦楞原纸

重庆綦江造纸厂
重庆市綦江县古南镇沙溪口铁路新村
邮编 401420
电话 023－48662185
产品 胶印书刊纸

重庆荣江造纸厂
重庆市永川市临江镇普安村保卫一社
邮编 402184
电话 023－49471376
产品 瓦楞原纸

重庆三江造纸厂
重庆市壁山县大路镇团坝乡
邮编 402772
电话 023－41580078
产品 瓦楞原纸

重庆邵新造纸厂
重庆市梁平县袁驿镇
邮编 405218
电话 023－53635376
产品 瓦楞原纸

重庆盛贸纸业有限公司
重庆市铜梁县安居镇工业园区
邮编 402564
电话 023－45859168
产品 皱纹卫生纸

重庆天城纸业有限公司
重庆市潼南县梓潼镇中间坡 1 号
邮编 402660
电话 023－44551436
产品 箱纸板

重庆天马造纸厂
重庆市铜梁县
邮编 402560
电话 023－45513841
产品 瓦楞原纸

重庆铜龙纸业有限公司
重庆市铜梁县旧县镇滨河路
邮编 402565
电话 023－45422118
产品 火柴纸

重庆潼南造纸厂
重庆市潼南县双江镇
邮编 402675

电话 023－44860388
产品 瓦楞原纸、单面白纸板

重庆潼南第一造纸厂
重庆市潼南县梓潼镇五经坝大桥
邮编 402660
电话 023－44554425
产品 瓦楞原纸,箱纸板

重庆万盛金桥纸业有限公司
重庆市万盛区两河口80号
邮编 400800
电话 023－48280403
产品 瓦楞原纸、箱纸板

重庆万元纸业(集团)有限公司
重庆市万州区五桥南山经济开发区
邮编 404000
电话 023－58960099,传真 023－58961319
产品 胶版印刷纸,打字纸,轻量涂布纸,静电复印纸

重庆武隆造纸厂
重庆市武隆县土坎镇
邮编 408522
电话 023－77731287
产品 雪茄烟纸

重庆吴氏造纸厂
重庆市永川市临江镇普安村保卫一社
邮编 402184
电话 023－49471125
产品 包装纸,火炮纸,瓦楞原纸,茶纸板

重庆夏家坝造纸厂
重庆市铜梁县西泉镇进仕村
邮编 402568
电话 023－45580266
产品 瓦楞原纸,茶纸板

重庆兴财纸业有限公司
重庆市铜梁县旧县镇滨河路
邮编 402565
电话 13609418569
产品 瓦楞原纸

重庆兴龙造纸厂
重庆市大足县石万镇桥胜村
邮编 402365
电话 023－43401523
产品 瓦楞原纸

重庆西泉造纸厂
重庆市江北区盘溪80号
邮编 400021
电话 023－67658179,传真 023－67658096
产品 涂布白纸板,打字纸,中性纸板

重庆永川达江纸业有限公司
重庆永川市望城北路
邮编 402160
电话 023－49827888,传真 023－49827888
产品 餐巾纸

重庆游鸿纸业加工厂
重庆市九龙坡区石板镇何家桥
邮编 401329
电话 023－65742216
产品 皱纹卫生纸

重庆渝凌造纸厂
重庆市垫江县新民镇
邮编 408303
电话 023－74578701

重庆郁山纸板厂
重庆市彭水县郁山镇
邮编 409609
电话 023－78455009
产品 瓦楞原纸

重庆渝欣纸业有限公司
重庆市彭水县汉葭镇上塘口
邮编 409600
电话 023－78413248
产品 胶版印刷纸,静电复印纸,书写纸

重庆渝西纸板厂
重庆市永川市红炉镇
邮编 402194
电话 023－49331215

产品 瓦楞原纸

重庆再生造纸厂
重庆市开县铁桥镇双桥街
邮编 405409
电话 023－52701198
产品 有光纸

重庆珍溪造纸厂
重庆市涪陵区珍溪镇
邮编 408008
电话 023－73302030
产品 瓦楞原纸

重庆治龙纸业有限公司
重庆市铜梁县虎峰镇
邮编 402567
电话 023－45511268

重庆忠县造纸厂
重庆市忠县忠州镇西山路93号
邮编 404300
电话 023－54222985
产品 打字纸,书写纸

重庆中兴造纸有限公司
重庆市开县中兴乡中桥村
邮编 405411
电话 023－52715504
产品 瓦楞原纸,黄纸板,箱纸板

相关企业

重庆市美瑞金云净化工程有限公司
重庆金岛花园
邮编 401147
电话 023－67609895
传真 023－67609895

重庆铜梁轻工机械有限公司
重庆铜梁县巴川镇马家湾138号
邮编 402560
电话 023－45632558
产品 制浆、造纸、废水处理、黑液提取设备

重庆新华化工厂
地址 重庆市潼南县梓潼镇新城90号
邮编 402660
电话 023－87282005
传真 023－87282006
网址 www.xinhuachemical.com
企业负责人 刘崇阳电话 023－87282066,87282088
产品 钛白粉

重庆造纸工业研究设计院
重庆渝中区李子坝正街186号
邮编 400043
电话 023－63862408
传真 023－63000164
网址 www.Cqzzyjy.com
法人代表 孙骏
业务 科技服务;咨询服务,生产玻璃纤维纸系列产品和特种工业用纸。

四 川 省

造纸企业

安县造纸厂
四川省安县睢水镇
邮编 622656
电话 0816－4671342,传真 0816－4671287
产品 静电复印纸,双面胶版纸

成都东星有限公司
成都市一环路北三段南玻商厦A座1606室
邮编 610081
电话 028－83398850 83478336
传真 028－83398850
网址 www.star1108.com.cn
产品 纸张加工,销售进口白卡纸,白牛皮纸,铜版纸,美纹原纸,口杯纸,名片纸,特种纸等

成都恩威集团公司
四川省成都市高新区创业路28号
邮编 610041
电话 028－5197505,传真 028－5197506
产品 卫生巾,卫生护垫

成都海阳实业有限公司
成都市武候区机投镇九架车村
电话 028-7446127 7432558
传真 028-7432558
产品 纸张深加工

成都米斯特州纸业有限公司
四川省成都市新都区龙安
邮编 610501
电话 028-83071178,传真 028-83071186
网址 www.mrzhou.com

成都珉山纸业有限公司
成都市成华西 22 号
邮编 610081
电话 028-3190471,传真 028-3195527
网址 www.cdmszy.com

成都郫县中信纸制品厂
四川省郫县唐昌镇外北街
邮编 611700
电话 028-87869151
产品 生活用纸

成都市崃山纸业有限公司
四川省邛崃市西部造纸路 11 号
邮编 611530
电话 028-88791961
传真 028-88792577
网址 www.schmgroup.com
法人代表 杨翠明

成都市三力纸业有限责任公司
四川省蒲江县鹤山镇城东一路 39 号
邮编 611630
电话 028-8550760,传真 028-8550976
产品 挂面箱纸板,牛皮纸

成都市西岭造纸厂
四川省大邑县晋源镇滨河路西桥侧
邮编 611330
电话 028-8224177,传真 028-8224177
产品 高强瓦楞原纸

成都市玉虹造纸厂
四川省成都市青白江区城厢外东关山
邮编 610306
电话 028-3686758
传真 028-3686882
产品 新闻纸,生活用纸

成都天天纸业有限公司
四川省彭州市升平乡双峰村
邮编 528411
电话 028-83806888,传真 028-83805488
产品 生活用纸

成都万盛纸业发展有限公司
四川省成都市一环路西一段 123 号
邮编 610000
电话 028-7021459,传真 028-7017095
网址 www.wszy.soim.net
产品 轻涂纸,无尘纸

成都印钞公司
四川成都温江新建路 60 #
邮编 611130
电话 028-2723590-2078
传真 028-2722138

成都造纸一厂
四川省成都市锦江区琉璃乡柳江工业园
邮编 610063
电话 028-5912317,传真 028-5911552
产品 卷烟纸,滤嘴棒纸

崇州市白石纸厂
四川省崇州市白石镇
邮编 611230
电话 028-82392485
产品 卫生纸

德昌小高造纸厂
四川省德昌县
邮编 615504
电话 0834-5145018
产品 纸板

富顺县安溪纸业有限公司
四川省富顺县安溪镇
邮编 643219
电话 0813－7480335
产品 纸板

广安市拓世纸业有限公司
四川省广安市观塘镇三台梨子滩
邮编 638550
电话 0826－2731093
产品 生活用纸

合江银月亮纸业公司
四川省合江县榕山镇
邮编 646207
电话 0830－5477806
产品 瓦楞原纸

恒利纸品有限公司内江分公司
四川省内江市东兴区红牌路192号
邮编 641100
电话 0832－2270288
产品 卫生巾

洪雅县星星造纸厂
四川省洪雅县洪川镇封河坝
邮编 612360
电话 0833－7490156，传真 0833－7490156
产品 卫生巾，餐巾纸

江安底蓬造纸厂
四川省江安县
邮编 644200
电话 0831－2550028
产品 竹浆牛皮包装纸

乐跃造纸厂
四川省德昌县乐跃乡
邮编 615506
电话 0834－5190071
产品 文化用纸

隆昌大江纸业有限公司
四川省隆昌县
邮编 642351
电话 0832－3150039
产品 纸板，瓦楞原纸

泸州巨森纸业有限公司
四川省泸州市纳溪区渠坝乡
邮编 646300
电话 0830－4390666 4399015
传真 0830－4390777 4399030
产品 牛皮纸，胶版纸，打字纸，书写纸，信封专用纸

泸州向林造纸厂
四川省叙永县向林
邮编 646414
电话 0830－6622425
产品 牛皮纸

绵阳市涪江造纸厂
四川省绵阳市塘涪镇
邮编 621000
电话 0816－2840234，传真 0816－2840231
产品 箱纸板，白纸板

沐川县健全造纸厂
四川省沐川县
邮编 614500
电话 0833－4604268
产品 纸板，瓦楞原纸

南昌西溪纸板厂
四川省西昌西溪
邮编 615025
电话 0834－3762106
产品 纸板

南溪县洪州造纸厂
四川省南溪县
邮编 644100
电话 0831－3322921
产品 瓦楞原纸，竹浆牛皮纸

宁夏美利纸业股份有限公司成都分公司
宁夏白马寺万担仓商业南街
邮编 610081
电话 028－3349496
传真 028－3349497

平昌县纸业有限责任公司
四川省平昌县江口镇
邮编 635400
电话 0827－6221204
产品 文化用纸，纸板

渠江糖厂
四川省渠县
邮编 635200
电话 0818－7322068
产品 胶印书刊纸

润林实业公司名山顺成造纸厂
成都人民北路一段 12 号
邮编 610081
电话 028－83406073 13908188630
传真 028－83175446
产品 主营新闻纸

三台生活用纸制造有限公司
四川省三台县潼川镇南河路 48 号
邮编 621100
电话 0816－5229928，传真 0816－5221277
产品 生活用纸

四川长江包装纸业股份有限公司
四川省宜宾市马鞍石
邮编 644004
电话 0831－3601026，传真 0831－3601999
产品 工业包装纸

四川长宁县竹海纸业有限公司
四川省长宁县城南路 122 号
邮编 644300
电话 0831－4690996，传真 0831－4690165
产品 牛皮纸

四川成都华峰铝箔纸厂
成都金牛区跃进村
邮编 610036
电话 028－87504425，传真 028－87519202

四川东河钞票纸厂
四川省旺苍县百丈乡滩坝（四川省旺苍县 682 信箱）
邮编 628200
电话 0824－8422924，传真 0824－8423966

四川广元宝庆纸业有限公司
四川省广元市宝轮镇
邮编 628003
电话 0839－8550611，传真 0839－8550607
产品 防锈原纸，半透明纸，电话纸，电缆纸，牛皮纸，胶带原纸

四川合江银月亮纸业有限公司
四川省合江县榕山镇长江路 5 号
邮编 646207
电话 0830－5477806，传真 0830－5477917
产品 打字纸，书写纸，胶版纸，包装纸

四川宏日集团裕通纸业
四川峨眉山市白龙北路 2 号
邮编 614200
电话 0833－5524540

四川洪雅星星造纸厂
四川省洪雅县
邮编 612360
电话 0833－7490156
产品 文化用纸

四川华泰实业股份有限公司
四川省旌阳开发区太华北街北段
邮编 618000
电话 0838－2800699，2800412
传真 0838－2800699
产品 静电复印纸，胶印纸

四川锦丰纸业股份有限公司
四川成都温江 成都海峡两岸科技产业园锦丰大道
邮编 611137
电话 028－82630751
传真 028－82630174
网址 jfpaper.com
法人代表 黄英豪
产品 卷烟纸及卷烟工业配套纸产品

四川金同纸制品有限公司
四川省成都市营门口路 88 号 508 室
邮编

电话 028－7751309，7650974
传真 028－7751381，7650519
网址 www.sjtpp.com

四川乐山佳印纸业有限责任公司
四川省乐山市
邮编 614500
电话 0833－2497332，传真 0833－2497329
产品 无碳纸生产销售及票据印刷

四川眉山丰华纸业有限公司
四川眉山市东坡区
邮编 620030
电话 0833－8010182 13808166303
传真 0833－8010068

四川绵竹西南卫生用品厂
四川绵竹
邮编 618200
电话 13060112315 13038251177
产品 包装纸，有色纸，有胶纸，无胶纸

四川名山蒙丁纸业有限公司
四川省名山县城西镇梨花岗
邮编 625100
电话 0835－3228308
产品 牛皮纸

四川名山蒙顶山纸业有限公司
四川名山县蒙阳镇西郊
邮编 625100
电话 08641－3238208，传真 08641－3228308

四川明珠纸业有限责任公司
四川省乐山市沙湾葫芦镇
邮编 614500
产品 双面胶版纸，书写纸，箱纸板，白纸板，新闻纸

四川南充神马佛教用品公司
四川南充市延安路60号3栋
邮编 637000
电话 13990897610
传真 0817－2233951

四川邛崃骑龙山造纸厂
四川邛崃市新南桥
邮编 611530
电话 028－88743117，传真 028－－88743117

四川邛崃市崃山纸板厂
四川省邛崃市西郊造纸路11号
邮编 611530
电话 028－88791788
产品 纸板

四川省春飞日化(集团)有限公司
四川省南充市嘉陵区南干道春飞路1号
邮编 637005
电话 0817－3631077，传真 0817－3631077
产品 卫生巾

四川省巴中市玉兴纸业公司
四川省巴中市印合路三号
邮编 636000
电话 0827－5221973，传真 0827－5221973
产品 纸制品加工，经销

四川省成都嘉华纸业有限公司
四川省成都市一环路南一段55号
邮编 610000
电话 028－85437170 85452551
传真 028－85448650
网址 www.jiahuapaper.ebigchina.com
产品 优质静电复印纸

四川省德昌县康乐纸厂
四川省德县乐跃镇龙洞营
邮编 615506
电话 0834－5190135
产品 卫生纸

四川省高县华盛纸业有限公司
四川省罗场镇
邮编 645155
电话 0831－5251666，传真 0831－5251699
产品 牛皮纸

四川省共研轻工机械厂
乐山市井研县研城镇和平街114号

邮编 613100
电话 0833－3715668 5978333
传真 0833－3711459
产品 造纸机,整饰完成设备

四川省夹江恒盛纸业有限责任公司
四川省乐山市夹江县甘江镇
邮编 614102
电话 0833－5771666,传真 0833－5772066
产品 中、高档生活用纸

四川省嘉乐造纸厂
四川省乐山市市中区徐家扁街 68 号
邮编 614000
电话 0833－2134532,传真 0833－2134757

四川省犍为凤生纸业有限责任公司
四川省犍为县城北凤凰山
邮编 614400
电话 0833－4251386,传真 0833－4254579
产品 白色及彩色打字纸

四川省江安县底蓬造纸厂
四川省江安县底蓬镇环场街 48 号
邮编 644211
电话 0831－2550163,13056647060
传真 0831－2550150

四川省江安县蜀星造纸厂
四川省江安县底蓬镇环场街 48 号
邮编 644211
电话 0831－2550163 13086544395
传真 0831－2550150
网址 www.scshuxing.com

四川省津诚纸业有限公司
四川省成都市新津县邓双工业区
邮编 611430
电话 028－82590996 13980664432
传真 028－82591958
产品 新闻纸,特种工业用纸

四川省眉山市东坡区五皇纸厂
四川省眉山市东坡区复兴乡五皇村
邮编 620010
电话 0833－8338809,传真 0833－8200977
产品 水写毛笔用纸(黑底)

四川省南充春飞卫生制品有限公司
四川省南充市嘉陵区都尉路 1 号
邮编 637005
电话 0817－3631802,传真 0817－3631802
产品 卫生纸,卫生巾

四川省内江市造纸厂
四川省内江市中区太子碑
邮编 641000
电话 0832－2022501

四川省青城造纸厂
四川省都江堰市火车站
邮编 611832
电话 028－7150658,7150226
传真 028－7150012

四川省通江县双荣卫生用品厂
通江县造纸厂
邮编 636700
电话 13550470878
产品 卫生纸 迷信纸

四川省西龙纸业有限公司
四川省青神县西龙镇
邮编 620460
电话 0833－8940033,传真 0833－8940078
网址 xilongpaper.nease.net
产品 书写纸,静电复印纸,双胶纸

四川省雅安康大造纸厂
四川省雅安市青江路 1 号
邮编 625000
电话 0834－2820377
传真 0834－2820237

四川省宜宾昌宏纸业有限责任公司
四川省宜宾市南岸经济技术开发区莱园沱
邮编 644002
电话 0831－2330497,传真 0831－2335964
产品 白纸板,瓦楞原纸,牛皮箱纸板,防水箱纸板

四川省宜宾市李庄糖厂
四川省宜宾市翠屏区李庄镇
邮编 644009
电话 0831－2440047,传真 0831－2440047
产品 高强瓦楞原纸

四川省中川造纸厂
四川省乐山市沙湾区
邮编 614900
电话 0833－3445090,传真 0833－3441953

四川松源科技发展公司
成都市古楼南街 117 号世界贸易中心 B1204 号
邮编 610017
电话 028－6611275,传真 028－6612532
网址 www.sunyuan.com
产品 纸品生产

四川天华包装有限公司
四川省绵阳市玉泉路 42 号
邮编 621000
电话 0816－6330951,传真 0816－6330717
产品 专业生产瓦楞纸箱,彩盒及与纸品有关产品

四川汶江纸业有限公司
四川省绵阳市安县黄土镇
邮编 622652
电话 0816－4621263 0816－4621263
传真 0816－4621326

四川锡成纸业有限公司
四川省都江堰市蒲阳路下段 198 号
邮编 611830
电话 028－87150226,传真 028－87107201
产品 电容器纸,打字纸,无碳复写原纸

四川雅安地区造纸厂
四川雅安市青江路 1 号
邮编 625000
电话 0834－2820776,传真 0834－2821014

四川永丰纸业股份有限公司
四川省沐川县永福镇
邮编 614500
电话 0833－4651066
传真 0833－4651066
网址 jfpaper.com
法人代表 吴和均
产品 打字纸,双面胶版印刷纸,静电复印原纸,静电复印纸

四川友邦企业有限公司
四川省广汉市向阳工业园区
邮编 618300
电话 0838－5400011
传真 0838－5400158
产品 一次性纸内裤,成人护理垫,一次性口罩,帽子,手术衣,面巾纸

香城纸业
四川成都新都竹友工业开发区
邮编 610505
电话 028－83021245,传真 028－83021678
网址 www.xiangchengzhiye.com
产品 生活用品

新繁造纸厂
四川省新都县新繁镇
邮编 610501
电话 028－83080424
产品 卫生用纸

新旺纸业有限公司
四川省新都县马家镇
邮编 610508
电话 028－83900113
产品 新闻纸

雅安中竹纸业有限责任公司
四川省雅安市雨城区姚桥镇
邮编 625000
电话 0835－2850816
传真 0835－2850092
网址 www.zzp.com.cn
企业负责人 李明刚 电话 0835－2850801
产品 漂白硫酸盐竹浆,胶版印刷纸

宜宾市宏远纸业有限公司
四川省宜宾市南岸开发区
邮编 644015

产品 白纸板,箱纸板

宜宾市屏山龙华造纸厂
四川省屏山县
邮编 645300
电话 0831－5760278
产品 竹浆牛皮纸,包装纸

宜宾纸业股份有限公司
四川省宜宾市岷江西路54号
邮编 644007
电话 0831－3551890,3552931
传真 0831－3551965
产品 胶印新闻纸,牛皮纸,竹浆板

中竹纸业(集团)有限公司
四川省成都市
邮编 610031
电话 028－86946688,传真 028－86945555
产品 竹木浆,文化用纸,新闻纸

梓潼兰星造纸厂
四川省梓潼县
邮编 622100
电话 0816－8400231
产品 文化用纸

自贡市卫生纸厂
四川省自贡市
邮编 643210
电话 0813－3860169
产品 卫生纸

纵横纸业有限公司
四川省德阳市八角井镇
邮编 618003
电话 0838－2600016
产品 黄纸板

相关企业

奥科工控技术开发有限公司
四川绵阳市绵兴路西段40号
邮编 621000
电话 0816－2531108
产品 ZNS－纸浆浓度实时控制仪,特殊防腐型ZNS－纸浆浓度控制仪

邦贝化学公司
成都市武侯区机投镇九架车村
邮编 610041
电话 028－87440925 85198067
传真 028－85172496
产品 干强剂

成都岸宝商贸有限公司
成都市线香街109号五楼
电话 028－6621600 6621900
传真 028－6621880
产品 进口、国产新闻纸,白纸板,白卡纸,口杯纸,牛皮纸

成都工业用呢总厂
四川省成都市青羊区文家
电话 028－87074323,87074901
邮编 610091

成都汉发贸易有限责任公司
成都市五丁路17号
邮编 610031
电话 028－3412206
传真 028－3412206
网址 www.sina.com
产品 经营美国牛卡

成都环龙工业用呢有限责任公司
营销地址 成都市清江东路312号蓝谷商务楼6楼
电话 028－87339169
传真 028－87339169
厂址 成都市青羊区文家乡张家碾
邮编 610091
电话 028－87074901 87074323
传真 028－87071729
网址 http://www.hl－cd.cn/
产品 压榨毛毯

成都华兴纸业有限责任公司
成都市白马寺北顺街55号
邮编 610081
电话 028－3182555,传真 028－3197072

产品 销售打字纸,牛皮纸,书写纸,双胶纸,铜版纸

成都嘉华纸业有限公司
成都一环路南一段 55 号
邮编 610065
电话 13980755117,传真 028-85448650
产品 批发小包装静电复印纸

成都三丰造纸助剂公司
四川成都市武侯区永丰乡太平村 7 组
邮编 610041
电话 028-85063086
产品 分散松香胶,乳化剂

成都市东星明瑞贸易有限公司
成都市一环路北三段南玻商厦 A 座 1606 室
邮编 610081
电话 028-83398850,传真 028-83398850

成都市晶都超细粉体厂
四川成都市外犀浦镇
邮编 611731
电话 028-87851102
产品 超细重质碳酸钙

成都拓世达科技有限公司
成都市武侯区洗面桥街 9 号
邮编 610041
电话 028-85537128 85537138
传真 028-85571538
网址 www.cn-topstar.com

成都希望森兰变频器制造有限公司
成都西南航空港经济开发区机场路 181 号
邮编 610225
电话 028-85964751 85962579
传真 028-85965772

成都旭东纸业有限公司
成都市双林路 1 号万年商贸大厦 501
邮编 610066
电话 028-4373167,传真 028-4364329
网址 www.guanhao.com
产品 经营冠龙,冠豪,新港公司生产的无碳复写纸原纸,无碳复写纸,热敏传真纸,复印纸,打印纸等系列产品

成都志豪实业有限公司
成都市一环路南二段
邮编 610000
电话 028-89051977 13008186966
传真 028-85553618
网址 www.zhihaopaper.com
产品 经营无碳复写纸,热敏纸,喷墨打印纸,印刷腹膜,有光膜,消光膜等印刷

成都纸网厂
成都市温江新西路 336 号
邮编 611130
电话 028-2722551,传真 028-2725907

都江堰钙品股份有限公司
四川都江堰市工业区
邮编 611830
电话 028-87283139
传真 028-87283339
法人代表 王良金
产品 造纸碳酸钙

恒安(四川)卫生用品有限公司
四川省成都市高新区创业路 38 号
邮编 610041
电话 028-5193227
传真 028-5183988
产品 卫生巾

华夏纸业论坛
四川省成都市光荣北路 11 号 1 号楼 2-11 室
邮编 610031
电话 028-7650974,传真 028-7650519
网址 www.paperx.163.net

金光纸业(中国)投资有限公司成都办事处
成都市人民中路二段 35 号中银大厦 2809 室
邮编 610031
电话 028-6402704-28,传真 028-6402789

锦华工业用呢有限责任公司
四川省广汉市西湖路中段
邮编 618300

电话 0838－5303269

开明包装装璜厂
四川绵阳市石塘路 16 号
邮编 621000
电话 0816－2390186,传真 0816－2382546

乐山市泰辉机械制造有限公司
四川省乐山市市中区海棠路 67 号
邮编 614000
电话 0833－2102226
传真 0833－2121377
法人代表 范兴辉
产品 纸板机、浆板机、文化纸机、涂布机、压光机

绵阳海天斯威福特自动化有限公司
四川省绵阳市高新区火炬东街 47 号
邮编 621000
电话 0816－2536111 2531333
传真 0816－2543408
网址 www.seasky－swift.com
法人代表 张亮
产品 制浆造纸、化工、电厂、垃圾处理等行业生产过程自动化控制

绵阳星恒节能环保有限公司
四川省绵阳市梓潼县城外北街 92 号
邮编 622150
电话 0816－8212197 8260288
传真 0816－8212219
网址 www.my.gov.cn/xh/xh.asp
产品 蒸汽回收,除尘

绵阳助友化工工业有限公司
四川三台县北泉路北塔
邮编 621100
电话 0816－5331070
产品 绒毛浆用助剂

攀枝花钢铁公司钛业公司
四川攀枝花攀钢钛业销售处
邮编 617063
电话 0812－6620418
产品 钛白粉

邛崃市国宇变性淀粉厂
四川省邛崃市泉水镇
邮编 611535
电话 028－88752280
产品 变性淀粉

渠县卫生用品厂
四川省渠县江镇东大街长青路 5 号
邮编 635200
电话 0818－7301680
产品 餐巾纸,卫生巾

蓉丰化工有限责任公司
四川成都二环路南三段 5 号
邮编 610041
电话 028－85063086
产品 涂布胶乳,膨化剂

三星昵业有限责任公司
四川省广汉市东门口
邮编 618300
电话 0838－5231186

四川高达科技有限公司
四川省绵阳市 106 信箱
邮编 640000
电话 8008861199 0816－2489999
传真 0816－2281210
网址 www.scgdkj.com
产品 自动化技术

四川工艺品进出口公司
成都市人民中路 3 段 16 号
邮编 610031
电话 028－6219071,传真 028－6631951
网址 www.sacie.com
产品 经营纸浆及纸张

四川省川眉芒硝有限责任公司
四川省眉山市东坡区眉象路 384 号
邮编 620010
电话 0833－8398230,传真 0833－8380326
网址 www.chuanmei.ebigchina.com

四川省都江堰华西轻工机械有限责任公司
四川省都江堰市青城路3号
邮编 611830
电话 028-87284625
传真 028-87284625
网址 www.scqgjxc.com
产品 真空泵浆泵

四川省鹏飞纸业有限公司
四川省江安县底蓬镇商业街13号
邮编 644211
电话 0831-2550163 13688297316
产品 经销高中低档面巾纸，卫生巾，牛皮包装纸，信封专用纸，再生纸袋纸

四川省宜宾市造纸旋转接头厂
四川省宜宾市青年街5号
邮编 644000
电话 0831-8223747
传真 0831-8224270
产品 旋转接头，密封件

四川省资中县隆升机械有限公司（原资中轻工机械厂）
四川省资中县城区永兴路28号
邮编 641200
电话 0832-5510532
传真 0832-5529418
网址 www.zzlsjx.com
企业负责人 罗永建
产品 制浆设备，黑液及中段废水处理设备、城市生活污水处理设备、中小型制糖设备的设计、制造和研发

四川省纸联浆纸有限公司
四川省成都市福兴街30号
邮编 610016
法人代表 孟英和
电话 028-86754023
传真 028-86740587
业务 供应造纸纤维原料及专、辅材料

宜宾长江造纸仪器厂
四川省宜宾市马鞍石
邮编 644004
电话 0831-3601740
产品 造纸检测仪器

宜宾市纺织器材厂
地址 四川宜宾市南岸蜀南大道西段5号
邮编 644002
电话 0831-2382278
传真 0831-5193308
法人代表 高祥林
产品 聚四氟乙烯密封件，机械密封圈、管套、轴套，复卷机轴承，烘缸旋转进汽接头，蒸球进汽和喷放接头

宜宾造纸机械厂
四川宜宾市育才路4号
邮编 644007
电话 0831-7817138
传真 0831-7817135
网址 www.yzj.com.cn
产品 4800mm幅宽以下，车速600m/min以内的各种文化纸机、包装用纸机、卫生纸纸机、箱纸板机、浆板机和特种纸纸机

自贡银化纸业经营部
四川省自贡市自流井区塘坎上路48#
邮编 643000
电话 0813-2209315
产品 批发，零售各类纸张

贵州省

大方县造纸厂
贵州省大方县庆春街106号
邮编 551600
电话 0857-5221080
产品 瓦楞原纸

都匀市匀阳造纸厂
贵州省都匀市广惠路33号
邮编 558000
电话 0854-8222858
产品 卫生纸

都匀顺发纸业有限责任公司
贵州省都匀市大坪镇马寨村
邮编 558000
电话 0854-8222593

产品 白皮纸,纸袋纸,卫生纸

凤冈县天河纸业股份合作公司
贵州省凤冈县解放路
邮编 562400
电话 0852－5222597
产品 卫生纸

贵定卷烟厂劳司造纸厂
贵州省贵定县城关
邮编 551300
产品 水松纸,铝箔纸

贵阳市乌当水田造纸厂
贵州省贵阳市乌当水田乡
邮编 550018
电话 0851－6160113
产品 卫生纸

贵阳新华印刷厂造纸厂
贵州省贵阳市友谊路186号
邮编 550001
电话 0851－6745179
产品 卫生纸

贵州红枫纸有限公司
贵州省清镇市
邮编 551400
电话 0851－5951507
产品 箱纸板

贵州凯里造纸厂
贵州省凯里市挂丁
邮编 556009
电话 0855－8230795
传真 0855－8420746
产品 胶印书刊纸、双面胶版纸

贵州省都匀顺发纸业有限责任公司
贵州省都匀市环东北路81号
邮编 558000
电话 0854－8224598
传真 0854－8235606
产品 纸袋纸

贵州省华一造纸厂
贵州省赤水市金华办事处
邮编 564707
电话 0852－2822015,传真 0852－2822015
产品 双面胶版纸

贵州省遵义县新舟造纸厂
贵州省遵义县新舟镇
邮编 563127
电话 0852－7341069
传真 0852－7341010
产品 静电复印纸,双面胶版纸

解放军5708厂加工纸厂
贵州省贵阳市磊庄
邮编 550035
电话 0851－3851306
产品 铝箔纸,金、银卡纸

金沙县禹漠造纸厂
贵州省金沙县禹漠镇泡木湾
邮编 551804
电话 0857－7721723
产品 卫生纸

金沙县造纸厂
贵州省金沙县新建路35号
邮编 551800
电话 0857－7223484
产品 卫生纸

锦民间县晨辉纸业有限责任公司
贵州省锦民间县三江镇
邮编 556700
电话 0855－7221177
产品 纸袋纸

锦屏县造纸厂
贵州省锦屏县三江镇
邮编 556700
电话 0855－7221177
产品 纸袋纸

凯里纸板厂
贵州省凯里市鸭塘

邮编 556000
电话 0855－8224460
产品 箱纸板

黎平德顺纸业有限公司
贵州省黎平县德顺乡水牛岩
邮编 556809
电话 0855－6223048
产品 纸袋纸

六枝造纸厂
贵州省六枝经济开发区
邮编 553400
电话 0858－5325770
产品 卫生纸,包装纸

仁怀市天鹅纸业有限公司
贵州省仁怀市三元
邮编 564507
电话 0852－2320178
产品 白皮纸,包装纸

仁怀市徐坤纸业有限公司
贵州省仁怀市三元新街
邮编 564507
电话 0852－2320198
产品 白皮纸,书写纸

水城华夏造纸厂
贵州省水城县人民东路
邮编 553000
电话 0858－8222858
产品 卫生纸

绥阳县染纸厂
贵州省绥阳县城关金承路 33 号
邮编 563300
电话 0852－6221096
产品 各种染纸

铜仁造纸厂
贵州省铜仁市沿江路 36 号
邮编 554300
电话 0856－5222412
产品 牛皮箱纸板,漂白竹浆

兴仁县陆关造纸厂
贵州省兴仁县摆布河
邮编 562300
电话 0859－6211027
产品 炸药卷纸,书写纸,打字纸

正安县造纸厂
贵州省正安县城关镇
邮编 563400
电话 0852－6422691
产品 卫生纸

遵义市广兴造纸厂
贵州省遵义市南白镇
邮编 563100
电话 0852－7228129
产品 卫生纸

遵义市新舟造纸厂
贵州省遵义市新舟镇
邮编 563127
电话 0852－7341069
产品 双胶纸,书写纸

相关企业

贵州省轻工科研所
贵州省贵阳市沙冲中路 45 号
邮编 550002
电话 0851－5791217

贵州石油化工机械厂
贵州省贵阳市市晒田坝 26 号
邮编 550002
电话 0851－5937467
产品 压力容器,锅炉等

康贝尔科技公司
贵州省贵阳市蟠桃宫路电力培训中心后楼
邮编 550015
电话 0851－5921576,传真 0851－5627941
产品 一次性医用护理垫

云南省

造纸企业

安宁市造纸厂
云南省安宁市温泉路0.5公里处
邮编 650300
电话 0871－8699374
产品 卫生纸

保山地区造纸厂
云南省保山市龙泉路
邮编 678000
电话 0875－2122005
产品 书写纸,双胶纸,书刊纸

大理市洱滨造纸厂
云南省大理市洱海路1号
邮编 671000
电话 0872－2125695
产品 铝箔初纸,水松原纸,打字纸

大理舒乐卫生纸品有限公司
云南省大理市下关人民北路89号
邮编 671000
电话 0872－2269899
传真 0872－2221503
产品 卫生巾,护垫

大理州鹤庆纸业有限公司
云南省鹤庆县金墩
邮编 671500
电话 0872－4121093
产品 书写纸,原红纸

东川糖厂
云南省昆明地区东川市
邮编 654100
电话 0871－2421013
产品 瓦楞原纸

峨山糖纸集团化念造纸厂
云南省峨山县化念镇
邮编 653202
电话 0877－4071113
产品 双胶纸,书写纸

凤庆鹏程纸业(集团)有限公司
云南省凤庆县
邮编 675900
电话 0883－4211274
产品 牛皮纸,瓦楞原纸,卫生纸

个旧市凌霖造纸厂
云南省个旧市乍甸水龙井
邮编 661409
电话 0873－2671099
产品 瓦楞原纸

开远泸江纸业有限责任公司
云南省开远市乐百道
邮编 661600
电话 0873－7223348
产品 卫生纸,瓦楞原纸,箱纸板

昆明爱华卫生制品有限责任公司
云南省昆明市二环西路449号
邮编 650101
法人代表 何浩然
电话 0871－8310051
传真 0871－8320196
网址 www.kmaihua.com/cn
产品 生活用纸(卷纸、餐巾纸、面巾纸、盆抽、纸杯)

昆明好好纸业有限公司
云南省昆明市大普吉省委农场
邮编 650200
电话 0871－4578497,传真 0871－4584760
产品 卫生巾,卫生纸,纸巾

昆明善美纸业有限公司
云南省昆明市滇池路四公里处转柳苑度假村方向
邮编 650228
电话 0871－4165563,传真 0871－4624187
产品 卫生巾,卫生护垫,卫生纸,餐巾纸

昆明市福保造纸厂
云南省昆明市官渡区福保乡
邮编 650228
电话 0871－7167993,7174771
产品 箱纸板,瓦楞原纸

昆明市金家造纸厂
云南省昆明市官渡区六甲乡
邮编 650228
电话 0871－7173216
产品 箱纸板,瓦楞原纸

昆明市造纸厂
云南省昆明市西郊
邮编 600106
电话 0871－8181340
产品 卫生纸,瓦楞原纸

丽江新华造纸厂
云南省丽江县石鼓镇
邮编 674115
电话 0888－5471021,传真 0888－5471145
产品 新闻纸,胶印书刊纸,双面胶版纸

梁河县造纸厂
云南省梁河县
邮编 679200
电话 0692－6161186
产品 牛皮纸,瓦楞原纸

临沧林纸(集团)有限责任公司
云南省临沧县
邮编 677011
电话 0883－2123306,传真 0883－2123306
产品 高强瓦楞原纸,箱纸板,纸袋纸

临沧造纸厂
云南省临沧县芒畔乡
邮编 677011
电话 0883－2135492
产品 纸板

临沧纸业有限责任公司
云南省临沧县
邮编 677011
电话 0883－2123304
产品 纸袋纸,箱纸板,瓦楞原纸

泸西县造纸厂
云南省泸西县
邮编 652400
电话 0873－6621536
产品 箱纸板

陆良县造纸厂
云南省陆良县环城区西桥街
邮编 655600
电话 0874－6333091,传真 0874－6333091
产品 胶印书刊纸

潞西市芒市造纸厂
云南省潞西市
邮编 678400
电话 0692－2293146
传真 0692－2293175
产品 高强瓦楞原纸,牛皮卡纸,牛皮纸

蒙自县造纸厂
云南省蒙自县
邮编 661100
电话 0873－3642341
产品 箱纸板,瓦楞原纸

瑞丽市造纸厂
云南省瑞丽市姐勒区
邮编 678600
电话 0692－4900032,传真 0692－4900031
产品 牛皮纸,纸袋纸

宜良县左营造纸厂
云南省宜良县蓬莱乡左营村
邮编 652100
电话 0871－7595929
产品 箱纸板

玉溪市第一造纸厂
云南省玉溪市东风水库
邮编 653100
电话 0877－2021180
产品 箱纸板,瓦楞原纸

玉溪市高仓造纸厂
云南省玉溪市高仓镇
邮编 653100
电话 0877－2076532
产品 白纸板,灰底涂布白纸板

玉溪市光华造纸厂
云南省玉溪市大营街
邮编 653103
电话 0877－2782166
产品 水松原纸,铝箔衬纸

玉溪市水松纸厂
云南省玉溪市大营街
邮编 653103
电话 0877－2771667
产品 凹印水松纸

云丰造纸厂
云南省昆明市西山地区海口镇
邮编 650114
电话 0871－8590226
传真 0871－8590470
产品 铜版纸,双面胶版纸,挂面箱纸板,白纸板,纸袋纸

云南安宁珍泉纸业有限责任公司
云南省安宁市温泉路 1 公里处
邮编 650300
电话 0871－8690757
产品 卫生纸,餐巾纸,卫生巾

云南大理造纸股份有限公司
云南省大理市下关北郊
邮编 671000
电话 0872－2225555,传真 0872－2223645
产品 高强瓦楞原纸,强韧箱纸板,牛皮卡纸,纸袋纸

云南大理纸箱厂
云南省大理市
邮编 671000
电话 0872－2175736
产品 瓦楞原纸

云南红塔蓝鹰纸业有限公司
云南省建水县南营寨
邮编 654300
电话 0873－7652341,传真 0873－7652061
产品 卷烟纸,水松纸,滤咀帮成型纸

云南江川翠峰纸业有限公司
云南省玉溪市江川县江城镇翠峰
邮编 652601
电话 0877－8095268,传真 0877－8095268
产品 卫生纸,餐巾纸,特种白纱棉纸

云南江川翠峰纸业有限公司双江华峰分公司
云南省双江县勐勐镇
邮编 677300
电话 0883－7641916
传真 7641916,7641136
法人代表 李吉华
产品 竹浆板,生活用纸

云南科海电子有限公司
云南省昆明市环城东路 130 号
邮编 650051
电话 0871－3385999,传真 0871－3312778
网址 www.sciencesea.chinapaper.net
产品 打印纸,复印纸

云南丽江县造纸厂
云南省丽江县南口
邮编 647100
电话 0888－5179145,传真 0888－5179145
产品 静电复印纸,双面胶版纸

云南陆良银河纸业有限公司
云南省陆良县西桥
邮编 655600
电话 0874－6332166
产品 胶印书刊纸,铝箔衬纸,水松原纸

云南省梁河县造纸厂
云南省梁河县庶岛镇南甸路 55 号
邮编 679200
电话 0692－6161325,传真 0692－6161325
产品 瓦楞原纸,牛皮箱纸板,牛皮卡纸,牛皮纸,纸袋纸

云南省潞西市芒市造纸厂
云南省潞西市芒市
邮编 678400
电话 0692－2110656
产品 牛皮纸，高强瓦楞原纸

云南省施甸县纸箱纸板厂
云南省施甸县由旺镇老邓桥
邮编 678206
电话 0875－8881096
产品 纸板

云南省文山州造纸厂
云南省文山县
邮编 663000
电话 0876－2184003
产品 书写纸，卫生纸

云南腾云纸业有限公司
云南省腾冲县城关镇五子李家巷 24 号
邮编 679100
电话 0875－5183918
产品 牛皮卡纸，牛皮纸，纸袋纸

云南文山壮族苗族自治州造纸厂
云南省文山县城西郊
邮编 663000
电话 0876－2184003
产品 新闻纸

云南云景林纸股份有限公司
云南省思茅地区景谷县威远镇 48 号
邮编 666400
电话 0879－5410198，55410003
传真 0879－5410193，5410146

昭通地区造纸厂
云南省昭通市龙葡萄井
邮编 657004
电话 0870－2861018
产品 凸版纸，书写纸，纸板，瓦楞原纸

开远市明威有限公司
云南省开远市中寨
邮编 661600
电话 0873－7171169
产品 双胶纸，书写纸，打字纸

相关企业

昆明克林轻工机械有限公司
云南省昆明市西郊大普吉
邮编 650102
电话 0871－8307747
产品 造纸机，纸板机，浆板机

昆明轻工业机械厂
云南省昆明市西郊大普吉
邮编 650102
电话 0871－8307251
产品 造纸，碱回收机，压力容器等

云南省轻纺设计院
云南昆明市车风东路 169 号
邮编 650032
电话 0871－3311424

陕西省

造纸企业

安康市造纸厂
陕西省安康市文武乡陈家沟村
邮编 725000
电话 0915－3212577

宝鸡市造纸厂
陕西省宝鸡市金台区宝平路 6 号
邮编 721001
产品 卫生纸

宝鸡五一纸业有限责任公司
陕西省宝鸡县
邮编 721306
电话 0917－6753258，传真 0917－6753530
产品 卷烟纸，防油纸，半透明纸，拷贝纸，水果套袋纸，糖果纸，电容器纸，滤嘴棒纸

彬县造纸厂
陕西省彬县炭店乡水北村
邮编 713500
电话 09-34922465
产品 瓦楞原纸,茶纸板

长安县黄良下北良第二造纸厂
陕西省长安县
邮编 710109
电话 029-4241349
产品 茶纸板,瓦楞原纸

长安造纸总厂
陕西省长安县杜曲镇
邮编 710104
电话 029-5937572
产品 胶印书刊纸

淳化县白玉纸厂
陕西省淳化县南新街
邮编 711200
电话 029-32773396
产品 单面书写纸

大荔县高强度瓦楞纸厂
陕西省大荔县城关镇
邮编 715100
电话 0913-3222505
产品 高强瓦楞原纸

扶风县第二造纸厂
陕西省扶风县城南刘家堡
邮编 722200
电话 0917-5211474
产品 书写纸,凸版纸

扶风县午井造纸厂
陕西省扶风县午井乡
邮编 722207
电话 0917-5211493
产品 单面书写纸

高陵县造纸股份合作公司
陕西省高陵县
邮编 710200
电话 029-6913360
产品 铝箔衬纸

户县福利板纸厂
陕西省户县
邮编 710307
电话 029-4994699
产品 茶纸板,白纸板,瓦楞原纸

户县祖庵造纸厂
陕西省户县祖庵镇
邮编 710308
电话 029-4906325
产品 茶纸板,瓦楞原纸

眉县车站造纸厂
陕西省眉县火车站道南 6 号
邮编 722301
电话 0917-5666368
产品 水松原纸,卫生纸

眉县造纸厂
陕西省眉县城东
邮编 722306
电话 0917-5550183
产品 高强瓦楞原纸

勉县黄沙造纸厂
陕西省勉县黄沙镇春光村
邮编 724203
电话 0916-3436311
产品 卫生纸

陕西百特纸业股份有限公司
陕西省汉中市鑫源开发区希望路
邮编 723000
电话 0916-2310410,传真 0916-2310134
产品 单、双面涂布白纸板,白纸板,白卡纸

陕西宝鸡新秦造纸厂
陕西省宝鸡市宏文路 85 号
邮编 721004
电话 0917-3413014,传真 0917-3417508
产品 单、双面胶版纸

陕西宝鸡远东纸品实业公司
陕西省宝鸡市宏文路 85 号
邮编 721004
产品 单面胶版,凸版纸,书写纸

陕西扶风造纸厂
陕西省扶风县城关镇
邮编 722200
电话 0917-5211488
产品 胶印书刊纸,书写纸,卫生纸

陕西大荔安盛纸业有限公司
陕西大荔许庄镇
邮编 715105
法人代表 安明军
电话 0913-3649292
传真 0913-3649292
产品 高强瓦楞原纸,棉秆制浆造纸技术

陕西商达包装板纸厂
陕西省西安市三桥公路
邮编 710086
电话 029-4242650
产品 箱纸板,茶纸板,瓦楞原纸

陕西省岐山县板纸厂
陕西省岐山县蔡家坡镇
邮编 722405
电话 0917-8580881,传真 0917-8580882
产品 静电复印纸,双面胶版纸,瓦楞原纸,挂面箱纸板

陕西省兴平市永峰卫生纸厂
兴平市县门街 1 号
邮编 713100
电话 13891006761
产品 中档脱墨纸

陕西省兴平造纸厂
陕西兴平县县门街 16 号
邮编 713100
电话 029-38822014
产品 胶印书刊纸,新闻纸

陕西省兴翔纸业有限责任公司
陕西省凤翔县城东
邮编 721400
电话 0917-7251114
传真 0917-7251173
产品 高强瓦楞原纸,箱纸板

陕西盛龙纸业有限责任公司
陕西省岐山县龚刘工业园区
邮编 722405
电话 0917-8580888
传真 0917-8580884
产品 牛皮箱纸板,瓦楞原纸,牛皮纸,淋膜纸,水果套袋纸,彩色封面纸

陕西咸阳天元纸业有限公司
陕西省咸阳市人民路 49 号
邮编 712000
电话 029-33214023
传真 029-33239774
产品 胶印书刊纸

陕西兴平纸品包装集团公司
陕西省兴平市丰仪工业区
邮编 713100
电话 029-38362212
产品 箱纸板,高强瓦楞原纸

陕西雪龙纸精臻股份有限公司
陕西省渭南市西潼路 22 号
邮编 714000
电话 0913-2813811
产品 书写纸,卫生纸

陕西中港铜版纸有限公司
陕西省西安市灞桥镇东街 15 号
邮编 710024
电话 029-3610216,3611846
传真 029-3610216
产品 铜版纸,白卡纸,胶版纸

商洛地区享丰纸业有限责任公司
陕西省商州市南郊侯家垣
邮编 726000
电话 0914-2312191
产品 打字纸,单面书写纸

商洛地区造纸厂
陕西省商州市南郊侯家垣
邮编 726000
电话 0914－2312421
传真 0914－2313383
产品 卷烟纸

渭南市华山纸业有限责任公司
陕西省渭南市渭白路 18 号
邮编 714000
电话 0913－2015191
产品 纱管纸板，箱纸板

西安板纸厂
陕西省西安市北郊工业区火车站东 200 米
邮编 710021
电话 029－6611585，传真 029－6614269
产品 箱纸板，牛皮箱纸板，涂布白纸板

西安华美纸业集团
陕西省西安市户县北关古城路
邮编 710300
电话 029－4812049
传真 029－4813844
产品 新闻纸，双面胶版纸

西安康鸿造纸有限责任公司
陕西省西安市西郊新西北阿房一路中段
邮编 710086
电话 029－4518744
产品 卫生纸

西安可心日用制品有限公司
陕西省西安市高陵县城东方红路 157 号
邮编 710200
电话 029－6913414
传真 029－6913541
产品 卫生巾，卫生护垫

西安临潼区汉兴实业公司
陕西省西安市临潼区新市工业园区
邮编 710605
电话 029－3981072
产品 卫生纸

西安魔妮实业股份有限公司
陕西省西安市北效纬二十六街西口
邮编 710016
电话 029－6265159
传真 029－6253913
产品 卫生巾，卫生护垫，卫生纸

西安茗山板纸有限公司
陕西省西安市北郊工业车站东
邮编 710021
电话 029－6611585
产品 牛皮箱纸，涂布白纸板

西安市崎峰实业公司
陕西省西安市鱼化寨鱼斗路中段
邮编 710077
电话 029－5908686
产品 卫生纸

西安瑞琛纸制品厂
陕西省西安市劳动南路高新技术开发区高新三路付 18 号
邮编 710075
电话 029－8310315
产品 卫生巾，餐巾纸

西安三桥造纸设备厂造纸分厂
陕西省西安市三桥镇新街 3 号
邮编 710086
电话 029－4511243
产品 高强瓦楞原纸

西安市阿房造纸工业公司
陕西省西安市红光路中段
邮编 710086
产品 箱纸板，挂面白纸板

西安市白鸽卫生纸厂
陕西省西安市鱼化寨鱼斗路中段
邮编 710077
电话 029－590896
产品 卫生纸

西安市包装板纸厂
陕西省西安市三桥公路 20 号

邮编 710086
电话 029－4242650
产品 高强瓦楞纸

西安市蔡伦造纸厂
陕西省西安市三桥镇北西宝高速公路口北
邮编 710086
电话 029－4517518
传真 029－4519897
产品 高强瓦楞原纸,箱纸板,白纸板,茶纸板

西安市感光复印纸厂
陕西省西安市团结东路
邮编 710082
电话 029－8620945,传真 029－8625224
产品 铜版纸,感光复印纸

西安市汉城板纸厂
陕西省西安市汉城乡商业街
邮编 710086
电话 029－6528610
产品 书写纸

西安市汉光造纸厂
陕西省西安市汉城乡青西村
邮编 710021
电话 029－6261292
产品 卫生纸

西安市红光造纸厂
陕西省西安市西郊西宝公路东西凹里
邮编 710086
电话 029－4518749

西安市鸿兴涂布板纸厂
陕西省西安市三桥公路 20 号
邮编 710086
电话 029－4512363
产品 涂布箱纸板

西安市华龙造纸总厂
陕西省西安市三桥镇西兰路
邮编 710086
电话 029－4511384

西安市锦华造纸厂
陕西省西安市三桥镇新店村
邮编 710086
电话 029－4513243
产品 瓦楞原纸

西安市南秦岭造纸厂
陕西省西安市三桥镇张万村
邮编 710086
电话 029－4521514
产品 箱纸板,茶纸板

西安市秦川造纸厂
陕西省西安市未央区蔺高村
邮编 710086
电话 029－4511269
产品 卫生纸

西安市三力造纸厂
陕西省西安市红光路中段 7 号
邮编 710086
电话 029－4253171
产品 卫生纸

西安市三桥造纸工业集团
陕西省西安市三桥镇老街 36 号
邮编 710086
电话 029－4511456

西安市三秦造纸厂
陕西省西安市三桥镇武警路中段
邮编 710086
电话 029－4263802
产品 卫生纸

西安市天虹纸业公司
陕西省西安市三桥镇
邮编 710086
电话 029－4261994

西安市万隆造纸厂
陕西省西安市三桥西西宝高速公路
邮编 710086
电话 029－4521265
产品 茶纸板,挂面纸板

西安市未央区阿房板纸厂
陕西省西安市三桥镇沈家寨
邮编 710086
电话 029－4521248

西安市未央区东风造纸厂
陕西省西安市未央区六村堡徐村
邮编 710086
电话 029－4202773
产品 茶纸板

西安市未央区光晖造纸厂
陕西省西安市三桥新店村
邮编 710086
电话 029－4511347

西安市未央区红星造纸厂
陕西省西安市西宝疏导路中段
邮编 710086
电话 029－4521077

西安市未央区建华造纸厂
陕西省西安市三桥镇新店村
邮编 710086
电话 029－4511314
产品 高强瓦楞原纸,茶纸板

西安市未央区秦岭造纸厂
陕西省西安市三桥镇蔺高村东
邮编 710086
电话 029－4511267

西安市未央区秦雁造纸厂
陕西省西安市三桥镇五一村
邮编 710086
电话 029－4244428

西安市未央区羊城文化造纸厂
陕西省西安市示顺区六村堡乡
邮编 710086
电话 029－4512848

西安市未央区永宏造纸厂
陕西省西安市三桥新店村
邮编 710086
电话 029－4511324
产品 茶纸板,白纸板

西安市未央区永兴造纸厂
陕西省西安市汉城南玉丰村
邮编 710021
电话 029－6248335
产品 瓦楞原纸,茶纸板

西安市武警沣惠造纸厂
陕西省西安市红光路中段
邮编 710086
电话 029－4256414
产品 茶纸板,挂面白纸板

西安市闫良康桥造纸厂
陕西省西安市闫良区康桥北
邮编 710089
电话 029－6821158
产品 卫生纸

西安市闫良造纸厂
陕西省西安市闫良区荆山路
邮编 710089
电话 029－6202986
产品 书写纸,凸版纸

西安市造纸厂
陕西省西安市西郊昆明东路
邮编 710077
电话 029－4241371
产品 箱纸板,黄纸板,高强瓦楞原纸,牛皮纸

西安市造纸工业公司
陕西省西安市东大街马厂子 27 号
邮编 710001
电话 029－7414609

西安西北纸箱厂
陕西省西安市感宁东路 31 号
邮编 710043
电话 029－3233211
传真 029－3231207
产品 瓦楞纸板

西安银泉纸业有限公司
陕西省户县余下镇
邮编 710302
电话 029-4968836
产品 铝箔衬纸,水松原纸,育果袋纸

西光明实业公司造纸厂
陕西省西安市西郊红光路
邮编 710086
电话 029-4263012
产品 茶纸板

西咸造纸厂
陕西省咸阳市沣东胡家村
邮编 712044
电话 029-34511820
产品 卫生纸

咸阳沣东振兴造纸厂
陕西省咸阳市沣东胡家村
邮编 712044
电话 029-34511813
产品 卫生纸

咸阳宏星造纸厂
陕西省咸阳市沣东胡家村
邮编 712044
电话 029-33810102
产品 卫生纸

咸阳宇航纸业包装有限公司
陕西省咸阳市沣东胡家村
邮编 712044
电话 029-39810678
产品 卫生纸

闫良康桥纸箱材料厂
陕西省西安市闫良区康桥粟邑庙
邮编 710089
电话 029-6822147
产品 卫生纸

耀县造纸厂
陕西省铜川市新区下高埝乡前申河村
邮编 727100
电话 0919-3386112
产品 纱管纸板,箱纸板

永寿县秦川造纸厂
陕西省永寿县店头镇
邮编 713406
电话 029-37848372
产品 卫生纸,单面书写纸

镇巴宣纸有限责任公司
陕西省镇巴县泾洋镇新街 90 号
邮编 723600
产品 宣纸

周至县白玉纸厂
陕西省周至县城关
邮编 710400
电话 029-8811573
产品 书写纸

相关企业

安康市东海化工有限公司
陕西省安康市汉滨区关庙工业园
邮编 725005
电话 0915-3757133 转 8818
传真 0915-3757132
产品 造纸用原矿、块料,造纸滑石填料和树脂控制剂,造纸重质碳酸钙,造纸填料和涂料用瓷土

凯德(西安)造纸机械织物有限公司
陕西省长安县马王镇
邮编 710115
电话 029-5850701
产品

陕西邦西化工有限公司
陕西省西安高新开发区高新一路 16 号
邮编 710075
电话 029-8313714
产品 造纸增强剂,脱墨剂

陕西洁宇环保工程有限公司
西安市高新西区泰祥花园 6 号楼
电话 029-83706813

传真 029－82095834
产品 常压碱回收技术，中段水处理

陕西科技大学机械厂
陕西省咸阳市人民西路 49 号
邮编 712081
电话 029－33575609，33578376
传真 33578376
产品 制浆造纸实验设备

陕西省汉中聚贤日化产品商贸有限公司
陕西省汉中市西环路民航路
邮编 723000
电话 0916－2237171
传真 0916－2237171
产品 专营纸张、纸制品、卫生用品

陕西省轻工业研究设计院
陕西省西安市友谊东路刘家庄北口
邮编 710054
电话 029－2234233

陕西省石油化工研究设计院
陕西西安市西影路 45 号
邮编 710054
电话 029－5528752
产品 杀菌防腐剂

铜川市秦兴化工有限公司
陕西铜川市延安路 82 号
邮编 727000
电话 0919－2187440
产品 分散松香胶

维美德西安造纸机械有限公司
陕西西安阿房四路
邮编 710086
电话 029－84363155，84363165
传真 029－84363000，84363433
总经理 潘蒂·赫鲁帕宁
产品 高级文化纸机，无碳复写原纸机，新闻纸机，涂布纸板机，挂面纸板机，薄页纸机

西安力源光电科技有限责任公司
西安市高新区科技二路 77 号光电子大厦
邮编 710075
电话 029－88452568
传真 88452578
网址 www.lygd.cn
产品 DCS，QCS 控制系统

西安市户县橡胶密封件厂
陕西省西安市户县东街头北堡
邮编 710300
电话 029－4812562
产品 波纹气胎

西安市美佳化工有限公司
陕西省西安市长安区韦兆街
邮编 710103
电话 029－85889310 85889228
传真 029－85889228
产品 造纸助剂

西安市漳浒工程塑料厂
陕西省西安市西郊丈八北路中段
邮编 710077
电话 029－8512706
产品 造纸机脱水配件

西安天源化工有限责任公司
陕西长安韦曲西环南路 3 号
邮编 710100
电话 029－5292816
产品 助留增强剂

西安远洋化工有限责任公司
陕西西安市草滩路 115 号
邮编 710016
电话 029－6231657
产品 AB 双元助留增强剂

西安造纸机械厂
西安市阿房四路
邮编 710086
电话 029－4514353
传真 029－4517190
网址 www.xianpm.com
法人代表 王珉
产品 造纸机，纸板机

咸阳轻化工材料厂
陕西咸阳市乐育北路 11 号
邮编 712000
电话 029－33235449

咸阳陶瓷脱水器材研究所
陕西省咸阳市人民中路 20 号
邮编 712000
电话 029－33237059
产品 陶瓷脱水器材

咸阳连星陶瓷脱水器材科技有限公司
陕西省咸阳市人民西路 49 号
邮编 712000
电话 029－33560697
传真 029－33572737
法人代表 王连星 13709102464
产品 造纸机脱水配件,包括成型板,脱水板,吸水箱面板及箱体等。

西贝胶辊有限公司
陕西省西安市西郊阿房四路
邮编 710086
电话 029－84623445
传真 029－84514448
网址 pmpgroup.com
企业负责人:Michael Swensrud 84627965

甘 肃 省

造纸企业

甘肃古浪泗水企业总公司
甘肃省古浪县泗水镇北街 1 号
张掖市北郊经济新区
邮编 733101
电话 0935－5167319
传真 0935－8167312
产品 卫生纸、文化用纸

甘肃酒泉银星纸业有限责任公司
甘肃酒泉市雄关路 11 号
邮编 735000
电话 0937－2614127
传真 0937－2614532
法人代表 王生林
产品 书写纸、胶版印刷纸、打字纸、无碳复写原纸、静电复印纸等文化用纸,生活用纸

甘肃省北农造纸厂
甘肃省靖远县古城镇
邮编 730605
电话 0943－6171141
产品 箱纸板、瓦楞原纸

甘肃省甘草水泥集团兰州造纸厂
甘肃省兰州市东岗镇雁儿湾
邮编 730020
电话 0931－8491189
产品 瓦箱纸板、涂布纸板

高台县造纸厂
甘肃省高台县城关镇
邮编 734300
电话 0942－6621043
产品 瓦楞原纸,箱纸板

金昌市造纸厂
甘肃省金昌市金川东路
邮编 737100
电话 0935－8212609
产品 瓦楞原纸、箱纸板

兰州市西固区新滩造纸厂
甘肃省兰州市西固区环行东路 12 号
邮编 730060
电话 0931－7556196
产品 包装纸板、食品包装纸

兰州市新华造纸厂
甘肃省兰州市砼沟沿 115 号
邮编 730050
电话 0931－2335821
产品 生活卫生纸

兰州市榆中县造纸厂
甘肃省兰州市榆中县三角城镇
邮编 730100

电话 0931－5661252
产品 卫生纸

兰州市榆中金鹏造纸厂
甘肃省兰州市榆中县
邮编 736116
电话 0931－5221125
传真 0931－5221152
产品 纸袋纸、复写纸

临洮县红旗造纸厂
甘肃省临洮县红旗乡
邮编 730500
电话 0932－2286024
传真 0932－2286024
产品 箱纸板、黄纸板

平凉胜利造纸有限责任公司
甘肃省平凉市东台 23 号
邮编 744000
电话 0933－8613626
产品 卫生纸

平凉市宝马纸业有限公司
甘肃省平凉市四十里铺镇
邮编 744024
电话 0933－8410019
传真 0932－7410562
产品 卫生纸

平凉市峡门造纸厂
甘肃省平凉平峡门乡
邮编 744000
电话 0933－8570035
产品 卫生纸

天水东方纸业有限公司
甘肃省天水麦积区渭南镇南河川缑家庄 168 号
邮编 741027
电话 0938－2821318,2821345,2821790,2821160,2821388,2821685
传真 0938－2821318
法人代表 张永芳 电话 0938－2821160
产品 箱纸板,高强度瓦楞纸

武威市双城白板纸厂
甘肃省武威市双城镇
邮编 733018
电话 0935－2899391
产品 箱纸板、白纸板

武威纸业有限责任公司
甘肃省武威市凉州区双树乡沙子沟村
邮编 733000
电话 0935－2596578
传真 0935－2582777
产品 书写纸,漂白麦草浆板

武威市双城造纸厂
甘肃省武威市双城镇
邮编 733018
电话 0935－2659243
产品 瓦楞原纸

张掖市光宇纸业有限公司
甘肃省张掖市张火公路 3 公里
邮编 734000
产品 书写纸

张掖市明阳纸业有限公司
甘肃省张掖市北郊经济新区
邮编 734000
电话 0936－8432898
产品 书写纸,漂白麦草浆板

张掖市造纸厂
甘肃省张掖路五星墩
邮编 734027
电话 0936－8280800
传真 0936－8280939
产品 箱纸板、瓦楞原纸

镇原县华龙造纸厂
甘肃省镇原县城东街 2 号
邮编 744500
电话 0934－7121081
传真 0934－7121081
产品 打字纸、纸板、牛皮纸

相关企业

甘肃省轻工业科研所
甘肃省兰州市五泉路 162 号
邮编 730000
电话 0931－8112319

耐驰(兰州)泵业有限公司
甘肃省兰州高新区 506 号
电话 0931－8555000
传真 0931－8556650
网址 www.netzsch.com.cn
产品 单螺杆泵

青 海 省

造纸企业

百丰纸制品有限公司
青海省西宁市五岔路口
邮编 810001
电话 0971－6145880
产品 纸箱,纸盒

大通造纸厂
青海省大通县园林路北
邮编 810100
电话 0971－2722653

互助县造纸厂
青海省互助县北郊 8 号
邮编 810500
电话/传真 0972－8322373
产品 生活用纸

青海省造纸厂
青海西宁市傅家寨 1 号
邮编 810015

兴青造纸厂
青海省西宁市祁连路
邮编 810000
电话 0971－5130550

宁夏回族自治区

造纸企业

宁夏昊盛纸业有限公司
宁夏回族自治区吴忠市侯家湾
邮编 751102
电话 0953－2661111
传真 0953－2661726
产品 书写纸、印刷纸,生活用纸

宁夏惠农区宁越造纸包装厂
宁夏回族自治区石嘴山市惠农区
邮编 753200
电话 0952－3312669
传真 0952－3312295
产品 箱纸板

宁夏金丰源实业有限责任公司
宁夏回族自治区永宁县红星桥北侧
邮编 750100
电话 0951－8018555
传真 0951－8011493
产品 面巾纸、卫生纸

宁夏金昱元峡光纸业有限公司
宁夏回族自治区青铜峡市青铜峡镇
邮编 751601
电话 0953－3012004
传真 0953－3012061
产品 牛皮箱纸板,书写纸、印刷纸,生活用纸

宁夏莽月纸业有限公司
宁夏回族自治区中宁县白马乡
邮编 755200
电话 0955－5726009
传真 0955－5727636
产品 面巾纸、卫生纸

宁夏美洁纸业股份有限公司
宁夏回族自治区贺兰县东街

邮编 750200
电话 0951－8061280
传真 0951－8061553
产品 各种中高档面巾纸、餐巾纸、卫生纸

宁夏沙湖纸业(集团)有限公司
宁夏回族自治区平罗县太西镇
邮编 753401
电话 0952－6691402
传真 0952－6691401
产品 面巾纸,卫生纸,箱纸板

宁夏吴忠市思程纸业有限公司
宁夏回族自治区吴忠市利通区高闸镇
邮编 751100
电话 0953－2663688
传真 0953－2641998
产品 生活用纸

宁夏吴忠新源纸业有限公司
宁夏回族自治区吴忠市塑配东路 29 号
邮编 751100
电话 0953－2013927
传真 0953－2012134
产品 生活用纸

宁夏伊斯兰地质造纸厂
宁夏平罗县太西镇
邮编 753401
电话 0952－6681178
传真 0952－6681178
产品 高强瓦楞原纸

宁夏宇华纸业有限公司
宁夏回族自治区吴忠市金积镇
邮编 751101
电话 0953－2691124
传真 0953－2691124
产品 印刷纸、书写纸,生活用纸

宁夏中卫市天德纸业有限责任公司
宁夏回族自治区中卫市城关镇
邮编 755000
电话 0955－7028419
传真 0955－7028419
产品 文化用纸

宁夏紫金花纸业有限公司
宁夏永宁县红星桥南
邮编 750100
电话 0951－8011421
传真 0951－8013808
网址 zijinhua.com
法人代表 纳洪福
产品 面巾纸、餐巾纸、卫生纸

吴忠黄河纸业有限公司
宁夏回族自治区吴忠市陈袁滩镇
邮编 751102
电话 0953－2721326
传真 0953－2721328
产品 生活用纸

吴忠市星月纸业有限公司
宁夏回族自治区吴忠市板桥镇
邮编 751200
电话 0955－2231376
传真 0953－2231976
产品 箱纸板

吴忠市银欣纸业有限公司
宁夏回族自治区吴忠市利通区金银滩
邮编 751100
电话 0953－2796179
传真 0953－2797368
产品 生活用纸

中冶美利纸业集团有限公司
宁夏回族自治区中卫市美利造纸工业园区
邮编 751700
电话 0955－7679218
传真 0955－7679216
网址 www.china－meili.com
产品 书写、印刷文化用纸,工业包装用纸

新疆维吾尔自治区

造纸企业

乌鲁木齐市红柳生活用纸厂
乌鲁木齐市七道湾西街
邮编 830028
电话 0991-4694911
产品 生活用纸

新疆阿勒泰美利纸浆有限责任公司
新疆阿勒泰市北屯镇西北路970号
邮编 836000
电话 0906-3374413
产品 漂白苇浆板,文化用纸

新疆博湖苇业股份有限公司
新疆库尔勒市新城区石化大道楼兰路1号
邮编 841001
电话 0996-2153075 2152533
产品 双胶纸,胶印书刊纸,纸板,漂白苇浆板,复印纸,生活用纸

新疆喀什市纸箱包装厂
喀什市克孜都维路8号
邮编 844000
电话 0998-2523766
产品 箱029-3,瓦楞原纸,纸箱

新疆马兰造纸厂
新疆和硕县马兰楼兰路13号
邮编 841700
电话 0996-2358897
产品 胶印书刊纸,书写纸

新疆南湖纸业有限公司
乌鲁木齐市七道湾路59号
邮编 830028
电话 0991-4692183
产品 箱029-3,瓦楞原纸,生活用纸

新疆沙驼股份有限公司
新疆米泉市稻香路204号
邮编 831400
电话 0994-5229060
产品 箱029-3,瓦楞原纸,纸箱

新疆十户滩纸板纸箱厂
新疆石河子147团
邮编 832045
电话 0993-5360056
产品 包装纸板,生活用纸

新疆天宏纸业股份有限公司
新疆石河子市西三路
邮编 832009
电话 0993-2517773
产品 静电复印纸,胶印书刊纸,双面胶版纸,生活用纸

新疆天山造纸厂
伊宁市新华西路经济开发区
邮编 835000
电话 0994-8320138
产品 胶印新闻纸,普通新闻纸

新疆外贸包装有限责任公司
乌鲁木齐市多斯鲁克路2号
邮编 830049
电话 0991-2571204
产品 箱029-3,瓦楞原纸,纸箱

中国人民解放军第七二三五工厂
新疆和静县茶汗通古路
邮编 841300
电话 0996-5022385
产品 胶印书刊纸,书写纸

中国造纸学会分支机构与地方学会

一、中国造纸学会各专业委员会

1．中国造纸学会薄型纸专业委员会
主任委员：民丰特种纸股份有限公司　曹继华
副主任委员：杭州华丰纸业有限公司
　　牡丹江恒丰纸业有限责任公司
秘书长：民丰特种纸股份有限公司　林尤长
挂靠单位：民丰特种纸股份有限公司
通讯地址：浙江嘉兴　里街70号
邮政编码：314000
电话：0573－2839474(林)　2839118(曹)
　　13505736901(林)　13806735048(曹)
传真：0573－2821135

2．中国造纸学会纸板专业委员会(未换届)
主任委员：上海开伦造纸(集团)有限公司场树万春
副主任委员：佳木斯纸业集团有限公司赵德宏
　　安徽东方纸业有限公司刘小晶
　　沈阳纸板厂韦文长
　　天津纸板厂李书祺
　　宁波中华纸业有限公司马芝山
秘书长：上海开伦造纸(集团)有限公司
挂靠单位：上海开伦造纸(集团)有限公司
通讯地址：上海武夷路477号
邮政编码：200050

3．中国造纸学会涂布加工纸专业委员会
主任委员：上海造纸学会　蒋荣祺
副主任单位：中国制浆造纸研究院刘金刚
　　天津造纸研究院张维俭
副主任委员：胡铭华　天章记录纸厂总工
　　李玉华　中国造纸学会副秘书长
　　曹丽云　上海造纸研究所原副总工
秘书长：胡铭华
副秘书长：吴家清　上海造纸学会
挂靠单位：上海造纸学会
通讯地址：上海市普陀区镇坪路48弄5号嘉富利大厦11层1104室
邮政编码：200061
电话：021－52040637
传真：021－52040637

4．中国造纸学会亚硫酸盐法制浆专业委员会(未换届)
主任委员：天津造纸厂　姜宏淳
秘书长：天津造纸厂　朱金海
挂靠单位：天津造纸厂
通讯地址：天津河西区大沽南路1069号
邮政编码：300222

5．中国造纸学会机械设备专业委员会
主任委员：中国轻工业杭州机电设计研究院　刘安江
秘书长：中国轻工业杭州机电设计研究院　杨　旭
副秘书长：中国轻工业杭州机电设计研究院　李品辉
挂靠单位：中国轻工业杭州机电设计研究院
通讯地址：浙江杭州体育场路71号
邮政编码：310004
电话：0571－85183937(杨)　13505813313(杨)
传真：0571－85186432

6．中国造纸学会新闻纸专业委员会
主任委员：广州造纸有限公司　蒋　鹏
副主任委员：吉林造纸(集团)有限公司　李忠福
　　石岘造纸厂　吴品标
　　天津科技大学　刘　忠
　　福建南纸股份有限公司　林孝帮

齐齐哈尔造纸厂　张跃辉
宜宾纸业股份有限公司　赵联盟
鸭绿江造纸厂　王永强
岳阳纸业集团有限公司　张栋基
陕西科技大学造纸工程学院　张安龙
华南理工大学造纸与环境工程学院　何北海

秘书长:广州造纸有限公司　冯铭杰
副秘书长:何北海　何　机
挂靠单位:广州造纸有限公司
通讯地址:广东省广州市广纸路 40 号
邮政编码:510281
电话:020－84336888－3411　13022049152(冯)
传真:020－84356070

7. 中国造纸学会碱回收专业委员会
主任委员:福建省造纸学会　张道沛
副主任单位:吉林造纸(集团)有限公司　曹宪斌
佳木斯纸业集团有限公司
秘书长:福建省造纸学会　林文耀
副秘书长:郑秋萍
挂靠单位:福建造纸工业公司
通讯地址:福建省福州市六一北路 204 号
邮政编码:350013
电话:0591－87577134、87587860(林)
传真:0591－87577134

8. 中国造纸学会碱法草浆专业委员会
主任委员:江苏省造纸印刷包装工业总公司牛庆民
副主任委员:中国制浆造纸研究院　曹振雷
山东华泰纸业集团有限公司　李建华
辽宁开原造纸厂　范思齐
湖北工学院　聂勋载
华南理工大学　詹怀宇
新疆天宏纸业有限公司　李国民
镇江金河纸业有限公司　段永国
顾问:胡宗渊　李忠正　陈嘉祥　黄德裕
秘书长:江苏造纸印刷包装工业总公司　王鸿文
挂靠单位:江苏省造纸印刷包装工业总公司
通讯地址:苏州三元四村 18 号 407 室(王)
邮政编码:215004
电话:025－63618036　0512－68267870(王)
传真:025－63615996　0512－68267870(王)
13862151538(王)

9. 中国造纸学会硫酸盐法制浆专业委员会(未换届)
主任委员:南纸股份有限公司　徐德奎
副主任委员:郭长裕　王立人　曹志刚　简新基
秘书长:王金昌
挂靠单位:南纸股份有限公司
通讯地址:福建南平东教路 95 号
邮政编码:353000
电话:0599－8808888
传真:0599－8801551

10. 中国造纸学会造纸史委员会
主任委员:中国造纸学会　陈思亮
副主任:华宝斋　蒋　山
山东省　李平煌
福建省　张道沛
浙江省　章　进
上海博物馆　陶喻之
秘书长:蒋　山(兼)
副秘书长:李玉华
挂靠单位:华宝斋富翰文化有限公司
通讯地址:浙江富阳江滨东大道 21 号
邮政编码:311400
电话:0571－63325439　010－65830216(北京)
传真:0571－63347048　010－65812653(北京)

11. 中国造纸学会自动化专业委员会
主任委员:中国制浆造纸研究院　张忠民
副主任委员:广州造纸有限公司　傅兴仁
陕西科技大学　王孟效
福建南纸股份有限公司　胡平善
岳阳纸业集团有限公司　何　平
杭州华章电气工程有限公司　刘川江
秘书长:中国制浆造纸研究院　谢　阳
挂靠单位:中国制浆造纸研究院
通讯地址:北京朝阳区光华路 12 号
邮政编码:100020
电话:010－65810022－3418
传真:010－65815677

12. 中国造纸学会工业包装及技术用纸专业委员会(未换届)
主任委员:长江包装纸业股份有限公司刘润之
副主任委员:佳木斯纸业集团有限公司赵德宏
吉林纸业股份有限公司　刘井升
福建青山纸业股份有限公司黄康全

秘书长:长江包装纸业股份有限公司　范谋斌
挂靠单位:长江包装纸业股份有限公司
通讯地址:四川宜宾马鞍石
邮政编码:644004

13. 中国造纸学会书写印刷纸专业委员会(未换届)
主任委员:山东大易造纸公司
副主任委员:岳阳纸业集团有限公司　黄玉萤
金城造纸(集团)有限责任公司　教富伟
重庆造纸厂　黄志刚
秘书长:山东大易造纸公司　戴万鹏
挂靠单位:大易造纸公司
通讯地址:山东济南铜元局前街 11 号
邮政编码:250012

14. 中国造纸学会造纸脱水器材专业委员会

二、地方造纸学会

北京市造纸学会
理事长:孙树建
副理事长:马石辉(常务)　邝仕均　黄祖壬
秘书长:马石辉(兼)
通讯地址:北京西四北八条 9 号 317 房
邮政编码:100034
电话:010－68817497(孙)　64655003(马)
传真:010－66518482

天津市造纸学会
理事长:谭国民
副理事长:黄永兴　张自敏　胡　镝　姜宏谅
胡开堂　刘　忠　王唯力
秘书长:李　群
副秘书长:翟树森
通讯地址:天津大沽南路 1038 号
邮政编码:300222
电话:022－60270058(谭办)
传真:022－68340538(校)　60270062

河北省造纸学会
理事长:于志恩
副理事长:刘恩源(常务)　陈　源　邹从标　龚得利
王宏武　蒋忠道　王志贤
秘书长:刘恩源(兼)
副秘书长:郎文龙　马玉香
通讯地址:河北石家庄合作路北和街 18 号
邮政编码:050051
电话:0311－87086240(刘)
传真:0311－87086240

山西省造纸学会
理事长:刘　涛
秘书长:袁　珊
通讯地址:山西太原上肖墙 10 号
邮政编码:030002
电话:0351－3524727

内蒙古自治区造纸学会
理事长:荆玉林　内蒙古自治区工业办
副理事长:陈耀福　内蒙古塞外华章浆纸业有限公司
秘书长:胡瑞芬　内蒙古工业办
通讯地址:内蒙古呼和浩特市新华大街 1 号院 1 号楼
邮政编码:010055
电话:0471－6946773(胡)　6946487(荆)
传真:0471－6610685

辽宁省造纸学会
理事长:张运展
秘书长:刘秉钺
通讯地址:大连甘井子区轻工苑一号
邮政编码:116034
电话:0411-86323690　13050591756(刘)
传真:0411-86323690

吉林省造纸学会
副理事长:马增源　方嘉华　刘　怀　柳风林　曹宪斌
秘书长:徐淑敏
副秘书长:别会平　徐光大
通讯地址:吉林长春人民大街副54号
邮政编码:130051
电话:0431-8906212,8829158(小灵通徐)　13500822387(徐)
传真:0431-2727592

黑龙江省造纸学会
理事长:王连科
副理事长:杨同魁　董　鹰　司广成　魏雨虹　关兴江　于　钢　马永生
副秘书长:王　昕
通讯地址:牡丹江市阳明区光华街5号
邮政编码:157013
电话:0453-6332195　6330907
传真:0453-6330907

上海市造纸学会
理事长:刘福玉
副理事长:蒋荣祺　刘玉坤　姜海斌　李振忠　杨金魁　戚永宜
秘书长:蒋荣祺(兼任)
通讯地址:上海市普陀区镇坪路48弄5号嘉富利大厦11层1104室
邮政编码:200061
电话:021-52040672
传真:021-52040637

江苏省造纸学会
理事长:李忠正
副理事长:黄德裕　洪建国　房桂干　周建平　吴永良　李　策　安庆坤
秘书长:李长林
副秘书长:刘克　季金汉　金永灿　施英齐
通讯地址:江苏南京石鼓路117号三楼
邮政编码:210004
电话:025-84469236　84205421
传真:025-84469236

浙江省造纸学会
理事长:陆文荣
副理事长:章　进　邬企彭　江仲文　陆培成　李　群　马芝山　张建平
秘书长:李土根
通讯地址:浙江杭州莫干山路1313号(祥符桥)
邮政编码:310004
电话:0571-85070785　88172729　13516814681(李)
传真:0571-88173843

安徽省造纸学会
理事长:蔡锡枢
副理事长:王德贤　何家富　魏宝华　朱春明　包志保　宋作侃　李光源
秘书长:陈明邦
通讯地址:安徽马鞍山市勤俭路3号安徽山鹰纸业股份有限公司内
邮政编码:243021
电话:0551-2643195　0555-2826256(陈)　13965385277(陈)

福建省造纸学会
名誉理事长:范则尊
理事长:谢拥群
副理事长:张道沛(常务)　陈守勤　吴冰文　叶厥桂　高晓明　吴加能
秘书长:张道沛(兼)
副秘书长:郑秋萍　黄六莲
通讯地址:福建福州六一北路204号
邮政编码:350013
电话:0591-87577134　13905027169(张)
传真:0591-87577134

江西省造纸学会
理事长:张世征
副理事长:丁帆
秘书长:雷建民
副秘书长:曾联群

通讯地址:江西南昌北京中路彭桥工业区轻工实业公司
邮政编码:330029
电话:0791－8328074 13803505667(丁)
传真:0791－8323123

山东省造纸学会
名誉理事长:谭珂瑾
理事长:王吉忠
副理事长:张金声(常务)陈嘉川 秦萝华 王泽凤 陈洪国 李建华 李洪信 李洪法 佟克本 李振忠 丁延莉
秘书长:张金声(兼)
副秘书长:牟))NBC3A))铭 薛立福
通讯地址:山东济南工业南路101号
邮政编码:250100
电话:0531－88191566 88519559
传真:0531－88191566

河南省造纸学会
理事长:赵晓广
副理事长:高丹盈 刘筱安 李尚武 程志伍 梁修昌
秘书长:李尚武(兼法人)
通讯地址:郑州市文化路97号(郑州大学化工学院内)
邮政编码:450002
电话:0371－63886906 13608691192(李)
传真:0371－63887306

湖北省造纸学会
理事长:蒋筱芳
副理事长:张启平 聂勋载 王向阳 付玉全 周少华 华 学
秘书长:盛开文
副秘书长:邓振强
通讯地址:武汉市汉口建设大道623号福星科技大厦B座1506室
邮政编码:430030
电话:027－83666941、83622763
传真:027－83666941

湖南省造纸学会
名誉理事长:王 祥 董小新 陈建平
理事长:关以超
副理事长:张栋基 黄玉莹 陈鄂生 宋善军
秘书长:杨李双
通讯地址:湖南湘潭建设中路7号
邮政编码:411104
电话:0732－8523295 13973228896(杨)
传真:0732－8561602

广东省造纸学会
理事长:刘焕彬
副理事长:杨光誉 詹怀宇 余惠生 吕永松 邹敦华 关 铿
秘书长:詹怀宇(兼)
通讯地址:广东广州五山华南理工大学制浆造纸工程国家重点实验室
邮政编码:510640
电话:020－87113940－1019 87112854
传真:020－87112854

广西壮族自治区造纸学会
理事长:王双飞
副理事长:宁 俊 郑艳民 蒙广全 段小敏 陈寿冲 安明明 唐先陆 古金荣 周国正
秘书长:黄显南
通讯地址:广西南宁大学路100号广西大学科研所
邮政编码:530004
电话:0771－3272225 13977116386(黄)
传真:0771－3272225

四川省造纸学会
理事长:李发祥
副理事长:冯培金 王新建 叶尚言 田跃龙 闫子俊 张从心 吴和均 康 林
秘书长:李 途
副秘书长:于建平
通讯地址:四川成都福兴街30号省轻工厅大楼10楼5号
邮政编码:610016
电话:028－86785924 13550161697(冯)
传真:028－86785924

重庆市造纸学会
理事长:陈先谦
副理事长:米庆元 王友伦 冯地庆 彭支瑞
秘书长:王友伦
通讯地址:重庆江北区建东二村31号

邮政编码:400020
电话:023－66823625

贵州省造纸学会
联系人:林育德
通讯地址:贵阳市青云路111号
邮政编码:550002
电话:0851－5575624(林)

云南省造纸学会
理事长:何天淳
副理事长:陈克利(常务)　王　水　杨发甲　王亚明
秘书长:陈克利(兼)
副秘书长:何　瑛
通讯地址:云南省昆明市官渡区金马镇白龙寺302号昆明理工大学(白龙校区江二院)生物与化学工程学院
邮政编码:650224
电话:0871－3835931　3801122　13987638634(陈)
传真:0871－3835931

甘肃省造纸学会
理事长:何德盛
副理事长:王德化　贾　毅　郭泉生
秘书长:秦小银
通讯地址:甘肃省兰州五泉路162号
邮政编码:730000
电话:0931－8127442(何)

宁夏自治区造纸学会
名誉理事长:聂有才　陈钟灵
顾问:李沛春　雷道远
理事长:李瑾明
副理事长:刘德林(常务)　丁吉文　王宁成　李书庆　李秦龙　张弥金　郭旭斌
秘书长:杜　宏
通讯地址:宁夏银川解放西街425号
邮政编码:750001
电话:0951－5043123　13895186087(杜)

陕西省造纸学会
理事长:张美云
副理事长:王志杰
秘书长:张安龙
通讯地址:陕西省咸阳市人民西路49号陕西科技大学造纸工程学院内
邮政编码:712081
电话:0910－3579559(张美云)
13325303296(张美云)
3579712(王)13609100092(王)
3579520(张)13991006901(张)
传真:0910－3579712

新疆自治区造纸学会
理事长:毛建国
副理事长:梅树亚　刘星琪
秘书长:崔　钰
副秘书长:谢少川　崔　续
通讯地址:新疆乌鲁木齐市民主路81号新疆轻工业行业管理办内
邮政编码:830002
电话:13699950349(毛)　13629920028(崔)

中国造纸学会新入会团体会员名单

单位名称	单位地址	邮编	电话	传真	法人	联系人
FAG 中国有限公司	北京市建外大街 22 号赛特大厦 711 室	100004	010－65123621	65123433	勾建辉	于福海
广东远东食品包装机械有限公司	广东省信宜市教育路 38 号	525300	0668－8812508	8810668	吴章荣	黎祖群
武汉市红桥橡胶厂	湖北省武汉市汉口三眼桥路 155 号	430015	027－82627905	82605825	明中秋	郭　军
江苏长丰纸业有限公司	江苏省丹阳后巷镇	212312	0511－6326006	6326006	朱建农	曹秀凤
金东纸业(江苏)有限公司	江苏省镇江市大港兴港东路 8 号	212132	0511－3375800	3375799	黄志源	黄良典
江西东永实业有限公司	江西南昌莲塘镇龚南路 3 号	330200	0791－5713982	5711048	章　东	刘定国
山东日照森博浆纸有限责任公司	山东省日照市北京路南首	276826	0633－3361168	3361280	杨庆宗	刘志一
滕州力华米泰克斯胶辊有限公司	山东省滕州市平行南路 76 号	277500	0632－5699259	5699275	朱应力	高守明
中企东方资产管理有限责任公司	上海浦东大道 T20 号国际航远金厦 17 楼	200120	021－50368339	68671857	唐万川	刘恒阳
优胜专业工业胶带苏州有限公司	江苏省苏州工业园出口加工区 1－B	215021	0512－62581362	62581350	Johk Hootom	梁志娟
三菱重工恒星(淄博)造纸机械有限公司	山东省淄博市周村区恒星路 98 号	255300	0533－6553030	6556157	松本荣	韩　福
安徽景丰纸业有限公司	安徽省淮南市经济技术开发区振兴路西	232008	0554－3312663	3312663	高　瑾	刘　莉
依卡化学品(苏州)有限公司	江苏省苏州市工业园区苏虹中路 302 号	215122	0512－62582276	62582272	Ross Howat	罗巨生
优胜专业工业胶带(苏州)有限公司	江苏苏州工业园区出口加工区 1—B	215021	0512－62581360	62581350	John Hooton	梁志娟
北京市恒聚油田化学剂有限公司	北京市通州区工业开发区	101109	80588855	80580181	郭文礼	傅允隆

注:2001 年 6 月前加入中国造纸学会的会员名单请查阅前卷年鉴

HPD
www.hpdsystems.com

Worldwide leaders in Evaporation & Crystallisation Technologies
全球蒸发和结晶技术的引领者

乍为一家全球蒸发和结晶技术的引领者，几十年来，
HPD工程公司为制浆造纸工业设计了许多具有创新性的技术方案，
是供了效能最佳，运行可靠的黑液蒸发系统。

为制浆造纸工业我们提供的技术有：
- 黑液蒸发系统
- 高固含量浓缩器
- 氯化物去除工艺 (CRPTM)
- 污冷凝水处理和分离
- 现有蒸发系统和改造和优化
- 不凝气体处理系统
- 皂化物回收和妥尔油系统

公司有木纤维和非木纤维黑液处理的广泛经验，并且可在实验工厂中对各种黑液进行试验，保证系统设计的可靠性。

HPD公司可以提供主要设备也可以提供交钥匙工程。

公司近年的主要业绩：
- 2004年开车运行目前世界上最大的蒸发站1450吨水/时，80% 固含量，
- 2004年签约1000吨水/时蒸发站，80%固含量，
- 2005年开车运行1000吨水/时蒸发站，80%固含量，
- 2005年签约世界上最大的竹浆黑液蒸发站，370吨水/时，70%固含量
- 自2003年以来，有7条氯化物去除系统开车运行。
- 2005年至2006年，7台高固含量浓缩器签约。

HPD, as a worldwide leader in the Evaporation and Crystallisation Technologies has been for decades bringing innovative solutions for the Pulp & Paper industry providing the most performing and reliable black liquor evaporation systems.

In the Pup & Paper industry we can provide:
- Black liquor evaporation systems
- High Solids Concentrators
- Chloride Removal Process (CRPTM)
- Condensate stripping and segregation
- Revamping and improvements on existing systems
- Non Condensable Gases Handling
- Soap Recovery and Tall-Oil production

HPD has the engineering capabilities to provide from the main equipment until the turnkey system.

Among some recent milestones we have;
- Start-up in 2004 of the biggest train in the world, 1450 T/h as H_2O, 80% solids virgin liquor
- Award in 2004 for a train of 1000 T/h as H_2O, 80% solids virgin liquor
- Start-up in 2005 of another train of 1000 T/h as H_2O, 80% solids virgin liquor
- Award in 2005 of the biggest train in the world using black liquor from bamboo, 370 T/h as H_2O, 70% solids virgin liquor
- More than seven CRP systems sold since 2003
- Seven EHSC Concentrators sold in 2005 and 2006

We do have the experience on liquor from wood and from non wood raw materials and we have pilot installations that allow us testing any type of liquor as required and hence secure the design.

联系地址 – Please contact us at

USA
23562 W. Main Street, IL Route 126
Plainfield, IL 60544
Tel: (+)1 815-609-2000
Fax: (+)1 815-609-2044
HPD.info@veoliawater.com

VEOLIA WATER

Spain
Avenida de Neguri, 9-1°
48992 Getxo
Tel: +34 94 491 40 92
Fax: +34 94 491 11 40
HPD.spain@veoliawater.com

太陽紙業
SUN PAPER

山东太阳纸业股份有限公司
SHANDONG SUN PAPER CORPORATION

保护蓝天碧水　打造绿色纸业

太阳纸业始终把环保工作作为“生命工程”来抓，近年来共投资近7亿元购置世界最先进的治污设备，使废水处理水平走同行业前列，并通过了ISO14000环境体系认证，在全国率先提出实现废水断面“零排放”的目标，积极探索引入循环经济理念，实施清洁生产，由末端治理向源头控制转变的资源化节约型的路子，取得了经济效益和社会效益的“双赢”。

日处理260吨黑液碱回收工程

太阳纸业循环经济规划通过专家论证

废水处理后可用于生态灌溉、养鱼

风景如画的太阳生态园

日处理6万方废水处理设施

山东太阳纸业股份有限公司

SHANDONG SUN PAPER CORPORATION

太陽紙業 SUN PAPER

丰富多彩的企业文化活动

著名相声艺术家姜昆到太阳纸业考察

经营理念：

以诚为本

以质为根

以德为先

企业精神：

爱岗敬业

拼搏奉献

自加压力

争创一流

太阳纸业技术尖子技术骨干颁奖仪式

大学生欢迎会

职工自编自演的文艺节目

文艺送基层，亲情手拉手

如今您对成果的定义是什么？是高产能、低能耗、经济的原材料、低排污，还是客户的满意度，美卓自动化都可以凭借自己的技术、设备及专业知识，帮助客户实现这些目标。我们擅长的自动化及信息管理技术方案帮助客户稳定、管理及改善工艺流程和产品品质。

美卓自动化_可提供目前市场上最全面的解决方案。_

详情请致电：上海 021-6886-3988，北京 010-6566-6600，广州 020-8766-8908，

或登录 www.metsoautomation.com.cn

metso automation